de Gruyter Lehrbuch

Johann Maier

Geschichte der jüdischen Religion

Von der Zeit Alexander des Grossen
bis zur Aufklärung mit einem Ausblick
auf das 19./20. Jahrhundert

Walter de Gruyter · Berlin · New York
1972

Die wissenschaftliche Leitung der theologischen Lehrbücher im Rahmen der „de Gruyter Lehrbuch"-Reihe liegt in den Händen des ord. Prof. der Theologie D. Kurt Aland, D. D., D. Litt. Diese Bände sind aus der ehemaligen „Sammlung Töpelmann" hervorgegangen.

ISBN 3 11 002448 9

Library of Congress Catalog Card Number: 72-77431

Printed in Yugoslavia

Satz und Druck: Časopisno grafično podjetje Delo, Ljubljana

SUSANNE MAIER

(9. Juli 1964 – 14. Mai 1972)

in dankbarem Gedenken

VORWORT

Die von Georg Fohrer angeregte Fortsetzung seiner „Geschichte der israelitischen Religion“ (1969) durch eine Geschichte der jüdischen Religion stellte Autor und Verlag vor nicht geringe Probleme. Es handelt sich um den ersten Versuch einer Darstellung der jüdischen Religionsgeschichte in Gestalt eines solchen Lehrbuches. Die Bewältigung des umfangreichen Stoffes erwies sich nicht zuletzt darum als schwierig, weil die Auswahl der anzuführenden Literaturhinweise nicht zu eng getroffen werden durfte, da ja nicht vorausgesetzt werden konnte, dass jeder Leser Zugang zu den entsprechenden judaistischen Bibliographien und Nachschlagewerken hat, und weil selbst unter den Studierenden der Judaistik eine lebhafte Nachfrage nach einer möglichst umfassenden und thematisch geordneten Bibliographie zur Geschichte der jüdischen Religion besteht. Dabei zeigte sich, dass zumindest für das Mittelalter und die Neuzeit eine Skizze der Geschichte und Literatur unerlässlich ist, weil zweckentsprechende Handbücher fehlen. Im Einvernehmen mit dem Verlag wurde die Darstellung auf die Zeit bis zur Aufklärung begrenzt, um einen übermässigen Umfang des Buches zu vermeiden und die vielfältige Geschichte des modernen Judentums einer gesonderten Darstellung von angemessenem Umfang vorzubehalten. So schliesst diese Religionsgeschichte mit einem Ausblick auf das 19./20. Jahrhundert. Dennoch war es selbstverständlich nicht möglich, die zwei Jahrtausende von der persischen Periode bis zur Aufklärung in derselben Breite zu behandeln, wie sie bei der „Geschichte der israelitischen Religion“ von G. Fohrer möglich war. Allein das Quellenmaterial für die jüdische Religion des Mittelalters und der Neuzeit füllt eine stattliche Bibliothek und die Flut der Sekundärliteratur konnte durch Auswahl nur wenig reduziert werden, weil die einzelnen Werke eben doch meistens nicht dieselben Gegenstände behandeln. Unter diesen Voraussetzungen mussten die Ziele der Darstellung in begrenztem Rahmen gehalten werden, sie bestehen vorwiegend darin, einen Überblick zu vermitteln und die Möglichkeiten für weitere und gründlichere Einzelinformation aufzuzeigen. Für die neuere Literatur, die in Bibliographien und Nachschlagewerken erst zu einem geringen Teil zu finden ist, wurde in der Regel Vollständigkeit angestrebt. Dies gilt weniger für manche Bereiche im Teil I, da die Literatur und Fachliteratur für das Frühjudentum in der Regel leichter zugänglich ist als das Material für die späteren Perioden.

Dank schulde ich Herrn R.-P. Schmitz, Köln, für die zahlreichen bibliographischen Hinweise, die er mir während seines Aufenthaltes in Jerusalem besorgt hat, und nicht zuletzt meiner lieben Frau für ihre wertvolle Hilfe bei der Fertigstellung des Manuskripts und beim Lesen der Korrekturen.

Johann Maier

Köln, Februar 1971

INHALTSVERZEICHNIS

LITERATUR- UND ABKÜRZUNGSVERZEICHNIS

In den Literaturangaben zu Beginn der einzelnen Paragraphen wird die Literatur in der alphabetischen Reihenfolge der Verfasser angeführt, Spezialliteratur in den Anmerkungen zu den einzelnen Paragraphen. In den Anmerkungen wird die zu Beginn des jeweiligen Paragraphen angegebene Literatur nur mit dem Verfassernamen oder mit abgekürztem Titel zitiert, Werke der im folgenden aufgeführten allgemeinen Werke mit Autorennamen und Sternchen.

Die Auswahl der angegebenen Fachliteratur betrifft noch den gesamten Jahrgang 45 (1969/70) von Qirjat Sefär.

1. *Allgemeine Werke zur jüdischen Religion, Geschichte und Literatur*

(Verweise auf diese Werke durch Nennung des Verfassernamens mit*)

J. Abelson, Jewish Mysticism, 1913 (ital.: Il misticismo ebraico, 1929).

I. Abrahams, A Companion to the Authorized Daily Prayer Book, rev. ed. 1965.

I. Abrahams, Short History of Jewish Literature, 1906.

A. Z. Aescoly, Hat-t^{e}nûʿôt ham-m^{e}šîhijjôt b^{e}Jiśrā'el, 1956.

J. B. Agus, The Evolution of Jewish Thought, 1959.

J. B. Agus, The Meaning of Jewish History, 2 Bde. 1964.

S. Assaf – L. A. Meir, Sefär haj-jiššûb, 2 Bde., 1938/9, 1943/4.

B. Bamberger, The Story of Judaism, 1957.

S. W. Baron, The Jewish Community, 3 Bde., 1948^{3} (JC).

S. W. Baron, A Social and Religious History of the Jews, Bd. I, 1952^{2} ff. (Bd. XIV, 1969^{2}).

A. Belli, Storia della letteratura ebraica, 1961^{3}.

Ch. H. Ben-Sasson, Tôl^{e}dôt ʿAm Jiśrā'el, 3 Bde. 1969.

A. Berliner, Randbemerkungen zum täglichen Gebetbuche (Siddur), 1909.

F. Böhm – W. Dirks, Judentum, 2 Bde. 1965.

R. Brunner (Hrsg.), Gesetz und Gnade, 1969.

Z. Cahn, The Philosophy of Judaism, 1962.

M. Carmely – Weinberger, Sefär wā-sajif, 1966/7.

U. Cassuto, Storia della letteratura ebraica postbiblica, 1938.

B. Cohen, Law and Tradition in Judaism, 1969.

E. Cohn-Wiener, Die jüdische Kunst, 1929.

A. Cronbach, Reform Movements in Judaism, 1963.

I. Davidson, 'Ôṣar hap-pijjûṭ w^{e}haš-šîrāh, 4 Bde., 1924/1933 (repr. 1970).

Die Lehren des Judentums, hrsg. von S. Bernfeld, F. Bamberger u. a., 5 Bde., 1922–1929.

B.-Z. Dinur, Tôlᵉdôt Jiśrā'el, ser. II: Jiśrā'el bag-gôlāh, Bd. I, 1–3: 1961[2]; II, 1: 1965; 2: 1966; 3: 1968; 4: 1969.

S. Dubnow, Weltgeschichte des jüdischen Volkes, 10 Bde., 1925/9.

I. Elbogen, Der jüdische Gottesdienst in seiner geschichtlichen Entwicklung, 1931[3] (Nachdr. 1967).

I. Epstein, Judaism, 1959.

L. I. Feuer – A. Eisenberg, Jewish Literature since the Bible, 2 Bde., I 1963[9]; II 1963[6].

L. Finkelstein (ed.), The Jews, Their History, Culture and Religion, 2 Bde., 1960[3].

S. B. Freehof, The Responsa Literature, 1959[2].

M. Friedländer, Die jüdische Religion, 1922.

J.-L. Gersht, Taḥᵃnôt bᵉsifrût Jiśrā'el, 2 Bde., 1953/4, 1967/8.

L. Ginzberg, On Jewish Law and Lore, 1955.

N. N. Glatzer, Sendung und Schicksal des Judentums, 1969.

— The Judaic Tradition, 1969.

D. Gonzalo Maeso, Manual de la Literatura hebrea, 1960.

H. Graetz, Geschichte der Juden von den ältesten Zeiten bis auf die Gegenwart, 11 Bde., 1905[5].

J. H. Greenstone, The Jewish Religion, 1920.

J. Gutman, Jewish Ceremonial Art, 1964.

J. Guttmann, Die Philosophie des Judentums, 1933 (engl.: Philosophies of Judaism, 1964).

B. Halper, Postbiblical Jewish Literature, 1921.

J. Heinemann, Ta'ᵃmê ham-miṣwôt, 2 Bde., I 1966[5]; II 1956.

J. Höxter, Quellenbuch zur jüdischen Geschichte und Literatur, 5 Bde., 1927–1930.

S. A. Horodetzky, Jahᵃdût haś-śekäl wᵉjahᵃdût šäl rägäš, 2 Bde., 1946/7.

A. Z. Idelsohn, Jewish Liturgy in its Development, 1967[2].

A. Ja'ari, Šᵉlûḥê 'äräṣ-Jiśrā'el, 1950/1 (ergänzt in Sura 4, 1963/4, 223–249).

Z. Jabetz, Tôlᵉdôt Jiśrā'el, 14 Bde., (1911), 1955–62[2].

L. Jacobs, Principles of the Jewish Faith, 1964.

The Jewish People – Past and Present, 4 Bde., 1946–1955.

G. Karpeles, Geschichte der Jüdischen Literatur, 2 Bde., 1920/3 (Nachdr. 1963).

J. Katz, Exclusiveness and Tolerance, 1961.

J. Kaufmann, Gôlāh wa-nekār, 2 Bde., I, 1961/2[3], II, 1960/1[2].

R. Kaufmann, Great Sects and Schisms in Judaism, 1967.

R. Krüger, Die Kunst der Synagoge, 1968[2].

M. Lamm, The Jewish Way in Death and Mourning, 1969.

F. Landsberger, A History of Jewish Art, 1946.

M. Lazarus, Die Ethik des Judentums, 2 Bde., 1898/1911.

Ch. Lehrman, L'élément juif dans la pensée européenne, 1948.

S. M. Lehrman, Jewish Custom and Folklore, 1949.

C. Leviant, Masterpieces of Hebrew Literature, 1969.

M. Lewittes, Studies in Torah Judaism, 1966.

E. Mahler, Handbuch der jüdischen Chronologie, 1916 (Nachdr. 1967).

M. Margolies – A. Marx, History of the Jewish People, 1956[10].

L. A. Mayer, Bibliography of Jewish Art, 1967.
A. E. Millgram, Great Jewish Ideas, 1964.
D. Neumark, Geschichte der jüdischen Philosophie des Mittelalters, I, 1907; II/1, 1910; II/2, 1928.
A. Posy, Mystic Trends in Judaism, 1966.
D. Rabieh, Sefär hā-'ᵃmûnāh wᵉhad-deʿāh, 1964.
Ch. R. Rabinowitz, Dijôqnā'ôt šäl Daršānîm, 1966/7.
C. Roth, Geschichte der Juden (GdJ), übers. von K. Blaukopf, 1964².
C. Roth, Die Kunst der Juden (KdJ), 2 Bde., 1963/4.
H.-J. Schoeps, Jüdische Geisteswelt, Darmstadt o. J.
G. Scholem, Die jüdische Mystik in ihren Hauptströmungen, 1957, 1967 (DjM); engl.: Major Trends in Jewish Mysticism, 1955 (mit Zitaten in Hebräisch).
K. Schubert, Die Religion des nachbiblischen Judentums, 1949.
L. Schwarz (ed.), Great Ages and Ideas of the Jewish People, 1956.
Sefär ham-Môʿᵃdîm (SM), 8 Bde., 1966/7⁷.
A. H. Silver, A History of Messianic Speculation in Israel, 1959².
J. Soetendorp, Symbolik der jüdischen Religion, 1963.
M. Z. Sole, Limhûtāh šäl haj-jahᵃdût, 1969.
S. Spiro, Fundamentals of Judaism, 1969.
M. Steinschneider, Jewish Literature, 1965².
L. Strauss, Persecution and the Art of Writing, 1952.
R. Strauss, Die Juden in Wirtschaft und Gesellschaft, 1964.
F. Thieberger – E. Rabin, Jüdisches Fest, jüdischer Brauch, 1936.
J. Trachtenberg, Jewish Magic and Superstition, 1939 (1961).
L. Trepp. Eternal Faith, 1962.
J. M. Tykoczinski, Sefär 'Äräṣ Jiśrā'el, 1955/6.
E. E. Urbach, ḤZ"L. Pirqê 'ᵃmûnôt wᵉdeʿôt, 1969.
M. Waxman, A History of Jewish Literature, 5 Bde., 1960².
M. Waxman, Gālût ûgᵉ'ûllāh bᵉsifrût Jiśrā'el, 1952 (Gālût).
A. H. Weiss, Dôr dôr wᵉdôrᵉšājw, 5 Bde., 1871/91.
K. Wilhelm, Jüdischer Glaube. Eine Auswahl aus zwei Jahrtausenden, 1961.
J. Winter – A. Wünsche, Die jüdische Literatur seit Abschluss des Kanons, 3 Bde. 1894/6 (Nachdr. 1964).
Z. Zahabi, Mibḥar ham-maḥšābāh wᵉham-mûsār baj-jahᵃdût, 1953/4.
J. Zinberg, Tôlᵉdôt sifrût Jiśrā'el, 6 Bde., 1959/60 (erg. hebr. Übers. des jiddischen Originals: Di Geschichte fun der Literatur bej Idn, 5 Bde., 1929–1943).
M. Zobel, Das Jahr der Juden in Brauch und Liturgie, 1936.
L. Zunz, Die gottesdienstlichen Vorträge der Juden, 1892² (GV), Nachdr. 1966 (erg. hebr. Übersetzung: Had-dᵉrāšôt bᵉJiśrā'el, ed. Ch. Albeck, 1953/4).
L. Zunz, Die synagogale Poesie des Mittelalters, 1920² (SP), Nachdr. 1967.
L. Zunz, Literaturgeschichte der synagogalen Poesie, 1865 (LG), Nachdr. 1966.
L. Zunz, Die Ritus des synagogalen Gottesdienstes, geschichtlich entwickelt, 1859, Nachdr. 1967 (Ritus).

2. *Zeitschriften, Nachschlagewerke und in Abkürzung zitierte Literatur*

AAJR	American Academy for Jewish Research
AGPh	Archiv für die Geschichte der Philosophie
AHDLdMA	Archives d'histoire doctrinale et littéraire du Moyen Âge
AJA	American Journal of Archaeology
AO	Acta Orientalia
ASR	Archives de Sociologie des Religions
ASTI	Annual of the Swedish Theological Institute
AThR	Anglican Theological Review
AUSS	Andrew's University Semitic Studies
BA	Biblical Archaeologist
BEAS	Bulletin of the L. M. Rabinowitz Fund for the Exploration of Ancient Synagogues
BeO	Bibbia e Oriente
Bibl	Biblica
Bibl. Or.	Bibliotheca Orientalis
BJPES	Bulletin of the Jewish Palestine Exploration Society
BJRL	Bulletin of the John Rylands Library
BM	Bet Mikra
BR	Biblical Research
BS	Bibliotheca Sacra
BSOAS	Bulletin of the School for Oriental and African Studies
BuL	Bibel und Leben
BZ	Biblische Zeitschrift
CBQ	Catholic Biblical Quarterly
CCARJ	Central Conference of American Rabbis Journal
CCAR. YB	Central Conference of American Rabbis, Year Book
ChQR	Church Quarterly Review
CIJ	Corpus Inscriptionum Judaicarum, ed. J. Frey, I, 1936
CJ	Conservative Judaism
Com	Commentary
CPJ	Corpus Papyrorum Iudaicorum, ed. V. Tcherikover – A. Fuks, M. Stern, 3 Bde., 1957/1960/1964
CThM	Concordia Theological Monthly
D	Davidson*, I.,
EdI	Enzyklopädie des Islam
EI	Hā-'Enṣîqlôpedîjāh hā-'ibrît
EIsr	Eretz-Israel, Archaeological, historical and geographical studies
ERE	Encyclopedia of Religion and Ethics
ET	'Enṣîqlôpedîjāh talmûdît
ETL	Ephemerides Theologicae Lovanienses
EvTh	Evangelische Theologie

PRE	Pirqê R. 'Elî'äzär
Ps. Sal	Psalmen Salomonis
Qumran	Qumran, davor Zahl der Höhle, dahinter die Siglen der Qumranschriften, H – Hymnenrolle, S – Sektenregel, M – Kriegsrolle, p – Pešär
Qidd	Qiddûšîn
r	rabbā(tî)
R.	Rab(bî)
RH	Ro'š haš-šānāh
R'B"D	R. Abraham b. David (von Posqière)
RLB"G	R. Levi b. Gerson (Gersonides)
RMB"M	R. Mose b. Maimon (Maimonides)
RMB"N	R. Mose b. Nachman (Nachmanides)
RS"G	R. Saadja Gaon
s.	siehe
Sab	Šabbāt
Šeb	Š^{e}bû'ôt
Sib	Sibyllinische Bücher
Sir	Sirach
Sof	Sôf^{e}rîm
SRS"G	Siddûr Rāb Saadjāh Gā'ôn
s. v.	sub voce
syr. Bar	syrische Baruchapokalypse
t	Toseftā'
Ta'an	Ta'^{a}nît
Tanch	Tanḥûmā'

§ 1 Einleitung

1. Zur Forschungslage

Innerhalb der schier unübersehbaren Fülle judaistischer Fachliteratur seit der Aufklärung dominiert eindeutig die Darstellung der Geschichte des Judentums. Eine selbständige und vollständige Beschreibung der jüdischen Religionsgeschichte, begegnet hingegen nicht, es sei denn, man wendet sich von vornhinein den großen Darstellungen der Geschichte des Judentums zu, die indes einen handlichen Grundriß nicht erübrigen. Der hauptsächliche Grund dieser Fehlanzeige ist wohl darin zu sehen, daß die „Wissenschaft des Judentums“ mit all ihren großartigen Leistungen in der Regel eben doch auch eine Funktion der jüdischen Selbstfindung und damit auch der innerjüdischen Parteinahme erfüllte. Erschwerte dies bereits im Ansatz die Bemühungen um eine umfassende und ausgewogene Überblicksinformation, so traten dazu noch apologetische Anforderungen, denen man nachgeben zu müssen meinte. So suchte man z. B. das christlich-theologische Klischee von der „Geschichtslosigkeit“ des Judentums zu widerlegen, und zwar eben durch Darstellung der jüdischen Volksgeschichte, aber gleichzeitig fühlte man sich genötigt, dem Religionsbegriff der Aufklärung und des 19./20. Jh. Genüge zu tun und das Judentum entsprechend darzustellen. Dies bedingte einen gewissen Eklektizismus in der Behandlung der einzelnen Stoffe und Perioden, der leicht Einseitigkeiten zur Folge hatte oder die eine oder andere Periode zu kurz kommen ließ. Vor allem sei hier hervorgehoben, daß eine halbwegs zutreffende Kenntnis der jüdischen Religionsgeschichte nur möglich ist, wenn der jeweilige politisch-soziale Rahmen und die Geschichte der jüdischen Literatur mitbeachtet werden. Sosehr damit eine Art „Ideengeschichte“, die so dargestllt wird, als hätte sie sich gewißermaßen in einem luftleeren Raum ereignet, abgelehnt wird, sowenig soll dem anderen Extrem das Wort geredet werden, nämlich der Meinung, die Geschichte der Religion sei lediglich von der Geschichte der äußeren Verhältnisse her zu deuten. Gerade die Geschichte der jüdischen Religion zeigt wiederholt, daß äußere Verhältnisse zwar einen entscheidenden Einfluß auf die Geschichte der Religion haben können, aber auch religiöse Vorstellungen ein solches Maß an Eigenleben und Eigengewicht erhalten können, daß sie die äußeren Verhältnisse prägen und sich auch dann noch halten, wenn die politischen und sozialen Verhältnisse schon längst völlig verändert sind.

Viel günstiger steht es mit der Fachliteratur über bestimmte Gebiete der Judaistik, v. a. über die Geschichte der religiösen Philosophie und der Kabbalah. Dies beruht aber eben auf dem schon erwähnten Eklektizismus, denn wie die „Religionsphilosophie" des Judentums aus ganz konkreten innerjüdischen Tendenzen und apologetischen Beweggründen im 19./20. Jh. so besonders herausgestellt worden ist, so entspricht auch das neue Interesse an der jüdischen „Mystik" einer innerjüdischen Orientierung, die gewissen Neigungen auch in der Umwelt parallel läuft. Im folgenden wurde versucht, eine weitgehende Ausgeglichenheit in der Behandlung der verschiedenen Gebiete zu erreichen, wobei freilich eine Seite aus verschiedenen Gründen zurücktrat, die Einzelbeschreibung der praktischen Alltags- und Volksfrömmigkeit. Ihre stärkere Berücksichtigung war weder aus persönlich-wissenschaftlichen noch aus formal-umfangmässigen Gründen möglich.

2. „*H^{a}lākāh*" und „*Haggādāh*"

Zu den geläufigsten Klischees in der Beurteilung der jüdischen Religion gehört die Behauptung, daß nur die religiöse Praxis entscheidend sei, der religiösen Lehre hingegen keinerlei wesentliches Gewicht zukomme. Diese Behauptung hat zwei Wurzeln. Die eine im christlichen kontroverstheologischen Vorwurf, das Judentum sei eine „gesetzliche" und damit auf Äußerlichkeiten festgelegte Religion, die andere in einer jüdischen apologetischen Schutzbehauptung. Um nicht lehrmässig-dogmatisch (im christlichen Sinne einer verbindlichen Glaubenslehre) auf irgendwelche Vorstellungen in der Überlieferung festgenagelt zu werden, hat man auf jüdischer Seite in den christlich-jüdischen Auseinandersetzungen gerne betont, daß im Judentum nur dem religiösen Recht (der *H^{a}lākāh*) Verbindlichkeit zuzumessen sei, im religiösen Denken aber kein Jude an überlieferte Aussagen in der religiösen nichthalakischen Literatur gebunden wäre. Fatalerweise bestätigte man damit wider Willen das ersterwähnte christliche Vorurteil, daß die jüdische Religion in erster Linie in Äußerlichkeiten bestehe. Die oft zitierte Formulierung, Judentum sei eher eine „Orthopraxie" als eine „Orthodoxie", trifft jedoch nur soweit zu, als damit die Existenz einer verbindlichen überlieferten Glaubenslehre verneint wird. In Wirklichkeit war es immer so, daß der religiösen Motiv-schicht auch im Judentum keine geringere Bedeutung zukommt als in anderen Religionen. Die *H^alākāh* und der *Minhāg* (das Brauchtum) geben an, WAS der Jude zu tun hat. Die *Haggādāh* und das religiöse Denken in seiner literarischen Überlieferung enthält die Erklärungen dafür, WARUM er es tun soll bzw. tut. Gerade die Geschichte der religiösen Motivschicht bedarf daher auch besonderer Aufmerksamkeit, soll eine jüdische Religionsgeschichte nicht zu einer blossen Aufzählung und Beschreibung von jeweils geübten Bräuchen und religiösen Praktiken ausarten und sich der Möglichkeit berauben, zur Erhellung der Wechselbeziehungen beizutragen, die zwischen der jüdischen Kultur und ihren zahlreichen und wechselnden Umweltkulturen bestanden haben.

3. Zur Einteilung

a) Periodisierung

Eine periodenmässige Einteilung erfolgt zu einem gewissen Teil nach individuellem Ermessen und darüber hinaus nach gängigen Vorbildern. Im Fall der vorliegenden Religionsgeschichte ging es darum, bekannte Einteilungsmethoden so weit als möglich beizubehalten und in sachgerechter Weise zu modifizieren. So entstand eine einsichtig begründbare Einteilung in fünf Teile: I. Das Frühjudentum, abgelöst durch II. Die talmudische Periode, in der infolge des Krieges von 66–70. n. die pharisäische Ausprägung und Auswahl der frühjüdischen Überlieferung zur grundlegenden Norm wurde. „Talmudisch" wurde dabei in einem weiteren Sinne verwendet, als Kennzeichnung der gesamten Zeit von 70 n. bis zur nächsten wirklich entscheidenden geschichtlichen Wende, der arabischen Eroberung, mit der auch eine kulturelle Zäsur erreicht ist. III. Das Mittelalter, hier von der arabischen Eroberung bis zur Vertreibung aus Spanien gerechnet, ist eine äußerst komplexe Periode. Die Vertreibung aus Spanien stellt religionsgeschichtlich tatsächlich eine Wende dar, nach der sich IV. Die Neuzeit bis zur Aufklärung deutlich abhebt, entgegen der allgemein verbreiteten Ansicht, für das Judentum hätte sich das Mittelalter – das übrigens auch für die Juden keineswegs nur „finster" war! – bis ins 19. Jh. hinein fortgesetzt, was nur für gewisse Bereiche zutrifft.

Die Aufklärung als Wende zur Religionsgeschichte des modernen Judentums ergibt keine exakte zeitliche Grenze. Der Wandel, der in den letzten Jahrzehnten des 18. Jh. einsetzte, war jedoch derart folgenreich, daß eine gesonderte Behandlung des 19./20. Jh. s unumgänglich ist.

b) Stoffeinteilung

Eine in jedem Teil gleichermassen angewandte schematische Stoffeinteilung wäre der Eigenart der Einzelperioden nicht gerecht geworden. Didaktische Erwägungen wurden darum den sachlichen Erfordernissen in diesem Punkt nachgeordnet. Dies gilt auch in bezug auf Themen oder Autoren, über die aus bestimmten Gründen zwar eine Fülle von Sekundärliteratur zu verzeichnen ist, z. B. über Mose b. Maimon, für die aber dennoch im Rahmen des Ganzen ein gesonderter Paragraph nicht gerechtfertigt schien.

Religiöse Philosophie und Kabbalah wurden aus praktischen Erwägungen gesondert behandelt, obschon eine grundsätzliche Trennung nicht beabsichtigt war. Dabei kam es darauf an, aus der Geschichte der religiösen Philosophie jene Momente hervorzuheben, die in der Religionsgeschichte des Judentums wirksam geworden sind. Ihre Bedeutung innerhalb der Philosophiegeschichte im engeren Sinne kann aus der reichlich vorhandenen Spezialliteratur erhoben werden.

4. Kontinuität und Wandel

a) Die Frage nach Kontinuität und Wandel in der jüdischen Religionsgeschichte begegnet zunächst angesichts eines weitverbreiteten christlich-theologischen Klischees, nach welchem zwischen dem biblischen (alttestamentlichen) und nachbiblischen Judentum eine mehr oder minder schroffe Zäsur angesetzt wird. Dem liegt ein heilsgeschichtliches Postulat zugrunde, das zwischen „israelitischer" und „jüdischer" Religion auch im Sinne eines Werturteils unterscheidet und überdies voraussetzt, daß die Geschichte des Judentums eigentlich mit dem Auftreten Jesu bzw. mit der als Strafe für die Verwerfung Jesu gedeuteten Zerstörung des Tempels im Jahre 70 n. ihr Ende gefunden hat und seither nur mehr ein illegitimes, bestenfalls degeneriertes oder fossilienartiges Dasein führe. Charakteristisch für diese ganz am neutestamentlichen Horizont orientierte Auffassung ist die Verwendung der Bezeichnung „Spätjudentum" für das Judentum der sog. neutestamentlichen Zeitgeschichte. Von sachlichen religionsgeschichtlichen Gesichtspunkten aus verdient diese dogmatisch fixierte Sicht keine eingehendere Widerlegung. Dic Kontinuität der jüdischen Religionsgeschichte von den ältesten Zeiten an ist evident – im Unterschied zu den so gern geknüpften unmittelbaren Verbindungen von den biblischen Propheten zu Jesus und zum frühen Christentum, das im übrigen selbst eine Seitenströmung des Frühjudentums darstellt, die sich mehr und mehr von der Hauptlinie der Überlieferung entfernt hat – was hier kein Werturteil sein soll.

b) Wirklich problematisch und der Erörterung wert ist das Verhältnis von Kontinuität und Wandel insgesamt[1]. Der Übergang von dem Richtungspluralismus des Frühjudentums zu der durch die pharisäische Überlieferung geformten Religion der talmudischen Zeit war beileibe kein so weitgehender Wandel, wie jener, der sich in den folgenden Perioden, vor allem aber mit der Aufklärung, ereignete. Bis zur Aufklärung kann noch relativ leicht eine weitgehende materiale Kontinuität der praktischen Religion und selbst der Glaubensvorstellungen aufgewiesen werden, doch ist fraglich, ob damit das Phänomen der jüdischen Religiosität auch nur einigermassen hinreichend beschrieben wäre. Es könnte auf diese Weise nur ein Einzelaspekt getroffen werden, und zwar einer, der die Dynamik, welche die jüdische Religionsgeschichte bei aller materialen Kontinuität auch kennzeichnete, überhaupt nicht berührt. Eine bloße Aufteilung in 1. das materialiter Kontinuierliche einerseits und 2. die beobachtbaren Veränderungen andrerseits entspricht noch keineswegs dem wirklichen Verhältnis zwischen Kontinuität und Wandel. Die Kontinuität besteht eben nicht bloß in den erwähnten kontinuierlichen Fakten und Vorstellungen, sondern auch als Kontinuität der Problematik, aus der sich gerade die jeweiligen Wandlungen ergaben. Eine Relegionsgeschichte des Judentums ist insofern zu einem guten Teil die Problemgeschichte der jüdischen Religion. So gesehen, läßt sich auch die heute da und dort versuchte Aufteilung in konservierende und revolutionierende bzw. dynamische Komponenten in der jüdischen Religion nur mit Vorbehalten vollziehen[2]. Es geht zum Beispiel nicht an, in der

[1] Vgl. G. Scholem, Tradition and Commentary as Religious Categories in Judaism, Jdm 15 (1966), 23–39.

[2] Vgl. G. Scholem, Zum Verständnis der messianischen Idee im Judentum, in: Judaica (I), 1963, 7–73, und in: Ders., Über einige Grundbegriffe des Judentums, 1970, 121–170; Ders., Die Krise der Tradition im jüdischen Messianismus, Eranos-Jb. 37 (1968/70), 9–44; R. J. Z. Werblowsky, Messianism in Jewish History, JWH 11 (1968), 30–4 .

Torah bzw. der halakischen Tradition einseitig nur den konservierenden und in der messianischen Hoffnung nur den dynamisch-revolutionären oder utopisch ausgerichteten Faktor zu sehen. Einmal sind die Bereiche „Gesetz“ und „Geschichte“ nicht zu trennen, weil zwischen Toraherfüllung und Geschichtserfüllung ein unmittelbares Kausalverhältnis gesehen wurde. Gerade die strikte halakische Observanz kann sich darum als heilgeschichtliches *movens* begründen. Zum andern weist die messianische Hoffnung zwar mehrere Facetten auf, zielt aber fast durchwegs auf die Herstellung torahgemässer Verhältnisse ab, ob diese Herstellung nun in restaurativem Sinne oder als revolutionäre Wende begriffen wird. Wo dies nicht mehr der Fall ist, z. B. in der sabbatianischen Bewegung (§ 52), werden die Grenzen des Judentums durchbrochen und häretische Tendenzen ausgelöst. Auch die messianische Hoffnung enthält also eine bewahrende Komponente in ihrer Relation zur Halakah. Weil aber die erhoffte Erfüllung in jedem Fall das jeweils Erreichte transzendierte, ergab sich immer wieder ein erneuter Anstoß zu ernsterem Bemühen, verstanden als unentrinnbarer Erwählungsauftrag. Dieses Bewußtsein um eine Verpflichtung zur Verwirklichung des eschatologisch Verheissenen in Zeit und Raum bedingt ein Doppeltes, die Bindung an das Hier und Jetzt, an die reale Welt, ja selbst an das „Land“, und zugleich die ständige Erfahrung, daß die Verheißung darin nicht aufgeht, solange die Heilsgeschichte nicht zu ihrem – unberechenbaren – Ziel gelangt. Diese Aporie in der Dialektik jüdischer Geschichte garantiert bis heute die Lebendigkeit der jüdischen Religion, da jede Generation sich aufs neue mit ihr auseinanderzusetzen hat, auch wenn die oben erwähnte materiale Kontinuität bereits ein sehr geringes Ausmaß erreicht. Nicht selten erfolgt mit dieser Auseinandersetzung eine neue Hinwendung zur Tradition und damit eine Wiederverstärkung auch der materialen Kontinuität. Wer aus diesem Sachverhalt ein Werturteil begründen und die Problematik der jüdischen Religion wegen ihrer Brisanz für ein Negativum halten wollte, übersieht, daß gerade dieser Problemreichtum auch den Reichtum der jüdischen Religion und der jüdischen Kultur insgesamt hervorgebracht hat. Dabei sollte freilich nicht vergessen werden, was dies für die vielen Einzelnen bedeutete, die diese Religion als Gabe und Aufgabe verstehend durch eine jahrtausendelange Geschichte voller Anfechtungen und voller äußerer Bedrängnisse hindurch bekannten – und noch bekennen.

1. Teil

RELIGIONSGESCHICHTE DES FRÜHJUDENTUMS IN DER HELLENISTISCH-RÖMISCHEN ZEIT

1. Kapitel: Geschichtliche und religiöse Grundzüge

§ 2 Rückblick auf die persische Zeit[1]

G. Fohrer, Geschichte der israelitischen Religion, 1969, S. 363 ff. und die Literatur dort; ferner – P. Horegin, Mäḥqārîm bitqûfat hab-bajit haš-šenî, 1949; J. Klausner, Hîstôrjāh šäl hab-bajit haš-šenî, 1963[6]. – K. Schubert, Die Kultur der Juden, I. Im Altertum, in: Handbuch der Kulturgeschichte, hrsg. von E. Thurnher, Lieferung 256–266, Heft 1–11, 1970.

Das Kyrosedikt von 538 (Esr 6, 3–5; vgl. 1, 2–4) gestattete den Heimkehrern den Wiederaufbau des – und nur des – Jerusalemer Tempels. Die Rechtsträger dieses Heiligtums, Davididen und Zadokiden, waren mit Šešbazzar bzw. Serubbabel und Josua ben Jehozadaq vertreten, die davidische Restaurationshoffnung blieb jedoch unerfüllt und die priesterliche Hierarchie übernahm mehr und mehr auch die Funktion einer Repräsentanz des Volkes. Es wäre aber verfehlt, diese Hierokratie als Symptom einer Entpolitisierung zu deuten und von einer „Kultgemeinde" zu sprechen. Das Streben nach Souveränität oder nach wenigstens weitgehender politisch-rechtlicher Autonomie blieb immer lebendig, auch in der Form der messianischen Hoffnung, die als Naherwartung stets auch einen restaurativen und revolutionären Zug aufwies. Gerade die Religionsgeschichte des Frühjudentums war in höherem Maß als jene folgender Perioden auch zugleich politische und soziale Geschichte. Das Kyrosedikt blieb in doppelter Hinsicht über den Tempelbau hinaus wirksam. Einmal in seiner ursprünglich auf den Heimkehrerkreis begrenzten Geltung und zweitens durch die enge Bindung der Heimkehrergemeinde an

[1] Die Darstellung überschneidet sich im folgenden mit dem Schlußteil von G. Fohrers „Geschichte der israelitischen Religion", die – unbeschadet z. T. unterschiedlicher Meinungen – vorausgesetzt wird.

die babylonische Golah und deren Frömmigkeit. Beides zusammen verhinderte die endgültige Integration der Heimkehrer in die Landesbevölkerung. Schon während des Tempelbaus wurden die Landesbewohner vom Bau und vom Kult ausgeschlossen (Esr 3, 3; 4, 1 ff.), und zwar unter ausdrücklicher Berufung auf das Kyrosedikt (Esr 4, 3). Nach der Wiederherstellung des Tempels, der auch bald wieder zu einem wirtschaftlichen Zentrum wurde, vollzog sich freilich eine zunehmende Verflechtung zwischen Heimkehrergruppen und Umwelt, zumal die ersteren über keinerlei Selbstverwaltung verfügten. Ebensolange blieb auch etwas wie ein „gesamtisraelitisches" Bewußtsein lebendig, wie es im sogenannten „deuteronomistischen Geschichtswerk" noch bezeugt ist. Dies entsprach jedoch nicht dem Verständnis von Gesetz und Geschichte in der babylonischen Golahtheologie und in den streng golahorientierten Heimkehrerkreisen. Sie bekämpften das Mißverhältnis zwischen ihrem theologischen Anspruch und der judäischen Praxis und erzwangen unter Esra und Nehemia nach heftigen Auseinandersetzungen eine Entscheidung. Esra, dessen zeitliches Wirken hier nach der Chronologie des Chronisten angesetzt wird (also von 458 an und daher auch zur Zeit des Nehemia)[2], kam mit einer Rückwandererschar und als Sonderbeauftragter für das „Gesetz des Himmelsgottes" (Esr 7, 12) nach Jerusalem. Da die Samaritaner wenig später den Pentateuch bereits in ihr Schisma mitnahmen[3], dürfte dieses Gesetz „die Torah", der Pentateuch gewesen sein[4], wobei natürlich inhaltlich – wie es auch später immer der Fall war – zwischen „Gesetz" im engeren Sinn (die 613 Gebote und Verbote) und der Torah als Buch (Pentateuch) zu unterscheiden ist. Die Torah galt von da an als königlich anerkanntes Recht und die Aufgabe Esras bestand darin, in Jerusalem und Juda ein autonomes Rechts- und Gerichtswesen auf dieser Grundlage aufzubauen (Esr 7,

[2] Siehe nun auch U. Kellermann, Erwägungen zum Problem der Esradatierung, ZAW 80 (1968), 55–87.

[3] Siehe zuletzt J. D. Purvis, The Samaritan Pentateuch and the Origin of the Samaritan Sect, 1968. Die Trennung zwischen „Juden" und „Samaritanern" dürfte bereits zwischen 405–400 v. stattgefunden haben: siehe darüber A. Schalit, Päräq b^{e}tôl^{e}dôt milḥämät ham-miflāgôt bîrûšālajim b^{e}sôf ham-me'āh ha-ḥ^{a}mîšît ûbitḥillat ham-me'āh hār^{e}bî'ît lifnê has-s^{e}fîrāh, Sefär Zikkārôn l^{e}Jôḥanan Levi, 1958/9, 252–272.

[4] S. Mowinckel, Studien zu dem Buche Esra und Nehemia III, Die Esrageschichte und das Gesetz Moses, 1965, 124 ff.
U. Kellermann, Zum Esragesetz, ZAW 80 (1968), 373–385, denkt an eine Form des dtr. Gesetzes.

14). Zu diesem Zweck war es erforderlich, den Kreis derer, für die dieses staatlich anerkannte Recht Geltung haben sollte, exakt zu bestimmen. Da eine territorial begrenzte Selbstverwaltung fehlte, blieb – zumal im Sinne der strengen Golahtheologie – nur die Möglichkeit genealogischer Feststellung der „Erben“ des Kyrosedikts, der nun sogenannten „Juden“ (Esr 4, 12.23; 5, 1.5; 6, 7 f.14; Neh 3, 33 f. u. ö.), was sich in den Listen des chronistischen Geschichtswerkes niedergeschlagen hat. Ohne Selbstverwaltung und daher auch ohne Exekutive war es jedoch nicht möglich, die Torah in diesem Sinne und eine solche Separation von der Umwelt einzuführen und durchzusetzen. Erst unter Nehemia, als Jerusalem mit seiner engeren Umgebung eine gewisse Autonomie erlangte und eine Art Tempelstaat wurde, änderte sich die Situation und die Reform konnte durchgedrückt werden. Die Landesbewohner, die sich nicht fügen wollten (Esr 7,26), schieden damit aus dem Verband der „Juden“ aus. Im chronistischen Geschichtswerk fand diese neue Situation ihre geschichtstheologische Rechtfertigung, und während die Juden ihre königlich anerkannte Torah in der offiziellen aramäischen Schrift zu schreiben begannen, blieben die Samaritaner, für die diese Anerkennung nicht galt[5], bei der althebräischen Schrift. Gegen Ende der persischen Periode scheint es in Juda keinen eigenen Statthalter mehr gegeben zu haben, sodaß der Hohepriester mit der „Gerusie“ sowohl den König gegenüber dem Volk wie dieses gegenüber dem König repräsentierte[6]. Diese Form der Tempelstaatsführung galt alsbald als Teil der herkömmlichen Rechtsordnung und die hellenistischen Herrscher haben diesen Zustand anerkannt, indem sie den Juden gestatteten, nach den „Gesetzen bzw. Sitten der Väter“ leben zu dürfen (ant XI, 338 f.[7]; XII, 138 ff.[8]; XII, 150[9]).

[5] Für die sich darum unter Antiochus IV. Epiphanes auch keine vergleichbare Verfassungskrise ergab.

[6] Noch um 200 rangierte die Gerusie vor dem Hohepriester (vgl. ant. XII, 138–144). Vgl. G. Allon, Tôl^{e}dôt haj-J^{e}hûdîm b^{e}'Äräṣ-Jiśrā'el bitqûfat ham-Mišnāh w^{e}hat-Talmûd, II, 1956, 220 ff.; V. Tcherikover, Hellenistic Civilisation and the Jews, 1959, S. 427 (zu S. 58 f.); M. Stern, Hat-t^{e}'ûdôt l^{e}märäd ha-Ḥašmônā'îm, 1965, 32 ff. 97.

[7] E. Bickermann, La charte séleucide de Jérusalem, REJ 100/1 (1935), 4–35, v. a. S. 27 und dazu V. Tcherikover, a. a. O. (Anm. 6) 82 f. 438.

[8] Dazu s. die Lit. in Anm. 7 und M. Stern, a. a. O. (Anm. 6) 41 ff.

[9] A. Schalit, The Letter of Antiochus III to Zeuxis Regarding the Establishment of Jewish Military Colonies in Phrygia and Lydia (Josephus Ant. XII, § 148–153), JQR 50 (1960), 289–318.

Die hierokratische Staatsordnung stand nun anscheinend fester denn je. Doch die innere religionspolitische Struktur des Volkes war wohl schon damals alles andere als homogen. Die Reformen unter Esra und Nehemia hatten zwar dem heilsgeschichtlichen und juristischen Anspruch der Golahgemeinde Geltung verschafft und auch soziale Maßnahmen eingeschlossen, das alte Grundproblem aber nicht beseitigt. Es war die Schwierigkeit, unter normalen Alltagsbedingungen an den strengen Grundsätzen der Golahfrömmigkeit festzuhalten und sich von der Umwelt in solchem Maße isoliert zu halten. Auch mit dem Status eines relativ autonomen „ethnos" blieb der Jerusalemer Tempelstaat in vieler Hinsicht mit seiner Umwelt verflochten, umsomehr, als eine Bevölkerungsexplosion sondergleichen die Möglichkeiten des kleinen Staatsgebildes zu überborden begann. Durch die Privilegierung des Kultpersonals erwiesen sich die sozialen Reformen (wie Schuldenerlasse) unter Esra/Nehemia als Maßnahmen ohne bleibende Wirkung und die sozialen Gegensätze wurden bald erneut akut und wirkten sich auch in den religiösen Orientierungen aus, vor allem im Gegensatz zwischen der herrschenden Hierokratie und den eschatologisch orientierten Strömungen.

§ 3 Der geschichtliche Rahmen: Von Alexander d. Gr. bis 70 n. Chr.

F. M. Abel, Histoire de la Palestine, 2 Bde. 1952; Y. F. Baer, Social Ideals of the Second Jewish Commonwealth, JWH 11 (1968), 69–91; S. W. Baron*, SRH II; E. Bickermann, From Ezra to the Last of the Maccabees, 1962; E. Bickermann, Der Gott der Makkabäer, 1937; G. H. Box, Judaism in the Greek Period, 1932; G. Delling, Bibliographie zur jüdisch-hellenistischen und intertestamentarischen Literatur, 1969; W. R. Farmer, Maccabees, Zealots, and Josephus, 1957; W. Foerster, Neutestamentliche Zeitgeschichte, 1959^3; H. Graetz* III/1–2; M. Hengel, Judentum und Hellenismus, 1969; J. Jeremias, Jerusalem zur Zeit Jesu, 1963^3; J. Klausner, Hîstôrjāh šäl hab-bajit haš-šenî, 5 Bde., 1963^6; W. O. Oesterley, The Jews and Judaism during the Greek Period: Background of Christianity, 1941; E. Pax, Das Heidentum Palästinas in römischer Zeit, BuL 7 (1966), 278–292; R. H. Pfeiffer, History of New Testament Times, 1949; D. S. Russell, The Jews from Alexander to Herod, 1967; S. Safraj, ʿAm Jiśrā'el bîmê hab-bajit haš-šenî, 1970; A. Schlatter, Israels Geschichte von Alexander d. Gr. bis Hadrian, 1900; K. Schubert, Die jüdischen Religionsparteien im Zeitalter Jesu, in: Der historische Jesus und der Christus unseres Glaubens, 1962, 15–101; Ders., (§ 3); E. Schürer, Geschichte des jüdischen Volkes im neutestamentlichen Zeitalter, 3 Bde. 1901 (Nachdr. 1963); W. W. Sloan, A Survey between the Testaments, 1964; N. H. Snaith, The Jews from Cyrus to Herod, 1956; M. Stern, The Hasmonean Revolt and its Place in the History of Jewish Society and Religion, JWH 11 (1968), 92–106; Ders., Hat-te'ûdôt lemäräd ha-Ḥašmônā'îm, 1965; Ders., Jemê hab-bajit haš-šenî, in: Ch. B. Sasson*, I, 175–294; V. Tcherikover, Hellenistic Civilisation and the Jews, 1959; M. Weber, Das antike Judentum, 1921; S. Zeitlin, The Rise and Fall of the Judean State, 1967, 1968; M. Zucker, Studien zur jüdischen Selbstverwaltung im Altertum, 1936.

1. Die Religionsgeschichte des „Zweiten Tempels" war, wie eben schon angedeutet, auf das engste mit der sozialen und politischen Geschichte verflochten. Und da Juda im Bereich des zwischen Seleukiden und Ptolemäern umstrittenen Coelesyrien lag, verzahnten sich innen- und außenpolitische Sachverhalte in besonderem Maße. Als z. B. um 312 v. Ptolemaios Jerusalem eroberte und vor dem anrückenden Antigonos wieder räumte, gab es in Jerusalem eine Antigonos- und eine Ptolemaios-Partei. Antigonosfreundliche Judäer und Samaritaner wurden darnach nach Ägypten deportiert, andere, auch ein (sonst nicht bezeugter) Hohepriester Hiskia sollen sich freiwillig dem abziehenden Ptolemaios angeschlossen haben. Im 3. Jh., zu Beginn des 2. syrischen Krieges (246), stellte der Hohepriester Onias II. in Erwartung eines seleukidischen Sieges die Tributzahlungen an Alexandrien ein. Ein gewisser Joseph, Nachfahre des einstigen Nehemia-Feindes Tobia aus dem Ostjordanland, ließ sich daraufhin von einer Volksversammlung die *„prostasia"* des Volkes zusprechen, hielt Juda auf proptolemäischem Kurs und gewann nach und nach für sich die Steuereintreibung in ganz „Coelesyrien". Aus den weitgespannten politischen und wirtschaftlichen Interessen seiner Familie und anderer vermögender Kreise ergab sich das Bestreben, Juda überhaupt stärker in die weitere Umwelt zu integrieren, wozu auch ein objektiver Zwang vorlag. Die Bevölkerungszahl stieg nämlich in jenen Jahrhunderten so sprunghaft an, daß eine Lösung, sei es durch friedliche Integration oder militärische Expansion, unerläßlich erschien. Für eine militärische Expansion fehlten aber die Voraussetzungen. So wurden gerade die besitzenden Kreise zu Protagonisten einer Integration – und diese geriet darum bei den armen Massen des Volkes von vornhinein in Mißkredit. Zu einer Feindschaft gegenüber griechischer Sprache und Kultur bestand zunächst kein unmittelbarer Anlaß. Griechisch wurde damals neben Aramäisch zur zweiten Verkehrssprache. Die gesellschaftliche Verflechtung der Tobiaden und ihrer Parteigänger mit der heidnischen Umwelt, vor allem ihr Verkehr bei Hof, bedingte jedoch einen Lebensstil, der – wenn auch rein äußerlich – viel Fremdes übernahm und in Juda – eben weil äußerlich und augenfällig – als Abfall von den

väterlichen Sitten erscheinen mußte. Insofern verband sich mit dem sozialen Gegensatz in Juda daher ein latenter kulturell – religiöser.

Der Gegensatz brach auf, als die Tobiadenpartei in Juda durch konkrete Maßnahmen die fromme Masse herausforderte und eine organisierte religiös-politische Frontbildung heraufbeschwor. Zwischen 200 und 198 v. Chr. hatten die Seleukiden Coelesyrien wieder für sich erobert, in Juda von einer starken proseleukidischen Partei unterstützt. Der Lohn waren beträchtliche steuermäßige Zugeständnisse, die den Hohepriester Simon zu jenen Maßnahmen befähigten, für die er in Sirach 51 so gefeiert wird. Die breite Masse erhoffte sich vom Wechsel der Oberherrschaft freilich vergeblich eine (messianische?) Wende zum Guten. Die schroffen sozialen Gegensätze, von denen auch das um 200 verfaßte Sirachbuch weiß, blieben bestehen. Die Tobiaden hatten (bis auf den jüngsten Josephsohn Hyrkan) zeitgerecht die Front gewechselt und betrieben ihre Integrationspolitik unter den Seleukiden noch intensiver als zuvor. Die Abneigung der Frommen gegenüber der herrschenden Schicht und deren Lebensstil verband sich mit der Enttäuschung gegenüber den Seleukiden, den Schutzherren der traditionsvergessenen Jerusalemer Reichen. Der offene Konflikt brach aus, als die Tobiadenpartei den amtierenden Hohepriester Onias III., der mit dem ptolemäerfreundlichen jüngsten Tobiaden Hyrkanos sympathisierte, bei Hof verklagte und anläßlich der Thronbesteigung des Antiochus IV. Epiphanes (175) mit Hilfe höherer Tributzusagen seine Absetzung erwirkte. Hohepriester wurde Jason, ein den Tobiaden gewogener Bruder des Onias. Was für den König ein üblicher Akt der Ämterverleihung war, erschien den frommen Jerusalemern als Bruch des herkömmlichen Autonomie-Brauchtums, nach dem sich die hohepriesterliche Würde in einer bestimmten zadokitischen Familie vererbte. Aber die alte Verfassung wurde nun überhaupt aufgehoben und durch eine Polisverfassung ersetzt, Jerusalem nach dem König „Antiochia" genannt und – wie es einer Polis geziemte – mit Ephebeion und Gymnasion versehen. Die Aufstellung der neuen Bürgerschaftsliste (II Makk 4,9) bot Gelegenheit zu einer genehmen Auswahl und die Masse des Volkes war damit politisch entrechtet. Gewiß dachte man nicht daran, die Torah überhaupt preiszugeben (vgl. II Makk 4, 18–20), aber als Staatsgesetz war sie eben aufgehoben. In den Augen der Frommen war dies nichts weniger als die Preisgabe des heilsgeschichtlichen Erwählungsauftrages und mit sozialen Mißständen, politischer Bedrückung und hellenisierendem Lebensstil (als Abfall vom Gesetz) zusammen Symptom einer gottfeindlichen Machtenfaltung. Eine hebräische Renaissance war die Folge, eine leidenschaftliche Ablehnung gerade der hellenistischen Äußerlichkeiten und eine zunehmende Radikalisierung in beiden Lagern. Was von den Reformern aus wirtschaftspolitischen Beweggründen begonnen worden war, endete in Kulturkampf und Bürgerkrieg. Dem gemäßigten Reformer Jason entglitten die Zügel, die Extremisten erkauften das hohepriesterliche Amt für Menelaos (II Makk 4,34 ff.), der nicht einmal zur hohepriesterlichen Familie gehörte. Damals dürfte sich ein Teil der legitimistisch-zadokitischen Priester in der Opposition mit den – ihnen zuvor keineswegs nahestehenden – Apokalyptikern verbunden haben. Menelaos stieß allerdings schon auf organisierten Widerstand im Volk und konnte sich nur mit Hilfe der Syrer behaupten. Der König wertete den Widerstand gegen die Polisverfassung verständlicherweise als Revolte und vermutete (teils mit Recht) proptolemäische Tendenzen. Die Frommen Judas wieder sahen im König nur mehr den Schirmherren der Frevler, die Verkörperung der gottfeindlichen Weltmacht. So kam es zu den berüchtigen Religionsverfolgungen. Im Herbst 169 hatte der König auf dem Rückweg vom 1. ägyptischen Feldzug Jerusalem besucht und – wie auch anderswo – die Staatskasse aus dem Jerusalemer Tempelschatz aufgefüllt. Das erbitterte Volk erhob sich daraufhin gegen Menelaos und belagerte ihn in der Akra (I Makk 1,20 ff.), verjagte aber gleichzeitig Jason, der mit 1000 Mann wieder in Jerusalem Fuß fassen wollte. Die Opposition der „Frommen" war zu einer politisch-militärischen Kraft geworden, die sich nicht mehr in den einfachen Raster „proseleukidisch / proptolemäisch" fügte, in dem der König die Ereignisse sah, der damals gerade seinen vielversprechenden 2. ägyptischen Feldzug auf ein römisches Ultimatum hin hatte abbrechen müssen (vgl. Dan 11, 28 ff.). Im Sommer 168 wurde die Rebellion in Juda niedergeworfen (II Makk 5,11 ff.), die Polisverfassung restauriert und Menelaos wieder eingesetzt. Und als sich das Volk noch einmal erhob (II Makk 5,24 ff.; vgl. I Makk 1,29 ff.), wurden schärfste Maßnahmen ergriffen. Jerusalem wurde Militärkolonie, Haus- und Grundbesitz also auf syrische Soldaten verteilt (s. I Makk 1,36; Dan 11,39), die natürlich auch Teilnahme am Tempelkult beanspruchten. Damit war selbst für gemäßigte Juden das Heiligtum entweiht. Der Großteil der Bevölkerung und der Priester verließ die Heilige Stadt (I Makk 1,36.38–40; 3,45; II Makk 5,27). Teils planmäßig, teils notgedrungen, formierten sie sich in der unwegsamen Umgebung zu Guerillatrupps. Ein Erlaß des Königs im Dezember 167 verschärfte die Lage (I Makk 1,43 ff.; II Makk 6,1 ff.). Der Tempel wurde offiziell nach Zeus Olympios benannt und syrische Kultpraktiken wurden eingeführt (II Makk 6,4; Dan 11,31). Vor allem aber richtete sich der Erlaß gegen die Torahfrömmigkeit, gegen die „väterlichen Gesetze". Der König sah in der Torah – richtig – die Basis des Widerstandes gegen die neue Verfassung[1]. Beschneidung und Sabbatheiligung wurden daher untersagt, ebenso die Befolgung der rituellen Speisegebote, und die Bevölkerung wurde zur Teilnahme an gesetzwidrigen Kulthandlungen genötigt. Für die Frommen aber stand nicht ein Brauchtum auf dem Spiel, sondern die Erfüllung der Bundesverpflichtung, die Kontinuität der Heilsgeschichte. Für sie gab es nur bedingungslosen Widerstand bis zum Martyrium[2], da sie sich des Enderfolges, des gottgesetzten Zieles der Weltgeschichte, ja gewiss waren. Der Widerstand der Frommen, für Außenstehende in seiner religiösen Motivierung nicht durchschaubar, erschien der hellenistischen Umwelt als Beharren auf absonderlichen, barbarischen Bräuchen. Nicht nur in Juda, auch in der näheren und weiteren Diaspora trat von nun an neben das alte, romantisch verklärte Bild von den Juden als den „Philosophen unter den Syrern" eine vehemente Abneigung gegen die praktische jüdische Religion[3].

2. J u d a s „M a k k a b ä u s" einte nach und nach die Widerstandsgruppen zu einer breiten antihellenistischen Front. Im Dez. 164 wurde Jerusalem (bis auf die Akra) sogar wiedererobert und der Tempel neu geweiht, ein Ereignis, dessen sich die hasmonäische Propaganda zu bedienen wußte (II Makk 1,1–9; 1,10–2,18)[4] und dessen am

[1] I. Heinemann, Was veranlaßte den Glaubenszwang der Makkabäerzeit?, MGWJ 82 (1938), 146–172.

[2] E. Bammel, Zum jüdischen Märtyrerkult, ThLZ 78 (1953), 119–126; G. D. Cohen, The Story of Hannah and her Seven Sons in Hebrew Literature, M. M. Kaplan Jubilee Volume 1953, (hebr.) 109–122; Th. Klauser, Christlicher Märtyrerkult, heidnischer Heroenkult und spätjüdische Heiligenverehrung, 1960.

[3] I. Heinemann, Antisemitismus, RE Suppl. V, 3–43; J. Isaac, L'antisémitisme préchrétien, éternel antisémitisme, RPJ 7 (1951), 50–73; Ders., Genèse de l'antisemitisme à fin de l'ère préchrétien, RPJ 8 (1951), 71–87; L. Levi, Tᵉqûfat hab-bajit haš-šenî lᵉ'ôr has-sifrût haj-jᵉwānît wᵉhārômît, in: ʿÔlāmôt nifgāšîm, 1960, 3–14; F. M. T. Liagre-Böhl, Die Juden im Urteil der griechischen und römischen Schriftsteller, Scripta Minora de Liagre-Böhl, 1953, 101–122. 485 f.; E. Tcherikover, Hā-'anṭîšemijût bā-ʿôlām hā-ʿattîq, Môlād 16 (1957/8), 361–372.

[4] V. Tcherikover S. 354. 529.

„Channukka-Fest"[5] gedacht wird. Der Erfolg beruhte zum Teil wenigstens auf einer realpolitischen Entscheidung, die gewiß nicht die Zustimmung aller Frommen fand, nämlich sich auch am Sabbat zu verteidigen[6]. Nach Dan 11,34 z. B. gilt der makkabäische Erfolg nur als „kleine Hilfe", weil die Apokalyptiker (§ 4,2; § 6) ja eine eschatologische, endgültige Rettung erwarteten und bis dahin auch durchaus mit der alten Ethnos-Autonomie zufrieden waren. Als Antiochus IV. im April 163 die Schwäche der „Reformer" erkannte, die Religionsverfolgung einstellte und die alte Verfassung wiederherstellte (II Makk 11,27–33), setzte Judas, dem es bereits um die Führung des Volkes ging, den Kampf fort[7]. 162 zwang ihn eine Niederlage jedoch zu einem Vergleich (II Makk 11,22–26). Menelaos wurde hingerichtet und ein Zadokide, Alkimos, zum Hohepriester ernannt. Viele der Frommen (Chasidim) fanden den alten Zustand wiederhergestellt (I Makk 7,12 ff.), Judas freilich stellte sich gegen Alkimos, der, als er sich mit Gewalt durchsetzen wollte, auch im Volk Sympathien verlor. Im Jahre 160 v. fiel Judas in der Schlacht bei Laisa und sein Bruder Jonathan mußte buchstäblich wieder von vorn beginnen. Mit großem Geschick nutzte er die Rivalität unter den seleukidischen Thronprätendenten für seine Interessen aus und ließ sich 153 sogar zum HP ernennen. Dies dürfte in Juda eine gewisse Verwirrung gestiftet haben, nicht minder seine politisch-militärische Aktivität als Vasall des seleukidischen Herrschers. Jonathan fiel 143 v. den Ränken des Thronprätendenten Tryphon zum Opfer und nur ein Zufall (schwerer Schneefall) und die Umsicht seines Bruders und Nachfolgers Simon verhüteten eine Katastrophe. Simon setzte Jonathans Expansionspolitik konsequent fort und zielte auf die davidischen Grenzen. Schließlich brach er die syrische Oberherrschaft vollends und eroberte die Akra in Jerusalem. Seine Erfolge waren so überzeugend, daß ihm 140 v. in einer Volksversammlung die Würden

[5] Lit. bei G. Fohrer, Geschichte (§ 2) 396, Anm. 15. Ferner: S. Stein, The Liturgy of Hanukkah and the First Two Books of Maccabees, JJS 5 (1954), 100–106; H. E. Del Medico, Le cadre historique des fêtes de Hanukkah et de Purim, VT 15 (1965), 238–270; E. Solis Cohen, The Feast of Lights, 1937; SM V, 93 ff.

[6] E. Lohse, ThWNT VII, 1–34; R. North, Maccabean Sabbath Years, Bibl. 34 (1953), 501–515; M. D. Herr, Lib'ājat hilkôt milḥāmāh baššabbāt bîmê bajit šenî ûbitqûfat ham-Mišnāh w^{e}hat-Talmûd, Tarb 30 (1960/1), 242–256. 341–356; S. T. Kinbrough, The Concept of Sabbath at Qumran, RdQ 5 (1954/5), 483–502.

[7] E. Abisar, Milḥ^{a}môt J^{e}hûdāh ham-Makkābî, 1968^2.

des Regenten, Feldherrn und Hohepriesters erblich zugesprochen wurden, doch mit der bedeutsamen Einschränkung: „bis ein zuverlässiger (wahrer) Prophet auftritt“ (I Makk 14,41)[8]. Die Frommen stimmten also nur einer Interimlösung zu, die für sie – wegen der Erwartung der nahen Endzeit – wenig bedeutete, den Makkabäern aber die Dynastiebildung erlaubte. Von da an war freilich jedes Auftreten eines „Propheten“ eine Abdankungsaufforderung an die Hasmonäer (Makkabäer) und somit wurde für diese die eschatologische Strömung insgesamt zum Stachel im Fleisch. Die Hasmonäer bemühten sich, ihre „davidische“ Politik als messianische Erfüllung (vgl. I Makk 14,1 ff.) hinzustellen[9], doch in den Augen der Frommen galt dies – trotz der Judaisierung eroberter Gebiete[10] – als pseudomessianische Anmaßung. Die Gegensätze brachen unter Johannes Hyrkan vollends auf. Nach der Ermordung Simons (134 v.) und nach längerem Bürgerkrieg Nachfolger Simons geworden, geriet er sogleich in ernste militärische Bedrängnis. Antiochus VII. Sidetes belagerte Jerusalem und erzwang die Zahlung von Abgaben für die außerjudäischen Gebiete und eine Abfindung für die ehemals königlichen Städte. Während der Belagerung hatte Johannes Hyrkan zeitweilig alle Nichtwehrfähigen in das Niemandsland zwischen Stadt und Belagerer hinaustreiben lassen. Die Zahlungen an den König bestritt er, indem er dem Davidsgrab Silber entnahm. Einen guten Teil dieser „Einnahme“ verwendete er dann zur Anwerbung von heidnischen Söldnern. Die Frommen konnten dies alles kaum gutheißen. In jenen Jahren ist wohl der „Lehrer der Gerechtigkeit“ aufgetreten, der aus den Qumranschriften (§ 6,3) bekannt ist. In diesen Auseinandersetzungen trat auch die Gruppe der Laienschriftgelehrten mit ihrem Anhang, den späteren „Pharisäern“ (§ 7), zum ersten Mal als eigene Partei hervor, indem sie sich von den eschatologischen Gruppen distanzierte.

3. Aber auch die Allianz zwischen Hasmonäern und „Pharisäern“ blieb nicht lange bestehen. Die Interessen des Herrschers deckten sich mehr und mehr mit den Interessen der wirtschaftlich maßgebenden

[8] M. Stern 138 f.

[9] J. Efron, Milḥämät qôdäš wᵉjiʿûdê gᵉʾûllāh bîmê ha-Hašmônāʾîm, in Ha-ḥäbrāh hā-ʾäräṣ-jiśrᵉʾelît lᵉHîsṭôrjāh wᵉʾEtnôgrāfijjāh, Känäs 11–12, 1965/6 (1967/8); J. Klausner III, 90; D. Arenhoevel, Die Theokratie nach dem 1. und 2. Makkabäerbuch, 1967, 58 ff.

[10] L. H. Davies, Attitudes and Policies Toward Gentiles during the Maccabean Period, YR 4 (1965), 5–20.

Schichten. Diese teilten mit den alten Reformern und Hellenisten das Grundanliegen einer mehr oder weniger weitgehenden Integration in die weitere Umwelt, um die Entfaltung der wirtschaftlichen und gesellschaftlichen Möglichkeiten zu gewährleisten. Weder dies noch ihre antiapokalyptische Haltung schloss für diese „sadduzäische" Partei (§ 5) eine „nationalistische" Politik aus, wie sie eben die orientalischen Kleinstaaten gegenüber den herrschenden Großmächten in der Regel verfolgten. Charakteristisch dafür ist nicht nur die gewaltsame Judaisierung eroberter Gebiete unter Johannes Hyrkan und Alexander Jannaj, sondern auch die außenpolitische Aktivität, die seit Judas Makkabäus auf Bündnisse mit Rom und Sparta ausgerichtet war, um sich gegen die Seleukiden zu behaupten. Indes, der hasmonäische Herrschaftsstil näherte sich mehr und mehr dem der hellenistischen Tyrannis. Alexander Jannaj (103–76 v.) der auf den kurz regierenden Aristobul (104/103) folgte, regierte als „König"[11]. Der hellenistische Tyrann stand aber über dem Gesetz, wenn er auch sonst die Geltung des Gesetzes garantierte – eine Auffassung, die der Torah zuwiderlief, umsomehr, als der Herrscher zugleich als Hohepriester amtierte. Die Pharisäer drängten daher (schon unter Johannes Hyrkan?) auf eine Ämtertrennung. Der König hätte mit dem hohepriesterlichen Amt jedoch entscheidende Befugnisse (über den Tempel-, d. h. Staatsschatz) verloren und reagierte daher äußerst heftig. Nicht nur die Radikalen, auch die Pharisäer (repräsentiert durch Simon b. Šetach und Jehuda b. Tabaj) wurden nun verfolgt, und ein jahrelanger Bürgerkrieg zerrüttete Juda. Der König griff grausam durch, aber die Opposition wuchs, die Anlagen in Qumran z. B. wurden damals um das Doppelte erweitert. Erst auf dem Totenbett erkannte der König, daß kein Regent sich gegen Radikale und Gemäßigte zugleich behaupten konnte und riet seiner Frau und Nachfolgerin auf dem Thron, Salome Alexandra (76–67 v.), sich mit den Pharisäern zu versöhnen. Unter ihrer Regierung, während der ihr ältester Sohn Hyrkan (II.) die Hohepriesterwürde bekleidete, die Ämtertrennung also vollzogen war, herrschten de facto die Pharisäer, die gegen radikale Fromme wie gegen Sadduzäer in gleicher Schärfe vorgingen. Im Synhedrium schufen sie sich ein legislatives und richterliches Gremium, das als Staatssenat den alten „*Ḥābär haj-Jehûdîm*" *der* Makkabäerzeit ersetzte. Die gewonnene Macht zerrann freilich im Bruderkrieg zwischen dem pharisäisch

[11] B.–Z. Luria, Jannaj ham-mäläk, 1960.

orientierten Hyrkan II. und seinem sadduzäischen Bruder Antigonus, und nach der Eroberung Jerusalems durch Pompeius (63 v.), unter römischer Oberherrschaft, erlangten der Edomiter Antipater und sein Sohn Herodes[12] die Macht.

4. Römer wie Herodianer suchten ein Gleichgewicht zwischen Pharisäern und Sadduzäern zu erhalten, wobei den Zadokiden (sadduzäischer Richtung) wieder die Hohepriesterwürde zufiel. Die römisch-herodianische Herrschaft zerstörte in Juda alle Idealvorstellungen, die man z. Z. der Makkabäer im 2. Jh. vom Bündnispartner Rom gehegt hatte. Die radikalen Gruppen erhielten mehr und mehr Zulauf, das makkabäische Revolutionsvorbild inspirierte zu Überfällen auf Römer, Herodianer und Kollaborateure. Die Pharisäer, von Anfang an keine streng geschlossene Partei, schieden sich seit der Mitte des 1. Jh. v. in zwei Hauptrichtungen, die (strengere) Schule Schammajs und die (mildere) Schule Hillels. Ein „linker Flügel" der Schammaiten stand überhaupt den Radikalen nahe und verurteilte die Kompromißpolitik der Gemäßigten. Als sich diese nach dem Tod des Herodes um eine direkte römische Provinzverwaltung bemühten, verband sich unter der Führung eines gewissen Zadok jener linke Flügel mit den Rebellen in Galiläa, was Josephus dann als Gründung der Partei der „Zeloten" (§ 6,5) bezeichnete. Die zelotischen Aktionen richteten sich immer stärker auf Juda, Jerusalem und den Tempel selbst, wo ein entsprechender Flügel der niederen Priesterschaft mit den Rebellen sympathisierte. Die ungeschickte und willkürliche Herrschaft der Prokuratoren (6 n.–39 n. Chr.) raubte den Gemäßigten in den Augen der Massen die Glaubwürdigkeit. Auch das kurze Zwischenspiel des Königs Agrippa (37–41), der die hillelitische Richtung förderte („Rabban" Gamaliel I.), erhöhte nur die Spannungen, gerade auch zwischen der jüdischen und nichtjüdischen Bevölkerung. Eine Kette von pseudomessianischen Versuchen[13] und Auftritten begleitete die andauernde Partisanentätigkeit, die unter den beiden letzten, besonders willkürlich handelnden Prokuratoren im Terror der „Sikarier" (§ 6,5) gipfelte. Im Jahre 66 überstürzten sich die Ereignisse. Die antirömischen Gefühle brachen offen durch, Anfangserfolge verleiteten zu eschatologischen Hoffnungen und verstrickten in den Aufstand auch Pharisäer und Sadduzäer. Der Versuch dieser gemäßigten Gruppen, den Gang der Ereignisse zu kontrollieren,

[12] A. Schalit, König Herodes. Der Mann und sein Werk, 1968.
[13] A. H. Silver,* 6 ff.; A. Z. Aescoly,* 15–52.

scheiterte am Fanatismus der Zeloten und Sikarier. Entsprechend der inneren Zerrissenheit der eschatologischen Bewegung – jede Gruppe beanspruchte absolute und gegebenenfalls messianische Autorität – kam es selbst im belagerten Jerusalem noch zu grausamen Bruderkämpfen[14]. Mit der Zerstörung des Tempels im Jahre 70 und der Eroberung der letzten Widerstandsnester im Jahre 73 fand diese Periode unseliger Zerrissenheit ihr Ende.

§ 4 Die bestimmenden religiösen Vorstellungen und Institutionen

G. Allon, Mähqārîm b^{e}tôl^{e}dôt Jiśrā'el bîmê bajit šenî ûbitqûfat ham-Mišnāh w^{e}hat-Talmûd, 2Bde., 1957, 1958. – D. Arenhoevel, Die Theokratie nach dem 1. und 2. Makkabäerbuch, 1967. – Y. F. Baer, Jiśrā'el bā-'ammîm, 1954/5. – J. Bergmann, Jüdische Apologetik im neutestamentlichen Zeitalter, 1908. – A. Bertholet, Die jüdische Religion von der Zeit Esras bis zum Zeitalter Christi, 1901 (B. Stade, Biblische Theologie des Alten Testaments, Bd. 2). – T. H. Bindley, Religious Thought in Palestine in the Time of Christ, 1930. – J. Bonsirven, Le judaism palestinien, 2 Bde., 1934. – W. Bousset-H. Gressmann, Die Religion des Judentums im späthellenistischen Zeitalter, 1926^{3}, Nachdr. 1966 (dazu vgl.: Güdemann, Jacob, Perles). – L. Bronner, Sects and Separatism During the Second Jewish Commonwealth, 1967. – R. H. Charles, The Apocrypha and Pseudepigrapha of the Old Testament, 2 Bde. 1913 (Nachdr. 1963). – Ders., Religious Development between the Old and the New Testament, 1914. – L. Couard, Die religiösen und sittlichen Anschauungen der alttestamentlichen Apokryphen und Pseudepigraphen, 1907. – P. Dalbert, Die Theologie der hellenistisch-jüdischen Missionsliteratur, 1954. – A. -M. Denis, Introduction aux Pseudépigraphes grecs d'Ancien Testament, 1970. – R. C. Denton, The Apocrypha, Bridge of the Testaments, 1954; O. Eissfeldt, Einleitung in das Alte Testament, 1964^{3}; G. Fohrer, Geschichte der israelitischen Religion, 1969, 363 ff.; E. R. Goodenough, Jewish Symbols in the Greco-Roman Period, 13 Bde., 1952/68; C. Guignebert, Le monde juif vers les temps de Jésus, 1935, = The Jewish World in the Time of Jesus, 1939; F. C. Grant, Ancient Judaism and the New Testament, 1960; M. Güdemann, Das Judentum im Neutestamentlichen Zeitalter in christlicher Darstellung, MGWJ 47 (1903), 38–58. 120–136. 231–249; H. Guttmann, Die Darstellung der jüdischen Religion bei Flavius Josephus, 1928; P. Horegin, Māḥqārîm bitqûfat bajit šenî, 1949; B. Jacob, Im Namen Gottes, 1903; M. Joel, Blicke in die Religionsgeschichte, 2 Bde., 1880, 1883; Y. Kaufmann, Tôl^{e}dôt hā-'^{ä}mûnāh haj-jiśr^{e}'elît, Bd. IV, 1963^{4}; B.-Z. Katz, P^{e}rûšîm, Ṣādôqîm, Qannā'îm, Nôṣ^{e}rîm, 1947/8; E. Kautzsch, Apokryphen und Pseudepigraphen des Alten Testaments, 2 Bde. 1900 (Nachdr. 1962); J. W. Lightley, Jewish Sects and Parties in the Time of Jesus, 1925; M. J. Lagrange, Le Judaisme avant Jésus Christ, 1931^{3};

[14] M. Aberbach, The Roman-Jewish War (66–70 A. D.), 1966; P. Prigent, La fin de Jérusalem, 1969.

B. M. Metzger, An Introduction to the Apocrypha, 1957; E. Meyer, Ursprung und Anfänge des Christentums, 3 Bde. 1921/23; G. F. Moore, Judaism in the First Centuries of the Christian Era, 3 Bde. 1927–30 (1954[7]); W. O. E. Oesterley (ed.), The Age of Transition, 1937; Ders., – B. H. Box, The Religion and Worship of the Synagogue, 1911; F. Perles, Boussets Religion des Judentums im neutestamentlichen Zeitalter kritisch untersucht, 1903; H. Rasp, Flavius Josephus und die jüdischen Religionsparteien, ZNW 23 (1924), 27–47; P. Riessler, Altjüdisches Schrifttum außerhalb der Bibel, 1927 (Nachdr. 1966); L. Rost, Einleitung in die alttestamentlichen Apokryphen und Pseudepigraphen, 1971; D. Russell, Between the Testaments, 1960 = Zwischen den Testamenten, 1962; Ders., The Method and Message of Jewish Apocalyptic, 1964; A. Schlatter, Die Theologie des Judentums nach dem Bericht des Josephus, 1932 (Neudr. 1970); H. Sérouya, Les étapes de la philosophie juive, 1969; M. Simon, Die jüdischen Sekten zur Zeit Christi, 1965; H. Thyen, Der Stil der jüdisch-hellenistischen Homilie, 1955; A. Vincent, Le Judaisme, 1932; P. Volz, Die Eschatologie der jüdischen Gemeinde im neutestamentlichen Zeitalter, 1934 (Nachdr. 1966); H. -F. Weiss, Untersuchungen zur Kosmologie des hellenistischen und palästinensischen Judentums, 1966. Ferner siehe die Literatur zu § § 2–3. 5–9.

1. Torah und Offenbarung

Die schriftliche Torah war selbstverständlich nicht problemlos applizierbar. Abgesehen von dem Wandel der Lebensumstände, der manche Bestimmungen infragestellte, enthält sie ja auch keine eindeutige politische oder soziale Ordnung, da sie ja selber ein Kompromißprodukt war und zu verschiedenen Ansätzen Anlaß bietet. Es war auch nicht der Buchstabe der Torah, der in der Praxis als königlich anerkanntes Recht galt, sondern die vorherrschende Auslegung und Anwendung, die geschichtlich aktuelle Gestalt der Torah. Seit dem Deuteronomium war das Judentum mehr und mehr zu einer Buchreligion geworden, und man kann die Wende vom Alten Israel zum späteren Judentum wohl am ehesten darin sehen, daß es von da an in erster Linie um die richtige Interpretation[1] und um die rechte Praxis des schriftlich fixierten Gotteswillens geht. „Propheten“ und „Schriften“ gewannen denn auch nicht als halachische Texte ihre spätere kanonische Geltung, sondern als geschichtstheologische Werke und als Anleitung zur Torah-Erfüllung. Die Torah galt allen Richtungen

[1] R. Bloch, Ecriture et Tradition dans le Judaisme, Cahiers Sion. 8 (1954), 9–34; B. Gerhardson, Memory and Manuscript, 1961; J. Heinemann, M^{e}sôrôt paršānijjôt q^{e}dûmôt bā'aggādāh ûbat-targûmîm, Tarb 35 (1965/6), 84–94; G. Vermes, Scripture and Tradition in Judaism, 1961; A. G. Wright, The Literary Genre Midrash, 1967. S. ferner Anm. 12. 79.

als – in der Auslegung und exklusiven Geltung freilich umstrittene – Norm des menschlichen Verhaltens, als segens- und gnadenreiche Willensoffenbarung Gottes[2], in der man für alle Lebensbereiche Weisungen zu finden meinte. Von größter Tragweite war dafür die spekulative Theologisierung der Torah im Verlauf der frühjüdischen Zeit durch vorwiegend drei Impulse:

a) Mit der Erwartung einer endgültigen weltgeschichtlichen Wende wurde die Erfüllung der Torah zum bewegenden Faktor der Heils- und Weltgeschichte[3]. Und da der Erwählungsauftrag des Bundes[4] als ein kollektiver galt, beanspruchten die einzelnen Gruppen für ihre Geschichts- und Torahinterpretation auch Allgemeingültigkeit, fühlten sie sich als das „wahre Israel" zumindest in vor-läufiger Weise[5] bzw. als „Rest"[6]. Die Frage der richtigen Torah- und Geschichtsdeutung wurde damit zum Sprengstoff, der das Frühjudentum zu zerreissen drohte.

b) Die alte Weisheitslehre[7] mit ihrer Annahme einer für den Weisen bis zu einem gewissen Grad durchschaubaren immanenten Weltordnung und damit einer immanenten Vergeltung wirkte noch weit in die frühjüdische Periode hinein[8], obschon im Buch Hiob und im Buch Kohelet ernste Bedenken dagegen laut geworden waren. In städtischen Kreisen und wohl nicht zuletzt unter öffentlichen Funktionären hielten sich alte Weisheits-Schultra-

[2] H. Schmid, Gesetz und Gnade im Alten Testament, in: R. Brunner*, 3–29; J. Maier, ibd. 64–79.

[3] D. Rössler, Gesetz und Geschichte. Eine Untersuchung zur Theologie der jüdischen Apokalyptik und der pharisäischen Orthodoxie, 1960, mißdeutete diesen Zusammenhang infolge einer einseitigen Quellenauswahl vor allem in bezug auf den Pharisäismus völlig; vgl. zur Kritik A. Niessen, Torah und Geschichte im Spätjudentum, NT 9 (1967), 241–277.

[4] A Jaubert, La notion d'Alliance dans le Judaïsme aux abords de l'ère chrétienne, 1963 (hier die ältere Lit.); A. S. Kapelrud, Der Bund in den Qumranschriften, in: Bibel und Qumran (H. Bardtke – Festschrift) 1968, 137–149; J. Maier, Zur Geschichte des Bundesgedankens und zur Rolle der Leviten in der politischen und religiösen Geschichte des alten Israel, Judaica 25 (1969), 222–257.

[5] L. Rost, Die Vorstufen von Kirche und Synagoge im A. T., 1938; J. Maier, Zum Gottesvolk- und Gemeinschaftsbegriff in den Schriften vom Toten Meer, Diss. theol. Wien 1959; O. Plöger, Theokratie und Eschatologie, 1962, 41 ff.; W. Schrage, „Ekklesia" und „Synagoge", ZThK 60 (1963), 178–202.

[6] J. Jeremias, Der Gedanke des heiligen Restes im Spätjudentum und in der Verkündigung Jesu, ZNW 42 (1949), 184–194.

[7] G. Fohrer 155 ff., 374 ff. und die Lit. dort.

[8] W. Schencke, Die Chokmah (Sophia) in der jüdischen Hypostasenspekulation, 1913; A. Théocharis, La sagesse dans le Judaisme paléstinien de l'insurrection Maccabéenne à la fin du Ier siècle, Diss. Strasbourg **1963**.

ditionen ungebrochen bis zur makkabäischen Periode, teilweise noch länger. Die „Weisheit", die in der Welt wirksame göttliche Ordnung (Prov 8,22 ff., Hiob 28, Sir 24, auch personifiziert)[9], wurde hier mit der Torah identifiziert[10], die damit eine kosmogone und erkenntnistheoretische Relevanz ersten Ranges erhielt. Als Gottes Schöpfungsplan und Schöpfungswerkzeug gewissermassen der Schöpfung vorausgehend, enthält die Torah schlechterdings alle mögliche Erkenntnis. Dem Buchstaben der Torah wurde damit eine universale Bedeutung unterlegt, die wieder die Motivation für den praktischen Torahgehorsam lieferte. Die Wahrung der Torah war nun identisch mit der Wahrung der Weltordnung. Der Gedanke von der Torah als Schöpfungsordnung erinnert zwar an hellenistische, v. a. stoische Vorstellungen von Weltgesetz, dennoch darf die eventuelle Abhängigkeit nicht überbewertet werden. Der traditionelle Ansatz in der Weisheitslehre war ja doch so ähnlich, daß man hellenistische Vorstellungen dieser Art schwerlich als fremd empfinden konnte[11]. Dazu kommt, daß diese Gleichsetzung von Torah und Weltgesetz noch einen weiteren Rückhalt in der Tradition hatte.

c) Die Torah trennt nicht zwischen ethischen, kultisch-rituellen oder sozialen Bestimmungen und kennt keine unterschiedliche Bewertung solcher Gebote. Das Kultgesetz ist ein integraler Bestandteil der Torah und darum konnte – auch schon vor der Tempelzerstörung – die Toraherfüllung insgesamt durch kultideologische Vorstellungen mitmotiviert werden. Infolge der Wechselbeziehung zwischen kosmischer und kultischer Ordnung (Abs. 3) gewann die Toraherfüllung ebenfalls kosmische Relevanz, im Unterschied zur abstrakteren weisheitlich bestimmten Konzeption hier aber ausgezeichnet durch eine detaillierte Symbolistik der rituellen Einzelakte, die dazu geeignet war, die einzelnen Gebote religiös zu begründen. Die gesamte Kult- und Tempelsymbolik konnte so in die Torah-Theologie übernommen werden und dies war eine der wichtigsten Voraussetzungen für die Möglichkeit, gegebenenfalls für mehr oder weniger lange Zeit die Funktion des Kultes überhaupt durch jene des Torahvollzuges auszufüllen. Sezessionistische Gruppen wie die Qumrangemeinde (§ 6,3) praktizierten dies schon vor 70 n., und seit der Tempelzerstörung wurde diese Möglichkeit für das Judentum insgesamt lebenswichtig.

Die erwähnten Impulse (a–c) machten die Torah zum Herzstück der jüdischen Glaubenswelt und zu einem vielschichtigen Begriff. Im engsten Sinn besteht die Torah nicht bloß aus dem Pentateuch, sondern aus den Geboten und Verboten in ihm. De facto galt jedoch als Torah nicht der schriftliche Wortlaut, sondern dessen herrschende Interpretation, seine geschichtliche Applikation, die ungeschriebene Torah, die für die Zeit vor 70 n. in ihren sehr unterschiedlichen Aus-

[9] G. Pfeiffer, Ursprung und Wesen der Hypostasenvorstellungen im Judentum, 1967.

[10] M. Hengel, a. a. O. (§ 3) 275 ff. 307 ff. (dort weitere Lit.).

[11] F. H. Weiss 189–211. 283 f.

prägungen und in ihrem jeweiligen historischen Kontext infolge der dürftigen Quellenbelege nur mehr fragmentarisch zu erfassen ist[12]. Heute liegt es so, daß dank der Qumranfunde (§ 6,3) von den halachischen Überlieferungen der Apokalyptik mehr bekannt ist, als von jenen der frühen Pharisäer, die kaum einen literarischen Niederschlag gefunden haben. Je nach dem Standort im Rahmen der frühjüdischen Geschichtsdeutung (Abs. 2) konnte die Toraherfüllung unterschiedliche Akzentuierungen erfahren. Gegenüber dem status-quo-orientierten Torahverständnis der Sadduzäer (§ 5) entwickelte die Apokalyptik (§ 6) infolge der Verbindung von Toraherfüllung und heilsgeschichtlichem Verlauf eine radikale Gegenposition, während die Pharisäer (§ 7), vom eschatologischen Denken mitbestimmt, sich gegen beide Extreme abzusichern suchten. Ein Sonderfall ist das Torah-Verständnis des hellenistischen Diasporajudentums (§§ 8–9), dem unmittelbare Bedeutung für das christliche Gesetzesverständnis und paradigmatische Bedeutung für spätere innerjüdische Entwicklungen zukommt.

[12] Ch. Albeck, Das Buch der Jubiläen und die Halachah, 1930 (daz L. Finkelstein, MGWJ 76, 1932, 525–534); Ders., Had-d^e^rāšôt w^e^hā-h^a^lākôt, A. Marx Jub. Vol. 1950, 1–8; J. Baer, Haj-j^e^sôdôt hā-hisṭôrijim šäl hā-h^a^lākāh, Zion 17 (1952), 1–55. 173; Ders., Ham-mišnāh w^e^hāhisṭôrjāh Môlād 1963/4, 308–328; B. De Fries, EI XIV, 498–517; Z. Falk, Mābô' l^e^dînê Jiśrā'el bîmê hab-bajit haš šenî, 1969; L. Finkelstein, Some Examples of Maccabean Halaka, JBL 49 (1930), 20–42; L. Ginzberg, Eine unbekannte jüdische Sekte, 1922; E. Hallevi, Dôrôt ri'šônîm, I c, 1906 (1923); E. Levi, J^e^sôdôt ha-h^a^lākāh, 1959[2]; R. Marcus, Law in the Apocrypha, 1927; J. Newman, Halachic Sources from the Beginning to the Ninth Century, 1969; B. Renaud, La loi et les lois dans les livres des Maccabees, RB 68 (1961), 39–67; J. Rosental, ʿAl hištalš^e^lût hā-h^a^lākāh b^e^sefär b^e^rît Dāmäšäq, SJ S. Federbusch, 1961, 292–303; H. Strack, Einleitung in Talmud und Midrasch, 1930[5(6)] 5 ff. 116 ff.; Ch. Tchernowitz, Tôl^e^dôt hā-h^a^lākāh, I–II 1945[2], III, 1943, IV, 1950; E. E. Urbach, Hadd^e^rāšāh kîsôd hā-h^a^lākāh ûb^e^ʿājat has-sôf^e^rîm, Tarb 27 (1957/8), 166–182; G. Weil, Die Stellung der mündlichen Tradition in Agada und Apokryphen, MGWJ 82 (1939), 239–260; A. H. Weiss*, I, 1871; S. Zeitlin, Johanan the High Priest's Abrogations and Decrees, Studies in honor of A. Neuman, 1962, 569–579; S. ferner § 4, Anm. 79; § 5, Anm. 9; § 13, Anm. 14.

Wichtig ist auch das Zeugnis des Josephus und Philons: G. Allon, I, 83–114; S. Belkin, Philo and the Oral Law, 1969[2]; Z. Frankel, Über den Einfluß der palästinensischen Exegese auf die alexandrinische Hermeneutik, 1851; Ders., Über palästinensische und alexandrinische Schriftforschung, 1854; I. Heinemann, Philos griechische und jüdische Bildung, 1932; B. Ritter, Philo und die Halakah, 1879. S. auch § 9, Anm. 30.

2. Geschichtsdeutung und Offenbarung

Die Erörterung des Torah-Begriffes (Abs. 1) ergab die Geschichtsauffassung als zweiten bestimmenden Faktor in der frühjüdischen Religionsgeschichte. Die Erfüllung des Gotteswillens und der Geschichtslauf wurden schon früh in einem ursächlichen Zusammenhang gesehen[13] und seit dem Aufkommen des eschatologischen Denkens[14] gewann diese Sicht entscheidende Bedeutung, v. a. für die Apokalyptik (§ 6)[15]. Dabei ist eben der Bezug zur konkreten Torah-erfüllung, zur jeweiligen Frage der richtigen Torah-Deutung und der rechten Torah-Praxis, maßgebend gewesen, nicht etwa die lehrmässige, spekulative Ausmalung des Heilsgeschichtslaufes und der „letzten Dinge". Darum, aber auch infolge der in den einzelnen Gruppen und zu den jeweiligen Zeitabschnitten unterschiedlichen Interessenlage, konnte es auch zu keinem einheitlichen Bild von den zukünftigen Zuständen kommen[16]. Die isolierte Betrachtung und lehrmässige Wertung von Einzelvorstellungen, wie sie gerade aus christlicher Sicht naheliegt, entspricht also keineswegs dem eigentlichen Sachverhalt. Scheinbar gleiche Einzelvorstellungen konnten unter den genannten Bedingungen recht unterschiedliche Bedeutung haben, z. B. die Messiaserwartung[17].

[13] Vgl. schon die „deuteronomistische" Geschichtspragmatik.

[14] G. Fohrer S. 345 ff. und die Lit. dort.

[15] Für die spätere Zeit s. W. O. E. Oesterley, The Teaching of the Last Things, Jewish and Christian, 1909; K. Kohler, JE V, 209–18; Str. –B. IV, 799–1015; J. Baer, L^{e}berûrāh šäl tôrat '^{a}ḥārît haj-jāmîm bîmê hab-bajit haš-šenî, Zion 23/4 (1958/9), 3–34. 141–165; O. Plöger, Theokratie und Eschatologie, 1962^{2}; A. Dahl, Eschatologie und Geschichte im Lichte der Qumrantexte, in: Zeit und Geschichte, Dankesgabe an R. Bultmann, 1964, 3–18; J. Licht, Time and Eschatology in Apocalyptic Literature and Qumran, JJS 16 (1967), 177–182; H.-W. Kuhn, Enderwartung und gegenwärtiges Heil, 1966; E. E. Urbach*, 625 ff.

[16] Vgl. die Vielfalt des bei P. Volz gesammelten Materials. Es wäre aber verfehlt, diesen Vorstellungen zu viel „lehrmäßiges" Gewicht zuzumessen.

[17] G. Fohrer 356 ff.; J. Bonsirven, Les espérances messianiques au temps de Jésus Christ, NRTh 61 (1934), 113–139. 250–276; W. Küppers, Das Messiasbild der spätjüdischen Apokalyptik, IKZ 1934, 47–72; L. Cerfaux – J. Coppens – R. de Langhe – V. de Leeuw – A. Decamps – J. Giblet – R. Rigaux, L'Attente du Messie, 1954; J. Klausner, The Messianic Idea in Israel, 1956; S. Mowinckel, He That Cometh, 1956; M. A. Chevalier, L'ésprit et le messie dans le Bas-Judaïsme, 1958; La Venue du Messie, 1962; D. S. Russell (The Method . . .) 285 ff.

Es war eben etwas anderes, wenn bestimmte Kreise aus national-politischen Beweggründen von einer Restauration des davidischen Reiches und einem neuen David träumten[18], oder wenn sozial benachteiligte Schichten[19] auf einen gerechten endzeitlichen Herrscher bzw. auf die offenbare Herrschaft Gottes hofften, oder ob man aus Opposition zu den Hasmonäern gerade wieder die davidische Messiaserwartung betonte[20]. Dabei gilt es zu beachten, daß es sich nicht einfach um Erwartungen oder Hoffnungen in einem quietistischen Sinne handelte. Die Überzeugung von der Toraherfüllung als des bewegenden Faktors der Heilsgeschichte war der eigentliche Inhalt des vermeintlichen kollektiven Erwählungsauftrages Israels. Die eigentliche erlösende, „messianische" Funktion liegt nicht beim endzeitlichen König („Messias") oder dergleichen, sondern ist Aufgabe des erwählten Volkes „hier und jetzt". Dementsprechend dürfen auch göttliches und menschliches Handeln nicht gegeneinander ausgespielt werden. Gott handelt eben auch durch die Erwählten. Hoffendes, duldendes Ausharren in den Leiden der Zeit[21] verbunden mit angestrengter Torahfrömmigkeit haben durchaus einen aktivistischen, geschichtsbestimmenden Aspekt, abgesehen von dem Aktivismus, der kairosbezogen potentiell verhanden war und jedesmal akut wurde, sobald die Überzeugung Platz ergriff, daß „die Zeit erfüllt" sei. Und aus priesterlicher Sicht erschienen solch messianische Hoffnungen wieder in einem ganz anderen Licht (§ 5,1).

So ergab sich ein äußerst buntes Bild[22], zumal die geläufigen Vorstellungen von einem endgültigen richterlichen Eingreifen Gottes[23]

[18] J. E. Bruns, The Davidic Dynasty in Post Exilic Palestine, Scripture 7 (1955), 2–5; J. G. Courbillon - J. Pierron - J. Delorme, Les Messie Fils de David, Évangile 24 (1956), 5–80; J. Liver, Tôl^edôt bêt Dāvîd, 1958/9; E. Hammerschmidt, Königsideologie im spätantiken Judentum, ZDMG 113 (1963/4), 493–511; U. Kellermann, Die politische Messiashoffnung zwischen den Testamenten, Pastoraltheologie 56 (1967), 362–377.436–448; J. Coppens, Le messianisme royal, NRTh 90 (1968), 834–863.936–975.

[19] F. C. Grant, Economic Messianism and the Teaching of Jesus, AThR 12 (1930), 443–447; A. Cronbach, Social Ideals of the Apocrypha and Pseudepigrapha, HUCA 18 (1944), 119–156.

[20] Vgl. U. Kellermann, a. a. O. (Anm. 18).

[21] F. Dijkema, Het problem van het lijden in het latere jodendom, NTT 18 (1929), 39–53; W. Wichmann, Die Leidentheologie, 1930; J. A. Sanders, Suffering as Divine Discipline in the OT and post-biblical Judaism, Colgate Rochester Divinity School Bulletin 28 (1955); H. S. Tigner, The Perspective of Victory. The Problem of Human Suffering in the Old and New Testament, Interpretation (1958), 399–406; J. Carmignac, La théologie de la souffrance dans les Hymnes de Qumran, RdQ 3 (1961/2), 365–386; A. R. C. Leaney, The Eschatological Significance of Human Suffering in the Old Testament and the Dead Sea Scrolls, ScJTh 16 (1963), 286–301.

[22] Lit. bei H. H. Rowley, The Relevance of Apocalyptic, 1963², 194 ff. Zur Menschensohnvorstellung s. zuletzt C. Colpe, Der Begriff „Menschen-

durch kosmologisch-katastrophale Züge erweitert oder ersetzt werden konnten[24]. Kein Wunder also, daß die Geschichtsdeutung Anlaß zu vielfältigen Meinungsverschiedenheiten bot. Grob gesprochen sind zwei Haupttendenzen zu unterscheiden. (1) Das jeweilige Establishment hatte naturgemäß wenig Veranlassung, sich für die Zukunft radikale Umwälzungen zu wünschen (vgl. § 5). (2) In der breiten, vielfältigen Bewegung, die mehr oder weniger akut endzeitlich ausgerichtet war, erwartete man einen entscheidenden Wandel der Verhältnisse. In diesen Kreisen waren die prophetischen Überlieferungen gesammelt, ergänzt, redigiert und aktualisierend interpretiert worden – als Vorhersagen für Gegenwart und Zukunft. Dabei hoben sich die zwar auch eschatologisch orientierten Pharisäer (§ 7), die aber – mit Vorbehalten – zu einer Kooperation mit dem Establishment bereit waren – ab von den radikalen Strömungen der Apokalyptik (§ 6). Gegenüber der herrschenden Hierokratie, die über die klassische Offenbarungsstätte, den Tempel (Abs. 3), verfügte, beriefen sich die eschatologischen Gruppen für ihre Auffassungen auf verschiedene Autorisationen. Im späteren pharisäischen Bereich berief man sich auf einen bestimmten Traditionszusammenhang mit der Sinaioffenbarung und auf schriftliche prophetische Traditionen, damit sowohl gegenüber den Sadduzäern einen Offenbarungsanspruch anmeldend, als auch apokalyptische Ansprüche abwehrend. In unterschiedlicher Weise konnte die klassische, tempelgebundene Offenbarung aufgegriffen und umgestaltet werden[25]. Dank des eigentümlichen Verhältnisses zwischen irdischem und himmlischen Heiligtum (Abs. 3) war es möglich, den Offenbarungsempfang an der irdischen Wohnstatt Gottes durch den Offenbarungsempfang vor dem himmlischen Gottesthron[26] zu ersetzen, verbunden mit der Behauptung einer Entrückung[27]. Mit weiteren Autorisationen wandelt sich die Eschatologie zur Apokalyptik, wobei es soziologisch unsinnig wäre, diese Strömung

sohn" und die Methode der Erforschung messianischer Prototypen, Kairos 11 (1969), 241–263; 12 (1970), 81–112 (hier ältere Lit.).

[23] Vgl. Str. – B. IV, 799–1015.1199–1212.

[24] Z. B. als Weltenbrand oder Sintbrand; R. Mayer, Die biblische Vorstellung vom Weltenbrand, 1956.

[25] E. Bammel, ΑΡΧΙΕΡΕΥΣ ΠΡΟΦΗΤΕΥΩΝ ThLZ 79 (1954), 351–356.

[26] J. Maier, Vom Kultus zur Gnosis, Bundeslade, Gottesthron und Märkabah, 1964.

[27] H. Bietenhard, Die himmlische Welt im Urchristentum und Spätjudentum, 1951; J. Maier, Das Gefährdungsmotiv bei der Himmelsreise in der jüdischen Apokalyptik und „Gnosis", Kairos 5 (1963), 18–40.

(§ 6) auf die Verfasser der literarischen Gattung „Apokalypse“ begrenzen zu wollen. Neben der prophetischen literarischen Überlieferung und ihrer aktualisierenden Interpretation[28] spielten hier vor allem die Behauptung eines unmittelbaren prophetischen Charismas eine Rolle[29], ferner die Berufung auf alte, geheime Überlieferungen[30], unmittelbare visionäre Offenbarungen[31] und die Inspiration durch den Gottesgeist[32]. Da es sich vorwiegend um oppositionelle Schichten handelte, entwickelte sich unter dem Aspekt des nahe erwarteten Endes eine eigentümliche utopische Denkweise, nicht nur was die Zukunftsbilder betrifft, die in sehr unterschiedlicher Weise phantasievoll ausgemalt werden konnten, sondern eben auch in bezug auf die Gesetzesfrömmigkeit, die, weil movens der Heilgeschichte, in anbetracht des bald erwarteten Heils den Menschen einer rücksichtslosen Zerreißprobe unterwarf[33]. Das Dilemma dieser eschatologischen Geschichtsschau und Gesetzesfrömmigkeit war ein zweifaches. (1) Einmal mußte der angestrengte Versuch der Verwirklichung des Erwählungsauftrages hier und jetzt mit der Zeit, also infolge der Endzeitverzögerung, zu unerträglichen Belastungen führen, wobei ein doppeltes seelsorgerliches Problem auftrat, nämlich (a) die Tatsache,

[28] J. K. Zink, The Use of the Old Testament in the Apocrypha, Diss. Duke Univ. 1964.

[29] Und zwar im Dienste der Propaganda der verschiedenen Gruppen. Vgl. O. Plöger, Prophetisches Erbe in den Sekten des frühen Judentums, ThLZ 79 (1954), 291–296; O. Michel, Spätjüdisches Prophetentum, Neutestamentliche Studien für R. Bultmann, BZNW 21, 1954, 60–66; M. Buber, Sehertum, Anfang und Ausgang, 1955; J. Afärät, Ham-maḥšābāh hag-genûzāh, Môlād 13 (1954/5), 289–294; E. L. Dietrich, Die religiös-emphatischen Ich-Worte bei den jüdischen Apokalyptikern, Weisheitslehrern und Rabbinen, ZRG 4 (1952), 1–22.289–311.

[30] Daher u. a. das Phänomen der Pseudepigraphie.

[31] L. H. Brockington, The Lord Showed me. Correlation of Natural and Spiritual in Prophetic Experience, in: E. A. Payne, Studies in History and Religion, 1942, 36–43; W. R. Murdock, History and Revelation in Jewish Apocalypticism, Interpretation 21 (1967), 167–187; J. Lindblom, Gesichte und Offenbarungen, Vorstellungen von göttlichen Weisungen und übernatürlichen Erscheinungen im ältesten Christentum, 1968.

[32] P. Volz, Der Geist Gottes und die verwandten Erscheinungen im Alten Testament und im anschließenden Judentum, 1910; J. Schreiner, Geistbegabung in der Gemeinde von Qumran, BZ 9 (1965), 161–180; H. W. Robinson, Inspiration and Revelation in the Old Testament, 1962.

[33] J. K. Mozley, Eschatology and Ethics, JThSt 40 (1939), 337–345; A. N. Wilder, Eschatology and Ethics in the Teaching of Jesus, 1950²; H. Braun, Spätjüdisch-häretischer und frühchristlicher Radikalismus, I, 1958.

daß viele im Alltag nicht imstande waren, diesem Gesetzesrigorismus zu genügen und infolgedessen ein bis ins Neurotische gesteigertes Sündenbewußtsein entwickeln mußten[34], dann (b) die drohende Verzweiflung infolge allzulanger Verzögerung des kairos. Das religiöse Bild von Menschen in den einzelnen Richtungen variierte daher gemäß ihrer Einstellung in den Fragen der Torah- und Geschichtsauffassung und reichte dann von der Betonung des freien Willens bis zum Determinismus[35]. Noch viel schwerwiegender, und zwar für die gesamte weitere Geschichte des Judentums war aber (2) eine grundsätzliche Aporie. Die Verwirklichung der prophetischen Forderung nach Recht und Gerechtigkeit galt als messianische, hier und jetzt zu erfüllende kollektive Erwählungsaufgabe des Volkes und insofern als revolutionärer Auftrag. Doch es war ja ein verklärtes Bild des davidischen Reiches und des davidischen Herrschers, das zum Typos der Gottesherrschaft und des gerechten „Gesalbten" geworden war. Und so war das Ziel dieses oppositionell-utopischen Ethos an konkrete politische restaurative und revolutionäre Faktoren gebunden. Wann immer man es daher unternahm, den heilsgeschichtlichen Auftrag hier und jetzt zu verwirklichen und zunächst auch alles erfolgreich zu verlaufen schien, erwies sich der Versuch doch binnen kurzer Zeit als pseudomessianische Bewegung: Das real Erreichbare oder Haltbare konnte nie den utopischen Maßstäben der eschatologisch orientierten Torahfrömmigkeit genügen. Keine Enttäuschung entband jedoch vom vermeintlichen Auftrag, denn jedes Scheitern mußte auf eigenes Versagen zurückgeführt werden und trug damit die Aufforderung zu ernsterem Bemühen und die Verheißung des möglichen Erfolges in sich. In dieser eschatologisch ausgerichteten Torah-Frömmigkeit schlummerte ein enormes politisch-revolutionäres Potential. Aber erst mit dem 2. Jh. v. Chr. und unter bestimmten Bedingungen formten sich diese Kräfte zu einer auch politisch wirksamen Bewegung, denn von Anfang an trug diese Richtung den Keim des Zerfalls in sich.

[34] J. Köberle, Sünde und Gnade im religiösen Leben des Volkes Israel bis auf Christum, 1905; E. Sjöberg, Gott und die Sünder im palästinensischen Judentum, 1938; J. Becker, Das Heil Gottes, 1964; J. Schmid, Sünde und Sühne im Judentum, BuL 6 (1965), 16–26. Vgl. auch R. Sander, Furcht und Liebe im palästinensischen Judentum, 1935.

[35] W. Lütgert, Das Problem der Willensfreiheit in der vorchristlichen Synagoge, 1906; J. Wochenmark, Die Schicksalsidee im Judentum, 1933; G. F. Moore, Fate and Free Will in the Jewish Philosophies according to Josephus, HThR 22 (1929), 348–364; F. Nötscher, Schicksalsglaube in Qumran und Umwelt, BZ 3 (1959), 205–234.

Allzuleicht wurde für die Gesetzes- und Geschichtsauffassung eines Mannes oder einer Gruppe der Offenbarungsanspruch gestellt und dadurch der Konventikelbildung Vorschub geleistet.

Die nachexilische Hierokratie erschien den Frommen nicht bloß als vorläufige Institution. Die Herrschenden fügten sich den Realitäten und taten dies im eigenen materiellen Interesse nicht ungern, da ihre menschlichen und wirtschaftlichen Beziehungen nun einmal in die Umwelt Judas hineinreichten. Die radikalen Frommen beurteilten dies aus ihren engen Verhältnissen heraus und an Hand ihres eschatologisch-utopischen Gesetzesverständnisses. Die Vertreter des Establishments standen darum dieser Gesetzesauslegung und diesem Geschichtsverständnis begreiflicherweise mit Unbehagen gegenüber und verschanzten sich gegen beides hinter dem geschriebenen Wortlaut der Torah. Die Erfahrung zeigte am Ende der Periode, daß die eschatologisch-apokalyptische Geschichtsdeutung katastrophale Auswirkungen haben konnte. Nicht nur die Zukunftsspekulationen der Apokalypsen hatten die Wirkung revolutionärer Flugblätter, auch die rückschauende Geschichtsbetrachtung, weil Gottes Taten in der Vergangenheit ja als Paradigmata für das göttliche Handeln in Gegenwart und Zukunft verstanden wurden[36]. Wer wie die Pharisäer die eschatologische Hoffnung grundsätzlich teilte, ihre Risiken aber möglichst vermeiden wollte, mußte auf Geschichtsschreibung weitgehend verzichten, um verhängnisvollen programmatischen Festlegungen zu entgehen, die infolge von Endzeitverzögerungen zudem immer neuer spekulativer Korrekturen bedurften. Daraus zu folgern, die Pharisäer hätten kein geschichtliches Bewußtsein gehabt, hieße, geschichtliches Denken und utopische Geschichtsklitterung zu verwechseln. Wie eine an den Realitäten orientierte, teils von sadduzäischen, aber auch von pharisäischen Gesichtspunkten her geschriebene Geschichte aussieht, kann bis zu einem gewissen Grad an der

[36] Besonders deutlich zu beobachten am Exodusmotiv; siehe D. Daube, The Exodus Pattern in the Bible, 1963; G. Edwards, The Exodus and Apocalyptic, in: A Stubborn Faith, Papers ... Presented to Honor W. A. Irwin, 1956, 27–38; H. Lubsczyk, Der Auszug aus Ägypten, 1963; R. E. Nixon, The Exodus in the New Testament, 1963; S. E. Loewenstamm, Māsôrät j^{e}ṣî'at Miṣrajim b^{e}hištalš^{e}lûtāh, 1965; E. M. Prevallet, The Use of Exodus in Interpreting History, CThM 37 (1966), 131–145; E. Stein, Ein jüdisch-hellenistischer Midrasch über den Auszug aus Ägypten, MGWJ 78 (1934), 558–575. S. ferner Anm. 49 zum Passah.

M^e^gillat Ta'^a^nît (Fastenrolle)[37] und am Beispiel der Werke des Flavius Josephus ermessen werden[38]. Welche Schwierigkeiten hingegen die apokalyptische Sicht nach einer katastrophalen Enttäuschung wie im Jahre 70 n. mit sich brachte, wird am IV Esra und am syr. Baruch deutlich[39].

3. Tempel und Kult

Der Tempel[40] bestimmte den Charakter des kleinen Juda zumindest für Außenstehende so sehr, daß von einem Tempel- und Priesterstaat gesprochen werden konnte. Dies beruhte nicht zuletzt auf den kultischen Abgaben an den Tempel, und den sonstigen ökonomischen Funktionen[41], die damals einem solchen Heiligtum zukamen[42]. Seine religiös-ideologische Bedeutung war eine dreifache: (1) Einmal lebten die alten Vorstellungen von der Wohnstatt Gottes weiter[43].

[37] H. Lichtenstein, Die Fastenrolle, HUCA 8/9 (1931/2), 257–352; B.-Z. Luria, Megillat Ta'anît, 1964.

[38] Soweit apologetisches Anliegen und hellenistische Geschichtsschreibungsmethoden es noch erkennen lassen; vgl. die einschlägigen Arbeiten in H. Schreckenberg, Bibliographie zu Flavius Josephus, 1968; C. Thoma, Die Weltanschauung des Josephus Flavius dargestellt anhand seiner Schilderung des jüdischen Aufstandes gegen Rom (66–73 n. Chr.), Kairos 11 (1969), 39–52.

[39] W. Harnisch, Verhängnis und Verheißung der Geschichte, 1969.

[40] T. A. Busink, Der Tempel von Jerusalem von Salomo bis Herodes, 1969, hier weitere Lit.

[41] Zur Übersicht s. E. Schürer, a. a. O. (§ 3) II, 277 ff.; V. Tcherikover, a. a. O. (§ 3) 155 ff.

[42] A. Büchler, Die Priester und der Kultus im letzten Jahrzehnt des Jerusalemer Tempels, 1895; A. Edersheim, The Temple and its Ministry, 1926; S. Safrai, 'abôdat hā-'älohîm bebêt ham- miqdāš haš-šenî, Sefär Jerûšālajim I, 1955/6, 372–378; E. L. Ehrlich, Kultsymbolik im Alten Testament und im nachbiblischen Judentum, 1959; S. Zeitlin, The Temple and Worship. A chapter in the history of the Second Jewish Commonwealth, JQR 51 (1961), 209–241.

[43] L. Gry, Sejour et habitats divins d'après les apocryphes de l'AT, RSPhTh 4 (1910), 694–722; W. J. Pythian-Adams, The People and the Presence, 1942; J. Daniélou, La Signe du Temple ou de la Présence de Dieu, 1942; R. Patai, Man and Temple, 1947; Y. M. Congar, Das Mysterium des Tempels, 1960; R. Clements, God and Temple, 1965; J. Maier, a. a. O. (Anm. 26 und 27).

Der Tempel ist ein kosmischer Ort, in dem himmlische und irdische Welt sowie die Unterwelt sich vereinen, der den gesamten Kosmos repräsentiert. Die Wohnstatt der Gottheit ist auch die Offenbarungsstätte schlechthin, zumindest nach jenen, die in erster Linie über den Tempel verfügen. Das Besondere des Jerusalemer Tempels lag im Vergleich zu den nichtjüdischen Heiligtümern in der Gottesvorstellung. Zwar „wohnt" die Gottheit im Allerheiligsten, doch durch keinerlei Bild repräsentiert, unsichtbar und die irdischen Dimensionen sprengend thronend, wie es schon Jes 6 und in den Thronwagenvisionen Ezechiels bezeugt ist. Der gesamte Kult stand im Zeichen dieses eigentümlichen, teils Identitäts-, teils Parallelitätsverhältnis[44] zwischen irdischer und himmlischer Wohnstatt Gottes, zwischen himmlischem und irdischen Kult, zwischen kosmischer Ordnung und ritueller Ordnung. Darum spielten auch die Auseinandersetzungen über kultkalendarische Fragen eine so große Rolle im frühjüdischen Parteienstreit. Den einzelnen Kultakten unterliegt daher auch eine vielfältige kosmologische Symbolik, erhalten v. a. in den Schriften des Philo von Alexandrien, des Flavius Josephus und in der Literatur der talmudischen Zeit. Der regelmäßige Opferkult garantierte den Bestand der Naturordnung und das Gedeihen, wie denn auch die Feste einen alten, agrarischen Sinn bewahrt haben. Der Opferkult schaffte Sühne für das Land und das Volk, er bot auch dem Einzelnen die Möglichkeit zur Sühne seiner Vergehen[45]. Damit war der Kult mit den vitalen Bedürfnissen und mit dem Lebensgefühl der Menschen engstens verbunden. Darüber hinaus bestimmte das kultische Denken die Frömmigkeit in entscheidender und nachhaltiger Weise durch die Vorstellungen von der Heiligkeit[46] bzw. rituellen Reinheit und Unreinheit[47], vor allem seit den Religionsverfolgungen unter Antiochus IV. Epiphanes (§ 3), als solche vorwiegend rituellen Vorschriften im status confessionis religiös-sittliche Relevanz erhielten.

(2) Andrerseits wirkte sich aus, daß Gott als der Herr der Geschichte gesehen wurde und neben die kosmologisch-agrarische Symbolik des Kultes daher eine heilsgeschichtliche Sinngebung trat.

[44] Vgl. G. v. Rad, ThWNT V, 503 f.: „... ganz deutlich, daß bei der Frage nach der Wohnstätte Jahwes mit der althergebrachten Alternative „Himmel oder Erde" nicht auszukommen ist".

[45] A. Büchler, Studies in Sin and Atonement in the Literature of the First Century, 1928; J. Bonsirven, Le péché et son expiation selon la théologie du Judaïsme palestinien au temps de Jésus-Christ, Bibl 15 (1934), 213–236.

[46] Zur kultischen Heiligkeit vgl. J. Bonsirven II, 112 ff.; W. Paschen, Rein und Unrein, 1970; Zum Verhältnis zwischen kultischer und Erwählungsheiligkeit s. R. Hallevi, Beḥîrāh mûl qedûššāh, Bet Mikra 11/3 (1965/6), 148–150; ferner s. N. Dahl, Das Volk Gottes, 1941, 64 ff.; V. C. Cantrell, The Concept of Holiness in Essene Literature, Diss. Boston 1967.

[47] W. Paschen, a. a. O. (Anm. 46), dort weitere Lit. W. Brandt, Jüdische Reinheitslehre und ihre Beschreibung in den Evangelien, 1910.

Besonders an den großen Festen[48], Passah[49], Wochen-[50] und Herbstfest (Neujahr)[51], Laubhüttenfest[52] und Versöhnungstag[53] zu beobachten. Der Kultakt wird so zur repräsentatio der Heilstaten Gottes. Als Magna Charta des Tempelkultes in diesem Sinne galt die Opferung Isaaks, ein Motiv, das im Judentum noch lange wirksam blieb, zumal es seit der Makkabäerzeit mit der Idee des Martyriums verbunden war.

(3) Der Tempel erfüllte darüber hinaus eine Funktion als nationalreligiöses Zentrum für das gesamte Judentum.

Auch die Juden in der Diaspora entrichteten die Tempelsteuer und besuchten wenn möglich die großen Wallfahrtsfeste. Vor allem durch die Makkabäerkriege gewann der Tempel nationalen Symbolwert, wie z. B. die kultischen Symbole auf den frühjüdischen Münzen[54] bezeugen.

[48] I. Elbogen, Die Feier der 3 Wallfahrtsfeste im zweiten Tempel, 26. Bericht der Hochschule für die Wissenschaft des Judentums Berlin 1929, 27–48; S. Safrai, Hā-ʿalijjôt bā-rägäl bîmê hab-bajit haš-šenî, 1965; zu Chanukkah s. § 3, Anm. 5.

[49] E. R. Thiele, The Day and Hour of Passover Observance in New Testament Times, HThR 28 (1946), 163–168; S. Safrai, Päsaḥ bîrûšālajim bîmê bajit šenî, Maḥanajim 38 (1958/9), 137–146; R. le Déaut, La nuit pascale, 1963; Ders., De nocte Paschatis, VD 41 (1963), 189–195; N. Flüglister, Die Heilsbedeutung des Pascha, 1963; W. Huber, Passa und Ostern, 1968; J. B. Segal, The Hebrew Passover, 1963; s. ferner Anm. 36.

[50] B. Noack, The Day of Pentecost in Jubilees, Qumran and Acts, ASTI 1 (1962), 73–95; M. Delcor, Das Bundesfest in Qumran und das Pfingstfest, BuL 4 (1963), 188–204.

[51] N. H. Snaith, The Jewish New Year Festival, 1947; J. N. Heinemann, Hat- tefillāh bitqûfat hat-Tannā'îm wehā-'amôrā'îm, 1964, 80 f.; S. Spiegel, The Last Trial, 1967, 88 ff.; S. B. Hoenig, The Origins of the Rosh Hashanah Liturgy, JQR 75 (1967), 312–331.

[52] G. Allon I, 77–82; D. Flusser, Ḥag has-sûkkôt hab-bajit haš-šenî, Maḥanajim 50 (1960/1), 28–30; S. Safrai, Sûkkôt bîrûšālajim bîmê bajit šenî, ibd. 51 (1961/2), 20–22; K. Hruby, La fête des Tabernacles aux Temple, à la synagogue et dans le N. T., L'Orient Syrien 7/2 (1962), 163–174.

[53] S. Safrai, ʿabôdat jôm hak-kippûrîm bebêt ham-miqdāš bîmê bajit šenî. Maḥanajim 49 (1960/1), 122–125; M. R. Lehmann, „Yom Kippur" in Qumran, RdQ 3 (1961/2), 117–124; K. Hruby, Le Yom ha-kippurim ou jour de l'expiation, L'Orient Syrien 10 (1965), 41–74. 161–192. 413–442; B.–Z. Luria, Tefîllātô šäl kohen gādôl baj-jôm hak-kippûrîm, Sinai 59 (1965/6), 203–208. Vgl. Sir 50 und die auf alten Traditionen beruhenden Schilderungen in der späteren Pijjut-Gattung der „ʿAbodah".

[54] Lit. in: B. Kanael, Altjüdische Münzen, Jahrbuch für Numismatik und Geldgeschichte 17 (1967), 159–298.

Nun war der Tempelkult natürlich auf das engste mit dem herrschenden Regime verbunden, wobei sich Spannungen z. B. zwischen Sadduzäern und Pharisäern in Fragen des Rituals ergeben mußten. Tieferreichende Differenzen religionspolitischer Art mußten das Verhältnis zum Tempel zerrütten. In den oppositionellen Kreisen, die sich auf alte kultkritische Überlieferungen berufen konnten[55], kam es in ernsteren Fällen zur Abkehr von der unmittelbaren Kultteilnahme, wie sie Josephus den Essenern (§ 6,4) zuschreibt und wie es die Damaskusschrift bezeugt, oder zu völliger Sezession in der Überzeugung, daß das Heiligtum entweiht sei. Bis zu einer Wiederherstellung des „rechten" Kultes mußte in diesen Fällen für seine sühnende Funktion ein Ersatz gefunden werden. Ein solcher war, wie oben erwähnt (§ 4,1) in der Torahfrömmigkeit allgemein vorgegeben, oder sie bestand noch dazu in einer besonderen Form gemeinschaftlichen Lebens, wie es der Jachad der Qumrangemeinde war (§ 6,3). In Kreisen, wo das Sündenbewußtsein unter dem Einfluß des eschatologisch radikalisierten Torahverständnisses besonders stark entwikkelt war, konnte im Rahmen der Endzeithoffnung auch die Vergebung der Sünde des Einzelnen und die Überwindung der Sünde als einer „Macht" größeres Gewicht gewinnen. Damit war die Möglichkeit gegeben, die Sühnefunktion mehr und mehr dem unmittelbaren oder mittelbaren eschatologischen Heilshandeln Gottes zuzuschreiben[56].

Über die Tempelliturgie[57] ist verhältnismäßig wenig bekannt. Von einigen Passagen im Buche Sirach und in der Mischna abgesehen, sind keine klaren Hinweise auf liturgische Texte und deren „Sitz im Leben" des Rituals erhalten, obwohl die synagogale Liturgie nach 70 n. vieles aus der Tempelliturgie übernommen hat (Abs. 4). Dabei ist zu bedenken, daß im Unterschied zur Liturgie des öffentlichen Opferkultes noch eine interne, auf Priester beschränkte Liturgie existierte, von der noch weniger bekannt ist. Gewisse litaneiartige Stücke und

55 R. B. Wright, Sacrifice in the Intertestamental Literature, Diss. Hartford Seminary 1966; O. Schmitz, Die Opfervorstellung des späteren Judentums, 1910.

56 Außer der Lit. § 34 und 45 s. H. Thyen, Studien zur Sündenvergebung im Neuen Testament und ihren alttestamentlichen und jüdischen Voraussetzungen, 1969.

57 Siehe auch E. Schürer, a. a. O. (§ 3) II, 345 ff.; S. Zeitlin, The Morning Benedictions and the Readings in the Temple, JQR 44 (1954), 330–336; M. Avi-Yonah, EI VIII, 576–591; P. Billerbeck, Ein Tempelgottesdienst in Jesu Tagen, ZNW 55 (1964), 1–17.

die Trishagionhymnen in der Hekalotliteratur der talmudischen Zeit könnten darauf zurückgehen.

4. Die Synagoge

a) Über den Ursprung der Synagoge[58] kann in anbetracht der uneinheitlichen Entwicklung im Frühjudentum keine eindeutige Aussage gemacht werden. Gewiß ist zu vermuten, daß in und nach der exilischen Zeit gottesdienstliche Veranstaltungen (vgl. Neh 8 f.) stattfanden, die ältesten Zeugnisse betreffen allerdings die religiös-kultische Organisation von Militärkolonien[59]. Umstritten ist auch die Frage des Verhältnisses zwischen Tempel und Synagoge[60]. Der Tempelkult bedarf eigentlich nur in begrenztem Maß einer öffentlichen Kultteilnehmerschaft, und darum könnte die Tempelliturgie, soweit wir über sie überhaupt etwas sagen können, ebensoviel von synagogalen Veranstaltungen her beeinflußt worden sein[61] wie umgekehrt der synagogale Gottesdienst von 70 n. durch den Tempel. In welchem Maß und wie innerhalb der einzelnen religiösen Strömungen ist freilich wieder eine offene Frage. Das reiche liturgische Material, das in den späten biblischen Büchern[62], in den Apokryphen und Pseudepi-

[58] L. Finkelstein, The Origin of the Synagogue, PAAJR 1 (1928/9), 49–59; S. Zeitlin, The Origin of the Synagogue, ibd. 2 (1930/1), 69–81; G. F. Moore, III, 88–92. 168; I. Elbogen* 444 ff. 482 ff.; J. Morgenstern, The Origin of the Synagogue, Studi orientalistici G. Levi della Vida, II, 1956, 192–201; J. Weingreen, The Origin of the Synagogue, Hermathena 98 (1964), 68–84; I. Levi, The Synagogue, its History and Function, 1963; E. Schürer, a. a. O. (§ 3), II, 489 ff.; III, 81 ff. § 11, 4; § 12, 1; K. Hruby, Die Synagoge, 1971.

[59] A. Schalit, a. a. O. (§ 2, Anm. 9) S. 311 f.

[60] A. Menes, Tempel und Synagoge, 1932; E. U. Filson, Temple, Synagogue and Church, BA 7 (1947), 77–88; Ch. Z. Reines, Ham-miqdāš ûbêt hakkᵉnäsät, Sinai 44 (1958/9), 213–224; S. Safrai, Ham-miqdāš bitqûfat bajit šenî, 1959/60, meinte, das Vorbild gottesdienstlicher Veranstaltungen am Tempel hätte eine Rolle gespielt; ein Lehr- und Bethaus am Tempel erwähnt bJoma 87 a. Nach S. B. Hoenig, The Supposition Temple-Synagogue, JQR 54 (1963/4), 115–131, gab es keine Synagoge im Tempelbereich.

[61] S. Krauss, Synagogale Altertümer, 1922, 52 ff.; J. Kaufmann IV/1, 34 ff.; I. Elbogen* 245–50; J. Heinemann, a. a. O. (Anm. 51) 83 ff.

[62] J. L. Liebreich, The Impact of Nehemia 9, 5–37 on the Liturgy of the Synagogue, HUCA 32 (1961), 227–237.

graphen[63] sowie in den Qumrantexten erhalten ist, vermittelt nur vage Anhaltspunkte zur Rekonstruktion liturgischer Ordnungen. Die nach 70 übliche Rückführung der synagogalen Liturgie und von Texten auf die sagenhaften „Männer der großen Versammlung" (Abs. 5) ist tendenziös bedingt und die ab 70 einsetzende Angleichung der synagogalen Liturgie an Vorbilder aus dem unterbrochenen Tempelkult besagt ebenfalls nicht viel über die Verhältnisse vor 70. Wie wenig einheitlich die Lage vor 70 selbst im pharisäischen Bereich war, zeigt sich am Beispiel der Diskussion nach 70, als die Frage, ob 2 oder 3 öffentliche Gebetszeiten anzusetzen seien, noch lange erörtert wurde[64]: Offensichtlich hatte man sich vor 70 z. T. an den zweimaligen Opferzeiten[65], z. T. an einem dreimaligen[66] Gebetsbrauch orientiert. Die gottesdienstlichen Versammlungen der vormakkabäischen Zeit, über die nichts bekannt ist, sind auch nicht die unmittelbaren Vorläufer der Synagogen. Ein Bindeglied waren zweifellos jene Gemeinschaften, die sich während der Religionsverfolgungen und in den Makkabäerkriegen zur Ermöglichung eines gesetzestreuen Lebens gebildet hatten. Solche Gemeinschaftsformen (vgl. den 2. Teil der Damaskusschrift) waren dann die Basis sowohl für die pharisäischen *ḥᵃbûrôt* wie für die verschiedenen apokalyptisch orientierten Gemeinden, z. B. für die Gemeinde von Qumran.

Im Unterschied zum Tempelkult dürfte es sich in erster Linie um Schriftlesung[67], z. T. verbunden mit Targum[68] und Schriftdeutung[69]

[63] N. B. Johnson, Prayer in the Apocrypha and Pseudepigrapha, 1948; H. L. Jansen, Die spätjüdische Psalmendichtung, 1927; s. auch die Lit. über 1QH.

[64] G. Allon, a. a. O. (§ 2, Anm. 6), I, 170; J. Heinemann, a. a. O. (Anm. 51) 18; O. Holtzmann, Berakot, 1912, 27–31.

[65] Ex 30, 7 f.; II Chr 13, 11 (und I, 23, 30); Jud 9, 1; 12, 6. 8; Jub 6, 14; 1 QS X, 10; 1 QH XII, 4–6 und das 2-malige Beten des Šᵉmaʿ Jiśrāʾel; (für das Morgengebet vgl. auch Jub 3, 27; Arist 305; PsSal 6, 4 f.; 16, 28; Sib III, 591 ff; bell II, 128 ff.) ant IV, 2, 12 ff.; c. Ap. II, 23; Philo, De vita contemplativa III (Therapeuten).

[66] Ps 55, 18; Dan 6, 11. Offenbar von individuellen Gebetsbräuchen her; vgl. auch Act 3, 1; 10, 4. 30; j Ber IV, 1 (7 a); Diadache VIII, 3 und das später dreimalige Achtzehngebet.

[67] J. Mann - I. Sonne, The Bible as Read and Preached in the Old Synagogue, 2 Bde. 1966; J. Heinemann, a. a. O. (Anm. 51) 24. 144 f.; S. W. Baron*, SRH II, 134 f. 380 f.; R. G. Finck, The Synagogue Lectionary and the New Testament, 1939; A. Guilding, The Fourth Gospel and Jewish Worship, 1960; L. Morris, The New Testament and the Jewish Lectionaries, 1964.

gehandelt haben, umrahmt von Gebeten bzw. Benediktionen[70], wobei sich natürlich der tägliche Gottesdienst vom Gottesdienst des Sabbat und der Festtage unterschied. Von größerer Bedeutung war die Synagoge in der Diaspora, wo die Synagogengemeinde ja auch Trägerin des politisch-rechtlichen Status der örtlichen Juden war[71]. Mehr noch als in den parteigebundenen Gemeindeformen Palästinas erfüllte hier die Synagoge die Funktion eines örtlichen religiösen, kulturellen und gesellschaftlichen Zentrums, z. T. analog der Funktion des Jerusalemer Tempels für das Gesamtjudentum (soweit es sich zum Tempel bekannte). Für die Architektur der Synagoge vor 70 fehlten bislang Zeugnisse, nun aber wurde eine Synagoge auf Massada entdeckt, die deutlich Züge des späteren galiläischen Synagogentyps vorwegnimmt[72].

5. Sanhedrin[73] und Hohepriesteramt

Aus der alten Gerusie, die mit der „hellenistischen Reform" ihr Ende gefunden hatte, war unter den Hasmonäern der *Ḥebär haj-jᵉhûdîm*[74] geworden, über dessen Zusammensetzung allerdings nichts bekannt ist. Er verlor seine Bedeutung unter dem als hellenistischer König regierenden Alexander Jannaj, dürfte aber unter Salome Alexandra unter pharisäischer Aegide zum tatsächlichen Träger der

[68] S. W. Baron*, SRH II, 386 f.; M. MacNamara, Some Early Rabbinic Citations and the Palestinian Targum to the Pentateuch, RStO 41 (1966), 1–15; Ders., The New Testament and the Palestinian Targum to the Pentateuch, 1966; J. Bowker, The Targum and Rabbinic Literature, 1969.

[69] J. Mann-I. Sonne, a. a. O. (Anm. 67).

[70] J. Heinemann, a. a. O. (Anm. 51) 29 ff.

[71] H. Rosenau, The Synagogue and the Diaspora, PEQ (1937), 196–202; V. Tcherikover, a. a. O. (§ 3) 303 ff.

[72] Y. Yadin, Masada 1966, 182 ff.

[73] A. Büchler, Das Synhedrion zu Jerusalem und der große Sanhedrin in der Quaderkammer des Jerusalemer Tempels, 1902; G. F. Moore III, 32 ff.; J. Klausner, a. a. O. (§ 3) 96 ff.; G. Allon, a. a. O. (§ 2, Anm. 6) 222 ff.; E. Lohse, ThWNT VII, 858 ff.; S. B. Hoenig, The Great Sanhedrin, 1953; H. Mantel, Studies in the History of the Sanhedrin, 1961 und dazu S. B. Hoenig JQR 52 (1962), 335–345, und S. Safrai QS 29 (1963/4), 69–75; J. B. Kennard, The Jewish Provincial Assembly, ZNW 53 (1962), 25–51.

[74] J. Klausner, a. a. O. (§ 3) III, 96 f.; D. Sperber, A Note on Hasmonean Coin Legends; Heber and rosh-heber, PEQ 100 (1965), 85–93.

Staatsgewalt und zur obersten religiös-juristischen Autorität geworden sein. Die Wirren der letzten Hasmonäerzeit und die Regierung des Herodes bedeuteten einen Niedergang für dieses später „Sanhedrin" bzw. „Synhedrion" genannte Gremium, das erst unter direkter römischer Verwaltung wieder die Rolle der obersten Repräsentanz Judas darstellte, freilich unter einem Besatzungsregime. Den Vorsitz führte der Hohepriester[75], womit ein entsprechender sadduzäischer Einfluß gesichert war. Die Autorität des Amtes hatte freilich seit Ende des 2. Jh. merklich gelitten und wurde durch die römische Politik noch mehr ausgehöhlt. Der Sanhedrin, von den Sadduzäern geführt und von den Pharisäern in hohem Maß mitbestimmt, hatte nur mehr sehr beschränkte religiöse Autorität, vor allem in anbetracht der starken apokalyptischen Opposition. Die tatsächliche Bedeutung des Sanhedrin beschränkte sich vor allem auf die Rolle einer politischen und juristischen obersten Vertretungskörperschaft jener Kreise Judas, die trotz aller Vorbehalte versuchten, einen modus vivendi unter römischer Herrschaft zu finden. Die „Männer der großen Versammlung"[76], auf die nach 70 so viele Neuordnungen zurückgeführt worden sind, können schwerlich als Vorläufer des Sanhedrin betrachtet werden. Sofern damit eine gelegentlich stattfindende verfassungs- und gesetzgebende Volks-Versammlung[77] gemeint war, ist eine solche verfassungsgebende Versammlung wohl zu unterscheiden von der Gerusie, dem ständigen Ältestenrat[78].

6. Sonstige Merkmale der Frömmigkeit

a) Soweit die Frömmigkeit des Frühjudentums literarischen Ausdruck gefunden hat, spiegelt sie den Volksglauben nur in sehr be-

[75] H. Graetz, Zur Geschichte der nachexilischen Hohepriester, MGWJ 30 (1881), 49–64. 93–112; G. Allon I, 48–76; E. Bammel, Die Bruderfolge im Hohenpriestertum der herodianisch-römischen Zeit, ZDPV 70 (1954), 147–153; J. Jeremias, a. a. O. (§ 3) B, 3ff.; J. M. Grintz, Pārāšijjôt b^{e}tôl^{e}dôt hak-k^{e}hûnnāh hag-g^{e}dôlāh, Zion 234 (1957/9), 124–140.

[76] Lit. Anm. 73, ferner G. F. Moore I, 29 ff.; III, 7 ff.; H. Mantel, The Nature of the Great Synagogue, HThR 60 (1967), 69–91.

[77] So unter Nehemia (Neh 5, 6; 8–10); wohl auch bei der Übertragung der prostasia auf den Tobiaden Joseph (ant XII, 154 ff.) und wieder bei der Ernennung des Simon (I Makk 14, 28).

[78] Vgl. G. Allon, a. a. O. (§ 2, Anm. 6), II, 222 ff.

schränktem Masse wider[79]. Die erbauliche (vgl. Tobit) und apokalyptische Literatur enthält zwar volkstümliche Vorstellungen, zumeist aber theologisierend verwertet oder als Gegenstand der Polemik. Dies gilt vor allem für das weite Feld magischer Vorstellungen[80] im Rahmen des damaligen naiven Weltbildes[81]. Die Aussprache des Tetragramms wurde im offiziellen Judentum wohl nicht zuletzt aus Abwehr solcher Praktiken verpönt. Selbstverständlich spielten in solchen Zusammenhängen auch Engel-[82], Dämonen-[83] und Wunder-

[79] Anders in der späteren Haggadah, in der viel altes Material enthalten ist, doch gilt hier dasselbe wie für die Halachah (s. Anm. 12). Vgl. die Lit. Anm. 1; ferner Ch. Albeck, Agadot im Lichte der Pseudepigraphen, MGWJ 83 (1939), 162–169; K. Kohler, The Pre-Talmudic Haggadah, JQR o. s. 5 (1892/3), 391–419; 7 (1894/5), 581–606; zu Josephus: B. Heller, Grundzüge der Agada bei Flavius Josephus, MGWJ 80 (1936), 237–246. 363; zu Philo s. § 9, Anm. 30 und E. Stein, Philo und der Midrasch, 1931; L. Treitel, Agadah bei Philo, MGWJ 53 (1909), 28–45. 159–173. 286–291; N. I. Weinstein, Die Genesis der Agada II, 1901.

[80] D. H. Joel, Der Aberglaube und die Stellung des Judentums zu demselben, 1881/3; L. Blau, Das altjüdische Zauberwesen, 1914²; E. Schürer, a. a. O. (§ 3) III, 407–19; O. Eissfeldt, Jahwename und Zauberwesen, ZMR 42 (1927), 161–186; W. Böld, Die antidämonischen Abwehrmächte in der Theologie des Spätjudentums, 1938; J. Trachtenberg*.

[81] A. Bertholet, Welt und Himmelsbild im Zeitalter Christi, PJb 137 (1909), 410–428, H. Bietenhard, a. a. O. (Anm. 27).

[82] A. Kohut, Über die jüdische Angelologie und Dämonologie in ihrer Abhängigkeit vom Parsismus, 1866, – The Jewish Angelology and Demonology based upon Parsism, 1883; L. Hackspill, L'angelologie juive à l'époque néo-testamentaire, RB 2 (1902), 527–550; E. A. Barton, The Origin of the Names of Angels and Demons in the Extracanonical Apocalyptic Literature, JBL 31 (1912), 156–167; C. Kaplan, Angels in the Book of Enoch, AThR 12 (1930), 423–437; E. Langton, The Ministry of the Angelic Powers according to the OT and the Later Jewish Literature, 1936; L. Gry, Quelques noms d'anges et d'etres mystérieux en II Hénoch, RB 49 (1940), 195–204; H. B. Kuhn, The angelology of the non-canonical Jewish apocalypses, JBL 67 (1948), 217–232; B. J. Bamberger, Fallen Angels, 1952; J. Michl, RAC V, 60–97; J. A. Fitzmyer, A Feature of Qumran Angelology and the Angels of I Cor 11, 10, NTS 4 (1957), 48–58; R. M. Grant, Les êtres intermédiaires dans le judaïsme tardif, Studi e Materiali di Storia delle Religioni 38 (1967), 245–259; D. S. Russell (The Method ...) 235 ff.; H. Schlier, Mächte und Gewalten im Neuen Testament, 1958; s. auch Anm. 83. § 5, Anm. 11.

[83] Siehe die Lit. in Anm. 80, 82, ferner: U. Draussin, Les démoniaques au temps de Notre-Seigneur Jésus-Christ, 1902; JE IV, 514 ff.; G. A. Barton, ERE IV, 594 ff.; Str.–B. IV, 501–535; L. Jung, Fallen Angels in Jewish, Christian and Mohammedan Literature, JQR 16 (1925), 171–206; 467–502; T. K. Oesterreich, Possession, Demonological and Other, 1930;

glaube[84] eine große Rolle. Mehr unmittelbare Zeugnisse der Volksfrömmigkeit hat wohl das NT bewahrt, insofern es naive Auffassungen bezeugt, die in jenen Kreisen gang und gäbe waren, die sich nicht oder nur wenig mit den vorherrschenden Religionsparteien (2. Kap.) deckten.
Wie späterhin im Judentum so muß es auch damals breitere Schichten gegeben haben, die nicht imstande waren, den hohen Anforderungen der Torahfrömmigkeit zu genügen und darum eine eigene religiöse Mentalität entwickelten, vielfältig freilich und sicher nicht gefeit gegen synkretistische Neigungen.

b) Im Unterschied zur vorexilischen Zeit wurde das religiöse Klima des Frühjudentums nicht mehr durch die Auseinandersetzung um die Gottesvorstellung bestimmt, sondern durch die Problemkreise Gesetz und Geschichte. Die Identität des Gottes Israels mit dem E I N E N Gott und Schöpfer der Welt war innerjüdisch nicht mehr problematisch, wohl aber im Verhältnis zur nichtjüdischen Umwelt, was vor allem die hellenistische Diaspora (§ 8 f.) zu spüren bekam. Akzentverschiebungen fanden nichtsdestoweniger statt[85]. Im Pharisäismus,

E. Langton, Good and Evil Spirits, 1942; Ders., Essentials of Demonology, 1949; W. Foerster, ThWNT II, 1–21; F. Nötscher, Geist und Geister in den Texten von Qumran, Mélanges Bibliques A. Robert, 1957, 305–315; W. J. Dalton, Christ's proclamation to the spirits. A study of 1 Peter 3: 18 – 4 : 6, 1956; D. Winston, The Iranian Component in the Bible, Apocrypha and Qumran; A Review of the Evidence, HR 5 (1965/6), 183–216.

Entsprechend der dualistischen Zuspitzung des Geschichts- und Weltbildes gewinnt in dieser Periode die widergöttliche Macht in ihrer Personifikation als Satan, Antichrist etc. besondere Bedeutung. Vgl. G. Roskoff, Geschichte des Teufel, I, 1869 (Nachdr. 1967); W. Bousset, Der Antichrist in der Überlieferung des Judentums, des N. T. und der alten Kirche, 1895; M. Friedländer, Der Antichrist in den vorchristlichen jüdischen Quellen, 1901.

84 A. Schlatter, Das Wunder in der Synagoge, 1912; P. Fiebig, Rabbinische Wundergeschichten des neutestamentlichen Zeitalters, 1912; C. N. Moody, Spiritual Power in Later Judaism and in the N. T., Exp. T. 38 (1926/7), 557–561; I. Heinemann, Die Kontroverse über das Wunder im Judentum der hellenistischen Zeit, Sefär Jobel B. Heller, 1941, 170–191; R. M. Grant, Miracle and Natural Law in Greaco-Roman and Early Christian Thought, 1952.

85 H.-J. Wicks, The Doctrine of God in the Jewish Apocryphal and Apocalyptic Literature, 1915; J.-B. Frey, Dieu et le monde d'après les conceptions juives au temps de Jésus-Christ, RB 13 (1916), 33–60; A. L. Williams, „My Father" in the Jewish Thought of the First Century, JThSt 31 (1929/30), 42–47; G. Dalman, Die Worte Jesu, 1930, 146 ff.; O. Michel,

der an und für sich eine stärkere individualistische Komponente aufwies (§ 7), sah man auch das Verhältnis Gott – Mensch unmittelbarer, persönlicher. Für den Sadduzäismus dürfte weit mehr als für die Pharisäer die kultische Gottesgegenwart im Tempel eine Rolle gespielt haben. Im eschatologisch-apokalyptischen Denken rückte Gott durch die spekulative Kosmologie und Angelologie[86] eher in die Ferne, wobei solche Spekulationen dazu dienen sollten, Gottes Größe und Erhabenheit, Allmacht und Unerfaßlichkeit, zugleich auch die Geheimnisse der Schöpfung und das bedrängende Geheimnis der Heilsgeschichte im Rahmen der Schöpfungsgeschichte bildhaft-anschaulich zu illustrieren. In der Konfrontation mit gegnerischen Gewalten sah diese Richtung schwarz-weiß-malend eine endgültige Auseinandersetzung zwischen Bösem und Gutem und so stellte sich ihr die Frage der heils- und schöpfungsgeschichtlichen Theodizee, zugespitzt in der Frage nach dem Ursprung und der Funktion des Bösen, beantwortet durch eine spekulative Dämonologie und die Ausbildung der Satansfigur[87]. Das Gewicht, das bei all dem der kollektiven Sicht zukam, belastete auch das individuelle Gottesverhältnis, zumal sich infolge der Endzeitverzögerung auch für das individuelle Geschick die Frage der Theodizee ergeben mußte und die praktische Erfahrung die alte weisheitliche Annahme einer immanenten Vergeltung Lügen strafte. Man fühlte sich daher auf einen ausgleichenden Akt der Gerechtigkeit nach dem Tode angewiesen. Möglichkeiten dazu boten sich von zwei Gesichtspunkten aus. Schon früh war unter unmerklichem hellenistischen Einfluß die ältere Vorstellung vom gottverliehenen „Lebensodem“ *(näfäš,rûaḥ, nešāmāh)* und vom Schattendasein in der Sche'ol zur Annahme einer den körperlichen Tod überdauernden Seele[88] geworden, die man als das Wesentliche am Menschen be-

Wie spricht der Aristeasbrief über Gott?, ThStKr 102 (1930), 302–306; E. Bickermann, a. a. O. (§ 3), 92 ff.; W. G. Kümmel, Die Gottesverkündigung Jesu und der Gottesgedanke des Spätjudentums, Judaica 1 (1945), 40–68; N. B. Johnson, Prayer in the Apocrypha, 1948; G. Pfeifer, a. a. O. (Anm. 9); G. Segalla, La volonta di Dio in Qumran, Riv. Bibl. 11 (1963), 379–395; EI III, 435–446; A. Horowitz, Hat-tô'ar hab-bātar-miqrā'î „'adôn hak-kol“ wehôfa'atô bemizmôr 151 miq-Qûmrān, Tarb 34 (1964/5), 224–227.

86 Siehe Anm. 82.

87 Siehe Anm. 83.

88 W. O. E. Oesterly, Immortality and the Unseen World, 1921; J.–B. Frey, La vie de l'au delà dans les conceptions juives au temps de Jésus-Christ, Bibl 13 (1932), 129–168; R. Meyer, Hellenistisches in der rabbinischen

trachten konnte. Andrerseits blieb die zweite „Urerfahrung“ wirksam, daß gerade das massiv Körperliche, das Gebein, vom Menschen übrigbleibt, und darum die Körperlichkeit von der Vorstellung der Persönlichkeit nicht abstrahiert werden kann. Dazu kam, daß die messianische Hoffnung zwar auf eine endgeschichtliche, aber eben doch irdisch-geschichtliche Vollendung abzielte und mit der Endzeitverzögerung die Teilhabe der Gerechten und Märtyrer an der Heilszeit infragegestellt schien, weil die unmittelbar auf den Tod folgende Vergeltung an der Seele auch vom kollektiven Denken her unbefriedigend wirkte. Außerdem dürften auch die in der Tradition schon vorgegebenen eschatologischen Gerichtsszenen eine Rolle gespielt haben. All dies waren Voraussetzungen, die eine weite Verbreitung des Gedankens einer leiblichen endzeitlichen Auferstehung[89] förderten, mag er auch in Kreisen mit ganz akuter Naherwartung, wie etwa in der Qumrangemeinde[90], weniger aktuell gewesen sein. Im übrigen blieb der frommen Phantasie in der Ausmalung des Geschickes nach dem Tod ein weites Spielfeld[91]. Wie äußerlich der hellenistische Ein-

Anthropologie, 1937; H. Bückers, Die Unsterblichkeitslehre des Weisheitsbuches, ihr Ursprung und ihre Bedeutung, 1938; Z. Hirsch, Happsîkôlôgijāh b^esifrûtenû hā-ʿattîqāh, 1957, 68 ff., J. M. Grintz, EI XV, 447–454; M. Delcor, L’immortalité de l’âme dans le livre de la Sagesse et dans les documents de Qumran, NRTh 72 (1955), 614–630; siehe auch Anm. 90–91.

89 G. Fohrer 297 f. und die Lit. dort; ferner: Str.–B. IV, 1166–1198; J. Buitkamp, Die Auferstehungsvorstellungen in den Qumrantexten und ihr alttestamentlicher, apokryphischer, pseudepigraphischer und rabbinischer Hintergrund, Diss. Groningen 1965; R. H. Charles, Eschatology. The doctrine of a future life in Israel, Judaism, and Christianity, 1899 (repr. 1963); M. E. Dahl, The Resurrection of the Body, 1962; W. E. Davies, The Origin and Development of Old Testament and Inter-Testamental Belief Regarding Life after Death, Diss. Boston Graduate School 1957; W. Marchel, De resurrectione et de retributione post mortem sec. 2 Macc. comparandum cum 4 Macc., VD 34 (1956), 327–341; G. Molin, Entwicklung und Motive der Auferstehungshoffnung vom AT bis zur rabbinischen Zeit, Judaica 9 (1953), 225–239; C. V. Pilcher, The Hereafter in Jewish and Christian Thought, 1940; K. Schubert, Die Entwicklung der Auferstehungslehre von der nachexilischen bis zur frührabbinischen Zeit, BZ 6 (1962), 177–214.

90 Vgl. J. Buitkamp, a. a. O. (Anm. 89); J. Carmignac, Le rétour du Docteur de Justice à la fin des jours, RdQ 1 (1958/9), 235–248; J. van der Ploeg, The Belief in Immortality in the Writings of Qumran, Bibl. Or. 18 (1961), 118–124.

91 Siehe die Arbeiten von P. Volz, D. S. Russell (The Method ...) 353 ff., ferner von R. H. Charles, Str.–B. und W. E. Davies in Anm. 89. Vgl. auch

fluß auf die Seelenvorstellung war, erweist sich nicht nur an der Bedeutung des Auferstehungsgedankens, sondern auch an der Beschreibung des Seelenschicksals nach dem Tod. Diese beweisen mit ihren entweder farblosen (vgl. die „Seelenbehälter“[92]) oder ausgesprochen körperlichen Zügen, daß man sich auch weiterhin die Persönlichkeit nur in ihrer vollen lebendigen Körperlichkeit vorstellen konnte.

All dies hat auch die Volksfrömmigkeit mitgeprägt, wieweit dabei Fremdeinflüsse maßgebend waren, ist so bedeutsam nicht, wie es in der Vergangenheit oft dargestellt wurde. Übernommen wurden zumeist nur Vorstellungen, zu denen in der eigenen religiösen Gedankenwelt bereits gewisse Affinitäten bestanden. Außerdem hat sich mittlerweilen ergeben, wie sehr die israelitisch-jüdische Volksreligion im Erbe der kanaanäisch-syrischen Religiosität verwurzelt war, sodaß sich die oft angenommenen weithergeholten Fremdeinflüsse zu einem guten Teil erübrigen. Und sofern die jüdische Religion durch bestimmte, in jener Periode eben vorherrschende, international zutagetretende Tendenzen mit gezeichnet wurde, ist ebenfalls nur selten von ableitbaren Einflüssen zu sprechen[93].

Str.–B. IV, 1016–1165; J. Leipoldt, Der Tod bei Griechen und Juden, 1942; M. Hengel a. a. O. (§ 3) 357 ff.; H. Jantzen, Die jüdische Auffassung vom Zwischenzustand und ihre atl. Voraussetzungen, Diss. Kiel 1953.

92 Vgl. IV Esr 4, 35. 41; 5, 37; 7, 95; syr. Bar 21, 23; Hen 22, 1–4; 102, 4 f. 11; Apc 6, 9.

93 Über hellenistischen Einfluß s. M. Hengel, a. a. O. (§ 3) und die Lit. dort, v. a. S. Liebermann, Greek in Jewish Palestine, 1942; Ders., Hellenism in Jewish Palestine, 1950; T. F. Glasson, Greek Influence in Jewish Eschatology, 1961. Zum parsischen Einfluss, der früher gern überschätzt wurde, s. zuletzt F. Kardinal König, Zarathustras Vorstellung vom Jenseits und das Alte Testament, 1963; J. Brand, Hašpāʿôt Jāwān ûFerās leʾôr ham-meqôrôt has-sifrûtijjim, Sinai 57 (1964/5), 106–115; D. Winston, a. a. O. (Anm. 83). R. N. Frye, Reitzenstein and Qumran Revisited by an Iranian, HThR 55 (1962), 261–268; D. S. Russell The Methods ... 385 ff; J. Neusner, A History of the Jews in Babylonia, IV, 1969, 424 ff.

2. Kapitel: Die einzelnen „Religionsparteien“

§ 5 Zadokiden und Sadduzäer

Lit. § § 3–4. Ferner: E. Baneth, Über dem Ursprung der Sadokäer und Boethosäer, MWJ 9 (1882), 1–37. 61–95; Str.-B. IV, 334–352; E. E. Ellis, Jesus, the Sadducees, and Qumran, NTS 10 (1964), 274–279; L. Finkelstein, Māsôrāt ʿattiqāh ʿal reʾšîtām šäl haṣ-Ṣādôqîm weʰab-Betûsîm, Studies and Essays in Honor of A. A. Neuman, 1962, 622–39; A. Geiger, Sadduzäer und Pharisäer, JZWL 2 (1863), 11–54; Ders., Sadduzäer und Pharisäer, 1863; Ders., Urschrift und Übersetzungen der Bibel, 1857, 69–102; G. Hölscher, Der Sadduzäismus, 1906; L. Kadman, Pharisees, Sadducees and the Hebrew Coin Script, The Numismatic Circular 71 (1963), 23–25; G. Kranold, Pharisäer und Sadduzäer, 1897; J. Lafay, Les Sadducéens, 1904; J. B. Lauterbach, Rabbinic Essays, 1951, 27 ff.; R. Lescynsky, Die Sadduzäer, 1912; I. Levy, Das Buch Qoheleth. Ein Beitrag zur Geschichte des Sadduzäismus, 1912; T. W. Manson, Sadducee and Pharisee: The Origin and Significance of the Names, BJRL 22 (1938), 144–159; R. Meyer, ThWNT VII, 35–54; V. Tcherikover, a. a. O. (§ 3) 491 ff.; 255 f. 261–264; M. Waxman* I, 486–503; J. Wellhausen, Die Pharisäer und Sadduzäer, 1924[2].

1. Die Zadokiden

Die Jerusalemer Priesterschaft, die sich von der Familie des Zadok der davidisch-salomonischen Zeit herleitete, genoß eine gewisse Sonderstellung.

Einmal dank enger familiärer Beziehungen zum davidischen Herrscherhaus, zum anderen auf Grund einer möglicherweise schon durch David bei der Eingliederung des jebusitischen Jerusalem vollzogenen Übereinkunft mit dem alten jebusitischen Priesterkönigsgeschlecht[1]. Auch die Vorrangstellung des Jerusalemer Tempels gegenüber den levitischen Provinzheiligtümern tendierte zum Monopol. Der König Josia, dürfte nach anfänglich levitisch bestimmten Reformen 622 einem zadokidischen Staatsstreich nachgegeben haben[2], als dessen Folge die levitischen Provinzpriester zum Hilfpersonal am Jerusalemer Heiligtum degradiert worden waren. Der ezechie-

[1] H. Schmid, Melchisedek und Abraham, Zadok und David, Kairos 7 (1965), 148–151.

[2] J. Maier, Bemerkungen zur Fachsprache und Religionspolitik der Priesterschaft im Königreich Juda, Judaica 26 (1970) 89–105.

lische Verfassungsentwurf besteht dann auch auf dem zadokidischen Monopol (Ez 40, 46; 44, 15). Nachdem das Kyrosedikt nur den Wiederaufbau des Jerusalemer Tempels gestattete, die meisten Leviten sich mit ihrer Degradierung aber schwerlich abgefunden haben dürften, entschlossen sich auch nur ganz wenige Leviten zur Heimkehr. Erst nach und nach eroberte sich diese Schicht durch Sonderfunktionen im Tempeldienst und Tempelkult ein neues Standesprestige, wobei sicher die günstigen Privilegien für das Kultpersonal mit dazu beitrugen, den Stand attraktiver zu machen.

In der Jerusalemer Priesterschaft[3] stellten die Zadokiden also die Oberschicht dar und sie prägten das establishment des „Zweiten Tempels“ unangefochten bis zur sog. „hellenistischen Reform“. Selbstverständlich reichten die Interessen und Verbindungen dieser Zadokiden über ihre unmittelbare Verwandtschaft hinaus in wirtschaftlich und politisch maßgebende nichtpriesterliche Kreise hinein, wie es schon für die Zeit Esras und Nehemias und gegen 200 wieder am Beispiel der Tobiaden deutlich wurde. Unvermeidlicherweise ergaben sich dabei auch interne Konflikte, etwa über die vorzuziehende politische Orientierung, oft verbunden mit persönlicher Rivalität im engsten Kreis der hohepriesterlichen Familien. Nach 200 müssen außer dynastiebedingten Bruderzwistsituationen auch tiefer reichende Risse diese zadokidische Schicht zerteilt haben. Ein Anlaß war sicher die Frage, wie man auf die Usurpation des Hohepriesteramtes durch Menelaos zu reagieren hätte. Manche steuerten offenbar einen Mittelweg zwischen Hellenisierenden und radikalen Frommen, etwa der Hohepriester Alkimos. Die Übernahme der Hohepriesterwürde durch die Makkabäer bedeutete eine neuerliche Belastungsprobe. Zu dieser Zeit muß es in Jerusalem bereits zwei weltanschaulich völlig gegensätzliche zadokidische Flügel gegeben haben. Einmal jene, die weiterhin ihre angestammten Privilegien so weit als möglich zu erhalten suchten und dafür zum Kompromiß mit den Herrschenden bereit waren. Dieser opportunistischere Flügel ist uns für später als Kern der „sadduzäischen“ Partei bekannt. In krassem Gegensatz dazu stand eine andere Gruppe, die vielleicht eine schon seit längerer Zeit vorhandene innerzadokidische Oppositionslinie fortsetzte, jedenfalls durch die Ereignisse bei der „Reform“ in die antihellenistische Front gedrängt worden war. Sie übernahm nämlich das Geschichtsbild und die Torahinterpretation der radikalen, eschatologisch orientierten Strömungen und stellte ihre kulttheologische Vorstellungswelt in den

[3] Str. – B. II, 55 ff. (Zu Luk 1,5); J. Liver, P^{e}rāqîm b^{e}tôl^{e}dôt hak-k^{e}hûnnāh w^{e}hal-l^{e}wijjāh, 1968/9.

Dienst dieser radikalen Frömmigkeitsrichtung. Auf ihren Einfluß sind die kultkalendarische Kontroverse[4] im Frühjudentum, ferner die dem priesterschriftlichen Muster folgende Periodisierung des Geschichtsbildes und die vielfältigen aus dem Kontext der Kultideologie stammenden kosmologischen Stoffe in der apokalyptischen Literatur zurückzuführen. Nicht zuletzt aber auch die Aufwertung des heilszeitlichen Hohepriesters als eines zweiten, wenn nicht als des erstrangigen „Gesalbten" neben dem Davididen[5]. Seine bekannteste Ausprägung gewann dieser apokalyptische Zadokismus unter dem „Lehrer der Gerechtigkeit" in der Gemeinde von Qumran[6]. Nun gab es zweifellos auch Gegensätze zwischen den höheren und niederen priesterlichen Kreisen. Inwiefern jeweils ein spezifisch zadokidisch-priesterlicher oder ein gemeinpriesterlicher Einfluß auf apokalyptische und andere dissidente Gruppen[7] vorliegt, ist nur mehr selten auszumachen.

2. Sadduzäer

Infolge der Ereignisse um 70 n. ist jene Religionspartei des Frühjudentums beinahe völlig in das Dunkel der Geschichte versunken, die lange Zeit die gesellschaftliche Oberschicht von Juda gewesen war.

[4] Die Kalenderfrage ist nach wie vor umstritten, vgl. J. Maier, Die Texte vom Toten Meer II, 1960, 115 f. und die Lit. dort; ferner: G. Jeremias, Der Lehrer der Gerechtigkeit, 1963, 53 ff.; E. Hilgert, The Jubilees Calender and the Origin of Sunday Observance, AUSS 1 (1963), 44–51; W. Eiss, Der Kalender des nachexilischen Judentums, WdO 3, 1–2 (1964), 44–47; K. Steuring, The Enclosed Garden, 1965.

[5] Frühere Lit.: J. Maier, a. a. O. (Anm. 4) II, 32 f. Siehe auch die Lit. zu § 4, Anm. 16 ff., ferner: J. Gnilka, Die Erwartung des messianischen Hohenpriesters in Qumran und im Neuen Testament, RdQ 2 (1959/60), 395–426; B. Vawter, Levitical Messianism and the New Testament, in: J. L. McKenzie, The Bible in Current Catholic Thought, 1962, 83–99; J. F. Priest, Mebaqqer, Paqid and the Messiah, JBL 81 (1962), 55–61; P. Zerafa, Priestly Messianism in the Old Testament, Angelicum 42 (1965), 318–341; A. J. B. Higgins, The Priestly Messiah, NTS 13 (1967), 211–239.

[6] R. North, The Qumran Sadducees, CBQ 17 (1955), 164–188; J. Liver, „Beⁿê Ṣādôq" šāb-bekat midbar Jehûdāh, EIsr 8 (1966/7), 71–81; Ders., The „Sons of Zadok the Priests" in the Dead Sea Sect, RdQ 6/1 (1967), 3–30.

[7] Vgl. T. Caldwell, Dositheus Samaritanus, Kairos 4 (1962), 105–117. Auch die Täufergemeinde und die Mandäer führten priesterliche Traditionen weiter.

Die „Sadduzäer“, die vorhin als opportunistisch bezeichnete Gruppe, begannen sich anscheinend (ant XIII, 172 ff.) als mehr oder weniger umrissene Partei unter Jonathan (160–143) zu formieren, also mit der Übernahme des Hohepriesteramtes durch einen nicht ganz ebenbürtigen Priestersproß. Zur selben Zeit begann sich ein gemäßigter Flügel der eschatologischen Bewegung abzusondern, entschied sich für die Kooperation mit den Hasmonäern und bildete die pharisäische Partei (§ 7). Die Chance der Sadduzäer kehrte wieder, als auch die Pharisäer mit der hasmonäischen Machtpolitik in Konflikt gerieten (ant XIII, 288 ff.). Dem König Jannaj kam die Unterstützung der durch die kultische Abgabenwirtschaft und durch ererbten Besitz immer noch mächtigen „Aristokratie“ sehr gelegen, ihr geringer Rückhalt im breiten Volk, das mehr den apokalyptischen Fanatikern und den Pharisäern zuneigte, wurde ihnen aber zum Verhängnis[8]. Die Königin Salome Alexandra wechselte dann auch das „Pferd“ und verband sich mit den Pharisäern. Die römische Herrschaft brachte zwar einige Verbesserungen mit sich, doch das Prestige der wiedergewonnen Hohepriesterwürde, zum Spielball in der Hand des Herodes und der Römer geworden, war weitgehend dahin. Im Sanhedrin, der unter der römischen Prokuratur etwas an Gewicht gewann, suchten Pharisäer und Sadduzäer, zugleich kooperierend und konkurrierend, auf allen Gebieten des öffentlichen Lebens ihren Einfluß geltend zu machen (ant XVIII, 12.16). Die Katastrophe des Jahres 70 traf die sadduzäische „Aristokratie“ besonders hart. Die Zerstörung des Tempels raubte ihr die kultisch-religiöse Funktion und damit auch die soziale Reputation, nicht zuletzt aber die wirtschaftliche Hauptstütze. Ganz abgesehen von den persönlichen Kriegsverlusten an beweglichem und unbeweglichen Gut und an Menschenleben infolge der Kriegsläufte, auf die noch eine Zeit römischer Verfolgungen gegen die maßgebenden Familien folgte. Echos in der rabbinischen Literatur deuten zwar an, daß es auch nach 70 noch sadduzäische Tendenzen gab, als religionspolitische Kraft waren sie jedoch nunmehr zur Bedeutungslosigkeit verurteilt.

Die religiösen Anschauungen der Sadduzäer, soweit sie uns überhaupt bezeugt sind, entsprechen dem skizzierten Bild ihrer Geschichte. Als Vertreter des Establishments waren sie grundsätzlich an einer Erhaltung des status quo interessiert, insofern eine konser-

[8] S. Bamberger, Sadduzäer und Pharisäer in ihrem Verhältnis zu Alexander Jannaj und Salome, 1907.

vative und eine eschatologisch uninteressierte Richtung. Somit blieb für den Sadduzäismus nur die Torah, das offizielle jüdische Recht, Heilige Schrift, denn die sog. „Propheten" und „Schriften" wurden ja wegen ihrer geschichtstheologischen Implikationen gerade durch die eschatologisch und insofern revolutionär orientierten Kreise zu heiligen Schriften aufgewertet. Dazu kommt, daß die Interpretation und Praxis der Torah, wie oben schon gesagt, für die eschatologisch orientierten Gruppen zum movens der Welt- und Heilsgeschichte wurde und damit einer zunehmenden Radikalisierung unterlag. Diesen Prozeß mitzumachen, bestand für die Sadduzäer kein Anlaß, nicht in Richtung der pharisäischen „mündlichen Torah"[9] und schon gar nicht in Richtung der radikalen apokalyptischen Torahdeutung. Wenn also auch eine eigene sadduzäische Torahinterpretation vorhanden war, so ist doch anzunehmen, daß sie dem Buchstaben der Tradition mehr verhaftet blieb. Zum Teil bedingt durch die Überzeugung von der Entsprechung zwischen Kultordnung und kosmischer Ordnung, wodurch jede Veränderung überkommener Bestimmungen – vor allem auf kultisch-rituellem Gebiet – zur Grundsatzfrage werden konnte. Dieser Konservativismus war aber dennoch zugleich ein relativer Liberalismus. Im Vergleich zu den Pharisäern und Apokalyptikern, die möglichst a l l e Einzelheiten des menschlichen Lebens dem Willen Gottes unterwerfen wollten, um den vermeintlichen heilsgeschichtlichen Erwählungsauftrag zu erfüllen, blieb den Sadduzäern – wenn sich da und dort auch ein strengerer, unzeitgemäßer Standpunkt ergab – ein weiterer Spielraum für religiös-ethisch wertfreies Handeln. Dies entsprach den natürlichen Erfordernissen dieser privilegierten Gesellschaftsschicht, die infolge ihrer wirtschaftlichen, gesellschaftlichen und politischen Verpflichtungen auf den Kontakt mit der Umwelt angewiesen war und einen gewissen Assimilationsspielraum brauchte – was ihr bei den anderen Parteien freilich den Vorwurf des Abfalls von der Religion der Väter eintrug. Diese Merkmale dürfen jedoch nicht zu einer Gleichsetzung der Sadduzäer mit

[9] S. Adler, Pharisäismus und Sadduzäismus und ihre differierende Auslegung des mmhrt hšbt, MGWJ 27 (1878), 522–528.568–574; 28 (1879), 29–35; J. Z. Lauterbach, A Significant Controversy between the Sadducees and the Pharisees, HUCA 4 (1927) 173–205 (= Rabbinic Essays, 1951, 23–48.51–83); S. H. Kuk, Hap-p^{e}rûšîm w^{e}haṣ-ṣādôqîm b^{e}ʿinjan pārāh '^{a}dûmmāh, Sinai 30 (1951/2), 29–34; Ch. Albeck, Lam-maḥ^{a}lôqôt šäl hap-p^{e}rûšîm w^{e}haṣ-ṣādôqîm b^{e}ʿinjānê ham-miqdāš, Sinai 52 (1962/3), 1–8; E. E. Urbach,* 108 f. Siehe auch § 4 Anm. 12.

hellenisierenden Assimilanten verleiten. Es handelt sich um eine durchaus nationalistische Schicht, wie auch die Kooperation mit den späten Hasmonäern zeigt, dank politischer Erfahrung und Realitätsbezogenheit zu klugem Taktieren und damit zu Kompromissen fähig. In der Haltung gegenüber den römischen Prokuratoren und im Krieg von 66–70 siegte die nationalistische Komponente schließlich über den politisch-militärischen Sachverstand.

Auch zur Annahme der Auferstehungshoffnung – Teil der apokalyptischen Geschichtsauffassung und Trostlehre für die in dieser Welt Zukurzgekommenen – bestand für die Sadduzäer kein Anlaß (Act 23,8). Wieweit allerdings der Engelglaube, den ihnen Act 23,8 abspricht, nicht doch geteilt wurde, ist fraglich[10]. Die Kulttradition kennt durchaus die Vorstellung von Geistern etc., darum dürfte sich die sadduzäische Ablehnung nur auf besondere, wiederum in den eschatologisch orientierten Kreisen beheimatete, im apokalyptischen Dualismus verankerte Engelvorstellungen bezogen haben. Diesem konservativen Biblizismus entspricht auch die Ablehnung der Vorstellung von einer unsterblichen Seele und einer Vergeltung im Jenseits (bell II, 162 ff.). Aus der Ablehnung der z. T. deterministischen Geschichtsschau der Apokalyptik ergab sich auch die ungebrochene Behauptung der Willensfreiheit und persönlichen Verantwortlichkeit (ant XIII, 173; bell II, 162 ff.)[11].

§ 6 Die eschatologisch-apokalyptischen Strömungen

Lit. § 3, 4 und dort Anm. 4–6. 14–34. 81–83. 85. 88–91. 93. G. Fohrer a. a. O. (§ 4) 380 ff. (und Lit. Anm. 18).

M. A. Beek, Inleidung in de Joodse Apocalyptik, 1950; J. Bloch, On the Apocalyptic in Judaism, 1952; R. Eppel, Le Piétisme juif dans les Testaments des douze patriarches, 1930; D. Flusser, EI V, 176–182; W. Harnisch, Verhängnis und Verheißung der Geschichte, 1969; L. Hartmann, Prophecy Interpreted, 1966; M. Hengel, a. a. O. (§ 3) 310 ff.; S. H. Hooke, The Myth and Ritual Pattern in Jewish and Christian Apocalyptic, The Labyrinth, 1935, 213–260; J. Kaufmann, EJ 2, 1142–1154; K. Koch, die Apokalyptik und ihre Zukunftserwartung, Kontexte 3 (1966), 51–88; J. Licht, Time and Eschatology in Apocalyptic Writings and in Qumran, JJS 16 (1965),

[10] B. J. Bamberger, The Sadducees and the Belief in Angels, JBL 82 (1963), 433–435. Er sieht in Act 23,8 f. nur die Ablehnung von Engeloffenbarungen. Dagegen: S. Zeitlin, The Sadducees and the Belief in Angels, JBL 83 (1964), 67–71.

[11] Siehe die Lit. § 4 Anm. 35.

177–182; J. Maier, Die Texte vom Toten Meer, 2 Bde. 1960; P. von der Osten-Sacken, Die Apokalyptik in ihrem Verhältnis zu Prophetie und Weisheit, 1969; O. Plöger, Theokratie und Eschatologie, 1962² S. 37 ff.; H. H. Rowley, The Relevance of Apocalyptic, 1963³ (Lit.!); = Ders., Apokalyptik, Ihre Form und Bedeutung zur biblischen Zeit, 1965; D. S. Russell, The Method and Message of Jewish Apocalyptic, 1964 (Lit.!); J. M. Schmidt, Forschung zur jüdischen Apokalyptik, Verkündigung und Forschung 14 (1969), 44–69; Ders., Die jüdische Apokalyptik. Die Geschichte ihrer Erforschung von den Anfängen bis zu den Textfunden von Qumran, 1969; J. Schreiner, Alttestamentlich-jüdische Apokalyptik, 1969; M. Testuz, Les idées religieuses du livre des Jubilés, 1960; A. C. Welch, Visions of the End, A Study on Daniel and Revelation, 1958²; H. J. Wicks, a. a. O. (§ 4, Anm. 85). A. L. Moore, The Parousia in the New Testament, 1966; A. Strobel, Untersuchungen zum eschatologischen Verzögerungsproblem, 1961.

1. Die antihellenistische Front

Die mehr oder minder stark von endzeitlichen Erwartungen bestimmte „Armenfrömmigkeit“[1] der spätpersischen und frühhellenistischen Periode konnte sich aus dem Gegensatz zum zadokidischen Establishment allein noch nicht zu einer politischen Kraft formieren. Mit den ersten Symptomen der Assimilation an den Lebensstil der hellenistischen Umwelt in herrschenden Kreisen trat darin eine Wende ein. Was für diese Vornehmen infolge ihres zugleich konservativen wie liberalen Torah-Verständnisses noch Adiaphora waren, erschien den Verfechtern einer zielgerichteten Heilsgeschichte bereits als Demonstration des Abfalls vom Glauben der Väter. Wenngleich Quellen über die Einstellung der radikalen Frommen zu einer Haltung, wie sie für die Tobiadensippe etwa charakteristisch war, fehlen, muß doch angenommen werden, daß schon unter der ptolemäischen Oberherrschaft eine Polarisierung eintrat, bei der auf der einen Seite eine antihellenistische Front sich zu formieren begann. Hinweise auf eine Kritik am Lebensstil führender Kreise enthalten vielleicht indirekt die Legenden in Dan 1–6 mit ihrer Betonung der rituellen Absonderung, vor allem der Speisegesetze.

Sobald die hellenisierenden Reformer in Jerusalem die Torahverfassung durch ihr Polis-Projekt ersetzen wollten und das Hohe-

[1] G. Fohrer, a. a. O. (§ 4) 398, Anm. 17; J. Maier, II, 67–69. 83–87 und die Lit. dort; ferner: S. Légasse, La révélation aux NHΠIOI RB 67 (1960), 321–348; L. E. Keck, The Poor among the Saints in Jewish Christianity and Qumran, ZNW 57 (1966), 54–78.

priesteramt obendrein auch gegen alle Tradition durch einen Nichtzadokiden besetzt wurde, verwandelte sich der religiös motivierte „Kulturkampf" zu einer politischen Auseinandersetzung auf Leben und Tod. Die radikalen Frommen konnten diese Änderung des status quo, auch wenn dieser für sie nur Vorstufe für eine erwartete Endzeit war, nicht hinnehmen, und verfochten insoweit auch den traditionellen Anspruch der Zadokiden (§ 5,1). Dieses Eintreten für den status quo darf indes nicht darüber hinwegtäuschen, daß in der endzeitlich orientierten antihellenistischen Front auch umstürzlerische Potenzen schlummerten. Sie konnten jederzeit aktuell werden, allerdings in unterschiedlicher Weise. Einmal konnte die Überzeugung Platz ergreifen, daß die Endzeit unmittelbar im Anbruch begriffen ist, sodaß es nicht mehr um den status quo geht, sondern um die Einführung der endgültigen Heilsordnung, der Gottesherrschaft[2]. Fand diese Auffaßung ein breites Echo, ergab das eine revolutionäre Bewegung, für die jede realpolitische Erwägung hinter dem vermeintlichen Auftrag, nun alles auf die messianische Karte setzen zu müssen, zurücktrat. Die Chancen für eine solche Einmütigkeit waren indes gering. Der prophetisch-apokalyptische Offenbarungsanspruch für die jeweilige Geschichtsschau und Gesetzesinterpretation förderte ja eher das Konventikelwesen, da zu oft die Ansprüche charismatischer Persönlichkeiten gegeneinander standen und die Konzeption von der erhofften heilszeitlichen Ordnung sich z. T. erheblich unterschieden. Es bedurfte schon einer zwingenden äußeren Bedrohung, eines Ereignisses, das den Anbruch der Endzeit als unbezweifelbar erscheinen ließ, um ein einheitlicheres Handeln zu gewährleisten. Dies war mit der „hellenistischen Reform" und dem Eingreifen Antiochus IV. Epiphanes und dann wieder am Ende der Periode mit der Eskalation des jüdisch-römischen Gegensatzes der Fall. Dem Konventikelwesen unterlag die eschatologische orientierte Strömung aber auch im Erfolgsfalle. Da die erstrebte Gottesherrschaft, die Utopie, alles real Erreichte als pseudomessianisch erscheinen ließ, mußte sofort nach den ersten Erfolgen ein erbittertes Ringen um das richtige weitere Verfahren, um die Autorität verschiedener Personen und um die Legitimität getroffener Maßnahmen einsetzen.

[2] G. E. Ladd, The Kingdom of God in Jewish Apocryphal Literature, BS 109 (1952), 55–62. 164–174. 318–331; 110 (1953), 32–49; R. Schnackenburg, Gottes Herrschaft und Reich, 1961[2] (Lit.).

Auf der anderen Seite war nicht zu vermeiden, daß die politisch-militärischen Kräfte der Bewegung eine gewisse durch Umstände und persönlichen Ehrgeiz mitbestimmte Eigenentwicklung nahmen. Der Übergang der makkabäischen Erhebung zu einer real- und machtpolitisch orientierten dynastischnationalen Politik beruht auf diesem Aspekt. Dergleichen mußte zu einer zunehmenden Entfremdung unter den einst in der antihellenistischen Front verbundenen Gruppen und schließlich zu einer Konfrontation des neuen Establishments[3] mit der alten radikal-frommen Strömung führen.

2. Die chasidische Bewegung

a) Die erste nachweisbare größere Vereinigung solcher endzeitlich orientierter Gruppen waren die „Chasidim" der frühen Makkabäerzeit[4]. Ihre Mentalität[5] wird an zwei Stellen erkennbar. Nach I Makk 2, 29–38 verließen „viele, die Recht und Gerechtigkeit suchten"[6], ihre Wohnsitze und zogen in die Wüste[7] um den religionspolitischen Zwangsmaßnahmen der Reformer und Syrer zu entgehen. Widerstandslos ließen sie sich am Sabbat niedermachen – nur um das

[3] Das sich auch theologisch zu rechtfertigen bemühte, s. D. Arenhoevel, a. a. O. (§ 4).

[4] L. Bronner, a. a. O. (§ 4) 38 ff.; E. E. Finkelstein, Hap-p^{e}rûšîm w^{e}'anšê k^{e}näsät hag-g^{e}dôlāh, 1949/50; M. Hengel, a. a. O. (§ 3) 319 ff.; J. Klausner, a. a. O. (§ 3) III, 108 ff.; J. Morgenstern, The Ḥ^{a}sîdîm – Who are they? HUCA 38 (1967), 59–73; O. Plöger, 15 ff.; L. Rabinowich, The First Essenes, JSS 4 (1959), 358–361; K. Schubert, a. a. O. (§ 3), 36 ff.; V. Tcherikover, a. a. O. (§ 3), 125 f. 220–30. 456 f. 491.

[5] Möglicherweise enthalten die späteren rabbinischen Aussagen über die „ḥ^{a}sîdîm ri'šônîm" alte Reminiszenzen, doch gab es auch spätere Frömmigkeitsformen, für die die Bezeichnung ḥsjd(jm)/ḥsjdwt verwendet wurde. Vgl. L. Jacobs, The concept of Hasid in Biblical and Rabbinical Literatures, JJS 8 (1957), 143–154, und die Lit. dort; S. Safrai, Teachings of Pietists in Mishnaic Literature, JJS 16 (1965), 15–33.

[6] Das Gesetz, das Recht oder den Willen Gottes „tun" *('śh/poiein)* oder „suchen" *(drš/zētein, ekzētein)* sind charakteristische Redensarten für diese Richtungen.

[7] Zur Wüstentypologie s. J. Maier II, 163 f., ferner: W. Wiebe, Die Wüstenzeit als Typus der messianischen Zeit, Diss. Göttingen 1942; F. F. Bruce, Preparation in the Wilderness. At Qumran and in the New Testament, Interpretation 16 (1962), 259–279; U. Hauser, Christ in the Wilderness, 1963; S. Talmon, The „Desert Motif" in the Bible and in Qumran Literature, in: A. Altmann, Biblical Motifs, 1966, 31–63.

Sabbatgebot nicht zu entweihen[8]. Nach II Makk 5, 24–26 eroberte Apollonius unter Ausnützung dieser Mentalität Jerusalem am Sabbat.

Und v. 27 heißt es, daß Judas Makkabäus mit neun anderen entrann, sich in die Wüste bzw. ins Gebirge zurückzog, dort einen Anhang von Leuten sammelte, die es ebenfalls verabscheuten, rituell unreine Speisen zu essen. In statu confessionis – heraufbeschworen durch die syrische Religionspolitik – wurden Beschneidung[9], rituelle Reinheits- und Speisegebote[10], Sabbatheiligung und das Bekenntnis zum Einen Gott zu Symbolen einer Religiösität, die in der Überzeugung gründete, daß Israels Verpflichtung auf die Torah einen unaufgebbaren heilsgeschichtlichen Auftrag enthält und jede Beeinträchtigung der Verwirklichung dieser Aufgabe das Werk gottwidriger Mächte ist. Der religionspolitische Konflikt wurde so zum Konflikt zwischen Gut und Böse, göttlichen und widergöttlichen Mächten, zum dualistisch betrachteten Teilaspekt eines universalen, Geschichte und Kosmos umfassenden Dramas[11].

Was den Widerstand dennoch in realistische Formen leitete, war das organisatorisch-strategische Talent des Judas Makkabäus (vgl. II Makk 8,1). Er beschloß mit seiner Gruppe, sich auch am Sabbat zu verteidigen (I Makk 2, 39–41; ant XII, 276 ff.) und erreichte die Unterstützung einer *synagōgē Asidaiōn,* also der toraheifrigen Chasidim (I Makk 2, 42).

Ob alle Chasidim dieser realpolitischen Entscheidung des Judas zustimmten, ist zu fragen[12]. Der Tenor mancher Qumrantexte läßt darauf schließen, daß die radikalsten Frommen auch weiterhin an der rigorosen Beobachtung

[8] § 3 Anm. 6. Anders die Abtrünnigen I Makk 1, 45.

[9] I Makk 1, 15. 51; II Makk 6, 10; zur Sache siehe Str.–B. IV, 23–40.

[10] W. Paschen, a. a. O. (§ 4, Anm. 46); S. B. Hoenig, Qumran rules of impurities, RdQ 6 (1969), 539–567.

[11] Dieser Dualismus im Geschichts- Welt- und Menschenverständnis fand seine schärfste Ausprägung in Qumran (1QM, 1QS III, 13 – IV, 26). Siehe J. Maier, II, 18 ff.; P. Wernberg-Möller, A Reconsideration of the Two Spirits in the Rule of the Community (1Q Serek III, 13 – IV, 26), RdQ 3 (1961/2), 413–441; M. Treves, The Two Spirits of the Rule of the Community, RdQ 3 (1961/2), 449–452; H. G. May, Cosmological Reference in the Qumran Doctrine of the Two Spirits and in the Old Testament Imagerie, JBL 82 (1963), 1–14; O. Böcher, Der johanneische Dualismus im Zusammenhang des nachbiblischen Judentums, 1965; P. van der Osten-Sacken, Gott und Belial, 1968 (Lit.).

[12] Vgl. L. Rabinowitz, a. a. O. (Anm. 4).

der Gebote festhalten wollten, womit in der antihellenistischen Front auch schon ihre ersten Risse sichtbar geworden wären.

Ein Anlaß zu einer Scheidung der Geister war die formelle Restitution der alten Rechtsverhältnisse (ausgenommen in bezug auf die Akra) im Jahre 162 (II Makk 11, 22–26).

Menelaos wurde hingerichtet und der Zadokide Alkimos zum Hohepriester ernannt (ant XII, 385; I Makk 7,5 ff.). Damit hofften auch die Schriftgelehrten (§ 7,1) ihre alte öffentliche Funktion wiederzuerlangen und wendeten sich in dieser Hoffnung an den neuen Hohepriester (I Makk 7,15). Auch Chasidim (v. 13) waren bereit, einem Kompromiß zuzustimmen, ob allerdings alle, ist zweifelhaft, denn die Darstellung in I Makk 7,13 klingt nach verallgemeinerndem makkabäischen Ressentiment. Alkimos war nämlich einst gemäßigter Anhänger der Reformpartei gewesen und stammte überdies nicht aus der unmittelbaren Hohepriesterfamilie der Oniaden. Judas Makkabäus indes verfolgte unbeirrt das Ziel der Machtübernahme und kämpfte weiter, eher zu einem Kompromiß mit der fremden Macht (II Makk 14,18 ff.) bereit, als zur Anerkennung des Alkimos. Über das Verhalten der Chasidim in den folgenden Jahren ist nichts überliefert.

Ein weiterer Anlaß zu Auseinandersetzungen war möglicherweise die Ernennung des Makkabäers Jonathan zum Hohepriester durch Alexander Balas 152 (I Makk 10,18 ff.), womit der Streit um den Führungsanspruch zwischen der traditionellen zadokidischen Oniadendynastie und der revolutionären makkabäischen Führung entschieden war. Sollte die Tatsache, daß Josephus im Zusammenhang mit den Ereignissen unter Jonathan auch zum erstenmal die Entstehung der bekannten Religionsparteien erwähnt (ant XIII, 171 ff.), kein Zufall sein, muß damit gerechnet werden, daß sich diese damals tatsächlich in Ansätzen zu formieren begann.

Mögen die Hasmonäer sich auch um eine Korrektur ihres priesterlichen Ranges bemüht haben (z. B. durch die Voransetzung der Jojarib-Klasse in I Chr 24,7 ff. und die Verdrängung der Jedajaklasse, der Oniadenahnen), ihr Anspruch auf das Amt war jedenfalls zweifelhaft, die Tatsache der Ernennung durch einen fremden Machthaber fragwürdig. Noch schwerwiegender war aber der zutagetretende Gegensatz zwischen der hasmonäischen Machtpolitik und den Maximen, unter denen die makkabäische Revolte einst angetreten war.

b) Zeugnisse chasidischer Frömmigkeit sind wohl in jenen „Pseudepigraphen des AT“ zu sehen, die in der Gemeinde von Qumran bekannt waren, darüber hinaus durch andere apokalyptische Gruppen verbreitet und im frühen Christentum tradiert, redigiert und übersetzt wurden. Dazu gehört auch noch das Buch Daniel, dessen Legenden bereits in Zusammenhang mit der beginnenden Kritik am hellenisierenden Lebensstil genannt worden ist und dessen apokalyptische Geschichtsschau in cap. 8–12 die Religionsverfolgung und die ersten makkabäischen Erfolge bis 165 v. voraussetzt[13]. Die Wochenapokalypse in äth. Hen 93+91, 12–17[14], die Tierapokalypse äth. Hen 85–90[15] und die Vorlagen der Geschichtsüberblicke im 1. Teil der Damaskusschrift[16] stammen aus demselben Milieu. Sie beschreiben die Epochen der Geschichte als fortschreitende widergöttliche Entwicklung, die in der Generation des Verfassers ihren Höhepunkt erreicht, worauf die – unterschiedlich beschriebenen – Stadien der Endzeit folgen. Die Gegenwart ist der Ort der entscheidenden Auseinandersetzung zwischen den Mächten des Guten, des Lichtes, und den Mächten des Bösen, der Finsternis. Alles drängt dem Ziel der Geschichte zu, gewissermaßen unaufhaltsam[17], und doch bedingt dieser z.T. dualistisch gefärbte Determinismus keinen Fatalismus oder gar Quietismus, im Gegenteil, er ist nur die Kehrseite der Medaille, auf deren andrer Seite der Aufruf zur Umkehr, zum Gesetzesgehorsam und zum Kampf gegen das Böse steht. Der Fromme gilt zwar an sich als heilloser Sünder und als nichtiges Wesen, infolge der Erwählung und der Geistbegabung aber wird er zu seiner Aufgabe befähigt und hat darum auch keinerlei Ausflucht gegenüber seinem Auftrag. Nirgends wurde daher die Gesetzesstrenge so rücksichtslos praktiziert, wie in dieser von „Gnade allein“ bestimmten religiösen Richtung.

[13] Lit. bei Fohrer, a. a. O. (§ 4), 381 ff.; Ders., Einleitung in das Alte Testament, 1965, 757 ff. Ferner s. R. Hanhart, Drei Studien zum Judentum, 1967, Teil 1; H. Sahlin, Antiochus IV. Epiphanes und Judas Makkabäus, Einige Gesichtspunkte zum Verständnis des Danielbuches, Studia Theologica 23 (1969), 41–68.

[14] A. Weiser, Einleitung in das Alte Testament, 1957⁴, 340; O. Eissfeldt, a. a. O. (§ 4), 840; J. P. Thorndike, The Apocalypse of Weeks and the Qumran Sect, RdQ 3 (1961), 163–184 (sehr konstruiert!).

[15] W. Bousset–H. Gressmann, a. a. O. (§ 4), 12; die Deutung ist umstritten, vgl. A. Weiser, a. a. O. (Anm. 14) 340; O. Eissfeldt, a. a. O. (§ 4) 840; C. C. Torrey, Alexander Jannaeus and the Archangel Michael, VT 4 (1964), 208–211.

[16] J. Maier, II, 40 f.; O. J. R. Schwarz, Der erste Teil der Damaskusschrift und das Alte Testament, 1966.

[17] Am augenfälligsten in der geradezu ritualistisch konzipierten Schilderung von 1 QM.

Die Zeit der größten Verderbnis ist eben auch die Zeit radikaler Neubesinnung. Die Zeit der militanten Auseinandersetzung mit dem Bösen ist keineswegs schon das Heil, sie ist nur eine Übergangsphase. Dadurch erschien auch der makkabäische Erfolg in den Augen der Apokalyptiker relativ (Dan 11,34) – im Unterschied zur hasmonäischen Propaganda, die eine Erfüllung der Heilshoffnungen nachweisen wollte[18]. Die Vorstellungen über das endgültige Ziel und deren einzelne Vorstufen waren keineswegs einheitlich[19]. Die traditionelle davidische Restaurationshoffnung spielte in diesen Kreisen keine große Rolle, es dominiert die mit den Mitteln der mythologischen Kosmologie ausgemalte Gottesherrschaftserwartung, ohne daß man sich der Widersprüche zwischen den verschiedenen Vorstellungen gewahr wurde. Es waren ja nicht so sehr systematische „Lehren", als vielmehr teils visionäre Bilderfolgen, teils überkommene Vorstellungen, die zur aktuellen Standortbestimmung in der Gegenwart dienten und den Frommen die Notwendigkeit des rechten Handelns hier und jetzt deutlich machen sollten. Zur Spekulation mußte diese Form der Geschichtsschau freilich mit der Zeit werden, je mehr sich das erhoffte Ende verzögerte und der visionäre Geschichtslauf der Ergänzung und Begründung bedurfte. Die weitere Geschichte der apokalyptischen Literatur, weithin Kompilations- und Redaktionsgeschichte, verlief zum guten Teil in diesem Sinn.

Hinweise auf chasidische Verhältnisse dürften auch in den älteren gesetzlichen Schichten der Damaskusschrift enthalten sein, vor allem die Lagerordnung passt am ehesten in eine Zeit, da ein torahgemäßes Leben nur in improvisierten Gemeinschaften möglich war[20]. Auch die Gebete und Hymnen in 1 QM könnten sehr wohl aus der makkabäischen Kampfzeit stammen[21]. Innerhalb der apokalyptischen Kreise haben auch oppositionelle priesterlich-zadokidische Gruppen (§ 5,1) nicht zuletzt als „rechtmäßige" Erben der Tradition Einfluß gewonnen. Das Buch der Jubiläen[22], die Urform der Testamente der XII Patriarchen[23] und die umfangreichen kalendarischen[24], kosmologischen und liturgischen Stoffe innerhalb der apokalypti-

[18] D. Arenhoevel, a. a. O. (§ 4). 58 ff., 156 ff.
[19] S. § 4, Anm. 14–24.
[20] J. Maier II, 40 f. 57.
[21] J. Maier II, 111 f.
[22] Zum Inhalt s. M. Testuz, dessen Datierung ist allerdings zu spät.
[23] F. M. Braun, Les Testaments des XII Patriarches et la problème de leur origine, RB 67 (1960),) 516–549; Ch. Burchard, J. Jervell, J. Thomas, Studien zu den Testamenten der Zwölf Patriarchen, 1969 (Lit.).
[24] § 5, Anm. 4.

schen Literatur, sowie auch die Henoch-Traditionen[25], sind wohl dem Einfluß dieser apokalyptischen Zadokiden zuzuschreiben, die später vor allem in der Qumrangemeinde aufgegangen sind.

c) Die bedrohliche Lage nach Jonathans Tod (143) und die großartigen Erfolge des Simon (143–134) waren vielleicht dazu angetan, die aufbrechenden Gegensätze noch einmal zu relativieren[26]. Immerhin fand sich nach I Makk 14,41 ein Teil des Volkes unter einem Vorbehalt zur Anerkennung einer makkabäischen Erbherrschaft und der damit verbundenen Ämterkonzentration[27] bereit, für diese Leute handelte es sich um ein Übergangsregime bis zum Auftreten eines Propheten. Die Erwartung einer solchen Gestalt war offenbar weit verbreitet und gehörte mit zu den Vorstellungen vom Beginn der Endzeit[28], und in dieser rechnete man ja zum Teil mit einer Wiederherstellung der davidischen und zadokidischen Funktionen. In einer Zeit, in der breite Volksschichten durch Religionsverfolgungen, Kriege und religiöse Richtungskämpfe fanatisiert waren, im Glauben lebten, die entscheidende heilszeitliche Wende stehe vor der Tür, konnten jederzeit solche prophetischen Ansprüche vorgebracht werden. Und je mehr sich die Hasmonäer als Machthaber dieser Welt gerierten, desto mehr provozierten sie prophetisch-oppositionelle Aspirationen. Unter der Herrschaft des Johannes Hyrkan (134–104) kam es nicht nur zur Gründung der Anlage von Qumran, sondern auch zu ersten Differenzen mit den kooperationswilligen Kreisen, die sich als pharisäische Partei formierten (§ 7). Je mehr Johannes Hyrkan und dann Alexander Jannaj (103–76) sich auf die Vertreter des alten Establishments, die nunmehrige sadduzäische Partei, stützten, desto schärfer wurde der Gegensatz zu den radikalen Frommen, den „Armen", die schließlich ernsten Verfolgungen ausgesetzt waren (1 QpHab XII).

[25] L. Jansen, Die Henochgestalt, 1940; P. Grelot, La légende d'Hénoch dans les Apocryphes et dans la Bible: Origin et signification, RSR 46 (1958), 5–26; Die Henoch-Literatur setzt sich bis ins Mittelalter fort; vgl. A. Kahana, Has-sefārîm ha-ḥiṣônîm I/1, 1956, 19 ff.

[26] Zumal Simon in den neueroberten und „gereinigten" Städten „Täter des Gesetzes" ansiedelte (I Makk 13, 48).

[27] Vgl. auch ant XIII, 299 und bell I, 68, wo allerdings – gegen I Makk 14, 41! – statt der Feldherrnfunktion die Prophetie erwähnt wird. Vgl. dazu auch E. Bammel, a. a. O. (§ 4, Anm. 25).

[28] Siehe J. Maier II, 33; § 4, Anm. 29; U. C. Ewing, The Prophet of the Dead Sea Scrolls, 1963.

3. Die Gemeinde von Qumran[29]

Eine solche Gestalt, die mit einem Offenbarungsanspruch auftrat und so zum Begründer einer eigenen Gruppe wurde, war der „Lehrer der Gerechtigkeit“ *(Môreh haṣ-sädäq)*, ein Priester[30]. Von ihm heißt es, Gott habe ihm die wahre Bedeutung der Prophetenworte kundgetan, mit anderen Worten: er behauptete, das richtige Geschichtsverständnis zu besitzen. Dabei geriet er in Konflikt mit dem hasmonäischen Herrscher, „Frevelpriester“ genannt, der den Lehrer und

[29] Lit. bei J. Maier II, 172 ff. (bis 1960); weiter C. Burchardt, Bibliographie zu den Handschriften vom Toten Meer, 2 Bde. 1957, 1965; seine Bibliographie der Texteditionen S. 321 ff. ergänzt H. Stegemann, ZDPV 83 (1967), 7–12; K.-H. Müller, in: J. Schreiner, Einführung in die Methoden der biblischen Exegese, 1971, 303–310; M. Yizhar, Bibliography of Hebrew Publications on the Dead Sea Scrolls, 1948 to 1964, 1967; Laufende Bibliographie in RdQ. Neueste Literatur in Auswahl:
H. Bardtke, Qumran und seine Probleme, ThR 33 (1968), 97–119; J. Baer, „Säräk haj-jaḥad“ – teʿûdāh jehûdît-nôṣrît mit- teḥillat ham-me'āh haš-šenijjāh lsfh"n, Zion 29 (1963/4), 1–60 (hält lQS für judenchristlich); J. Becker, Das Heil Gottes, 1964; L. Bronner. a. a. O. (§ 4), 118 ff.; G. R. Driver, The Judean Scrolls, 1965 (dazu: R. de Vaux, Esséniens ou Zélotes?, RB 73 (1966, 212–235); J. A. Fitzmyer, The Genesis Apocryphon of Qumran, Cave I, 1966; J. G. Harris, The Qumran Commentary on Habakkuk, 1966; J. Hempel, Die Texte von Qumran in der heutigen Forschung, 1962 (vgl. den Art. „Qumran“ in RE 47, 1334–1396); H. W. Kuhn, Enderwartung und gegenwärtiges Heil, 1966; A. R. C. Leaney, The Rule of Qumran and its Meaning, 1966; M. Mansoor, The Thanksgiving Hymns, 1961; F. Michelini-Tocci, I Manoscritti de Mare Morto, 1967; E. J. Pryke, The identity of the Qumran sect; a reconsideration, NTS 10 (1968) 43–61; G. Rinaldi, L' „ultima periodo“ della historia, BeO 7 (1965), 161–185; H. Ringgren, The Faith of Qumran, 1963; H. H. Rowley, The history of the Qumran sect, BJRL 49 (1966), 203–233; J. A. Sanders, The Dead Sea Psalm Scrolls, 1967; H. Stegemann, Weitere Stücke von 4 QpPs 37, von 4 Q Patriarchal Blessings und Hinweis auf eine unedierte Handschrift aus der Höhle 4 Q mit Exzerpten aus dem Deuteronomium, RdQ 6 (1967/8), 193–227; E. Wilson, The Dead Sea Scrolls 1947–1969, 1969.

[30] J. Maier, II, 137 ff.; ferner: G. W. Buchanan, The Priestly Teacher of Righteousness, RdQ 6 (1969), 531–551; W. D. Davis, The Setting of the Sermon oft the Mount, 1964, 152 ff.; H. W. Huppenbauer, Enderwartung und Lehrer der Gerechtigkeit im Habakuk-Kommentar, ThZ 20 (1964), 81–86; G. Jeremias, Der Lehrer der Gerechtigkeit, 1963 (dazu die Kritik von K. Schubert, Der Lehrer der Gerechtigkeit, WZKM 59/60, 1963/4, 137–146); R. Meyer, Melchisedek von Jerusalem und More sedek von Qumran, Volume de Congrès Génève 1965 (1966), 228–239; R. A. Rosenberg, Who is Moreh haṣṢedeq?, JAAR 36 (1968), 118–122.

dessen Anhänger verfolgte, und mit einer Gruppe von „Abtrünnigen" unter dem sogenannten „Lügenmann" oder „Lügenprediger", die auch „Efraim"[31] heißt und wahrscheinlich mit den Pharisäern zu identifizieren ist[32]. Im Verlauf dieser Auseinandersetzungen war es zu einem radikalen Bruch mit dem offiziellen Jerusalem gekommen, der Lehrer zog sich mit seinem Anhang zurück – offenbar nach Qumran – und erwartete den baldigen Anbruch der Endzeit. Doch das Ende zog sich hinaus, ein Problem, das zwei Seiten hatte. Einmal war es nötig, auf „Geheimnisse" Gottes zu verweisen, die selbst den Propheten noch nicht bekannt gewesen waren, und gleichzeitig zu zeigen, daß doch alles nach Gottes Plan verlaufe, zum andern ergab sich infolge der rigorosen Torahfrömmigkeit im Zeichen des nahen Endes mit der Zeit eine enorme Belastung des Einzelnen[33], die auf lange Sicht nicht durchzuhalten war und später die Gemeinde entsprechend zusammenschrumpfen ließ. Die Datierung ihrer Anfänge und die Identifizierung des „Frevelpriesters" sind noch immer umstritten[34]. Während manche neuerlich an Jonathan denken[35], unter dem nach Josephus die Religionsparteien entstanden sein sollen, spricht der archäologische Befund und manches im historischen Kontext für die Zeit des Simon[36] oder Johannes Hyrkan. Unter dem tyrannischen Alexander Jannaj (104–76), der selbst mit den Pharisäern in einen bürgerkriegsartigen Konflikt geriet[37], erhielt die Qumrangemeinde erheblichen Zulauf, wie die Erweiterung der Anlagen zeigt. Mit der Konsolidierung der politischen Verhältnisse unter der

[31] H. Stegemann, Der Pešer Psalm 37 aus Höhle 4 von Qumran (4 QpPs 37), RdQ 4 (1963), 235–70, S. 259; die „Einfältigen" Ephraims haben noch die Möglichkeit der Busse, die „Manasse" genannte Gruppe (Sadduzäer?, Hasmonäer?) nicht.

[32] J. Maier, Weitere Stücke zum Nahumkommentar aus der Höhle 4 von Qumran, Jud 18 (1962), 215–250 (S. 233 ff.); R. Meyer, Tradition und Neuschöpfung im antiken Judentum, 1965, 60 ff.

[33] S. T. Kimborough, The Ethics of the Qumran Community, RdQ 6 (1969), 483–498; § 4, Anm. 33.

[34] J. Maier, II, 139–141; H. H. Rowley, a. a. O. (Anm. 29) tritt nach wie vor für eine Frühdatierung ein; J. Hempel, RE 24 (1963), 1373–5, identifiziert Alkimos mit dem „Frevelpriester"; G. R. Driver (Anm. 29), setzt sich wieder für die Spätdatierung ein.

[35] G. Jeremias, a. a. O. (Anm. 30), v. a. S. 76; H. Stegemann, a. a. O. (Anm. 31), 266 f.

[36] F. M. Cross, The Early History of the Qumran Community, McCormick Quarterly 21 (1967/8), 249–264.

[37] Vgl. dazu und zu seiner Identifizierung als „Zorneslöwe" von 4 QpNah J. Maier, a. a. O. (Anm. 32); G. Jeremias, a. a. O. (Anm. 29), S. 127 ff.

herodianisch-römischen Periode scheint hingegen ein Verfall eingetreten zu sein, bis im Aufstand gegen Rom auch diese Gruppe in den vermeintlichen endzeitlichen Befreiungs- und Rachekrieg verwickelt wurde.

In diesen politisch-religiösen Auseinandersetzungen erfuhr die allgemein-apokalyptische Sicht der Schöpfungs- und Heilsgeschichte eine besondere Zuspitzung und spekulative Ausprägung. Zur grundsätzlichen Zweiteilung des Weltlaufes in die zukünftige (anbrechende) Heilszeit und die vorausgehende Zeit des Frevels tritt eine durch die Endzeitverzögerung bedingte Periodenlehre, die auch mit der Definition der Aufgaben der Gemeinde zusammenhängt. Das dualistische Welt-, Menschen- und Geschichtsbild wird in 1 QS III, 13 – IV, 26 spekulativ – programmatisch dargelegt[38]. Der Kampf zwischen Licht und Finsternis bzw. den sie repräsentierenden Kräften erfolgt im kosmischen, politisch-geschichtlichen und psychischen Bereich. Dabei tritt die traditionelle davidische Zukunftshoffnung teils zugunsten einer unmittelbaren Gottesherrschaft, teils zugunsten einer hierokratisch bestimmten heilszeitlichen Ordnung zurück, wie überhaupt auch hier in bezug auf die eigentlichen Zukunftsvorstellungen keine lehrmäßige Einheitlichkeit besteht[39]. Die in 1 QS III, 13 – IV, 26 dargelegte Lehre (hier ist es Lehre!), die in dieser Form sonst nicht ihresgleichen hat sondern nur in den Einzelmotiven Parallelen findet, ist bei allen dämonologisch-angelologischen Elementen doch anthropozentrisch – wenigstens im Sinne dieser radikalen Erwählungs- und Torahtheologie. Trotz aller deterministischen Züge handelt es sich um eine Bußbewegung, die zur Umkehr aufruft, zur Stellungnahme in dem irdisch-überirdischen Krieg zwischen Licht und Finsternis. Zwar ist der Einzelne an sich nichts, sündenbefleckt und verloren, durch Gottes erwählende Gnade und durch Gottes Geist[40] aber wird er befähigt, Gottes Willen zu erfüllen – und eben darum verbindet sich hier eine radikale Gnadentheologie mit schroffster Gesetzesobservanz und das rücksichtslose Kollektivbewußtsein verhindert ge-

[38] Siehe Anm. 11.

[39] A. S. van der Woude, Die messianischen Vorstellungen der Gemeinde von Qumran, 1957; J. Licht, Tôrat haʿittîm šäl kat midbar Jehûdāh wešäl meḥaššebê qiṣṣîn ʾaḥerîm, EIsr 8 (1966/7), 63–70; W. Paschen, Rein und Unrein, 1970, 125 ff.; A. Dahl und J. Licht in § 4, Anm. 15; § 5, Anm. 5.

[40] § 4, Anm. 32; J. Schreiner, Geistbegabung in Qumran, BZ 9 (1965), 161–180.

rade nicht eine leidenschaftliche individuelle Frömmigkeit[41]. Wie stark das Sendungs- und Selbstbewußtsein dieser Radikalen war, zeigt nicht nur ihre Behauptung, die richtige Geschichtsdeutung (Prophetenauslegung) zu kennen. In der neusogenannten „Tempelrolle“[42] erscheinen die erklärenden und ergänzenden Zusätze zum Torah-Text (also die Halakah der Gemeinde) als direkte Gottesworte – in deutlichem Gegensatz zur pharisäischen, derivierenden Halacha-Findung.

Das Besondere an der Qumrangemeinde besteht jedoch in der Organisation und Ideologie ihres Gemeindelebens, des „Jachad“[43]. Nachdem der Tempel zu Jerusalem als entweiht galt, bedurfte es eines Kultersatzes. Dieser wurde nicht nur in der verschärften Torahfrömmigkeit allgemein gesehen, sondern speziell im „Jachad“. Unter priesterlich-zadokitischer Ägide galt die Gemeinde als Repräsentation des Tempels, wobei die Priester dem Allerheiligsten, die Laien dem Hekal zugeordnet wurden, und die Jachad-Lebensweise als Sühnemittel verstanden wurde[44]. Das gesamte Jachad-Leben stand darum auch unter den rituellen Bedingungen des Tempeldienstes, seiner Heiligkeits- und Reinheitsvorschriften[45]. Dementsprechend gab es eine Art Binnen- Gemeinwirtschaft[46] und ein im Rahmen der „Reinheit“ organisiertes Gemeinschaftsleben[47], und selbstverständlich war

[41] Vgl. nun auch K. Romaniuk, La crainte de Dieu à Qumran et dans le Nouveau Testament, RdQ 4 (1963), 29–38; S. J. de Fries, Concerning the Fear of God in the Qumran Scrolls, RdQ 5 (1964/6), 233–237; A. R. C. Leaney, The Experience of God in Qumran and in Paul, BJRL 51 (1969), 431–452.

[42] Die Publikation steht noch aus.

[43] J. Maier, Zum Begriff jḥd in den Texten vom Toten Meer, ZAW 72 (1960), 48–66; Ders., II, 11 f.; E. Koffmann, Rechtsstellung und hierarchische Struktur des jḥd in Qumran, Bibl 42 (1961), 433–442; S. H. Siedl, Qumran, Eine Mönchsgemeinde im Alten Bund, 1963, S. 5 ff.; B. W. Dombrowski, Hjḥd in Qumran and tò koinón, HThR 59 (1966), 293–307; W. Paschen, a. a. O. (Anm. 39) 103 ff.

[44] W. Paschen, a. a. O. (Anm. 39) S. 134 ff.

[45] W. Paschen, a. a. O. (Anm. 39), S. 83–152.

[46] W. Paschen, a. a. O. (Anm. 39) S. 103 ff., 109 ff. I. Hahn, Die Eigentumsverhältnisse in der Qumransekte, Wiss. Zeitschr. der Humboldt-Univ. Berlin 12, 3 (1963), 263–272.

[47] Zu der Mahlgemeinschaft; M. Delcor, Repas cultuels esséniens et thérapeutes, Thiases et Ḥaburoth, RdQ 6 (1967/8), 401–425; J. Gnilka, Das Gemeinschaftsmahl der Essener, BZ 5 (1961), 39–55; W. Paschen, a. a. O. (Anm. 39) 103 ff., 112 ff.; I. Heinemann, Birkat ha-Zimmun, and Ḥavurah-Meals, JJS 13 (1962), 23–29.

– ebenfalls aus rituellen Gründen wie für die diensttuenden Priester am Tempel – im Zustand der „Reinheit“ das eheliche Leben unterbunden[48]. Eine grundsätzliche Forderung nach Besitz- und Ehelosigkeit enthält jedenfalls kein bisher edierter Text.

Die Qumrantexte illustrieren an einem – wahrscheinlich kleinen – Ausschnitt aus der breiten und bunten Palette der eschatologisch-orientierten Strömung jener Zeit allgemeine Züge ihrer Mentalität[49] und eine Sonderentwicklung unter priesterlichem Einfluß. Welches Gewicht der Gemeinde zukommt, hängt nicht zuletzt davon ab, wie das Verhältnis zu den Essenern (Abs. 4) und deren Bedeutung gesehen wird. Wie immer es sich damit verhält, der Fund einer so großen Zahl von Originaltexten aus vorchristlicher Zeit hat die Erforschung der frühjüdischen Religions- und Literaturgeschichte ebenso gefördert wie die der Hebraistik/Aramaistik und nicht zuletzt die Kenntnis der Überlieferung[50] und Auslegung der biblischen Texte[51].

4. Essener (Essäer) und Therapeuten[52]

Auch die Qumranfunde haben das Rätselraten um die bei Philo, Plinius, Josephus und anderen antiken Schriftstellern[53] erwähnten

[48] J. Maier, II, 10 f.

[49] Insofern auch des Urchristentums. Siehe zur Diskussion darüber die Bestandsaufnahme bei H. Braun, Qumran und das Neue Testament, 2 Bde. 1961.

[50] J. Hempel, RE 24 (1963), 1366 ff.; Vgl. F. M. Cross, The Ancient Library of Qumran, 1961; Ders., The History of the Biblical Text in the Light of Discoveries in the Judaean Desert, HThR 57 (1964), 281–299; Ders., The Contribution of the Qumran Discoveries to the Study of the Biblical Text, IEJ 16 (1966), 81–95; P. W. Skehan, The Biblical Scrolls from Qumran and the Text of the Old Testament, BA 28 (1965), 87–100; S. Talmon, Apsects of the Textual Transmission of the Bible in the Light of the Qumran Manuscripts, Textus 4 (1964), 95–132.

[51] J. Maier II, 141; O. Betz, Offenbarung und Schriftforschung in der Qumransekte, 1960; F. F. Bruce Biblical Exegesis in the Qumran Texts, 1959; J. van der Ploeg, Bijbelverklaring te Qumran, 1960; A. Finkel, The Pesher of Dreams and Scriptures, RdQ 4 (1963/4), 357–370; B. J. Roberts, Bible Exegesis and Fulfillment in Qumran, Words and Meanings (Essays presented to D. W. Thomas) 1968, 195–207.

[52] Lit. bei S. Wagner, Die Essener in der wissenschaftlichen Diskussion vom Ausgang des 18. bis zum Beginn des 20. Jahrhunderts, 1960; Bibliographien zu Qumran (s. Anm. 29). Zuletzt s. L. Bronner, a. a. O. (§ 4) 86 ff.; G. Daniel, Les „Hérodiens“ du Nouveau Testament sont-ils des

Essener bzw. (bei Philo) Therapeuten nicht beendet. Fest steht, daß zahlreiche Details in 1 QS übereinstimmen mit der Beschreibung, die Josephus von den „unverheirateten“ Essenern gibt[54] und die auch Plinius kurz erwähnt[55]. Dementsprechend vermutet man gern in der Damaskusschrift Zeugnisse für die „verheirateten“ Essener.

Nun ist es durchaus möglich, daß Josephus über die Jachad-Lebensweise aus zweiter Hand Bescheid wußte und die kultische sexuelle Konzinenz der „reinen“ Gemeindemitglieder ebenso wie Plinius als grundsätzliche Ehefeindschaft mißverstand, daß man also tatsächlich die Jachad-Gemeinde mit den „unverheirateten“ Essenern identifizieren kann. Problematischer ist das Verhältnis zu den angeblichen „verheirateten“ Essenern. Die Jachadgemeinde stellte ihre Lebensweise als die Form des zeitgemäßen gottgewollten Lebens schlechthin dar, forderte also den Eintritt in den Jachad-Verband als Konsequenz der Umkehr. Nur in den gelegentlich in Qumrantexten erwähnten „Armen“ bzw. „Einfältigen“ könnte man Gruppen vermuten, die in etwa den „verheirateten“ Essenern des Josephus nahekommen. Die Schwierigkeit besteht auch darin, daß Josephus die Essener als dritte große Volkspartei neben Sadduzäern und Pharisäern erwähnt, daß aber in der Schilderung der historischen Ereignisse nur ab und zu einzelne als „Essener“ bezeichnete Personen auftauchen, während als Partei nur mehr die Zeloten in Erscheinung treten. Die Damaskusschrift kann man zudem ebensogut in vielem auf vorqumranische, chasidische Verhältnisse beziehen, so daß aus den Qumrantexten selbst eine essenische Volkspartei nicht zu belegen ist.

Da nun Josephus wieder von jenen Chasidim nichts berichtet, besteht die Möglichkeit, daß er etwas anachronistisch die Fortdauer der chasidischen Bewegung als Religionspartei neben Sadduzäern und Pharisäern postulierte und diese – organisatorisch ohnedies nie geschlossene – Gruppe von apokalyptischen Kreisen mit der ihm irgendwie bekannten Jachad-Gemeinde

Esséniens?, RdQ 6 (1967), 31–53; J. Heinemann, RE V A/2, 1934, 2321–2346; Ders., Die Sektenfrömmigkeit der Therapeuten, MGWJ 78 (1934), 104–117; I. Lévy, Recherches esséniennes et pythagoriciennes, 1965; V. Nikiprowetzky, Recherches esséniennes et pythagoriciennes; à propos d'un livre récent (par I. Lévy), REJ 125 (1966), 313–352. Vgl. ferner die Bibliographie zu Josephus von H. Schreckenberg, 1968, und zu Philo in E. R. Goodenough, The Politics of Philo Judaeus, 1967², 282 ff.

53 A. Adam, Antike Berichte über die Essener, 1961; H. Bardtke, Die Handschriftenfunde am Toten Meer, 1958, 305 ff. (deutsche Übersetzungen).

54 H.-J. Kandler, Zum Problem des Verhältnisses der Sekte von Chirbet Qumran zu den Essenern, Christian-Festschrift (Vorderasiatische Studien) 1956, 55–64; vgl. auch W. Paschen, a. a. O. (Anm. 39) 109 ff.; L. Bronner, a. a. O. (§ 4), 118 ff.

55 Hist. nat. V, 17; Ch. Burchardt, Pline et les Esséniens, RB 69 (1962), 533–569; L. Herrmann, Pline l'Ancien a-t-il inventé les Esséniens célibataires?, Revue Belge de Philol. et d'Hist. 41 (1963), 80–91; P. Sacchi, Ancora su Plinio e gli Esseni, La Parola del Passato 93 (1963), 451–455.

von Qumran unter dem Namen „Essener"[56] zusammenfaßte, es in Wirklichkeit eine solche dritte Volkspartei also nicht gegeben hat. Dafür spricht auch ein zu beobachtendes apologetisches Anliegen des Josephus, er schildert die „Essener" nämlich als ausgesprochene Pazifisten, psychologisiert und moralisiert die militant-eschatologische Mentalität der apokalyptischen Kreise und der Qumrangemeinde, um einen weiteren Teil des Volkes von der Last der Verantwortung für den sinnlosen Aufstand gegen Rom zu befreien. Abgesehen davon verfärbte er die Wirklichkeit – wie in bezug auf Sadduzäer und Pharisäer – durch seine hellenisierende Beschreibung der religiösen Anschauungen.

Nun hat es sicher außer der Qumrangemeinde noch eine Fülle von Konventikeln und *ḥ^a^bûrôt*-Arten[57] gegeben, die von Außenstehenden als gleichartig angesehen werden und zur Annahme einer umfassenderen Bewegung wie der „Essener" oder der „Therapeuten" führen konnten.

5. Zeloten und Sikarier[58]

In der Makkabäerzeit war Rom Judas Verbündeter gegen die widergöttliche seleukidische Macht. Roms Siegeszug im östlichen

[56] Die Deutung des Namens ist nach wie vor umstritten. Zur neueren Diskussion vgl. G. Jeremias, a. a. O. (Anm. 30) 66 f.; G. Vermes, The Etymology of „Essenes", RdQ 2 (1959/60), 427–443; Ders., Essenes and Therapoitai, RdQ 3 (1961/2), 427–504; B. Vellas, Zur Etymologie des Namens 'εσσαῖοι, ZAW 81 (1969), 99 f.

[57] S. unten § 7; Ch. Rabin, Qumran Studies, 1956; L. Bronner, a. a. O. (§ 4) 97 ff.

[58] Ältere Literatur bei M. Hengel, Die Zeloten, 1961; ferner: G. Baumbach, Zeloten und Sikarier, ThLZ 90 (1965), 727–740; Ders., Das Freiheitsverständnis in der zelotischen Bewegung, Festschrift L. Rost (Das nahe und das ferne Wort), 1967, 11–18; kurzgefaßt als „Bemerkungen zum Freiheitsverständnis der zelotischen Bewegung", ThLZ 92 (1967), 257 f.; S. G. F. Brandon, Jesus and the Zealots, 1967; Ders., The Zealots, History Today 15 (1965), 632–641; C. Daniel, Esséniens, Zélotes et Sicarres et leur mention par paronymie dans le N. T., Numen 13 (1966), 88–115; W. R. Farmer, Maccabees, Zealots and Josephus, 1956; J. Klausner, a. a. O. (§ 3) IV, 201 ff.; C. Roth, The Zealots, a Jewish Religious Sect, Jdm 8 (1959), 33–40; Ders., Melekh ha-ʿolam; Zealot influence in the liturgy?, JJS 11 (1960), 173–175; Ders., The Religious Nature of the Zealots, Leo Jung JV, 1962, 203–209; Ders., The Pharisees in the Jewish Revolution, of 66–73, JJS 7 (1962), 63–80 (u. vgl. die Publikationen des Autors und G. R. Drivers zu den Qumrantexten); S. Safrai, Sîqārîqôn, Zion 17 (1952), 56–64; B. Salomonsen, Some remarks on the Zealots with special remarks to the term „Qannaim" in Rabbinic literature,

Mittelmeergebiet weckte noch Hoffnungen auf eine entscheidende Weltwende und konnte als Vorzeichen der anbrechenden Endzeit gedeutet werden[59]. Im Jahre 63 v. eroberte Pompeius Jerusalem und Juda geriet unter römische Oberherrschaft. Damit war Rom selbst zur herrschenden Weltmacht geworden, deren Ende alle erwarten mußten, die auf den Anbruch der Gottesherrschaft hofften. Zunächst trat die Fremdherrschaft mehr indirekt in Erscheinung, durch den Vasallenkönig Herodes, den verhaßten Halbfremden. Vom Jahre 6 n. an war Juda – u. a. auf pharisäische Initiative hin – aber unmittelbar römischer Verwaltung unterstellt. Die pax Romana zementierte den status quo und wurde zur Konkurrenz für die messianischen Aspirationen. Die Stabilität der politischen Machtverhältnisse lähmten den politisch-messianischen Aktivismus all derer, die Roms Macht realistisch einzuschätzen wußten. Zugleich erschien Rom als Weltmacht aber nun wie einst das Seleukidenreich als Herausforderung, als Höhepunkt aller widergöttlichen Machtentfaltungen vor der entscheidenden Wende zum Heil. In Galiläa, wo man die machtpolitische Lage weniger kannte und wo rebellischer Geist z.T. als Familientradition fortlebte, aber auch sonst, hatte schon Herodes mit Widerstandsgruppen zu kämpfen[60]. Die Einführung der unmittelbaren römischen Verwaltung 6 n. befreite zwar Juda vom Regime eines Vasallenkönigs, konfrontierte aber auch unmittelbar mit der heidnischen Fremdherrschaft über Gottes Land und über Gottes erwähltes Volk. Den Census von 6 n., für die Römer eine selbstverständliche Verwaltungsmaßnahme, empfanden die Frommen in Juda als unerträgliche Anmaßung. Nach Josephus (ant XVIII, 4 ff. 23–25) entstand damals eine neue politische Bewegung, begründet durch die Verbindung radikaler pharisäischer Kreise unter einem gewissen Zadok mit galiläischen Rebellen unter einem gewissen Judas. „In allen übrigen stimmt sie (diese Sekte) mit der Ansicht der Pharisäer überein, doch findet man eine unbezwingbare Liebe zur Freiheit bei diesen Leuten und sie halten Gott allein für ihren Führer und Herrn" – und für dieses Prinzip waren sie zu allem bereit. Während

NTS 12 (1966), 164–176; S. Zeitlin, Zealots and Josephus, JBL 81 (1962), 395–398 (Kritik an M. Hengel); Ders., The Sicarii and Masada, JQR 57 (1967), 251–270.

[59] Vgl. die „Kittäer" in 1 QM.

[60] Siehe W. R. Farmer, a. a. O. (Anm. 58) und Ders., Judas, Simon und Athronges, NTS 4 (1957/8), 147–155: J. S. Kennard, Judas of Galilee and his Clan, JQR 36 (1945), 281–286.

andere, wie die ebenfalls militanten Qumranleute[61], bis zum erwarteten eschatologischen „kairos" sozusagen „Gewehr bei Fuß" verharrten, hielten die Zeloten die Zeit zum Handeln für gekommen. Auf einen politischen Machtwechsel aus, konzentrierte sich ihr Interesse auf das Zentrum des politisch-religiösen Lebens, auf Jerusalem und den Tempel.

Für die Sikarier, einem radikaleren Element, das gegen Ende der Epoche in Erscheinung trat, könnten soziale Ressentiments maßgebend gewesen sein. Der Anspruch charismatischer Persönlichkeiten gewann hier erneut Bedeutung und bewirkte sogar noch im belagerten Jerusalem den erbitterten Kampf aller gegen alle. Mit der Aushebung der letzten Widerstandsnester 73 n. war die Kraft des Zelotismus in Palästina für längere Zeit gebrochen, während der Diasporaaufstände 115/7 blieb das Mutterland relativ ruhig. Erst im Barkochba-Aufstand erfaßt der messianisch-rebellische Geist wieder breitere Schichten – auch den Pharisäismus. Nach der neuerlichen Niederlage lange Zeit in den Untergrund gedrängt, lebten Apokalyptik und messianische Aktivität im 7. Jh. wieder auf und traten auch literarisch wieder zutage.

6. Andere Gruppenbildungen und das Urchristentum

Die erhaltenen literarischen Quellen bieten nur ein unvollständiges Bild von der Vielfalt der Strömungen und Gruppen im Frühjudentum. Wie immer, hat es gewiß auch damals Schichten gegeben, deren religiöse Überzeugung und Praxis keinen literarischen Niederschlag und auch kein literarisches Echo gefunden hat. Als Gruppenbildungen eigener Art sind auch die Träger der „Menschensohn"-Erwartung anzusehen, die in den „Bilderreden" des äth. Henoch und in gewissen ntl. Überlieferungen bezeugt ist, oder die Täuferbewegung. Auch Jesus von Nazareth gehört in diesen Rahmen. Doch er steht insofern an der Grenze zwischen apokalyptischem und pharisäischen Judentum, als er zwar die nahe Gottesherrschaft ankündigte, jedoch die Frage des Gesetzes mit den Pharisäern diskutierte, diese damit – wenn auch kritisch – als religiöse Partner anerkennend. Dabei spielte die auch im Pharisäismus wohlbekannte Spannung zwischen über-

[61] Die von manchen Autoren auch mit Zeloten identifiziert werden, z. B. von C. Roth und G. R. Driver (s. Abs. 3); vgl. auch U. Masing, Die Leute von Qumran und das Alte Testament, Communio Viatorum 3 (1961), 243–246.

lieferten Normen und der aktuellen Forderung der Stunde die Hauptrolle. Die Pharisäer als Leute der Gemeindepraxis hegten die nicht unbegründete Befürchtung, daß eine zu weitgehende individualistische Ermessensethik allzuleicht die Dämme gegen die Flut des heidnischen Einflußes untergraben und letztlich die Verbindlichkeit der Tradition zu radikal in Frage stellen würde. Die Verkündigung der nahen Gottesherrschaft war kein Streitpunkt, sie war jedoch politisch gefährlich. Was immer Jesus darunter verstanden haben mag, für die römische Besatzungsmacht und die verantwortlichen jüdischen Behörden war zweifellos maßgebend, was man gemeinhin darunter verstand und wie es im Volk aufgefaßt wurde. Damit war das Schicksal Jesu auch schon besiegelt.

Im Urchristentum verlagerte sich die Diskussion mit dem Pharisäismus von der Gesetzesfrage auf die sich ausbildende Christologie. In ihr wurde die Torah als Heilsweg ersetzt durch das verkündete Erlösungswerk Christi. Die Torah blieb als blosser Buchstabe, als Vor-Stufe, zurück und eine neue Religion entstand. Ihre Vertreter verstanden sich freilich noch als „Israel“, als das „wahre“, geistliche Israel, doch diesen Anspruch konnte man nur durch allegorisch-christologische Auslegung der Bibel „begründen“. Nicht der Wortlaut der hl. Schrift, sondern ein angeblicher tieferer Sinn war maßgebend, und so wurde das „Alte Testament“, das formal noch Juden und Christen gemeinsam besassen, zum eigentlichen Anlaß folgenreicher Entzweiung und Feindschaft. Für das Judentum stellt das Auftreten Jesu und die Entstehung der Urgemeinde keine geschichtliche Wende dar. Erst seit Konstantin d. Gr., als die Kirche ihren Anspruch auch mit dem Mittel der politischen Macht zu unterstreichen imstande war, erfolgte eine Wende – wenigstens für die Juden im Bereich christlicher Herrschaft.

§ 7 Laienschriftgelehrsamkeit und Pharisäer

Lit. §§ 3, 4, 5 und:

I. Abrahams, Studies in Pharisaism and the Gospels, 1917 (repr. 1967); G. Allon, The Attitude of the Pharisees to the Roman Government and the House of Herod, SH 7 (1961), 53–78 und a. a. O. (§ 4) 14–47; W. Bacher, Tradition und Tradenten in den Schulen Babyloniens und Palästinas, 1914 (Nachdr. 1966); L. Baeck, Die Pharisäer, 1934; W. Beilner, Der Ursprung des Pharisäismus, BZ 3 (1959), 235–251; Str. – B. IV, 334–352; L. Bronner, a. a. O. (§ 4), 69 ff.; A. Büchler, Types of Jewish-Palestinian Piety, 1922; I. Elbogen, Einige Theorien über den Ursprung der Pharisäer und Sadduzäer, Jew. Studies in Memory of I. Abrahams, 1927, 125–145; A. Finkel, The Pharisees and the Teacher of Nazareth, 1963; L. Finkelstein, The Pharisees, 2 Bde. 1938 (1940^2; 1962^3); Ders., Hap-pᵉrûšîm wᵉʾanšê hak-kᵉnäsät hag-gᵉdôlāh, 1950/1; Ders., The Ethics of Anonymity among the Pharisees, CJ 12 (1958), 1–12; Ders., The Origin of the Pharisees, CJ 23 (1968/9), 25–36; W. Foerster, Der Ursprung des Pharisäismus, ZNW 34 (1935), 35–51; M. Hengel, Die Zeloten, 1961; T. H. Herford, Die Pharisäer, 1961^3 (Mit Einl. von N. N. Glatzer); S. B. Hoenig, Pharisaism Reconsidered, JQR 56 (1965/6), 337–353; M. Kadushin, The Rabbinic Mind, 1952; A. F. J. Klijn, Scribes, Pharisees, Highpriests and Elders in the New Testament, NT 3 (1959), 259–267; J. L. Lauterbach, The Pharisees and their Teachings, HUCA 6 (1929), 69–139; R. Marcus, Pharisees, Essenes and Gnostics, JBL 73 (1954), 157–161; Ders., The Pharisees in the Light of Modern Scholarship, JR 32 (1952), 153–164; R. Meyer, Tradition und Neuschöpfung im antiken Judentum, 1965 (SBSAW 110/1, 7–88); G. F. Moore, The Rise of Normative Judaism, I, HThR 17 (1924), 307–373; H. Odeberg, Pharisaism and Christianity, 1964; J. O'Dell, The Religious Background of the Psalms of Solomon, RdQ 3 (1961), 241–257; H. Rasp, Flavius Josephus und die jüdischen Religionsparteien, ZNW 23 (1924), 27–47; E. Rivkin, Defining the Pharisees, HUCA 40/1 (1969/70), 205–249; A. Rubinstein, Pharisees and Hypocrites, JRTh 19 (1962/3), 456–468; K. Schlesinger, Die Gesetzeslehrer, 1936; S. Umen, Pharisaism and Jesus, 1963; E. E. Urbach*; H.-P. Weiss, Der Pharisäismus im Lichte der Überlieferung des Neuen Testaments, 1965 (SBSAW 110/2, 90–132); S. Zeitlin, The Pharisees, JQR 52 (1961), 97–129; Ders., The Origin of the Pharisees Reaffirmed, JQR 59 (1968/9), 255–267.

1. Die Laienschriftgelehrsamkeit[1]

Die Weisheitsschulen der vorexilischen Zeit haben dem Schreiberstand nicht nur Berufsausbildung, sondern auch eine bestimmte Lebens- und Weltauffassung vermittelt. Der „Weise" war überzeugt, die Ordnungsprinzipien des Weltlaufes einigermaßen durchschauen und sich im Leben durch umsichtiges Verhalten auf sie einstellen zu können, was vor allem auf eine Hochschätzung des „goldenen Mittelweges" hinauslief. Damit erhielt die verbreitete naive Vorstellung, daß alles Tun das entsprechende Ergehen nach sich ziehe, eine lehrmäßige Grundlage. Diese Annahme einer immanenten Vergeltung hatte zwar schon im Buch Hiob und im Kohelet leidenschaftlichen bis resignierenden Widerspruch gefunden, wirkte aber dennoch weiter. Wahrscheinlich ist auch von Bedeutung, daß diese Schreiber und

[1] Dazu auch L. Finkelstein, I, 7 ff. 110 ff.; H. Fuchs, JL 5, 269–273; J. Klausner (§ 3) III, 107 f.; G. F. Moore (§ 4) I, 37 ff.; V. Tcherikover (§ 3), 124 f.; E. E. Urbach, Had-dᵉrāšāh kîsôd hā-hᵃlākāh ûbᵉʿājat has-sôfᵉrîm, Tarb 27 (1957/8), 166–182; E. Schürer, a. a. O. (§ 3), II, 363 ff.

Beamten der Königszeit zu einem guten Teil levitischer Abstammung waren, denn bestimmte levitische Tendenzen im Pharisäismus[2] und auch dessen kritische Reserviertheit gegenüber priesterlichen Ansprüchen könnten von daher mitbedingt sein.

Die alten Weisheitstraditionen behielten nicht zuletzt so große Bedeutung, weil die Torah als offenbarter Gotteswille schlechthin mehr und mehr mit der „Weisheit“ identifiziert wurde und daher als Weltordnung betrachtet werden konnte (§ 4,1). Seit der Reform unter Esra-Nehemia erfüllte der Schriftgelehrtenstand eine öffentliche Funktion im Rechtsleben und nahm damit eine starke Position in und gegenüber der priesterlichen Hierokratie zugleich ein. Der Verwurzelung im praktischen Rechtsleben entsprach ein intensives Interesse am Gemeinwohl, ein wohlbedachter Kooperationswille im Dienste des Ganzen (während die Apokalyptiker alles Bestehende radikal und endgültig verändern wollten). Diese realistische Orientierung spiegelt sich auch im Menschenbild, das sich weitgehend von dem apokalyptischen unterschied[3]. Im Gefolge der Weisheitslehre behielt das Individuum sein Eigengewicht unbeschadet der Verantwortung für das kollektive Geschick. Dazu kommt die am praktischen Leben orientierte, nüchterne, im Vergleich zur Apokalyptik optimistischere Einschätzung der menschlichen Fähigkeiten und ein Verständnis für notwendige Kompromisse, indes die Apokalyptiker rücksichtslos zur Erreichung ihres heilsgeschichtlichen Zieles das Menschenunmögliche forderten. Freilich, die ererbte Überzeugung von einer immanenten Vergeltung wurde zum Problem. Tatsächlich spielt die individuelle Vergeltung nach dem Tode und die Auferstehungslehre im pharisäischen Bereich dann auch eine besondere Rolle. Gegenüber der privilegierten Priesterkaste hatte das gesamte übrige Volk einen schweren wirtschaftlichen Stand. Während in der Landbevölkerung dies besonders harte Folgen zeitigte und zu dementsprechend radikalen Reaktionen führte, konnte sich die städtische Handwerker- und Mittelschicht schon eher behaupten, und aus dieser rekrutierte sich offenbar vor allem der Anhang der Laienschriftgelehrten[4], wie weit immer ihr Einfluß in apokalyptischen Kreisen noch reichen mochte. So stand

[2] Gerade in Hinblick auf die Reinheitspraxis, die R. Meyer S. 20–23 auf priesterlichen Einfluß zurückführt.

[3] Siehe § 4, Anm. 33, 34, 35; R. Meyer, Hellenistisches in der rabbinischen Anthropologie, 1937.

[4] S. dazu v. a. M. Weber, a. a. O. (§ 3); L. Finkelstein (s. Anm. 62, HThR 185 ff.); S. W. Baron* I, 237; II, 343.

die Laienschriftgelehrsamkeit von vornhinein in einer Position zwischen den Extremen, zwischen herrschendem Regime und radikaler Opposition. Dies hatte nachhaltige Auswirkungen:

a) Im praktisch-politischen Bereich stand die Laienschriftgelehrsamkeit zwar dem priesterlichen Anspruch gegenüber, verfügte aber über genügend Rückhalt, um sich zu behaupten. Sie trug praktische Mitverantwortung im Gemeinwesen, hatte etwas zu verlieren, konnte hoffen, durch wachsenden Einfluß die eigenen Vorstellungen noch weiter durchsetzen zu können. Darum die Neigung zur Kooperation mit dem Establishment und die Bereitschaft zum Kompromiß aus Rücksicht auf die realen Umstände und die eigene weitere Anhängerschaft.

b) Im Geschichtsdenken wünschte diese Schicht, sofern sie sich unterprivilegiert fühlte, Veränderungen des status quo. Möglicherweise wirkte von der Königszeit her noch royalistische Loyalität nach, freilich nun umgewandelt in davidisch-messianische Erwartungen, angepaßt an das eigene Ideal von Recht und Gerechtigkeit bzw. von der Gottesherrschaft. Die Erwartung einer bevorstehenden endgültigen Wende zum Heil und damit die Anerkennung der prophetischen Literatur als göttlicher Offenbarung (vgl. Sir 39,1) teilte man also mehr oder weniger mit der apokalyptischen Strömung. Das Buch Daniel fand jedenfalls Aufnahme in den pharisäischen Kanon heiliger Schriften. Die Intensität dieser endzeitlichen Erwartung und die Entschlossenheit, in ihrem Sinne auch gegebenenfalls alles auf eine Karte zu setzen, hielt sich allerdings infolge der praktisch-politischen und praktisch-juristischen bzw. seelsorgerlichen Erwägungen in Grenzen und erreichte nur unter äußerst drückenden Verhältnissen das apokalyptische Maß.

c) Mit dem eschatologischen Geschichtsbild war – wie bei den Apokalyptikern – die Toraherfüllung als movens der Weltgeschichte anerkannt und damit die Tendenz vorhanden, alle Lebensbereiche möglichst vollständig dem Willen Gottes zu unterwerfen. Dies führte zur Ausbildung der stetig anwachsenden „mündlichen Torah" (§ 4,1), die sogleich die Kluft zum priesterlichen Torahverständnis des Establishment vergrößerte und dem kleinen Mann im Alltag erhebliche Lasten aufbürdete. Während die Apokalyptiker auf diese Not der Einzelnen in der Regel keinerlei Rücksicht nahmen, konnten sich die Laienschriftgelehrten als praktizierende Funktionäre des Rechtswesens über solche Härten nicht einfach hinwegsetzen, zumal sie sich als religiöse Führer des Volkes verstanden und damit für sie auch eine seelsorgerliche Herausforderung verbunden war. Dazu kam der aus der Weisheitslehre ererbte Hang zum „goldenen Mittelweg", der ebenfalls die Erleichterung halachischer Härten nahelegte. Bei aller Hochschätzung der schriftlich fixierten Offenbarung blieb man sich der Spannung bewußt, die nun einmal zwischen überlieferten Gesetzen und der Absicht des Gesetzgebers durch den Wandel der Verhältnisse entstehen kann. Eine Spannung, die trotz der oft erleichternden Interpretation des geschriebenen Gesetzes durch die „mündliche Torah" in dem Maß wuchs, als dieser „Zaun um die Torah" zunahm und die Gesetzesgelehrten als Experten unentbehrlich wurden.

Gegenüber dem konservativen Torahverständnis des Establishments suchte man die eigene novellierende Interpretation und Praxis als gültigen Gotteswillen darzustellen und deklarierte (nach 70 n. Chr.) die „mündliche Torah“ so mit der „schriftlichen“ als gleichwertige Offenbarung vom Sinai. Während die Apokalyptiker sich für ihre Gesetzes- und Geschichtsanschauung auf unmittelbare Offenbarungen beriefen, stellten aber die Laienschriftgelehrten das Traditionsprinzip und später auch bestimmte Methoden der Interpretation in den Vordergrund[5] und bestritten in der Polemik (aber nicht konsequent und grundsätzlich!) zum Teil sogar die Möglichkeit nachbiblischer unmittelbarer Offenbarungen.

Im Buch Sirach[6] liegt ein charakteristisches Zeugnis der noch stark in der Weisheitslehre verwurzelten, die Identität von Weisheit und Torah aber schon als selbstverständlich voraussetzenden Schriftgelehrsamkeit vor. In dieser um 200 v. verfaßten Schrift ist die Welt noch einigermaßen „heil“, d. h., das Verhältnis zur geltenden Ordnung ist positiv. Gleichwohl wird an verschiedenen Stellen Besorgnis und Kritik gegenüber bestimmten sozialen Mißständen und an der Lebensführung gewisser Kreise laut. Die sich anbahnende Kluft zwischen herrschenden assimilationswilligen Kreisen und der traditionellen Frömmigkeit ist nicht zu übersehen. Sie wird in apokalyptischen Gruppen stärker empfunden worden sein als unter den Schriftgelehrten, die damals noch glauben konnten, das Heft mit in der Hand zu halten[7]. Dies änderte sich radikal mit der „hellenistischen Reform“ (§ 3,1). Der Ersatz der Torah als Staatsgesetz durch eine Polisverfassung traf nicht nur die traditionelle Religion im Zentrum, sie entzog der Laienschriftgelehrsamkeit ihre öffentliche Funktion. Von da an jedenfalls verband sich diese Schicht mit der apokalyptischen Opposition zu einer antihellenistischen Front. Doch ebenso wie jene Chasidim, die den kairos noch nicht für gekommen hielten, waren die Schriftgelehrten grundsätzlich bereit, sich mit einer Wiederherstellung der alten Rechtsordnung zufrieden zu geben. Nach I Makk 7,12 ff. waren es darum auch zuerst diese *grammateis,* die sich zu Alkimos

[5] N. N. Glatzer, Hillel the Elder, 1966².

[6] Vgl. J. Haspecker, Gottesfurcht bei Jesus Sirach, 1967 (hier ältere Lit.); M. Hengel, a. a. O. (§ 3) 241 ff., 284 ff.; O. Kaiser, Die Begründung der Sittlichkeit im Buche Jesus Sirach, ZThK 55 (1958), 51–63; D. Michaelis, Das Buch Jesus Sirach als typischer Ausdruck für das Gottesverhältnis des nachalttestamentlichen Menschen, ThLZ 83 (1958), 601–608.

[7] A. Caquot, Ben Sira et le messianisme, Semitica 16 (1966), 43–68.

begaben, um ihre traditionellen Funktionen erneut zu übernehmen, nachdem der König die „Reform“ rückgängig gemacht hatte. Allerdings kam es sogleich zu Unstimmigkeiten, auf die Alkimos mit Verfolgungen reagierte, worauf sich eine erneute Frontbildung ergab, von der v. a. die Hasmonäer profitierten. Sie kamen als Verfechter der Torah am ehesten als Verbündete der Schriftgelehrten und Frommen in Frage.

2. Die Pharisäer

a) Josephus bezeugt die Existenz von Pharisäern als einer eigenen Gruppe für die Zeit des Jonathan (160–143). Die betreffende Stelle (ant XIII, 171 f.) steht freilich recht unvermittelt im Kontext und weitere Hinweise folgen erst (ant XIII, 288 ff.) für die Zeit des Johannes Hyrkan (134–104).

Während der Kampfzeit, in statu confessionis, war äußerste Gesetzesstrenge selbstverständlich gewesen. Im geordneten hasmonäischen Staat, unter normalisierten Lebensbedingungen, traten die Bedürfnisse des Einzelnen und bestimmter Gruppen wieder stärker hervor und erheischten eine dementsprechende Gesetzesinterpretation. Diese mußte freilich zum Gegenstand von Kontroversen werden, und zwar gerade unter den verschiedenen Richtungen der alten antihellenistischen Front. Das hasmonäische Regime suchte selbstverständlich die Torah den praktischen Erfordernissen gemäß anzuwenden. Die endzeitorientierten Apokalyptiker konnten wieder nicht anders, als weiter zu versuchen, das ohnedies schon verzögerte Ende durch immer radikalere Gesetzesfrömmigkeit herbeizuführen. Und dazwischen bildete sich eben jene wenig fest umrissene Schicht, die zum vorläufigen Kompromiß mit den Realitäten bereit war und deren Kern jene Laienschriftgelehrten bildeten, die durch ihre Funktionen im Rechtswesen auf einen modus vivendi unter den herrschenden Verhältnissen angewiesen waren. Geschichtstheologisch gesehen bedeutete dieser Kolaborationswille in den Augen der Radikalen Verrat und Abfall von der Torah. Zudem ergab sich die Notwendigkeit von Kompromissen in Gesetzesfragen gegenüber den breiteren Schichten des Volkes. Die radikale religiöse Ethik und Praxis der frühmakkabäischen Bekenntnisbewegung war dem breiten Volk nicht zuzumuten und so suchten die Pharisäer wenigstens das auch auf längere Sicht noch Menschenmögliche an Gesetzesgehorsam möglichst breiten Schichten zu vermitteln. Für die Apokalyptiker war solche Kompromißbereitschaft Torahverfälschung, Lug und Trug, Abfall, Heuchelei und vor allem Volksverführung[8]. Aber auch das Verhältnis zu den Hasmonäern, denen gegenüber nun die Pharisäer im öffentlichen Leben allein das Torahverständnis der alten Bekenntnisbewegung vertraten, trübte sich zunehmend, zumal der alte Antagonismus zwischen Hierokratie und städtischem Laientum sich automatisch wieder einstellte. Schon unter Johannes Hyrkan dürfte es zu den ersten Unstimmigkeiten gekommen sein, wenngleich die wenigen Nachrichten von zweifelhaftem Quellenwert sind. Einmal dürfte die hasmonäische Ämterhäufung, die man dem Simon noch zugestanden hatte, in dem Augenblick problematisch geworden sein, da Johannes Hyrkan sich als hellenistischer Herrscher zu gerieren begann. Dies ergab sich zunächst aus dem Vorbild der in der Nachbarschaft üblichen Herrschaftsformen, folgerichtig zuerst in der Form von Repräsentation nach außen, doch unter Aristobul I. (104/3) und Alexander Jannaj (103–76) gewann der neue Stil bzw. die Königsherrschaft auch innenpolitisch mehr Bedeutung. Die pharisäischen Vorbehalte dagegen enthielten politischen Sprengstoff. Das Ansinnen, der Herrscher solle auf die Hohepriesterwürde verzichten[9], lief praktisch darauf hinaus, den König seines religiösen Prestiges und der Verfügung über den Tempel, der ja nicht zuletzt auch das wirtschaftliche Zentrum des Landes war, zu berauben. Die Auseinandersetzung führte folgerichtig zu einem Machtkampf[10], in dem sich Alexander Jannaj trotz seiner Söldner nur mit Mühe behaupten konnte[11]. Johannes Hyrkan und Alexander Jannaj suchten dabei die Unterstützung durch die alte Priester- und Grundbesitzeraristokratie, der nunmehrigen Sadduzäer,

[8] Siehe die Lit. § 6, Anm. 32.

[9] Josephus ant XIII, 288 ff. setzt die Anekdote unter Johannes Hyrkan an, in bQidd 66 a wird sie Alexander Jannai zugeschrieben.

[10] Vgl. V. Tcherikover, a. a. O. (§ 3), 255 ff.; R. Meyer, Tradition ... 46 ff.; auch C. Rabin, Alexander Jannaeus and the Pharisees, JJS 7 (1956), 3–11.

[11] Da der Konflikt die Innenpolitik und nicht die – erfolgreiche – Außenpolitik der Hasmonäer betraf, ist die Beurteilung des hasmonäischen Königtums in der rabbinischen Überlieferung zwiespältig. Vgl. V. Aptowitzer, Parteipolitik der Hasmonäerzeit im rabbinischen und pseudepigraphen Schrifttum, 1927; A. Hilbitz, Malkût bet Ḥašmonā'î l^{e}fî hā-H^{a}lākāh, Talpiot 4 (1949/60), 663–676; M. Kohen, Jaḥ^{a}sām šäl ḤZ"L lā-Ḥašmônā'îm, Maḥ^{a}najim 37 (1958/9), 37–44; A. Ravenna, I Maccabei nella letteratura talmudica, Riv. Bibl 10 (1962), 384–391. G. Allon, Hahiškîḥāh hā-'ûmmāh wā-ḥ^{a}kāmähā 'ät ha-Ḥašmônā'îm?, a. a. O. (§ 4), 15–25.

und trafen eigene gesetzliche Verordnungen[12]. Doch die Pharisäer verfügten offenbar über so viele Positionen und so viel Anhang, daß sich die Königin Salome Alexandra (76–67) zum Kurswechsel entschloß und die Pharisäer de facto regieren ließ. Damals dürften wichtige Grundlagen für das spätere rabbinische Judentum gelegt worden sein. Der hasmonäische *Ḥebär haj-jᵉhûdîm,* der Notablensenat, hat wohl eine Umgestaltung erfahren, die dem späteren Sanhedrin nahekommt[13]. Im Bemühen, breitere Schichten zu erfassen, gründeten sie Schulen[14], allerdings auf städtischen Bereich beschränkt, denn auf dem Land, wo radikalere Frömmigkeitsformen und gelehrtenfeindliche Volksfrömmigkeit dominierten, wurde dagegen selbst in talmudischer Zeit noch lange Widerstand geleistet. Im übrigen betrieben die Pharisäer die alte hasmonäische Außenpolitik weiter, unterhielten ein beträchtliches Söldnerheer und verfolgten oppositionelle Gruppen, v. a. die sadduzäische Richtung, derart, daß nach dem Tod der Königin der offene Bürgerkrieg ausbrach und in den folgenden Wirren die pharisäische Vormachtstellung wieder verloren ging. Unter Herodes verhielt sich die Mehrheit der Pharisäer klug zurückhaltend und konzentrierte sich auf innere Organisation und auf die Kontakte mit der Diaspora. Die Einführung der römischen Prokuraturverwaltung und der Census von 6 n. beschwor allerdings eine Krise herauf (§ 6,5). Ein radikaler Flügel unter einem gewissen Zadok deutete die Zeichen der Zeit im Sinne der Apokalyptiker und entschloß sich zum aktiven Widerstand gegen Rom – im Bunde mit einem „Galiläer" Judas, einen der Rebellenführer, die vom Ende der Hasmonäerherrschaft an mit mehr oder weniger deutlich messianischem Kolorit am laufenden Bande auftraten[15]. Der gemäßigte Flügel führte nun einen Zweifrontenkampf. Im Sanhedrin, der unter direkter römischer Herrschaft wieder mehr Befugnisse hatte als unter Herodes, standen sie einer sadduzäischen Mehrheit unter dem Vorsitz des Hohen-

[12] Vgl. S. Zeitlin, L. Finkelstein u. Ch. Tchernowitz (II, 260 ff.), a. a. O. (§ 4, Anm. 12).

[13] Nach Meg. Taʿanit X verdrängte Simon b. Schetach die Sadduzäer aus dem „Sanhedrin".

[14] Neben der Einführung der Heiratsurkunde und der Regelung der rituellen Unreinheit von Glasgefässen wird in jKet VIII, 12 (32c) die Einführung von Kinderschulen als Anordnung des Simon b. Schetach genannt. Vgl. auch N. Morris, Tôlᵉdôt ha-ḥinnûk šäl ʿam Jiśrāʾel I, 1960; Ders., The Jewish School, 1937; M. Hengel, Judentum und hellenistische Erziehung, Attempto 23/24 (1967), 90–101; J. Klausner, a. a. O. (§ 3), IV, 113 ff.

[15] Vgl. W. R. Farmer, a. a. O. (§ 3; § 6, Anm. 60).

priesters gegenüber. Im Volk verloren sie an Boden, je mehr die römischen Herrschaftsmethoden die wirtschaftlich ohnedies bedrängten Massen in die Arme der Zeloten trieben. Ein gewisses Handicap des Pharisäismus bestand in seiner Struktur. Während die Sadduzäer in der Hierarchie und im Besitzadel ein gewisses Autoritätsgefüge besassen und die Apokalyptiker ihre charismatischen Persönlichkeiten oder (wie in Qumran) eine ebenfalls hierarchisch gegliederte feste Ordnung hatten, bestand die pharisäische Partei als solche organisatorisch kaum. Die Autorität, in erster Linie ja die Torah, lag hier zunächst bei dem Maß der Gesetzesgelehrsamkeit und -frömmigkeit des Einzelnen. In der Nachfolge von chasidischen Gemeinschaftsformen der Verfolgungszeit hatten sich zwar *ḥ^{a}bûrôt* gebildet, doch diese dienten, soweit bekannt, in erster Linie eben der Möglichkeit einer rituell korrekten Lebenshaltung, nicht so sehr der politischen Willensbildung, und wurden auch nicht zentral geleitet[16]. Die geläufige Zweiteilung in die Schulen Hillels und Šammajs[17] für das 1. Jh. v. dürfte nur zwei Haupttendenzen kennzeichnen und ein in Wirklichkeit viel bunteres Bild verdecken, weil die Rabbinen nach 70 bemüht waren, eine möglichst geschlossene Tradentenkette festzulegen, um die pharisäische traditionsmäßig als „mündliche Torah“ vom Sinai auszuweisen[18].

So standen die Pharisäer als Partei der Politik in dem Augenblick etwas hilflos gegenüber, da sie nicht mehr über die Unterstützung des Regimes verfügen konnten. Verhältnismäßig hilflos schlitterten sie infolge ihres internen Pluralismus dann auch 66 n. in den Krieg gegen Rom[19], nachdem unter Agrippa I. es kurze Zeit so schien, als hätte die politische Stunde der Gemäßigten noch einmal geschlagen. Die

[16] L. Bronner, a. a. O. (§ 4), 56–68. 97 ff.; M. Delcor, a. a. O. (§ 6, Anm. 47); I. Heinemann, Birkat ha-Zimmum and Ḥavurah-Meals, JJS 13 (1962), 23–29; R. Meyer, Tradition . . . 23 ff.; J. Neusner, The Fellowship (ḥ^{a}bûrāh) in the Second Jewish Commonwealth, HThR 53 (1960), 125–142; Ch. Rabin, Qumran Studies, 1957; Str.–B. I, 190 ff.; II, 494–519. E. E. Urbach*, 520 ff.

[17] W. Bacher, 54 ff.; J. Konowitz, Bêt Šamma'j ûbêt Hillel, 1964/5 (Zusammenstellung der Überlieferungen); A. Schwarz, Die Kontroversen der Schammaiten und Hilleliten, 1893; A. H. Weiss*, I, 168 ff.

[18] E. Bikermann, La chaine de la tradition pharisienne, RB 59 (1952), 44–54; L. Finkelstein, The Transmission of Early Rabbinic Tradition, HUCA 16 (1941), 115–136; Urbach*, 502 ff.

[19] C. Roth, The Pharisees in the Jewish Revolution of 66–73, JSS 7 (1962), 63–80.

diffuse Struktur des Pharisäismus war dann allerdings auch die Rettung des Judentums in und nach der Katastrophe, denn im gemäßigten Flügel standen jene Kräfte bereit, die auch unter dem siegreichen Rom einen modus vivendi suchen wollten, um am Erwählungsauftrag festhalten zu können und – auf längere Sicht freilich – die erhoffte Heilszukunft doch noch zu erringen.

b) Über die halachischen und haggadischen Lehrmeinungen der Pharisäer ist ohne Rückschlüsse aus späteren rabbinischen Zeugnissen nicht viel Genaues auszumachen. Entsprechend der organisatorisch diffusen Struktur gab es auch einen Pluralismus der religiösen Ansichten, der mit der Zweiteilung in die strenge Schule Schammais und die mehr zu Kompromissen neigende hillelitische Schule nur ganz unzulänglich gekennzeichnet ist. Im großen und ganzen gilt, was für die Laienschriftgelehrsamkeit (Abs. 1) als kennzeichnend angegeben wurde und dem entspricht auch, was Josephus[20], das NT[21] und die frühen rabbinischen Überlieferungen bezeugen[22].

Im Geschichtsdenken[23] teilten die Pharisäer mit den Apokalyptikern die Überzeugung, auf einen im Torahgehorsam bestehenden Erwählungsauftrag zur Verwirklichung einer endgültigen Heilswende verpflichtet zu sein. Zugleich scheuten sie aber das pseudomessianische Risiko, ohne dieses grundsätzlich und in jedem Fall vermeiden zu können. Sie dämmten es zurück, indem sie die völlig unkontrollierbaren apokalyptischen Offenbarungsansprüche bezweifelten und sich auf Tradition und regelgebundene Interpretation stützten, was in der hillelitischen Richtung richtungsweisende Gestalt erhielt[24]. Als Problem stand für sie in diesem Zusammenhang die Theodizee aus individueller Sicht im Vordergrund, eine Folge des alten weisheitlichen Konzepts einer immanenten Vergeltung, und zu seiner Lösung diente sowohl der Auferstehungsgedanke wie die Annahme einer (auch die Kontinuität des Individuums verbürgenden) unsterblichen Seele, die zudem die Annahme einer unmittelbar auf den Tod folgenden vorläufigen Bestrafung und Belohnung ermöglichte. Das Gewicht

[20] A. Schlatter, Die Theologie des Judentums nach dem Bericht des Josephus, 1932, 195 ff.

[21] Vgl. v. a. H.-F. Weiss.

[22] Siehe auch A. M. Rosenstein, Hat-Tannā'îm ûmišnātām, 1949; Zur Forschungslage nun auch E. E. Urbach*, 1–14. J. Neusner, The Rabbinic Traditions About the Pharisees, 3 Bde., 1971/2.

[23] Siehe § 4, 2.

[24] N. N. Glatzer, Hillel the Elder, 1966²; S. Zeitlin, Hillel and the Hermeneutic Rules, JQR 54 (1963), 161–173.

dieser Lehrmeinung, vor allem ein Unterscheidungsmerkmal gegenüber den Sadduzäern, ergibt sich aus der Ansicht von der weitgehenden Eigenverantwortlichkeit und Willensfreiheit des einzelnen Menschen. In dieser Hinsicht unterscheidet sich das pharisäische Menschenbild wesentlich vom apokalyptischen.

Im Zentrum des pharisäischen Interesses stand die schriftliche und mündliche Torah (§ 4,1). Das Lehrhaus bzw. die Synagoge wurden in gewissem Grad für den Tempel zur rivalisierenden Institution. Der Vollzug des Tempelkultes war ein Aspekt des Torahgehorsams, der im Notfall – wie nach 70 – durch die Funktion der Toraherfüllung insgesamt vorübergehend aufgewogen werden konnte. Dennoch hielten die Pharisäer (im Unterschied zu radikalen Apokalyptikern wie den Qumranleuten) zum Tempel, ungeachtet der Tatsache, daß zwischen ihnen und der vorherrschenden sadduzäischen Priesterschaft erhebliche Differenzen bestanden. Der Grund dafür lag wohl nicht nur im Bestreben, so weit als möglich alle Bereiche des Torahgehorsams zu beachten, sondern auch im Willen zur religiös-politischen Einflußnahme, und der Tempel war nun einmal neben dem Sanhedrin das vorzüglichste Instrument dazu. Und zwar nicht nur im Bereich Judas und Galiläas, sondern auch im Hinblick auf die Diaspora, deren Zuwendungen an den Tempel über eine gewisse Außenorganisation nach Jerusalem gingen, an der die Pharisäer offenbar besonders intensiven Anteil nahmen. Überhaupt waren die guten Kontakte zur Diaspora kennzeichnend. Die Sadduzäer hatten dort naturgemäß keinen Rückhalt, wie weit organisierte apokalyptische Gruppen Palästinas in der Diaspora über festen Anhang verfügten, ist nicht mehr auszumachen, auch nicht, wie stark der geistige Einfluß der Apokalyptik gewesen sein mag. Eindeutig nachweisbar ist mit dem pharisäischen Interesse an der Diaspora auch die Proselytenwerbung[25]. Wie weit dahinter weiterschauende religiös-politische Bestrebungen zu

[25] H. Bellen, Συναγωγὴ τῶν Ἰουδαίων καὶ Θεοϑεβῶν. Die Aussage einer bosboranischen Freilassungsinschrift (CIRB 71) zum Problem der „Gottesfürchtigen", JAC 8/9 (1965/6), 171–176; W. B. Braude, Jewish Proselytizing in the First Five Centuries, 1940; K.-G. Kuhn – H. Stegemann, RE Suppl. IX, 1248–1283; E. Lerle, Proselytenwerbung und Urchristentum, 1960; E. Lohse, RGG³ IV, 971–973; R. Marcus, The „Sebomenoi" in Josephus, JSS 14 (1952), 247–250; A. Rapoport, Taʿamûlāh dātît šäl haj-Jehûdîm ûtenûʿat hā-hitgajjerût bîmê hab-bajit haš-šenî, Diss. Jerusalem 1964/5; E. E. Urbach, EI XI, 172–184; S. Zeitlin, Proselytes and Proselytism during the Second Jewish Commonwealth, A. H. Wolfson JV, 1965, 871–881.

sehen sind, ist Gegenstand von Vermutungen[26]. Jedenfalls stimmt das geläufige Bild von dem „unpolitischen" Charakter der Pharisäer keineswegs – sie waren politisch engagiert, nur blieb ihr Engagement im Unterschied zu den Apokalyptikern in der Regel in realistischem Rahmen. Wie stark die Bande zur Diaspora waren, zeigt auch ein prominentes Beispiel: Hillel[27] war Babylonier. Eine einflußreiche pharisäische Gruppe, die Bᵉnê Bathyra[28], hatte enge Beziehungen zu ihrem Herkunftsland Babylonien. Jehudah b. Bathyra (I) vertrat vor 70 n. in Nisibis die Jerusalemer Tempelverwaltung und spielte dort eine führende Rolle in der Gemeinde.

Umstritten ist, ob die Pharisäer vor 70 nicht neben dem Sanhedrin, in dem sie nur mitvertreten waren, ein eigenes höchstes religionsgesetzliches Gremium eingerichtet haben[29]. Bedenkt man aber, daß es nach 70 noch einige Zeit dauerte, bis aus dem *Bêt Midrāš* in Jabne ein „Sanhedrin" entstand, wird man die Möglichkeit einer institutionellen Kontinuität skeptisch beurteilen müssen.

c) Die lückenhafte Kenntnis des Pharisäismus beruht nicht zuletzt auf die teilweise bis in die talmudische Zeit wirksame Neigung, die mündliche Überlieferung nicht schriftlich zu fixieren[30]. Einmal wußte man wohl um die Nachteile einer schriftlichen Festlegung situationsgebundener Halakah, zum anderen machte die bloß mündliche Tradition den Gesetzesgelehrten unersetzlich.

Erst nach den Katastrophen von 66/70 und 132/135 n. Chr. und dann wieder gegen Ende der talmudischen Zeit, als die Kontinuität der Lehrtradition durch die äußeren Bedrohungen gefährdet schien, entschloß man sich zu schriftlichen Fixierungen. Aus diesem Grund ist auch über die führenden pharisäischen Persönlichkeiten der Frühzeit wenig bekannt. Die Traditionskette mit den Tradenten-Paaren von Ab I, 2–7 sind eine schematische Konstruktion aus der Zeit nach 70 n.[31]. Erst Jehuda ben Tabbaj und Simon b. Schetach

[26] Vgl. die Hinweise auf ein umfassendes politisches Konzept bei J. Neusner, A History of the Jews in Babylonia I, 1965, 58 ff.

[27] Vgl. J. Neusner, a. a. O. (Anm. 26), 37 f., Ders., New Perspectives on Babylonian Jewry in the Tannaitic Age, Judaica 22 (1966), 82–113. Hillel hat wahrscheinlich babylonische Schultraditionen mitgebracht.

[28] S. darüber zuletzt G. Allon, a. a. O. (§ 4), I, 263 ff.; A. E. Finkelstein, Šûb ʿal ha-MW"M ben Hillel ûbᵉnê Batîrāh, A. H. Wolfson JV, 1965, 203–224; J. Neusner, A History ... (Anm. 26) I, 38–41.

[29] S. oben § 4, 5 und die Lit. Anm. 73 dort.

[30] Dies schloß Notizen privater Natur nicht aus.

[31] K. Schlesinger; E. Bickermann, a. a. O. (Anm. 18); W. Bacher, 47 ff.

aus der Zeit des Alexander Jannaj sind die ersten historischen Gestalten des Pharisäismus[32]. Was über sie überliefert ist, trägt indes
weithin den Stempel der Legende. Auch von S c h e m a ʿ j a h und
A b t a l j o n ist noch kaum etwas bekannt[33]. H i l l e l [34] und S c h a -
m a j hingegen treten zumindest als Repräsentanten zweier großer
Schulrichtungen deutlicher ins Licht. Die Schule Hillels, der gemäßigte
Flügel, dürfte unter Agrippa I. (41–44 n.) protegiert worden sein und
einen gewissen Führungsanspruch durchgesetzt haben, wie vielleicht der
Titel „Rabban" noch verrät, den Spätere dem auch im NT erwähnten
G a m a l i e l I. zugebilligt haben (Act 5,34). Sein Sohn S i m o n
b. G a m a l i e l I. allerdings verstrickte sich in den Aufstand gegen
Rom. Allem Anschein nach vertrat er einen zwar nicht zelotisch er-
weiterten, aber doch kriegsentschlossenen Flügel, während ein anderer, vor allem unter R. C h a n i n a und R. J o c h a n a n b. Z a k -
k a j, auf einen Ausgleich mit Rom abzielte.

d) Die Pharisäer als Partei der Mitte waren den Anfeindungen aller
Seiten ausgesetzt. Die Sadduzäer sahen in ihnen wohl nur verkappte
apokalyptische Revoluzzer. Die gesetzesstrengen Apokalyptiker wieder betrachteten sie als Abtrünnige, Heuchler und Volksverführer[35].
Für andere endzeitlich orientierte Gruppen wurden sie als ein Teil des
religiös-sozialen Establishments zugleich anerkannt und scharf kritisiert, auch im Urchristentum. Dieses polemische Pharisäerbild hat
dann das Urteil über diese Partei allzusehr und allzulange bestimmt.

Selbst der Name „Pharisäer" [36] ist möglicherweise von Außenstehenden in
einem nicht gerade positiven Sinne eingeführt worden und tatsächlich begegnet *pharisaioi* nur im NT und in den Schriften des Josephus. Das hebräische Aquivalent *pārûš* (aram. *pāreš)* ist nämlich nur in sehr beschränk-

[32] Anm. 14. Vgl. R. Meyer, Tradition..., 49 f.; B. M. Ch. Uzziel, Šimʿon
ben Šātaḥ wᵉtôrātô, Sinai 32 (1952/3), 343–350. E. E. Urbach*, 509 ff.
[33] Vgl. auch B. M. Ch. Uzziel, Šᵉmaʿjāh wᵉʾAbṭaljôn, Lûaḥ Jᵉrûšālajim 5712,
212–223.
[34] N. N. Glatzer, Hillel the Elder, 1966²; J. Goldin, Hillel the Elder, JR 26
(1946), 263–277; A. Kaminka, Hillel's Life and Works, JQR 30 (1939),
107–122 (Ders., Hillel haz-zāqen ûmifʿālô, Zion 4, 1938/9, 258–266);
J. L. Katznelson, Hillel ûbêt midrāšô, Ha-Teqûfah 3 (1918), 269–301;
J. Klausner, a. a. O. (§ 3) IV, 125 ff.; A. R. Maleachi, Lᵉtôlᵉdôt Hillel
hab-Bablî, Biṣṣāron 45 (1961/2), 67–75. 137–148; J. Neusner, a. a. O.
(Anm. 27); A. Schalit, König Herodes, 1967 (s. Register); E. E. Urbach*,
513 ff. S. auch Anm. 17. 24.
[35] Siehe § 6, Anm. 32.
[36] Siehe H. F. Weiss; A. Finkel.

tem Maß als Selbstbezeichnung zu finden[37]. Ein *pārûš* ist entweder (a) ein Dissident, (b) ein asketischer Sonderling, (c) einer, der sich im Sinne ritueller Reinheitspraxis und Lebenshaltung von der „unreinen" Masse absondert, z. B. Mitglied einer *ḥaburāh* wird, wofür aber andere Bezeichnungen üblicher sind (*ḥāber, ḥāsîd, ḥākām* etc.). Auch dies ist ein Hinweis darauf, mit welchem Vorbehalt man den Ausdruck „Religionspartei" für die Strömungen des Frühjudentums anwenden muß.

Wie schon wiederholt betont, sind die „Religionsparteien" nicht als fest abgegrenzte Gruppen vorzustellen. In ihrem breiteren Anhang überschnitten sich die verschiedenen Ausprägungen der religiösen und religionspolitischen Orientierung, nicht zuletzt auch infolge der sozialen Unterschiede. Es ist darum auch nicht so, als wären mit der Katastrophe des Krieges von 66–70/73 n. Chr. alle nichtpharisäischen Überlieferungen untergegangen, in der ohnedies z. T. volkstümliche Züge tragenden Literatur der talmudischen Zeit haben jedenfalls vereinzelte Motive nichtpharisäischer frühjüdischer Überlieferungen da und dort ihren Niederschlag gefunden. Sie zur Beschreibung einer weiterverbreiteten Volksfrömmigkeit heranzuziehen und mit frühchristlichen Zeugnissen zusammen auszuwerten, wäre eine verlockende Aufgabe, doch bei der sporadischen Quellenlage auch eine Versuchung zu recht konstruierten Schlussfolgerungen, es sei nur daran erinnert, was man in der Vergangenheit alles mit angeblichen „Stillen im Lande" verbinden wollte, um einen bestimmten theologischen Tendenzen dienlichen Hintergrund für neutestamentliche Sachverhalte und Aussagen aufzuweisen. Die Beschreibung der Volksfrömmigkeit des Frühjudentums und der tannaitischen Periode wird also auch bei sorgfältigster Quellenauswertung über Einzelbeobachtungen und über Vermutungen schwerlich hinauskommen.

Dies gilt in noch viel höherem Maße für die Volksfrömmigkeit des Diasporajudentums, des näheren im hellenistisch-römischen Bereich. Die literarischen Zeugnisse des hellenistischen Judentums repräsentieren ja wohl nur eine schmale Schicht und noch dazu vor allem Alexandriens, ihre durchreflektierte Auseinandersetzung mit Geist und Kultur des Hellenismus darf nicht verallgemeinert werden. Wie sich die Frömmigkeit der breiteren Schichten zu der ihrer unmittelbaren Umgebung, z. B. zur spätägyptischen verhielt, bleibt eine offene Frage.

[37] R. Meyer, Tradition ... 12 ff.

3. Kapitel: Das Diasporajudentum

§ 8 Bedeutung und allgemeine Merkmale; Mesopotamien

G. Allon, Tôl^e^dôt haj-J^e^hûdîm b^e^'äräṣ Jiśrā'el bitqûfat ham-Mišnāh w^e^hat-Talmûd, I, 1957; A. Causse, Les disperses d'Israel, 1929; H. Fuchs, Der geistige Widerstand gegen Rom, 1938; J. Juster, Les Juifs dans l'Empire romain, 2 Bde. 1914 (Nachdruck 1965); B.-Z. Luria, Haj-J^e^hûdîm b^e^Sûrijāh, 1956; J. Neusner, A History of the Jews in Babylonia, I, 1965; M. Radin, The Jews among the Greeks and Romans, 1915; Th. Reinach, Textes d'auteurs Grecs et Romains relatifs au Judaisme, 1895 (Nachdruck 1963); G. Rosen, Juden und Phönizier. Das antike Judentum als Missionsreligion und die Entstehung der jüdischen Diaspora, 1929; E. M. Smallwood, Jews and Romans in the Early Empire, History Today 15 (1965), 313–319; V. Tcherikover, a. a. O. (§ 3).

1. Allgemeines zur Diaspora

Die jüdische Diaspora ist keineswegs, wie es die christliche Geschichtsschreibung gern dargestellt hat, eine Folge der Zerstörung Jerusalems von 70 n. gewesen. Seit dem Untergang des Reiches Juda existierte in Mesopotamien eine weithin in geschlossenen Siedlungen lebende jüdische Volksgruppe. Von hier aus und von Palästina her wuchs im syrischen Raum bis nach Kleinasien hinein[1], im Norden des Zweistromlandes, nach Osten zu und auch auf der arabischen Halbinsel[2] die jüdische Diaspora stetig an. In hellenistisch-römischer Zeit entstand die neben Babylonien zahlenmäßig stärkste jüdische Volksgruppe außerhalb Palästinas in Ägypten, v. a. in Alexandrien[3], Einzelsiedlungen bzw. kleinere Gemeinden gab es in der Cyrenaika[4]

[1] Vgl. A. Schalit, a. a. O. (§ 3, Anm. 9).

[2] J. Ben-Zeeb, Jiśrā'el bā-ʿarāb, 1957²; J. Ben–Zbi, The Origin of the Settlements of Jewish Tribes in Arabia, EIsr 6 (1960), 130–148.

[3] H. I. Bell, Jews and Christians in Egypt, 1924; L. H. Feldman, The Orthodoxy of the Jews in Hellenistic Egypt, JSocS 22 (1961), 215–237; L. Fuchs, Die Juden Ägyptens in ptolemäischer und römischer Zeit, 1924; V. Tcherikover, Haj-J^e^hûdîm b^e^Miṣrajim, 1963²; Ders., The Decline of the Jewish Diaspora in Egypt in the Roman Period, JJS 14 (1963), 1–32.

[4] Ch. Z. Hirschberg, Tôl^e^dôt haj-J^e^hûdîm b^e^'Afrîqāh haṣ-ṣ^e^fônît, I, 1965, 1–58; S. Applebaum, J^e^hûdîm wîwānîm b^e^Qîrênê haq-q^e^dûmāh, 1969.

und in fast allen bedeutenderen Hafen- und Handelsstädten des östlichen Mittelmeerraumes, in Kleinasien bis einschließlich der Schwarzmeerküste und schließlich auch in Rom. Grob gesehen, verteilte sich das jüdische Volk damit auf beide Seiten der damaligen Grenze zwischen den rivalisierenden Mächten im Osten und Westen, zuletzt des Partherreiches und des römischen Reiches. Bei all dem blieb Palästina und der Jerusalemer Tempel das politisch-religiöse Orientierungszentrum. Die politische Orientierung an Jerusalem war nun freilich ebenso wie die religiöse problematisch, sobald über dem dortigen Parteiwesen keine führende autoritative Institution mehr existierte. Die politisch-messianischen Bestrebungen der Diaspora waren darum weithin dem freien Spiel der unterschiedlichen Einflüsse und Interessen und dem Wandel der Situation unterworfen. So kam es auch 66–70 nicht zu einem auch nur einigermaßen einheitlichen jüdischen Verhalten und das palästinensische Judentum blieb im wesentlichen seinem Schicksal überlassen. Umgekehrt wirkte der Schock der Niederlage im Mutterland noch zu stark nach, als daß hier während der Diasporaaufstände 115/7 eine Revolte hätte entstehen können. Während der messianisch-zelotische Geist[5] in jenen Jahren das Judentum Ägyptens, Nordafrikas, Cyperns und des römischen Mesopotamiens in das Verderben riß, loderte er im Lande selbst erst eineinhalb Jahrzehnte später (132–135) noch einmal in verheerender Weise auf. Das Spiel mit der Rivalität der Weltmächte wurde nicht als Kunst des Möglichen betrieben, es stand im Banne endzeitlicher Hoffnungen, die epidemienmäßig, vor allem abhängig von den Spannungen zwischen Juden und Nichtjuden, sich ausbreiteten, in ihrer Vehemenz zwar enorme Anfangserfolge zuwegebrachten, der geballten Macht der römischen Legionen aber doch nicht gewachsen waren. Naturgemäß unterschied sich die aramäischsprechende mesopotamische Volksgruppe beträchtlich von der griechischsprechenden alexandrinischen und diese ist wieder nicht ohne weiteres beispielhaft für die zahlreichen kleineren Gemeinden in der weiteren hellenistisch-römischen Diaspora, über die auch recht wenig Nachrichten überliefert sind. Schon erwähnt wurde das besondere pharisäische Interesse an Diasporakontakten und an der Proselytenwerbung, die in kleineren Gemeinden, die ihren Bestand festigen wollten, auch mit

[5] A. Schalit, Darkê hap-pôlîṭîqāh ham-mizrāḥît šäl Rômî min-Nêrô ʿad Ṭrajjānûs, Tarb 7 (1935/6), 159–180. Nach 70 wuchs der apokalyptische Einfluß durch Flüchtlinge und freigekaufte Kriegsgefangene aus Palästina.

dem Mittel der Sklavenfreilassung betrieben wurde[6]. Daß diese Tätigkeit nicht nur religiöse Propaganda, sondern auch bis zu einem gewissen Grad politische Agitation war, zeigt das Beispiel der Bekehrung der Königsfamilie von Adiabene[7]. Der Gedanke, die großen jüdischen Siedlungsgebiete im Osten und in Ägypten politisch stärker an Jerusalem zu binden, lag wohl schon dem König Herodes am Herzen, dessen relativ gutes Verhältnis zu den Pharisäern dabei mitzubeachten ist, und reifte unter Agrippa I. zu einem konkreten Plan, den der römische Statthalter für Syrien, Marsus, vereitelte, der aber auch sonst an dem zunehmenden Interessenkonflikt zwischen Juden und Nichtjuden und durch die voreilige zelotische Aktivität scheitern mußte. Das Judentum Mesopotamiens und Ägyptens mochte sich zwar grundsätzlich als in der Golah lebend betrachten, eine wirkliche Diasporasituation bestand hier jedoch nur außerhalb der großen jüdischen Siedlungsgebiete. Tatsächlich isoliert lebten die vielen kleinen jüdischen Kolonien in Kleinasien und im westlicheren Mittelmeerraum. Hier, wo der Kampf um die Existenz und die religiös-ethnische Selbstbehauptung ungleich schwieriger war, dürfte auch die Frömmigkeit ihre besonderen Züge erhalten haben, doch fehlen darüber Nachrichten.

Die Katastrophe der Jahre 115–117 hat die westliche jüdische Diaspora, vor allem das alexandrinische Judentum, als bestimmenden Faktor für die Geistesgeschichte der folgenden Zeit ausgelöscht. Das restliche westliche Judentum der talmudischen Periode war darum mehr „Diaspora" im eigentlichen Sinne des Wortes denn je und von Palästina abhängig, während Babyloniens Judentum zu einer ernsten Konkurrenz für den Führungsanspruch des „Landes Israel" heranwuchs.

2. Mesopotamien[8]

Das babylonische Judentum, das unter Esra und Nehemia noch so drastisch die Entwicklung in Jerusalem bestimmt hatte, tritt nach den erhaltenen Quellen für diese Zeit erst im 1. Jh. n. wieder etwas in Erscheinung. Doch die Quellenarmut darf nicht dazu verleiten, die Rolle dieses jüdischen Ballungszentrums zu unterschätzen. Die gesonderte politische Entwicklung brachte gewiß auch eine Belastung

[6] § 7, Anm. 25.

[7] J. Neusner, 58 ff. und die Lit. dort; Ders., The Conversion of Adiabene to Judaism, JBL 83 (1964), 60–66.

[8] J. Neusner; dort ältere Lit.

der Beziehungen zu Jerusalem mit sich. Solange die verantwortlichen jüdischen Kreise im Westen sich mit Rom arrangieren wollten, war ihnen jede proparthische Bewegung unangenehm – und den jüdischen Führungsschichten im Partherreich lag ebensoviel daran, ihre Loyalität zum Staat nicht infragestellen zu lassen. Und doch ermutigte, wie später in talmudischer Zeit, die messianische Hoffnung bei jeder militärisch-politischen Veränderung die Juden hüben und drüben zu mehr oder weniger deutlichen Parteinahmen. Freilich zunächst mehr „hüben" im römischen Bereich, wo von der Seleukidenzeit her die hellenistisch-römische Weltmacht mit dem Stempel der Gottwidrigkeit gezeichnet war, während der Hellenismus in Mesopotamien eine harmlose, darum auch zum Teil reibungslos akzeptierte Erscheinung war. Prekärer war die Situation in dem zwischen Römern und Parthern umstrittenen syrisch-mesopotamischen Raum, wo es auch jüdische Interessen- und Missionsgebiete gab, auf römischer Seite herodianische Herrschaftsbereiche, in Armenien eine starke jüdische Diaspora und seit den Dreißigerjahren des 1. Jh. im ehemaligen Assyrien das Königreich von Adiabene, dessen Herrscherhaus aus politischen Erwägungen zum Judentum übergetreten war und im Krieg von 66–70 sogar Truppen nach Palästina entsandt hatte. In Nisibis amtierte der pharisäische Gelehrte Jehuda b. Bathyra gegen Ende der Periode als Agent der Jerusalemer Tempelverwaltung. Hillel kam sicher nicht ohne Vorkenntnisse aus Babylonien nach Judaea und seine Torahinterpretation könnte sehr wohl von babylonischen Traditionen mitbestimmt sein. Umgekehrt ist für das Ende der Periode ein Schüler Gamaliel I., Nehemiah von Bet Deli, in Nehardea bezeugt. Daneben boten familiäre und geschäftliche Kontakte noch viele Möglichkeiten zum Austausch von Lehrtraditionen, wenn diese zu der Zeit auch noch keinen literarischen Niederschlag finden konnten. Jedenfalls muß es in Babylonien seit Esra ebenfalls eine analoge Entwicklung der biblischen Textüberlieferung[9], der Halakah und Haggadah, gegeben haben[10], z. T. natürlich verschieden und auch schwerlich in sich einheitlich, doch nicht ohne Kontakt mit den ja gleichsprachigen palästinensischen Schulrichtungen. Die halakische und geschichtstheologische Entwicklung mag im Westen seit den seleukidischen Religionsverfolgungen radikalere Wege

[9] F. M. Cross, The History of the Biblical Text in the Light of the Discoveries in the Judaean Desert, HThR 57 (1964), 281–300.

[10] H. Kottek, Gesetz und Überlieferung bei den Juden Babyloniens in der vortalmudischen Zeit, JJLG 6 (1906), 280–304.

eingeschlagen haben, die dann im pharisäischen Bereich in Bet Schammaj weiterwirkten, während in Babylonien, wo ein solcher status confessionis kaum eingetreten war, eine mildere und realistischere Tendenz herrschte, die vielleicht über Hillel auch im Westen weitergewirkt hat.

§ 9 Das hellenistisch-alexandrinische Judentum

J. Bergmann, Die stoische Philosophie und die jüdische Frömmigkeit, Judaica (FS H. Cohen), 1912, 145–166. G. Bertram, Zur Bedeutung der Religion der Septuaginta in der hellenistischen Welt, ThLZ 92 (1967), 245–250; P. Dalbert, Die Theologie der hellenistischjüdischen Missionsliteratur unter Ausschluß von Philo und Josephus, 1954; C. H. Dodd, The Bible and the Greecs, 1954²; E. R. Goodenough, By Light, Light, 1935; Josua Guttmann, Has-sifrût haj-jehûdît – hā-hellenîsṭît, 2 Bde., 1958, 1963; Jul. Guttmann*, 25–38; H. Hegermann, Die Vorstellung vom Schöpfungsmittler im hellenistischen Judentum und Urchristentum, 1961; J. Levi, ʿÔlāmôt nifgāšîm, 1960; R. Marcus, Hellenistic Jewish Literature, in L. Finkelstein* II, 1077–1115; Philon d'Alexandrie (Actes du Colloque ... Lyon 1966), 1967; V. Tcherikover, a. a. O. (§ 3); Ders., Jewish Apologetic Literature Reconsidered, Eos 48 (1956), 169–193; N. Walter, Untersuchungen zu den Fragmenten des Thoraauslegers Aristobul und zu den pseudepigraphischen Resten der jüdischhellenistischen Literatur, 1963; H.-F. Weiss, Untersuchungen zur Kosmologie des hellenistischen und palästinensischen Judentums, 1966. S. ferner die einschlägigen Kapitel in W. Bousset-H. Gressmann (§ 4), J. Klausner, (§ 3), G. F. Moore (§ 4), E. Schürer (§ 3) und H. A. Wolfson, Religious Philosophy, 1961.

1. Allgemeine Merkmale und Tendenzen

Die Diaspora Ägyptens[1] war seit dem 3. Jh. sprunghaft angewachsen und nahm auch später ständig zu, vor allem in Alexandrien. Das Griechische ersetzte hier das Aramäische als lingua franca bald völlig und drängte auch das Hebräische in den Hintergrund, auch im religiösen Leben. Die Bibel wurde hier ins Griechische übertragen und damit auch den nichtjüdischen Interessenten zugänglich[2]. Die Beto-

[1] Siehe die Lit. § 8, Anm. 9.

[2] G. Bertram; C. H. Dodd; S. Jellicoe, The Septuagint and Modern Study, 1968 (hier ältere Lit.); F. F. J. Klijn, The Letter of Aristeas and the Greek Translations of the Pentateuch in Egypt, NTS 11 (1965), 154–158; Ch. Rabin, The Translation Process and the Character of the Septuagint, Textus 6 (1968), 1–26; J. W. Wevers, Septuaginta-Forschungen seit 1954, ThR 33 (1968), 28–76.

nung des Griechischen hatte auch politisch-soziologische Gründe. Die Juden fühlten sich wie die Griechen als Kolonisten und strebten daher nach entsprechender rechtlicher Stellung, also nach dem Polisbürgerrecht. Einzelnen Juden (und nicht nur Assimilanten, auch Soldaten etc.) war es gelungen, an städtischen Privilegien zu partizipieren, die Mehrheit drängte nach, stieß jedoch auf erbitterten Widerstand der „Griechen" und zog den Haß der weitgehend entrechteten Landesbevölkerung auf sich. Sie genossen den privilegierten Rechtsstatus einer ethnisch begrenzten religion licita mit gewisser Gemeinde-Selbstverwaltung. Dazu noch das Recht auf die Polisbürgerschaft zu erringen, ist insgesamt nie geglückt. Aber die sog. „hellenistischen Juden" waren keineswegs Assimilanten im Sinne des 19. Jh. Für sie galt Jerusalem und sein Tempel weiterhin als nationales und religiöses Zentrum, sie entrichteten – zum Ärger der lokalen Behörden – die Tempelsteuer. Die Auseinandersetzung darüber nahmen im 1. Jh. n. Chr. immer schärfere Formen an, verstärkt durch die seit den Makkabäerkriegen wachsende Abneigung zwischen Juden und Nichtjuden und unter dem Einfluß jüdisch-messianischer Aspirationen. Sieht man von Einzelfällen ab, so blieb sich die Mehrheit des griechisch sprechenden Judentums durchaus der Zugehörigkeit zu Jerusalem und zu „Israel" bewußt. Auch die Religionsparteien Palästinas dürften sich im inneren Leben der Diaspora bemerkbar gemacht haben. Von den Pharisäern ist ein starkes Interesse an der Diaspora bekannt und auch die Apokalyptik wird entsprechend eingewirkt haben, wie die Verbreitung der sog. „Pseudepigraphen des A. T." zeigt[3].

Während der hellenistische Einfluß in Palästina vor 200 unmerklich einsetzte, dann weithin auf heftige Reaktionen stieß, mit der Eingliederung in das römische Reich aber wieder neue Ansatzflächen fand, war er für die Juden Ägyptens bald selbstverständliches Lebensklima. Aber nicht so sehr im Sinne einer bewußten Assimilation an den Hellenismus, sondern vielmehr umgekehrt, durch eine vermeintliche Assimilation des Hellenismus an das Judentum, das in seiner Mehrheit dabei sein Selbstbewußtsein durchaus bewahrte und dessen messianisch-nationale Komponente mit den Aufständen zu Beginn des 2. Jh. n. Chr. zutagetrat. Die heidnischen Errungenschaften und die griechische Weisheit konnten, zumal die Torah bereits mit der Weisheit schlechthin und mit dem Weltgesetz identifiziert war und somit als universale Erkenntnisquelle galt, als Seitentriebe der Lehre

[3] § 8, Anm. 5.

des Mose und der Propheten begriffen und angeeignet werden. Wie weit dabei spekulative Versuche solcher Art, wie die Synthese zwischen jüdischer Tradition und hellenistischer Popularphilosophie etwa bei Philo von Alexandrien, beispielhaft waren, ist fraglich, denn solche Bemühungen gab es wohl nur in einem sehr begrenzten Kreis. Viel bedeutsamer war, daß sich in bezug auf das Herzstück der jüdischen Religion, das Torahverständnis, unter hellenistischem Einfluß ein bedeutsamer Wandel vollzog[4], mitbedingt durch die soziale und rechtliche Situation der Diasporajuden in den Auseinandersetzungen um das Bürgerrecht. Aus hellenistischer Sicht stammte eine Rechtsordnung von einem menschlichen Gesetzgeber, bestand teils aus ehrwürdiger Tradition („Sitte der Väter"), teils aus einsichtigen Gesetzen. Darüber hinaus unterschied man jedoch zwischen menschlich gesetzten oder tradiertem Recht und Brauch und dem ungeschriebenen, natürlichen Vernunftgesetz, das allein auch als göttliches Gesetz betrachtet wurde[5]. Die Anwendung dieser Ansichten auf die Torah hätte auf längere Sicht schwerwiegende Folgen gehabt. Nicht nur, daß die Einheit der Torah und ihrer Wertung gefährdet war, indem dem Vernunftsgesetz, das man vor allem im Dekalog sehen wollte, ein höherer Rang zuerkannt wurde. Die Autorität aller nicht einsichtigen Gebote und Verbote war infragegestellt, soweit sie nicht anstoßlos in die Rubrik „Sitte der Väter" fielen. Man fühlte sich daher genötigt, für die Gebote Begründungen anzugeben, rationalisierend, symbolisierend, ja da und dort auch allegorisierend, um dem Vorwurf zu entgehen, unsinnige und dem menschlichen Zusammenleben hinderliche Vorschriften zu beobachten. Eine gewisse Entwertung der uneinsichtigen rituellen Gebote war nach der Anerkennung eines besonderen Ranges für die Vernunftgebote freilich trotz aller symbolistischen Bemühungen nicht zu vermeiden, wenn auch nur in dem Sinne, daß eine Formalisierung eintrat. Man hielt an der Praxis fest, obschon man an der religiösen Motivation manchmal irre geworden war. Die Torah wurde in dieser Hinsicht zum *nomos*, geriet damit in

[4] Vgl. C. H. Dodd, 34 f. 38. 270 ff.; G. F. Moore, a. a. O. (§ 4) I, 251 ff.; V. Tcherikover, a. a. O. (§ 3) 83 ff.; J. Heinemann* I, 36 ff.; H. Kleinknecht – J. Gutbrod, ThWNT IV, 1016–1029. 1029–1077; M. R. Konitz, Law and morals in the Hebrew Scriptures, Plato and Aristotle, CJ 23 (1969), 44–71; Lit. bei E. R. Goodenough, a. a. O. (Anm. 14), 275 ff.

[5] J. Heinemann, Die Lehre vom ungeschriebenen Gesetz im jüdischen Schrifttum, HUCA 4 (1924), 149–171; H. Koester, NOMOS PHYSEOS, StHR 14 (1968), 522 ff.

die Nähe der Wertung, die ihr in der antiken Umwelt zuteil und dann mit Paulus infolge seiner Christologie auch im frühen Christentum herrschend wurde. Eine solche teilweise Sinnentleerung eines umfangreichen Komplexes innerhalb der nur mehr formal „einen" Torah hätte auf längere Sicht auch andere religiöse Zentralvorstellungen beeinflußt, doch die Diasporaaufstände um 115/7 setzten dieser Sonderentwicklung ein Ende. Sie ist hier im Kontext einer jüdischen Religionsgeschichte dennoch als Paradigma relevant, da nach der arabischen Eroberung unter ähnlichen Bedingungen und wieder unter Einwirken des antiken Denkens die Einheit der Torah neuerlich infragegestellt wurde.

Die Gottesvorstellung des Judentums[6] hatte neben ihrer die Umwelt faszinierenden Seite gegenüber dem hellenistischen Denken auch ihre Schwächen. Die Anthropomorphismen der Bibel erwiesen sich für die Ansicht von der Unkörperlichkeit Gottes als problematisch, wie ein unmittelbares Eingreifen Gottes in Natur und Geschichte überhaupt. Das hellenistische Judentum trug dem Rechnung, in dem es die Anthropomorphismen „interpretierte"[7] und daranging, zwischen Gott selbst in seiner strengen Transzendenz und einer in der Welt wirksamen göttlichen Manifestation (Weisheit, Logos) zu unterscheiden[8].

2. Die Auseinandersetzung mit der Umwelt[9]

Die geheimnisvollen hl. Schriften und Bräuche des Judentums und seine eigenartige Gottesauffassung haben die nichtjüdische Umwelt bis zu einem gewissen Grad fasziniert. Zu diesem teils romantisch-schwärmerisch, teils intellektuell motivierten Interesse kam noch ein volkstümliches, das aber mehr auf die Aneignung von Praktiken und nomina sacra aus war, um sie im Rahmen des eigenen, magischen Weltbildes zu verwenden[10]. Seit dem Ende des 3. Jh. v. war durch die griechischen Übersetzungen den interessierten Nichtjuden die Kennt-

[6] § 4, Anm. 85; R. Marcus, Divine Names and Attributes in Hellenistic Jewish Literature, PAAJR 3 (1931/2), 43–120; H.-F. Weiss 44 f.

[7] H. M. Orlinsky, The Treatment of Anthropomorphisms and Anthropopathisms in the Septuagint of Isaiah, HUCA 27 (1956), 193–200; A. Sofer, The Treatment of Anthropomorphisms and Anthropopathisms in the Septuagint of Psalms, HUCA 28 (1957), 85–108.

[8] Anm. 20 und § 4, Anm. 8–9.

[9] § 3, Anm. 3.

[10] So in den Zauberpapyri.

nis der Bibel ermöglicht und die griechische Gottesdienst- und Gebetssprache in der Synagoge trug ebenfalls das ihre dazu bei. Man hat die unmittelbare Mitwirkung jüdischer Personen für die Ausprägung synkretistischer Erscheinungen, v. a. auch der Gnosis, wohl oft überschätzt[11]. Es war vielmehr das ambivalente Interesse der Umwelt, romantischer Ekklektizismus einerseits und Ablehnung der praktischen jüdischen Religion andrerseits, was dem antiken Judentum eine so entscheidende Rolle, aber eben hauptsächlich die Rolle eines Katalysators, zuspielte. Die Probe aufs Exempel bot dann die Verbreitung des Christentums, das zunächst in jenen Schichten der interessierten Nichtjuden Fuß faßte, wobei es, das Geheimnisvolle am Judentum mit einer mysterienartigen Soteriologie verbindend, noch attraktiver wurde, die Sprödigkeit der Torahfrömmigkeit abstreifend, indem es die Torah als Heilsweg durch das „Werk Christi" ersetzte.

Geradezu fatal wirkte sich das gnostisch-spekulative Interesse aus. Hier wurde die jüdische Auffassung von dem Gott Israels als des Weltschöpfers und als des Herrn der Geschichte zum willkommenen Muster für den bösen Demiurgen, und die Torah als Gesetz dieser Welt zur versklavenden Ordnung, die es zu sprengen gilt. Dabei spielten die seit dem Makkabäeraufstand zunehmenden Abneigungen gegen die praktische jüdische Religion eine Rolle, ebenso die aufkommenden Angriffe gegen den jüdischen Gottesbegriff, die schließlich im Vorwurf der Gottlosigkeit gipfelten[12]. In den Auseinandersetzungen zwischen Juden und Nichtjuden in Palästina wie in der Diaspora (v. a. in Ägypten), bei denen es ja auch um handfeste Interessen ging, vergiftete

[11] Die Meinungen über den unmittelbaren jüdischen Anteil an der Entstehung der Gnosis sind noch immer ziemlich geteilt. Oft spielt dabei die Annahme einer jüdischen Heterodoxie eine Rolle, über die für die Zeit vor 70 n. wieder nur wenig konkrete Anhaltspunkte vorhanden sind. Vgl. zum Stand der Diskussion: P. Pokorny, Der Ursprung der Gnosis, Kairos 9 (1967), 94–105; K. Rudolph, Randerscheinungen des Judentums und das Problem der Entstehung des Gnostizismus, Kairos 9 (1957), 105–122; H.-M. Schenke, Das Problem der Beziehungen zwischen Judentum und Gnosis. Ist die Gnosis aus dem Judentum ableitbar?, Kairos 7 (1965), 124–133; K. Schubert, Jüdischer Hellenismus und jüdische Gnosis, Wort und Wahrheit 18 (1963), 455–461; W. C. van Unnik, Die jüdische Komponente in der Entstehung der Gnosis, Vig. Chr. 15 (1961), 65–82. Ferner die Beiträge in U. Bianchi, The Origins of Gnosticism, Colloquium of Messina 13–18 April 1966, Leiden 1967.

[12] E. Fascher, Der Vorwurf der Gottlosigkeit in der Auseinandersetzung bei Juden, Griechen und Christen, Abraham unser Vater (FS O. Michel), 1963, 78–105; S. weiter § 22,2 ff.

sich die Atmosphäre zunehmend bis zu den katastrophalen Kämpfen von 115/117.

Gewiß hat unter solchen Umständen die Apologetik eine besondere Rolle für die Juden gespielt, doch hat man ihre Bedeutung bei der Beurteilung der sog. hellenistisch-jüdischen Literatur oft übertrieben, weil man zu wenig berücksichtigte, daß dieses Schrifttum doch auch – und wohl in erster Linie auch – einem innerjüdischen Bedürfnis entsprach und erst sekundär zu Verteidigung und Propaganda diente[13].

3. Philo von Alexandrien[14]

Mit der Katastrophe von 115/7 ist auch das Werk Philos für die jüdische Religionsgeschichte zunächst völlig in Vergessenheit geraten. Erst viel später nahm das Judentum über nichtjüdische Vermittlung wieder von dem Exegeten und Denker Kenntnis, der nach dem Torah-Ausleger Aristobul[15] als einziger hellenistischer Jude jüdische Tradition und hellenistisches Denken nicht nur in Einzelheiten sondern auch systematisch zu verbinden suchte, vor allem im Sinne des mittleren Platonismus und der Stoa. Philos Gottesvorstellung[16] ist durch die scharfe Betonung der Transzendenz und eine Art theologia

[13] S. V. Tcherikover.

[14] Lit. § 8, 9, und: S. Belkin, In His Image, 1960; N. Bentwich, Philo Judaeus of Alexandria, 1940; E. Brehier, Les idées philosophiques et réligieuses de Philon d'Alexandrie, 1950³; J. Daniélou, Philon d'Alexandrie, 1958; L. H. Feldman, Scholarship on Philo and Josephus (1937–1962), 1963; U. Früchtel, Die kosmologischen Vorstellungen bei Philo von Alexandrien, 1968; E. R. Goodenough, The Politics of Philo Judaeus, 1938, mit Bibliogr. von H. L. Goddheart und E. R. Goodenough. Ders., An Introduction to Philo Judaeus, 1962²; I. Heinemann, Philons griechische und jüdische Bildung, 1932; F.–N. Klein, Die Lichtterminologie bei Philo von Alexandrien und in den hermetischen Schriften, 1962; H. Leisegang, Philon, RE 39 (1941), 1–50; H. Lewy, Sobria Ebrietatis, 1929; B. Mondin, L'universo filosofico die Filone Alessandrino, La Scuola Cattolica 96 (1968), 371–394; K. Otte, Das Sprachverständnis des Philo von Alexandrien. Sprache als Mittel der Hermeneutik, 1968; M. Simon, Éléments gnostiques chez Philon, in: U. Bianchi, a. a. O. (§ 9, Anm. 11), 359–376; H. Thyen, Die Probleme der neueren Philo-Forschung, ThR 23 (1955), 230–246; W. Völker, Fortschritt und Vollendung bei Philo von Alexandrien, 1938; H. A. Wolfson, Philo, 2 Bde. 1948²; I. Heinemann, Philo als Vater der mittelalterlichen Philosophie?, ThZ 6 (1950), 99–114.

[15] N. Walter (ältere Lit. dort); M. Hengel, a. a. O. (§ 3), 295 ff.

[16] B. Mondin, Essistenza, natura, inconnoscibilità die Dio nel pensiero de Filone Alessandrino, La Scuola Cattolica 95 (1967), 423–447.

negative gekennzeichnet. Die Gottheit, *ho ōn,* Inbegriff der Vollkommenheit, wirkt ewig auf die gestaltlose Urmaterie, die Ursache aller Unvollkommenheit, ein. Entsprechend diesem Dualismus in der Schöpfungsvorstellung[17] wird die Ethik[18] als Anleitung zur Erhebung der Seele[19] aus dem Bereich des Dinglich-Sinnlichen in die göttliche Sphäre dargestellt, wobei ethische Vervollkommnung und mystische Erkenntnis aufeinander bezogen den historischen Offenbarungsbegriff der jüdischen Tradition ersetzen.[20] Das Problem, das dann auch die gesamte neuplatonische Überlieferung bewegte, war bei dieser Hervorkehrung der Transzendenz die Verbindung zwischen Gott und Welt bzw. Mensch. Ihr dient eine Stufenfolge von Mittelwesen[21], an der Spitze der Logos,[22] und die Seelenlehre. Für diesen Komplex hat Philo die traditionelle jüdische Angelologie und Dämonologie, die Weisheitsspekulation und Worttheologie verbunden mit hellenistischen Vorstellungen aus der Kosmologie[23] und Lichtsymbolik[24], vom *eikon*[25], *daimon,* dem stoischen *pneuma*[26] und aus der platonischen Ideenlehre. All dies war mit dem Wortlaut der Bibel – und Philo schrieb

[17] J. Horowitz, Untersuchungen über Philons und Platons Lehre von der Weltschöpfung, 1900; J. G. Kahn, ʿAl haʿajat berîʾat ješ me-ʾajin bekitbê Fîlôn, Bar ʾIlān 4/5 (1966/7), 60–66; H. Leisegang, Philons Schrift über die Ewigkeit der Welt, Philologus 92 (1937), 157–176; V. Nikiprowetzky, Problèmes de „Récit de la Création“ chez Philon d'Alexandrie, REJ 124 (1965), 271–306.

[18] S. Sandmel, The Confrontation of Greek and Jewish Ethics: Philo, De Decalogi, CCARJ 15 (1968), 54–63.

[19] A. Pelletier, Les passions à l'ascent de l'âme d'après Philon, REG 78 (1965), 52–60; zum Menschenbild Philos s. auch: H. Schmidt, Die Anthropologie Philos von Alexandrien, 1933; J. Giblet, L'homme image de Dieu dans les commentaires du Philon d'Alexandrie, StHell 5 (1948), 93–118.

[20] J. Pascher, Η ΒΑΣΙΛΙΚΗ ΟΔΟΣ. Der Königsweg zu Wiedergeburt und Vergottung bei Philo von Alexandrien, 1931 (Nachdr. 1969). Vgl. auch I. Heinemann, Philons Lehre vom Heiligen Geist und die intuitive Erkenntnis, MGWJ 64 (1920), 101–121; M. Pulver, Das Erlebnis des Pneuma bei Philon, Eranos-Jb. 13 (1945/6) 111–132.

[21] E. R. Goodenough, a. a. O. (Anm. 14), 262 ff. (Lit.); G. Pfeiffer, a. a. O. (§ 4, Anm. 9).

[22] H.-F. Weiss, 216 ff.

[23] U. Früchtel (dort ältere Lit.).

[24] F. -N. Klein (dort ältere Lit.).

[25] H. Willms, Eikon, 1935.

[26] Anm. 20; A. Laurentin, Le Pneuma dans la doctrine de Philon, ETL 17 (1951), 390–437.

vor allem als Exeget – nur mit Hilfe symbolisierender[27] und z. T. auch allegorisierender[28] Auslegungen[29] möglich.

Wie weit er dabei auch die jüdische mündliche Überlieferung kannte und mitverwertet hat, ist umstritten[30], jedenfalls enthalten seine Schriften wichtige Belege für die frühjüdische Haggadah und Halakah.

[27] V. Nikiprowetzky, La spiritualisation des sacrifices et le culte sacrificiel au Temple de Jérusalem chez Philon d'Alexandrie, Sem 17 (1967), 97–116.

[28] J. Heinemann, Altjüdische Allegoristik, 1936; I. Christiansen, Die Technik der allegorischen Auslegungswissenschaft bei Philon von Alexandrien, 1968; Über das Verhältnis zur wörtlichen Exegese s. J. Heinemann, Die Allegoristik der hellenistischen Juden außer Philon, Mnemosyne (Ser. 4) 5 (1952), 130–138; M. J. Shryer, Alexandrian Jewish Literalists, JBL 55 (1936), 261–284.

[29] Vgl. ferner O. Arndt, Zahlenmystik bei Philo, Spielerei und Schriftauslegung, ZRG 19 (1967), 167–171; R. Borgen, Bread from Heaven, 1965; S. G. Sores, The Hermeneutics of Philo and Hebrews, 1965.

[30] Zur Halakah s. § 4, Anm. 12, zur Exegese allgemein und zur Haggadah § 4, Anm. 12. 79. Ferner: J. Amir, Derāšôtājw šäl Fîlôn ʿal haj-jirʾāh wehā-ʾahābāh wejaḥasān lemidrešê ʾäräṣ-Jiśrāʾel, Zion 30 (1964/5), 47–60; S. Belkin, Midrešê Fîlôn hā-ʾaleksandrônî leʾôr midrešê ʾäräṣ-Jiśrāʾel, Sura 4 (1963/4), 1–68; Ders., Midrāš šeʾelôt ûtešûbôt ʿal bereʾšît wešemôt leFîlôn hā-ʾaleksandrônî wejaḥaso lam-midrāš hā-ʾäräṣ-jiśreʾelî, Horeb 14/15 (1959/60), 1–74 Ders., Māqôr qādûm lemidrešê ḤZ"L: Midrāš šw"t ʿal bereʾšît wešemôt leFîlôn hā-ʾaleksandrônî, SJ A. Weiss, 1963/4, 579–633; Ders., Ham-midrāš has-simlî ʾäṣäl Fîlôn behašwāʾāh lemidrešê ḤZ"L, H. A. Wolfson JV 1965, 33–68. Vgl zur Kritik dieser Ansichten Belkins aber J. Heinemann; E. R. Goodenough, JBL 54 (1940), 420–423. Umstritten ist auch, wie weit Philo das Hebräische beherrschte, vgl. zuletzt J. Kahn-Jashar, Hā-ʾim jādaʿ Fîlôn hā-ʾaleksandrônî ʿIbrît?, Tarb 34 (1964/5), 337–345.

2. Teil

RELIGIONSGESCHICHTE DER TALMUDISCHEN PERIODE PERIODE

(ca. 70 n. Chr. – ca. 638 n. Chr.)

1. Kapitel: Der geschichtliche Hintergrund und die Institutionen

§ 10 Geschichtlicher Überblick

G. Allon, Tôl^{e}dôt haj-j^{e}hûdîm b^{e}'äräṣ Jiśrā'el bitqûfat ham-Mišnāh w^{e}hat-Talmûd, I, 1958^{3}; 1955; Ders., Mähqārîm b^{e}tôl^{e}dôt Jiśrā'el, 2 Bde. 1954, 1955; M. Avi-Yonah, Geschichte der Juden im Zeitalter des Talmuds, 1962; S. W. Baron*, SRH II–III; N. N. Glatzer, Geschichte der talmudischen Zeit, 1937; J. Goldin, The Period of the Talmud, in: L. Finkelstein* I, 115–215; H. Graetz*, IV–V; J. Gutmann, EJ 3, 859–905; J. Halpern, History of Our People in Rabbinic Times, 1939; Z. Jabetz*, VI–VII; L. Jacobs, The Economic conditions of the Jews in Babylon in Talmudic Times Compared with Palestine, JSS 2 (1957), 349–359; J. Juster, Les Juifs dans l'Empire romain, 2 Bde., 1914 (Nachdr. 1965); A. Kaminka, Mäḥqārîm bam-Miqrā' ûbat-Talmûd, II, 1951; B.-Z. Luria, Haj-j^{e}hûdîm b^{e}Sûrijāh, 1956/7; J. Neusner, A History of the Jews in Babylonia, I, 1965; II, 1966, III, 1968, IV, 1969 (Bibliographien!); S. Safrai, T^{e}qûfat ham-Mišnāh w^{e}hat-Talmûd, in: Ch. H. Ben-Sasson*, I, 297–367; E. Steinsaltz, Haq-q^{e}šārîm bên Bābel l^{e}'äräṣ-Jiśrā'el, Talpijot 9 (1964), 294–306; M. A. Tenenblatt, P^{e}rāqîm ḥ^{a}dāšîm b^{e}tôl^{e}dôt 'äräṣ-Jiśrā'el ûBābel bitqûfat hat-Talmûd, 1966; E. E. Urbach, The Laws Regarding Slavery as a Source for Social History of the Period of the Second Temple, The Mishna, and Talmud, PIJS 1 (1964), 1–94.

1. Die Folgen der Niederlage und die Neuordnung in Jabneh[1]

Nach der Eroberung Jerusalems und der Zerstörung des Tempels war die herkömmliche soziale und politische Ordnung und damit

[1] B.-Z. Bokser, Pharisaic Judaism in Transition, 1935; R. Meyer, Die Bedeutung des Pharisäismus für Theologie und Geschichte des Judentums, ThLZ 77 (1952), 677–688; Ders., Tradition und Neuschöpfung im antiken Judentum, SBSAW 110/2 (1965), 67 ff.; G. F. Moore, The Rise of Normative Judaism, HThR 17 (1924), 307–373; 18 (1925), 1–38; J. Neusner, Studies in the Taqqanot of Yavneh, HThR 63 (1970), 183–198.

auch das religiöse Leben des Volkes völlig zerrüttet. Die alte sadduzäische Führungsschicht war zum größten Teil ausgerottet und zudem durch die Tempelzerstörung ihrer Existenz- und Machtbasis beraubt. Die militanten apokalyptischen Gruppen und die radikalen Pharisäer hatten, soweit sie überlebt hatten und nicht in Gefangenschaft geraten waren, ihre Glaubwürdigkeit infolge der furchtbaren Niederlage und des erneuerten römischen Regimes vorerst verloren. Einzig der gemäßigte Flügel der Pharisäer unter der Führung des R. Jochanan b. Zakkaj[2] war in der Lage und auch willens, unter den herrschenden Umständen die Führung des Volkes zu übernehmen und einen modus vivendi unter dem römischen Joch zu suchen. Schon während der Belagerung Jerusalems hatten Vertreter der Gemäßigten mit R. Jochanan b. Zakkaj heimlich die Stadt verlassen und von den Römern die Erlaubnis erhalten, in Jamnia (Jabneh) ein Lehrhaus *(Bêt Midrāš)* zu eröffnen, das nach und nach überregionale Bedeutung erlangte und auch einige Funktionen des alten Sanhedrin übernahm[3]. Hier wurden erste, auf die Kontinuität der Tradition in der neuen, tempellosen Situation bedachte Maßnahmen getroffen und – freilich ganz im Sinne des Pharisäismus – die Grundlagen für die talmudische Periode gelegt. Dies betraf einmal den Wiederaufbau einer beschränkten Selbstverwaltung. Mit der Zeit, etwa ab 80 n., setzten sich dabei das („davidische“) Haus Hillels (unter Gamaliel II.) und andere vor 70 maßgebende (auch priesterliche) Kreise gegen Jochanan b. Zakkaj wieder durch, der sich nach B^e^ror Ḥajil zurückzog[4]. So entstand das Amt des *Nāśî'*[5] (griech. „Ethnarch“, auch „Patriarch“). Der *Nāśî'* führte den Vorsitz im Sanhedrin *(Bêt Dîn)* und *Bêt Midrāš* und repräsentierte – vorläufig inoffiziell – das Volk gegenüber der römischen Behörde. In rastloser Tätigkeit und durch zahlreiche

[2] J. Neusner, A Life of Rabban Yohanan ben Zakkai, 1962 (hier ältere Lit.); Ders., In Quest of the Historical Rabbah Yochanan ben Zakkai, HThR 59 (1966), 391–413; Ders., The Development of a Legend, 1970; G. Allon, Tôl^e^dôt ... I, 53 ff.; Ders., H^a^lîkātô šäl Rabbān Jôḥānān bän Zakkāj l^e^Jabneh, Zion 3 (1930/1), 181–214; J. Goldin, Māšähû ʿal bêt midrāšô šäl Jôḥānān ben Zakkāj, H. A. Wolfson JV, 1964/5, hebr. 69–92; E. E. Urbach, EI 19, 346–349; Ders.*, 533 ff.

[3] G. Allon, N^e^śî'ûtô šäl Rabbān Jôḥānān bän Zakkāj, in: Mäḥqārîm ... I, 253–273, und a. a. O. (Anm. 2).

[4] G. Allon, a. a. O. (Anm. 2 f).

[5] § 11,2. J. Juster, 385 ff. Unklar ist, was mit dem Amt nach Gamaliel II. Tod bis zum Barkochba-Krieg geschah.

Reisen im Lande hatte Gamaliel II[6] den Beschlüssen des inoffiziellen neuen Sanhedrin Geltung verschafft. Schwierigkeiten ergaben sich durch den antipharisäischen Widerstand auf dem Lande, unter dem sog. *ʿAm hā-ʾārāṣ*, gegenüber dem das nunmehrige „normative Judentum" einerseits eine Abgrenzung vornahm, vor allem wegen ritueller Belange, und sich in den *ḥᵃbûrôt* entsprechend organisierte, andrerseits aber eine missionarische Fürsorge entwickelte. Weitere Schwierigkeiten bereiteten die innerpharisäischen Schuldifferenzen, die z. T. auch politischer Natur waren[7], und das ausgeprägte Selbstbewußtsein der Gesetzesgelehrten, die für sich weitgehende Unabhängigkeit behaupteten. Als Gamaliel II. zu autoritär verfuhr, setzten ihn die empörten Rabbinen einfach ab und wählten R. Eleazar b. Azarja[8] zum *Nāśîʾ*[9]. Es kam allerdings bald zu einem Vergleich, Eleazar blieb aber als *„ʾAb Bêt Dîn"* (j. Pes VI, 33 a) Stellvertreter des *Nāśîʾ*. Erst nach dem Barkochba-Krieg kamen die Beschlüsse von Jabneh wirklich zur Geltung.

Die bedeutsamsten Neuordnungen waren:

a) Die Einsetzung von durch *Nāśîʾ* und Sanhedrin ordinierten und aus einer besonderen Steuer besoldeten Ortsrichtern[10].

b) Die weitgehende Durchsetzung der hillelitischen Schultradition als Richtschnur für die Halakah.

c) Wiedereinführung der Interkalation als eines palästinensischen Privilegs und zwar für den *Nāśîʾ*.

d) Priesterabgaben (nur für pharisäisch orientierte Priester[11]!) und Reinheitsgebote wurden der tempellosen Zeit angepaßt, doch so, daß der Tempelkult jederzeit hätte wiederaufgenommen werden können[12].

e) Für die neue synagogale Gottesdienstordnung vor allem der Festtage knüpfte man bewußt an liturgische Traditionen des Tempelkultes an, um die Kontinuität hervorzuheben[13].

6 G. Allon, a. a. O. (Anm. 2–3).

7 § 21, zur Entstehung der Esoterik.

8 G. Allon, Mäḥqārîm ... I, 258.

9 bBer 27b/28a; jBer IV, 1 (7c–d) u. ö.; G. Allon, Tôlᵉdôt ... I, 200 ff.; R. Eliezer b. Hyrkanos, ein Verfechter der schammaitischen Tradition, unterlag gegen den *Nāśîʾ* hingegen; G. Allon, a. a. O. 260 ff.; J. D. Gilat, Mišnātô šäl R. ʾElîʿezär bän Hûrqānûs, 1967/8; M. Aberbach, Did Rabban Gamaliel II impose the ban on Rabbi Eliezer ben Hyrcanus?, JQR 54 (1964) 201–207.

10 G. Allon, Tôlᵉdôt ... I, 71 ff., 129 ff.

11 Für ḥᵃberîm.

12 Vgl. G. Allon, Tôlᵉdôt ... I, 159 f.

13 G. Allon, Tôlᵉdôt ... I, 159 ff.

f) Die Grundstruktur des täglichen Gottesdienstes und der Inhalt (nicht Wortlaut) der Gebete wurde vereinheitlicht (§ 14).

g) Zugleich versuchte man, die verschiedenen religiös-politischen Sonderentwicklungen einzudämmen und sich von gefährlichen (revolutionären) Strömungen zu distanzieren. So enthält das „Achtzehngebet" in der 2. Benediktion eine antisadduzäische Betonung der Auferstehung, in der 12. eine – im Verlauf der Zeit wechselnde – Aufführung von feindlichen bzw. sektiererischen Gruppen, v. a. der *mînîm,* wozu u. a. auch die z. T. eigens erwähnten *noṣerîm* (Judenchristen) gehörten (s. u. § 22).

h) Zur Festlegung der Traditionsbasis und zur Abgrenzung gegenüber apokalyptischen Ansprüchen wurde nach und nach der Kanon hl. Schriften fixiert. Die Kanonizität der Bücher Kohelet, Esther und Hohelied blieb allerdings noch einige Zeit umstritten[14].

i) Zur Sicherung des jüdischen Besitzstandes im Heiligen Lande, dem ja eine besondere religiöse Bedeutung zukam, wurden Bestimmungen erlassen, z. B. ein Verbot der Kleinviehhaltung und des Bäumefällens für den agrarischen Landschaftsschutz und ein Verkaufsverbot hinsichtlich Grund-, Boden- und Hausbesitz, von Sklaven und Großvieh an Nichtjuden[15].

2. Der Bar-Kochba-Aufstand[16]

Die Aufbauarbeit von Jabneh wurde bald durch eine neue Woge messianisch-revolutionärer Bestrebungen ernstlich infragegestellt. Das apokalyptische Denken war mit der Katastrophe des Jahres 70 zwar in Mißkredit geraten, grundsätzlich aber keineswegs ausgelöscht. Auch die Pharisäer teilten ja die messianische Hoffnung und waren vor messianischen Versuchungen nur gefeit, solange die äußeren Verhältnisse keinen Erfolg zu verheißen schienen. Das schroffe Vorgehen der Römer in und nach dem Krieg, die Zerstörung des Tempels vor allem[17], erregte von neuem apokalyptische Vorstellungen. Wie aus

[14] Siehe die einschlägigen Abschnitte in den Einleitungen zum AT. Str.-B. IV, 415–451.

[15] G. Allon, Tôledôt . . . I, 173 ff.

[16] S. Abramski, Bar Kôkbā', 1961; G. Allon, Tôledôt . . . II, 1 ff.; P. Borchsenius, Der Sternensohn, 1958; J. A. Fitzmyer, The Barkochba Period, in: J. L. McKenzie, The Bible in Current Catholic Thought, 1962, 133–168; J. Nedabah, Rabbî 'Aqîbā' ûBarkokbā', 1960; P. Prigent, La fin de Jérusalem, 1969; S. Yeivin, Milḥāmät bar Kokbā', 1957²; Y. Yadin, Bar Kochba, Fürst von Israel, 1971.

[17] A. Guttmann, The End of the Jewish Sacrificial Cult, HUCA 38 (1967), 137–148; H. J. Schoeps, Die Tempelzerstörung des Jahres 70 in der jüdischen Religionsgeschichte, Coniect. Neotest. 6 (1942) 1–45; C. Thoma, Die Zerstörung des jerusalemischen Tempels im Jahre 70 n. Chr., Diss. phil. Wien 1966; Ders., Auswirkungen des jüdischen Krieges gegen Rom (66–70/73 n. Chr.), BZ 12 (1968) 30–54.

IV Esra (und syr. Baruch) hervorgeht[18], war die Enttäuschung über den Ausgang des Krieges zwar schwer, die Grundüberzeugung von der zu Ende gehenden Weltzeit jedoch nach wie vor lebendig, wie es dieser Mentalität ja gerade entspricht, die größte Katastrophe zugleich als sicherstes Vorzeichen des nahen Endes zu werten. Während der Diasporaaufstände 115/7 (§ 8) blieb Palästina relativ ruhig[19], wie aber die Zerstörung Jerusalems und des Tempels seinerzeit die Diaspora eher noch mehr zu messianischen Hoffnungen verleitete als ernüchterte (§ 8), so wirkte die Diaspora-Katastrophe von 115/7 wieder auf Palästina zurück. Mißverständnisse, enttäuschte Hoffnungen und schwierige soziale Verhältnisse belasteten zudem das Verhältnis zu den Römern immer stärker. Sollte Hadrian zu Beginn seiner Herrschaft tatsächlich die Bewilligung zum Wiederaufbau des Tempels gegeben, dann aber wieder zurückgezogen haben[20], ist die Empörung verständlich, die das Gerücht auslöste, Jerusalem solle zu einer Militärkolonie ausgebaut werden[21]. Eine neuerliche, verzweifelte messianische Volkserhebung war die Folge[22]. Ein gewisser Simon ben Kosiba[23] wurde zum „*Nāśî'*" (Fürst, vgl. Ez 46,8 ff.) proklamiert, ein Hohepriester (El'azar) eingesetzt[24], und R. Akiba[25], einer der

[18] W. Harnisch, Verhängnis und Verheißung der Geschichte, 1969; C. Thoma, Jüdische Apokalyptik am Ende des ersten nachchristlichen Jahrhunderts, Kairos 11 (1969), 134–144.

[19] Das Ausmaß eventueller Unruhen ist nicht zu erheben. Vgl. G. Allon, Tôl^edôt ... I, 255 ff.

[20] G. Allon, Tôl^edôt ... I, 268 ff.; J. Brand, Ha'im hitkawwen Hadrî'ānûs libnôt bêt ham-miqdāš?, Sinai 53 (1962/3), 21–30.

[21] G. Allon, Tôl^edôt ... I, 291 ff.; H. Mantel, The Causes of the Bar Kokba Revolt, JQR 58 (1967/8), 274–296.

[22] Zur unrealistisch-messianischen Strategie vgl. S. W. Baron*, SRH II, 101. J. Devir, Bar Kokbā', 1964, wollte „herodianischen" Messianismus nachweisen.

[23] Der richtige Name Simon bar Kosiba ist durch die Funde in der Wüste Juda belegt, s. Anm. 28.

[24] Vgl. die Münzaufschriften; Lit. bei B. Kanael, Altjüdische Münzen, Jahrb. f. Numismatik u. Geldgeschichte 17 (1967), 184 ff. 256 ff. Wahrscheinlich wurde auf dem Tempelplatz wieder geopfert, vgl. B.-Z. Luria, Bêt-ham-miqdāš bîmê Bar Kokbā', BM 7 (1962), 70–84.

[25] P. Benoit, Rabbi Aqiba ben Joseph, in: Exégèse et Théologie 2 (1961), 340–379; A. Ehrhardt, The Birth of the Synagogue and R. Akiba, StTh 9 (1955), 86–111; L. Finkelstein, Akiba, Scholar, Saint, Martyr, 1936; A. Guttmann, Akiba, „Rescuer of the Torah", HUCA 17 (1942/3), 395–422.

maßgebenden Gesetzesgelehrten, deutete[26] den Stern von Num 24,17 (eine traditionell messianisch gedeutete Stelle[27]) auf Bar Kosiba, der darum als Bar Kochba (Sternensohn) in die Geschichte einging. Von 132 bis 135 dauerte der auf lange Sicht aussichtslose, erbitterte Kampf gegen Rom. Die Texte und Funde aus den Höhlen der Wüste Juda haben in den letzten Jahren etwas mehr Licht auf diese nur mangelhaft bezeugten Vorgänge geworfen[28]. Doch nicht alle Rabbinen waren mit R. Akiba und mit dem Krieg einverstanden gewesen. Vorbehalte hatte sicher auch das Haus Hillels gegenüber dem messianischen „*Nāśî'*"[29] Bar Kosiba. Die enttäuschten Überlebenden haben ihn dann auch fast aus dem Gedächtnis des Volkes ausgelöscht, sein Name wurde schmählich zu Bar Koziba (von *kzb* „lügen") umgedeutet[30] und die militant-akute Erlösungserwartung fand heftige Kritik[31]. Die Folgen des Krieges waren verheerend. Erst 138, mit dem Tod Hadrians, ging eine dreijährige scharfe Religionsverfolgung[32] zu Ende, die der Märtyrerideologie der Makkabäerzeit neue Aktualität verlieh[33]. Auch R. Akiba zählt zu den Opfern. Antoninus Pius suchte wieder einen Ausgleich mit den Juden, das Haus Hillels nahm wieder seine alte Stellung ein und das Amt des *Nāśî'* gewann in den folgen-

[26] jTa'an IV, 8 (68d); Ekah r. II, 2.

[27] C. Roth, Star and Anchor: Coin Symbolism and the End of the Days, EIsr 6 (1960), 13–15.

[28] S. die Qumran-Bibliographien. Die Texte: P. Benoit u. a., Les Grottes de Murabba'at, 1961; dazu: R. Meyer, Die vier Höhlen von Murabba'at, ThLZ 88 (1963), 19–28. Zu den Funden in der Wüste Juda sonst: Y. Yadin, The Finds from the Bar Kochba Period in the Cave of Letters, 1963; ferner IEJ 11 (1961), 3–72; 12 (1962) 169 ff.

[29] L. J. Rabinowitz, Hat-tô'arîm šäl Bar Kokbā', Sinai 54 (1963/4), 33–39; M. Philonenko, Un titre messianique de Bar Kokheba, ThZ 17 (1961), 434 f.

[30] D. Spiegel, Die Kaiser Titus und Hadrian in Talmud und Midrasch, 1906; I. Sonne, Echoes of the Bar Kochba Tragedy, Biṣṣaron 24 (1956), 158–167.

[31] A. Z. Aescoly*, 53 ff.

[32] G. Allon, Tôledôt ... II, 43 ff. 56 ff.; E. M. Smallwood, The Legislation of Hadrian and Antoninus Pius against Circumcision, Latomus 18 (1959), 334–347.

[33] Für das Bewußtsein der Späteren verschwamm die Chronologie der Martyrien seit 66 n., die dann im „Midrasch der 10 Märtyrer" ihren Niederschlag fanden. S. Krauss, 'aśārāh harûgê malkût, Ha-Šiloaḥ 45 (1925), 10–22. 106–117. 221–223: S. Liebermann, The Martyrs of Caesarea, Annuaire de l'Inst. de Philol. et d'Hist. Or. et Slaves 7 (1944), 394–446.

den Jahrzehnten zunehmend an Bedeutung. Die in Jabneh begonnenen Reformen wurden nun konsequent weiter verfolgt.

3. Das babylonische Judentum in der tannaitischen Zeit (bis ca 226)[34]

Wie angedeutet (§ 8,2) bestanden zwischen Palästina und Mesopotamien auch vor 70 n. Beziehungen, sodaß eine gewisse gegenseitige Kenntnis der Lehrtradition anzunehmen ist[35]. Die äußere Situation der Juden im Partherreich war vergleichsweise günstig. Das feudal, also eher indirekt regierte Vielvölkerreich gewährte den Minderheiten mehr Raum für Selbstverwaltung als Rom. So wurden seit den letzten Jahren des 1. Jh. auch die Juden Babyloniens bei Hofe politisch vertreten und zwar durch den *Re'š gālûtā'* bzw. Exilarchen[36]. Die Familie des Exilarchen rühmte sich davidischer Abstammung und hatte im parthischen Feudalsystem einen hohen Rang inne. Die politische und wirtschaftliche Stabilität begünstigt die Entwicklung eines gutorganisierten Schulwesens, sodaß hier politisch wie geistig nach 135 dem palästinensischen Judentum eine strebsame Konkurrenz erwuchs. Auch die Flüchtlinge aus Palästina etablierten in Mesopotamien ihre Schultraditionen. Akiba-Schüler errichteten ein Lehrhaus in Nisibis, Jišma'el-Schüler in Huzal[37]. Von nun an setzten sich die palästinensischen Schulen durch, auch in bezug auf die Liturgie-Grundstruktur, wenngleich im einzelnen Unterschiede bestehen blieben.

Zwischen den offiziellen jüdischen Repräsentanten, dem palästinensischen *Nāśî'* und den babylonischen Exilarchen, gab es infolge ihrer gegensätzlichen politischen Zugehörigkeit zuzeiten Spannungen, z. T. auch eine gewisse innerjüdische Rivalität, wenngleich dem *Nāśî'* ein gewisser Vorrang eingeräumt blieb.

Der Exilarch suchte gelegentlich im proparthischen Sinne auf das palästinensische Judentum einzuwirken. Ein Mittel dazu waren die Handelsverbindungen. Die Parther kontrollierten den Landweg des

[34] J. Neusner, Studies in the Problem of Tannaim in Babylonia, PAAJR 30 (1962), 79–127; Ders., Some Aspects of the Economic and Political Life of Babylonian Jewry, ca. 160–220, PAAJR 31 (1963), 165–196; Ders., New Perspectives on Babylonian Jewry in the Tannaitic Age, Judaica 22 (1966), 82–113.

[35] J. Neusner, Aspects of Relationships between Tannaitic Judaism and Babylonian Jewry ca. 10–130, 1964.

[36] § 11,2.

[37] J. Neusner, I, 108 f. 128 ff.

Indienhandels, und die Juden, infolge ihrer Verteilung auf beiden Seiten der Grenze zu Vermittlern besonders geeignet, besorgten den Zwischenhandel zwischen den parthischen und römischen Gebieten und versorgten insbesondere die galiläischen Spinnereien und Webereien mit Seide. Die jüdischen Händler aus Babylonien nahmen in Palästina regen Anteil am geistigen Leben, waren zumeist hervorragende Gesetzesgelehrte, zugleich aber wohl auch Vertreter der parthischen Außenpolitik. Die Babylonier hatten zwar nach 135 (nach einigem Widerstand) dem *Nāśî'* wieder das Vorrecht der Kalenderfestlegung zugestanden, doch fehlte es nicht an Versuchen, in Palästina bestimmend einzuwirken.

R. Nathan, ein Sohn des Exilarchen, der in Uscha/Galiläa 'Ab Bêt Dîn geworden war[38], konspirierte z. B. um ca. 150 zusammen mit dem Akiba-Schüler R. Meir[39] gegen Rabban Simon b. Gamliel II. (bHor 13 b). Auch zur Zeit Jehuda I. (ca. 170–217) und noch später spielten babylonische Gelehrte am Hof des *Nāśî'* und in den Schulen Palästinas eine große Rolle.

4. Palästina nach dem Barkochbakrieg[40]

Obwohl der politische Status der Juden sich nach 138 rasch verbessert hatte, wirkten die Kriegsfolgen schwer nach, da bis zur Zeit des Kaisers Diokletian das römische Reich insgesamt unter einer wirtschaftlichen Krise litt. In Palästina machte sich eine verstärkte Neigung zur Auswanderung bemerkbar. *Nāśî'* und Sanhedrin (der sich nach 138 zunächst in Uscha/Galiläa zusammenfand) suchten dem Verfall des jüdischen Besitzstandes im Lande mit allen Mitteln entgegenzuwirken, zum Teil auch mit Erfolg, da der *Nāśî'* (nach bJeb 9a „davidischer" Abkunft) dank offizieller römischer Anerkennung

[38] J. Neusner I, 73 ff. 132 ff. (Lit.); A. Burstein, L^eminnûjjô šäl Rabbi Nātān hab-Bablî l^eRB"D has-Sanhedrîn b^e"'J, Sinai 36 (1954/5), 479–496.

[39] I. Broyde, JE VIII, 432–435.

[40] G. Allon, Gā'ôn, ge'îm, Tarb 21 (1949/50), 106–111; A. Büchler, The Political and the Social Leadership of the Jewish Community of Sepphoris in the Second and Third Century (o. J.); Ders., Familienreinheit und Sittlichkeit in Sepphoris im zweiten Jahrhundert, MGWJ 78 (1934), 126–164; Ders., Der galiläische 'Am-hā'areṣ des Zweiten Jahrhunderts, 1906; M. D. Judelowitz, Ṭîberîjāh, 1949/50; S. Liebermann, Palestine in the Third and Fourth Centuries, JQR 36 (1946), 329–370; 37 (1947), 31–54; J. S. Zuri T^eqûfat R. J^ehûdāh han-nāśî', 1931; Ders., T^eqûfat Rabban Gamlî'el b. Rabbî han-naśî', 1933; Ders., Šiltôn hann^eśî'ût w^ehaw-wa'ad, 4 Bde., 1931/34.

auch über die Möglichkeit entsprechender Repressalien verfügte. Von den religiösen Beschränkungen der Barkochbazeit blieben nur das Proselytenwerbeverbot in Geltung und die Sperrung des Jerusalemer Gebietes. Das Amt des *Nāśî'* erreichte Ende des 2. Jh. seine Glanzzeit. Das gesamte römische Diasporajudentum, mit dem der *Nāśî'* durch „Apostel" Verbindung hielt[41], zahlte ihm ein „aurum coronarium" für den Unterhalt seines Hofes, gewissermaßen in Nachfolge der Tempelsteuer. Die galiläischen Synagogenbauten des 3. Jh. (§ 12) und die Nekropolis von Beth Sche'arim[42] bezeugen zwar einen gewissen Wohlstand und eine größere Unbefangenheit gegenüber der hellenistischen Kultur[43], doch war dies nur die eine Seite der Wirklichkeit. Die zur Wahrung und Verbesserung des status quo notwendige Kollaboration mit Rom bzw. „Edom/Esau", fand nicht in allen Kreisen Zustimmung und war äußerst umstritten[44]. Die allgemeine wirtschaftliche Krise verschärfte die sozialen Spannungen und damit regten sich auch wieder revolutionär-messianische Tendenzen. Es kam wiederholt zu Unruhen, die kaum zufällig zeitlich mit parthischen Unternehmungen gegen Rom zusammenfielen (161/165; 193/202; 351/352)[45]. Parthereinfall und Messiasankunft waren damals für viele zwei Seiten ein und derselben Sache. Mit Beginn der christlichen Herrschaft, insbesondere nach 381, wuchs unter den Juden in zunehmen-

41 H. Graetz* IV, 441–444; S. Krauss, Die jüdischen Apostel, JQR o. s. 17 (1905), 370–383; H. Vogelstein, Die Entstehung und Entwicklung des Apostolates im Judentum, MGWJ 49 (1905), 427–449.

42 B. Mazar, Bêt Še'ārîm I, 1957; II, 1967.

43 J. Brand, 'Al hat-tarbût haj-j^ewānît b^e'äräṣ Jiśrā'el bitqûfat hat-talmûd, Tarb 38 (1968/9), 13–17; E. R. Goodenough, Jewish Symbols in the Graeco-Roman World, 13 Bde. 1952–1968; Ders., The Rabbis and the Jewish Art in the Graeco-Roman Period, HUCA 32 (1961), 269–279; S. Liebermann, Greek in Jewish Palestine, 1942; Ders., Hellenism in Jewish Palestine, 1950; B. Lifshitz, L'hellénisation des Juifs de Palestine, RB 72 (1965), 520–538.

44 A. H. Cutler, Third-century Palestinian rabbinic attitudes towards the prospect of the fall of Rome, JSocS 31 (1969), 275–285; D. Daube, Collaboration with Tyranny, 1965; A. Ehrhardt, Constantine, Rome, and the Rabbis, BJRL 42 (1959/60), 288–312; N. N. Glatzer, The Attitude toward Rome in Third-Century Judaism, in: A. Dempf, Politische Ordnung und menschliche Existenz, 1962, 243–257; A. M. Rabello, La collaborazione con la tirannide nel diritto rabbinico, RMI 34 (1968), 100–103; S. Krauss, P^erās w^eRômî bat-talmûd ûbam-midrāš, 1947/8; S. Zeitlin, The opposition to spiritual leaders appointed by the Government, JQR 31 (1940/1), 287–300.

45 J. Braslawski, Milḥāmāh w^ehitqôm^emût, 1942/3.

dem Maß das Bewußtsein, in der Zeit der „messianischen Wehen" zu leben. Die christlichen Behörden schränkten die Rechte der Juden mehr und mehr ein und übten einen starken missionarischen Druck aus. Das wachsende christliche Interesse am Heiligen Land wirkte sich verhängnisvoll aus: Die nichtjüdische Bevölkerung wuchs rapide an, die Juden wurden allmählich zur Minderheit. Die kurze Regierung des Kaisers Julian (361–363) stiftete Unruhe und Verwirrung. Sein Befehl zum Tempelbau konnte praktisch so viel wie eine Wiedererrichtung der Verhältnisse vor 70 oder noch mehr bedeuten, nämlich wie einst das Kyros-Edikt eine geschichtliche Wende. Aber der *Nāśî'*, der dank der Diasporakontakte über einen guten politischen Überblick verfügte, kannte wohl zu gut das Risiko einer derart auf die Person dieses einen Kaisers begründeten Politik. So verhielten sich die maßgebenden jüdischen Kreise eher abwartend[46]. In der Tat sabotierten die Christen den Tempelbau dann auch mit Erfolg und mit dem Tod des Kaisers war wieder alles beim alten.

Unter Theodosius II. (408–450) verschlechterte sich die Lage der Juden im ganzen Reich. Auch der letzte Rest einer politischen jüdischen Instanz, das Amt des *Nāśî'*, wurde nach dem Tod Gamliel VI. (ca. 420–430) aufgelöst[47], der Sanhedrin dezentralisiert. Aber die eigentlichen Träger der Autorität waren damals schon längst nicht mehr die *N^eśî'îm,* sondern die Häupter der großen Schulen in Sepphoris, Caesaräa und Tiberias. Unter diesen politischen Verhältnissen litt freilich der Lehrbetrieb besonders. Wieder drohten äußere Bedrängnisse die Kontinuität der mündlichen Überlieferung zu gefährden und so wurde der halachische Lehr- und Traditionsstoff schriftlich fixiert, unvollkommen und zudem wenig zukunftsbestimmend, denn die Zukunft gehörte dem etwas später redigierten babylonischen Talmud. Ein spezifisch palästinensischer Beitrag zur jüdischen Kultur war hingegen die reiche haggadische Literatur dieser Zeit und die synagogale Poesie, der Pijjut, Literaturformen, die den besonderen religiösen Bedürfnissen des im byzantinischen Bereich wieder einmal in einem status confessionis lebenden Volkes entsprachen und entsprangen. Trotz der politisch-religiösen Bedrückung partizipierten die Juden aber am wirtschaftlichen Aufschwung Palä-

[46] W. Bacher, Emperor Julian and the Rebuilding of the Temple at Jerusalem, JQR o. s. 10 (1898), 168 ff.; J. Leipoldt, Der römische Kaiser Julian in der Religionsgeschichte, 1964; J. Vogt, Kaiser Julian und das Judentum, 1939.

[47] J. Brand, Biṭṭûl han-n^eśî'ût mib-bêt Dāvîd, Sinai 43 (1947/8), 114–124.

stinas, wie die Reste der zahlreichen prachtvollen Synagogen aus jener Zeit zeigen, die auch eine neue Synthese zwischen Judentum und Hellenismus bezeugen[48]. Nachdem durch das Christentum das Heidentum verdrängt war, erschienen manche früher verpönte Äußerlichkeiten (wie bildliche Darstellungen) wieder tragbar.

Eine neue antijüdische Welle setzte unter Justinian (527–565)[49] ein. Religionsbeschränkungen und Synagogenschändungen erbitterten die Juden, die sich wieder stärker nach einer politischen Hilfe von außen umsahen. Das zum Judentum konvertierte himyarische Königshaus in Südarabien vermochte höchstens, den byzanthinischen Seehandel mit Indien etwas zu stören. Doch Ende des 6. Jh. stießen die Parther wieder gegen Westen vor, eroberten 613 Syrien und mit jüdischer Waffenhilfe auch Palästina. Zum Lohn erhielten die Juden 614 Jerusalem und etwa 3 Jahre lang gab es hier wieder ein autonomes jüdisches Staatsgebilde unter parthischer Oberherrschaft. Um 617 aber gaben die Parther die Stadt wieder den Christen zurück. Vielleicht, weil es sich als unmöglich erwies, mit der jüdischen Minderheit gegen die christliche Mehrheit zu regieren, vielleicht, weil die messianischen Tendenzen unter den Juden zu weit gingen und das Eingreifen der Zentralgewalt provozierten. Mit der Wiedereroberung des Gebietes durch den Kaiser Heraclius 629 brach eine Zeit harter Vergeltungsmaßnahmen über die Juden herein[50]. Doch schon zeichnete sich das Ende der christlichen Herrschaft ab. Auf die Herrschaft des verhaßten „Edom“[51] folgte die Herrschaft „Ismaels“.

[48] Anders noch im 2.–3. Jh.; vgl. E. E. Urbach, The Rabbinical Laws of Idololatry in the 2nd and 3rd Centuries in the Light of Archaeological and Historical Facts, IEJ 9 (1959), 149–165; E. Wiesenberg, Related Prohibitions: Swine Breeding and the Study of Greek, HUCA 27 (1956), 213–234.

[49] P. Browe, Die Judengesetzgebung Justinians, Anal. Gregoriana 8 (1935), 109–146; R. M. Seyberlich, Die Judenpolitik Kaiser Justinians, Byz. Beiträge 1 (1964), 73–80.

[50] K. Hillkowitz, The Participation of the Jews in the Conquest of Jerusalem by the Persians in 614 A. D., Zion 4 (1939), 307–316 (hebr.); J. Maier, Die messianische Erwartung im Judentum der nachtalmudischen Zeit, Jud 20 (1964), 23–58 (S. 35 ff.).

[51] Zur Symbolik Edom/Esau s. G. D. Cohen, Esau as a Symbol in Early Mediaeval Thought, in: A. Altmann, Jewish Mediaeval and Renaissance Studies, 1967, 19–48 (Lit.).

5. Die Juden in Babylonien nach 226[52]

Mit der Arsacidendynastie (226) ging für das Judentum im Partherreich eine lange, ruhige Periode zu Ende. Die nachfolgenden Sassaniden ließen es nämlich gelegentlich zu Ausbrüchen religiöser Unduldsamkeit kommen, der Rechtsstatus der Juden blieb jedoch im Großen und Ganzen bewahrt. Immerhin war es so, daß für die Juden hier weithin das Partherreich die böse Weltmacht darstellte, das 4. Reich (nach dem man das messianische erhoffte), so wie es für die Juden im Westen eben Rom (Esau/Edom) war. Der Hellenismus war hier nie so bedrohlich gewesen wie im Westen und galt darum als relativ ungefährlich, was z. T. auch in einer ziemlich großzügigen Anwendung figürlicher Darstellungen in der synagogalen Kunst zutagetritt, wie in der aus dem 3. Jh. stammenden Synagoge von Dura Europos[53]. Die palästinischen Einflüsse, die seit der Barkochbazeit so sehr an Boden gewonnen hatten, wurden nun überhaupt herrschend. Die babylonischen Händler, die zeitweilig in palästinensischen Schulen wirkten, brachten die dortige Lehrtradition mit sich. Vor allem war es „Rab“ ('Abbā' 'Arîkā')[54], der in der 1. Hälfte des 3. Jh. die Mischnah „Rabbis“ (des Jehudah han-nāśî') mit nach Babylonien brachte und von seiner Schule zu Sura aus als Basis der weiteren halakischen Diskussion durchsetzte. Mehr noch als in Palästina, wo der *Nāśî'* lange Zeit hindurch ein anerkannter Gelehrtenfürst war, lag in Babylonien die eigentliche religiöse Autorität bei den Häuptern der großen Talmud-Schulen *(Jᵉšîbôt)*, wie Nehardea[55], Sura, Pumbeditha[56]

[52] Forschungsübersicht: J. Neusner IV, 424 ff.
S. Funk, Die Juden in Babylonien 200–500, 1902; J. Neusner, Rabbis and Community in Third Century Babylonia, Relions in Antiquity (in Memory of E. R. Goodenough) 1968, 438–462; J. Obermeier, Die Landschaft Babylonien im Zeitalter des Talmuds und Gaonats, 1938; J. B. Segal, Jews of Northern Mesopotamia before the Rise of Islam, Studies in the Bible, pres. to M. H. Segal, 1964, 32–63; G. Widengren, Quelques rapports entre Juifs et Iraniens à l'époque des Parthes, SVT 4 (1957), 197–242; Ders., The Status of the Jews in the Sassanian Empire, Irania Antica 1 (1961), 117–162.

[53] Lit. § 12, Anm. 6.

[54] W. Bacher, JE I, 29–31 (Lit.); J. Neusner I, 98 ff., 173 f. (und s. Reg.).

[55] P. Judelowitz, Ḥajjê haj-jᵉhûdîm bizman hat-talmûd, Sefär Nᵉharde'ā', 1905.

[56] M. D. Judelowitz, Jᵉšîbat Pumbedîtā', 1934/5; Ders., Hā-'îr Sûrā', Sinai 1 (1937), 156–162. 168–174.268–275. 317–324.411–422; 2 (1938), 130—132.

und Mahoza. Der Exilarch war nämlich von vornhinein mehr ein politischer Repräsentant. So ergaben sich bei allen Privilegien und bei allen engen Verbindungen zwischen Exilarchen-Regime und *Jᵉšîbôt*[57] nicht selten ernste Spannungen, manchmal gerade auch, weil die Rabbinen den Anliegen des Volkes gegenüber aufgeschlossener waren als der hohe Feudalherr. Die wirtschaftlich-politische Stabilität garantierte den *Jᵉšîbôt* Babyloniens einen relativ sicheren Bestand zu einer Zeit, als in Palästina die dortigen Schulen unter dem äußeren und religionspolitischen Druck der byzantinischen Herrschaft immer mehr litten. So liefen die babylonischen „Akademien" den palästinensischen bald den Rang ab und zwar z. T. in bewußter Konkurrenz[58].

Gegen Ende des 5. Jh. litt aber der Schulbetrieb unter einer Welle von parthischen Religionsverfolgungen derart, daß sich auch hier das Bedürfnis nach einer schriftlichen Festlegung des auf Grund der Mischnah erwachsenen Lehrstoffes ergab. Der so entstandene babylonische Talmud hat in den folgenden Jahrhunderten den palästinensischen fast völlig verdrängt.

Unter Chosroes II. (590–628) verbesserte sich das Verhältnis zwischen Parthern und Juden wieder und so gingen hier das jüdische Schulwesen und die jüdische Selbstverwaltung in gutem Zustand in die islamische Ära über.

6. Die übrige Diaspora[59]

Durch die Flüchtlinge und (die durch die lokalen Gemeinden losgekauften) Gefangenen der beiden Kriege, die zunehmende Auswanderung aus Palästina seit Beginn der christlichen Herrschaft, eine hohe Bevölkerungszuwachsrate und wohl auch durch die Aufnahme von Proselyten[60] gewann die Diaspora in der talmudischen Zeit immer größere Bedeutung. Neue Ballungsgebiete entstanden, die in den folgenden Jahrhunderten auch zu Zentren religiös-kulturellen Lebens

[57] M. Beer, Maʿᵃmādām hak-kalkālî wᵉha-ḥäbrātî šäl ʾᵃmôrāʾê Bābel, Diss. Jerus. 1962; Ders., Lišʾelat šiḥrûrām šäl ʾᵃmôrāʾê Bābel mit-tašlûm missîm ûmäkäs, Tarb 33 (1964), 248—255.

[58] Nach M. A. Tenenblatt trägt das babylonische Judentum die Schuld am Niedergang des paläst. Volksteiles.

[59] Lit. § 8; R. B. Neher, Le Judaism dans le Monde Romain, 1959.

[60] Lit. § 7, Anm. 25. Ferner: B. J. Bamberger, Proselytism in the Talmudic Period, 1968²; W. B. Braude, Jewish Proselytizing in the First Five Centuries, 1940.

wurden, wie Syrien[61], Rom und Süditalien[62], Ägypten[63] und Nordafrika[64], sowie Spanien und Südfrankreich[65]. Die Nachrichten über das innere und religiöse Leben der Diasporagemeinden, die es in nahezu allen Städten des Römischen Reiches gab, sind freilich spärlich. Am Beispiel des römischen Judentums, vor allem in der Katakombenkunst, ist wie in Palästina und Babylonien in der späteren talmudischen Zeit eine relativ offene Haltung zur Umweltkultur zu konstatieren[66].

Ernster als in Palästina oder Babylonien war in der römischen Diaspora die Auseinandersetzung mit dem frühen Christentum[67], das z. T. unter dem Schutz der jüdischen religio licita agitierte, was für den Status der jüdischen Gemeinden bedrohlich werden konnte. Waren die Juden rechtlich dabei zunächst auch im Vorteil, so gerieten sie nach der Erhebung des Christentums zur Staatsreligion immer mehr in Nachteil, da die Kirche nach und nach einen konsequenten Abbau der römischen Rechtsgrundlage erzwang, und zwar umso fanatischer, je näher die herrschende Theologie der monophysitischen Christologie stand.

Kennzeichnend blieb für die römische Diaspora die Orientierung am palästinensischen Judentum. Darin liegen die Ursprünge einer liturgischen und sprachlichen Differenzierung, zwischen den christlich beherrschten, palästinensisch orientierten „askenasischen"[68] Diasporagebieten und der späteren, von Babylonien abhängigen islamisch beherrschten („sefardischen"[69]) Diaspora.

[61] B.–Z. Luria, Haj-jehûdîm beSûrijāh, 1956.

[62] H. J. Leon, The Jews of Ancient Rome, 1960 (Lit.); C. Roth, The History of the Jews in Italy, 1946 (Nachdr. 1969).

[63] H. I. Bell, a. a. O. (§ 8, Anm. 3); E. Brescia, Juifs et Chretiennes de l'ancienne Alexandrie, 1927; E. Cahen, Les Juifs d'Egypte au temps de l'ère chretienne, 1927; W. Bousset, Jüdischchristlicher Schulbetrieb in Alexandria und Rom, 1915.

[64] Ch. Z. Hirschberg a. a. O. (§ 8, Anm. 4). S. W. Baron*, SRH III, 60 ff.

[65] S. W. Baron, SRH III, 33 ff.; G. Katz, The Jews in the Visigothic and Frankish Kingdom of Spain and Gaul, 1937.

[66] C. Roth* I, 64–109.

[67] I. Baer, ʿAm Jiśrā'el, hak-kenesijāh han-noṣrît wehaq-qajsārût hā-rômît mîmê Sepṭîmî'ûs Seberûs weʿad „peqûdat has-sablānût" šäl šenat 313, Zion 21 (1955/6), 1–49; L. Goppelt, Christentum und Judentum im ersten und zweiten Jahrhundert, 1954 (Lit.).

[68] Nach „*Aškenāz*", der Bezeichnung für Mitteleuropa und später auch Osteuropa im Mittelalter.

[69] Nach „*Sefārād*", Spanien, das nach Babylonien zum 2. Zentrum des Judentums unter islamischer Herrschaft wurde.

§ 11 *Funktionen und Institutionen*

Lit. § 10; ferner: JE IV, 194 f.; E. E. Urbach*; M. Weinberg, Die Organisation der jüdischen Ortsgemeinde in der talmudischen Zeit, MGWJ 41 (1896/7), 588–604. 639–660.673–691; M. Zucker, Studien zur jüdischen Selbstverwaltung im Altertum, 1936.

1. Die Rabbinen[1]

„Besorge dir einen Lehrer (*rāb*[2]) und erwirb dir einen Kollegen (*ḥāber*)[3]“. Im Rückblick könnte es auf Grund der literarischen Zeugnisse so scheinen, als wäre das Leben der talmudischen Zeit vor allem durch die Gesetzesgelehrten (“Weisen“, *ḥakāmîm*) geprägt gewesen. In Wirklichkeit hatten die „Weisen“ oft einen gar nicht leichten Stand. Zwar galt in gewissen Kreisen der „Weise“ als gesellschaftlich-religiöses Ideal, wie es schon Ab I, 4 heißt: „Dein Haus sei ein Versammlungsort der Weisen, mache dich staubig mit dem Staub ihrer Füße und trinke mit Durst ihre Worte“. Aber diese Rabbinen hatten kein öffentliches Amt in der Gemeinde inne, es sei denn, sie übernahmen ein solches im Rahmen der örtlichen oder zentralen Administration, z. B. als ernannte Richter. Der Stand des Weisen war kein Erwerbsstand, denn der traditionelle Grundsatz, daß man die „Krone der Torah“ nicht zum materiellen Vorteil mißbrauchen dürfe[4], blieb lange und

[1] I. Goldberger, Der Talmid Chacam, MGWJ 68 (1924), 211–225.301–307; M. D. Gross, 'Abôt had-dôrôt, 1963/4²; A. Hyman, Tôledôt Tannā'îm wā-'amôrā'îm, 3 Bde., 1909; J. Jeremias - K. Adolph, Verzeichnis der Schriftgelehrten, in: Str. – B. VI, 1959; A. Marmorstein, La réorganisation du Doctorat en Paléstine en IIIe siècle, REJ 66 (1913), 44–53; J. Neusner III, 95 ff.; IV, 125 ff. 183 ff. 279ff.; Ders., The Rabbis and the Community in Talmudic Times, CCARJ 14 (1967), 67–76; Ders., The Phenomen of the Rabbi in Late Antiquity, Numen 16 (1969), 1–20; Ders., Rabbis and Community in Third Century Babylonia, in: Religions in Antiquity (in memoriam E. R. Goodenough) 1968, 438–462; Ch. Z. Reines, Tôrāh ûMûsār, 1953/4 124–166; E. Steinmann, Be'er hat-Talmûd, I–II, 1963; III–IV, 1965; H. L. Strack, a. a. O. (§ 13) 116 ff.; E. E. Urbach*, 530 ff.; Ders., Ma'amād wehanhāgāh be'ôlāmām šāl ḥakmê 'äräṣ Jiśrā'el, 1966.

[2] Rāb, pl. Rabbānîm; Anrede: Rabbî (in Pal.), Rāb (in Babylon), zum Titel geworden. Die allgemeine Bezeichnung ist ḥakāmîm (Weise) und talmîdê ḥakāmîm (Schüler der Weisen).

[3] Ab I, 8.

[4] Die Krone des Königtums gilt nur dem Haus Davids, die Krone des Priestertums dem Stamm Aarons, die Krone der Torah aber, die größte, vermag jeder für sich zu erwerben. Vgl. Ab IV, 13; ARN 41; Sifre Num § 119 u. ö.

weithin gültig. Die Gelehrtenschüler, die über kein Vermögen bzw. kein Berufseinkommen verfügten, waren auf die Unterstützung von Mäzenen angewiesen, in Palästina vor allem des *Nāśî'*. Dies komplizierte das ohnehin nicht unbelastete Verhältnis zwischen Rabbinen und *Nāśî'*. Nach herkömmlicher Praxis „ordinierten" die Rabbinen ihre Schüler nach Gutdünken, d. h. sie verliehen ihnen nach einer gewissen Zeit und Leistung die Befugnis zu lehren und zu richten. Nach 70, als das pharisäische Judentum offiziell zur Norm geworden war, die Halakah als Recht eines ganzen Gemeinwesens dienen mußte, ergab sich ein unvermeidliches Bedürfnis nach einer Vereinheitlichung der Lehrmeinungen. Zwar hatte schon die hohe Achtung vor der Autorität der Lehrer und die Gewohnheit, ihre Aussagen namentlich weiterzutradieren, feste Traditionszusammenhänge und größere Schulbildungen ergeben[5] und so eine völlige Zersplitterung verhindert, doch waren jetzt darüber hinaus einheitliche Rechtssätze und Entscheidungen nötig. Dem sollte die Einrichtung des Sanhedrin (Abs. 2) unter der Leitung des zugleich das Volk politisch vertretenden *Nāśî'* dienen. Diese Zentralautorität versuchte darum, die Lehrfreiheit der Rabbinen – gegen deren erbitterten Widerstand – zu begrenzen und die Ordination *(s^emîkāh, r^ešût)*[6] als ein Monopol analog der Ernennung *(minnûj)* der beamteten Richter[7] an sich zu ziehen, und zwar möglichst auch für die Diaspora. Jehuda Han-Nāśî', der sowohl als Politiker wie als Gelehrter gleichermaßen respektiert wurde, erreichte dies auch weithin. Erst nach seinem Tode setzte wieder eine gegenläufige Entwicklung ein und die Schulhäupter gewannen, ähnlich wie es in Babylonien von Anfang an war, wieder stärkeres Eigengewicht. Die Rabbinen waren also einerseits eifersüchtig auf weitgehende Selbständigkeit bedacht und einer zu starken

[5] W. Bacher, Tradition und Tradenten, 1914 (Nachdr. 1966); vgl. dazu J. Z. Lauterbach, JQR 8 (1917), 101–112.

[6] Ch. Albeck, S^emîkāh ûminnûj bêt dîn, Zion 8 (1942/3), 85–93; W. Bacher, Geschichte der Ordination, MGWJ 38 (1894), 122–127; A. Epstein, Ordination et autorisation, REJ 46 (1906), 197–211; E. Ferguson, Jewish and Christian Ordination, HThR 56 (1963), 13–19; J. Z. Lauterbach, JE IX, 429 f.; E. Lohse, Die Ordination im Spätjudentum und N. T., 1951; Ders., RGG IV³, 1671 f.; H. Mantel, S^emîkāh ûminnûj bizman habbajit, Tarb 32 (1963/4), 120–135; vgl. Ders., Ordination and Appointment in the Period of the Temple, HThR 57 (1964), 325–346; J. Newman, Semikhah (Ordination), 1950; Ch. Z. Reines, Tôrāh ûmûsār, 1953/4, 124 ff.; S. Zeitlin, The Semikah Controversy between the School of Shammaj and Hillel, JQR 56 (1966), 240–244; H. Zucker, 174 ff.

[7] Siehe Ch. Albeck und H. Mantel a. a. O. (Anm. 6).

Zentralautorität abgeneigt, andrerseits verbürgte diese Zentrale nicht nur vielen Rabbinen ihren Lebensunterhalt, sondern dem gesamten Stand der „Weisen" seine Rolle im keineswegs überall und immer rabbinenfreundlichen Volk. Der anwachsende Umfang der Tradition und die immer komplizierter werdenden Methoden der Gesetzesgelehrsamkeit erschwerten den weniger bemittelten Rabbinen eine normale Berufsausübung, denn das Studium der Torah erforderte nun schon ein volles, gleichsam berufsmäßiges Engagement. Eine Expertenkaste entstand so, ein Berufsstand mit eigener Standesmoral. Die Entfaltung des Torah-Begriffes und der Umfang der Tradition verliehen dem Torah-Lernen und Diskutieren immer mehr Gewicht, bis das Verhältnis zwischen Lehre (Lernen) und Praxis als problematisch empfunden wurde. Dazu trug auch das Verhältnis zur Obrigkeit mit bei. Der *Nāśî'* in Palästina bzw. der Exilarch in Babylon war mit seinen Untergebenen und Beauftragten unvermeidlicherweise in die Politik verstrickt und in gewissem Sinne Kollaborateur der verhaßten Weltmacht. Manche Rabbinen lehnten darum den öffentlichen Dienst, der zudem vom Torahstudium nur ablenkte, prinzipiell ab. So entstand in gewissen Kreisen ein asketisch-weltabgewandter Gelehrtentyp[8], im Gegensatz zu jenem anderen, der bereit war, in der Öffentlichkeit *(ṣibbûr)* Verantwortung mitzuübernehmen. Die asketische Tendenz konnte z. T. in eine Form von vita contemplativa führen, z. T. aber auch zur Solidarisierung mit Volksschichten, die gegenüber dem Regime ohnedies Ressentiments hegten. Der Stand der Rabbinen war also nicht zuletzt durch seine Privilegierung, infolge der dadurch zutagetretenden Abhängigkeit und des Widerstandes eben dagegen alles andere als eine einheitliche Schicht. Und da soziale und politische Differenzen damals stets auch mit den Mitteln der religiösen Auseinandersetzung ausgetragen wurden, ist es kaum möglich, eine einheitliche Darstellung der religiösen Anschauungen der Rabbinen zu bieten, abgesehen davon, daß die rabbinische Literatur (§ 13) dies schon äußerlich ebenfalls erschwert. Die auf die Autorität der persönlichen Gelehrsamkeit und des persönlichen Vorbildes gegründete Eigenwilligkeit der Rabbinen und ihr Traditionsprinzip hat bewirkt, daß außer offiziellen kodifizierten Rechtsammlungen wie der Mišnah – und selbst in ihr noch – eine Fülle unterschiedlicher Lehrmei-

[8] Im parthischen Bereich blieb die Parallelität zur Gestalt des Magus nicht ohne Einfluß, vgl. J. Neusner II, 147 ff.; IV, 283 ff. Weiter s. auch R. Mach, Der Zaddik in Talmud und Midrasch, 1957.

nungen erhalten blieb und für spätere Zeiten bedeutsam werden konnte. Durch ihren literarisch fixierten „Nachlaß" haben die „Weisen", ob nun als heiligmäßige, legendenumkränzte homines religiosi oder als Beispiele für die Verbindung von Torahgelehrsamkeit und öffentlicher Wirksamkeit[9] und als Zeugen der Tradition allgemein, ihre beherrschende Rolle für die jüdische Religiosität erhalten.

Die rabbinische Wirklichkeit war auch nicht frei von bestimmten Schattenseiten, von gewissen „Berufskrankheiten" religiöser Funktionäre, wie Eitelkeit, Überheblichkeit und Rechthaberei, nicht nur im Verhältnis zum gemeinen Volk oder zur jüdischen Obrigkeit (*Nāśî'*, Exilarch), sondern gerade auch untereinander.

2. *Nāśî'*, Sanhedrin, *Jᵉšîbôt* und Exilarchat

In Palästina hatte schon die Versammlung *(wa'ad)* von Jabneh unter Jochanan b. Zakkaj und R. Gamliel II. gewisse zentrale Funktionen übernommen, und zwar im Sinne einer rabbinischen Akademie wie auch im Sinne eines obersten Gerichts (§ 10,1). Nach dem Barkochbakrieg, als das jüdische Schwergewicht sich nach Galiläa verlagerte und im Süden nur mehr wenige bedeutende Siedlungen mit Lehrhäusern bestanden, versammelte sich der „Große Sanhedrin"[10] zunächst in Uscha[11], später in Sepphoris und in Tiberias. Der Sanhedrin bestand aus 71 „Weisen" und tagte unter dem Vorsitz des hillelitischen *Nāśî'*, wobei wohl selten alle Mitglieder anwesend waren. Als Lehrhaus-Akademie *(Bêt Midrāš, Jᵉšîbāh)* diente der Sanhedrin zur Diskussion und Entscheidungen von Lehrmeinungen und aktuellen religiösen Fragen, wobei man nach dem Mehrheitsprinzip verfuhr, die Minderheitsmeinung aber mittradierte. Als oberster Gerichtshof *(Bêt Dîn Gādôl)* war der Sanhedrin ein Gremium der jüdischen Selbstverwaltung. Der hillelitische *Nāśî'* erfüllte also eine Doppelfunktion[12]. Einerseits war er im Rahmen der politischen Ordnung der von Rom anerkannte und bevollmächtigte Repräsentant der Juden, wie im

[9] Ab II, 2: Jāfäh talmûd tôrāh 'im däräk 'äräṣ; s. M. Beer, Talmûd Tôrāh wᵉdäräk 'äräṣ, Bar Ilan 2 (1964), 134–162.

[10] Lit.: § 4, Anm. 73, v. a. Hoenig und Mantel; ferner J. Zuri, a. a. O. (§ 10, Anm. 40); B. Agus, Ancient Sanhedrin or Sanhedrin-Academy?, Jdm 1 (1952), 52–63.

[11] H. Mantel, The removal of the Sanhedrin from Jabneh to Usha, PAAJR 26 (1957), 65–81.

[12] J. Juster, a. a. O. (§ 8), 385–408; A. Orenstein, Han-nᵉśî'ût bᵉJiśrā'el, 1955/6; J. S. Zuri, a. a. O. (§ 10, Anm. 40).

parthisch beherrschten Babylonien der Exilarch, andrerseits im Unterschied zu diesem zugleich und ursprünglich primus inter pares der Rabbinenkaste, dessen Autorität nicht zuletzt vom Maß seiner Gelehrsamkeit abhing. Unter Jehudah ha-Nāśî' (gest. 217 n.)[13] erreichte die Macht dieses Doppelamtes ihren Höhepunkt, doch gerade dieser erfolgreiche *Nāśî'*, der *„Rabbi"* schlechthin genannt wurde, verfügte in seinem Testament[14] eine Gewaltenteilung. Der hillelitische *Nāśî'* überließ den Vorsitz der Akademie einem *'Ab Bêt Dîn*, was auf einen Dualismus zwischen rabbinischer und politischer Autorität hinauslief, wie er in Babylonien bestand, wo neben dem politischen Amt des Exilarchen[15] die *J^ešîbôt* und deren Häupter, die späteren „Gaonen", immer stärker hervortraten.

Es versteht sich von selbst, daß es gelegentlich zu Spannungen zwischen den Rabbinen bzw. Schulhäuptern und der politischen Repräsentanz kommen mußte, nicht bloß wegen Kompetenzstreitigkeiten, sondern auch wegen der politischen „Linie", die ja im Zeichen der unterschiedlichen heilsgeschichtlichen Konzeptionen bzw. messianischen Erwartungen stand. Als Vertreter des status quo konnten *Nāśî'* und Exilarch, aber auch weithin das von diesen gestützte rabbinische Establishment, sogar als Hindernis für die erhoffte messianische Wende betrachtet werden.

Nachdem Gamaliel VI. 425 ohne männlichen Erben gestorben war, benützte die byzantinische Oberherrschaft die Gelegenheit, um die letzte Bastion jüdischer Autonomie im Heiligen Land zu beseitigen. Das Amt des Patriarchen wurde aufgelöst, das aurum coronarium der Staatskasse zugeführt, und der Sanhedrin in lokale Gerichtshöfe aufgeteilt. Damit verlor das palästinensische Rabbinat einen beträchtlichen Teil seiner Existenzbasis. Die *J^ešîbôt* verfielen rapide, nachdem seit Beginn des 4. Jh. ohnedies die babylonischen Schulen, wirtschaftlich im Regime des Exilarchats fest verankert, den palästi-

[13] W. Bacher, JE VII, 333–337; A. Guttmann, The Patriarch Judah I., HUCA 25 (1954), 239–261; R. Margaliout, L^etôl^edôt Rabbî J^ehûdāh hannāśî', Sinai 39 (1955/6), 104 f. 153–156.240–241. 282 f.

[14] B. M. Lerner, Ṣawwa'^atô šäl Rabbî J^ehûdāh han-nāśî', Biṣṣaron 51 (1964/5), 14–21.

[15] W. Bacher, JE V, 288–293; M. Beer, Re'šût hag-gôlāh bîmê hat-Talmûd, Zion 28 (1962/3), 3–33; Ders., Exilarchs of the Talmudic Epoc Mentioned in R. Sherira's Responsum, PAAJR 35 (1967), 43–74; Ders., The Babylonian Exilarchate in the Arsacid and Sassanian Periods (Hebr.), 1970; F. Lazarus, Die Häupter der Vertriebenen, JJGL 10 (1890), 1–183; J. S. Zuri, Šilṭôn re'šût hag-gôlāh w^ehaj-j^ešîbôt, 1939.

nensischen den Rang abzulaufen begonnen hatten. Doch war es die palästinensische Norm der Halakah, die in Babylon weitergepflegt wurde: Die Mischna des Jehudah ha-Nāśî' war durch die Gründer der Schulen von Sura und Nehardea, Rab und Samuel, die beide in Palästina studiert hatten, als verbindliche halakische Basis durchgesetzt worden.

3. Das Schulwesen[16]

In den jüdischen Ortsgemeinden waren vor allem die Besitzenden *(ba'ale battîm)* maßgebend und damit eben auch Leute, die von den Rabbinen als *'Am hā'ārāṣ* angesehen wurden. Darum kam es – v. a. in Palästina – häufig zu Kompetenzstreitigkeiten, bei denen die Rabbinen sich trotz ihrer Privilegien nicht immer durchsetzen konnten. So etwa im Gerichtswesen, wo zwischen Laiengerichtshöfen (nach hellenistischem Vorbild), obrigkeitlich ernannten Richtern und rabbinischen Richtern eine gewisse Konkurrenz eintreten konnte[17], vor allem aber in der Frage der Kinderschulen. Als Erben des Pharisäismus lag den Rabbinen an einer möglichst breite Schichten erfassenden Erziehung des Volkes zur Torah, und das wirksamste Mittel dabei war eben die Schule[18]. Die Einstellung und Besoldung von Lehrern stieß aber in vielen Gemeinden auf hartnäckigen Widerstand. Gleichwohl erzielte das Rabbinat im talmudischen Schulwesen ein Maß an pädagogischer Effektivität, das in dieser Breitenwirkung sonst nirgends erreicht worden ist[19].

[16] Lit. § 7, Anm. 14 und: M. Aberbach, Educational Problems and Institutions in the Talmudic Age, HUCA 37 (1968), 107–120; M. Arzt, The Teacher in Talmud and Midrash, M. Kaplan JV 1953, S. 35–47; S. W. Baron*, SRH II, 274 ff.; Ders.*, JC II, cap. XIII; L. Blau, Lehren und Gruppieren der Gebote in talmudischer Zeit, FS H. Brody (Soncino-Blätter III 2–4), 1930, S. 37–52; S. Krauss, Talmudische Archäologie II, 1911, 199 ff., 213 ff.; S. Stein, Schulverhältnisse, Erziehungslehre und Unterrichtsmethoden im Talmud, 1901; J. Wiesen, Geschichte und Methodik des Schulwesens im talmudischen Altertum, 1892. Anm. 18–20.

[17] G. Allon, 'Illên d^emitmannîm b^ekäsäf, Zion 12 (1946/7), 101–135.

[18] E. Ebner, Elementary Education in Ancient Israel During the Tannaitic Period (10–200 C. E.), 1956; S. Safraj, Elementary Education, its Religious and Social Significance in the Talmudic Period, JWH 11 (1968), 148–169.

[19] H. Gollancz, Pedagogics of the Talmud, 1924.

Die Erziehung zur Torahfrömmigkeit gilt in erster Linie als Pflicht des Vaters.

„Wenn der Knabe zu sprechen beginnt, soll sein Vater mit ihm Hebräisch reden und ihn Torah lehren. Redet er mit ihm nicht in der heiligen Sprache, und lehrt er ihn nicht Torah, so ist es, als ob er ihn begraben würde" (Sifrê d^{e} Bê Rāb Dtn 11,19).

„Sobald ein Kleiner zu laufen vermag, ist er zum Tragen des Feststrausses verpflichtet, sobald er sich selber anziehen kann, zum Tragen der Kleiderquasten, sobald er Gebetsriemen anbehalten kann, soll ihm sein Vater Gebetsriemen besorgen, und sobald er reden kann, soll ihn der Vater Torah lehren und das Š^{e}maʿ-Gebet" (b Sukka 42 a).

Besonders in wirtschaftlichen Notzeiten wie nach 135 n. wurde betont, daß es zu den väterlichen Pflichten gehört, dem Sohn auch eine Berufsausbildung zu besorgen (b Qidd 29 a). Eine Ausbildung bei Nichtjuden sollte aber vermieden werden (b AZ 15 b). Viele Väter waren aber nicht in der Lage, diese Aufgaben zu erfüllen, und diesen Mangel sollten die Kinderschulen ausgleichen. Es ging dabei nicht um ein allgemeines Bildungsideal, sondern um Torah-Erziehung, wobei die Ansicht, daß die Torah ja ohnehin alle mögliche Erkenntnis enthalte, den Lehrinhalt von vornhinein begrenzte. Formal hingegen folgte die rabbinische Schule weithin ihren hellenistischen Vorbildern, die freilich nie in dieser Weise breitere Schichten erfaßt hatten, wie es die rabbinische Schule zu tun bestrebt war[20]. Das Lesen und Schreiben wurde mit besonderen Schulfibeln erlernt (Dt. r. VIII, 3). Der Grundlernstoff war die Bibel, deren hebräischer Text, Satz für Satz vorgelesen und in die Umgangssprache (die aramäischen Idiome) übersetzt, auswendig gelernt wurde. Auf die biblische Ausbildung folgte „Talmud", d. h. das Erlernen der mündlichen interpretierenden und novellierenden Überlieferung (wobei seit Abschluß der Mischna diese die Grundlage bildete). In Ab V, 24 heißt es demgemäß:" Mit 5 Jahren zur Schrift, mit 10 Jahren zur mišnāh (die mündliche Überlieferung), mit 13 Jahren zu den Geboten (d. h. zur Verpflichtung auf die Torah-Praxis), mit 18 Jahren zur Heirat . . ."

Grundsätzlich hörte das Lernen für den torahtreuen Juden nie auf, es ersetzte geradezu jeglichen Geburtsadel: „Ein gelehrter Bastard hat vor einem ungebildeten Hohepriester den Vorrang" (mHor II, 7). Dieses Lernen sollte zugleich auch Lehre sein, denn „wer Torah lernt

[20] M. Schwabe, ʿAl battê has-sefär haj-j^{e}hûdijjim w^{e}haj-j^{e}wanijjim-rômijjim bitqûfat ham-Mišnāh, Tarb 21 (1949/50), 112–123.

und nicht wieder lehrt, gleicht einer Lilie in der Wüste" (b RH 23 a). Die Torah als Weltgesetz und als Mittel zur Erfüllung des kollektiven Erwählungsauftrages sollte nach Möglichkeit zum Allgemeingut des ganzen Volkes gemacht werden.

Die Grundzüge des talmudischen Schulwesens blieben bis in unsere Zeit maßgebend für die traditionelle jüdische Erziehung. Wer das Lehrziel der Kinderschule erreicht hatte, konnte als Schüler eines Rabbi[21] die eigentliche rabbinische Ausbildung erhalten, die natürlich nicht in jedem Falle qualitativ gleichwertig war. Diese vielen *Jᵉšîbôt* standen oft auch in einem gewissen Konkurrenzverhältnis zueinander. Oft erfolgte diese Ausbildung auch als Erbtradition im Rahmen der Familie. Ihre Krönung fand sie an den großen Akademien[22], ob nun in Palästina[23] oder Babylonien[24]. Über die Organisation der babylonischen Schulen sind ausführliche Berichte aus islamischer Zeit erhalten; Zweimal im Jahr (Febr./März und August/Sept.) versammelten sich hier Rabbinen und Schüler zur „Kallah", zur Sitzungsperiode, in der vorherbestimmte Traktate streng nach festgelegten Rangfolgen und Ordnungen durchgenommen und aktuelle Probleme erörtert und entschieden wurden.

[21] Siehe Abs. 1; ferner: M. Aberbach, The Relationship between Master and Disciple in the Talmudic Age, Essays pres. to I. Brodie, 1967, 1–24; Ch. Albeck, Däräk limmûdām šäl ḤZ"L, Sinai 46 (1959/60), 101–108.

[22] H. Kottek, Die Hochschulen in Palästina und Babylonien, JJLG 3 (1905), 131–190; S. Krauss, Talmudische Archäologie III, 1912, 204 ff.; A. Schwarz, Die Hochschulen in Palästina und Babylonien, JJGL 2 (1899), 83–102; Ders., Eine vorübergehende Spannung zwischen den Hochschulen Judaeas und Babyloniens, MGWJ 73 (1929), 25–33; J. S. Zuri, Tôlᵉdôt darkê hal-limmûd bîšîbôt dārôm, Gālîl, Sûrā' wᵉNeharde'a', 1914.

[23] W. Bacher, Zur Geschichte der Schulen Palästinas im 3. und 4. Jahrhundert: Die Genossen, MGWJ 43 (1899), 345–360; Ders., Die Gelehrten von Caesaraea, MGWJ 45 (1901), 298–310; S. Klein, Aus den Lehrhäusern Eretz-Jisraels im 2.–3. Jh., MGWJ 73 (1934), 164–171; J. S. Zuri, Tôlᵉdôt had-dᵉrômijjim bᵉjaḥᵃsêhäm 'äl hag-gᵉlîlijjim, 1913.

[24] W. Bacher, JE I, 145–147; S. Krauss, Bê'ûr mûśśag jarḥê Kallāh, Tarb 20 (1949/50), 123–132; J. Z. Lauterbach, The Names of the Rabbinical Schools and Assemblies in Babylonien, HUCA 2 (1925), 211–224; H. Medalie, The Talmudical College of Pumbeditha, Leeds Univ. Jew. Annual 1 (1948/9), 45–50 und Journal of the Manchester Univ. Eg. and Or. Soc. 24 (1947), 60–65; S. K. Mirski, Types of Lectures in the Babylonian Academies, Essays in honor of S. W. Baron, 1959, 375–402; J. Neusner, a. a. O. (§ 10), IV, 279 ff.

4. Die Organisation der Synagoge[25]

Der Vorstand der Synagoge heißt in griechischen Quellen ’ἀρχισυνάγωγος[26], in den hebräischen *ro’š hak-kᵉnäsät*[27]. Für das synagogale Dienstpersonal sind auch die Bezeichnungen ὑπηρέτης[28], νάκορος[29] und διάκονος[30] bezeugt. Die hebräische Bezeichnung lautet *ḥazzān*[31]. Diese Funktion wurde allem Anschein nach vor allem von Leviten ausgeübt[32] und im Verlauf der talmudischen Zeit, im Zuge des Bestrebens, den synagogalen Gottesdienst als Fortsetzung des Tempelkultes zu gestalten, haben priesterliche Familientraditionen noch mehr Gewicht erlangt (vgl. § 14 u. § 15). Der *Ḥazzan* hat in der zweiten Hälfte der Periode auch die Funktion des Vorbeters *(šᵉlîᵃḥ ṣibbûr)*, der früher jeweils ein dazu aufgerufenes Gemeindeglied gewesen war, als ständige Aufgabe übernommen, was wohl mit der Entwicklung der synagogalen Liturgie und Poesie zusammenhängt (§ 15). Die Bezeichnungen *ḥazzān* und *šᵉliᵃḥ ṣibbûr* wurden von da an austauschbar. Die Rabbinen hatten in der Synagogenorganisation kein festes Amt inne.

§ 12 Das Zeugnis der synagogalen Archäologie

N. Avigad, Mäḥqar battê-hak-kᵉnäsät hā-ʿattîqîm bā-’äräṣ, Ḥᵃdāšôt ’arke’ôlôgijjôt 6, 1963; Ders., Ancient Synagogues in Galilee, Ariel 19 (1967), 25–40; M. Avi-Yonah, Oriental Art in Roman Palestine, 1961; S. W. Baron*, SRH II, 330 ff.; Y. L. Bialer, Symbols in Jewish Art and Tradition, Ariel 21 (1967/8), 5–22; D. Goldman, The Sacred Portal, 1966 (Hier S. 170 f. eine Liste außerpalästinensischer Synagogenfunde); E. R. Goodenough, Jewish Symbols in the Graeco-Roman Period, 13 Bde., 1956–1969; Ders., The Rabbis and Jewish Art in the Graeco-Roman Period, HUCA 32 (1961), 269–279; Ders., Pagan Symbols in Jewish Antiquity: The Vine, the Eagle,

[25] Lit. § 4, Anm. 58–61; S. Krauss, Synagogale Altertümer, 1922, 112 ff.; K. Hruby, Die Synagoge, 1971.

[26] Mk 5,22; Lk 13,14; Act 13,15; EJ III, 214 f.; JE II, 86; J. Juster, a. a. O. (§ 8), I, 450; S. Krauss, a. a. O. (Anm. 25), 114 ff.; E. Schürer, a. a. O. (§ 3), II, 509.

[27] mSota VII, 7 f.; u. ö.

[28] Lk 4,20; ant IV, 214; vgl. ant XII, 152 und auch ant XIII, 67.

[29] CPJ I, Nr. 129.

[30] CIJ I, 805.

[31] mJoma VII, 1. 7 f.; mSabb I, 3; mSota VII, 7 f.; mMakk III, 12; tSukka IV, 6.11; tTaʿan I, 14; bSanh 17 b u. ö. Siehe JE VI, 284 ff.

[32] Vgl. ant IV, 214; Sifre Dt 16,68; bJeb 86 b.

the Lion, Commentary 23 (1957), 74–80; R. Kohl – W. Watzinger, Antike Synagogen in Galiläa, 1916 (Nachdr. 1968); S. Krauss, Synagogale Altertümer, 1922 (Nachdruck 1966); S. Krauss, Talmudische Archäologie, 3 Bde. 1910–12 (Nachdr. 1966); C. Roth*, I, 64 ff.; S. J. Saller, A revised Catalogue of the Ancient Synagogues of the Holy Land, Jerus. 1969; M. H. Scharlemann, The Theology of Synagogue Architecture, CThM 30 (1959), 902–914; E. L. Sukenik, The Present State of Ancient Synagogue Studies, BEAS 1 (1949), 8–23; Ders., Ancient Synagogues in Palestine and Greece, 1934.

1. Die Archäologie hat das überlieferte Bild von der Religion der talmudischen Periode in wichtigen Punkten ergänzt und illustriert. Wenn man von den Ausgrabungen in Beth Shearim[1] und den römischen Katakomben[2] absieht, handelt es sich vor allem um die Reste antiker Synagogen und deren künstlerische Ausstattung. Die Synagogenbauten der Antike waren nicht nur gottesdienstliche Versammlungshäuser, sondern kommunale, gesellschaftliche Zentren, mit einem *Bêt Midrāš* verbunden und in der Regel auch mit einer Herberge für durchreisende Juden[3]. In der architektonischen Grundstruktur des Gottesdienstraumes sind hier von Bedeutung die Orientierung nach Jerusalem[4] und der im späteren galiläischen Typus festzustellende feste Platz (Apsis) für den Torahschrein auf der Jerusalem zugewandten Seite.

Aufschlußreicher sind bildliche Darstellungen und Symbole, deren Deutung von der haggadischen Literatur her und aus dem ikonographischen Kontext größerer Darstellungen wie Fußbodenmosaiken und Wandmalereien (Katakombenmalerei in Rom; Dura Europos) möglich ist. So z. B. beim Mosaik der Synagoge von Bet Alpha (5. Jh.)[5], verglichen mit Motiven auf den Fresken der Synagoge von Dura Europos (3. Jh.)[6].

[1] § 10, Anm. 42.

[2] Lit. bei H.-J. Leon, a. a. O. (§ 10, Anm. 62).

[3] I. Elbogen*, 444 ff.; Lit. § 4, Anm. 58.61.71.72; K. Hruby, La synagogue dans la littérature rabbinique, L'Orient Syrien 9 (1964), 473–514; Z. Kaplan – J. Pinkerfeld, EI VIII, 612 ff. 626 ff.; E. Mihaly, Jewish Prayer and Synagogue Architecture, Jdm 7 (1958), 309–319; I. Sonne, Dijjûnîm ʿal signônê benijjāh šäl battê-kenäsät ʿattîqîm, Biṣṣaron 24 (1959/60), 6–17.

[4] F. Landsberger, The Sacred Direction in Synagogue and Church, HUCA 28 (1957), 181–204.

[5] E. L. Sukenik, The Ancient Synagogue of Beth Alpha, 1942; B. Goldman.

[6] C. H. Kraeling, The Synagogue, 1956; ferner: M. H. Ben-Shammai, The Legends of the Destruction of the Temple among the Paintings of the Dura-Synagogue, BJPES 9 (1942), 93–97; E. J. Bickermann, Symbolism

2. Die betreffenden Darstellungen von Dura Europos schmücken die Wand mit der Nische für die Torahrolle. Bekanntlich galt der Torahschrein[7] als Bundeslade[8] und darum konzentrierte sich die kulttheologische Symbolik auch um diese Nische. Im Zentrum über der Nische steht ein Portal[9] mit verschlossenen Türflügeln, offenkundig Symbol des Tempels, genauer wohl des Allerheiligsten, Symbol der Gegenwart und Transzendenz Gottes zugleich. Links eine mächtige Menorah, der siebenarmige Leuchter des Tempels. Seine Symbolik ist komplex[10]. Hier, neben dem ziemlich eindeutigen Portalsymbol, hat die Menorah wohl ihren ursprünglichen und hauptsächlichsten Sinn, nämlich als Zeichen der kosmischen Ordnung und der darauf abgestimmten kultkalendarischen Ordnung[11]. In makkabäischer Zeit wurde der Leuchter wie andere Tempelkultrequisiten (Lulab und Etrog sind auch hier neben dem Leuchter abgebildet) und der heißumkämpfte Tempel selbst zu religiös-nationalen Symbolen[12]. Ebenfalls schon in hellenistischer Zeit versinnbildlichte die Menorah als Himmelssymbol die Ewigkeit und wurde zum Zeichen des ewigen Lebens bzw. der Auferstehung. Und da individuelle und kollektive

in the Dura Synagogue, HThR 58 (1965), 127–151; E. R. Goodenough IX–XI (dazu J. Gutman, The Reconstructionist 31, 1965, 20–25); Ders., The Greek Garments on Jewish Heroes in the Dura Synagogue, in: A. Altmann, Biblical Motifs, 1966, 221–237; J. Neusner, Judaism at Dura Europos, HR 4 (1964), 81–102; A. D. Noack, The Synagogue Murals of Dura Europos, H. A. Wolfson Jub. Vol. 1965, 631–639; M. Noth, Dura Europos und seine Synagoge, ZDPV 75 (1959), 164–181; N. Schneid, Ṣijjûrê bet-hak-kenäsät beDûrā' – 'Êrôpôs, 1946; H. Stern, Die Synagoge von Dura Europos, ThLZ 83 (1958), 249–254; R. Wischnitzer, The Samuel Cycle in the Wall Decoration of the Synagogue at Dura-Europos, PAAJR 11 (1941), 85–103; Ders., The Messianic Theme in the Paintings of the Dura Synagogue, 1948.

[7] E. L. Sukenik, Designs of Thora-Shrines in Ancient Synagogues, PEF. Q. St. 1931, 22–25; C. Wendel, Der Thoraschrein im Altertum, 1950.

[8] J. Maier, Das altisraelitische Ladeheiligtum, 1965, 80 ff.; Ders., Vom Kultus zur Gnosis, 1964, 90 ff.

[9] Zum Portalmotiv s. B. Goldman.

[10] A. M. Goldberg, Der siebenarmige Leuchter, ZDMG 117 (1967), 232 bis 246; E. R. Goodenough, The Menorah among the Jews of the Roman World, HUCA 23/2 (1950/1), 449–492; D. Sperber, The History of the Menorah, JJS 16 (1965), 135–159; W. Wirgin, The Menorah as Symbol of Judaism, IEJ 12 (1962), 140–142; Ders., The Menorah as Symbol of After-Life, IEJ 14 (1964), 102–104.

[11] Nach bMen 86 auch ein Zeichen der Schekinah.

[12] C. Roth, Messianic Symbols in Palestinian Archaeology, PEQ 87 (1955), 151–164; R. Wischnitzer, a. a. O. (Anm. 6).

Zukunftshoffnung ja so eng verflochten waren, wurde die Menorah auch zum nationalen Symbol, zuletzt zum Emblem des Staates Israel. Rechts die „Aqedah", die Opferung Isaaks[13]. Im Hintergrund eine Art Zelt, wohl für die wartenden Knechte. Links davon dic einhaltgebietende Gotteshand über dem gebunden auf dem Altar liegenden Isaak, davor, beiden zugewandt, Abraham mit gezücktem Messer, drauf und dran, die Opferschlachtung zu beginnen. Im Vordergrund der Widder, wie nach dem pal. Targum an einen Baum gebunden.

Diese drei großen Themen, (1) Allerheiligstes, (2) kosmisch-kultische Ordnung und (3) die Aqedah, treten im Bet-Alpha-Mosaik noch deutlicher, weil in einer klaren räumlichen Folge, vor das Auge. Das Gesamtmosaik besteht aus einer nach dem Vorbild der Teppichornamentik gestalteten Umrandung und den drei für hier relevanten mittleren Darstellungen. Man betritt die Synagoge gegenüber der jerusalemorientierten Torahnische und sieht zuerst die Aqedah. Die eher altorientalische, konturenbetonende und nicht-perspektivische Darstellung versucht einen räumlichen Effekt zu erzielen, indem die Figuren von links hinten nach rechts vorne angeordnet sind. Größe und Bedeutung der Figuren entsprechen sich, Bewegung wird im Unterschied zur statischen Frontaldarstellung durch Profil- oder Teilprofildarstellung angedeutet. Links im Hintergrund stehen Abrahams Knechte mit dem Esel, in der Mitte im Hintergrund der Widder, angebunden wie nach dem pal. Targum und in Dura. Darüber erscheint im Vordergrund die Gotteshand, aus einer Wolke heraus, gewissermaßen aus dem Jenseits gebietend, dann Abraham, eben dabei, den gefesselten Isaak zur Schlachtung auf den bereits brennenden Altar zu legen. Sein zurückgewandter Kopf blickt auf die Gotteshand. Auf dieses erste, für den Kult grundlegende Thema, folgt im großen Mittelfeld eine Darstellung des Tierkreises[14] und der vier Jahreszeiten mit dem Sonnengefährt im Zentrum, wie mehr oder weniger ähnlich in anderen Synagogenmosaiken auch. Was in Dura der siebenarmige Leuchter allein versinnbildlichte, ist hier klarer und unmißverständlicher ausgeführt: es geht um die kosmisch- und kultkalendarische Ordnung, in der sich die repräsentatio der Aqedah voll-

[13] Siehe den Exkurs.

[14] B. Feuchtwang, Der Tierkreis in der Tradition und im Synagogenritus, MGWJ 59 (1915), 241–267; I. Sonne, The Zodiac Theme in Ancient Synagogues and in Hebrew Printed Books, Studies in Bibl. and Booklore 1 (1953), 3–13; B. L. van der Waerden, History of the Zodiac, AfO 16 (1952/3), 216–230.

zieht. Tierkreis- und Zwölfstämmesymbolik fließen übrigens ineinander, Israel ist in seinem Torahgehorsam ja Träger der Weltordnung. Und schließlich das dritte Feld, mit dem Portal im Zentrum, flankiert von dämonischen Wächterlöwen, Kultutensilien und von den in dekorativer Weise verdoppelten Menorot. Daß es sich um das Allerheiligste, die Stätte der Gottesgegenwart handelt, wird auch durch den Vorhang angedeutet.

Exkurs: Die Aqedah

I. Die Ausdeutung der Erzählung von der Opferung Isaaks, im jüdischen Sprachgebrauch nach Gen 22,9 ʿAqedāh (Bindung, Fesselung) genannt, gehört zu den zentralen religiösen Vorstellungskomplexen der jüdischen Religion. Dennoch blieb dieser Sachverhalt weithin unbekannt. Die Bibelwissenschaft kümmerte sich ja kaum um die jüdische Auslegungsgeschichte und die jüdische „Wissenschaft des Judentums" litt unter dem Trauma der Aufklärung und mied aus grundsätzlichen Erwägungen weithin Themen haggadischer und vor allem „mystischer" Art. Abraham Geiger[15] z. B. meinte sogar, die ganze Aqedah-Theologie sei auf christlichen Einfluß zurückzuführen. 1912 verwies aber I. Levi[16] darauf, daß wichtige Überlieferungsmomente dieser Theologie in das 1. nachchristliche Jahrhundert und zum Teil noch weiter zurückreichen und eher die christliche Soteriologie und Christologie auf diesem Hintergrund zu deuten wäre. H.-J. Schoeps erneuerte diese These[17] und 1950 wurde sie durch S. Spiegel[18] erhärtet. Während Spiegel in seiner auch in Englisch erschienenen Arbeit[19] die haggadische Überlieferung bis in die Kreuzzugszeit verfolgt, untersuchte im Anschluß an ihn G. Vermes[20] noch einmal eingehend das frühjüdische, talmudische und christliche Material, im Wesentlichen mit dem selben Ergebnis. B. A. Rosenberg[21] versuchte sogar, die Verbindung zwischen Gen 22 und Jes 52 f. auf einen Ritus am Jerusalemer Tempel zurückzuführen, der dem Leiden und Tod des mesopotamischen Ersatzkönigs entspricht, und auch er wollte daraus etwas für das Selbstverständnis oder wenigstens für das Verständnis Jesu erheben.

[15] Erbsünde und Versöhnungstod, JZWL 10 (1872), 166–171.
[16] Le sacrifice d'Isaac et la mort de Jésu, REJ 64 (1912), 161–184.
[17] The Sacrifice of Isaac in Paul's Theology, JBL 65 (1946), 385–392.; vgl. auch H. Riesenfeld, Jésus transfiguré, 1947, 86–96.
[18] Me-'aggādôt hā-ʿaqedāh, A. Marx JV 1950, 471–547; dazu erg.: Perûr me'aggādôt hā-ʿaqedāh, A. Weiss JV 1964, 533–566; Mip-pitgāmê hā-ʿaqedāh, M. Kaplan JV 1953, hebr. 267–287 (Kreuzzugszeit). Zur Midraschüberlieferung s. auch EJ II, 5 f.; JE I, 303; D. Polish, Akedat Yitzhak – The Binding of Isaac, Jdm 6 (1967), 17–21; M. Rabinsohn, ʿaqedat Jiṣhaq bas-sifrût hā-ʿibrît, Ha-Shiloach 25 (1911), 208–213.
[19] The Last Trial, 1967.
[20] Scripture and Tradition in Judaism, 1961, 193–227.
[21] Jesus, Isaac and the „Suffering Servant", JBL 84 (1965), 381–388.

Eigenartigerweise beachteten diese Arbeiten kaum, daß die Aqedah auch in der religiösen Kunst des Judentums – und des Christentums – eine beachtliche Rolle spielt, während umgekehrt die kunstgeschichtlichen Deutungen der Aqedahdarstellungen den literarisch-religionsgeschichtlichen Befund nicht umfassend genug berücksichtigten. Die jüdischen Zeugnisse wurden dabei zumeist im Rahmen der christlichen mitbehandelt[22].

II. S. Spiegel und G. Vermes haben aus der frühjüdischen und rabbinischen Literatur die Zeugnisse für die Theologie der Aqedah erhoben. Ihr Inhalt kann in 7 Punkten skizziert werden:

1. Die Gleichsetzung des Berges Moria mit dem Jerusalemer Tempelberg, schon II Chr 3,1 und Jub 18,13 sowie durch Josephus Flavius bezeugt, gehört zum Bestand der Tempeltheologie.

2. a) Die Aqedah wird Typos des Martyriums: So zuerst in der makkabäischen Zeit (IV Makk; Ps. – Philo), dann wieder in und nach dem Bar Kochba-Krieg (b Gitt 57b) und ganz besonders während der Kreuzzüge.

b) Gen 22 wird mit dem Gottesknechtmotiv verbunden: Isaak, zur Zeit des Opfers bereits erwachsen, nimmt seine Opferung willig auf sich (vgl. IV Makk; Jos; pal. Targ.; Ps. – Philo; Sifre Dt etc.).

c) Die Aqedah wird zum Paradigma für die Errettung aus Todesgefahr, Isaak zum Prototyp des Auferstandenen, die Aqedah Verheißung der Auferstehung.

d) In diese martyrologische Tradition gehört auch die gelegentliche Beschreibung der Aqedah als einer Hinrichtung (vgl. Jose b. Jose, 'Azkîr; Gen. r. 56,3; chr. Kunst).

3. Das Opfer des einzigen Sohnes gilt, obschon nicht vollzogen, doch als ob dargebracht. Man sprach daher von Isaaks Asche und von Isaaks Blut.

Schon im 2. Jh. n. Chr. ist das Bestreben nachweisbar, den Sühnecharakter des „als-ob" Opfers zu unterstreichen. Man behauptet, Isaak wäre von Abrahams Messer bereits verwundet worden und hätte ein Viertel seines Blutes verloren. Später meinte man auch, Isaak sei tatsächlich geopfert und von Gott wiederauferweckt worden.

4. Wie der Erzählung in der Bibel eine Verheißung für Isaaks Nachkommenschaft folgt, nahm man im Sinne des genealogischen Denkens an, daß in Isaak seine ganze Nachkommenschaft mitgeopfert und miterrettet worden ist, die Aqedah also ein ein für allemal heilsbegründendes und heilsvermittelndes Ereignis für Israel darstellt.

Die Errettung Israels etwa am Schilfmeer beim Exodus, nach der Verfehlung mit dem goldenen Kalb, vor dem Plageengel I Chr 21,15 und vor Haman wird auf das Verdienst der Aqedah zurückgeführt.

5. Die Aqedah erfolgte nicht bloß am Tempelberg, sie begründet überhaupt den Opferkult geradezu sakramental: Das Opfer des Widders war Ersatz für das Opfer des einzigen Sohnes gewesen. Das Tamidopfer am

22 I. S. van der Woerden, The Iconography of the Sacrifice of Abraham, VC 15 (1961), 214–255 (hier ältere Lit.); H.-J. Geischer, Heidnische Parallelen zum frühchristlichen Bild des Isaak-Opfers, JAC 10 (1967), 127–144; H. Westmann, Die Akedah, Antaios 10 (1969), 504–516. Zu Dura s. Goodenough IV, 71–77, zu Bet Alpha s. B. Goldman.

Tempel re-präsentiert dieses eine vollkommene Opfer der Aqedah, erinnert Gott daran und aktualisiert so die Verheißung für Isaaks Nachkommenschaft (so schon im pal. Targum; Gen. r. 64,3; Lev. r. II, 9 u. ö.). Die Aqedah ist also die Magna Charta des Jerusalemer Opferkultes. Im Morgengebet wird Gen 22 daher mit Opfertexten aus Bibel und Mischna rezitert[23].

6. Schon das Jubiläenbuch setzt voraus, daß die Aqedah im Nisan, dem Passahmonat, stattfand, im alten ersten Monat des Jahres.

a) Auch das Passahlamm, dessen Blut die Erstgeborenen Israels beim Exodus bewahrt, ist wie das Tamidopfer als repräsentatio der Aqedah verstanden worden.

b) Der Neujahrstag gilt als Tag des göttlichen Gerichts. Die Aqedahsymbolik des Nisan ging auf den späteren Herbstjahresanfang im Tischri über. Als im 3./4. Jh. n. die Festtagsliturgie endgültige Gestalt annahm, wurden auch Gebete aufgenommen, die sich auf die Aqedah beziehen, welche als Unterpfand der Rechtfertigung vor Gericht gilt. Auch das Blasen des Schofarhornes soll Gott an den Widder der Aqedah und damit an das anerkannte Opfer und an die Verheißung erinnern.

7. Dem entspricht die Einzelsymbolik. Z. B.: Der Widder, das Ersatzopfer, wurde von Gott bereits am letzten Schöpfungstag knapp vor Sabbateintritt mit 9 anderen Dingen erschaffen (Ab V, 6) und im Garten Eden unter dem Baum des Lebens aufbewahrt. Aus den Sehnen des Widders wurden die Saiten der Harfe Davids. Aus der Haut des Widders wurde der Gürtel des Elias. Das linke Horn des Widders ertönte als Schofar am Berg Sinai, das rechte wird Gott zur endzeitlichen Erlösung blasen, wie es im Achtzehngebet heißt: „Stoße ins große Horn zu unserer Befreiung ...“. Der Esel Abrahams ist identisch mit dem Esel des Mose und mit dem Esel des endzeitlichen Davidsohnes.

Diese sakramental anmutende Bedeutung der Aqedah bleibt aber in ihrer Wirkung für Israel gebunden an den Torahgehorsam. Die Vergebung setzt die Umkehr voraus, die stets Umkehr zum Gehorsam ist. Konsequenterweise wurde die Aqedah daher auch in die Symbolik des wichtigsten Bußtages, des Großen Versöhnungstages, eingebaut, wie die exegetische Überlieferung zu Gen 22 und Lev 16, die religiöse Poesie zur *Jôm-Kippûr*-Liturgie (Jose b. Jose, *'azkîr* 88–90; *'attāh kônantā* 57–60) zeigt[24].

III. In der synagogalen Poesie entsteht im frühen Mittelalter eine besondere Gattung, die „Aqedah“[25]. Sie steht einerseits in der aufgewiesenen talmudischen literarisch-theologischen Tradition, erhält aber infolge der Märtyrien der Kreuzzugszeit und deren Beschreibungen[26] und durch die

[23] N. Pavoncello, Il sacrificio de Isaacco nella liturgia ebraica, RivBibl 16 (1968), 557–566.

[24] Vgl. N. Pavoncello, a. a. O. (Anm. 23).

[25] Liste bei I. Davidson*, IV, 493; s. auch S. Spiegel, a. a. O. (Anm. 19), 142 ff.; D. Sasson, ʿaqedat Jiṣḥaq ʾabînû, QS 2 (1925/6), 258–267; A. Wiener, Die Opfer- und Akedahgebete, 1869; L. Zunz, Die synagogale Poesie des Mittelalters, 1920², 136 ff. Vorformen der Gattung enthält auch schon der ältere Pijjut.

[26] S. Spiegel, a. a. O. (Anm. 19), 121 ff. 132 ff.

christlich-jüdische Konfrontation Aktualität[27]. Auch in der volkstümlichen Literatur fand der Stoff Aufnahme[28]. Der Torahkommentator Mose Alscheik (1520–1600) kompilierte zu Gen 22 in übersichtlicher Weise das überkommene Material, worauf sich als einer der letzten Aqedah-Theologen Samuel Hirsch bezog[29].

Die Zusammenschau von literarischem und ikonographischen Befund ergibt eine klare und geschlossene theologische Konzeption, ein Herzstück des jüdischen Glaubens.

3. Die reiche religiöse Symbolik der archäologischen Zeugnisse, am Beispiel der Aqedah dargelegt, beweist, in welchem Maß das talmudische Judentum in Wirklichkeit über manche von strengen Rabbinen gesteckte Grenzen hinausging[30]. Ein kürzlich entdecktes Beispiel dafür ist auch der in byzantinischem Kaiserornat als harfespielender Orpheus dargestellte König David im Synagogenmosaik von Gaza[31]. Nicht immer waren es die Rabbinen, die im Alltagsleben den Ton angaben, sondern häufig genug eben die Besitzenden, die gerade in Architektur und Kunst als Spender[32] ihre Auffassungen durchsetzen konnten.

27 Josef Albo, Sefär hā-ʿIqqārîm III, 35 stellt dem Erlösertod Christi die Aqedah als Befreiung von der Erbsünde entgegen. Vgl. auch Isaak Abrabanel zu Gen 22.

28 EJ II, 6 f.; P. Matenko - S. Sloan, 2 Studies in Yiddish Culture, 1. The Aqedath Jiṣḥaq, 2. Job and Faust, 1968.

29 Die Religionsphilosophie der Juden, 1842, 524 ff.

30 B. Cohen, Art in Jewish Law, Jdm 3 (1954), 165–176; J.-B. Frey, La question des images chez les Juifs à la lumière des récentes découvertes, Bibl 15 (1934), 265–300; J. Gutman, The Second Commandment and the Image in Judaism, HUCA 32 (1961), 161–174; E. E. Urbach, a. a. O. (§ 10, Anm. 48).

31 M. Avi-Yonah, Taglît bêt-kenäsät ʿattîq be-ʿAzzāh, Jediot 30 (1966/7), 221–223; M. Philonenko, David-Orphée sur une Mosaique de Gaza, RHPhR 47 (1967), 355–357.

32 B. Lishitz, Donateurs et Fondateurs dans les synagogues Juives, 1967.

2. Kapitel: Literatur und Liturgie

§ 13 Die rabbinische Literatur

Ch. Albeck, Mābô' lat-Talmûdîm, 1969; J. Bowker, The Targums and Rabbinic Literature, 1969; J. N. Epstein, M^{e}bô'ôt l^{e}sifrût hat-tannā'îm, 1957; Ders., M^{e}bô'ôt l^{e}sifrût hā-'^{a}môrā'îm, 1962; B. de Fries, Mābô' k^{e}lālî las-sifrût hat-talmûdît, 1966; L. Ginzburg, On Jewish Law and Lore, 1955; E. Z. Melammed, Mābô' l^{e}sifrût hat-talmûd, 1954; Ders., Haj-jaḥas šäb-bên midr^{e}šê – h^{a}lākāh ham-Mišnāh w^{e}lat- Tôseftā', 1966/7; M. Mielziner, Introduction in the Talmud, 1968^{4} (Hier Bibliogr. S. 397 ff.); J. L. Palache, Inleiding in de Talmoed, 1954^{2}; H. L. Strack, Einleitung in Talmud und Midrasch, 1930^{5} (Nachdruck 1960; hier auch ältere Lit.); I. Unterman, The Talmud, 1952; A. Weiss, Hithawwût hat-Talmûd biš^{e}lemûtô, 1942/3; Ders., ʿAl haj-j^{e}ṣîrāh has-sifrûtît šäl hā-'^{a}môrā'îm, 1961/2.

1. Offenbarung, Tradition, Interpretation und die Merkmale der rabbinischen Literatur

Der Charakter des Judentums als einer Buchreligion hat in der talmudischen Periode einerseits Profilierungen, andrerseits eine Relativierung erfahren. Zunächst war es nach 70 n. in Jabne zu einer Abgrenzung des Kanons der heiligen Schriften gekommen[1]. Dieser Schritt entsprach schon im Frühjudentum der im Pharisäismus gepflegten Form der Interpretation[2], mit deren Hilfe die „schriftliche Torah" den sich wandelnden Lebensumständen angepaßt werden konnte. Die sich so entwickelnde „mündliche Torah" war – auch aus bestimmten Frontstellungen heraus – in ihrer Autorität der „schriftlichen" gleichgestellt worden, galt als Offenbarungsinhalt vom Sinai. Damit war die Fixierung als Buchreligion, wie sie durch die Kanonisierung erfolgt war, bis zu einem gewissen Grad wieder relativiert worden, und auch dies stand z. T. wieder im Dienst bestimmter Frontstellungen, z. B. gegen die Judenchristen und deren Anspruch auf das AT, denn ihnen konnte man entgegenhalten, sie hätten doch nur einen Teil der Torah vom Sinai in Händen, der noch dazu ohne

1 § 10,1 und s. die betr. Abschnitte in den Einleitungen zum AT.

2 § 4, Anm. 1.12.79; § 7, Anm. 1.18. M. Kadushin, The Rabbinic Mind, 1965^{2}, 98 ff.

den zweiten, die mündliche Torah, weithin unanwendbar sei. Unter diesen Umständen gewann die Interpretation ein ganz besonderes Gewicht und dies erforderte die Festlegung bestimmter Methoden und Regeln, um willkürliche Verfahrensweisen zu unterbinden. Schon Hillel wurden 7 *middôt* (hermeneutische Regeln) zugeschrieben, dem R. Jischmael (1. H. 2. Jh.) 13, und später wurden daraus sogar 32, verbunden mit einer umfangreichen exegetischen Fachterminologie[3]. Der in Opposition zur Apokalyptik herausgebildete Ersatz der unmittelbaren Offenbarung durch das Traditions- und Interpretationsprinzip wurde damit zur vorherrschenden Konzeption. Dem entspricht die überwiegende Tendenz, das Wirken der Prophetie[4] und des heiligen Geistes[5], als Geist der Prophetie und als Offenbarungsmedium zu definieren und zeitlich zu begrenzen, und zwar oft sogar auf die Zeit des ersten Tempels bzw. bis zu den Ausläufern der alten Prophetie, Haggaj, Sacharja und Maleachi (tSota XIII, 2, u. ö.). Dies konnte an eine wohl antisadduzäisch-pharisäische Tendenz anknüpfen, die dem zweiten Tempel überhaupt verschiedene Eigen-

[3] Ältere Lit. bei H. L. Strack 95 ff. und M. Mielziner 117 ff.; W. Bacher, Die exegetische Terminologie der jüdischen Traditionsliteratur, 1905. Ferner s.: D. Daube, Rabbinic Methods of Interpretation and Hellenistic Rhetoric, HUCA 22 (1949), 239–264; M. Gertner, Terms of Scriptural Interpretation, BSOAS 25 (1962), 1–27; J. Heinemann, Darkê hā-'aggādāh, 1962[3]; A. M. Heman, Tôrāh hak-k^{e}tûbāh w^{e}ham-m^{e}sôrāh, 3 Bde. 1964/5[2]; L. Jacobs, Studies in Talmudic Logic and Methodology, 1961; R. Loewe, The „Plain Meaning" of Scripture in Early Jewish Exegesis, PIJS 1 (1964), 140–185; S. Rosenblatt, The Interpretation of the Bible in the Mishnah, 1935; J. J. Weinberg, Mäḥqārîm ʿal happaršānût hat-talmûdît lam-Mišnāh, Talpiot 6 (1954/5), 606–636; E. Wiesenberg, Observations on Method in Talmudic Studies, JSS 11 (1966), 16–36 (zu Jacobs); S. Zeitlin, Hillel and the Hermeneutic Rules, JQR 54 (1963), 161–173; M. Zucker, L^{e}fitrôn b^{e}ʿājat 32 middôt û"mišnat R. 'Elîʿäzär, PAAJR 23 (1954), 1–39.

[4] N. M. Bronznick, Rabbinic Views of Prophecy, Diss. Col. Univ. 1965; N. N. Glatzer, A Study of the Talmudic Interpretation of Prophecy, RR 10 (1946), 115–137; E. E. Urbach, Mātāj pās^{e}qāh han-n^{e}bû'āh?, Tarb 17 (1945/6), 1–11; Ders., Han-n^{e}bû'āh w^{e}han-n^{e}bî'îm b^{e}ʿênê ḤZ"L, 1961; P. Schaefer, a. a. O. (Anm. 5).

[5] A. Marmorstein, Der heilige Geist in der jüdischen Legende, ARW 28 (1930), 286–303; H. Parzen, The ruaḥ hakodesh in Tannaitic Literature, JQR 20 (1929/30), 51–76; P. Schaefer, Untersuchungen zur Vorstellung vom Heiligen Geist in der rabbinischen Literatur, Diss. Freiburg, Br. 1968. Ders., Die Termini „Heiliger Geist" und „Geist der Prophetie" in den Targumim und das Verhältnis der Targumim zueinander, VT 20 (1970), 304–314.

schaften des ersten Tempels absprechen wollte, vor allem auch die Gegenwart der Schekinah, die kultische Gottesgegenwart also, und damit auch den Charakter als Offenbarungsstätte, die für die Priestertradition so wichtig war. Zwar haben Behauptungen unmittelbarer Offenbarungen auch in talmudischer Zeit ihren Platz, doch zumeist in legendären Erzählungen oder in esoterischem Kontext[6]. In rabbinischen Texten wird zwar auch der „„Himmelsstimme“ *(bat qôl)*[7], gelegentlich eine Entscheidung oder Mitteilung zugeschrieben, doch auch solche sowohl legendenhafte wie tendenziöse im Gelehrtenstreit übliche Behauptungen verwahrten sich die Verfechter des Traditionsprinzips mit der treffenden Feststellung: „Nicht im Himmel ist sie (die Torah)“[8]. D. h. : Es gibt keine über den Inhalt der am Sinai schriftlich und mündlich erfolgten Offenbarung hinausgehende weitere Offenbarung[9]. Drei religiöse Richtungen unterscheiden sich von dieser vorherrschenden Meinung, die Esoterik (§ 21), die Apokalyptik (§ 19) und die Magie (§ 20), aber auch im Volksglauben gab es wohl vielerlei Vorstellungen.

Mit der Anerkennung der Mischna (s. o.) erfolgte eine zweite Kanonisierung. Die Lehre der Lehrer bis zum Abschluß der Mischna, der sog. „Tannaiten“, galt in Zukunft mehr als die „Verordnungen“ *(taqqānôt)* der späteren Rabbinen, der „Amoräer“. Die Problematik der Buchreligion fand damit einen noch viel breiteren Ansatz, denn die Fülle der verbindlichen tradierten Normen mit der noch umfangreicheren übrigen Tradition war für den schlichten Juden einfach nicht mehr zu überblicken, seine Abhängigkeit vom Gelehrtenstand wuchs immer mehr. Dazu kam, daß oft nicht nur die Halakah im eigentlichen Sinne, sondern auch das Brauchtum (der Minhag)[10] als verbindlich betrachtet wurde und in seiner vielfältigen Ausprägung zur Kumulation des religiösen Wissensstoffes beitrug.

[6] J. Cohn, Mystic Experience and Elijah-Revelation in Talmudic Times, M. Waxman JV 1967, 34–44; J. Neusner, A History of the Jews in Babylonia IV, 1969, 312 ff. 341 ff.

[7] S. Liebermann, Hellenism in Jewish Palestine, 1950, 194 ff. M. Kadushin, The Rabbinic Mind, 1965², 261 ff.

[8] bBM 59b; Dt. r. VIII. 6. Zum Verhältnis Prophetie-Halakah s. E. E. Urbach*, 268 ff.; Ders., Halākāh ûnebû'āh, Tarb 19 (1956/7), 1–27.

[9] B. J. Bamberger, Revelations of Torah after Sinai, HUCA 16 (1941), 97–114; P. Schaefer, a. a. O. (Anm. 5); J. P. Schultz, The Revelation on the Sinai as Interpreted in the Aggadah, Diss. Brandeis Univ. 1962.

[10] A. Guttmann, Die Stellung des Minhag im Talmud, MGWJ 83 (1939), 226–238. Für die ost-westlichen Sonderentwicklungen vgl. B. M. Lewin, 'Ôṣar ḥillûfê minhāgîm bên benê 'äräṣ – Jiśrā'el ûbên benê Bābel, 1942.

Seinen Niederschlag fand dieses exegetische Bemühen zunächst im Midrasch[11], im exegetischen Lehrvortrag, je nach dem zugrundegelegten biblischen Stoff entweder halakischen oder haggadischen Inhalts. Der „Sitz im Leben" des alten Midrasch war wohl weit mehr der *Bêt Midrāš* als die gottesdienstliche Veranstaltung („Predigt")[12], obschon es auch ausgesprochene Homilien-Midraschim gibt. Da diese Stoffe zunächst mündlich tradiert wurden, blieb auch die spätere literarische Gestalt der Haggadah[13] und der Halakah[14] von bestimmten Kennzeichen der volkstümlichen Überlieferung und der Bet-Midrasch-Vortrags- und Diskussionsmethode geprägt. Das Schrifttum der talmudischen Zeit hat darum vor allem kompilatorischen Charakter und seine – noch wenig erforschten – festen literarischen Formen kommen in der Fülle der angehäuften Stoffe nur begrenzt zur Geltung. Viele Midrasch-Stoffe sind übrigens erst in nachtalmudischer Zeit gesammelt und redigiert worden. Für die Religionsgeschichte bedeutet dies eine Erschwernis bei der Quellenverwertung. Die Datierung der Stoffe ist oft ungewiß und die ad hoc in bestimmten (realen oder fingierten) Situationen geprägten rabbinischen Aussagen dürfen nur mit viel Zurückhaltung als grundsätzliche, lehrhafte Aussagen betrachtet werden.

[11] Lit. § 4, Anm. 1.12.79; § 9,30. S. auch Anm. 16. S. v. a. L. Finkelstein, Studies in the Tannaitic Midrashim, PAAJR 6 (1934/5), 189–228; L. Zunz*, GV. Zu den Zusammenhängen zwischen Targum und Midrasch s. J. Bowker; A. Sperber, The Bible in Aramaic, IVa, 1967; J. J. Weinberg, L^e^tôl^e^dôt hat-targûmîm, A. Weiss JV 1964, 361–376; A. G. Wright, The Literary Genre Midrash, 1967.

[12] L. Zunz hatte seinerzeit aus aktuellem Anlaß v. a. von „gottesdienstlichen Vorträgen" gesprochen. J. Mann - I. Sonne, The Bible as Read and Preached in the Old Synagogue, I, 1971², II, 1966.

[13] S. auch Lit. § 4, Anm. 79; § 9, Anm. 30; EI I, 353 ff.; EJ I, 951 ff., 979 ff.; ältere Lit. bei H. L. Strack und M. Mielziner; E. Hallevi, Šaʿarê hā-'aggādāh, 1963; J. Heinemann, Darkê hā-'aggādah, 1962³; L. Zunz,* GV; A. Marmorstein, The Background of the Haggadah, HUCA 6 (1929), 141–204 (Studies ... 1–71); M. Kadushin, The Rabbinic Mind, 1965², 107 ff.

[14] Lit. § 4, Anm. 12.79; § 9, Anm. 30; ältere Lit. bei H. L. Strack. Ch. Albeck, Untersuchungen zu den halakischen Midraschim, 1927; B. De Fries, EI XIV, 517–29; Ders., Hoofdlijen en motieven in de entwikkeling der Halachah, 1959; Ders., Tôl^e^dôt hā-h^a^lākāh hat-talmûdît, 1962; M. Guttmann, Zur Einleitung in die Halachah, 1913; M. Kadushin, a. a. O. (Anm. 13), 121 ff.; E. E. Urbach, a. a. O. (Anm. 8); Vgl. auch B. Cohen, Letter and Spirit in Jewish and Roman Law, M. M. Kaplan JV 1953, 109–135; S. Zuckrow, Adjustment to Life in Rabbinic Literature, 1928.

Andrerseits hat dank dieser literarischen Eigenheiten und des Fehlens systematisch-theologischer Reflexion eine Fülle volkstümlicher religiöser Vorstellungen ihren Niederschlag in rabbinischem Schrifttum gefunden und vom wirklichen religiösen Denken und Leben jener Zeit mehr konkrete Einzelheiten bewahrt, als es eine mehr theologisch durchdachte und „gesäuberte" Literaturauswahl (wie sie in biblischen und frühjüdischen Schriften vorliegt) getan hätte. In der Haggadah, in der es ja nicht um verpflichtende Normen ging, waren auch der exegetischen Phantasie nicht so strenge Grenzen gesetzt. Hier konnte man – und im Fall des Hohenliedes mußte man sogar – auch die Allegorese[15] anwenden, von der im allgemeinen, auch in Abwehr christlicher Bibelinterpretationen, sparsam Gebrauch gemacht wurde.

In der jüdisch-christlichen Auseinandersetzung haben christliche Theologen oft versucht, das Judentum dogmatisch auf bestimmte haggadische Aussagen festzulegen. Um dem auszuweichen, betonte die jüdische Apologetik, daß allein der Halakah, nicht aber auch der Haggadah, normative, verbindliche Autorität zukomme. Dies hat zum Teil – unter anderem aber auch im Rahmen rationalistischer Tendenzen – zu einer völligen Abwertung der Haggadah geführt und gerade den Eindruck vom „gesetzlichen" Judentum noch verstärkt. In Wirklichkeit waren Haggadah und Halakah – von der Verbindlichkeit einmal abgesehen – stets zwei Seiten ein und derselben Sache, nämlich der jüdischen Religiosität.

Auch im rabbinischen Schrifttum sind Haggadah und Halakah nicht streng voneinander getrennt. Gibt die Halakah an, was der Jude zu tun hat, so zeigt die Haggadah, warum er es tut, welche religiöse Motivierung der religiösen Praxis unterliegt.

2. Die talmudische Literatur

Der Tod und die Flucht vieler Tradenten in und nach den beiden Kriegen gegen Rom haben gezeigt, daß die Kontinuität der mündlichen Lehrtradition gefährdet werden konnte. Dies und der wachsende Umfang des Stoffes erzwangen nach und nach dessen schriftliche Fixierung. Einzelne Tradenten hatten für sich schon zuvor Aufzeichnungen angefertigt und in den größeren Schulrichtungen entstanden halakische *Midrāšîm*[16], in denen der Lernstoff kommentar-

[15] I. Heinemann, Altjüdische Allegoristik, 1936.
[16] S. o. Anm. 11. Ch. Albeck, a. a. O. (Anm. 14).

artig dem Bibeltext zugefügt wurde. Übersichtlicher und daher auch in Zukunft bedeutender waren thematisch geordnete Sammlungen in Form von Gesetzeskodices. Jehudah han-Nāśî' ließ eine solche Sammlung herstellen, wobei sich die Halakah der stark vertretenen Akiba-Schule weitgehend durchsetzte. Auf diese Weise wurde um 200 n. eine Auswahl aus der mündlichen Überlieferung geschaffen, die als *Mišnāh*[17] schlechthin zur Basis der weiteren halakischen Entwicklung wurde. Sie besteht aus 6 „Ordnungen" mit wechselnder Zahl von „Traktaten", insgesamt (nach heutiger Zählung) 63. Davon wurde der Traktat *'Abôt,* der nichthalakische Überlieferungen und Spruchgut enthält, wohl erst später (um 300) eingefügt, er vermittelt wichtige Einsichten in das religiöse Denken der „Tannaiten", der Lehrer bis zum Abschluß der Mischna[18]. Viel „tannaitisches" Material blieb außerhalb dieser offiziellen Sammlung überliefert, teils in einer Parallelsammlung, der *Tôseftā'*[19], teils da und dort in Zitaten der Späteren, als *„Bārajtôt"*[20]. Durch das Ansehen „Rabbis" und durch den Einfluß seiner Schüler in Babylonien (v. a. „Rab" und Samuel) wurde die Mischna zur Basis für die folgenden religionsgesetzlichen Diskussionen der „Amoräer"[21], deren Werk, die *G^emārā'* *(gmr:* vollenden) mit der Mischna zusammen den *„Talmûd"*[22] bildet. Auch die Gemara wurde zunächst mündlich tradiert und weitergeführt. Unter dem Druck der Verhältnisse entschloß man sich jedoch in Palästina im 4./5. Jh. zur schriftlichen Fixierung *(Talmûd jerûšalmî* oder palästinensischer Talmud[23]). Vollständiger und

[17] Ch. Albeck, Einführung in die Mischna, 1969 (dazu E. E. Urbach, Môlād 17, 1958/9, 422–440).

[18] In nachtalmudischer Zeit viel kommentiert und in seiner Auslegungsgeschichte eine wichtige Quelle jüdischer Religiosität. Vgl. J. J. Cohen, Massäkät 'Ābôt, perûšāhā w^etirgûmāhā b^e'aspeqlarjāh had-dôrôt, QS 40 (1964/5), 104–117, 277–285.

[19] Ch. Albeck, Zur Herkunft des Toseftamaterials, MGWJ 69 (1925), 311–328; A. Guttmann, Das redaktionelle und sachliche Verhältnis zwischen Mischna und Tosefta, 1928; B. de Fries, B^e'ājôt haj-jaḥas bên hat-Tôseftā' ûbên hat-Talmûdîm, Tarb 28 (1958/9), 158–170; S. Liebermann, Tôseftā' kifšûṭāh, 1955 ff. (ausführlicher Kommentar); P. R. Weis, The Controversies of Rab and Samuel and the Tosephta, JSS 3 (1958), 228–297.

[20] JE II, 513 ff.; Sammlung bei M. Higger, 'Ôṣar hab-bārajtôt, 3 Bde. 1940/3.

[21] D. J. Bornstein, Amoräer, EJ II, 631 ff.; Ch. Albeck 599 ff.

[22] W. Bacher, JE XII, 1–37; T. H. Stern, The Composition of the Talmud, 1959.

[23] L. Ginzberg, Perûšîm w^eḤiddûšîm baj-J^erûšalmî, I–III: 1941, IV: 1961; S. Liebermann, Haj-J^erûšalmî kifšûṭô, I, 1935.

schließlich fast allein maßgebend war später jedoch der Ende des 5. Jh. aus ähnlichen äußeren Beweggründen schriftlich niedergelegte *Talmûd Bablî* oder „babylonische Talmud“[24], an dem noch weit ins 6. Jh. hinein die sog. „Saboräer“ redaktionelle Verbesserungen und Ergänzungen vornahmen[25].

3. Sonstiges Schrifttum

Wie die eigentlichen Homilien-Midraschim so fügen sich auch andere Schriften nicht in den großen Raster der rabbinischen Literatur. Zwischen talmudischen Traktaten und Midraschim stehen die sog. „Kleinen Talmudtraktate“, die viel wichtiges tannaitisches Material enthalten. Andere Schriften gehören in die esoterische Tradition, nämlich die sog. „Hekalot-Literatur“ (§ 21). An Historiographie hat das talmudische Judentum so gut wie nichts hervorgebracht. Der Schock der Niederlagen von 70 n. bzw. 135 n. hat eine antiapokalyptische Stimmung erzeugt, die der jüdischen – ja doch immer heilsgeschichtsbezogenen und daher zielorientierten – Geschichtsschreibung abträglich war. Erst am Ende der Periode tritt auch das apokalyptische Element literarisch wieder etwas mehr zutage (§ 19).

4. Die Bibelübersetzungen

a) Nicht zu unterschätzen ist die Bedeutung der Targume[26], der Übersetzungen der Bibel in die aramäischen Alltagsidiome. Auch dabei sind ursprünglich mündliche und lokal gebundene Überlieferungen im Lauf der Zeit zu einheitlicheren Komplexen zusammengefaßt und schließlich literarisch gestaltet worden. Die palästinensische Targum-

24 J. Kaplan, The Redaction of the Babylonian Talmud, 1933; J. Neusner, ed., The Formation of the Babylonian Talmud, 1970; A. Weiss, Leḥeqär hat-Talmûd, I, 1955/6.

25 A. Weiss, Haj-jeṣîrāh has-sifrûtît šäl has-Sebôrā'îm, 1952/3.

26 Lit. § 4, Anm. 68 und bei J. Bowker, s. auch E. Sellin - G. Fohrer, Einleitung in das Alte Testament, 1965, 552 f. 556 f.; I. Elbogen*, 186 ff.; A. Geiger, Urschrift und Übersetzungen der Bibel, 1928²; A. M. Goldberg, Die spezifische Verwendung des Terminus Schekhinah im Targum Onkelos als Kriterium einer relativen Datierung, Jud 19 (1963), 43–61; J. Komlosh, Derākîm befaršānût šäl Targûm Ješa'jāhû, Sefär S. Yeivin, 1969/70, 289–302; P. Kahle, Die Kairoer Genisa, 1962, 203 ff.; Ders., Masoreten des Ostens, 1913, 201 ff.; Ders., Masoreten des Westens, 1930 (II. Bd.); R. Le Déaut, Introduction à la littérature targumique, 1966; P. Schaefer. a. a. O. (Anm. 5); L. Zunz*, GV, 65 ff.

tradition[27], wie sie im Codex Neofyti 1 und im sogenannten Fragmententargum vorliegt, noch verhältnismäßig wenig. Die babylonische Überlieferung setzte sich nämlich auch auf diesem Gebiet durch, wie die durchredigierte Gestalt des Targum Onkelos und die babylonische Prägung des Targum Jonathan bzw. Pseudo-Jonathan zeigen. Die Targume, deren Verhältnis zum Midrasch noch wenig erforscht ist, enthalten zweifellos viel altes exegetisches Gut und halakische wie haggadische Überlieferungen[28]. Da sie sowohl in den Schulen wie bei der synagogalen Schriftlesung mit dem hebräischen Text gelesen und gelernt wurden, viele Juden den biblischen Stoff überhaupt nur so vermittelt erhielten, darf den Targumen eine gewisse Breitenwirkung zugesprochen werden. Ihre komplizierte Überlieferungs- und Redaktionsgeschichte zeigt aber auch, in welchem Maß sie Gegenstand des Interesses im Bêt Midrasch der Gelehrten waren und dem entspricht auch das spätere Gewicht der anerkannten Targume (Onkelos v. a. und Targum Jonathan) für die jüdische Exegese der nachtalmudischen Zeit. Darum spiegeln die Targume (wie schon die LXX) auch gewisse theologische Bestrebungen wider, z. B. in der Vermeidung und Umschreibung der biblischen Anthropomorphismen und Anthropopathismen[29].

b) Nach der Ausbreitung des Christentums überließ die griechisch sprechende jüdische Diaspora die Septuaginta der konkurrierenden Kirche, um lästigen Diskussionen zu entgehen und den heiligen Text nicht mit einer anderen Religion teilen zu müssen. Als Ersatz wurde im frühen 2. Jh. eine sklavisch wörtliche Übersetzung geschaffen, die

[27] A. Diez-Macho, The Recently Discovered Palestinian Targum, SVT 7 (1959), 222–245; Ders., Neophyti 1. Targum Palestinense, I, 1968, II, 1970; M. C. Doubles, Indications of Antiquity in the Orthography and Morphology of the Fragment Targum, In Memoriam P. Kahle (BZAW 103), 1968, 79–89; D. Reider, ʿAl hat-Targûm haj-jerûšalmî k"j Ne'ôfîṭî 1, Tarb 38 (1968/9), 81–86; Ders., ʿAl hat-Targûm haj-jerûšalmî hammekûnnāh Targûm haq-qeṭāʿîm, Tarb 39 (1969/70), 93–95; P. Wernberg-Møller, An Inquiry into the Validity of the Text-critical Argument for an Early Dating of the Recently Discovered Palestinian Targum, VT 12 (1962), 312–330.

[28] J. W. Bowker, Haggadah in the Targum Onkelos, JSS 12 (1967), 51–65; M. Hershkowics, Halakah and Agadah in Onkelos, Diss. Yeshivah Univ. 1950; A. Sperber, The Bible in Aramaic IV a, 1967; G. Vermes, Haggadah in the Onkelos Targum, JSS 8(1963), 159–163; Ders., Scripture and Tradition in Judaism, 1961.

[29] § 17, Anm. 22.

einem Aquila zugeschrieben wird, den man oft mit Onkelos identifiziert. Sprachlich glatter sind die etwas spätere Übertragung des Theodotion und die Anfang des 3. Jh. entstandene Übersetzung des Symmachus[30]. Wie die griechisch-sprachige Diaspora dieser Periode allgemein haben auch ihre Bibelübersetzungen auf die weitere Überlieferung keinen bestimmenden Einfluß ausgeübt.

§ 14 Die Liturgie

Lit. § 4, Anm. 57–70. Ferner: Ph. Bloch, Die jwrdj mrkbh, die Mystiker der Gaonenzeit, und ihr Einfluß auf die Liturgie, MGWJ 37 (1893), 18–25. 69–74. 257–66.305–311. G. H. Box – W. O. E. Oesterley, The Religion and the Worship of the Synagogue, 1911²; I. Elbogen* (hier ältere Lit.); Ders., UJE VII, 139–142; F. C. Grant, The Modern Study of Jewish Liturgy, ZAW 65 (1953), 59–76; D. Hedegard, Seder R. Amram Gaon, 1951, xiiiff.; J. Heinemann, Hat-ᵉfillāh bitqûfat hat-tannā'îm wᵉhā-'ᵃmôrā'îm, 1964; K. Hruby, Geschichtlicher Überblick über die Anfänge der synagogalen Liturgie und ihre Entwicklung, Judaica 19 (1963), 1–25; A. Z. Idelsohn*; M. Kadushin, Worship and Ethics, 1964; Z. Karl, Māḥqārîm bᵉtôlᵉdôt hat-tᵉfillāh, 1949/50; K. Kohler, Über die Ursprünge und Grundformen der synagogalen Liturgie, MGWJ 37 (1893), 441–451. 489–497; E. Levi, Jᵉsôdôt hat-tᵉfillāh, 1963⁸; E. Munk, Die Welt des Gebets, 1933; A. I. Schechter, Studies in Jewish Liturgy, 1930; Ders., Lectures on Jewish Liturgy, 1933; E. Schubert-Kristaller*; A. Spanier, Zur Formengeschichte des altjüdischen Gebetes, MGWJ 78 (1934), 438–447; Ders., Stilkritisches zum jüdischen Gebet, MGWJ 80 (1936), 339–350; Ders., Dubletten in Gebetstexten, MGWJ 83 (1939), 142 ff.; Str.-B. IV, 153–188; E. E. Urbach*, 348 ff.; S. Zeitlin, A Historical Study of the First Canonization of the Hebrew Liturgy, JQR 38 (1948), 289–316; Ders., Historical Studies of the Hebrew Liturgy, JQR 49 (1959), 169–178; L. Zunz*, LG 11 ff.; S. auch die Lit. zu § 15.

1. Eigenart und Bedeutung

War im Tempelkult das Wort nur Begleittext der rituellen Handlung, so standen im synagogalen Gottesdienst die heilige Schrift und das Gebet[1] im Mittelpunkt. Die Grundstruktur der synagogalen Liturgie ist in der Jabneperiode festgelegt worden (§ 10,1). Zwei

[30] Sellin-Fohrer a. a. O. (Anm. 26), 554.563.

[1] I. Elbogen, EJ VII, 121–131; E. Hallevi, Tôrat hat-tᵉfillāh, 1966/7; J. Heinemann (Ed.), Hat-tᵉfillāh, 1960; S. A. Horodetzky, EJ VII, 121–134; M. Y. Perath, Rabbinical Devotion, 1964; Str. – B. IV, 220 ff.

Hauptkomplexe, I. das „*Š^e^ma' Jiśrā'el*" mit seinen Benediktionen (Abs. 3) und II. das Achtzehngebet (Abs. 4) bilden den Kern der Liturgie, ein III. Teil, der *Taḥ^a^nûn*[2], loser gefügt, bot Raum für die individuellen Gebetsbedürfnisse. Zu und in diesem Grundbestand sammelte sich im Lauf der Zeit weiteres liturgisches Material an, v. a. in Form von Benediktionen (Abs. 2) und Psalmtexten[3]. Im Unterschied zum Abendgebet (*Ma'^a^rîb*) und Morgengebet (*Šaḥ^a^rît*) hat das Nachmittagsgebet (*Minḥāh*) nur das Achtzehngebet als Kern und den *Taḥ^a^nûn*, obwohl es gebetszeitenmäßig neben dem *Šaḥ^a^rît* der zweiten Opferzeit des Tempels entsprach. Da aber die Frage der zwei- oder dreimaligen Gebetszeit überhaupt umstritten war (§ 4, Anm. 64–66) und praktische Gründe gegen die *Minḥāh* als eigenem festen öffentlichen Pflichtgebet sprachen, geriet sie in den Schatten des *Ma'^a^rîb* und wurde später auch zeitlich an diesen herangerückt. Dieser Grundbestand wurde für den Sabbat[4] und den Festtagszyklus (*Maḥzôr*)[5] entsprechend dem Charakter des Anlasses erweitert bzw. z. T. (im Achtzehngebet) auch variiert. Dabei wurde gerade die Festtagsliturgie bewußt als Fortsetzung des Tempelkultes gestaltet, daher auch ein dem *Mûsaf*-Opfer entsprechender, dem *Šaḥ^a^rît* angeschlossener *Mûsaf*-Gottesdienst eingeführt. Die großen Feste wurden zu Ereignissen von zugleich religiös-nationaler wie familiärer Bedeutung. Die Anknüpfung an den einstigen Tempelkult war für das fromme Empfinden nicht nur Rückblick und Nachhall, es war zugleich Ausblick auf die erhoffte Wiederherstellung des Tempels und damit festliche Vorwegnahme der Erlösung. Aus diesem Grund wurde ja auch die ganze Opferhalakah weitertradiert und diskutiert. Wahrscheinlich ist die Bedeutung der großen Feste für die Volksfrömmigkeit seit der Tempelzerstörung sogar gestiegen, weil die lokale Bindung an den

[2] S. B. Freehof, The Origin of the Taḥanun, HUCA 2 (1925), 339–350; K. Hruby, Quelques notes sur le Tahanun et la place de la prière individuelle dans la liturgie synagogale, L'orient Syrien 9 (1963), 75–104.

[3] L. Finkelstein, The Origin of the Hallel, HUCA 23 (1950/1), 319–338; L. J. Liebreich, The Pesuke de-Zimra Benedictions, JQR 41 (1950), 195–206; Ders., The Composition of the Pesuke de-Zimra, PAAJR 18 (1948/9), 255–267; L. I. Rabinowitz, The Psalm in Jewish Liturgy, HJ 6 (1944), 109–122; S. Zeitlin, The Hallel, JQR 53 (1962/3), 22–29.

[4] Sefär haš-šabbāt, 1962/3; F. Landsberger, The Origin of the Ritual Implements for the Sabbat, HUCA 27 (1956), 387–416.

[5] Lit. § 4, Anm. 48–53; M. Zobel*; F. Thieberger*. Zum Begriff „Festtag" s. F. Rosenthal, Yom Tob, HUCA 18 (1944), 157–176.

Tempel fortgefallen war. So beim Neujahrsfest *(Roʾš haš-šānāh)*[6], das vor allem als Tag des göttlichen Gerichts empfunden wurde. Der *Jôm hak-kippûrîm,* der große Versöhnungstag[7], erhielt vor allem durch die Ende der Periode beim Dichter Jose ben Jose schon voll ausgebildete "*ʿAbôdāh*" eine poetisch-liturgische Gestaltung besonderer Art (§ 15). Er wurde als strenger Fasttag zum vornehmsten Bußtag des Jahres. Das Laubhüttenfest[8] und auch Chanukkah gewinnen an Bedeutung. Das Passah-Fest[9] gewann sein besonderes Kolorit durch den Seder-Abend mit der Passah-Haggadah[10] und deren typologisch-eschatologische Symbolik. Verhältnismäßig gering im Vergleich dazu wurde das Wochenfest *(Šabûʿôt)*[11] gewertet, das, obgleich das Fest der Torah-Gabe, keinen eigenen Traktat in Mischna bzw. Talmud erhalten hat. Eine Fülle von haggadischen Stoffen und von Midrasch-Überlieferungen rankt sich um diese großen Feste, deren Einfluß auf das Bewußtsein des Volkes und nicht zuletzt (infolge der Verbindung von öffentlicher und häuslicher Feier) auf die heranwachsende Jugend kaum überbewertet werden kann. Dazu kommen die großen Fast- und Bußtage (abgesehen vom *Jôm Kippûr),* wie der 9. Ab als Gedächtnis der Tempelzerstörung[12].

Priesterliche Kreise haben auch sonst für das Weiterleben alter Bräuche gesorgt. So kannte man in Palästina noch lange gottesdienstliche Zusammenkünfte der *Maʿamādôt*[13], der sich abwechselnden

[6] J. Heinemann, Malkijjôt, zikrônôt wešôfārôt, Maʿjanot 9 (1967/8), 630–687; S. B. Hoenig, Origins of the Rosh Hashanah Liturgy, JQR 75 (1967), 312–331; H. Kieval, The High Holy Days, I: Rosh Hashanah, 1959; S. Liebermann, Tôseftāʾ kifšûṭāh, V, 1955/6, 1053 f.; SM I, 1 ff. S. Spiegel, The Last Trial, 1967, 88 ff.

[7] K. Hruby, Le Yom ha-kippurim ou jour de l'expiation, L'Orient Syrien 10 (1965), 41–74.161–192.413–442; A. Marmorstein, The Confession of Sins for the Day of Atonement, Essays in honour of J. H. Hertz, 1942, 293–305; G. Ormann, Das Sündenbekenntnis des Versöhnungstages, Diss. Bonn 1934; SM I, 191 ff.

[8] SM IV.

[9] SM II.

[10] D. Goldschmidt, Haggādāh šäl Päsaḥ, 1960; A. Jaari, Bibliography of the Passover Haggada, 1960/1; S. Cavaletti, Le fonti del „seder" pasquale, BeO 7 (1965), 153–160.

[11] SM III.

[12] SM VII.

[13] J. Rosenthal, ʿAl tefillôt ʾanšê ham-maʿamādôt, Biṣṣaron 40 (1958/9), 140–147; (Mähqārîm ûmeqôrôt II, 1967, 613–621). Der Ausdruck *maʿamād* bezeichnet später auch die *Qerôbāh* (§ 15,2) und schließlich die Gesamtheit der Pijjutim für den Jom Kippur.

Tempeldienstmannschaften[14] (vgl. die christliche *statio)*[15]. Bei solchen liturgischen Veranstaltungen dürften alte Tempelmotive, zum Teil theologisch weiterentwickelt, eine Rolle gespielt haben[16]. Selbst die Wallfahrt nach Jerusalem zu den drei Pilgerfesten wurde z. T. noch weiter geübt[17]. Auch die Einbeziehung des Priestersegens[18] in den synagogalen Gottesdienst gehört in diesen Rahmen, wie die weitere Beachtung der für Priester geltenden halakischen Bestimmungen. Die Synagoge wurde daher auch gelegentlich als *miqdāš meʿaṭ,* als „kleiner Tempel" bezeichnet (vgl. bMeg 29 a). Mit all dem und den übernommenen alten Tempelkult-Texten lebte auch die Tempeltheologie weiter und fand Anwendung auf den synagogalen Gottesdienst, der nun ebenfalls als Entsprechung zur himmlischen Engelliturgie angesehen wurde. Solche Spekulationen wurden vor allem in Esoterikerkreisen (§ 21) gepflegt, die – z. T. mit Erfolg – versuchten, die Gottesdienstordnung in ihrem Sinne auszugestalten, d. h. die im Grunde schlichten, volkstümlichen und ausgesprochen biblisch geprägten Stammgebete durch feierliche Hymnen und Litaneien zu ergänzen[19]. Dies ging z. T. Hand in Hand mit der poetischen Ausschmückung der Liturgie durch den aufkommenden *Pijjûṭ* (§ 15). Die Möglichkeit zu solchen Ausgestaltungen war durch den rabbinischen Grundsatz gegeben, den Wortlaut der Gebete nicht strikte festzulegen. In Jabneh

[14] Vgl. das Verzeichnis der 24 Priesterwachen aus Caesaraea: M. Avi-Yonah, Ketôbät miq-Qajsārijāh ʿal 24 mišmerôt kohannîm, EIsr 7 (1963/4), 24–28. Zu den Priesterwachen nach 70 s. auch: Ginze Schechter I, 246–297; E. Fleischer, Šibʿātôt ḥadāšôt ʿal mišmerôt hak-kehûnnāh lepajṭān Pinḥās, Sinai 61 (1966/7), 30–56; Ders., Leʿinjan ham-mišmārôt bap-pijjûṭîm, Sinai 62 (1967/8), 142–162; M. Zulay, JM 5 (1939), 111 bis 113.137 f.

[15] J. Bonsirven, Nôtre Statio liturgique – est-elle emprunté au culte Juif?, REchSR 15 (1925), 258 ff.; Chr. Mohnmann, Statio, VC 7 (1953), 221 ff.

[16] J. Heinemann, 174 f.

[17] J. Braslabi, ʿalijjāh bā-rägäl ʾaḥar ha-ḥûrbān, Maḥanajim 40 (1959/60), 185–195. Die Amoräer betrachteten rückblickend den Besuch der Wallfahrtsfeste überhaupt als Pflicht, s. S. Safrai, The duty of pilgrimage to Jerusalem and its performance during the period of the Second Temple (hebr.), Zion 25 (1960), 67–84, vgl. Ders., Pilgrimage to Jerusalem at the End of the Second Temple Period, in: Studies on the Background of the New Testament, 1969, 12–21.

[18] G. Allon, Tôledôt ... (§ 10) I, 68 f.; Str.–B. IV, 237 ff.

[19] Ph. Bloch, Die jwrdj mrkbh, die Mystiker der Gaonenzeit, und ihr Einfluß auf die Liturgie, MGWJ 37 (1893), 18–25.69–74.257–266.305–311. Blochs Beobachtungen treffen allerdings schon für die talmudische Zeit zu.

wurden nicht die Texte, sondern die Themen und Themenfolgen bestimmt, wenngleich durch die üblichen festen Gebetsphrasen eine gewisse Einheitlichkeit auch in der Formulierung gewährleistet blieb. Die Rekonstruktion von Urtexten der Stammgebete, wie sie vor allem in der älteren Forschung versucht wurde, ist daher unsinnig[20]. Erst in der späteren talmudischen Periode suchten die Rabbinen die Zersplitterung, Auflösung und Überwucherung der liturgischen Grundstruktur durch Bestehen auf festem Wortlaut in den Stammgebeten zu steuern, doch erst in gaonäischer Zeit, aus der uns auch erst ein vollständiges Gebetbuch überliefert ist[21], kam es tatsächlich zu einer gewissen Standardisierung. Gewisse Veränderungen mögen auch auf die Konfrontation mit dem Christentum zurückgehen[22]. Zuwachs erfuhr der Grundbestand der Liturgie vor allem durch das Eindringen von Stücken aus der Gebetspraxis des Einzelnen, vor allem von Benediktionen (z. B. die *Birkôt haš-šahăr)*[23], aber auch Gebetsformen aus dem Bet Midrasch[24] oder im Gerichtswesen[25] haben eingewirkt.

Der alte Grundsatz, die Texte nicht wörtlich zu fixieren, stellte an den jeweiligen Vorbeter Ansprüche, denen ein hauptberuflicher Liturgiker eher gewachsen war. Daher übernahm der *Ḥazzān* im Verlauf der Periode die Funktionen des *Šaliaḥ ṣibbûr*. Im Wettstreit der *Ḥazzānîm* entstand zwar die synagogale Poesie, doch drohte die eben geschaffene einheitliche Grundstruktur der Stammgebete durch die Variationen verlorenzugehen. Erst die Festlegung des Wortlauts für die Stammgebete und die Begrenzung des poetischen Schaffensdranges

[20] J. Heinemann, v. a. 9 ff.

[21] SRS"G. Die Texte im Seder Amram Gaon sind späteren Datums. Gewisse Vergleiche ermöglicht die samaritanische Liturgie, s. dazu: Z. Ben-Hayyim, ʿIbrît wa-ʾarāmît nôsaḥ Šomrôn, II/2, 1967, 41 ff.; S. Brown, A Critical Edition and Translation of the Ancient Samaritan Defter (the Liturgy) and a Comparison of it with Early Jewish Liturgy, Diss. Leeds 1966; H. O. Kippenberg, Ein Gebetbuch für den samaritanischen Synagogengottesdienst aus dem 2. Jahrhundert n. Chr., ZDPV 85 (1969), 76–103; J. MacDonald, Memar Marqah, 1963.

[22] E. Lerle, Liturgische Formen des Synagogengottesdienstes als Antwort auf die judenchristliche Mission des ersten Jahrhunderts, NT 10 (1968), 31–42.

[23] M. Chabazelet, Sedär birkôt haš-šahar behištalšelûtô, Talpiot 8 (1960/1), 54–61; S. B. Freehoff, The structure of the Birchos hashachar, HUCA 23 (1950/1), 339–354; J. Heinemann, 14.23 f.; N. Wieder, "Me'āh berākôt" = birkôt haš-šaḥar, Sinai 44 (1958/9), 258–260.

[24] J. Heinemann, Prayers of Bet Midrash Origin, JJS 5 (1960), 264–280.

[25] J. Heinemann, 121 ff.

auf Zusätze und Einschübe hat diese Gefahr gebannt, wenn auch örtliche und mit der Zeit wechselnde Unterschiede im Brauchtum nicht auszuschließen waren. Diese Stammgebete sind ein wichtiges Zeugnis für die religiöse Gedankenwelt der talmudischen Zeit und haben selbst wieder durch den täglichen Gebrauch das religiöse Denken und Empfinden der Juden bis in die Gegenwart entscheidend mitbestimmt. Ein Beispiel dafür ist das eschatologische Element, die Hoffnung auf die Erlösung, die vor allem die zahlreichen im Lauf der Zeit angewachsenen Zusätze und Erweiterungen kennzeichnet.

2. Die *B^erākāh* (Benediktion)[26]

Die häufigste jüdische Gebetsform ist die *B^erākāh,* die weit mehr ist als bloß Segensspruch oder Doxologie[27]. Sie war von der Bibel her geläufig, doch variierte die literarische Form je nach dem „Sitz im Leben" als Segensspruch, als spontan mit neuem Inhalt gefülltes Gebet des Einzelnen, als Pflichtgebet des Einzelnen oder als liturgisches Gebet der Gemeinde. Die Form der liturgischen *B^erākāh* erfuhr in talmudischer Zeit ebenfalls eine Normierung.

Der „lange", selbständige Typus besteht in der Regel aus drei Teilen, 1. einer anredenden Einleitung, 2. dem eigentlichen Inhalt, eingeleitet mit dem Relativpronomen oder einem begründenden „daß, weil", und 3. aus dem Schluß, der die Eingangsformel und den Inhalt als Doxologie kurz resumiert.

Z. B.: „Gepriesen seist Du[28], Herr unser Gott, König der Welt[29], der das

[26] J.-P. Audet, Esquisse historique du genre litteraire de la „Bénédiction" juive et de l'Eucharistie, RB 65 (1958), 371 f.; E. J. Bickermann, Bénédiction et prière, RB 69 (1962), 524–532; S. H. Blank, Some observations concerning Biblical Prayer, HUCA 32 (1961), 75–90 (87 ff.); I. Elbogen, UJE II, 167–170; EI IV, 261 ff.; J. Heinemann, 52 ff.; JL V, 342 ff.; J. L. Liebreich, The Benedictory Formula in the Targum of the Song of Songs, HUCA 18 (1944), 177–197; A. Spanier, Stilkritisches zum jüdischen Gebet, MGWJ 80 (1936), 339 ff.; E. Werner, The Doxology in Synagogue and Church, 19 (1945/6), 275–351.

[27] R. Meir meinte bMen 43b, jeder müsse täglich 100 B^erākôt sprechen.

[28] Die Anrede in der 2. Person ist in der Bibel die Ausnahme (Ps 119, 12; I Chr 29,10), in Qumran aber schon geläufig.

[29] Die Bedeutung ist umstritten, manche nehmen eine antignostische, andere eine antirömische Tendenz an. Vgl. J. Heinemann, The Formula melekh ha-ʿolam, JJS 11 (1960), 177–179; Ders., Once Again Melekh Ha-ʿolam, ibd. 15 (1964), 149–154; C. Roth, Melekh ha-ʿolam; Zealot influence in the Liturgy?, JJS 11 (1960), 173–175; J. G. Weiss,

Licht bildet und die Finsternis schafft usw.... Gepriesen seist Du, Herr, der die Lichter bildet".

Charakteristisch für die liturgische *B^e^rākāh* ist der Übergang von der direkten Anrede zu der feierlicheren, hymnischen Anrede in der dritten Person und dem dazugehörigen Partizipialstil. Persönliche Hinwendung und ehrfürchtige Distanz halten einander so gewissermaßen die Waage. Benediktionen wurden fast zu allen Gelegenheiten gesprochen. Sie bezeugen den Willen zur Huldigung, zur Heiligung und Danksagung, das Bemühen, die Welt und alle ihre Gaben als Gaben Gottes[30] zu betrachten und das ganze Leben unter den Anspruch Gottes zu stellen.

3. Das *Š^e^ma'* und seine Benediktionen[31]

a) Der Anfang des Textes Dt 6,4–9 („Höre Israel: Der Herr, unser Gott, der Herr ist e i n e r") ist für das Judentum schon in frühjüdischer Zeit zu einer Bekenntnisformel geworden. Zunächst in der Tempelliturgie beheimatet und daher (analog den Opferzeiten) auch später nur abends und morgens rezitiert, war es einst mit dem Dekalog verbunden[32], der dann durch andere Texte, Dt 11, 13–21 und Num 15, 37–41, verdrängt wurde. Vor diesen biblischen Texten und den dazugehörigen Responsionen (mJoma III, 8) werden zwei Benediktionen gesprochen, danach eine Benediktion. Der Inhalt dieser Rahmengebete ist kennzeichnend für die jüdische Religion. Der Wortlaut war freilich auch in diesem Fall in früher Zeit vielen Variationen

On the formula melekh ha-'olam as anti-gnostic protest, JJS 10 (1959), 169–171; E. J. Wiesenberg, The Liturgical Term Melekh ha-'olam, JJS 15 (1964), 1–56; Ders., Gleanings of the Liturgical Term Melekh Ha-'olam, ibd. 17 (1966), 47–72.

[30] Einen besonderen Komplex für sich bildet das Tischgebet, *Birkat hammāzôn*. Vgl. dazu Str.-B. IV, 628.631 f.; L. Finkelstein, Birkat ha-Mazon, JQR 19 (1928/9), 211–262.

[31] J. Blau, Origine et histoire de la lecture de Schema, REJ 31 (1895), 179 bis 201; J. Elbogen*, 16 ff.; L. Finkelstein, La Kedouscha et les bénédictions du Schema, REJ 93 (1932), 1–26; L. Ginzberg, Notes sur la Kedoucha et les bénédictions du Chema, REJ 98 (1934), 72–80; J. Heinemann, 145 ff.; O. Holzmann, Berakot, 1912, 1 ff.; L. J. Liebreich, The benedictions immediately preceding and the one following the recital of the Shema, REJ 125 (1966), 151–165; A. Mirski, M^e^qôrāh šäl hat-t^e^fillāh "haj-jôṣer", SJ Ch. Albeck, 1963, 324–330; Str.-B. IV, 189–207; E. E. Urbach*, 15 f.

[32] Im Papyrus Nash steht nach dem 1. Abschnitt nur noch der Dekalog.

ausgesetzt und hat im Lauf der Zeit viele Erweiterungen, z. T. charakteristischer Art, erfahren. Varianten der Texte wurden schließlich auch auf das Abend- und Morgengebet verteilt. Da es hier nur um den Inhalt, nicht um die Textgeschichte geht, wird im folgenden der Text der Morgenbenediktionen in Saadjas Siddur[33] zugrundegelegt.

b) *„Jôṣer 'ôr"*, die erste Benediktion, besteht aus einem Konglomerat liturgischer Stücke und Zusätze. Der alte Kern mit dem Thema ist am Anfang enthalten:

„Gepriesen seist Du, Herr, unser Gott, König der Welt
der Licht bildet und Finsternis schafft,
Frieden stiftet und alles erschuf,
der Erde und ihren Bewohnern leuchtet
und täglich regelmäßig das Werk der Schöpfung erneuert".

Zwischen diesen Zeilen und der Schlußformel „Gepriesen seist Du, Herr, der die Lichter schuf" hat sich eine Fülle liturgischen Materials angesammelt. Teils Erweiterungen und Zusätze im synagogalen Gebetsstil, einfach formuliert und biblisch geprägt, Psalmverse, teils aber Stücke mystisch esoterischer Herkunft (§ 21) von hochliturgischem Charakter[34]. U. a. ein Gedicht mit alphabetischem Akrostichon, *'El bārûk g^edôl de'āh* (Saadja erwähnt als Alternative *„'El 'addîr"*), das vom menschlichen Lob des Schöpfers überleitet zu einer Darstellung der Engelliturgie im Sinne der Parallelität von irdischem und himmlischen Gottesdienst. Diese Teile gipfeln in der *Q^eduššāh,* dem Trishagion von Jes 6,3, das selbst von Jesaja wohl schon aus der Tempelliturgie aufgenommen worden ist. Der starke esoterische Einfluß erklärt sich aus der engen Beziehung, die damals zwischen Schöpfungsspekulationen *(ma'^aśeh b^ere'šît)* und Thronspekulationen *(ma'^aśeh märkābāh)* bestanden, zumal der Gebetstext mit „täglich erneuert das Werk der Schöpfung" *(ma'^aśeh b^ere'šît),* geradezu ein Stichwort für Anknüpfungen enthielt. Die *Q^eduššāh*[35] begegnet in der synagogalen Liturgie noch zweimal, als „Q^e-

[33] SRS"G 13 ff. 36 ff.

[34] Ph. Bloch, a. a. O. (Anm. 19), 305–311; L. Zunz*, LG 12 f.

[35] Ph. Bloch, a. a. O. (Anm. 34); J. Davidson, Maḥzor Yannai, 1919, xxvii; J. Elbogen*, 18 f.45.60 ff. 213 f.586 f.; L. Finkelstein, La Kedoucha, 1932; E. Fleischer, Litfuṣātān šäl q^edûššôt hā-'^amîdāh w^ehaj-jôṣer b^eminh^agôt hat-t^efillāh šäl b^enê "'j, Tarb 38 (1968/9), 255–284; D. Flusser, Sanktus und Gloria, in: Abraham unser Vater (O. Michel FS) 1963, 129–135; L. Ginzberg, Geonica I, 1909, 129 ff.; II, 52; Ders., Notes sur la Kedousha et les bénédictions du Chema, REJ 98 (1934), 72–80; E. Grünwald, Pijjûtê Jannāj w^esifrût jôr^edê ham-märkābāh, Tarb 36 (1966/7), 257–277 (S. 272 f.); J. Heinemann, 23.145 ff.; A. Z. Idelsohn*, 94 ff.; K. Kohler,

dûštā' de Sidrā'" (bSota 49 a), in der *Bêt-Midrāš-Praxis* beheimatet, ursprünglich aber wohl am Tempel. Als *Qeduššat haš-šem* in der Benediktion III des Achtzehngebets. In der Hekalot-Literatur ist aber eine Fülle von hymnischen Stücken erhalten, die in der *Qedušsāh* gipfeln[36], was eine breitere liturgische Verwendung wenigstens in gewissen Kreisen und wohl auch eine kontinuierliche liturgische Tradition von der Zeit des Tempels her vermuten läßt[37]. Auch die litaneiartige Aufreihung von Gottesattributen gegen Ende der Benediktion entspricht einer in der Hekalot-Literatur oft bezeugten Gattung, wie ja auch die frühchristliche Liturgie beide Formen übernommen und für ihre Zwecke weiterentwickelt hat.

c) Thema der zweiten Benediktion, *'ahābat 'ôlām* (Variante: *'ahābāh rabbāh)*[38] ist die Torah als Gabe und Aufgabe der Erwählung des Volkes. Sie spricht den Dank aus für Gottes Gnade und Liebe, die er seinem Volk durch die Torah erwiesen hat, bittet um rechtes Verständnis und um tatkräftigen Willen zu ihrer Erfüllung. Nach einer (wohl zugewachsenen) Bitte um die endzeitliche Erlösung schließt die Benediktion mit der *„ḥatîmāh"*: „Gepriesen seist Du, Herr, der sein Volk Israel in Liebe erwählt".

d) Die Heilsgeschichte ist das Thema der dritten, der auf die *Šema'*-Texte folgenden Benediktion *„'ämät wejaṣṣîb"*[39]. Litaneiartig beginnend wird Gottes Treue und Zuverlässigkeit gepriesen, die er an den Vorvätern und deren Nachfahren erwiesen hat. So beispielhaft bei der Rettung aus Ägypten, beim Exodus, wobei gleich mit Worten des „Meerliedes" (Ex 15) das Lob Gottes fortgesetzt wird. Die Rettung von damals wurde als Typus für die kommende Erlösung verstanden und daher gipfelt diese Benediktion auch in einer Bitte um baldige Erlösung. Die Schlußformel lautet: „Gepriesen seist Du, Herr, der Israel erlöst hat"[40].

447 ff. 493 f; M. Zulay, Piyyute Yannai, 1938, 15 f.; Ders., Mäḥqerê Jannāj, JM 2 (1936), 252 f.; L. Zunz*, SP 66 ff.

36 A. Altmann, Šîrê qedûššāh besifrût hā-hekālôt haq-qedûmāh, Melilah 2 (1945/6), 1–24.

37 J. Maier, Hekalot rabbati xxvii, 2–5, Jud 22 (1966), 209–217 (S. 212 ff.); Ders., Vom Kultus zur Gnosis, 1964, 133 ff.

38 Ch. Chamiel, „'ahābāh rabbāh", Ma'janot 8 (1963/4), 113–148; J. Heinemann, 43; I. Elbogen*, 20.

39 m Ta'an V, 1; I. Elbogen*, 22.

40 Der einzige Fall mit einer Perfekt-Form *(gā'al)* statt eines Partizipiums in der Hatimah einer liturgischen Berakah. Vgl. dazu das Partizip gô'*el* in Achtzehngebet VII.

4. Das Achtzehngebet *(Š^e^moneh-ᶜeśräh)*[41]

a) Die dreimal täglich gebetete „*T^e^fillāh*" (Gebet), heißt, da sie stehend rezitiert wird, auch *ᶜ^a^mîdāh*. Als Einheit ist sie wohl erst in der Jabneperiode (§ 10,1) geschaffen worden, um neben dem *Š^e^maᶜ* ein Gemeindegebet zu haben, das den Bedürfnissen sowohl des Einzelnen wie der Gemeinschaft konkreter entsprach und auch bestimmten religionspolitischen Absichten dienen konnte. So konnten hier besondere pharisäische Anliegen wie die Auferstehungslehre zur Geltung gebracht und andere, unliebsame Richtungen zurückgewiesen werden. Aus diesem Grund wurde besonders darauf geachtet, daß die fraglichen Benediktionen (v. a. II, XII und XIV) von den Vorbetern auch rezitiert wurden (jBer V, 4 [9c], bBer 34a). Um eine völlige Neuschöpfung handelte es sich jedoch nicht. Einzelne Berakot und sogar Serien daraus sind schon für die Zeit vor 70 bezeugt[42] und die drei ersten und letzten Benediktionen stammen wahrscheinlich aus der Tempelliturgie[43]. Die mittleren Benediktionen (IV–XV bzw. XVI, denn

[41] G. Allon, Tôl^e^dôt ... (§ 10), I, 167 ff.; E. J. Bickermann, The Civic Prayer for Jerusalem, HThR 55 (1962), 163–185; G. Dalman, Die Worte Jesu, 1930, 286 ff; J. Dérenbourg, Quelques observations sur le rituel, REJ 14 (1887), 26–32; I. Elbogen, 27 ff. 247 f. 265.582 f.; Ders., Geschichte des Achtzehngebets, MGWJ 46 (1902), 330–357.427–439.513–530; Ders., JL V, 182–190; UJE IV, 24; J. Finkelstein, The Development of the Amidah, JQR 16 (1925/6), 1–43.127–170; L. Ginzberg, Perûšîm w^e^ḥiddûšîm baj-J^e^rûšalmî, I, 1941, 323 f.; IV, 1961, 148 ff.; D. Hedegard, 70 ff.; J. Heinemann, 20 ff. 34 ff. 138 ff.; K. Kohler, The Origin and Composition of the Eighteen Benedictions, HUCA 1 (1924), 387–425; K. G. Kuhn, Achtzehnbittengebet und Vaterunser und der Reim, 1950; I. Lévi, Les dix-huit bénédictions et les Psaumes de Salomon, REJ 32 (1896), 161–178; Ders., Fragments de Rituel des prières, REJ 53 (1907), 231–241; M. Liber, Structure and History of the Tefilah, JQR 40 (1950), 331–357; I. Loeb, Les dix-huit bénédictions, REJ 19 (1889), 17–40; J. Mann, Genizah Fragments of the Palestinian Order of Service, HUCA 2 (1925), 269–338; A. Marmorstein, The Oldest Form of the „Eighteen Benedictions", JQR 34 (1943/4), 137–159; A. Mirski, M^e^qôrāh šäl t^e^fillat š^e^moneh-ᶜeśräh, Tarb 33 (1963/4), 28–39; G. F. Moore, Judaism, I, 281–307; S. Schechter, Genizah Specimens, JQR o. s. 10 (1898), 654–659; E. Schürer, a. a. O. (§ 3), II, 497 ff.; E. Schwab, Historische Einführung in das Achtzehngebet, 1913; Str. – B. IV, 208–249; N. Wieder, The Old Palestinian Ritual: New Sources, JJS 4 (1953), 65–73; S. Zeitlin, The Tefilla, The Shemoneh Esreh, JQR 54 (1963/4), 208–249; L. Zunz*, GV 380 ff.

[42] Vgl. I Sam 2, 1–19; Sir 36, 1–13; 51, 12 ff.; II Makk 1, 24–29; 1 QS XI; 1QH XI, 27–32; 1 QM XIV, 4.8.

[43] mRH IV, 5. Diese Benediktionen haben daher auch mehr liturgischen Charakter und gaben deshalb wieder zu weiteren Ausschmückungen Anlaß.

durch Teilung von XIV sind es schließlich 19 Berakot geworden), die mehr den alltäglichen Anliegen gelten, werden an Sabbaten und Festtagen durch situationsentsprechende Stücke ersetzt[44]. Auch für dieses Gebet gilt, daß der Wortlaut noch lange im Fluß blieb, daß in Jabneh also nur die Themen und die Themenfolge festgelegt worden sind. Dabei wurden z. T. auch zwei oder mehrere Themen in einer *B^e^rākāh* zusammengefaßt und mit dem Wandel der Situation konnten auch die Themen da und dort aktualisiert werden, sodaß die Serie keinerlei einheitliches Gepräge und, als Kompilation, auch keine durchgehende Gedankenführung aufweist, auch wenn man schon in talmudischer Zeit über die Reihenfolge Spekulationen anstellte (vgl. bMeg 17b). Unter diesen Umständen verwundert es nicht, daß die Versuche, einen „Urtext" herzustellen oder Grundformen zu erheben, keine überzeugenden Ergebnisse zeitigten und selbst die lange Zeit herrschende Vorstellung von einer „palästinensischen" und einer „babylonischen" Rezension dem komplizierten textlichen Tatbestand nicht gerecht wird[45]. Überspitzt gesagt gab es so viele Rezensionen wie Vorbeter (vgl. auch bBer 34a). Da es hier um die Themen, nicht um die Textgeschichte geht, wird wieder der Text in Saadjas Siddur vorausgesetzt.

b) Inhalt der *„T^e^fillāh"* (nach SRS"G).

A. (I–III)

Die drei ersten Benediktionen stammen wahrscheinlich (wie die drei letzten) aus der Tempelliturgie (vgl. mRH IV, 5), sie weisen auch eine mehr feierlich-liturgische Note auf. Gegen die Tendenzen zu weiterer Ausgestaltung vgl. bMeg 17b/18a.

I[46]

„Gepriesen seist Du, Herr, unser Gott und Gott unserer Väter,
Gott Abrahams, Gott Isaaks und Gott Jakobs,
der große, starke und furchtbare Gott,
der Höchste Gott, der Wohltaten vergilt und alles schuf,
welcher der Liebe der Väter gedenkt

[44] I. Elbogen, Die Tefilla für die Festtage, MGWJ 55 (1911), 426–446. 586–599; J. Heinemann, 143; SRS"G 111 f.

[45] Siehe v. a. J. Heinemann, a. a. O. (Anm. 41), 34–47.

[46] A. Spanier, Die erste Benediktion des Achtzehngebets, MGWJ 81 (1937), 71–76; M. Liber, a. a. O. (Anm. 41), 334 f.

und ihren Nachkommen den Erlöser bringt,
der König, Retter und Schild.
Gepriesen seist Du, Herr, Schild Abrahams".

Vgl. Sir 51,30. Beispielhaft und grundlegend für das Gottesverhältnis der Nachkommen war die Frömmigkeit der Väter. Beispielhaft ist auch das Verhalten Gottes zu ihnen für sein Handeln in Gegenwart und Zukunft. Der Gott der Väter ist der Beschirmer und Retter der Nachfahren. Nach 70 n. wurde dies unvermeidlicherweise eschatologisch verstanden.

II

„Du bist ein Held auf ewig, Herr, groß zu helfen,
der die Lebenden liebevoll versorgt,
die Toten in großem Erbarmen wiederbelebt,
Kranke heilt, Gebundene löst und Arme stützt
und seine Treue bewährt an den im Staube Schlafenden.

Wer ist wie Du, ein Herr von mächtigen Taten
und wer gleicht Dir,
der da sterben läßt und wiederbelebt.
Gepriesen seist Du, Herr, der die Toten wiederbelebt".

Das in die Verflechtung zwischen Kult- und Naturordnung passende Thema der Tempel-Berakah war wohl Gott als Herr über die Natur und über Leben und Tod. Daher wurde auch später noch je nach der Jahreszeit Gott als Spender des Regens bzw. des Taues erwähnt. Die Betonung der Allmacht Gottes und die bereits biblische Symbolik von Regen und vor allem Tau als Mittel der Wiederbelebung führte zur Einfügung des zweiten, eschatologischen Themas, der Auferstehung. Damit gewann diese Benediktion im Sinne des normativen Pharisäismus bekenntnismässige v. a. antisadduzäische Bedeutung. Zusätze die sich inhaltlich mit der folgenden Berakah überschneiden, enthält v. a. Zl. 4.

III[47]

„Du bist heilig und Dein Name ist heilig,
heilig ist Dein Gedächtnis, heilig ist Dein Thron
und Heilige preisen Dich alle Tage, Selah.
Gepriesen seist Du, Herr, der heilige Gott".

[47] Ph. Bloch, a. a. O. (Anm. 19), 305–311; E. Fleischer, Lᵉnûsḥāh haq-qādûm šäl qᵉdûššat hā-ᶜamîdāh, Sinai 63 (1967/8), 229–241; A. Mirski, Miṭbaʿ ri'šôn wᵉšenî šäl birkat qᵉdûššat haš-šem, Tarb 34 (1964/5), 285–286;

Die Textgestalt dieser Berakah, der *q^edûššat haš-šem*", schwankt nicht nur infolge der liturgischen Variationen für die Festtage[48], sondern auch wegen des Tauziehens zwischen esoterischen Liturgen und nüchternen Rabbinen um den Wortlaut der ja die Engelliturgie („Heilige" sind Engel) betreffenden *Q^edûššāh*"[49].

B. (IV–XV bzw. XVI)[50]

An Sabbaten und Festtagen wird diese Serie durch andere Stücke ersetzt.

IV

„Du schenkst dem Manne Erkenntnis
und lehrst den Menschen Einsicht.
So schenke auch uns von Dir her
Erkenntnis, Einsicht und Verständnis.
Gepriesen seist Du, Herr, der die Erkenntnis schenkt".

Am Sabbat- und Festtagsausgang wird hier die „Habdalah"[51] eingefügt. Die „Erkenntnis" ist selbstverständlich durch die Torah vermittelt.

V

„Laß uns umkehren, unser Vater, zu Deiner Torah,
bringe uns nahe, unser König, Deinem Dienst
und laß uns in vollkommener Buße
zurückkehren vor Dein Angesicht.
Gepriesen seist Du, Herr, der die Buße will!"

In einem Teil der Überlieferung besteht der Text aus dem Zitat von Klagelied 5,21.

Ders., Birkat q^edûššat haš-šem w^eham-miqrā' „wajjigbah H'" (Jes 5,16), Tarb 38 (1968/9), 297–300.

48 L. J. Liebreich, The Insertions in the Third Benedictions of the Holy Day ʿamidah, HUCA 35 (1964), 79–101; N. Wieder, Nôsah birkat q^edûššat haš-šem b^ero'š haš-šānāh w^ejôm hak-kippûrîm, Tarb 34 (1964/5), 43–48 (und dazu A. Mirski, a. a. O., Anm. 47, 285 f.).

49 Lit. Anm. 35.

50 L. Liebreich, The Intermediate Benedictions of the Amidah, JQR 42 (1951/2), 423–426.

51 Gebet, mit dem der heilige Tag vom profanen getrennt wird, bestehend aus Berakot über Wein, Duftkräuter und Licht.

VI

„Vergib uns, unser Vater, denn wir haben gesündigt,
verzeih uns, unser König, denn wir haben gefrevelt.
Gepriesen seist Du, Herr, der Gnädige, der viel vergibt".

VII

„Sieh auf unser Elend, führe unseren Streit, richte unsere Klage
und erlöse uns eilends um Deines Namens willen.
Gepriesen seist Du, Herr, der Israel erlöst".

Vgl. Sir 51,5. Die gelegentlich diskutierte Frage, ob hier eine „politische" oder „eschatologische" Erlösung gemeint sei, ist nebensächlich, da ein solcher Unterschied für das Bewußtsein damals kaum bestand. Inhaltlich ergibt sich eine Überschneidung mit den allerdings konkreteren Themen von X, XI und XIV (–XV).

VIII

„Heile uns, Herr, und wir werden geheilt,
hilf uns, Herr, und uns ist geholfen.
Gepriesen seist Du, Herr, der die Kranken seines Volkes Israel heilt".

Eine inhaltliche Umgestaltung liegt in einer Geniza-Variante (S. Schechter, s. Anm. 41,656 f.) vor:

„Heile uns, Herr, unser Gott, vom Schmerz unsres Herzens,
Kummer und Seufzer laß von uns weichen
und führe Heilung herbei für unsere Wunden".

Die im ersten Stück allgemein gemeinte Heilung von Gebrechen, die im Kontext der Benediktionen später allerdings auch eschatologisch gedeutet wurde (SRS"G Einl. S. 7), wird im zweiten auf das religiös-heilsgeschichtliche Leiden des Volkes bezogen.

IX

„Segne für uns, Herr, unser Gott, dies Jahr zum Guten
in allen Arten seines Ertrages
und segne es wie die guten Jahre.
Gepriesen seist Du, Herr, der die Jahre segnet".

Vgl. II in der Serie A (u. Apost. Const. VII, 33 ff.). Die Erwähnung vom Regen und Tau konnte auch hier eingefügt werden. Die Einführung eschatologischer Bitten wie „und rufe aus für Dein Volk das Jahr der Erlösung und Rettung“ wird SRS”G 22 als Verwirrung der Themen abgelehnt.

X

„Stoße ins große Horn zu unserer Befreiung
und erhebe rasch das Banner zu unserer Sammlung.
Gepriesen seist Du, Herr, der die Verstreuten seines Volkes Israel sammelt“.

Vgl. Sir 36,10; hebr. Sir 51,6; Ps Sal 8,28. Die Befreiung von fremder Herrschaft und die Einsammlung der Exilierten *(gibbûṣ gālûjjôt)* sind geläufige Motive der eschatologischen Hoffnung.

XI

„Laß unsere Richter wiederkehren, wie einstens,
und unsere Ratgeber, wie am Anfang.
Gepriesen seist Du, Herr, der Recht und Gerechtigkeit liebt“.

Wieder ist der Rückblick zugleich Ausblick. Die Erfüllung der Forderung nach Recht und Gerechtigkeit setzt ungehinderte Torah-Praxis voraus und daher die politische Unabhängigkeit. Daher in manchen Varianten der Zusatz: „Und herrsche Du allein über uns“ (S. Schechter, s. Anm. 41, S. 656 f.; Sidur R. Amram Gaon; Maḥzor Vitry u. ö.).

XII[52]

„Für die Abtrünnigen möge es keine Hoffnung geben
und das anmaßende Königtum entwurzle und zerschmettere bald in unseren Tagen.

Gepriesen seist Du, Herr, der Frevler zerbricht und Anmaßende beugt“!

[52] A. Berliner, Randbemerkungen zum täglichen Gebetbuche, 1909, 50 ff.; I. Davidson*, II, 192 ff.; W. D. Davies, The Setting of the Sermon of the Mount, 1964, 269 ff.; I. Elbogen*, 516 f.; Ders., a. a. O. (Anm. 41: MGWJ) 344–353.523; Ch. M. J. Gevaryahu, „Birkat ham-mînîm“, Sinai 44 (1958/9), 367–375; R. T. Herford, Christianity in Talmud and Midrash, 1966², 125 ff.; M. Liber, a. a. O. (Anm. 41), 348 f.; J. Parkes, The Conflict of the Church and the Synagogue, 1934, 79 ff.; J. Shezípanski, Ham-mînîm weham-malšînîm, SJ S. Federbusch, 1960/1, 343–351; E. Schürer, a. a. O. (§ 3), II, 538 ff.; Schwab, a. a. O. (Anm. 41), 124 ff.; M. Simon, Verus Israel, 1948, 235 ff.; A. H. Weiss*, I, 236; II, 73.

Die Textüberlieferung schwankt. Ein Genizatext z. B.[53] fügt vor der Schlußformel noch ein:

„und die Nôṣᵉrîm und die Mînîm mögen augenblicklich vergehen, getilgt werden aus dem Buche des Lebens und nicht mit den Gerechten verzeichnet werden“.

Ein anderer Genizatext[54] ergänzt die erste Zeile durch die Einschränkung „wenn sie nicht umkehren zu Deiner Torah“. Die Bezeichnungen jener, gegen die sich am Anfang die Verwünschung richtet, wechseln, ein Zeichen dafür, daß der Wortlaut der jeweiligen Situation angepaßt worden ist. Der geläufige Name der „Berakah“ ist *„Birkat hammînîm“* und die Minim (Häretiker) werden in einem Teil der Überlieferung neben den *mᵉšummādîm* (Abgefallenen), den *nôṣᵉrîm* (Juden-Christen) und später auch den *malšînîm* (Denunzianten) erwähnt. Dieses Häretiker-Thema wurde zusammengefaßt mit dem der „anmaßenden Herrschaft“, der fremden feindlichen Obrigkeit bzw. der *„zedîm“* (Anmaßenden)[55] (vgl. Sir 36,5–9), und zwar geschah dies in Jabneh[56], um sich gegen unliebsame Strömungen abzugrenzen[57]. Eine eigene *„bᵉrākāh“* gegen Häretiker oder Christen hat es wahrscheinlich nie gegeben. Sie wurde erst rückblickend angenommen, als man die Existenz des ganzen Gebets schon für die Zeit vor 70 n. voraussetzte[58] und daher die Einführung der Häretiker-Verwünschung als eine Veränderung der Zahl der Benediktionen verstehen konnte. Die Erwähnung der *nôṣᵉrîm* (Christen) in manchen

[53] S. Schechter, a. a. O. (Anm. 41) 656 f.

[54] J. Mann, a. a. O. (Anm. 41), 296 (und im Seder Amram Gaon als Variante).

[55] Die Zusammenfassung in jBer II, (4 d) lautet: *hakna qāmênû – haknāʿat qāmênû.*

[56] Vgl. J. Heinemann, 22. 142 f.

[57] Nach bBer 28 b hat Samuel der Kleine im Auftrag Rabban Gamliels II. eine „Berakah“ gegen die Minim (zensierte Texte haben *„Ṣādôqîm“*) geprägt. Vgl. auch ARN[1] XVI (ed. Schechter 64). Nach tBer II, 25 wurde die Minim-Berakah in jener über die *pᵉrûšîm* (Asketen, Dissidenten) eingeschlossen. Nach jTaʿan II, 2 (65 c) wurde das Thema *pôšᵉʿîm* (Frevler) in die Berakah über die *zedîm* (Anmassenden) einbezogen. Vgl. jBer II, 4 (5 a). M. Liber, a. a. O. (Anm. 52) vermutet eine alte pharisäische Verwünschung gegen die Sadduzäer (doch ist die Lesart *ṣādôqîm* in bBer 28 b eben zweifelhaft, vgl. Diqdûqê Sôfᵉrîm z. St.).

Varianten ist kein Beleg für die „älteste" Textgestalt[59], die talmudische Tradition spricht von *Mînîm*. *Nôṣ^erîm* wurden extra erwähnt, wo sie für die Gemeinde ein aktuelles Problem darstellten. Die Christen freilich, immer allergisch gegenüber jüdischer Kritik, bezogen die „Berakah" verabsolutierend auf sich[60].

XIII *Birkat ṣaddîqîm.*

„Über die Gerechten, die Frommen und die Proselyten
laß Dein Erbarmen aufwallen, Herr, unser Gott.
Und gib guten Lohn allen, die auf Deinen Namen vertrauen,
daß sie nicht zuschanden werden.
Gepriesen seist Du, Herr, Stütze und Zuflucht der Gerechten".

Auch hier bezeugt die Textüberlieferung mehrere Themen: Nach der Schlußformel des übersetzten Textes und nach der Zusammenfassung in jBer II, 4 (4d), wo es heißt: „Sprich uns gerecht im Gericht", handelt es sich um die „Gerechten" allgemein und deren Lohn (im Kontrast zu XII), bzw. um die Erfüllung der Verheißungen, vgl. Sir 36,14 f. Das Proselytenthema ist in einem Genizatext[61] hingegen beherrschend. Nach talmudischen Angaben wurde es in die Berakah über die Gerechten einbezogen, so jBer II, 4 (5a), vgl. IV, 3 (8a); bMeg 17b. Die Tosefta Ber III, 25 wieder setzt voraus, daß die Proselyten mit den *z^eqenîm* (Ältesten) zusammengefaßt worden sind und in Maḥzor Vitry werden eingangs nach „Gerechten" und „Frommen" auch die „Ältesten deines Volkes des Hauses Israel" und „der Rest ihrer Schreiber" erwähnt[62].

[58] In diesem Fall konnte angenommen werden, daß die Einführung der Minim-Berakah die Zahl der Benediktionen verändert hat. Vgl. jTa'an II, 2 (65 c) und par.; Num. r. XVIII, 17. Anm. 66.

[59] Vgl. auch I. Jocz, The Jewish People and Jesus Christ, 1949, 57.

[60] Justin, Dial. c. Tryphone Judaeo, cap. 16 (137); Hieronymus ad Is 5,18 f.; Ephiphanius, haeres. 29,9.

[61] S. Schechter a. a. O. (Anm. 41), 656 f.: „Über die Proselyten lasse Dein Erbarmen aufwallen und gib uns guten Lohn mit jenen, die Deinen Willen tun".

[62] Ed. S. Horowitz, 1963², 67. Nach E. E. Urbach, Tarb 27 (1958/9), 175 (im Anschluß an S. Liebermann, Tôseftā' kifšûṭāh I, 54) handelt es sich bei *'al p^elîṭat sôf^erêhäm* um eine alte palästinensische Variante.

XIV[63]

Eine Geniza-Version[64] lautet:

„Erbarme Dich, Herr, unser Gott, in Deinem großen Erbarmen
über Israel, Dein Volk und über Jerusalem, Deine Stadt,
über Zion, die Wohnung Deiner Herrlichkeit,
Deinen Tempel und Deine Stätte,
und über das Königtum des Hauses David,
des Gesalbten Deiner Gerechtigkeit.
Gepriesen seist Du, Herr, Gott Israels, der Jerusalem erbaut".

Auch hier liegt ein Doppelthema vor, (a) der Wiederaufbau von Stadt und Tempel, und (b) die Restauration der davidischen Herrschaft. Tempelbau und Dynastie/Messiashoffnung sind allerdings traditionell verbunden, die Verbindung beider Themen also naheliegend. Gleichwohl konnten sie auch in Palästina schon auf gesonderte Berakot verteilt werden (tBer III, 25)[65], wie es in amoräischer Zeit (in Babylon) endgültig geschah, wodurch sich im ganzen 19 Benediktionen ergaben[66]. Die Textüberlieferung variiert hier übrigens selbst in bezug auf die *Ḥ^{a}tîmāh* (Schlußformel).

XIV A (SRS"G)

„Erbarme Dich, Herr, unser Gott,
über uns und über Israel, Dein Volk,
über Jerusalem, Deine Stadt,
und über Deinen Tempel und Deine Stätte,
über Zion, die Wohnung Deiner Herrlichkeit,
und baue in Erbarmen Jerusalem neu auf.
Gepriesen seist Du, Herr, der Jerusalem neu baut".

Vgl. Sir 36,11–13; hebr. Sir 51,12.

[63] A. Büchler, The Blessing bwnh jrwšljm in the Liturgy, JQR o. s. 20 (1908), 798–811; I. Davidson*, I, 301; II, 193 f.; J. Heinemann, 22.35 f. 46–51; M. Liber, a. a. O. (Anm. 41), 351; E. Schwab, a. a. O. (Anm. 41), 87 f. 116 ff.

[64] S. Schechter, a. a. O. (Anm. 41).

[65] Vgl. L. Ginzberg, a. a .O. (§ 13, Anm. 23), I, 377; III, 277; J. Heinemann, 46; K. Kohler, a. a. O. (Anm. 41), 391.

[66] Str. – B. IV, 208 meinte, mit dem Einschub(!) von XII wären in Palästina XIV A–B zusammengefaßt worden, in Babylonien geteilt geblieben.

XIV B = XV[67] (SRS"G)

„Den Sproß Davids laß uns sprossen
und erhöhe sein Horn durch Deine Hilfe.
Gepriesen seist Du, Herr, der das Horn des Heils sprießen läßt".

Vgl. hebr. Sir 51,8; Lk 1,69.

XVI (XV)

„Höre auf unsere Stimme, Herr, unser Gott,
habe Mitleid mit uns und erbarme Dich unser,
nimm unser Gebet in Erbarmen an
und erfülle in Deinem großen Erbarmen
alle die Wünsche unseres Herzens.
Gepriesen seist Du, Herr, der das Gebet erhört".

Vgl. Sir 36,16.

C (XVII–XIX)[68]

XVII (XVI)[69]

„Habe Wohlgefallen, Herr, unser Gott,
an Deinem Volk und seinem Gebet,
bringe wieder den Opferdienst
  in den Tempel Deines Hauses
und die Feueropfer Israels und ihr Gebet
  nimm in Wohlgefallen an,
daß Israels Kult regelmäßig
  Wohlgefallen erwirke.
Laß unsere Augen Deine Rückkehr
  nach Zion in Erbarmen sehen
und habe Wohlgefallen an uns wie dereinst.
Gepriesen seist Du, Herr, der seine Gegenwart nach Zion zurückbringt".

[67] A. Mishean, The Origin of 't ṣmḥ Dwd and its Place in the ʿAmidah, JQR 18 (1927), 37–43.

[68] Aus dem Tempelkult? Vgl. mRH IV, 5 und zu XVI–XIX einzeln. Siehe auch K. Kohler, a. a. O. (Anm. 41), 391 ff. Vielleicht spielte die liturgische Praxis in den Maʿamadot eine Rolle, wie J. Heinemann, 82 ff., vermutet. S. auch Str. – B. I, 406 ff.

[69] mSota VII, 7; mJoma VII, 1; mRH IV, 5; mTaʿan V, 1. Sicher ist die Identifizierung mit dieser „*ʿabôdāh*" nicht, vgl. jJoma VII, 1 (44 b); bMeg 18 a. Ferner s. E. Fleischer, Lᵉnôsaḥ birkat hā-ʿabôdāh, Sinai 60 (1966/7). 269–275 (ursprünglich: *Bārûk 'attāh H' hā-rôṣāh bā-ʿabôdah*).

XVIII *Hôdāʿāh*[70]

Wir danken Dir – Du bist der Herr, unser Gott
und der Gott unserer Väter
auf immer und ewig –
für unser Leben, das in Deine Hände gegeben ist,
für unsere Seelen, die Dir befohlen sind,
für Deine Wunder und Dein Erbarmen zu aller Zeit,
abends und morgens,
für sie alle sei gepriesen und erhoben,
denn einzig bist Du und keinen gibt es außer Dir.
Gepriesen seist Du, Herr, der Gütige ist Dein Name,
und Dich geziemt es sich zu loben!

XIX *Birkat Kohannîm*[71]

Lege Frieden, Güte und Segen auf uns, Huld, Gnade und Erbarmen
und segne uns alle wie einen durch das Licht Deines Angesichts,
denn von dem Licht Deines Angesichts, Herr unser Gott,
gabst Du uns Torah und Leben, Liebe und Gnade, Gerechtigkeit und Erbarmen.
Gut scheine es in Deinen Augen, das Volk Israel zu jeder Zeit zu segnen.
Gebe Frieden auf die Welt und auf Dein Volk Israel,
Es sei doch Friede, von nun an bis in Ewigkeit.
Gepriesen seist Du Herr, der sein Volk Israel mit Frieden segnet!"

5. Sonstige häufige alte Gebete:

a) *Habînenû*

Kurzfassungen (der mittleren Benediktionen) des Achtzehngebetes galten unter bestimmten Umständen als Ersatz der Tefillah. Ein solches nach dem Anfang (vgl. o. IV) „Habinenu" genanntes Gebet enthält jBer IV, 3 (8a). Eine Variante in bBer 29a ist vielleicht sekundär[72].

b) *Qaddîš*[73]

[70] Die *Hodāʾāh* von mJoma VII, 1; mRH IV, 5; jJoma VII, 1 (44b)? Kultische Praxis wirkt auch in der hier z. T. geübten Proskynese nach (bBer 34a/b).

[71] Nach dem Priestersegen. mTamid IV, 2; V, 1; mJoma VII, 1.

[72] Vgl. L. Ginzberg, a. a. O. (§ 13, Anm. 23), III, 332.

[73] Ph. Bloch, a. a. O. (Anm. 19), 264–266; G. Dalman, Die Worte Jesu, 1930, 294 f.; De Sola Pool, The Kaddish, 1964²; Ders., UIJ VI, 273–275; I. Elbogen, 92 ff.; J. Heinemann, 23.163 f. 170 ff.; J. Hübscher, The Kaddish Prayer, 1929; A. Z. Idelsohn, 84 ff.; K. Kohler, 489 ff.; D. Margolit, Tᵉfillat haq-qaddîš, mᵉqôrôtāhā, nushaʾôtāhā wᵉniqqûdāh, in: Minhāh lᵉʾAbrāhām (Sefär Elmaleh), 1959, 120–125; E. Nadel, EJ IX, 734–742.

Das teils hebräische, teils aramäische Gebet wird in mancherlei Gestalt überliefert und verwendet. In der Liturgie v. a. zum Abschluß größerer Teile, sonst auch als „Waisenkaddisch" der Hinterbliebenen. Der hebräische Anteil hat reinen Anbetungscharakter und verrät esoterischen Einfluß[74]. Die aramäischen Partien betreffen die messianische Hoffnung und standen wohl in Zusammenhang mit Schrift- bzw. Prophetenlesung, Targum- und Midraschvortrag.

c) *Haškîbenû* (SRS"G 27)

„Laß, Herr, unser Gott, zufrieden uns zur Ruhe legen
und wieder aufstehen zu Leben und Frieden.
Beschütze uns und rette uns vor aller Art Not und Verderber,
bewahre uns vor allem Bösen und vor dem Schrecken der Nacht.
Zerschmettre Satan vor und hinter uns,
denn unser Hüter und Retter bist Du,
und berge uns im Schatten Deiner Flügel.
Gepriesen sei, der sein Volk Israel immerdar behütet".

Als zweite Benediktion nach dem *Šᵉmaʿ* am Abend von Einzelnen als Nachtgebet gesprochen, spiegelt es auch allerlei volkstümliche Vorstellungen.

d) *Habdālāh*[75]

Gepriesen seist Du, Herr, unser Gott, König der Welt,
der Heiliges von Profanem scheidet,
  Licht von Finsternis
  Israel von den Völkern
und den siebenten Tag von den sechs Regen der Arbeit.
Gepriesen seist Du, Herr, der Heiliges von Profanem scheidet.

e) Die gebotenen Beispiele sind nur ein Teil des täglichen Gebetspensums. Die Gefahr mechanischer Gebetspraxis, die daraus erwuchs, war den Rabbinen sehr wohl bewußt. Sie zögerten lange, die Gebetstexte wörtlich zu fixieren, um mit der improvisierten Variation Denken und Beten zusammenzuzwingen. Auch die Betonung der rech-

[74] Siehe Ph. Bloch, a. a. O. (Anm. 73). In der Tat enthält die esoterische Literatur viele qaddischartige Gebetswendungen.

[75] Vgl. Anm. 31. Text nach SRS"G 125.

ten Gebetsintention, der *„kawwānāh“*, die später eine noch größere Rolle spielen sollte, ist häufig anzutreffen[76].

Von Anfang an durch gemeinsame Tradition verbunden, haben auch in der talmudischen Zeit Wechselbeziehungen zwischen jüdischer und christlicher Liturgie bestanden. Auch sie reichen zuweilen schon in das Gebiet der religiösen Poesie[77].

6. Schriftlesung[78]

a) Die Schriftlesung aus Torah und Propheten erfolgte wochentags nur Montag und Donnerstag morgens und an Sabbat- und Festtagen morgens und zur Minḥah. Zu diesem Zweck kam es zu einer entsprechenden Einteilung des Bibeltextes, die in amoräischer Zeit bereits festgelegt wurde. In Palästina teilte man die Torah in (bis zu 167) *S^edārîm* und die Propheten (in einer Auswahl von *„Hafṭārôt“)* nach einem Dreijahreszyklus (genauer: fast Dreieinhalbjahreszyklus[79]), in Babylonien nach einem Jahreszyklus (die Torah in 54 Parašen) ein. Die palästinensische Einteilung wurde schließlich durch die babylonische verdrängt, konnte aber dank der Erforschung der synagogalen Poesie (§ 15)[80] wieder weitgehend rekonstruiert werden. Auch

[76] Z. B. Pes. r. (Friedmann) 198 b: „Der Heilige, gepriesen sei er, spricht zu Israel: Meine Söhne, ich nehme von euch kein Brandopfer, kein Sündopfer, kein Schuldopfer und kein Speisopfer an, es sei denn, ihr erwirkt mein Wohlgefallen durch Gebet, Flehen und Intention des Herzens“.

[77] Aus der Fülle der Lit. sei erwähnt: A. Baumstark, Comparative Liturgy, 1958, 43–51.63–70; C. W. Dugmore, The Influence of the Synagogue upon the Divine Service, 1944; L. Ligier, Anaphoras orientales et prières juives, Proche Orient Chrétien 13 (1963), 3–20.99–113; C. P. Price, Jewish Morning Prayers and Early Christian Anaphoras, AThR 43 (1961), 153–168; J. Schirmann, Hebrew Liturgical Poetry and Christian Hymnology, JQR 44 (1953), 123–161; E. Werner, The Sacred Bridge, 1960².

[78] Lit. § 4, Anm. 67. V. a. J. Mann - I. Sonne (Lit.!); Ferner: I. Elbogen*, 155–205 (Lit.); Ders., UJE X, 273 f.; N. Fried, Lûaḥ „has-s^edārîm“ šäl ham-maḥzôr haš-š^elāšî l^esefär ham-midbār, Tagim 1 (1968/9), 60–69; J. Heinemann, 24.144 f. 165; Str. – B. IV, 154 ff.

[79] J. Heinemann, The ‚Triennial‘ Cycle and the Calendar, Tarb 33 (1963/4), 362–368; Ders., The Triennial Lectionary Cycle, JJS 19 (1968/9), 41–48.

[80] A. Büchler, The Readings of the Law and Prophets in the Triennial Cycle, JQR o. s. 5 (1893), 420–468; 6 (1894), 1–73 (Liste); JE XII, 256 f. (Liste), ergänzt bei M. Zulay, Mäḥq^erê Jannāj, JM 2 (1936), 271–273; L. Finkelstein, The Prophetic Readings According to the Palestinian, Byzantine and Karaite Rites, HUCA 17 (1942/3), 423–426; E. Fleischer,

viele Midraschim weisen einen Bezug auf den Dreijahreszyklus auf, da (neben dem Targum, s. § 13,7) die *d^erāšāh*[81] gerade in Palästina eine bedeutende Rolle spielte. Aus den Hagiographen wurden regelmäßig nur die 5 Megillot an den ihnen zugeteilten Festen (Sof XIV, 3) gelesen, Ruth und Hohelied zu Passah- und Wochenfest, Klagel. am 9. Ab; aber auch Koh dürfte schon damals am Laubhüttenfest verlesen worden sein, schließlich Est zu Purim (s. Meg).

b) Zur Schriftlesung wurde aufgerufen, wobei bei der Torahlesung eine Priorität der anwesenden Priester und Leviten vor den Laien galt (mGitt V, 9). Der Vortrag der ja unvokalisierten Texte erforderte die Kenntnis der Aussprachetradition. Sie wurde wohl schon früh von Experten gepflegt, deren textkritische und philologische Arbeit später als Masorah immer größere Bedeutung gewann, und zwar in Palästina wie in Babylonien.

c) Gewisse Texte wurden täglich rezitiert. So die *Š^ema^ᶜ*-Stücke (Abs. 3). Dazu gehörte bis etwa zur Barkochbazeit auch der Dekalog, auf den man aber aus dogmatischen Gründen verzichtete[82]. In den *Maᶜ^amādôt*[83] wurde nach dem Zeugnis von Haj Gaon[84] einst die Schöpfungsgeschichte *(maᶜ^aśeh b^ere'šît)* gelesen, die Gegenstand der esoterischen Spekulation war.

d) Gewisse Texte wurden von der Verlesung ausgeschlossen[85]. Vor allem die Thronwagenvisionen Ezechiels, Basistext der Märkabah-Spekulationen, aus Sorge vor Mißbrauch und Mißverständnis. Manche Teile können zwar vorgelesen werden, aber ohne Targum.

Q^erôbôt j"ḥ ᶜal haq-q^erî'āh hat-t^elāt-š^enātît, Sinai 65 (1968/9), 281–294; N. Fried, Pijjûṭ mehag-g^enîzāh, Sinai 60 (1966/7), 124–148; Ders., Haftārôt 'alṭernāṭibijjôt b^epijjûṭe J^annāj, Sinai 61 (1967/8), 267–290; 62 (1968/9), 50–66; Ch. Luban, Rimzê hafṭārôt RH"Š b^epijjûṭê Jose b. Jose, Sinai 66 (1969/70), 50–87; M. Zulay, Zur Liturgie der babylonischen Juden, 1933, 12 ff.

81 Lit. § 13, Anm. 11; I. Elbogen*, 194 ff.

82 Vgl. jBer I, (3 c); bBer 12 a: man verzichtete darauf wegen der Minim, die nur darin die Sinaioffenbarung sahen. Dies können Christen ebenso wie hellenistische Juden gewesen sein. Vgl. auch V. Aptowitzer, L'usage de la lecture quotidienne du Decalogue à la Synagogue et l'explication de Mathieu 19, 14–19 et 22, 35–40, REJ 88 (1929), 167–170; S. W. Baron*, SRH II, 134 f. 380 f.

83 Abs. 1 und Anm. 13–15.

84 Bei Jehudah ha-Barceloni, Sefär ha-ᶜittîm, 185 (§ 275).

85 mMeg IV, 10.

§ 15 Synagogale Poesie (Pijjûṭ)

I. Davidson*; Ders., Maḥzor Yannai, 1919 (Einl.); A. S. Dörfler, JL IV, 937 ff. L. Dukes, Zur Kenntnis der neuhebräischen Poesie, 1842; R. Edelmann, Bestimmung, Heimat und Alter der synagogalen Poesie, Oriens Christ. 29 (1932), 16–31; I. Elbogen*, 206 ff.; 280 ff. Ders., Synagogale Poesie, MGWJ 68 (1924), 107–117; E. Fleischer, Ḥiqrê pijjûṭ w^{e}šîrāh, Tarb 39 (1969/70), 19–38; Ders., ʿIjjûnîm bib^{e}ʿājôt tafqîdām hal-liṭûrgî šäl sûgê hap-pijjût haq-qādûm Tarb 40 (1970/1), 41–63; J.-L. Gersht*, I, 54 ff.; H. M. Habermann, Hap-pijjûṭ, 1968[2]; J. Heinemann, a. a. O. (§ 14), 88 ff. 150; A. Marmorstein, L'anciennité de la poésie synagogale, REJ 73 (1921), 82–84; A. Mirski, Signôn hap-pijjûṭ haq-qādûm, Zikronot hā-ʾ^{a}qadämjāh lal-lāšôn hā-ʿibrît 3–4 (1956/7), 41–46; Ders., Maḥṣ^{e}bātān šäl ṣûrôt hap-pijjût, JM 7 (1957/8), 1–129; Ders., Reʾšît hap-pijjût, 1965; Haš-šîrāh b^{e}Jiśrāʾel ʾ^{a}ḥārê ham-Miqrāʾ, Môlād 23 (1965/6), 645–650; Ders., Haš-šîrāh hā-ʿibrît bitqûfat hat-Talmûd, Jerušalajim 2 (1966/7), 161–179; Ders. Māsôrät hap-pijjût hā-ʾäräṣjiśr^{e}ʾelît, Sinai 65 (1968/9), 177–187; J. Schirmann, a. a. O. (§ 14, Anm. 77); M. Waxman*, I, 201 ff.; E. Werner, a. a. O. (§ 14, Anm. 77); M. Zulay, Mähq^{e}rê Jannāj, JM 2 (1936), 234 f.; Ders., Piyyute Yannai, 1939, Einl. (v. a. XII); L. Zunz*, LG 11 ff.; Ders., Die synagogale Poesie des Mittelalters, 1920[2], 59 ff.

1. Ursprünge und „Sitz im Leben“

Die Grenzen zwischen der Gebetsliteratur und den frühen Pijjut sind fließend. Beide entsprachen den Bedürfnissen der religiösen Gemeinschaft, waren zweckbestimmte anonyme Schöpfungen, die als Gemeinbesitz betrachtet wurden. Die Wurzeln des Pijjut sind indes vielfältig:

a) Von der biblisch-frühjüdischen religiösen Dichtung[1] führt eine Linie zur synagogalen Gebetsliteratur, gekennzeichnet durch den Parallelismus membrorum und die Verwendung von Verszeilen mit einer bestimmten Anzahl von Toneinheiten[2].

b) In Kreisen, die priesterliche Traditionen weiterführten, erhielten sich Elemente der Tempelliturgie und wurden z. T. auch zu eigenem Gebrauch umgestaltet oder nachgebildet[3]. Ein Teil dieser alten Tradition fand Aufnahme in der synagogalen Liturgie, viele Stücke sind in der esoterischen Literatur (§ 21)[4] enthalten, deren Verfasser besonders an der Parallelität zwischen himmlischen und irdischem Kult interessiert waren. Es handelt sich vor allem um drei liturgische Gattungen: (1) Litaneiartige Stücke, wie

[1] § 4, Anm. 63.
[2] Z. B.: *ʿ^{a}lênû l^{e}šabbe^{a}ḥ lā-ʾ^{a}dôn hak-kol lā-tet g^{e}dûllāh l^{e}jôṣer b^{e}reʾšît.*
[3] § 14, Anm. 14 (*Maʿ^{a}mād* und *Mišmārôt*).
[4] § 14, Anm. 36, 37; G. Scholem, Jewish Gnosticism, Merkabah Mysticism and Talmudic Tradition, 1965[2], 20 ff.

die *Hôšaʿnôt*[5], *Selîḥôt*-Formen für die Bußtage[6] wie das *'Abînû malkenû*[7], und serienartige, z. T. alphabetische Anhäufungen von Gottesattributen, z. T. mit Responsionen[8].

(2) Hymnen, die wenigstens streckenweise von diesen Traditionen geprägt sind[9].

(3) Speziell die *Qedûššāh*-Dichtungen[10].

Alle drei Gattungen vermittelten dem Pijjut hochliturgische Vorbilder.

c) Schematische Aufstellungen, Kettenbildungen, symmetrisch aufgebaute Vergleiche oder Fragen und Antworten mit biblischen Belegstellen entstanden im Bet Midrasch und für den gottesdienstlichen Vortrag aus mnemotechnisch-didaktischen Gründen und aus Freude an formaler Gestaltung, Solche gleichförmigen Satzgruppen, auch nach exegetisch-hermeneutischen Regeln gebildet, konnten v. a. bei Nichtberücksichtigung der biblischen Belegverse gedichtartigen Charakter gewinnen. Tatsächlich haben die frühen Pajtanim solche Schemata aufgegriffen und weiterentwickelt[11]. Von hier aus erhielt der Pijjut sein gelegentlich didaktisches Kolorit und Bezüge zur Masorah[12].

d) Die Improvisationsfähigkeit, die der nicht wörtlich festgelegte Vortrag der Stammgebete vom *šelîaḥ ṣibbûr* erforderte, war nicht jedermanns Sache. Was die Rabbinen zunächst als Mittel gegen formelhafte Erstarrung gedacht hatten, bewirkte so ein liturgisches Virtuosentum, konzentriert in jenen Gruppen, die schon herkömmlich am Kult interessiert waren, nämlich die *Ḥazzānîm* von meist levitisch-priesterlicher Herkunft, die in der zweiten Hälfte der Periode die Vorbeterfunktion ganz übernahmen. Dazu hat beigetragen, daß der Pijjut-Vortrag auch musikalisch-gesangliche Fertigkeit

[5] J. Heinemann, a. a. O. (§ 14), 88 ff.; Ders., Hā-Hôšāʿnôt – śerîdîm šäl defûsê-pijjûṭ qedûmîm, Tarb 30 (1960/1), 357–369; L. Zunz*, SP 73 ff.

[6] L. Zunz*, LG 17 ff.; J. Heinemann, a. a. O. (Anm. 5).

[7] J. Heinemann, a. a. O. (§ 14), 95; K. Kohler, a. a. O. (§ 14), 395 ff.; J. Rothschild, 'Abînû malkenû, Maʿjanot 9/1 (1967/8), 250–259; L. Zunz*, Ritus 118 f.

[8] In die Liturgie eingedrungen ist z. B. *Hā-'addärät wehā-'ämûnāh* (D He 16) in Hek. r. XVIII, 1. Serienbildungen enthält auch die von M. Margolioth edierte magische Schrift Sefär hā-Rāzîm, 1966, 98; vgl. auch J. Maier, Poetisch-liturgische Stücke aus dem „Buch der Geheimnisse", Jud 23 (1968), 172–181.

[9] Vgl. o. Anm. 2 *ʿalênû lešabbeaḥ*; ferner *'el bārûk gedôl deʿāh; 'el 'ādôn* u. a. m.

[10] S. o. § 14, Anm. 35.

[11] Siehe v. a. A. Mirskis Arbeiten. Ein Beispiel für die Verbindung von Midraschstoffen, Midraschschema und *Qedûššāh*-Dichtung s. bei J. Maier, Jud 22 (§ 14, 37).

[12] Die Bibelzitate wurden von der atl. Textkritik noch kaum beachtet. Vgl. M. Wallenstein, The Piyyut, with special referende to the textual study of the Old Testament, BJRL 34 (1952), 469–476; Eine Liste von Zitaten bei Jannaj s. in M. Zulaj, Piyyute Yannai, 1938, 419–424.

voraussetzte. Ein guter Teil des frühen Pijjut erwuchs so aus der freien Variation der Stammgebete.

e) Um ein völliges „Zersingen" der Stammgebete zu vermeiden, wurde in amoräischer Zeit ihr Wortlaut mehr und mehr fixiert und die poetische Ausschmückung auf feste Einschübe und Zusätze eingeschränkt. So bildeten sich feste Zyklen heraus, z. B. zu den *Šᵉma'* – Benediktionen und zum Achtzehngebet, die innerhalb der Gesamtkomposition wieder aus einzelnen Stücken bestanden, die zu den Grundformen der poetischen Gattungen wurden, sich später auch verselbständigten. Dabei wirkten die aufgezählten Traditionen in je verschiedener Weise auf die formale und inhaltliche Bestimmung der einzelnen Gattungen ein.

Erst gegen Ende der Periode entstand – wie auch in der bildenden Kunst[13] – ein Autorenbewußtsein, das bei Jannaj (Abs. 3 b) zum ersten Mal mit dem Gebrauch des Namenakrostichons zutagetritt. Damit setzt sich auch die Neigung zu individueller Gestaltung durch, im Formalen wie im Sprachlichen, freilich auf Kosten der Verständlichkeit[14]. Während der byzantinischen Religionsbeschränkungen im 5.–6. Jh. spielte der Pijjut anscheinend eine wichtige Rolle bei der Festigung des jüdischen Selbstbewußtseins[15] und erfüllte auch didaktische Funktionen, wie die Aufnahme haggadischer und halachischer Stoffe zeigt. Die ältere Forschung hat fast durchwegs das Alter des Pijjut – wie jenes der Esoterik – weit unterschätzt[16]. Heute steht fest, daß es sich um eine wichtige Quelle auch schon für die Religionsgeschichte der talmudischen Zeit handelt.

2. Die wichtigsten Pijjut-Gattungen

a) Den größten Umfang erreicht die 'Abodah für den *Jôm hak-kippûrîm.* Die Tradition schreibt zwei solche Dichtungen dem ersten namentlich bekannten Pajtan, Jose b. Jose, zu[17], doch zeigt schon Sir 43 ff., daß diese Gattung eine lange Vorgeschichte hat. Auf einen Abriß der Schöpfungs- und Heilsgeschichte folgt eine Darstellung des hohepriesterlichen Rituals am großen Versöhnungstag (vgl. mJoma). Gerade im byzantinisch beherrschten Palästina, wo die Kirche alles daransetzte, einen Wiederaufbau des Tempels oder eine Restauration der

[13] In dem Mosaikfußboden von Beth Alpha (§ 12) haben sich die Künstler Marinus und Chanina inschriftlich verewigt. Weiteres s. bei N. Avigad, IEJ 8 (1958), 277 f.; CIJ 1166 (S. 215 f.).

[14] S. Abramson, Lᵉpijjûṭôt, Sinai 56 (1964/5), 238–241.

[15] R. Edelmann sah in dieser Zeit den Ursprung des Pijjut.

[16] Nur wenige wollten einen vorarabischen Pijjut zugestehen.

[17] *'azkîr gᵉbûrôt* (D Aleph 2230) und *'attāh kônantā* (D Aleph 8815).

jüdischen Selbständigkeit zu vereiteln, diente ein solcher Rückblick, der immer auch Ausblick war, zugleich als Ausdruck und Bestärkung des jüdischen Geschichts- und Selbstbewußtseins.

b) Aus der poetischen Ausschmückung der „Tefillāh" (§ 14,4) für die Sabbat- und Festtage entstand ein geschlossener Zyklus von Pijjutim, die *Qerôbāh*[18], die thematisch weitgehend durch die jeweilige Torah- und Prophetenlesung (Seder und Haftarah) bestimmt ist[19]. Für den Morgengottesdienst entsprechend den ersten drei Tefillah-Benediktionen die *„Qedûštā'"*, für Musaf und Abend die den 7 Sabbat- bzw. Festtagsberakot folgende, freier gestaltete *„Šib'ātā'"*. Mit dem Pajtan Jannaj (6. Jh.) war die *Qerôbāh* bereits voll ausgeprägt, ihre Vorgeschichte ist noch nicht geklärt. Man könnte als ursprünglichen „Sitz im Leben" die gottesdienstlichen Veranstaltungen an Sabbaten und Festtagen annehmen, die mit dem *Ma'amād* und den *Mišmārôt*[20] zusammenhängen, doch sind die erhaltenen *Mišmārôt-Qerābôt* nicht älter als jene Jannajs[21].

Der Aufbau einer *Qerôbāh (Qedûštā')* gliedert sich in 9 Einheiten:

I. Pijjut mit 3 Versen zu 4 Kurzzeilen mit alphabetischem Akrostichon Aleph bis Lamed, inhaltlich bestimmt vom Midrasch zum Seder-Text. Es folgt v. 1 des Seders und andere Bibelstellen.
IA Beginnt mit den letzten Buchstaben des letzten Bibelverses und entspricht der *Ḥatîmāh* der ersten Tefillah-Benediktion *(„Māgen")*.

II. Entspricht formal etwa I, setzt das alphabetische Akrostichon vom *Mem* bis *Taw* fort (*s* und *t* doppelt), schließt mit Anspielung auf v. 2 des Seders, der dann mit weiteren Bibelversen zitiert wird.
IIA schließt mit Anspielung an die *Ḥatîmāh* der 2. Tefillahbenediktion *(„Meḥajjāh")*.

III. 4 Doppel- oder Viererzeilen, oft eschatologischen Inhalts, bei Jannaj mit Namensakrostichon JNJJ. Der Schluß spielt an den v. 1 der Haftarah an, der dann mit anderen Bibelstellen zitiert wird.

[18] Zur Qerobah s. vor allem: M. Zulay, Māḥqārê Jannāj, 2 (1936), 254 ff.; Ders., Piyyute Yannai, 1939, X ff.; A. Mirski, Re'šît . . . 82 ff.; E. Fleischer, Leḥeqär tabnijjôt haq-qāba' bepijjûṭê qedûštā', Sinai 65 (1968/9), 21–47.167; E. Fleischer, Leqadmônijjôt haq-Qedûštā', Has-Sifrut 2, 1969/70, 390–410; Ältere Lit.: I. Davidson, Maḥzor Yannai, 1919 XXV ff.; I. Elbogen*, 212 ff. 550.596; G. Ormann, in: A. Murtonen, Materials for a non-Masoretic Hebrew Grammar I, 1960, 71 ff.; L. Zunz*, SP 65 ff.

[19] Was die Rekonstruktion der pal. Perikopenzyklen (§ 14,6) ermöglichte.

[20] § 14, Anm. 14.

[21] Vgl. M. Spanier, MGWJ 73 (1929), 67 f., und M. Zulaj, JM 5 (1939), 111, zu P. Kahle, Masoreten des Westens I, 1927, 1–24 (Vgl. auch Ders., Die Kairoer Genisa, 1962, 39).

IV. Ein formal nicht festgelegter Pijjut, schließend mit „*qādôš*“ (heilig).
V. Pijjut von 10 Doppelzeilen mit alphabetischem Akrostichon Aleph bis Jod.
VI. 11 Doppelzeilen mit vollem alphabetischen Akrostichon.
VII. Bis zu 4, meist 2 Pijjutim von der Art des „*Rāhîṭ*“[22]. Beginnend mit Sedervers, eingeleitet durch *ûbeken*.
VIII. „*Sillûq*“, Überleitung zur *Qedûššāh* (Jes 6,5), eingeleitet durch *kekātûb* (wie es geschrieben steht).
IX. *Qedûššāh*-Dichtung (von wechselndem Aufbau).

Auch zu den drei speziellen Neujahrsbenediktionen *Malkijjôt, Zikrônôt* und *Šôfārôt* wurden Pijjutim geschaffen.

c) Zu den Benediktionen des *Šema'* im Morgengebet wurde, angeknüpft an bestimmte Gebetsstichworte, eine Serie von Gattungen entwickelt. Die Gesamtkomposition heißt Jôṣer, wie auch das erste Stück davon. Der *'Ôfān*, eine hochliturgische, monoton-feierliche Schilderung der Einzelliturgie schließt an das Stichwort „und die *'ofannîm*“ an, das *Zûlat* an „kein Gott außer Dir“. Später kommen dazu noch „*Me'ôrāh*“ (zu „der die Lichter bildet“), *'Ahābāh* (vor „der Israel – sein Volk in Liebe erwählt“), *Mî kāmôkāh, Ge'ûllāh* (vor „der Israel erlöst hat“). Diese Gattungen zeichnen sich zumeist durch heilsgeschichtliche Inhalte aus. Weniger ausgeprägt waren die poetischen Kompositionen für das Abendgebet, die „*Ma'arābôt*“.

d) Für den *Jôm ha-kippûrîm* und die anderen Fasttage entstanden v. a. Bußgebete, *Selîḥôt*[23], die weit häufiger als die übrigen Pijjutim eine sehr persönliche Note aufweisen. Auf Grund der Ex 34,6 f. genannten „13 Eigenschaften Gottes“ wird Verzeihung erbeten, die eigene Sündhaftigkeit eingestanden oder die Notlage geschildert und um Hilfe gebeten. Dabei nehmen litaneiartige Stücke breiten Raum ein.

3. Die ältesten bekannten Pajtanim

a) Die Tradition schreibt eine Reihe von Dichtungen einem Jose ben Jose zu, der bei Saadja[24] vor Jannaj als erster Pajtan genannt

[22] Zur Definition s. J. Schirmann, Haš-šîrāh hā-'ibrît biSfārād ûbeProvence IV/2, 1960², 715; E. Fleischer, Pirqê pijjût mit-tôk sidrat rehîtîm mimma'amād Jôm hak-kippûrîm šäl R. Selomoh 'ibn Gabîrôl, Tarb 38 (1968/9), 136–160 (S. 138); L. Zunz*, SP 79a.

[23] L. Zunz*, LG 17 ff.; JL II, 355 ff.; J. Heinemann, a. a. O. (§ 14), 95.

[24] Ältester Beleg: in der Einl. zu Saadjas Agron. I. Elbogen*, 306 ff.; J. L. Gersht*, I, 19 ff.; A. Mirski, Re'šît ... 61 ff.

wird. Dabei handelt es sich v. a. um die schon erwähnten ʿAbodah-Dichtungen (Abs. 2a). Stil, Form und Sprache deuten im Vergleich zu Jannaj darauf hin, daß Jose einige Zeit früher gelebt hat, vielleicht noch im 5. Jh.

b) Eine neue Epoche im Pijjut bedeutet Jannaj[25], der vor Elʿazar ha-Qalir anzusetzen ist, und da dieser um die Wende von der byzantinischen zur arabischen Zeit gewirkt hat, dürfte Jannaj ins späte 6. Jh. und an den Anfang des 7. Jh. gehören. Er war der erste, der seinem Autorenbewußtsein Ausdruck verlieh, indem er (in Teil IV der *Qerôbôt*) sein Namensakrostichon einsetzte, und er war der erste, der den Reim anwandte. Seine *Qerôbôt* blieben in ihrem Aufbau beispielhaft für die Späteren.

Trotzdem verschwanden seine Werke bald wieder aus dem liturgischen Gebrauch und wurden durch Schöpfungen seiner Nachfolger, vor allem des Elʿazar ha-Qalir, verdrängt. Das Streben nach Neuem, nach Abwechslung, hat etwas wie Modeerscheinungen mit sich gebracht, sodaß der alte Pijjut fast ganz in Vergessenheit geriet. Erst die Handschriftenfunde in der Kairoer Geniza, in bezug auf Jannaj erstaunlich ergiebig[26], haben das Dunkel der frühen synagogalen Poesie wieder etwas erhellt. Jannaj ist für die Religionsgeschichte des 6./7. Jh. eine ungemein reichhaltige Quelle.

Sein Pijjut weist zahllose Verbindungen zum Midrasch, zur Haggadah und zur Halakah, auf[27]. Auch die esoterische Spekulation und deren liturgische Überlieferung war ihm, wie die einschlägigen Pijjutim (v. a. VIII–IX der *Qerôbôt*) zeigen, bekannt[28]. Besonders hervorzuheben ist die lebhafte eschatologische Stimmung, die, so gewiß sie z. T. durch die Zeitumstände (byzant. Bedrückung) provoziert war, eine sonst wenig beachtete Seite der talmudischen Frömmigkeit erhellt und eine neue Wertung der vielen eschatologischen Einzelüberlieferungen in Talmud und Midrasch ermöglicht.

[25] Ältere Lit. bei J. Schirmann, EJ VIII, 871. I. Elbogen*, 309 ff.; J. L. Gersht*, I, 22 ff.; M. Kober Zum Maḥzor Yannai, 1929; Ch. (J.) Schirmann, Jannāj hap-Pajṭān, šîrātô wehašqāfat ʿôlāmô, Qäšät 6 (23), 1963/4, 34–66; A. Mirski, Re'šît ... 11 f. 26.44 f. 74 ff.; S. Spiegel, Zum Machzor Jannaj, MGWJ 74 (1930), 94–104; M. Zulaj, Rabban šäl hap pajṭānim, Ha-Teqûfah 28 (1935/6), 378–387; Ders., Mäḥqārê Jannāj, JM 2 (1936), 213–372; Ders., Piyyute Yannai, 1938 (Einl.).

[26] Die maßgebende Edition ist M. Zulay, Piyyuṭe Yannai, 1938. Seither sind wieder einige Stücke ediert worden.

[27] Z. M. Rabinowitz, Haggādāh wa-halākāh bepijjûṭê Jannāj, 1964/5; Ders. Midrešê halākāh bepijjûṭê Jannāj, Tarb 31 (1961/2), 170–187.

[28] E. Grünwald, Pijjûṭê Jannāj wesifrût jôredê ham-märkābāh, Tarb 36 (1966/7), 257–277.

3. Kapitel: Die religiösen Vorstellungen

§ 16 Einführung und Übersicht

Z. Cahn*, 147–315; S. S. Cohon, The Name of God. A Study in Rabbinic Theology, HUCA 23 (1951/2), I, 579–604; J. Goldin, Of Change and Adaption in Judaism, HR 4 (1965), 269–294; A. Guttmann, Foundations of Rabbinic Judaism, HUCA 23 (1950/1) I, 453–474; J. Guttmann*, 38–54; A. J. Heschel, Tôrāh min haš-šāmajim, 2 Bde. 1962, 1965; M. Kadushin, The Rabbinic Mind, 1965² (RM); Ders., Worship and Ethics, 1964; A. Marmorstein, Studies in Jewish Theology, 1950; G. F. Moore, Judaism (§ 4); D. Neumark*, I, 43–107; S. Schechter, Aspects of Rabbinic Theology, 1909 (1961²); H. Sérouya, Les étapes de la philosophie juive, 1969; A. Slonimsky, The Philosophy Implicit in the Midrash, HUCA 27 (1956), 235–290; R. Stewart, Rabbinic Theology, 1961; E. E. Urbach*; F. Weber, Jüdische Theologie auf Grund des Talmud und verwandter Schriften, 1897².

Die besondere Beschaffenheit der rabbinischen Literatur (§ 13) und der weithin noch unbefriedigende Stand der traditions-, begriffs- und motivgeschichtlichen Forschung stellen jeden Versuch einer systematischen Darstellung der talmudischen Glaubenswelt von vornhinein in Frage. Nicht selten sind solche Versuche zudem durch tendenziöse oder apologetische Anliegen bestimmt, da der Talmud sowohl in innerjüdischen Auseinandersetzungen, in der christlich-jüdischen Kontroverse und auch in der antisemitischen Literatur eine entscheidende Rolle spielt. Erst in neuerer Zeit hat sich eine bewußt sachliche Betrachtungsweise durchzusetzen begonnen[1], mit der freilich zugleich auch das Problembewußtsein zunahm. Ein Beispiel mag die Situation illustrieren: Ein Großteil der rabbinischen Aussagen über die Prophetie (und den heiligen Geist) begrenzt diese auf die Zeit des 1. Tempels bzw. mit Haggai, Sacharja und Maleachi, der letzten biblischen Propheten. Andere Stellen setzen ein Weiterwirken von Prophetie (und heiligem Geist) voraus. Die erste Gruppe ist charakteristisch „rabbinisch" nur in dem Sinne, als eine Abgrenzung gegenüber messianisch-apokalyptischen Offenbarungsansprüchen vorliegt,

[1] Vgl. E. E. Urbach*, 4–14.

also nicht eine grundsätzliche „Lehre“ festgelegt, sondern eine aus der genannten Frontstellung entstandene Zweckbehauptung aufgestellt wird. Die zweite Gruppe enthält z. T. legendarische Überlieferungen, die offenbar den Volksglauben widerspiegeln, z. T. aber tendenziöse Offenbarungsansprüche aus Esoterikerkreisen (§ 21), die ja auch aus Rabbinen bestanden. Die Rabbinen haben teils aus bewußter Nüchternheit, teils aus esoterischer Arkandisziplin, teils aus zeitbedingten Rücksichten manches in ihrer literarischen Überlieferung an den Rand gedrängt, so die messianisch-apokalyptische Komponente (§ 19), die Esoterik (§ 21) und die Magie (§ 20).

Bei aller Vielfalt der bezeugten Meinungen und trotz der zunehmenden örtlichen Zerstreuung des Volkes bleibt ein erstaunliches Maß an geschlossener Glaubensüberzeugung zu beobachten. Nicht lehrmäßig formuliert und zumeist nur bildhaft veranschaulicht, aber doch so, daß man aus der Fülle der Zeugnisse einen Tenor zentraler Vorstellungskomplexe feststellen kann, die dann den Späteren als Ansicht der „Weisen“ galten. Für diese Nachwirkung der rabbinischen Zeugnisse war der geschichtliche Werdeprozeß der enthaltenen Einzelvorstellungen irrelevant und schon daher ist auch eine systematisierende Übersicht zu rechtfertigen. Nur darf sie nicht als dogmatische Lehre verstanden werden, denn die inhaltliche Vielfalt der Aussagen, blieb ja auch dem rückblickenden Späteren nicht verborgen und verhinderte im Judentum gerade eine dogmatische Fixierung. So blieb dem Judentum ein verhältnismäßig großes Maß an religiöser Gedankenfreiheit erhalten. Aber auch dies sollte nicht überschätzt werden. Der strenge Monotheismus, die unantastbare Geltung der Torah insgesamt und im Detail, die festen Grundsätze der traditionellen Ethik, die hartnäckige Überzeugung von der eigenen heilsgeschichtlichen Sendung und nicht zuletzt die prägende Kraft des allumfassenden Brauchtums mit dem dadurch bedingten Willen zur Absonderung von der Umwelt setzten der Gedankenfreiheit auch ohne definierte Dogmen Grenzen. Auch die Literaturgeschichte der talmudischen Zeit bezeugt neben dem herrschenden Meinungspluralismus doch auch eine gegenläufige Tendenz zur Konzentration und Sichtung. Freilich fehlten noch die terminologischen und literarischen Mittel sowie die spekulativen Anstöße zur Systematisierung, sodaß diese Konzentrationsbemühungen im Rahmen redigierender Kompilation stehenblieben.

Verfolgt man den „Tenor“ der rabbinischen Aussagen, so gruppieren sich die tragenden religiösen Vorstellungen zu einem Schema, das wohl schon im Frühjudentum angelegt war (§ 4), nun aber in allen

Aspekten voll ausgebildet erscheint. Ausgangspunkt ist dabei die Gottesvorstellung (§ 17), doch nicht spekulativ, für sich betrachtet, sondern in Relation zu den weiteren Themen des Schemas. Dessen Zentrum bildet die T o r a h (§ 18). Sie ist das Mittel des Handelns Gottes, insofern er als Schöpfer und Erhalter der Welt gesehen wird, denn die Torah ist Schöpfungsplan und Weltordnung. Sofern sie Kultordnung ist, die vom erwählten Volk beobachtet wird, wirkt Gott auch über Torah und Volk auf die Schöpfung ein. Die Torah ist aber auch Mittel des Geschichtshandeln Gottes, insofern als von der Erfüllung der Torah als Norm menschlichen Verhaltens der Lauf der Geschichte (Heilsgeschichte) abhängig geglaubt wird. Dabei sind Torah und Volk untrennbar aufeinander bezogen (§ 19). Die Sinaioffenbarung konstituierte Israel zum Volk, das sich von daher zur Erfüllung des nun offenbaren Gotteswillens erwählt weiß. Der partikularistische Weg der Toraherfüllung strebt jedoch einem universalen Ziel, der Erfüllung aller Geschichte, zu. Das Volk Israel erfüllt durch seinen Torahgehorsam also eine exemplarische und „messianische" Funktion, ist Werkzeug des göttlichen Geschichtshandelns. Dieses Grundschema der talmudischen – und darüber hinaus wirksam bleibenden – Glaubensüberzeugung stellt sich graphisch folgendermaßen dar:

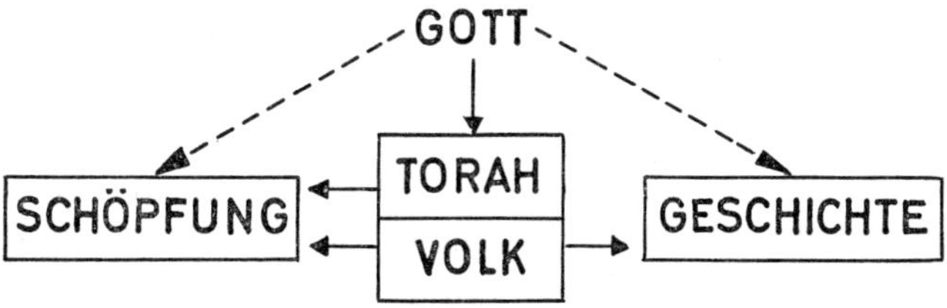

Die direkte Einwirkung Gottes auf Schöpfung und Geschichte bleibt unbeschadet dessen, vor allem durch die Möglichkeit des Wunders, bestehen. Nahezu irrelevant bleibt nach diesem Schema die Bedeutung der übrigen Völker, die ja keinen vergleichbaren Auftrag besitzen und für das jüdische Bewußtsein in erster Linie eben doch als feindlich gesinnte Umwelt erschienen. Das Individuum findet grundsätzlich seine Erfüllung im Rahmen der kollektiven Aufgabe, doch die individuelle Frömmigkeit wird dadurch nicht erstickt, in Gegenteil, der Gehorsam der Einzelnen ermöglicht ja erst die kollektive Erfüllung.

§ 17 Der EINE Gott. Zwischen Immanenz und Transzendenz

I. Abelson, The Immanence of God in Rabbinical Literature, 1912; G. H. Box, The Idea of Intermediation in Jewish Theology, JQR 23 (1932/3), 103–119; S. S. Cohon, The unity of God, HUCA 26 (1955), 425–479; M. Kadushin, The Rabbinic Mind, 1965², 194 ff.; E. Landau, Die dem Raum entnommenen Synonyme für Gott in der neuhebräischen Literatur, 1888; L. Löw, Die talmudische Lehre vom göttlichen Wesen, Schriften I, 1889, 177 bis 186; A. Marmorstein, The Unity of God in Rabbinic Literature, HUCA 1 (1924), 467–499; Ders., Iranische und jüdische Religion mit besonderer Berücksichtigung der Begriffe „Wort", „Wohnen" und „Glorie" im iv. Evangelium und in der rabbinischen Literatur, ZNW 26 (1927), 231–242; Ders., The Old Rabbinic Doctrine of God, 2 Bde. 1927, 1937; G. F. Moore, Intermediaries in Jewish Theology, HThR 15 (1922), 41–85; J. Neusner, a. a. O. (§ 10), II, 151 ff.; P. Schäfer, Untersuchungen zur Vorstellung vom Heiligen Geist in der rabbinischen Literatur, Diss. Freiburg i. Br. 1968; S. Schechter, a. a. O. (§ 16), 21 ff.; A. Spanier, Die Gottesbezeichnungen hmqwm und hqdwš brwk hw' in der frühtalmudischen Literatur, MGWJ 66 (1922), 309–314.

1. Von Philo abgesehen hat das Judentum vor der islamischen Zeit nur vereinzelte Ansätze theologischer Reflexion hervorgebracht. Diese Einzelaussagen blieben mangels einer abstrakten Terminologie in der naiven anthropomorphistisch-anthropopathistischen Rede der biblisch-frühjüdischen Zeit oder der Bildersprache verhaftet, wie etwa das Beispiel der „Königsgleichnisse"[1] zeigt. Diese Ausdrucksweise hatte zwar den Vorzug der Allgemeinverständlichkeit und Anschaulichkeit, eignete sich aber nicht zu systematischen Darlegungen und schon gar nicht für eine Auseinandersetzung mit schon philosophisch geprägten Gottesvorstellungen in der Umwelt. Solche waren indessen nicht nur in der Umwelt vorhanden, sie waren ins Judentum selbst eingedrungen, weil zwischen der jüdischen Polemik gegen die „anderen Götter" und deren sinnenfällig-bildliche Repräsentationen und gewissen Zügen der hellenistischen Religionskritik sachliche Affinitäten bestanden. Damit war aber auch das Problembewußtsein gegenüber den verschiedenartigen Traditionen geweckt.

Das Bekenntnis des EINEN Gottes, täglich im *Šᵉmaʿ* (§ 14,3) zweimal gesprochen, gehörte längst zum selbstverständlichen Bestand des jüdischen Glaubens. Der gnostische Dualismus oder die kirchliche Trinitätslehre konnten von ihm her nur als *ʿᵃbôdāh zārāh,* als Dienst an „fremden Göttern", gedeutet werden. Nicht die Existenz des

[1] I. Ziegler, Die Königsgleichnisse des Midrasch, 1903.

EINEN Gottes war problematisch, sondern seine Relation zur Welt und zum Menschen. Eine Spannung wurde immer stärker empfunden, die sich schon in biblischen Zeiten herausgebildet hatte, die Spannung zwischen gleichzeitig behaupteter Gottesnähe und Gottesferne. Die Betonung der Einzigkeit, Andersheit und Überweltlichkeit Gottes in der Auseinandersetzung mit dem Polytheismus und der Naturreligion des naiven Volksglaubens rückte die Gottheit im religiösen Denken immer mehr in die Transzendenz. Dies und innerjüdische religionspolitische Frontstellungen bewirkten zugleich damit einen Zerfall des naiven mythischen Welt- und Raumverständnisses. In diesem war die Paradoxie von gleichzeitiger Gottesferne und Gottesnähe durch die kosmologische Symbolik des Tempels und der Auffassung von der kultischen Gottesgegenwart *(kābôd)* aufgehoben gewesen. Der Tempel als kosmischer Ort und Wohnstatt Gottes galt eben nicht als irdischer, sondern als mythischer Ort. Der nach Jes 6 z. B. im Allerheiligsten thronende Gott sprengt die Dimensionen der irdischen, sinnenfälligen Repräsentation der Gottesgegenwart, irdische und himmlische Wohnstatt Gottes fallen durch die kultische Gottesgegenwart ineins. Auch in der talmudischen Zeit lebten diese Vorstellungen in kulttheologisch interessierten Kreisen weiter, in der Esoterik (§ 21), wo man darum auch weiterhin den Terminus *kābôd* für die Erscheinung des thronenden Gottes verwendete, während die Rabbinen die Gottesgegenwart *š^{e}kînāh* nannten[2]. Der Tempel galt für das religiöse Bewußtsein als ein Zeichen für die Anwesenheit Gottes, der heiligenden Gottesnähe. Vom Allerheiligsten aus erfaßt die kultische Heiligkeit konzentrisch abgestuft den Tempel, den Altarhof, den Vorhof, den Frauenvorhof, den Tempelberg, die heilige Stadt und das heilige Land. In welchem Maß solche Vorstellungen weiterwirkten, zeigen zwei Gottesbezeichnungen. „Der Ort" *(ham-māqôm)* bedeutete einst den Tempel, als den Ort der Gottesgegenwart und wurde zur Umschreibung für „Gott"[3]. Auch „Das Heiligtum" *(haq-qôdäš)* wurde so verwendet[4], doch ging dieser Sprachgebrauch in der Bezeichnung *„haq-qādôš (bārûk hû')"* (Der Heilige, gepriesen sei er) auf, die sich in amoräischer Zeit durchsetzte[5]. Für die Benennung als „Der Heilige"

[2] A. M. Goldberg, Untersuchungen über die Vorstellung von der Schekhinah in der frühen rabbinischen Literatur, 1969 (hier die Texte und ältere Lit.); M. Kadushin, 222 ff.; E. E. Urbach*, 29 ff.

[3] E. E. Urbach*, 53 ff.; A. Spanier.

[4] Siehe S. Esh, folgd. Anm.; P. Schäfer.

[5] S. Esh, *hq(bh)*. Der Heilige (Er sei gepriesen), 1957.

wirkte die Auffassung Gottes als des inmitten seines Hofstaates thronenden und von liturgischen Dienern und dienstbaren Boten umgebenen Königs fort. Wie die *kābôd*-Konzeption überhaupt, impliziert sie sowohl Distanz wie Nähe. Sie setzt die Anwesenheit Gottes voraus, betont aber zugleich seine Erhabenheit und Unnahbarkeit. Die Zerstörung des Tempels mußte von diesen Voraussetzungen her als Verlust der Gottesgegenwart verstanden werden, wie man es bereits zur Zeit des babylonischen Exils empfunden hatte. Zur Bewältigung dieser Krise des Gottesverhältnisses kamen den Rabbinen die kultkritischen Aussagen in der Bibel ebenso zustatten wie Überlegungen, die nach der Zerstörung des 1. Tempels eingesetzt hatten. Auch polemische Formulierungen wie Jes 66,1 („Der Himmel ist mein Thron und die Erde der Schemel meiner Füsse ...“) und die seit persischer Zeit geläufige Vorstellung vom Himmelsgott unterstützten den Trend zur Hervorhebung der Transzendenz. Geradezu als Kontrast zu *„ham-māqôm“* (der Ort) betont daher *haš-šamajim* („der Himmel“) als Gottesbezeichnung[6] seine Überweltlichkeit, zumindest, sobald die Unbefangenheit des mythischen Raumverständnisses gebrochen war. Auch die aus Opposition zum sadduzäischen Offenbarungsanspruch entstandene alte pharisäische Reserviertheit gegenüber dem Tempel als Offenbarungsort kam nach 70 gelegen. Der Kult am Tempel konnte als ein Teil des Torahgehorsams unter anderen aufgefaßt und notfalls durch die Akzentuierung bestimmter anderer Bereiche der Torahfrömmigkeit ersetzt werden. Gegenüber der Vorstellung von der kultischen Heiligkeit, die im Tempel ihr lokales Zentrum hatte, konnte die Erwählungsheiligkeit hervorgehoben werden, die sich im rituell-ethischen Gehorsam verwirklicht und darum eher personal als lokal gebunden war. Für die Gottesgegenwart (Schekinah) im Volk konnte so die Torahfrömmigkeit als Voraussetzung genügen, ein Gedanke, der nicht zuletzt für das Selbstbewußtsein der Diaspora von Bedeutung war.

Daneben gab es die (vor 70 wohl antisadduzäische) Tendenz, die Schekinah (und andere Dinge) dem 2. Tempel abzusprechen und den Verlust so herabzusetzen. In ähnlicher Weise beschränkte man zumeist das Wirken der Prophetie und des heiligen Geistes aus die Zeit des 1. Tempels bzw. der biblischen Propheten bis Maleachi[7]. Hier wirkte neben der Reserve gegenüber dem sadduzäisch beherrschten

[6] Vgl. E. E. Urbach*, 56 ff.
[7] P. Schäfer. § 13, Anm. 4–5.

Offenbarungsort aber auch ein antiapokalyptisches Motiv mit, die Abwehr unmittelbarer, sich auf lebendige Prophetie und Geistbesitz berufende Offenbarungsansprüche. Dieses polemische Erbe aus der Zeit des Parteienstreites vor 70 half nach 70, den Verlust des Tempels zu verkraften, verhinderte aber auch, daß „Schekinah", „Heiliger Geist" oder „Prophetie" im rabbinischen Bereich eine bedeutendere Rolle spielen konnten.

2. Auch die Rede vom „Namen Gottes"[8] enthält die erwähnte Paradoxie. Der Gottesname stand wie in der gesamten damaligen Welt[9] so auch im Judentum im Brennpunkt des magischen Interesses, als ein Mittel sich die Macht der Gottheit verfügbar zu machen (§ 20). Andrerseits wurde schon im Dt das Wohnen des „Namens" an der Stätte, die Gott sich erwählt, der spezifisch jerusalemisch-zadokitischen *kābôd*-Theologie entgegengestellt, diente also gerade zum Ausdruck der Unverfügbarkeit. Schon früh suchte man den magischen Mißbrauch des Gottesnamen durch Tabuisierung der Aussprache des Tetragramms und Einschränkung selbst der liturgischen Verwendung[10] einzudämmen, das Tetragramm durch andere Bezeichnungen zu ersetzen[11]. Dies entsprang nicht einer Ablehnung des Namenglaubens selbst, denn die Spekulationen und Traditionen über den *šem ham-m^efôrāš*, den voll ausgesprochenen Gottesnamen, spielen im rabbinischen Schrifttum, vor allem in der Esoterik, eine große Rolle (§ 21).

Naheliegend als Vermittlung zwischen Distanz und Nähe war natürlich die überlieferte Offenbarung, das „Wort" Gottes. Als Wort des Schöpfers wurde es ebenfalls als Äußerung der Macht Gottes empfunden und zog – wie in der Umwelt – das magische Interesse auf sich[12]. In der Tat spielt das „Wort" *(mêmrā')* bei den Rabbinen

[8] S. S. Cohon; E. E. Urbach*, 106 ff.; B. Jacob, Im Namen Gottes, 1903; E. Levinas, Le Nom de Dieu d'après quelques textes talmudiques, Archivio di Filosofia 1962, 155–161.

[9] A. H. R. E. Paap, Nomina sacra in the Greek Papyri of the First Five Centuries A. D., 1959.

[10] Siehe auch J. Heinemann, a. a. O. (§ 14), 78.

[11] J. Z. Lauterbach, Substitutes for the Tetragrammaton, PAAJR 2 (1930/1), 39–67; M. Kadushin, 194 ff.; R. Marcus, Divine Names and Attributes in Hellenistic Jewish Literature, PAAJR 3 (1931/2), 43–120; A. Marmorstein (The Old ...) I, 17 ff.; G. F. Moore, a. a. O. (§ 16), III, 127 ff.; S. Schulz, Maranatha und Kyrios Jesus, ZNW 53 (1962), 125–144.

[12] Dies im Rahmen des allgemeinen Glaubens an die magische Wirkung des Wortes. Vgl. J. Z. Lauterbach, The Belief in the Power of the Word, HUCA 14 (1939), 287–302.

eine bedeutende Rolle[13], doch im Vergleich zu den frühjüdischen, hellenistisch bestimmten Neigungen zur Personifizierung und Hypostasierung[14] bleibt der talmudische Sprachgebrauch relativ wenig entwickelt. Auch für Gottes „Weisheit“[15] gilt dies (neben der die mit ihr identifizierte „Torah“ nun ebenfalls gern personifiziert erscheint).

3. Die konsequente Anwendung des Transzendenzgedankens stellte alles unmittelbare Wirken Gottes in Natur und Geschichte infrage, bedrohte also die jüdische Religiosität in ihrem Herzstück. Nicht nur der „epikuräische“ Zweifel an Gottes Herrschaft über die Welt wurde daher als die eigentliche Gottesleugnung empfunden[16], auch das gnostische Beispiel der Trennung zwischen einem transzendenten wahren Gott und einem bösen Schöpfergott erschreckte das Judentum, zumal die Gnostiker diesen Demiurgen z. T. mit dem biblischen Schöpfergott und die verhaßte *heimarmenē* mit der Torah identifizierten[17]. Das forcierte Bekenntnis des EINEN Gottes als des Schöpfers und des Herrn[18] entsprang nicht einer theologischen Spekulation, sondern einer bedrängenden religiösen Konfrontation. Der Ausweg aus der spekulativen Alternative Deismus – Pantheismus einerseits und der gnostischen Preisgabe der Welt andrerseits lag in einem Panentheismus. Doch diese Zielrichtung konnte mit den vorhandenen Mitteln nur mangelhaft definiert werden. Allem voran betonten die Rabbinen die Allmacht Gottes. Im Unterschied zur anonymen (sich eventuell inkarnierenden) *„dynamis“* in der hellenistischen Umwelt bleibt die jüdische *„g^ebûrāh“* (Macht) der talmudischen Zeit[19] die per-

13 J. Abelson, 150 ff.; V. Hamp, Der Begriff „Wort“ in den aramäischen Bibelübersetzungen, 1938; M. McNamara, Logos of the Fourth Gospel and memra of the Palestinian Targum (Ex 12,43) Exp. T. 79,4 (1968), 115–117; Str.–B. II, 302 ff.

14 H.-F. Weiss, a. a. O. (§ 4), 218 ff.; G. Pfeiffer, Ursprung und Wesen der Hypostasenvorstellung im Judentum, 1967.

15 Lit. § 4, Anm. 8–10; E. E. Urbach*. s. Register s. v. *ḥokmāh*.

16 Vgl. E. E. Urbach*, 21 f.

17 Vgl. § 9,2 (und die Lit. Anm. 11 dort).

18 Vgl. auch G. Kretschmar, Der Gebrauch des Fremdwortes Kosmokrator im Rabbinat, Jud 4 (1948), 114–123.

19 A. M. Goldberg, Sitzend zur Rechten der Kraft, BZ 8 (1964), 284–293; E. E. Urbach*, 69 ff.; Bezeichnend ist auch die Gottesbenennung *ṣûr*, bibl. „Fels“, die man mit dem Verbum „bilden“, „formen“ in Beziehung setzte und so ebenfalls die Schöpfermacht als Zuflucht des Frommen hinstellte. Vgl. A. Wiegand, Der Gottesname *ṣwr* und seine Deutung im Sinne Bildner oder Schöpfer in der alten jüdischen Literatur, ZAW 10 (1890), 85–96.

sönliche Machtentfaltung, die Herrschaft des Einen Gottes und Schöpfers über Natur und Geschichte. Der Begriff *„g^e^bûrāh"* als Gottesbezeichnung, vermittelte dem Gläubigen das Gefühl der Unvergleichlichkeit und Grenzenlosigkeit göttlicher Macht, zugleich aber auch das Bewußtsein der unentrinnbaren Nähe Gottes, sei es als Retter oder als Richter. Dies galt für das Individuum und nicht weniger für das Volk. Die „Machttaten" *(g^e^bûrôt)* in der Natur bekräftigten den Glauben an seine Herrschaft, die „Machttaten" in der Geschichte wurden als Paradigmata für Gottes Handeln in Gegenwart und Zukunft verstanden. Sie erinnerten das Volk, das zu Beginn der Periode zwei vernichtende Kriege durchgemacht hatte, nicht bloß an vergangene Größe, sie wurden als Verheißung begriffen und als Grund für gläubiges Vertrauen und geduldiges Ausharren.

4. Die erwähnten Wirkungs- und Offenbarungsweisen Gottes sind trotz ihrer oft bezeugten Personifikationen nicht als Hypostasen der Gottheit zu deuten. Es handelt sich weithin um die naive, dem volkstümlichen Charakter der rabbinischen Quellen entsprechende Methode der Dramatisierung von Aussageinhalten, die ihrer Natur nach eigentlich schon eines abstrahierten, begrifflichen Instrumentariums bedurften. Bis auf bestimmte Ausnahmen, die z. T. in den Bereich der Esoterik (§ 21) oder der Häresie (§ 22) fallen, wollten diese Personifizierungen keineswegs nur Aussagen über die Gottheit für sich machen. Als Verhaltensweisen und Eigenschaften *(middôt)* Gottes betreffen sie mehr den Bereich der Relation Gott – Mensch als ein rein „theologisches" Anliegen. Für das fromme Bewußtsein, dem durch die Betonung der Transzendenz die Nähe Gottes nicht mehr selbstverständlich war, konnte sich diese auch als Akt göttlicher Herablassung erklären, als Selbsterniedrigung zum Zwecke persönlicher Hinwendung zum Menschen, und damit wieder als eine *„middāh"*, die für die religiöse Ethik beispielhaft ist[20].

Die Polarität zwischen Transzendenz und Nähe Gottes war für diese Zeit also weniger ein theoretisches Problem als ein Anliegen der praktischen Frömmigkeit. Auch das Gebet, vor allem die *B^e^rākāh* (§ 14,2), läßt das Bemühen erkennen, beides zu vereinen. Charakteristisch dafür ist der Wechsel von der vertraulichen Anrede in der 2. Person zur 3. Person mit dem feierlichen Partizipialstil. Einerseits wird

[20] P. Kuhn, Gottes Selbsterniedrigung in der Theologie der Rabbinen, 1968; A. Marmorstein, The Imitation of God in the Haggadah, Studies in Jewish Theology, 1950, 72–105; J. L. Sanders, Suffering as Divine Discipline, 1955.

der persönliche Gott, der liebevolle und barmherzige Vater[21] angesprochen, andrerseits die Ehrfurcht gewahrt. Die Rabbinen haben sich gegen eine zu starke Akzentverlagerung auf eine der beiden Punkte verwahrt. Gegenüber liturgischen Stücken, die rein anbetenden Charakter hatten, sträubten sie sich. Dennoch enthält die Liturgie genug von solchen Gebeten, in denen Attribute Gottes serienmäßig angehäuft werden. Sie sind Zeugnis einer alten liturgischen Tradition, in der sie, vom rein Liturgisch-Kultischen abgesehen, die Erhabenheit und Unnahbarkeit des einwohnenden, anwesenden Gottes zu Bewußtsein bringen sollten. Gerade diese Gebetsattribute aber wurden später, als man von philosophischen Voraussetzungen her die Möglichkeit von Gottesattributen infragezustellen begann, wieder als Problem, als eine Form von Anthropomorphismus, empfunden. Die Anthropomorphismen vor allem waren auch der erste Anlaß gewesen, sich unter dem Einfluß hellenistischer Philosophie mit dem Gottesgedanken kritisch auseinanderzusetzen, was auch hermeneutische Probleme inplizierte[22].

5. Der Engel- und Dämonenglaube gehört zwar zum überwiegenden Teil in den Bereich des Volksglaubens, doch in gewissem Maß auch in die eben behandelte Thematik[23]. Im Frühjudentum hatte vor allem die Apokalyptik ein besonderes Interesse am spekulativen Ausbau der Engel- und Dämonenwelt (§ 4) und demgemäß tritt diese systematisierende Tendenz in der rabbinischen Lite-

[21] Die gelegentliche Behauptung, die Anrede Gottes als „Vater" sei im Unterschied zum Judentum gerade für das Christentum kennzeichnend, trifft so nicht zu. Vgl. G. Kittel, Die Religionsgeschichte und das Urchristentum, 1932, 92 ff. Die Rede von „unserem/ihrem Vater (der im Himmel ist)" ist durchaus jüdisch, vgl. z. B. Sifre Num § 89 (zu 11,9); mAb II, 23; jChag II, 1 (77a); bSota 49b; Sifra q^e^dôšîm XI („mein Vater, der im Himmel ist"). In ARA, Jod (Werth. II, 374) wird gerade vom erhaben thronenden Gott-König gesagt, er freue sich wie ein Vater über seine Söhne und Töchter. Die Anrede verfällt also nicht in eine ehrfurchtslose, sentimentale und daher egozentrische Intimität.

[22] M. Ginzburger, Die Anthropomorphismen in den Targumim, 1891 (Jahrb. f. Prot. Theol. 17, 1890, 262–280.430–438); M. Guttmann, Ein Wort über die Stellung des Talmuds zum Anthropomorphismus, MGWJ 83 (1939), 150–161; M. Kadushin 273 ff.; 325 ff.; A. Marmorstein (The Old ...) II: Essays on Anthropomorphism; S. Maybaum, Die Anthropomorphismen und Anthropopathismen bei Onkelos und den späteren Targumim, 1870; J. Shunary, Avoidance of Anthropomorphisms in the Targum of Psalms, Textus 5 (1966), 133–144; M. Zobel, EJ II, 885 ff.

[23] Lit. § 4, Anm. 82; R. Margaliut, Mal'akê ʿäljôn, 1963/4²; J. Neusner, a. a. O. (Anm. 10), IV, 334 ff.; E. E. Urbach*, 115 ff.

ratur zurück. Auch der Satan[24], in der Apokalyptik zum Gegengott aufgebaut, verliert an theologischer Bedeutung und tritt in erster Linie im sagen- und legendenliebenden Volkserzählungsgut auf.

Dennoch fehlte es auch in talmudischer Zeit nicht an angelologischen Spekulationen. Sie haben vor allem in der Esoterik (§ 21) und in der Magie (§ 20) ihren Platz und werden dort ein fester Teil der kosmologischen Konstruktionen auf Grund des allgemein herrschenden Weltbildes von den (sieben) Himmeln. In solchen Zusammenhängen dienen die Engelwesen vor allem als Statisterie, liturgisches Personal, als dienstbare Boten und als Kriegsvolk des thronenden „heiligen" Königs-Gottes. Der Großkönigsvorstellung entspricht auch die Annahme, daß Gott als Gott Israels (z. T. vertreten durch Michael) über die anderen Völker herrscht, indem diese durch Völkerengel repräsentiert erscheinen. Dabei spielte wieder die Dramatisierung im Rahmen volkstümlicher literarischer Gestaltung eine Rolle. Auch die Mächte und Erscheinungen in der Natur werden oft einem besonderen Engel zugeordnet, zum Teil auch Gestirnsengeln, was einerseits dem herrschenden, astrologisch-deterministisch bestimmten Weltbild entgegenkam, andrerseits die Herrschaft Gottes dennoch wahrte[25].

Sieht man dabei vom volkstümlichen und überkommenen mythologischen Substrat ab, wird das Bestreben deutlich, Gott selbst von Tätigkeiten zu entlasten und sie Zwischenwesen zuzuschreiben. Diese Methode diente gleichzeitig dazu, die Transzendenz Gottes zu unterstreichen und die dadurch entstehende Kluft zwischen Schöpfer und Schöpfung zu überbrücken. Durch solche Bemühungen wurde paradoxerweise wieder die Möglichkeit zu einer Annahme geschaffen, die einst durch die Tendenz zur akzentuierten Transzendenz gerade vermieden werden sollte, nämlich die Annahme mehrerer oder wenigstens zweier göttlicher Gewalten, weil es nahe lag, die transzendente, verborgene Gottheit von ihrer offenbaren, weltwirksamen Manifestation zu unterscheiden. Die Figur des Schreiberengels *Meṭaṭrôn*[26]

[24] E. E. Urbach*, 140 ff.

[25] J. Neusner, a. a. O. (§ 10), IV, 330 ff.; E. E. Urbach*, 246 ff.; L. Wächter, Astrologie und Schicksalsglaube im rabbinischen Judentum, Kairos 11 (1969), 181–200.

[26] M. Black, The Origin of the Name Metatron, VT 1 (1951), 217–219; C. Kaplan, The Angel of Peace Uriel – Metatron, AThR 13 (1931), 306 bis 313; G. F. Moore; H. Odeberg, The Third Book of Enoch, 1928, 125 ff.; G. Scholem*, DjM 72 ff. 392 (Anm. 14)); Ders., a. a. O. (§ 15, Anm. 4), 43 ff. 88 ff.; E. E. Urbach*, 118 ff. Und s. die Lit. Anm. 29–30.

oder des *Śar hā-ʿôlām*[27] war jedenfalls zumindest dem Mißverständnis ausgesetzt, es gäbe eine zweite „*rāšût*" (Gewalt) im Himmel. Dabei mag die kirchliche *Logos-*[28] und *Kyrios*-Christologie[29] und der gnostische Demiurg[30] als Vorbild bzw. Kontrastparallele eine Rolle gespielt haben. Solche vereinzelte Ansätze, in der Esoterik im Rahmen des *Šiʿûr Qômāh* weiter zutagetretend (§ 21), kamen erst im Mittelalter stärker zum Durchbruch.

§ 18 Torah und Erwählung

R. Brunner*; L. Ginzberg, On Jewish Law and Lore, 1955; J. Heinemann*, I; B. W. Helfgott, The Doctrine of Election in Tannaitic Literature, 1954; R. T. Herford, The Law and Pharisaism, in: E. I. J. Rosenthal, Judaism and Christianity II (Law and Religion), 1938, 89–121; A. J. Heschel (§ 16), I, 153 ff.; II, 3 ff. 71 ff.181 ff.344 ff.; K. Hruby, Begriff und Funktion des Gottesvolkes in der rabbinischen Tradition, Jud 21 (1965), 230–256; 22 (1966), 167–191; 23 (1967), 30–48.224–245; M. Kadushin, Aspects of the Rabbinic Concept of Israel. A Study in the Mekilta, HUCA 19 (1945/6), 57–96; Ch. Z. Reines, Tôrāh ûmûsār, 1953/4; S. Schechter, (§ 16), 116 ff.; K. Schubert, Gesetz und Erlösung in der jüdischen Theologie, Jud 7 (1951), 136–157; M. Silberg, Law and Morals in Jewish Jurisprudence, 1961; M. Stekelmacher, Etwas über die leichten und schweren Gebote, FS A. Schwarz, 1917, 259–268; Str.-B. I, 814 ff.; IV, 1 ff.; E. E. Urbach*, 254–278.279–348.

1. Die Torah als Gabe und Aufgabe, von Gott am Sinai durch Mose dem dazu erwählten Volk offenbart, steht (s. § 16) im Zentrum der religiösen Gedankenwelt. Und zwar nicht bloß als „schriftliches" und „mündliches" Gesetz, sondern als komplexe theologische Größe, die den praktischen Gesetzesgehorsam erst motiviert. Zwischen der Torah in diesem umfassenderen Sinn und den 613 Geboten und Verboten[1]

[27] Später wurde er mit Metatron gleichgesetzt, vgl. G. Scholem, a. a. O. (§ 15, Anm. 4) 44 ff.

[28] M. Black, a. a. O. (Anm. 26) dachte an den philonischen Logos, konnte jedoch dessen Vermittlung an die Rabbinen nicht nachweisen. J. Daniélou, Trinité et Angelologie dans la Théologie Judéo-Chrétienne, RSR 45 (1957), 1–41.

[29] R. T. Herford, Christianity in Talmud and Midrash, 1965², 285 ff.; A. Murtonen, The Figure of Metatron, VT 3 (1953), 409–411.

[30] H. Graetz, Gnosticismus und Judentum, 1846, 44 ff.

[1] M. Bloch, Les 613 Lois, REJ 1 (1880), 197–211; 5 (1882), 27–46. In amoräischer Zeit pflegte man für die Gebote und Verbote der Torah, insgesamt eben 613, auf die 365 Tage des Jahres und die 248 Körperteile zu verweisen.

wurde demnach wohl unterschieden, wie man auch „Hauptsache" (*ʿiqqār)* und „Zaun" unterschied (Gen. r. XIX, 4). Gegen ein legalistisches Verständnis der Torah[2] richtete sich u. a. die Feststellung, auch „Propheten" und „Hagiographen" enthielten Torah[3]. Die theologische Ausweitung des Torahbegriffes war ein vielschichtiger Vorgang, dessen Anfänge weit in die frühjüdische Zeit zurückreichen (§ 4,1). Schon die Erweiterung der schriftlichen Torah durch die „mündliche" infolge der novellierenden Interpretation (§ 13,1) brachte theologische Wertungen mit sich. Die Inhalte der mündlichen Torah wurden als Explikationen der am Sinai offenbarten EINEN Torah angesehen[4] und gelegentlich nicht nur besonders akzentuiert[5], sondern geradezu als Kriterium des wahren Israel angesehen, etwa in der Auseinandersetzung mit der Kirche[6]. Durch die mündliche Torah vermochte man auch den für sich unverständlichen Bibelstellen einen Sinn zu geben[7], wenngleich es nicht möglich war, für alle Gebote und Verbote einsichtige Begründungen zu bieten. Im Unterschied zum hellenistischen Judentum (§ 9,1) war im palästinensisch-babylonischen Judentum das Bedürfnis nach solchen Begründungen allerdings gering[8], da die heteronomistische Tendenz vorherrschte und man sich damit begnügte, daß es sich um den offenbarten Willen des Herrn handle, der natürlich den Sinn seiner Verordnungen kennt, und weiß, wozu er sie befohlen hat[9]. Der Tatsache, daß es begründbare und unbegründbare Gebote gab, war man sich also wohl bewußt[10], und es fehlte auch nicht an Versuchen, Begründungen zu finden. Die allgemeinste

[2] Das aus kontroverstheologischen Gründen auch das Christentum dem Judentum nachsagte, vgl. z. B. die Darstellung von Weber (§ 16).

[3] Tanch. Ps. § 1.402.

[4] Vgl. R. Akiba in Sifra, *beḥûqqôtaj* viii; Rab in bMen 29b. Die Rabbinen als Träger der mündlichen Überlieferung decken mit ihrer Halakah in dieser Sicht nur sinaitische Offenbarungsinhalte auf, vgl. Ex. r. xxviii, 6; bBer 5a u. ö.

[5] Vgl. jPe'ah II, 4 (17a); bGitt 60b; bScheb 39a.

[6] Vgl. Tanch. *kî tissā'* 34; *waj-jar'* 5.

[7] bChull 60b.

[8] J. Heinemann, I, 22 ff.

[9] Nicht verallgemeinert werden darf die berühmte Aussage des Jochanan ben Zakkaj (Pes. R. K., ed. Mandelbaum 74; Num. r. xix, 8) zum Ritus der roten Kuh. Während er einem Nichtjuden eine magische Deutung gab, betonte er seinen Schülern gegenüber, daß kein Ding an und für sich rein oder unrein mache, es sich vielmehr um Entscheidungen bzw. Verfügungen Gottes handle.

[10] Vgl. bJoma 67b.

Motivierung, die Einzelbegründungen noch erspart, bestand in der Feststellung, die Gebote dienten der Läuterung des Menschen (Rab; Gen. r. XLI, 1). Einzelbegründungen entstanden aus pädagogisch-erbaulichen Rücksichten oder sie lagen schon vor, nämlich in der überkommenen Kultsymbolik, die mit ihren häufigen Bezügen für die weitere spekulative Deutung der Torah grundlegend wurde. Weit problematischer war die Frage, wie sich die Torah zu Recht und Sitte anderer Völker verhält. Das hellenistische Judentum hatte zu ihrer Beantwortung aus der Umwelt den naheliegenden Gedanken eines ungeschriebenen natürlichen bzw. eines allgemein-menschlichen Vernunftgesetzes aufgegriffen (§ 9,1). Das rabbinische Schrifttum kennt den Gedanken kaum[11], es sah in Recht und Ethos der Nichtjuden weniger eine autonome Setzung, als Ordnungen, die auf – freilich begrenzter – göttlicher Offenbarung fussen und die sachlich auch nichts anderes als Torahinhalte sind. Gegen die hellenistische Tendenz, etwas wie Vernunftgebote und Gehorsamsgebote und geringere und gewichtigere Gebote zu unterscheiden und gegen die davon abhängige christliche Deutung des Gesetzes richtete sich wohl auch die Preisgabe der täglichen Dekalogrezitation beim *Šᵉmaʿ Jiśrāʾel* (§ 14, Anm. 82). Auch die betonte Höherwertung der Erfüllung befohlener Pflichten gegenüber freiwilligem Gehorsam (in bezug auf uneinsichtige Gebote vor allem) gehört in diesen Zusammenhang[12].

2. Im Zuge christlich-jüdischer Auseinandersetzungen wurde der Frage, ob für die messianische Zeit eine „neue Torah" erwartet wurde, große Bedeutung beigemessen, doch spielt der Gedanke tatsächlich nur eine geringe Rolle[13]. Insofern die Torah als Mittel der messianischen Verwirklichung des Erwählungsauftrages galt, konnte die Frage auftauchen, ob mit der Erfüllung der Aufgabe nicht auch dieses Mittel seine Funktion erfüllt habe (wobei die Differenzierung zwischen den Begriffen „Torah" und „Geboten" im Auge zu behalten ist). Doch dem stand entgegen, daß die Torah ja als weit mehr galt, nämlich als Schöpfungsordnung. Dies schloß den Gedanken einer

[11] J. Heinemann, Die Lehre vom ungeschriebenen Gesetz im jüdischen Schrifttum, HUCA 4 (1927), 149–171 (159 ff.).

[12] bQidd 31a (unten); bAZ 3a (oben), u. siehe Heinemann, a. a. O. (Anm. 11).

[13] V. Aptowitzer, Die Parteipolitik der Hasmonäerzeit, 1927, 116 ff; W. D. Davis, Torah in the Messianic Age, 1952; Ders., The Setting of the Sermon of the Mount, 1964, 109 ff.; A. Diez-Macho, Cesará la „Tora" en la edad mesiánica?, EstBibl 12 (1953), 115–158; E. E. Urbach*, 264 ff.

Aufhebung der Torah selbst für die messianische Zeit grundsätzlich aus, denn der Bestand der Schöpfung, die Existenz des Volkes Israel und die Geltung der Torah konnten grundsätzlich nicht mehr voneinander getrennt betrachtet werden. Gegen eine erhoffte Abschaffung der Torah in messianischer Zeit spricht auch die Pflege der gesamten Kulthalakah im Hinblick auf eine Restauration des Tempelkultes in den Tagen des Messias[14]. Es wurde also eher die Möglichkeit einer vollen Toraherfüllung erwartet als eine Aufhebung. Allerdings erhoffte man sich eine größere Einsicht in die Geheimnisse der Torah, vor allem in die „Gründe" der Gebote und Verbote[15] und die Klärung halakischer Streitpunkte. Daher die Vorstellung, daß der Messias oder gar Gott selbst als Torahlehrer fungiert. Im großen und ganzen wird genau so wenig wie beim „Neuen Bund" im Frühjudentum auch für die „Neue Torah" der messianischen Zeit ein wirklich neuer Inhalt erwartet als vielmehr ein neuer Geist der Torahfrömmigkeit und des Torahverständnisses.

3. Schon im Frühjudentum hatte die Torah durch die Weisheitsspekulation und die Kulttheologie ihre Bedeutung als Weltgesetz erhalten[16]. Für das rabbinische Denken galt die Torah als „Gerät", mit dem die Welt erschaffen wurde[17]. Insofern der Schöpfung vorgegeben, wurde sie zu den Dingen gerechnet, die schon vor der Schöpfung geschaffen worden waren[18]. Sie ist also nicht bloß irdisches Gesetz, sie gilt auch im Himmel[19] und von Gott selbst wird gelegentlich gesagt, er halte die Torah[20] und studiere die rabbinische Halakah[21].

Verbunden mit der Buchstaben- und Zahlensymbolik und dem Namen- und Wortglauben ergaben sich hier Ansätze zu Spekulationen, wie sie im Rahmen des *maʿaśeh beréʾšît* (§ 21,2) überliefert sind. Die Buchstaben der Torah werden zu kosmogonen Potenzen und nach Midr. Ps III, 2 wurde die ursprüngliche Ordnung der Torahabschnitte bei der Offenbarung verändert, um das Freisetzen bzw. den Mißbrauch

[14] M. Zucker, a. a. O. (§ 11), 191 ff

[15] Vgl. bSabb 120a; bPes 119a; bSanh 21b.

[16] Vgl. § 4,1. Str.-B. I, 732; ThWNT IV, 1049.

[17] mAb III, 14; Sifre Dt. § 48.

[18] Gen. r. I, 5 (wie der Thron Gottes). Vgl. auch ARN[1], xxxvi. Nach Gen. r. I, 6 wurde die Welt um der Torah willen erschaffen. Siehe auch K. Hruby, Jud 21, 237 ff.

[19] Tanch., *šemôt* 18.

[20] bBer 6a; Lev. r. xxx, 6. Vgl. A. Marmorstein, The Old ... (§ 17), II, 62 ff.

[21] bGitt 6b; bBM 86a; Pes. R. K., ed. Mandelbaum 73.

der Schöpfungskräfte zu verhindern. Die Kenntnis der Torah, die aus diesem Grund auch besonders genau abgeschrieben werden muß, (bEr 13 a), ist darum weit mehr als bloße Gesetzeskenntnis, sie vermittelt jedwede Erkenntnis. Wenn auch die „Geheimnisse der Torah" mehr in den Bereich der esoterischen Tradition und Spekulation (§ 21) gehören, blieb diese theologisch-spekulative Aufwertung des Torahbegriffes nicht ohne Konsequenzen für die Wertung des Torahstudiums und des Torahgelehrten schlechthin. Sie galten z. T. als legitime Nachfolger der Propheten (bBB 12 a) und ihre Autorität wurde ab und zu sogar höher veranschlagt[22]. Torahkenntnis ersetzt und überbietet darum auch Geburtsadel[23] und gewann da und dort so viel Eigengewicht, daß gegenüber der meditativ-gelehrten Beschäftigung mit der Torah die Praxis in den Hintergrund zu treten drohte und das Verhältnis zwischen Theorie und Praxis zum Gegenstand von Diskussionen wurde.

4. Die Erwählung (der Bundesschluß)[24] setzt nach der Tradition zwar mit der Berufung Abrahams ein, doch die Konstituierung Israels zum Volk Gottes[25] ist an die Sinaioffenbarung gebunden, durch die dem Volk – als Kollektiv – die Erfüllung der Torah als Erwählungsaufgabe auferlegt wurde. Demgemäß wird in der Haggadah auch angenommen, daß die Erzväter die Torah gewissermaßen vorwegnehmend gehalten hätten und die ganze Vorgeschichte der Menschheit und Israels auf dieses Sinaiereignis hinzielt[26]. Zwischen der Konzeption der Torah als universaler Schöpfungsordnung und diesem heilsgeschichtlichen Aspekt der Aussage, daß nur Israel allein auf sie verpflichtet sei, besteht allerdings eine gewisse Spannung. Soweit diese beachtet und aufgelöst wurde, geschah es durch die Behauptung einer Erlösungsfunktion des Torahgehorsams Israels für die gesamte Welt.

[22] jAZ II, 8 (41c); jBer I, 7 (3b).

[23] Sifre Num § 112; bHor 13a; u. ö. Vgl. § 11,1.

[24] R. R. Geis, Bund und Erwählung im Judentum, Saeculum 9 (1958), 125–135; B. W. Helfgott, The Doctrine of Election in Tannaitic Literature, 1954; M. Kadushin, Beḥîrat Jiśrā'el bedibrê ḤZ"L, PAAJR 8 (1941/4), 20–25; E. Mihály, A Rabbinic Defence of the Election of Israel, HUCA 35 (1964), 103–143; J. Parkes, La notion du peuple élu dans le judaisme et le christianisme, Renaissance 2/7 (1956), 49–62; K. Wilhelm, Die Erwählung Israels im jüdischen Denken, Monatsschrift f. Pastoraltheol. 48 (1959), 332–344.

[25] K. Hruby; R. Meyer, ThWNT IV, 39–49; J. Posen, Israel als Werkzeug des Heils in der Sicht der jüdischen Überlieferung, Kairos 11 (1969), 217–224; E. E. Urbach*, 465 ff. 581 ff.

[26] Vgl. K. Hruby, Jud 21,260 ff.; 22,167 ff.

Und zwar nicht nur für die menschliche Welt, d. h. für die Menschheitsgeschichte, sondern für den Kosmos insgesamt, dessen Ordnung und Bestand durch Israels Toraherfüllung gesichert wird[27].

Die Sinaioffenbarung (ma'amad Sînāj) wurde darum zu einem zentralen Thema des religiösen Denkens. Daß die Torah die göttliche Offenbarung („vom Himmel") ist, wird neben dem Bekenntnis des Einen Gottes zum Schiboleth des jüdischen Glaubens. Der Eine Gott, die Eine (schriftliche und mündliche) Torah und das Eine zum Torahgehorsam erwählte Volk bilden einen unteilbaren Komplex für das religiöse Bewußtsein auch in den folgenden Perioden. Der Vorgang der Sinaioffenbarung selbst, in der Haggadah phantasievoll ausgeschmückt[28], könnte als sakramentale Stiftung bezeichnet werden, und zwar in einem noch umfassenderen Sinn als die Opferung Isaaks (§ 12, Exkurs). Die Torah als Mittel der Gemeinschaftsbildung (Konstituierung Israels als Gottesvolk), als kollektive Verwirklichung des heilsgeschichtlichen Erwählungsauftrages, als individuelle Heilsaneignung und also Annahme und Vorwegnahme der „Herrschaft Gottes" erfüllt insgesamt jene sakramentale Funktion, die in der Kirche der Christusgestalt zugeschrieben wurde. Während aber in der Kirche eine Eingrenzung und Konkretisierung auf eine Anzahl von Sakramenten und Sakramentalien erfolgte, blieb im Judentum diese Funktion an die kollektive Toraherfüllung als Ganzes so gebunden, daß die einzelnen Gebotserfüllungen nicht zu „Sakramenten" verselbständigt werden konnten[29]. Nicht eindeutig beantworten konnten die Rabbinen die Frage, warum gerade Israel diese Aufgabe zuteil wurde[30]. In gewissen Grenzen hat man sich diese Frage auch gar nicht gestellt, weil infolge der äußeren Umstände die engere heilsgeschichtliche Sicht dominierte und man sich eher fragte, wieso die heilsgeschichtliche Ordnung so pervertiert ist, daß z. B. Esau/Edom/Rom die Herrschaft innehat, obwohl doch Jakob/Israel das Erstgeburtsrecht zusteht. Andere suchten eine Antwort auf die Frage. Nahe lag dabei der Gedanke, daß eben Israel allein wirklich bereit war, die Erwählungsaufgabe auf sich zu nehmen, oder daß Gott sein Volk durch die vorangegangene Heils-

[27] mAb III, 14: „Geliebt sind die Israeliten, denn ihnen ist das Gerät gegeben, mit dem Gott die Welt erschaffen hat". Dazu bSabb 88a: Ohne Israels Ja zur Torah wäre die Schöpfung sinnlos und wieder vernichtet worden.

[28] K. Hruby, Jud 22, 167 ff.

[29] J. Maier, Torah, Lex und Sacramentum, Misc. Med. 6 (1969), 65–83.

[30] K. Hruby, Jud 22, 171 ff.

geschichte bewußt für diese Aufgabe erzogen und vorbereitet hat. Andere meinten gar, daß Israel durch Gott zur Annahme der Torah mehr oder weniger gezwungen worden war (bSabb 88 a). Grundsätzlich ergab sich von diesen Voraussetzungen her eine klare Zweiteilung der Menschheit in Israel auf der einen und die „Völker der Welt" auf der anderen Seite, zugleich eine Zweiteilung in wahren Gottesdienst und Götzendienst oder Gottlosigkeit. Erst später wurde diese einfache Zweiteilung als problematisch empfunden[31]. Gemildert wurde sie allerdings durch die Hoffnung auf eine endzeitliche Bekehrung aller Völker, durch die ungeachtet aktueller Wertungen die in dem Schöpfungsbericht vorgegebene Einheit des Menschengeschlechts grundsätzlich wiederaufgenommen wird. Für die Zwischenzeit gilt freilich jene Zweiteilung mit allen halakischen Konsequenzen, die sich aus den rituellen Vorschriften der Torah ergaben. Die Befolgung der Torah vollzieht sich soziologisch gesehen nicht zuletzt als Absonderung des erwählten Volkes, was in der religiösen Wertung jedoch als Heiligung erschien, als Absonderung des Gott Zugeordneten, Heiligen, von dem nicht in dieser Weise in Anspruch genommenen Profanen[32]. Obwohl die Zeitverhältnisse zumeist eher eine Radikalisierung dieser Wertungen begünstigten und die Völker als Feinde Gottes und seines Volkes erscheinen ließ, blieb die schöpfungsbedingte Aussage, daß Gott der Vater aller Menschen sei, vorherrschend.[33]

5. Die Torah, einst bei Gott, wurde Israel gegeben, darum ist Gott nun auch in Israel gegenwärtig[34]. Die Torahfrömmigkeit ersetzt also den Tempel als Vermittlung der Gottesgegenwart[35] und die Kenntnis der Torah als Voraussetzung für ihre Beobachtung gehört zu den Hauptpflichten des Frommen (mPe'ah I, 1). Sie ist das Unterpfand für ein Leben in der „kommenden Welt" (bNidda 73 a), für Heil und für Frieden (Sifre Num § 42). Israel ist auf die Torah angewiesen wie der Fisch auf das Wasser, verläßt es sie, muß es untergehen

[31] J. Katz, The Vicissitudes of Three Apologetic Passages (hebr.), Zion 23/4 (1958/9), 174–193.

[32] K. Hruby, Jud 22,186 ff.; S. Schechter, Studies in Judaism II, 1945², 148 ff.; Ders., The Rabbinical Conception of Holiness, JQR o. s. 10 (1898), 1–12.

[33] K. Hruby, Jud 23,232 ff.; Str.-B. IV, 353–414; M. Guttmann, Das Judentum und seine Umwelt, 1927; M. Auerbach, Die Einstellung der Amoraim des 3. Jahrhunderts zu den Nichtjuden, Jeschurun 12 (1925), 429–444; J. Bloch, Israel und die Völker nach jüdischer Lehre, 1923; Y. Kaufmann, I, 208 ff.257 ff.

[34] Tanch., *t^erûmāh* 7; vgl. das Königstochtergleichnis Ex. r. xxxiii, Anfang.

[35] S. W. Baron* II, 120 ff.

(bBer 61 b). Darum wird auch vom „Gesetz des Lebens“ gesprochen[36] und die Torahverleihung als Gnaden- und Liebeserweis Gottes gepriesen[37]. Sie wird als Gabe und Aufgabe empfunden, als Krönung der alten Geschichte Gottes mit den Vätern, denn der Sinai war das Ziel, zu dem Gott das Volk aus der Sklaverei Ägyptens befreit hat. Die Torah ist somit auch das Gesetz der Freiheit, doch eben als „Joch der Himmelsherrschaft“[38]. Die Befreiung erfolgte aus der Sklaverei für den Gehorsam der Sohnschaft. Dem entspricht als geforderte menschliche Haltung eine Erfüllung des Gesetzes, die wie das Gebet (§ 14,1) mit der rechten *kawwānāh* des Herzens verbunden sein soll.[39] Ein bloß äußerlicher Gehorsam wäre unangemessen, wenngleich immer noch besser als ein völliges Preisgeben der Erwählungsverpflichtungen, weil eine rein formale Gebotserfüllung ja immerhin die Kontinuität der Verwirklichung und die Möglichkeit der Erfüllung wahrt – für eine Generation, die ihrer „würdig“ ist. Die Frömmigkeit und Torahpraxis des Einzelnen zielt weniger auf den Erwerb des individuellen Heils ab als auf die Miterfüllung der kollektiven Erwählungsaufgabe. Folgerichtig wird auch der Ungehorsam des Einzelnen nicht nur als Vergehen eines Individuums gegen Gott gewertet, sondern als eine Beeinträchtigung der gemeinsamen Pflicht und daher als eine Verzögerung der heilsgeschichtlichen Vollendung. Der Gehorsam Israels und die Sünde Israels galt als der bewegende und retardierende Faktor in der Geschichte Gottes mit der Welt und die Hauptursache für Heil oder Unheil in der Geschichte des Volkes im besonderen. Die Sünde des eigenen Volkes wurde darum auch als schweres Problem empfunden[40].

36 Vgl. *Birkat ham-māzôn; Birkat qerî'at hat-tôrāh* u. ö. Praktisch bedeutet dies auch, daß in der Halakah die Bewahrung des Lebens über gebotene Pflichten geht, vgl. Ch. J. Abramowitz, Weḥaj bāhäm. Piqqûaḥ näfäš bā-halākāh, 1956/7.

37 K. Hruby, Gesetz und Gnade in der rabbinischen Überlieferung, in: R. Brunner*, 30–63 (und dort auch J. Maier, 114 ff.); Ders., Jud 23, 30 ff.

38 Lev. r. xviii, 3 über Ex 32,16: „lies nicht *ḥārût* (eingraviert), sondern *ḥêrût* (Freiheit)“. Dabei dachte man auch an Befreiung aus der Macht des Todes, vgl. K. Hruby, Jud 23,38 ff.; Ders., in: R. Brunner*, 37 ff. Aber es konnte auch anders argumentiert werden: Gott hat Israel, seinen „Sohn“ losgekauft, darum ist es ihm wie ein Sklave Gehorsam schuldig; vgl. Sifre Num. § 115.

39 J. D. Gilat, Kawwānāh ûma'aśeh bemišnat hat-tannā'îm, Bar Ilan 4–5 (1966/7), 104–116.

40 Vgl. K. Hruby, Jud 23, 224 ff.

Ein zweites Problem, das sich aus menschlicher Unzulänglichkeit ergab, war der drohende und z. T. auch erfolgte Verlust der Unmittelbarkeit des Volkes zur Torah. Am Sinai war nach der Tradition das ganze Volk, jeder einzelne gleichermaßen Zeuge und Empfänger der Offenbarung. Die Mittlerschaft des Mose bestand, obschon sie auch Züge der Regentschaft aufweist, doch vorwiegend in einer Übermittlerfunktion. In talmudischer Zeit war eine allgemeine Torahkenntnis im Volk trotz aller rabbinischen Bemühungen nicht zu erreichen. Mit den Rabbinen als den autoritativen Lehrern des Volkes aber entstand eine vermittelnde Instanz (§ 11,1).

§ 19 Geschichte und Eschatologie

Lit. § 4,2. Ferner: A. Z. Aescoly*, 53–91; J. Banner, Conception rabbinique de l'histoire, Evidences 36 (1953), 21–25; P. de Benedetti, Una pagina messianica del Talmud, Riv. Bibl. It. 1 (1953), 241–245; J. J. Brièrre-Narbonne, Les prophéties messianiques de l'Ancien Testament, 1933; J. Carlebach, Pessimismus und Messiashoffnung. Die Weltbewertung des Talmud, Jeschurun 14 (1927), 105–123; S. L. Edgar, New Testament and Rabbinic Messianic Interpretation, NTS 5 (1958), 47–54; EI II, 455 ff.; J. Elbogen, Die messianische Idee in den altjüdischen Gebeten, Judaica (H. Cohen-Festschr.) 1912, 669–679; L. Ginzberg, Some observations on the attitude of the Synagogue towards the apocalyptic eschatological writings, JBL 41 (1921), 115–136; N. N. Glatzer, Untersuchungen zur Geschichtslehre der Tannaiten, 1933; J. Heinemann, a. a. O. (§ 14), 149 ff.; A. J. B. Higgins, Jewish Messianic belief in Justin Martyr's „Dialogue with Tryphon", NT 9 (1967), 298–305; K. Hruby, Die rabbinische Exegese messianischer Schriftstellen, Jud 21 (1965), 100–122; Ders., Die Messiaserwartung in der talmudischen Zeit mit besonderer Berücksichtigung des leidenden Messias, Jud 20 (1964), 6–22; Ders., Anzeichen für das Kommen der messianischen Zeit, Jud 20 (1964), 73–90; J. Klausner, The Messianic Idea in Israel, 1955; I. Levi, Apocalypses dans le Talmud, REJ 1 (1880), 108–114; A. Marmorstein, Ra'jôn hag-ge'ûllāh be'aggādat hat-tannā'îm wehā-'amôrā'îm, Sefär Zikkaron A. Marmorstein, 1949/50, 16–76 (Studies ... 17–76); Ders., Me-ra'jônôt hag-geûllāh be'aggādat hā-'amôrā'îm, Meṣudah 2 (1943/4), 94–105; Ders., Les signes du Messie, REJ 51 (1906), 176–186; Ders., The Age of R. Joḥanan and the Signs of the Messias, Tarb 3 (1931/2), 161–180; H. J. Matt, An Outline of Jewish Eschatology, Jdm 17 (1968), 186–196; J. Neusner, History ... (§ 10), II, 39 ff.188 ff.; M. Rabinsohn, Le Messianisme dans le Talmud et les Midraschim, 1907; C. Roth, Messianic Symbols in Palestinian Archaeology, PEQ 87 (1955), 151–164; A. H. Silver*; Str.-B. IV, 799–976.977–1015; E. E. Urbach*, 585–623; M. Waxman*, (Gālût); R. Wischnitzer, The Messianic Theme in the Paintings of the Dura Synagogue, 1948; M. Zobel, Gottes Gesalbter. Der Messias und die messianische Zeit in Talmud und Midrasch, 1938.

1. Die so häufige Rückschau auf die vergangene Heilsgeschichte hatte, wie schon öfter betont wurde, ihren Grund nicht in einer Entleerung der geschichtlichen Gegenwart, war keine Flucht in resignierende Betrachtung vergangener Größe. Die Taten Gottes in der Vergangenheit wurden als Paradigmata des göttlichen Handelns überhaupt und insofern auch als Unterpfand und Verheißung für das Eingreifen Gottes in die Geschichte der Gegenwart und Zukunft begriffen. Wenn dabei die Erzväter und ihr besonderes Verdienst eine so große Rolle spielen[1], dann eben, weil ihr Verhalten als grundlegend für das Gottesverhältnis der Nachkommen bewertet wurde. Die Rückschau diente ansonsten der vor allem aktuellen heilsgeschichtlichen Standortbestimmung und konnte unter geeigneten Umständen geradezu revolutionierende Wirkung ausüben[2]. Allerdings stimmt der literarische Befund nicht zum sachlichen Gewicht dieses Themas. Die talmudische Zeit hat so gut wie keinerlei Historiographie hervorgebracht, so daß Geschichtsverständnis und geschichtlicher Ausblick aus den – allerdings sehr zahlreichen und manchmal auch geballten – Einzelaussagen in der Haggadah und in den Gebeten und Pijjutim erschlossen werden muß. Der Grund für diese literaturgeschichtliche Fehlanzeige ist wohl in der herben Enttäuschung zu suchen, die der zweimalige vergebliche Kampf gegen die römische Weltmacht mit sich brachte und die verbreitete Skepsis gegenüber terminmäßigen Festlegungen und Risiken bewirkte. Nun wäre jede Darlegung der Heilsgeschichte (darum und nicht um profane Historiographie ging es ja) unvermeidlicherweise etwas wie eine Apokalypse geworden, sofern man sich nicht auf eine Art Annalistik beschränken wollte. Eine geschichtstheologische Deutung der Vergangenheit konnte den Bezug auf die Gegenwart und damit auch den Ausblick auf das Ziel der Geschichte ja nicht vermeiden und damit stand man eben auch vor den Fragen nach dem Termin, nach den Zeichen der Zeit, nach den Ursachen der herrschenden Verhältnisse und ihrer Fortdauer und nach den Möglichkeiten einer Beschleunigung des Geschichtslaufes auf das vorbestimmte, verheißene Ziel hin. Nun bedeutet das Fehlen solch geschichtstheologischer Entwürfe keineswegs, daß jene Fragen nicht gestellt wurden. Wie die oft abwehrende Haltung vieler Rabbinen beweist, wurden sie sehr wohl gestellt und auch beantwortet, doch eben mit den üblichen Mitteln der haggadischen Formen, nicht systematisch,

[1] S. Schechter, a. a. O. (§ 16), 170 ff.; UJE V, 633 f.
[2] Vgl. auch § 6.

sondern je und je ad hoc, und daher in einer außerordentlich bunten Vielfalt. Wieweit dabei geschlossenere Konzeptionen von der frühjüdischen Apokalyptik her weiterlebten, ist schwer zu sagen. Immerhin darf die Tatsache der politisch-messianischen Bewegungen[3] nicht unterbewertet und das neuerliche literarische Aufleben der Apokalyptik in der Zeit vor der arabischen Eroberung nicht übersehen werden. Offenbar gab es auch eine unterdrückte und nun verschollene Literatur eschatologischen Inhalts[4] und es mag sein, daß in Kreisen, aus denen später die asketisch-apokalyptischen Karäer sich rekrutierten, geschichtstheologische Spekulationen auch in literarischer Gestalt schon viel früher üblich waren.

Grundsätzlich teilten auch die Rabbinen die messianische Hoffnung, selbst jene, denen zunächst vor allem die Sorge um die Erhaltung und Verbesserung des status quo am Herzen lag. Sie verschoben nur die Akzente von der revolutionär-messianischen Verwirklichung auf die Intensivierung der Torahfrömmigkeit, womit das Grundproblem allerdings nicht zu lösen war, denn gegen eine allzu strenge Torahpraxis sprachen wieder praktische und seelsorgerliche Erwägungen. So blieb in diesen Kreisen die messianische Hoffnung künstlich auf Sparflamme gehalten. Im breiten Volk wird aber eine intensivere messianische Tendenz geherrscht haben, nicht zuletzt infolge der sozialen Umstände. Durch sie konnte die messianische Hoffnung, die ja ein Ende der bestehenden Ordnungen erwartet[5], eine gewisse antirabbinische Note gewinnen und sich mit asketisch-weltflüchtigen Tendenzen verbinden.

2. Aus der Tradition hatte man Bezeichnungen und Vorstellungen ererbt, die im Verlauf der talmudischen Periode z. T. eine neue oder engere Bedeutung erhielten. Die einfache Bezeichnung *ʿᵃtîd lā-bô'* (Zukunft) für die Heilszeit war neutral. Während man unter den „Tagen des Messias" die Zeit des restaurierten Davidreiches verstand, erhielt *ʿôlām hab-bā'* (die kommende Welt) als Gegensatz zu *ʿôlām haz-zäh* (diese Welt) zunehmend transzendente Züge[6]. Diese Einteilung der

[3] Siehe v. a. A. H. Silver*; A. Z. Aescoly*, 53 ff.; J. Braslawski, a. a. O. (§ 10, Anm. 45); J. Maier, Die messianische Erwartung im Judentum seit der talmudischen Zeit, Jud 20 (1964), 23–58.

[4] Vgl. bSanh 97b; N. Carmely-Weintraub, Sefär wā-sājîf, 1966/7, 1 ff.; A. J. Heschel, a. a. O. (§ 16) II, 417 ff.

[5] bSanh 38 (vgl. bGitt 7a); bKet 61.

[6] A. Altmann, Olam und Aion, FS J. Freimann, 1937, 1–13; M. Gruenbaum, Die beiden Welten bei den arabischpersischen und bei den jüdischen Autoren, ZDMG 42 (1888), 248–258; M. Waxman*, I, 469 ff.

Zukunftserwartung in messianische Zeit und *'ôlām hab-bā'* löste auch die Spannung zwischen „partikularistischem“ und „universalem“ Heilsziel, zumal der „kommenden Welt“ gerade auch in der individuellen Eschatologie (§ 20) besondere Bedeutung zukam und man vom Anteilhaben oder Nichtteilhaben am *'Ôlām hab-bā'* sprach. Entsprechend der Tatsache, daß die Toraherfüllung des Volkes die eigentliche bewegende Kraft der Heilsgeschichte darstellt (§ 18), kommt der Person des heilszeitlichen Königs keine eigentliche Heilbringerfunktion zu, sofern man von der Befreiung aus politischer Unterdrückung absieht. Zwar werden in der rabbinischen Literatur die unterschiedlichen Auffassungen von der Messiasgestalt aus frühjüdischer Zeit weitergeführt und z. T. miteinander verbunden, auch Spekulationen mit den Namen des Messias angestellt, doch er ist eher Repräsentant der Heilszeit als ein Erlöser. Der Erlöser bleibt immer Gott als Herr der Geschichte selbst, wie ja auch die messianische Verwirklichung durch das erwählte Volk nicht einfach Selbsterlösung ist, sondern Vollzug eines Auftrages und so letztlich indirektes Wirken Gottes. Auch die Ansätze zu einer leidenden Messiasgestalt[7] können nicht als Beleg für eine Erlöserfigur herangezogen werden. Das Leiden des Messias ist eher ein Reflex durchlebter Situationen des Volkes bzw. geschichtlicher Erfahrungen seit der Barkochbazeit, wobei z. T. wieder der paradigmatische Sinn vergangener Begebenheiten eine Rolle spielt. So, wenn vor dem Davidmessias ein Messias ben Josef oder ben Efraim[8] auftritt, der in Erfüllung seiner Aufgaben umkommt. Letzten Endes erwuchsen solche Vorstellungen aus dem Problem der Endzeitverzögerung und aus konkreten Enttäuschungen, und wohl auch aus der Ansicht, daß der Messias zwar bereit, die jeweilige Gene-

[7] J. J. Brièrre-Narbonne, Le messie souffrant dans la littérature rabbinique, 1940; G. Dalman, Der leidende und sterbende Messias der Synagoge im ersten nachchristlichen Jahrtausend, 1888; I. Levi, La ravissement du Messie à son naissance, REJ 74 (1922), 113–126; 75 (1922), 113–118; 77 (1923), 1–11; S. Mowinckel, 326 ff.; E. Schürer, a. a. O. (§ 3), II, 648 ff.; Str. – B. II, 273 ff.; A. Wünsche, Die Leiden des Messias, 1870.

[8] M. Avi-Yonah, a. a. O. (§ 10), 176; P. de Benedetti; G. H. Dix, The Messiah ben Joseph, JThSt 27 (1925/6), 130–143 (dazu s. 411); S. Hurwitz, Die Gestalt des sterbenden Messias 1959; J. Klausner, 483 ff.; S. Mowinckel, 280 ff. 326 ff.; A. Spiro, Pseudo-Philo's Saul and Rabbis Messiah ben Ephraim, PAAJR 21 (1952), 119–137; Str. – B. II, 290 ff.; E. Toaff, Il Messia figlio di Giuseppe, Annuario di Studi ebraici 2 (1964/7), 59–68; C. C. Torrey, The Messiah, Son of Ephraim, JBL 66 (1947), 253–277.

ration seiner aber noch nicht würdig ist. Im Brennpunkt des Interesses lag daher nicht die Messiasgestalt oder eine zusammenhängende Schilderung der Zustände in der Heilszeit, sondern die Zeit vor ihrem Eintritt, also die Deutung der aktuellen Gegenwart. Für das fromme Denken boten sich zwei Erklärungen für die Verzögerung des Endes an. Einmal mußte man die Ursache im mangelhaften eigenen Torahgehorsam suchen, in der unzureichenden Bußbereitschaft, zum anderen erwiesen sich die herrschenden Weltmächte als Hindernis, nicht nur durch ihre heilsgeschichtlich illegitime Herrschaftsanmaßung über Israel, Gottes „Erstgeborenen“ unter den Völkern, sondern auch durch ihre oft feindliche Religionspolitik. Den Geschichtslauf suchte man als Periodenfolge zu begreifen, z. B. durch Berechnung der Weltdauer, nach den 7 Schöpfungstagen in Jahrtausenden oder nach Jubiläen, z. T. mit traditionellen Zahlen als Paradigmata operierend (400 Jahre ägyptische Knechtschaft, 70 Jahre babylonisches Exil etc.), z. T. nach der bei Dan bezeugten, weitverbreiteten Vierreichelehre[9]. Demnach war der Anbruch der Herrschaft Gottes erst mit und nach dem Zusammenbruch der herrschenden Weltmacht zu erwarten[10], ein Gedanke, der bei jeder größeren politisch-militärischen Veränderung zu den größten Hoffnungen verführen konnte. Wie schon im Frühjudentum erwies sich dabei, daß mit steigender Bedrängnis auch die Hoffnungen auf die Nähe des Endes wuchsen. Gerade für die Zeit vor dem Anbruch der Endzeit rechnete man mit einer harten Verfolgungszeit, mit den „Wehen des Messias“.

Bei all dem kam der Bewertung der *„gālût“*, der Verbannung, besonderes Gewicht zu. Sie mußte wohl oder übel, nachdem Gott die Zerstörung des Tempels zugelassen hatte, als eine Folge der Sünden Israels begriffen werden und damit als Bußmöglichkeit[11]. Die Bedrückung Israels durch die Völker behindert allerdings auch diese nötige Buße, sodaß im Kampf um die Möglichkeit der Toraherfüllung der Antagonismus zwischen Volk und Völkern auch schroffen Ausdruck finden konnte.

3. Während man ansonsten unter normalen Umständen bereit war, mit dem Recht der fremden Obrigkeit nach dem Grundsatz *dînā'*

[9] Vgl. A. H. Silver*.

[10] § 10.

[11] Y. Kaufmann*, I, v. a. 456 ff.; M. Waxman* (Gālût); vgl. auch die überspitzten Formulierungen in jTaʿan I, 1 (64 a): „Wenn Israel 1 Tag Busse täte, käme sofort der Davidssohn“, und: „Wenn Israel einen Sabbat ordnungsgemäß hielte, käme sofort der Davidssohn“.

d^emalkûtā' dînā' (das Recht der Regierung ist geltendes Recht)[12] zu verfahren, konnte im ungünstigen Fall ein status confessionis eintreten, in dem angesichts der realen Machtverhältnisse keine Wahl blieb, als sich leidend zu fügen oder gar das Martyrium auf sich zu nehmen. Das Mißverhältnis zwischen Gottes Allmacht, dem Erwählungsstatus Israels und dem tatsächlichen Zustand des Volkes kam im christlichen Herrschaftsbereich noch peinigender zu Bewußtsein, weil die Kirche die Erniedrigung der „Synagoge" als Wahrheitsbeweis für ihre Lehre in Anspruch nahm. Wenn auch die eschatologische Hoffnung ein Offenbarwerden der Macht Gottes und der rechten Machtverhältnisse verhieß, kam es doch oft genug zu einer Annäherung an den apokalyptischen Dualismus, zur Ansicht von einem Kampf zwischen göttlichen und widergöttlichen Kräften. Israel kann dabei bis zu einem gewissen Grad als Opfer dieser Auseinandersetzung erscheinen, zwar in sie verstrickt durch die eigene Sünde, aber von den gottwidrigen Mächten eben gerade als Gottesvolk weit mehr gepeinigt, als es der verdienten Strafe entspricht. Von dieser Voraussetzung her stellte man sich Gott als Mitleidenden mit Israels Geschick vor, der über den Verlust des Tempels trauert und mit seinem Volk ins Exil geht[13], Gedanken, die Jahrhunderte später aufgegriffen und in einen größeren spekulativen Zusammenhang gebracht werden. Eine andere Möglichkeit der Auseinandersetzung mit dem paradoxen Verhältnis zwischen Erwählungsstand und empirischem Status war die literarische Form des Disputs zwischen Gott und den Engeln. Die Engel stellen dabei ihre Fragen an Gott oder machen ihm bestimmte Vorhaltungen, die er dann beantwortet bzw. zurückweist[14].

4. Die messianischen Bewegungen der talmudischen Zeit waren in der Regel an die politisch-militärischen Auseinandersetzungen zwischen Rom und dem Partherreich gebunden. So auch gegen Ende der Periode, als durch den Parthervormarsch (ca. 613–617) wieder eine begrenzte Autonomie unter parthischer Herrschaft für Jerusalem erreicht werden konnte. Der bald folgende Rückschlag, erst durch die Revision der parthischen Politik, dann durch die Rückeroberung durch den Kaiser Heraclius, erschütterte das palästinensische Juden-

[12] Vgl. D. Daube, a. a. O. (§ 10, Anm. 44); S. Ben-Dor, Dînā' d^emalkûtā' dînā', Talpiot 9 (1964), 230–237.

[13] Lit. § 17, Anm. 21; A. Marmorstein, The Old ... (§ 17), II, 68 ff.

[14] E. L. Dietrich, Die rabbinische Kritik an Gott, ZRG 7 (1955), 193–224; A. Marmorstein, Wikkûḥê ham-mal'ākîm 'im hab-bôre', Melilah 3/4 (1949/50), 93–102.

tum schwer. Nun brach die apokalyptische Unterströmung auch literarisch wieder durch. Im „Buch des Elias“[15] und in der Zerubbabel-Apokalypse[16] haben die Hoffnungen und Erfahrungen jener stürmischen Jahrzehnte ihren Niederschlag gefunden. Auch im Pijjut und in der Esoterik (§ 21) finden sich Echos apokalyptischer Strömungen.

5. Wie immer man die Rolle der messianischen Hoffnung für diese Periode einschätzen mag, wird man in ihr doch eine entscheidende Barriere gegenüber der spätantiken Weltflucht und der gnostischen Weltfeindschaft sehen müssen[17]. Die Ansicht, daß der beklagenswerte und sündhafte Zustand der Menschheit mit der Zeit geschichtlich-endgeschichtlich überwunden werden kann und nicht im Akt und in der Materie der Schöpfung das Böse selbst sich darstellt, bewahrte das rabbinische Judentum vor einer Weltverteufelung gnostischer Art – und erhielt damit auch die Voraussetzungen für das Bewußtsein der Verantwortlichkeit im Rahmen der Familie und der Gesellschaft.

§ 20 Die Frömmigkeit des Einzelnen und der Volksglaube

1. Gemäß der (§§ 16–19) aufgezeigten Grundstruktur der religiösen Vorstellungswelt lebt der Einzelne seine Frömmigkeit in erster Linie im Zusammenhang des kollektiven Erwählungsauftrages und erhofft auch sein persönliches Heil in erster Linie in der verheißenen heilsgeschichtlichen Erfüllung. Gerade die kollektive Verantwortlichkeit verleiht dabei der individuellen Frömmigkeit ihr besonderes Gewicht. Sie bedingt auch zugleich ein hohes Maß an innerjüdischer Solidarität wie die Schärfe in innerjüdischen Auseinandersetzungen um die richtige Interpretation und die rechte Erfüllung des Erwählungsauftrages. Religion bzw. Gehorsam oder Sünde können nicht als Privatsache gelten. Der abtrünnige Jude mag praktisch aus der Gottesvolksgemeinschaft ausscheiden, grundsätzlich bleibt der Auftrag auch für ihn gültig und seine Sünde[1] wird als Beeinträchtigung der heilsgeschicht-

[15] S. W. Baron*, SRH III, 16.235; M. Avi-Yonah, a. a. O. (§ 10), 261 f.; J. 'Äbän-Šemu'el, Midrešê ge'ûllāh, 1954, 60 f.; A. H. Silver*, 42 f.; M. Waxman*, (Gālût) 301 ff.

[16] J. 'Äbän-Šemu'el, a. a. O. (Anm. 15), 52 ff.; S. W. Baron*, SRH III, 237 f.; V, 141 f. 354; A. H. Silver*, 49.

[17] Vgl. J. Carlebach.

[1] A. Büchler, Studies in Sin and Atonement in the Rabbinic Literature of the First Century, 1928; F. Dattler, O Pecada nos Escritos Rabinicos,

lichen Verwirklichung und als Entweihung der göttlichen Ehre in den Augen der Nichtjuden gewertet. Daher hat auch die Umkehr, die Buße *(t^e^šûbāh)*[2] und die Vergebung bzw. Versöhnung[3] des Sünders aus Israel mehr als nur individuelle Heilsbedeutung. In doppelter Hinsicht weisen Sünde und Gehorsam also über das Interesse des Einzelnen hinaus. Einmal unmittelbar heilsgeschichtlich, weil der Gehorsam der Einzelnen ja die Verwirklichung des kollektiven Auftrages verbürgt und schließlich zum Heil der Welt beiträgt. Zum anderen im ständigen status confessionis, in dem der Jude als Bekenner des Einen wahren Gottes durch sein Verhalten *qiddûš haš-šem,* die „Heiligung des Namens (Gottes)"[4] – im Extremfall durch Martyrium[5] – oder *ḥillûl haš-šem,* „Entweihung des Namens (Gottes)" in den Augen der Umwelt vollzieht. Wie sich daraus die Verpflichtung zu genauester Beachtung der göttlichen Verbote und Gebote gerade auch in uneinsichtigen rituellen Belangen ergibt, so auch die außergewöhnliche religiöse Bedeutung des zwischenmenschlichen Verhaltens bzw. der Ethik[6], die zudem auch schöpfungstheologisch begründet ist (s. Abs.

Revue Génerale Belge 5 (1961), 325–336; W. Hirsch, Rabbinic Psychology, 1947, 208 ff.; S. Liebermann, ʿAl ḥ^a^ṭā'îm wā-ʿ^o^nāšîm, SJ L. Ginzberg, 1945/6, 249–270; R. C. Rubinstein, The Meaning of Sin in Rabbinic Theology, Jdm 10 (1961), 227–236; S. Schechter, a. a. O. (§ 16), 219 ff.; J. Schmid, Sünde und Sühne im Judentum, BuL 6 (1965), 16–26; G. Scholem, Sin and Punishment, in: Myths and Symbols, Studies in honour of M. Eliade, 1969, 163–177; E. E. Urbach*, 371 ff. S. ferner § 4, Anm. 34.

[2] C. G. Montefiore, Rabbinical Conceptions of Repentence, JQR o. s. 16 (1904), 209–257; J. J. Petuchowski, The Concept of „teshubah" in the Bible and the Talmud, Jdm 17 (1968), 175–185; S. Schechter, a. a. O. (§ 16), 313 ff.; E. E. Urbach*, 408 ff.; Als ein Mittel der „Umkehr", ob nun als Strafe oder als Willkür von Feinden gedeutet, oder eben als individuelles Lebensschicksal erlebt, galt auch das L e i d e n. Zu seiner Deutung und Problematik vgl. v. a. A. J. Heschel, a. a. O. (§ 16) I, 93 ff.; E. E. Urbach*, 392 ff.

[3] A. Büchler, a. a. O. (Anm. 1); S. Schechter, a. a. O. (§ 16), 293 ff.; K. Schubert, a. a. O. (§ 18).

[4] A. Greenberg, Qiddûš haš-šem. Berûrô šäl mûśśāg, Môlād n. s. 1 (1967/8), 475–489; D. Daube, Limits on Self-Sacrifice in Jewish Law and Tradition, Theology 72 (1969), 291–304.

[5] § 4, Anm. 2; § 10, Anm. 33.

[6] A. Cohen, The Ethics of the Rabbis, in: Essays in honor of J. H. Hertz, 1942, 69–80; R. T. Herford, Talmud and Apocrypha, 1933; Ders., Pirqe Aboth, The Ethics of the Talmud, 1962[2]; I. Jakobowitz, Jewish Medical Ethics, 1959; M. Kadushin, Worship and Ethics, 1964 (19 ff. 199 ff.); Ders., Introduction to Rabbinic Ethics, Sefär Kaufmann, 1960, engl.

2). Die christliche und moderne Art der Gegenüberstellung von rituellen und ethischen Pflichten und eine Verabsolutierung des persönlichen Heilsstrebens war von den rabbinischen Voraussetzungen her jedenfalls nicht möglich.

2. Die biblische Darstellung des Menschen als Geschöpf nach dem Bilde Gottes[7] bildet das Gegengewicht zur heilsgeschichtlichen Irrelevanz der anderen Völker und sowohl den Ausgangspunkt wie den Abschluß der heilsgeschichtlichen Gesamtschau. So groß die Versuchungen zu einer praktisch-ethischen[8] und einer grundsätzlich-wertenden Unterscheidung zwischen Juden und Nichtjuden gerade infolge der äußeren Bedrückung auch waren, dieser schöpfungs-theologische Rahmen zwang dazu, auch im Nichtjuden den Mitmenschen zu sehen. Die Spannung zwischen grundsätzlicher Wertung und historisch-politisch sowie soziologisch bedingtem Verhalten in Einzelfällen ist auch an dem Gebrauch des Begriffes „Nächster"[9] und an der Einstellung zu den Proselyten[10] zu beobachten.

88–114; A. Mielziner a. a. O. (§ 13), 267 ff.; J. Neusner, a. a. O. (§ 10), IV, 295 ff.; Ch. Z. Pines, Mûsar ham-miqrā' w^{e}hat-talmûd, 1947/8; Ch. Z. Reines, Tôrāh ûmûsār, 1953/4 (v. a. 1–39.167–216); S. Stein, Materialien zur Ethik des Talmud, 1894; Viel Material auch bei M. Lazarus, Die Ethik des Judentums, I, 1901, II, 1911, und in den Kommentaren zu mAbot (s. § 13, Anm. 18).

7 S. Belkin, In His Image. The Jewish Philosophy of Man as Expressed in Rabbinic Tradition, 1960; A. Lifshitz, Ha-'ādām bam-maḥšābāh hajjiśr^{e}'elît had-dātît, Sinai 55 (1963/4), 56–64; C. Z. Reines, Tôrāh ûmûsār, 1953/4, 167–216; E. E. Urbach*, 190 ff.; 371 ff.

8 R. Loewe, Potentialities and limitations of universality in the Halakhah, in: R. Loewe, Studies in Rationalism, Judaism and Universalism, 1966, 115–150.

9 § 18, Anm. 33; ferner D. Farbstein, Die Nächstenliebe nach jüdischer Lehre, Jud 5 (1949), 208–228.241–262; M. Güdemann, Jüdische und christliche Nächstenliebe, MGWJ 37 (1893), 153–164; K. Hruby, L'amour du prochain dans la pensée juive, NRTh 91 (1969), 493–516; M. Katten, Um das Gebot der Nächstenliebe, MGWJ 79 (1935), 209–233; K. Kohler, Die Nächstenliebe im Judentum, Judaica (FS H. Cohen), 1912, 469–480; R. Lewin, Das Judentum und die Nichtjuden, 1893; Ch. Z. Reines, Ham-mûbān šäl „w^{e}'āhabtā l^{e}re'^{a}kā kāmôkā", SJ S. Federbusch, 1961, 304–315; Ders., ʿAl jaḥas haj-j^{e}hûdîm lag-gôjjim, Sura 4 (1963/4), 192–221.

10 § 10, Anm. 60; S. Bialoblocki, Die Beziehungen des Judentums zu Proselyten und Proselytismus, 1930; E. E. Urbach*, 480 ff.; Ders., EI XI, 172–184; B. Z. Wacholder, Attitudes Towards Proselytizing in the Classical Halakah, HJ 20 (1958), 77–96.

Die Brücke zwischen „universaler" Menschheitsgeschichte, „partikularer" Erwählungsgeschichte und „universalem" Heilsziel besteht in der Auffassung von der Sünde und der Notwendigkeit zur Wiederherstellung der durch sie gestörten Harmonie zwischen Schöpfer und Geschöpf. Die religiöse Phantasie beschäftigte sich daher viel mit dem *'ādām hā-ri'šôn*, dem „ersten Menschen"[11] und seinem Status vor und nach dem Sündenfall. Soweit dabei dämonologische Elemente mitspielen, treten sie im Vergleich zur frühjüdischen Apokalyptik nicht in derselben Schärfe und Profilierung hervor. Die Sünde wurde eben als Willenakt des Menschen betrachtet, auch wenn man das astrologisch-deterministische Weltbild der damaligen Zeit teilte. Sie ist wesentlich eine Auflehnung gegen Gott als dem Herrn, ist Ungehorsam[12]. Im Vergleich zum Christentum, wo dem Fall Adams weit katastrophalere Bedeutung beigemessen wird, kennt das talmudische Judentum nicht die Vorstellung vom Verhängnis der Erbsünde[13]. Nicht ein böser Geist im Menschen erwirkt das Böse, wie es in frühjüdisch-apokalyptischen Texten hieß, sondern der Mensch als leibseelische Einheit entscheidet sich, sei es dem „bösen Trieb" *(Jeṣär hā-ra')*[14] folgend, oder diesen durch den „guten Trieb" *(Jeṣär hat-ṭôb)* mit Gottes Hilfe überwindend, wobei Gottes helfende Gnade eben gerade in der Offenbarung seines Willens in der Torah besteht. Aber

[11] EJ I, 755–782; J. Dreyfus, Adam und Eva nach Auffassung des Midrasch, 1894; L. Ginzberg, The Legends of the Jews, I, 1954[10]; V, 1955[7]; S. Rosler, Adam in der Agadah, Diss. Wien 1928.

[12] L. § 4, Anm. 35; K. Hruby, in: R. Brunner*, 59 ff.; L. L. Mann, Freedom of Will in Talmudic Literature, CCAR. YB 27 (1927), 301–337; F. Perles, Die Autonomie der Sittlichkeit im jüdischen Schrifttum, Judaica (FS H. Cohen), 1912, 103–108; E. E. Urbach*, 227 ff.; L. Wächter, Astrologie und Schicksalsglaube im rabbinischen Judentum, Kairos 11 (1969), 181–200. Kennzeichnend ist für die rabbinische Ansicht b Ber 33b (b Meg 25 a; bNidd 16 b): „Alles liegt in der Hand des Himmels außer der Furcht des Himmels (Die Religiosität des Menschen)". Unzutreffend ist dagegen die vielzitierte Übersetzung „vorhergesehen/vorherbestimmt" für *ṣāfûj* in R. Akibas Ausspruch *hak-kol ṣāfûj w^ehā-r^ešût n^etûnāh*, mAb III, 15; wie E. E. Urbach (Sefär Kaufmann, 1960, S. 124) darlegte, bedeutet *ṣfh* in tannaitischer Zeit nur „sehen", „betrachten", sodaß Akiba nur betonte, daß Gott alles sieht und daher der Mensch entsprechend achthaben solle.

[13] Vgl. S. S. Cohon, Original Sin, HUCA 21 (1948), 275–330; I. Lévi, Le péché original dans les anciennes sources juives, 1907.

[14] F. C. Porter, The Yecer Hara, in: Bibl. and Semitic Studies 1901, 91–156; S. Schechter, a. a. O. (§ 16), 246 ff.; Str. – B. IV, 466–483; E. E. Urbach*, 415 ff.

selbst der „böse Trieb" ist gottgeschaffen. Er dient z. B. innerhalb der schöpfungsmäßigen Naturordnung als notwendige Voraussetzung für den Bestand des Menschengeschlechtes, wodurch der Sexualtrieb einerseits schöpfungsmäßig bejaht und zugleich durch den Gehorsam gegenüber dem religiös-ethischen Anspruch Gottes relativiert wird[15], was aus der traditionellen Ablehnung von Natur- und Fruchtbarkeitskulten und aus der aktuellen Konfrontation mit spätantiken orgiastischen Kulten (vgl. Koh r. I, 8) zu verstehen ist. In dieser Konfrontation kam es da und dort wie in der Umwelt so auch im Judentum zu akzentuierten Abwehrhaltungen, zu asketischen Tendenzen und Weltfluchtbestrebungen[16], doch aufs ganze gesehen nur am Rande. Soweit die Fastenpraxis das übliche, durch den liturgischen Rahmen vorgezeichnete Maß überschritt, diente es immer noch in erster Linie zur Intensivierung des Torahstudiums. Erleichtert wurde das Vordringen asketischer Tendenzen durch die – freilich spekulativ nicht ausgeprägte[17] – herrschende, hellenistisch geprägte Seelenvorstellung[18]. Daneben lebten allerdings auch unausgeglichen ältere Vorstellungen weiter, sodaß das Schicksal des Menschen nach dem Tod recht unter-

[15] S. W. Baron*, SRH II, 217 ff.; S. Bialoblocki, EI VII, 382 ff.; L. Blau, Die jüdische Ehescheidung und der jüdische Scheidungsbrief, 1911 (Nachdr. 1961); A. Büchler, Familienreinheit und Sittlichkeit in Sepphoris im 2. Jahrhundert, MGWJ 78 (1934), 126–164; I. Epstein, Marriage Laws in Bible and Talmud, 1942; L. Freund, Über Genealogien und Familienreinheit in biblischer und talmudischer Zeit, FS A. Schwarz, 1917, 163–192; S. Krauss, Talmudische Archäologie II, 1911, 3 ff.

[16] Gefastet konnte aus unterschiedlichen Gründen werden. Abgesehen von den allgemein üblichen Fasttagen gab es auch zweckbestimmtes Fasten z. B. für den Empfang von Träumen oder Visionen, vgl. S. Lowy, The motivation of Fasting in Talmudic Literature, JJS 9 (1958), 19–38, oder für magische Zwecke (vgl. bSanh 65 b). Radikale Fromme forderten eine ständige Bußhaltung, z. B. Simon bar Jochaj nach bBer 31 a. Nach tSota XV, 11 gab es seit der Tempelzerstörung *p^erûšîm* (Abgesonderte) die Fleisch- und Weingenuß ablehnten, eine Haltung, die sich in den späteren „Trauernden Zions" *('^abelê Ṣijjôn)* fortsetzt. Zum Fasten s. auch: Str. – B. IV, 77–114; E. E. Urbach*, 340 ff.; Ders., 'Asqesîs w^ejissûrîm b^etôrat ḤZ"L, SJ J. Baer, 1960/1, 148–170; G. E. Zuriff, The History of Fasting in Judaism, YR 4 (1965), 62–79; s. auch Anm. 2.

[17] Gerade in der Esoterik spielt die Seelenlehre keine Rolle.

[18] W. Hirsch, Rabbinic Psychology, 1947 (v. a. 150 ff.); R. Meyer, Hellenistisches in der rabbinischen Anthropologie, 1937; R. Wohlberg, Grundlinien einer talmudischen Psychologie, 1902; E. E. Urbach*, 190 ff.; EI XV, 454–456.

schiedlich beschrieben und lokalisiert werden konnte[19], ein Themenbereich, der auch dem stärker individualistischen Interesse der pharisäischen Tradition entsprach. Lohn und Strafe bzw. die Frage nach der angemessenen Vergeltung[20] werden darum häufig erörtert – doch keineswegs in dem Ausmaß und in der Verzerrung, wie es die am protestantischen Rechtfertigungsglauben orientierte „Spätjudentumsforschung" so gern dargestellt hat, wobei man oft leichtfertig generalisierend von religiöser Kleinkrämerei sprach[21].

3. Frömmigkeit und zwischenmenschliches Verhalten des Einzelnen wurden zwar formal durch die Halakah geregelt, doch keineswegs durch sie allein. Es blieb innerhalb dessen und darüber hinaus noch ein weiter Raum für das, was man später die „Herzenspflichten" nannte. Dafür wieder war das persönliche Gottesverhältnis unmittelbar maßgebend, weil Gottes eigene Verhaltensweisen[22] (v. a. die 13 sogenannten middot nach Ex 34,6 f.) zugleich als Vorbild für die Haltung des Frommen galten. Die Gesamthaltung der Frömmigkeit gegenüber Gott wird gern als „Furcht" bzw. „Ehrfurcht" *(jir'āh)* bezeichnet, wobei das deutsche Äquivalent den Begriffsinhalt nur mangelhaft wiedergibt, denn für das Bewußtsein der Rabbinen verband sich damit sofort auch der Begriff der „Liebe" *('ahābāh)*[23] und zwar als Liebe Gottes zum Menschen, als Liebe zu Gott und als Liebe zum Nächsten. Ganz im Sinne des ererbten pharisäischen Realismus

[19] W. Hirsch, a. a. O. (Anm. 18), 232 ff.; S. Liebermann, Some Aspects of After Life in Early Rabbinic Literature, H. A. Wolfson JV 1965, 495–532; A. Marmorstein, The Doctrine of the Resurrection of the Dead in Rabbinical Theology, AJTh 1915, 577–591 (Studies ... 122–144); Ders., La participation à la vie éternelle dans la théologie rabbinique et dans la légende, REJ 89 (1930), 305–320; E. Stein, Der Begriff der Palingenesie im talmudischen Judentum, MGWJ 83 (1939), 194–205; Str. – B. IV, 1166–1198; 1199–1212.

[20] M. Brocke, Tun und Ergehen im nachbiblischen Judentum, BuL 8 (1967), 166–178; A. Marmorstein, The Doctrine of Merits in Old Rabbinical Literature, 1920; S. Schechter, The Doctrine of Divine Retribution in Rabbinical Literature, Studies in Judaism I², 213–237; Str. – B. IV, 484–500. S. auch Anm. 24.25.

[21] E. L. Dietrich, Ist die jüdische Gerechtigkeit ein kaufmännischer Begriff?, ZRG 10 (1958), 240–248.

[22] Lit. Anm. 6 und § 17, Anm. 20; ferner: K. Hruby, in: R. Brunner*, 53 ff.; M. Kadushin, RM (§ 16), 201 ff.; E. E. Urbach*, 173 ff.

[23] A. J. Katsh, Knowledge and Love in Rabbinic Lore, 1963; D. Polish, Love and Law in Judaism, CCARJ 16 (1969), 7–20; A. Slonimski, a. a. O. (§ 16), 252 ff.

wurde der Fromme bzw. der Gerechte *(ṣaddîq)*[24] in der Regel nicht als vollkommene Heiligengestalt gesehen, wie ja auch der Begriff der Gerechtigkeit *(ṣädäq, ṣᵉdāqāh)*[25] gerade die Rücksicht auf die Schwäche des anderen miteinschließt. Wie Gottes Gerechtigkeit darum immer auch Erbarmen und solidarische liebevolle Fürsorge *(ḥäsäd)* mitbedingt, so enthält auch die Gerechtigkeit als menschliche Verhaltensweise einen ausgesprochen sozialen Zug, deutlich zutagetretend in dem schon z. Z. des Frühjudentums entstandenen Gebrauchs von *ṣᵉdāqāh* für die Armenunterstützung[26]. Auch für die Halakah selbst spielte die Rücksichtnahme auf die Zumutbarkeit des Geforderten eine Rolle[27].

4. Selbstverständlich gab es neben dieser rabbinischen Grundhaltung Sonderentwicklungen und innerhalb ihres Bereiches auch einseitige Akzentuierungen. Asketische Tendenzen z. B. konnten mannigfach motiviert sein. Die heilsgeschichtliche Motivation war vielleicht die bedeutendste. Die Wertung der Tempelzerstörung und der Zerstreuung als Strafe und Bußgelegenheit führte da und dort zu einer radikaleren Auffassung der erforderlichen *pᵉrîšût*[28] (Absonderung von der „Welt"). In den Ruf besonderer Heiligmäßigkeiten gerieten aber auch rabbinische Einzelgänger[29] oder besonders Fromme *(ḥᵃsîdîm)*[30], ob sie nun in Konventikeln („heiligen Gemeinden") lebten oder nicht. Eine spezielle Bedeutung hatte der halakisch-ethische Rigorismus außerdem für die Esoterik (§ 21).

[24] R. Mach, Der Zaddik in Talmud und Midrasch, 1957.

[25] J. Banner, Conception rabbinique de l'histoire, Evidences 36 (1953), 21–25; K. Hruby, in: R. Brunner*, 56 ff.

[26] S. W. Baron*, II, 269 ff.; M. Katz, Protection of the Weak in the Talmud, 1925; F. Rosenthal, Sedaka, Charity, HUCA 23/I (1950/1), 411–430; Str. – B. IV, 536–558.559–610; E. E. Urbach, Mᵉgammôt dātijjôt wᵉḥäbrātijjôt bᵉtôrat haṣ-ṣᵉdāqāh šäl ḤZ"L, Zion 16 (1950/1), 1–27.

[27] D. Daube, Concessions to Sinfulness in Jewish Law, JJS 10 (1959), 1–13.

[28] Vgl. bAZ 20 b; tSota IX, 15 zusammen mit ritueller Reinheit. In Sifra zu Lev 20, 26 (ed. Weiss 93 d) wie auch sonst oft so wie „heilig" verwendet: Wie Gott heilig bzw. *pārûš* ist, so soll es auch Israel sein.

[29] Vgl. § 11, bei Anm. 8.

[30] L. Gulkowitsch, Die Bildung des Begriffes ḥasid I, Der Begriff ḥasid in den maʿᵃsijjot, 1935; L. Jacobs, The Concept of hasid in Biblical and Rabbinic Literature, JJS 8 (1957), 143–154; S. Safrai, Teachings of Pietists in Mishnaic Literature, JJS 16 (1965), 15–33; E. E. Urbach, EI XVII, 750 ff.; J. Wohlgemuth, Der Begriff der Frömmigkeit in den talmudischen Synonymen ṣnwʿ, ʿnjw, ḥsjd, Jeschurun 13 (1926), 225–245.

In gewissen Grenzen bildete nun gerade die radikale Frömmigkeit einzelner heiligmäßiger Gestalten eine Brücke zur Volksfrömmigkeit. Für Schichten, die den rabbinischen Anforderungen aus mancherlei Gründen reserviert gegenüberstanden und wohl auch oft umständebedingt nicht in der Lage waren, allen halakischen Vorschriften zu genügen, konnten solche homines religiosi, die ihrerseits den Rabbinen als zu exaltiert erschienen, zumindest ansatzweise zu einer Art von Heiligengestalten werden, die das religiöse Ideal stellvertretend verkörperten. Hier zeichnet sich die in der frühen karäischen Bewegung dann zutagetretende Möglichkeit ab, die rabbinischen Forderungen gleichzeitig abzuweisen und zu überbieten.

Aber auch ohne bewußte Aversionen war der Volksglaube dazu angetan, die rabbinische Frömmigkeit zu beeinträchtigen, zumal manche Vorstellungen eben eine gewisse Ambivalenz aufwiesen. So etwa der Wunderglaube[31], der einerseits den Glauben an die Allmacht Gottes ausdrücken konnte, andrerseits gerade gegenläufige Bedeutung gewann, sobald er sich mit magischen Vorstellungen[32] verband. In

[31] P. Fiebig, Rabbinische Wundergeschichten des neutestamentlichen Zeitalters, 1912; A. Guttmann, The Significance of Miracles for Talmudic Judaism, HUCA 20 (1947), 363–406; A. J. Heschel, a. a. O. (§ 16) I, 24 ff.; M. Kadushin, RM (§ 16), 152–167; S. Liebermann, Greek in Jewish Palestine, 1941, 97–114; J. Neusner, a. a. O. (§ 10) IV, 392 ff.; A. Schlatter, Das Wunder in der Synagoge, 1912; E. E. Urbach*, 82 ff.

[32] § 4, Anm. 80. Weiter v. a.: S. Birnbaum, EJ I, 229–240; L. Blau, Das altjüdische Zauberwesen, 1914²; Ders., JE II, 255 ff.; S. Daiches, Babylonian Oil Magic in the Talmud and Later Jewish Literature, 1913; C. H. Gordon, Aramaic Magical Bowls, AOi 6 (1934), 319–334.466–474; 9 (1937), 84–106; D. H. Joel, Der Aberglaube und die Stellung des Judentums zu demselben, 1881/3; S. Liebermann, Mašähû ʿal hašbāʿôt beJiśrā'el, Tarb 27 (1957/8), 183–189; M. Margalioth, Sefär hā-Rāzîm, 1966; J. Neusner, a. a. O. (§ 10) III, 110 ff.; IV, 347 ff. 392 ff.; R. Patai, Man and Earth in Hebrew Custom, Belief and Legend (hebr.) 1942/3; Ders., The Control of Rain in Ancient Palestine, HUCA 14 (1939), 251–286; W. Rossell, A Handbook of Aramaic Magical Texts, 1953; I. Teitelbaum, Jewish Magic in the Sassanian Period, Diss. Dropsie College 1964; J. Trachtenberg*; E. E. Urbach*, 82 ff.

Hierher gehört zu einem guten Teil auch die Medizin jener Zeit, vgl. J. Preuss, Biblisch-talmudische Medizin, 1923; J. Jakobowitz, a. a. O. (Anm. 6); B. De-Fries, Demûtô šäl hā-refû'āh bitqûfat hat-talmûd, Qôrôt 4 (1966/7), 248–253; I. Simon, Les maladies nerveuses et mentales dans la Bible et dans le Talmud, Revue D'Hist. Eccl. 7 (1950), 27–54; J. Snowman, Short History of Talmudic Medicine, 1935. Besonders verbreitet, auch späterhin, war der Gebrauch von Amuletten, vgl. dazu v. a. auch L. Blau, JE I, 546–550; T. Scherire, Hebrew Amulets, 1966; E. E. Urbach*, 110 f.

der rabbinischen Literatur wird häufig gegen magische Anschauungen und Praktiken polemisiert, zumal der Zusammenhang mit dem scharf bekämpften Götzendienst (*ʿᵃbôdāh zārāh)*[33] in der Regel deutlich genug war. Aber die exakte Grenze zwischen monotheistisch vertretbaren Ansichten und Bräuchen und Aberglauben bzw. Magie war nicht einmal für die Rabbinen ohne weiteres klar, geschweige denn für das breite Volk. Wie der Götzendienst als solcher nicht immer in gleicher Schärfe bewußt wurde[34], so empfand man auch weithin keinen Widerspruch zwischen dem Glauben an den EINEN Gott und magischen Praktiken[35], obwohl dem internationalen Charakter der Magie entsprechend auch die jüdische Magie eine Fülle fremder Vorstellungen und Praktiken aus der Umwelt aufgenommen hat[36]. Das Feld, in dem dieses Substrat ohne viel Verdacht zu erregen sich an die rabbinische Frömmigkeit assimilieren konnte, war die kultisch-liturgische Tradition[37], wo von vornhinein ein gewisses magisches Element mitenthalten war, wie gerade die gelegentliche rabbinische Kritik bestätigt. Dasselbe gilt für den Glauben an Engel[38] und Dämonen[39]. Der Dämonenglaube verlor in der rabbinischen Theologie allerdings seine im Dualismus der frühjüdischen Apokalyptik so hervorstechende Relevanz, da der Gegensatz Gut – Böse[40] in rabbinischer

[33] S. Liebermann, Hellenism in Jewish Palestine, 1950, 115 ff.; L. Wallach, A Palestinian Polemic Against Idololatry, HUCA 19 (1945/5), 389–404.

[34] E. E. Urbach, Hilkôt "'z weham-meṣî'ût hā-'arke'ôlôgît weha-hîsṭôrît bam-me'āh haš-šenîjjāh wehaš-šelîšît, EIsr 5 (1958), 189–205, = engl.: Rabbinical Laws of Ideololatry in the Second and Third Centuries in the Light of Archaeological and Historical Facts, IEJ 9 (1959), 149–165; 229–245.

[35] S. v. a. zum „Sefär hā-Rāzîm", ed. R. Margalioth a. a. O. (Anm. 32); J. Maier, Das „Buch der Geheimnisse", Jud 23 (1969), 98–111.

[36] Vgl. auch I. Casanovics, Non-Jewish Religious Ceremonies in the Talmud, JAOS 16 (1895), 76–82; S. Liebermann, a. a. O. (Anm. 33), 144 ff. 147 ff.; A. Marmorstein, Egyptian Mythology and Babylonian Magic in Bible and Talmud, E. Mahler JV 1937, 469–487; Th. Reik, Pagan Rites in Judaism, 1964; G. Scholem, Jewish Gnosticism . . . (§ 21), 75 ff.· Beispiele auch im „Sefär hā-Rāzîm" (Anm. 35).

[37] J. Bergmann, Gebet und Zauberspruch, MGWJ 74 (1930), 457–463; Sh. S. Blank, The Curse, the Blasphemy, the Spell, the Oath, HUCA 23/I (1950/1), 73–96; W. L. Knox, Jewish Liturgical Exorcism, HThR 31 (1938), 191–203; S. auch zum Wort-Glauben § 17, Anm. 12.

[38] Lit. § 4, Anm. 82; § 17, Anm. 23.

[39] Lit. § 4, Anm. 83; J. Neusner, a. a. O. (§ 10), IV, 390 ff.; J. N. Epstein, zjqjn und rwḥwt, MGWJ 63 (1919), 15–19; Str.-B. IV, 501–553; E. E. Urbach*, 140 ff.

[40] J. Abelson, a. a. O. (§ 17), 304 ff.

Sicht in erster Linie im Zusammenhang mit der sittlichen Entscheidung der Person gesehen wurde und nicht so sehr als unentrinnbares übermächtiges Verhängnis. Der schlichte Jude freilich, auch wenn es ihm nicht in den Sinn kam, an der Macht und Vorsehung Gottes zu zweifeln, sah dem damaligen Weltbild gemäß doch überall Mächte am Werk bzw. mit am Werk, denen er einen gewissen Einfluß einräumte, auch wenn er sie als gottgeschaffene und Gott dienstbare Gewalten betrachtete. In der Volksphantasie trat wie üblich der Zug ins Abergläubische gerade in bezug auf Natur- und Alltagserscheinungen hervor, für die man keinerlei rationale Deutung parat hatte.

§ 21 Die Esoterik

L. Baeck, Ursprünge und Anfänge der jüdischen Mystik, in: Entwicklungsstufen der jüdischen Religion, 1927, 91–103; S. W. Baron*, SRH II, 314 ff.; Ph. Bloch, a. a. O. (§ 14); G. Castelli, Gli antecedenti della Cabbala nella Bibbia e nelle letteratura Talmudica, Actes du XIIme Congrès Orient. 1899 (Turin 1903), 57–109; J. Cohn, Two Studies in Classical Jewish Mysticism: The esoteric tradition in Talmud and Midrash; the term Schechinah, Jdm 11 (1962), 242–248; H. Graetz, Gnosticismus und Judentum, 1846; A. J. Heschel, a. a. O. (§ 16) I, 242–261; S. A. Horodetzky, Ham-mistôrîn b^e^Jiśrā'el, I, 1930/1; M. Joel, Blicke in die Religionsgeschichte zu Anfang des zweiten christlichen Jahrhunderts, I, 1880, 103 ff.; J. Maier, Vom Kultus zur Gnosis. Bundeslade, Gottesthron und Märkabah, 1964; K. Schubert, Problem und Wesen der jüdischen Gnosis, Kairos 3 (1961), 2–15; G. Scholem*, DjM 43–86; Ders., Jewish Gnosticism, Merkabah Mysticism and Talmudic Tradition, 1965^2; Ders., Ursprung und Anfänge der Kabbalah, 1962, 15 ff. E. E. Urbach, ham-māsôrät ʿal tôrat has-sôd bitqûfat hat-tannā'îm, in: Mäḥqārîm baqqabbālāh ... l^e^G. Scholem, 1967/8, 1–28.

Vorbemerkung

Die spekulativen Tendenzen, die im folgenden umrissen werden, sind vor wenigen Jahrzehnten noch kaum beachtet worden und wurden zumeist Fremdeinflüssen zugeschrieben. Erst die Überwindung der vor allem apologetisch motivierten Abwehr alles „Mystischen" als unjüdisch durch eine nüchterne Untersuchung der Quellenlage und der überlieferungs- und motivgeschichtlichen Zusammenhänge zeigte, in welchem Maß diese Strömungen sowohl in der jüdischen Tradition selbst wie in ihrer religiösen Umwelt verankert waren. Dabei kann der Gebrauch des Gummibegriffes „Mystik" und nicht minder die Verwendung des Begriffes „Gnosis" zu Mißverständnissen verleiten.

Die Voraussetzungen dieser spekulativen Tendenzen sind nämlich so vielfältig und unterschiedlich, daß sich eine neutralere Bezeichnung empfiehlt, etwa „Esoterik", da es sich in der Regel um Gegenstände handelte, die als „geheime" Überlieferungen oder als außergewöhnliche Offenbarungen angesehen wurden und zumeist auch einer gewissen Arkandisziplin unterlagen. Bei all dem galt es als selbstverständliche Voraussetzung, daß die Gegenstände der esoterischen Überlieferung oder Erkenntnis letztlich Torahinhalte sind, „Geheimnisse der Torah" *(sitrê hat-tôrāh)*, auch wenn sie den tatsächlichen Inhalt der Torah weit überschritten. Diese Fiktion der Torah als universaler Erkenntnisquelle war ambivalent. Sie gestattete es, aus der Umwelt neue Gedanken aufzunehmen, weil sie von vornhinein als Torahinhalte angesehen wurden, sie war aber ebensogut dazu angetan, jeden neuen Gedanken abzuwehren. Beides, die spekulative Amalgamierung fremder Einflüsse, die als solche nicht erkannt und anerkannt wurden, und die konservative Selbstbeschränkung und Abkapselung charakterisieren die weitere Geschichte der Esoterik noch mehr als ihre Anfänge. Im ersteren Fall konnten sich auch Meinungen bilden, die bestimmten Grundvorstellungen der rabbinischen Frömmigkeit widersprachen und als Häresie empfunden wurden, sobald das Bekenntnis zum Einen Gott oder die Anerkennung der Torah als kollektive Erwählungsaufgabe infragegestellt schien. Die Bedeutung dieser Spekulationen darf für die Frömmigkeit der talmudischen Zeit freilich auch nicht überschätzt werden, es waren wohl mehr oder weniger geschlossene Zirkel, die sich mit solchen Stoffen intensiver beschäftigten. Die Nachwirkung allerdings war enorm, denn die gesamte Kabbalah fand ihre Rechtfertigung in der Rückschau auf diese ihre talmudischen Voraussetzungen, die sie als geheime Offenbarungsinhalte ansah, die seit Abraham und Mose je und je durch würdige Tradenten weitergegeben worden waren.

1. Buchstaben- und Zahlensymbolik, Torah und Gottesnamen

Die „heilige Sprache", das Hebräische, wurde als Sprache der Bibel auch als Sprache der Weltschöpfung und der himmlischen Welt aufgefaßt[1]. Dadurch erhielt im Judentum der allgemeine Namen- und

[1] Schon im Frühjudentum, vgl. Jub 12,25; Test Naft. Jer. 8; ferner Sifre Num § 12 u. ö.

Wortglaube eine spezielle Zuspitzung. Die Buchstaben des Alphabets, zugleich Zahlzeichen, auch in der Umwelt Gegenstand des magischen Interesses[2], wurden als Elemente der Offenbarung (der Torah) und als kosmogene Potenzen verstanden[3]. Zahlensymbolik[4], das Spiel mit dem Zahlenwert der Buchstaben (die Gematrie)[5] und Buchstabenumstellungen *(ṭemûrāh)* wurden als ernsthafte Geheimwissenschaft betrieben. Dabei spielte auch die Masorah, die Überlieferung des Bibeltextes, eine gewisse Rolle[6]. Die Buchstaben als kosmogene Potenzen formen nun einerseits den Bibeltext, aber natürlich auch den Gottesnamen, vor allem das Tetragramm und seine spekulativen Kombinationen. Gerade darauf richtete sich auch das magisch-theurgische Interesse, ohne daß eine klare Grenze zwischen Aberglauben (Magie) und Esoterik gezogen werden könnte, denn alle suchten sich dieser Schöpfungskräfte „zu bedienen", wenngleich zu unterschiedlichen Zwecken. Auch die nichtjüdische Magie, dem Hang aller Magie zur Verwendung fremdartiger, geheimnisvoller Elemente folgend, suchte jüdische Formeln und Bräuche zu erfahren und zu verwerten. Solchem Mißbrauch war die Torah als Schöpfungsmittel[7] weniger ausgesetzt als die Fülle der Gottesnamen. Vor allem der voll ausgeführte Gottesname, der *Šem hammeforāš*[8], stand im Brennpunkt der Spekulation.

[2] F. Dornseiff, Das Alphabet in Mystik und Magie, 1925²; W. Müller, Mazdak and the Alphabet Mysticism of the East, HR 31 (1963), 72–82.

[3] T. Wechsler, 104 ff.; vgl. z. B. jChag II, 1 (77c); bBer 55a; G. Scholem, Jewish Gnosticism ... 78 f. In spättalmudisch-gaonäischer Zeit entstand eine ganze Alphabet-Literatur, vgl. v. a. ARA.

[4] J. Bergmann, Die runden und hyperbolischen Zahlen in der Agadah, MGWJ 82 (1938), 361–376; O. H. Lehmann, Number-Symbolism as a Vehicle of Religious Experience in the Gospels, Contemporary Rabbinic Literature, and the Dead Sea Scrolls, Stud. Patr. 4 (1961), 125–135; R. Margaliout, Leḥeqär ham-mispārîm bat-talmûd, Sinai 44 (1958/9), 31–38.

[5] EJ VII, 170 ff.

[6] G. Scholem, Re'šît haq-qabbālāh, 1948, 157. Vgl. bEr 13a: nach R. Jišmael würde die Welt wieder zerstört, wenn man auch nur 1 Zeichen fortließe oder hinzufügte.

[7] Vgl. Midr. Ps III, 2 (§ 33): Die Paraschen der Torah sind nicht in ihrer ursprünglichen Ordnung überliefert, da sonst jeder Leser Tote erwecken oder Wunder tun könnte.

[8] § 17, Anm. 8 ff.; E. E. Urbach*, 103 ff. Kombinationen der Tetragrammbuchstaben ergaben den 12-buchstabigen Gottesnamen (vgl. bQidd 71a), den 48-buchstabigen Namen und den 72-buchstabigen Namen. Vgl. dazu W. Bacher, Le Schem ham-mephorasch et le nom de quarante-deux lettres, REJ 36 (1898), 290–293; Ders., Die Agada der babylonischen Amo-

Seine Eigenschaft als Machtträger wurde unterstrichen durch die Tatsache, daß das Tetragramm nach der Überlieferung am Stirnblatt des Hohenpriesters eingraviert gewesen war und daher mit dem Motiv der Krone assoziiert werden konnte, sodaß Gottesname und Krone Gottes[9] in engem Zusammenhang gesehen wurden. Die geheime Wissenschaft der göttlichen Namen galt in manchen Kreisen jedenfalls ebenso als Offenbarungsinhalt wie die Torah[10] und hat offensichtlich auch gewisse theurgische Praktiken bewirkt, wie man vielleicht aus der Redensart vom „Anziehen" des göttlichen Namens schließen darf[11].

Unter diesen Voraussetzungen versteht es sich von selbst, daß die jüdischen Esoteriker ganz besonders pedantisch auf den Wortlaut der Offenbarung achteten und daß strengster Torahgehorsam Vorbedingung für ihre Disziplin war[12].

2. *Maʿaśeh bereʾšît: Kosmologie*[13]

Abgesehen von den eben skizzierten Voraussetzungen forderte natürlich der biblische Schöpfungsbericht und die Fülle anderer biblischer Anspielungen auf Schöpfung und Weltursprung (v. a. bei Hiob und in manchen Psalmen) die Spekulation heraus. Der terminus tech-

räer, 1878, 17 ff.; L. Blau, a. a. O. (§ 20, Anm. 32), 139 f.; G. Scholem, Ursprung ... 88 ff.

9 G. Scholem, Jewish Gnosticism ..., 53 ff.

10 G. Scholem, ibd. 77.

11 G. Scholem*, DjM 83 (den „Namen anziehen").

12 Zur Torah-Spekulation s. auch T. Wechsler, 57 ff.; zur halakischen Strenge der Esoteriker G. Scholem, Jewish Gnosticism ... 9 ff; Ders.*, DjM 393 f.

13 A. Altmann, Gnostic Themes in Rabbinic Cosmology, Essays in honor of J. H. Hertz, 1944, 19–32; Ders., A Note in the Rabbinic Doctrine of Creation, JJS 7 (1956), 195–206; V. Aptowitzer, Zur Kosmologie der Agada, MGWJ 72 (1928), 363–370; Ders., Die Anteilnahme der physischen Welt an dem Schicksal des Menschen, MGWJ 64 (1920), 227–231. 305–313; 65 (1921), 71–87. 164–187; S. Bamberger, Die Schöpfungsurkunde nach der Darstellung des Midrasch, 1903; B. Murmelstein, Spuren altorientalischer Einflüsse im rabbinischen Schrifttum, ZAW 81 (1969), 215–232; G. Sarfatti, Talmudic Cosmography, Tarb 35 (1965/6), 137 bis 148 (hebr.); Str.-B. III, 531–533; IV, 1016–1165; E. E. Urbach*, 161 ff.; L. Wächter, Der Einfluß platonischen Denkens auf rabbinische Schöpfungsspekulationen, ZRG 14 (1962), 36–56; F. H. Weiss, Untersuchungen zur Kosmologie des hellenistischen und palästinensischen Judentums, 1966.

nicus dieser schon in frühtannaitischer Zeit mit der Auslegung von Gen 1 verbundenen Disziplin war *ma'aśeh bere'šît*[14] – nach dem ersten Wort der Bibel, ihr Gegenstand war aber weniger die Kosmogonie im eigentlichen Sinn als die Kosmologie, die Spekulation über den Aufbau der Welt, vor allem der himmlischen Welt, wodurch sich eine enge Beziehung zur Thron- und Hekalot-Spekulation ergab[15]. Aus diesem Grund wohl hegte man gegenüber der Verlesung[16] und Auslegung des Schöpfungsberichtes gewisse Vorbehalte. Für die spätere Geschichte der Esoterik war insbesondere der Aufbau der 7 Himmel von Bedeutung, aber auch die Spekulation über Dinge, die bereits vor der Weltschöpfung durch Gott entweder konzipiert oder überhaupt geschaffen worden seien[17], wobei mit der Zeit diese „Dinge" in Verbindung gebracht wurden mit den „Worten", mit denen in Gen 1 f. Gott die Schöpfung vollbrachte[18], mit Gottes *middôt (Eigenschaften)*[19] und mit den 10 Geboten[20] und anderen Motiven aus überkommenen Zahlensprüchen[21].

[14] Vgl. v. a. mChag II, 1; tChag II, 5 f.; jChag II, 1 (77a–c); bChag 11b ff.; E. E. Urbach*, 161 ff.

[15] G. Scholem*, DjM 79 f.

[16] Zur Liturgie s. § 14, 3b, 6c; G. Scholem, Jewish Gnosticism ... 28.105.

[17] A. M. Goldberg, Schöpfung und Geschichte. Der Midrasch von den Dingen, die vor der Welt erschaffen wurden, Jud 24 (1968), 27–44 (hier die Texte); E. E. Urbach*, 164 ff.

[18] E. E. Urbach*, 173 ff.; Siehe v. a. mAb V, 1 und ARN² xxxvi; Gen r. xvii, 1, vgl. bRH 32a; hier geht es einfach um die in Gen 1 f. enthaltenen Aussprüche Gottes („Es werde Licht" etc.). In PRE III wird dazu die Vollendung der Schöpfung den 3 Attributen Weisheit, Einsicht und Erkenntnis *(ḥokmāh, bînāh, da'at)* zugeschrieben. In Pes. r. xxi (180a) und BhM VI, 46 werden diese ma'amarot mit den 10 *debārôt* (Geboten) verknüpft. Der Midrasch Tadše' (BhM III, 174) und Koh. r. VII, 36 ff. erwähnen die 10 „Worte", die 10 Gebote, die 10 Sefirot (nach Jeṣirah, s. Abs. 3) und die 10 Finger der Hände, sowie anderes aus der Zahlenspruchüberlieferung stammendes Material (vgl. mAb V, 1 in noch nicht spekulativ verwerteter Form).

[19] Vgl. die Listen in bChag 12a; ARN¹ xxxvii; ARN² xliii; vgl. PRE III (s. Anm. 18); bBer 53a u. ö.

[20] S. Anm. 18.

[21] S. Anm. 18. In ARN¹ xxxiv (anders auch ARN² xxxviii) werden 10 Gottesbezeichnungen erwähnt, in ARN¹, xxxiv auch 10 Stufen, auf denen die Schekinah den Tempel verließ (Ez 8 ff.). Vgl. bRH 31 a; Pes. R. K. 13; Ekah r. Einl. 25 u. ö. PRE xi erwähnt 10 Könige der Weltzeit, vgl. auch L. Ginzberg, The Legends of the Jews V, 1955⁷, 199 ff. Weniger relevant ist hier Zahlenspruchmaterial wie das von den 10 gewaltigen Dingen in der Welt (bBB 11a) oder den 10 Namen der Erde (ARN² xliii).

3. *Sefär Jᵉṣîrāh*[22]

Eine erste systematische Zusammenfassung der Buchstaben- und Zahlensymbolik im Zusammenhang mit dem *maʿᵃśeh bᵉreʾšît* liegt vor in dem „Buch der Schöpfung", dessen Abfassung heute allgemein in der talmudischen Zeit angesetzt wird. Die Beweise dafür sind teils sprachlicher Art[23], können sich aber auch auf die Erwähnung von „*Sefär Jᵉṣîrāh*" bzw. „*Hilkôt jᵉṣîrāh*" stützen[24], womit freilich noch nichts darüber ausgemacht ist, wann das Werk seine vorliegende Gestalt erhalten hat. Wahrscheinlich erfolgte die letzte Ausformung erst am Ende der Periode.

Hier wurden die 22 Buchstaben des hebräischen Alphabets und die Zahlen 1–10 zusammen als „32 Wege der Weisheit" bezeichnet, mit denen Gott die Welt erschaffen hat. Diese Schöpfung wieder wird, z. T. einer schematischen phonetischen Einteilung gemäß, in drei Stufen eingeteilt, denen die „3 Mütter" *(s, m, ʾ)*, die „7 Doppelten" (*bdgkpt* und *r*) und die restlichen „einfachen" Buchstaben zugewiesen werden. Der Reihe nach behandelt die Schrift 1. die Ziffern 1–10, auch „*sᵉfîrôt*" genannt, 2. die 22 Konsonanten, 3. die „Mütter" (s. o.), 4. die „7 Doppelten", 5. die 12 „Einfachen", und 6. die Korrespondenzen von 3, 7 und 12 im Mikro- und Makrokosmos. Die 10 Sefirot (nicht gleichzusetzen mit den kabbalistischen Sefirot!), werden verbunden mit 1. dem „Geist des lebendigen Gottes", 2. dem (Luft-)-Hauch aus dem Geist, 3. dem Wasser aus der Luft, 4. dem Feuer aus dem Wasser (bis hierher also eine Art Emanation), 5. der Höhe, 6. der Tiefe, 7. Osten, 8. Westen, 9. Norden und 10. Süden, also den 6 Richtungen des Raumes, die mit Gottesnamen „versiegelt" sind.

Die Kapitel III–V zeigen die Tendenz, eine Korrespondenz zwischen kosmischen, chronologisch-kalendarischen und somatischen Sachverhalten aufzuzeigen, während c. VI bereits unübersichtlicher ist und andere Symbole miteinführt. Sprache und Motive – nicht zuletzt magisch-theurgischer Art – weisen auf einen engen Zusammenhang

[22] Ph. Merlan, Zur Zahlenlehre im Platonismus und im Sefer Yezira, JHPh 3 (1965), 167–181; G. Scholem*, DjM 81 ff.; Ders., EJ IX, 104–111 (hier auch ältere Lit.); Ders., a. a. O. (Anm. 8), 20–29.71; N. Séd, Le Memar samaritain, le Séfer Yesira et les 32 sentiers de la sagesse, RHR 170 (1966), 159–184; C. Suarès, Le Sepher Yetsira, 1968; G. Vajda, Introduction à la Pensée Juive du Moyen Age, 1947, 9–17.

[23] M. Z. Segal Jᵉsôdê ha-fôneṭîqāh hā-ʿibrît, 1928, 96 ff.

[24] bSanh 65b (unten), 67b, falls es sich um denselben Text handelt.

mit der sonstigen esoterischen Literatur und mit jenem Bereich der magischen Überlieferung, die aus der Kultideologie und aus dem Volksglauben in den Dienst der Spekulation gestellt wurde.

4. Liturgisch – kultische Komponenten[25]

Schon Jes 6,3 und Ez 3,12 waren Fragmente aus der Tempelliturgie gewesen, die im Sinne des mythologischen Raumverständnisses der Kulttheologie zugleich irdische wie himmlische Liturgie war. Wie diese beiden Propheten solches Material aufgriffen, um es ihren Absichten dienstbar zu machen, so hat im Frühjudentum auch die Apokalyptik viel liturgisches Gut literarisch verarbeitet, wozu vor allem die Schilderung des Offenbarungsempfanges durch den entrückten Apokalyptiker reichlich Anlaß gab[26]. Wieweit dieses apokalyptisch verwertete Gut auch noch in talmudischer Zeit weiterwirken konnte, läßt sich nicht mehr feststellen. Doch gab es noch andere Bereiche, in denen alte Kulttraditionen gepflegt wurden. Die Priester und Leviten dürften ihre Familien- und Berufstraditionen schwerlich preisgegeben haben, zumal man ja mit der Restauration des Tempels rechnete, und in bestimmten liturgischen Institutionen wie den *Maʿamādôt* gab es offenbar eine kontinuierliche liturgische Praxis vom Tempel her. Aber auch die synagogale Liturgie hat (§ 14) im Sinne der zu bewahrenden Kontinuität altes Gut aufgenommen und eingebaut, wobei das Maß und der Sinn solcher Übernahmen allerdings strittig war. Während die Rabbinen mehrheitlich am schlichten und verständlichen Charakter der Liturgie festzuhalten suchten, haben esoterisch orientierte Kreise gerade aussagemäßig armes, in der Diktion aber überaus feierlich hymnisches und litaneimäßiges Material einzufügen versucht. Dahinter stand die Überzeugung, daß auch der synagogale Gottesdienst wie einst der Tempelkult der himmlischen Liturgie entspricht[27]. Von dieser Voraussetzung aus konnte das überkommene liturgische Material als Quelle zur Kenntnis der himmlischen Welt verstanden und in spekulativer Art verknüpft und ausgebaut werden, in der Regel in Verbindung mit der Kosmologie, d. h. der Ein-

[25] § 14. Vgl. G. Scholem*, DjM 61 ff.; Ders., Jewish Gnosticism ... passim; J. Maier, 111.132 ff.

[26] § 4, bei Anm. 60 ff.

[27] A. J. Heschel, a. a. O. (§ 16), I, 220 ff. Dazu gehört z. T. auch die Vorstellung vom kosmischen Gotteslob, vgl. L. Ginzberg, The Legends of the Jews I, 44, II, 316 und V, 60 f.

teilung in die 7 Himmel und der damit verbundenen Angelologie. Im Brennpunkt dieses Interesses stand das Geschehen unmittelbar vor und um Gottes Thron. Liturgisch entspricht diesem als Höhepunkt die *Qᵉdûššāh*. Wie im Grund allen liturgischen Texten so schrieb man auch diesen Hymnen und Litaneien eine gewisse magisch-theurgische Kraft zu. Sie dienten in dieser Sicht also nicht bloß dem Lob Gottes im Munde von Menschen und Engeln, sondern auch als Mittel zum Zweck, um sich nämlich der jeweiligen Stufe der Engelwelt angleichen und anschließen zu können, z. T. auch als Mittel zur Beschwörung von Engelmächten. Mit anderen Worten: Die liturgischen Texte wurden vom Esoteriker rezitiert, um jenen psychischen bzw. ekstatischen Zustand zu erreichen, in dem er meinte, Eintritt in die himmlische Welt zu finden[28]. Auch der alte Pijjut (§ 15) war von solchen Interessen gezeichnet, nicht zuletzt, weil Esoterik, Liturgie und Pijjut wohl vielfach in denselben Kreisen oder Familien gepflegt wurden.

5. Die exegetische Tradition des *maʿaśeh märkābāh*[29]

Die Verwendung kultideologischer Motive durch Propheten wie Jesaja und Ezechiel diente zunächst einem aktuellen, situationsbezogenen Anliegen. Wie bereits die Glossierung des Ezechieltextes zeigt, verstand man jedoch bald diese Texte als Beschreibung der himmlischen Welt bzw. der Gottesthronsphäre und somit als Offenbarung heiligster und geheimster Sachverhalte. Dabei wird die exegetische Ausdeutung des Textes wahrscheinlich noch mehr Anleihen bei der lebendigen Kultradition gemacht haben, wie es auch an den apokalyptischen Schilderungen der himmlischen Welt zu beobachten ist[30].

Jedenfalls sah man sich schon in früher tannaitischer Zeit genötigt, die öffentliche Verlesung der Märkabah (der Thronwagentexte in Ez) zu unterbinden (mMeg IV, 10) und den Lehrvortrag über die Märkabah, oder wie es nun hieß, *maʿaśeh märkābāh*, als esoterische Disziplin zu deklarieren: „Man trägt nicht vor über Inzestgesetze vor dreien, nicht über *maʿaśeh*

[28] Schließlich verbunden mit bestimmten Praktiken, wie hockende Haltung mit dem Kopf zwischen den Knien, s. bBer 34b; Haj Gaon, zit. bei Ph. Bloch, a. a. O. (§ 14), MGWJ 37 (1893), 23; vgl. G. Scholem*, DjM 53; Ders., Jewish Gnosticism ... 75 ff.; J. Maier, 140 ff. Für sonstige vorausgesetzte Qualitäten des Esoterikers vgl. G. Scholem, Ein Fragment zur Physiognomik und Chiromantik aus der Tradition der spätantiken jüdischen Esoterik, StHR 17 (1969), 175–193.

[29] J. Maier, 121 ff. 136 ff.

[30] J. Maier, 125 ff.

bᵉreʾšît vor zweien, und über *maʿaśeh märkābāh* auch nicht vor einem, es sei denn, er ist ein Weiser und verständig aus eigener Erkenntnis" (mChag II, 1). Dieser Sprachgebrauch setzt voraus, daß es sich um herkömmliche, bekannte Disziplinen handelt, die gegen 100 n. Chr. bereits in den Schultraditionen ihren festen Platz hatten.

6. Kabod-Spekulation, Hohelied-Deutung und *Šîʿûr Qômāh*

Bei Ez wird die umrißhafte Erscheinung des auf der *märkābāh* thronenden Gottes wiederholt mit *kābôd* bezeichnet, dem terminus technicus für die kultische Gottesgegenwart[31], den die Rabbinen später durch *Šᵉkînāh* ersetzt haben[32]. Diese Gestalt des *kābôd* war offenbar ebenfalls schon früh Gegenstand von Spekulationen gewesen. Manche tannaitische Aussagen lassen darauf schließen, daß sich die Disziplin des *maʿaśeh märkābāh* zeitweilig bzw. in gewissen Kreisen weithin auf *kābôd*-Spekulationen zugespitzt hatte. Ausschlaggebend dafür war, daß man außer den biblischen Thronvisionstexten noch eine weitere Quelle für die Kenntnis der *kābôd*-Gestalt zu haben meinte, nämlich in der Beschreibung des Geliebten im Hohenlied, das allegorisch auf das Verhältnis zwischen Gott und der Gemeinde Israel gedeutet wurde[33].

In der spättalmudischen und gaonäischen Zeit entstand daraus auch eine eigene Spekulation und Literaturform, das *Šîʿûr Qômāh*[34], das sich mit den Maßen der anthropomorphen[35] Erscheinung Gottes auf dem Thron beschäftigte, diese Maße ins Unvorstellbare steigernd. Dabei dürften auch gewisse angelologische Traditionen miteingewirkt haben[36].

31 A. Frh. v. Gall, Die Herrlichkeit Gottes, 1900; A. Marmorstein, ZNW 26 (s. § 17); J. Maier, 119 ff.

32 J. Abelson, a. a. O. (§ 17), 380 ff.

33 A. Jellinek, BhM VI, xxxxiif.; S. Liebermann, Mišnat šîr haš-šîrîm, in: G. Scholem, Jewish Gnosticism . . ., 118–126.

34 M. Gaster, Das Schiur Komah, MGWJ 37 (1893), 179–185.213–230; G. Scholem*, DjM 68 ff.; Ders., Jewish Gnosticism . . . 36 ff.; 60.62. Ders., Schi ʿur Koma, in: Von der mystischen Gestalt der Gottheit, 1962, 7–47.

35 A. Marmorstein, The Old . . . (§ 17), II, 48–56. M. Smith, On the Shape of God and the Humanity of the Gentiles, in: Religions in Antiquity, Essays in Memory of E. E. Goodenough, 1967, 315–326.

36 Vgl. z. B. sl. Hen A/B 1,4; xviii, 1, ferner die Belege für Metatron (§ 17, Anm. 26).

7. Esoterik, Politik und Schulstreit

Das Studium solch heiligster Geheimnisse wie der *Märkābāh* war bereits gegen Ende des 1. Jh. legendenumwittert. Dazu trug auch die biblische Schilderung der Sinaioffenbarung bei, in der die Offenbarung des göttlichen Wortes verbunden erscheint mit unheimlichen kosmischen Erscheinungen wie Gewitter, Feuer, Erdbeben etc. Dazu kommt ein gewisses Gefahrenmoment[37], da die Nähe des Heiligen nach allgemeiner kultischer Überzeugung eine entsprechende persönliche rituelle und gesinnungsmäßige Heiligkeit erfordert und den Unwürdigen sofort, beinahe mechanisch, die angemessene Strafe ereilt. Gilt dies schon für heilige Bezirke und Gegenstände, so noch mehr in bezug auf den Heiligen schlechthin, also im Fall einer Theophanie. Das Studium derartiger Berichte und die meditativ-ekstatische Versenkung in ihre Inhalte konnte nun leicht als Vergegenwärtigung der Gegenstände und Situationen, um die es dabei ging, begriffen werden. Die lebendige Kulttradition, in der solche Situationen gewissermaßen dramatisch ablaufend zelebriert wurden, hat wahrscheinlich den Erlebnischarakter auch der Meditation verstärkt. Jedenfalls herrschte im Schülerkreis des R. Jochanan b. Zakkaj nach 70 bereits die Ansicht, daß derartige esoterische Studien übernatürliche Erscheinungen – Feuerphänomene oder Anwesenheit von Engeln – mit sich bringen können, wenn sie richtig durchgeführt werden[38]. Was der Esoterik damals eine neue Richtung und Verbreitung verschaffte, war nun die Art, wie diese Ansichten in den Dienst der politischen und schulmäßigen Auseinandersetzungen gestellt wurde.

Zwischen R. Jochanan b. Zakkaj, der sich mit einem engeren Schülerkreis nach der Flucht aus dem belagerten Jerusalem der römischen Herrschaft unterwarf, und anderen Schülern und Gelehrten, die diesen seinen Schritt mißbilligten, kam es nach 70 zu langwierigen Auseinandersetzungen, gerade auch im Schülerkreis des Meisters selbst[39]. Dabei suchten die einzelnen Gruppen ihren Standpunkt unter anderem durch die Behauptung solch übernatürlicher Erscheinungen beim Studium der *ma'aśeh märkābāh* und durch die Inanspruchnahme der Autorität des Lehrers (durch die Kolportierung von „Lehrerlob“ für bestimmte Schüler) zu untermauern. In

[37] J. Maier, Das Gefährdungsmotiv bei der Himmelsreise in der jüdischen Apokalyptik und „Gnosis“, Kairos 5 (1963), 18–40.

[38] S. Speyer, „R. 'Abbāhû hājāh jôšeb w^{e}dôreš w^{e}'eš m^{e}lahäṭät 'ôtô“, Sinai 65 (1968/9), 188–192; J. Maier, a. a. O. (Anm. 37); E. E. Urbach.

[39] Vgl. § 10,1. Dabei wird v. a. die Sicht G. Allons, Tôl^{e}dôt ... (§ 10), I, 33 ff. vorausgesetzt.

diesem Zusammenhang wurde das Beherrschen der esoterischen Disziplin zur Prestigefrage. Solche Methoden der religiösen Rechtfertigung politischen Verhaltens wurde auch weiterhin angewendet. Im Kreise der Anhänger des R. Akiba, der sich im Barkochbakrieg leidenschaftlich engagierte – und blamierte, gleichwohl als Gesetzesgelehrter und Märtyrer weiterhin Ansehen genoß, wurde zu diesem Zweck das Motiv vom „Eintritt ins Paradies“ aufgegriffen (Abs. 6) und später, z. B. im Zusammenhang mit der Kollaboration mit den Römern[40], wurde gern der persönliche Umgang mit dem Propheten Elia[41] als Alibi und Rechtfertigung angeführt.

Entscheidend war, daß solche Zweckbehauptungen binnen kurzer Zeit ebenfalls zu Berichten über tatsächliche Ereignisse verobjektiviert wurden und so der Spekulation neue Unterlagen lieferten[42].

8. Himmelsreise und *Hêkālôt* – Spekulation

Schon die Apokalyptik hatte zur Beschreibung der himmlischen Welt, die der zum Offenbarungsempfang Entrückte zu durchmessen hat, Material aus der kultischen Überlieferung, der *Märkābāh*-Exegese und der herrschenden Kosmologie der Alten Welt aufgenommen. Doch handelte es sich bei allen Ähnlichkeiten des Weges doch um etwas im Ansatz Verschiedenes. Die Entrückung erfolgt ohne Absicht des Menschen, sie überkommt ihn, ebenso wie die ekstatische Verzückung gleich II Kor 12,2 ff.[43] Anders jene Legenden, die von einem absichtlichen Eindringen des Menschen in die überweltlichen Bereiche handeln. Dies war nun allerdings auch im Kultakt des Priesters, zumindest des Hohenpriesters, der am Versöhnungstag das Allerheiligste betritt, vorgebildet, insofern schon im Ansatz auch im spekulativen Bereich beheimatet. Wahrscheinlich lebte diese Vorstellung gerade in jenen Kreisen nach 70 n. weiter, die das hochliturgische Gut tradierten, welches in der esoterischen Literatur erhalten ist. Der Ausbau zu einer spekulativen Disziplin im Zusammenhang mit dem *ma*ʿ*a*ś*eh märkābāh* geht aber auch hier auf die (Abs. 7 erwähnte) Methode der Rechtfertigung politischer Standpunkte durch die Behauptung

[40] § 10, Anm. 44.

[41] J. Cohn, a. a. O. (§ 13, Anm. 6); L. Ginzberg, The Legends of the Jews, VII (Index), 1946², 133–136; S. Kohn, Der Prophet Elia in der Legende, MGWJ 12 (1863), 241–255.281–296; M. W. Levinsohn, Der Prophet Elia nach den Talmudim- und Midraschimquellen, 1929; A. Margaliout, 'Elijjāhû han-nābî' beṣifrût Jiśrā'el, 1959/60.

[42] Vgl. J. Maier, a. a. O. (Anm. 37).

[43] J. Maier, a. a. O. (Anm. 37). 22–26.

übernatürlicher Phänomene zurück. R. Akiba, der Bar Kosiba als Messias bezeichnet hatte und nach dem Krieg als Märtyrer gestorben war, wurde bald darnach zum Mittelpunkt einer Legendentradition, bezeugt in tChag II, 3; jChag II, 1 (77b) und bChag 14b: „Vier traten ein *(nikn^e^sû)* ins Paradies, und diese sind es: ben Azzaj und ben Zoma, Acher und R. Akiba“. Die Fortsetzung in tChag II,3 verrät bereits deutlich den Zweck dieser legendären Behauptung, nämlich R. Akiba als den einzigen hinzustellen, der dieses Unternehmen heil überstand, bzw. „würdig war, sich des *kābôd* Gottes zu bedienen“[44]. Alsbald wurde auch diese Tendenzlegende verobjektiviert und mit Stoffen aus der *Märkābāh*-Disziplin, der kultischen Überlieferung und der Kosmologie ausgeschmückt. Das Ziel eines solchen „Eintritts“ in das „Paradies“, bald „Aufsteigen und Absteigen“ genannt[45], ist vor allem die Schau[46] des *kābôd* (Abs. 6), der thronenden Erscheinung Gottes, wobei R. Akibas Hochschätzung des Hohenliedes auf ein tatsächliches persönliches Interesse an der Kabodspekulation (Abs. 6) hinweisen dürfte und der weiteren Ausarbeitung der Legende zustatten kam. Doch immer stärker wurde in der spättannaitischen und amoräischen Zeit der Weg zum Thron[47], das Durchschreiten der 7 Himmel bzw. *Hêkālôt,* die „Himmelsreise“[48], zum eigentlichen Gegenstand der Esoterik. Die enge Verbindung von Kosmologie, Angelologie und Liturgie verlieh der Disziplin bereits einen dramatischen Erlebnischarakter, der sich durch fortschreitende ritualistisch-theurgische Praktiken noch verstärkte. In der *Hêkālôt*-Literatur[49], die im Verlauf der amoräischen Zeit entstand und gegen Ende der Periode redak-

44 G. Scholem, Jewish Gnosticism ... 14 ff.; J. Maier, a. a. O. (Anm. 37), 28 ff.; T. Wechsler, 18 ff.

45 G. Scholem*, DjM 50: Im 3./4. Jh. wird die Bedeutung und der Gebrauch von *ʿlh* und *jrd* in einem Teil der Überlieferung geradezu vertauscht.

46 Zu unterscheiden von der allgemeinen Rede von der „Schau der Schekinah“. Vgl. dazu A. M. Goldberg, a. a. O. (§ 17, Anm. 2), 257 ff.; A. J. Heschel, a. a. O. (§ 16), I, 262 ff.; A. Marmorstein, The Old ... (§ 17), 94 ff.

47 J. Maier, v. a. 128 ff. 131 ff.

48 W. Bousset, Die Himmelsreise der Seele, 1960²; C. Colpe, Die „Himmelsreise der Seele“ außerhalb und innerhalb der Gnosis, in: U. Bianchi, 429–447; F. O. Francis, a. a. O. (Anm. 27), 119 ff.; A. J. Heschel, a. a. O. (§ 16), II, 33 ff.; R. Holland, Zur Typik der Himmelfahrt, ARW 23 (1925), 207–220; J. Maier, a. a. O. (Anm. 37), 28 ff.; A. Neher, Le voyage mystique des quatres, RHR 140 (1951), 59–82; G. Scholem, Jewish Gnosticism ... 14 ff.

49 Übersicht bei G. Scholem, Jewish Gnosticism ... 5 f.

tionell gesammelt und bearbeitet wurde, wird beschrieben, wie der Esoteriker mit Hilfe bestimmter Praktiken und durch die Rezitation vorgeschriebener Hymnen sich in einen Zustand versetzt, in dem er meint, die *Hêkālôt* zu betreten.

Dabei muß er seine „Würdigkeit“ vor den Wächterengeln von Tor zu Tor unter Beweis stellen, „Siegel“ (mit Gottesnamen)[50] vorzeigen, Gefährdungen bestehen[51], ja sogar eine Art Substanzverwandlung[52] zur Angleichung an die himmlische Umgebung durchmachen, bis er endlich im 7. Hekal vor der *Märkābāh* überwältigt niederfällt. Dabei geht es nicht um eine gnostische Himmelsreise (und nicht etwa bloß der „Seele“), sondern um einen temporären Aufstieg mit dem Ziel der „Schau“ der *Märkābāh*, nicht um individuell-soteriologische Weltflucht, sondern um Erkenntnis kosmologischer und angelologischer Sachverhalte, und um die Offenbarung des göttlichen Heilsplanes bzw. eschatologischer Geheimnisse[53], wobei die Schau des „Vorhangs“ *(pargôd)* vor Gottes Thron eine besondere Rolle spielt[54].

Im letzten Stadium beginnt auch eine zunehmende Integration aller hier in Abs. 1–7 erwähnten Vorstellungen in dieses Hekalot-Weltbild und damit die Konzentration von Motiven und Spekulationen zu einer esoterischen Literatur und Disziplin, welche die wichtigste Voraussetzung der mittelalterlichen jüdischen Mystik (aškenasischer Chasidismus, Kabbala) bildete.

§ 22 *„Häretische“ Strömungen*

Lit. § 9, Anm. 11 (zur vorchristl. jüd. Gnosis), § 14, Anm. 52. U. Bianchi, (ed.), The Origins of Gnosticism, Colloquium of Messina 13–18 April 1966, Leiden 1967; M. Black, The Patristic Accounts of Jewish Sectarians, BJRL 41 (1959), 285–303; M. Friedländer, Der vorchristliche jüdische Gnosticismus, 1898; H. Graetz, Gnosticismus und Judentum, 1846; R. M. Grant, Gnosticism and Early Christianity, 1959; R. T. Herford, Christianity in Talmud and Midrash, 1966² (v. a. 368 ff.); A. J. Heschel, a. a. O. (§ 16) II, 100 ff.; H. Jonas, The Gnostic Religion, 1963², 290 ff.; H. Krauss, Begriff und Form der Häresie nach Talmud und Midrasch, 1896; S. T. Lachs, Rabbi Abbahu and the Minim, JQR 60 (1969/70), 197–212; L. Lehmann, Les sectes juives mentionées dans la Mischna de Berakhot et de Meguila, REJ 30 (1895), 182–203; 31 (1895), 31–46; R. Marcus, Judaism and Gnosticism,

[50] Vgl. z. B. G. Scholem, Jewish Gnosticism ... 32 f.; J. Maier, a. a. O. (Anm. 37), 30.
[51] J. Maier, a. a. O. (Anm. 37).
[52] J. Maier, a. a. O. (Anm. 37) 32 f.
[53] Vgl. J. Maier, 140 f.
[54] Allg: Th. Klauser, Der Vorhang vor dem Thron Gottes, JAC 3 (1960), 141 f.; ferner: S. Liebermann, Hellenism in Jewish Palestine, 1950, 168 f.; G. Scholem*, DjM 77 f.

Jdm 4 (1955), 360–364; A. Marmorstein, The Background of the Haggadah, HUCA 6 (1929), 141–204; H.-M. Schenke, Der Gott „Mensch" in der Gnosis, 1962 (v. a. 69 ff. 121 ff.); H.-J. Schoeps, Urgemeinde, Judenchristentum, Gnosis, 1956; G. Scholem, Jewish ... (§ 21); M. Simon, Les sectes juives, d'après les témoignages patristiques, Stud. Patr. 1957, 526–539.

1. Als „Häresie" wären im Verhältnis zur rabbinischen Frömmigkeit alle jene Abweichungen zu bezeichnen, die 1. das Bekenntnis zum Einen Gott und 2. die Geltung der (schriftlichen und mündlichen) Torah grundsätzlich und praktisch in Frage stellten. Über das Ausmaß solcher Abweichungen – sei es im Denken Einzelner, sei es in dem ganzer Gruppen – läßt sich allerdings wenig Sicheres sagen. Im großen und ganzen pflegten die Rabbinen mißliebige Erscheinungen, so weit es möglich war, totzuschweigen. Die bedeutendste Gruppe von Häretikern im erwähnten Sinne, unter der Bezeichnung von *„mînîm"* zusammengefaßt[1], stellten zweifellos die Christen, bzw. genauer: die Judenchristen[2]. Gemessen am Umfang des rabbinischen Schrifttums ist das Echo auf das Christentum allerdings schwach. Dennoch hat es eine wechselseitige Beeinflußung gegeben, wenn sie in der talmudischen Periode selbst für das Ganze einer jüdischen Religionsgeschichte auch nicht so entscheidend war, wie manchmal angenommen wird[3].

[1] Vgl. § 14, Anm. 52 ff.

[2] Bedeutsam war die Rolle des Judenchristentums als Vermittler jüdischen Traditionsgutes an die interessierte Umwelt, v. a. an die Gnosis.

[3] L. Baeck, Haggadah and Christian Doctrine, HUCA 23/I (1950/1), 549 bis 560; Y. Baer, Israel, the Christian Church and the Roman Empire, SH 7 (1961), 79–149; S. W. Baron*, SRH II, 130 ff. 136 ff.; M. Freimann, Die Wortführer des Judentums in den ältesten Kontroversen zwischen Juden und Christen, MGWJ 55 (1911), 555–585; 56 (1912), 49–64.164–180; R. T. Herford; H. Hirschberg, Allusions to the Apostle Paul in the Talmud, JBL 62 (1943), 73–87; A. B. Hulen, „Dialogs with the Jews" as Sources for the Early Jewish Argument Against Christianity, JBL 51 (1932), 58–70; S. Krauss, Das Leben Jesu nach jüdischen Quellen, 1902; H. Laible, Jesus Christus im Talmud, 1900²; A. Marmorstein, Judaism and Christianity in the Middle of the Third Century, HUCA 10 (1935), 223–264; D. Rokeach, Ben Stada ben Panṭêrā' hû', Tarb 39 (1969/70), 9–18; M. Simon, Verus Israel, 1949; H. L. Strack, Jesus, die Häretiker und die Christen nach den ältesten jüdischen Angaben, 1910; E. E. Urbach, Tešûbat 'anšê Ninweh wehaw-wîkkûaḥ haj-jehûdî-nôṣrî, Tarb 20 (1949/50), 118–122; Ders., Derāšôt HZ"L ʿal nebîʾê 'ûmmôt hā-ʿôlām weʿal perāšat Bilʿam, Tarb 25 (1955/6), 272–289; Ders., Derāšôt ḤZ"L ûferûšê 'Orîgenes lešîr haš-šîrîm wehaw-wîkkûaḥ haj-jehûdî-nôṣrî, Tarb 30 (1960/1), 148–170; Ders.*, 21.96 ff.118.131 f. 261 ff.271.

2. Von weitreichender Bedeutung war zweifellos der jüdische Einfluß auf die Gnosis, wobei wieder das Milieu der interessierten Halbproselyten eine Hauptrolle als Vermittler des jüdischen Materials spielte[4], wie umgekehrt mancherlei gnostische Motive im rabbinischen Schrifttum ein Echo gefunden haben – wobei freilich schwer zu bestimmen ist, inwiefern es sich um tatsächliche, d. h. unverwechselbar gnostische Motive handelte[5]. Weit schwerwiegender ist die Frage, inwiefern es eine „jüdische Gnosis" gab[6]. Daß diese Frage im Zu-

[4] Für jüdische Motive in gnostischer Verwendung vgl. v. a.: A. Böhlig, Der jüdische und judenchristliche Hintergrund in gnostischen Texten von Nag Hammadi, in: U. Bianchi, 109–140; Y. Janssens, La thème de la fornication des anges, in: U. Bianchi, 488–495; S. Pétrement, Le mythe des sept archontes créateurs peut-il s'expliquer à partir du christianisme?, in: U. Bianchi, 460–487; H. M. Schenke, a. a. O. (§ 9, Anm. 11); G. Scholem, Über eine Formel in den koptischgnostischen Schriften und ihren jüdischen Ursprung, ZNW 30 (1931), 170–176; R. McL. Wilson, The Gnostic Problem, 1958, 172 ff.

[5] Vgl. A. Altmann, Gnostische Motive im rabbinischen Schrifttum, MGWJ 83 (1939), 369–389; Ders., a. a. O. (§ 21, Anm. 13); R. Margaliouth, Sefär hā-Rāzîm, 1966, 17 ff.; A. Marmorstein, The Background of the Haggadah, HUCA 6 (1929), 141–204.

[6] Sieht man von dem Einfluß der LXX, von Philo, der Halbproselyten, der Judenchristen und der Samaritaner ab, bleiben für eine „jüdische Gnosis" nicht viel Anhaltspunkte, vgl. auch § 9,2. Für Versuche, eine jüdische Gnosis nachzuweisen s. v. a.: A. Böhlig, Die Adamsapokalypse aus Codex V von Nag Hammadi als Zeugnis jüdisch-iranischer Gnosis, OrChr 48 (1964), 44–49; J. Daniélou, Le mauvais gouvernement du monde d'après le gnosticisme, in: U. Bianchi, 448–459; Ders., Judéo-Christianisme et Gnosticisme, RScR 54 (1966), 272–296; J. Doresse, Les livres sécrets des Gnostiques d'Egypte, I, 1958, 316–324; R. M. Grant (v. a. S. 17 ff. 39); G. Jossa, Considerazione sulle origini dello gnosticismo in relazione al giudaismo, in: U. Bianchi, 413–426; G. Kittel, Die Religionsgeschichte und das Urchristentum, 1932, 66 ff.; G. Kretschmar, Zur religionsgeschichtlichen Einordnung der Gnosis, EvTh 13 (1953), 354–361 (vgl. auch RGG III³, 1657); H. Lewy, EJ VII, 453–459; M. Mansoor, The nature of Gnosticism in Qumran, in: U. Bianchi, 389–400; R. Marcus, Pharisees, Essenes and Gnostics, JBL 73 (1954), 157–161; Ders., Judaism and Gnosticism, Jdm 4 (1955), 360–364; A. Marmorstein, Les „épicuriens" dans la littérature talmudique, REJ 54 (1907), 181–193; M. Philonenko, Essénisme et gnose chez le Pseudo-Philon, in: U. Bianchi, 401–410; G. Quispel, Der gnostische Anthropos und die jüdische Tradition, Eranos-Jb. 22 (1953), 195–234; Ders., Gnosis als Weltreligion; 1951; J. Rabinowitch; H. Ringgren, Qumran and Gnosticism, in: Bianchi, 379–388; K. Rudolph, a. a. O. (§ 9, Anm. 11); Ders., Probleme einer Entwicklungsgeschichte der mandäischen Religion, in: U. Bianchi, 583–596; G. Scholem*, DjM, v. a. 393; Ders., Jewish Gnosticism ... (v. a. 4 f. 34); Ders., a. a. O. (§ 21, Anm. 8), 63; K. Schubert, a. a. O.

sammenhang mit dem „Ursprung“ der Gnosis oft gestellt und nach der Quellenlage für die Zeit des Frühjudentums kaum zu beantworten ist, wurde bereits dargelegt (§ 9,2). Nun gibt es aber in der gnostischen Literatur wie in der rabbinischen und vor allem esoterischen Literatur eine Fülle von Motiven, die zum Vergleich herausfordert. Wie verlockend und interessant solche Einzelvergleiche auch sein mögen, sie besagen doch wenig über eine „jüdische Gnosis“, sofern man das Phänomen „Gnosis“ nach seinen unverwechselbaren Kennzeichen bestimmt[7]. Nur eine Frage der Terminologie ist es, ob man die jüdische Esoterik (§ 21) und eventuell auch schon die Apokalyptik als die jüdische Form der Gnosis bezeichnet in dem Sinne, daß in Apokalyptik und Esoterik die jüdische Reaktion auf jene Herausforderung vorliegt, die im nichtjüdischen Raum zur „Gnosis“ im engeren Sinne geführt hat. Die grundsätzlichen Unterschiede zwischen jüdischer Esoterik und Gnosis (im engeren Sinne)[8] sind indes unübersehbar:

a) Die Esoterik beschreibt die Gottheit als den Einen thronenden König, Schöpfer und Gott inmitten seines himmlischen Hofstaates bzw. Kult-

(§ 9, Anm. 11); H.-F. Weiss, Einige Randbemerkungen zum Verhältnis von „Judentum“ und „Gnosis“, OLZ 64 (1969), 540–551; S. Zedda, Il carattere gnostico e giudaico dell' errore colossese, alla luce dei manoscritti del Mar Morto, RivBibl 5 (1957), 31–56.
Ein vieldiskutiertes Problem für sich ist die Frage, inwiefern jüdische Adamspekulationen (vgl. § 20, Anm. 11) zum gnostischen anthropos-Mythus geführt haben oder von diesem beeinflußt worden sind; vgl. A. Altmann, The gnostic background of the rabbinic Adam legend, JQR 35 (1944/5), 371–391; C. H. Dodd, The Bible and the Greeks, 1954², 146; E. Meyer, Ursprung und Anfänge des Christentums, II, 1921, 375–377; G. Quispel (s. o.); H.-M. Schenke, Der Gott „Mensch“ in der Gnosis, 1962; J. Scheftelowitz, Der göttliche Urmensch in der manichäischen Religion, ARW 28 (1930), 212–240; K. Schubert, a. a. O. (§ 9, Anm. 11; hier Lit.); Die Herleitung von Philo, z. B. bei M. Z. Nilson, Geschichte der griechischen Religion II, 1955², 581 f., kann hier ausser betracht bleiben, da die Vermittlung wohl durch Nichtjuden erfolgte.

[7] Ich setze hier für eine Bezeichnung als gnostisch voraus: a) Die grundsätzliche negative Weltbewertung mit der dazugehörigen Vorstellung von Gottheit und Schöpfer (Demiurg), b) Die Vorstellung vom Seelenfunken und seiner tragischen Gefangenschaft in der Welt der Materie mit der dazugehörigen Erlösungs- und Offenbarungsvorstellung. Während a) noch als Perversion des jüdischen Welt- und Gottesverständnisses zu deuten wäre, fehlen im Judentum die Voraussetzungen für die – grundlegende! – Anthropologie der Gnosis. Nur in extrem hellenisierten Kreisen dürften günstigere Voraussetzungen bestanden haben.

[8] Zu weit und daher missverständlich fasst wohl auch G. Scholem den Begriff „Gnosis“.

personals. Die meisten Stellen, in denen die Annahme einer „zweiten Gewalt“ zurückgewiesen wird, deuten eher auf angelologisch bestimmte Versuche, dem transzendenten Gott eine erkennbare Manifestation zuzuordnen (§ 17) und auf die Abwehr der kirchlichen Christologie. Nur ganz wenige Stellen könnten auf einen Dualismus im Sinne des gnostischen Gegensatzes zwischen einem wahren, transzendenten guten Gott und einem bösen Demiurgen gedeutet werden.

b) Die esoterische Himmelsreise dient keiner Weltflucht in individuell-soteriologischem Sinne. Das Ziel ist ein temporärer Aufenthalt vor Gottes Thron zum Zweck der Schau bzw. des Offenbarungsempfanges. Was immer an Einzelheiten bei der Beschreibung des Aufstieges – und in der Esoterik eben auch der Rückkehr – mit gnostischen Schilderungen der „Himmelsreise der Seele“ übereinstimmt, ist weder spezifisch jüdisch noch spezifisch gnostisch, sondern ist aus dem herrschenden Weltbild und aus den – (überall weithin ähnlichen) – Kulttraditionen übernommen. Auf dem Gebiet, in dem Magie und rituelle Praxis sich überschneiden, ist in der gesamten Antike und darüber hinaus die Tendenz zur Übernahme fremder Elemente so stark, daß ein ständiges Geben und Nehmen stattfand. Dies reicht indes nicht aus, um wirklich eindeutige Ableitungen in bezug auf den „Ursprung“ der jeweiligen Grundhaltung zu erschliessen[9].

c) Vor allem fehlt in der jüdischen Esoterik die gnostische Anthropologie völlig. Gerade die Märkabah- und Hekalot-Quellen sagen so gut wie nichts über Seelen- bzw. Geist-Vorstellungen aus.

3. Streng genommen reduziert sich die Fragestellung des vorangehenden Abschnittes darauf, ob es jüdische Verfechter der Gnosis gab. Dabei können Samaritaner hier außer betracht bleiben, sie sind korrekterweise nicht als „Juden“, auch nicht als „häretische Juden“ zu bezeichnen, obwohl sie zweifellos als Vermittler biblisch-jüdischer Stoffe an synkretistische Strömungen eine hervorragende Rolle spielten. Die möglichen rabbinischen Belege für eine jüdische Gnosis sind nicht sehr zahlreich. Am häufigsten wird auf Elišа ben Abuja („Acher“)[10] verwiesen. Er gehörte zum Akiba-Kreis und in der Akiba-Legende über den Eintritt ins Paradies wird ihm nachgesagt, er hätte „Pflanzungen abgeschlagen“ (§ 21,8), was zunächst auf gemeinschaftswidriges Verhalten hindeutet[11]. Aber die nähere Bestimmung dieses Verhaltens stößt auf Schwierigkeiten, weil Eliša ben Abuja nach und

[9] H.-M. Schenke, a. a. O. (Anm. 6); a. a. O. (§ 9, Anm. 11).

[10] A. Büchler, Die Erlösung Elisa b. Abujahs aus dem Höllenfeuer, MGWJ 76 (1932), 412–456; EJ VII, 529 f. (Lit.!); H. Graetz, 60 ff.; R. T. Herford, 375 f.; Ders., Elisha ben Abujah, in: Essays in honour of J. H. Hertz, 1942, 215–225; M. D. Hoffmann, Biographie des Elischa ben Abuya, 1870; M. L. Lilienblum, Mišnat 'Elîša' bän 'Abûjāh in: Kol kitbê M. L. Lilienblum, II, 1912, 180–200; Ch. Z. Reines, Tôrāh ûmûsār, 1953/4, 40–65.

nach zum Prototyp des Häretikers gemacht wurde und darum allerlei Vorwürfe auf ihn übertragen worden sind.

Die Gegenüberstellung R. Akiba – „Acher" muß wohl auch im Rahmen der politischen Ereignisse gesehen werden und in Parallele zur Auseinandersetzung über die politische Haltung von R. Jochanan b. Zakkaj (§ 21,7). Wenn die Legende das durch das Desaster des Bar-Kochba-Aufstandes gefährdete Prestige R. Akibas und den Standpunkt der zum Martyrium entschlossenen Eiferer festigen sollte, so war sie gleichzeitig dazu bestimmt, die Gegner der Akiba-Richtung zu bekämpfen. Eliša ben Abuja, von überragender (in der rabbinischen Literatur nie bestrittener) Torahgelehrsamkeit, war in politischer wie praktisch-sozialer Hinsicht nach 135 n. offenbar für eine realistischere Haltung eingetreten. So bekämpfte er die Überbewertung der unproduktiven *talmîdê ḥakāmîm* und forderte (durchaus nicht unrabbinisch) eine stärkere Berücksichtigung der praktischen Berufsausbildung[12]. In den Augen der Fanatiker aus Akibas Schule war dies Verrat an der Torah. Möglicherweise trat Eliša auch für halakische Erleichterungen im Alltag ein, die seine Torahtreue in den Augen jener Strengen zweifelhaft erscheinen ließ, die im Unterschied zu ihm ohne Rücksicht auf die Situation des Volkes strengste Gesetzestreue forderten und mit der Lehre eine weitgehend immanente Vergeltung verbanden, deren Richtigkeit Eliša an Hand von realistischen Beobachtungen bestritt[13].

Zu diesen Gegensätzen paßt auch, daß Eliša gegenüber der profanen nichtjüdischen Bildung solche Vorurteile nicht hegte[14], wie sie im fanatischen Akiba-Kreis üblich waren und wo man ihm darum den Vorwurf machte, er sei der *„tarbût ra'āh"* verfallen. Die Vorwürfe, die gegen Eliša b. Abuja „lehrmäßig" erhoben wurden, sind äußerst vage und außerdem relativ spät, also vorwiegend Rückprojizierungen. In der Generation nach dem Barkochba-Krieg spielte nicht die Häresie Elišas die Hauptrolle, sondern seine politisch-soziale Haltung. Darauf deutet auch die Einstellung R. Meirs zu seinem Lehrer hin, die so positiv war, daß Spätere, die sie mit der bösartigen Polemik der Gegner harmonisieren wollten, in eine gewisse Verlegenheit gerieten.

[11] Der Ausdruck *qṣṣ bnṭj'wt* im übertragenem Sinne (gemeinschaftswidrig sich verhalten) geht auf die konkrete Bedeutung „Pflanzungen abhauen" zurück, der dem qṣṣ 'îlānôt (Bäume abhauen) entspricht, vgl. auch G. Scholem, Jewish Gnosticism ... 127 und die Angaben dort. Das besondere Gewicht des Vergehens, das den übertragenen Sprachgebrauch veranlaßte, erklärt sich aus der Situation in und nach den Kriegen gegen Rom, als das Land weithin entholzt worden war.

[12] jChag II, 1 (77b); bChag 14b – verzerrt zur Behauptung, Acher habe die Gelehrtenschüler umgebracht.

[13] jChag II, 1 (77b); bQidd 39b.

[14] bChag 15b.

[15] Der (späte) Vorwurf, er hätte „2 Gewalten" anerkannt (bChag 15a; h. Hen xvii; G. Scholem, Jewish Gnosticism ... 53) weist auf keinen gnostischen Dualismus, sondern auf angelologisch motivierte Erwägungen, vgl. § 17, 5.

4. Wenn auch Eliša b. Abuja (Acher) nach all dem schwerlich als jüdischer Gnostiker angesehen werden darf[15], so bleibt doch die Tatsache bestehen, daß ihm seine Gegner häretische Ansichten anzudichten bemüht waren und daß Spätere ihn zum Typus des Häretikers stempelten. Das heißt, es muß zur Zeit der Hochblüte der Gnosis doch Personen und Tendenzen gegeben haben, die wirklich gnostischen Einflüssen erlagen und Anlaß zu den Vorwürfen gaben, die man z. T. auf Eliša ben Abuja als Erzhäretiker übertrug. Möglicherweise gab es in gewissen Kreisen mit spekulativen Interessen eben doch eine tiefere und weitere Kenntnis gnostischer Weltauffassung, als die spärlichen rabbinischen Aussagen vermuten lassen. Ein Indiz dafür wäre die kompakte Fülle gnostischer Vorstellungskomplexe in der frühen mittelalterlichen Esoterik, deren Vermittlung bis heute ungeklärt ist. Mehr als eine Vermutung kann dies indes nicht sein, denn gewiß gab es auch nach der talmudischen Periode noch mögliche Kontakte zu gnostisierenden Tendenzen in der Umwelt.

3. Teil

RELIGIONSGESCHICHTE DES JUDENTUMS IM MITTELALTER (ca 640–1492)

1. Kapitel: Geschichtlicher Hintergrund

§ 23 Überblick

I. Abrahams, Jewish Life in the Middle Ages, 1896 (1969[3]); E. Ashtor, Prolegomena to the medieval history of oriental Jewry, JQR 50 (1959), 55–68. 147–166; S. Assaf, Meqôrôt ûmäḥqārîm, 1945/6; Ders., Bā-ʿohālê Jaʿaqob, 1965/6; S. W. Baron*, III–XII; Ch. H. Ben-Sasson*, II; Ders., Perāqîm betôledôt haj-jehûdîm bîmê hab-bênajim, 1957/8; G. Caro, Sozial- und Wirtschaftsgeschichte der Juden im Mittelalter und in der Neuzeit, 3 Bde., 1920–1924 (Nachdr. 1962); B.-Z. Dinur*, I, Bd. 1–3; II, Bd. 1–4; S. Dubnow*; L. Finkelstein, Jewish Selfgovernment in the Middle Ages, 1924; W. J. Fischel, Jews in the Economic and Political Life of Medieval Islam, 1937 (repr. 1968); N. Glatzer, Faith and Knowledge, 1963; S. D. Goitein, A Mediterranean Society, I, 1967; Ders., Jews and Arabs, 1955; Ders., The Documents of the Cairo Geniza as a Source for Mediterranean Social History, JAOS 80 (1960), 91–100; Ders., Studies in Islamic History and Institutions, 1966; Ders., Jewish Society and Institutions under Islam, JWH 11 (1968), 170–184; H. Graetz*, V–VIII; G. Kisch, Research in Medieval Legal History of the Jews, PAAJR 6 (1934/5), 229–276; Ders., Jüdisches Recht und Judenrecht, FS J. Freimann, 1937, 94–105; J. Mann, Texts and Studies, I, 1931; II, 1935; J. R. Marcus, The Jew in the Medieval World, 1938 (1969[2]); A. Marx, Studies in Jewish History and Booklore, 1944; J. Parkes, The Jew in the Medieval Community, 1938; C. Roth, The European Age in Jewish History, in: L. Finkelstein* I, 216–224; Ders., The Jews in the Middle Ages, in: The Cambridge Medieval History VII, 937–947; K. Schubert, Das Judentum in der Welt des mittelalterlichen Islam, Kairos 11 (1969), 105–121; M. A. Shulvass, Between the Rhine and the Bosporus, 1964.

1. Im Unterschied zur talmudischen Periode fächert sich die jüdische Geschichte des Mittelalters geographisch in eine vielfältige Diasporageschichte auf und gliedert sich innerhalb dieser wieder in z. T. sehr unterschiedliche Epochen. Im Vergleich zur Umwelt, in der die neuen herrschenden Völker ihre schlichten Stammeskulturen erst nach und nach dem Erbe der hellenistisch-römischen Antike assimilieren mußten, stellte das Judentum allenthalben ein Element dar, das in ungebrochener Kontinuität seiner Überlieferungen lebte. Zunächst schien nur von Bedeutung, inwiefern die neuen politischen Situationen dem

jüdischen Eigenleben zustatten kamen, wieviel also jeweils an jüdischer Autonomie (§ 24) zu erhalten war. Doch mit der Zeit mußte man erkennen, daß sowohl Islam wie Christentum sich nicht problemlos unter den Begriff der „Weltvölker" subsummieren ließen, daß die alte Zweiteilung der Menschheit in das erwählte Volk einerseits und in die anderen Völker andrerseits durch diese monotheistischen Religionen, die ihrerseits gegenüber dem Judentum einen Überlegenheitsanspruch anmeldeten, fragwürdig geworden war. Apologetik, Polemik und eine neue Besinnung auf die eigene heilsgeschichtliche Rolle waren damit provoziert (§ 39).

Zunächst schien die weltpolitische Lage auf eine Polarisierung zwischen christlicher und islamischer Weltmacht hinauszulaufen, die auch für die Geschichte des Judentums bedeutsam wurde. Im islamischen Herrschaftsbereich wurden nicht nur die alten jüdischen Zentren Mesopotamiens und Palästinas wieder in einem politischen Rahmen zusammengefasst, sondern ein großer Teil des Mittelmeerraumes dazu, und diese politische Einheit blieb später, als sie zerfiel, als sprachlich-kulturelle Einheit noch lange wirksam. Solange das Kalifenreich intakt blieb, bis ins 11. Jh. hinein, prägte diese politische Einheit auch das jüdische Geschick maßgebend. Die palästinensischen Gemeinden erholten sich nach der byzantinischen Herrschaft nur langsam. Obwohl die Hochschätzung des Landes Israel in der ganzen Diaspora ungebrochen lebendig blieb, immer wieder Fromme dorthin einzuwandern pflegten und die dortigen Gemeinden durch ihre „Apostel" in aller Welt die Beziehungen zum Lande in personeller, geistig-religiöser und auch materieller Hinsicht aufrechterhielten (sie sammelten Gelder für die meist armen palästinensischen Gemeinden), kam es nicht wieder zu einem wirklichen Übergewicht der Schulen des Heiligen Landes[1]. So dominierte das babylonische Judentum im gesamten

[1] Zur Geschichte der Juden in Palästina und zur Bedeutung Palästinas für die Diaspora siehe: E. Ashtor, Saladin and the Jews, HUCA 27 (1956), 305–326; S. Assaf, a. a. O. (Anm. 5), 246 ff.; Ders., M^{e}qôrôt ... 9 ff.17 ff. 31 ff.43 ff.; S. Assaf – L. A. Meir*, II; W. Bacher, Das Gaonat in Palästina und das Exilarchat in Ägypten, JQR o. s. 15 (1902/3), 79–96; Ders., JE V, 571 f.; Ch. H. Ben-Sasson, P^{e}rāqîm ... 265 ff.; M. Beniyahu, L^{e}tôl^{e}dôt qišrêhäm šäl j^{e}hûdê Mārôqqô ʿim ʾäräṣ Jiśrāʾel, Sinai 35 (1953/4), 317–340; Ders., Liqqûṭôt l^{e}tôl^{e}dôt qišrêhäm šäl ḥāk^{e}mê ʾ"j ʿim ḥāk^{e}mê ʾIṭāljāh, Sinai 35 (1954/5), 55–66; J. Braslabi, Qiṭ^{e}ʿê g^{e}nîzāh ʿal ḥ^{a}kāmîm miṣ-Ṣôrfāt w^{e}ʾAšk^{e}nāz b^{e}ʾ"j ûMiṣrajim bitqûfat hā-RMB"M ûb^{e}nô, EIsr 4 (1956), 156–159; A. J. Bromberg, Gālût w^{e}ʾäräṣ jiśrāʾel b^{e}ferûšê ʾAbrāhām ʾibn ʿEzrāʾ, Šānāh b^{e}Šānāh 5724, 236–241; M. Chabazelet, Zîqqat hā-Ramban

islamischen Herrschaftsbereich und setzte auch darüber hinaus seinen Talmud und seine Halakah in den christlichen Gebieten durch[2]. Die Zweiteilung des Judentums in den „sefardischen" und den „aschkenasischen" Zweig[3], der einst durch die politische Teilung eingeleitet wurde, konnte daher die gemeinsame Basis des Gesamtjudentums nicht ernsthaft gefährden. Dieses babylonische Übergewicht ergab

le'"j wehašpa'atô 'al hā-'ôlîm 'ālāhā, Perāqîm 2 (1959/60), 65–86; S. Chaggai, Hak-kemijāh leṢijjôn baš-šîrāh hā-'ibrît biSfārād, Maḥanajim, 28 (1958/9), 98–106; B.-Z- Dinur*, I/4, 191 ff.; Ders., Letôledôt haj-jehûdîm be'"j bîmê massa' haṣ-ṣelāb hā-ri'šôn, Zion 2 (1927), 38–66; Ders., "Bêt tefillāh ûmidrāš laj-jehûdîm 'al har hab-bajit bîmê hā-'arābîm, Zion 3 (1929), 54–87; A. Epstein, Die aharonidischen Geonim Palästinas und Meschullam b. Mose aus Mainz, MGWJ 47 (1903), 340–345; A. Freimann, Verbindungen von Juden in Deutschland mit denen in Babylonien und Palästina, ZGJD 1 (1929), 165–167; S. D. Goitein, Ha'omnām 'āsar hak-kā'lîf 'Omār 'al haj-jehûdîm lāšābät bîrûšālajim?, Melila 3/4 (1949/50), 156–165; Ders., Meqôrôt ḥadāšîm 'al qôrôt haj-jehûdîm bizman kibbûš Jerûšālajim '"j haṣ-ṣalbānîm Zion 17 (1952/3), 129–147; Ders., (PAAJR 23), 34 ff.; Ders., Temîkātām šäl jehûdê Têmān bîšîbôt Bābel we'"j ûbîšîbat hā-Ramban, Tarb 31 (1961/2), 357–370; Ch. Z. Hirschberg, Haq-qešārîm bên jehûdê ham-maghreb ûbên 'äräṣ-jiśrā'el bitqûfat hag-ge'ônîm, EIsr 5 (1958), 213–219; A. Jaari*; Ders., 'Iggārôt 'äräṣ-jiśrā'el, 1942/3; S. Krauss, 'Äräṣ jiśrā'el bitqûfat hag-ge'ônîm, Ha-Šiloaḥ 42 (1924), 71–77.139–151.234–246.972; J. Mann, The Jews in Egypt and Palestine under the Fatimide Rule, 2 Bde. 1921/2 (repr. 1969); Ders., Texts and Studies ... I, 119 ff.309 ff.; A. Marmorstein, Über das Gaonat in Palästina, ZDMG 67 (1913), 635–644; A. Newman, The Centrality of Eretz Yisrael in Nachmanides, Trad 10 (1968), 21–30; S. Poznanski, Zur Geschichte der palästinensischen Ge'onim, ZDMG. 68 (1914), 118–128; Ders., Zu den Anfängen des palästinensischen Gaonats, FS A. Schwarz, 1917, 471–487; J. Prawer, haj-jehûdîm bemalkût Jerûšālajim haṣ-ṣalbānît, Zion 11 (1945/6), 38–82; Ders., Jewish Resettlement in Crusader Jerusalem, ARIEL 19 (1967), 60–66; E. Riblin, Tôrat 'äräṣ jiśrā'el bemišnat hā-RMB"N, Šānāh beŠānāh 5728, 203–212; E. Schweid, 'Am jiśrā'el we'"j bemišnātô šäl R. Jehûdāh hal-Levî, Gazit 25 (1967/8), 5–10; J. Schezipanski, 'Äräṣ jiśrā'el besifrût hat-tešûbôt, 1965/6; M. A. Schulvass, Rômā' wîrûšālajim, 1943/4; J. Ta'-Shema, 'alijjātām šäl ḥākemê Provençe le'"j, Tarb 38 (1968/9), 398 f.; J. M. Toledano, Miśśerîdê hag-genîzāh beMiṣrajim, Mizrāḥ ûMa'arāb 1 (1920), 344–350; J. M. Tykoczinski*; H.-J. Zimmels, Erez Jisrael in der Responsenliteratur des späteren Mittelalters, MGWJ 74 (1930), 44–64. S. auch § 39, Anm. 3.

2 S. Assaf, a. a. O. (Anm. 5), 279 ff.; Ders., EJ III, 905–911; A. Ben-Jacob, Meqôrôt ḥadāšîm letôledôt jehûdê Bābel bim'ôt hā-12 wehā-13, Zion 15 (1949/50), 56–69; W. J. Fischel; D. S. Sassoon, A History of the Jews in Baghdad, 1949.

3 Siehe § 10, Anm. 68 f.

sich, weil die innerjüdischen Verhältnisse der Partherzeit durch die arabische Eroberung nicht beeinträchtigt wurden, sondern im Rahmen des Kalifenreiches eher noch eine Festigung erfuhren. Einmal blieb das Regime des *Re'š gālûtā'* vollauf intakt und dazu verstärkte sich der Einfluß der großen talmudischen Schulen, deren Häupter (Ga'onen)[4] die geistig kulturelle Führung des Judentums darstellten und durch ihre halakischen Entscheidungen das jüdische Leben in allen Bereichen prägten, und zwar wie erwähnt, auch über die Grenzen der islamischen Gebiete hinaus. So nennt man diese Blütezeit des mittelalterlichen Judentums daher auch die „gaonäische Periode"[5]. Aber eben die weitgespannte politisch-kulturelle Welt des Islam gab zugleich den Anlass zu weiterer Zerstreuung des Judentums, zur Ansiedlung in den verschiedenen islamischen Ländern, z. T. infolge der Entwicklung des internationalen Handels[6], der nunmehr weitgehend in jüdische Hände überging, als auch infolge unterschiedlicher islamischer Praxis gegenüber den religiösen Minderheiten.

Der Islam anerkannte zwar Judentum und Christentum als „Buchreligionen" und ihre Bekenner daher als „Vertragsschützlinge" *(ahl adh-dhimma)*, doch handelte es sich theoretisch um eine recht begrenzte Duldung mit starker steuerlicher Belastung der Geduldeten[7]. In der Praxis wichen die

[4] § 24, Anm. 2.

[5] S. Abramson, Bam-märkāzîm ûbat-t^efûṣôt, 1964/5; S. Assaf, T^eqûfat hag-g^e'ônim w^esifrûtāh, 1958/9; B. Z. Dinur*, I/1–3; I. Elbogen, Neuere Literatur zur gaonäischen Zeit, MGWJ 72 (1928), 143–151; S. Eppenstein, Beiträge zur Geschichte und Literatur im gaonäischen Zeitalter, 1913; L. Ginzberg, Geonica, 2 Bde. 1909; S. Krauss, T^eqûfat hag-g^e'ônîm l^e'ôr hag-g^enîzāh, Ha-Šilô^aḥ 40 (1922), 76–79.225–234.343–354; Ders., Beiträge zur Geschichte der Geonim, Livre d'hommage à S. Poznanski, 1927, 133–146; J. Mann, The responsa of the Babylonian Ge'onim as a source of Jewish History, JQR 7 (1916/7), 457–490; 8 (1917/8), 339–366; 9 (1918/9), 139–179; 10 (1919/20), 121–152.309–366; 11 (1920/1), 433–471; Ders., Geonic Studies, HUC JV 1925, 233–262 (und HUCA 3, 1926, 309 f.); A. Marmorstein, Beiträge zur Geschichte und Literatur der gaonäischen Periode, MGWJ 50 (1906), 589–603; 51 (1907), 733–746; Ders., Mitteilungen zur Geschichte und Literatur aus der Geniza, MGWJ 67 (1923), 59–62.257–261.

[6] S. D. Goitein, Mediterranean Trade preceding the crusades, Diogenes 59 (1967), 47–62; Ders., Misḥar haj-j^ehûdîm baj-jam hat-tîkôn bitḥillat ham-me'āh ha-11, Tarb 36 (1966/7), 366–395; 37 (1967/8), 48–77; 158–190; Ders., From the Mediterranean to India, Speculum 29 (1954), 181–197; L. Rabinowitz, The Herem Hayyishub, 1945; Ders., Jewish Merchant Adventurers, 1948.

[7] D. C. Dennet, Conversion and the Poll-Tax in Early Islam, 1950; A. S. Tritton, The Caliphs and their non- Muslim Subjects, 1930 (1970^2).

islamischen Herrscher allerdings oft von den strengen Normen ab, und so kam es in günstigen Gebieten zur Bildung neuer jüdischer Zentren, vor allem in Nordafrika und Spanien.

Zugleich breiteten sich die Juden im westeuropäischen und mitteleuropäischen Bereich aus[8] und zwar als willkommene und privilegierte Träger des Fernhandels im mediterranen Gebiet und darüber hinaus des Fernosthandels, der z.T. auf dem Seewege, z.T. auf dem Landweg erfolgte, wobei die Route über Osteuropa und Zentralasien bedeutsam für die jüdische Besiedlung Osteuropas wurde. In beiden Bereichen, im islamischen wie im christlichen, wurde zu dieser Zeit – abgesehen von einzelnen Gebieten – das Judentum zu einem vorwiegend städtischen Element. Im Orient infolge der in der Kalifenzeit einsetzenden großen Stadtgründungen und der damit verbundenen Landfluchtbewegung, zum Teil aber auch wie im Westen und in Osteuropa im Zuge von Handelsniederlassungen und Kolonisationen.

So waren auch die jüdischen Erwerbszweige hauptsächlich die üblichen städtischen, nur daß im nichtjüdischen Urkundenmaterial jene davon hervorstechen, die von der Umwelt aus welchen Gründen auch immer mehr beachtet wurden. So entstand z.B. die weithin vorherrschende Meinung, die Juden hätten vorwiegend vom Geldhandel gelebt, was in dieser Verallgemeinerung unzutreffend ist. Für das spätmittelalterliche Zentraleuropa, für das jenes Urteil zu einem guten Teil zutrifft, gilt wieder, daß es keineswegs mehr repräsentativ für das damalige Judentum war.

Der Zerfall des Kalifenreiches förderte auch im Judentum die lokale Autonomie gegenüber Babylonien. Im maurischen Spanien[9], z.T.

[8] I. A. Agus, Urban Civilisation in Pre-Crusade Europe, 2 Bde. 1965; L. Dasberg, Untersuchungen über die Entwertung des Judenstatus im 11. Jahrhundert, 1965 (Lit.); B.-Z. Dinur*, I, 1–3; C. Roth, ed., The Dark Ages, 1966 (The World History of the Jewish People, ser. II, Med. Period, vol. 2); hier ältere Lit.

[9] E. Ashtor, Qôrôt haj-jehûdîm biSfārād ham-mûslāmît, I 1966², II 1966; F. Y. Baer, Die Juden im christlichen Spanien, 2 Bde. 1929.1936; Ders., Tôledôt haj-jehûdîm biSfārād han-nôṣrît, 1965³ (engl.: A History of the Jews in Christian Spain, 1961); S. W. Baron*, SRH X, 118 ff.167 ff.; XIII, 3 ff.64 ff.; P. Borchsenius, The Three Rings, 1963; F. Cantera, in: C. Roth, a. a. O. (Anm. 8), 357–381; Ders., Sinagogas españoles, 1955; Ders., und J. Ma. Millás, Las inscriptiones hebraicas de España, 1956; B. Klar, Haš-šîrāh weha-ḥajjim, in: Mäḥqārîm weʿijjûnîm, 1953/4, 85–106; M. Millás, Reʾšît maddāʿê hat-ṭābaʿ bên jehûdê Sefārād, Tarb 24 (1954/5), 48–59; J. Plaidy, The Rise of the Spanish Inquisition, 1959,

auch in N o r d a f r i k a (wo sich auch süditalienischer Einfluß bemerkbar machte[10]), erlebte das Judentum zwischen dem 10. und 12. Jh. das sogenannte „goldene Zeitalter", in dem es auch zur Ausbildung einer reichen profanen Kultur und Literatur kam, beendet durch die Herrschaft der intoleranten Almoraviden und Almohaden zu Beginn des 12. Jh., dann weiter durch die fortschreitende Reconquista, die je länger je mehr auch den Juden zum Verhängnis wurde, schließlich in Inquisition und Vertreibung gipfelnd. Während die o r i e n t a l i s c h e n Zentren zunehmend an Bedeutung verloren und die religiösen Minderheiten allgemein in den Hintergrund gedrängt wurden[11], garantierte das F a t i m i d e n r e i c h in Ä g y p t e n und P a l ä s t i n a noch einmal einen gewissen Aufschwung[12], doch die Juden des Landes Israel selbst litten fortan nicht nur unter den Kreuzzügen, sondern auch unter der andauernden Unsicherheit, die lokale Potentaten und räuberische Wüstenstämme verursachten. Auch die Beziehungen zur weiteren Diaspora litten unter dem politischen Verfall. Die s ü d a r a b i s c h e (jemenitische) Diaspora[13] z. B., lange in engem

104 ff.; C. Roth, A History of the Marranos, 1932; J. Schirmann, The Function of the Poet in Medieval Spain, JSocS 16 (1954), 235–252; F. Vera, Los judíos españoles y su contribución a las ciencias exactas, 1948; J. Weiss, Tarbût ḥaṣrānît weširāh ḥaṣrānît, 1947/8.

10 Ch. Z. Hirschberg. a. a. O. (§ 8 Anm. 4), I.–II.

11 A. Ben-Jacob, Jehûdê Bābel mis-sôf teqûfat hag-ge'ônîm 'ad jemênû, 1965; A. N. Pollak, Jehûdê ham-mizrāḥ hat-tîkôn besôf jemê hab-bênajim, Zion 2 (5697), 256–272; J. Starr, Romania. The Jewries of the Levant after the Fourth Crusade, 1949; E. Strauss (E. Ashtor), Tôledôt haj-jehûdîm beMiṣrajim ûbeSûrjāh, 3 Bde. 1951, 1969.

12 s. auch Anm. 1; E. Ashtor, The Number of Jews in Medieval Egypt, JJS 19 (1968/9), 1–22; Ders., Qawwîm lidmûtāh šäl haq-qehillāh haj-jehûdît beMiṣrajim bîmê hab-bênajim, Zion 30 (1964/5), 61–78.128–157; S. Assaf, Bā-'ohālê ... 81 ff.; Ders., Meqôrôt ... 186 ff.258 ff.; Ders., Letôledôt han-negîdîm hā-'aḥarônîm beMiṣrajim, Zion 6 (1940/1), 113 bis 118; D. Z. Baneth, Te'ûdôt ḥadāšôt leḥajjê haq-qehillôt beMiṣrajim, SJ A. Marx, 1950, 72–93; W. J. Fischel, 45 ff.68 ff.; S. D. Goitein, Šemarjāh bän 'Elḥānān – meḥaddeš hat-tôrāh beMiṣrajim, Tarb 32 (1962/3), 266–272; Ders., The Title and Office of the Nagid, JQR 53 (1962/3), 93–119; Ders., The Topography of the Jews in Medieval Egypt, JNES 24 (1965), 251–270; J. Mann, The Jews (Anm. 1); Ders., I, 354 ff.; A. M. Mura'd, 'Arkijjônô šäl Nehôrā'j bän Nissîm. 2 Bde., Diss. Jerusalem 1966/7; D. Neustadt, 'Injenê negîdût beMiṣrajim bîmê hab-bênajim, Zion 4 (1938/9), 126–149; Ders., Be'injan negîdûtô šäl hā-RMB"M, Zion 11 (1945/6), 147 f.

13 J. Ben-Ze'eb, Jiśrā'el ba-'arāb, 1957²; S. Assaf, Mim-Miṣrajim le'Aden leHoddû, Zion 4 (1938/9), 232–236; S. D. Goitein, Temîkātām ... (Anm.

Kontakt mit Babylonien und Ägypten/Palästina, geriet schließlich in weitgehende Isolierung. Im nordkaukasisch-zentralasiatischen Raum, am Kaspischen Meer, bildeten die Chazarenstämme eine Art dritte Kraft neben Islam und Byzanz, deren Herrscherschicht, um der Alternative Christentum oder Islam zu entgehen, sich im 9. Jh. zum Judentum bekehrte. In der ganzen jüdischen Diaspora weckte die Existenz eines neuen jüdischen Königreiches weitreichende Hoffnungen, die freilich mit dem Verfall des Chazarenreiches im 12./13. Jh. wieder zunichte wurden[14]. Immerhin ermunterte die Existenz dieses jüdischen Reiches zur Besiedlung Osteuropas. Von der Schwarzmeerküste aus, an der es von der Antike her jüdische Siedlungen gab, wurden jüdische Niederlassungen im südrussischen Raum (Kiew) errichtet, wo sich die Handelswege mit jenen nach Westeuropa trafen, von wo her zu gleicher Zeit eine Siedlungswelle erfolgte[15]. Damit ist der „aškenasische" Raum erreicht. Auch hier gab es im Gebiet des alten römischen Reiches jüdische Siedlungen von alters her. In Süditalien, das lange Zeit unter byzantinischer Herrschaft[16] blieb, machte sich be-

1); Ders., Jahadût Têmān bên ge'ônût Miṣrajim lebên rā'šut hag-gôlāh šäl Bābel, Sinai 33 (1952/3), 225–237; J. Kafeh, Hā-RMB"M wegālût Têmān, Sinai 43 (1957/8), 255–262; M. Zadok, Jehûdê Têmān, 1967.

14 M. Artomow, Istorija Khazar, 1962; S. W. Baron*, SRH III, 196 ff.200 ff.; W. Barthold, EdI II, 1003–1005; D. M. Dunlop, The History of the Jewish Khazars, 1954; Ders., in: C. Roth, a. a. O. (Anm. 8), 325–356, in beiden Arbeiten auch ältere Lit.; I. Halpern, in: L. Finkelstein*, I, 290 ff.; P. Kokovcov, Evrejsko-chazarskaja perepiska v X veke, 1932; S. Pines, A Moslem Text Concerning the Conversion of the Khazars to Judaism, JJS 13 (1962), 45–55; A. N. Poliak, Kāzarjāh, 1950/1³; A. Scheiber, Hungary, in: C. Roth, a. a. O. (Anm. 8) 313 ff.; S. Szysman, Les Khazares, RHR 152 (1957), 174–221; B. D. Weinryb, The Khazars, an annotated bibliography, SBB 6 (1963), 111–129.

15 S. W. Baron, The Russian Jews under Tsars and Soviets, 1964; S. Dubnow, History of the Jews in Russia and Poland, I, 1916; S. Ettinger, Hā-hašpā'āh haj-jehûdît 'al hat-tesîsāh had-dātît bemizreḥāh šäl 'êrôpāh besôf ham-me'āh ha-15, SJ J. Baer, 1960/1, 228–247; Ders., in: C. Roth, a. a. O. (Anm. 8), 319 ff.; I. Halpern, in: L. Finkelstein*, I, 287 ff.; J. Heilperin, Bêt Jiśrā'el bePôlîn, 2 Bde. 1947/8, 1953; J. Maier, Zum jüdischen Hintergrund des sogenannten Laodizenischen Sendschreibens, Jahrbücher für die Geschichte Osteuropas N. F. 17 (1969), 1–12; M. A. Shulvass, 32–69; A. Vetalani, The Jews in Medieval Poland, JJSoc 4 (1962), 274–294; M. Waxman*, II, 680 ff.; J. Zinberg*, III, 155 ff.

16 Z. Ankori, Karaites in Byzantium, 1959; S. W. Baron*, SRH III, 174 ff.; A. Galante, Les juifs de Constantinople sous Byzance, 1940; A. Sharf,

sonders der palästinensische Einfluß geltend. Von hier aus strahlte dieser sowohl nach Nordafrika hinüber, als auch über Mittel- und Norditalien[17] die Handelswege entlang nach Mitteleuropa[18], wo seit ottonischer Zeit vor allem im Rheinland kleine, aber blühende Gemeinden bestanden. Sie unterhielten enge Beziehungen zu den nordfranzösischen Gemeinden der Champagne, diese ihrerseits wieder mit den provançalischen Juden, die zugleich die Vermittlung nach der iberischen Halbinsel und zu den übrigen mediterranen Gebieten besorgten[19]. Gegen Osten zu folgten

in: C. Roth, a. a. O. (Anm. 8), 49 ff.; J. Starr, The Jews in the Byzantine Empire, 641–1204, 1939 (repr. 1969).

17 Ältere Lit.: bei G. Gabrieli, Italia Iudaica, 1924; A. Milano, Biblioteca Historica Italo-Iudaica, 1954; ferner: S. Assaf, Mit-tôrātān šäl ḥākemê 'Iṭaljāh hā-ri'šônîm, Sinai 34 (1953/4), 15–40; S. W. Baron*, SRH III, 24 ff.; X, 220 ff.; I. Barzillay, Between Reason and Faith, 1967; U. Cassuto, Haj-jehûdîm bā-'îr Fîrenṣê bitqûfat hā-Renaissance, 1967 (Gli Ebrei a Firenze nell' età di Rinascimento, 1918); G. D. Cohen, The Story of the Four Captives, PAAJR 29 (1960/1), 55–131; A. Milano, Storia degli Ebrei in Italia, 1963; C. Roth, The History of the Jews in Italy, 1946 (repr. 1969); Ders., The Jews in the Renaissance, 1959; Ders., a. a. O. (Anm. 8) 100–121; M. A. Shulvass, 184–191; Ders., a. a. O. (Anm. 1); Ders., Haq-qehillāh haj-jehûdît be'Iṭaljāh bitqûfat hā-Renaissance, Sura 1 (1953/4), 58–90; Ders., Ḥajjê haj-jehûdîm be'Iṭaljāh bitqûfat hā-Renaissance, 1954/5; Ders., Ḥajjê had-dāt šäl jehûdê 'Iṭaljāh bitqûfat hā-Renaissance, PAAJR 17 (1947/8), 1–22; J. Starr, a. a. O. (Anm. 16); S. M. Stern, A twelfth-century circle of Hebrew poets in Sicily, JJS 5 (1954), 60–79. 110–113; H.-J. Zimmels, in: C. Roth, a. a. O. (Anm. 8), 175 ff.

18 I. A. Agus, in: C. Roth, a. a. O. (Anm. 8), 244 ff. (ältere Lit.); Ders., R. Meir of Rothenburg, 2 Bde. 1947; B. Altmann, Studies in Medieval German Jewish History, PAAJR 10 (1940), 5–98; A. Berliner, Aus dem Leben der deutschen Juden im Mittelalter, 1900; B. Blumenkranz, in: C. Roth, a. a. O. (Anm. 8), 162 ff. (Lit.); I. Elbogen u. a., Germania Judaica, I, 1963², II/1–2, 1968; G. Kisch, Jewry Law in Medieval Germany, 1949; Ders., The Jews in Medieval Germany 1949; Ders., Forschungen zur Rechts- und Sozialgeschichte der Juden in Deutschland während des Mittelalters, 1955; B. Rosenthal, Die letzten Wormser Judenbischöfe, MGWJ 83 (1939), 313–324; K. Schilling (Hrsg.), Monumenta Judaica, 3 Bde., 1964²; M. A. Shulvass, Haj-jahadût hā-'aškenāzît bîmê hab-bênajim, SJ S. Mirski, 1957/8, 337–349.

19 S. Eidelberg, The Community of Troyes in Pre-Rashi Time (hebr.), Sura 1 (1954), 48–57; H. Groß, Gallia Judaica, ed. S. Schwarzfuchs 1969²; I. A. Agus, in: C. Roth, a. a. O. (Anm. 8), 205–214 ff.; S. W. Baron*, SRH X, 52 ff.; B.-Z. Benedikt, Letôledôtājw šäl märkaz hat-tôrāh beProvençe, Tarb 22 (1950/1), 85–109; R. Chazon, Jewish Settlements in Northern France, 1096–1306, REJ.HJ 128 (1969), 41–65; E. Dreyfus-

die jüdischen Siedlungen den Handelswegen, über Regensburg nach Österreich[20], Böhmen[21], und weiter nördlich vor allem von Magdeburg aus in die slavischen Gebiete, die großen Reservoirs für den Sklavenhandel jener Zeit[22]. Diese west- und mitteleuropäischen Gemeinden waren in der Regel zahlenmäßig nicht sehr stark, doch wohlhabend und verfügten über eine gediegene rabbinische Tradition, vor allem in der Bibel- und Talmudexegese. Mit den Kreuzzügen (1096) beginnt hier jedoch eine Kette von Katastrophen, eine Periode der Martyrien[23], die auch die geistige Haltung entscheidend prägte.

Außer den blutigen Verfolgungen, die sich im Verlauf der Kreuzzüge selbst ereigneten, war es vor allem der zunehmende kirchliche Einfluß, der einen fortschreitenden Verfall der Rechtssicherheit[24] und

L. Marx, Autour des Juifs de Lyon et Allentour, 1958; R. W. Emery, The Jews of Perpignan in the Thirteenth Century, 1959; L. Rabinowitz, The Social Life of the Jews of Northern France in the XII–XVI Centuries, 1938; E. Renan, Les Rabbins français du commencement du XIVe siècle, 1877 (Nachdr. 1969); Ders., Les écrivains juifs français du XIVe siècle, 1893 (Nachdr. 1969); A. Scheiber, Tešûbôt ḥakemê Prôbînṣijāh, 1966/7; S. Schwarzfuchs in: C. Roth, a. a. O. (Anm. 8), 143 ff. (Lit.); Ders., De la condition des Juifs de France aux XIIe et XIIIe siècles, REJ.HJ 125 (1966), 221–232; A. J. Zuckermann, The Nāśî' of Frankland in the 9th Century and the Colaphus Judaeorum in Toulouse, PAAJR 33 (1965), 51–82.

20 J. E. Scherer, Beiträge zur Geschichte des Judenrechts im Mittelalter, I: Die Rechtsverhältnisse der Juden in den deutsch-österreichischen Ländern, 1901.

21 G. Bondy - F. Dworsky, Zur Geschichte der Juden in Böhmen, Mähren und Schlesien von 906–1620, 2 Bde. 1906; B. Bretholz, Geschichte der Juden in Mähren im Mittelalter, 1934.

22 S. Assaf, ʿabādîm ûseḥar ʿabādîm ʾäṣäl haj-jehûdîm bîmê hab-bênajim, Zion 4 (1938/9), 91–125; 5 (1939/40), 271–280; S. D. Goitein, Slaves and Slave-girls in the Cairo Geniza Records, Arabica 9 (1962), 1–20; B.-Z. Wacholder, The Halachah and the Proselytizing of Slaves during the Gaonic Period, HJ 18 (1956), 89–106.

23 S. W. Baron*, SRH IV, 89 ff.; N. und H. H. Birnbaum, Edom, 1919; A. M. Habermann, Sefär gezêrôt ʾAškenāz weṢorfāt, 1945; A. Neubauer - M. Stern, Hebräische Berichte über die Judenverfolgungen während der Kreuzzüge, 1892 u. s. § 26, Anm. 51. Zu den Martyrien und ihrer Ideologie s. Ch. H. Ben-Sasson, Qiddûš haš-šem ûmarṭîrijûm wehā-ʿîr haqqehillāh, 1967/8; Ders., Perāqîm ... 172 ff.; H. A. Fischel, Martyr and Prophet, JQR 37 (1946/7), 265–280.303–386; J. Katz*, 82 ff.; M. J. Schleiden, Die Romantik des Martyriums bei den Juden des Mittelalters, 1878; M. A. Shulvass, 1–14; S. Spiegel, The Last Trial, 1967.

24 L. Dasberg, a. a. O. (Anm. 8); H. Fischer, Kammerknechtschaft, EJ IX, 860–862.

damit auch des kulturellen Standards bewirkte. Ganz auf die Gunst und auf den Schutz durch die Zentralgewalt angewiesen, standen die Gemeinden schutzlos dem aufgeputschten Pöbel gegenüber, sobald der kirchliche Einfluß die weltlichen Mächte und deren ökonomische Interessen[25] überwog oder die Zentralgewalt überhaupt verfiel. Aufgezwungene Disputationen, Vertreibungen oder Zwangsbekehrungen waren die Regel und im sozialen bzw. ökonomischen Bereich wurden die Juden systematisch aus den meisten Berufen verdrängt. Die Zeit des „schwarzen Todes" im 14. Jh. verschärfte die Situation. Die Gemeinden verarmten, eine Wanderbewegung nach Osteuropa setzte ein, wo die Juden als Kolonisatoren (parallel und in Konkurrenz mit der deutschen Ostsiedlung) günstigere Lebensbedingungen fanden. Eine Sonderstellung nimmt dabei das italienische Judentum ein, das z. B. gerade im Kirchenstaat relativ wenig Verfolgungen ausgesetzt war und unter dem Einfluß der Renaissance einerseits und des nordafrikanisch-spanischen Judentums andrerseits sich weit mehr als andere Teile der Diaspora auch den Zugang zur säkularen Bildung offenhielt. Den Höhepunkt aller Verfolgungen und Zwangsbekehrungen[26] bildete sowohl für das zeitgenössische jüdische Bewußtsein wie für die Nachwelt die Vertreibung aus Spanien 1492[27], der die Vertreibungen aus Portugal und aus der Provençe folgten. Zwar hat es schon zuvor Vertreibungen aus ganzen Landstrichen und Ländern gegeben, z. B. gab es seit dem Jahre 1290 kaum mehr Juden in England[28], doch die Vernichtung des spanischen Zentrums traf das Judentum unvergleichlich härter, wandelte sein Selbst- und Geschichtsbewußtsein, sodass religionsgeschichtlich mit diesem Datum mit Recht eine Periodengrenze angesetzt werden kann.

[25] W. Roscher, The status of the Jews in the Middle Ages considered from the standpoint of commercial policy, HJ 6 (1944), 13–26; G. Kisch, The Jew's function in the medieval evolution of economic life, HJ 6 (1944), 1–12; M. Hoffmann, Der Geldhandel der deutschen Juden im Mittelalter, 1910.

[26] Zu den Zwangsbekehrten vgl. die Arbeiten von J. Plaidy und C. Roth Anm. 9.

[27] Ch. H. Ben-Sasson, Dôr gôlê Sᵉfārād ʿal ʿaṣmô, Zion 26 (1960/1), 23–64; V. Marcu, Die Vertreibung der Juden aus Spanien, 1934; A. Shᵉmueli, Gerûš Sᵉfārād, 1948.

[28] C. Roth, Magna Bibliotheca Anglo-Judaica, 1937; H. P. Lehmann, Nova Bibliotheca Anglo Judaica, 1961. V. a. siehe: S. W. Baron*, SRH X, 52 ff.; C. Roth, A History of the Jews in England, 1949²; Ders., The Jews of Medieval Oxford, 1951.

Dieser vielfältigen Geschichte entspricht auch der religionsgeschichtliche Verlauf. Gerade die richtungsweisenden Leistungen auf religiösem bzw. religiös-literarischen Gebiet sind ohne ihren realen soziologischen Hintergrund kaum richtig zu begreifen, wie auch der Verfall der jüdischen Kultur in manchen Gebieten gegen Ende der Periode durch den Wandel der politischen und wirtschaftlichen Verhältnisse bedingt war. Aber nicht in den Notzeiten dieser Periode erhob sich ein gefährlicher innerjüdischer Widerspruch gegen die herrschenden Verhältnisse und Ordnungen, sondern gerade in der gaonäischen Blütezeit, als wenigstens zeitweise das rabbinische Regiment durch die karäische Bewegung ernsthaft in Frage gestellt schien (§ 25).

§ 24 Selbstverwaltung und Gemeinde

I. Abrahams, a. a. O. (§ 23), 35 ff. 61 ff.; I. A. Agus, The Taqqanot of the Communities, in: Ch. H. Ben Sasson*, II, 198 ff.; Ders., Haš-šilṭôn hā-ʿaṣmā'î šäl haq-qehîllāh haj-jehûdît bîmê hab-bênajim, Talpiot 5 (1951/2), 637–648; 6 (1952/3), 305–320; Ders., Democracy in the Community of the Early Middle Ages, JQR 43 (1952/3), 153–167; Ders., Urban Civilisation in Pre-Crusade Europe, 2 Bde., 1965; E. Ashtor, Qawwîm lidmûtāh šäl haq-qehîllāh beMiṣrajim bîmê hab-bênajim, Zion 30 (1964/5), 61–78.128–157; J. Baer, Ha-hatḥālôt wehaj-jesôdôt šäl 'irgûn haq-qehîllôt haj-jehûdijjôt bîmê hab-bênajim, Zion 15 (1949/50), 1–41; S. W. Baron*, SRH V, 3 ff.; XI, 3 ff.76 ff.; Ders.*, JC II; Ch. Ben-Sasson, II, 47 ff.110 ff.200 ff.260 ff.; Ders., Perāqîm ... (§ 23), 84 ff.124 ff.; Ders., Meqômāh šäl haq-qehîllāh-hāʿîr betôledôt Jiśrā'el, in: Qiddûš haš-šem ûmā'rṭîrîjûm wehaq-qehîllāh, 1967/8, 161–178; Ders., The „Northern“ European Jewish Community and its Ideals, JWH 11 (1968), 208–219; L. Finkelstein, Jewish Self-Government in the Middle Ages, 1924; M. Frank, Letôledôt mibneh haq-qāhāl be'aškenāz, Zion 1 (1935/6), 337–355; S. D. Goitein, Evolution des communautés juives dans la cité musulmane entre le VIIIe et le IXe siècle, Etudes Mediterranéennes 1 (1957), 66–93; Ders., The Local Jewish Community in the Light of the Cairo Records, JJS 12 (1961), 133–158; Ders., Ḥajjê haṣ-ṣibbûr haj-jehûdijjim le'ôr qiṭeʿê hag-genîzāh, Zion 26 (1960/1), 170–179; Ders., The Social Services of the Jewish Community as reflected in the Cairo Geniza Records, JSocS 26 (1964), 67–86; M. P. Golding, The juridical basis of communal associations in Medieval Rabbinic legal thought, JSocS 28 (1966), 67–78; S. ferner die einschlägigen Kapitel in den § 23 angegebenen Werken über die Geschichte des Judentums in einzelnen Ländern.

1. Selbstverwaltung und Bildungswesen waren selbstverständlich von den jeweiligen örtlichen und zeitlichen Bedingungen abhängig.

Im unmittelbaren Einflußbereich des *Reš gālûtā'*[1] und der Gaonen[2], in Babylonien, spielte die Autonomie der Einzelgemeinde keine große Rolle. Steuerwesen und polizeiliche Gewalt unterstanden dem Exilarchen, der als Davidide im Rahmen einer regelrechten Inthronisationszeremonie sein Amt antrat und durch den *Gā'ôn* von Sura vertreten wurde, den zweiten im Rang, auf den der Gaon von Pumbeditha/Nehardea folgte. Im Unterschied zur talmudischen Zeit liegen über diese Institutionen eingehende Berichte vor[3], was auch auf ein neues geschichtliches Selbstbewußtsein hindeutet. Ein *Gā'ôn* wurde zwar von den Gelehrten der Ješibah gewählt, bedurfte aber der offiziellen Ernennung durch den Exilarchen. Trotz der Wahl blieb das Amt in der Regel im Rahmen bestimmter angesehener Familien, ebenso wie andere Würden an den Ješibot. Erst im 10. Jh., mangels geeigneter Persönlichkeiten in den „besseren" Kreisen, hatten auch Außenseiter wie Saadja Gaon eine Chance, der zweifellos der bedeutendste Repräsentant der gaonäischen Periode war[4].

Der Gaon führte den Vorsitz in der Ješibah[5]. Zweimal im Jahr, im Adar (März) und Ellul (Aug./Sept.) versammelten sich Gelehrte und Schüler für 1 Monat zur „Kallah", für die ein bestimmter Talmudtraktat vorzubereiten war.

Der Gaon sass dem Auditorium erhöht gegenüber. Die erste Reihe bestand aus den 7 *rā'šê kallāh* (erbliche Würden) und aus 3 *ḥaberîm,* im ganzen also aus 10 Personen. Dahinter in 7 Reihen und nach einer festen Rangordnung, die auch für die Diskussionen zu beachten war, die 70 Mitglieder des Sanhedrin, des obersten Gerichtshofes, die *'alûfîm.* Dahinter wieder die übrigen Gelehrten und schließlich die Studierenden. Abgesehen vom bestimmten Traktat wurden auch Anfragen aktueller Art, oft von auswärtigen Gemeinden, erörtert. Der Gaon faßte dann das Ergebnis kurz

[1] § 23, Anm. 2 und 5; ferner: W. Bacher, Exilarch, JE V, 288–293; H.-J. Fischel, The Resh Galuta in Arabic Literature, Magnes Anniversary Book 1938, 181–187; A. D. Goode, The Exilarchate in the Eastern Caliphate, 637–1258, JQR 31 (1940/1), 149–169; J. Mann, The Office of the Exilarch in Babylonia and its Development at the End of the Gaonic Period (hebr.), Livre Hommage à S. Poznanski, 1927, 18–32.

[2] Lit. § 23, Anm. 2.5. Ferner: S. Assaf, EJ VII, 271–283; Ders., und J. Brand, EI X, 131–140; S. Krauss, Leqôrôt hag-ge'ônût, Ha-Ṣôfäh 7 (1932), 229–277; J. Mann, The Last Geonim of Sura, JQR 11 (1920/1), 409–422; S. Poznanski, Babylonische Geonim im nachgaonäischen Zeitalter, 1914.

[3] Nathan ha-Babli, vgl. § 26,8.

[4] H. Malter, The Life and Work of Saadia Gaon, 1926 (repr. 1969).

[5] S. Birnbaum, EJ I, 1171–1216; R. S. Weinberg, Ješibat Sûrā' ûminhagähā bîmê Rab Śar Šālôm Gā'ôn, Sinai 65 (1968/9), 69–99.

zusammen und stellte die Antwort als seine *t^ešûbāh* (Responsum) den Fragestellern zu. Solche Entscheidungen bzw. Gutachten wurden als gültige Halakah gewertet und darum sorgfältig gesammelt sowie kopiert (§ 26,2). Ein *reš kallāh* oder sonstiger Vornehmer erläuterte die getroffenen Entscheidungen jeweils noch den Schülern. Über den behandelten Traktat wurden Prüfungen abgehalten, deren Ergebnis entscheidend war für den Bezug von Gehältern bzw. Stipendien, die der Gaon aus den eigenen Einkünften der Ješibah (Bodenbesitz), aus Steuerzuwendungen im Rahmen des Exilarchats und aus Spenden der anfragenden auswärtigen Gemeinden bestritt. Nirgends sonst war ein derart umfassender und kostspieliger Schulbetrieb möglich, keine anderen Schulen konnten daher auch die Leistungen dieser großen babylonischen Akademien erreichen.

So genossen diese Ješibot und ihre Häupter, die Gaonen, höchste halakische Autorität und damit setzte sich der Talmud Babli gegenüber dem Jerušalmi ebenso durch wie die babylonische Interpretation der alten Halakah. Als später dieser Einfluß zu schwinden begann, suchte man die Autorität des Gaonats auch durch propagandistische Mittel zu untermauern. So berichtet Jehudah ben Barzillaj (frühes 12. Jh.) in seinem *Sefär hā-ʿittîm,* daß in den Kallah-Monaten wie in der Wüstenzeit über dem Zeltheiligtum eine Feuersäule über der Ješibah weilte, Zeichen der göttlichen Gegenwart und der Offenbarung. Auf derselben Linie liegen die Worte des Samuel ben Eli[6]:

„Denn der Ort der Ješibah, er ist der Thron der Torah, welcher der Ort des Mose, unseres Lehrers, Friede sei auf ihm, ist, zu jeder Zeit. [Der Name der Ješibah wird abgeleitet von dem Schriftwort: ‚Und Mose setzte sich *(wajješäb),* um das Volk zu richten' (Ex 18,13)]. Er ist der Ort, der zum Lehren der Torah und für ihr Studium und für die Überlieferung der Halakah bestimmt ist von Generation zu Generation, wie die Mischna schreibt: ‚Mose empfing die Torah vom Sinai und tradierte sie Josua, Josua den Ältesten, die Ältesten den Propheten und die Propheten den Männern der großen Versammlung (mAb I, 1)'. Und diese Kette reicht bis zu uns. Siehe, so ist die Ješibah der Ort unseres Lehrers Mose und an ihm wird Israels Gesetz vollendet. Jeder, der sich davon trennt, der trennt sich von dem Herrn der Torah, deren Ort sie ist, und trennt sich von unserem Lehrer Mose, Friede sei auf ihm, dessen Thron sie ist".

Um ihren Autoritätsanspruch und Führungsanspruch gegenüber dem mächtigen Davididen im Amt des *Reš gālûtā'* durchzusetzen, gaben sich die Gelehrten als Nachfolger des „zweiten Hauses" in Israel aus, der Priesterdynastie, die ja traditionell als Hüterin der

[6] S. Assaf, 'Iggārôt Š^emû'el bän 'Elî, Tarb 1 (1929/30), 64 f.

Torah gegolten hatte. Zugleich wurde damit ein Anspruch auf materielle Zuwendungen in Analogie zu Tempel und Priesterschaft begründet.

2. In den anderen islamischen Ländern waren die Einzelgemeinden mehr auf sich selbst gestellt, doch auch hier gab es da und dort einen Repräsentanten des jüdischen Bevölkerungsteiles gegenüber dem Staat, einen sogenannten *Nāgîd*[7], freilich ohne die erbliche Würde und weitreichende Macht des babylonischen Exilarchen. Darum waren die höheren Ješibot hier auch nicht in dem Maß öffentlich und ökonomisch gesichert, und der Privatinitiative kam viel mehr Bedeutung zu. Ein ausgeprägtes Mäzenatentum entwickelte sich[8]. Begüterte und einflußreiche Juden sammelten gleichsam einen Hofstaat von rabbinischen Gelehrten, Dichtern und Wissenschaftern um sich, in Spanien vor allem Chasdaj ibn Šaprut und Samuel der Nagid, wodurch neue kulturelle Zentren und auch Lehr- und Lernstätten entstanden. In Palästina, wo man stets danach trachtete, wieder zum Zentrum des Judentums zu werden, wurde allerdings ebenfalls ein Gaonat begründet, doch reichten weder die Mittel noch die personalen Voraussetzungen im Rahmen der dortigen politisch-ökonomischen Verhältnisse für ein solches Unterfangen auf längere Sicht aus[9].

3. In Nordfrankreich und Zentraleuropa lebten die einzelnen Gemeinden unabhängig voneinander in völliger Autonomie, hatten zunächst auch jede für sich ihre besonderen rechtlichen Voraussetzungen und Privilegien. Erst nach und nach, zur Sicherstellung einer überregional wirksamen Rechtssprechung, kam es zu Übereinkünften, zu Synoden, auf denen allgemeinverbindliche Verordnungen *(taqqānôt)* erlassen wurden, die freilich jeweils der Ratifizierung durch die einzelnen Gemeinden bedurften. Manche solcher *taqqānôt* wurden später dem R. Geršom ben Jehudah zugeschrieben, doch in Wirklichkeit hat es sich nicht um Verfügungen eines Einzelnen gehandelt. Diese zahlenmäßig kleinen, aber durch ihren Fernhandel wohlbestallten Gemeinden sind ganz besonders durch eine „demokratische" Selbstverwaltung gekennzeichnet[10], wobei aber einschrän-

[7] Siehe § 23 die Lit. zu den einzelnen Ländern Anm. 9, 10, 12.

[8] J. Schirmann, a. a. O. (§ 23, Anm. 9) und J. Weiss (ibd.).

[9] Siehe W. Bacher, J. Braslabi, A. Epstein, A. Marmorstein und S. Poznanski § 23, Anm. 1.

[10] I. A. Agus, The taqqanôt ... Ders., The Heroic Age of Franco-German Jewry, 1969.

kend zu sagen ist, daß natürlich nur die mit den obrigkeitlichen Privilegien ausgestatteten Familienhäupter Sitz und Stimme hatten, nicht aber jeder Jude, der im Dienst solcher Handelsherren stand. Solange die Gemeinden klein blieben, funktionierte dieses System ausgezeichnet. Sobald die Gemeinden größer wurden, das Verhältnis zwischen Reichen und Armen krasser, handelte es sich um ausgesprochen oligarchisch-plutokratisch bestimmte Herrschaftsverhältnisse. Diese wohlhabenden jüdischen Stadtbürger wetteiferten miteinander in rabbinischer Gelehrsamkeit, bestellten auch keinen besoldeten, hauptamtlichen Rabbiner, und jeder suchte nach Möglichkeit seine eigene Schule (Ješibah) zu erhalten.

Erst im Lauf der Zeit ergab sich die Notwendigkeit eines besoldeten Rabbinats. In Frankreich entstand dieses im 13. Jh., teils unter dem Einfluß der südfranzösischen Verhältnisse, wo in Narbonne von alters her ein *Nāśî'* die Juden repräsentierte und wo auch wichtige Lehrstätten existierten, teils durch die nordfranzösischen Gemeinden, die sich mit diesen südfranzösischen Ansprüchen auseinanderzusetzen hatten. Im eigentlichen Aschkenasien setzte im Spätmittelalter eine ähnliche Entwicklung ein[11]. Vor allem in größeren Gemeinden, wie sie gegen Ende der Periode in Osteuropa entstanden, bedurfte es einer größeren Zahl synagogaler Angestellter, Rabbiner, Richter, Vorbeter *(Ḥazzān)*, Synagogendiener *(Šammāš)*, Schächter etc. In all diesen Gebieten beruhte die Autorität des Gelehrten nicht auf einem Amt, sondern allein auf seiner Gelehrsamkeit. Berühmte Kapazitäten erhielten wie die Gaonen Anfragen betreffend halakischer oder allgemeinreligiöser Probleme von auswärts und entschieden sie durch Responsen, die als geltende Halakah angesehen wurden, aber natürlich durch neue Entscheidungen jederzeit den jeweiligen Anforderungen angepaßt werden konnten. In der Gemeinde selbst war auch ein berühmter Rab von der aus den besseren Familien gewählten Gemeindeleitung, den sogenannten *parnassîm*, abhängig, wurde ja auch durch diese bestellt und besoldet. Nicht immer war das Verhältnis zwischen diesen Oligarchen und ihrem *Rāb* oder *Dajjān* (rabb. Richter) spannungsfrei, zumal die Gemeindeleitung ja auch gegen-

[11] M. Güdemann, Die Neugestaltung des Rabbinerwesens und dessen Einfluß auf die talmudische Wissenschaft im Mittelalter, MGWJ 13 (1864), 68–70.97–110.384–393.421–464 + 14 (1865), 277 f.; J. Katz, Leṭôledôt hārabbānût bîmê hab-bênajim, Sefär Zikkārôn B. De Fries, 1969, 281–294; S. Schwarzfuchs, Étude sur l'origine et le développement du rabbinat au Moyen Âge, 1957.

über der nichtjüdischen Obrigkeit die Verantwortung trug und sie so nicht selten in einen Interessenkonflikt geriet, da und dort wohl auch in der Versuchung, diese Stellung zu persönlichem Vorteil auszunützen. Im großen und ganzen herrschte aber in dieser Periode noch ein beachtliches Maß an kollektivem Verantwortungsbewußtsein vor. Dies erwies sich vor allem in dem gut funktionierenden Rechtswesen[12], das, soweit nur innerjüdische Angelegenheiten betroffen waren, in völliger Autonomie gehandhabt werden konnte, und wo es eben darauf ankam, ob ein Urteil oder gar ein Synagogenbann gegen eine bestimmte Person auch in den anderen Gemeinden zur Kenntnis genommen wurde.

Im Spätmittelalter kam es auch in christlichen Ländern dazu, daß einzelne bei der nichtjüdischen Obrigkeit einflußreiche Juden mehr oder weniger offiziell die Rolle der Judenschaft ihres Landes vertraten. So günstig solcher Einfluß zur Abwendung von lokalen Willkürmaßnahmen untergeordneter Stellen auch sein konnte, so verhängnisvoll war er, sobald solch ein Mann beim Herrscher in Ungnade fiel, abgesehen davon, daß gerade diese Funktionen in den breiteren Volksschichten die Ressentiments gegen die Juden allgemein nur verstärkten. In der folgenden Periode wird aus diesen Ansätzen das Hoffaktorentum. Im übrigen wachten die Gemeinden eifersüchtig um ihre Selbständigkeit. Zusammenschlüsse wie jener der Gemeinden Speyer, Worms und Mainz, oder die Institution des dortigen „Judenbischofs", waren Ausnahmeerscheinungen[13].

4. Die Synagoge[14] war nun nicht weniger als in der talmudischen Periode der Brennpunkt des gesamten gesellschaftlichen Lebens,

[12] S. Assaf, Battê had-dîn w^{e}sidrêhäm ʾ^{a}ḥārê ḥ^{a}tîmat hat-talmûd, 1924; Ders., Hā-ʿ^{o}nāšîm ʾ^{a}ḥarê ḥ^{a}tîmat hat-talmûd, 1922; M. Frank, Q^{e}hillôt ʾAšk^{e}nāz ûbattê dînêhän, 1938; N. Golb, Legal Documents from the Cairo Geniza, JSocS 20 (1958), 17–46; Ch. Z. Hirschberg, ʿAl battê haddîn w^{e}hanhālat hā-ʿedāh b^{e}ʾAfrîqāh bîmê hag-g^{e}ʾônîm, SJ S. Federbusch, 1961, 200–209; G. Kisch, Relations between Jewish and Christian Courts in the Middle Ages, HJ 21 (1959), 81–108; J. J. Rabinowitz, The Influence of Jewish Law upon the Development of Frankish Law, PAAJR 16 (1946/7), 205–224; D. M. Shochet, The Jewish Court in the Middle Ages, 1931. Zur besonderen Problematik des Eides vgl. J. Katz, 34 ff.; G. Kisch, Studien zur Geschichte des Judeneides im Mittelalter, HUCA 14 (1939), 431–456; S. Rosenblatt, The Relations between Jewish and Muslim Laws Concerning Oaths and Vows, PAAJR 7 (1935/6), 229–243.

[13] Vgl. die einschlägigen Arbeiten in § 23, Anm. 18.

[14] Zur Synagoge im Mittelalter vgl. B.-Z. Dinur*, I/4, 293 ff.; I. Levy, The Synagogue, its history and function, 1964; I. Abrahams, a. a. O. (§ 23) 1-34.

abgesehen von den großen Ješibot im Orient und den „Höfen“ der Exilarchen, der *N^egîdîm* und der Mäzene in den oben genannten Bereichen. Auch die Schule[15] gehörte zunächst ebenso wie der *Bêt Midrāš* für die Erwachsenen zur Synagoge, doch mit zunehmender Größe der Gemeinden mußten nicht nur mehr Synagogen gebaut werden, auch verschiedene Funktionen wie Armen-, Kranken- und Gefangenenfürsorge[16], Beerdigungsorganisation und Lehrhäuser begannen sich zu verselbständigen. Die Kindererziehung, die für die Mädchen in recht bescheidenen Grenzen blieb, war nach wie vor grundsätzlich Sache der Väter, daher wurde die Kinderschule *(Ḥädär)* auch nur teilweise von der Gemeinde subventioniert und der Lehrer vorwiegend durch die Eltern bezahlt. Zuhause und im Synagogengottesdienst lernten die Kinder das gesamte religiöse Brauchtum im täglichen Leben und an den Festen.

Im *Ḥädär* lernte der Knabe zuerst lesen, dann Torah und andere biblische Texte, vom Lehrer Vers für Vers in die Umgangssprache übersetzt, später auch Targum und Raši-Kommentar, mit 10 Jahren Mischna und mit 12–13 Jahren einige wichtige Talmudtraktate. Dabei ging man im sefardischen Bereich methodischer vor und unterrichtete auch hebräische Grammatik,

[15] I. Abrahams, Hebrew Ethical Wills, 1926; Ders., a. a. O. (§ 23), 340 ff. 357 ff.; S. Assaf, M^eqôrôt l^etôl^edôt ha-ḥinnûk, 4 Bde. 1925–1942; S. W. Baron*, JC II, cap. xiii; J. Bergmann, Maimonides als Erzieher, MGWJ 79 (1935), 89–101; S. M. Blumenfield, Towards a Study of Maimonides as Educator, HUCA 23/II (1950/1), 555–593; M. Breuer, Haj-j^ešîbāh hā-'ašk^enāzît b^ešalhê j^emê hab-bênajim, Diss. Jerusalem 1966/7; B.-Z. Dinur*, I/4, 358 ff.; S. D. Goitein, Jewish Education in Muslim Countries, 1962; S. Greenberg, Jewish Educational Institutions, in: L. Finkelstein*, II, 1254–1287; M. Güdemann, Das jüdische Unterrichtswesen während der spanisch-arabischen Periode, 1873 (Nachdr. 1965); Ders., Quellenschriften zur Geschichte des Unterrichtswesens und der Erziehung bei den deutschen Juden, 1891 (Nachdr. 1965); Ders., Geschichte des Erziehungswesens und der Cultur der abendländischen Juden während des Mittelalters und der neueren Zeit, 3 Bde., 1966[2]; J. B. Maller, in: L. Finkelstein*, II, 1234–1253; J. R. Marcus, a. a. O. (§ 23), 373 ff.; N. Morris, Tôl^edôt ha-ḥinnûk šäl 'am Jiśrā'el, II/1, 1964; Ders., The Jewish School, 1937; J. Safran, Darkô ha-ḥinnûkît šäl hā-RMB"M, Sinai 63 (1967/8), 127–136; Z. Sharfstein, G^edôlê ḥinnûk b^e'ammenû, 1963/4.

[16] I. Abrahams, a. a. O. (§ 23), 324 ff.; K. Baas, Jüdische Hospitäler im Mittelalter, MGWJ 55 (1911), 745 f.; 57 (1913), 452–460; I. S. Chipkin, in: L. Finkelstein*, I, 713 ff.; A. Cronbach, Social Thinking in the Sefer Chasidim, HUCA 22 (1949), 1–147; E. Frisch, An Historical Survey of Jewish Philanthropy, 1924 (repr. 1970); S. D. Goitein, The Social ...; S. Schechter, Studies in Judaism III, 1945[2], 238–276.

während in aschkenasischen Schulen je länger je mehr ohne viel Rücksicht auf didaktisch-pädagogische Erfordernisse gelernt wurde. Nach Möglichkeit ließ man den Knaben, der mit 13 Jahren *bar-miṣwāh,* d. h. zur Befolgung der Gebote verpflichtet wurde, auch eine Ješibah besuchen, wo vor allem Talmud (später mit dem Raši-Kommentar) und andere halakische wie haggadische Literatur gelernt wurde.

Wer noch mehr erreichen wollte, besuchte eine der großen Ješibot bzw. die Ješibah eines berühmten Lehrers, um so schließlich selbst die Qualifikation eines Gelehrten *(ḥaber, môrāh)* bzw. Richters oder Rab zu erlangen[17]. Von weitreichender Auswirkung war, daß das sefardische Judentum, das der profanen Bildung offener gegenüberstand, zunehmend an Bedeutung verlor und die italienischen Juden, die unter dem Einfluß der Renaissance ebenfalls den Kontakt zur Umweltsbildung zu bewahren wußten, zahlenmäßig zu schwach waren, um stärker auszustrahlen. Im aschkenasischen Bereich förderten die Verfolgungen seit den Kreuzzügen und der zunehmende kirchlich-antijüdische Einfluß die Isolierung. Nachdem die Juden aus den meisten Berufen verdrängt worden waren und vor allem den Fernhandel nicht mehr besorgen konnten, verlor das Hebräische seine früher auch praktische Bedeutung als internationale Geschäftssprache und die rabbinische Bildung, einst durch den weiten Erfahrungshorizont der Handelsherren ergänzt, wurde mehr und mehr zum Selbstzweck. Als Mittel zur Selbsterhaltung unter bescheidenen Umständen zwar von enormer Wirkung, hatte diese Bildung, die der Intensität und Verbreitung nach im Volk die durchschnittliche christliche weit übertraf, kaum praktischen Wert für das alltägliche Leben.

5. Die erwähnte Isolierung von der Umweltskultur wurde durch die Ostwanderung noch gefördert. In der slawischen Umgebung ein kolonisatorisches Element, doch von den christlichen deutschen Ostsiedlern als Konkurrenz befeindet, entfaltete das Judentum hier zwar ein zunehmend reicheres Eigenleben, aber eben ganz auf den rabbinischen Bildungshorizont begrenzt. Diese seit den Kreuzzügen rapid fortschreitende, im Grund aber schon mit der Katholisierung der arianischen Stämme einsetzende Verdrängung der Juden aus dem christlichen Kulturleben beruhte indes auch auf einer ambivalenten Einstellung zur Umwelt. Die Voraussetzung, daß in der Torah alle mögliche Erkenntnis beschlossen sei, konnte entweder die Aufnahme fremden Bildungsgutes rechtfertigen oder zur Abwehr aller nicht-

[17] M. Breuer, Has-s^{e}mîkāh hā-ʾašk^{e}nāzît, Zion 33 (1967/8), 15–46.

traditionellen Vorstellungen dienen. Grundsätzlich war bei strengen jüdischen wie christlichen Frommen die Ansicht vorherrschend, daß Kontakte mit Angehörigen einer fremden Religion auf das Notwendigste zu beschränken seien und die von der Kirche durchgesetzten Maßnahmen zur Separation fanden, soweit sie nicht sozial-wirtschaftliche und moralische Diskriminierungen zum Ziel hatten, durchaus Verständnis auf jüdischer Seite. Bis zu einem gewissen Grad wurde so aus der Not sogar eine Tugend gemacht.

Ein deutliches Beispiel dafür ist die Institution des Ghettos[18]. Von jeher haben die Juden möglichst in geschlossenen Stadtvierteln für sich gewohnt, wie es die rituelle Lebensweise erforderte und wie es die jüdische Gemeindeautonomie (eine Art Stadt in der Stadt[19]) nahelegte. Die behördliche Verfügung der Ghettos besiegelte nur eine übliche Praxis, haftete ihr aber nun den Makel der Diskriminierung an. Der Wille zu Kontakten mit der Umwelt war seit den Greueln der Kreuzzüge und der Zeit des „Schwarzen Todes" bei den Juden zudem erheblich zurückgegangen, die Isolierung wurde zum Teil geradezu zum erstrebenswerten Ideal, verbunden mit einer martyriumsfreudigen Exilstheologie und mit leidenschaftlichen messianischen Hoffnungen.

So blieb das Mittelalter in dieser seiner negativen Seite für das Judentum bis in die Neuzeit hinein, ja z. T. bis in die neueste Zeit hinein bestimmend.

§ 25 Oppositionelle Strömungen und Karäer

EJ IX, 923–945: 945 f. (Lit.!); I. A. Agus*, 145 ff.; Z. Ankori, Karaites in Byzantium. The formative years, 970–1100, 1959 (Lit.!); S. Assaf, L^e^qôrôt haq-Q^e^rā'îm b^e^'arṣôt ham-mizrāḥ, Zion 1 (1935/6), 208–251 (: Bā'^o^hālê Ja'^a^qob, 181–222); S. W. Baron*, V, 209 ff.; Ch. H. Ben-Sasson, P^e^rāqîm ... (§ 23), 156 ff.; Ders., Ri'šônê haq-Q^e^rā'îm. Qawwîm l^e^mišnātām ha-ḥäbrātît, Zion 15 (1949/50), 42–55; Z. Cahn, The Rise of the Karaite Sect, 1937; M. Carmely-Weintraub, Sefär wāsajif, (1966/7), 12 ff.; I. Davidson, The Book of the Wars of the Lord containing the Polemics of the Karaite Salmon ben Yeruhim against Saadia Gaon, 1934; B. Z. Dinur*, I/2, 282 ff.; S. D. Goitein, Jews and Arabs, 1955, 172 ff.; P. S. Goldberg, Karaite Liturgy

18 I. Abrahams, a. a. O. (§ 23), 62 ff.; W. Eckart, Das Ghetto, Germania Judaica N. F. 16–17 (1966); EI X, 595–620; J. B. Sermoneta, 'Al m^e^qôrāh šäl ham-millāh „Geṭṭô", Tarb 32 (1963), 195–206; C. Wirth, The Ghetto, 1928; J. Katz*, 131 ff.

19 H. Fischer, Die verfassungsrechtliche Stellung der Juden in den deutschen Städten, 1931.

and its Relation to Synagogue Worship, 1957; H. Graetz*, 472–508, 508–515; R. Kaufmann, Great Sects and Schisms in Judaism, 1967, 38 ff.; B. M. Lewin, 'ässā' mišlî l^eR. Sa'adjāh Gā'ôn, 1943; R. Mahler, Haq-Q^erā'îm, 1949 (dazu E. Ashtor, QS 26, 1949/50, 121–125); E. Mainz, Comments on the Messiah in Karaite Literature, PAAJR 25 (1956), 115–118; Ders., The Credo of a Fourteenth Century Caraite, PAAJR 22 (1953), 55–63 (dazu S. Abramson, 17 f.); J. Mann, Texts and Studies II, 1935; Ders., The Jews ... (§ 23) I, 60 ff.; J. R. Marcus, a. a. O. (§ 23), 233 ff.; L. Nemoy, Karaite Anthology, 1952 (Lit.!); Ders., Hä'ārôt la-ḥibbûr šäl 'ibn-Kammûnāh 'al ha-hebd^elîm bên hā-Rabbānîm w^ehaq-Q^erā'îm, Tarb 24 (1954/5), 343–353; Ders., „Kitāb al-anwar wa'l marakib", Code of Karaite Law, 1939, 1943; Ders., Ibn Kammûnah's treatise on the differences between the Rabbanites and the Karaites, PAAJR 36 (1968), 107–165; S. Poznanski, The Karaite Literary Opponents of Saadia Gaon, 1908; S. Szyszman, Ascèse et pauverté dans la doctrine karaite, Akten des 18. Intern. Soziologenkongresses 1958, II, 352–359.

1. Wie es schon in talmudischer Zeit gegenüber dem rabbinischen Establishment Ressentiments und Widerstände in den breiteren Volksschichten gab, so natürlich erst recht während der Epoche des voll ausgeprägten gaonäischen und exilarchischen Regimes. Wieweit dabei alte, aus der Zeit des Frühjudentums herüberreichende Traditionen eine Rolle spielten, ist umstritten[1], doch ist eine Beeinflussung antirabbinischer Tendenzen durch literarische Funde aus Höhlen, in denen alte Schriften wie die von Qumran verborgen worden waren, durchaus möglich. Die Tendenz, solche ausgerechnet in den Dienst antirabbinischer Argumente zu stellen, muß allerdings aus damals aktuellen Umständen erklärt werden können. Zudem darf die oppositionelle Bewegung nicht als eine Einheit gesehen werden. In manchen Kreisen lebte die Apokalyptik stärker weiter als den Rabbinen lieb sein konnte, und in solchen Gruppen war natürlich auch die Wertung der beste-

[1] Für eventuelle Zusammenhänge mit den Qumrangemeinde-Traditionen s. E. Bammel, Zu 1QS IX, 10 f., VT 7 (1957), 384; H. Grégoire, Les gens de la caverne, les Qaraïtes et les Khazares, Le Flambeau 15 (1952), No. 5, 477–485; P. Kahle, The Karaites and the Manuscripts from the Caves, VT 3 (1953), 82–84; Ders., Die Kairoer Genisa, 1962, 18 ff.; S. Liebermann, Light on the Scrolls from Rabbinic Sources, PAAJR 20 (1951), 395–404; A. Negoitsa, Did the Essenes Survive the 66–71 War?, RdQ 6 (1969), 517–530; A. Paul, Écrits de Qumran et sectes juives aux premiers siècles de l'Islam, 1969; J. M. Rosenthal, Biblical Exegesis of 4QpIs, JQR 60 (1969), 27–36; S. Szyszman; N. Wieder, The Doctrine of the 2 Messiahs among the Karaites, JJS 6 (1955), 14–25; Ders., The Dead Sea Scrolls type of Biblical Exegesis among the Karaites, Between East and West, Essays to the Memory of B. Horovitz, 1958, 75–106; Ders., The Judaean Scrolls and Karaism, 1962.

henden Ordnungen bestimmt durch das Urteil der Vorläufigkeit in anbetracht des nahen Endes. Sofern die bestehenden Institutionen die Ordnungen dieser Welt etwa gar zu konservieren trachteten und an der eschatologischen Hoffnung wenig Interesse zeigten, konnten sie sogar als heilsgeschichtliche Hemmnisse eingestuft werden. Hier lag das tatsächlich gefährliche, revolutionäre Element in der messianischen Hoffnung, wenigstens, sobald es organisatorisch wirksam gemacht wurde. Bis dahin blieb es bei Konventikel und deren asketischem Protest gegen die Ordnung des gaonäischen Regimes, gegen die offenbar im Exil schon längst festverwurzelte offizielle Führerschicht. Solche Gruppen versammelten sich darum vor allem in Jerusalem, aus dem 8. Jh. bekannt als die „Trauernden um Zion" *('abelê Ṣijjôn)* und aus dem 10. Jh. als die *„Šôšannîm"* (Lilien)[2], Verfasser von asketisch-frommen Pijjutim[3] und strenger *Mišlê mûsār* (moralisierende, fromme Spruchweisheit)[4].

2. Eine zweite Quelle antirabbinischer Tendenzen war die im islamischen Kulturbereich damals aufkommende Infragestellung überkommener Werte und Traditionen. Der weite Horizont des Kalifenreiches gab Anlaß zum Vergleich der in ihm vereinten Völkerschaften, Religionen und Traditionen, provozierte zur Relativierung von bislang streng verabsolutierten Standpunkten. Im 9. Jh. stellte in diesem Geiste Chiwi al-Balkhi 200 ketzerische Fragen zur Bibel und verwirrte offenbar nicht wenige gebildete Mitjuden, sodass Saadja literarisch gegen ihn vorgehen mußte[5]. Aus solchen intellektualistisch-kritischen Ansätzen erwuchs eine mit den Mitteln der im islamischen Raum von den Syrern übernommenen antiken Philosophie eine Fähigkeit zu systematischem Denken, dem die herkömmliche rabbinische

[2] Vgl. v. a. Ch. H. Ben-Sasson, Perāqîm ... (§ 23), 164 ff. für die eigenartige Verbindung asketischer und intellektualistischer Tendenzen.

[3] M. Zulay, Mip-pijjûṭê haq-Qerā'îm haq-qadmônîm, in: Qôbäṣ Schocken lesifrût 1941, 139–145.

[4] Mišlê Mûsār: vgl. zuletzt Ch. Schirmann, Šîrîm ḥadāšîm min hag-genîzāh, 1965, 427–447.

[5] I. Davidson, Saadia's Polemic Against Hiwi al-Balkhi, 1915: ergänzt im Text durch Ch. Schirmann, Šîrîm ḥadāšîm min hag-genîzāh, 1966, 32 (35)–41. Darüber ferner: M. Gil, Ḥîwî hab-Balkî, 1965; J. Guttmann, Liš-'elat ham-meqôrôt šäl Ḥîwî hab-Balkî, SJ A. Marx, 1950, hebr. 95–102; H. Malter, Saadia Gaon, 1926, 384 ff.; J. Rosenthal, Hiwi al-Balkhi, JQR 38 (1947/8), 317–341.419–430; 39 (1948/9), 79–94; G. Vajda, À propos de l'attitude religieuse de Hivi al-Balkhi, REJ 99 (1935), 81–91; M. Zucker, Hä'ārôt laq-qeṭā'îm ha-ḥadāšîm mit-"Tešûbôt R. Sa'adjāh Gā'ôn leḤîwî hab-Balkî", Tarb 35 (1965/6), 329–348.

Methode nicht gewachsen war. Antirabbinische Kräfte konnten daher zunächst mit einigem Erfolg sich solch neuer Mittel bedienen. Gerade die Karäer waren es, die zum ersten Mal die Argumente der islamischen kritischen religiösen Philosophie, der Muʿtazila, aufnahmen.

3. Die Unzufriedenheit mit den Verhältnissen und die Kritik an der herrschenden geistigen Kultur fand ihre volle Durchschlagskraft erst, als sich politische Interessen ihrer zu bedienen wußten. Nachdem im 8. Jh. ein Mitglied des Exilarchenhauses, Anan, in der Erbfolge nicht zum Zuge gekommen war, begann sich in seinem Gefolge die vielfältige Opposition zu formieren. Der grandiose Anfangserfolg beweist zwar die unzufriedene Stimmung in weiten Kreisen, doch keineswegs die Existenz klarer und einheitlicher Alternativvorstellungen. In dieser neuen Bewegung, die von den rabbinischen Gegnern ohne Rücksicht auf innere Unterschiede als „Karäertum" bezeichnet und verketzert wurde, gab es ausgesprochen widersprüchliche Tendenzen.

Ein Teil der asketisch-messianischen Kreise war eher geneigt, die rabbinische Halakah und Moral als zu lax abzulehnen, andere, dem neuen Intellektualismus zugetan, stellten den Wert aller über die schriftliche Offenbarung hinausgehenden Überlieferungen (darum *Qerā'îm*, Leute der Schrift, genannt) in Frage. Andere wieder sahen in dieser Opposition die Möglichkeit, gegenüber dem gaonäischen Autoritätsanspruch und dem durch ihn bewirkten Zug zur Uniformität nach babylonischem Muster den lokalen Überlieferungen mehr zur Geltung zu verhelfen.

Die Infragestellung der rabbinischen Halakah entsprang indes kaum je einer bewussten Ablehnung aller über die schriftliche Torah hinausgehenden Ordnungen. Auch diese „Karäer" hatten ihre Halakah (wie Anan selbst ein *Sefär ham-miṣwôt*, eine talmudische Systematik, verfaßte), freilich mit anderen Schlußfolgerungen und mit neuen Motivierungen im einzelnen. Die rabbinische Halakah wurde infragegestellt, weil auf ihr das ganze gaonäische Regime ruhte, dem so die Grundlage entzogen werden sollte. Im 9./11. Jh. erreichte die karäische Bewegung ihre relativ größte Geschlossenheit und Verbreitung, sonderte sich in eigenen Gemeinden von den rabbinischen Juden ab und erreichte oft auch die behördliche Anerkennung als eigene Religionsgemeinschaft. Mit dem Verfall des gaonäischen Regimes war freilich auch der Pfahl gefallen, an dem das Karäertum, im Bemühen, sich loszureissen, emporgestiegen war. Nachdem es keine geschlossene und überzeugende Alternative zum Rabbinismus, sondern nur andere

Halakot anzubieten hatte, und die geistige Führung des Volkes vor allem durch Saadja Gaon (882–942) und Mose b. Maimon (1135–1204) gesichert worden war, verlor es schließlich seine Ausstrahlungskraft und schrumpfte vom 12./13. Jh. an rasch zusammen, in größerer Zahl blieben sie zunächst noch in Ägypten, dann vor allem in Kleinasien und später noch in Osteuropa erhalten. Die religionsgeschichtliche Bedeutung dieser Bewegung für das Judentum besteht vor allem darin, daß das frühe Karäertum den Rabbinen verschiedene neue Denkmethoden und literarische Aktivitäten aufzwang, die für die Hochblüte der mittelalterlichen jüdischen Kultur richtungsweisend wurden, vor allem auf dem Gebiet der Bibeltextpflege, der Exegese und Sprachwissenschaft, und der philosophisch orientierten Theologie.

2. Kapitel: Religiöse Literatur, Liturgie und synagogale Kunst

§ 26 Die religiöse Literatur

I. Abrahams*; S. Assaf, a. a. O. (§ 23, Anm. 5); S. W. Baron*, SRH VI–VII; A. Belli*; M. Carmely-Weinberger*, 12–114; U. Cassuto*; B. Z. Dinur*, IV/1; M. Gaster, Studies and Texts in Folklore, Magic, Medieval Romance, Hebrew Apocrypha and Samaritan Archaeology, 3 Bde. 1925/8; J. L. Gersht*; D. Gonzales Maeso*; B. Halpern*; G. Karpeles*; J. Mann, Texts and Studies (§ 23); M. M. Kasher, Śārê hā-'äläf, 1958/9; A. Marx, Studies in Jewish History and Booklore, 1944; J. M. Millás-Vallicrosa, Literatura hebraico-espanóla, 1967; A. M. Millgram, An Anthology of Medieval Hebrew Literature, 1961; W. Popper, The Censorship of Jewish Books, 1969²; M. Steinschneider*; Ders., Allgemeine Einleitung in die jüdische Literatur des Mittelalters, 1964³; L. Strauss*; M. Waxman*, I–II; A. H. Weiss*, IV–V; J. Winter-A. Wünsche*; J. Zinberg*; I–II.

1. Allgemeine Merkmale

Der Vielfalt des jüdischen Mittelalters entsprechend bietet auch die jüdische Literatur dieser Periode ein bunteres Bild als etwa das talmudische Schrifttum. Schon sprachlich ist ein bedeutsamer Wandel zu verzeichnen. Im islamischen Bereich verdrängte die arabische Umgangssprache das Aramäische im Alltag und die arabische Literatursprache trat wenigstens in gewissen Kreisen neben das Hebräische, v. a. im wissenschaftlichen, philologischen und philosophisch-theologischen

Schrifttum. Diese kulturell-sprachliche Assimilation führte hier jedoch nur selten zur Preisgabe der eigenen Tradition und des Hebräischen, im Gegenteil, was man aus der Umwelt übernahm, diente zugleich der Ausgestaltung der eigenen überlieferten Formen und ihrer Inhalte und die arabische Philologie wurde für die Kenntnis und Vervollkommnung des Hebräischen verwertet[1]. Wenn hinsichtlich einer Periode der jüdischen Kulturgeschichte von einer Symbiose geredet werden kann, dann am ehesten im Blick auf diese Zeit, vor allem auf das „Goldene Zeitalter" im maurischen Spanien. Hier entfaltete sich nämlich auch eine profane Kultur und Literatur, die in mancher Hinsicht positiv auf das formale und sprachliche Niveau des religiösen Schrifttums einwirkte.

In den christlichen Ländern waren die Juden von vornhinein kulturell mehr isoliert, da das Lateinische im Unterschied zum Arabischen ja nur Kirchen- und Gelehrtensprache blieb und in den jeweiligen Volksprachen, die auch für die jüdischen Einwohner zur Umgangssprache wurden, eine Literatur erst im Entstehen begriffen war. Sieht man von den romanischen Idiomen ab, aus dem später das Judeo-Español (Ladino) entstand, das nach 1492 im Orient und in den Niederlanden weiterlebte, so ist v. a. das Jüdisch-Deutsche zu erwähnen, das später in Osteuropa seine besondere Ausprägung erfahren hat. Im Mittelalter wurden in den jüdisch-deutschen Dialekten v. a. volkstümliche Überlieferungen geschaffen[2], z. T. profaner Art durch die Übernahme von Ritterromanzen, z. T. als Gestaltung biblischer Stoffe[3], doch erst gegen Ende der Periode und vor allem im 16./17. Jh. erhielten diese durch „Spielmänner" überlieferten Stoffe literarische Gestalt. Daneben gab es eine religiöse Frauenliteratur, Gebete und Erbauungsschriften, vorwiegend Übersetzungen aus dem Hebräischen für die Mädchen und Frauen, die ja in der Regel nicht Hebräisch konnten.

[1] Zur Sprache: B.-Z. Dinur*, I/3; H. Hirschfeld, Literary History of Hebrew Grammarians and Lexicographers, 1926; A. J. Larédo, La renaissance de la langue hébraique au Moyen Âge, Hommage à Abraham (Elmaleh), 1959, 16–19. Zur Literatur: in arabischer Sprache: M. Steinschneider, Die arabische Literatur der Juden, 1902; A. S. Halkin, Judeo-Arabic Literature, in: L. Finkelstein*, II, 1116–1148.

[2] M. Waxman*, II, 613 ff.

[3] L. Fuks, The Oldest Known Literary Documents of Yiddish Literature, 1957; P. Matenko – S. Sloan, Two Studies in Yiddish Culture, I. The Aqedath Jiṣḥaq, II. Job and Faust, 1968; L. Fuks, Das altjiddische Epos Melokîm – Bûk, 1965.

Im großen und ganzen blieb aber das Hebräische als Literatursprache dominierend. Auch die wichtigeren Werke, die ursprünglich arabisch abgefaßt waren, wurden ins Hebräische übersetzt und gewannen dadurch erst ihre weitreichende Wirkung. Gegenüber der talmudischen Literatur ist auch eine Fülle von neuen literarischen Formen und Gattungen festzustellen, vor allem aber der riesige Umfang der Literatur. Dabei ist zu bedenken, daß nur ein Teil der ursprünglichen Fülle die Jahrhunderte der Verfolgungen überdauert hat.

Umso wertvoller war darum die Entdeckung eines umfangreichen Archivs, der sogenannten Kairoer „Genizah“, aus der gegen Ende des vorigen Jahrhunderts ca. 200 000 Texte bzw. Textfragmente geborgen wurden, v. a. aus der Zeit zwischen dem 9. u. 13. Jh. Es gibt keine Sparte der Judaistik, die durch „Genizahtexte“ nicht wichtige neue Impulse empfangen hätte, obschon erst etwa die Hälfte der Fragmente gesichtet werden konnte[4].

2. Halakah[5]

a) Das Erbe der talmudischen Periode bestand zwar in einer umfangreichen Sammlung der Traditionen, doch fehlte für den praktischen Gebrauch eine übersichtliche Darstellung der verbindlichen Halakot, was umsomehr empfunden wurde, als die vorislamische politische Trennung die Ausprägung regionaler und lokaler Sonderbräuche begünstigt hatte[6]. Die gaonäische Tendenz zur Vereinheitlichung wurde ausserdem durch das Beispiel der islamischen Rechtsgelehrsamkeit bestärkt. Nun boten sich – wie schon in talmudischer Zeit – zwei Methoden zur Darstellung der verbindlichen Halakot an. Nach der einen wurde der Stoff einfach der Ordnung der biblischen oder talmudischen Texte entsprechend zusammengestellt, nach der zweiten eine systematisch-sachliche Einteilung getroffen, also ein Gesetzeskodex geschaffen. Beide Methoden wurden angewandt, die Codex-

[4] Zur Übersicht siehe: P. Kahle, Die Kairoer Genisa, 1962³; N. Golb, Sixty Years of Genizah Research, Jdm 6 (1957), 3–16; A. Marx, The Importance of the Genizah for Jewish History, PAAJR 16 (1967), 182–204; J. Maier, Bedeutung und Erforschung der Kairoer „Geniza“, JAC 13 (1971), 48–61 (Hier weitere Lit.).

[5] S. W. Baron*, SRH VI, 3 ff.; M. Waxman*, I, 280 ff.; II, 123 ff.; J. Newman, Halachic Sources from the Beginnings to the Ninth Century, 1969; L. Ginzberg, Geonic und Early Karaitic Halakah, 1929 (Ginze Schechter II); Ders., Geonica I, 1910.

[6] So gab es allein zwischen Palästina und Babylonien eine beträchtliche Anzahl von Divergenzen.

form setzte sich allerdings stärker durch[7]. Während die älteren gaonäischen Halakah-Sammlungen[8] z. T. sogar in Vergessenheit gerieten, sind andere mittelalterliche Werke dieser Art bis heute maßgebend geblieben, v. a. die *Hilkôt* (des Isaak) Alfasi[9], der „*Mišneh Tôrāh*" (auch „*Jad ha-ḥazāqāh*") des Mose b. Maimon[10] und die „*'Arba'āh Ṭûrîm*" des Jakob b. Āšer[11]. Der Wunsch, die verbindliche Halakah übersichtlich und möglichst knapp zusammengestellt zu erhalten, widersprach jedoch dem rabbinischen Bestreben, möglichst auch die Ableitung und die Begründung der Gebote und Verbote zu vermitteln. Ein Kodex wie Mose ben Maimons „*Mišneh*

[7] Zur Übersicht s. M. Waxman*, a. a. O. (Anm. 5); Y. Dinari, Ḥakemê ha-halākāh be'Aškenāz bam-me'āh ha-15 weḥibbûrêhäm, Diss. Jerus. 1968; L. Ginzberg*, 153–184, vgl. auch 77–124.

[8] J. L. Gersht*, I, 1 ff.: Sefär ham-ma'aśîm libnê 'äräṣ-jiśrā'el; Še'îltôt deR. 'Aḥāj Gā'ôn; Halākôt pesûqôt; Halākôt gedôlôt; Midraš Wehizhîr. Auch von den spätgaonäischen halakischen Werken geriet, weil sie zumeist arabisch geschrieben waren, das meiste in Vergessenheit.

[9] 1013–1103; S. Schaffer, HRJ"F ûmišnātô, 1966/7; W. Leiter, Responsa of R. Isaac ben Jacob Alfasi, 1954; N. Sachs, ed., Hilkôt 'Alfas, 2 Bde. 1968/9.

[10] S. Gandz, Date of the Composition of Maimonides' Code, PAAJR 17 (1948), 1–7; J. L. Maimon, Sefär "Haj-jād ha-ḥazāqāh" lenûsḥa'ôtājw ûmeqôrôtājw, Sinai 32 (1952/3), 257–262. Eine engl. Übersetzung erscheint seit 1949 in den Yale Judaica Series (New Haven, Yale Univ. Press), „The Code of Maimonides". Zum Sefär ham-miṣwôt: J. Kafeh u. a., Mošäh bän Majmûn, Sefär ham-miṣwôt, 1957/8; B. Z. Benedikt, Ledarkô šäl hā-RMB"M beSefär ham-miṣwôt, Tôrāh säb-be'al päh 9 (1956/7), 93–110. Tešûbôt: J. Blau, Tešûbôt hā-RMB"M, 3 Bde. 1958/61; A. Kupfer, Tarb 39 (1969/70), 170–183. Zu RMB"M als Halakisten: M. Havazeleth, Hā-RMB"M wehag-ge'ônîm, 1966/7; J. H. Faur, 'Ijjûnîm behilkôt tešûbāh leRMB"M, Sinai 61 (1966/7), 259–266; S. D. Goitein, Maimonides as Chief Justice, JQR 49 (1958/9), 191–204; M. Guttmann, Die Bedeutung der Tradition für die halakische Bibelexegese des Maimonides, MGWJ 80 (1936), 206–215; J. A. Herzog, Hā-RMB"M bā-halākāh, Sinai 36 (1954), 439–446; J. Horovitz, Zum Mischne Thora und dem Mischnakommentar des Maimonides, MGWJ 83 (1939), 356–368; S. auch Anm. 36 und § 30, Anm. 121. B. Katzenellenbogen, Maimonides' Account of the Sources of Torah Tradition, in: A. Neuman, Six Talks about Maimonides, 1955, 28–33; J. Löwinger, Darkê ham-maḥšābāh hā-halaktît šäl hā-RMB"M, 1964; A. Maimon, Ḥiddûš has-Sanhedrîn lefî da'at hā-RMB"M, 1956/7; A. Schwarz, Jaḥasô šäl hā-RMB"M 'äl hag-Ge'ônîm, Sura 4 (1963/4), 156–191; S. R. Schwarzfuchs, Les lois royales de Maimonide, REJ 111 (1951/2), 63–86.

[11] 1283–1340, Toledo. Die „*Ṭûrîm*" wurden beispielgebend und viel kommentiert.

Tôrāh", der keinerlei Quellenangaben enthielt, erregte darum bei aller Anerkennung der Autorität und Leistung des großen Gelehrten nicht wenig Kritik. Aus diesem Widerspruch der Bedürfnisse entstanden im späteren Mittelalter und darnach viele Kommentare zu den alten Kodices, wobei auch die Aktualisierung und Novellierung halakischer Einzelheiten ihre Rolle spielten. Diesem letzteren Anliegen dienten auch die ungemein zahlreichen Kommentare zu *Tôrāh, Mišnāh* und *Talmûd* (Abs. 5–6).

b) Der vielfache Wandel der äußeren Lebensbedingungen gab allenthalben zu halakischen Fragen Anlaß, deren Beantwortung man von den großen Ješibot der gaonäischen Zeit oder von berühmten rabbinischen Autoritäten erwartete. Solche Anfragen *(šᵉʾelôt)* und ihre Beantwortungen bzw. Responsen *(tᵉšûbôt)* wurden als gültige halakische Entscheidungen gewertet, daher auch gesammelt, abgeschrieben und verbreitet. Die Responsenliteratur[12], aus der gaonäischen Zeit gerade durch Genizahtexte ergänzt, erreichte beträchtlichen Umfang und diente, da die Entscheidungen häufig eingehend begründet waren, auch als Lehr- bzw. Lernstoff.

In der Entwicklung der institutionellen halakischen Autorität trat im Lauf des Mittelalters ein Wandel ein. Die großen gaonäischen Ješibot in Babylonien waren ja unmittelbare Fortsetzungen talmudischer Institutionen gewesen und füllten schließlich auch die Lücke, die durch den Ausfall des palästinensischen Sanhedrin entstanden war. Mit dem Niedergang dieser Ješibot entfiel auch im islamischen Bereich die oberste halakische Instanz, sodaß allgemein die Geltung des einzelnen Gelehrten allein entscheidend wurde. Ohne die in gaonäischer Zeit erreichte einheitliche Basis hätte dies leicht zu einer völligen Zersplitterung in der halakischen Praxis führen können. Sie blieb aus, weil der babylonische Talmud, seine Interpretation und die vorhandene halakische Literatur (nicht zuletzt die Responsenliteratur als reichhaltige Präzendenzfallsammlungen) eine ausreichende gemeinsame Grundlage darstellten, um (bis heute) einer institutionalisierten halakischen Oberinstanz entbehren zu können. Festgefügte Tradition und individueller Ermessensspielraum ergänzten sich daher in einer verblüffend wirksamen Weise.

[12] Übersicht: S. B. Freehof, The Responsa Literature, 1959², wo S. 293 ff. auch eine Liste von „Respondenten". Leider enthält das Buch keine brauchbare Bibliographie. Für die gaonäische Zeit siehe v. a. M. B. Lewin, 'Ôṣar Tᵉšûbôt hag-Gᵉʾônîm, 1928 ff.; wichtige Geniza-Publikationen s. auch in J. Maier, a. a. O. (Anm. 4), Abschnitt B, II, e.

3. Die Masorah[13]

In Palästina wie Babylonien hatte es von der talmudischen Zeit her Kreise und Schulen gegeben, in denen der überlieferte Bibeltext sorgfältig gepflegt und weitergegeben wurde. Das Ergebnis war schon früh ein Standard-Konsonantentext gewesen, dessen Vokalisation nach der arabischen Eroberung nach und nach ebenfalls festgelegt wurde. Dies erforderte eine sorgfältige Sichtung der keineswegs einheitlichen Aussprachetradition und eine gewisse Vertrautheit mit den Gesetzmäßigkeiten der hebräischen Sprache, auch wenn zunächst noch grammatische Begriffe fehlten, und nicht zuletzt exegetisches Bemühen um den Sinn der Wörter und Texte. Im Streit zwischen der rabbinischen und karäischen Partei und durch die Konfrontation mit der christlichen Exegese gewann die Auseinandersetzung um Text und Sinn der Bibel besondere Aktualität. So entstand auf der Basis der unzulänglichen älteren palästinensischen und babylonischen Punktationsmethoden das vollentwickelte tiberische Vokalisationssystem. Dazu kamen im 9./10. Jh., v. a. durch Saadja Gaon, auch die Anfänge der hebräischen Grammatik, Lexikographie und einer zusammenhängenden philologisch argumentierenden Bibelexegese. In ähnlicher Weise entfaltete sich die textkritische und exegetische Behandlung von Mischna und Talmud.

4. Philologie[14]

Zunächst eng mit der Masorah (Abs. 3) und der palästinensisch-italienisch-aškenasischen Exegese verbunden, wurde die Kenntnis der hebräischen Sprache durch die Anwendung der arabischen Philologie auf das Hebräische entscheidend gefördert. Sie war die Voraussetzung für die Blütezeit der hebräischen Literatur, insbesondere in Spanien und seinem Einflußbereich und setzte sich schließlich auch in Aškenasien durch, wenngleich umständebedingt nicht in dem Mass und mit vergleichbarem Ergebnis.

[13] R. Edelmann, Soferim – Massoreten, „Massoretes“ – Nakdanim, In Memoriam Paul Kahle, 1968 (BZAW 103), 116–123; Ch. D. Ginsburg, The Massorah, 4 Bde. 1880–1905; Lit. zur Geniza: J. Maier, a. a. O. (Anm. 4), Abschnitt B, II, b. Im übrigen s. M. Waxman*, I, 162 ff.; II, 19.22 ff.; für die Frühzeit v. a. P. E. Kahle, Masoreten des Ostens, 1913 (Neudr. 1966); Ders., Masoreten des Westens, 1–2, 1927/30 (Neudr. 1967).

[14] Siehe Anm. 1 und M. Waxman*, I, 158 ff.; II, 7 ff.

5. Bibelexegese[15]

a) Die Midrašliteratur fand mit der talmudischen Periode keineswegs ihr Ende[16]. Die Abfassung und Endredaktion vieler Midrašim und vor allem die Zusammenstellung der großen Midrašsammlungen zog sich weit ins Mittelalter hinein. Leider steckt die Erforschung dieser überlieferungs- und redaktionsgeschichtlichen Vorgänge, die ja religionsgeschichtliche Phasen bezeugen, erst in den Anfängen. Die alte Midrašschöpfung geht jedenfalls nahtlos in die mittelalterliche Kommentarliteratur über, da diese, soweit sie nicht ausgesprochen philologisch oder philosophisch-theologisch orientiert war, im Grund Midraš-Methoden beibehielt oder nachahmte. Dies gilt insbesondere für kabbalistische Kommentare. Abgesehen davon ist die Funktion und Tradition der „*Daršānîm*" in diesem Zusammenhang wichtig.

b) Die hermeneutischen Voraussetzungen und Methoden[17] ändern sich, vom traditionellen Midraš abgesehen, beträchtlich. Die Ansätze

[15] W. Bacher, in: Winter-Wünsche*, II, 239 ff.; Ders., Die Bibelexegese der jüdischen Religionsphilosophen des Mittelalters vor Maimuni, 1892 (Neudr. 1970); S. W. Baron*, VI, 235 ff.; B. M. Casper, An Introduction to Jewish Bible Commentaries, 1961; EJ IV, 485–753; H. Ewald – L. Dukes, Beiträge zur Geschichte der älteren Auslegung und Spracherklärung des Alten Testaments, 1844 (Neudr. 1970); H. Fischel, Zur Literaturgeschichte des Bibelkommentars, MGWJ 83 (1939), 431–441; A. Geiger, Parschandata. Die nordfranzösische Exegetenschule, 1855; M. Ginsburger, L'exégèse Biblique des Juifs d'Allemagne au Moyen Âge, HUCA 7 (1930), 439–456; S. Gurewics, The Mediaeval Jewish Exegetes of the Old Testament, Australian Biblical Review 1 (1951), 23–43; M. Guttmann, Die Bedeutung der Tradition für die halachische Bibelexegese des Maimonides, MGWJ 80 (1936), 206–215; M. M. Kasher, Ḥûmaš Tôrāh šelemāh, Bd. 1, 1949 u. ff. (Bd. 23, 1969); M. L. W. Laistner, Some Early Medieval Commentaries on the Old Testament, HThR 46 (1953), 27–46; W. Rosenau, Jewish Biblical Commentators, 1906; E. I. J. Rosenthal, Medieval Jewish Exegesis JJS 9 (1964), 265–281; S. Schechter, The Oldest Collection of Bible Difficulties, JQR s. 13 (1901), 345–374; B. Smalley, The Study of the Bible in the Middle Ages, 1952[2]; M. Waxman*, I, 180 ff.; 512 ff.; II, 24 ff.; 300 ff.

[16] Vgl. H. L. Strack, Einleitung in Talmud und Midrasch, 1960[6(5)], 196 ff.; L. Zunz*, GV; für neuere Forschungen s.: D. Heman, Meqôrôt Jalqûṭ Šimʿônî, 1964/5; E. E. Urbach, Abraham b. ʿAzriel, Sefär ʿarûgat habbôśäm, IV, 1963; zu Mose ha-Daršān: § 31, Anm. 17; H.-J. Zimmels, in: C. Roth, The Dark Ages, 1966, 175 ff., und 185 f. über Tobia b. Elieżer, Verfasser des Midrasch Läqaḥ Ṭob (Ende 11./Anfang 12. Jh.).

[17] W. Bacher, Der Einfluß der christlichen Allegoristik auf die jüdische Bibelexegese, MGWJ 33 (1884), 475–477; Ders., Jehuda Hadassis Her-

zur Unterscheidung verschiedener Schriftsinne in der älteren Exegese werden ausgebaut. Das gebräuchliche Merkwort für den vierfachen Schriftsinn wurde *PaRDeS* ("Paradies")[18] und zwar für *P^ešāṭ* (Wortsinn), *rämäz*[19], *d^erāš*[20] und *sôd*[21]. Gegenüber der christlichen Exegese wurde allerdings so gut wie nur der *P^ešāṭ* (Wortsinn) geltend gemacht, der aber grundsätzlich nicht durch die weiteren Schriftsinne aufgehoben wurde. Dies gilt freilich nicht für die ja traditionell allegorische Hoheliedexegese und auch nicht für die philosophisch-theologische Allegorese[22], die man v. a. in aristotelisch orientierten Kreisen zur Ausräumung von biblischen Schwierigkeiten anwandte, wobei z. T. auch zu historischen und rationalisierenden Erklärungen gegriffen

meneutik und Grammatik, MGWJ 40 (1896), 14–32.68–84.109–126; L. Ginzberg*, 127–150; J. Guttmann, Zu Gabirols allegorischer Deutung der Erzählung vom Paradies, MGWJ 80 (1936), 180–184; I. Heinemann, Die wissenschaftliche Allegoristik des jüdischen Mittelalters, HUCA 23 (1950), 611–643; A. M. Landgraf, Ein frühscholastischer Traktat zur Bibelexegese der Juden, Bibl 37 (1956), 403–409; Ch. R. Rabinowitz*; A. Schmiedel, Zur Geschichte der allegorischen Schriftauslegung, MGWJ 14 (1865), 296–306.335–346; S. M. Stern, Rationalists and Kabbalists in Medieval Allegory, JJS 6 (1955), 73–86; L. Strauss*; J. Unna, Jüdische und nichtjüdische Exegeten, Jeschurun 13 (1926), 29–42; G. Widmer, Die Kommentare von Raschi, Ibn Ezra, Radaq zu Joel. Mit einer Einführung in die rabbinische Bibelexegese, 1945.

18 Die Formel stammt von Mose de Leon und wurde mit ihrer Verwendung in den Tiqqûnê haz-Zohar und im Ra'jā' mehêmnā' (bald nach dem Zohar verf.) rasch beliebt. Für frühere Definitionen Mose de Leons s. G. Scholem, Vom Sinn der Torah in der jüdischen Mystik, in: Zur Kabbala und ihrer Symbolik, 1960, 76 ff. W. Bacher, a. a. O. (Anm. 23) nahm christlichen Einfluß an, dagegen Scholem a. a. O. und P. Sandler, Lib'äjat "PRD"S", E. Auerbach JV, 1955, 222–235. Etwa zur selben Zeit wie Mose de Leon sprechen auch Bachja b. Ascher und Josef ibn Gikatilla vom vierfachen Sinn. Damit war die in der Philosophie und bisherigen Esoterik übliche Unterscheidung zwischen einem „äußeren" und einem „inneren" Sinn noch überboten. Zur Symbolik der „Nuß" (Schale – Kern) in diesem Zusammenhang s. G. Scholem, a. a. O. 77.269 (Anm. 48); Zur Kabbalah ... (§ 33) 76 ff.

19 *rämäz* ersetzt Zohar III, 202 das zuvor übliche *haggādāh*, es bezieht sich auf allegorisierende Deutung. Diese Zoharstelle ergänzt das Schema durch (5.) Gematrie (Zahlenwert der Buchstaben). Bei Bachja b. Ascher statt *rämäz: däräk haś-śekäl* (philos.!).

20 Auslegung.

21 Von den Kabbalisten zu den ansonsten üblichen 3 Verständnisweisen 1. Wortsinn, 2. haggadische Bezüge, 3. philos.-allegorische Deutung als geheimer theosophischer Sinn hinzugefügt. Im Zohar: *rāzā' dimhêmānûtā'* (Geheimnis des Glaubens).

22 Darüber siehe vor allem I. Heinemann.

wurde. Demgegenüber unterstellte die kabbalistische Hermeneutik[23] den wörtlich-historischen Bedeutungen, ohne diese in Frage zu stellen, eine weitere, symbolistische Aussage, indem sie alles sinnenfällige Geschehen (biblische Erzählungen ebenso wie Gebotserfüllungen und Gebotsübertretungen) als vordergründige Erscheinungen von Vorgängen betrachtete, die sich in der göttlichen Welt der Sefirot ereignen. Die alte Ansicht, daß die Buchstaben der „Sprache, mit der Gott die Welt erschaffen hat", kosmogene Potenzen darstellen und die Torah ein geheimnisvolles System von Chiffren überirdischer Vorgänge und geheimen Gottesnamen darstelle, erreichte im Rahmen der kabbalistischen Symbolistik erst ihre volle Anwendung, blieb aber natürlich auch im Volksglauben verwurzelt. Während in der Kabbalah der tatsächliche und der spekulativ unterstellte Inhalt der Bibel immer stärker auseinanderklaffte, blieb die Pflege der wörtlichen Auslegung nichtsdestoweniger ein rabbinisches Hauptanliegen.

c) Abgesehen von Midrāšîm und kabbalistischen Bibelerklärungen bleibt die eigentliche Kommentarliteratur zu erwähnen, jene Werke, die den Text kontinuierlich mit philologisch-historisch-sachlichen Argumenten erläutern wollen. Hier gab es zwei Hauptlinien. Eine palästinensisch-italienisch-aškenasische exegetische Tradition, die bis zum 1. Kreuzzug (1096) fast nur mündlich weitergegeben wurde, hat „Raši"[24] in knapper Form schriftlich fixiert. Dieser „sein" Kommentar errang in der gesamten Diaspora Anerkennung und fortan wurde der Bibeltext weithin mit dem Rašikommentar zusammen gelernt. Eine Fülle späterer Kommentare (und Superkommentare) folgte dieser Linie[25].

[23] A. Altmann, Midrāš ʼallêgôrî ʽal pî „haq-qabbālāh hap-pᵉnîmît" ʽal Bᵉreʼšît 24, SJ I. Brodie, 1966/7, 57–65; W. Bacher, L'exégèse biblique dans le Zohar, REJ 22 (1891), 33–46; G. Scholem, a. a. O. (Anm. 18); Ders., a. a. O. (Anm. 21), 70 ff. 343 f.; Ders., Religiöse Autorität und Mystik, in: Zur Kabbala und ihrer Symbolik, 1960, 21 ff.; Ders., Vom Sinn der Torah in der jüdischen Mystik, ibd., 49–116 (v. a. 72 ff.); J. Tishbi, Has-semäl wᵉhad-dāt baq-qabbālāh, in: Nᵉtîbê ʼᵃmûnāh ûmînût, 1964, 11–22.

[24] R. Salomo b. Isaak (Jiṣḥāqi), ca. 1040–1105. Rashi Anniversary Volume, 1941 (AAJR Texts and Studies 1); I. A. Agus, Rashi and his School, in: C. Roth, The Dark Ages, 1966, 215 ff.; S. Federbush, Rashi, 1958; H. Hailperin, Rashi and the Christian Scholars, 1963; J. Pinchas, RŠ"J mᵉfāreš hat-Tôrāh, 1945/6; E. Shereshevsky, The Significance of Rashi's Commentary on the Pentateuch, JQR 54 (1963/4), 58–79.

[25] Zu dieser gehörten: Menachem b. Chelbo (1 Generation vor Raši'); Josef Qārāʼ (1080–1160); Samuel b. Meir (RaŠBa"M, 1085–1160), s.

Andrerseits war im islamischen Bereich durch den Streit zwischen Rabbinen und Karäern und infolge der Übernahme grammatikalisch-lexikographischer Arbeitsweisen von arabischen Vorbildern ebenfalls eine Kommentartradition entstanden, die von Saadja Gaon[26] an immer bedeutender wurde. Anders als die „aškenasischen" Kommentare waren diese nicht nur durch die Konfrontation mit dem Christentum[27] bestimmt, sondern auch von den innerjüdischen Diskussionen geprägt, sodaß manche Kommentare zumindest streckenweise ausgesprochen philosophisch-theologischen Charakter haben (z. B. Abraham ibn Ezra, David Qimchi) oder eben kabbalistische Deutungen bieten, doch trat die Kabbalah in dieser Literaturform nicht gern in Erscheinung, solange die Tendenzen zur Arkandisziplin anhielten. Vorherrschend blieb aber das philologische Bemühen um den Wortsinn. Aus der großen Zahl der Kommentatoren seien nur besonders erwähnt: Abraham ibn Ezra (1093–1163)[28], Josef Qimchi und seine Söhne David (1160–1235)[29] und Mose (gest. 1190). Mose b. Nachman (1195

D. Rosin, R. Samuel b. Meir als Schrifterklärer, 1880; dazu MGWJ 29 (1880), 95 f.142 f.238–40.285–88; N. Porges, R. Samuel b. Meir als Exeget, MGWJ 32 (1883), 161–182.217–228. – Josef Bekor Šor, ebenfalls noch 12. Jh., s. N. Porges, Joseph Bechor Schorr, ein nordfranzösischer Bibelerklärer des XII. Jahrhunderts, 1908. – Ferner der *G"N* des Aaron b. Josef (um 1250) und das anonyme Werk *"Daʿat zeqenîm"* (Ende des 13. Jh.).

26 Bibliogr.: H. Malter, Saadia Gaon, 1922 und Saadia Anniversary Volume, 1943 (AAJR), 327 ff. bis 1942; A. S. Halkin, Saadia's Exegesis and Polemics, in: L. Finkelstein, Rab Saadia Gaon, 1944, 117–141; E. I. J. Rosenthal, Saadya Gaon: an appreciation of his Biblical Exegesis, BJRL 27 (1942), 168–178; A. Robertson, Rab Saʿadjāh Gā'ôn kimtargem ûmefāreš, Melilah 1 (1944), 178–184.

27 E. I. J. Rosenthal, Anti-Christian Polemic in Medieval Bible Commentaries, JJS 11 (1961), 115–135. J. Rosenthal, Hap-pûlmûs hā-'anṭînôṣrî beRŠ"J ʿal ha-TN"K, Mähqārîm ûmeqôrôt I, 1967, 101–116.

28 Zur Biographie s. jetzt J. Lewin, 'Abrāhām 'ibn-ʿÄzrā', 1969, 9 ff.; ferner s. A. Margoliut, Haj-jaḥas šäb-bên perûš ha-RŠB"M leferûš hā-R'B"ʿ, Sefär S. Assaf, 1952/3, 357–369; A. Simon, Ledarkô hap-paršānût šäl hā-R'B"ʿ ʿal pî šelôšät biʿûrājw lefāsûq 'äḥād, Bar-Ilan 3 (1964/5), 92–138; A. Weiser, R'B"ʿ kefaršān, Sinai 62 (1967/8), 113–126.

29 R. S. Brookes, The Influence of the Franco-Spanish Commentator and Grammarian David Kimchi (1160–1235) in Biblical Study, Trudy dwadzat pjatego meshdunarodnogo kongressa westokowedow, Moskau 1962/3, IV, 391–395; J. Bosniak, The Commentary of David Kimḥi on the Fifth Book of the Psalms, 1954; F. Talmage, R. David Kimḥi as Polemist, HUCA 38 (1967), 213–235; Ders., David Kimḥi and the rationalist tradition, HUCA 39 (1968), 177–218.

bis 1270)[30], Bachja b. Ascher (gest. 1291)[31] und Jakob b. Ascher (1280–1340) vertreten die kabbalistische Linie, doch der erstere sehr zurückhaltend und nur in Andeutungen, die zu Superkommentaren Anlaß gaben. Josef ibn Kaspi (ca. 1280–1340)[32], Levi b. Gerson (1288–1340)[33] und Isaak Abrabanel (1437–1509), die letzten bedeutenden Exegeten des Mittelalters, waren wieder Vertreter der religiösen Philosophie. Die wichtigsten Kommentare, Raši, Ibn Ezra, David Qimchi (abgekürzt RD"Q), RMB"N, Levi b. Gerson (RLB"G) u. z. T. noch andere wurden später in den Rabbinerbibeln mit den Targumen abgedruckt und haben so auf das religiöse Denken der Nachwelt und ihr Bibelverständnis weiter eingewirkt.

6. Talmudische Exegese[34]

Nicht minder bedeutsam und für die religiöse Praxis noch viel wichtiger als die biblische Exegese war die Auslegung von Talmud und Midraschim. Gegenüber den Karäern mußte zudem erwiesen

[30] A. J. Bromberg, Ha-RMB"N k^e^faršān w^e^hašqāfat ʿôlāmo, Sinai 61 (1966/7), 249–258; J. Neuman, Nahmanides, Commentary on Genesis chapters 1–6, 1960; J. Perles, Über den Geist des Kommentars des R. Mose ben Nachman zum Pentateuch, MGWJ 7 (1858), 81–97.113–136; 9 (1860), 175–195; Ch. D. Shevvel, Rabbenu Mošäh bän Naḥmān, 1966/7; Ders., Perûšê hat-tôrāh ..., 2 Bde., 1958/9; Ders., Bîʿûrê ha-RMB"N l^e^sifrê n^e^bî'îm ûk^e^tûbîm, Ha-Dārôm 13 (1960/1), 181–236; Ders., „Sefär haz-Zohar" k^e^māqôr ḥāšûb l^e^ferûš ha-RMB"N ʿal hat-Tôrāh, Sinai 43 (1957/8), 337–364; J. D. Silver, Nachmanides' Commentary on the Book of Job, JQR 60 (1969/70), 9–26; J. Unna, Rabbi Mošäh bän Naḥmān (Ha-RMB"N), ḥajjājw ûf^e^ʿûlôtājw, 1953/4². Ferner: § 33, Anm. 41.

[31] B. Bernstein, Die Schrifterklärung des Bachja b. Ascher ibn Chalāwa und ihre Quellen, 1891; Ch. D. Shevvel, Kitbê Rabbênû Baḥja, 1969; E. Gottlieb, Ha-qabbālāh b^e^kitbê R. Baḥja bän 'Ašär 'ibn Halāwā, 1970; Ders., M^e^qôrôtājw šäl R. Baḥja bän 'Ašär b^e^kitbê ham-m^e^qûbbālîm R. Jiṣḥaq Šāgî Nāhôr w^e^talmîdājw, Bar-Ilan 3 (1964/5), 139–185; Ders., M^e^qôrôtājw šäl R. Baḥja bän 'Ašär b^e^kitbê R. Jôsef G'îqāṭîllāh, Bar-Ilan 4/5 (1966/7), 306–323; G. Scholem, EI VIII, 144 f.; Ders., a. a. O. (Anm. 21), 336.343.

[32] W. Bacher, Aus der Bibelexegese Joseph ibn Kaspis, MGWJ 56 (1912), 199–217.324–333.449–457; 57 (1913), 559–566.

[33] Vgl. zuletzt A. L. Lassen, The Commentary of Levi ben Gerson (Gersonides) on the Book of Job, 1956. Ferner s. § 30,8 f.

[34] M. Waxman*, I, 248 ff.; II, 98 ff.; H.-J. Zimmels, a. a. O. (Anm. 16); I. A. Agus, The Oral Tradition of Pre-Crusade Ashkenazic Jewry, Studies and Essays in honor of A. A. Neuman, 1962, 1–16.

werden, daß ein rechtes Verständnis der schriftlichen Torah ohne Anerkennung und Kenntnis der mündlichen nicht möglich sei, und allgemein ergab sich das Bedürfnis nach Erklärungen der ja nicht immer leicht verständlichen talmudischen Schriften. Auch dafür gab es im italo-aschkenasischen Bereich eine feste mündliche Überlieferung, die dann durch Raši und seine Schule fixiert worden ist. Sein Kommentar hat später in die Talmuddrucke Aufnahme gefunden, aber auch die Talmudglossen seiner rheinisch-nordfranzösischen Nachfolger, die sog. *Tôsāfôt*[35]. Diese exegetische Tradition hat sich dann im ganzen Judentum durchgesetzt und das Talmudverständnis bis heute geprägt. Von den Kommentaren zur Mischna sei hier nur auf den Kommentar des Mose b. Maimon[36] verwiesen, weil er wegen gewisser philosophischer Inhalte bedeutsam geworden ist (§ 30,7). Die Zahl der Talmudkommentare ist Legion. Die Ursache liegt einerseits in dem Bemühen, die Halakah zeitgerecht zu aktualisieren bzw. herrschende Praktiken exegetisch zu legitimieren, andrerseits im Ehrgeiz der Rabbinen, von denen jeder möglichst viel „*ḥiddûšîm*" und Erklärungen vorzuweisen bemüht war. Aber nicht nur die Halakah, auch die Haggadah fand ihre Erklärer, gerade in kabbalistischen Kreisen, z. T. auf Grund besonderer Zusammenstellungen der talmudischen Haggadah, wie z. B. der *ʿÊn Jaʿᵃqob* des Jakob ibn Chabib aus der 2. H. des 15. Jh., der später viel benützt worden ist. Ein Sonderfall sind die Kommentare zum Mischnatraktat *ʾAbôt*[37]. Sie spiegeln das ganze Spektrum der religiösen und ethischen Ansichten des mittelalterlichen Judentums wider und verdienen ganz besondere Aufmerksamkeit.

Die Hermeneutik der Talmud- und Midrascherklärer unterscheidet sich grundsätzlich nicht von jener der Bibelexegese, oft genug, wie z. B. im Falle des Raši, schrieb ein und derselbe Autor Kommentare zu Bibel und Talmud. Aber die Notwendigkeit, die halakische Verfahrensweise sicherzustellen, führte dennoch dazu, daß eine große Zahl von methodologischen und enzyklopädischen Werken zur Talmudexegese verfaßt wurden[38].

[35] E. E. Urbach, Baʿᵃlê hat-tôsāfôt, 1956/7².

[36] D. Kafeh, Mišnāh ʿim perûš Rabbenû Mošāh bän Majmôn, 4 Bde, 1963/5.

[37] § 13, Anm. 18.

[38] M. Waxman*, I, 311 ff.; II, 190 ff.

7. Traktate und Bücher von systematischem Aufbau

Mit dem Aufkommen philosophischer Fragestellungen und umfassenderer kontroverstheologischer Überlegungen entstand nach islamischen und christlichen Vorbildern auch im Judentum eine Literaturgattung, die sich durch thematisch-systematischen Aufbau auszeichnet. Sie trat an die Stelle gedichtartiger oder in Reimprosa gehaltener Polemiken[39], vor allem seit Saadjas „Buch der Glaubenslehren und Glaubensüberzeugungen" (§ 30,2). Aber auch Kabbalisten bedienten sich z. T. der neuen Form und auch in der Kontroverstheologie fand sie ihren Platz, wobei Jakob b. Re'ubens „Buch der Kriege des Herrn" (ca. 1180) vorbildlich wurde[40].

8. Geschichtsliteratur

a) Mit dem Ende der talmudischen Periode trat auch die Apokalyptik wieder literarisch in Erscheinung[41]. Im Zuge kriegerischer oder sonstiger aufsehenerregender Geschehnisse ist sie durch das Mittelalter hindurch mehrere Male akut geworden, doch verhältnismässig wenig schöpferisch geblieben. Meistens wurden nur ältere Stoffe aktualisiert[42]. Darüber hinaus hat apokalyptisch-messianisches Denken aber in anderen Literatursparten, vor allem in Bibelkommentaren

[39] Z. B. Saadjas Polemik gegen Chiwi al-Balki, s. § 25, Anm. 5; oder die Polemik des Karäers Salmon ben Jeruchim gegen Saadja, siehe I. Davidson, The Book of the Wars of the Lord, 1934.

[40] § 42, Anm. 5.

[41] J. 'Äbän-Šemu'el, Midrešê ge'ûllāh, 1952/3; J. Klatzkin, EJ II, 1154–1161; A. Z. 'Äscoli*, 93 ff.

[42] Vgl. 'Äbän-Šemu'el, a. a. O. (Anm. 40), S. 61: Die apokalyptischen Wellen treten auf: 1. – Am Ende der byzantinischen Zeit, Anfang 7. Jh., in Palästina; 2. – am Ende der Omajadenherrschaft gegen 750; 3. – gegen Ende der Abassidenherrschaft Mitte 10. Jh in Persien; 4. – beim Bekanntwerden des Chazarenreiches in der 2. H. des 10. Jh.; und 5. – während der Kreuzzüge, v. a. gegen Ende des 12. Jh. Dazu käme noch die Periode 6. – vor der Vertreibung aus Spanien.
Es handelt sich v. a. um folgende Texte: *Sefär 'Elijjāhû* und *Sefär Zerûbbābel* (628–638), *Nistārôt R. Šim'ôn bar Johāj* und *'Atîdôt R. Šim'ôn bar Johāj* (um 750); *Ma'aśeh Danî'el* (ca. 940); *Ḥazôn Dānî'el* (etwa 968), *Tefillat R. Šim'ôn bar Johāj* (um 1190); *Nebû'at haj-jäläd* (Ende 13. Jh.), ein Text, der um die Wende vom 15. zum 16. Jh. neu aktualisiert wurde, sowie die kabbalistischen Werke *Sefär Hammešîb* und *Sefär kaf haq-qeṭôrät* (Ende 15./Anfang 16. Jh.).

(z. B. zum Danielbuch) seinen Niederschlag gefunden[43]. Erst im Spätmittelalter erhielt die Apokalyptik durch die Verquickung mit der Kabbalah ein neues Kolorit.

b) Neu gegenüber der talmudischen Periode ist auch die Existenz einer Geschichtsschreibung[44]. Freilich darf sie nicht als exakte Historiographie bezeichnet werden, eher als eine Form von Erbauungsliteratur, doch eben deshalb kam ihr auch eine gewisse Breitenwirkung zu, eine geschichtsbewußtseinsbildende Funktion, die es in diesem Mass z. B. im christlichen Raum nicht gab. Eine ganze Reihe kleinerer und umfangreicherer chronikartiger Texte entstand im Lauf des Mittelalters[45].

Angefangen vom *Sedär ʿÔlām Zûṭā'*, einer anspruchslosen Weltchronik, und vom *Sedär hat-Tannā'îm wehā-'amôrā'îm* über die Gelehrten der frühjüdisch-talmudischen Zeit. Bemerkenswerter als historische Dokumente sind der Bericht des Natan hab-Babli über die gaonäischen Institutionen zwischen 920–960 und der (sehr umfangreiche) „Brief" des Scherira Gaon, ein Responsum, über die Geschichte der mündlichen Tradition und ihren Zusammenhang mit den großen Ješibot Babyloniens[46].

Mitte des 11. Jh. entstand in Süditalien die Familienchronik des 'Aḥimaʿaṣ b. Palṭi'el, voll wertvoller Hinweise auf die religiöse Mentalität in seinem Milieu[47]. Noch früher, etwa um 953, war in Italien das sehr verbreitete Buch „*Jôsîppôn*"[48] fertigredigiert worden, das viel älteres Material enthält und in der Chronik des Jeraḥme'el b. Salomo Ende des 11. Jh. mitverwertet wurde[49]. Diese selber ist wieder im Rahmen einer größeren Kompilation erbauungsliterarischer Art des Eliezer b. Ascher Hallevi (um 1325 im Rheinland) erhalten. Eine neue Gattung, Kurz-

[43] A. H. Silver*; J. Sarachek, The Doctrine of the Messiah in Medieval Jewish Literature, 1968² (1932); W. H. de Wilde, De messiaansche opvatingen der middeleeuwschen exegeten Rasji, Aben Ezra en Kimchi vooral volgens hun commentaren op Jesaja, 1929.

[44] I. Elbogen, EJ IV, 107–115; M. A. Shulvass, Haj-jedî'āh bā-hisṭôrjāh wehas-sifrût hā-hisṭôrît biteḥôm hat-tarbût šäl haj-jahadût hā-'aškenāzît bîmê hab-bênajim, SJ Ch. Albeck, 1962/3, 465–495; M. Steinschneider, Die Geschichtsliteratur der Juden, 1905; A. Waxman*, I, 416 ff.; II, 458 ff.; H.-J. Zimmels, in: C. Roth, The Dark Ages, 1966, 274 ff.

[45] A. Neubauer, Mediaeval Jewish Chronicles, 2 Bde. 1887/1895.

[46] Überliefert in einer kürzeren und längeren Rezension; B. M. Lewin, 'Iggärät Rab Šerîrā' Gā'ôn, 1921.

[47] B. Klar, Megîllat 'Aḥîmaʿaṣ, 1943/4.

[48] Zuletzt C. Roth, The Dark Ages, 1966, 403; J. Schirmann, ibd. 256 ff.; J. Reiner, The Original Hebrew Yosippon in the Chronicle of Jerahmeel, JQR 60 (1969/70), 128–146. H.-J. Zimmels, in: The Dark Ages (s. o.) 277 ff.; J. L. Gersht*, I, 257 ff.

[49] J. Reiner, a. a. O. (Anm. 48); J.-L. Gersht*, I, 265 ff.

chroniken, die wie viele *Qînôt* (Klagelieder)[50] der martyrologischen Literatur zugehören, tritt vor allem in der Kreuzzugszeit hervor[51] und bleibt ebenso wie jene *Qînôt*-Literatur für das Spätmittelalter charakteristisch[52].

Der erste Autor, der als Historiograph bezeichnet werden kann, war der Philosoph Abraham ibn Daud (gest. ca. 1180). Sein *Sefär haq-qabbālāh*[53] behandelt nicht nur die biblisch-frühjüdisch-talmudische Zeit unter Verwendung vielerlei Quellen, sondern auch die gaonäische Periode und vor allem das nordafrikanisch-spanisch-provençalische Judentum. Ein Hauptanliegen war ihm der Aufweis des kontinuierlichen Traditionszusammenhanges, nicht zuletzt gegenüber den Karäern.

Während der Einfluß dieses Werkes enorm war und es späteren jüdischen Chronisten als eine ihrer Hauptquellen diente, kommt den beiden anderen Chroniken Abrahams geringere Bedeutung zu. Es handelt sich im eine Geschichte der jüdischen Könige in der Zeit des 2. Tempels und um eine Geschichte des römischen Reiches bis zu Mohammeds Auftreten.

Darstellungen des rabbinischen Traditionszusammenhanges wurden auch später wieder versucht. So von Menachem ha-Me'iri, dem Bibel- und Talmudkommentator, in der Einleitung zu seinem *'Abôt*-Kommentar, von David de Estella in der Einleitung zu seinem Qirjat Sefär (um 1320), von Isaak de Lattes in der Einleitung zu seinen *Šaʿarê Ṣijjôn* (1372), die wieder für Spätere vorbildlich wurden. Schließlich wäre noch Menachem b. Zärachs Einleitung zu *Ṣêdāh lad-däräk* (um 1374) zu erwähnen.

Auch die Reiseliteratur vermittelt wichtige Informationen über jüdische Siedlungen und jüdisches Leben. Von der legendären und vielumstrittenen Erzählung des Eldad ha-Dani[54] Ende des 8. Jh. einmal abgesehen, handelt es sich um die Berichte der Reisenden Benjamin von Tudela[55], zwischen 1159–1173, und Petachjah von Regensburg[56], zwischen 1175–1185.

[50] Vgl. vier neue Beispiele aus der Genizah bei Ch. Schirmann, a. a. O. (§ 25, Anm. 5), 446–454.
[51] § 23, Anm. 23 (Birnbaum, Neubauer-Stern, Habermann).
[52] A. M. Habermann, a. a. O. (§ 23, Anm. 23).
[53] G. D. Cohen, A critical edition with a translation and notes of the Book of Tradition (Sefer ha-Qabbalah) by Abraham ibn Daud, 1967.
[54] H. Graetz*, V, 515–523; A. Epstein, Eldad ha-Dani, 1891/2 (Kitbê ..., I, 1950, 1–211).
[55] M. N. Adler, The Itinerary of Benjamin of Tudela, 1907.
[56] E. Grünhut, Sibbûb hā-Rāb Rabbî Peṭaḥjāh me-Regensburg, 1905.

9. Erbauungsliteratur

Zu der in breiteren Schichten gelesenen Erbauungsliteratur gehört eine Unzahl und Vielfalt von Schriften. Der größte Teil davon wurde von den Literaturhistorikern noch gar nicht beachtet, obwohl gerade solche Werke religionsgeschichtlich von Interesse sind. Auch im folgenden können nur die bedeutenderen Beispiele erwähnt werden. Dazu gehört neben der schon erwähnten Geschichtsliteratur vor allem die sogenannte *Mûsār*-Literatur[57], theologisch-ethische Schriften allgemeinverständlicher Art, so auch die hebräische Übersetzung von Bachja ibn Paqudas „Herzenspflichten" (§ 30,3 d). Ferner die literarischen Testamente[58], in denen Väter ihren Söhnen religiös-ethische Weisung hinterließen, die meisten Kommentare zum Mischnatraktat Abot[59] und auch manche Anleitungen zur praktischen Gebotserfüllung, z. B. Abraham b. Natans *„Sefär ham-Manhîg"* (Anfang 13. Jh.) oder der für die Jugend bestimmte, aber theologisch akzentuierte *Sefär ha-Ḥînnûk* des Aaron Hallevi (Ende 13. Jh.)[60]. Mehr volkstümlichen Charakter hat der *Sefär Ḥᵃsîdîm* (§ 32), der in Aschkenasien sehr weit verbreitet war, und das Buch *Mᵉnôrat ham-Mā'ôr* des Isaak Abuhab (Ende 15. Jh.)[61]. Selbstverständlich waren auch Pijjutim, Gebete und manche Kommentare zu ihnen als Erbauungslektüre von großer Bedeutung (§ 27), wahrscheinlich mehr als alle übrigen genannten Literaturarten.

[57] M. Waxman*, I, 355 ff.; II, 273 ff.

[58] M. Waxman*, I, 367 ff.; II, 291 ff.; I. Abrahams, Hebrew Ethical Wills, 1948, 2 Bde.

[59] § 13, Anm. 18.

[60] Ch. D. Shevvel, Sefär ha-ḥinnûk, 1967/8⁸. I. Epstein, The Conception of the Commandments of the Thorah in Aaron Halevi's Sefer ha-Hinnuk, Essays in honour of J. H. Hertz, 1942, 145–158. Die Verfasserschaft ist umstritten, vgl. auch S. H. Kuk, Mᵉḥabber Sefär ha-Ḥînnûk, QS 1 (1924/5), 160 f.; Ders., Bidbar šem mᵉḥabber „Sefär ha-Ḥînnûk", QS 17 (1940/1), 83–86. Ed.: Ch. D. Schevvel, 'Ahᵃron hal-Lᵉvî mib-Barcelona, Sefär ha-Ḥînnûk, 1959/60², u. ö.; vgl. auch D. Rosin, Ein Kompendium der jüdischen Gesetzeskunde aus dem vierzehnten Jahrhundert, 1871.

[61] J. Fries-Horeb, Jiṣhaq 'Abûhab, Mᵉnôrat ham-mā'ôr, 1969/70²; S. Bamberger, R. Isaak Aboab, Der lichtspendende Leuchter, 1923. Zur Datierung s. M. Waxman*, II, 282 ff.

10. Übersetzungsliteratur[62]

Viele wissenschaftliche und philosophische Texte sind aus dem Arabischen ins Hebräische übersetzt und so den Juden Italiens und Aschkenasiens vermittelt worden. Aber auch aus dem Lateinischen ins Hebräische und aus dem Hebräischen ins Lateinische haben Juden übersetzt und damit einen unschätzbaren Beitrag zur Vermittlung zwischen den islamischen und christlichen Kulturen und Literaturen geleistet. So beruht z. B. die abendländische Aristoteleskenntnis zu einem guten Teil auf solch jüdischer Vermittlung.

11. Briefliteratur[63]

Noch kurz erwähnt sei die große Zahl von Privat- und Gemeindebriefen, die nicht unter die Rubrik Responsen fallen. Sie enthalten neben biographischen und historischen Hinweisen wertvolle Belege für die Religiosität ihrer Verfasser und ergänzen z. T. das Bild von dem religiösen Denken des Mittelalters nicht unwesentlich, wie allein die Briefe des Mose b. Maimon zeigen.

§ 27 Liturgie und Pijjut

I. Abrahams*, A Companion . . .; S. W. Baron*, SRH VII, 62 ff. 135 ff.; A. Ben-'Ôr, Tôlᵉdôt haš-šîrāh hā-ʿibrît bîmê hab-bênajim, 1963/4; A. Berliner*, Randbemerkungen . . .; G. Davidowicz, Liturgische Dichtungen der Juden, 1938; I. Davidson*; F. Delitzsch, Zur Geschichte der jüdischen Poesie, 1836; B.-Z. Dinur*, I/3, 198 ff.; I/4, 293 ff. 527 ff.; L. Dukes, Ehrensäulen und Denksteine, 1839; Ders., Zur Kenntnis der neuhebräischen religiösen Poesie, 1842; I. Elbogen*; Ders., Studien zur Geschichte des jüdischen Gottesdienstes, 1907; Ders., Zur hebräischen Poesie des Mittelalters, MGWJ 82 (1938), 306–323; A. Geiger, Jüdische Dichtungen der spanischen und italienischen Schule, 1856; J. L. Gersht*, I, 5 ff. 41 ff. 57 ff. 245 ff. D. Gonzalo

[62] M. Steinschneider, Die hebräischen Übersetzungen des Mittelalters und die Juden als Dolmetscher, 1893 (Nachdr. 1956); Ders., Die arabischen Übersetzungen aus dem Griechischen, (Nachdruck) 1960; Ders., Die europäischen Übersetzungen aus dem Arabischen bis Mitte des 17. Jahrhunderts, 1956 (Nachdruck).

[63] F. Kobler, A Treasury of Jewish Letters, 2 Bde. 1953; A. Jaʿari, 'Iggārôt 'Äräṣ Jiśra'el, 1949/50. Speziell gaonäische (nichthalakische) Briefe s. auch bei J. Mann, Texts . . . (§ 23), I, 63–195.

Maeso, Algunos aspectos de la poesia sinagogal, MEAH 3 (1954), 5–22; A. M. Habermann, Tôl^{e}dôt hap-pijjûṭ w^{e}haš-šîrāh, 1970; I. Idelsohn*; A. L. Landshuth, ʿAmmûdê hā-ʿ^{a}bôdāh, 1956/9 (repr. 1964/5); J. Mann, Changes in the Divine Service Due to Religious Persecution, REJ 87 (1929), 241–302; J. M. Millàs – Vallicrosa, La poesia sagrada hebraico-espagñola, 1967[3]; F. Perles, Die Poesie der Juden im Mittelalter, 1907; M. Sachs, Die religiöse Poesie der Juden in Spanien, 1901[2]; A. I. Schechter, Studies in Jewish Liturgy, 1930; Ders., Lectures on Jewish Liturgy, 1933; J. Schirmann, L'amour spirituelle dans la poésie hébraique, Les Lettres Romanes 15 (1961), 315–325; S. Sierra, La poesia sinagogale del medio evo, RMI 23 (1957), 263–270.310–314.372–376.422–428. 446–454; S. Spiegel, On Medieval Hebrew Poetry, in: L. Finkelstein*, I, 854–892; A. Sulzbach, in: Winter - Wünsche* III, 3–99; M. Waxman*, I, 119–247; II, 52 ff.; N. Wieder, Islamic Influence on the Jewish Worship, 1947; H. - J. Zimmels, Askenasim and Sefardim, 1958, 99 ff. 124 ff.; J. Zinberg*, I–II. L. Zunz*, SP; Ders.*, LG; Ders.*, Ritus; Ders.*, GV; Ferner s. § 14–15.

1. Die Liturgie

Die Geonim Babyloniens bemühten sich, die zunehmende Vielfalt der lokalen Bräuche und Gebetstextvariationen sowie den die Stammgebete überwuchernden verdrängenden und nach Zeit und Ort wechselnden Pijjut einzudämmen. Dies ist bis zu einem gewissen Grad auch gelungen, sodaß selbst zwischen dem sefardischen und aschkenasischen Ritus[1], den beiden liturgischen Haupttypen, nur wenig bemerkenswerte Unterschiede bestehen. Die meisten Differenzen zwischen den zahlreichen lokalen Riten[2] beruhen auf den pijjutischen Bestandteilen. In den Gebetstexte selbst sind Änderungen von religionsgeschichtlichem Interesse kaum zu beobachten, nur der Prozeß der gelegentlichen Erweiterung von Vorlagen durch gebräuchliche Gebetsphrasen und durch eschatologisch gefärbte Sätze zog sich von der talmudischen Zeit her noch in das frühe Mittelalter hinein.

Eine erste Darstellung der Liturgie stammt vom Gaon Amram, aus der Mitte oder 2. Hälfte des 9. Jh., doch enthielt sie ursprünglich wahrscheinlich keine Gebetstexte.[3] Das erste vollständige Gebetbuch ist also der *Siddûr Rab Saʿadjāh Gāʾôn*[4]. Aus dem sefardischen Bereich

[1] H. - J. Zimmels.

[2] L. Zunz, R; M. Zulay, L^{e}ḥeqār has-siddûrîm w^{e}ham-minhāgîm, SJ S. Assaf, 1952/3, 302–315.

[3] D. Hedegard, Seder R. Amram Gaon, 1, 1951; A. L. Frumkin, Sedär Rāb ʿAmrām haš-šālem, 1912.

[4] I. Davidson - S. Assaf - J. Joel, Siddûr Rāb Saʿadjāh Gāʾôn, 1962/3[2].

verdient noch der jemenitische Ritus[5] hervorgehoben zu werden, für Europa der römische Ritus[6], ferner der *Siddur Raši*[7] und der *Maḥzor Vitry*[8].

2. Der Pijjut[9]

Die religiöse Poesie, der *pijjûṭ*, gehört zu den wichtigsten Quellen für die Kenntnis der jüdischen Religiosität. Die ungeheure Fülle des Quellenmaterials ist religionsgeschichtlich allerdings noch wenig ausgewertet worden. In der frühgaonäischen Zeit begann mit Elʿazar ha-Qalir[10] und seiner Schule ein neuer Abschnitt in der Geschichte des Pijjut. Seltene Vokabeln, schwierige Satzkonstruktionen, dunkle Anspielungen auf biblische und haggadische Topoi kennzeichnen diese Phase. Von Palästina aus verbreitete sich der Pijjut nach

[5] J. Chabara, Sefär hat-tiklā'l, 1963/4.

[6] S. D. Luzzatto, Mābô' lemaḥzôr benê Rômā', Neudr. 1965/6, ed. D. Goldschmidt.

[7] S. Buber - J. Freimann, Siddur Raschi, 1911 (Nachdr. 1962/3); J. Leveen, A Maḥzor of the School of Rashi in the Cambridge University Library, REJ.HJ 125 (1966), 127–149.

[8] S. Hurwitz, Maḥzôr Vitry leRabbenû Śimḥāh, 1923 (Nachdr. 1963); D. Goldschmidt, Les textes des prières du manuscrit Reggio du Mahzor Vitry, REJ.HJ 57 (1966), 63–75; C. Sirat, Un nouveau manuscrit du Maḥzor Vitry, REJ.HJ 125 (1966), 245–266.

[9] Anthologien und Sammeleditionen: H. Brody - M. Wiener, Anthologia Hebraica, 1922 (gekürzte Neuausgabe von A. M. Habermann: Mibḥar haš-šîrāh hā-ʿibrît, 1964); H. Brody - K. Albrecht, Die neuhebräische Dichterschule der spanisch-arabischen Epoche, 1905; I. Davidson, Pijjûṭîm wešîrîm, Ginze Schechter III, 1928 (repr. 1969); R. Edelmann, Zur Frühgeschichte des Maḥzor, 1934; A. M. Habermann, Sefär gezêrôt 'Aškenāz weṢôrfāt, 1945/6; Ders., ʿAṭṭārāt renānîm, 1966/7; D. Jarden, Śefûnê Šîrāh, 1966/7; A. J. Katz, Jiggāl Ḥāzôn, 1964/5; J. Marcus, Ginzê Šîrāh ûPijjûṭ, 1932/3; A. Mirski, Jalqûṭ hap-pijjûṭîm, 1957/8; (J.) Ch. Schirmann, Mibḥar haš-šîrāh hā-ʿibrît be'Îṭaljāh, 1934; Ders., Haš-šîrāh hā-ʿibrît biSfārād ûbeProvençe, 1–4, 1959/60²; Ders., Šîrîm ḥadāšîm min hag-genîzāh, 1965. Die Zahl der Einzelpublikationen ist fast unübersehbar. Seit I. Davidson ist wieder eine Fülle von Material entdeckt und veröffentlicht worden. Siehe die Bibliographien in QS sowie in Ch. Schirmann, Šîrîm . . . (Anm. 9) zu den einzelnen Abschnitten.

[10] Noch gibt es keine Kalir-Edition. Über ihn siehe zuletzt A. Mirski, Re'šît hap-pijjûṭ, 1964/5, 87–97; M. Zulay, Hā-'askôlāh hap-pajṭānît šäl Rab Saʿadjāh Gā'ôn, 1965, 14 ff.

[11] J. Schirmann, The Beginnings of Hebrew Poetry (1. Italy), in: C. Roth, The Dark Ages, 1966, 249–266.429–432 (ferner siehe seine Anm. 9 genannte Anthologie von 1934).

Süditalien[11] und von da weiter nach Aschkenasien[12], wo die Formen und der Stil des alten Pijjut sich am längsten gehalten haben. In Babylonien hingegen setzte Saadja Gaon mit seiner Schule neue Maßstäbe[13], gerade auch in Verbindung mit seinem Siddur. In Spanien wieder übertrug Saadjas jüngerer Zeitgenosse Dunasch b. Labrat[14] als erster die arabische Metrik auf die hebräische Poesie und leitete damit die „spanische Schule"[15] ein, die auch in Nordafrika und in Südfrankreich herrschend wurde und im Lauf der Zeit ihren Einfluß auch auf Italien und den Orient ausdehnte. Infolge der rasch wechselnden Moderichtungen ist nur ein kleiner Teil der poetischen Literatur in den Gebetsordnungen überliefert, das meiste wurde erst durch die moderne Wissenschaft, zu deren Begründern v. a. L. Zunz zählte, aus handschriftlichen Zeugnissen neu erschlossen.[16] Ungeahnten Aufschwung nahm diese Disziplin nach der Entdeckung der Kairoer Geniza[17], die auch viel Material über Dichter enthält, die durch die „spanische Schule" in den Hintergrund gedrängt worden sind, zu ihrer Zeit aber durchaus bekannt und geschätzt gewesen waren.

In diesem Rahmen werden nur jene Dichter erwähnt, deren Werk entweder der Nachwelt bekannt geblieben ist, also die jüdische Religiosität weiterhin bestimmt hat, oder durch die moderne Forschung religionswissenschaftlich erschlossen wurde. Letzteres ist verhältnismäßig selten der Fall. Aus der „spanischen Schule" sind mehrere Dichter im Judentum stets bekannt und einflußreich geblieben. Vor

[12] A. M. Habermann, a. a. O. (Anm. 11) ... (2. Northern Europe and France), ibd. 267–273.423–433.

[13] M. Zulay, a. a. O. (Anm. 10).

[14] N. Alloni, Dûnāš bän Labrāṭ, Šîrîm, 1947.

[15] S. Bernstein, ʿAl nehārôt Sefārād, 1966/7; A. M. Habermann, ʿAl happijjûṭ has-sefārādî, Môlād 16 (1956/7), 286–291; S. Ḥaggaj, Hak-kemîhāh leṢijjôn baš-šîrāh hā-ʿibrît biSfārād, Maḥanajim 38 (1958/9), 99–106; B. Klar, a. a. O. (§ 23, Anm. 9); A. Mirski, Mim-midrāš ûlepijjûṭ ûlešîrat has-sefardîm, Leshonenu 31 (1967/8), 129–139; Ders., Haz-zîqqāh säb-bên šîrat Sefārād lidrāšôt ḤZ"L, Sinai 64 (1968/9), 248–253; Ch. Schirmann, a. a. O. (Anm. 9: Haš-šîrāh ..., 1–4); Ders., a. a. O. (§ 23, Anm. 9); Ders., La poésie hébraique du Moyen Âge en Espagne, MThLJ 3–5 (1958/62), 171–210; J. Weiss, a. a. O. (§ 23, Anm. 9); L. Zunz, Die jüdischen Dichter der Provençe, in: Zur Geschichte und Literatur, 1875 (1919), 459–483.

[16] I. Davids, The Study of Medieval Hebrew Poetry in the Nineteenth Century, PAAJR 1 (1930), 33–48.

[17] § 26, Anm. 4; J. Maier, ibd., B II f.

allem Samuel han-Nagid (993–1056)[18], oder Salomo ibn Gabirol (ca. 1022/5 – ca. 1050/8)[19], dessen Gedichte z. T. inhaltlich von seiner Philosophie bestimmt sind[20], vor allem die „Königskrone“[21], eine größere poetische Komposition, die auch in die Liturgie aufgenommen worden ist. Ferner Isaak ibn Ge'at[22], 1038–1089, Jehudah Hallevi (1075–1141)[23] und seine Zeitgenossen[24] sowie Mose ibn Ezra (gest. nach 1139)[25] und Abra-

[18] Bibl. bis 1937: QS 13 (1936/7), 373–382, Textausgabe: D. S. Sassoon, Dîwā'n Šemû'el han-Nāgîd, 1934; dazu Ch. Schirmann, Šîrîm ... (Anm. 9), 159 ff.; D. Jarden, Dîwā'n Šemû'el han-Nāgîd, 1965/6. Ferner s.: S. Abramson, Dibrê ḤZ"L bešîrat han-Nāgîd, Hak-Kinnus hā-ʿôlāmî lemaddāʿê haj-jahadût 1 (1952), 274–278; E. García Gómez, Polémica religiosa entre Ibn Hazm e Ibn Nagrila, Al-Andalus 4 (1936), 1–28.

[19] Bibl. bis 1930: EJ VII, 9–11.23 f., dazu Ch. Schirmann, Šîrîm ... (Anm. 9), 167 ff. Lit.-Auswahl: F. P. Bargebuhr, The Alhambra, 1968; E. Bertola, Salomon Ibn Gabirol, 1953; J. Davidson, Solomon Ibn Gabirol, Selected Religious Poems, 1944[3]; K. Dreyer, Die religiöse Gedankenwelt des Salomo Ibn Gabirol, 1930; E. Fleischer, Pirqê pijjût mit-tôk sidrat rehîṭîm mim-maʿamād jôm hak-kîppûrîm šäl R. Šelomoh 'ibn Gabîrôl, Tarb 38 (1968/9), 136–160; J. Lewin, Hāgût weširah bešîrat R. Šelomoh bän Gabîrôl, OJS 8 (1964/5), 33–58; A. Mor, Šelomoh 'ibn Gabîrôl, 1965/6; Ders., Gālût ûge'ûllāh bešîrat R. Šelomoh 'ibn Gabîrôl, Minḥāh lîhûdāh, SJ L. Zlotnik, 1949/50, 84–104; A. Fr'ns, Hā-'ekstāzāh beḥajjê Rabbî Šelomoh 'ibn Gabîrôl, in: Mib-bên ham-maʿarākôt, 1951, 61–108; M. Sachs, 213–248; J. Schirmann, Salomon ibn Gabirol, MPhLJ 1–2 (1956/7), 261–273; Ders., Šelomoh 'ibn Gabîrôl, Šîrîm nibḥārîm, 1965/6[12]; Z. Wiesman, Hā-"Rešûjjôt" šäl RŠB"G, Śedeh 'Îlān, Sefär zikkāron leA. Ilan, 1967/8, 83–94; J. Wijnhoven, The mysticism of Solomon ibn Gabirol, JR 45 (1965), 137–152. S. ferner § 30, 3c.

[20] Vgl. z. B. H. Greive, Vom Sinn der Schöpfung, Kairos 11 (1969), 52–57.

[21] A. Belli, Poesia e pensiero nel „Kéter Malchùt“ di Gabirol, RMI 34 (1968), 555–563; Ders., Corona regale, 1968; R. Cansinos Assens, Kéter Malkút (Corona real), MEAH 11/2 (1962), 57–79; A. Chouraqui, „La couronne du Royaume“ de Salomo ibn Gabirol, MPhLJ 1–2 (1956/7), 275–313; I. Davidson, a. a. O. (Anm. 19), 82–123; H. Greive, Der Erlösungsgedanke in der „Königskrone“ des Salomo ibn Gabirol, Jud 25 (1970), 38–49; B. Lewis, Salomon ibn Gabirol, The Kingly Crown, 1961; J. Maier, Die „Königskrone des Salomo ben Jehudah Ibn Gabirol, Jud 18 (1962), 1–55; E. Piatelli, Ibn Gabirol, La Corona Reale, 1957; M. Simon, Der philosophische Gehalt von Gabirols Keter Malkhut im Verhältnis zu seiner Fons Vitae, Wiss. Zeitschr. der M. Luther Univ. Halle-Wittenberg, ges.-sprachwiss. Reihe 10/6 (1961), 1351–1354; P. Vuillaud, Salomo Ibn Gabirol, La couronne royale, 1953.

[22] Ch. Schirmann, Šîrîm ... (Anm. 9), 185 ff.; J. Markus, Šîrê qôdäš leR. Jiṣḥaq 'ibn Gê'at, Sinai 56 (1964/5), 20–51; L. Dukes, Die philosophisch-theologischen Hymnen des Isaak ben Giath, MGWJ 8 (1859), 273–276.

h a m i b n E z r a (gest. 1163)[26]. Der aschkenasische Pijjut erreichte zwar weder sprachlich noch formal je das Niveau der „spanischen Schule“ und pflegte fast ausschließlich die Gattung der *S^elîḥāh* und *Qînāh,* doch als Zeugnis des religiösen Bewußtseins seiner Zeit verdient er durchaus die selbe Beachtung[27]. Seine religionsgeschichtliche Auswertung hat erst ein bescheidenes Maß erreicht, zumal es auch an Text editionen fehlt. Was bisher publiziert und bearbeitet wurde,[28] vermittelt keinen vollständigen Einblick in die Geschichte des aschkenasischen Pijjut und seines religiösen Gehalts. Viel Material ist dank der Geniza-Funde von bislang z. T. völlig unbekannten Dichtern des östlichen Mittelmeerraumes und des Orients veröffentlicht worden.

[23] Bibl. bis 1931: EJ VIII, 973–76.989–990; weiter Ch. Schirmann, Šîrîm ... (Anm. 9) 234 ff.; J. Maier, a. a. O. (§ 26, Anm. 4) Anm. 92. Texte: Ch. Brody, Dîwā'n ... J^ehûdāh hal-L^evî, 1–4, 1894–1930. Lit. in Auswahl: Ch. Bar-Dajjan, Mazkärät hal-L^evî, 1950/1 (mit Bibl. bis 1951); J. Lewin, The Poetry of Rabbi Jehuda Hallevi in Relation to its Sources in the Ancient Hebrew Literatur, Diss. Jerus. 1955; J. M. Millás Vallicrosa, Yehuda ha-Levî como poeta y apologista, 1947; A. Mor, Gālût ûg^e'ûllāh b^ešîrat R. J^ehûdāh hal-L^evî, Sinai 10 (1946/7), 131–152; F. Rosenzweig, Jehuda Halevi, Zweiundneunzig Hymnen und Gedichte, o. J.; N. Salomon – H. Brody, Selected Poems of Jehudah Halevi, 1946³. S. ferner § 30,6.

[24] Ch. Schirmann, Ham-m^ešôr^erîm b^enê dôrām šäl Mošäh 'ibn ʿÄzrā' wîhûdāh hal-L^evî, JM 2 (1936), 117–194; 6 (1946), 249–347.

[25] Ch. Schirmann, Šîrîm ... (Anm. 9), 219–230. Texte: S. Bernstein, Mošäh 'ibn ʿÄzrā' Šîrê qôdäš, 1956/7. Ferner s.: M. Ben-Menachem, Darkô šäl Mošäh 'ibn ʿÄzrā' le'lohîm, M^e'assef l^edibrê sifrût 5/6 (1964/6), 716–729; H. Brody – S. de Solis Cohen, Selected Poems of Moses ibn Ezra, 1934; A. Diez Macho, Mose ibn ʿEzra como poeta y precepista, 1953; A. Pagis, A propos de l'amour intellectuel dans les oeuvres de Moise Ibn Ezra, REJ.HJ 126 (1967), 191–202; S. M. Stern, Isaac Israeli and Moses Ibn Ezra, JJS 8 (1957), 83–89; L. D. Stitskin, Moses ibn Ezra. Self-knowledge as the authentication of human existence, Trad 9 (1967), 161–168; M. Zohari, R. Mošäh bän ʿÄzrā' k^eḥôqer ham-Miqrā', BM 6 (1960/1), 32–38.

[26] E. J. VIII, 327–341; Ch. Schirmann, Šîrîm ... (Anm. 9), 267–276; J. Lewin, 'Abrāhām 'ibn ʿÄzrā', 1969 (Lit.); L. D. Stitskin, Abraham Ibn Ezra's Concept of Man, Trad 4 (1962), 252–256. Weiter s. § 30, 3e.

[27] Außer der Lit. Anm. 11–12 s. auch A. M. Habermann, a. a. O. Anm. 9; Ders., Šîrê haj-jiḥûd w^ehak-kābôd, 1947/8; S. Spiegel, The Last Trial, 1967.

[28] Vgl. z. B. A. M. Habermann, Pijjûṭê Rabbî Šimʿôn b"R Jisḥaq w^enispāḥîm ʿ^alehäm pijjûṭê Rabbî Mošäh b"R Qālônîmûs, 1938, beide aus der Übergangszeit vom italienischen zum aschkenasischen Pijjut im 9./10. Jh. Ferner A. M. Habermann, Rabbenû Geršom M^e'ôr hag-Gôlāh, S^elîḥôt ûPizmônîm, 1944 (Gerschom lebte ca. 950–1028); Ders., Pijjûṭê RŠ"J, 1941; ders., Pijjûṭê Rabbî 'Efrajîm b"R Jaʿ^aqob mib-Bônnā', 1968/9.

An erster Stelle ist hier der aus Spanien nach Palästina eingewanderte Josef ibn Abitur (2. Hälfte des 10. Jh.)[29] zu nennen, dann der seinerzeit offenbar sehr berühmte Salomo Soliman al-Sandschāri (10. Jh.)[30], Nisi al-Naharu'ani (Ende 10. Jh.)[31], Samuel „der Dritte" (Anfang 11. Jh.)[32], Haj Gaon (gest. 1132)[33], und Eleazar b. Jakob[34]. Über den frühen italienischen Pijjut berichtet die „*M^egîllat 'Aḥîma'aṣ*"[35], ansonsten seien nur noch Mose b. Qalonymus von Lucca[36] und Salomo hab-Babli[37] erwähnt.

Von den traditionellen Pijjutgattungen sind „*G^e'ûllāh* und *'Ah^abāh*" für das heilsgeschichtliche Denken und für das Selbstverständnis als Volk besonders ergiebige Zeugnisse. Im *'Ôfān* begegnen nach wie vor esoterische Motive. Die *'Abôdāh (Ma'amād)* für den Jom Kippur wird in Spanien zu einer umfangreichen Komposition von Pijjutim umgestaltet[38], die *'Azhārôt*[39], poetische Fassungen der 613 Gebote und Ver-

[29] Ch. Schirmann, Šîrîm ... (Anm. 9), 149 ff. S. Bernstein, R. Josef 'ibn 'Abîtûr, ham-m^ešôrer ha-ri'šôn šäl t^eqûfat haz-zāhāb, SŠJA 1940, 171–186; E. Fleischer, J^eṣîrātô šäl Jôsef 'ibn 'Abîtûr, Diss. Jerusalem 1967/8; J. Katz, a. a. O. (Anm. 9), 12–14.

[30] Ch. Schirmann, Šîrîm ... (Anm. 9), 46–52.

[31] Ch. Schirmann, a. a. O. 23–28; S. Bernstein, R. Nîsî 'Alnaharû'ānî w^e-darkô bap-Pijjûṭ, Biṣṣāron 36 (1956/7), 156–164.

[32] Ch. Schirmann, a. a. O. 63–69.

[33] Ch. Schirmann, a. a. O. 70–74; H. Brody, Pijjûṭîm w^eŠîrê t^ehîllāh me-Rāb Hā'j Gā'ôn, JM 3 (1936), 3–63; Ders., Rāb Hā'jje Gā'ôn, k^epajj-ṭān ûm^ešôrer, Sinai 1 (1937/8), 516–521.

[34] S. Bernstein, Šîrê haq-qôdäš šäl R. 'El'āzār bän Ja'^aqob hab-Bablî, Sinai 9 (1945/6), 43–48; H. Brody, Dîwā'n R. 'El'āzār bän Ja'^aqob hab-Bablî, 1936; D. Jarden, 'Ijjûnîm bad-Dîwā'n šäl 'El'āzār bän Ja'^aqob hab-Bablî, Tarb 26 (1956/7), 317–327; Ders., Šîrê qôdäš ḥ^adāšîm l^e'El'āzār bän Ja'^aqob hab-Bablî, HUCA 33 (1962), hebr. 1–26; Ders., 'Ôr šähû ḥôšäk, Leshonenu la-Am 13/1 (1961/2), 30–32; Ch. Schirmann, Šîrîm ... (Anm. 9), 107.

[35] Siehe § 26, Anm. 47. Ferner J. Schirmann, a. a. O. Anm. 11. J. Schirmann, zur Geschichte der hebräischen Poesie in Apulien und Sizilien, JM 1 (1933), 96–120; I. Sonne, Alcune asservazioni sulla poesia religiosa ebraica in Puglia, RStO 14 (1933/4), 68–77.

[36] Anm. 28.

[37] D. Goldschmidt, Mip-Pijjûtājw šäl R. Š^elomoh hab-Bablî, Tarb 23 (1951/2), 198–204; J. Schirmann, a. a. O. (Anm. 11), 259 ff.

[38] Vgl. E. Fleischer, a. a. O. (Anm. 19) über Josef ibn Abiturs und Salomo ibn Gabirols 'Abôdôt. In Italien wurde vor allem der heilsgeschichtliche Rückblick (und Ausblick) gern ausgeweitet.

[39] S. T. Gagin, "'Azharot", in: Essays in honour of J. H. Hertz, 1942, 45–52.

bote in der Torah, bezeugen die Gesetzesauffassung und das Bemühen um die Verbreitung und Einprägung der Torahinhalte mit liturgischen Mitteln. In den *Tôkāḥôt* (eine spezifisch spanische Gattung) kommt, wie in manchen *S^elîḥôt*, individuelles religiöses Gefühl besonders zur Geltung, ebenso in den für Frauen bestimmten *T^eḥînnôt*. Das Klagelied, die *Qînāh*, kann sowohl der Trauer über einen Todesfall Ausdruck verleihen[40] wie dem Leid der Gemeinde über Unglücksfälle und Verfolgungen, zum Teil inhaltlich eng mit martyrologischen Kurzchroniken sich berührend.[41] Ein ganz spezielles Feld des Pijjut stellte die Hohelieddichtung dar, also die poetische Verarbeitung der allegorischen Hoheliedauslegung in Form von Liebesgedichten[42], die in der „spanischen Schule" nicht selten den profanen Liebesliedern ähneln, die zwar auch arabischen Vorbildern folgten, doch gern auf Hoheliedmotive zurückgriffen. In Aschkenasien freilich fehlt der bunte Reichtum der Gattungen und die Eleganz der sprachlichen und formalen Meisterschaft, doch die Intensität des religiösen Ausdrucks ist darum keineswegs geringer, im Gegenteil, diese aus der Not der Zeit heraus verfaßten *Selîḥôt* und *Qînôt* spiegeln unmittelbares Erleben und Gefühl, unberührt von formalen und ästhetischen Konventionen und dichterischer Eitelkeit.

Im Lauf der Zeit sind manche der Gebete und Pijjutim in den Gebetbüchern nicht mehr ohne weiteres verstanden worden und bedurften einer Erklärung. Dies umsomehr, sobald diese Gebete und Gedichte im Sinne einer besonderen Gebetsmystik gedeutet wurden, die vom Wortlaut her nicht zu erschließen war. So entstand eine umfangreiche literarische Tradition der Gebets- und Pijjuterklärungen, wofür hier nur die Werke des Abraham b. ʿAzriel und des David b. Josef ʾAbudarham erwähnt seien[43]. Bemerkenswert ist, daß die Kabbalah, die sehr viele derartige Kommentare hervorgebracht hat, in der religiösen Dichtung selbst kaum vertreten ist. Dies übrigens wie ihre Widersacherin, die aristotelisch orientierte Philosophie, während neuplatonische Theologen ihre Gedanken auch dann und wann in poetischer Gestalt darboten.

[40] ʾAfṭārāh, P^etîḥāh. Vgl. Ch. Schirmann, Šîrîm ... (Anm. 9), 97.

[41] Siehe § 26, bei Anm. 50 f. Zur ʿAqedah: § 12, Exk.

[42] Für den Zusammenhang mit dem Midrasch vgl. schon A. Mirski, Reʾšît hap-pijjûṭ, 1964/5, 27 ff.

[43] E. E. Urbach, ʾAbrāhām b. ʿAzrîʾel, Sefär ʿ^arûgat hab-bôśäm, IV, 1963 (mit Übersicht über die Vorläufer Abrahams); L. Zunz, R, 194 ff.

§ 28 Religiöse Kunst

Bibl.: L. A. Mayer, Bibliography of Jewish Art, ed. O. Kurz, 1967. Ferner s.: Y. L. Bialer, Symbols in Jewish Art and Tradition, Ariel 21 (1967/8), 5–22; F. Cantera, Sinagogas españolas, 1955; E. Cohn-Wiener*; D. Diringer, The Illuminated Book in History and Production, 1967²; J. Gutman*; Ders., Images of the Jewish Past, 1965; R. Krautheimer, Mittelalterliche Synagogen, 1927; R. Krüger*; F. Landsberger*; J. Leveen, The Hebrew Bible in Art, 1944; J. Pinkerfeld*, Bišebîlê 'omānût jehûdît (Sefär zikkārôn le ...) 1957; C. Roth*, KdJ I, 113 f.; Ders., L'art médiéval juif en France, Evidences 17 (1951), 5–9.44; R. Wischnitzer (-Bernstein), Gestalten und Symbole der jüdischen Kunst, 1935; Dies., in: L. Finkelstein, II, 1322–1348; Dies., EI IV, 56–64; 1133–1144; Dies., The Architecture of the European Synagogue, 1964.

1. Was die mittelalterlichen Synagogenbauten betrifft[1], ist seit der talmudischen Zeit (§ 12) in ihrer Funktion kaum etwas verändert worden. Baustil und Ausstattung wechseln je nach Ort und Zeit. Bleibende Merkmale sind nach wie vor der feste Platz für die heiligen Schriftrollen, der Platz für den Vorbeter und die mehr oder weniger rigorose Abtrennung des Frauenteils. Da über die Ausstattung der mittelalterlichen Synagogen nicht viel bekannt ist, wenn man von jenen Fällen absieht, da solche Gebäude einigermaßen heil erhalten blieben, kommt auch dafür den Genizazeugnissen besonderer Quellenwert zu[2].

2. Recht aufschlußreich für manche religiösen Vorstellungskreise und für die Geschichte haggadischer Motive ist die jüdische Buchmalerei[3], die heute gelegentlich sogar als Vorbild für die christliche Bibelillustration angesehen wird[4].

Jüdisch-haggadische Motive haben auf jeden Fall, ob nun durch bildliche Vorlagen oder über exegetische Traditionen, auf die christliche Kunst eingewirkt[5], wobei durchaus beides eine Rolle gespielt haben mag. Für die

[1] Siehe Krautheimer, Wischnitzer, Cantera; ferner J. Pinkerfeld, Battê kenesîjôt be'äräṣ-jiśrā'el mis-sôf tequfat hag-ge'ônîm 'ad 'alijjat ha-ḥasîdîm, 1945/6.

[2] S. D. Goitein, Bêt hak-kenäsät weṣijjûdô lefî kitbê hag-genîzāh, EIsr 7 (1963/4), 81–91; Ders., Kelê käsäf ûbaddê pe'ār bebattê hak-kenäsät šäl Fûsṭā't bišnat 1159, Tarb 38 (1968/9), 397.

[3] Vgl. auch: P. d'Ancona, On the Existence of a Hebrew Miniature Art, Graphis 6 (1950), Nr. 29, 26–31; J. Leroy, Illustration of the Bible chez les Juifs, RHR 138 (1950), 160–175; G. Séd-Rajna, Le Psautier de Bry, REJ.HJ 124 (1965), 375–388.

[4] A. Grabar, Christian Iconography, 1968; J. Gutmann, The Illustrated Jewish Manuscript in Antiquity: The Present State of the Question, Gesta 5 (1966), 39–41; Th. Klauser, JAC 4 (1961), 145 (Anm. 92).

jüdische Religionsgeschichte sind jedenfalls hier z. T. recht interessante Vorstellungen bezeugt. Z. B. messianische Symbole[6] oder haggadische Einzelvorstellungen[7]. Abgesehen von Bibelhandschriften hat man auch Gebetbücher[8], vor allem die Passah-Haggadah[9], aber auch Heiratsverträge[10] und andere Schriften künstlerisch ausgestattet[11].

Freilich war man in bezug auf bildliche Darstellungen, die bei manchen Rabbinen immer auf Kritik stießen, im islamischen Bereich zurückhaltender und beschränkte sich dort auf ornamentale Ausstattungen.

[5] H.-L. Hempel, Jüdische Traditionen in frühmittelalterlichen Miniaturen, Beiträge zur Kunstgesch. u. Archäologie des Frühmittelalters 1961, 53–65; C. O. Nordström, Some Jewish Legends in Byzantine Art, Byzantion 25/7 (1955/7), 487–508; Ders., The Duke of Alba's Castilian Bible, 1967; O. Paecht, Ephraemillustration, Haggada und Wiener Genesis, FS K. M. Swoboda, 1959, 213–221; K. Weitzmann, Zur Frage des Einflußes jüdischer Bilderquellen auf die Illustration des Alten Testaments, Mullus (FS Th. Klauser), 1964, 401–415.

[6] Z. Ameisenowa, Das messianische Gastmahl der Gerechten in einer hebräischen Bibel aus dem 13. Jh., MGWJ 79 (1935), 409–422; J. Gutmann, When the Kingdom Comes, Art Journal 27 (1967/8), 168–175; Ders., Leviathan, Behemoth and Ziz, HUCA 39 (1968), 219–230; R. Wischnitzer-Bernstein, Die messianische Hütte in der jüdischen Kunst, MGWJ 80 (1936), 377–390.

[7] Zur Aqedah s. § 12, den Exkurs. Vgl. auch: Z. Ameisenowa, The Tree of Life in Jewish Iconography, Journal of the Warburg Institute 2 (1938/9), 326–345; Th. Metzger, Note sur la motive de „la poule et des poussins" dans l'iconographie juive, Cahiers Archéologiques 14 (1964), 245–248; Ders., La promulgazione della legge nella miniatura ebraica del Medioevo, RMI 33 (1967), 350–356; R. Wischnitzer-Bernstein, Der Estherstoff in der jüdischen Illustration, MGWJ 74 (1930), 381–390; Dies., The unicorn in Christian and Jewish art, HJ 13 (1951), 141–156.

[8] Vgl. z. B.: Machzor Lipsiae, ed. E. Katz, 1964.

[9] M. Metzger, La Haggada illuminée, 2 Bde. 1968.

[10] D. Davidovitch, The Ketuba, 1968; F. Landsberger, Illuminated Marriage Contracts, HUCA 26 (1955), 503–542.

[11] B. Narkiss, An illuminated Maimonides Manuscript, Ariel 21 (1967/8), 51–59; A. Blum, Des miniatures du Quattrocento dans un manuscrit du Talmud, Evidences 20 (1951), 10–15, u. a. m.

3. Kapitel: Das religiöse Denken in seiner geschichtlichen Entfaltung

§ 29 Zur Einführung

J. B. Agus*; A. Altmann, Studies in Religious Philosophy and Mysticism, 1969; A. Chouraqui, La pensée Juive, 1965; B. Celade, Mistica et metafisica del judaismo, Rev. Filos. 7 (1948), 135–160; I. Heinemann, Die Erforschung des jüdischen Denkens im Mittelalter, MGWJ 76 (1932), 355–370. 470–494; 77 (1933), 141–145; G. Scholem*, DjM; C. Sirat, Les théories des visions supernaturelles dans la pensée juive du Moyen Âge, 1968; G. Vajda, Introduction à la pensée juive au Moyen Âge, 1947; Ders., L'amour de Dieu dans la théologie juive du Moyen Âge, 1957; Ders., Recherches sur la philosophie et de la kabbale dans la pensée juive du Moyen Âge, 1962; Ch. Zwierzynski, Le néo-platonisme et son influence sur la pensée occidentale jusqu'à Spinoza, 1951. Weiter siehe die Literatur zu § 30–33.

Die philosophierende systematische Behandlung und Darlegung religiöser Inhalte entsprang nur z. T. einem innerjüdischen Bedürfnis und war auch später wieder entbehrlich. Es war die Auseinandersetzung mit Christentum und Islam und damit mit dem Erbe der antiken Philosophie, die zu solchen Anstrengungen zwang, von der Kontroverse mit den Karäern abgesehen also ein vorwiegend apologetisches Bedürfnis. Dem entspricht es, daß dieser „Religionsphilosophie"[1] von bestimmten Richtungen im Judentum des 19./20. Jh. eine weit größere Bedeutung zugemessen wurde, als ihr historisch zukam, weil man sich ihrer – sie rationalistisch und idealistisch interpretierend – im innerjüdischen Richtungsstreit bediente und vor allem auch wieder apologetisch zunutze machte. Die Fülle der Sekundärliteratur über mittelalterliche jüdische Philosophie übersteigt so bei weitem das religionsgeschichtliche Gewicht ihres Gegenstandes. Zugleich damit war eine Abwertung alles Mystischen und vor allem Kabbalistischen verbunden, weil man in der „Religionsphilosophie" (v. a. der maimonidischen Richtung) den legitimen und genuinen Ausdruck des Judentums sehen wollte und darum geneigt war, die Kabbalah auf Fremdeinflüsse zurückzuführen.

Die Forschung hat mittlerweilen jedoch eindeutig für die Kabbalah eine stärkere Kontinuität mit der Tradition und einen größeren Einfluß auf die weitere jüdische Geistesgeschichte erwiesen. Nur begann

[1] Korrekterweise als religiöse Philosophie oder philosophierende Theologie zu bezeichnen.

mit der Erforschung der Kabbalah durch G. Scholem und seine Schule das Pendel etwas nach der anderen Seite hin auszuschlagen. Die Philosophie wird hier betont dem mystischen Erleben bzw. der Kabbalah als dem ursprünglicheren, echteren und lebendigeren Ausdruck jüdischer Religiosität gegenübergestellt. Diese Tendenz ist aus der aktuellen Frage nach der Selbstdefinition des modernen Judentums zu verstehen. Der so betonte Gegensatz Philosophie: Mystik (Kabbalah) trifft historisch gesehen nur begrenzt zu, nämlich auf die aristotelisch orientierte Philosophie, die seit dem frühen 12. Jh. weithin (so wie Aristoteles als „der Philosoph") als Philosophie schlechthin galt, im maimonidischen Streit (§ 30,8) auf die grimmige Feindschaft der Traditionalisten und Kabbalisten stieß und darnach kaum mehr größere Wirkungen zu erzielen vermochte. Nicht in diesen Gegensatz fällt die neuplatonische Richtung der Philosophie, mit der die Kabbalah grundlegende Elemente der Gottes- und Weltvorstellung teilte, ohne sich dessen in der Regel bewußt zu sein, weil sie weniger durch die neuplatonische Philosophie im eigentlichen Sinn beeinflußt war als durch einen sehr verbreiteten, vielfältigen Vulgär-Neoplatonismus mit z. T. gnostisierenden Tendenzen, wie er sich damals auch in christlichen Haeresien in Verbindung mit spätmanichäischen Einflüssen auswirkte. Abgesehen von diesem neuplatonischen Substrat fehlte es nicht an bewußten Versuchen, „Philosophie" und Kabbalah miteinander in Einklang zu bringen[2] – im großen und ganzen freilich Sonderfälle, doch da und dort von einer gewissen Nachwirkung, wo und sobald es an kritischem Unterscheidungsvermögen fehlte und man (wie später in Osteuropa) die ursprünglich unvereinbaren Positionen einfach harmonisierte.

[2] S. Rosenthal, Haq-qabbālāh w^{e}ha-Fîlôsôfîjāh, Zion 1 (1841), 69–73. 177–179; G. Scholem, Philosophy and Jewish Mysticism, RR 2 (1937/8), 385–402; Derselbe, Ursprung und Anfänge der Kabbala, 1962, 195 f. 198–200.228.283.357–366; G. Vajda, „La conciliation de la philosophie et de la loi religieuse" de Joseph ben Abraham ibn Waqār, Sef 9 (1948), 311–350; 10 (1950), 26–71.281–323; Ders., L^{e}tôl^{e}dôt hap-pûlmûs bên ha-fîlôsôfîjāh w^{e}had-dāt, Tarb 24 (1955/6), 307–322; Ders., Un chapitre de l'histoire du conflict entre la kabbale et la philosophie. La polémique anti-intellectualiste de Joseph ben Shalom Ashkenasi de Catalogne, AHDLdMA 23 (1957), 45–144; Ders., Recherches sur la synthèse philosophico-kabbalistique de Samuel ibn Moṭoṭ, AHDLdMA 35 (1961), 29–63. Eine besondere Art von Versöhnung zwischen maimonidischer Philosophie und Kabbalah vollzog Abraham Abulafia (§ 33,2); E. Schweid, Hā-RMB"M w^{e}ḥûg hašpa^{ʿa}tô, 1967/8, 186 ff.224 f.

Für eine Darstellung der Religionsgeschichte des jüdischen Mittelalters, die nicht im Dienste aktueller jüdischer Selbstfindung steht, geht es nur darum, Themen und Entfaltung des religiösen Denkens und den Zusammenhang in der Gesamttradition darzustellen und dabei die religionssoziologische Situation und Wirkung zu berücksichtigen. Religionssoziologisch gesehen liegen „Philosophie" und Kabbalah tatsächlich weithin auf unterschiedlichen Ebenen. Die Philosophie war vor allem Sache profan gebildeter, in der Kultur der islamischen Länder verwurzelter Gelehrter (besonders Ärzte), weshalb ihre Autoren zumeist Arabisch schrieben[3]. Ohne Kenntnis der islamischen Theologie und Philosophie ist daher ein Verständnis der jüdischen Philosophie nicht möglich. Die Kabbalah hingegen steht in einer kontinuierlichen, hebräischen und esoterischen Tradition und blieb dies auch – gegenüber der Philosophie – in betonter Weise. Sie war in gewissem Maße zwar Reaktion und Protest gegenüber der als assimilatorisch empfundenen Weltanschauung einiger Kreise der jüdischen Intelligenz, ist aber nicht, wie man früher oft meinte, daraus abzuleiten. Sie war aber zunächst ebensowenig wie die „Philosophie" dazu angetan, als Ausdruck des damaligen jüdischen Selbstverständnisses in einem allgemeineren Sinn zu dienen[4].

Wie die „Philosophie" auf bestimmte Gebiete und Schichten beschränkt blieb und erst durch die hebräischen Übersetzungen eine größere Breitenwirkung erzielte, so war auch die frühe Kabbalah Sache begrenzter und lokaler Esoterikerzirkel. Während das apologetische Anliegen der Philosophie noch ein stärkeres Engagement für das Judentum insgesamt abverlangte, blieb die Kabbalah bis zur Verbreitung des Buches Zohar mehr oder weniger Objekt individueller theosophischer Spekulationen. Erst im Streit zwischen Philosophen und Traditionalisten und im Spätmittelalter durch ihre Popularisierung und Eschatologisierung gewann die Kabbalah langsam an Boden und begann das religiöse Bewußtsein des Judentums mehr und mehr zu prägen. Dies auch, weil der Kabbalah eine Deutung des kollektiven Geschicks und des konkreten Gesetzesgehorsams gelang, die in den Jahrhunderten der Verfolgung den Erwartungen und der Frömmigkeit

[3] Vgl. auch S. D. Goitein, Jews and Arabs, 1955, 140 ff.

[4] In der Poesie (siehe § 27,2) kommt die Philosophie der neuplatonischen Richtung zwar da und dort zum Ausdruck, kaum die aristotelische Linie und nur ganz am Rande die Kabbalah, Vgl. G. Scholem, Lyrik der Kabbalah?, Der Jude 6 (1921/2), 55–69.

der Massen mehr entsprach als die Philosophie mit ihrer Thematik, die gerade in bezug auf die heilsgeschichtliche Rolle Israels als Kollektiv wenig zu sagen hatte. Auch in diesem Punkt führte die Kabbalah traditionelle Vorstellungen weiter, wie sie z. B. bei Jehuda Hallevi (§ 30,6) in bewußter Auseinandersetzung mit der Philosophie in einen systematischen Zusammenhang gestellt worden waren.

Im Rahmen eines Abrisses der Religionsgeschichte kann die Geschichte der Philosophie und Kabbalah, über die es ausgezeichnete Spezialliteratur gibt, nur soweit berücksichtigt werden, als es dem Gesamtrahmen entspricht und die einzelnen Fragestellungen für das religiöse Bewußtsein maßgebend geworden sind.

§ 30 Philosophisch orientiertes religiöses Denken

Lit. § 29 und: A. Altmann, Judaism and World Philosophy, in: L. Finkelstein*, II, 954–1009; Ders., The Ladder of Ascension, in: Studies in Mysticism and Religion, presented to G. Scholem, 1967, 1–32 (Studies ... [§ 29] 41–72); W. Bacher, Die Bibelexegese ... (§ 26, Anm. 15); R. Baron, Un point de philosophie et de mystique comparée, RHPhR 38 (1958), 39–67; S. W. Baron*, VIII, 55 ff.; I. Barzillay, Between Reason and Faith. Antirationalism in Italian Jewish Thought, 1250–1650, 1967; E. Bertola, La filosofia ebraica, 1947; J. L. Blau, The Story of Jewish Philosophy, 1962; T. de Boer, Geschichte der Philosophie im Islam, 1901; A. Bonilla y San Martin, Historia de la Filosofia Española II, 1911; Z. Cahn*, 317 ff.; H. Corbin, Histoire de la philosophie islamique, I, 1964; M. Cruz, Filosofia hispano-musulmana, 2 Bde., 1957; F. Dieterici, Die Philosophie bei den Arabern im X. Jh. n. Chr., 14 Bde., 1858–86 (Neudruck 1969); B.-Z. Dinur*, I/4, 502 ff.; I. I. Efros, Ancient Jewish Philosophy, 1964; Ders., Studies in Pre-Tibbonian Philosophical Terminology, JQR 17 (1926/7), 129–164.323–368; Ders., Ha-Fîlôsôfjāh haj-jehûdît bîmê hab-bênajim, 1968/9; Ders., Studies in Medieval Jewish Philosophy, 1970; M. Eisler, Vorlesungen über die jüdische Philosophie des Mittelalters, 3 Bde., Wien 1870–84; M. A. Fakhry, A History of Islamic Philosophy, 1970; Ders., Islamic Occasionalism and its Critique by Averroes and Aquinas, 1958; J. Faur, La doctrina de la ley natural en el pensiamento judio del medioevo, Sef 27 (1967), 239–268; L. Gardet, Raison et fois en Islam, RThom 43 (1937), 437–478; 44 (1938), 145–167.342–378; Ders., La pensée religieuse d'Avicenne (Ibn Sînā), 1951; L. Gardet – M. M. Anawati, Introduction à la théologie musulmane, 1970²; L. Gauthier, Ibn Rochd (Averroes), 1948; E. Gilson, La philosophie au Moyen Âge, 1944; A. M. Goichon, La philosophie d'Avicenne et son influence en Europe médiévale, 1944 (1951²); R. Goldwater, Jewish Philosophy and Philosophers, 1962; I. Goldziher, Die islamische und jüdische Philosophie des Mittelalters, in: Die Kultur der Gegenwart I, 1909²; Ders., Vorlesungen über den Islam, 1925²;

Jul. Guttmann*; Ders., Religion und Wissenschaft im mittelalterlichen und im modernen Denken, FS zum 50-jährigen Bestehen der Hochschule für die Wissenschaft des Judentums, 1922, 145–216; Ders., Zur Kritik der Offenbarungsreligion in der islamischen und jüdischen Philosophie, MGWJ 78 (1934), 456–464; T. Haarbrücker, Schahrastani's Religionsparteien und Philosophenschulen, 2 Bde. 1850/1; R. Hammond, The Philosophy of al-Farabi and its Influence on Medieval Thought, 1947; I. Heinemann*; Ders., a. a. O. (§ 26, Anm. 17); A. J. Heschel, A concise dictionary of Hebrew philosophical terms, 1941; S. Horowitz, Die Psychologie bei den jüdischen Religionsphilosophen des Mittelalters von Saadia bis Maimuni, 4 Teile 1898/1912; M. Horten, Die Philosophie des Islam, 1924; I. Husik, A History of Medieval Jewish Philosophy, 1959[4]; Ders., Philosophical Essays, ed. by M. C. Nahm and L. Strauss, 1952; A. Hyman – J. J. Walsh, Philosophy in the Middle Ages. The Christian, Islamic and Jewish Tradition, 1967; L. Jacobs, Principles of the Jewish Faith, 1964; J. Klatzkin, 'Antôlôgijāh šäl ha-fîlôsôfjāh hā-ʿibrît, 1926; Ders., 'Ôṣar ham-mûnāḥîm ha-fîlôsôfijjim (Thesaurus Philosophicus), 4 Tle. 1928/33 (1968[2]); L. S. Kravitz, Towards a functional approach to medieval Jewish Philosophy, CCARJ 13/2 (1965), 28–35; S. Munk, Mélanges de philosophie juive et arabe, 1955[3]; D. Neumark*; Ders., Essays in Jewish Philosophy, 1929; S. Pines, Tôledôt ha-fîlôsôfjāh haj-jehûdît (Vervielfältigt), 1964; W. Reich, The Anti-Maimonist Criticism and its Application to Saadya, YR 4 (1965), 34–61; W. Rescher, Studies in Arabic Philosophy, 1968; M. M. Sharif, A History of Muslim Philosophy, I, 1963, II, 1966; A. Schmiedl, Studien über jüdische, insbesondere jüdisch-arabische Religionsphilosophie, 1869; M. Schreiner, Zur Geschichte der Polemik zwischen Juden und Mohammedanern, ZDMG 42 (1888), 591–675; K. Schubert*; Ders., Die Problemstellung der mittelalterlichen jüdischen Religionsphilosophie vor Maimonides ZKTh 75 (1953), 55–81; E. Schweid, Hab-biqqôrät ham-mûskälät ʿal hā-'ărîsṭôṭelijjût 'äṣäl hôgê deʿôt jehûdijjim bîmê hab-bênajim, Diss. Jerusalem 1962; Ders., Tôledôt ha-fîlôsôfjāh haj-jehûdît me-RS"G ʿad RMB"M, 1967/8 (Vervielfältigt); Ders., Hā-RMB"M wehûg hašpaʿatô, 1967/8 (vervielfältigt); Ders., Ṭaʿam wehaqqāšāh, 1970; S. M. Seale, Muslim Theology, 1964; M. Z. Sole, Môreh-däräk ba-fîlôsôfjāh haj-jiśre'elît mîmê qädäm weʿad zemānenû, 1953/4; J. Spiegler, Geschichte der Philosophie des Judentums, 1890; L. Strauss, Philosophie und Gesetz, 1935; I. Unterman, A light amid the darkness. Medieval Jewish Philosophy, 1959; G. Vajda, Quelques aspects du problème de la foi et de la raison dans la philosophie juive de moyen âge, RPJ 1 (1949), 100–115; Ders., Jüdische Philosophie, 1950 (beschreibende Bibliographie!); Ders., A propos de l'Averroisme juif, Sef 12 (1952), 3–29; Ders., Les études de la philosophie juive du moyen âge, Misc. Med. 2 (1963), 123–135 (über 1950–1960); W. M. Watts, Islamic Philosophy and Theology, 1962; J. Wolfsberg, ʿAl šelošāh qawwîm 'ofjānijjim šäl ha-fîlôsôfjāh haj-jehûdît, Talpiot 6 (1952/3), 179–194; A. H. Wolfson, The Classification of Science in Mediaeval Jewish Philosophy, HUC JV 1925, 263–315 und HUCA 3 (1926), 602–608; Ders., Religious Philosophy. A Group of Essays, 1969. Für ältere Werke zur Geschichte der islamischen Philosophie siehe P. J. de Menasce, Arabische Philosophie, 1948 (Bibliographie).

1. Die Anfänge im Orient

Das zu Relativismus und Traditionskritik anregende geistige Klima in bestimmten Gesellschaftsschichten der islamischen Länder (vgl. § 25,2) verlieh der Auseinandersetzung zwischen den Religionen neue Dringlichkeit. Neu war dabei auch die Anerkennung der Vernunfterkenntnis als eines gemeinsamen Maßstabes, was wieder eine systematische Selbstbesinnung über die Inhalte der eigenen Religion bedingte. In den Anfängen jüdischer Philosophie spielte die Auseinandersetzung mit der christlichen Theologie umständebedingt eine nachgeordnete Rolle, doch empfing David al-Moqammeṣ[1] noch von arabisch schreibenden christlichen Theologen entscheidende Impulse.

In seinem nur unvollständig erhaltenen, weil infolge des Kalam-Einflusses bald „überholten" Werk „ʿIšrun maqālāt" (Zwanzig Kapitel), behandelt er in Auseinandersetzung mit der Trinitätslehre v. a. die Frage der Einheit Gottes und der Gottesattribute, letztere im Sinne des Kalam beantwortend, nach dem die Attribute im Wesen und mit dem Wesen Gottes ineinsfallen, also nur im menschlichen Gedanken und Ausdruck unterschieden werden. Attribute sollen nach ihm überhaupt in erster Linie Unvollkommenheiten von Gott abwehren, haben also eigentlich negativen Sinn, wie es der Neuplatonismus lehrte.

Auch dem Islam wurde die antike Philosophie – und gewisse Kenntnisse von Philos Werken[2] – zunächst durch christliche Theologen und Übersetzer vermittelt, wobei ein gewisser indischer Einfluß mehr und mehr in den Hintergrund gedrängt wurde. Die islamische Theologie

[1] G. Vajda, La finalité de la création de l'homme selon un théologien juif du IXe siècle, Oriens 15 (1962), 61–85; Ders., Le problème de l'unité de Dieu d'après Dawud ibn Marwān al-Muqammiṣ, in: A. Altmann, Jewish Medieval and Renaissance Studies, 1967, 49–73; A. T. Khoury, Les theologiens byzantines et l'Islam, 1969.

[2] § 9, Anm. 14 (Heinemann, Wolfson); ferner: B.-Z. Dinur* I/2, 269 f.; S. Poznanski, Philon dans l'ancienne littérature judéo-arabe, REJ 50 (1905), 10–31; A. Epstein, Le Livre des Jubilés, Philon et le Midrasch Tadsché, REJ 21 (1890), 80–97; 22 (1891), 1–25. Ein Einfluß auf den Zohar, den J. Belkin, Ham-midrāš han-näʿälam ûmeqôrôtājw bam-midrāšîm 'aleksandrônijjim haq-qedûmîm, Sura 3 (1957/8), 25–92, behauptet hatte, wurde durch Z. Werblowsky, Philo and the Zohar, JJS 10 (1959), 25–44, widerlegt; Dagegen wieder J. Finkel, The Alexandrinian Tradition and the Midrash ha-Neʿelam, L. Jung JV 1962, 77–103.

(der Kalam)[3], v. a. die muʿtazilitische Richtung[4], beherrschte längere Zeit auch die jüdische Theologie, weil manche Karäer deren Ansichten ziemlich unbesehen übernahmen, um damit die rabbinische Überlieferung einer auf Vernunfturteilen gründenden Kritik zu unterziehen[5]. So sahen sich auch ihre rabbinischen Gegner gezwungen, ihnen auf demselben Boden entgegenzutreten und die Übereinstimmung zwischen Traditionsinhalt und Vernunfterkenntnis zu erweisen. Diese Abhängigkeit vom Kalam ließ die meisten jüdischen Philosophen des 9./10. Jh. später in Vergessenheit geraten[6], weil jener von den Philosophen wenig geschätzt wurde, sodaß selbst das philosophische Prestige des Saadja Gaon darunter litt[7]. Immer stärker setzte sich nämlich die antike Philosophie[8] als maßgebend durch, zunächst in Gestalt des (aristotelische Elemente einschließenden) Neuplatonismus, immer stärker auch in Form des (neuplatonisch verfärbten) Aristotelismus, und schließlich im Sinne des wiederentdeckten originalen Aristotelismus.

[3] „Wort". *Mutakallimun* wird im Hebräischen meist wörtlich als *m^edabb^erîm* wiedergegeben (lat. daher loquentes). Der „Kalam" bildet keine Einheit, vgl. M. M. Sharif, H. Corbin, M. A. Fakhry; S. Pines, Beiträge zur islamischen Atomenlehre, 1936; H. Schreiner, Der Kalam in der jüdischen Literatur, 1895; J. M. Seale; M. Ventura, Le Kalam et le péripétisme d'après le Kuzari, 1934; H. A. Wolfson, The Philosophy of the Kalam, 2 Bde., 1971.

[4] Außer Anm. 3 siehe auch A. N. Nader, Le système philosophique des Muʿtazila, 1956; G. Vajda, La connaissance naturelle de Dieu selon al-Gaḥiz critiquée par les Muʿtazilites, StIsl 24 (1966), 19–33.

[5] § 25, 2–3. J. Faur, The Origins of the Classification of Rational and Divine Commandments in Medieval Jewish Philosophy, Augustinianum 9 (1969), 299–304 (führt die Unterscheidung auf die von den Karäern zuerst erfolgte Anwendung des islamischen *qijās* auf die rabbinische Tradition zurück).

[6] S. B. Urbach, L^ere'šîtāh šäl hat-t^enûʿāh ha-fîlôsôfît b^eJiśrā'el, SJ S. Federbusch, 1960/1, 41–51; S. Pines, A Tenth Century Philosophical Correspondence, PAAJR 24 (1955), 103–136; B.-Z. Dinur*, I/4, 502 f.; F. Rosenthal, A Jewish Philosopher in the Tenth Century, HUCA 21 (1928), 155–174 (Wahab b. Jaʿiš).

[7] Wozu dann noch die allgemeine Aversion gegen Philosophen kam, vgl. W. Reich.

[8] A. Badawi, La transmission de la philosophie grecque au monde arabe, 1968; J. Fehmi, L'influence du stoicisme sur la pensée musulmane, 1968; E. I. J. Rosenthal, Griechisches Erbe in der jüdischen Religionsphilosophie des Mittelalters, 1960; F. Rosenthal, Das Fortleben der Antike im Islam, 1964; R. Walzer, Greek into Arabic, 1963². Ferner M. Steinschneider a. a. O. (§ 26, Anm. 62). Anm. 24 und 72.

2. Saadja b. Josef al-Fajjumi (Saadja Gaon, 882–942)[9]

a) Infolge des Ansehens, das der auf so vielen Gebieten richtungsweisende Gaon von Sura in den Augen der Nachwelt genoß, behielt auch sein theologisches Werk *kitāb al-amānāt wa'l-i'tiqādāt*[10] eine gewisse Geltung. Nicht zuletzt, weil es zweimal ins Hebräische übersetzt wurde, einmal in einer paraphrasierenden Übertragung, die für die Entwicklung der esoterischen Spekulation v. a. im aškenasischen Chasidismus bedeutsam wurde[11], dann von Jehuda ibn Tibbon (12. Jh.), verbreitet unter dem Titel „Sefär hā-'ämûnôt wehad de'ôt".

b) Saadja bemühte sich – weithin nach dem Vorbild der Mu'tazila – die Übereinstimmung zwischen (richtiger) Vernunfterkenntnis und (recht verstandenem) Offenbarungsinhalt nachzuweisen[12]. Die Quellen der Erkenntnis sind nach ihm (s. Einleitung):

1. Die sinnliche Wahrnehmung; 2. Die Vernunft (*'aql*), unvermittelte Erfassung evidenter Sachverhalte, auch die Unterscheidung zwischen Gut und Böse betreffend[13], die nicht von Gottes willkürlicher Setzung abhängt (wie

[9] Bibl.: A. Freimann in: Saadia Anniversary Volume, 1943, 327–338; H. Malter, Saadia Gaon, his life and works, 1969², 303 ff. (Saadja-Schriften und Zitate), 376 ff. (Sekundärlit.). Siehe v. a.: A. Altmann, Saadya Gaon, Book of Doctrines and Beliefs, in: 3 Jewish Philosophers, 1960; L. Finkelstein, ed., Rab Saadia Gaon, 1944; J. L. Fishman, Rāb Sa'adjāh Gā'ôn, 1943 (S. 644 ff. Bibl. nach Malter); Jac. Guttmann, Die Religionsphilosophie des Saadja, 1882; A. Marx, a. a. O. (§ 26, Anm. 4), 188 ff.; D. Neumark, Saadya's Philosophy, HUCA 1 (1924), 503–573; E. I. J. Rosenthal, ed., Saadia Studies, 1943; G. Vajda, Etudes sur Saadja, REJ 109 (1948/9), 68–102; M. Ventura, La philosophie de Saadia Gaon, 1934.

[10] S. Landauer, Sa'adja ben Josef, Kitāb al-Amānāt wa'l-I'tiqādāt, 1880; D. Kafeh, Sa'adjāh Gā'ôn, Sefär han-nibḥar bā-'ämûnôt ûbad-de'ôt, 1970 (arab. und hebr.). Die empfehlenswerteste Übersetzung: S. Rosenblatt, Saadia Gaon, The Book of Beliefs and Opinions, 1967⁵.

[11] J. Dan, in: C. Roth, The Dark Ages, 1966, 285.288; G. Scholem, a. a. O. (Anm. 2), 85 f.

[12] A. Altmann, Saadia's theory of revelation, in: E. I. J. Rosenthal, 4–25; J. Efros, Saadia's theory of knowledge, JQR 33 (1942/3); 133–170; D. J. Engelkremper, Saadja Gaons religionsphilosophische Lehre über die heilige Schrift, 1903; A. Heschel, The quest for certainty in Saadia's philosophy, JQR 33 (1942/3), 265–313; Ders., Reason and revelation in Saadia's philosophy, JQR 34 (1943/4), 391–408; J. J. Ross, A note concerning Saadya's concept of cognition, In: Essays pres. to I. Brodie, 1967, 355–364; G. Vajda, Autour de la théorie de la connaissance chez Saadia, REJ.HJ 126 (1967), 135–189; 375–397.

[13] J. Afärät, Gîšat haś-śekäl 'äl ham-mûsār lefî Rāb Sa'adjāh Gā'ôn weha-RMB"M, Tarb 28 (1958/9), 325–329.

nach dem Kalam), sondern Gott selbst bindet; 3. Logisch notwendig sich ergebende Einsichten; 4. Zuverlässige Tradition durch zuverlässige Tradenten (die Offenbarung – hier aus antikaräischen Motiven ausdrücklich nicht bloß die schriftliche!). Sie wird ausgewiesen durch historisch bezeugte Wunder. Die Tradition bzw. Offenbarung (Buch III) vermittelt grundsätzlich keine andere Erkenntnis als die Vernunft, doch tut sie es in gesicherter Weise, während in den ersten drei Erkenntnisquellen menschliche Fehlleistungen mitwirken.

Die Tradition korrigiert, leitet und bestätigt den Philosophierenden und vermittelt auch dem einfachen Frommen das nötige Wissen, v. a. die detaillierte Kenntnis der Gebote und Verbote[14], die es dem Menschen – dank der Güte des Schöpfers – ermöglichen, Verdienste und letztlich die Glückseligkeit zu erwerben. Neben dieser eudämonistisch-utilitaristischen Begründung wird aber auch der Gehorsam als Ausdruck des Dankes und der gebotenen Ehrfurcht gegenüber dem Schöpfer und die Respektierung der Rechte des Mitmenschen genannt[15]. Die Gebote und Verbote sind zwar nicht alle einsichtige *(ᶜaqlijāt / śiklijjôt)*, sondern z. T. auch Gehorsamsgebote *(samᶜijāt / šimᶜijjôt)*[16], Befehle Gottes, die zwar in Gottes unauslotbarer Weisheit auch ihren Sinn haben. Wie die Muᶜtaziliten und mit der vorherrschenden Meinung in der jüdischen Tradition sieht Saadja Gebote und Verbote nur für sinnvoll an, wenn der Mensch (Buch IV), als Ziel der Schöpfung zu deren Beherrschung bestimmt[17], zur Ausführung des Gotteswillens und zur freien Willensentscheidung befähigt ist, wodurch erst Sünde und Umkehr, Lohn und Strafe bzw. jenseitige und endzeitliche Vergeltung ihren Sinn erhalten (Buch V–IX). Buch X bietet praktisch – ethische Anleitungen (v. a. im Sinne des gesunden Mittelmasses).

c) Der eigentliche theologische Schwerpunkt liegt jedoch in Buch I–II. In Abwehr des manichäischen Dualismus und der aristotelischen Annahme der Ewigkeit der Welt (bzw. der Materie) verteidigt Saadja

[14] A. Altmann, Saadya's Conception of the Law, BJRL 28 (1944), 320–329; J. Altstein, Tôrat ham-miṣwôt beᵉmišnat Rāb Saᶜadjāh, Tarb 38 (1968/9), 120–135.

[15] D. Rau, Die Ethik R. Saadjas, MGWJ 55 (1911), 385–399.513–530.713–728; 56 (1912), 65–79.181–198.

[16] A. Altmann, Ḥᵃlûqqat ham-miṣwôt leᵉRS"G, in: J. L. Fishman, 658–673; dazu, für bereits vorsaadjanischen Gebrauch der Zweiteilung bei den Karäern eintretend: J. Faur, a. a. O. (Anm. 5).

[17] N. Lamm, Man's position in the universe; a comparative study of the view of Saadia Gaon and Maimonides, JQR 55 (1964/5), 208–234.

mit nach seiner Ansicht treffenderen Begründungen und unter Verweis auf die Tradition die Schöpfung in der Zeit aus dem Nichts[18].

Und zwar 1. aus der Endlichkeit der Welt; 2. der Zusammengesetztheit der Welt; 3. aus der Tatsache, daß jeder Körper mit Akzidentien[19] existiert und daher räumlich-zeitlich endlich ist; und 4. aus der (Kalam-)Behauptung, es gäbe keine unendliche Zeit[20]. Gott schuf die Welt aus freiem Entschluß, nicht aus einem Bedürfnis, sondern aus selbstloser Güte.

Die Schöpfung beweist Gott als lebendig, mächtig und weise (die islamischen Hauptattribute), doch (Buch II) diese Eigenschaften fallen im und mit dem Wesen Gottes ineins, werden nur im menschlichen Ausdruck differenziert. Dies soll die Einheit Gottes gewährleisten, die durch Dualismus und Trinitätslehre infragegestellt und durch die Annahme getrennter Wesensattribute gefährdet erscheint[21]. Einheit und Unvergleichlichkeit sind formale Attribute Gottes, seine Existenz ist unmittelbar erfaßbar (wie Wahrheit oder Lüge), ergibt sich auch der – vorher bewiesenen – Schöpfung aus Nichts in der Zeit. Die Gotteserkenntnis[22] ist keine bloß philosophisch-theoretische Ange-

18 Vgl. auch Saadjas Kommentar zum *Sefär Jeṣîrāh;* M. Lambert, Saʿadja ben Josef, Commentaire sur le Séfer Yesira, 1891; G. Vajda, Le commentaire de Saadia sur le Séfer Yeçira, REJ 106 (1941/6), 64–86. Ferner vgl. I. Efros, Saadyah's Second Theory of Creation in its Relation to Pythagoreanism and Platonism, L. Ginzberg JV, 1945, 133–142; H. A. Wolfson, The Kalam Arguments for Creation in Saadia, Averroes, Maimonides and St. Thomas, Saadia Anniversary Volume, 1943, 197–245; Ders., Atomism in Saadia, JQR 37 (1946/7), 107–124; Ders., Arabic and Hebrew Terms for Matter and Element with Special Reference to Saadia, JQR 38 (1947/8), 47–61.

19 Bei ihm noch alles abgesehen vom Wesen. Vgl. A. Schmiedl, Über die Begriffe Substanz und Akzidens in der Philosophie des jüdischen Mittelalters, MGWJ 13 (1864), 184–193.

20 Z. Diesendruck, Saadya's Formulation of the Time Argument for Creation, Jewish Studies in Memory of G. A. Kohut, 1935, 145–158.

21 S. Rawidowicz, Beʿājat hā-hagšāmāh leRS"G ûleRMB"M, Kenäsät 1938, 222–377; Ders., Saadya's Purification of the idea of God, in: I. E. J. Rosenthal, 139–165.

22 Dabei vertritt Saadia noch nicht die später herrschende, neuplatonisch bestimmte Seelenlehre; J. Afärät, Tôrat han-näfäš hā-'immānenṭît bemišnāto ha-fîlôsôfît šäl RS"G, H. A. Wolfson JV, 1965, hebr. 25–31; H. A. Davidson, Saadia's list of theories of the soul, in: A. Altmann, a. a. O. (Anm. 1), 75–94; J. Guttmann, The Soul according to Rabbi Saadya Gaon (hebr.), Magnes Anniversary Volume 1938, 80–88; J. Horovitz.

legenheit, sie führt zur Gottesliebe (Dt 6,5), Dankbarkeit, und damit zur Glückseligkeit[23].

3. Die Anfänge im westlichen Mittelmeerraum und der frühe Neuplatonismus[24]

a) In Nordafrika, wo in Kairuan ein reges jüdisches Kulturleben herrschte[25], knüpfte die jüdische Theologie zuerst ebenfalls an den Kalam der muʿtazilitischen Richtung an, wie die Einleitung zum Talmudkommentar des Nissim b. Jakob[26] zeigt. Manche der ersten Versuche philosophisch orientierten religiösen Denkens fanden ihren literarischen Niederschlag in Kommentaren zur einzigen systematisch aufgebauten Schrift der Tradition, zum Buch Jeṣîrāh (§ 21,3). Von Saadja Gaons Jezirahkommentar abgesehen[27], handelt es sich um Šabbetaj Donnolo (geb. 913) in Süditalien[28], einen berühmten Arzt, dessen Kommentar *Sefär Ḥakkemônî* auch auf den aškenasischen

[23] Individuelles und kollektives eschatologisches Geschick, bei den späteren „Philosophen" nur mehr vage verknüpft, werden bei Saadja im traditionellen Sinne, doch ohne systematische innere Verbindung mit dem Gesamtwerk, verbunden. Das apokalyptische Buch VIII steht wie ein Fremdkörper in seinem Werk, entspricht aber den sonstigen Äusserungen Saadjas. Vgl. A. Marmorstein, The Doctrine of Redemption in Saadia's Theological System, in: E. J. Rosenthal, 103–118; S. Poznanski, Die Berechnung des Erlösungsjahres bei Saadja, 1901; A. H. Silver*, 50 ff.; L. Thorn, Das Problem der Eschatologie und der transzendenten Vergeltung bei Saadia ben Josef aus Fayum, Diss. Breslau 1935; S. W. Baron*, SRH V, 159 ff.

[24] Siehe die Einleitung in A. Altmann - S. M. Stern, Isaac Israeli, 1958 und dort auch S. 79 ff.; S. M. Stern, Ibn Hasday's Neoplatonist, Oriens 13/4 (1961), 58–120; A. Altmann, Beʿājôt bam-mäḥqar han ne'ô-'aplātonijjût haj-jehûdît, Tarb 27 (1957/8), 501–507; Ders., The Ladder ...; H. Derenbourg, Al Batalyoûsi, REJ 7 (1883), 274–279; D. Kaufmann, Die Spuren Al-Batlajusis in der jüdischen Religionsphilosophie, 1880; A. L. Tibawi, 'Ikhwān aṣ-Ṣafā and their Rasa'il, IQ 2 (1955), 28–46.

[25] G. Vajda, Introduction (§ 29), 65 ff.

[26] I. Goldziher, R. Nissim b. Yacob, Moutazilite, REJ 47 (1902), 179–186; S. Abramson, Rāb Nissîm Gā'ôn, 1965 (Einl.), hier S. 25 f. auch über andere Gelehrte.

[27] Anm. 18.

[28] D. Castelli, Il commento di Sabbatai Donnolo sul libro della crazione, 1880; A. Scheiber, Dappîm nôsāfîm mis-sefär Ḥakkemônî leR. Šabbetāj Dônnôlô, Sinai 62 (1967/8), 193–198; A. Epstein, Studien zum Jezira-Buche und seiner Erklärer, II, MGWJ 37 (1893), 458–462; G. Vajda, Introduction ... (§ 29), 70 ff.

Chasidismus Einfluß hatte, ebenso der Traktat „*Perûš naʿaśeh 'ādām beṣalmenû*" (mit neuplatonischen Zügen, aber auch creatio ex nihilo)[29]. Weitere Jezirahkommentare[30] schrieben Dunaš b. Tamin[31] in Nordafrika und Jehuda b. Barzilaj[32] und von großem Einfluß war auch ein pseudo-saadjanischer Kommentar[33]. Durch die Tradition der Jezirah – Kommentierung, die sich durch die ganze Periode hinzieht, blieben manche ihrer Inhalte wirksam, auch wenn sie von der späten Philosophie nicht mehr beachtet wurden. Auffallend ist, daß hier die neuplatonische Richtung zum Zuge kommt und für einige Zeit herrschend wird. Einer der frühen Vermittler solcher Gedanken war Abraham b. Samuel ibn Chasdaj[34].

b) Der erste bedeutende Vertreter des jüdischen Neuplatonismus war Isaak Israeli (ca. 855–955) in Nordafrika[35], einer der berühmten Mediziner des Mittelalters. Er stand v. a. unter dem Einfluß des islamischen Philosophen al-Kindi, eines pseudoaristotelischen Traktates[36], weiter der „Theologie des Aristoteles", der „Briefe der lauteren Brüder" und des pseudo-empedokleischen „Buches der fünf Substanzen". Seine Werke haben die Entwicklung des jüdischen Neuplatonismus erheblich geprägt, sind aber dann fast in Vergessenheit geraten.

29 A. Jellinek, Perûš naʿaśeh 'ādām beṣalmenû, 1854; A. Scheiber, Qätaʿ ḥādāš mip-„perûš naʿaśeh 'ādām beṣalmenû" leR. Šabbetāj Dônnôlô, Sinai 30 (1951/2), 62–65.

30 G. Scholem, EJ IX, 111: Liste.

31 G. Vajda, Nouveaux fragments arabes du commentaire de Dunaš b. Tamim sur le „Livre de la Création", REJ 113 (1954), 37–61; Ders., Deux nouveaux fragments arabes du Commentaire de Dunaš b. Tamim sur le Séfer Yesira, REJ.HJ 122 (1963), 149–162. Der Kommentar des Dunaš vertritt eine bestimmte nordafrikanische Tradition der Jezira-Exegese, vgl. G. Vajda, Le commentaire kairouanais sur le „Livre de la Création", I–III, REJ 107 (1946/7), 99–156; 110 (1949/50), 67–92; 112 (1953), 5–33.

32 S. J. Halberstamm, Jehûdāh b. Barzîllāj, Perûš Sefär Jeṣîrāh, 1885; G. Scholem, Ursprung und Anfänge der Kabbala, 1969, 40 ff. 111.157. 176 f.197 f.

33 J. Dan, in: C. Roth, The Dark Ages, 1966, 285; Ders., Tarb 35 (1965/6), 359.

34 S. M. Stern, a. a. O. (Anm. 24).

35 A. Altmann - S. M. Stern, Isaac Israeli, 1958 (hier Bibl.); Bibl. bis 1931 auch EJ VII, 9–11.23 f. A. Altmann, Isaac Israeli's „Chapter on the Elements" (Ms. Mantua), JJS 7 (1956), 31–57; Ders., Beʿājôt ... (Anm. 24; v. a. S. 501 f.); J. Guttmann, Die philosophischen Lehren des Isaak ben Salomon Israeli, 1911; S. M. Stern, Israel Israeli's Book of Substances, JJS 6 (1955), 135–145; G. Vajda, Le commentaire ... (Anm. 31).

36 S. M. Stern, a. a. O. (Anm. 24).

Gott, dem Wesen nach unerfaßbar, wird durch seine Güte, also in völliger Freiheit, zum „Schöpfer", zur ewig aktiven causa aller Dinge. Der „Schöpfungs"-Prozess vollzieht sich in drei Stufen:

1. Die „erste Materie" (1. Substanz, genus generorum), die „erste Form" (= die Weisheit) und aus beiden der universale Intellekt werden durch Gottes „Macht und Willen" ex nihilo[37] geschaffen. Der Intellekt ist die Totalität der Formen und umfaßt (in Kombination aristotelischer und plotinischer Ansichten)

a) den stets in actu befindlichen Intellekt,

b) den potentiellen Intellekt in der Seele,

c) den „zweiten Intellekt" (der in der Seele aus der Potentialität in die Aktualität übergeht).

Erste Materie und erste Form existieren (offenbar) nicht getrennt, sondern subsistieren im 1. Intellekt, der also eigentlich die oberste Seinsstufe außerhalb der Gottheit darstellt (da der Wille nicht als eigene Seinsstufe aufgefaßt ist).

2. Die einfachen (spirituellen) Substanzen emanieren mit essentieller Kausalität. Die letzte davon ist die aus dem „5. Element" bestehende Sphäre mit der universalen Seele.

3. Die körperlichen Substanzen entstehen durch die Bewegung der beseelten Sphäre (als der „Natur") als Mischung aus den 4 Elementen in natürlicher Kausalität.

In der Seelenvorstellung übertrug Israeli die übliche Dreiteilung (rationale, animalische, vegetative Seele) auf die universale Seele (der Sphäre), die Vermittlerin zwischen intelligibler und körperlicher Welt. Die rationale (Einzel-)Seele verfügt über diskursive (nicht intuitive) Erkenntnis.[38]

Quellen der Erkenntnis sind:

1. die sinnliche Wahrnehmung, 2. die Tradition, 3. das „lumen naturale", 4. die Offenbarung und (!) Intuition, 5. der erworbene Intellekt (s. o.).

Wie stets im Neuplatonismus entspricht dem Emanationsfluß von oben nach unten die gegenläufige Bewegung des Seelenaufstiegs durch kontemplativ-ethische Erkenntnis und Läuterung, und zwar (nach Plotin und Proklus) in 3 Stufen: 1. purificatio, Abkehr vom grob Sinnlichen, 2. illuminatio, der Zustand der „Weisheit", des Streben nach ihm ist „Philosophie", und 3. unio, die Verbindung der Seele mit den spirituellen Substanzen und mit dem Intellekt (bzw. der 1. Form). Im leiblichen Dasein erfolgt die unio nur

[37] H. A. Wolfson, The Meaning of ex nihilo in Isaac Israeli, JQR 50 (1959/60), 1–12.

[38] H. A. Wolfson, Isaac Israeli on the Internal Senses, Jewish Studies in Memory of G. A. Kohut, 1935, 583–598; Ders., Notes on Israeli's Internal Senses, JQR 51 (1960/1), 275–287.

temporär, z. B. bei der Prophetie. Im prophetischen Traum empfängt der Mensch mittels des Intellekts imaginäre Formen, die er dann rational erfaßt und – zum Verständnis für andere – interpretiert.

Zwischen prophetischem und philosophischem Erkenntnisvorgang besteht kein wesentlicher Unterschied, doch die Offenbarung und die Tradition sind nötig zur Anleitung der breiten Masse, wobei neben (einsichtigen) Vernunftgeboten auch (uneinsichtige) Gehorsamsgebote in Kauf zu nehmen sind.

c) Salomo ibn Gabirol (ca 1022/5–1050/8 in Spanien)[39] vertrat im Wesentlichen die bei Isaak Israeli bezeugte Linie. Sein Hauptwerk ist nur in lateinischer (*Fons vitae,* 12. Jh.)[40] und z. T. hebräischer Übersetzung[41] erhalten und besteht aus einem langatmigen Dialog zwischen Meister und Schüler. Dazu kommt die kleinere Schrift *Tiqqûn middôt han-näfäš* (Ethik)[42] und eine Anzahl seiner Gedichte[43], v. a. die große Komposition *Ketär malkût*[44], als Quelle für sein religiöses Weltbild in Frage. Ibn Gabirol arbeitet die einzelnen Seinsstufen und Sphären im Zusammenwirken von Materie (durch alle Seinsstufen dieselbe)[45] und Form deutlicher aus als Isaak Israeli

[39] A. Altmann, Beʿājôt ... (Anm. 24), 502 ff.; E. Bertola, Salomon Ibn Gabirol (Avicebron), 1953; F. Brunner, Sur l'hylemorphisme d'Ibn Gabirol, Les Etudes Philosophiques 8 (1953), 28–38; Ders., La source de vie livre III, 1950; Ders., Sur la philosophie d'Ibn Gabirol, REJ.HJ 128 (1969), 317–337 (zu Schlanger); V. Cantarino, Ibn Gabirols Metaphysic of Light, StIsl 26 (1967), 49–71; Jac. Guttmann, Die Philosophie des Salomon ibn Gabirol, 1889; A. Heschel, Der Begriff des Seins in der Philosophie Gabirols, FS J. Freimann, 1937, 68–77; Ders., Der Begriff der Einheit in der Philosophie Gabirols, MGWJ 82 (1938), 89–111; Ders., Das Wesen der Dinge nach der Lehre Gabirols, HUCA 14 (1939), 359–485; D. Kaufmann, Studien über Salomon ibn Gabirol, 1899; P. J. Muller, Ibn Gabirol en zijne Godsleer, 1888; S. Munk, Mélanges ...; J. Schlanger, La philosophie de Salomon ibn Gabirol, 1968 (Bibl.!); Ders., Le maître et le disciple du Fons Vitae, REJ.HJ 127 (1968), 393–397; Ders., Sur la role du „Tout" dans la création selon Ibn Gabirol, REJ.HJ 124 (1965), 125–135; M. Simon, Haq-qôsmôlôgjāh šäl Šelomoh 'ibn Gabîrôl, Melilah 2 (1945/6), 207–214; S. ferner § 27, Anm. 19.

[40] C. Bäumker, Avencebrolis Fons Vitae, 1895.

[41] S. Munk, a. a. O. (Anm. 39) hebr. 1 ff.; auch in: J. Blobstein-A. Zifroni, Šelomoh bän Jehûdāh 'ibn Gabîrôl, 1961/3.

[42] S. S. Wise, Solomon ibn Gabirol, The Improvement of Moral Qualities, 1902.

[43] § 27, Anm. 20.

[44] § 27, Anm. 21.

[45] F. Brunner, La doctrine de la matière chez Avicébron, RThPh 6 (1956), 261–279.

und definierte die Rolle des göttlichen Willens[46] (bzw. der Weisheit)[47] neu.

Er ist einerseits wesensmäßig mit Gottes Wesen eins und daher unendlich, als schöpferische Wirkung Gottes, die alle Seinsstufen durchdringt, aber endlich. Er wird zugleich auch mit der ersten Form in Beziehung gesetzt, während die erste Materie aus dem Wesen Gottes hergeleitet wird, wodurch zumindest der Eindruck entsteht, als seien Form und Materie in Gottes Wesen selbst bereits irgendwie vorgegeben – was allerdings dem Gedanken der Einheit widerspräche. Es sei denn, es bahnt sich hier zwischen intelligibler Welt und göttlichem Wesen eine weitere, noch innergöttliche Überbrückung an, wie sie später in der Sefirotlehre der Kabbalah – dort aber mit dem „Willen“ an der Spitze – konstruiert wurde.

Auch bei Ibn Gabirol entspricht der Emanation (die als solche aber mehr metaphorisch als konkret beschrieben erscheint!) von oben nach unten der Seelenaufstieg als Erkenntnis-, Vervollkommnungs- und Heilsweg[48]. Außerdem bezeugen manche seiner religiösen Gedichte die Affinität des neuplatonischen Gottes- und Weltbildes zur gelebten Frömmigkeit, wie sie für die aristotelische Philosophie nie so eindrucksvoll bezeugt wird.[49]

d) Mehr der religiösen als der spekulativen Seite des Neuplatonismus und stärker der islamischen Mystik verpflichtet war B a c h j a i b n P a q u d a h (2. Hälfte 11. Jh.)[50], Verfasser religiöser Gedichte

[46] M. Bieler, Der göttliche Wille (Logosbegriff) bei Gabirol, 1933.

[47] H. Greive, Die Weisheit im System Salomo ibn Gabirols, Jud 24 (1968), 245–251.

[48] A. Altmann, The Ladder ..., 13 ff.; H. Greive, Der Erlösungsgedanke in der „Königskrone“ des Salomo ibn Gabirol, Jud 25 (1970), 38–49; J. Guttmann, Zu Gabirols allegorischer Deutung der Erzählung vom Paradies, MGWJ 80 (1936), 180–184.

[49] Andrerseits enthält die „Lebensquelle“ keinerlei Hinweis auf biblisch-jüdische Traditionen. Fraglich muß es jedoch erscheinen, daraus zu weitgehende Schlußfolgerungen zu ziehen. Vgl. A. Scheyer, Šᵉlomoh 'ibn Gabîrôl kimbaśśer hak-kᵉfîrāh šäl Giordano Bruno, 1967/8; S. Pines, Ha-'im dibber Šᵉlomoh 'ibn Gabîrôl sārāh ʿal hā-'ûmmāh?, Tarb 34 (1964/5), 372–378.

[50] Z. D. Baneth, Māqôr mᵉšûttaf lᵉRabbî Baḥja bar Jôsef wᵉ'al-Ghazālī, Magnes Anniversary Volume, 1938, 23–30; R. Baron, Un point de philosophie et de mystique comparée, RHPhR 38 (1958), 39–67; E. Bertola, Platonismo scolastico-cristiano y arabe-judío: S. Bonaventura y R. Baḥya ben Pacuda, Sef 10 (1950), 385–400; I. Broyde, Torot ha-nefesh. Les réflexions sur l'ame par Bahya ben Joseph ibn Pakouda, 1896; A. Chouraqui, Introduction aux devoirs des coeurs, 1950; C. Ramos Gil, Baḥya ibn Paquda. El puro amor divino, MEAH 1 (1952), 85–148; D. Kauf-

und des *Kitāb al-Hidāja 'ilā farā'id al-qulûb*[51] (das Buch der Anleitung zu den Herzenspflichten), dessen hebräische Übersetzung (Jehuda ibn Tibbon) als *Sefär ḥôbôt hal-lebābôt*[52] eines der meistgelesenen Erbauungsbücher des Judentums wurde. Er wollte breiteren Kreisen religiöse Weisung vermitteln, für die er allerdings die (auch philosophische) Gotteserkenntnis in den einleitenden Kapiteln als unumgängliche Voraussetzung zu rechter Haltung behandelte[53], teils in Anlehnung an den Kalam, doch im Wesentlichen neuplatonisch geprägt.

Er führte in die vom Kalam übernommene Schöpfungstheologie den Teleologiegedanken ein, um von der in sich sinnvollen Schöpfung auf die Einheit des Schöpfers zu schließen, die er neuplatonisch definiert. Die Attribute behandelt er im Sinne des Kalam (vgl. Abschn. 2 bei Saadja). Das eigentliche Anliegen Bachjas war die fromme Haltung und Praxis. Er betont die auch in der rabbinischen Tradition geforderte rechte Motivierung des äußeren Gehorsams und unterscheidet nach islamisch-mystischem Vorbild die zahlenmäßig begrenzten „Pflichten der Glieder" und die zahlenmäßig unbegrenzbaren „Pflichten des Herzens", wobei in neuplatonischer Manier die Beziehung der Einzelseele zu Gott im Mittelpunkt des Interesses steht. Vor allem auch das jenseitige Schicksal der Seele, gegenüber dem das körperliche Dasein nur als Vorbereitung dient. Dennoch verurteilt Bachja die sehr naheliegende Askese, soweit sie Weltflucht bedeutet. Nur als Mittel zur Befreiung der Seele von den Fesseln der Sinne und der Materie zum Zwecke besserer Erfüllung des Gotteswillens läßt er sie gelten,

mann, Die Theologie des Bachja ibn Pakuda, Ges. Schr. II, 1910, 1–98; M. Sister, Bachja-Studien, 50. Ber. der Lehranstalt für die Wiss. d. Judentums Berlin, 1936, 33–75; F. E. Tejada, Las doctrinas politicas de Bahya ben Yosef Ibn Paquda, Sef 8 (1948), 22–47; G. Vajda, La théologie ascétique de Bahya ibn Paquda, 1947 (span.: La teologia ascética de Baḥya Ibn Paquda, 1950); Ders., Le dialogue de l'Âme et de la Raison dans les „Devoirs des Coeurs" de Bahya ibn Paquda, REJ 102 (1937), 93–104.

[51] A. S. Yahuda, ed., 1912.

[52] A. Zifroni, Baḥja bän Josef 'ibn Pāqûdāh, Sefär Ḥôbôt hal-lebābôt, 1964; A. M. Habermann, Leḥeqär Sefär "Ḥôbôt hal-lebābôt" wenûsḥa'ôtājw hā-'ibrijjôt, Sinai 29 (1950/1), 58–79; M. Hyamson, Duties of the Heart by Bachya ben Josef ibn Paquda, 1962².

[53] C. Ramos Gil, La demonstración de la existentia divina en Baḥya ibn Paquda, Sef 11 (1951), 305–338.

denn da die Torah[54] auch soziale und politische Ordnungen enthält, zwingt sie selbst den asketischen Frommen zum Wirken in der Welt für den Nächsten. Dies bewahrte auch später die jüdischen Mystiker, soweit sie der islamischen Mystik (Sufismus) folgten, wie z. B. Abraham b. Mose b. Maimon[55], vor dem dort z. T. herrschenden Quietismus und Antinomismus.

e) In Spanien blieb der Neuplatonismus noch einige Zeit en vogue. Sein bedeutendster späterer Vertreter war Josef ibn Zaddik (gest. 1149), mit seinem in hebräischer Übersetzung erhaltenen Werk „*Sefär hā-ʿôlām hāq-qāṭôn*"[56] (der Mikrokosmos). Auf der neuplatonischen Linie stehen auch noch der berühmte Dichter Mose ibn Ezra[57], die pseudo-bachjanische Schrift *Kitāb maʿanī an-nafs*[58] (eine Seelenlehre) und der Naturwissenschaftler Abraham bar Chijja (1065–1143)[59] mit seinem hebräischen Buch *Hägjôn han-näfäš*[60].

[54] G. Golinski, Das Wesen des Religionsgesetzes in der Philosophie des Bachja ibn Paquda, Berlin o. J.

[55] S. Rosenblatt, The Highway of Perfection of Abraham Maimonides, 2 Bde. 1927, 1938; G. D. Cohen, The Soteriology of R. Abraham Maimuni, PAAJR 35 (1967), 75–98. Ferner s. S. D. Goitein, A Jewish Addict to Sufism, JQR 44 (1953/4), 37–49; F. Rosenthal, A Judaeo-Arabic Work Under Sufi Influence, HUCA 15 (1940), 433–484; G. Vajda, Mystique juive and mystique musulmane, Les Nouveaux Cahiers 2/7 (1966), 34–38.

[56] R. Baron, a. a. O. (Anm. 50); J. Habermann, Joseph ibn Zaddik, The Microcosm, transl. with introd. and notes, 1954 (Ann Arbor Micro-Films); S. Horovitz, Der Mikrokosmos des Josef ibn Saddik, 1903; G. Vajda, La philosophie et la théologie de Joseph ibn Saddîq AHDLdMA 18 (1949), 93–181; H. A. Wolfson, Joseph ibn Ṣadik on divine attributes, JQR 55 (1964/5), 277–298.

[57] § 27, Anm. 25.

[58] Herausgegeben von I. Goldziher, Berlin 1907.

[59] I. Efros, Studies in Pre-Tibbonian Philosophical Terminology JQR 17 (1926/7), 129–164. 323–368; Ders., More about Abraham b. Hiyya's philosophical terminology, JQR 20 (1929/30), 113–138; Jac. Guttmann, Die philosophischen und ethischen Anschauungen in Abraham bar Chijjas Hegjon ha-Nefesch, MGWJ 44 (1900), 193–217; G. Scholem, Reste neuplatonischer Spekulation in der Mystik der deutschen Chasidim und ihre Vermittlung durch Abraham bar Chija, MGWJ 75 (1931), 172–191; L. D. Stitskin, Judaism as a Philosophy, 1960; Ders., Abraham bar Hiyya's personalism and methodology, Trad 6 (1964), 105–113; G. Vajda, Abraham bar Hiyya et Al-Fārābi, REJ 104 (1938), 113–119; Ders., Les idées théologiques et philosophiques d'Abraham bar Hiyya, AHDLdMA 15 (1946), 191–223; Ders., Le système des sciences exposé par Abraham bar Hiyya et une

Der letztere übernimmt allerdings schon die aristotelische Auffassung von den einfachen Substanzen bzw. von Materie und Form. Sein Werk *Megîllat ham-Megallāh*[61] bietet das einzige Beispiel einer Geschichtsphilosophie in dieser Periode.

Weniger durch sein philosophisches System, das nirgends in einem geschlossenen Zusammenhang dargestellt erscheint, als vielmehr durch zahlreiche Bemerkungen in seinen Bibelkommentaren trug der vielgereiste Dichter, Naturwissenschaftler und philosophierende Exeget Abraham ibn Ezra (1092–1167)[62] zur Verbreitung philosophischer Ansichten bei.

Wie erst neuerdings aufgewiesen wurde, hat ibn Ezra bei aller Nähe zu Salomo ibn Gabirols Philosophie in Anlehnung an Avicenna doch bedeutsame eigene Standpunkte eingenommen. Dies betrifft vor allem die Einführung des Begriffs einer universalen Substanz (*ʿäṣäm*) im Unterschied zur Materie und im Zusammenhang damit die Lehre von den separaten Intelligenzen. Ihrer Seinsstufe wird die rationale Seele des Menschen nach Ursprung und Ziel zugeordnet. Die Inkorporation der (rationalen) Seele ist zugleich ihre Individuation, wobei der Erwerb von Erkenntnis (im neuplatonischen Sinne bis zu ekstatischer Vorwegnahme) auch die Individualität nach dem Tode begründet[63].

Seine Dichtung *Ḥaj bän Meqîṣ*, bisher zu wenig beachtet, stellt ein Musterbeispiel für den damaligen gedanklichen und literarischen Austausch zwischen den Religionen und Kulturen dar.

page de Juda ben Barzillai, Sef 22 (1962), 60–68; M. Waxman, Hammaḥšābāh ha-fîlôsôfît wehad-dātît šäl 'Abrāhām b"R Ḥijjā', H. A. Wolfson JV, 1965, 143–168.

[60] Herausg. von E. Freimann, 1860 (Nachdr. 1966/7); G. Wigoder, The Meditation of the Sad Soul (by) Abraham bar Ḥayya, 1969.

[61] A. Poznanski – J. Guttmann, Sefer Megillat ha-Megalle von Abraham bar Chija, 1924 (Nachdr. 1967/8); Jac. Guttmann, Über A. b. Chijja's Buch der Enthüllung, MGWJ 47 (1903), 446–468. 545–569; J. M. Millás Vallicrosa, Abraam bar Hiia, Llibre Revelador, 1929.

[62] A. Altmann, The Ladder ... 15 f. 25; N. Ben-Menachem, Jesôd Môrā' šäl R. 'Abrāhām 'ibn-ʿÄzrā', SJ I. Brodie, 1966/7, 67–78; S. Bernfeld, EJ VIII, 327–341; A. J. Bromberg, Haqbālôt beR'B"ʿ ûbeRMB"M, Sinai 53 (1962/3), 67–71; 55 (1963/4), 42–45; H. Greive, Studien zum jüdischen Neuplatonismus. Die Religionsphilosophie des Abraham ibn Ezra, Habil. Köln 1971; J. Reifmann, ʿIjjûnîm bemišnat hā-R'B"ʿ, 1961/2; D. Rosin, Die Religionsphilosophie Abraham ibn Esras, MGWJ 42 (1898), 17–33. 58–73. 108–115. 154–161. 200–214. 241–252. 305–315. 345–362. 394–407. 444–457.481–505; 43 (1899), 22–31.75–91.125–133.168–184.231–240. S. auch § 26, Anm. 28 und § 27, Anm. 26.

[63] Siehe darüber nun H. Greive, a. a. O. (Anm. 62).

4. Orientalische religiöse Denker nach Saadja

Ohne weiterreichenden Einfluß blieben als Philosophen der Saadja-Kritiker Mebaśśer b. Nissim[64], Samuel b. Ḥofni[65], der von 997–1013 Gaon von Sura war und dessen vom Kalam geprägtes philosophisches Werk *Sefär šoršê had-dāt*" verlorengegangen ist, sowie dessen Schwiegersohn Ḥaj (Hajje) Gaon (gest. 1038), der Sohn und Nachfolger des Šerira Gaon in Sura. Er, der im übrigen an Vielseitigkeit nahezu Saadja erreichte, hinterließ auch bloß Einzelbemerkungen philosophischen Inhalts, v. a. gegen Kalam und aristotelische Ansichten und gegen die Benützung von Begriffen, die dem Hebräischen fremd sind – womit er zweifellos eine bedeutsame Schwäche der von der Begriffswelt und den Fragestellungen der nichtjüdischen Philosophie so stark abhängigen jüdischen Theologie aufwies. Nach Ḥaj gebührt der Tradition allemal der Vorrang vor dem Vernunfturteil.

Die Karäer hingegen verharrten auch weiterhin fast völlig im Banne des Kalam bzw. der Muʿtazila. So Josef b. Abraham al-Baṣir[66] und Ješua b. Jehuda[67] im 11. Jh. und noch Mitte des 14. Jh. Aaron b. Elia[68] mit seinem „*Sefär ʿeṣ ḥajjim*"[69] (Baum des Lebens), der den Kalam überhaupt als jüdisch im Ursprung bezeichnet und sich heftig mit Mose b. Maimon und dessen Kalamkritik auseinandersetzte.

[64] J. Derenbourg, La critique de Saadia, par Mebasser, REJ 20 (1890), 137 f.; S. M. Stern, The Beginning of Mubashir's Critique of Saadya Gaon's Writings, REJ.HJ 126 (1967), 113–117; H. Zucker, Muvashir Halevi, 1955; Ders., Berûrîm behaśśāgôt Rab Mebaśśer ʿal Rāb Saʿadjāh Gāʾôn, Sinai 58 (1965/6), 95–98.

[65] W. Bacher, Le commentaire de Samuel ibn Hofni sur le Pentateuque, REJ 15 (1887), 277–288; 16 (1888), 106–123; A. Grünbaum, Śerîdîm bekitbê jād mip-perûšô šäl R. Šemûʾel bän Ḥofnî ʿal hat-tôrāh, SJ E. Jung, 1961/2, 215–239.

[66] 11. (nicht 10.) Jh.; A. Borisov, Notes sur l'héritage littéraire de Yusuf al-Baṣir (Russisch), 1935; P. F. Frankl, Ein muʿtazilitischer Kalam aus dem 10. Jahrhundert, 1872; Ders., Die Stellung Joseph Al-Baṣir's in der jüdischen Religionsphilosophie, MGWJ 20 (1871), 114–119.150–157; G. Vajda, La démonstration de l'unité divine d'après Yusuf al-Baṣir, Studies in Mysticism and Religion, pres. to G. Scholem, 1967, 285–315; Ders., L'universalité de la loi morale selon Yusuf al-Baṣir, REJ.HJ 128 (1969), 133–201.

[67] M. Schreiner, Studien über Jeschuʿa ben Jehuda, 1900.

[68] H. Blumberg, Aaron ben Elijah's refutation of Maimonides' theories of attributes, JHS 1 (1969), 25–39.

[69] F. Delitzsch – M. Steinschneider, ʿEṣ ḥajjim. Ahron ben Elia's aus Nikomedien des Karäers System der Religionsphilosophie, 1841.

Die letzten beiden rabbinischen Philosophen des Orients, die wahrscheinlich beide zum Islam konvertieren, Abu'l-Barakāt al-Bagdādī[70] und Sa'd Ibn Kammuna[71], haben keinerlei Auswirkung auf die weitere jüdische Geistesgeschichte gezeitigt. Sie stehen bereits auf dem Boden des avicennischen Aristotelismus.

5. Der Aristotelismus[72] vor Maimonides

a) Aristotelische Elemente waren isoliert oder im Rahmen des Neuplatonismus schon von früh an geläufig gewesen. Vom Ausgang des 12. Jh. an setzten sie sich in der durch Avicenna und al-Fārābī vermittelten Form geschlossener durch. Schon Jehuda Hallevi (Abschn. 6) sah im Aristotelismus „die Philosophie" schlechthin (wie Aristoteles gern als „der Philosoph" bezeichnet wurde). Je mehr diese Entwicklung fortschritt, desto schärfer wurde ihre religiöse Problematik. Jedes göttliche Eingreifen und alle individuelle Providenz, ja selbst die Kenntnis der Einzeldinge von Gott ausschließende aristotelische Weltbild und der intellektualistische Zug im Menschenbild stellte die herkömmliche Religiosität in zentralen Punkten in Frage. Insbesondere drohte die religiöse Praxis, der Torahgehorsam, auf eine Hilfsfunktion im intellektualistischen Erkenntnisprozeß degradiert zu werden, deren der Philosoph unter Umständen entraten zu können vermeinte. Darum traten v. a. folgende Themen in den Vordergrund: Creatio (ex nihilo) in der Zeit gegenüber der üblichen aristotelischen Behauptung der Ewigkeit der Welt, die individuelle Providenz für Menschen (bzw.

[70] S. Pines, Études sur Awḥad al-Zamān Abu'l-Barakāt al-Baghdādî, REJ 103 (1938), 4–64; 104 (1939), 1–33; Ders., Nouvelles études sur Awḥad al-zamān Abu'l-Barakāt al-Baghdādî, 1955; Ders., Lᵉḥeqär perûsājw šäl 'Abû 'al-Bārākā't 'al-Bagdā'dî, Tarb 33 (1963/4), 198–213.

[71] L. Nemoy, The Arabic Treatise on the Immortality of the Soul, by Sa'd ibn Mansur Ibn Kammuna (13. cent.), 1944; Ders., New Data on the Biography of Sa'd Ibn Kammunah, REJ.HJ 123 (1964), 507–510.

[72] S. Horovitz, Die Stellung des Aristoteles bei den Juden des Mittelalters, 1911; F. E. Peters, Aristotles and the Arabs, 1968; Ders., Aristoteles Arabus, 1968; S. Kurland, An Unidentified Hebrew Translation of Aristotle's „De generatione et corruptione", PAAJR 5 (1933/4), 69–76; L'organon d'Aristote dans le monde arabe, 1969²; M. Schwab, Des versions hébraiques d'Aristote, David Kaufmann Gedenkbuch, 1900, 121 bis 127; A. Schmiedl, Was hat den Aristotelismus in der jüdischen Religionsphilosophie des Mittelalters so populär gemacht?, MGWJ 12 (1863), 130–143; E. Schweid, Hab-bîqqôrät . . .; M. Steinschneider, Die Metaphysik des Aristoteles in jüdischen Bearbeitungen, Jubelschrift L. Zunz, 1884, 1–35.

wenigstens Juden) und die Vereinbarkeit der biblischen Gottesvorstellung mit der aristotelischen Auffassung von Gott als unbewegtem ersten Beweger und als causa causarum, die damit verbundene Frage der Einheit Gottes (§ 33,1) und die Rolle der Offenbarung bzw. Tradition.

b) Abraham ibn Daud (gest. 1180, Toledo)[73], verfaßte 1161 in arabischer Sprache das erste bewußt avicennisch-aristotelisch orientierte Buch, das in 2 hebräischen Übersetzungen aus dem 14. Jh. als *Sefär hā-'ämûnāh hā-rāmāh*[74] *(niśśe'āh)* – Der erhabene Glaube – überliefert ist. All sein Bemühen galt dem Nachweis, daß Philosophie und Offenbarungsinhalt widerspruchlos vereinbar sind. Dies erreichte er durch (v. a. allegorische) Interpretation der Bibel und durch Ausklammerung vieler tatsächlich unvereinbarer Sachverhalte. Dennoch hielt er an der Willensfreiheit des Menschen und an der Offenbarung als Norm des sittlichen Verhaltens fest. Der Intellektualismus wird abgeschwächt, indem die philosophische Erkenntnis vor allem als Gotteserkenntnis und damit als religiöse Funktion deklariert wird.

6. Jehudah Hallevi (1075–1141)[75]

a) Der in Spanien beheimatete, im Alter auf dem Weg ins Heilige Land während eines längeren Aufenthaltes in Ägypten verstorbene Dichter war der einzige jüdische Denker des Mittelalters, der trotz philosophischer Bildung bewußt nur Theologe war und eine systema-

[73] M. Arfa, Abraham ibn Daud, 1954; Jac. Guttmann, Die Religionsphilosophie des Abraham ibn Daud aus Toledo, 1879 (und MGWJ 26–27); Ders., Die Beziehungen der maimonidischen Religionsphilosophie zu der des Abraham ibn Daud, Judaica (FS H. Cohen), 1912, 135–144; M. König, Die Philosophie des Jehuda Halevi und des Abraham ibn Daud, 1928; R. Margoliut, Hā-RMB"M weha-R'B"D, Sinai 36 (1954/5), 387–90; vgl. auch M.-Th. d'Alverny, Notes sur les traductions médiévales des oeuvres philosophiques d'Avicenne, AHDLdMA 19 (1952), 337 bis 358; Dies., Avendauth?, Homenaje a Millas-Vallicrosa, I, 1954, 19–43.

[74] S. Weil, Sefär hā-'ämûnāh hā-rāmāh, 1852 (Neudr. 1966/7).

[75] EJ VIII, 973–976.989–990 (Bibl.!); § 27, Anm. 23. I. Efros, Some Aspects of Yehuda Halevi's Mysticism, PAAJR 11 (1944), 27–41; I. Epstein, Judah Halevi as Philosopher, JQR 25 (1934/5), 201–225; A. Frankl-Grün, Die Ethik des Juda Halevi, 1895; J. Gordin, Jehouda Halévy et l'hellenisme, Evidences 21 (1951), 22–26; J. Guttmann, Das Verhältnis von Religion und Philosophie bei Jehuda Halewi, FS I. Lewy, 1911, 327–358

tische Darstellung der traditionellen Glaubensinhalte schrieb. Dies tat er in Form von Dialogen, die er dem zum Judentum bekehrten Khazarenkönig und je einem Philosophen, Christen, Moslem und *Ḥaber* (jüdischen Gelehrten) in den Mund legte. Das arabisch verfaßte Werk ist in seiner hebräischen Übertragung des Jehuda ibn Tibbon unter dem Titel *Sefär hak-Kûzārî*[76] eines der Schriften geworden, die das jüdische Selbstbewußtsein bis zur Gegenwart nachhaltig bestimmten.

b) Wie im Islam Al-Ghazālī,[77] unterzog Jehuda Hallevi die philosophische Weltanschauung einer grundsätzlichen Kritik, sie als Gedankenprodukt der lebendigen religiösen Erfahrung gegenüberstellend und so die allseits versuchte Harmonisierung von Vernunfterkenntnis und Offenbarungsinhalt als überflüssig abweisend. Die volle religiöse Erkenntnis beruht auf der Gabe der Prophetie[78], der Verbindung mit

(hebr. Haj-jaḥas bên had-dāt ûbên ha-fîlôsôfîjāh l^e^fî J^e^hûdāh hal-L^e^vî, in: Dāt ûMaddā', 1954/5, 66–85); J. Heinemann, Rabbî J^e^hûdāh hal-L^e^vî – hā-'îš w^e^hôgeh had-de'ôt, K^e^näsät 8 (1941/2), 261–279; Ders., Ha-Fîlôsôf ham-m^e^šôrer, K^e^näsät 9 (1944/5), 163–200; M. Ish-Shalom, Yehuda Halevi's Outlook on Judaism and Jewish Life (hebr.), Zion 3 (1952), 40–45; F. Jabre, La notion de certitude Selon Ghazali, 1958; D. Kaufmann, Jehuda ha-Levi in Dogmas of Judaism, JQR o. s. 1 (1889), 441 f.; Ders., Jehuda Halevi, 1877 (Ges. Schr. II, 1910, 99–151); M. König, a. a. O. (Anm. 73); D. Neumark, Jehuda Hallevis Philosophy in its Principles, 1908 (Essays ... 219–300); O. S. Rankin, Ha-Levi's Kuzari as Jewish Apologetic, Transactions of the Glasgow Univ. Or. Soc. 10 (1940/1), 33–39; F. Shehadi, Ghazāli's Unknowable God, 1963; M. Z. Sole, Limhûtāh šäl haj-jah^a^dut, 1969, 79 ff.; L. Strauss*, 95–141; The Law of Reason in the Kuzari, PAAJR 13 (1943), 47–96; M. Ventura, Le Kalām et le péripetisme d'après le Kuzari, 1934; M. Wiener, Judah Halevi's Concept of Religion and a Modern Counterpart, HUCA 23/I (1950/1), 669–682; H. A. Wolfson, Maimonides and Hallevi, JQR 2 (1912), 297–337; Ders., Judah Halevi on Causality and Miracles, M. Waxman JV, 1967, 137–153; B. Ziemlich, Abraham ben Chijja und Jehuda Halewi, MGWJ 29 (1880), 366–74.

76 Arab. Text: H. Hirschfeld, Das Buch al-Chazari, 1887; hebr. Text: A. Zifroni – J. Toporowski, Sefär hak-Kûzārî, 1964. Übersetzungen: D. Cassel, Jehuda Halevi, Das Buch Kusari nach dem hebräischen Texte ..., 1869²; H. Hirschfeld, Das Buch al-Chazari, 1885; Ders., The Kuzari, introd. by H. Slonimsky, 1964 (nach der Übers. von 1905); I. Heinemann, Kuzari, 1947 (und in: Three Jewish Philosophers, 1960; verkürzt!); J. H. Hospers, Judah ha-Levi, Al-Choezari, 1954; E. Piatelli, Judah ha-Levi, Il re dei Khazari, 1960; M. Ventura, Le livre du Kuzari par Juda Hallévi, Paris 1937 (trad. de l'arabe; Auszüge).

77 D. H. Baneth, Jehuda Hallevi und Gazali, Korrespondenzblatt der Akademie für die Wiss. des Judentums 5 (1923/4), 27–45.

dem *amr illahi* (*ʿinjān ʾälohî*) bzw. dem Heiligen Geist[79]. Diese Gabe wurde – kollektiv am Sinai – dem erwählten Volk zuteil, das sie aber nur durch geduldigen Gehorsam und durch Liebe gegenüber Gott und in vollem Maß nur im Heiligen Land zu realisieren vermag. Israel[80] erfüllt somit eine Mittler- und Lehrfunktion unter den Völkern, es wird als „Herz" im Organismus der Menschheit bezeichnet. Sein Torahgehorsam erfüllt jene sakramental-messianische Funktion, die in der rabbinischen und esoterischen Tradition (in weniger geschlossener Darstellung freilich) vorgezeichnet war[81]. Aus diesem Grunde entfällt auch die Möglichkeit einer völligen Angleichung der Proselyten an das Gottesvolk, das ja allein als Kollektiv die Gabe der Prophetie erblich besitzt. Dies begründet aber auch Israels besondere Verantwortung und die Schwere der Strafen für seinen Ungehorsam, die große Bedeutung der Umkehr (Buße) und nicht zuletzt der Rückkehr in das für Israels Aufgabe geeignete Heilige Land[82], wo alle Torahgebote gelten und mit der Erfüllung des Gotteswillens auch die Gabe der Prophetie voll aktualisiert werden kann. Jehuda Hallevi selbst, der mehrere „Zionslieder" verfaßt hat[83], machte sich im Alter noch auf den Weg nach Palästina, verstarb jedoch vor dem Erreichen seines Zieles in Ägypten.

c) Dies alles setzt zwei grundlegende Unterschiede zur übrigen religiösen Philosophie voraus. Einmal in der Gottesvorstellung, die biblisch orientiert ist und den Gott Abrahams, Isaaks und Jakobs, den Herrn der Geschichte und Vatergott der persönlichen religiösen Erfah-

[78] M. Palaj hak-Kohen, Tefîsat han-nebû'āh 'äṣäl RJH"L wehā-RMB"M, Sinai 31 (1952/3), 177–186; S. Pines, Note sur la doctrine de la prophétie et la réhabilitation de la matière dans le Kuzari, MPhLJ 1–2 (1956/7), 253–260; P. Schaefer, Zur Auffassung der Prophetie bei Jehuda Ha-Levi, Kairos 12 (1970), 42–51; S. Weissblüth, Demût han-nābî' befîlôsôfijjat RJH"L wehā- RMB"M, Maʿalot 2/4 (1963/4), 19–22; H. A. Wolfson, Hallevi and Maimonides on Prophecy, JQR 32 (1941/2), 345–370; 33 (1942/3), 49–82; A. Altmann, a. a. O. (Anm. 82).

[79] I. Goldziher, Le Amr ilāhî (haʿinyān ha-elōhi) chez Juda Halévi, REJ 50 (1905), 32–41.

[80] E. Schweid, ʿAm Jiśrā'el we"'j bemišnātô šäl R. Jehûdāh hal-Levî, Gazit 25 (1967/8), 5–10; L. Dover, The Racial Philosophy of Jehuda Halevi, Phylon 13 (1952), 312–322.

[81] J. Maier, in: R. Brunner*, 93 ff.; A. Néher, La joie de l'observance selon Juda Hallévi, Trait d'Union 6/50 (1957), 16–21.

[82] Anm. 80. A. Altmann, Tôrat hā-ʿaqlîmîm leR. Jehûdāh hal-Levî, Melilah 1 (1944), 1–17.

[83] F. Rosenzweig, Jehuda Halevi, Zionslieder, 1933; S. Sierra, L'amore per Sion di Jehuda Hallevi, RMI 17 (1951), 312–320.

rung konfrontiert mit dem „Gott der Philosophie", dem Ergebnis der Vernunfterkenntnis[84], einer zwar schönen, aber unfruchtbaren Blüte. Der Gott der Offenbarung wird als Gott der Heilsgeschichte Israels[85] erfahren, die anderen Völker unterliegen nur der allgemeinen, der Naturordnung entsprechenden Providenz. Im Schwerpunkt auf der Heilsgeschichte anstatt auf der Kosmogonie und Kosmologie[86] liegt darum das zweite grundsätzliche Unterscheidungsmerkmal gegenüber der an der causa causarum und an allgemein sittlichen Normen interessierten und orientierten Philosophie. Diese selbstverständliche Annahme der unmittelbaren Beziehung Gott – Welt – Mensch erübrigt für Jehuda Hallevi das für die Philosophie so schwierige Problem der Vermittlung zwischen transzendenter Gottheit und Welt und damit auch die Spekulationen über Mittelstufen und Mittelwesen zwischen Gott und der eigentlichen wahrnehmbaren Schöpfung. Die Heilsgeschichte wird geradezu als organischer, trotz allen Rückschlägen (infolge der Sünden Israels) unaufhaltsamer, gleichsam naturhafter Prozeß beschrieben und soll im Vollzug der partikularistischen Aufgabe zum Heil der Welt insgesamt führen.

d) Die „Prophetie" als eine Form überrationaler Gottesgemeinschaft und Gotteserkenntnis im erwähnten Sinne wird vom Volk und von den einzelnen in verschiedenem Maße realisiert. Von den biblischen Propheten und vor allem von Mose als dem Propheten *kat exochen* abgesehen, erreichte Israel insgesamt diese Stufe nur am Sinai beim Offenbarungsempfang, womit die Autorität der überlieferten Offenbarung begründet wird. Und zwar durch ein historistisches Argument, nämlich durch den Hinweis darauf, daß eine so zahlreiche Volksmenge als Augen- und Ohrenzeugen der am Sinai erfolgten Offenbarungen und Wunder[87] keinen Zweifel an der Richtigkeit des Berichteten erlaube. Dieses Argument begegnet auch in der Literatur der folgenden Jahrhunderte noch häufig.

[84] E. Berger, Das Problem der Erkenntnis in der Religionsphilosophie Jehuda Hallevis, 1916.

[85] I. Heinemann, T^{e}mûnat hā-hîsṭôrjāh šäl R. J^{e}hûdāh hal-L^{e}vî, Zion 9 (1943/4), 147–177.

[86] D. Kaufmann, Jehuda Halevi und die Lehre von der Ewigkeit der Welt, MGWJ 33 (1884), 208–214, dazu H. Hirschfeld, 374–378; H. A. Wolfson, The Platonic, Aristotelic and Stoic Theories of Creation in Hallevi and Maimonides, Essays in honour of J. H. Hertz, 1944, 427–442; Ders., Hallevi ... and Maimonides on Design, Chance and Necessity, PAAJR 11 (1941), 105–163.

[87] Anm. 78.

7. Mose ben Maimun (RMB"M, Maimonides)[88]

[88] Z. Ăbän-Shmuel, Hak-Kalā'm bā-'Îslām w^ehā-RMB"M, OJS 7 (1963/4), 21–23; Z. Adar, Mišnat hā-RMB"M, 1956/7; Altmann, Essence and Existence in Maimonides, BJRL 35 (1953), 294–316; J. Afärät, Ṭāba' wārûaḥ b^emišnat hā-RMB"M, SJ J. Elfenbein, 1962, 14–19; W. Bacher, Die Bibelexegese des Moses Maimuni, 1896 (Nachdr. 1970); L. Baeck, Maimonides, 1954; F. Bamberger, Das System des Maimonides, 1935; D. Z. Baneth, Laṭ-ṭermînôlôgîjāh ha-fîlôsôfît šäl hā-RMB"M, Tarb 6 (1934/5), 10–40; J. Becker, Mišnātô ha-fîlôsôfît šäl Rabbenû Mošäh bän Majmôn (RMB"M), 1955/6; M. Ben-'Ašer, Dāt wā-śekäl 'äṣal hā-RMB"M, Baš-Ša'ar 4/5–6 (1961), 78–87; J. Berger, Maimonides als Erzieher, MGWJ 79 (1935), 89–101; S. M. Blumenfeld, Towards a Study of Maimonides the Educator, HUCA 23 (1950/1), II, 555–591; B. Z. Bokser, The Legacy of Maimonides, 1962²; Ders., Maimonides' Responce to the Challenge of his Time, Jdm 1 (1952), 366–371; F. Gladstone Bratton, Maimonides, Medieval Modernist, 1967; J. Brodrick, Averroes and Maimonides, Thought 23/91 (1948), 621–640; A. J. Bromberg, a. a. O. (Anm. 62); P. Brunner, Probleme der Teleologie bei Maimonides, Thomas von Aquin und Spinoza, 1928; A. Cohen, The Teaching of Maimonides, 1968²; L. S. Cravitz, The Revealed and the Concealed; Providence, prophecy, miracles and creation in the „Guide“, CCARJ 16/4 (1969), 2–30.78; B.-Z. Dinur*, II/4, 1–138; Z. Diesendruck, Die Teleologie des Maimonides, HUCA 5 (1928), 415–534; Ders., Hat-taklît w^ehat-tô'^arîm b^etôrāt hā-RMB"M, Tarb 1/4 (1930), 106–136; 2/1 (1930), 27–73; Ders., Maimonides' Theory of the Negation of Privation, PAAJR 6 (1934/5), 139–151; Ders., Môräh l^edôrôt, Moznajim 3 (1935), 347–369; M. Dubshani, Hā-RMB"M w^e'Aplāṭôn, Giljonot 24 (1950/1), 265–268; Ders., Hā-RMB"M, 1954/5; I. Elbogen, Moses ben Maimons Persönlichkeit, MGWJ 79 (1935), 65–80; I. Epstein (ed.), Moses Maimonides, 1935 (s. 229 ff. Bibl.!); S. Federbusch (ed.), Hā-RMB"M, 1955/6; M. Felshin, Moses Maimonides (Rambam), 1956; I. Finkelscherer, Moses Maimunis Stellung zu Aberglauben und Mystik, Diss. Breslau 1896; J. L. Fishman (ed.), Rabbenû Mošäh bän Majmûn, 1935; I. Friedländer, Der Sprachgebrauch des Maimonides I: Arabisch-deutsches Lexikon zum Sprachgebrauch des Maimonides, 1902; J. Gaos, La filosofia de Maimonides, Boletin de la Academia de Ciencia, Bellas Letres y Nobles Artes de Córdoba 1935 (1950), 14/46, 121–146; J. M. Ginzburg, M^eqôrôt ûbî'ûrîm l^edibrê hā-RMB"M, Sinai 36 (1954/6), 374–387; L. Gulkowitsch, Das Wesen der maimonidischen Lehre, 1935; Jac. Guttmann, Die Beziehungen ... (Anm. 73); J. Guttmann, Die religiösen Motive in der Philosophie des Maimonides, in: Entwicklungsstufen der jüdischen Religion, 1927, 61–90; Ders., Das Problem der Kontingenz in der Philosophie des Maimonides, MGWJ 83 (1939), 406–430; Ders. (ed.), Moses ben Maimon. Sein Leben, seine Werke und sein Einfluß, 2 Bde., 1908, 1914; I. Heinemann, Maimuni und die arabischen Einheitslehrer, MGWJ 79 (1935), 102–148; A. Heschel, Maimonides, 1935; E. Hoffmann, Die Liebe zu Gott bei Mose ben Maimon, 1937; K. Hruby, Connaissance de

a) Der 1135 in Spanien geborene, 13-jährig mit der Familie nach Nordafrika geflohene und ab 1165 in Ägypten wirkende Halakist[89], Arzt[90] und Vertreter der Juden Ägyptens, gilt als der bedeutendste jüdische „Religionsphilosoph" des Mittelalters. Seine Geltung war indes nicht unumstritten, wenngleich auch seine theologischen Gegner ihn als Gesetzesgelehrten schätzten. Das „aufgeklärte" Judentum des 19. Jh. hat seine Lehre in rationalistischem Sinne interpretiert, ihn gern als Kronzeugen für die eigene innerjüdische Tendenz zitiert und

l'oeuvre de Maimonide, quelques publications récentes, Cahiers Sioniens 9 (1955), 138–156; M. Joel, Die Religionsphilosophie des Mose ben Maimon, 1876; A. Kaminka, Ma'amārîm nibḥārîm, 1943/4; C. Klein, The Credo of Maimonides, 1958; N. Lamm, a. a. O. (Anm. 17); L.-G. Levi, Maimonide, 1932²; J. L. Maimon, Rabbî Mošäh bän Majmûn, 1968/9²; Ders., Meqôrôt wehä'ārôt lehā-RMB"M wenôśe'ê kelājw, Sinai 39 (1956/7), 384–386; E. Mainz, Zum arabischen Sprachgebrauch des Maimonides, Islamica 5 (1932), 557–572; R. B. Marcus, Moses Maimonides, 1969; A. Marx, Moses Maimonides, 1935; Ders., Maimonides and the Scholars of Southern France, Studies in Jewish History and Folklore, 1944, 87–111; J. Melber, The Universality of Maimonides, 1968; J. S. Minkin, The World of Moses Maimonides, 1957; J. Münz, Moses ben Maimon, 1912; A. Newman, Six talks on Maimonides, 1955; E. E. Pilchik, Maimonides' Creed, 1952; G. S. Rosenthal, Maimonides, his Wisdom for our Time, 1969; L. Roth, The Guide for the Perplexed: Moses Maimonides, 1948; N. Samuelson, Philosophic and Religious Authority in the Thought of Maimonides and Gersonides, CCARJ 16/4 (1969), 31–43; Ders., On Knowing God: Maimonides, Gersonides and the Philosophy of Religion, Jdm 18 (1969), 64–77; A. Schück, Glaube und Wissen nach R. Mose ben Maimun, 1933 (Diss. Würzburg); E. Schweid, Hā-RMB"M wehûg hašpa'atô, 1967/8 (vervielfältigt); H. Sérouya, Maimonide, 1951; I. W. Slotski, Moses Maimonides, 1952; L. D. Stitskin, The Methodology of Maimonides, Trad 10 (1968), 121-230; L. Strauss; Ders., Quelques remarques sur la science politique de Maimuni et de Fārābi, REJ 100 (1936), 1–37; Ders., Maimonides' Statement on political science, PAAJR 22 (1953), 115–130; G. Vajda, La pensée religieuse de Moise Maimonide: unité ou dualité?, Cahiers de Civilisation Médiévale 9 (1966), 39–49; M. Waxman, Maimonides as Dogmatist, CCAR. Y. B. 45 (1935), 397–418; H. A. Wolfson, Maimonides and Halevi, JQR 3 (1912), 297–337; Ders. Notes on Maimonides' Classification of the Sciences, JQR 26 (1936), 369–377; Ders., Maimonides on modes and universals, in: R. Loewe, Studies in Rationalism, Judaism and Universalism in Memory of L. Roth, 1966, 311–321; S. Zeitlin, Maimonides, a biography, 1955².

89 § 26, Anm. 10.

90 F. Rosner, Maimonides, the Physician: A Bibliography, Bull. History of Med. 43 (1969), 221–235.

nicht zuletzt apologetisch zum Nachweis der Aufgeklärtheit und des Universalismus im Judentum benützt.[91]

Für die Theologie des RMB"M sind v. a. folgende seiner Schriften wichtig:

a) *Sefär ham-maddā'*, 1. Bd. des Codex *Mišneh Tôrāh (Jād ha-ḥazāqāh)*[92].
b) Im (arab.) Kommentar zur Mischna[93] der Kommentar zu *'Abôt* (Einleitung: *„Šemônāh Perāqîm"*)[94] und die Einleitung zu Sanh X *(Ḥäläq)*.
c) Einige Briefe[95].
d) Das theologische Hauptwerk *Dalālāt al-Ḥā'irîn* (Führer, Lehrer der Verwirrten)[96]. Die maßgebend gewordene hebräische Übersetzung stammt von Samuel ibn Tibbon, *Môreh han-nebûkîm* (MN),[97] eine zweite vom Dichter Jehuda Alcharizi[98] setzte sich nicht durch, liegt aber der alten lateinischen

[91] P. Lachober, Hā-RMB"M wehā-haśkālāh hā-'ibrît bere'šîtāh, in: 'Al gebûl haj-jāšān wehä-ḥādāš, 1951, 97–107.

[92] § 26, Anm. 10. Ferner: S. Rawidowicz, On Maimonides' „Sefer Ha-Maddā'", Essays in honour of J. H. Hertz, 1942, 331–339; L. Strauss, Notes on Maimonides' Book of Knowledge, Studies in Mysticism and Religion, pres. to G. Scholem, 1967, 269–283; I. Twersky, Some non-halachic aspects of the Mishneh Torah, in: A. Altmann, Jewish Medieval and Renaissance Studies, 1967, 95–118; A. Zaoui, Le livre de la Connaissance, 1961.

[93] § 26, Anm. 36.

[94] M. David, M. Maimonides, The Commentary to Mishnah Aboth, 1968.

[95] M. D. Rabinowitz, 'Iggārôt hā-RMB"M, 1959/60²; D. Z. Baneth, 'Iggārôt hā-RMB"M, 1. Ḥalîfat ham-miktābîm 'im R. Jôsef bän Jehûdāh, 1945/6; H. Wolff, MGWJ 79 (1935), 81–89; A.-S. Halkin-B. Cohen, Moses Maimonides' Epistle to Yemen, 1952; dazu Bibl. bei J. J. Dienstag, 'Iggärät Têmān šäl hā-RMB"M, 'Arāšät 3 (1960/1), 48–70; A. Marx, The Correspondence between the Rabbis of Southern France and Maimonides about Astrology, HUCA 3 (1926), 311–358; S. M. Stern, Ḥalîfat miktābîm bên hā-RMB"M lebên ḥakemê Prôbînṣîjāh, Zion 16 (1950/1), 18–29; R. Lerner, Maimonides' Letter on Astrology, HR 8 (1969), 143–158; J. Finkel, Maimonides' Treatise on Resurrection, PAAJR 9 (1938/9), 57–105; dazu Ders., Maimonides' Treatise on Resurrection, a comparative study, in: Essays on Maimonides, ed. S. W. Baron, 1941, 93–121; I. Sonne, A scrutiny of the charges of forgery against Maimonides' „Letter on the Resurrection", PAAJR 21 (1952), 101–117; J. L. Tauber, Zijjûf sifrûtî bam-me'āh ha-13, Melilah 1 (1944), 81–92. Zu den Tešûbôt s. § 26, Anm. 10.

[96] Text: mit franz. Übersetzung und Kommentar von S. Munk, Le Guide des Égarés, 3 Bde., 1856–66 (Nachdr. 1960); mit Textvarianten: B. Joel, Dalālat al-hā'irīn (Sefär Môreh Nebûkîm) leRabbenû Mošäh bän Majmûn, 1930/1.

[97] Jehûdāh 'Äbän-Šemu'el, Sefär Môreh nebûkîm, 2 Bde., 1935–1938 (Neudr. 1958/9).

[98] S. Scheyer-S. Munk, Rabbî Mošäh bän Majmûn, Môreh-nebûkîm betirgûmô šäl Rabbî Jehûdāh 'Alḥarîzî, 2 Bde. 1964.

Übertragung *(Dux neutrorum)* aus dem 13. Jh.[99] zugrunde. Von den zahlreichen Übersetzungen in moderne Sprachen sind jene aus dem Arabischen vorzuziehen[100].

b) Eine Berücksichtigung der Gesamttätigkeit des Rambam, auf alle Fälle der oben über den Môreh N^ebûkîm hinaus genannten Literatur, dürfte davor bewahren, Maimonides einseitig als Philosophen zu betrachten.

Dies erscheint darum wichtig, weil gerade in der moderneren Forschung die Tendenz zu beobachten ist, in Analogie zum Phänomen Exoterik – Esoterik innerhalb der islamischen Philosophie auch für Maimonides anzunehmen, daß zwischen einer für die breiteren Kreise bestimmten exoterischen Aussageschicht und seiner eigentlichen, nur angedeuteten philosophischen Meinung (Esoterik) streng zu unterscheiden sei[101]. Angesichts des Eindrucks, den man durch das Gesamtwerk und die geradezu übermenschliche persönliche Leistung des Gesetzeslehrers, Arztes und Gemeinderepräsentanten gewinnt, erscheint diese Annahme freilich wenig wahrscheinlich, da auf ihrer Basis jenes außergewöhnliche praktisch-religiöse Engagement schwer zu erklären wäre. Problematisch bleiben freilich gewisse Widersprüche zwischen den verschiedenen Schriften[102], ja sogar im MN selbst[103]. Sie dürften aber aus dem zeitlichen Abstand der einzelnen Werke und aus den eben nicht zu bewältigenden Schwierigkeiten bei der erstrebten Widerspruchslosigkeit zwischen philosophischem Erkenntnisstand und religiöser Tradition leichter

99 W. Kluxen, Untersuchungen und Texte zur Geschichte des lateinischen Maimonides, Diss. Köln 1951; Ders., Literaturgeschichtliches zum lateinischen Maimonides, Recherches de la Théologie Ancienne et Mediévale 21 (1954), 32–50.

100 Frz.: S. Munk, Anm. 96. Deutsch: A. Weiss, Mose ben Maimon, Führer der Unschlüssigen, 3 Bde. 1923. Engl. zuletzt: S. Pines - L. Strauss, The Guide of the Perplexed by Moses Maimonides, 1963 (mit wichtiger Einleitung die z. Z. beste Übersetzung). Über die Geschichte des Werkes s. D. Kaufmann, Der „Führer“ Maimuni's in der Weltliteratur, Archiv f. Gesch. d. Philosophie 11 (1898), 335–376. Vgl. ferner die unvollständigen kommentierten Übersetzungen bzw. Ausgaben von J. Ben-Shlomoh, Mošäh bän Majmûn, Môreh N^ebûkîm, 1967/8; A. Altmann, Des Rabbi Mose ben Maimon More Newuchim (Führer der Verwirrten) im Grundriß, 1935; J. Guttmann - Ch. Rabin, Moses ben Maimon, The Guide of the Perplexed, 1952.

101 J. Becker, Sôdô šäl „Môreh n^ebûkîm“, 1955/6; L. V. Berman, Ibn Bājjah and Maimonides, Diss. Jerusalem 1959; J. Glücker, Hab-b^eʿājāh ham-môdā'lît ba-fîlôsôfjāh šäl hā-RMB"M, ʿIjjun 10/4 (1959/60), 177–191; A. Nuriel, Ḥiddûs hā-ʿôlām 'ô qadmûtô ʿal pî hā-RMB"M, Tarb 32 (1963/4), 372–387. Vgl. auch Einl. zur Anm. 100 genannten engl. Übersetzung (Pines - Strauss).

102 Vgl. L. Strauss, a. a. O. (Anm. 92).

103 Vgl. S. Pines - L. Strauss, a. a. O. (Anm. 100), Einl.

zu erklären sein als allein aus der Absicht, durch bewußte Widersprüche die „Eingeweihten" auf eine versteckte wahre Ansicht hinzuweisen, zumal bislang überzeugende Kriterien für eine solche Absicht in den Widersprüchen nicht aufgewiesen werden konnten[104]. Mehr als die ausdrückliche Absicht, den Lesern – den durch philosophische Vorstellungen in ihrem religiösen Bewusstsein verwirrten Lesern – keine in sich geschlossene philosophische Darstellung zu liefern, ist auch aus RMB"Ms eigenen Worten über den MN nicht zu entnehmen. Auf unterschiedliche Erkenntnisgrade nahm RMB"M allerdings Rücksicht. Die so in Kauf genommenen Unausgeglichenheiten wurden dann im maimonidischen Streit (s. Absch. 8) bedeutsam, weil sie allen Seiten die gewünschten Anhaltspunkte zu liefern schienen.

c) Erkenntnis, im höchsten Sinne die wahre Gotteserkenntnis, beruht – nach den vorläufigen Erkenntnisstufen der sinnlichen Wahrnehmung und der imaginatio – auf dem Intellekt in dessen fortschreitender Verbindung mit dem „Aktiven Intellekt"[105]. Dem so „erworbenen Intellekt" kommt auch allein Fortbestand nach dem leiblichen Tode zu[106]. Dem Verdacht, das ewige Leben auf jene begrenzen zu wollen, die ihre Vernunft aktualisiert haben, entgeht er durch die Annahme, daß auch die Offenbarung zum selben Ziel führe wie die philosophische Überlegung[107]. Zwar erreicht der Prophet seine Erkenntnis kraft einer besonders ausgeprägten imaginativen Fähigkeit (und bei entsprechenden ethischen und gelehrten Qualitäten)[108] rascher, doch dies

[104] J. Löwinger. Sôdô šäl ḥiddûš maqsîm, Beḥinot 11 (1955/6), 80–86 (zu J. Becker, s. Anm. 101); J. Rawitzki, Ḥiddûš 'ô qadmût hā-'ôlām betôrat hā-RMB"M, Tarb 35 (1965/6), 333–348 (zu Nuriel, s. Anm. 101); G. Vajda, a. a. O. (Anm. 88).

[105] A. J. Bombach, Versuch einer systematischen Darstellung der Erkenntnistheorie des Maimonides, Diss. Tarnow 1935; H. A. Wolfson, Maimonides on the Internal Senses, JQR 25 (1934/5), 441–467; A. Altmann, The Ladder ..., 17 ff.

[106] H. Blumberg, The Problem of Immortality in Avicenna, Maimonides and St. Thomas Aquinas, H. A. Wolfson JV, 1965, I, 165–185. Zur Seelenlehre ferner: A. Litwak, Les conceptions de Maimonide sur l'âme et leur comparaison avec celles de notre temps, RHMH 1 (1948), 21–29; S. B. Scheyer, Das psychologische System des Maimonides, 1845; M. Waxman, Hiššā'arût han-näfäš bemišnat hā-RMB"M, Ha-Do'ar 34 (1953/4), 418–420.

[107] B. Bokser, Reason and Revelation in the Theology of Maimonides, HUCA 20 (1947), 541–584.

[108] Z. Diesendruck, Maimonides' Lehre von der Prophetie, I. Abrahams Memorial Volume, 1927, 74–134; M. Edelmann, Lebêrûr mispar häbdelîm betôrat han-nebû'āh bên RS"G, RJH"L weRMB"M, Nîb ha-Midrāšijāh, ḥoreb 1964/5, 84–88; A. J. Heschel, Ha-hä'ämîn hā-RMB"M šäzzākāh lan-nebû'āh?, in SJ L. Ginzberg, 1945, 159–188 (hebr.); A. Lew-

auf einer eben anderen Stufe des intellektuellen Erfassens, mit Ausnahme des Mose, dessen Prophetie nicht auf die Imagination angewiesen war. Von daher gewinnt der Inhalt der Prophetie bzw. der Torah aber wiederum die Autorität von Vernunfterkenntnissen und so kann sich RMB"M z. B. in der Frage für und wider die „Ewigkeit der Welt" (Abs. e) auf die Prophetie zugunsten der Schöpfung in der Zeit berufen, ohne die erkenntnistheoretischen Voraussetzungen zu verletzen. Zu diesen gehört ferner die aristotelische Annahme der Identität zwischen erkennendem Subjekt und erkanntem Objekt, die für die Attributenlehre entscheidend war (Abs. d) – und die er analog al-Fārābī auf Gott insofern anwandte, als Subjekt, Objekt und (gesamtheitlicher) Akt des Erkennens bei ihm ineinsfallen.

d) Dies sowie die aristotelische Definition Gottes[109] als eines Intellektes widerspricht in gewissem Sinn der sonst strikten Ablehnung positiver Attribute.[110] Soweit Attribute verwendet werden, erlauben sie keinerlei Analogieschluß vom Geschöpflichen auf Gott, sondern haben negative Funktion, sind als Gottesattribute geradezu Homonyme gegenüber ihrer üblichen Wortbedeutung. Auch die Kalam-Lösung, wonach die Attribute in und mit Gottes Wesen ineinsfallen lehnte Maimonides strikte ab. Was über Gott erkannt und positiv

kowitz, Maimunis Theorie der Prophetie, Judaica (FS H. Cohen), 1912, 167–175; P. Palaj-Hakohen, a. a. O. (Anm. 78); A. J. Reines, Maimonides' concept of Mosaic prophecy, HUCA 40/1 (1969/70), 325–361; L. Strauss, Maimonides Lehre von der Prophetie und ihre Quellen, Le Monde Oriental 28 (1934), 99–139; S. Weissblüth, a. a. O. (Anm. 78); H. A. Wolfson, a. a. O. (Anm. 78).

109 Zur Gotteslehre des RMB"M: J. Guttmann, Tôrat hā-'ālohîm šäl hā-RMB"M, Essays in honour of J. H. Hertz, 1942, 53–70; S. Nierenstein, The Problem of the Existence of God in Maimonides, Alanus and Averroes, 1924; S. Rawidowicz, 'Ādām wä-'älôah, Mo'znajim 3 (1935), 493–526; Ders., Be'ājat hā-hagšāmāh leRS"G ûleRMB"M, Kenäsät 1938, 222–377; G. Vajda, Le traité pseudo-maimonidien „Neuf chapitres sur l'unité de Dieu", AHDLdMA 20 (1953), 83–98; H. A. Wolfson, Maimonides on the unity and incorporeality of God, JQR 56 (1965) 112–136.

110 M. Springer, Die Attributenlehre des Moses Maimonides, 1942; J. Teicher, Observations critiques sur l'interpretation traditionelle de la doctrine des attributes négatifs chez Maimonide, REJ 99 (1935), 56–67; H. A. Wolfson, The Amphibolous Terms in Aristotle, Arabic Philosophy, and Maimonides, HThR 31 (1938), 151–173; Ders., The Aristotelian Predicables and Maimonides' Division of Attributes, in: Essays ... in Memory of L. R. Miller, 1938, 201–234; Ders., Maimonides on Negative Attributes, L. Ginzberg JV 1945, 411–446; Ders., Maimonides and Gersonides on Divine Attributes as Ambiguous Terms, SJ Kaplan 1953, 515–530.

ausgesagt werden kann, gründet und bezieht sich auf Gottes Wirkungen allein, wie der Mensch sie erfaßt.

e) Den wichtigsten Beitrag zur mittelalterlichen Theologie allgemein leistete RMB"M durch die Kritik der Schöpfungstheorien des Kalam und der philosophischen Schulmeinungen von der „Ewigkeit der Welt“[111]. Dabei gelang ihm der Nachweis, daß Aristoteles selber die Annahme der „Ewigkeit der Welt“ keineswegs für bewiesen betrachtet, sondern im Rahmen der Dialektik belassen hatte. Zudem begrenzte RMB"M die Anwendbarkeit der aristotelischen Physik auf den sublunaren Bereich[112]. In einer eingehenden Erörterung (Buch II) stellte er schließlich fest, daß die Vernunftgründe für und wider nicht zu einer eindeutigen Entscheidung ausreichten und daß er darum persönlich, durch das Zeugnis der Offenbarung dazu gehalten, für die Schöpfung in der Zeit eintrete. Bemerkenswert ist, daß in diesen Ausführungen zwar für die Schöpfung in der Zeit ausführlich argumentiert wird, die *creatio ex nihilo* hingegen nur wie selbstverständlich nebenher mitbehauptet erscheint.

f) Die Entscheidung für die Schöpfung in der Zeit führte RMB"M in einen nicht voll ausgeräumten Konflikt mit der aristotelischen Gottesvorstellung, die er zumindest im Ausgangspunkt bejaht hatte. Er versuchte zwar den göttlichen Willen[113], mit dem er nun zu rechnen hatte, mit Gott als Intellekt ineinszusetzen und die Möglichkeit des Wunders (und so auch der Auferstehung zur messianischen Zeit) in der künstlerischen Schöpferweisheit zu begründen[114], wobei ihm be-

111 A. Z. Bergmann, a. a. O. (Anm. 101); P. Brunner, a. a. O. (§ 88); E. Fakkenheim, The Possibility of the Universe in al-Farabi, Ibn Sina and Maimonides, PAAJR 16 (1947), 39–70; M. Fakhry, The "Antinomy" of the Eternity of the World in Averroes, Maimonides and Aquinas, Le Muséon 66 (1953), 139–155; A. Nuriel, a. a. O. (Anm. 101); J. Rabitzki, a. a. O. (Anm. 101); A. Rohner, Das Schöpfungsproblem bei Moses Maimonides, Albertus Magnus und Thomas von Aquin, 1912; H. A. Wolfson, The Kalam Arguments ... (Anm. 18); Ders., a. a. O. (Anm. 86). Vgl. auch L. Strauss, a. a. O. (Anm. 92), 269 ff.

112 A. Hyman, Some Aspects of Maimonides' Philosophy of Nature, Atti del Terzo Congresso Internazionale di Filosofia Medievale (1964), 1966, 209–218; L. H. Kendzierski, Maimonides' Interpretation of the 8th Book of Aristotle's Physics, The New Scholasticism 30 (1956), 37–48; Z. Bechler, Ham-mêtôdôlôgjāh ham-mûnaḥat bîsôd hatqāfātô šäl hā-RMB"M ʿal ha-fîsîqāh hā-ʾᵃrîstôṭelît, ʿÎjjun 17 (1965/6), 34–41.

113 I. Epstein, Das Problem des göttlichen Willens in der Schöpfung nach Maimonides, Gersonides und Crescas, MGWJ 75 (1931), 335–347; A. Nuriel, Hā-rāṣôn hā-ʾälohî bam-Môreh Neḇûkîm, Tarb 39 (1969/70), 39–61.

stimmte kosmologische Daten, die eine Inkonsistenz der Ordnungen im Bereich der sublunaren Welt im Vergleich zu den Sphären beweisen, zustatten kamen. Außerdem korrigierte er die aristotelische Auffassung von der nur allgemeinen Providenz und vertrat somit den religiös wichtigen Standpunkt, daß Gott als Schöpfer auf Grund eines ganzheitlichen Erkenntnisaktes auch von den Einzeldingen weiß. Die eigentliche Providenz freilich schränkt er auf die Menschen ein, sie allerdings wieder an die Aktualisierung des Intellekts bindend, sodaß es sich eigentlich um eine indirekte göttliche Geistesführung (vermittels des aktiven Intellekts[115], mit dem der menschliche aktualisierte Intellekt in Beziehung tritt) handelt, nicht um eine persönliche Führung im Alltagsleben. Die individuelle Providenz erschien ihm auch nur für die Frömmigkeitsmotivation der breiten Masse (also im Rahmen der „Politik") von Bedeutung[116].

Wie sehr er sich der Tragweite seiner Entscheidung für die Schöpfung in der Zeit bewußt war, beweist Buch II, 25, wo er die „Ewigkeit der Welt" nicht bloß wegen mangelnder Beweise ablehnt, sondern auch, weil sie die „Grundlage der Torah", also die überlieferte Religion, grundsätzlich infragestellen würde. Aus dem Bemühen, auch breiteren Schichten den Inhalt der Gotteserkenntnis in den unverzichtbaren Punkten klarzumachen, verfaßte RaMBaM auch die berühmten 13 *ʿIqqārîm* (s. § 38)[117], die später (gekürzt) ins Gebetbuch aufgenommen wurden und Vorbild für eine Reihe von Versuchen ähnlicher Art geworden sind.

114 J. Heller, Maimonides' Theory of Miracles, Between East and West, Essays in Memory of B. Horovitz, 1958, 112–127.

115 J. A. Heller, Māhûtô w^etafqîdô šäl haś-śekäl hap-pôʿel l^efî tôrat RMB"M, SJ S. K. Mirski, 1957/8, 26–42.

116 Z. Diesendruck, Samuel and Moses Ibn Tibbon on Maimonides' Theory of Providence, HUCA 11 (1936), 341–366; L. Strauss, Der Ort der Vorsehungslehre nach der Ansicht Maimunis, MGWJ 81 (1937), 93–105.

117 Kommentar zur Mischna, Einl. zu Sanh X; S. Goldman, The Halachic Foundation of Maimonides' Thirteen Principles, Essays pres. to I. Brodie, 1967, 111–118; J. Holzer, Zur Geschichte der Dogmenlehre in der jüdischen Religionsphilosophie des Mittelalters, 1901; A. Hyman, Maimonides' Thirteen Principles, A. Altmann, Jewish Medieval and Renaissance Studies, 1967, 119–144; A. Marx, A list of poems on the articles of the creed, JQR 9 (1918/9), 305–336; E. Schweid, Bên mišnat hā-ʿiqqārîm šäl R. Jôsef 'Albô l^emišnat hā-ʿiqqārîm šäl hā-RMB"M, Tarb 33 (1963/4), 74–84; J. Stieglitz, 13 hā-ʿiqqārîm l^ehā-RMB"M, Sinai 58 (1965/6), 58–61; L. Jacobs.

g) Sowohl in der Behandlung der Attribute (als Wirkungsattribute auf Grund der menschlichen Wahrnehmung), wie in der Anerkennung Gottes als Schöpfer lag die Möglichkeit einer positiven Wertung der religiösen Praxis und damit auch eine praktisch-religiöse Ergänzung der im Ansatz rein intellektualistischen Erkenntnislehre und Ethik[118].

Die Erkenntnis des Wirkens Gottes gipfelt in der Liebe zu Gott[119], die aristotelische theoretische Zielsetzung wird ergänzt durch etwas wie imitatio Dei, (III, 32) wie sie die Propheten, vor allem Mose[120], vorbildlich verwirklicht haben und die ein Engagement im Dienste der Gemeinschaft miteinschließt. Die Lebenshaltung des RMB"M selbst war offensichtlich von solchen – auch von der platonischen Vorstellung vom Philosophen-Staatsmann beeinflußten – Erwägungen bestimmt, die allerdings zugestandenermaßen die breite Masse überfordern. Für diese wird eine praktische Ethik des goldenen Mittelweges (die Anforderungen an den Lebenswandel der Propheten sind höher) und die überlieferte Torah[121] als Richtschnur empfohlen, die sowohl dem philosophisch bescheideneren Fassungsvermögen wie auch den kulturell-historischen Bedingungen Rechnung trägt. So erklärt RaMBaM z. B. die Opferpraxis der Zeit des Tempels als einen solchen

[118] J. 'Afärät, Gîšat ... (Anm. 13); B. Bokser, Morality and Religion in the Theology of Maimonides, Essays ... in honor of S. W. Baron, 1959, 139–157; H. Cohen, Charakteristik der Ethik Maimunis, in: W. Bacher, Moses ben Maimon, I, 63–134; J. Epstein, 'Ahabat 'ādām behilkôt neziqîn lehā-RMB"M, Sinai 50 (1961/2), 105–112; M. Hakohen, 'ärkê ham-middôt betôrat hā-RMB"M, 1955/6; Z. Münzer, Hab-beḥîrāh ha-ḥôfšîṭ bemišnat hā-RMB"M, Nîb Ha-Midrašijāh (1964/5), 79–83; D. Rosin, Die Ethik des Maimonides, 1876; E. Simon, „Pflicht und Neigung" bei Maimonides und in der neueren deutschen Ethik, Horizons of a Philosopher (Essays in honor of D. Baumgardt), 1963, 391–421.

[119] G. Vajda, L'amour de Dieu selon Moise Maimonide, Trait d'Union 4,39/40 (1956), 3–16.

[120] S. Atlas, Moses in the Philosophy of Maimonides, Spinoza and Solomon Maimon, HUCA 25 (1954), 369–400.

[121] J. Ben-Sasson, Leḥeqär ṭa'amê ham-miṣwôt beMôreh Nebûkîm, Tarb 29 (1959/60), 268–281; B. Cohen, Maimonides' Theory Concerning the Nature and Purpose of the Jewish Law, The Jewish Forum 31/6 (1948), June; J. Faur, Meqôr ḥijjûbān šäl ham-miṣwôt leda'at hā-RMB"M, Tarb 38 (1968/9), 43–53; J. Heinemann*, I, 79–97; R. Katzenellenbogen, Maimonides' Rationalisation of the Divine Commandments, in: A. Newman, Six Talks about Maimonides, 1955, 22–27; J. Löwinger, 'Al Tôrāh šäbbe'al päh behāgûtô šäl hā-RMB"M, Tarb 37 (1967/8), 282–293; Ch. Neuburger, Vom Wesen des Gesetzes in der Philosophie des Maimonides, 1933.

zeit- und umständebedingten, pädagogischen Kompromiß. Die Torah des Mose stellt aber dennoch die beste Basis für die wahre Gotteserkenntnis dar, die beste Lebens- und Gesellschaftsordnung, weil Mose den Idealtyp des Philosophen, Propheten und Staatsmannes in einzigartiger Weise in sich verband.

h) Diese hermeneutische Methode, die ebenfalls geübte Allegoristik sowie die eben doch geringe Rolle der Heilsgeschichte[122] erregten begreiflicherweise heftigen Widerspruch bei Traditionalisten und Kabbalisten. Aber die praktisch-religiösen Aspekte der Theologie des großen Gesetzeslehrers waren trotz allem auch im MN so deutlich, daß gutwillige Traditionalisten von diesen her dem Gesamten einen positiven Wert zuerkennen konnten. Skeptiker hingegen rückten die philosophischen Elemente in den Vordergrund, die für sie eitle Hirngespinste der Heiden waren. Begeisterte Anhänger des Philosophen verfuhren ebenso, doch mit diametral entgegengesetztem Werturteil und näherten vielfach die Ansichten des Meisters dem reinen Aristotelismus wieder an. Alle drei Arten der Aufnahme und Nachwirkung kamen in den Jahrhunderten darnach (auch in Kommentaren zum MN[123]) zur Geltung, wobei die philosophisch orientierte allerdings umständebedingt mehr und mehr unterging, bis sie in der Neuzeit, bei Spinoza und dann vor allem um die Zeit der Aufklärung, neuerlich wirksam wurde[124].

[122] S. W. Baron, The Historical Outlook of Maimonides, PAAJR 6 (1934/5), 5–13; E. Gilson, Maimonide et la philosophie de l'Exode, Medieval Studies 13 (1951), 223–225; G. Tchernowitz, Haj-jaḥas bên Jiśrā'el laggôjjim l^e^fî hā-RMB"M, 1950; zur Eschatologie: J. Ben-Sasson, Gālût ûg^e^'ûllāh b^e^Môreh N^e^bûkîm, Maʿjanot 7 (1959/60), 83–103; A. Hilbitz, J^e^môt ham-māšî^a^ḥ b^e^mišnātô šäl hā-RMB"M, Sinai 41 (1956/7), 11–17; J. Safran, G^e^'ûllat Jiśrā'el b^e^mišnat hā-RMB"M, Sinai 60 (1966/7), 225–236; Zum Verhältnis RMB"Ms zum Land Israel: M. Havazeleth, Zîqqat hā-RMB"M l^e^"'j w^e^hašpaʿ^a^tô ʿal hā-ʿôlîm '^ä^lāhā, P^e^rāqîm 2 (1959/60), 65–86.

[123] M. Steinschneider, Die hebräischen Kommentare zum „Führer" des Maimonides, FS A. Berliner, 1903, 345–363.

[124] T. de Boer, Maimonides en Spinoza, 1927; J. J. Dienstag, Jaḥ^a^sām šäl baʿ^a^lê hat-Tôsāfôt 'äl hā-RMB"M, SJ S. K. Mirski, 1957/8, 350–379; I. Frank, Maimonides' Philosophy Today, Jdm 4 (1955), 99–109; I. Husik, Maimonides and Spinoza on the Interpretation of the Bible, JAOS Suppl. zu 55 (1935), 22–40; H. J. Laks, The Enigma of Job. Maimonides and the Moderns, JBL 83 (1964), 345–364; Ph. Lachober, a. a. O. (Anm. 91); Ch. Leshem, Limtarg^e^mê sifrê hā-RMB"M, Sinai 36 (1954/5), 415–420; A. Marx, Texts about Maimonides, JQR 25 (1934/5), 371–428;

Von allen jüdischen Theologen des Mittelalters hat Maimonides („Rabbi Moyse") auch am stärksten auf die Scholastik eingewirkt, vor allem auf Albertus Magnus und Thomas von Aquin[125].

8. Das 13./14. Jahrhundert

a) Unter den (in Abschn. 7, Abs. h) angegebenen Voraussetzungen entbrannte im 13./14. Jh. eine lebhafte Diskussion für und wider den *Môreh Nebûkîm*[126]. Anlaß war die bei manchen RMB"M-Anhängern

J. Rosenthal, RŠ"J weRMB"M beha'arākat had-dôrôt, Perāqîm 2 (1959/60), 45–53; L. Roth, Spinoza Descartes and Maimonides, 1924; A. Safran, Maimonide et la science contemporaine, Synthèses 14 (1959), 158–159.400–413; Ders., Mišnātô ha-fîlôsôfît šäl hā-RMB"M ûmaḥšābät ham-maddā' hä-ḥādîš, Sinai 41 (1956/7), 139–161; Ch. Schirmann, Hā-RMB"M wehaš-šîrāh hā-'ibrît, Mo'znajim 3 (1934/5), 433–436; M. Steinschneider, Môreh meqôm ham-Môrāh, Qobäṣ 'al Jad 1 (1885), 1–32; 2 (1886), 1–6.

[125] S. Feldmann, A scholastic misinterpretation of Maimonides' doctrine of Divine attributes, JJS 19 (1968/9), 23–39; Jac. Guttmann, Der Einfluß der Maimonidischen Philosophie auf das christliche Abendland, in: J. Guttmann, Moses ben Maimon, 1908, 135–230; Ders., Das Verhältnis des Thomas von Aquino zum Judentum und zur jüdischen Literatur, 1881; Ders., Die Scholastik des 13. Jahrhunderts in ihren Beziehungen zum Judentum und zur jüdischen Literatur, 1907; K. Harasta, Die Bedeutung Maimuns für Thomas von Aquin, Jud 11 (1955), 65–83; P. Heidrich, Maimunzitate bei Meister Eckhart, Diss. Rostock 1959; I. Husik, An Anonymous Medieval Christian Critique of Maimonides, JQR 2 (1911/2, 159–190; M. Joel, Verhältnis Albert des Großen zu Moses Maimonides, 1876; W. Kluxen, Die Geschichte des Maimonides im lateinischen Abendland als Beispiel einer christlich-jüdischen Begegnung, Miscellanea Mediaevalia 4 (1966), 146–166; Ders., Maimonides und die Hochscholastik, Philos. Jahrb. 63 (1955), 151–165; J. Koch, Meister Eckhart und die jüdische Religionsphilosophic im Mittelalter, Jahresber. der schles. Gesellschaft f. vaterl. Kultur 1928; E. S. Koplowitz, Über die Abhängigkeit Thomas von Aquinos von Boethius und R. Mose b. Maimon, 1935; H. Liebeschütz, Eine Polemik des Thomas von Aquino gegen Maimonides, MGWJ 80 (1936), 93–96; O. J. Riedl, Maimonides and Scholasticism, New Scholasticism 10 (1936), 18–29; K. Schubert, Die Bedeutung des Maimonides für die Hochscholastik, Kairos 10 (1968), 2–18; K. Weiss, Meister Eckharts biblische Hermeneutik, Colloque de Strasbourg 1961; Ders., La mystique rhenane, 1963, 95–108; F. Stegmüller, Neugefundene Quaestionen des Siger von Brabant, Revue de la Théologie Ancienne et Médiévale 3 (1931), 158–182 (162 ff.); G. Vajda, Un abrégé chrétien du „Guide des Egarés", Journal Asiatique 248 (1960), 115–136. Und s. Anm. 99.

[126] Ch. Brody, R. Mešûllam Dā'pijêrāh nägäd hā-RMB"M, Sefär Klausner, 1936/7, 267–273; S. Atlas, Haśśāgôt šä-hiśśîg R. Mošäh hak-Kohen Mil-

unter dem Einfluß von Ibn Rushd (Averroes) verschärfte aristotelische Interpretation des MN und die ungemein häufige Benützung des MN als philosophisches Lehrbuch, und zwar dank der hebräischen Übersetzung des Samuel ibn Tibbon gerade in christlichen Gebieten wie in der Provençe und in Italien.

Hier geriet der MN in ein religiöses Milieu, das mehrheitlich streng an der Tradition orientiert oder überhaupt kabbalistisch bestimmt war[127]. Diese Kreise sahen im MN in erster Linie die traditionsgefährdenden, die religiöse Praxis entwertenden und den Wortlaut der Heiligen Schrift allegorisierend aufhebenden Aspekte. Dabei wurde der Streit weniger um die Person des RMB"M als um den MN allein und dessen Interpretation geführt. Eine umfangreiche Streitliteratur entstand[128], ein unheilbarer Riss spaltete die beiden feindlichen Lager, die auch vor der Anwendung des Synagogenbannes nicht zurückscheuten. Die radikalen Gegner der Philosophie lenkten schließlich sogar das Interesse der Kirche auf den Streit und diffamierte die Gegenseite als Häretiker, was zu Eingriffen der Inquisition geführt hat.

Von den Vorwürfen, die gegen den MN oder gegen seine Verehrer erhoben wurden, sind die meisten polemische Behauptungen, manche aber auch treffende Beobachtungen.

Lûnel ʿal sifrê Rabbenû Mošäh Z"L, HUCA 27 (1956), 1–98; N. Brüll, Die Polemik für und gegen Maimuni im dreizehnten Jahrhundert, JjGL 4 (1879), 1–33; J. Dan, Hap-pûlmûs ʿal kitbê ha-RMB"M, Tarb 35 (1965/6), 295–300 (zu Silver, s. u.); W. Reich, The Anti-Maimonist Criticism and its Application to Saadya, YR 4 (1965), 34–61; J. Rosenthal, Haw-wikkûaḥ hā-'anṭî-majmûnî be'aspeqlarjāh šäl had-dôrôt, Meqôrôt ûmäḥqārîm, 1966/7, 126–202; J. Sarachek, Faith and Reason, 1935; J. Schmelzer, Litmûnat ham-maḥalôqät hā-ri'šônāh ʿal kitbê hā-RMB"M, Zion 34 (1969/70), 126–144; D. J. Silver, Maimonidean Criticism and the Maimonidean Controversy, 1180–1240, 1964; C. Touati, La controverse de 1303–1306 autour des études philosophiques et scientifiques, REJ.HJ 127 (1968), 21–37; E. E. Urbach, Ḥälqām šäl ḥakemê 'Aškenāz weṢôrfat bap-pûlmûs ʿal hā-RMB"M weʿal ketābājw, Zion 12 (1946/7), 149–159; B.-Z. Dinur*, II/4, 139–274.

127 Für Harmonisierungsversuche in der Kabbalah vgl. die § 29, Anm. 2 genannte Lit., ferner R. Margoliouth, Hā-RMB"M wehaz-Zohār, 1954 (auch in Sinai 32–34); G. Scholem, Me-ḥôqer limqûbbal 'aggādôt hammeqûbbālîm ʿal hā-RMB"M, Tarb 6 (1934/5), 334–342, frz.: Maimonide dans l'oeuvre des Kabbalistes, Cahiers Juifs 3/2 (1935), 103–112. In diesem Sinne entstand auch ein Teil der pseudo-maimonidischen Literatur.

128 Bibl. bei Sarachek, a. a. O. (Anm. 126), 275 ff.

Meir b. Todros Abulafia[129] z.B. warf dem RMB"M vor, er begrenze das Weiterleben nach dem Tod auf jene, die ihr Vernunftpotential aktualisieren und leugne daher die Auferstehung. Nun ist die Auferstehung allerdings eine von den 13 *ʿIqqārîm,* wird also nicht geleugnet, aber sie spielt im übrigen (bis auf einen Traktat über die Auferstehung) und v. a. im MN so gut wie keine Rolle, was ganz dem aristotelisch-intellektualistischen Trend entspricht. Jehuda Alfaqar argwöhnte, daß zumindest nach dem MN die Religion der Philosophie klar untergeordnet wird und eine Hilfsfunktion erfüllt. Dabei berief er sich auf die Erörterungen über die Ewigkeit der Welt, in denen das Zeugnis der Bibel nur den Ausschlag gibt, weil die Vernunftbeweise für oder wider nicht ausreichen.

Wenngleich aus diesem Streit keine Werke hervorgegangen sind, die der religiösen Reflexion neue Wege gewiesen hätten, war seine Fernwirkung enorm. Sie führte nämlich dazu, daß der MN und mit ihm die Philosophie im aškenasischen (weniger im italienischen) Judentum in Mißkredit geriet. Zu gleicher Zeit verlor das Judentum der islamischen Länder seine bisherige kulturelle Führungsrolle.

b) Das 13./14. Jh. ist abgesehen vom maimonidischen Streit v. a. durch eine umfangreiche Vermittlungstätigkeit jüdischer Übersetzer gekennzeichnet, weniger durch nachhaltige einflußreiche originelle Schöpfungen, und durch zunehmenden Gebrauch des Hebräischen in der theologischen Literatur als Folge des am Ende des letzten Abschnittes angedeuteten Wandels. Die bedeutendsten Gelehrten: Samuel ibn Tibbon[130]; Josef b. Jehuda ibn Aqnin[131];

[129] Auch ein bedeutender Dichter und Halakist. Siehe zuletzt J. Ta-Shema, Jeṣîrātô has-sifrûtît šäl R. Me'ir hal- Levî 'Abûlʿafijāh, QS 44 (1968/9), 429–435; 45 (1969/70), 119–126. Verfaßte auch ein Klagelied zum Tod des RMB"M, s. H. Brody, Qînat RM"H ʿal hā-RMB"M, Tarb 6 (1931/2), 1–9. Wahrscheinlich auch Kabbalist, vgl. G. Scholem, a. a. O. (Anm. 32), 358 f.

[130] M. L. Bisliches, Šemû'el 'ibn Tibbôn, Ma'amār jiqqāwû ham-mājim, 1837 (Neudr. 1970); A. Altmann, The Ladder . . ., 19 ff.; Z. Diesendruck, a. a. O. (Anm. 116); G. Vajda, Recherches . . . (§ 29), 13–31.

[131] D. Z. Baneth, Jôsef 'ibn Šimʿôn hat-talmîd hä-ḥāšûb šäl hā-RMB"M, weJôsef 'ibn ʿAqnîn, OJS 7 (1963/4), 11–20; Ders., Häʿārôt fîlôlôgijjôt leḥibbûrô ham-meṭā'fîsî šäl R. Jôsef bän Jehûdāh 'ibn Šimʿôn, Tarb 27 (1957/8), 234–248; Ders., a. a. O. (Anm. 95); H. Wolff, Brief des R. Mose an seinen Schüler Josef b. Jehudah ibn Aknin, MGWJ 79 (1935), 81–89; Zu ibn Aquin: S. Halkin, Hitgallût has-sôdôt wehôfaʿat ham-me'ôrôt leR. Jôsef bän Jehûdāh 'ibn ʿAqnîn, perûš leŠîr haš-šîrîm, 1964; dazu s. A. M. Habermann, Perûš mešûllaš leŠîr haš-šîrîm, Mo'znajim 20 (1964/5), 87 f.; A. S. Halkin, Lidmûtô šäl R. Jôsef bän Jehûdāh 'ibn ʿAqnîn, SJ H. A. Wolfson 1965, 93–111; Ders., Letôledôt haš-šämäd bîmê hā-

Samuel b. R. Jehuda[132]; Jakob Anatoli[133]; Šemṭob ibn Palquera[134]; Levi b. Abraham[135]; der Exeget Josef Kaspi, ein radikaler Aristoteliker[136]; Jedaʿja hap-Penini (ha-Bederši)[137]; Jehuda b. Nissim[138] u. a.

c) Besondere Erwähnung verdient Hillel b. Samuel von Verona[139], der auch lateinische Schriften ins Hebräische übersetzte und

'Almôḥādîn, J. Starr Memorial Volume, 1953, 101–110; Ders., Classical and Arabic Material in 'ibn ʿAqnîn's „Hygiene of the Soul", PAAJR 14 (1944), 25–147; M. Plessner, Perûš Šîr haš-šîrîm leR. Jehûdāh 'ibn ʿAqnîn, Tarb 38 (1968/9), 93–98 (zu Halkins Edition); G. Vajda, En marge du „Commentaire sur le Cantique des Cantiques" de Joseph ibn Aqnin, REJ.HJ 124 (1965), 185–199.

132 L. V. Berman, Greek into Hebrew: Samuel ben Judah of Marseille, 14th cent. philosopher and translator, in: A. Altmann, Jewish Medieval and Renaissance Studies, 1967, 289–320.

133 I. E. Barzilay, 28–32; I. Bettan, The Sermons of Jacob Anatoli, HUCA 11 (1936), 391–424.

134 M. L. Bisliches, Môreh ham-Môräh, 1837; S. Ashkenasy, Qeṣat maqbîlôt wetîqqûnê nôsaḥ lā'iggärät šäl R. Šem Ṭôb Palqêrāh, SJ S. K. Mirski, 1958, 94–106; J. Dan, "'Iggärät haw-wikkûaḥ", leR. Šem Ṭôb Palqêrā', OJS 6 (1962/3), 42–46; I. Efros, Palquera's Reshit Hakmah and Alfarabi's Iḥṣaal ʿUlum JQR 25 (1935), 227– 235; A. M. Habermann, ed., Šemṭôb Palqêrāh, 'Iggärät hammûsār, Qobäṣ ʿal Jād n. s. 1 (1935/6), 45–90; 2 (1936/7), 231–236; H. Levine, A translation and edition of Falaquera's „Sefer ham-mebaqqesh", 1955 (Ann Arbor Univ. Microfilms); D. Jarden, ʿIjjûnîm be'Iggärät ham-mûsār šäl R. Šem Ṭôb Palqêrāh, SJ S. K. Mirski, 1958, 76–93; H. Malter, Shem Tob ben Joseph Palquera, JQR 1 (1910/11), 151–181.451–501; S. Munk, Mélanges ... 494 ff.; M. Plessner, Ḥašîbûtô šäl R. S"Ṭ 'ibn Palqêrā' leḥeqär tôledôt ha-fîlôsôfjāh, Homenaje à Millás – Vallicrosa, II, 1956, 161–186; M. Steinschneider, Die hebräischen ... (§ 26, Anm. 62), 37 ff.

135 1259–1316. L. Baeck, Zur Charakteristik des Levi ben Abraham ben Chajim, MGWJ 44 (1900), 24–41.59–71.156–167.337–344.417–423; Ders., Mittelalterliche Popularphilosophie, in: Aus drei Jahrtausenden, 1958, 290–345.

136 Gest. ca. 1340. § 26, Anm. 32. S. Werblumer, ʿAmmûdê käsäf ûmaśkijjôt käsäf, 1848; I. Last, Tam hak-käsäf, 1913; A. Altmann, The Ladder ..., 22 ff.

137 1270–1340. Sein Werk *„Beḥînôt ʿôlām"* erlebte über 70 Auflagen. Zuletzt: Sefär Beḥînôt ʿôlām, Jerusalem 1954; mit engl. Übers.: T. Goodman, Jedajah Penini, Behinoth Olam, 1906. S. Pines, Haṣ-ṣûrôt hā-'išijjôt bemišnātô šäl Jedaʿjāh Bederši, A. H. Wolfson JV, 1965, 187–201.

138 G. Vajda, Juda ben Nissim Ibn Malka, philosophe juif marocain, 1954; Ders., La doctrine astrologique de Juda Nissim ibn Malka, Homenaje à Millás-Vallicrosa II, 1956, 483–500; Ders., Une citation cabbalistique de Juda ben Nissim, REJ 116 (1957), 89–92.

139 S. Halberstamm, ed., Hîllel bän Šemû'el, Tagmûlê han-näfäš, 1874; M. Geyer, Hillel von Verona, 1911; I. E. Barzilay, S. 42–57; W. Peters,

mit der christlichen Scholastik vertraut war. Sein Buch „*Tagmûlê hannäfäš*“ behandelt das angesichts der aristotelischen Schulmeinung so bedrängende religiöse Problem des Weiterlebens nach dem Tode, also die Seelenlehre in Anknüpfung an und in Auseinandersetzung mit Ibn Rushd (Averroes), mit dem Ergebnis, daß aus einer angenommen universalen Seele die individuellen Seelen emanieren. In der Erörterung desselben Problems der Individuation in bezug auf den Intellekt stützte er sich auf Thomas von Aquin.

d) Isaak Albalag[140], aus dem nordspanisch-südfranzösischen Raum, stand ebenfalls unter dem Einfluß des Averroismus – und dessen christlich-scholastischer Form. Man beschreibt ihn gern als jüdischen Verfechter der sogenannten „doppelten Wahrheit“.

Doch handelt es sich auch nach ihm bei Vernunfterkenntnis und Offenbarungsinhalt eher um die übliche Unterscheidung des Zuganges, nicht des Inhaltes. Die Offenbarung enthält demnach die (eine!) Wahrheit in einer dem Volksverständnis angepaßten Form und darüber hinaus – vgl. Ibn Rushd – Prophetien, die auf dem Wege der Vernunfterkenntnis nicht zu erreichen sind, die aber in anbetracht der ja unermeßlichen Macht Gottes als möglich angesehen werden müssen, auch wenn sie dem Urteil in den Grenzen der menschlichen Vernunft widersprechen. Die beiden Wahrheiten stehen also keineswegs gleichberechtigt nebeneinander. Im Schutz dieses der Vernunft zugewiesenen Reservats scheute Albalag dann allerdings auch vor extremen philosophischen Ansichten und Exegesen nicht zurück und lehrte z. T. die Ewigkeit der Welt. Sein Einfluß auf das religiöse Denken der Zeit und Nachwelt war indes gering.

e) Mose Narboni (b. Josua aus Narbonne)[141] gest. 1362, ein konsequenter Nachfahre des islamischen Aristotelismus, wirkte vor allem als Kommentator der Bibel, von Schriften des Ibn Rushd und

Hillel ben Samuel, philosophe du XIIIe siècle, Revue philos. de Louvain, 44 (1946), 271–290; J. B. Sermoneta, R. Hîllel bän Šemû'el bän 'El'āzār miv-Vêrônā' ûmišnātô ha-fîlôsôfît, 2 Bde. 1961/2.

140 G. Vajda, Isaac Albalag, averroiste juif, traducteur et annoteur de 'Al Ghazali, 1960 (hier Bibl.); ferner: J. Guttmann, Mišnātô šäl Jiṣḥaq 'Albālāg, L. Ginzberg JV, 1945, hebr. 75–92; Ch. Touati, Vérité philosophique et vérité prophétique chez Isaac Albalag, REJ.HJ 131 (1962), 35–47.

141 Das meiste ist noch unediert. J. Goldenthal, Der Commentar des Rabbi Moses Narbonensis ... zu dem Werke More Nebukhim des Maimonides, 1852; A. Altmann, The Ladder ... 10 f. 17.26; Ders., Mose Narboni's „Epistle on Shi'ur Qomā“, in: A. Altmann, Jewish Medieval and Renaissance Studies, 1967, 225–288; A. L. Ivry, Moses of Narbonne's

des MN. Er bezeichnete Gott als Maß aller Substanzen, als Form der Welt und vergleicht insofern sein Verhältnis zur Welt mit jenem der Seele zum Körper.

f) Levi b. Gerson (1288–1344)[142]. Der als Exeget[143] einflußreich gewordene, in Südfrankreich wirkende Astronom und Verfasser des *Sefär milḥāmôt H'* (Buch der Kriege des Herrn)[144], fußte hauptsächlich auf RMB"M und Ibn Rushd, dürfte aber ebenfalls schon von der christlichen Scholastik beeinflußt worden sein, z. B. in der Auffassung der Zeit[145]. „Gersonides" lehrte eine Schöpfung in der Zeit, aber aus einem form-losen praeexistenten Körper (bzw. Urmaterie). Die Welt selbst unterliegt einem astrologischen Determinismus, ausgenommen der menschliche Wille, dessen Akte im einzelnen von dem nur allgemeinen Wissen Gottes aber auch nicht erfaßt werden[146]. Sie sind

„Treatise on the Perfection of the Soul", JQR 57 (1966/7), 271–297; S. Munk, Mélanges . . ., 502 ff.; A. Neubauer, Les écrivains français du XIVe siècle, 1893 (Neudr. 1969), 320 ff.; M. Steinschneider, Die hebräischen . . . (§ 26, Anm. 62), 311 ff.; C. Touati, Dieu et le monde selon Moise Narboni, AHDLdMA 29 (1955), 193–205; G. Vajda, Recherches . . . (§ 29) 396–403.

142 A. Adlerblum, A Study of Gersonides in his Proper Perspective, 1926; P. Duhem, Le Système du Monde v, 1917, 201–229; I. Epstein, a. a. O. (Anm. 113); I. Guttmann, Levi ben Gersons Theorie des Begriffs, FS zum 75 – j. Bestehen des Jüd.-theol. Sem. Breslau 1929, 131–149 = hebr.: Tôrat ham-mûśśāg šäl hā-RLB"G, 'Ijjun 3 (1951/2), 125–135; J. Heinemann*, I, 97–102; I. Husik, Studies in Gersonides, JQR 8 (1917/8), 113–156. 231–268; M. Joel, Notizen zu R. Levi ben Gerson, MGWJ 9 (1860), 223–226; Ders., Levi ben Gerson als Religionsphilosoph, 1862 (auch MGWJ 10–11); N. Samuelsohn, a. a. O. (Anm. 88; Philosophy . . .; On Knowing . . .); C. Touati, La prière chez les philosophes juif. (Maimonide et Gersonide), Trait d'union 2/12 (1953/4), 26–29; Ders., Les idées philosophiques et théologiques de Gersonide (1288–1344) dans ses commentaires bibliques, RSR 28 (1954), 335–367; Ders., Quatre compositions liturgiques de Gersonide, REJ 117 (1958), 97–105; I. Weil, Philosophie religieuse de Levi ben Gerson, 1868.

143 § 26, Anm. 33.

144 Ed. pr.: Sefär milḥāmôt haš-Šem, Riva di Trento 1560 (repr. 1965/6); Lewi ben Gerson, Milḥāmôt 'ădonāj, Leipzig 1866; Deutsche Übersetzung: B. Kellermann, „Die Kämpfe Gottes" von Levi ben Gerson, 2 Bde. 1914, 1916; dazu: J. Kramer, Eine Versündigung an der jüdischen Wissenschaft, 1917. Kritische Teiledition mit frz. Übers.: Ch. Touati, Levi b. Gerson, Les guerres du Seigneur, livres III et IV, 1968.

145 J. Karo, Kritische Untersuchungen zu Levi ben Gersons (Ralbag) Widerlegung des aristotelischen Zeitbegriffs, 1935.

146 M. Ventura, Hā-'ämûnāh bā-hašgāḥāh lefî mišnāto šäl hā-RLB"G, Minḥāh le'Abrāhām, Hommage à A. Elmaleh, 1959, 12–21.

auch insofern begrenzt, als die politisch-soziale Grundstruktur der Ethik entzogen und der astrologischen „Providenz“ unterstellt wird. In der Lehre von der Seele und vom Intellekt, die beträchtlichen Raum einnimmt, bleibt Levi im wesentlichen auf der (von Alexander von Aphrodisias her geprägten) aristotelisch-maimonidischen Linie[147].

Die Unsterblichkeit bezieht er auf den erworbenen Intellekt als der Gesamtheit der – selbständig existierenden – Begriffe. Sie zu denken bedingt (infolge der Identität von denkendem Subjekt und gedachtem Objekt) auch die Weiterexistenz des denkenden Intellekts, in dem die gedachten Begriffe zu einem übergeordneten Zusammenhang verbunden werden. Mit diesem Zusammenhang und durch die Bestreitung der üblicherweise angenommenen Aufnahme des Einzelintellekts in den aktiven Intellekt suchte Levi b. Gerson die Individualität in der Unsterblichkeit zu wahren. Auch in der Exegese bemühte sich „Gersonides“ um die Vereinbarkeit von Philosophie und religiöser Tradition. Dennoch blieb sein Einfluß auf das religiöse Bewußtsein des Judentums infolge der starken aristotelischen Note seiner Theologie begrenzt. In der Attributenlehre[148] leitete Levi b. Gerson eine neue Phase ein, indem er positive Attribute im nominalistischen Sinne gelten ließ, sich darauf berufend, daß Einheit und Existenz, die formalen Attribute im Sinne des Aristoteles, ja auch mit dem Wesen Gottes identisch seien, ohne eine Vielheit zu bedingen. Freilich kommt den Eigenschaften Gottes die Ursprünglichkeit zu und den geschöpflichen Eigenschaften nur ein abgeleiteter Charakter, sodaß es sich eigentlich doch nicht um dieselben Attribute handelt und die Einzigartigkeit Gottes gewahrt bleibt, auch wenn nicht mehr wie bei RMB"M von Homonymen die Rede ist.

9. Spanisch-jüdische religiöse Philosophie im 14/15. Jh

a) Chasdaj Crescas (1340–1410)[149]. In Spanien, wo der christlich-jüdische Gegensatz infolge der kirchlichen Intoleranz und des aus den Zwangsbekehrungen resultierenden Marranenproblems

[147] J. Teicher, Studi preliminari sulla dottrina della conoscenza di Gersonide, Reale Academia Nazionale dei Lincei, ser. VII, vol. 8 (1932), 500–510.

[148] H. A. Wolfson, Maimonides and Gersonides ... (Anm. 110).

[149] I. I. Efros, The problem of space in Jewish Medieval Philosophy, 1917; M. Joel, Don Chasdai Creskas' religions-philosophische Lehren in ihrem geschichtlichen Einfluße dargestellt, 1866; L. Niemcewitsch, Crescas contra Maimonides, 1912; S. Pines, Has-skôlāsṭîqāh šä-'aḥarê Thômās

sich immer mehr zuspitzte und Konvertiten die antijüdische Polemik anheizten, nahm die spätmittelalterliche religiöse Philosophie des Judentums wieder eine bewußt an der Tradition orientierte Stellung ein. Damit verbunden war eine einschneidende Kritik des überlieferten Aristotelismus, wie sie vor allem Chasdaj Crescas in seinem *Sefär 'Ôr H'*[150] geübt hat. Gegenüber der fortschreitenden Popularisierung der Kabbalah vermochten freilich auch diese Bemühungen der Philosophie nicht mehr viel Terrain zu erhalten, doch blieb das Werk von Crescas und Albo (Abs. b) von dem Odium, das z. B. den MN jahrhundertelang weithin tabu machte, verschont und daher ihre Nachwirkung gesichert.

Crescas Kritik des Aristotelismus[151], dessen Vertreter er ausgezeichnet kannte, v. a. Levi b. Gerson, ist natürlich auch im Rahmen der spätscholastischen Entwicklung (Scotismus, Ockhamismus, „neue Physik") zu verstehen und enthält daher wie diese manche Ansätze zu neuen, erst in der Neuzeit (Spinoza!) wirksam weitergeführten Gedanken[152].

Hatte RMB"M die Gültigkeit der Gesetze der aristotelischen Physik für die Welt der Sphären bestritten, so unterzog Crescas jene Gesetze selbst der Kritik. Nach ihm liegt den vier Elementen eine formunabhängige Materie zugrunde. Er leugnete die Existenz einer unendlichen, ordnungsgebundenen Kette von Ursachen und Wirkungen, indem er auf den Unterschied zwischen zeitlicher Abfolge und ontologischer Stufenfolge verwies. Er behauptete die Existenz eines aktuellen Unendlichen, die Unendlichkeit des Raumes (und die Existenz sonstiger

'Aquînās ûmišnātām šäl Haṣdā'j Qreśqāś w^eqôd^emājw, Israel National Academy for Sciences 1/11, 1965/6. S. B. Urbach, Mišnātô ha-fîlôsôfît šäl Rabbî Hasdā'j Qreśqāś, 1961; Ders., Ḥiddûšê h^alākāh w^e'aggādāh b^emišnātô šäl R. Ḥasdā'j Qreśqāś, Bar-Ilan 3 (1964/5), 186–212; M. Waxman, The Philosophy of Hasdai Crescas, 1920; H. A. Wolfson, Crescas' Critique of Aristotle, 1929; Ders., Studies in Crescas, PAAJR 5 (1933/4), 155–175; J. Wolfsohn, Der Einfluß Gazālî's auf Chasdai Crescas, 1905.

150 Ed. princeps: Sefär 'ôr '^adonāj, Ferrara 1555 (repr. 1970); Ḥasdā'j bän 'Abrāhām Qreśqāś, Sefär 'ôr H', Wien 1860; Kritische Teileditionen in: Ph. Bloch, Die Willensfreiheit von Chasdai Kreskas, 1879 (Buch II, 5); H. A. Wolfson, Crescas' Critique of Aristotle, 1929 (Buch I, 1 f.).

151 Niemcewitsch a. a. O. (Anm. 149); H. A. Wolfson, a. a. O. (Anm. 150); J. Guttmann, Chasdai Crescas als Kritiker der aristotelischen Physik, FS Jac. Guttmann, 1915, 28–54.

152 M. Joel; A. Goldenson, Réflexions sur quelques doctrines de Spinoza et de Hasdai Crescas, MPhLJ 1–2 (1956/7), 95–133; D. Naumark, Crescas and Spinoza, CCAR.YB 18 (1908), 277–318.

Welten). Der Raum ist nicht durch die Begrenzung durch Körper zu definieren, ein Körper nimmt vielmehr in seiner Ausdehnung bereits vorgegebenen Raum ein. Daher ist auch ein leerer Raum denkbar und möglich, und zwar gerade jenseits der Grenzen der körperlichen Welt. Der Raumbegriff steht so in einer gewissen Analogie zur göttlichen Omnipräsenz und erinnert an jene Aussagen, nach denen Gott „der Ort der Welt" ist. Von seiner Auffassung des Unendlichen und Endlichen her kam Crescas auch zur Annahme einer unendlichen Zeit[153]. Von diesen Voraussetzungen her wird der aristotelische Schluß auf einen ersten Beweger fragwürdig und als Gottesbeweis verbleibt nur der ontologische, der Schluß von den Dingen möglicher Existenz auf ein Wesen notwendiger Existenz, neben dem es keine unabhängige Materie geben kann. Die creatio ex nihilo drückt nach Crescas mehr diesen monistischen Ursprungsgedanken aus als eine Schöpfung in der Zeit (die für ihn bei der Annahme einer unendlichen Zeit ja nicht mehr dasselbe Gewicht haben konnte)[154]. Er hielt aber für den göttlichen Willen[155] nicht an der absoluten Freiheit fest und sah keinen Widerspruch zwischen Schöpfungswillen und notwendiger (und – wenn das Zeugnis der Bibel nicht wäre – eventuell auch ewiger) Wirkung Gottes, weil er annahm, daß Gottes Wille notwendig das Gute verwirklicht. Dies entspricht einem ausgeprägten Determinismus in Welt- und Menschenbild[156]. Die neue Auffassung von Unendlich-Endlich prägte auch seine Attributenlehre[157], er sah die Eigenschaften Gottes durch ihre Unendlichkeit von den endlichen geschöpflichen Eigenschaften unterschieden. Crescas lehnte auch den aristotelischen Intellektualismus ab[158], sowohl hinsichtlich der Gotteslehre wie in bezug auf die Zweckbestimmung des Menschen. Gottes Liebe ist es, die für ihn (ähnlich wie für Jehuda Hallevi) den Menschen zur Liebe zu Gott als höchstem Ziel der Erkenntnis und Frömmigkeit ver-

[153] H. A. Wolfson, Note on Crescas' Definition of Time, JQR 10 (1919/20), 1–17.

[154] Z. Wolfson, 'aṣîlût weješ me-'ajin 'äṣäl Qreśqāś, Sefär S. Assaf, 1952/3, 230–236.

[155] I. Epstein, a. a. O. (Anm. 113).

[156] Das Problem der Willensfreiheit bei Hasdai Crescas und den islamischen Aristotelikern, Jewish Studies in Memory of G. A. Kohut, 1935, 325–349.

[157] E. Schweid, "Tô'ar 'aṣmî" bemišnat Rāb Ḥasdā'j Qreśqāś, 'Ijjun 15/4 (1964/5), 449–467. A. H. Wolfson, Crescas on the Problem of Divine Attributes, JQR 7 (1916/7), 1–44. 175–221.

[158] S. Soskowitsch, Der śekäl ha-pô'el un Qreśqeś qritiq oif ihm, Dawwqa' 14/54 (1964/5), 151–167.

pflichtet. Eine Trennung zwischen Intellekt und Seele lehnte er ab, die Seele verstand er als Substanz, die vom Körper unabhängig auch nach dem Tod zu existieren vermag. All diese Symptome einer Hinwendung zu einer größeren Berücksichtigung der Erfordernisse der Religiosität werden aber in gewissem Maß wieder entwertet durch die Negierung der Willensfreiheit.

Crescas verfaßte auch eine antichristliche Schrift, die hebräisch unter dem Titel *Biṭṭûl ʿiqqāre han-nôṣrîm*[159] erhalten ist. Die verschärfte Konfrontation mit der Kirche und der Theologie hat seine Ausführungen aber auch sonst gelegentlich geprägt. So setzt er z. B. dem sakramentalen christlichen Erlösungslauben das Sinaiereignis als eine Art Gegenstück zu Golgotha gegenüber[160], als Heilstat Gottes, durch die Israel von der Erbsünde (!) befreit worden sei (vgl. gewisse haggadische Motive[161]).

b) J o s e f A l b o (1380–1444)[162]. Als Schüler von Chasdaj Crescas, doch keineswegs in konsequenter Weise, nahm Josef Albo bereits weit mehr Bezug auf christliche Lehren (er war auch selbst einer der jüdischen Wortführer bei der Disputation von Tortosa).

Sein *Sefär hā-ʿiqqārîm*[163], in den folgenden Jahrhunderten eines der Werke, die auch im aškenasischen Judentum noch gelesen wurden, behandelt den Stoff gemäß den (von Ibn Rushd stammenden und von Šimʿon b. Ṣämaḥ – s. u. – auf das Judentum angewandten) drei Hauptprinzipien (1) Existenz Gottes, (2) Providenz (Vergeltung) und (3) Offenbarung (Torah). Aus diesen Grundmerkmalen der Religion – die das Judentum als legitime Religion ausweisen – werden die übrigen Glaubensvorstellungen abgeleitet, wobei Albo sich bemüht, diese Ableitungsfolge nicht als Wertabstufung gelten zu lassen[164]. Auch bei ihm gewinnt wie schon bei Crescas der sakramentale Aspekt der Torah

[159] E. Deinard, Hasdā'j Qreśqāś, Bîṭṭûl ʿiqqārê han-nôṣerîm, 1902.

[160] J. Heinemann*, I, 102–112.

[161] § 20, Anm. 13.

[162] S. Back, Josef Albo's Bedeutung in der Geschichte der jüdischen Religionsphilosophie, 1869; J. Guttmann, La-ḥaqîrat ham-meqôrôt šäl S' hā-ʿIqqārîm, Sefär Zikkāron leA. Gulak weS. Klein, 1942, 57–65; I. Husik, Joseph Albo, the Last of the Mediaeval Jewish Philosophers, PAAJR 1 (1928/30), 61–72; A. Tänzer, Die Religionsphilosophie Joseph Albo's nach seinem Werke Ikkarim systematisch dargestellt und erläutert, 1896.

[163] I. Husik, Josef Albo, Book of Principles, 4 (5) Bde. 1946² (krit. Edition und engl. Übers.); Rabbi Josef Albo, Sefär hā-ʿiqqārîm, 1964 (mit Nachwort von J. Guttmann), 2 Bde.

[164] E. Schweid, a. a. O. (Anm. 117).

wieder erhöhte Bedeutung, hervorgekehrt gegenüber der christlichen Erlösungslehre.

In der Auffassung des Gesetzes[165] beschritt er insofern neue Wege, als er eine Einteilung in natürliches, konventionelles und göttliches Gesetz vornimmt, wobei das „natürliche" (allgemeinmenschliche) Gesetz eine Anleihe bei christlichen Autoren sein dürfte. Das konventionelle Recht ist auf die Erfordernisse bestimmter Gruppen bzw. Völker abgestimmt, das göttliche Gesetz, die prophetische Offenbarung (Torah)[166], führt den Menschen zu seiner Glückseligkeit, die nicht primär in intellektueller Erkenntnis besteht, sondern in Liebe und Ehrfurcht. In begrenztem Maße haben auch die Völker göttliche Gebote erhalten, die noachidischen Gebote, die es den Gerechten unter den Nichtjuden ermöglicht, Anteil an der „kommenden Welt" zu gewinnen.

c) Die letzten spanisch-jüdischen Theologen dieser Epoche haben wenig Nachwirkung erzielt. Die bedeutendsten unter ihnen sind Simon b. Ṣämaḥ Duran (1361–1444)[167], dem Josef Albo seine ʿIqqārîm-Einteilung verdankt; Josef Šemṭob[168], aus einer Familie, die sonst vorwiegend kabbalistisch orientiert war, Verfasser eines Kommentars zum MN; Abraham Schalom (gest. 1492)[169], ein später Verfechter der maimonidischen Philosophie, der Exeget Isaak ʿArama[170], Abraham Bibago[171] und schließlich Isaak

[165] J. Heinemann*, I, 112–117; M. Wiener, Der Dekalog in Josef Albos dogmatischem System, FS L. Baeck, 1938, 107–118.

[166] E. Schweid, Han-nebû'āh bemišnātô šäl R. Jôsef 'Albô, Tarb 35 (1965/6), 48–60.

[167] Jac. Guttmann, Die Stellung des Simon ben Zemach Duran in der Geschichte der jüdischen Religionsphilosophie, MGWJ 52 (1908), 641–672; 53 (1909), 46–97.199–228.

[168] Kebôd 'älohîm, Ferrara 1556 (Nachdr. Tel Aviv 1965/6). Jac. Guttmann, Die Familie Schemtob in ihren Beziehungen zur Philosophie, MGWJ 57 (1913), 177–195.326–340.419–451 (337 ff.419 ff.); M. Steinschneider, Josef b. Schemtobs Kommentar zu Averroes größerer Abhandlung über die Möglichkeit der Konjunktion, MGWJ 32 (1883), 459–479.514–551 (vgl. Ges. Schr. I, 144–161).

[169] H. A. Davidson, The Philosophy of Abraham Shalom, 1964 (Bibl.).

[170] 1440–1505, Verf. des philos. bestimmten Torah-Kommentars „*ʿAqedat Jiṣḥaq*". I. Bettan, The Sermons of Isaac Arama, HUCA 12–13 (1937/8), 583–634; S. Heller, R. Jiṣḥaq ʿArā'māh ûmišnātô, 1955/6; Dies., Isaac Arama on the Creation and Structure of the World, PAAJR 23 (1953), 131–150; Ch. Pearl, Studies in the religious philosophy of Isaak Arama, 1969; Ch. R. Rabinowitz, R. Jiṣḥaq ʿArā'māh, „baʿal ha-ʿaqedāh", Sinai 60 (1966/7), 160–168.

Abrabanel[172], der Staatsmann an der Grenze der Periode (1437 bis 1509), der das Schicksal der Vertreibung erlebte und darnach in Italien wirkte. Sein Bibelkommentar hat ihm bleibenden Nachruhm verschafft, seine kleineren Schriften, v. a. jene mit eschatologischer Thematik, fanden ein beträchtliches Echo.

Dieses eschatologische Interesse[173] beweist schon eine entschiedene Hinwendung zur traditionellen Frömmigkeit[174], die auch in der Ablehnung einer auswählenden und wertenden Dogmenfixierung durch *ʿIqqārîm* zutagetritt[175], aber auch in den Fragen der Prophetie, des Wunders, der Providenz und der Unsterblichkeit der Seele. Die Torah und ihre Erfüllung, nicht primär der Intellekt, vermittelt die Beziehung zu Gott.

10. Italienisch-jüdische Theologie im Spätmittelalter[176]

Das Beispiel des Kreises um Immanuel v. Rom und Hillels v. Verona (Absch. 8 c) zeigt, daß die gebildeten Juden Italiens trotz aller Mißgunst der Zeiten Gelegenheit fanden, mit Kultur und Denken der

171 Gest. 1472. Hauptwerk: *Däräk 'ämûnāh,* Konstantinopel 1521 (repr. 1970). M. Steinschneider, Abraham Bibagos Schriften, MGWJ 32 (1883), 79–96.125–164. 239 f.

172 Alle Werke Abrabanels erscheinen zur Zeit in Neudrucken. I. E. Barzilay, 72–132; J. Bergmann, Abrabanels Stellung zur Agada, MGWJ 81 (1937), 270–280; H. Finkelscherer, Quellen und Motive der Staats- und Gesellschaftsauffassung des Don Isaak Abravanel, MGWJ 81 (1937), 496–508; Jac. Guttmann, Die religionsphilosophischen Lehren des Isaak Abravanel, 1916; I. Heinemann, Abravanels Lehre vom Niedergang der Menschheit, MGWJ 82 (1938), 381–400; A. Heschel, Don Jitzchak Abravanel, 1937; S. Z. Leiman, Abrabanel and the Zensor, JJS 19 (1968/9), 49–61; H. Loewe, Isaac Abravanel, Six lectures with an introductory essay, 1937; B.-Z. Netanyahu, Don Isaac Abravanel, statesman and philosopher, 1953; A. Posy*, 80 ff.; A. J. Reines, Abrabanel on Prophecy in the Morej Nebukhim, HUCA 31 (1960), 107–135; 37 (1966), 147–174; 38 (1967), 159–211; E. Šemû'elî, Dôn Jiṣḥaq 'Abrābān'el wegêrûš Sefārād, 1962/3; Ders., Dôn Jiṣḥaq 'Abrābān'el, Kenäsät 1938, 295–321; H. Soil, Don Isaac Abravanel, 1937; L. Strauss, On Abravanel's philosophical tendency and political teaching, in: H. Loewe (s. o.), 93–129; E. E. Urbach, Die Staatsauffassung des Don Isaac Abrabanel, MGWJ 81 (1937), 257 bis 270.

173 B. Gross, L'idea messianica nel' pensiero di Isac Abarbanel, RMI 35 (1969), 380–390; A. H. Silver*, 116 ff.

174 Vgl. auch I. Heinemann*, I, 117–124.

175 E. Mihaly, Isaac Abravanel on the principles of faith, HUCA 26 (1955), 481–502.

176 Siehe I. E. Barzilay.

Umwelt, gerade auch der Renaissance, in Verbindung zu bleiben. Eine Reihe jüdischer Gelehrter auf den Gebieten der profanen Wissenschaften bestätigt diesen Eindruck. Auch die Philosophie der Spätzeit, vertreten z. B. durch Jehuda Messer Leon[177], weist, ähnlich wie einst der frühe Neuplatonismus (z. B. Ibn Gabirols) kaum speziell jüdische Aspekte auf. Dasselbe gilt z. T. auch noch für Elijah del Medigo (1460–1493)[178], Verfasser der Schrift *„B^e^ḥînat had-dāt"* (Prüfung der Religion)[179], die etwas kraß zwischen dem Vorrecht der Gebildeten auf philosophische Erkenntnis und Deutung und der Notwendigkeit der Führung der breiten Masse durch die Offenbarung unterschied. Der originellste Denker war in diesem Zusammenhang aber wohl der Sohn des Isaak Abrabanel, Jehuda (auch „Leone Ebreo")[180], der zwischen 1460 und 1521 lebte, und mit

177 I. Husik, Juda Messer Leons Commentary on the Vetus logica, 1906; W. Harvey, The Bible as Honeycomb, YR 5 (1966), 47–57; H. Rabinowicz, Rabbi Colon and Messer Leon, JJS 6 (1955), 166–170; M. Steinschneider, Aus der Vorrede des Jehuda b. Jechiel, gen. Messer Leon, zu seinem Miklal Jofi, MGWJ 37 (1893), 313 f. Die meisten Werke sind noch unediert.

178 G. Dell'Acqua – L. Münster, I rapporti di Giovanni Pico della Mirandola con alcuni filosofi ebrei, In: L'opere e il pensiero di Giovanni Pico della Mirandola nella storia dell' Umianesimo, 1965, II, 149–168; J. Guttmann, Elia del Medigos Verhältnis zu Averroes in seinem Beḥinat ha-Dat, Jewish Studies in Memory of I. Abrahams, 1927, 192–208; A. Hübsch, Elia Delmedigo's Bechinath hadath und Ibn Ruschd's Faṣl al-maqāl, MGWJ 31 (1882), 555–563; 32 (1883), 38–46; B. Rippner, Elia del Medigo, ein jüdischer Popularphilosoph, MGWJ 20 (1872), 481–494; M. Steinschneider, Elia del Medigo, MGWJ 37 (1893), 128–130; Ders., Elia del Medigos Brief an Card. Grimani, MGWJ 37 (1893), 185–188.

179 J. Reggio, ed., Elia del Medigo, B^e^ḥinat ha-dāt, 1833.

180 E. Appel, Leone Medigos Lehre vom Weltall und ihr Verhältnis zu griechischen und zeitgenössischen Anschauungen, Arch. f. d. Gesch. der Philosophie 20 (1906/7), 397–400.496–520; H. V. Besso, Yehuda Abravanel o Leon Hebreo su vida i sus obras, Hommage à A. Elmaleh (Minḥāh le'Abrāhām), 1959, 38–48; G. Dell'Acqua – L. Münster, a. a. O. (Anm. 178), 162–166; C. Dionisotti, Appunti su Leone Ebreo, Italia medievale e umanistica 2, 1959, 409–428; J. Klausner, Don Jehudah Abravanel e la sua filosofia dell' amore, 1934; H. Pflaum, Die Idee der Liebe, Leone Ebreo, 1926; Ders., Der Renaissance-Philosoph Leone Ebreo, Soncino-Blätter I/2 (1925/6), 213–222; Ders., Leone Ebreo und Pico della Mirandola, MGWJ 72 (1928), 344–350; H. J. K. Ridder, Exemplar vitae humanae. Leone Ebreo and Uriel da Costa, The Cambridge Journal, 3/3 (1949), 175–180.

seinem *„Dialoghi d'Amore"*[181] literarischen Weltrang erreichte. Aber auch seine platonisch geprägte Philosophie weist, abgesehen von der zentralen Rolle, die für ihn die Gottesliebe spielt, wenig Gedanken auf, die als spezifisch jüdisch gelten könnten oder einen nachhaltigen Einfluß auf das spätere Judentum ausgeübt hätten.

§ 31 Frühmittelalterliche Esoterik und das Fortleben der Merkabah- und Hekalot-Traditionen

Ph. Bloch, a. a. O. (§ 14); J. Dan, The Beginnings of Jewish Mysticism in Europe in: C. Roth, The Dark Ages, 1966, 282–290; B.-Z. Dinur*, I/4, 272 ff.; E. E. Hildesheimer, Mystik und Agada im Urteil der Gaonen R. Scherira und R. Haj, 1931; I. Heinemann, a. a. O. (§ 29), MGWJ 76 (1932), 355–370.470–494; 77 (1933), 144 f.; [und dazu Tykoczinski 76 (1932), 494.608; Hildesheimer, ibd. 607 f., Diesendruck 77 (1933), 141–144]. B. Lewin, 'Ôṣar hag-Geʾônîm, I (Berakôt) 1927/8; IV/2 (Ḥagîgāh), 1930/1; S. M. Rabinowitz, Halākāh weʾaggādāh bePijjûṭê Jannaj, 1965, 62 ff.; G. Scholem, Ursprung und Anfänge der Kabbala, 1962, 53 ff. 73. 105 f. 116. 127. 129 f. 134. 142. 143. 160 f. 179. 184–186. 212 ff. 217 f. 280 f. 299 f. 300 f. 305 ff.; E. E. Urbach, Sefär ʿarûgat hab-bośām leR. 'Abrāhām bän ʿAzrîʾel, IV, 1962/3, 169–174.

1. Die Weiterentwicklung der talmudischen Esoterik (§ 21) in der gaonäischen Zeit ist infolge der schlechten Quellenlage nur mangelhaft bekannt. Zwar haben die Hekalot-Schriften damals ihre letzte redaktionelle Gestalt gewonnen, sind manche der „kleinen Midrašim" unter Verwendung älterer Vorlagen damals erst entstanden[1] und haben esoterische Motive auch in der breiteren späten Midrašliteratur Aufnahme gefunden (*Midr. Mišlê* X z. B.), aber weder diese literarischen Vorgänge noch ihre geographische Bestimmung sind geklärt.

Daß es esoterische und „häretische" Gruppen gab, bezeugen gaonäische Quellen. Shahrastani[2] erwähnt z. B. die sog. *„Makariba"*, Saadja polemisierte gegen Vertreter des Dualismus (nach manichäischem Vorbild oder in Anknüpfung an die „zwei Gewalten"-Theorie,

[181] C. Gebhardt, Leone Ebreo, Dialoghi d'Amore, 1929; S. Caramella, Dialoghi d'Amore a cura ..., 1929; D. Romano, Leone Ebreo, Dialogos de amor, trad. e prologo, 1953; F. Friedeberg – Seeley, J. H. Barnes, Judah Abrabanel, The Philosophy of Love, transl. into English, with introd. by C. Roth, 1937.

[1] Siehe die Einleitungen in A. Jellinek, BhM; ferner § 26, Anm. 16.

[2] Ph. Bloch, 72.

vgl. § 17,5) und gegen Verfechter der Seelenwanderung (nach Qirqisani Karäer), im Brief an die Gemeinden[3] warnt er ferner vor asketisch-separatistischen Tendenzen bei Leuten, die überall ein Geheimnis wittern.

Im *Sedär 'Amrām Gā'ôn*[4] ist ein hochgradig esoterisches Stück enthalten, das die Bedeutung der *Qedûššāh* für Gottes Verhältnis zu den Esoterikern bzw. zu Israel behandelt. Demnach liebkost Gott entsprechend dem dreimaligen „Heilig" dreimal die am Thron der Herrlichkeit eingravierten Gesichtszüge Jakobs. Eine andere Stelle[5] bezeugt, daß die Beter bei der *Qedûššāh* sich dreimal auf die Zehenspitzen stellten. Haj Gaon[6] bezeugt eine bestimmte Meditationsmethode. Der Esoteriker, der „die Merkabah schauen und die Hekalot der Engel der Höhe betrachten" wollte, fastete eine bestimmte Anzahl von Tagen, steckte (hockend oder sitzend) den Kopf zwischen die Kniee und rezitierte Gebete und Hymnen, bis er die Vision der 7 Hekalot erlangte, „als ob er von Hekal zu Hekal einträte und sähe, was sich darin befindet". Dabei verweist Haj auf Hek. r. und Hek. z. als grundlegende Texte dieser Disziplin.

Solche und andere Hinweise, z. B. auf *Šî'ûr-Qômāh*-Motive[7], bezeugen eine lebendige esoterische Überlieferung, die offenbar recht vielfältig war, im einzelnen schwer zu lokalisieren ist und vielen Rabbinen der gaonäischen Zeit ziemlich anstössig erschien. Wie sehr sie aber im jüdischen Bewußtsein verwurzelt war, bezeugt die religiöse Poesie, der Pijjut, der v. a. in bestimmten Gattungen *(Rahîṭ, Sillûq, 'Ôfān)* esoterische Motive in Fülle verarbeitet hat, deren Herkunft aus dem *Midrāš* nur z. T. nachzuweisen ist[8]. Dies beweist eine führende Rolle der palästinensischen Tradition, doch fand diese ja noch vor der arabischen Eroberung auch in Süditalien einen fruchtbaren Boden, wo die esoterische Note oft nicht mehr im selben Maß vom *Midrāš* her erklärt werden kann[9], also weit mehr unmittelbar von esoterischen Speku-

[3] Debir 1, 184 ff., zit. bei Dinur* I/2, 148.
[4] Ed. Warschau 1865, 4 a.
[5] S. Buber, Šebālê hal-läqäṭ, 1886/7 (Nachdr. 1966/2) 19 f. (Nr. 20).
[6] Tešûbôt hag-ge'ônîm, Lyck 1864, § 99 (S. 31), zit. bei Bloch S. 23.
[7] § 21,6. (Anm. 34 v. a.). Ferner: H. Graetz, Die mystische Literatur in der gaonäischen Periode, MGWJ 8 (1859), 67–118. 140–152; M. Gaster, a. a. O. (§ 21, Anm. 34), 226 ff.; G. Scholem, Jewish Gnosticism ... (§ 21), 129 f.; Ders., Ursprung ... 96 f. 123 f. 163.184 f. 279 f. 308; Ders., Schi'ur Koma, in: Von der mystischen Gestalt der Gottheit, 1962, 7–47; J. Dan, Sifrût haj-jiḥûd šäl ḥasîdê 'Aškenāz, QS 41 (1965/6), 538; E. E. Urbach, IV, 76 f.; A. K. M. Ajjub Ali, in: M. M. Sharif, a. a. O. (§ 30), I, 252 f.; A. Altmann, Mose Narboni's ... (§ 30, Anm. 141).
[8] Vgl. schon § 15, 3 b (Jannaj).

lationen abhängt. Sie wurde hier z. T. als Familientradition mündlich überliefert und war in besonderem Maß mit volkstümlichen und magischen Vorstellungen verquickt, wie aus der *M^egîllat 'Aḥîma'aṣ* zu entnehmen ist[10]. Von Süditalien aus gelangte mit der Entwicklung der Handelsniederlassungen im Norden die palästin.-italienische Überlieferung bis ins Rheinland, wo die Esoterik v. a. in der Kalonymos-Familie gepflegt[11] wurde, noch weitere Impulse empfangend. Süditalien war nämlich auch das Bindeglied zwischen Aškenasien und Nordafrika. So wurden für die aškenasische Esoterik nicht nur die Werke Šabbetaj Donnolos[12] (v. a. in bezug auf den *kābôd*-Begriff), in denen esoterische Vorstellungen und termini verarbeitet waren, bedeutsam, sondern auch die spekulativen Äusserungen des R. Nissim und R. Chananel von Kairuan[13]. Über den seltsamerweise bei den aškenasischen Chasidim, nicht aber bei den spanisch-provençalischen Kabbalisten bekannten Jezira-Kommentar des Jehudah b. Barzillaj von Barcelona[14] übte auch die frei paraphrasierende Übersetzung von Saadjas *Sefär hā-'ämûnôt w^ehad-de'ôt*[15] einen beträchtlichen Einfluß auf die *kābôd*-Lehre aus. Gewisse Verbindungen bestanden auch zwischen Italien und der Provençe. Die italienische exegetisch-lexikographische Tradition kannte, wie das talmudische Wörterbuch des Nathan b. Jechiel[16] (s. s. v. *'bnj šjš, spqlr*) beweist, esoterische Stoffe, und Mose ha-Daršan von Narbonne[17] besass und verarbeitete Midraštraditionen spekulativen Inhalts, wie es z. B. bei den kosmologischen Texten wie *Midrāš Tadše'* und *Midraš kônen*[18] der Fall ist. Nicht genug damit,

9 S. M. Rabinowitz.

10 B. Klar, a. a. O. (§ 26, Anm. 47).

11 H. Gross, Zwei kabbalistische Traditionsketten des R. Eleasar aus Worms, MGWJ 49 (1905), 692–700.

12 § 30, Anm. 28 f.

13 E. E. Urbach, I, 200.

14 § 30, Anm. 32.

15 § 30, Anm. 11. Und zwar mit der Behauptung, Gottes *kābôd* sei ein erschaffener Lichtglanz.

16 A. Kohut, Aruch Completum, 1955², I, 14; VI, 110 f.

17 § 26, Anm. 18. Ch. Albeck, Midrāš b^ere'šît rabbātî, nôsad 'al sifrô šäl R. Mošäh had-daršān, 1966/7; I. A. Agus, in: C. Roth, The Dark Ages, 1966, 207; A. Epstein, Moses Ha-Darschan aus Narbonne. Fragmente seiner literarischen Erzeugnisse, 1891; Ders., in: Kitbê R. 'Abrāhām 'Epṣtein, ed. A. M. Habermann, I, 1950, 214–244; vgl. REJ 21 (1890), 88–97; 22 (1891), 1–25; (dazu: I. Levi, REJ 17 [1888], 313–317); G. Scholem, Ursprung ... 146; H. L. Strack, Einleitung ... (§ 13), 223 f.; E. E. Urbach, IV, s. Register S. 277; Ders., ḤZ"L, 1968/9, 51.

18 A. Jellinek, BhM II, 23–39 *(Midr. kônen)*; III, 164–193 *(Midr. Tadše')*.

muss noch mit einem – mehrsträngigen und wohl durch den Mittelmeerhandel vermittelten – orientalisch-jüdischen Einfluß gerechnet werden, wodurch anscheinend stärker gnostisierende Überlieferungen nach Europa kamen. Und zwar einmal über Südfrankreich, von wo aus wieder Fäden zu den nordfranzösischen und rheinischen Gemeinden liefen, und dann über Italien. Hier wird überhaupt in der Tradition der Kalonymiden[19] eine Hauptquelle der Esoterik in den Lehren des sagenhaften Abu Aaron[20] gesehen, der R. Mose von Lucca u. a. Gebetsmystik beigebracht haben soll. Versuche, den Inhalt dieser Lehren näher zu bestimmen[21], sind bislang erfolglos geblieben[22]. Fest steht, daß diese orientalisch-gnostisierenden Einflüsse, die über die aškenasischen Esoteriker z. T. auch in die Provençe vermittelt wurden *(Sefär Rāzā' Rabbā')*, einen erheblichen Beitrag zur Ausgestaltung der frühen Kabbalah geleistet haben. Dies alles zeigt eine ungemein vielfältige und bunte lebendige Überlieferung, die ein reges religiöses Interesse an solchen Stoffen verrät und die engen Beziehungen deutlich macht, die vor den Kreuzzügen unter den Gemeinden der Diaspora bestanden.

2. Von den bereits erwähnten Quellen abgesehen, ist aus der so undurchsichtigen Übergangsperiode noch eine Reihe von Schriften zu erwähnen.

So ein pseudo-saadjanischer, oft dem Eleazar von Worms zugeschriebener Jezira-Kommentar, von dem z. B. das berühmte „Einheitslied" *(Šîr haj-jiḥûd)* der aškenasischen Chasidim stark bestimmt ist[23]. Eine Fülle zum großen Teil gar nicht erhaltener später Merkabah- und Hekalot-Texte war den aškenasischen Chasidim und den frühen Kabbalisten noch bekannt. Pseudepigraphe Produkte waren im Umlauf, z. B. Buchstaben- und Gottesnamen-Spekulationen unter dem

[19] Nach Eleazar v. Worms.

[20] J. Dan, 283 f.; H. Gross, a. a. O. (Anm. 11); D. Kaufmann, Ges. Schr. III, 1915, 5–11; A. Neubauer, Abou Ahron, le Babylonien, REJ 23 (1891), 230–237.

[21] J. Weinstock, Gillûj ʿizbôn has-„sôdôt" šäl 'Abû 'Ahaᵃrôn hab-Bablî, Tarb 32 (1962/3), 153–159; vgl. auch Ders., Deᵉmût 'Abû 'Ahaᵃrôn hab-Bablî bimgillat 'Aḥîmaʿaṣ, Šānāh beᵉŠānāh 1963/4, 242–265; Ders., 'Ôṣar has-„sôdôt" šäl 'Abû 'Ahaᵃrôn, dimjôn 'ô meᵉṣî'ût (teᵉšubāh leᵉGeršôm Šālôm), Sinai 54 (1963/4), 226–259 (s. f. Anm.).

[22] G. Scholem (Schalom), Ha-'im nitgallāh ʿizbôn has-sôdôt šäl 'Abû 'Ahaᵃrôn hab-Bablî?, Tarb 32 (1962/3), 252–265.

[23] § 32.

Namen des Haj Gaon[24]. Gebetsmystische Überlieferungen[25] und Erklärungen zu Gebeten und Pijjutim dienten als Vehikel von Geheimlehren, von den frühen mündlichen Überlieferungen dieser Art, die Quellen des Abraham b. Azriel[26] an über eine Kette von Kommentaren zu Gebetbuch und Pijjut (Mose ha-Daršan, Menaḥem b. Chelba, Josef Qara', Samuel b. Meir, El'azar b. Nathan, Efraim b. Jakob, Meir von Rothenburg) bis in die Neuzeit herauf. Das mystisch-kontemplative Interesse konzentriert sich im Sinn der Buchstaben- und Zahlensymbolik auf jedes einzelne Zeichen. Andrerseits gab es eine auffallend starke magische Komponente. Von einem „*Sefär haj-jāšār*"[27] und dem *Sefär harbā' d^eMošäh*[28] und anderen, verlorenen Werken dieser Art[29] abgesehen, handelt es sich vor allem um das bei den aškenasischen Chasidim bekannte und zu einer bedeutsamen Vorlage des frühkabbalistischen „*Sefär hab-Bahir*" (§ 33,1 b) gewordenen[30] *Sefär Razā' Rabbā'*[31]. Es ist eine Mischung von kosmologisch-theosophischem Traktat und magischem Handbuch, das die *S^efîrôt* des Buches *J^eṣîrāh* mit *Märkābāh*-Regionen und eventuell auch schon mit den *middôt* Gottes kombinierte. Solche Werke waren damals offenbar in größerer Zahl in Umlauf[32].

3. Es wäre verfehlt, allen diesen – ja nur sporadisch bezeugten – esoterischen Strömungen mehr oder weniger einheitliche theologische

[24] J. Dan, 285; H. Graetz, Ein pseudepigraphisches Sendschreiben angeblich von Haj Gaon an Samuel Nagid, MGWJ 11 (1862), 37–40; G. Scholem, Ursprung ..., 275.281.285.289 ff. 300 f. 308 ff.

[25] G. Scholem, Ursprung ... 212 ff. (*Jôm-Kippûr*-Rituale).

[26] E. E. Urbach.

[27] J. Dan, 435, note 11. Erwähnt bei Haj Gaon, s. B. M. Lewin, IV, 2, 20 f.; Ṭôbîjāh b. 'Elî'ezär, Midrāš läqaḥ ṭôb, ed. S. Buber, B^ešallaḥ, 88; w^e'äthannen 14 f.; M^egîllat 'Ahîma'aṣ, ed. B. Klar, 1944, 13; weiteres bei M. Margalioth, Sepher ha-Razim, 1966, 36; G. Scholem, Ursprung ..., 89 f.

[28] ed.: M. Gaster, The Sword of Moses, 1896; vgl. M. Margalioth, a. a. O. (Anm. 27), 29 f.; G. Scholem, Ursprung ..., 96. Ebenfalls bei Haj Gaon (s. Anm. 27) erwähnt.

[29] Von Karäern den Rabbinen nachgesagt, so von Daniel al-Qumisi, siehe J. Mann, Texts and Studies II, 1935, 94.

[30] G. Scholem, Ursprung ... 53 ff. 85 ff.

[31] Erwähnt von Haj Gaon, a. a. O. (Anm. 27), Daniel al-Qumisi, s. J. Mann, a. a. O. (Anm. 29); G. Scholem, Ursprung ... 94–107.126; Ders.,* DjM 80 f.

[32] Nach einem Zeugnis vom Anfang des 12. Jh. (E. N. Adler, About Hebrew Manuscripts, 1905, S. 40, Nr. 82 f.) bot damals ein Buchhändler auch esoterische Texte an.

Motive zuzuschreiben. So dürfte es tatsächlich Verfechter des *Šî'ûr Qômāh* gegeben haben, die ihre anthropomorphistischen Aussagen unmittelbar auf die Gottheit münzten[33], während andere Bestrebungen – und v. a. die spekulativ später wirksamsten – dahin gingen, durch theosophisch-kosmogonische Konstruktionen die Transzendenz Gottes zu wahren und gleichzeitig die Verbindung zwischen diesem verborgenen Gott und seiner Schöpfung zu erklären. In diesem Bemühen verwandelten sich die *S^efîrôt* des Buches *J^eṣîrāh* grundlegend. Sie wurden mit anderen einschlägigen haggadischen Elementen („10 Worte", „10 Dinge", 13 *middôt* Gottes)[34] nach und nach kombiniert und zu Stufen eines Pleroma ausgebaut, die dann mehr oder weniger mit den einzelnen, ebenfalls kosmisch-transkosmische Regionen bezeichnenden Abschnitten der *Märkābāh* identifiziert wurden. Dieser Prozess war in der gaonäischen Esoterik in Gang gekommen und fand im aškenasischen Chasidismus einerseits und in der Kabbalah andrerseits eine zum Teil ähnliche, zum Teil aber unvergleichlich eigentümliche Fortsetzung.

§ 32 Der aschkenasische Chasidismus

J. Baer, Ham-m^egammāh had-dātît – ha-ḥäbrātît šäl „Sefär Ḥ^asîdîm", Zion 3 (1937/8), 1–50; Ders., Tôrat haš-šiwwājôn hat-ṭib'î haq-qadmôn 'äṣäl ḥ^asîdê 'Ašk^enāz, Zion 32 (1966/7), 129–136; Ders., Š^enê p^erāqîm šäl tôrat ha-hašgāḥāh bas-„Sefär Ḥ^asîdîm", in: Mäḥqārîm baq-qabbālāh ûb^etôl^edôt had-dātôt l^eG. Schalom, 1967, 47–62; S. W. Baron*, SRH VIII, 3 ff.; A. Berliner, Der Einheitsgesang; J. Dan, Hab-bāsîs hā-'ijjûnî l^etôrat ham-mûsār šäl ḥ^asîdût 'Ašk^enāz, Diss. Jerusalem 1962/3; Ders., a. a. O. (§ 31); Ders., Gôrālāh ha-hîsṭôrî šäl tôrat has-sôd šäl ḥ^asîdê 'Ašk^enāz, Mäḥqārîm baq-qabbālāh ûb^etôl^edôt had-dātôt ... l^eG. Schalom, 1967, 87–99; Ders., Tôrat has-sôd šäl ḥ^asîdût 'Ašk^enāz, 1967/8; M. Güdemann, Geschichte des Erziehungswesens und der Kultur der Juden in Frankreich und Deutschland, I, 1880; A. M. Habermann, Šîrê haj-jiḥûd w^ehak-kābôd, 1947/8; J. Hacker, 'Ôlāmāh ha-ḥäbrātî w^ehā-rûḥānî šäl ḥ^asîdût 'Ašk^enāz, 1967/8 (vervielfältigt); J. Katz, Exclusiveness and Tolerance, 1961, 92 ff.; S. G. Kramer, Man's relation to God in the Sefer Hasidim, Ann Arbor (Univ. Microfilms) 1963; Z. Levi, Hā-räqa' w^ehaj-j^esôdôt ha-fîlôsôfijîm šäl ḥ^asîdût 'Ašk^enāz, Hedim 32 (1967/8), 168–180; Ch. H. Ben-Sasson, P^erāqîm ... (§ 23), 184 ff.; S. Schechter, Jewish Saints in Mediaeval Germany, Studies in Judaism III, 1945^2, 1–24; G. Scholem*, DjM 87 ff.; Ders., Die „Frommen Deutschlands", Almanach des Schockenverlages 5698, 53–64; Ders., a. a. O. (§ 31) s. Reg.; C. Sirat, La théologie ésoterique de la mystique ashkenaze, Les Nouveaux Cahiers 5

[33] G. Scholem, Ursprung ... 73: Ṭôbîjāh b. 'Elî'ezär, Midrāš Läqaḥ Ṭôb, ed. S. Buber 14, warnte davor, derartige Aussagen auf Gottes Wesen zu beziehen.

[34] § 21.2.

(1969), 21–26 (La teologia esoterica della mistica ashkenazica, RMI 35 [1969] 430–439); E. E. Urbach, a. a. O. (§ 31), II, 168–171; IV, 73–111.291 bis 301 (294 ff.); G. Vajda, De quelques infiltrations chrétiennes dans l'oeuvre d'un auteur anglo-juive du XIIIe siècle, AHDLdMA 1961, 15–34.

1. Voraussetzungen und allgemeiner Charakter

Zur religiösen Deutung des Leides, das seit dem 1. Kreuzzug (1096) das Geschick des aškenasischen Judentums kennzeichnete, verfügte dieses über keine eigenen philosophisch-theologischen Voraussetzungen. Wenn man von vereinzelten Einflüssen absieht, die durch die Jezirah- Kommentierung (s. § 31) von Saadja, Šabbetaj Donnolo und Jehuda b. Barzillaj her vermittelt wurden, aus den Schriften des Abraham bar Chijja[1] und des Abraham ibn Ezra aufgenommen oder da und dort auch aus der christlichen Theologie[2] entlehnt wurden, war also die Spekulation v. a. auf die esoterische Überlieferung (§ 31) angewiesen. So war es auch gar nicht das spekulative Element, das diese Strömung insgesamt auszeichnete, sondern der Frömmigkeitstyp des *ḥāsîd,* den sie hervorgebracht hat. Zwar gab es in jenen Jahrhunderten z. B. auch in Südfrankreich Ansätze ähnlicher Art. Da traten besonders heiligmäßige Männer mit einem prophetischen Anspruch auf, behaupteten für sich spezielle Offenbarungen (z. B. durch Elia oder Träume[3]) und wurden mit den Beinamen „der Prophet", „der Fromme" *(ḥāsîd)* oder „der Heilige", „der Asket" *(nāzîr* oder *pārûš)* bedacht[4]. Solche Symptome – im Christentum und vor allem im Ordenswesen ja ebenfalls deutlich – entsprachen dem geistigen Gesamtklima jener Zeit, doch in Aškenasien handelte es sich um eine breiter wirkende und im religiösen Leben tiefer verwurzelte Erscheinung, wie auch die hervorstechenden volkstümlich-naiven Züge beweisen[5]. Eine ausgeprägte Märtyrermentalität[6] verband sich mit einer asketisch-

[1] G. Scholem, Reste neuplatonischer Spekulation in der Mystik der deutschen Chassidim und ihre Vermittlung durch Abraham Ibn Chija, MGWJ 75 (1931), 172–191; ferner Ders., Ursprünge ... (§ 31), 54 ff.; Ders.*, DjM. 93.

[2] G. Vajda, betr. Elchanan b. Jaqar.

[3] M. Harris, Dreams in Sepher Hassidim, PAAJR 31 (1963), 51–80.

[4] G. Scholem, Ursprung ... (§ 31), 202 ff..

[5] M. Margalioth, a. a. O. (§ 31, Anm. 27), 24 ff.; J. Dan, Śārê kôs ûśārê bôhan, Tarb 32 (1962/3), 359–369; Ders., Gôrālāh ... 95; G. Scholem, Die Vorstellung vom Golem ...; Ders., Tôrat ... 184 ff.

[6] J. Baer, Ham-m[e]gammôt ...; J. Dan, Hištaqq[e]fût qiddûš haš-šem bassifrût ha-ʿijjûnît šäl ḥ[a]sîdê ʾAšk[e]nāz, Känäs 11–12 (Jerusalem 1966/7) ha-ḥäbrāh l[e]hîsṭōrjāh w[e]ʾetnôgrāfîjāh.

kontemplativen Lebenshaltung[7], einer gewissen quietistischen Tendenz, einer nahezu stoischen Abgeklärtheit[8] gegenüber dem Weltlauf, in dem man wie in der Natur die Weisheit Gottes am Werke sah. Gottesfurcht, Buße[9] und Liebe[10] sind Zentralbegriffe dieser Frömmigkeit, deren Vertreter auch vom äußeren Erscheinungsbild her Schlüsse auf die geistige Verfassung zu ziehen versuchten[11]. Der asketischen Tendenz entsprach auch ein gewisser halakischer Rigorismus, der die herkömmlichen halakischen Normen in der Regel überbot, daher auch nicht sonderlich schätzte. Nur El'azar v. Worms mit seinem *Sefär hā-Rôqe^a^ḥ* verfaßte ein halakisches Kompendium (das aber durch allgemein religiöse Kapitel eingeleitet wird).

Diese Gesamtbewegung verlief in vier Phasen: (1) Die Frühphase der kalonymidischen Familientradition[12] (vgl. § 31); (2) Die Ausprägung der spezifischen Eigentümlichkeiten nach den Erfahrungen von 1096; (3) Die eigentlich produktive Periode von ca. 1150–1250; (4) die zunehmende Verschmelzung mit der systematisch und literarisch überlegenen Kabbalah. Dabei ist eine für die spekulative Entwicklung wichtige Nebenströmung (Abschn. 2) und die v. a. kalonymidische Hauptströmung zu unterscheiden.

2. Der Kreis des *„K^e^rûb m^e^jûḥad“*[13]

Eine vor allem in Frankreich lokalisierte, unabhängige frühe Parallelströmung, die später auf die Hauptlinie einwirkte, stand unter einem ausgeprägteren neuplatonischen Einfluß, vermittelt durch einige Beziehungen zur Provençe.

7 Für die Entsprechungen zum christlichen zeitgenössischen Mönchsideal s. J. Baer, Ham-m^e^gammôt ...

8 J. Baer, Š^e^nê p^e^rāqîm ...

9 A. Rubin, The Concept of Repentence Among the Hasidey Ashkenaz, JJS 16 (1965), 161–176. Auch sie hatte vor allem praktisch-religiöse Bedeutung, nämlich im Rahmen regelrechter Bussordnungen (vgl. Mönchsorden!).

10 M. Harris, The Concept of Love in Sepher Hassidim, JQR 50 (1960/1), 13–44 (Dabei wird der Einfluß der ritterlichen „Minne“ aber wohl überschätzt); G. Vajda, L'amour ... (§ 29) 149–162.

11 G. Scholem, Physiognomy and Chieromancy, SJ S. Assaf, 1953, 459–495 (hebr.). Ders.*, DjM 51 f. 311.418; Ders., Ein Fragment zur Physiognomik und Chieromantik aus der Tradition der spätantiken jüdischen Esoterik, StHR 17 (1969), 175–193; Ders., Ursprung ... (§ 31), 225; Ders., Chieromancy in the Zohar, The Quest 17 (1926), 255 f.

12 H. Gross, a. a. O. (§ 31, Anm. 11).

13 J. Dan, Ḥûg "hak-k^e^rûb ham-m^e^jûḥad" bitnû'at ḥ^a^sîdût 'Ašk^e^nāz, Tarb 35 (1965/6), 349–372; Ders., Gôrālāh ... 8; G. Scholem*, DjM 409, Anm. 114; Ders., Ursprung ... (§ 31), 86.

Sie fußte auf einer pseudepigraphen Literatur, die gern dem „Josef ben Uzziel“[14] zugeschrieben wurde[15]. Auf dieser Basis entstand[16] ein kommentierendes Schrifttum, das nach einer Phase redaktioneller Bearbeitung in den Werken des Elchanan b. Jaqar[17] literarisch-spekulativ verwertet worden ist und zwar in dessen Kommentaren zum Buch Jezirah und im *Sefär Sôd has-sôdôt*. Im 13./14. Jh. verschmolz diese Nebenlinie mit der Hauptströmung und mit der Kabbalah.

Ihr Charakteristikum liegt in der Art der Überbrückung zwischen der streng als transzendent aufgefaßten Gottheit und der Welt. Als erste göttliche Manifestation wird hier der noch unerfaßbare emanierte *Kebôd H’* genannt, während auf dem „Thron der Herrlichkeit“ der *Kerûb ham-mejûḥad* erscheint, eine Lösung also, die zum Teil an dem erschaffenen *kābôd* Saadjas (und Šabbetaj Donnolos) und z. T. an angelologische Spekulationen (§ 17, 5) anknüpft. An traditionelle esoterische Himmelsrichtungssymbolik schließt die Lokalisierung der „Größe Gottes“ im Osten und der „Heiligkeit“ im Westen an. Die Emanation als *Kebôd H’* und die Einteilung der 5 oberen Welten (Abraham b. Chijja!) weisen auf einen unmittelbaren neuplatonischen Einfluß, der dann auch die Verschmelzung mit der Kabbalah begünstigt hat.

3. Die Hauptströmung, vor allem Familientradition der Kalonymus-Sippe wurde unter anderem vertreten durch Samuel von Speyer (Mitte 12. Jh.)[18], den legendenumrankten Jehuda hä-Chasid von Worms (gest. 1217 in Regensburg)[19] und El‘azar

[14] Als Typus eines rechten Interpreten und Praktikers des Buches Jezirah.

[15] *Bārajtā’ deJôsef b. ‘Uzzî’el;* Ein Alphabet-Pijjuṭ; *Sôd hā-‘ibbûr deJôsef b. ‘Uzzî’el; Sefär mišnat ham-märkābāh* und andere *Bän-‘Uzzî’el* – Schriften.

[16] J. Dan, a. a. O. (Anm. 13), 364 ff.

[17] J. Dan, a. a. O. (Anm. 13), 353.361 ff.; Ders., a. a. O. (§ 31), 286; G. Scholem*, DjM 93.409; Ders., Ursprung ... (§ 31), 30.89; G. Vajda, De quelques ...; Ders., Perûšô hā-ri’šôn šäl Rabbî ’Elḥānān bän Jāqār mil-Lôndôn las-Sefär Jeṣîrāh, Qôbāṣ ‘al Jād 16 (1965/6), 147–197.

[18] J. Dan, a. a. O. (Anm. 25), 536.538; G. Scholem*, DjM 124.407 (Anm. 77); Ders., Ursprung ... (§ 31) 218, Anm. 80; Zu unterscheiden von Samuel hä-Chasid, s. J. Dan, Gôrālāh ... 87 und a. a. O. (oben); A. Epstein, Kitbê ... (ed. A. M. Habermann) I, 1950, 245–268; G. Scholem*, DjM 89 ff. 111. Unklar ist, wer von beiden der Vater des Jehuda hä-Chasid war.

[19] V. Aptowitzer, Sefer RBJ’”, 1938, 343 ff.; J. Dan, Tarb 34 (1964/5), 298–301 (zu E. E. Urbach); Ders., a. a. O. (Anm. 25), 535 f.; M. Güdemann, Geschichte ... (§ 24, Anm. 15), I, 153 ff.; I. Günzig, Die Wundermänner im jüdischen Volke, 1921, 22 ff.; A. Jellinek, BhM VI, 139 f.; M. S. Näkäs, Perûšê Rabbenû Jehûdāh hä-ḥāsîd lam-massäkät ’Abôt,

von Worms (gest. vor 1234)[20]. Ferner durch dessen Vater Jehuda b. R. Qalonymus von Mainz (gest. 1169)[21], Samuel b. R. Jehuda hä-Chasid[22] und Jehuda b. R. Qalonymus von Speyer (Lehrer des Elʿazar von Worms, 12. Jh.)[23]; ferner die Schüler des Elʿazar v. Worms, Isaak von Wien, Verfasser des Responsenwerkes *'Ôr zārûaʿ* und Abraham b. Azriel[24]. Diese Gruppe prägte die gesamte, die meisten *„baʿalê battîm"* der damaligen Gemeinden erfassende Bewegung. Literarische Zeugnisse aus früher Zeit sind kaum vorhanden, und wenn, handelt es sich mehr um exoterische Schriften, deren Verfasserschaft zudem oft absichtlich im Dunkeln gelassen wurde. Von den spekulativen Schriften ist dabei v. a. die *„jiḥûd"-Literatur*[25] wichtig, kurze Traktate bis zu 10 Seiten, z. T. mit Flugblattcharakter, in denen die Einheit und Unkörperlichkeit der Gottheit gegen andere Meinungen vertreten wird. Freilich, diese zur Verbreitung bestimmten Schriften enthalten eher exoterische Fassungen der chasidischen Gotteslehre und dienten auch der religiösen Anleitung zu rechter Gebets*kawwānāh* (s. u.), indem

meluqqāṭîm mis-sifrô "Sefär Ḥasîdîm", 1960; C. Sirat, Le manuscrit hébreu No 1408 de la Bibliothèque National de Paris, REJ.HJ 123 (1964), 335–358.

20 V. Aptowitzer, a. a. O. (Anm. 19), 317. A. Altmann, Eleazar of Worms' Hokhmath Ha-Egoz, JJS 11 (1960), 101–113; Ders., Eleʿazar of Worms' Symbol of the Merkabah, Studies in Religious Philosophy and Mysticism, 1969, 161–171; J. Dan, Tarb 34 (1964/5), 299 ff. (Zu E. E. Urbach); Ders., „Sefär ha-ḥokmāh" leR. 'Älʿāzār miw-Wôrms ûmašmāʿûtô letôledôt tôrātāh wesifrûtāh šäl ḥasîdût 'Aškenāz, Zion 29 (1963/4), 168–181; Ders., Ḥûg ... (Anm. 13), 357; Ders., a. a. O. (Anm. 25), 535 ff.; A. Epstein, Pseudo-Saadja's und Elasar Rokeach's Commentare zum Jezira-Buche, MGWJ 37 (1893), 75–78.117–120; H. Gross, a. a. O. (§ 31, Anm. 11); I. Kamelhaar, R. 'Älʿāzār mig-Garmājzā', 1930; M. Margalioth, a. a. O. (§ 31, Anm. 27), 42–44; A. Neubauer, a. a. O. (§ 31, Anm. 20); G. Scholem, Ursprung ... (§ 31), 86.91.111.158 f.161 ff.286.317; Ders., Môṭîb šäl Elysium 'āṣäl 'Älʿāzār mig-Garmājzā', QS 1 (1924/5), 168.

21 Bän Mošāh; zu unterscheiden von b. Me'ir (Anm. 23).

22 Dessen Tochter Golde mit Mose b. Elʿazar ha-Daršan verheiratet war. Dieser verband chasidische und kabbalistische Gedanken, s.: J. Dan, Gôrālāh ... 92 ff.; Ders., a. a. O. (Anm. 13), 366 f.; Ders., a. a. O. (Anm. 25), 538; G. Scholem, Ursprung ... (§ 31) 96 f.; Ders., Re'šît haq-qabbālāh, 1948, 203–210.

23 J. Dan, a. a. O. (Anm. 25), 536; Ders., Tarb 35 (1965/6), 367 f.

24 Über Abraham b. ʿAzriel s. vor allem E. E. Urbach; dazu J. Dan, Tarb 34 (1964/5), 291–301; A. Mirski, QS 41 (1965/6), 9–17; C. Sirat, REJ.HJ 124 (1965), 353–374.

25 J. Dan, "Sifrût haj-jiḥûd" šäl ḥasîdê 'Aškenāz, QS 41 (1965/6), 533–544.

klargestellt wird, an wen sich eigentlich das Gebet richtet. Der Stil dieser Texte – sie bilden thematisch, aber nicht so sehr literarisch – gattungsmäßig eine Einheit – erinnert an die *Šîrê haj-jiḥûd*[26].

Von Jehudah hä-Chasid stammt im Grundbestand der bekannte *Sefär Ḥᵃsîdîm*[27], eine Mischung aus elitär-asketischer Ethik und Gebetmystik, volkstümlichen Glaubenszeugnissen, einer Fülle von Einzeltraditionen und aus Erbauungsbuch (à la *Mûsār*-Literatur).

Ein aus anderen Schriften Jehudas durch seine Schüler extrahiertes Kompendium der Gebetsmystik (mit schroffer Polemik gegen Änderungen des Gebetstextes[28]) ist das Buch *Sôdôt hat-tᵉfillāh*. Sein Torah-Kommentar ist dem Inhalt nach wohl erhalten in dem seines Sohnes Mose, der dafür z. T. die Form eines Dialogs zwischen Vater und Sohn wählte. Kleinere Traktate sind ein *Sefär Gemaṭrîjôt* und einige „*jiḥûd*"-Schriften (*Sôd haj-jiḥûd* I und II, *Perûš ʿᵃlênû lᵉšabbeᵃḥ*).

Vieles von der Lehre Jehudas, der die Abfassung unter dem Namen des Autors noch tadelte, ist indes in den Schriften Elʿazars von Worms erhalten, dem es überhaupt zu verdanken ist, daß die Überlieferung des aškenasischen Chasidismus wenigstens zu einem guten Teil bekanntgeblieben ist.

Abgesehen von dem halakischen Werk „*Sefär hā-Rôqeᵃḥ*", dem er den Beinamen *Hā-Rôqeᵃḥ* verdankt, schrieb Elʿazar 12 kleinere Traktate zur Gottes- und Gebetslehre (v. a. *jiḥûd*-Literatur), einen Kommentar zu den Gebeten, einen *Sefär sôdê rāzājāʾ*, einen Kommentar zu Pseudo-Haj namens *Sefär jirqaḥ*, einen *Sefär haš-šem* sowie einen Bericht über die Kreuzzugsgreuel von 1169. Ein Kommentar zu *Sefär Jᵉṣîrāh* wird ihm zugeschrieben.[29]

[26] A. M. Habermann, a. a. O. (§ 27, Anm. 27); A. Berliner.

[27] S. Z. Efterod, Sefär Ḥᵃsîdîm, 1724 (mit Kommentar!); J. Freimann, Sefär Ḥᵃsîdîm, 1924 (Einleitung!); R. Margaliut, Jᵉhûdāh bän Šᵉmûʾel hä-Ḥāsîd, Sefär Ḥᵃsîdîm, 1956/7; J. Wistinetzki, Sefär Ḥᵃsîdîm, 1891 (Neudr. 1969); M. A. Beek, Judah b. Samuel he-hasid, Het Boek der vromen; fragmenten, 1954; J. Baer, Šᵉnê pᵉrāqîm ...; A. Cronbach, Social Thinking in the Sefer Hasidim, HUCA 22 (1949), 1–147; J. Dan, Gôrālāh ... 98 f.; M. Harris, a. a. O. (Anm. 3. 10); S. G. Kramer; Ders., God and Man in the Sefer Hasidim, 1966; S. A. Singer, An Introduction to the Sefer Hasidim, HUCA 35 (1964), 145–155.

[28] Von denen wie der Bibeltext jeder Buchstabe im Rahmen der Gebetskontemplation seine besondere Symbolik besaß, auf die sich die *kawwānāh* richtete.

[29] Anm. 20.

Davon abgesehen dominierte eine volkstümliche Literatur-Gattung, *Ma*ᶜ*a*ś*äh* genannt, gesammelt im *Sefär ham-Ma*ᶜ*a*ś*ijjôt* bzw. *Ma*ᶜ*a*ś*eh-Buch*[30]. Es enthält eine Fülle von Legenden und Erzählungen vor allem über die Hauptvertreter der Strömung, insbesondere Jehudah hä-Chasid.

4. Die spekulative Lehre des Chasidismus betrifft in erster Linie das Transzendenzproblem. In scharfer Form wird die Annahme von „Anthropomorphismen" abgelehnt und gegen derartige Auffassungen von *Märkābāh*- und *Šiᶜûr-Qômāh*-Texten polemisiert. Zur Überbrükkung der Kluft zwischen verborgener Gottheit und Welt werden erschaffene oder auch emanierte Manifestationen angeführt, z. T. Variationen der Sefirot des *Sefär-J*ᵉ*ṣîrāh,* z. T. diese kombiniert mit Gottes *middôt* (weshalb Gottesattribute stets nur für solche Manifestationen zutreffen!) oder mit *Märkābāh*-Begriffen.

An der Grenze der Transzendenz wird der *„innere kābôd"*[31] angesetzt, die *Š*ᵉ*kînāh* oder Gottes Wille und Wort, die höchste der 5 Lichtwelten, und diese läßt aus sich den *„äußeren kābôd"* emanieren oder (spiegelnd) reflektieren. Dieser *äußere Kābôd* erschien den Propheten auf dem Thron, ist der legitime Gegenstand des *Šiᶜûr Qômāh* und entspricht also dem *K*ᵉ*rûb ham-m*ᵉ*jûḥad* der in Abs. 2 skizzierten Nebenlinie. Von dieser Stufe aus emanieren dann die Engelklassen und die Seelen.

Unter „Heiligkeit" Gottes wird der gestaltlose *innere Kābôd* verstanden, der zugleich die verborgene Allgegenwart Gottes (in allen Dingen!), die z. T. – trotz der gleichzeitig betonten Transzendenz-geradezu pantheistisch akzentuiert erscheint. „Gottes Größe" ist der sichtbare (äußere) *Kābôd,* der als Thronender auch mit den Attributen des Königtums beschrieben wird. Nur sporadisch und unsystematisch treten dazu noch Ansätze zu einer Art Sefirot-Lehre[32]. Diese Zwischenstufen sollen aber gerade die „Einheit Gottes" wahren und unterstreichen, wobei *„jiḥûd" (Einheit)* im Hebräischen sowohl die

[30] J. Meitlis, Das Maᶜasse-Buch, 1933; M. Gaster, The Maᶜaseh-Book, 1934; B. Heller, Neue Schriften zum Maasse-Buch, MGWJ 80 (1936), 128–141.

[31] Zur Entfaltung der *Kābôd*-Lehre s.: A. Altmann, in: E. I. J. Rosenthal, Saadya Studies, 1943, 4 ff.; J. Dan, a. a. O. (§ 31), 284; Ders., Tarb 35 (1965/6), 369; Ders., a. a. O. (Anm. 25), 534; Ders., Gôrālāh ... 89 f.; Ders., Tôrat ... 104–168; G. Scholem, Ursprung ... (§ 31), 86.162.276 f. 292 f.

[32] Vermengt mit *Märkābāh*-Begriffen, Angelologie und *middôt;* s. J. Dan, Gôrālāh ... 95 (Farbensymbolik!); G. Scholem, Ursprung ... (§ 31), 160 ff. 189 ff.

Einheit Gottes als Zustand als auch (als nomen actionis von Piʿel) als Bekenntnis der Einheit meinen kann. In der Tat spielt (vgl. die *sifrût haj-jiḥûd!)* die gebetsmystische Kontemplation, die über und durch die Zwischenstufen sich mittels der „*kawwānāh*"-Ausrichtung erhebt, als Mittel zum *jiḥûd* eine große Rolle. Eine weitere Form des *jiḥûd* ist die Besiegelung des Bekenntnisses durch das Martyrium.

Diese z. T. auf Elementen und Problemstellungen der philosophierenden Theologie aufgebaute Gotteslehre wird durch den Ausbau der *Märkābāh*-Überlieferungen, kosmologische Spekulationen[33] und durch (v. a. gebetsmystisch motivierte) Gottesnamen-Mystik ergänzt.

In der Anthropologie dominiert die neuplatonische Seelenlehre und ein dementsprechend individualistisch-soteriologischer Trend. Der Seelenaufstieg wird in Umdeutung der Himmelsreise in der Merkabah- und Hekalot- Esoterik (§ 21) als gebets- und meditationstechnisch bewerkstelligte Erhebung betrachtet, wobei der Gebetswortlaut sich natürlich nicht an den verborgenen Gott, sondern nur an dessen Manifestation, die *Šᵉkînāh,* richten kann, wenn auch die Gebetskawwānāh darüber hinaus auf die gestaltlose „Heiligkeit Gottes" (s. o.) abzielt. Erst in messianischer Zeit soll ein unmittelbares Gebet möglich werden. Diese Gebetsmystik führt zur Entstehung von Heiligengestalten, deren Gebeten man besondere Wirkung nachsagte – wie es auch im Christentum der Fall war.

Eigentümlich ist im aškenasischen Chasidismus ein gewisses soziales Ressentiment. Eigentümlich deshalb, weil es sich ja keineswegs um Vertreter unterer Schichten handelte, sondern um angesehene *baʿalê battîm.* Anscheinend war man der Meinung, daß der Wohlstand, in dem die jüdischen Handelsherren vor 1096 gelebt hatten, mit eine Ursache des Leidens war. Auf die weltzugewandte Periode der Vorkreuzzugszeit folgte also eine als Reaktion z. T. geradezu asketisch-weltabgewandte Frömmigkeit, die dazu angetan war, aus der Not der Zeit bis zu einem gewissen Grad sogar eine fromme Tugend zu machen.

§ 33 Die Kabbalah

J. Abelson*; J. B. Agus*, 276 ff.; A. Altmann, God and the Self in Jewish Mysticism, Jdm 3 (1954), 142–146; E. Amado, Les niveaux de l'être et la connaissance dans leur relation au problème du mal, 1962; Ders., Mal

[33] Dabei spielt die Symbolik der Nuß eine beträchtliche Rolle. Vgl. A. Altmann, JJS 11 (Anm. 20); E. E. Urbach, II, 168 ff.; J. Dan, "Hokmat hā-'ägôz", its origin and development, JJS 17 (1966/7), 73–82.

radical et rédemption dans la tradition mystique du judaisme, 1965; L. Baeck, Jewish Mysticism, JJS 2 (1950), 3–16; J. Baer, Meqômāh šäl tôrat has-sôd betôledôt Jiśrā'el, Zion 7 (1941/2), 55–64; Ch. H. Ben-Sasson, Perāqîm ... (§ 23), 223 ff.; W. E. Butler, Magic and the Qabalah, 1964; B.-Z. Dinur*, II/4, 275–435; P. Duhem, Le système du monde, V, 1917, 76 ff.; R. Edelmann, Jødisk mystik, 1954; S. Engelson, La Kabbale, mystique des Hébreux, Synthèses 9/106 (1955), 174–185; L. Ginzberg*, 187 ff.; O. Goldberg, Die Einheit von Talmud und Kabbala in der Person großer Talmudisten, La Revue Juive 9 (1946), 155–159; A. D. Grad, Pour comprendre la Kabbala, 1966[2]; L. Gulkowitsch, Die Kabbala als rationales System, Der Morgen 2 (1926), 272–280; Ders., Wesen und Entstehung der Kabbala, AGPh (1927), 66–91; M. P. Hall, Sacred Magic of the Quabbalah, 1929; A. J. Heschel, The Mystical Element in Judaism, in: L. Finkelstein*, I, 932–953; S. A. Horodetzky, Kibšônô šäl ʿôlām, 1949/50; Ders., Ham-mistôrîn beJiśrā'el, I–II, 1950/1, 1952/3; A. Jellinek, Beiträge zur Geschichte der Kabbala, 1852; Ders., Auswahl kabbalistischer Mystik, 1853; D. H. Joel, Die Religionsphilosophie des Sohar und ihr Verhältnis zur allgemeinen jüdischen Theologie, 1849; R. Kaufmann*, 43 ff.; L. I. Krakovski, The Omnipotent Light Revealed. Wisdom of the Kabbalah, 1939; Ders., Kabbalah, 1950; A. Posy*, 43 ff.; G. Scholem*, DjM (ältere Lit.!); Ders., EJ IX, 630–732 (Bibliogr.); Ders., Bibliographia Kabbalistica, 1933[2]; Ders., Liqqûtôt lebîblijôgrāfijāh šäl haq-qabbālāh, QS 30 (1954/5), 412–416; Ders., & M. Joel, Kitbê jād baq-qabbālāh, 1930; Ders., Hitpatteḥût tôrat hā-ʿôlāmôt beqabbālat hā-ri'šônîm, Tarb 2 (1930/1), 415–442; Tarb 3 (1931/2), 33-66; Ders., Perāqîm betôledôt sifrût haq-qabbālāh, 1931 (Aufsätze aus QS 4–7); Ders., ʿIqbôt 'ibn Gabîrôl baq-qabbālāh, Me'assef Sôferê 'Äräṣ-Jiśrā'el 1940, 160–178; Ders., Jewish Mysticism and Kabbalah, in: The Jewish People, Past and Present, 1946, I, 308–327; Ders., Caractères généraux de la mystique juive, RPJ 1 (1949), 81–99; Ders., Zehn unhistorische Sätze über die Kabbala, in: Geist und Werk, zum 75. Geburtstag von Daniel Brody, 1958, 209–215; Ders., Zur Kabbalah und ihrer Symbolik, 1960; Ders., Von der mystischen Gestalt der Gottheit, 1962; Ders., Ursprung und Anfänge der Kabbalah, 1962; Ders., Il mistico ebraico medievale, De Homine 21 (1967), 3–22; Ders., Mysticism and Society, Diogenes 58 (1967), 1–24; F. S. Schwartz, The True Mysteries of Life, 1957; H. Sérouya, La Kabbale, 1957[2]; J. Tishbi, Netîbê 'ämûnāh ûmînût, 1964, 11–22. 23–29;; G. Vajda, Introduction ... (§ 29), 198 ff.; Ders., The Dialectics of the Talmud and the Kabbala, Diogenes 59 (1967), 63–79; A. I. Waite, The Holy Kabbalah, 1965[2]; E. Warrain, Les Sephiroth. Etude sur la Théodicée de la Kabbale, 1931; M. Ch. Weiller, ʿIjjûnîm baṭ-ṭermînôlôgijāh haq-qabbālît šäl R. Jôsef G'îqātîlijāh wejaḥāsô la-RMB"N, HUCA 37 (1966), 13–44; M. Wiener, Die Lyrik der Kabbalah, 1920; Ferner Lit § 29 (und dort Anm. 2) und auch die bibliographischen Aufsätze von G. Vajda, Les origines et le développement de la Kabbale juive, d'après quelques traveaux récents, RHR 134 (1947/8), 120–167; Ders., Recherches récentes sur l'ésoterisme juif, RHR 147 (1955), 62–92 (betrifft 1947–1953); 164 (1963), 39–86. 191–212; 165 (1964), 49–78 (betrifft 1954–1962).

1. Die frühe Kabbalah[1]

a) Die Provençe des 11.–13. Jh., Schauplatz einer geradezu einzigartigen religiösen Gärung, aus der die großen dualistisch-häretischen Bewegungen der Katharer und Albingenser hervorgingen, war auch die Wiege der Kabbalah. Wie in der christlichen Umwelt, so entstanden damals auch im Judentum Konventikelbildungen, und einzelne heiligmäßig lebende Männer, *ḥasîdîm, nebî'îm* oder *nezîrîm* genannt, erhoben Anspruch auf religiöse Autorität und Anerkennung als Offenbarungsempfänger[2]. In der Provençe wurden in solchen Kreisen – vgl. den aškenasischen Chasidismus! – auch esoterische Spekulationen gepflegt, die alsbald über die tradierten Vorbilder hinaus in ein neues Gesamtbild eingefügt wurden. Diese Neuerungen wurden gerechtfertigt, indem man entweder eine unmittelbare Offenbarung[3], v. a. eine Eliasoffenbarung *(gillûj 'Elîjāhû)*[4] behauptete, zumal Elias traditionell als Wahrer der Tradition galt[5], oder man unterstellte, daß es sich bei der neuen Lehre gerade um wahres ältestes Traditionsgut handle.

[1] L. Baeck, Ursprung der jüdischen Mystik, Aus drei Jahrtausenden, 1958, 244–255; A. Gottlieb, Lemašma'ûtām ûmegammātām šäl „Perûšê ma'aśeh bere'šît" bere'šît haq-qabbālāh, Tarb 37 (1967/8), 294–317; H. Graetz*, VII, 385–402; L. J. Newman, Jewish Influences on Early Christian Reform Movements, 1925, 131 ff.; M. O'Brien, Jews and Cathari in Medieval Jewish France, Comparative Studies in Society and History 10 (1968), 215–220; G. Scholem, Te'ûdāh ḥadāšāh letôledôt re'šît haq-qabbālāh, SJ Ch. N. Bialik, 1933/4, 141–162; Ders., Zur Frage der Entstehung der Kabbala, Korrespondenzblatt des Vereins zur Gründung und Erhaltung einer Akademie für die Wiss. d. Judentums, 9 (1928), 5–26; Ders., Hatḥālat haq-qabbālāh, Kenäsät 10 (1946), 179–228; Ders., Re'šît haq-qābbālāh, 1948; Ders., Haq-qabbālāh beProvançe, 1962/3 (vervielfältigt); Ders., Ursprung . . .; E. Werner, Die Entstehung der Kabbala und die südfranzösischen Katharer, FuF 37,3 (1963), 86–89.

[2] § 32, Anm. 4; G. Scholem, Ursprung . . . 210 ff.

[3] Z. B. Traumoffenbarungen, auch zur Begründung halakischer Neuerungen; s. G. Scholem, Ursprung . . . 211 (Mose von Coucy); E. E. Urbach, Ba'alê hat-tôsāfôt, 1956/7², 174. 385.388 ff.; für später vgl. auch R. J. Z. Werblowski, Kabbalistische Buchstabenmystik und der Traum, ZRG 8 (1956), 164–169; für den ašken. Chasidismus: M. Harris, a. a. O. (§ 32, Anm. 3).

[4] A. Margaliout, 'Elîjjāhû han-nābî' besifrût Jiśrā'el, bā-'ômānûtô ûbeḥajjê rûḥô, 1959/60; J. Klappholz, Sippûrê 'Elijjāhû han-nābî', 2 Bde., 1969/70², EJ VI, 487–495.

[5] G. Scholem, Ursprung . . . 110.212 ff. 216; Ders., Sidrê deŠimmûšā' Rabbā', Tarb 16 (1945/6), 196–206: Ders., Religiöse Autoriät und Mystik, in: Zur Kabbala . . . 11–48.

Von daher gewann das Wort *qabbālāh,* bislang die Tradition überhaupt bezeichnend[6], nach und nach auch die Bedeutung eines terminus technicus für den Inhalt dieser neuen, v. a. die Sefirot betreffenden Geheimlehre[7]. Der erste, der das Wort in diesem Sinne anwendete, war Isaak der Blinde. Was die provençalische Esoterik von der aškenasischen unterschied, war die neuplatonische Grundstruktur, die allerdings durch die in sie eingefügten jüdisch-esoterischen Elemente erheblich um- und ausgestaltet worden war. Die Sefirot, die noch lange Zeit unterschiedlich bestimmt und angeordnet wurden, sind eben nicht mehr exakt den neuplatonischen Zwischenstufen vergleichbar, weil sie noch innergöttliche Kräfte darstellen, nach denen erst die Welt der Geister folgt. Sie dienen nicht bloß als Brücke zwischen Transzendenz und Welt, denn aus ihren Funktionen und wechselseitigen Beziehungen werden die entscheidenden religiösen Probleme (wie Gut und Böse und damit die Theodizee) erklärt und überhaupt der tiefere Sinn alles irdischen Geschehens geschöpft. Das religiöse Interesse konzentriert sich auf diese innergöttlichen Vorgänge im Bewusstsein, daß sich dort die eigentlich entscheidenden Vorgänge abspielen und alles irdische Geschehen und der Wortlaut der Bibel nur eine vordergründige Parallelerscheinung zu ihnen darstellt. Freilich eine Parallelerscheinung, die kausal mit dem Sefirotgeschehen zusammenhängt, also nicht ignoriert werden darf, zumal diese Voraussetzung den Einfluß irdischer Vorgänge auf die Sefirot gestattet. Dies wirkte sich zunächst v. a. auf das Verständnis des Gebetes und mancher ritueller Praktiken aus, erst im Spätmittelalter auch auf das heilsgeschichtliche Denken. Die Gebetstexte und Riten werden nicht nur als Mittel zu kontemplativer Schau bzw. zur Erlangung ekstatischer Zustände begriffen, sondern auch als Mittel der Einflußnahme, wie es schon der traditionellen Auffassung von der Torah als Gottesnamensystem und von den hebräischen Buchstaben als kosmogonen Potenzen entsprach. All dies bedingte eine gewisse asketisch-devotionalistische und stark von magischen Vorstellungen bestimmte Frömmigkeit, die aber eben durch die Symbolistik[8] vor Weltverachtung bewahrt blieb, obwohl die Welt nur als etwas Vordergründiges gewertet wurde. In den Jahrhunderten des Leidens im Hoch- und Spätmittelalter erwies sich diese symbolistische

[6] N. M. Bronznick, Qabbālāh as a Metonym for the Prophets and Hagiographa, HUCA 38 (1967), 285–295.

[7] G. Scholem, Ursprung ... 32 f. 53.230 f.

[8] J. Tishbi, Has-semäl weḥad-dāt baq-qabbālāh, in: Netîbê ..., 11–22; § 26,5 b; G. Scholem, Kabbala und Mythus, in: Zur Kabbala ... 117–158.

Weltbewertung als seelsorgerlich ungemein wirkungsvoll, jedenfalls als weit wirksamer als jene der „Philosophie".

b) Gegen 1180 wurde in der Provençe auf Grund verschiedener Vorlagen eine Schrift redigiert, die auf die Entfaltung der alten Esoterik zur Kabbalah entscheidenden Einfluß ausübte. Der *„Sefär hab-Bāhîr"*[9], literarisch eine Mischung von Midrasch und Traktat, interpretiert die *Märkābāh*-Begriffe und *Sefär J^{e}ṣîrāh-S^{e}fîrôt* bereits charakteristisch „kabbalistisch", also im Sinne eines Organismus von göttlichen Potenzen, bzw. von Äonen, verbunden mit der gnostischen Pleromavorstellung, mit Sexualsymbolik, mit dem Weltenbaum-Motiv[10] und als Mittel zur Lösung des Theodizee-Problems. Namen und Funktionen der Sefirot, deren Zahl auf 10 fixiert ist, wechseln zum Teil infolge des kompilatorischen Charakters der Schrift. Schon zeigt sich aber die für die gesamte Kabbalah charakteristische Doppelheit von abstrakt-begrifflichen Bezeichnungen und bildlich-mythologischen Darstellungen[11], wobei nur selten (in späten Stücken) von *S^{e}fîrôt* die Rede ist, viel öfter von *ma'^{a}mārôt* (Worten), *šôrāšîm* (Wurzeln), *n^{e}ṣāḥîm* (Ausstrahlungen), 10 Königen oder Kronen (= Hekalot-Motive!). Die Reihenfolge der 10 Sefirot steht bereits so gut wie fest, die Struktur des Zehnersystems aber bleibt unklar. Die ersten drei erscheinen gegenüber den 7 „unteren" allerdings deutlich abgesetzt.

S e f i r a h I wird in ihrem Verhältnis zur verborgenen Gottheit nur vage definiert. Sie heißt meist *Ketär ʿäljôn* (Höchste Krone), *daʿat* (Erkenntnis),

9 Letzte Ausgabe: R. Margalioth, Sefär hab-Bāhîr, 1951; deutsche Übers.: G. Scholem, Das Buch Bahir, 1933; L. Baeck, Sefer Bahir, Aus drei Jahrtausenden, 1958, 272–289; O. H. Lehmann, The Theology of the Mystical Book Bahir and its Sources, Studia Patristica 1957, 477–483; A. Neubauer, The Bahir and the Zohar, JQR o. s. 4 (1892), 357–368; G. Scholem, EJ III, 969–979; EI VII, 655–658; Ders., Ursprung ... 33 ff. 44 ff.; G. Séd-Rajna, Index des citations bibliques du Sefer ha-Bahir, REJ. HJ 124 (1965), 389–396; J. Weinstock, Mātāj ḥûbbar hab-"Bāhîr" l^{e}fî ham-māsôrāh?, Sinai 49 (1960/1), 370–378; Ders., Ham-māḥqār bimbûkājw sābîb las-Sefär hab-"Bāhîr", Sinai 50 (1961/2), 441–452; Ders., Ḥîdat nôsaḥ hab-"Bāhîr" ûfîṭrônāh, SJ Ch. Albeck, 1962, 188–209.

10 Allg.: A. Jacoby, Der Baum mit den Wurzeln nach oben und den Zweigen nach unten, ZMR 43 (1928), 78–85. Speziell: G. Scholem, Ursprung ... 62 ff.69.118.304. Er ist auch der Baum von dem „alle Seelen ausfliegen" (Bahir § 39).

11 Vgl. zu diesen beiden Möglichkeiten kabbalistischer Aussage J. Tishbi, L^{e}bērûr n^{e}tîbê hagšāmāh w^{e}hafšāṭāh baq-qabbālāh, in: N^{e}tîbê ... 23 bis 29.

maḥšābāh (Gedanke, Idee)[12], *'Âläf* (der 1. Buchstabe des Alphabets, also A, der Anfang), oder *miqdāš* (Heiligtum).

Sefirah II, *Ḥokmāh*, die („obere") Weisheit, der „unten" die 10. Sefirah entspricht, ist die Ur-Torah, das Urlicht, die Quelle.

Sefirah III, *Bînāh* oder *Tebûnāh* (Einsicht), ist die „Wurzel des Baums", die „Mutter der Welt", der Bruchort der Torah und des Geistes, das Schatzhaus der *Ḥokmāh*, der Glanz *(zôhärät)*, der höchste Edelstein, der Seelenursprung, der Geist Gottes, und wird auch im Buchstaben *šîn* symbolisiert.

Die Sefirot IV–X, denen die 7 Schöpfungstage und die 7 *„qôlôt"* (Stimmen) vom Sinai zugeordnet werden, enthalten z. T. Syzygien[13] und den Dualismus Gut – Böse.

Sefirah IV ist *Ḥäsäd* (Gnade, Liebe), die rechte Seite, auch *raḥamîm* (später Sefirah VI!), Feuer, Wein, Silber, Michael, Israel und *Bôhû* genannt.

Ihr, der reinen Güte Gottes gegenübergesetzt (also links und als Norden), erscheint Sefirah V, *Dîn* (Gericht), *paḥad* (Schrecken) bzw. *gebûrāh* (Macht), auch als Wasser, Isaak (wegen der Aqedah!), Milch, Gold, Gabriel, oder *Tôhû*[14] bezeichnet. Hier, in Gottes absoluter Strenge, hat das Böse (der „Satan") seinen Ursprung.

Sefirah VI, *'ämät* (Wahrheit, Beständigkeit) funktioniert als Mitte und Ausgleich, als *šāmajim* (Himmel), das aus *'eš* (Feuer = Sef. IV) und *mājim* (Wasser = Sef. V) zusammengesetzt ist. Sie wird auch *ro'š* (Haupt, Anfang) und Uriel genannt und als „Schatzhaus der *Bînāh*" stellt sie die schriftliche Torah dar.

Die Symbolik des Ausgleichs verstärkt sich noch in Sefirah VII, als *ṣaddîq* (der Gerechte) hat sie eine tragende Funktion[15], wird auch *'amûd* (Säule) genannt, ist als *„Šabbāt"* der Ort der Ruhe und stellt gegenüber der 10. Sefirah das Männliche dar, den „Kanal".

[12] Der Begriff wird aus der talmudischen Literatur aufgenommen, v. a. aus der Redensart *'lh bmḥšbh*, und umgewandelt, vgl. Ph. Bloch, a. a. O. (§ 14), S. 23 f. Schon der talmudische Ausdruck war aber da und dort, wo er Gottes Plan und Denken bezeichnete, platonisch gefärbt, vgl. L. Wächter, Der Einfluß platonischen Denkens auf rabbinische Schöpfungsspekulationen, ZRG 14 (1962), 36–56. In der mittelalterlichen Philosophie entspricht *mḥšbh* oft dem arab. *wahm* im Gegensatz zu *fi'l*. G. Scholem, Ursprung ... 112 f., verweist auf Abraham bar Chijjas *maḥšābāh ṭehôrāh* (Uridee), die allem vorangeht, alles erfaßt und in der potentiell die Urmaterie und Urform enthalten sind. Vgl. bei Ibn Gabirol die „Weisheit".

[13] G. Scholem, Ursprung ... 125 ff.135 ff. 140 ff.208.

[14] In *Bôhû* (Sefirah IV) und *Tôhû* sind Reste einer Deutung auf Form und Materie zu finden, wie sie Abraham bar Chijja vorgenommen hatte (G. Scholem, Ursprung ... 54 f.).

[15] In Anknüpfung an das haggadische Motiv vom Gerechten als Träger der Welt.

Die Sefirot VIII *(näṣaḥ)* und IX *('ôfannîm)* treten in der Symbolik kaum in Erscheinung.

Sefirah X ist die Schekinah, die Königstochter, das weibliche Prinzip (die *maṭrônîtā'*) bzw. das Gefäß und das offene *Mem*, das Feld, die Braut und (untere) Mutter, gegenüber der 7. Sefirah als dem männlichen Prinzip. Sie ist aber auch die untere Weisheit, die mündliche Torah, der Edelstein (die Perle). Auch die Bezeichnungen als „Land", „Herz", als Buchstaben *Dālät* und *He* und „Krone" ist üblich. Zugleich stellt sie die *Kenäsät Jiśrā'el dar*[16]. In dieser „unteren" Stufe, die den Übergang zur geschaffenen Welt bildet, sind die „oberen" Potenzen gewissermaßen enthalten und werden nach „unten" mitvermittelt, wodurch im Ansatz eine Deutung der Geschichte Israels als Widerspiegelung innergöttlicher Dramatik ermöglicht wird. Dazu verhalf nicht zuletzt die symbolistische Deutung der Patriarchengeschichte auf Sefirotvorgänge. Auch die Torahsymbolik ist bemerkenswert: Das menschliche Verständnis gelangt über die „mündliche Torah" (10. Sefirah) zur schriftlichen Torah (6. Sefirah) und erreicht eventuell noch mit Sefirah III (Bînāh) den „Bruchort der Torah".

c) Die ersten – durchwegs gesetzesgelehrten – Esoteriker Südfrankreichs, die als Kabbalisten anzusprechen sind, waren: Abraham b. Isaak von Narbonne (gest. 1179)[17]; dessen Schwiegersohn, der RMB"M-Kritiker und berühmte Halakist Abraham b. David (RB"D)[18] von Posquière, gest. 1198; dessen Söhne, Isaak der

[16] G. Scholem, Ursprung ... 143 ff. Neu gegenüber der haggadischen *Kenäsät Jiśrā'el,* einer himmlischen Repräsentation des Volkes Israel (sonst auch durch Michael dargestellt), ist die Einbeziehung in die Sphäre der Gottheit selbst in Verbindung mit deren weiblichem Aspekt, wozu auch die Symbole des Empfangens (Erde, Gefäß, Mond, Etrog, Dattel) gehören. Dabei wurde auch die Schekinah, haggadisch nur Gottes Gegenwart, vor allem infolge der Hoheliedexegese in bezug auf *Kenäsät Jiśrā'el,* zum weiblichen Prinzip in der Gottheit, verbunden mit der Symbolik von Mutter, Tochter, Braut.

[17] G. Scholem, Ursprung ... 175 ff. Siehe ferner: D. Kafeh, 'Abrāhām bän Jiṣḥaq min-Narbônāh, Še'elôt ûtešûbôt, 1961/2; Ch. Albeck, 'Abrāhām b. Jiṣḥaq 'Ab Bêt Dîn, Sefär hā-'Äškôl, 1935; Z. B. A. Auerbach, 'Abrāhām bän Jiṣḥaq min-Narbônāh, Sefär ha-'Äškôl, 1–3, 1961/2 (Ein halakisches Werk).

[18] H. Gross, R. Abraham b. David aus Posquière. Ein literarhistorischer Versuch, MGWJ 22 (1873), 337–344.398–407.446–459.536–546;23 (1874), 19–24; 76–85.164–182.192.275 f.; G. Scholem, EJ III, 433 f.; Ders., Haqqabbālāh beProvençe, 1961/2; Ders., Ursprung ... 31 f.178 f. 180–200. 203.217.224.321; I. Twersky, Rabbi Abraham ben David of Posqières: His attitude to and his acquaintance with secular learning, PAAJR 26 (1957), 161–192; Ders., Rabad (Abraham ben David) of Posquières, a twelfth-century Talmudist, 1962; B.-Z. Wacholder, Rabad of Posquières, JQR 56 (1965/6), 173–180; N. Weinstein, Zur Genesis der Aggada II,

Blinde („Śāgî Nāhôr“)[19] gest. ca. 1235/6, und David; des letzteren Sohn Ašer[20]; Jakob b. Saul *han-Nāzîr* von Lunel[21] und dessen Bruder Ašer b. Saul[22]. Ihre esoterischen Lehren sind infolge der noch herrschenden Arkandisziplin fast nur durch das Zeugnis ihrer Schüler bekannt. Aber auch später bleibt die Quellenlage prekär, weil nach der Verbreitung des Buches *Zohar* die älteren Werke als „überholt“ galten und wenig beachtet wurden. Diese frühen Kabbalisten, die sich noch als Interpreten der *Märkābāh-* und *Jeṣîrāh*-Traditionen verstanden, haben auch aus der aškenasisch-chasidischen Esoterik Anregungen empfangen, v. a. aus der Schule des Elʿazar von Worms[23], abgesehen davon, daß schon die Redaktion des Buches *Bāhîr* Material aus dem aškenasischen Raum verwertet hatte. Einen gewissen neuplatonischen Einfluß auf diesen provençalischen Kreis vermittelten die hebräischen Übersetzungen des mit R'B"D in Verbindung stehenden Jehuda ibn Tibbon, also v. a. Bachja ibn Paqudas *„Ḥôbôt hal-lebābôt“* und Jehudah Hallevis *„Kûzārî“*[24].

Der bedeutendste und einflußreichste Kabbalist dieser Gruppe war Isaak der Blinde, auch einer der heiligmäßigen Männer, die man *ḥāsîd* nannte und die im Rufe von Wundertätern standen. Aus den Zitaten, die aus seinen Schriften bei seinen Schülern überliefert sind, geht hervor, daß er die Sefirotlehre des Buches *Bāḥîr* bereits stärker systematisiert hatte und für die verborgene Gottheit den Be-

1901, 261 ff. Ferner s.: J. Twersky, ʿAl haśśāgôt hā-R'B"D ʿal Mišneh Tôrāh, A. H. Wolfson JV, 1965, 169–186; E. E. Urbach, Haśśāgôt hā-R'B"D leMišneh Tôrāh leRMB"M bidfûsîm ûbekitbê jād, QS 33 (1957/8), 360–375; S. Abramson, Sifrê Halākôt šäl hā-R'B"D, Tarb 36 (1966/7), 158–179.206; J. D. Bergmann, 'Abrāhām bän Dawîd mip-Posquière, Kātûb šām; haśśāgôt ʿal Baʿal ham-Mā'ôr, 1956/7; J. Kafeh, R'B"D, Sefär baʿalê han-näfäš, 1964/5²; A. Schreiber, Tešûbôt ḥakemê Prôbînṣîjāh, 1966/7.

[19] A. Gottlieb, Meqôrôtājw šäl R. Baḥja bän 'Ašär bekitbê ham-mequbbālîm R. Jiṣḥaq Śāgî Nāhôr wetalmîdājw, Bar'Ilan 3 (1964/5), 139–185; G. Scholem, Haq-qabbālāh beProvence, 1962/3; Ders., Ursprung... 31 f. 181. 185.194 f. 217.219–273.308.349 f.; G. Séd-Rajna, Une baqqāšāh attribué à Isaac l'Aveugle, REJ. HJ 126 (1967), 265–267; Ch. Wirszubski, 'Aqdāmôt lebîqqôrät han-nôsaḥ šäl „Perûš Sefär Jeṣîrāh“ leR. Jiṣḥaq Śāgî-Nāhôr, Tarb 27 (1957/8), 257–264.

[20] G. Scholem, Ursprung... 222. 226. 308. 348. 350. 355 ff.

[21] G. Scholem, Ursprung... 31 f. 183 ff. 195 f. 203.204 ff.; E. E. Urbach, a. a. O. (§ 32), IV, 118 ff.

[22] S. Halberstadt, Ascher ben Saul and the Sefer Haminhagoth, JQR o. s. 5 (1893), 350–351; G. Scholem, Ursprung... 183.201.

[23] G. Scholem, Ursprung... 161 f.

[24] G. Scholem, Ursprung... 195 f.

griff *'ên sôf* (das Unendliche)[25] kannte, den ein Teil seiner Schüler aber auf die 1. Sefirah bezog. Im Gerona – Kreis (s. Abs. e) wurde dieser Begriff wiederaufgenommen und blieb von da an ein zentraler terminus technicus der Kabbalah[26].

Die weiteren Stufen der göttlichen Selbstmanifestation sind bei Isaak: 1. *maḥšābāh* und 2. *ḥokmāh* (im Übergang zu 1.: *haśkel)*, von wo an der *„dibbûr"* beginnt, ein Offenbarungs-Sprachprozeß, der mit umfangreichen Buchstabenspekulationen beschrieben wird[27]. Mit ihnen verband er die *middôt* Gottes zu einer von Dynamik gekennzeichneten emanatorischen Kettenbildung, über die der Mensch kraft der Gebets-*Kawwānāh* sich zu den letzten noch erfaßbaren Manifestationen erheben kann.

d) Unabhängig vom Buch *Bāhîr* entstand im 1. Viertel des 13. Jh. in der Provençe ein weiterer Kabbalistenkreis, den G. Scholem nach dem am meisten charakteristischen Text den „Kreis des Sefär hā-ʿIjjûn" nannte[28]. Auch hier verbanden sich neuplatonische Elemente mit traditionellen esoterischen Vorstellungen und mit einer ausgeprägten Sprach-Symbolik sowie Namens- und Gebetsmystik. Die Sefirot spielen hier nur eine Nebenrolle, das – wenig einheitliche – spekulative Interesse konzentrierte sich auf eine Neudeutung der alten *Märkābāh*-Begriffe zu göttlichen Manifestationen. Angefangen vom Uräther *('awwîr qadmôn)*[29], der z. T. mit dem *'ajin* (Nichts)[30], z. T. mit der 1. Sefirah gleichgesetzt wird. Von da aus wird in unterschiedlicher Weise eine Reihe von Potenzen, z. T. in Anlehnung an die 32 Wege der Weisheit des Buches *Jezirah* und an die (13) *Middôt* Gottes

[25] Zur Ableitung dieses aus dem adverbialen Sprachgebrauch entstandenen Ausdrucks s. G. Scholem, Ursprung ... 115 f. 233 ff.

[26] G. Scholem, Ursprung ... 381 ff.; Ders., EI II, 960 f.

[27] Vgl. aber schon die Ansätze im Bahir und bei R'B"D, siehe G. Scholem, Ursprung ... 55 f. 119 f. 141 f. 194 f. 244 ff.

[28] G. Scholem, Ursprung ... 273 ff. Für die Literatur dieses Kreises s. die Übersicht ibd. 283 ff.

[29] Zum Begriff s. im Zusammenhang mit dem *Sefär Jeṣîrāh* (§ 21,3) und § 32, Anm. 31 zu *kābôd*. Ferner G. Scholem, Ursprung ... 292 ff. 301 ff.

[30] G. Scholem, Ursprung ... 301 ff. 366 ff. 373 ff. Das „Nichts" ist die (im neuplatonischen Sinne) unbestimmbare Gottheit, Schöpfung aus dem „Nichts" ist darum Emanation. Vgl. v. a. für die weitere Entwicklung: G. Scholem, Schöpfung aus dem Nichts und Selbstverschränkung Gottes, Eranos-Jb. 25 (1956), 87–119. Von der neuplatonischen Tradition her (vgl. Ibn Gabirol!) erklärt sich auch die Zuordnung von Ur-Weisheit und Wille zum Ur-Äther, nur daß hier die Weisheit untergeordnet erscheint, und auch das Motiv von der Ur-Finsternis und vom Ur-Licht mitspielt.

abgeleitet. Dämonologische und angelologische Traditionen komplizieren noch das Bild dieser Richtung, die auf die spätere Kabbalah weniger durch ihre (sehr diffuse) Systematik als durch ihre reiche Symbolistik eingewirkt hat.

e) Schüler Isaaks des Blinden, u. a. Ašer b. David und Jehuda b. Jaqar[31], haben seine kabbalistischen Lehren nach Spanien vermittelt, wo sie durch die Kabbalisten von Gerona[32] eine Weiterentwicklung und Umformung erfuhren, die auf die weitere Geschichte der Kabbalah entscheidenden Einfluß hatte. Von hier aus verbreitete sich die Kabbalah zwischen 1200–1260 in ganz Spanien. Die bedeutendsten Vertreter der Geronenser Schule waren: Ezra b. Salomo (gest. gegen 1235)[33], Verfasser v. a. von Kommentaren zum Hohenlied, zum *Sefär Jeṣîrāh* (verloren) und zu den *Haggādôt* des Talmud; der mit ihm später oft verwechselte ʿAzriel von Gerona[34], einer der literarisch ungemein fruchtbaren Verbreiter der Kabbalah[35], u. a. Verfasser eines bald dem RMB"N zugeschriebenen *Sefär-Jeṣîrāh*-Kommentars[36], einer Erklärung zu den Gebeten, der 10 Sefirot[37] u. a.[38]; Abraham b. Isaak Chazzan[39], ein Pajtan und

[31] G. Scholem, Ursprung ... 183.222.327. Von ihm stammen Erklärungen der Gebete und Pijjutim, vgl. Perûš hat-tefillôt wehab-berākôt, I, 1967/8; Ch. D. Shevvel, Perûš tefillôt ro'š haš-šānāh me-Rabbenû Jehûdāh b"R. Jāqār, Darom 26 (1967/8), 7–43; Ders., Perûš haggādāh šäl Päsaḥ me-Rabbenû Jehûdāh b"R Jāqār, ibd. 27 (1967/8), 5–32; Ders., Perûš hat-tefillôt jôm hak-kippûrîm me-Rabbenû Jehûdāh b"R Jāqār, Sinai 62 (1967/8) 1–12.

[32] G. Scholem, Ursprung ... 324 ff.; Ders., Haq-qabbālāh beGerônāh, 1963/4 (vervielfältigt); J. Tishbi, Ham-mequbbālîm R. ʿÄzrā' weR. ʿAzrî'el ûmeqômām beḥûg Gerônāh, Zion 9 (1943/4), 178–185.

[33] A. Altmann - S. M. Stern, a. a. O. (§ 30, Anm. 24), 130; G. Scholem, Ursprung ... 197 f. 205.273.303.328 ff. 331 ff. 351 f. 379; J. Tishbi, a. a. O. (Anm. 32); G. Vajda, Recherches ... (§ 29), 299–320; Ders., Le commentaire d'Ezra de Gérone sur le Cantique des Cantiques, 1969.

[34] A. Altmann, The Ladder ... (§ 30), 28 f.; Ders., The Motiv of „shells" (qelipoth) in ʿAzriel of Gerona, JJS 9 (1958), 73–80; A. Altmann - S. M. Stern, a. a. O (§ 30, Anm. 24), 130 ff.; G. Scholem, Ursprung ... 208.218. 269.289. 304.328. 329 ff. 332 ff. 351 f. 366 ff. 379. 381. 401 ff.; J. Tishbi, a. a. O. (Anm. 32).

[35] Überblick bei G. Scholem, Ursprung ... 330 ff.

[36] Mantua 5320; Warschau 5644. J. Tishbi, Kitbê ham-mequbbālîm R. ʿÄzrā' weR. ʿAzrî'el mig-Gerônāh, Sinai 8 (1945), 159–178.

[37] Šaʿar haš-šô'el, ed.: als Einl. zu Me'ir 'ibn Gabbaj, Däräk 'ämûnāh, Berlin 1850. Diese Form der Sefirot-Kommentierung machte Schule und

Tradent mystischer Gebetsmeditationen; der energische Gegner des Samuel ibn Tibbon im frühen maimonidischen Streit, J a k o b b. Š e - š e t[40]; der Halakist, Exeget und Pajṭan M o s e b. N a c h m a n (RMB"N[41]), der kabbalistische Aussagen nur andeutungsweise in seinen Werken einstreute und im maimonidischen Streit eine vermittelnde Position einnahm[42] und schließlich der unbekannte Verfasser des *Sefär hat- Temûnāh*[43].

brachte eine eigene Literaturgattung hervor, vgl. G. Scholem, Mafteaḥ hap-pêrûšîm ʿal ʿäśär has-sefîrôt, QS 10 (1933/4), 498–515.

38 G. Scholem, Qabbālat R. Jaʿaqob weR. Jiṣḥaq bene R. Jaʿaqob hak-Kohen, Maddāʿê haj-Jahadût 2 (1926/7), 165–293; Ders., Śerîdîm ḥadāšîm mik-kitbê R. ʿAzrîʾel mig-Gerônāh, Sefär Zikkārôn leA. Gulak weS. Klein, 1942, 201–222; Ders., Der Begriff der Kawwanah in der alten Kabbala, MGWJ 78 (1934), 492–518; J. Tishbi, a. a. O. (Anm. 32).

39 G. Scholem, Ursprung ... 327; Ders., Re'šît ... (Anm. 1), 243–251.

40 A. Altmann, a. a. O. (§ 30, Anm. 24), 29 f.; G. Scholem, Ursprung ... 333 ff. 339.380; G. Vajda, Recherches ... (§ 29), 33 ff. 321–340.356 ff. Von Jakobs Schriften sind hier wichtig: G. Vajda - E. Gottlieb (ed.), Sefär mešîb debārîm nekôḥîm, 1968/9; Sefär hā-'ämûnāh wehab-biṭṭāḥôn mejûḥas leR. Mošäh bän Naḥmān, 1955/6 (s. darüber Scholem, Ursprung ... 336 f.); Šaʿar haš-šāmajim, ed. M. Mortara, 'Ôṣār näḥmād 3 (1860), 153–165 (s. Scholem, Ursprung ... 338).

41 § 26, Anm. 30. Ch. D. Shevvel, Kitbê Rabbenû Mošäh bän Naḥmān, 1963/4. S. Schechter, Nachmanides, Studies in Judaism I, 1945³, 99–141; Ch. D. Shevvel, Mišnātô šäl hā-RMB"N, Darom 5–6 (1957/8), 79–94; G. Scholem, Perûšô hā-'amîttî šäl hā-RMB"N las-Sefär Jeṣîrāh wedibrê qabbālāh ham-mitjaḥesîm 'elājw, QS 6 (1929/30), 385–410; Ders., Ma'amār ʿal penîmijjût hat-tôrāh ham-mejûḥas lehā-RMB"M, ibd. 410–414; Ders., Be'ûr maʿaśeh bere'šît bedäräk haq-qabbālāh mij-jesôd hā-RMB"N, ibd. 415–417; Ders., 'Iggärät 'äl hā-RMB"N ʿal ʿäśär has-sefîrôt, ibd. 418–419; Ders., Re'šît ... (Anm. 1), 164 ff.; Ders., Ha-'im ḥibber hā-RMB"N 'ät S. 'Iggärät haq-qôdäš?, QS 21 (1944/5), 179–186; dazu noch QS 22 (1945/6), 84; Ders., Lebûš han-nešāmāh we"ḥalûqā' de-Rabbānān, Tarb 24 (1954/5), 290–306; Ders., Ursprung ... 30.339 ff. 364 f. 397 f. 401 ff. Weiteres über RMB"N: S. Z. Kahana, 'Äräṣ Jiśrā'el ûge'ûllāh bemišnat hā-RMB"N, Gäšär 14 (1968/9), 91–104; F. Kilchheim, Haz-zekût ham-mûsārît bîrûšat hā-'äräṣ bekitbê hā-RMB"N, Nîb ha-Midrāšijāh 1967/8, 176–187; A. Newman, The Centrality of Eretz Yisrael in Nahmanides, Trad 10 (1968), 21–30; D. Reppel, Hā-RMB"N ʿal hag-gālût weʿal hag-ge'ûllāh, Maʿjanot 7 (1959/60), 104–129; Ch. Riblin, Tôrāt 'äräṣ-Jiśrā'el bemišnat hā-RMB"N, Šānāh bešānāh 1967/8, 203–212.

42 D. J. Silver, a. a. O. (§ 30, Anm. 126), 166 ff., der die kabbalistische Seite des RMB"N allerdings nicht beachtete.

43 Sefär hat-temûnāh, Lemberg 1892. G. Scholem, Re'šît ... (Anm. 1), 176–193; Ders., Sôd 'îlān hā-'aṣîlût leR. Jiṣḥaq, Qôbäṣ ʿal Jād n. s. 5 (1950/1), 64–102; Ders.*, DjM 195 ff.; Ders., Zur Kabbalah und ihrer Symbolik

Während davon z. B. RMB"N die Kabbalah noch als Esoterik behandelte[44], schufen und verbreiteten andere eine umfangreiche kabbalistische Literatur, wodurch der esoterische Charakter der Lehre verlorenging und eine gewisse, von manchen Kabbalisten bedauerte Vulgarisierung eintrat. Diese Verbreitung in weiteren Kreisen hing z. T. mit dem maimonidischen Streit (§ 30,8a) zusammen, in dem sich v. a. Jakob b. Šešet hervortat und den Schülern des RMB"M vorwarf, sie hätten die Lehre ihres Meisters verfälscht. Im großen und ganzen suchten die Kabbalisten alle früheren Schriften, z. T. auch den MN, vor allem aber Jehuda Hallevis *Kûzārî* etc., im Sinne ihrer Anschauungen zu interpretieren, fühlten sich als die Wahrer der Tradition schlechthin und identifizierten ihre Kabbalah mit dem wahren Inhalt der jüdischen Religion. In der Literatur des Gerona-Kreises nehmen Traktate über die Sefirot-Symbolik, von da an eine wichtige Gattung in der Literatur der Kabbalah überhaupt[45], einen hervorragenden Platz ein.

Neue Akzente setzte die Gerona-Schule in der Bestimmung des Verhältnisses zwischen Gottheit und obersten Sefirot.

Der emanatorische Ursprung der Schöpfung wird aus dem „*'ajin*“ hergeleitet, dem unbestimmbaren Wesen Gottes[46], bzw. den *'ên sôf*, der Unbegreiflichkeit Gottes. Daraus wird eine Urmaterie *Tôhû*[47] emaniert bzw.

105–116; vgl. The Meaning of Torah ... Diogenes 15 (1956), 85–94; Ders., Ursprung ... 407–416; Ders., Haq-qabbālāh šäl Sefär hat-T^{e}mûnāh w^{e}šäl 'Abrāhām 'Abul'afijāh, 1964/5 (vervielfältigt); N. Séd, Le Séfer ha-Temûnāh et la doctrine des cycles cosmiques, REJ.HJ 126 (1967), 399–415; A. H. Silver*, 93.

44 So vermied auch RMB"N in seinen Auseinandersetzungen mit der christlichen Theologie (er vertrat das Judentum bei der „Disputation“ von Barcelona 1263) jeden Hinweis auf kabbalistische Exegesen oder Gedanken. Dies entsprach allerdings einer gegenüber Nichtjuden weithin geübten Zurückhaltung. Die christliche Zensur bekam kabbalistische Bücher nur selten in ihre Hände.

45 Anm. 37.

46 G. Scholem, Ursprung ... 366 ff. 373 ff. Schon im *'Ijjûn*-Kreis (Scholem, ibd. 301 ff.) wurde offenbar in Anlehnung an Salomo ibn Gabirol, *Ketär malkût* (Spaltung des Nichts als Hervorbringen des Seienden durch den Willen Gottes), das „Nichts“ mit dem „Willen“ und dem Ur-Äther verknüpft. Zum Verhältnis zwischen Willen und Weisheit bei Ibn Gabirol s. § 30, Anm. 47.

47 Im Buch *Bāhîr* erinnerte *Tôhû* und *Bôhû* noch an Materie und Form. Bei Isaak dem Blinden emanierte *Tôhû* noch aus der Kraft der *Bînāh* und als „Tiefe der *t^{e}šûbāh*“, als „grauer Streifen, der das Weltall umgibt“ (Scholem, Ursprung ... 245) nach bChag 12b.

„aus dem Nichts geschaffen“[48], in der das Ur-Formprinzip *Bôhû* verborgen und undifferenziert eingeprägt ist und dann in Sefirah II *(Ḥokmāh)* sich erst in Formen differenziert[49]. Die 1. Sefirah wird als *māšāk* (Ausfluß) aus dem *'ên sôf* verstanden, als Ur-Wille, der sich in Sefirah II (Ḥokmāh) aktualisiert, auf die nunmehr der Begriff *maḥšābāh* angewendet wird. ʿAzriel setzte zwischen 1. und 2. Sefirah als Übergang noch *haśkel* (Verstehen) an.

Weit wirkungsvoller waren aber die neuen Färbungen in der Erkenntnislehre. Vor allem ʿAzriel arbeitete hier die ontologischen Aspekte stark heraus. Der Mensch erscheint bei ihm als Wendepunkt der Bewegung von oben nach unten, von ihm aus erfolgt die *hᵃšābāh* (der Rückkehr zum Ursprung) aller Dinge bzw. Kräfte infolge des Torahgehorsams als der treibenden Kraft in diesem Prozeß, denn die Gebote sind Teil des göttlichen *kābôd*. Die *kawwānāh*[50], die durch die Gebotssymbolistik und vor allem durch die Gebetsmystik[51] für diesen gegenläufigen Prozeß entscheidend ist, zielt auf die *dᵉbeqût*[52] mit dem *'ajin* (womit allerdings keine unio mystica gemeint ist, denn die Individualität bleibt erhalten). Dies erforderte einen Ausbau der bislang wenig systematisch behandelten Seelenauffassung[53], in Parallelisierung der Seele zum göttlichen Sein und der Sündenlehre[54]. Dazu tritt eine Weiterbildung des im Buch *Bāhîr*[55] aus haggadischen Motiven (Seelen- *Gûf)*[56] aufgegriffenen und weitergeführten Gedankens

48 G. Scholem, Schöpfung aus dem Nichts und Selbstverschränkung Gottes, Eranos-Jb. 25 (1956), 87–119. Dabei wird übrigens konsequent *bārā'* gebraucht.

49 G. Scholem, Ursprung ... 375 ff.

50 G. Scholem, Der Begriff der Kawwanah in der alten Kabbala, MGWJ 78 (1934), 492–518; Ders., Ursprung ... 366 ff.

51 G. Scholem, Ursprung ... 212 ff.

52 Zum Begriff allg.: G. Vajda, L'amour ... (§ 29); speziell der Kabbalah: G. Scholem*, DjM 105.132 f.254 f.; Ders., Devekuth, or communion with God, RR 14 (1949/50), 115–139; L. Gardet, Pour une connaissance de la mystique juive, Cahiers Sioniens 7 (1953), 50–62; zu RMB"N: D. J. Silver, a. a. O. (§ 26, 30; RMB"N identifizierte *dᵉbeqût* mit der Verbindung zum aktiven Intellekt bei RMB"M(!) und eschatologisch als Abschluß der Inkarnationen); H. Chone, Sôd had-dᵉbeqût 'äṣäl hā-RMB"N, Sinai 11 (1942/3), 86–99; zum Zohar: J. Tishby, Jir'āh wā-'ᵃhābāh ûdᵉbeqût bᵉmišnat haz-Zohār, Môlād 19 (1960/1), 45–64; für hier speziell: G. Scholem, Ursprung ... 264 ff. (communio, nicht unio mystica).

53 G. Scholem, Ursprung ... 401 ff.

54 G. Scholem, Ursprung ... 78 f. 99 f. 166 ff.

55 § 86.126. G. Scholem, Ursprung ... 78 f. 155 f. 166 f.

56 bJeb 62a. 63b, vgl. bChag 12b.

von Seelenguf und der Reinkarnation zu einer Lehre von der Seelenwanderung *(gilgûl)*[57], die in der späten Kabbalah schwerwiegende Folgen zeitigte[58]. Im *Sefär hat-Temûnāh* wird dafür wahrscheinlich zum ersten Mal der terminus technicus *gilgûl* verwendet[59].

Eine weitere, für die Zukunft bedeutsame Neuerung im *Sefär hat-Temûnāh* war die Lehre von Weltzeitaltern, *šemîṭṭôt*[60], in Verbindung mit einer Buchstaben-(und Torah-)Spekulation. Das biblische Jobeljahr als Symbol verstehend, wurde der Schöpfungs- bzw. Emanationsprozeß in diesem Sinne nicht nur periodisiert, sondern auch als Wiederherstellung (im Emanationsschema: Rückkehr) aller Dinge dargestellt. Folgenreich war dabei die Annahme, daß das ursprüngliche hebräische Alphabet aus 23 (statt 22) Buchstaben bestanden habe und in dem gegenwärtigen Weltzeitalter also nur defektiv vorliege. Mit dem Wechsel der Weltperioden konnte von nun an auch ein Wechsel in bezug auf die Torah – Geltung verknüpft werden, unter Umständen auch in antinomistischer Absicht[61].

2. Die „prophetische Kabbalah“ des Abraham Abulafia[62]

Die Vertreter der Kabbalah hatten zunächst kein über das traditionelle Maß hinausgehendes Interesse an der messianischen Hoffnung gezeigt, die Heilsgeschichte vielmehr für ihre Sefirot-Symbolistik dienstbar gemacht. Dies, obwohl die zahlreichen messianischen Speku-

[57] G. Scholem, Leḥeqär tôrat hag-gilgûl bam-me'āh ha-13., Tarb 16 (1944/5), 135–150; Ders., Ursprung ... 209.225.272.404 ff.413.

[58] G. Scholem, EI X, 753–757; Ders., Gilgul; Seelenwanderung und Sympathie der Seelen, in: Von der mystischen ... 193–247. S. A. Horodetzki.

[59] Möglicherweise aber schon bei Isaak d. Blinden (s. G. Scholem, Ursprung ... 272), der damit auch eine Physiognomik verband (Scholem, a. a. O. 225).

[60] G. Scholem, Re'šît ... (Anm. 1), 177 ff.; Ursprung ... 407.409 ff.

[61] G. Scholem, EI IV, 482; Ders.*, DjM 195 ff.

[62] A. Berger, The messianic self-consciousness of Abraham Abulafia, Essays ... in honor of S. W. Baron, 1959, 55–61; S. Bernfeld, Benê ʿalijjāh, 1931, 68–90; J. Günzig, R. Abraham Abulafia, 1904; A. Jellinek, Auswahl kabbalistischer Mystik, 1853, 16 ff. (hebr. 13 ff.); Ders., BhM III, xxxix ff.; G. Scholem*, DjM 128–170; Ders., EJ I, 637–641; Ders., EI I, 97 f.; Ders., Haq-qabbālāh šäl Sefär hat-Temûnāh wešäl 'Abrāhām 'Abûlʿafijāh, 1964/5 (vervielfältigt); Ders., Kitbê jād ... 24–30.89–91. 225–236; A. H. Silver*, 87 ff.; M. Steinschneider, Die hebräischen Handschriften der Hof- und Staatsbibliothek in München, 1895², 142 ff.; E. Schweid, Hā-RMB"M weḥûg hašpaʿatô, 1967/8, 190 ff.

lationen, Berechnungen und Bewegungen (§ 41) bezeugen, in welchem Ausmaß die Religiosität damals von der Erwartung der Endzeit bestimmt war. Eine zunächst noch isolierte Verbindung zwischen akut-messianischer Hoffnung bzw. messianisch-prophetischem Anspruch und – allerdings eigenartiger – kabbalistischer Spekulation suchte Abraham Abulafia (geb. 1240 in Saragossa – gest. nach 1291). Schon in jungen Jahren an eschatologischen Themen interessiert, suchte er z. B. den sagenhaften Fluß Sambathion und führte jahrelang ein Wanderleben, wobei er zum Anhänger der Philosophie des RMB"M wurde, dessen MN er dann ganz im Sinne der eigenen kabbalistischen Spekulationen umdeutete. Die Konzentration der Schulkabbalah auf die Sefirotlehre tadelnd, verwendete er viel Mühe auf exegetische Methoden wie Gematrie, Notarikon und *Ṭemûrāh* und verband damit eine breit ausgebaute Sprachsymbolistik sowie Gottesnamenspekulationen und schuf so eine eigentümliche Meditationstechnik. Das hebräische Alphabet galt ihm als Mittel zur Erfassung der rein geistigen Formen, da die Buchstaben selbst abstrakt sind und keine bildliche Vorstellung vermitteln.

Ihre meditative Betrachtung in richtiger Kombination *(ṣerûf)*[63] setzt ebenso wie ihre Aussprache und Niederschrift kosmogene Potenzen frei und verursacht die Einprägung der „reinen Formen" in die Seele des Meditierenden. Die höchste „prophetische" Stufe dieser Meditationstechnik besteht in der freien, sprunghaften Assoziation und im Wechsel der Methoden, *qefîṣāh*[64]. Von Fehlern bei dieser *ṣerûf* – Technik befürchtete man, da sie ja kosmogene Potenzen zum Gegenstand hatte, gefährliche Folgen. Bei den Anhängern und Nachfolgern Abulafias, v. a. nach 1500, hat diese magische Komponente noch an Bedeutung gewonnen[65] und wurde in Verbindung mit Elementen aus dem Volksglauben vulgarisiert.

Im Jahre 1274 wirkte Abraham als Wanderprediger in Italien und verfaßte zahlreiche „prophetische" Traktate, z. T. als Pseudepigraphen. 1280 versuchte er auf Grund einer messianischen „Prophezeiung", die im Mittelalter geläufig war, den Papst zu besuchen, doch starb Nikolaus III. damals gerade. Diese Episode beweist Abulafias

[63] Der Ausdruck bezeichnete im *Sefär hā-'Ijjûn* (G. Scholem, Ursprung ... 276 f.) einen Erkenntnis- und Sprachprozessvorgang innerhalb der Sefirot.

[64] Auch *dillûg (springen)*, vgl. darüber G. Scholem, Perāqîm mis-S. Sûllam hā-'alijjāh leR. Jehûdāh 'Albôṭînî, QS 22 (1945/6), 161–171.

[65] G. Scholem*, DjM 159.163 ff.; a. a. O. (Anm. 64); J. Tishby, Netîbê ... 55 f.; R. J. Werblowski, Mystical and Magical Contemplation, HR 1 (1961), 10. Ferner s. Anm. 66 f.

messianisches Selbstbewußtsein, das auch in den Schriften da und dort anklingt, die er v. a. zwischen 1280–1291 in Süditalien und Sizilien verfaßt hat. Aus der Schule Abulafias stammt das gegen 1400 verfaßte Werk „Sefär Šaʿarê Ṣädäq“[66], das wie andere spätere Schriften Abulafias Theorie von der Prophetie als Selbstbegegnung in der Ekstase weiterführt.

3. Kabbalisten der 2. Hälfte des 13. Jh[67]

Der Zeitraum zwischen der Entstehung der Geronenser Schule und der Wende vom 13. zum 14. Jh. stellt die Blütezeit der schöpferischen kabbalistischen Spekulation dar. Ihr Interesse galt vor allem den Sefirot bzw. den Prozessen, die sich innerhalb der Sefirotwelt abspielen, und dafür schufen sie eine mannigfaltige, schier unüberschaubare Symbolik, die gegen Ende des Jahrhunderts J o s e f i b n G i k a t i l l a[68] in seinem Werk Šaʿarê ʾÔrāh[69] systematisch darzustellen bemüht war. Er hatte zunächst unter dem Einfluß Abraham Abulafias gestanden, war mit Mose de Leon (s. u.) bekannt und stand zuletzt unter dem Einfluß des *Zohar* (Abschnitt 4), dessen Einfluß in den folgenden Jahrhunderten alle die Werke dieser Zeit in den Schatten stellte.

Eine Gruppe für sich, die vor allem auch am Problem des Bösen und dessen Ursprung interessiert war, bildeten die – als rabbinische Auto-

[66] G. Scholem*, DjM 160 ff.; Ders., "Šaʿarê haṣ-ṣädäq" – maʾamar baqqabbālāh me-ʾaskôlat R. ʾAbrāhām ʾAbûlʿafîjāh, meǰûḥas leR. Šemṭôb (ʾibn Gāʾôn?), QS 1 (1924/5), 127–239; Vgl. ferner aus späteren Überlieferungen: G. Scholem, Eine kabbalistische Deutung der Prophetie als Selbstbegegnung, MGWJ 74 (1930), 285–290; Ders., Zelem ..., in: Von der mystischen ... 250 ff. Hier in einem Sammelwerk des Mose von Kiew vom Anfang des 16. Jh.

[67] E. Gottlieb, Haq-qabbālāh besôf ham-meʾāh ha-13., 1964 (vervielfältigt).

[68] E. Gottlieb, a. a. O. (§ 26, Anm. 31); Ders., Berûrîm bekitbê R. Jôsef Gʾîqāṭîllāh, Tarb 39 (1969/70), 62–89; E. Grünwald, Šenê šîrîm šäl hammequbbal Jôsef Gʾiqātîllāh, Tarb 36 (1966/7), 73–89; G. Scholem*, s. Reg.; Ders., Tešûbôt ham-meǰûḥasôt leR. Jôsef Gîqātîllāh, SJ J. Freimann, 1936/7, 163–170; Ders., Zur Kabbalah ... 61 f.83 f.; Ders., Von der mystischen Gestalt ... 66.73 f.97 ff.; Ders., Ursprung ... 263.344; M. Ch. Weiller, ʿIjjûnîm beṬermînôlôgijāh haq-qabbālît šäl R. Jôsef Gʾîqātîllijāh weǰahasô lā-RMBʾʾM, HUCA 37 (1966), hebr. 13–44; R. J. Z. Werblowsky, Kabbalistische Buchstabenmystik und der Traum, ZRG 8 (1956), 164–169.

[69] Erlebte ein Dutzend Auflagen. Letzte: M. Dalkert, Jôsef bän ʾAbraham Gîqātîllijāʾ, Sefär Šaʿarê ʾÔrāh, Jerus. 1959/60 (repr. der Ed. Warschau 5643). Ähnlichen Inhalts: Sefär Šaʿarê Ṣädäq, Jerus. 1966/7; wichtig auch: Sefär Gînnat ʾägôz, Jerus. 1968/9 (repr. der Ed. Hanau 1615).

ritäten nicht in Erscheinung tretenden – Brüder Isaak[70] und Jakob b. Jakob ha-Kohen[71] sowie Mose von Burgos[72]. Ferner sind zu nennen: der Verfasser des Traktats „*Massäkät hā-'aṣîlût*“[73], der philosophisch versierte Isaak ibn Latif[74], der Dichter Isaak ibn Sahula[75], von dem das älteste *Zohar*-Zitat stammt, Todros b. Josef Abulafia (gest. 1283)[76], der Exeget Bachja b. Ašer (1291)[77], Salomo b. Adret (gest. 1310)[78], ein RMB"N-Schüler, der literarisch v. a. als Halakist wirkte und auch ein kontroverstheologisches Werk verfaßte, und schließlich Mose de Leon (gest. 1305)[79], der Verfasser zahlreicher hebräischer kabbalistischer Schriften und der Hauptteile des Buches *Zohar*.

[70] G. Scholem, DjM 129.192.195.257.411.434; Ders., Leḥeqär qabbālat R. Jiṣḥaq bän Ja'aqob hak-Kohen, 1933/4 (aus Tarb 3 [1931/2], 258–286; 4 [1932/3], 354–377); Ders., Hitpatteḥût tôrat hā-'ôlāmôt beqabbālat hā-ri'šônîm, Tarb 2 (1930/1), 415–442; 3 (1931/2), 33–66; Ders., Perûšô šäl R. Jiṣḥaq lemärkābat Jeḥezqe'l, Tarb 2 (1930/1), 188–217; Ders., Sôd 'îlan hā-'aṣîlût leR. Jiṣḥaq, Qôbäṣ 'al Jād n. s. 5 (1950/1), 64–102;Ders., Ursprung ... 35 f. 161 f.257.259.274 f.314 ff. Und s. Anm. 71–73.

[71] G. Scholem*, DjM 109.129 f.257.289; Ders., Qabbālôt R. Ja'aqob weR. Jiṣḥaq benê R. Ja'aqob hak-Kohen, Maddā'ê ha-Jahadût 2 (1926/7), 165–293; Ders., Ursprung ... 38.161 f.188 f. 284.288.306.330 f.; s. auch Anm. 70; J. Dan, Gôralāh ... (§ 32), 95 ff.

[72] G. Scholem*, DjM 26.192.195.257.425.430.436; s. ferner Lit. Anm. 70–71; Ders., Ursprung ... 220.287.321; Ders., R. Mošäh mib-Bûrgôś talmîdô šäl R. Jiṣḥaq, Tarb 3 (1931/2), 258–286; 4 (1932/3), 54–77.207–225; 5 (1933/4), 50–60.180–198.305–323.

[73] EJ III, 801–803 (Anfang 14. Jh.); Text: A. Jellinek, Auswahl ... 1–8.

[74] G. Scholem*, DjM 277.309; S. Heller-Wilensky, Isaac ibn Laṭif; philosopher or Kabbalist?, A. Altmann, Jewish Medieval and Renaissance Studies, 1967, 185–223.

[75] G. Scholem*, DjM 205 f.425; Ders., Qabbālat R. Jiṣḥaq bän Šelomoh bän 'Abî Sāhûlāh weSefär haz-Zohar, QS 6 (1929/30), 109–118 (Perāqîm ... 59–68); S. M. Stern, Rationalists and Kabbalists in Medieval Allegory, JSS 6 (1955), 73–86.

[76] G. Scholem*, DjM 192.206.430; Ders., EI I, 101 f.; Ders., Jôsef bän Ṭôdrôs 'Abûl'afîjāh, QS 1 (1924/5), 168.

[77] § 26, Anm. 31. G. Scholem*, DjM 206.426. 436.

[78] I. Epstein, The „Responsa“ of Rabbi Solomon Ben Adreth of Barcelona (1235–1310) as a Source of the History of Spain, 1925; G. Scholem, Ursprung ... 30.343 f.

[79] G. Scholem*, DjM 174.204 ff. 238 ff.241 ff. Ders., Ha-'im ḥibber R. Mošäh de Le'ôn 'ät S. haš-Šem?, QS 1 (1924/5), 45–52; Ders., Ha'im ḥibber Mošäh de Le'ôn 'ät Sefär haz-Zohar?, Maddā'ê haj-Jahadût, 1 (1925/6), 16–29; Ders., Hakkārat pānîm wesidrê šîrṭûṭîn, SJ S. Assaf, 1953, 459 bis 495 (492 ff.); Ders., Eine unbekannte mystische Schrift des Mose de

Erst Anhänger des RMB"M, dann durch die Bekanntschaft mit Josef ibn Gikatilla (s. o.) unter den Einfluß der „prophetischen Kabbalah" des Abraham Abulafia geraten, bald aber voll und ganz theosophischer Kabbalist. In seinen hebräischen Schriften zitierte er (1280–1290) bewußt und geplant angebliche „Worte der Weisen" und des „Midrāš des Simon bar Jochaj", machte damit Teile des späteren Buches *Zohar* bekannt und bereitete so dem Erfolg dieses Buches den Weg. Die jüngeren aus der hier genannten Gruppe, v. a. Isaak ibn Sahula, Todros b. Josef Abulafia, Bachja b. Ascher und Josef ibn Gikatilla standen zuletzt schon unter dem Einfluß von *Zohar* – Schriften.

4. Die Kabbalah des Buches *Zohar*[80]

a) Der *Sefär haz-Zohar*[81], äußerlich ein Midrāš bzw. Kommentar v. a. zur Torah, besteht nach Analyse G. Scholems[82] aus 22 Schichten

Leon, MGWJ 71 (1927), 109–123; Ders., Zur Kabbalah . . . 76 ff.; J. Tishby, ŠW"T leR. Mošäh di Le'ôn be'injānê qabbālāh, Qôbäṣ 'al Jād 15 (1950), 9–38; J. Nadab, Hā-'eskā'ṭôlôgijāh šäl R. Mošäh de Le'ôn bas-S. Miškan hā-'edût, OJS 2 (1958/9), 69–76. Die Ausgabe Basel 1608 von *Sefär han-näfäš ha-ḥăkemāh* ist Jerus. 1968/9 nachgedruckt worden. Weiter s. den folgenden Abschnitt über das Buch Zohar.

80 W. Bacher, Judeo-Christian Polemics in the Zohar, JQR o. s. 3 (1891), 781–784; Ders., L'exégèse biblique dans le Zohar, REJ 22 (1891), 33–46. 219–229; A. Bension, The Zohar in Moslem and Christian Spain, 1932; R. Comenge, El libro del Esplendor, 1922; M. Gaster, ERE XII, 452–469; D. H. Joel, Die Religionsphilosophie des Zohar, 1849; M. Z. Kadari, Ketab-jād ri'šôn šäl haz-Zohar, Tarb 27 (1957/8), 265–277; A. Kaminka, Die mystischen Ideen des R. Simon ben Jochaj, HUCA 10 (1935), 149 bis 168; M. D. G. Langer, Die Erotik der Kabbala, 1923; R. Margaliout, Ša'arê Zohar, 1955/6; Ders., Hā-RMB"M wehaz-Zohar, 1954; E. Müller, Der Zohar und seine Lehre, 1920; K. Preis, Die Medizin im Zohar, MGWJ 72 (1928), 167–184; D. D. Runes, The Wisdom of the Kabbalah, 1957; G. Scholem*, DjM 171–266; Ders., Vulliauds Übersetzung des Sifra de-Zeniutha aus dem Zohar, MGWJ 75 (1931), 347–362; Ders., Bibliographia Cabbalistica, App.; Ders., Die Geheimnisse der Torah, 1936; Ders., EI XVI, 631–648 (Lit.!); Ders., Von der mystischen . . . 35 ff.; S. Z. Setzer, Pirqê Zohar, SŠJA 1946/7, 330–353; J. Ta-Shema, "'El mäläk nä'ämān", Tarb 39 (1969/70), 184–194; J. Tishby, Jir'āh wā-'ahābāh ûdebeqût bemišnat haz-Zohar, Môlād 19 (1960/1), 45–64; Z. Werblowski, a. a. O. (§ 30, Anm. 2); H. Zeitlin, Mafteaḥ leSefär haz-Zohar, Ha-Tequfāh 6 (1919/20), 314–334; 7 (1920), 353–368; 9 (1920), 265–330. § 30, Anm. 2.

81 Empfohlene Ausgabe: R. Margaliout, Sefär haz-Zohar, 3 Bde. 1964/5⁴; Engl. Übersetzung (nicht vollständig): H. Sperling – M. Simon, The Zohar, 5 Bde. 1931/34; engl. Teilübersetzungen: G. Scholem, Zohar, The Book of Splendor, 1949. Deutsche Teilübersetzungen: E. Müller, Der Sohar, 1932; G. Scholem, Die Geheimnisse der Schöpfung, 1959²; frz:

bzw. Teilen, von denen 18, darunter als älteste Schicht der *„Midrāš han-nä^{ʿä}lām“*[83], auf Mose de Leon zurückgehen[84], der sich dabei eines künstlichen, dem talmudischen Idiom nachgeahmten Aramäisch bediente[85]. Planvoll bereitete er die spätere Verbreitung und Geltung dieses bis gegen Ende des 18. Jh. so gut wie unbestritten dem Tannaiten Simon b. Jochaj (1. Hälfte des 2. Jh. n.) zugeschriebenen Werkes vor. Manche der alten Eigenzitate fanden sich in den Zoharausgaben nicht und wurden später im *Zohar ḥādāš*[86] gesammelt. Schon im 14. Jh. erlangte der Zohar in Kabbalistenkreisen geradezu kanonisches Ansehen und wurde fortan immer wieder kommentiert[87].

b) Das Buch *Zohar* behandelt in erster Linie die Sefirotlehre, deren Grundschema für die spätere Kabbalah maßgebend wurde. Es wird auch als „Weltenbaum“ oder als Makro-Anthropos[88] dargestellt, wodurch einmal der Gedanke des organischen Zusammenwirkens der Sefirot untereinander und sodann die Entsprechung der Sefirot-Wirkungen zu dem „theomorphen“ menschlichen Organismus bzw. dem menschlichen Wirken zum Ausdruck kommt.

Aus dem attributlosen *'Ên Sôf* entstrahlt die Welt der göttlichen Manifestationen, Wirkungskräfte, Selbstoffenbarung des EINEN Gottes und Selbstverhüllung zugleich. Das „Unendliche“ im Verhältnis zu seiner Manifestation wird nämlich einerseits im Emanationsbilde Kohle-Flamme beschrieben, andrerseits als Seele-Leib-Beziehung,

P. Vulliaud, Traduction intégrale du Siphra diTzeniutha, 1930; Nicht zu empfehlen: J. de Pauly, Sepher ha-Zohar. Le Livre de la Splendeur, 1906. Neuhebr. Übersetzungen in Auswahl mit Einleitungen und nach Themen geordnet: J. Tishby, Mišnat haz-Zohar 2 Bde. I, 1956/7²; II, 1960/1; Ders., Pirqê haz-Zohar, 2 Bde., 1969.

82 G. Scholem*, DjM 173 ff.

83 G. Scholem*, DjM 177; Ders., Haṣ-ṣîṭāṭ hā-ri'šôn min ham-midrāš han-nä'ālām, Tarb 3 (1931/2), 181–183; Ders., Pārāšāh ḥadāšāh meham-midrāš han-nä'ālām, SJ L. Ginzberg, 1945/6, 425–446; Ch. Märchavjah, Šetê mûbā'ôt min ham-Midrāš han-nä'ālām biktab jād lā'ṭînî, QS 43 (1967/8), 560–568. Ferner § 30, Anm. 2.

84 Anm. 79. Vgl. auch H. Graetz*, VII, 430–448; A. Jellinek, Mose de Leon und sein Verhältnis zum Zohar, 1851.

85 M. Z. Kadari, Diqdûq hā-'arāmît šäl haz-Zohar, 1954.

86 Text: R. Margoliout, Sefär Zohar hādāš, 1954 (u. ö.).

87 Bibl.: G. Scholem, Bibliographia Cabbalistica, 183 ff.

88 In Abwandlung der älteren Vorstellungen vom *'ādām qadmôn,* die ziemlich differieren (G. Scholem, Ursprung ... 123.281.299); der terminus *'ādām qadmôn* wird für das im *Zohar* gebrauchte Symbol erst im 14. Jh. *(Tiqqûnê haz-Zohar)* verwendet. Vgl. S. A. Horodetzky, EJ I, 783 ff.; G. Scholem, EI I, 531 f.

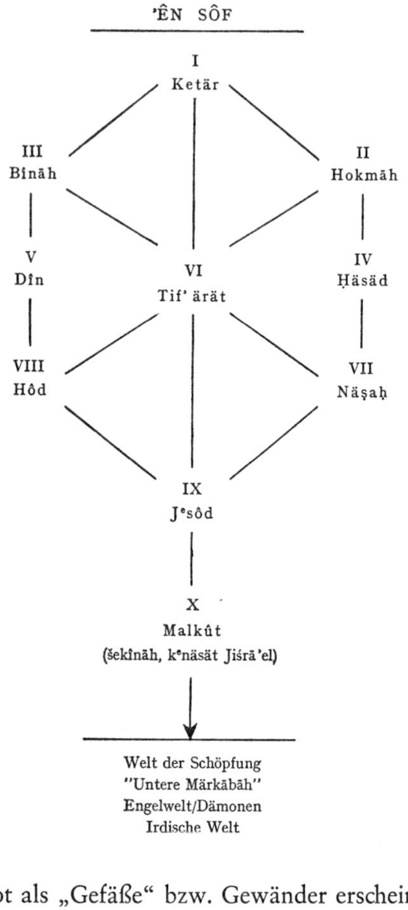

sodaß die Sefirot als „Gefäße" bzw. Gewänder erscheinen. Der EINE manifestiert sich in einer – paradoxerweise seine EINHEIT darstellenden Vielheit: Aus dem verborgenen „ER" *(hû')*, aus dem NICHTS *('jn)* über das „DU" *('attāh)*, des liebevoll begegnenden Gottes zum „ICH" *('nj)* des in der Welt durch die Sefirah X gegenwärtigen und wirkenden Gottes. Dieser Prozeß ist insofern nicht mit den Mittelstufen des Neuplatonismus mehr vergleichbar, als es sich weniger um Stufen als um Wirkungsweisen (auch ausdrücklich *middôt*!) handelt und die verschiedenen Potenzen aufeinander einwirken, aber auch, weil erst von der Sefirah X aus der eigentliche Schöpfungsprozeß beginnt, die Sefirotvorgänge also noch innergöttliche Prozesse darstellen.

Die auffallendsten Veränderungen gegenüber der Sefirotlehre des Buches *Bāhîr* (Abschn. 1, b) betreffen das Gesamtschema, dessen Struktur nun festliegt, wie einzelne Sefirot. So erhält im Zohar neben Sefirah VI, die den Ausgleich zwischen der *middāh* der Strenge und absoluten Güte darstellt, die Sefirah IX ebenfalls – und zwar auf Kosten von Sefirah VII – eine mittlere, ausgleichende Funktion und dient überdies als Vermittlung zur Sefirah X.

I (Ketär) steht noch an der Grenze der absoluten Transzendenz. II, die Urweisheit und Ur-Torah, ist der „Anfang" der theogonen Entfaltung gemäß kabbalistischer Auffassung von Gen 1, 1: „Durch (nicht: „am"!) *re'šît* (Anfang) schuf *'ælohîm* ..." Die irdische Schöpfung entspricht dieser „oberen" im Sinne des symbolistischen Weltzusammenhanges. Während aber „oben" die Vielheit gerade die *'almā' dejiḥûdā'* (Welt der Einung) bildet, entsteht „unten" die Welt der tatsächlichen Vielheit, wobei der Gegensatz auch in der Verbindung zum *'Ên Sôf* besteht, denn die „untere" Schöpfung ist die „Welt der Trennung". In II sind die Formen noch undifferenziert beschlossen bzw. eingeprägt, III hingegen ist der sich entfaltende göttliche Intellekt, in dem bereits Differenzierungen stattfinden und der meditativ noch punktuell-blitzartig erfasst und erfragt werden kann. III steht an der Grenze zwischen den beinahe noch transzendenten oberen 3 Sefirot und den folgenden, sie kann daher als Ausgangs- und Rückkehrpunkt (*tešûbāh*, Umkehr) betrachtet werden. Aus ihr stammt auch die oberste Seelenschicht (*nešāmāh*).

IV repräsentiert auch in Zohar die absolute Güte, V die absolute Strenge, die beide in VI ihren Ausgleich finden. Die Sefirot VII–VIII bleiben im Vergleich zu den beiden letzten ziemlich farblos. IX übernimmt die Funktion der *Bāhîr*-Sefirah VII. Ihr gilt das Symbol des „Gerechten" (*ṣaddîq*)[89], der das „Fundament der Welt" (*jesôd 'ôlām*, nach Prov 10, 25) ist. In IX strömen die Kräfte der oberen Sefirot zusammen und werden weitervermittelt nach X.

IX trägt die Namen *'El ḥaj ḥê hā-'ôlāmîm*, entspricht – in beschränktem Sinne[90] – dem *'Ên Sôf* als der – unbeschränkten – „Urquelle" und „Lebensquelle". Sie vermittelt nach oben wie unten, bringt alles an seinen Ort und zur Ruhe (Sabbat-Symbol), ist die Sefirah des Ausgleichs. Gegenüber der X. Sefirah, der sie den Strom bzw. den „Überfluß" (*šäfa'*) von oben vermittelt, ist sie das männliche Prinzip, die „Säule", der „Lebensbaum", die „Quelle" bzw. der „Brunnen", „Josef"[91] oder der „König". Diese Sexualsymbolik beherrscht den Zohar von Anfang bis zum Ende. Sie ist eng verbunden mit den Begriffen „Einung"[92] und „Erkennen" (was im biblisch-he-

[89] G. Scholem, Von der mystischen ... 97 ff.; Ders., Die Geheimnisse der Schöpfung, 1959², 57 ff.90 ff.

[90] Darum auch *Šaddāj*, wobei *daj* (genug) herausgehört wird.

[91] Der biblische Josef, Symbol der Keuschheit und (schöpfungsmässig legitimen) Männlichkeit zugleich.

[92] *jiḥûd* kann die sexuelle Vereinigung bezeichnen, ist im theol. Sprachgebrauch aber auch das Bekenntnis der Einheit Gottes und kabbalistisch

bräischen *jd'* ja schon angelegt ist) und betrifft einerseits „oben" das Verhältnis zwischen II und III, v. a. aber „unten" das zwischen IX und X. Auf diese „heilige Hochzeit" *(ziwwûgā' qaddîšā')*[93] deutete man die bJoma 54 a/b enthaltene Haggada, wonach sich die Keruben auf der Bundeslade liebkosten, wenn Israel die Gebote befolgt hatte. Der „Einfluß" von oben auf X wird demgemäß auch von Israels Toraherfüllung abhängig gemacht, sodaß X, das weibliche, empfangende Prinzip[94], nicht mehr wie IX den „Überfluß" empfängt, sondern u. U. sogar Mangel leidet und von „oben" getrennt wird. Umso größere Bedeutung kommt der Verbindung zwischen dem „König" (IX) und der *Šekînāh* bzw. *Kenäsät Jiśrā'el* (X) zu, die auf der irdischen Sphäre durch Israels Torahvollzug (bzw. durch den irdischen „Gerechten"[95]) mitbewirkt wird, wie die Unterbrechung der Verbindung, das „Exil der *Šekînāh*", durch die Sünde bewirkt wurde und wird. In der Trennung gewinnt X sogar negativen Charakter, weil die abgetrennten *Dîn* – Kräfte zu Potenzen des Bösen werden.

c) Die theosophische Lehre des Zohar enthält also mehrere für das religiöse Bewußtsein des Judentums ungemein bedeutsame Aspekte, war ebensosehr Existenzbewältigung wie Spekulation. Nicht nur, daß der symbolistische Weltzusammenhang dazu angetan war, einerseits das Irdische zu relativieren, andrerseits aber zugleich jedem Detail transkosmische Relevanz zuzumessen, wodurch alles als sinnvoll begriffen werden konnte, auch wenn es sonst rational nicht einzusehen war (wie *ṭa'ame ham-miṣwôt* z. B.). Die Erklärung des Bösen als einer durch Trennung und Verabsolutierung von Potenzen durch die Sünde Adams bzw. des Menschen und die Symbolik des „Gerechten" wie der *Šekînāh* bzw. *„Kenäsät Jiśrā'el"*, verliehen auch der Geschichte Israels bei all ihren dunklen Seiten eine unüberbietbare positive Bedeutung. Israels Torahgehorsam bewirkt die „Einung" in der göttlichen Sphäre der Sefirot, die Wiederherstellung (später: *tiqqûn*) der ursprünglichen Harmonie.

Kein Wunder also, wenn die Kabbalisten angesichts dieser Aufgabe Israels auch eine besondere Seelenqualität in Anspruch nahmen. Sie schrieben die geläufigen drei Seelenkräfte (vegetativ, animalisch, ratio-

eben die in den Sefirotkräften sich manifestierende und vollziehende Einheit Gottes, vom menschlichen Erkennen her der Nachvollzug dieses Prozesses.

[93] G. Scholem, Von der mystischen ... 106.138 ff.; Zur Kabbala ... 140 ff. 184 ff. 202 ff.

[94] Schechina; das passiv-weibliche Moment in der Gottheit, Von der mystischen ... 135–191. R. Patai, Matronit, HR 4 (1964), 53–68.

[95] Darüber und über die Symbolik der IX. Sefirah s. speziell G. Scholem, Zaddik, in: Von der mystischen ... 83–134.

nal) der nach ihnen niedersten, allgemeinmenschlichen und der Sünde ausgesetzten Seelenschicht *näfäš* zu. Darüber hinaus erwirbt sich der Fromme *rûaḥ* und (die aus Sefirah III – *Bînāh* stammende) *nešāmāh*, letztere nur durch die kabbalistische Weisheit. Die Seele wird mit dem Körper durch eine Art Mittelstufe verbunden, die einerseits als himmlisches Vorbild *(dejôqnā', ṣûlmā')*, oder als himmlisches Gewand und als Astralleib dargestellt wird, zugleich aber auch als biologisches Prinzip den Organismus bestimmt[96]. Die sündige Seele bedarf der Läuterung, und dazu dient auch im Zohar die Annahme von einer Reinkarnation bzw. Seelenwanderung *(gilgûl)*[97]. So erhielt im theosophischen System der Gesetzesgehorsam des Einzelnen wie das Schicksal der verfolgten, exilierten „*Kenäsät Jiśrā'el*" eine religiös-existentielle Deutung, der die „philosophische" Literatur nichts ebenso Eindruckvolles entgegenzusetzen hatte. Mehr und mehr wurde darum in den folgenden Jahrhunderten die auf das Buch *Zohar* fussende Kabbalah zur „Theologie" des Judentums schlechthin.

5. Kabbalisten des 14./15. Jh

a) Von den zahlreichen *Zohar*-Nachahmungen haben 2 wohl von ein und demselben Verfasser und aus dem Anfang des 14. Jh. stammende Werke einen größeren Einfluß ausgeübt, die *Tiqqûnê haz-Zohar*[98] und der in die Zohar-Ausgaben einbezogene *Ra'jā' mehêmnā'*[99]. Hervorzuheben, weil folgenreich geworden, ist die – vom Zohar selbst völlig ignorierte – Lehre von unterschiedlichen Torah-Aspekten in den wechselnden Weltperioden im Sinne des *Sefär hat-Temûnāh*[100], das starke Interesse am Problem des Bösen und ein nahezu antirabbinischer Affekt im Zusammenhang mit sozialen Ressentiments[101]. Hier kündigt sich auch schon die spätere Verbindung von Kabbalah und Apokalyptik an, sowie ein extremistisches Selbstver-

96 G. Scholem, Zelem; die Vorstellung vom Astralleib, in: Von der mystischen ... 249–271 (260 ff.).

97 G. Scholem, Gilgul; Seelenwanderung und Sympathie der Seelen, in: Von der mystischen ... 193–247 (203 ff.).

98 Ed.: R. Margaliout, Sefär tiqqûnê haz-Zohar, 1947/8 (u. ö.). Ein Kommentar zu Gen 1–6.

99 Verstreut in Zohar Bd. II und III, s. G. Scholem, DjM 177.419. In Hand schriften aber auch zusammenhängend überliefert. Siehe im übrigen G. Scholem, a. a. O. 177.184 ff.197 f. 230.255.342.

100 Anm. 43.

101 J. Baer, Hā-räqa' hā-hîsṭôrî šäl hā-"Ra'jā' mehêmnā'", Zion 5 (1939/40), 1–44.

ständnis des Kabbalisten, das vor allem in der schroffen Abwertung des „äußerlichen" Wortsinnes zum Ausdruck kommt.

Weitere Autoren des frühen 14. Jh. sind: Der Verfasser des fälschlich dem R'B"D zugeschriebenen Jezirahkommentars Josef b. Šalom Aškenazi[102], ein erklärter Feind der Philosophie, der vor allem die Gedanken des *gilgûl* und der Schöpfung aus dem „Nichts" weiter ausarbeitete. Menachem Recanati[103], David b. Abraham hal-Laban[104], Josef Angelino und der an der Herkunft des *Zohar* so sehr interessierte, viele, auch aškenasisch-chasidische Traditionen überliefernde Isaak von Akko[105], der noch eine deutliche Unterscheidung zwischen den katalanischen, noch auf dem *Bāhîr* basierenden, und den kastilischen, schon im Banne des *Zohar* stehenden Kabbalisten konstatierte.

b) Der aškenasische Chasidismus verschmolz immer mehr mit der Kabbalah, eine Entwicklung, die schon bei Elchanan b. Jaqar[106] eingesetzt hatte und z. T. durch familiäre Traditionen gefördert wurde. Mose ha-Daršan[107] z. B. war mit der Enkelin des Jehuda hä-Chāsid verheiratet, sein Sohn El'azar, in der 2. Hälfte d. 13. Jh. in Würzburg lebend und v. a. dessen Sohn Mose[108] vertraten bereits

[102] G. Scholem*, DjM 237.280.439; Ders., Ham-meḥabber hā-'amîttî šäl Perûš Sefär Jeṣîrāh ham-mejûḥas lehā-R'B"D ûsefārājw, QS 4 (1927/8), 286–302; Ders., 'Ôd 'al R. Jôsef bän Šālôm 'Aškenāzî, QS 5 (1928/9), 263–266; Ders., Ursprung ... 198.321; Ders., Von der mystischen ... 224 f.; G. Vajda, Tiš'îm we'arba' haqdāmôt šäl ha-fîlôsôfîm ham-mûbā'ôt 'al jede R. Jôsef bän Šālôm 'Aškenāzî, Tarb 27 (1957/8), 290–300; Ders., Un chapitre ... (§ 29, Anm. 2).

[103] Menaḥem bän Bänjāmîn Reqānāṭî, Sefär ta'amê ham-miṣwôt haš-šālem, London 1962/3; Sefär Reqānāṭî, wehû' Še'elôt ûtešûbôt ... ed. M. Bezolel, 1964/5. Wichtig ist sein Torah-Kommentar, Venedig 1545.

[104] G. Scholem, EI XII, 77; Ders., Sefär māsôrät hab-berît leR. Dāwîd bän R. 'Abrāhām hal-Lābān, Qôbäṣ 'al Jād, n. s. 1 (1935/6), 25–42; Ders., David ben Abraham ha-laban – ein unbekannter jüdischer Mystiker, in: Gaster Anniversary Vol. 1936, 503–508.

[105] G. Scholem*, DjM 105.115.208 ff.; Ders., Perûšô šäl R. Jiṣḥaq demin 'Akkô lepäräq ri'šôn šäl S. Jeṣîrāh, QS 31 (1955/6), 379–396 (Eine Paraphrase des Kommentars von Isaak d. Blinden!); G. Vajda, Recherches ... (§ 29), 371–384.392–395.

[106] § 32, Anm. 17. Zum ff. s. auch J. Dan, Tôrat ... (§ 32), 251 ff.

[107] G. Scholem, Ursprung ... 96 f.; Re'šît ... (Anm. 1) 203 ff.; J. Dan, Gôrālāh ... (§ 32), 89 f.

[108] G. Scholem, Re'šît ... (Anm. 1) 203 ff.; Ders., Ursprung ... 96 f.; J. Dan, Gôrālāh ... (§ 32), 92 f.; Ders., "Sifrût haj-jiḥûd" ... (§ 32, Anm. 25), 538; Ders., Ḥûg "Hak-kerûb ham-mejûḥad" ... (§ 32, Anm. 13), 366 f.

die kabbalistische Sefirotlehre zusätzlich zur Lehre vom *k^e^rûb m^e^jûḥad,* diesen unterordnend, ähnlich Šemṭob b. Simchah ha-Kohen[109]. Abraham Axelrad aus Köln, ein Schüler El'azars v. Worms, brachte chasidische Traditionen mit sich nach Spanien und baute sie in kabbalistisches Denken ein[110]. Von den Späteren verdient noch Menachem ha-Zioni[111] erwähnt zu werden, v. a. wegen vieler wertvoller Zitate und wegen seines spekulativen Interesses an der Entstehung des Bösen.

c) Das 14. Jh. ist an kabbalistischen Autoren zwar nicht arm, doch die Geschlossenheit und die Wirkung der Lehre des Buches *Zohar* wird nicht mehr erreicht. Allen voran ist der Verfasser des ersten Kommentars zu Teilen des Zohar *('Idrā'),* David b. Jehudah zu erwähnen, ein Enkel des RMB"N, der seine Schriften bereits ganz auf den *Zohar* gründete, jedoch mit anderen zwischen *'Ên Sôf* und Sefirot noch 10 *ṣaḥṣāḥôt* (Strahlen) einfügte[112]. Aus der Schule des Salomo b. Adret[113] kamen drei bedeutendere kabbalistische Gelehrte: Šemṭob b. Abraham ibn Gaon[114], literarisch ungemein rege und Bewahrer vieler Nachrichten über alte Kabbalisten; Meir b. Salomo Abu Sahula, Verfasser eines kabbalistischen Superkommentars zu RMB"N und von Kommentaren zum Buch *J^e^ṣîrāh* und Buch *Bāhîr*[115]; und schließlich der anonyme Verfasser des *Sefär Ma'^a^räkät hā-'^ä^lôhût*[116], das wohl Anfang des Jahr-

[109] J. Dan, The Beginnings ... (§ 31), 282.435; Ders., Ḥûg ... (s. Anm. 108); Ders., Gôrālāh ... (§ 32) 91.

[110] J. Dan, Gôrālāh ... (§ 32) 97; G. Scholem, Ursprung ... 185.392.

[111] Verf. des "Sefär haṣ-Ṣijjônî", Cremona 5320 (Torah-Kommentar) und der Ṣ^e^fûnê Ṣijjônî, (kabbalist. Traktat). J. Dan, Gôrālāh ... (§ 32), 97 f.; J. Tishby, Ma'^a^mārîm mis-S. Ma'^a^räkät hā-'^ä^lôhût b^e^S. haṣ-Ṣijjônî, QS 19 (1942/3), 55–57.

[112] G. Scholem*, DjM 206 f.430; Ders., R. Dāwîd bän J^e^hûdāh hä-ḥāsîd näkäd hā-RMB"N, QS 4 (1927/8), 302–327.

[113] S. Anm. 78.

[114] E. Gottlieb, "Gînnat Bêtān" 'al š^e^nê perûšājw – RJB"Ṭ w^e^R. Šem Ṭôb n' Gā'ôn – zijjûf, Mähqārîm baq-qabbālāh ... l^e^G. Scholem, 1967, 63–86; D. S. Löwinger, Rabbî Šem Ṭôb bän 'Abrāhām bän Gā'ôn, Sefunot 7 (1962/3), 7–39; G. Scholem, Ś^e^rîdê sifrô šäl R. Šem-Ṭôb 'ibn Gā'ôn 'al j^e^sôdôt tôrat has-s^e^fîrôt, QS 8 (1931/2), 397–408.534–542; 9 (1932/3), 126–133; Ders., Ursprung ... 32.178.181.216.223.225.314.

[115] *'Ôr hag-gānûz,* in: S. Margaliout, Sefär hab-Bāhîr, 1950/1.

[116] G. Scholem*, DjM 173.252.387.417.434; Ders., Lib'äjat sefär "Ma'^a^räkät hā-'^ä^lôhût" ûm^e^fār^e^šājw, QS 21 (1944/5), 284–295.316; J. Tishby, Ma'^a^mārîm ... (Anm. 111); E. Gottlieb, Lizhûtô šäl m^e^ḥabber hap-perûš hā-

hunderts unter dem Einfluß des *Zohar* geschrieben wurde und – im Unterschied zu diesem – besonders eingehend den Ursprung der Sünde behandelt. Auch dieses Werk wurde von Späteren kommentiert. In den z. T. recht verwickelten Beziehungen zwischen Kabbalah und Philosophie spielen mehrere Autoren dieses Jh. eine Rolle, so J o s e f i b n W a q a r[117], der für kabbalistische Darstellungen sogar Arabisch verwendete, S a m u e l i b n M o t o t[118] und der die Kabbalah gegenüber der Philosophie favorisierende, aber selbst als kabbalistischer Autor wenig in Erscheinung tretende J a k o b b. S c h a l o m Z o r f a t t i[119]. Aber auch Š e m ṭ o b b. J o s e f i b n Š e m ṭ o b[120], ein entschiedener Feind der Philosophie, dessen Sohn Josef dann allerdings die Front wechselte[121]. Die Lehre von den Weltzeitaltern *(Šemîṭṭôt)* des *Sefär hat- Temûnāh* griff J o s u a i b n S h u ʿ e i b wieder auf[122], womit wiederum der potentiell antinomistische Trend anklingt, der im 17. Jh. sich so verhängnisvoll auswirken sollte. Dieselbe Fernwirkung hatten auch zwei anonym verfaßte Werke dieses Jahrhunderts, der *Sefär hap-pelî'āh*[123] und der *Sefär haq-Qānāh*[124], die z. T. miteinander verwechselt worden sind. Das erste ist ein Kommentar zur Schöpfungsgeschichte, stark vom *Sefär maʿarākät hā-'älôhût* abhängig, verfaßt etwa 1350, und bei aller Betonung der mündlichen Überlieferung doch auch von einer gewissen antirabbinischen Neigung beherrscht, v. a. gegenüber den Verfechtern des Wortsinnes – wie es bereits im *Raʿjā' mehêmnā'* der Fall war.

'anônîmî leS. "Ma'arākät hā'älôhût", Sefär Zikkārôn leB. de Vries, 1968/9, 295–304.

117 G. Shidrina, Perûš hat-tefillôt šäl R. Jôsef 'ibn Wāqā'r, OJS 9 (1965/6), 11–23; G. Scholem, Sifrô hā-ʿarābî šäl R. Jôsef n' Wāqā'r ʿal haq-qabbālāh, QS 20 (1943/4), 153–162; M. Steinschneider, Ges. Schr. I, 1925, 171–180; G. Vajda, „La conciliation ...“ (§ 29, Anm. 2); Ders., ʿAl perûšô šäl Rabbî Jôsef 'ibn Wāqā'r las-Sefär Jeṣîrāh, OJS 5 (1961/2), 17–20; Ders., Recherches ... (§ 29), 115–297.385–391.

118 G. Vajda, Recherches sur ... (§ 29, Anm. 2).

119 G. Vajda, Letôledôt ... (§ 29, Anm. 2).

120 Sefär 'ämûnôt, Ferrara 1556, repr. 1968/9. J. Baer, Tôledôt haj-Jehûdîm biSfārād han-nôṣrît, 1959, 359 ff.

121 § 30, Anm. 168.

122 G. Scholem, Zur Kabbala ... 110.

123 Koretz 1784, Przemysl 1883. S. A. Horodetzky, Hap-pelî'āh wehaq-qānāh. Leqôrôt haq-qabbālāh, Ha-Tequfāh 10 (1921), 283–329; H. Graetz*, VIII, 449–455; G. Scholem*, DjM 412. 431; Ders., Šabbetāj Ṣebî I, 1956/7, 93 f.

124 Porizk 1786. Lit.: Anm. 123.

d) Das letzte Jahrhundert vor der Vertreibung aus Spanien steht unter dem Zeichen des zunehmenden kirchlich-staatlichen Druckes, der Erfahrung des Bösen in der Geschichte. Demgemäß verdichtete sich das spekulative Interesse an Ursache und Ziel dieses rätselhaften Geschichtslaufes und an der Rolle des Bösen in der Schöpfung überhaupt. Die letzten bedeutenderen kabbalistischen Autoren Spaniens waren Jehuda Chajjat[125] und Josef Alqastiel[126]. Letzterer hat mit seiner Terminologie, seiner Lehre vom Bösen, der Zerstörung von Urwelten und seinen Auffassungen von der Seele und vom *Gilgûl* in hohem Maß die Kabbalah des 16. Jh. bestimmt.

e) Überblickt man die neuen Tendenzen seit der Verbreitung des Buches *Zohar*, so fällt v. a. das zunehmende Interesse am Problem des Bösen und der Ursünde ins Auge, das natürlich früher oder später auch die eschatologischen Komponenten in der Spekulation verstärken mußte. Ferner ist eine gewisse Radikalisierung des kabbalistischen Selbstverständnisses gegenüber der schlichten rabbinischen Gelehrsamkeit, also ein zunehmender theologischer Totalitätsanspruch, nicht zu übersehen, z. T. verbunden mit sozialen Ressentiments. Der „*Sôd*", das spekulative Geheimnis, gewinnt an Gewicht und rückt den Akzent in einer bislang nicht bekannten Weise auf die exegetisch – rational nicht mehr kontrollierbare Lehre. Hand in Hand damit erfolgt aber eine zunehmende Vulgarisierung der Kabbalah und dementsprechend ein Anwachsen magischer Komponenten aus dem Volksglauben. Während die theosophische Disziplin dabei an Subtilität verliert, erreicht die Kabbalah als Weltanschauung allmählich die Funktion einer gemeinjüdischen Theologie. In der Spekulation selbst werden vor allem die Vorstellungen von der Seele und der Seelenwanderung *(gilgûl)* ausgebaut und z. T. zwischen 'Ên Sôf und Sefirot ein vermittelnder Bereich von „Strahlen" *(ṣaḥṣāḥôt)* eingeschoben.

[125] Sein Buch *Minḥat J^ehûdāh* (Mantua 1558) ist ein Kommentar zum S. *Ma'^arākāt hā-'^älôhût*. Über ihn siehe J. Ben-Shlomoh, Tôrat hā-'^älôhût šäl R. Mošäh Qôrdôbêrô, 1965, 93 f.; E. Gottlieb, a. a. O. (Anm. 114), 76 ff.; G. Scholem, DjM 134; Ders., Von der mystischen ... 257; Ders., Lîdî'at haq-qabbālāh biSfārād 'äräb hag-gêrûš, Tarb 24 (1954/5), 167 bis 206.

[126] G. Scholem*, DjM 442 ff.; Ders., Lîdî'at ... (Anm. 125).

4. Kapitel: Theologische Probleme und religiöse Vorstellungen

§ 34 Gottes Einheit und Eigenschaften

A. Altmann, The divine attributes. An historical survey of the Jewish discussion, Jdm 15 (1966), 40–60; M. Allard, Le problème des attributs divins dans la doctrine d'al-Ascari et des ses premiers grand disciples, 1965; G. C. Anawati, Dieu, son existence et ses attributes, 1971; J. Dan, Tôrat ... (§ 32), 84 ff.; E. L. Fackenheim, Substance ... (§ 30); C. Ramos Gil, Las pruebas de la existencia de Dios en la filosofia judeo-medieval, MEAH 2 (1953), 141–146; I. Goldziher, Ein anonymer Traktat zur Attributenlehre, FS Harkavy, 1918, 95–114; A. Grünfeld, Die Lehre vom göttlichen Willen bei den jüdischen Religionsphilosophen des Mittelalters von Saadja bis Maimuni, 1909; Ch. Hartshorne – W. L. Reese, Philosophers Speake of God, 1953; D. Kaufmann, Geschichte der Attributenlehre der jüdischen Religionsphilosophie von Saadja bis Maimuni, 1887 (Nachdr. 1967); P. J. Muller, De godsleer der middeleeuwsche Joden, 1898; S. Nierenstein, The problem of the existence of God in Maimonides, Alanus and Averroes, 1924; O. Pretzl, Die frühislamische Attributenlehre, 1940; A. Schmiedl, Die jüdische Religionsphilosophie über die Anthropomorphismen der Bibel, MGWJ 16 (1867), 15–24. 61–70. 100–102; G. Schalom, 'ălohîm baq-qabbālāh, EI III, 454–456; Ders., Das Ringen zwischen dem biblischen Gott und dem Gott Plotins in der alten Kabbalah, Eranos-Jb. (1964/5), 9–50 auch in: Über einige Grundbegriffe des Judentums, 1970, 9–52; G. Vajda, Un champion de l'avicennism, RTh 1948, 480–509; H. A. Wolfson, Notes on Proofs of the Existence of God in Jewish Philosophy, HUCA 1 (1924), 575–596; Ders., Avicenna, Algazali and Averroes on Divine Attributes, Homenaje à Millás-Vallicrosa II, 1956, 545–571.

1. Das Problem der Anthropomorphismen[1]

Schon in der talmudischen Zeit war das Gefühl verbreitet, daß die Anthropomorphismen und Anthropopathismen in der Traditionsliteratur eine Gott unangemessene Redeweise darstellen. Die Konfrontation mit dem philosophisch geschärften Gottesverständnis der christlichen und islamischen Theologie in der gaonäischen Zeit führte erneut zur Frage, in welcher Weise von und über Gott etwas ausgesagt werden könne. Dabei ergaben sich erste tiefreichende Differenzen. Waren die philosophisch beeinflußten Theologen an einer Ausräumung der Anthropomorphismen (durch hermeneutische Mittel) interessiert,

[1] A. Schmiedl; S. Rawidowicz, Be'ājat hā-hagšāmāh leRS"G ûleRMB"M, Kenäsät 1938, 228–377.

um dem Judentum den Vorwurf einer primitiven Gottesvorstellung zu ersparen, so gab es andere Kreise, Vertreter des *Šîʿûr Qômāh*, die ganz betont auf den Anthropomorphismen bestanden und darauf ihre Vorstellung von Gott aufbauten[2]. Diese Tendenz hatte weit ins Mittelalter hincin ihre Verfechter.

In den Verdacht, Anthropomorphismen zu bejahen, konnten auch Esoteriker geraten, selbst wenn ihr Bemühen wie im aškenasischen Chasidismus darauf abzielte, Gott selber gerade von solchen Attributen freizuhalten und sie auf Manifestationen wie *Kābôd* oder *Kᵉrûb mᵉjûḥad* hinzulenken. Ihr Verfahren hatte immerhin den Vorteil, auf allegorische Interpretationen verzichten zu können und den Wortlaut der Bibel in Geltung zu lassen. Die Kabbalisten lösten das Problem auf verblüffende, den Wortsinn ebenfalls nicht antastende Weise. Für sie war infolge ihrer Symbolistik das Bild des Menschen ja „theomorph" bestimmt[3], doch bezogen auf den *ʾĀdām qadmôn* als Symbol der Sefirot-Manifestationen Gottes, nicht des verborgenen Gottes selbst. Nirgends sonst im religiösen Denken des Judentums war die Rede von Gott in diesem Maße auch Rede vom Menschen, erschien göttliches und menschliches Wirken so organisch aufeinander bezogen, ohne daß von „Anthropomorphismen" oder gar von einem Verwischen der Grenzen zwischen menschlichem Selbst und Gott die Rede sein könnte[4]. Der religiöse Erfahrungswert dieser Spekulationen überstieg darum für das Empfinden der breiteren Schichten weitaus jenen der „Philosophie".

2. Gottesbeweise[5]

Der Beweis der Existenz Gottes war für sich kein besonderes Anliegen des jüdisch religiösen Denkens gewesen. Soweit Gottesbeweise erbracht wurden, geschah es mehr im Rahmen der allgemeinphilo-

[2] Vgl. M. Sharif, a. a. O. (§ 30), I, 246: ʿAbd Allah ibn Saba, ein konvertierter Jude, verfocht die Anthropomorphismen.

[3] Vgl. das Zitat von Isaak ibn Latif bei G. Scholem*, DjM 227: „Alle Namen und Attribute sind für uns Metaphern – nicht aber für Ihn", womit er meint, daß die göttlichen Eigenschaften als primär und die menschlichen als ihr Gleichnis anzusehen sind.

[4] Vgl. A. Altmann, God and the Self in Jewish Mysticism, Jdm 3 (1954), 142–246. Ferner s. Reg. s. v. *dᵉbeqût*.

[5] G. C. Anawati; C. Ramos Gil; H. A. Wolfson, Notes . . .; J. A. Wensinck, Les preuves de l'existence de Dieu dans la théologie musulmane, 1936; S. S. Cohon*, 160 ff.

sophischen Konvention als aus aktuell-religiösem Interesse. Weniger die Existenz Gottes als die Rolle Gottes als des Schöpfers wurde als problematisch empfunden und bedurfte des Beweises. Saadja z. B. benützte den aristotelischen Gottesbeweis gerade zu diesem Zweck (§ 30,2) und die Späteren sind, soweit sie von ihm oder dem Kalam abhängig waren, darin gefolgt[6]. Dies änderte sich mit dem Durchbruch des Aristotelismus. Die Gottesbeweise werden etwas geläufiger, z. B. bei Abraham ibn Daud[7], ausführlicher bei RMB"M, der den Gottesbeweis unabhängig vom Schöpfungsnachweis führt[8], und bei Levi b. Gerson[9]. Chasdaj Crescas eliminierte den Schluß auf den ersten Beweger aus der Kausalkette, da er eine unendliche Reihe für denkbar hielt[10]. Dieser Wandel im Interesse für das blosse DASS Gottes hing auch mit der von Alfarabi und Avicenna übernommenen Unterscheidung zwischen Essenz und Existenz zusammen[11].

3. Gottes Einheit *(jiḥûd)* und Attribute *(middôt)*

a) Unter dem Einfluß der Philosophie gewann das Bekenntnis des einzigen Gottes im *Š^e^maʿ Jiśrāʾel* den zusätzlichen Sinn eines Bekenntnisses der wesenhaften Einheit, Einfachheit (Nichtzusammengesetztheit), Unveränderlichkeit und damit selbstverständlich auch der Unkörperlichkeit Gottes. Von den „Anthropomorphisten" (Abschn. 1) abgesehen, galt es diese Position nur gegenüber den Dualisten und der – meist mißdeuteten – christlichen Trinitätslehre zu verteidigen[12]. Wie selbstverständlich diese Auffassung von der EINHEIT Gottes war, beweist die Tatsache, daß sie auch im aškenasischen Chasidismus,

[6] Vgl. Bachja ibn Paquda und Josef ibn Zaddik, J. Guttmann*, 120 f.133.

[7] (1) Schluß vom möglichen (verursachten) auf ein notwendiges (unverursachtes) Sein, (2) Beweis eines unbewegten ersten Bewegers aus der Kausalkette.

[8] J. Guttmann*, 179 f.

[9] J. Guttmann*, 223.

[10] J. Guttmann*, 243 f.

[11] A. M. Goichon, La distinction de l'essence et de l'existence d'après Ibn Sīnā (Avicenne), 1937; F. Rahman, in: M. Sharif, a. a. O. (§ 30), I, 482 ff.; A. Altmann, a. a. O. (§ 30, Anm. 88).

[12] M. E. Marmura – J. M. Rist, Al-Kindi's discussion of Divine existence and oneness, Med. Studies 25 (1963), 338–354; S. Rawidowicz, Saadya's Purification . . . (§ 30, Anm. 21); G. Vajda, La démonstration . . . (§ 30, Anm. 66); Ders., Le problème de l'unité . . . (§ 30, Anm. 1); Ders., Le traité . . . (§ 30, Anm. 109); H. A. Wolfson, Maimonides . . . (§ 30, Anm. 109).

von Jehudah Hallevi und in der Kabbalah verfochten wurde. Die religiöse Problematik dieser theoretisch aus der Gegenüberstellung zu den geschaffenen bzw. gewordenen Dingen erhobenen völligen Andersartigkeit und Transzendenz Gottes bestand darin, was nun (1) überhaupt von und über Gott ausgesagt werden könne, (2) wie das Verhältnis Gott – Welt und (3) die Beziehung Mensch – Gott bestimmt werden kann.

b) Breiten Raum nahm die Diskussion über die Eigenschaften (Attribute, *middôt)* Gottes ein[13], nicht zuletzt, weil ja in den Gebeten eine Fülle von Bezeichnungen, Eigenschaften und Wirkungsweisen Gottes täglich von jedermann ausgesprochen wurden. Unter der Voraussetzung der philosophischen Auffassung von der Einheit Gottes stellte sich die Frage, ob und wieweit solche Attribute nicht eine Vielfalt oder Veränderung in Gottes Wesen hineintragen. Die islamische Theologie (Kalam)[14] der muʿtazilitischen Richtung und in ihren Fußstapfen auch die jüdische Theologie verneinten daher zunächst grundsätzlich die Möglichkeit, Gott Wesensattribute zuzuschreiben und halfen sich in bezug auf die drei islamischen traditionellen Hauptattribute (lebendig, weise, mächtig) mit der Behauptung, sie fielen in und mit Gottes Wesen ineins und würden nur im denkenden Subjekt bzw. im sprachlichen Ausdruck unterschieden[15]. Davon (und den formalen Attributen der Einheit, Existenz und Ewigkeit Gottes) abgesehen handle es sich also nur um Wirkungsattribute. Diese Lösung hat wohl dazu beigetragen, daß im islamisch-jüdischen Bereich die in der christlichen religiösen Philosophie so umstrittene Universalienfrage eine relativ geringe Rolle spielen konnte und gemeinhin im Sinne des Nominalismus (oder zumindest eines diesem nahekommenden vermittelnden Standpunktes) beantwortet wurde[16].

Dies galt selbstverständlich nicht für die Kabbalah, die ja die *middôt* mit den Sefirot identifizierend als göttliche Potenzen bzw. Manifestationen begriff und insofern – wie entsprechend ihrer Symbolistik –

[13] A. Altmann, The Divine . . .; D. Kaufmann (doch vgl. jeweils auch J. Guttmann* zur Korrektur).

[14] M. Allard; G. C. Anawati; Die Beiträge in M. Sharif, a. a. O. (§ 30) I, 226 ff.259 ff.429; H. A. Wolfson, Avicenna . . .; Ders., Philosophical implications of the problem of Divine attributes in the Kalam, JAOS 79 (1959), 73–80.

[15] S. Horovitz, a. a. O. (§ 30).

[16] S. Horovitz, Nominalismus und Realismus bei den arabischen und jüdischen Religionsphilosophen, MGWJ 48 (1904), 554–575. 702–709; H. A. Wolfson, Maimonides on modes . . . (§ 30, Anm. 88).

einen Realismus vertrat. Im aškenasischen Chasidismus wurden mit anderen Mitteln (Annahme des *kābôd* bzw. *k^{e}rûb m^{e}jûḥad;* Zwischenstufen aus Kombinationen von *middôt* und Märkabahregionen etc.) die Attribute ebenfalls auf Manifestationen Gottes bezogen und damit zunächst – aber nicht endgültig[17] – dieser (spezifisch philosophischen) Diskussion entzogen. Die Kabbalah sah in den Sefirot aber nicht bloß *middôt* und auch nicht eine erschaffene Manifestation wie es *kābôd* bzw. *š^{e}kînāh* im Sinne der Philosophen und aškenasischen Chasidim waren. Die Sefirot sind als Emanationen und Potenzen der Gottheit gedacht und ihr Bereich wird darum auch gegenüber der Engelwelt und unteren Schöpfung entsprechend abgegrenzt. Ungelöst blieb dabei freilich, wie die Beziehung zwischen Sefirot und *'Ên Sôf* zu verstehen sei. Das beliebte Bild Kohle – Flamme setzt einen unmittelbaren Wesenszusammenhang voraus, was die Konzeption von der Attributlosigkeit des *'Ên Sôf* aber gefährdet. Man sprach daher gelegentlich von „Gefässen" und „Gewändern", in denen – verborgen – Gottes Wesen präsent sei, und unterschied so eine äußere und eine innere Emanation. Einhellig waren die Kabbalisten aber der Ansicht, daß die Vielheit der Sefirot gerade die Einheit Gottes demonstrieren solle und daß die Ursünde gerade in der Abtrennung und Verabsolutierung einzelner göttlicher Potenzen bestehe.

c) Die kabbalistische Konzeption der unfaßbaren transzendenten Gottheit, des *'ajin* (Nichts) bzw. *'ên sôf,* setzt die neuplatonische Auffassung voraus, nach der über Gottes Wesen keinerlei positive Aussagen möglich sind und die gebräuchlichen Attribute negativen (Mängel ausschließenden) Sinn haben oder lediglich Wirkungsattribute darstellen. So Dunaš b. Tamim[18], Salomo ibn Gabirol, Jehudah Hallevi und auch RMB"M[19]. Eine Modifikation dieser Einstellung vertrat z. B. Josef ibn Zaddiq[20], indem er nach mu'tazilitischem Vorbild die Attribute mit Gottes Wesen ineinssetzte, zugleich aber hervorhob, daß es sich bei der Anwendung von Attributen auf Gott um etwas

[17] Die Frage stellte sich neu in bezug auf das Verhältnis zwischen *'Ên Sôf* und Sefirot, inwiefern also die Sefirot Gottes Wesen darstellen oder nicht. David b. Jehuda Messer Leon empörte die Kabbalisten zu Anfang des 16. Jh., weil er im Anschluß an die nominalistische Auffassung von „Wesensattributen" in der spätmittelalterlichen jüdischen Philosophie die Sefirot interpretierte.

[18] A. Altmann – S. M. Stern, Isaac Israeli, 1958, 152.

[19] S. Feldmann, a. a. O. (§ 30, Anm. 125); § 30, Anm. 110.

[20] § 30, Anm. 56.

wesentlich verschiedenes handle als bei der Aussage derselben sonst. Dieser Gedanke der grundsätzlichen Unvergleichlichkeit der Attribute wird auch in der nachmaimonidischen Theologie hervorgehoben und zugleich geleugnet, daß eine begriffliche Vielheit in der Aussage über ein Objekt auch eine Vielheit in diesem voraussetzte, wie RMB"M noch angenommen hatte. Levi b. Gerson, Chasdaj Crescas, Josef Albo u. a. bejahten von daher wieder die Möglichkeit positiver Aussagen, also von Wesensattributen, allerdings in diesem eingeschränkten Sinne.

Je nach der jeweiligen Akzentuierung hatten die Attribute auch ihre Bedeutung für die religiöse Ethik, zumal schon traditionell Gottes *middôt* als Vorbild für menschliches Verhalten gegolten hatte. Auch dabei erwies sich wieder die religiöse Überlegenheit der kabbalistischen Symbolistik gegenüber der vergleichweise doch recht abstrakten philosophisch begründeten religiösen Ethik.

d) Eine grundsätzliche Kritik am philosophischen Gottesbegriff von der jüdischen Tradition her hat Jehudah Hallevi (§ 30,6) vorgenommen, indem er dem Gott der Philosophen, der causa causarum und dem unbewegten ersten Beweger, kurz: dem Produkt menschlicher Überlegung, den Gott Abrahams, Isaaks und Jakobs, den Gott der heilsgeschichtlichen und persönlichen Erfahrung gegenüberstellte. So treffend er dabei auch die Unterschiede zwischen den beiden Gottesauffassungen darstellte, so wenig gelang ihm eine spekulative Bewältigung aller damit zusammenhängender Probleme. In dieser Hinsicht wurde die Kabbalah zur Fortsetzerin der Auseinandersetzung, indem sie die Spannung zwischen transzendenter Gottheit und dem „lebendigen" Gott der religiösen Erfahrung und Überlieferung mit Hilfe der Sefirot-Theologie zugleich zu erhalten wie aufzuheben trachtete.

§ 35 Gott und Welt

H. M. Al-Alusi, The Problem of Creation in Islamic Thought, 1968; V. Aptowitzer, Arabisch-jüdische Schöpfungstheorien, HUCA 6 (1929), 205 bis 246; E. Behler, Die Ewigkeit der Welt, 1965 (v. a. 239 ff.); J. Dan, Tôrat ... (§ 32), 203 ff.; H. A. Davidson, John Philoponus as a source of medieval Islamic and Jewish proofs of creation, JAOS 89 (1969), 357–391; E. Gottlieb, Lemašmāʿûtām šäl "Perûšê maʿaśe bereʾšît" bereʾšît haq-qabbālāh, Tarb 37 (1967/8), 294–317; J. v. Kempski, Die Schöpfung aus dem Nichts, Merkur 14 (1960), 1107–1126; D. B. MacDonald, Continuous re-creation and atomisation in Muslim scholastic theology, Isis 9 (1927), 326–344; S. H. Nasr, An introduction to Islamic Cosmological doctrines, 1964; N. Séd, Une cosmologie juive du Haut moyen âge, la Berajta di Maʿaseh Bereshit, REJ.HJ 123

(1964), 259–305; G. Scholem, Schöpfung aus dem Nichts und Selbstverschränkung Gottes, Eranos-Jb. 25 (1956/7), 87–120; J. Tishby, Mišnat haz-Zohar, I, 1957², 381 ff.; H. A. Wolfson, The meaning of ex nihilo in the Church fathers, Arabic and Hebrew philosophy, and St. Thomas, Harvard College 1948, 355–370 (auch: Mediaeval Studies in Honor of M. Ford); Ders., The Problem of the Origin of Matter in Medieval Jewish Philosophy, Proceedings of the 6th Intern. Congress of Philos., 1926, 602–608; M. Worms, Die Lehre von der Anfangslosigkeit der Welt bei den mittelalterlichen arabischen Philosophen des Orients und ihre Bekämpfung durch die arabischen Theologen (Mutakallimun), 1900. Ferner s. die Lit. in § 30, Anm. 18.37.39 (Brunner). 86.101.111.112.151.170 (Heller). 172 (Barzilay 79 ff.); § 32, Anm. 33.

1. Die (§ 34) erwähnte philosophische Auffassung von Gott, die jede Veränderung von ihm ausschließt, schränkt die Beziehung zwischen Gott und Welt in einer für religiöses Empfinden unerträglichen Weise ein. Im Aristotelismus wurde diese Beziehung auch durch die neben Gott als reiner Aktualität postulierte Urmaterie als der reinen Potentialität hergestellt, woraus sich die Annahme einer ewigen, in sich sinnvoll funktionierenden Welt ergab. Die Einführung der Sphärengeister als einer Art Vermittlung zwischen dem unbewegten ersten Beweger und der Welt ist zwar ein mythologisches Relikt, doch keineswegs theologisch imponierend. Von einer Beziehung Gott – Welt und einer Schöpfung kann hier eigentlich keine Rede sein. Die religiöse Philosophie hat sich darum bemüht, der Gottheit einen voluntaristischen Aspekt zuzuschreiben und gleichwohl die Einheit des Wesens zu behaupten. Die Frage, ob mit Gottes Willen eine Schöpfung in der Zeit (nebenbei auch ex nihilo) begründbar sei, blieb indes immer kontrovers und wurde gerade bei jenen, die das Problem am eindringlichsten erörterten (wie RMB"M) durch den Hinweis auf das Zeugnis der Offenbarung entschieden und mit einer Einschränkung der Geltung der aristotelischen Physik (wie bei RMB"M) bzw. einer grundsätzlichen Kritik dieser (Chasdaj Crescas) verbunden. Mit solchen Kompromißlösungen und mit Hilfe allegorischer Exegese konnte notdürftig eine Harmonisierung zwischen „Philosophie" und Offenbarungsinhalt erreicht werden, aber eine auch das religiöse Bedürfnis breiter Schichten befriedigende Deutung der Beziehung Gott – Welt blieb aus. Die philosophisch orientierte Schöpfungslehre bildete darum einen der zahlreichen Punkte, die bei den Philosophie-Gegnern Anstoß erregten.

2. Die aristotelische Konzeption blieb bis Ibn Rushd allerdings gemildert durch den Einfluß des Neuplatonismus und seiner Emanationslehre. Sie setzt zwar ebenfalls eine ewige Schöpfung voraus, aber der

Prozeß der Emanation, das dynamische Moment, wirkte auf religiöses Empfinden bestechend, nicht zuletzt, weil die Geschlossenheit des Emanationsflusses von oben her und seine Gliederung in einer Folge von Seinsstufen in Verbindung mit der neuplatonischen Seelenlehre auch die Beziehung Gott – Mensch (§ 36) religiös einleuchtender begründen konnte als der reine Aristotelismus. So kam es, daß der völlig unbiblische Gedanke eines emanatorischen Schöpfungsprozesses, schon in rabbinischen Texten da und dort anklingend[1], auch im Judentum nur selten feindselig kritisiert wurde. Korrekturen wurden indes stets vorgenommen. Von einer unmittelbaren Emanation aller Seinsstufen aus der Gottheit sah man zur Vermeidung der pantheistischen Konsequenzen ab, die obersten Stufen wurden gern auf eine – in diesem Sinn eingeschränkte – *creatio ex nihilo*[2] und auf ein voluntaristisches Prinzip zurückgeführt, und erst daraus emanieren die unteren intelligiblen Wesenheiten, die zwischen der transzendenten Gottheit und der sinnlichen Schöpfung vermitteln sollen. Dabei bediente man sich z. T. auch aristotelischer Elemente, z. B. der Sphärenlehre (9 oder 10[3] Sphären) und wandte auch auf diesen Bereich den Gedanken von Materie und Form an[4] (vgl. Ibn Gabirol, § 30, 3 c).

Diese Zwischenwelt ließ sich übrigens leicht mit der traditionellen Ansicht von den Engeln verbinden, indem man sie als „separate Intelligenzen"[5] bzw. Sphärengeister u. ä. deutete. Demgegenüber werden in der Kabbalah die Engel und Dämonen von der Welt der Sefirot klar

[1] A. Altmann, A note on the Rabbinic doctrine of creation, JJS 7 (1956), 195–206.

[2] Vgl. § 30, 37; Wolfson, The meaning of ..., Zur Kabbalah: § 33, Anm. 30.

[3] Vgl. darüber A. Altmann, The Ladder ... (§ 30) 25 f.

[4] A. Schneider, Die abendländische Spekulation des 12. Jahrhunderts in ihrem Verhältnis zur aristotelischen und jüdisch-arabischen Philosophie, 1915, 21 ff.; O. A. Farrukh in: M. M. Sharif, a. a. O. (§ 30) I, 293; M. S. H. Al-Masumi, ibd. 511 f.; s. § 30, 3b (1), 3c. G. Scholem, Ursprung ... (§ 33) 112.198 ff.311 f.321.379.381.

[5] Vgl. RMB"M, *Mišneh Tôrāh, Hilkôt Jesôdê Tôrāh* II, 3 ff.

[6] J. Tishby, Mišnat haz-Zohar I, 1956/7², 477 ff. In der frühen Kabbalah freilich blieb die alte Angelologie noch lange Konkurrentin der neu aufkommenden Sefirotlehre, vgl. bei G. Scholem, Ursprung ... (§ 33) 160 ff. 186, 281, 300 f., 306. Im Übrigen R. Margoliut, Mal'akê ʿäljôn, 1963/4²; M. Schwab, Vocabulaire de l'angélologie d'après les manuscrits Hébreux de la Bibliothèque Nationale, 1897; L. Zunz*, SP 500 ff. Zum aškenasischen Chasidismus: J. Dan, Tôrat ... (§ 32), 215 ff.

abgegrenzt[6] und verlieren darum im Vergleich zur alten Esoterik auch an Bedeutung innerhalb der Spekulationen.

3. Die neuplatonische Auffassung von der Schöpfung wurde in der Kabbalah zwar grundsätzlich aufgegriffen, doch beträchtlich umgestaltet. Einmal konzentriert sich das spekulative Interesse auf die Theosophie, auf die emanierenden[7] Manifestationen des *'Ên Sôf* in den 10 Sefirot, den göttlichen *middôt,* Namen, Potenzen, „Gewändern" und „Gefässen" etc., und auf die Vorgänge in diesem letztlich ja noch innergöttlichen Bereich. Paradoxerweise gewährleistete in der Kabbalah gerade diese theosophische Ausrichtung einen im Neuplatonismus sonst nicht erreichten Zusammenhang zwischen Gottheit und Schöpfung.

Dort war der Zusammenhang einmal durch den Emanationsprozeß gegeben, doch je weiter dieser fortschreitet, je ferner das Existierende der „Quelle" ist, desto gröber, materieller – und darum auch negativer zu bewerten wird dieses. Zum anderen verbindet der gegenläufige Prozeß der Selbstvervollkommnung und die Vereinigung der aus der geistigen Welt stammenden Einzelseele mit der universalen Seele oder mit bestimmten intellegiblen Seinsstufen einen vom Menschen mitbestimmten Zusammenhang. Im Aristotelismus wirkt dieser für das religiöse Empfinden sehr dürftig, er beschränkt sich auf den teleologischen Weltzusammenhang einerseits und auf die Verbindung des menschlichen (erworbenen!) Intellekts mit dem aktiven Intellekt andrerseits.

Demgegenüber überbietet die Kabbalah auch die neuplatonische Konzeption noch weitaus. Alles Irdische wird als Chiffre für die Sefirotvorgänge verstanden, aber nicht bloß als Hinweis, sondern als vordergründige Erscheinung ein und derselben Prozesse „oben" und „unten", sodaß das Geschehen in den Sefirot und in der Schöpfung gleichsam wie in kommunizierenden Gefässen in Wechselwirkung voneinander abhängig ist. Dank dieser Symbolistik war die kabbalistische Theosophie immer auch Kosmologie und – infolge des Sünden- und Torahbegriffes sowie der im *'Ādām qadmôn* repräsentierten Deutung des Menschen – Anthropologie. Jedes Detail der Schöpfung und des menschlichen Handelns gewann hierdurch unüberbietbare Relevanz[8]. Dabei ermöglicht die Torah-Symbolik auch eine heilsgeschichtliche Perspektive, während in der philosophischen Gott –

[7] G. Scholem, EJ III, 801–803; EI V, 489 f.

[8] Vgl. J. Tishby, Has-semäl w^{e}had-dāt baq-qabbālāh in: N^{e}tîbê ... (§ 33), 11–22.

Welt – Beziehung der individualistische Aspekt überwiegt. Zudem führte die kabbalistische Schöpfungstheorie nicht zu der sonst im Emanationsschema üblichen, geradezu automatisch nach „unten" fortschreitenden negativen Wertung des Materiellen und Leiblichen, weil in der symbolistischen Entsprechung zwischen Oberem und Unterem die Relevanz der Entfernung vom Ursprung gemildert und die Bedeutung des Geschehens (Toraherfüllung oder Sünde) betont wird. Das Böse wird als reale Macht und nicht bloß als Privation des Guten begriffen, jedoch weniger auf eine mechanistische materielle Verdichtung im Lauf des Emanationsprozesses zurückgeführt als auf ursprünglich positiv funktionsimmanente göttliche Potenzen, die erst infolge der Sünde von der ursprünglichen Einheit getrennt werden und sich daraufhin zu einem dämonischen Weltzusammenhang zusammenfügen[9]. Das Problem der Theodizee, die bedrängende Frage des Bösen in der Welt, wird in der theosophischen Spekulation und Schöpfungstheorie aufgehoben, z. T. freilich in einer dem gnostischen Mythus nahekommenden Weise, doch bei voller Wahrung des monistischen Theismus.

Der eigentliche Angelpunkt der Gott-Welt-Beziehung liegt für den Kabbalisten in der X. Sefirah (*malkût / šekînah / kenäsät Jiśrā'el* / mündliche Torah)[10]. Die Symbolik dieser Sefirah enthält so viele unmittelbar das religiöse Bewußtsein des Juden berührende Komponenten, daß der Erfolg der Kabbalah gegenüber der Philosophie kaum verwundern kann. Diese X. Sefirah, die „*Šekînāh*", stellt auch die Gegenwart Gottes in der Welt dar, z. T. in Beschreibungen, die an den Gedanken der Immanenz grenzen[11]. Die theoretische Problematik, die darin verborgen liegt, konnte zwar ebensowenig eindeutig gelöst werden wie die Frage nach dem Verhältnis zwischen *'Ên Sôf* (unbestimmbares, verborgenes Wesen Gottes) und Sefirot ausreichend beantwortet werden konnte, doch der religiöse Empfindungswert dieser Gedanken wurde dadurch nicht beeinträchtigt.

[9] E. Amado Lévy-Valensi, Mal radical et rédemption dans la tradition mystique du Judaisme, MPhLJ 1–2 (1956/7), 134–152; E. Amado, Les niveaux de l'etre et la connaissance dans leur relation au problème du mal, 1962; G. Scholem, Sitra achra. Gut und Böse in der Kabbala, in: Von der mystischen Gestalt ... (§ 33), 49–82; Ders.*, DjM 38. 257–261; J. Tishby, Mišnat haz-Zohar I, 1956/7², 285 ff.

[10] Vgl. § 33, 4b (v. a. Anm. 94).

[11] Pantheistische Anklänge sind zwar – nicht zuletzt im Zohar – zu finden, doch wirklich problematisch erscheinen solche weniger in der Kabbala als im aškenasischen Chasidismus (J. Dan, Tôrat ... [§ 32], 171 ff.).

4. Zu den für religiöses Empfinden am meisten bedrängenden Konsequenzen des philosophischen Gottesbegriffes gehörte die Infragestellung der Providenz[12]. Nach der aristotelischen Auffassung kommt dem unbewegten ersten Beweger keine Kenntnis um die Einzeldinge zu und gibt es kein persönliches Verhältnis zwischen dem Frommen und seinem Gott. Abgesehen vom Problem der Individualität und Identität in der Intellekt- und Seelenlehre (§ 36,3) war diese Gefährdung der biblischen Religion der entscheidende Anlaß für antiphilosophische Einwände und Emotionen. Nun haben freilich die jüdischen Theologen auch der aristotelischen Richtung sich bemüht, mit der Einführung eines voluntaristischen Prinzips in das Gottesbild wenigstens Israel aus der nur allgemeinen Vorsehung (vermittels der astrologischen Determination oder der naturimmanenten Teleologie) auszunehmen und einer individuellen Vorsehung zu unterstellen, was dann auch mit der – zumindest die religiös-ethisch relevanten Entscheidungen einschließenden – Lehre von der freien Willensentscheidung[13] als Begründung für Torah und Ethik verbunden war, RMB"M hat daher das Bekenntnis, daß Gott die Taten der Menschen kennt, (als 10.) in seinen *ʿIqqārîm* (§ 38) aufgenommen. Schon im neuplatonischen Weltbild war der erschreckende Eindruck der – ja auch hier postulierten – Unmöglichkeit der „persönlichen" Gottesbeziehung gemildert durch die dem Emanationskonzept innewohnende Dynamik. Dies gilt nicht

[12] Zum Problem der Providenz: A. Altmann, EI XV, 478–483 (Philosophie); J. Baer, Šenê peräqîm ... (§ 32); D. Z. Baneth, Māqôr meśûttaf ... (§ 30, Anm. 50); Z. Diesendruck, a. a. O. (§ 30, Anm. 116); J. Dan, Tôrat ... (§ 32), 230 ff.; I. Epstein, a. a. O. (§ 30, Anm. 113); C. Fabro, Avicenna e la conoszenza divina dei particolari, Boletino Filosofico 1 (1935), 45–54; A. Grünfeld, Die Lehre ... (§ 34); L. Jacobs, Principles of the Jewish Faith, 1964, 320 ff.; J. Kramer, Das Problem des Wunders im Zusammenhang mit der Providenz von Saadia bis Maimuni, 1903; G. Mauser, Die göttliche Erkenntnis der Einzeldinge und die Vorsehung bei Averroes, Jahrb. f. Phil. und spekul. Theol. 23 (1909), 1–29; A.-F. Mehren, Vues d'Avicenne sur l'astrologie et sur le rapport de la responsibilité humaine avec le destin, Muséon 3 (1884), 383–403; N. Samuelson, The problem of free will in Maimonides, Gersonides and Aquinas, CCAR.J 17/1 (1970), 2–22. G. Scholem, EI XV, 483–485 (Kabbalah); D. J. Silver, Nachmanides' Commentary on the Book of Job, JQR 60 (1969/70), 9–26; L. Stein, Die Willensfreiheit und ihr Verhältnis zur göttlichen Praescienz und Providenz bei den jüdischen Philosophen des Mittelalters, 1881; L. Strauss, Der Ort ... (§ 30, Anm. 116); G. Vajda, Šiṭṭātô šäl R. Môsäh bän Jôsef Hal-Levî ba-hašgāḥāh hā-ʾälohît, Melilah 5 (1954/5), 163–168; M. Ventura, a. a. O. (§ 30, Anm. 146).

[13] Vgl. auch S. Pines, EI VIII, 151–157.

minder für den aškenasischen Chasidismus und noch viel mehr für die Kabbalah und ihre Sicht des Weltzusammenhanges.

§ 36 *Der Mensch*

A. Altmann, God and the Self in Jewish Mysticism, Jdm 3 (1954), 142–146; Ders., Homo Imago Dei in Jewish and Christian Theology, JR 48 (1968), 235–258; J. Finkel, Maimonides Treatise on Resurrection, in: S. W. Baron (ed.), Essays on Maimonides, 1966², 93–121; L. Gardet, Dieu et la destinée de l'homme, 1967; I. Heinemann, Die Lehre von der Zweckbestimmung des Menschen im griechisch-römischen Altertum und im jüdischen Mittelalter, 1926; A. J. Heschel, The Concept of Man in Jewish Thought, in: S. Radakrishman-P. T. Raju, The Concept of Man, 1960, 108–157; S. Horovitz, Die Psychologie ... (§ 30); D. Kaufmann, Die Sinne, Beiträge zur Geschichte der Psychologie im Mittelalter, 1884; N. Lamm, Man's position in the universe, a. a. O. (§ 30, Anm. 17); D. B. MacDonald, The Development of the Idea of Spirit in Islam, AO (Stockholm) 9 (1931), 307–351; B. Templer, Die Unsterblichkeitslehre der jüdischen Religionsphilosophen des Mittelalters bis auf Maimonides, in ihrem Verhältnis zu Bibel und Talmud, 1895; S. B. Urbach, 'Ādām w^e Jiśrā'el ba-fîlôsôfjāh haj-j^e hûdît, Šānāh b^e Šānāh 1961/2, 215–226; G. Vajda, La finalité ... (§ 30, Anm. 1); W. M. Watt, Created in His Image; a study in Islamic theology, Transactions of the Glasgow Univ. Or. Soc. 18 (1959/60), 38–49; A. H. Wolfson, The Internal Senses in Latin, Arabic and Hebrew Philosophical Texts, HThR 28 (1935), 69–133.

1. Der Mensch in der Schöpfung

a) Die allgemein geteilte Annahme einer übernatürlichen Qualität und einer höheren Zweckbestimmung des Menschen hat in den einzelnen Richtungen des religiösen Denkens recht charakteristisch unterschiedlichen Ausdruck gefunden und sich nicht zuletzt in der Deutung der biblischen Erzählung über die Schöpfung des Menschen, v. a. von Gen 1,26 f., niedergeschlagen. Die Auffassung vom „Bild Gottes" bzw. von jenem Moment, das den Menschen vom animalischen Bereich unterscheidet und seine höhere Zweckbestimmung begründet, war selbstverständlich von der jeweiligen Gottesvorstellung abhängig. Vom Aristotelismus her, wo Gott als reiner Intellekt verstanden wurde, sah man – wie z. B. RMB"M – auch den Menschen in erster Linie unter dem Aspekt des Intellekts und die Beziehung zwischen Mensch und Gott in der Verbindung des (erworbenen) menschlichen Intellekts mit dem „aktiven Intellekt". Die körperliche Existenz für sich erfährt hier kaum eine Begründung oder Wertung, sie wird wie die ethisch-religiöse Praxis im besonderen darnach beurteilt, in welchem Maß durch sie die Erlangung jener intellektualistischen Bestimmung behindert oder gefördert wird.

b) In der neuplatonisch orientierten Theologie dominiert entsprechend der Emanationslehre die Ansicht vom Ursprung des eigentlich menschlichen Selbst in höheren Seinsstufen, was von vornhinein eine negative Wertung der irdisch körperlichen Existenz mitbedingt, die im Extremfall bis zu gnostisierender Weltverachtung führen kann, allemal aber eine gewisse asketische Note in die Frömmigkeit und Ethik einbringt[1]. Die körperliche, sinnliche Welt wird als Fremde und Gefängnis empfunden, in der es gilt, sich seines Ursprungs zu besinnen, sich von den Fesseln des Sinnlichen zu lösen und durch Erkenntnis (bzw. Selbsterkenntnis) mit jenen Seinsstufen in Verbindung zu treten, in die das Selbst des Menschen nach dem körperlichen Tode wieder zurückkehren soll. Das Interesse konzentriert sich also auf die Seelenlehre (Abschn. 3), eine kathartische Ethik und religiöse Devotion und auf damit erreichbare meditativ-ekstatisch[2] visionäre[3] Vorwegnahmen des Vollendungszustandes. In diesem Punkt hat der Neuplatonismus das religiöse Denken des Mittelalters am meisten geprägt, weit über den Bereich der engeren neuplatonischen Philosophie oder Theologie hinaus.

c) Auch die Kabbalah teilte die neuplatonische Sicht des Menschen, modifizierte und überhöhte sie aber in unverwechselbarer Weise[4]. Und zwar – von der Seelenlehre einmal abgesehen – v. a. durch die Symbolistik, die z. B. auch die Wertung der Anthropomorphismen im Vergleich zur Philosophie auf den Kopf gestellt hat (§ 34,1). Der Mensch wird – auch in seiner körperlichen Erscheinung – als „theomorph" gesehen und das Handeln und die Bestimmung des Menschen nicht auf eine individuelle Relation zu einer gewissen höheren Seins-

[1] G. Vajda, Continence, mariage et vie mystique selon la doctrine du Judaisme, Trait d'union 3/30–31 (1955), 16–24; Ders., Le role et la signification de l'ascétisme dans la religion juive, ASR 9/18 (1964), 35–43; G. Scholem, Ursprung ... (§ 33), 205. 271. J. Baer, Ham-m^{e}gammāh ... (§ 32).

[2] D. Langen, Archaische Ekstasetechnik und asiatische Meditation mit ihren Beziehungen zum Abendland, 1963; G. Scholem*, DjM 111. 131 ff. 142 ff.

[3] C. Sirat, Les théories des visions ... (§ 29); A. A. Neuman, Vision and visionaries in Jewish history, Publ. AJHS 47/3 (1958), 134–138.

[4] S. A. Horodetzky, Kibšono šäl ʿôlām, 1949/50; J. Tishby, N^{e}tîbê ... (§ 33), 14 ff.; Ders., Mišnat haz-Zohar II, 1960/1, 3 ff.

stufe beschränkt, sondern mit den Vorgängen in den Sefirot verbunden. Nur isoliert von diesem universalen Zusammenhang gewinnen Potenzen und körperliche Sachverhalte und Vorgänge negativen Wert, wobei gerade die Norm des religiösen und ethischen Verhaltens, die Torah, die Norm und das innere Gesetz dieses Universalzusammenhanges darstellt. Unter diesem Gesichtspunkt der Torahsymbolik und der Symbolistik überhaupt hat die Relation Gott – Mensch (bzw. Mensch – Gott) dynamisch-organischen und wechselseitigen Charakter. Und zwar nicht bloß allgemein durch die Entsprechung zwischen dem *'Ādām qadmôn* als Sefirotstruktur und dem menschlichen Organismus, sondern bis ins Detail, alle 613 Körperteile betreffend, die wieder den 613 Geboten und Verboten der Torah zugeordnet sind. Am auffälligsten erfolgt diese theomorphistische Einordnung des Menschlichen vielleicht in bezug auf die sexuelle Sphäre, die wenigstens im Neuplatonismus als Inbegriff für die sinnlichen Bande der Seele galt. Die Sexualsymbolik, die vor allem das Verhältnis zwischen den Sefirot IX–X (§ 33,4 b) betrifft, illustriert nicht nur das organisch-dynamische Sefirotgeschehen, sie verlieh in der Kabbalah auch dem irdischen, durch die Torah legitimierten Sexualleben die Funktion eines kabbalistischen Symbols. Die Symbolik der Torah (§ 37) und die Sündenlehre korrigierten auch die im Neuplatonismus vorwiegend individualistische Note, eröffneten wenigstens ansatzweise eine heilsgeschichtliche Perspektive und verbanden so Theosophie, Kosmologie, Anthropologie und Heilsgeschichte. In keiner anderen religiösen Richtung ist eine derartige Relevanz des Menschen im Gesamten und im Detail des Gott – Welt – Zusammenhanges entwickelt worden wie in der Kabbalah, die darum auch nicht zufällig nach dem Zusammenbruch des mittelalterlichen Weltbildes das Interesse all jener auf sich zog, die nach einer neuen universalen Deutung der Welt Ausschau hielten. Allerdings war in der kabbalistischen Sicht auch der Schritt zur Magie nicht weit, da der Mensch als Verkörperung aller Sefirotkräfte erscheinen konnte, die bei entsprechendem Gebrauch der zugrundeliegenden Chiffren (Buchstabensymbole und Gottesnamen) auch schöpferische Prozesse auszulösen vermag. Im anthropologischen Zusammenhang ist dabei vor allem auf die Vorstellung vom Golem[5] und vom Personenengel oder *Ṣäläm*[6] zu verweisen.

[5] G. Scholem, Die Vorstellung vom Golem in ihren tellurischen und magischen Beziehungen, Zur Kabbala ... (§ 33), 209–259.

[6] G. Scholem, Zelem; die Vorstellung vom Astralleib, Von der mystischen ... (§ 33), 249–271.

d) Aus den skizzierten Voraussetzungen ergaben sich Problemstellungen, die je und je verschieden behandelt wurden. Einmal ging es um die nähere Bestimmung des „höheren“ menschlichen Selbst (Seelenlehre), um die Quellen und Organe der menschlichen Erkenntnis (Gottes), um das Verhältnis zwischen menschlicher Erkenntnis und Offenbarung und dabei speziell der überlieferten Offenbarung. Weiters um die Frage der Sünde, die Wertung der religiösen Praxis und um die Ethik überhaupt. Schließlich und endlich war das religiöse Denken gerade breiterer Kreise am Schicksal nach dem Tode, an der individuellen Eschatologie, besonders interessiert.

2. Urzustand, Adams Fall, das Böse und die Sünde

Die biblische Erzählung und die sich anschließende Haggadah vom *'Ādām (ri'šôn)* wurde im Mittelalter je nach den spekulativen Voraussetzungen sehr unterschiedlich interpretiert. Im neuplatonisch beeinflußten Bereich übte der Stoff eine gewisse Faszination aus, weil er als eine Erklärung für die Verkörperung der Seelen, für den „Fall“ der individuellen Seelen[7] verwendet werden konnte[8]. Die Kabbalah übernahm biblische Geschichte und Haggadah noch unbefangener, deren Sinn freilich verändernd[9]. So war nach einer Ansicht Adam vor dem Fall ein rein geistiges Wesen – und Gott demgemäss für ihn nicht transzendent. Der Fall in die Körperlichkeit und damit die Zugehörigkeit zur Welt der Trennung und Vielfalt erfolgte, weil die Sünde wesentlich darin besteht, daß göttliche Potenzen aus ihrem organischen und einheitlichen Zusammenhang abgetrennt werden, an einen ihnen nicht zustehenden Platz geraten und einen falschen Zusammenhang, eine Art Gegenwelt (wie auch eine „linke“ Emanation) bilden[10]. Die körperliche Existenz wird damit nicht absolut verteufelt, aber als Folge der Trennung hingestellt, wobei noch differenziert werden kann zwischen den von Engeln gewebten Körpern der Gerechten und der von Dämonen gewebten Körper der Bösen[11]. Die Sünde des Men-

[7] M. A. Elferink, La descente de l'âme d'après Macrobe, 1968.

[8] M. M. Sharif, a. a. O. (§ 30), I, 296 ff.

[9] E. Amado, Mal radical et rédemption dans la tradition mystique du judaisme, 1965; G. Scholem, Sitra achra; Gut und Böse in der Kabbala, Von der mystischen ... (§ 33), 49–82.

[10] Ezra b. Salomo: G. Scholem*, DjM 251.435 (Anm. 87).

[11] Bei Ezra b. Salomo (Scholem*, DjM 436, Anm. 105) wurde der Baum des Lebens vom Baum der Erkenntnis durch Adams Sünde getrennt;

schen beeinträchtigt die Verbindung zwischen Oberem und Unterem (vgl. § 33,4b), die Toraherfüllung fördert diese Verbindung. Das heißt aber, daß Sünde und Heilswirken weniger im allgemeinmenschlichen Sinne als in jüdisch-heilsgeschichtlichem Sinne relevant sind. Der (jüdische) Mensch erscheint so als der Wendepunkt in der Dynamik der gott-weltlichen Wechselwirkung, indem er von oben die Einflüsse empfängt, in sich (in Analogie zum *'Ādām qadmôn*) vereint, und je nach Erfüllung oder Nichterfüllung der Torah wieder auf die oberen Geschehnisse einwirkt. Gegenüber der philosophischen Auffassung vom Bösen als der Privation des Guten mußte die kabbalistische Deutung gerade unter den zunehmend drückenderen Lebensbedingungen des Spätmittelalters weitaus einleuchtender wirken.

Schließlich sei noch an die Ansicht erinnert, die im aškenasischen Chasidismus mit Adams Fall verbunden wurde. Demnach ging mit dem Sündenfall die ursprüngliche Einheit und Gleichheit der Menschen verloren, auch in sozialer Hinsicht[12].

3. Seele, Intellekt und individuelle Eschatologie

a) Über die Seele[13] waren schon zur Zeit Saadjas verschiedene Auffassungen verbreitet gewesen[14], die alle mehr oder weniger leicht mit

das Motiv kehrt später auf Sefirah IX und X bezogen, wieder. Vgl. Josef ibn Gikatilla (G. Scholem, Von der mystischen ... [§ 33], 107; Ders.*, DjM 252) hob besonders hervor, daß isolierte Din-Potenzen mit ihrem ursprünglich zustehenden Platz auch ihre positive Funktion verloren und pervertiert haben. Im Zohar wird das Böse allerdings nicht auf Adams Fall zurückgeführt, sondern schon vorausgesetzt; vgl. J. Tishby, Mišnat haz-Zohar I, 1956/7², 285 ff. Die nach-zoharische Kabbalah interessierte sich immer mehr für Ursprung und Funktion des Bösen.

12 J. Baer, Tôrat has-šiwwājôn ... (§ 32).

13 M. Amid, Essai sur la psychologie d'Avicenne, Diss. Genève, 1940; Ph. D. Bookstaber, The Idea of the Development of the Soul in Mediaeval Jewish Philosophy, 1950; E. Calverley, Doctrines of the Soul in Islam, MW 33 (1943), 254–264; I. Goldziher, Kitab maʿani an-nafs, 1907; S. Horovitz, Die Psychologie ...; S. Pines, EI XV, 456–459; S. van Riet, Avicenna Latinus, Liber de anima, 1968; A. Schmiedl, Verschiedene Theorien über das Wesen der Seele bei einigen arabisch-jüdischen Religionsphilosophen, MGWJ 4 (1855), 387–394. 416–430; M. M. Sharif, a. a. O. (§ 30), 296 ff. 432 ff. 487 ff. 512 ff. 574 ff. G. Scholem, EI XV, 459–460; Ders., Zelem; Die Vorstellung vom Astralleib, in: Von der mystischen ... (§ 33), 249–271; Ders., Lᵉbûš han-nᵉšāmôt wa-"ḥᵃlûqā' dᵉRabbānān", Tarb 24 (1954/5), 290–306.

14 H. Davidson, a. a. O. (§ 30, Anm. 22).

den traditionellen – ja sehr vagen und daher mehrdeutigen – haggadischen Vorstellungen verbunden werden konnten. Die Grundtendenz, im eigentlichen Selbst des Menschen etwas zu sehen, das höheren, wenn nicht gar göttlichen[15] Ursprungs ist, beherrschte auch das jüdische religiöse Denken. Saadja selbst[16] hatte die Seele für eine erschaffene, sphärenstoffartige, „reine" und lichtempfangende Substanz gehalten und damit die traditionelle (haggadische) individuelle Eschatologie schlecht und recht verbunden. Alsbald setzte sich jedoch die neuplatonische Grundauffassung und (mit schwankender Terminologie) die Einteilung in anima vegetativa, animalis und rationalis durch. Ursprung und Ziel der inkorporierten (und in der Regel erst so individualisierten) Seele (meist nur ihrer rationalen Kraft) liegen im Bereich der höheren Seinsstufen, wie immer dies im einzelnen variiert wird. Die Existenz im Körperlichen, Materiellen ist bis zu einem gewissen Grad ambivalent. Sie kann als Möglichkeit der Individualisierung bzw. zum Erwerb individueller Erkenntnis gesehen werden, gefährdet aber zugleich Beziehung und Rückkehr zum Ursprung, sodaß es der asketisch-meditativen Selbstvervollkommnung und Selbsterhebung der Seele bedarf, um zum Ziel zu gelangen. Hier lag für religiöses Empfinden das Bestechende an der neuplatonischen Seelenlehre, wenn auch die Frage nach der Individualität bzw. Identität Anlaß zu Modifikationen und Bedenken gab. Auch die Wertung der Individualität war nicht einhellig positiv, wenngleich die Mehrheit der Autoren sich dafür entschied.

b) Die Aristoteliker sahen in der Seele die Form des Körpers, die unabhängig von diesem daher auch nicht existiert. Meistens wurde diese Ansicht aber nicht konsequent vertreten, sondern ein Kompromiß mit der neuplatonischen Grundauffassung eingegangen[17]. Mose b. Maimon z. B. freilich war in diesem Punkt konsequent und liess nur für den (erworbenen) Intellekt eine Fortexistenz nach dem Tode gelten[18] und sah – wie Al-Fārābī – das Ziel des menschlichen Daseins in der Verbindung des menschlichen Intellekts (kraft seiner Aktualisierung) mit dem göttlichen „aktiven Intellekt". In den nachmaimonidischen Streitigkeiten spielte diese Ansicht eine nicht geringe Rolle.

[15] L. Jacobs, The doctrine of the „Divine spark" in men in Jewish sources, Studies in Rationalism, Judaism and Universalism in Memory of L. Roth, 1966, 87–114.

[16] Sefär hā-'ämûnôt wehad-de'ôt VI. Ferner s. § 30, Anm. 22.

[17] H. Corbin, Avicenna et le récit visionaire, 1954.

[18] § 30, Anm. 106.

Spätere, z. B. Chasdaj Crescas und Isaak Abrabanel, hielten daher an der substantiellen Unsterblichkeit der Seele fest.

c) Eine Kombination der platonischen Seelenlehre mit der aristotelischen Auffassung vom erworbenen Intellekt vollzog – von Simon b. Zämach Duran einmal abgesehen[19] – die Kabbalah in und nach dem Buche *Zohar*[20]. Die drei allgemein menschlichen Seelenkräfte (vegetativ, animalisch, rational) werden hier allerdings als unterste und sündenfähige Seelenschicht *(näfäš)* zusammengefaßt und von zwei höheren Seelen (*rûaḥ* und *nešāmāh*) unterschieden, die an den „erworbenen Intellekt" der Aristoteliker erinnern, also nur unter bestimmten Umständen je und je verschieden zu den angeborenen Seeleneigenschaften hinzutreten. Davon wird die *nešāmāh* nicht bloß auf Angehörige des Volkes Israel sondern sogar auf die kabbalistischen Frommen beschränkt, sie ist die „heilige Seele", der Funke aus der (III.) Sefirah *Bînāh*, das Organ mystischer intuitiver Erkenntnis. In der alten Kabbalah waren die Vorstellungen ziemlich differenziert. Der Ursprung der Seele wurde (z. B. im Buch *Bāhîr*) mit dem Weltenbaummotiv[21] aber auch mit der Symbolik der VII. (später: IX.) Sefirah verbunden[22]. Die Annahme einer obersten mystischen Seelenschicht begegnet aber schon in der Frühkabbalah[23].

In anderen Texten erscheint die Seelenlehre stärker ausgebaut[24], auch in Schriften, die wie Pseudo-Haj[25], im aškenasischen Chasidismus verbreitet waren.

d) Für das individuelle religiöse Bedürfnis war in diesem Zusammenhang natürlich von Interesse, inwiefern der Einzelseele in der Prae-

[19] J. Guttmann*, 257 f.

[20] J. Tishby, Mišnat haz-Zohar II, 1960/1, 3 ff.; G. Scholem*, DjM 262 ff.; Ders., Gilgul . . ., in: Von der mystischen . . . (§ 33), 215 f.

[21] G. Scholem, Ursprung . . . (§ 33), 63; V. Aptowitzer, Die Seele als Vogel, MGWJ 69 (1925), 150–169.

[22] G. Scholem, Ursprung . . . 73; 134.

[23] G. Scholem, Ursprung . . . (§ 33), 205: In einem Zitat aus Jakob ha-Nazir wird die haggadische „Sabbatseele" so gedeutet.

[24] Für den Gerona-Kreis s. G. Scholem, Ursprung . . . (§ 33), 401 ff.

[25] G. Scholem, Ursprung . . . (§ 33), 300. Hier wird eine universale rationale Seele in die Kosmogonie eingegliedert: Aus dem (1) Urpneuma entsteht (2 a) der *liḥlûaḥ* (*Bôhû*, Urwasser) und (2 b) der Uräther *(Tôhû)*, dann folgt der aus 1 unmittelbar emanierte (3) *Ḥašmal*, auf den (4 a) die 7 Erzengel und (4 b) die universale rationale Seele folgen. Die Seelenfunken der Gerechten stammen aber nicht daraus, sondern aus dem darunter in den *Märkābāh*-Regionen befindlichen himmlischen Feuerstrom *(nahar dî-nûr)*.

existenz und nach der Trennung vom Körper ihre Identität gewahrt wird. Die neuplatonische Vorstellung vom Verhältnis zwischen universaler Seele und Einzelseelen und schon gar die aristotelische Intellektlehre waren in ihrer konsequenten Anwendung zur Sicherung eines solchen Identitätszusammenhanges nicht ohne weiteres geeignet, so daß man in der Regel bemüht war, diesbezügliche Bedenken auszuräumen. Dies war im Judentum besonders dringlich, weil hier (bis auf gewisse sufistisch beeinflußte Mystikerkreise[26]) jede unio mystica, jedes Aufgehen der menschlichen Individualität in der Gottheit, selbst in der Kabbalah abgelehnt wurde. Kein Wunder also, daß vor allem in breiteren Schichten das Verlangen nach einer Profilierung dieses Identitätszusammenhanges vorherrschte.

Die pseudo-hermetische und im Neuplatonismus verbreitete Vorstellung von der „vollkommenen Natur des Menschen", orientalisch-gnostische Motive und die volkstümlicheren Vorstellungen vom Eigendämon bzw. Person-Engel haben auch in der Kabbalah Resonanz gefunden und die Seelenlehre bereichert. Abgesehen vom Motiv des himmlischen Gewandes, das die inkorporierte Seele zurückläßt[27], und von der Vorstellung des himmlischen Doppelgängers[28] kam vor allem der kabbalistischen *ṣäläm*- bzw. Astralleibvorstellung große Bedeutung und Auswirkung zu[29]. Der *ṣäläm,* dessen Doppelheit aus dem zweimaligen Vorkommen des Wortes in Gen 1,27 begründet wurde und der kabbalistischen Neigung zu Entsprechungen zwischen „Oben" und „Unten" entgegenkam, diente hier auch als Vermittlung zwischen Körper und Seele sowie als biologisches Prinzip[30].

Die Inkorporierung der Seele, v. a. der *n^eš̌āmāh,* wurde in der Kabbalah im Zusammenhang mit der Ausdeutung von Adams Fall mehr noch als im üblichen Neuplatonismus als „Falle der Seele" begriffen. Andrerseits dient der Erwerb der höheren Seelenschichten *rû^aḥ* und *n^eš̌āmāh* durch den Frommen der Wiederherstellung des harmoni-

[26] § 30, Anm. 55.

[27] Allg.: L. Canet, Les vetements des âmes, in: F. Cumont, Lux perpetua, 1949, 429 ff. Zur Kabbala: G. Scholem, l^ebûš ... (Anm. 13). Man verband hier den Gedanken mit dem haggadischen Motiv von den paradiesischen Gewändern der Gerechten.

[28] Was der Vorstellung von der Selbstbegegnung (und Selbst-Beschwörung) sowie der Deutung der Prophetie als Selbstbegegnung zugrundeliegt. § 33, Anm. 66.

[29] G. Scholem, Zelem; die Vorstellung vom Astralleib, Von der mystischen ... (§ 33), 249–271.

[30] § 33, 4 c.

schen Zusammenwirkens von Unterem und Oberen, hat also eine mehr als nur individuell-soteriologische Bedeutung.

e) Abstieg und Aufstieg (Rückkehr) der Seelen im neuplatonischen Weltbild in Verbindung mit der kathartischen Ethik konnten leicht zur Einbeziehung eines Gedankens führen, der in bestimmten Gruppen von der Antike her herumgeisterte[31], von den Philosophen abfällig bewertet, von den meisten Kabbalisten aber aufgegriffen wurde, nämlich die Seelenwanderung[32]. Die im Buch *Bāhîr* wie eine selbstverständliche Tatsache erwähnte Wiederverkörperung der Seelen Verstorbener zum Zwecke der Läuterung wurde von den frühen Kabbalisten verschieden ausgedeutet[33] und ist dann vom *Zohar* (II, 95a ff.) an als *„gilgûl"* der Seelen im Spätmittelalter immer stärker als allgemeingültiges, nicht bloß auf bestimmte Sünder beschränktes Seelenschicksal gelehrt worden. Dies vor allem infolge: (a) des Gedankens von Inkarnationsserien, wonach z. B. die Seele Adams in David und dann wieder im Messias reinkarniert wird, und (b) der Lehre von den Seelenfunken (Seelenteilen, *n^{e}ṣûṣôt)*. Nach dieser zersplitterten mit Adams Fall die Gesamtseelen und die Aufgabe des Frommen ist es, durch seine Toraherfüllung möglichst viele der ihm zugehörigen Seelenfunken an sich zu ziehen und so den geistigen Urzustand des Menschen *('ādām dî'^{a}ṣîlût)* wiederherzustellen. Nur verwandte Seelenteile können sich so verbinden („Seelensympathie"). Vom 13. Jh. an wurde daher *'ibbûr* (früher wie *gilgûl* gebraucht) für diesen Erwerb zusätzlicher Seelenfunken verwendet, während *gilgûl* die Reinkarnation (zur Strafe und Läuterung) bezeichnet.

f) Die Spekulationen über das Schicksal der Seele nach dem Tode haben vor allem in der Kabbalah breiten Raum eingenommen und entsprachen einem weit verbreiteten, aktuellen religiösen Interesse, das freilich auch von der traditionellen Auferstehungshoffnung her bestimmt war[34]. Damit war eine zweifache Akzentverschiebung verbunden. Ein-

[31] In der Umwelt, aber auch in karäischen und manchen jüdischen Kreisen.

[32] G. Scholem, EI X, 753–757. G. Scholem, Gilgul: Seelenwanderung und Sympathie der Seelen, Von der mystischen ... (§ 33), 193–247; zuvor: Eranos-Jb. 24 (1956), 55–118.

[33] G. Scholem, Ursprung ... (§ 33) 78 f. 99ff. 155f. 166 ff. 209.225.272.404 ff. 413; Ders., L^{e}ḥeqär tôrat hag-gilgûl baq-qabbālāh bam-me'āh ha-13., Tarb 16 (1944/5), 135–140; für RMB"N s. D. J. Silver, a. a. O. (§ 26, Anm. 30).

[34] Vgl. F. Cantera, L'idée d'immortalité et de résurrection à travers les inscriptions hébraiques du moyen âge espagnol, Atti dell' VIII Congresso Intern. di Storia delle Religioni Roma 1955, 287–291.

mal bedeutete das Festhalten an dem Auferstehungsgedanken, daß die breite Masse nach wie vor den Menschen als Person nicht einfach mit einer Seele oder gar mit dem erworbenen Intellekt ineinssetzte und die Kontinuität und Identität der Persönlichkeit wie in alter Zeit auch durch das körperlich-gestalthafte mitbedingt sah, also nicht bloß, daß die Seele Einfluß auf die körperliche Gestalt und auf die Physiognomie ausübt, wie es viele Kabbalisten gemeint hatten[35]. Auch die Trauerbräuche und die Wertung des Friedhofes, der Wunsch vieler, in der Erde des heiligen Landes, wo die Auferstehung beginnen soll, bestattet zu werden, weist auf die starke Verwurzelung der Hoffnung auf eine leibliche Auferstehung im Volksglauben hin. Obwohl die philosophischen Theologen und auch die Kabbalisten diese Hoffnung nur umgedeuteten Sinnes in ihrem Denken unterzubringen vermochten, wagte es darum auch kaum jemand, sie expressis verbis zu leugnen. Bei RMB"M z. B. gehört sie zu den 13 *'Iqqārîm* – und zwar ausdrücklich noch neben dem allgemeinen Glauben an Lohn und Strafe erwähnt. Der tiefere Grund für diese Erscheinung dürfte darin liegen, daß die Auferstehungshoffnung über die in der religiösen Philosophie dominierende individuelle Heilserwartung hinaus einen Bezug zur kollektiven Hoffnung herstellte, denn gerade Maimonides verband sie nur mit der messianischen Zeit.

4. Erkenntnis (Gottes)[36]

a) Für die religiöse Philosophie war die Erörterung der Erkenntnis Gottes, des Gotteswillens und damit des Weges zur Erlangung der Bestimmung des Menschen Teil der allgemeinen Erkenntnistheorie. In der älteren Zeit[37], z. B. bei Saadja Gaon[38], galten Offenbarungsinhalt

[35] G. Scholem*, DjM 51 f. 418; Ders., Ursprung ... (§ 33), 225; Ders., Hakkārat pānîm w^esidrê širṭûṭîn, SJ S. Assaf, 1953, 459–495. Ferner § 32, Anm. 11.

[36] A. Altmann, „The Ladder ... a. a. O. (§ 30); J. Bonné, Die Erkenntnislehre Alberts des Großen mit besonderer Berücksichtigung des arabischen Neuplatonismus, Diss. Bonn 1935; H. Corbin, a. a. O. (Anm. 17); L. Gardet, La connaissance mystique chez Ibn Sina et ses présuppositions philosophiques, 1952; B. Haneberg, Zur Erkenntnistheorie des Ibn Sina und Albertus Magnus, Abh. d. Bayerischen Akademie 11 (1868), 191–249; F. Rosenthal, Knowledge Triumphant, The Concept of Knowledge in Medieval Islam, 1970 (Lit.!); M. M. Sharif, a. a. O. (§ 30), 492 ff. 551 ff. 518 ff. Ferner Lit. § 37, Anm. 1.

[37] Vgl. J. Faur, The Origin ... (§ 30, Anm. 5).

[38] § 30,2 (v. a. Anm. 12).

und (richtige) Vernunfterkenntnis als deckungsgleich und die überlieferte Offenbarung hatte theoretisch[39] als eine Erkenntnisquelle unter anderen eine Hilfs- und Korrektivfunktion. Etwas differenzierter war es schon bei RMB"M[40], der die aristotelische Physik in ihrer Geltung auf den sublunaren Bereich einschränkte und darüber hinaus, z. B. in der Frage der Anfangslosigkeit der Welt, der „Prophetie", d. h. der überlieferten Offenbarung, die entscheidende Stimme einräumte, sodaß hier die Offenbarung wie in der mittelalterlichen Philosophie (Scholastik) allgemein die menschliche Erkenntnis überhöht und ergänzt. Aber die nähere Bestimmung der „Prophetie" zeigt doch, daß auch für RMB"M die Stufe der Prophetie nur die Stufe der höchsten Erkenntnisfähigkeit darstellt, erreicht auf anderem und nach ihm (exc. in bezug auf Mose) sogar etwas minderem Wege, nämlich durch eine besonders ausgeprägte imaginative Fähigkeit. Dies entspricht der Meinung, daß das höchste Ziel menschlichen Daseins in der Verbindung des (erworbenen) menschlichen Intellekts mit dem intellectus agens bestehe, wodurch die Erkenntnis zum höchsten religiösen Wert aufrückt. Obwohl es sich dabei nicht um bloß theoretisches Erkennen, sondern eben auch um Erkenntnis des Gotteswillens und damit der ethischen Normen handelt, sodaß „Liebe" und Gottesfurcht als höchste religiöse Tugenden sich mit dem Erkenntnisziel verbinden, bleibt ein intellektualistischer Zug[41] vorherrschend. Grundsätzlich (und im Einzelfall mit Hilfe der allegorischen Deutung) wird aber an der Torah als alle Erkenntnis umfassender Offenbarungs- und Erkenntnisquelle festgehalten.

b) Im neuplatonisch gefärbten Denken erscheint die Beziehung zwischen (durchaus betonter) rationaler Erkenntnis und religiösem Erleben bedeutend inniger. Die ethische Selbstvervollkommnung geht mit dem meditativ-rationalen Erkenntnisprozeß Hand in Hand und dient wie dieser gleichermaßen der Selbsterhebung bzw. Rückkehr der Seele. Da und dort wird dabei auch dem imaginativ-intuitiven Moment mehr Bedeutung zugemessen als im Aristotelismus, wenngleich nur als einem Hilfsmittel. Das Ziel ist ja die unmittelbare Erkenntnis oder Schau ohne jede Bindung an Sinnliches, ein Ziel, das im irdischen Dasein nur vorläufig im ekstatischen Zustand erreicht wird. Die Er-

[39] Praktisch genau umgekehrt: die Philosophie diente der Bestätigung der herkömmlichen Religion.

[40] § 30, 7 c.

[41] „Rationalistisch" wäre missverständlich.

kenntnis[42] ist hier in erster Linie Selbsterkenntnis[43], Innewerden des Seelen-Ursprungs und des Rückweges zu ihm, insofern (und infolge des geläufigen Mikro – Makrokosmosgleichnisses) auch Kosmologie. Erkenntnisvorgang und Offenbarungsempfang unterscheiden sich kaum. Die überlieferte Offenbarung wird daher als Anleitung zum mystischen Erkenntnisweg verstanden und wird darum vor allem zum Gegenstand der Kontemplation.

c) Auch in der Kabbalah spielt intuitive und ekstatisch-prophetische Offenbarung gemäß der neuplatonischen Basis eine beträchtliche Rolle[44]. Zur Rechtfertigung des Neuen in der spekulativen Entfaltung bediente man sich hier zweier Argumente[45]. Einmal stellte man das Neue als Ergebnis unmittelbaren Offenbarungsempfanges hin[46], zum anderen als alte, ja älteste Tradition, als eigentlichen Inhalt der mündlichen Torah und als das Ur-Wissen Adams vor dem Sündenfall.

Der Erkenntnisvorgang selbst[47] wird im Vergleich zum Neuplatonismus durch die Einführung der höheren Seelenschichten *(rûaḥ* und *nešāmāh)* nun freilich aus einer allgemein-menschlichen Möglichkeit in eine esoterische, je länger je mehr aber auch erwählungsgeschichtliche verwandelt, da sie nur für Israel bzw. die Kabbalisten Geltung hat. Diese heilsgeschichtliche Komponente, die in der mittelalterlichen Kabbalah erst nach und nach hervorgetreten und vollends erst im 16. Jh. wirksam geworden ist, war auch durch ein positiveres Verhältnis zur überlieferten Offenbarung (und zur Haggadah) gekennzeichnet. Hatten die philosophisch orientierten Exegeten ziemliche Mühe, den Wortlaut der Bibel mit ihren Lehren in Einklang zu bringen und bedurften sie dazu oft genug der den Wortsinn verleugnenden Allegorese, so war die Kabbalah dank ihrer Symbolistik dieser Verlegenheitslösung enthoben. Gerade die Symbolik der Torah und ihre kontemplative Betrachtung spielt daher hier eine zentrale Rolle im Gesamten der Gottes- und Weltauffassung. Wie bei Jehudah Hallevi

[42] Anm. 36. A. Altmann, „The Ladder ...“ (§ 33); A. Altmann - S. M. Stern, Isaac Israeli, 1958, 186 ff. 198 ff. 202 ff. 209 ff.

[43] A. Altmann, The Delphic Maxim in Medieval Islam and Judaism, in: Studies ... (§ 29), 1–40; S. Pines, La conscience de soi chez Abu'l-Barakat al-Baghdadi, AHDLdMA 1954/55, 21–38.

[44] G. Scholem, EI XV, 483–485.

[45] G. Scholem, Religiöse Autorität und Mystik, Zur Kabbala ... (§ 33), 11–48.

[46] § 33, Anm. 3–4.

[47] Bei Isaak dem Blinden z. B. *jenîqāh* (G. Scholem, Ursprung ... [§ 33] 246 f. und *ṣippîjāh* (ibd. 255 f.): „Saugen“ und „Schau“.

in traditioneller Weise, so wird in der Kabbalah – neu gedeutet in der Symbolistik – die Torah grundsätzlich als Quelle aller Erkenntnis angesehen.

Am eindruckvollsten verbindet sich die traditionelle Deutung der Torah als universaler Erkenntnisquelle mit der neuplatonisch gefärbten Erkenntnistheorie in der Sefirotsymbolik: der Erkenntnisvorgang richtet sich auf die X. Sefirah als die „mündliche Torah", durch sie wird (wie durch die Flamme hindurch die Kohle) die „schriftliche Torah" (Sefirah VI) erfaßt, hinter der dann noch – schon jenseits des Erreichbaren – die Urtorah (Sefirah II) folgt. Dieser Erkenntnisvorgang hat aber auch mehr als individual-soteriologische Relevanz. Die richtige Erkenntnis der Sefirotwelt als der Manifestation der Einheit Gottes entspricht dem Vorgang des *jiḥûd,* der „Einung", im Sefirotgeschehen, und berührt sich mit der diesbezüglichen Sexualsymbolik[48]. Wie nun das richtige Erkennen einem Vorgang entspricht und wirkungsträchtig ist, so auch die irrende Erkenntnis, die einzelne Sefirotkräfte isoliert, was dem Vorgang beim Sündenfall und der Entstehung des Bösen entspricht. Die kabbalistische Arkandisziplin beruhte nicht zuletzt auf dieser Voraussetzung und ist nur durch das zunehmende Hervortreten der heilsgeschichtlichen Momente, die auf eine Gleichsetzung von Kabbalah und jüdischem Glaubensinhalt hinauszulaufen begannen, geschwächt worden.

d) Im Neuplatonismus und in der Kabbalah wird die visionäre Komponente und die Unvollkommenheit bzw. Mittelbarkeit des Erkenntnisvorganges oft mit dem Bild des Spiegels zum Ausdruck gebracht. Dies konnte schon an einen ähnlichen talmudischen Sprachgebrauch anknüpfen, der allerdings z. T. später mißdeutet worden ist.

Das Wort *'aspeqlarjā'* bedeutete nämlich[49] manchmal „Glasscheibe", oder „durchsichtiger Stein" im Sinne eines optischen Gerätes (wie Fernglas), manchmal „Spiegel". Während das eine eine unmittelbare „Schau" ermöglicht, erlaubt der Spiegel nur ein mittelbares Schauen. Zur Unterscheidung sprach man dann von einem „klaren" und einem „dunklen" (d. h. mit Spiegelbelag versehenen, undurchsichtigen) *'aspeqlār.* Für die Unterscheidung zwischen Prophetie allgemein und der Prophetie des Mose (durch den Gott „von Angesicht zu Angesicht" sprach) wurde häufig der Vergleich mit dem Schauen durch einen „dunklen" und einen „klaren" *('aspeqlarjā')* verwendet. Der dunkle Spiegel konnte dann auch mit der Auffassung der Prophetie als Selbstbegegnung verbunden werden[50].

48 Infolge des Doppelsinnes von *jd'* (erkennen). Vgl. G. Scholem*, DjM 256 (Josef ibn Gikatilla).
49 S. Safrai, Lib'ājat ṭîbāh šäl hā-'aspeqlarjā' w^e^simmûšāh bitqûfat ham-Mišnāh, Jediot 31 (1966/7), 231–235.
50 Anm. 28 und § 33, Anm. 66.

§ 37 Die Torah

I. Heinemann*; L. Jacobs, Principles ... (§ 30), 216 ff. 302 ff.; S. Katz, Die mündliche Lehre und ihr Dogma, 1922; J. Maier, Thora, Lex und Sacramentum, Miscellanea Mediaevalia 6 (1969), 65–83; Ders., „Gesetz" und „Gnade" im Wandel des Gesetzesverständnisses der nachtalmudischen Zeit, Jud 25 (1969), 64–176 (R. Brunner*, 64–176); E. I. J. Rosenthal, Medieval Judaism and the Law, in: Judaism and Christianity III, Law and Religion, ed. E. I. J. Rosenthal, 1938, 171–208; Ders., Torah and Nomos in Medieval Jewish Philosophy, in: Studies in Rationalism, Judaism and Universalism in Memory of L. Roth, 1966, 215–230; J. Wohlgemuth, Das jüdische Religionsgesetz in jüdischer Beleuchtung, Jahresber. des Rabbinerseminars Berlin 1910/1 und 1918/19. Vgl. im einzelnen auch: § 30, Anm. 14.16.54.121 und § 26,2; E. Schweid, Ta'am w^{e}haqqāšāh, 1970, 80–104.

1. Für die philosophierenden Theologen deckten sich Vorgang und Inhalt der Offenbarungs- bzw. „Prophetie"[1] mit dem Vorgang und Inhalt der Vernunfterkenntnis mehr oder weniger. Mit diesem allgemein menschlichen Erkenntnisbegriff konnte eine überlieferte, fixierte Offenbarung, die hl. Schrift einer Einzelreligion, naturgemäß nur begrenzt in Einklang gebracht werden. Um die eigene, besondere Offenbarung zu rechtfertigen, setzte man die Prophetie des Mose (die Torah) als einzigartig, weil unmittelbar empfangen und unter historisch bezeugten Wundern dem ganzen Volk am Sinai mitgeteilt, deutlich von der „normalen" Prophetie ab[2]. Einig war man sich auch darin, daß die (überlieferte) Offenbarung dem Menschen zur Erkenntnis Gottes und des Gotteswillens und damit zur Erlangung der Glückseligkeit

[1] Lit. § 30, Anm. 12.78–79.84.105.108.147.166.172, sowie § 36, Anm. 36. Ferner s.: J. M. Casiaro, Contribución al estudo delas fuentes árabes y rabínicas en la doctrina de Santo Tomás sobre la profecía, Estudios Biblicos 18 (1959), 117–148; J. Guttmann, Zur Kritik der Offenbarungslehre in der islamischen und jüdischen Philosophie, MGWJ 78 (1934), 456–464; A. J. Heschel, 'Al rûaḥ haq-qodäš bîmê hab-bênajim, SJ A. Marx, 1950, 175–208; L. Jacobs, a. a. O. (§ 30), 184 ff.206 ff.; M. E. Marmura, Avicenna's Theory of Prophecy in the Light of Ash'arite Theology, The Seed of Wisdom (Essays in honor of J. T. Meek), 1964, 158 bis 178; F. Rahman, Prophecy in Islam, 1958; C. Touati, Le problème de l'inerrance prophétique dans la théologie juive du Moyen Âge, RHR 174 (1968), 169–187; M. Zucker, The problem of 'Isma – Prophetic Immunity to Sin and Error in Islamic and Jewish Literature, Tarb 35 (1965/6), 149–173.

[2] Vgl. RMB"M, 6. und 7. *'iqqār* in Einl. zu mSanh X, dazu L. Jacobs, a. a. O. (Anm. 1). S. Atlas, Moses in the Philosophy of Maimonides, Spinoza, and Solomon Maimon, HUCA 25 (1954), 369–400.

verhelfen soll. „Das Gesetz“ ist insofern eine ausgesprochene Gnadengabe. Nun bestand der traditionelle Anspruch, daß die Torah den gesamten Willen Gottes zum Ausdruck bringe und alle nur mögliche Erkenntnis in sich berge, nach wie vor, auch für die meisten philosophierenden Juden. Also mußten hermeneutische Kunstgriffe, u. a. allegorischer Art, zur Harmonisierung zwischen Vernunft und „Prophetie“ angewendet werden[3]. Nachdem nun der menschlichen ratio ein solches Gewicht beigemessen war, konnte es nicht ausbleiben, daß auch die Einzelgebote sich vor dem Forum der Vernunft zu behaupten hatten. Unter Aufnahme islamischer Vorbilder (v. a. des *qijās*) haben schon früh im 8./9. Jh. Karäer zwischen einleuchtenden Geboten und unbegründbaren Geboten unterschieden[4] und diese Einteilung in Vernunftgebote *(miṣwôt śiklijjôt)* und Gehorsamsgebote *(miṣwôt šimʿijjôt)* blieb – schon bei Saadja und Isaak Israeli – fast im ganzen Mittelalter herrschend, ungeachtet komplizierterer Einteilungsschemata. Soweit als möglich suchte man „Gründe“ der Gebote und Verbote *(ṭaʿamê ham-miṣwôt)* nachzuweisen[5], soweit dies nicht möglich war, verwies man auf die unerforschliche Weisheit Gottes und postulierte für solche Gebote einen verborgenen, für die Erfüllung des Gotteswillens und zur Erlangung der menschlichen Glückseligkeit notwendigen Sinn. Der Nachteil dabei war nur, daß die Besonderheit der jüdischen Religion so auf die rational uneinsichtigen Gebote reduziert wurde, was gerade dem starken apologetischen Anliegen der religiösen Philosophie nicht entsprach. Die exegetischen Kunstgriffe, v. a. die Allegorese, wurden daher in diesem Bereich besonders gern angewendet. RMB"M schreckte auch nicht vor historischen Erklärungen (für die Opferhalakah) zurück, wodurch die betreffenden Gesetze als zeitgebunden und inzwischen überholt erscheinen konnten, was freilich durch ihre Rolle in der „Politik“ bzw. Ethik entschärft wird. Die Traditionalisten und Kabbalisten haben die Aushöhlung des traditionellen Torahverständnisses durch die Philosophie sehr wohl registriert und sich entsprechend ablehnend verhalten. Dies umsomehr, als für die „Philosophen“ die Torah ja aufgehört hatte, Erkenntnisquelle schlechthin zu sein, weil die profane Wissenschaft, legitimiert durch den vertretenen Intellektualismus, nur mehr pro forma oder überhaupt nicht mehr als Torah-Inhalt dargestellt wurde und neben die nur durch

[3] § 26, Anm. 17.
[4] J. Faur, a. a. O. (§ 30, Anm. 5).
[5] J. Heinemann*.

Offenbarung bekannten Gebote das Vernunftgesetz bzw. ein natürliches Gesetz trat[6]. Die dennoch unverhältnismäßig große Bedeutung der Torah bei den „Religionsphilosophen" erklärt sich z. T. aus der Konfrontation mit Islam und Christentum, die beide die Ablösung des Sinaigesetzes durch eine neue Offenbarung postulierten. Demgegenüber haben die jüdischen Theologen die Unveränderlichkeit der Torah und die Einzigartigkeit der Sinaioffenbarung vehement verfochten. Dies nicht zuletzt, weil dies nicht nur von theologisch-theoretischem Belang war, sondern die gesamte Rechtsposition des Judentums von der Respektierung der Torah als „*tôrāh min haš-šāmajim*", also nicht nur der innere sondern auch der äußere Bestand des Judentums, davon abhängig war.

2. Die philosophierende Deutung der Torah war den traditionsverwurzelten Frommen zwar vielfach ein Stein des Anstosses, hatte aber nur selten wirkliche, praktische negative Auswirkungen gehabt. Gerade RMB"M, dessen Torah-Auffassung im MN solche Bedenken erregte, war schließlich auch der Verfasser eines halachischen Kodex, der bis heute geschätzt blieb. Obwohl in der praktischen Lebensführung diese „Philosophen" also im Rahmen der Torahfrömmigkeit verblieben, gelang es ihnen nicht, die innere Beziehung zwischen ihrer religiösen Spekulation und ihrer praktischen Religiosität ohne Widersprüche oder zumindest offen gebliebene Fragen darzulegen und einer breiteren Schicht von Lesern nahezubringen. Dies gilt weniger für die späten Theologen wie Chasdaj Crescas und Josef Albo, oder für Aaron Hallevi's *Sefär ha-ḥinnuk*. Von ungewöhnlicher Auswirkung auf die Torahfrömmigkeit der Nachwelt war indes Bachja ibn Paqudas „*Sefär Ḥôbôt hal-lebābôt*"[7].

Bachja erwähnt zwar auch die übliche formale Einteilung der Torah in Gebote und Verbote, sachlich unterscheidet er aber 2 große Gruppen:

(1) Die äußerlichen Pflichten (der Glieder, ḥôbôt hā-'abārîm), die a) z. T. sich auch aus menschlicher Einsicht ergeben (vgl. sonst die „Vernunftgebote") und b) z. T. aus nur offenbarten Geboten bestehen; diese Pflichten sind zahlenmäßig begrenzt. (2) Die „Pflichten des Herzens" hingegen sind unbegrenzt, ihre Erfüllung wird durch die Erfüllung der „äußeren Pflichten"

[6] J. Faur, La doctrina de la ley naturale en el pensiamento judío del medioevo, Sef 27 (1967), 239–268; I. Heinemann, Die Lehre vom ungeschriebenen Gesetz im jüdischen Schrifttum, HUCA 4 (1927), 149–171; I. Husik, The Law of Nature, Hugo Grotius and the Bible, HUCA 2 (1925), 381–417.

[7] § 30, 3 d.

begründet und gefördert, umgekehrt verleiht die Erfüllung der Herzenspflichten dem „äußeren" Torahvollzug erst seinen rechten Gehalt und verbindet ihn mit der rechten inneren Ausrichtung *(kawwānāh)*.

3. Nicht minder bedeutsam war die Interpretation der Torah durch Jehuda Hallevi[8]. Während Bachjas Frömmigkeit ihr besonderes Kolorit durch einen islamisch-mystischen Einfluß erhalten hatte, begegnet in Jehuda Hallevis „Kuzari" eine erste systematische Darstellung der traditionellen Torah-Theologie, in der die Torah wieder voll und ganz Zentrum des religiösen Vorstellungsgefüges und der sakramentale Heilsweg schlechthin ist.

Obwohl die Torah darnach als universales Weltgesetz kosmische Bedeutung hat und Jehuda Hallevi den Vollzug des Torahgehorsams in beredten Bildern als organisch-kosmisches Geschehen darstellt, stellt sie keine allgemein menschliche Möglichkeit dar. Nur Israel ist zum Empfang der „Prophetie" prädisponiert und nur das erwählte Volk soll und kann – in seinem dafür naturhaft geeigneten Lande – für die gesamte Welt diesen aufgetragenen Gotteswillen erfüllen und die Erkenntnis des Einen Gottes den anderen Völkern lehren und bezeugen. Was bei den „„Philosophen" kaum je anklingt und auch bei Bachja ibn Paquda hinter dem individualistischen frommen Interesse nur selten hervortritt, erscheint bei Jehuda Hallevi bewußt und klar formuliert: Daß die Torah nicht nur eine individual-soteriologische und allgemein-menschliche sondern auch und vor allem eine „partikularistische", heilsgeschichtliche Größe ist.

Die zentrale Bedeutung der Torah für das religiöse Denken, Empfinden und Leben kommt nicht weniger eindrucksvoll in der religiösen Poesie (§ 27) zum Ausdruck. In ihr spiegelt sich jene traditionsbewußte, *haggādāh*-durchtränkte Gedankenwelt, die den Übergang von der herkömmlichen religiösen Vorstellung zur kabbalistischen Spekulation so unmerklich macht.

4. Die bei Jehuda Hallevi vollzogene Zusammenfassung des traditionellen Torahverständnisses entsprach der Basis, von der aus die Kabbalisten ihre Torah-Symbolistik entwickelten[9]. Sie haben daher auch rückblickend in Jehuda Hallevi immer einen der ihren gesehen.

[8] § 30, 6.

[9] G. Scholem, Vom Sinn der Torah in der jüdischen Mystik, Zur Kabbala und ihrer Symbolik, 1960, 49–116. – Engl.: The Meaning of the Torah in Jewish Mysticism, Diogenes 14 (1956), 36–47; 15 (1956), 65–94. Frz.: La signification de la loi dans la mystique juive, Diogène 14 (1956), 1–16; 15 (1956), 2–40; J. Tishby, Neᵉtîbê ... (§ 33), 18–21. Vgl. ferner § 33.

Die kabbalistische Torah-Theologie enthält mehrere, aus verschiedenen haggadischen Voraussetzungen entwickelte Komponenten, die in das symbolistische Weltbild eingetragen wurden.

a) In der Sefirotwelt repräsentiert die II. Sefirah die Urtorah bzw. die (noch undifferenzierte) Idee der Torah, die VI. Sefirah die „schriftliche Torah“ und die letzte (X.) Sefirah, auch *Šekînāh* bzw. *Kenäsät Jisrā'el,* die „mündliche Torah“. Die erkenntnistheoretische Bedeutung dieser Symbolik wurde bereits angedeutet[10]: Die Torah ist Inbegriff aller Erkenntnis, ihre Sinnfülle ist unauslotbar. Hier sei noch darauf verwiesen, daß die Sefirah VI ja den Ausgleich zwischen der *middāh* der absoluten Strenge (Sefirah V) und der absoluten Güte (Sefirah IV) herstellt und Sefirah X überhaupt die Brücke zur unteren Schöpfung und die Gegenwart Gottes in ihr verkörpert.

b) Die „irdische“ Torah erhält ihren Sinn natürlich von der Funktion der Torah in der Sefirotwelt. Ihre Bedeutung als Weltgesetz und Schöpfungsplan wird von haggadischen Voraussetzungen her unterstrichen durch ihre Definition als Folge oder System (Gewebe) von Gottesnamen bzw. als Explikation des einen Gottesnamens (JHWH), oder allgemeiner, von kosmogenen Potenzen, die nach esoterischer Überlieferung die Buchstaben des Hebräischen (als der Sprache der Schöpfung) sind. Als „Wort Gottes“, Gottes Selbstoffenbarung (in den Sefirot) und Schöpfungsplan ist die Torah eine in sich geschlossene, organismusartige Größe, in der jedes Detail seine Funktion und seinen Ort hat.

c) In anthropologischer Hinsicht[11] ergibt sich ebenfalls eine bedeutsame Symbolistik. Schon infolge der Darstellung der Sefirot-Welt als *'Ādām qadmôn* sind menschlicher Körper und Torah aufeinander bezogen. Dies wird bis ins Detail weiter ausgeführt, sodaß den 613 Gliedern des himmlischen und irdischen Menschen die 613 Gebote und Verbote zugeordnet werden und so jede auch nur geringfügige Gebotserfüllung oder -übertretung transkosmisch-kosmische Relevanz erhält.

d) Soweit die Torah als Schöpfungsinstrument und Gottesname begriffen wurde, in dem alle kosmogenen Potenzen vereint sind (– wie im „Menschen“!), konnten sich mit ihr v. a. im Denken der breiteren Schichten leicht magische Vorstellungen verbinden. Hier berührte sich die kabbalistische Frömmigkeit wie in vielen anderen Punkten mit dem Volksglauben.

e) Im Zusammenhang mit den Erörterungen über den Ursprung des Bösen bzw. der Sünde wurde auch die Frage aufgeworfen, welche Bedeutung und Geltung die Torah vor dem Sündenfall hatte und nach der Wiederherstellung der ursprünglichen Harmonie und Einheit, also in „messianischer“ Zeit, wieder haben wird. D. h., man nahm an, daß zwischen der Torah der „oberen“ Schöpfung, der *tôrāh dî-'aṣîlût* (als der emanierten Einheit der göttlichen Potenzen) und der Torah der unteren Schöpfung *(tôrāh di-berî'āh)* ein Unterschied bestehe, und daß die letztere erst durch den Sündenfall als Mittel für den *tiqqûn* nötig geworden sei. Diese Unter-

[10] § 36, 4c.
[11] Vgl. § 36,1.

scheidung wird auch so veranschaulicht, daß dem „Baum des Lebens" die schriftliche Torah der ersten Gebotstafeln (die Mose zerschmettert hat) und dem „Baum der Erkenntnis" die Torah der zweiten Tafeln zugeordnet wird. Diese zweiten Tafeln enthielten Verbote und Vorschriften in anbetracht der Sünde. Im Torahvollzug erfolgt gewissermaßen ein Durchbruch zu jener verlorenen Torah und die Einheit der Torah wird wieder hergestellt.

Weitreichende Folgen hatten solche Erwägungen in Verbindung mit der *Šᵉmîṭṭôt*-Lehre des *Sefär hat-Tᵉmûnāh*[12]. Darnach gibt es 7 Schöpfungsperioden zu je 7000 Jahren (in Anlehnung an die Jobelperiode von 7 × 7 Jahren in der Bibel). Jede dieser *šᵉmîṭṭôt* steht unter der Ägide einer bestimmten Sefirah, die gegenwärtige unter Sefirah V, der absoluten Strenge, und dementsprechend erscheint auch die Torah in dieser Ära unvollkommen. Die folgende *Šᵉmîṭṭāh* werde unter Sefirah VI *(tif'ärät / raḥᵃmîm)* stehen und die Torah eine demgemäß modifizierte Lesung aufweisen.

Diese Spekulationen haben manche Kabbalisten des Spätmittelalters aufgegriffen und abgewandelt, ihre volle Wirkung kam aber erst später zur Geltung, als die *Šᵉmîṭṭôt*-lehre mit der akut-messianischen Hoffnung verknüpft die unmittelbare Erwartung einer neuen Torah provozierte und so eine inhärente antinomistische Tendenz[13] zum Ausdruck kam.

f) In der gesamten Kabbalah gewinnt der Wortlaut der Torah bis zum einzelnen Buchstaben und Vokalzeichen eine eminente Bedeutung als Gegenstand der Kontemplation, die ihrerseits wieder als Prozeß begriffen wird, der bestimmten Sefirotvorgängen entspricht. Die kabbalistischen Erklärungen der *Ta'ᵃmê ham-miṣwôt* sind voll von solchen symbolistischen Motiven. Diese mystisch-magische Bedeutung überträgt sich auch auf den praktischen Vollzug der Torah und damit de facto auf das gesamte Leben des Frommen. Damit hat die religiöse Relevanz der Torah in der jüdischen Religionsgeschichte fraglos ihren Höhepunkt erreicht. In ihm deutet sich aber bereits ein Wandel an. Die Diskrepanz zwischen wörtlich-empirischem Torahinhalt und symbolistisch erhobenem angeblichen Inhalt erreichte nunmehr ein solches Maß, daß neben dem Torahvollzug auch der G l a u b e an die „L e h r e" immer mehr Bedeutung gewann. Auch diese Tendenz kommt erst im 16./17. Jh. voll zum Durchbruch.

§ 38 Ansätze zur Dogmatisierung

B.-Z.Dinur*, I/4, 239 ff.; J. Guttmann, Die Normierung des Glaubensinhaltes im Judentum, MGWJ 71 (1927), 241–255; L. Jacobs, Principles of the Jewish Faith, 1964; D. Kaufmann, a. a. O. (§ 30, Anm. 75: JQR); E. Mihaly, Isaac Abravanel on the Principles of Faith, HUCA 26 (1955), 481–502; S. S. Cohon*, 87 ff.; I. Heinemann, Maimuni und die arabischen Einheitslehrer, MGWJ 79 (1938), 102–148 (130 f.); N. Neumark, Tôlᵉdôt hā-'iqqārîm bᵉJiśrā'el, 1912; S. Schechter, Studies in Judaism I, 1945², 147–181.

[12] § 33, Anm. 43.
[13] Vgl. auch G. Scholem, EI IV, 482.

1. Sobald man im Judentum daran ging, die jüdische Religion inhaltlich systematisch darzustellen, war auch schon der erste Schritt zu einer Art von Glaubenslehre getan. Die Themen der einzelnen Teile bzw. Kapitel solcher Schriften wie etwa Saadjas *Sefär hā-'ᵃmûnôt wᵉhad-deʿôt* waren ja so etwas wie eine Aufzählung des Glaubensinhaltes, soweit er dem jeweiligen Autor für sein Werk relevant schien. Bei Saadja[1] sieht dies folgendermaßen aus:

1. Schöpfung, 2. Einheit des Schöpfergottes, 3. Gebot und Verbot (Offenbarung), 4. Gehorsam, Sünde und göttliche Gerechtigkeit, 5. Verdienst und Schuld, 6. Seele und Leben nach dem Tode, 7. Auferstehung, 8. Eschatologie, 9. Lohn und Strafe im Jenseits, 10. Praktische Ethik.

Bachja ibn Paquda[2] hat zu Beginn des 1. Teiles seines *„Sefär Ḥôbôt hal-lᵉbābôt"* das Bekenntnis der Einheit Gottes als grundlegend für die Unterscheidung zwischen dem Gläubigen und dem Ungläubigen herausgestrichen, unter ausdrücklichem Hinweis auf das *Šᵉmaʿ Jiśrā'el* und das 1. Gebot. Das Bekenntnis der Einheit Gottes erscheint unter Berufung auf diese beiden Stellen der Bibel häufig als das Kernstück der jüdischen Religion, natürlich weniger im islamischen als im christlichen Bereich, in Antithese zur Trinitätslehre und oft als Bekenntnis der Märtyrer. Da nun die Einheit Gottes zwischen Islam und Judentum kein kontroverses Thema war, mußte die Besonderheit des Judentums an einem zusätzlichen Merkmal liegen. Dieses war die Torah, deren Geltung von Moslems und Christen angefochten wurde. Das Bekenntnis, daß die Torah „vom Himmel" und unaufhebbar ist, wäre also notwendigerweise das zweite „essential" jüdischen Glaubens. Andere Gesichtspunkte ergaben sich aus der Auseinandersetzung mit der Philosophie, z. B. das Bekenntnis zu Gott als dem Schöpfer, wieder andere folgten auf Grund systematischer Erfassung der traditionellen Glaubensvorstellungen und aus konkreten Problemstellungen ethischer und seelsorgerlicher Natur.

2. Einer der ersten der eine Aufzählung von Glaubenssätzen (*ʿiqqārîm,* „Prinzipien") versuchte, war RMB"M in der Einleitung zu Sanh X in seinem Mischnakommentar[3]. Diese 13 *ʿIqqārîm sind po-*

[1] § 30,2.
[2] § 30,3 d.
[3] § 26, Anm. 36. Siehe dazu die Lit. § 30, Anm. 117. Für Vorgänger s. R. Chananel, Kommentar zu Ex 14,31 (betr. Gottes Existenz, Prophetie, ewiges Leben, Erlösung) oder Abraham ibn Daud, 'ämûnah rāmāh II (betr. Gottes Existenz, Einheit und Attribute, Providenz, Prophetie, Anthropomorphismen).

pulär geworden und haben in gekürzter Form sogar Aufnahme ins Gebetbuch gefunden. Es handelt sich um folgende Themen:

1. Existenz des Schöpfers, 2. Einheit Gottes, 3. Unkörperlichkeit Gottes, 4. Ewigkeit Gottes, 5. Erfordernis, Gott zu dienen, 6. Prophetie (Offenbarung), 7. Prophetie des Mose (als einzigartig), 8. Daß die Torah „vom Himmel" ist, 9. Unveränderlichkeit (Unaufhebbarkeit) der Torah, 10. Gott kennt die menschlichen Taten, 11. Lohn und Strafe, 12. Hoffnung auf die Ankunft des Messias, 13. Auferstehung der Toten.

Während 1–4 Aspekte ein und derselben philosophisch geprägten Gottesanschauung betreffen, stehen die meisten weiteren, v. a. traditionelle Vorstellungen beschreibenden *'Iqqārîm* in einer gewissen Spannung zum philosophischen Ansatz. Daß man Gott dienen soll, ist vom aristotelischen Gottesbegriff aus nicht so ohne Weiteres selbstverständlich; RMB"M erwähnt zudem hier ausdrücklich die Erfüllung der Gebote Gottes. Das Bekenntnis zur „Prophetie" allgemein wird, da sie sich mit der höchsten Stufe der rationalen Erkenntnis so gut wie deckt, folgerichtig durch die Hervorhebung der Prophetie des Mose in 7. ergänzt, wozu der Sache nach auch 8. gehört. 9. richtet sich eindeutig gegen den christlichen und islamischen Offenbarungsanspruch. 10. bringt eine Korrektur gegenüber dem Aristotelismus, der Gott keine Erkenntnis der Einzeldinge zugesteht. 11. gehört als Begründung der religiösen Ethik zum traditionellen Repertoire. 12–13 betreffen 2 Themen, für die RMB"M sonst nicht viel übrig hatte, die er aber – wenigstens als vorläufige Heilsziele – als zentrale Themen der Tradition und des Volksglaubens einfach nicht übergehen konnte.

3. Diese *'Iqqārîm* sind in den Jahrhunderten danach viel neuformuliert und umgestellt worden[4]. Chasdaj Crescas[5] z. B. reduzierte ihre Zahl auf 8:

(1) Creatio ex nihilo durch Gottes Willen, (2) Unsterblichkeit der Seele, (3) Vergeltung, (4) Auferstehung, (5) Unveränderlichkeit der Torah und ihrer Geltung, (6) Mose als höchster Prophet, (7) Inspiration des Urim-Tumim-Orakels, (8) Messianische Erlösung.

Die bei RMB"M allgemein-philosophisch bestimmten Themen 1–4 erscheinen zurückgestellt zugunsten des zugespitzten Bekenntnisses zur Schöpfung aus dem Nichts, verschärft durch den voluntaristischen Akzent. Auch die Unsterblichkeit der Seele richtet sich gegen die aristotelisierende Theologie, die Erwähnung des Urim-Tumim-Orakels bringt einen heilsgeschichtlichen Gesichtspunkt mit ins Spiel.

4. Josef Albo[6] hat sein theologisches Werk überhaupt *Sefär hā-ʿiqqārîm* genannt und dementsprechend aufgebaut. Er hat eine dreiteilige

[4] Zur Geschichte dieser Bemühungen und Deutungen s. L. Jacobs.
[5] § 30, 9 a.
[6] § 30, 9 b.

Kennzeichnung von Religion allgemein zugrundegelegt, die von Ibn Rushd (Averroes) stammt und schon vor Albo durch Simon b. Zemach Duron[7] aufgegriffen und modifiziert worden war.

Nach Albo sind aus (1) Gottes Existenz, (2) Offenbarung und (3) Vergeltung alle anderen Themen ableitbar, ohne damit in der Wertung untergeordnet zu sein. Diese äußerst allgemein gehaltene Bestimmung gewinnt als jüdisches Bekenntnis erst Farbe, wenn die Offenbarung eindeutig als Torah definiert wird. Möglicherweise wollte Albo mit dieser Definition aber das Judentum zunächst nur als eine den Merkmalen legitimer Religion entsprechende Glaubensweise hinstellen, weil er sich zu jener Zeit bereits gegen ernsthafte theoretische und politisch-rechtliche Infragestellungen der Legitimität der jüdischen religiösen Existenz zu verwahren hatte.

5. Die Schöpfung in der Zeit hat neben 6 Erweiterungen zum Thema der Einheit Gottes Jomṭob Lipmann Mühlhausen (gest. 1459) in der Einleitung seines kontroverstheologischen Werkes „*Sefär han-niṣṣāḥôn*“[8] als *ʿiqqār* zu 9 maimonidischen *ʿIqqārîm* hinzugefügt, sodaß er die Zahl 16 erreichte.

6. Aber nicht so sehr solche von der religiösen Philosophie her bestimmte Aufzählungen bildeten am Ausgang des Mittelalters die vorherrschende „Glaubenslehre“ des Judentums. Diese Rolle spielte von da an (im 16./17. Jh.) vielmehr die kabbalistische Theologie[9].

§ 39 Das Volk und die Völker: Selbst- und Geschichtsbewußtsein

G. D. Cohen, Edom as Symbol in Early Medieval Thought, in: A. Altmann, Jewish Medieval and Renaissance Studies, 1967, 19–48; I. Heinemann, Ham-maḥ^{a}lôqät ʿal hal-le'ûmijjût bā-'aggādāh ûba-fîlôsôfjāh šäl j^{e}mê hab-bênajim, Sefär B.-Z. Dinaburg, 1948/9, 131–150; J. Katz, 'Af ʿal pî šä-ḥātā' Jiśrā'el hû', Tarb 27 (1957/8), 203–217; J. Maier, Die Vorstellung vom Gottesvolk in der nachtalmudischen Zeit I, Jud 22 (1966), 66–82.

1. Die Vorstellung von Israel als erwähltem Gottesvolk ist in der Tradition untrennbar mit jener von der Torah verbunden, der Zweck der Erwählung besteht eben in der Erfüllung der Torah. So trifft die heilsgeschichtliche und kosmologische Relevanz, die der Torah bzw.

[7] § 30, Anm. 167.
[8] Nürnberg 1644; über ihn: J. Kaufmann, Jômṭôb Lîpmān Mûlhôjzen, 1927.
[9] Vgl. § 37 Ende.

ihrer Erfüllung zugeschrieben wird, auch auf das Volk Israel, seine Existenz und seinen Gehorsam bzw. Ungehorsam zu. Der EINE Gott, seine Torah und das EINE Volk sind für das jüdische Bewußtsein daher Aspekte ein und desselben Themas gewesen[1]. Die eindrucksvollsten Zeugnisse dafür enthält die religiöse Poesie (§ 27), Jehuda Hallevis „Kuzari“[2] und die Kabbalah. Aber auch die Wertung des Landes Israel[3], die sich ja auch in den konkreten Beziehungen zu den palästinensischen Gemeinden, in Pilgerreisen oder auch Einwanderungen[4] auswirkte. Die Rolle des Landes Israel für das religiöse Bewußtsein, besonders ausgeprägt wieder in der religiösen Poesie[5] und bei Jehuda Hallevi[6], steht in unmittelbarem Zusammenhang mit der Einstellung zum Exils- bzw. Diasporadasein *(gālût)*[7], dem Geschichtsbewußtsein und schließlich mit dem Prozeß der messianischen Erlösung (§ 40), dessen movens wieder in der Toraherfüllung Israels besteht.

Von da aus ergibt sich eine grundsätzliche Zweiteilung der Menschheit in Israel als dem heils-relevanten Träger des göttlichen Erwählungsauftrages einerseits und in die Weltvölker andrerseits[8]. Nur

[1] Vgl. § 18.

[2] § 30,6 und insbesondere Anm. 80.

[3] § 23, Anm. 1. Ferner: B. Dinaburg, D^{e}mûtāh šäl Ṣijjôn wîrûsālajim b^{e}hakkārātô hā-hîsṭôrît šäl Jiśrā'el, Zion 16 (1951), 1–17; R. Katzenellenbogen, Eretz Jisrael in the teachings of Maimonides, in: A. Newman, a. a. O. (§ 30, Anm. 88), 34–38; A. Newman, a. a. O. (§ 33, Anm. 41); A. Riblin, a. a. O. (§ 33, Anm. 41); E. Shochet, ʿ^{a}lijjāh kitna'î qôdäm lag-g^{e}'ûllāh b^{e}maḥ^{a}šābāt had-dôrôt, Ha-'Ummah 7/1 (25) Tammuz 1967/8, 34–41.

[4] Ch. H. Ben-Sasson, a. a. O. (§ 23, Anm. 1); E. Shochet.

[5] Vgl. S. Chaggaj, Hak-k^{e}mîhāh l^{e}Ṣijjôn bas-šîrāh hā-ʿibrît biSfārād, Maḥ^{a}najim 28 (1958/9), 99–106; M. Zulay, 'Äräṣ-Jiśrā'el wā-ʿ^{a}lijjat r^{e}gālîm b^{e}pijjûṭê R. Pinḥas, J^{e}rûšālajim 4 (1952), 51–81.

[6] § 30, Anm. 80.82.

[7] Gālût, l^{e}berûr mašmāʿût hag-gālût bam-miqrā' ûb^{e}sifrût had-dôrôt, 1955/6; J. Baer, Galut, 1936 (engl. 1947); Ders., 'Äräṣ-Jiśrā'el w^{e}gālût b^{e}'ênê had-dôrôt šäl j^{e}mê hab-bênajim, Zion 6 (1933/4), 149–171; Ch. H. Ben-Sasson, P^{e}rāqîm ... (§ 23), 255 ff.; Ders., Gālût ûg^{e}'ûllāh ... (§ 30, Anm. 122); J. Kaufmann*, I, 455 ff.558 ff.; B.-Z. Dinur*, I/4, 193 ff.; D. Reppel, a. a. O. (§ 33, Anm. 41).

[8] I. Abrahams, Jewish Life in the Middle Ages, 1964[3], 399 ff.; B.-Z. Dinur*, I/4, 182 ff.; J. Katz, Bên J^{e}hûdîm lag-gôjjim, 1960/1, engl.: Exclusiveness and Tolerance, 1961; Ders., The Vicissitudes of Three Apologetic Passages (hebr.), Zion 23–24 (1958/9), 174–193; Z. Ch. Reines, ʿAl jaḥas haj-j^{e}hûdîm lag-gôjjim, Sura 4 (1963/4), 192–221.

am Rande und unter ganz bestimmten Bedingungen wurde diese Zweiteilung gemildert. Einmal aus praktischen Gründen, wo die Diasporasituation einen der traditionellen Halakah nicht mehr entsprechenden engeren Kontakt mit der Umwelt erzwang, was einer Rechtfertigung bedurfte. Sie konnte darin gesehen werden, daß die Christen und Moslems ja streng genommen nicht mit den götzendienerischen Weltvölkern der talmudischen Zeit gleichzusetzen und daher auch die strengen Einschränkungen der alten Halakah nicht mehr angemessen seien.

Der Musterfall dafür war der Wein. Von der Antike her kultisch „vorbelastet" und als Flüssigkeit nach halachischem Prinzip besonders rituell verunreinigungsfähig, war Wein nichtjüdischer Herkunft immer ein Gegenstand gesetzesgelehrter Kontroversen, weil da und dort Juden – wie z. B. Raši! – von diesem Wirtschaftszweig lebten und daher an halachischen Erleichterungen interessiert waren. Ein anderes Beispiel war der Devotionalienhandel. Nun dürfen solche Erleichterungen nicht allzu grundsätzlich gewertet werden, denn dieselben Gelehrten, die für derartige Lösungen eintraten, konnten in anderem Zusammenhang (Poesie, Exegese) sehr wohl zugleich die traditionelle Auffassung vertreten. Diese gelegentliche Diskrepanz erklärt sich aus der noch fehlenden systematischen Behandlung der theologischen Vorstellungen.

2. Die „Religionsphilosophie" befand sich gegenüber diesem im vorangehenden Abschnitt umrissenen Themenkreis in einer gewissen Verlegenheit. Ihr grundsätzlich ja allgemein-menschlich konzipierter Erkenntnis- und Offenbarungsbegriff zwang dazu, auch die Torah – mit Hilfe hermeneutischer Kunstgriffe – als allgemein gültige, möglichst weitgehend rational einsichtige Größe darzustellen, wodurch mit der speziellen heilsgeschichtlichen Bedeutung der Torah auch die Rolle des Gottesvolkes etwas verblassen mußte. Damit schwächte die Philosophie aber ihre Verbindung zum Kernstück des jüdischen Glaubens.

Eine andere Konsequenz jenes allgemein-menschlichen Ansatzes war, daß man die „Wahrheit" nicht für Israel exklusiv reservieren konnte[9] und daher eine Bekehrung der Völker begrüßen mußte, wo-

[9] A. Altmann, Tolerance and the Jewish Tradition, 1957; Ein einzigartiger Extremfall von positiver Anerkennung anderer Religionen: J. Katz, Soblānût dātît b^{e}šîṭṭātô šäl R. M^{e}naḥem ham-M^{e}'îrî bā-h^{a}lākāh ûbafîlôsôfjāh, Zion 18 (1953), 15–30; S. B. Urbach, 'Ādām w^{e}Jiśrā'el bafîlôsôfjāh haj-j^{e}hûdît, Šānāh b^{e}Šānāh 1961/2, 215–226.

durch für Israel wenigstens eine Rolle der Wahrheitsvermittlung gewahrt war. Die Konsequenz der praktischen Mission konnte allerdings nur selten gezogen werden, da sowohl islamische wie christliche Obrigkeiten die Proselytenmacherei in der Regel untersagten. Gleichwohl hat das mittelalterliche Judentum, sofern es möglich war, Proselyten aufgenommen[10], in der gaonäischen Zeit offenbar gar nicht wenige, also nicht nur auf Grund spezieller theologischer Erwägungen. Immerhin besteht in der Wertung der Proselyten ein beträchtlicher Unterschied zwischen z. B. RMB"M und Jehuda Hallevi. Letzterer verneinte, daß ein Proselyt jemals ganz gleich werden könne, da er ja nicht in dem naturhaften Erbzusammenhang der prophetischen Disposition stehe. Auch das Verhältnis zu Islam und Christentum als monotheistische Religionen war hier nicht mehr mit der traditionellen Unterscheidung Israel: Götzendiener zu beschreiben. Einer vollständigen Anerkennung als wahre Bekenner der Einheit stand aber die islamische-christliche Infragestellung der Torah entgegen, der äußeren und religiösen Existenzbasis des Judentums. Es bedurfte daher einer Kompromißlösung, die für Israel die Torah unangetastet ließ und die Anhänger anderer monotheistischer Religionen gleich wohl von „Götzendienern" unterschied. Dieser Kompromiß wurde in der Zuordnung der nichtjüdischen Monotheisten zum „Noahbund" gefunden[11], was der gelegentlichen haggadischen Rede von Gerechten unter den Weltvölkern eine neue Grundlage gab. In der Kabbalah[12] verschärfte sich hingegen in der Regel die traditionelle Sicht des Verhältnisses zwischen Israel und den Völkern, teils infolge der Symbolik der *„Kᵉnäsät Jiśrāʾel"* (s. Abs. 5), teils infolge der Seelenlehre (§ 36,3d)[13].

[10] S. Assaf, Teʿûdôt ḥadāšôt ʿal gerîm weʿal tenûʿāh mešîḥît, Zion 5 (1939/40), 112–124 (Meqôrôt ûMähqārîm 143–154); B. Blumenkranz, in: C. Roth, The Dark Ages, 1966, 84–88; C. Roth, ibd. 390; B.-Z. Dinur*, I/4, 185 ff.; D. M. Eichhorn, Conversions to Judaism, 1965; W. Giese, In Judaismum lapsus est, Hist. Jahrb. 88 (1968), 407–418; N. Golb, Notes on the Conversion of European Christians to Judaism in the 11th Century, JJS 16 (1965), 69–74; J. Katz, Exclusiveness ... (Anm. 8), 77 ff.; B. Z. Wacholder, The Halachah and the Proselytizing of Slaves during the Gaonic Era, HJ 18 (1956), 89–106; Ders., Attitudes towards proselytizing in the classical Halakah, HJ 20 (1958), 77–96; Ders., Cases of proselytizing in the Tosafist responsa, JQR 51 (1960/1), 288–315.

[11] Vgl. RMB"M, *Mišneh Tôrāh, Hilkôt melākîm* VIII, 11.

[12] Vgl. J. Tishby, Mišnat haz-Zohar I, 1956/7², 290 ff.

[13] Vgl. G. Scholem, Zelem ... in: Von der mystischen Gestalt der Gottheit, 1962, 265: Nach dem Zohar stammt der *ṣäläm* der Juden aus dem

3. Drei Bereiche der traditionellen und haggadischen Gottesvolkauffassung eigneten sich besonders für eine kabbalistische Interpretation. Einmal die als schöpfungsmäßig und mit Bildern für organismusartige Prozesse beschriebene Rolle Israels (und seiner Toraherfüllung) bei Jehuda Hallevi, die zu einem guten Teil nur mit neuen Mitteln ausdrückt, was in der älteren Zeit durch die Kombination von kulttheologisch-kosmologischen und heilsgeschichtlichen Gesichtspunkten auch schon angelegt war. Zum andern der vielfältige symbolische Sprachgebrauch in der religiösen Poesie, wo eine Fülle von Bezeichnungen für das Gottesvolk aus Bibelstellen aufgenommen wurden, sodaß der Leser immer wieder auf Andeutungen biblischer Aussagen und heilsgeschichtlicher Zusammenhänge stieß. Selbstverständlich spielte dabei die Personifizierung der „Gemeinde Israel“ eine besondere Rolle, da sie ja durch solche Bezeichnungen (wie „Tochter Zion“ etc.) schon vorgegeben war[14] und durch die allegorische Deutung der Geliebten im Hohelied auf das Gottesvolk noch plastischer hervortrat[15]. Aber auch der innere, durch Auftrag und Bestimmung gebotene und zum Teil auch (bei Jehuda Hallevi) schöpfungsmäßig-naturhaft begründete Zusammenhang zwischen Individuum und Kollektiv ist hier zu nennen. Der Einzelne kann seiner kollektiven Verpflichtung als Glied des zum Torahvollzug erwählten Volkes nicht entrinnen, und falls er es doch versucht, sein Tun und Lassen als Abtrünniger bleibt jedenfalls negativ relevant – als Beeinträchtigung des gemeinsam zu verwirklichenden Heilszieles.

4. Was das Geschichtsbewußtsein betrifft[16], so war es zunächst eben durch den Gegensatz Israel: Weltvölker bestimmt, wobei die letzteren vor allem durch die jeweils herrschende Weltmacht für das jüdische Bewußtsein hervortraten. Man sah in der Weltmacht, im islamischen Herrschaftsbereich Ismael[17], im christlichen Herrschaftsbereich „Edom“ /„Esau“[18], den heilsgeschichtlichen Widerpart, der Israels (Jakobs) Erstgeburtsrecht usurpiert, aber nur so lange die Herrschaft innehaben

„heiligen“, jener der Nichtjuden aus dem „unreinen“ Bereich. Dies abgesehen von den höheren Seelenschichten *rûaḥ* und *nešāmāh*.

14 E. E. Urbach*, 582 f.

15 Vgl. vor allem *Zûlat* – und *Mî kāmôkā* – Dichtungen, aber auch *'ahābāh* und *Ge'ûllāh*.

16 § 26,8.

17 Auch gern als „Wildesel“ (nach Gen 16,12) genannt.

18 Auch „Wildschwein“ nach Ps 80,14. Vgl. zu anderen Bezeichnungen L. Zunz*, SP 453 ff. Siehe auch G. D. Cohen.

kann, als Israel infolge seiner Sünde im Exil *(gālût)* leben und büßen muß. Die Weltmacht sucht daher auch Israel an der Torah-Erfüllung zu hindern und zum Abfall von seiner Erwählungsaufgabe zu bewegen, und zwar auch mit Gewalt. Dies ist aber nur die eine, usurpatorisch-dämonische Seite der politischen Wirklichkeit. Zugleich konnte man in der nichtjüdischen Obrigkeit die gottgesetzte Ordnung der Gegenwart sehen und insofern das Recht des fremden Staates als halakisch verbindlich anerkennen. Entscheidend für die Haltung zur Umwelt war daher deren praktisches Verhältnis zu den Juden in ihrer Mitte. Grundsätzlich freilich erhoffte man sich auf jeden Fall mit der messianischen Erlösung eine Ablösung auch der Herrschaftsverhältnisse. Dies kam nicht zuletzt in der Identifizierung der jeweils herrschenden Weltmacht mit dem letzten der vier daniel'schen Weltreiche zum Ausdruck, auf welches das messianische Reich folgen sollte.

All dies begründete und bedingte mit der hartnäckigen und bis zum Martyrium entschloßenen Wahrung der Sonderexistenz und Selbstverwaltung auch ein hohes Maß innerjüdischer Solidarität, die den Mangel einheitlicher Organisationsformen weitgehend wettmachte. Auch der Charakter der mittelalterlichen jüdischen Geschichtsliteratur (§ 26,8) entspricht den aufgewiesenen Zügen. Sie diente v. a. (1) dem Aufweis der Kontinuität in der Tradition, (2) als Zeugnis der Martyrien des Volkes bzw. der einzelnen Gemeinden, und (3) z. T. als Ausdruck der messianischen Hoffnung.

5. In einzigartiger Weise erfuhr die traditionelle Gottesvolkvorstellung eine Überhöhung, ja geradezu Apotheose, in der kabbalistischen Symbolistik[19]. Der innere Zusammenhang zwischen individuellen und kollektiven Momenten war ja schon in der kabbalistischen Auffassung von der Seele (den Seelenfamilien), vom menschlichen Körper (als Symbol für den *'Ādām qadmôn)* und von der Torah (Entsprechung der 613 Glieder und Gebote) immer wieder zutagegetreten. Die Symbolik der X. Sefirah stellt nun gleichsam den Knotenpunkt dar, in dem alle traditionellen und kabbalistischen Einzelvorstellungen über Gott, Torah und Volk Gottes zusammenlaufen und verschmelzen. Die X. Sefirah ist die mündliche Torah ebenso wie die göttliche Gegenwart in der Welt (die *Š^{e}kînāh*) und die *K^{e}näsät Jiśrā'el.* Die Funktion der X. Sefirah (§ 33,4b) als Mittlerin zwischen der Sefirotwelt und der unteren Schöpfung entspricht also der Funktion des Torahvollzuges durch das irdische Gottesvolk. Wie eng dies auch mit der Deutung der

[19] J. Tishby, N^{e}tîbê ... (§ 33), 21 f.

geschichtlichen Situation zusammenhängt, zeigt die Einbeziehung des *gālût*-Motivs in die göttliche Sphäre durch die Vorstellung vom „Exil der *Šekînāh*" in diesem Zusammenhang. Die soteriologische Relevanz des Torahvollzuges durch Israel enthält daher nicht bloß einen heilsgeschichtlichen und schöpfungsgeschichtlich-kosmologischen Aspekt, sondern auch einen innergöttlichen, kulminiert sogar darin, denn die Wiederherstellung der ursprünglichen Einheit und Harmonie ist das letzte Ziel sowohl der Sefirotvorgänge als auch ihrer irdischen Entsprechungen.

§ 40 Frömmigkeit und Volksglaube

I. Abrahams, Jewish Life in the Middle Ages, 1969³; S. H. Bergmann, Tefillāh, kawwānāh ûdebeqût, Maḥanajim 40 (1959/60), 39–44; A. Berliner, Aus dem Leben der Juden Deutschlands im Mittelalter, 1937; B.-Z. Dinur*, I/4, 141–218; M. Gaster, Studies and Texts in Folklore, Magic, Medieval Romance, Hebrew Apocrypha and Samaritan Archaeology, 3 Bde. 1925/28; J. Trachtenberg*; G. Vajda, L'amour de Dieu dans la théologie juive du moyen âge, 1957.

1. Natürlich wies auch die jüdische Religiosität des Mittelalters Degenerierungserscheinungen auf und selbstverständlich entsprach der Volksglaube in vielem nicht den Vorstellungen der rabbinischen Führungsschicht. Schon die oft recht drückenden Umstände behinderten eine korrekte Erfüllung aller religiösen Forderungen und erschwerten die richtige Sinngebung der religiösen Verhaltensweisen. Umso leichter machten sich – nicht anders als im Christentum und Islam – volkstümlich-abergläubische Vorstellungen und Praktiken breit[1]. Der Glaube an den Einfluß der Gestirne[2], die Magie[3], Engel-, Teufel- und

[1] J. Trachtenberg*; S. W. Baron*, VIII, 3 ff.; S. Birnbaum, EJ I, 229–240; G. Vajda, Etudes sur Qirqisani I, REJ 106 (1941/5), 87–123; H. A. Winkler, Siegel und Charaktere in der mohammedanischen Zauberei, 1930; H.-J. Zimmels, Magicians, Theologians and Doctors. Studies in Folk-Medicine and Folk-Lore from Rabbinical Responsa, 1952.

[2] Vgl. zu diesem im Mittelalter sehr kontroversen Thema z. B. A. Marx, The correnspondence between the Rabbis of Southern France and Maimonides about Astrology, HUCA 3 (1926), 311–358; D. J. Silver, Nachmanides? Commentary ... (§ 26, Anm. 30), 17; A. Marx, Astrology among the Jews in the 12th and 13th Centuries, Studies in Jewish History and Booklore, 1944, 63–76; G. Scholem, Ursprung ... (§ 33) 99 f.; J. Trachtenberg*, 249 ff.; G. Vajda, Recherches ... (§ 29), 249–253.

[3] W. E. Butler (§ 33); B.-Z. Dinur*, I/3, 43; I/4, 160 ff.; M. P. Hall, (§ 33); J. R. Marcus, The Jew in the Medieval World, 1969², 244 f.; S. Marcus,

Dämonenglaube[4], Wundersucht[5], die Anwendung von Amuletten[6], Namenglaube[7] bzw. Buchstaben- und Zahlenspekulationen, Traumdeutung etc. waren weit verbreitet, hatten in der Vorstellungswelt der aškenasischen Chasidim ihren festen Platz und fanden Aufnahme in das kabbalistische Weltbild, das sich auch hier wieder eng mit der Volksfrömmigkeit berührte und dessen spekulativer Inhalt gegen Ende des Mittelalters infolge der Popularisierung der Kabbalah in breiteren Schichten (und interessierten christlichen Kreisen) irrtümlicherweise vor allem mit derartigen Ansichten und Praktiken identifiziert wurde[8]. Auch das Schicksal des Menschen nach dem Tode und die Ausmalung von Paradies und Hölle beschäftigten die Volksphantasie[9]. Es ist begreiflich, daß in diesen schlichter gebildeten, weitgehend noch im

Qeṭā'îm mā'gîjim be"Sefär han-nisjônôt" ham-mejûḥas leR. 'Abrāhām 'ibn 'Äzrā', Qorot 4 (1966/7), 254–282; R. Margoliuth, Sefer ha-Razim, 1967, 42 ff.;G. Scholem*, DjM 107 f. 157 ff.193.258; Ders., Ursprung ... (§ 33), 89.94 f.179.286.290 f.; Ders., Zur Kabbala und ihrer Symbolik, 1960, 55 ff. 209 ff.; Ders., Von der mystischen Gestalt der Gottheit, 1962, 253 f. 309. Vgl. auch § 20, Anm. 32.

4 Außer der Lit. in Anm. 1 und 3, § 4,83 und § 20,39: J. Dan, Sippûrîm dêmônôlôgijjim mik-kitbê R. Jehûdah hä-Ḥāsîd, Tarb 30 (1960/1), 273 bis 289; Ders., Tôrat ... (§ 32), 184 ff.215 ff.; Ders., Śāre kos ... (§ 32, Anm. 5); R. Patai, The Hebrew Goddess, 1967; G. Roskoff, Geschichte des Teufels, I, 1967², 244 ff.; G. Scholem, Belî'ār, Maddā'ê haj-Jahadût 1 (1925/6), 112–127; Ders., Perāqîm ḥadāšîm me'injānê 'Ašmedāj weLîlît, Tarb 19 (1947/8), 160–175; Ders., Zur Kabbalah ... (§ 33), 202 ff.; Ders., Von der mystischen Gestalt ... (§ 33), 220; Ders., Ursprung ... (§ 33), 107 f.130 ff.207 ff.258 ff.; Ders. Some Sources of Jewish-Arabic Demonology, JJS 16 (1965), 1–13; J. Tishby, Mišnat haz-Zohar I, 1956/7², 361 ff.; J. Trachtenberg*, 25 ff.44 ff. 61 ff.69 ff.; S. auch § 35, Anm. 9.

5 Vgl. B.-Z. Dinur*, I/4, 167 ff.

6 T. Scherire, Hebrew Amulets, 1966; R. Kriss – H. H. Kriss, Volksglauben im Bereich des Islam, II, 1962; G. Scholem, Ursprung ... (§ 33), 179; J. Trachtenberg*, 132 ff.

7 G. Scholem*, DjM 115; Ders., Ursprung ... (§ 33) 130 f.162 ff.278 f.286. 288; Ders., Zur Kabbala ... (§ 33), 181 ff.209 ff.; J. Trachtenberg* 78 ff.

8 So wurde auch die Bedeutung der Alchemie für die Kabbalah irrtümlich überschätzt, vgl. dazu G. Scholem, Alchemie und Kabbalah, MGWJ 69 (1925), 13–30.95–110.371–374. Zur Alchemie im Judentum: R. Eisler, Zur Terminologie und Geschichte der jüdischen Alchemie, MGWJ 69 (1925), 364–371; 70 (1926), 194–201 (und dazu G. Scholem, 69, 371–374; 70, 202–209).

9 Vgl. B.-Z. Dinur*, I/4, 169 ff.

mythologischen Weltbild befangenen Volksschichten die Kabbalah schließlich eher ein Echo fand als die zur Abstraktion neigende, in vieler Hinsicht auch „„entmythologisierende“ religiöse Philosophie.

2. Die Zielvorstellung des vorherrschenden rabbinischen Frömmigkeitstypus bestand nicht in einem extremen Wunschbild, sondern in einem guten Annäherungswert an die Norm der Halakah. Wer die Gebote und Verbote der Torah (in weitestem Sinne) hält, galt als *ṣaddîq*, als „Gerechter“[10]. Der Begriff enthält nichts von ethisch-religiöser Überspanntheit, er trägt nüchterne und forensische Züge. Dieses Genügen an einem objektiv feststellbaren und erreichbaren Mittelmaß entspricht dem realistischen Zug der traditionellen Frömmigkeit wie dem Sinn von *ṣädäq* / *ṣ*^{e}*dāqāh* allgemein, in dem ja immer die Rücksichtnahme auf die Schwäche, und zwar auch auf die soziale Schwäche, mitklingt. Nicht das Extreme, sondern der realistische Mittelweg garantiert Bestand. In diesem Sinn hat man auch Prov 10,25 verstanden: Der *ṣaddîq* trägt die Welt. Am eindruckvollsten kommt dieser Gedanke in der kabbalistischen Sefirot-Symbolik zur Geltung. Nicht, wie es wohl in christlicher Sicht der Fall gewesen wäre, die absolute Strenge Gottes (Sefirah V, *Dîn)* zur Linken repräsentiert den „Gerechten“, sondern eine Mittelposition, in *Bāhîr* die Sefirah VII[11], in *Zohar* und später[12] die Sefirah IX *(J*^{e}*sôd,* vgl. § 33,4b), also eine Sefirah des Ausgleichs. Dies ist umso bemerkenswerter, als unter den Kabbalisten eine Tendenz zu radikalerer Frömmigkeit durchaus vorhanden war.

3. Nun darf der *ṣaddîq* nicht als Verkörperung eines rein formalistischen Torah-Vollzugs angesehen werden, einer „nur“ äußerlichen Frömmigkeit, als die man im Christentum die jüdische Religiosität in polemischer Verzerrung gern darstellte. Wie schon in der talmudischen Periode so haben auch im Mittelalter die rabbinischen Autoritäten bei aller Betonung des sinnenfälligen Gehorsams meistens auch eine angemessene innere Beteiligung gefordert. Diese „Ausrichtung (des Herzens)“ *(kawwānat hal-leb)*[13] oder die Erfüllung der „Herzens-

[10] R. Mach, Der Zaddik in Talmud und Midrasch, 1957; G. Scholem, Zaddik; der Gerechte, in: Von der mystischen Gestalt der Gottheit, 1962, 83–134 [zuvor: Die Lehre vom Gerechten in der jüdischen Mystik, Eranos-Jb. 27 (1958), 237–297].

[11] G. Scholem, Ursprung ... (§ 33), 134–138. Ders., a. a. O. (Anm. 10), 88 ff.

[12] G. Scholem, a. a O. (Anm. 10), 96 ff.

[13] H. G. Enelow, Kawwanah. The Struggle for Inwardness in Judaism, Studies in Jewish Literature ... in honor of K. Kohler, 1913, 82–107; S. H.

pflichten" nach Bachja ibn Paqudas einflußreichem Buch konnten aber nie den äußeren Gebotsvollzug ersetzen oder erübrigen. Nur bei einigen extremen philosophierenden und allegorisierenden Exegeten werden Ansätze zu solchen Schlüssen sichtbar[14]. Im großen und ganzen war das Drängen auf Innerlichkeit ein Korrektiv gegenüber befürchteten oder tatsächlichen formalistischem Gehorsam. Am meisten drang man auf die Einheit von Vollzug und *kawwānāh* beim Gebet[15], das im Alltagsleben des Juden ja einen beträchtlichen Teil der Zeit in Anspruch nimmt und daher besonders leicht zur Gewohnheitsverrichtung mißraten konnte.

Die Esoteriker haben dem Gebet – und damit auch der Liturgie allgemein – einen nachdrücklicheren und neuen Sinn gegeben, Änderungen der Gottesdienstordnung in dieser Periode aber noch nicht vorgenommen und auch Sonderriten nur in beschränktem Umfang eingeführt[16]. Der philosophische Gottesbegriff erlaubte es nicht mehr, das Gebet naiv als Zwiesprache zwischen dem Frommen und Gott selbst zu verstehen[17]. Auch die aškenasischen Chasidim und die Kabbalisten haben grundsätzlich die philosophisch geprägte Ansicht von Gottes Transzendenz geteilt[18] und so richtete sich das Gebet – und damit auch die Gebets-*kawwānāh* – an die göttliche Manifestation, auf den *kābôd* bzw. *kerûb ham-mejûḥad* (im Chasidismus) oder auf die Sefirot in der Kabbalah. Damit wird das Gebet zum Ausdruck der rechten Erkenntnis (der Einheit) Gottes und zum Mittel der auf ihr gründenden richtigen Gottesgemeinschaft bzw. communio *(debeqût)*.

Im aškenasischen Chasidismus[19] diente der buchstäbliche Wortlaut der Gebete als Gegenstand und Vehikel solcher Kontemplation, und zwar unter Zuhilfenahme von Gematrie, Notarikon und *Ṭemûrāh* und verbunden mit z. T. massiv magischen Vorstellungen (noch konsequenter in Abraham

Bergmann: G. Séd-Rajna, Le manuscrit hébreu 596 de la Bibl. Nat. de Paris, Diplome de l'Ecole prat. des H. E., sect. Ve, Paris 1967/8.

14 Vgl. dagegen in bezug auf das Gebet z. B. Jakob b. Šeššet: G. Vajda, Recherches ... (§ 29), 356–371.

15 § 27, 1.

16 G. Scholem, Tradition und Neuschöpfung im Ritus der Kabbalisten, Zur Kabbala ... (§ 33), 159–207; Ders., Ursprung ... (§ 33), 212 ff. 275.

17 C. Touati, Le prière ... (§ 30, Anm. 142).

18 Was z. T. Widerspruch bei den Traditionalisten erregte, vgl. G. Scholem, Ursprung ... (§ 33) 353 (antikabbalist. Sendschreiben des Meir b. Simon von ca. 1235/40).

19 G. Scholem*, DjM 108 ff.; Ders., Ursprung ... 183.189 ff.; J. Dan, Tôrat ... (§ 32), Reg. s. v. *tefillāh*.

Abulafias Ekstasetechnik[20]). Der Begriff der „*kawwānāh*" für diese Gebetsmystik taucht hier erst spät auf und wurde noch wenig profiliert verwendet.

In der Kabbalah gewann analog zur ausgeprägten Theosophie auch die Gebetsmystik komplizierteren Charakter[21]. Die *kawwānāh*[22] bedeutet nicht mehr bloß innere Ausrichtung und Konzentration, sondern einen Nachvollzug der stufenweisen göttlichen Manifestation, aber „von unten" her, also die kontemplative Betrachtung der Sefirot mit dem Ziel der Erkenntnis der göttlichen Einheit. Im Sinne der kabbalistischen Symbolistik wird der Gebetswortlaut und Gebetsvorgang zum korrespondierenden Geschehen und insofern zum Mit-Erleben des Sefirotgeschehens empor bis zur III. oder gar II. Sefirah, zur Möglichkeit des Einflusses von unten her im Sinne der Wiederherstellung der „Einheit" und der Verbindung des durch Sünde Getrennten. Diese Form der communio mit „Gott" wird mit dem Ausdruck *d^ebeqût* bezeichnet, der damit eine neue Bedeutung erhielt[23].

4. Die traditionellen Zielsetzungen der Frömmigkeit wie Liebe (*'^ahābāh)*[24], Gottesfurcht *(jir'āh)*, Freude *(śimḥāh)* und *d^ebeqût*, sind im religiös-philosophischen Schrifttum aufgenommen und mit intellektualistischen und ethischen Akzenten versehen worden[25]. In der Esoterik werden diese Begriffe überhöht zu Chiffren mystischen Erlebens[26] – wie das gesamte menschliche Verhalten[27]. Unter anderem

20 § 33, 2.

21 G. Scholem, a. a. O. (Anm. 16); Ders., Ursprung ... (§ 33) 183 ff. 264 ff. 287.369 ff.; J. Tishby, a. a. O. (Anm. 4) II, 183 ff.; G. Séd-Rajna, a. a. O. (Anm. 13); Ders., De quelques Commentaires kabbalistiques sur le rituel, REJ.HJ 124 (1965), 307–351.

22 M. K. Bowers - S. Glasner, Auto-hypnotic aspects of the Jewish Cabbalistic concept of Kavanah, Journal of Clinical and Experimental Hypnosis, 6/1 (1958), 3–23; L. Gardet, Pour une connaissance de la mystique juive, Cahiers Sioniens 7 (1953), 50–62; G. Scholem, Der Begriff der kawwanah in der alten Kabbala, MGWJ 78 (1934), 492–518; Ders., a. a. O. (Anm. 16), 169 ff.; Ders., Ursprung ... (§ 33), 173 f. 212.264 ff. 366 ff.

23 § 33, Anm. 52.

24 G. Vajda, L'amour de Dieu ...; Ders., Textes d'exégètes juifs de France sur l'amour de Dieu, MPhLJ 3–5 (1958/62), 25–37; E. L. Dietrich, Die Liebe des Einzelnen zu Gott in der jüdischen Frömmigkeit von der Zeit der Gaonen bis zum Auftreten der Kabbala, Oriens 17 (1964), 132–160; J. Schirmann, L'amour spirituel dans la poésie hébraique médiévale, Les lettres romanes 15 (1961), 315–325; Ders., Šîrîm ḥ^adāšîm min hag-G^enîzāh, 1966, 389.

25 G. Vajda, L'amour ..., 73 ff.163 ff.; Ders., L'amour de Dieu selon Moise Maimonide, Trait d'union 4/3 (1956), 3–16.

26 § 32, Anm. 10; J. Tishby, Jir'āh, '^ahābāh ûd^ebeqût b^emišnat haz-Zohar, Môlād 19 (1960/1), 45–64.

27 J. Tishby, Mišnat haz-Zohar II, 1961, 581 ff.

hatte hier auch die Leidenserfahrung des Juden, die in der religiösen Poesie so intensiven Ausdruck gefunden hatte[28], in dem kosmisch-göttlichen Drama und der Seelenwanderungslehre eine Sinngebung erhalten, die sich für die Frömmigkeit in den Verfolgungszeiten besonders bewährt hat. Analog dazu wird die Sünde (§ 36,2) in ihrer Tragweite verhängnisvoller eingeschätzt — aber umso positiver auch wieder die Umkehr *(t^e^šûbāh)*. Sie wird in der Kabbalah[29] geradezu zum Teilvollzug und Symbol der Rückkehr aller getrennten Wesenheiten in ihrem Ursprung, in die Sefirah III (die darum auch *t^e^šûbāh* genannt wird).

5. Die Themen Sünde und Buße waren für den Juden aber in erster Linie als einem Glied des erwählten Volkes relevant, dessen Exildasein und Demütigung er teilte. Sollte die Heilsgeschichte sich wieder zum Guten wenden, so nur, sofern jedes Glied an der Erfüllung des kollektiven Erwählungsauftrages mitwirkt, also „umkehrt" von der Sünde und Gottes Verzeihung und Gnade geschenkt erhält. Aber auch die individuelle Komponente der Frömmigkeit war richtungsweisend. In der Philosophie, v. a. der neuplatonisch bestimmten mit ihrer kathartischen Ethik, galten für die Erlangung der höheren Erkenntnisstufen – v. a. für die Stufe der Prophetie – Bedingungen, die teilweise an Askese grenzen. Die *p^e^rîšût*[30] wird wiederholt als Freimachen von sinnlichen Fesseln und hinderlichen irdischen Faktoren in solchem Zusammenhang erwähnt. Im aškenasischen Chasidismus waren Weltabgewandtheit und organisierte Bußpraxis gang und gäbe[31]. Auch in der frühen Kabbalah spielten „Heilige", „Asketen" *(n^e^zîrîm, p^e^rûšîm)*, „Propheten" und *„Ḥ^a^sîdîm"* eine beträchtliche Rolle[32], zumal das starke neuplatonische Erbteil und die Symbolistik die Tendenz zu elitärer religiöser Devotion und Gnadenerfahrung[33] noch verschärfte.

Es gab also Ursachen genug, die über die Norm des *ṣaddîq* hinaus extremere Zielvorstellung der individuellen Frömmigkeit hervorbrach-

[28] L. Zunz*, SP 9–58. § 23, Anm. 23; § 12, Exk. Aufschlußreich sind über die Deutung des Leidens auch die Kommentare zu Hiob, Klagelieder, Dt.-Jes. und manchen Psalmen (z. B. 73).

[29] J. Tishby, a. a. O. (Anm. 27), 735 ff.

[30] Vgl. § 36, Anm. 1. Vgl. auch J. Maier, Zum jüdischen Hintergrund des sogenannten „Laodicenischen Sendschreibens", Jahrb. f. d. Gesch. Osteuropas 17 (1969), 1–12 (6 ff.).

[31] § 32, Anm. 7,9.

[32] § 33, 1 a.

[33] O. H. Lehmann, La experiencia de la gracia divina en la Qabbala, Sef 15 (1955), 341–351.

ten, nämlich jene des *ḥāsîd*[34], des überdurchschnittlichen, heiligmäßigen Frommen, dem die Volksphantasie auch gern die Rolle eines Wundertäters zuschrieb[35].

§ 41 Messianische Erwartungen und Bewegungen

A. Z. Aescoly*, 93 ff.; S. W. Baron*, SRH V, 138 ff.; B.-Z. Dinur*, I/4, 193 ff. 201 ff.; II/3, 358 ff.; L. Jacobs*, 368 ff.; A. Posy*, 75 ff.80 ff.119 ff.; J. Sarachek, The Doctrine of the Messiah in Medieval Jewish Literature, 1968²; G. Scholem, Zum Verständnis der messianischen Idee im Judentum, Eranos-Jb. 28 (1960), 193–239, auch in: Judaica, 7–74; Ders., Šabbeṭāj Ṣebî, I, 7 ff.; A. H. Silver*; M. Waxman*, Gālût . . .; R. J. Z. Werblowsky, Messianism in Jewish History, JWH 11 (1968), 30–45.

1. Die Charakteristik der messianischen Erwartung des Frühjudentums (§ 4,2) und der talmudischen Zeit (§ 19) trifft grundsätzlich auch für das jüdische Mittelalter zu. Im Unterschied zur talmudischen Literatur tritt die messianische Komponente im Mittelalter auch im rabbinischen Bereich profilierter und kompakter zutage und es entsteht wieder eine apokalyptische Literatur als Symptom von messianischen Wellen, die durch politische Umwälzungen, große Kriege und Naturkatastrophen provoziert wurden (§ 26,8 a). Die rabbinischen Gelehrten konnten sich nicht immer der Versuchung entziehen, die derartige Konstellationen für das unter Exil und Verfolgungen leidende jüdische Volk nun einmal darstellten. Gerade Verfolgungen konnten – je heftiger sie waren, desto leichter – als Vorboten der Endzeit, als „messianische Wehen" gedeutet werden und Enttäuschungen waren in der Regel kein Anlaß zu Verzweiflung, sondern zu intensiverem Bemühen bei der Erfüllung des Erwählungsauftrages. Der Wunsch, den Termin der Erfüllung rasch herbeizuführen oder wenigstens zu bestimmen, wurde auch durch einige herkömmliche Schemata gefördert. So rechnete man im Rahmen der Weltzeitzählung (von der Schöpfung an) für den Abschluß eines vollen Jahrtausends mit der entscheidenden Wende, also z. B. für das Jahr 1240 (5000 nach der Schöpfung). Oder man suchte die Exilsdauer zu bestimmen, z. B. auf 1000 Jahre, also für 1068 (nach damaliger Chronologie wurde der 2. Tempel 68 n. Chr. zerstört, nicht

[34] J. Katz, Exclusiveness and Tolerance, 1961, 93 ff.; G. Scholem, Zaddik . . . (Anm. 10), 83 ff.; Ders., Ursprung . . . (§ 33), 202 ff.; § 32, 1.

[35] G. Scholem, Ursprung . . . (§ 33), 226. Vgl. zu Jehudah hä-Chasid § 32, Anm. 19.

70). Die Kreuzzüge heizten die apokalyptische Stimmung allenthalben an. Messianische Daten wurden berechnet, messianische Bewegungen (Abs. 4) flackerten auf, Endzeitspekulationen und -hoffnungen bewegten weiteste Schichten des Volkes und fanden nicht zuletzt in der religiösen Poesie (§ 27; v. a. in den Gattungen der *G^e'ûllāh* und *S^elîḥāh)* beredten Ausdruck[1], z. T. auch in der Kunst[2]. Die rabbinischen Gelehrten befanden sich in einer Zwickmühle. Einerseits teilten sie die messianische Hoffnung und vertraten sie auch in ihren Schriften[3], z. T. in kompendienartigen vielgelesenen Zusammenfassungen, vom VIII. Kap. in Saadjas *Sefär hā-'ämûnôt w^ehad-de'ôt*[4] angefangen über RMB"Ns *Sefär hag-g^e'ûllāh (Sefär haq-qeṣ)*[5] bis zu Isaak Abrabanels[6] *Ma'jānê J^ešû'āh*[7], *J^ešû'ôt m^ešîḥô*[8] und *Mašmîa' j^ešû'āh*[9]. Aber auch die Bibelkommentare[10], v. a. zum Buch Daniel und zu den traditionellen „messianischen Weissagungen" enthalten eine Fülle von Zeugnissen für die Vielfalt und Intensität der eschatologischen Erwartung.

Andrerseits wußte die rabbinische und politische Führungsschicht des Judentums nur zu gut um die drei großen Risiken des pseudomessianischen Abenteuers:

1. Jeder Versuch, den erhofften messianischen „Machtwechsel" anzukündigen oder gar durch einen Aufstand herbeizuführen, mußte zwangsläufig einen Konflikt mit der herrschenden Obrigkeit heraufbeschwören, der von momentanen Gegenmaßnahmen abgesehen auch den Status der Juden im betreffenden Land überhaupt gefährden konnte. 2. In der Euphorie des messianischen Erfüllungsglaubens konnte es leicht zu „Reformen" kommen, zu halakischen, liturgischen und sozialen Änderungen, zur Einführung einer „messianischen Torah"[11], die nach dem Scheitern des Traumes die Rückkehr

[1] Vgl. A. M. Habermann, Gālût ûg^e'ûllāh bap-pijjuṭ haq-qādûm, Maḥanajim 80 (1962/3), 38 f.; A. Mor, Gālût ûg^e'ûllāh ... (§ 27, Anm. 19).
[2] § 28, Anm. 7.
[3] J. Sarachek.
[4] § 30, Anm. 23.
[5] § 33, Anm. 41 (Lit.). J. Aharonson, Mošäh bän Naḥmān, Sefär hagg^e'ûllāh, 1958/9.
[6] Lit. § 33, Anm. 172.
[7] Ferrara 1551. Zu Daniel.
[8] Königsberg 1860/1 (repr. 1966/7). Zu talmud. und haggadischen Quellen.
[9] Lemberg 1871. Zu den bibl. messian. Stellen.
[10] Vgl. z. B. W. H. de Wilde, De messiaansche opvatingen der middeleeuwschen exegeten Rashi, Aben Ezra en Kimchi vooral volgens hun commentaren op Jesaja, 1929.
[11] J. Rosenthal, Ra'jôn bîṭṭûl ham-miṣwôt bā-'eskātôlôgjāh haj-j^ehûdît, M. Waxman JV 1967, 217–233.

zur normalen Torahfrömmigkeit unter womöglich erschwerten – *Gālût*-Bedingungen schwieriger gestalteten, Enttäuschung und Verzichtsbewußtsein vertieften, sowie Verzweiflung und Apostasie förderten. 3. Das Scheitern eines Messiasprätendenten konnte Unentwegte dazu verleiten, den Irrtum nicht einzugestehen, an der Messianität des Gescheiterten festzuhalten und für diesen Zweck eine Art „Christologie" zu entwickeln. Dadurch verdrängt der geforderte „Glaube" aber die Torah aus ihrer zentralen Stellung im religiösen Vorstellungsgefüge und wird zur Häresie. Im Mittelalter waren solche Tendenzen nur ansatzweise (Abu Isa) vorhanden, in der sabbatianischen Bewegung des 17. Jh. bedrohte ein solcher Versuch aber die Existenz des Judentums.

Je nach den herrschenden politischen Bedingungen nahmen auch die messianischen Verwirklichungsversuche unterschiedliche Formen an. Im islamischen Bereich, wo die Juden in der Regel größere politische Bewegungsfreiheit genossen, äußerte sich die akute messianische Erwartung nicht selten in praktisch-politischer Aktivität und in Aufstandsbewegungen. Im christlichen Gebiet war der politische Wille der Juden nach den Kreuzzügen bald erstickt. Hier herrschte daher die Spekulation vor, die Berechnung der messianischen Daten und die Flucht ins Phantastisch-Mirakulöse. Zwar waren solche Züge der herkömmlichen Apokalyptik durchaus inhärent, aber der zunehmende Verlust an Realitätssinn mit gleichzeitiger Zuwendung zum Wunderglauben und zur Spekulation ist nicht zuletzt im aškenasischen Judentum unverkennbar. Dies brachte nach und nach auch ein stärkeres Interesse an der Person des Messias mit sich als es in der Tradition vorhanden war. Dadurch gerieten die Juden teilweise in eine zwiespältige Einstellung zur eigenen haggadischen Überlieferung, die zwar nie Norm, aber doch Ausdruck des Glaubens gewesen war.

2. Mit dem Thema der messianischen Hoffnung wurde das Judentum auch durch die christliche Theologie konfrontiert, die behauptete, daß die biblischen Verheissungen in Jesus Christus erfüllt seien (§ 42). Die allegorisch-typologisch-christologische Exegese des „Alten Testamentes" konnte von den Juden zwar leicht durch Festhalten am Wortsinn und durch historische Interpretation rationaleinleuchtend abgewiesen werden, sie mußten aber dafür den Vorwurf in Kauf nehmen, daß sie am „äußerlichen" Buchstaben klebten und für den wahren, „geistlichen" oder „inneren" Sinn des Gotteswortes blind seien. Die Erkenntnis, daß die biblischen Verheissungen seit den Tagen Jesu immer noch unerfüllt geblieben sind und nach wie vor Sünde, Unrecht und Gottlosigkeit in der Welt – und nicht zuletzt in der christlichen –

herrschten, konnte gerade den Juden als Opfer christlicher Verfolgungen nicht schwerfallen. Dennoch wirkte diese Kontroverse dämpfend auf die jüdische Naherwartung ein. Einmal, weil jedes pseudomessianische Fiasko von den Christen als Bestätigung ihrer Lehre gewertet wurde, zum andern, weil man aus Rücksicht auf die Kontroverse mit der christlichen Theologie mancherlei Elemente der eigenen Tradition abzuwerten oder gar zu verleugnen gezwungen war. Die christliche Seite suchte in der Haggadah der Juden nach Belegen für die Messianität Jesu und für die christliche Trinitätslehre. Solche „Beweise" führten leicht dazu, daß die Obrigkeit in Religions-Streitgesprächen z. B. entschied, die Juden hätten Unrecht und widerstrebten sogar der eigenen Überlieferung. Dagegen behalfen sich die Juden mit der betonten Feststellung, daß der Haggadah keinerlei Verbindlichkeit im Sinne einer Glaubenslehre zukomme.

3. Die „Religionsphilosophie" mit ihren allgemeinmenschlich und individualistisch gefärbten Voraussetzungen konnte an der traditionellen Endzeit- und Messiaserwartung kein besonderes Interesse haben, sie aber auch nicht offen ablehnen, denn sie gehörte zum selbstverständlichen Repertoire der religiösen Vorstellungswelt. Selbst bei RMB"M[12] wird sie — nüchtern zwar und skeptisch gegenüber Naherwartungen – in den 13 *ʿIqqārîm,* im *Mišneh Tôrāh* und in anderen Schriften erwähnt. Daß die z. T. massiv-„irdischen" Zukunftshoffnungen der Tradition von den Philosophen mehr oder weniger offen uminterpretiert wurden, versteht sich. Die Kabbalisten teilten die traditionellen Hoffnungen, fügten sie aber erst nach und nach ihren spekulativen Systemen ein[13]. Die damit gegebene umgekehrte Möglichkeit, akut messianisch-gedeutete Gegenwart und Geschichte kabbalistisch zu interpretieren, wurde erst im 16. Jh. wirklich wahrgenommen. Grundsätzlich ist zu beachten, daß die kabbalistische Rede vom „Exil der *Š^ekînāh*" in Zusammenhang mit der X. Sefirah (auch *K^enäsät Jiśrāʾel!)* und vom *tiqqûn* als Wiederherstellung der ursprünglichen Einheit und Harmonie das Geschick Israels zur Chiffre und Entsprechung eines innergöttlichen Vorganges erhob. Nicht minder folgenreich war die *Š^emîṭṭôt*-Lehre des *Sefär hat-T^emûnāh*[14], die ja zur

[12] § 30, Anm. 122.

[13] G. Scholem, EI II, 460–463; X, 194 f.; Ders., Jewish Messianism and the Idea of Progress and Redemption in the Cabbala, Comm 25 (1958), 298–305.

[14] § 33, Anm. 43.

Kombination von Kabbalah und Apokalyptik geradezu provozierte, und die Seelenlehre (§ 36,3).

Schon im Buch *Bāhîr* gibt es die Auffassung vom Seelen-*Gûf*[15], aufgenommen aus haggadischer Tradition. Da man aber voraussetzte, daß eine feste Zahl von präexistenten Seelen geschaffen wurde und sich dieser Behälter *(gûf)* infolge der Inkarnierung der Seelen nach und nach entleere, konnte man damit die Erwartung des Eschatons verbinden. Dieser Prozeß verzögert sich freilich durch die Sünde, weil unreine Seelen zur Läuterung wieder inkorporiert werden (Seelenwanderung). Auch die Annahme von Inkarnationsketten spielte für die spätere Entwicklung eine Rolle, weil mit der Annahme, daß die Adamsseele sich in David reinkarniert hätte und im Messias wiederkehren werde, der Erlösungsprozeß in bisher unbekannter Weise an das Schicksal des Messias bzw. seiner Seele gebunden wird.

Aufs Ganze gesehen bahnte sich in diesen kabbalistischen Neuerungen eine entscheidende Wende an. Zwar war auch die traditionelle messianische Erwartung stets der dynamische Faktor in der jüdischen Geschichte gewesen, doch in der Kabbalah wird diese Funktion noch intensiviert. Das zielgerichtete messianische Erlösungsstreben wird als ein Vollendungsprozeß auf anthropologischer, heilsgeschichtlicher, schöpfungsgeschichtlicher und innergöttlicher Ebene begriffen.

4. Von den zahlreichen „messianischen" Bewegungen, Berechnungen und Vorhersagen im jüdischen Mittelalter[16] können hier nur die wichtigsten Erwähnung finden.

Im 8. Jh. verursachten im Orient verschiedene Komponenten eine gewisse Unruhe. Politisch spielte der Stand der Kriege mit Byzanz und der beginnende Machtkampf um das Kalifat eine Rolle. Zur selben Zeit gruppierten sich oppositionelle und z. T. asketisch-eschatologische Kreise im Judentum zu einer größeren Bewegung (§ 25). Als Vorläufer des Messias und Initiatoren von Aufstandsbewegungen gaben sich damals ein gewisser Serene (Severus)[17] in Mesopotamien und Abu Isa in Persien aus. Der letztere führte gewisse liturgisch-halakische Neuerungen ein und wurde von einem Teil seiner Anhänger auch nach seinem Tod noch für den „Richtigen" gehalten. Diese Bewegung ist ein Beispiel für die torahgefährdende und zur Häresie

[15] G. Scholem, Ursprung . . . (§ 33), 78 f.

[16] Vgl. Aescoly* und Silver*; Ch. H. Ben-Sasson, Perāqîm . . . (§ 23), 270 ff.; S. D. Goitein, Jews and Arabs, 1955, 167 ff.; J. Horovitz, Mešîḥê šäqär bitqûfat ûbesifrût hag-ge'ônîm, Maḥanajim 124 (1969/70), 145–150; J. 'Äbän-Šemu'el, Midrešê ge'ullāh, 1953/4; E. Werner, Messianische Bewegungen im Mittelalter, Zeitschr. f. Geschichtswissenschaft 10 (1962), 371–396.598–622; § 26, Anm. 42.

[17] H. Graetz*, V, 457–460; J. Starr, Le mouvement messianique au début du VIIIe siècle, REJ 102 (1937), 81–92.

führenden Möglichkeit solcher Bestrebungen[18]. Die Erzählungen des Eldad had-Dānî, der Ende des 8. Jh. behauptete, von den verschollenen 10 Stämmen Israels zu kommen[19], haben in den Jahrhunderten danach immer wieder die Phantasie auf diese sagenhaften fernen Juden gelenkt und z. B. auch die Bekehrung der Chazaren z. T. in diesem Sinne verstehen lassen.

Viele erhofften sich mit dem Ablauf von 1000 Jahren nach der Tempelzerstörung, also nach damaliger Rechnung für 1068, eine Wende zum Heil. Noch mehr steigerten sich die Erwartungen auf Grund andrer Berechnungsmethoden, die das Jahr 1096 ergaben, das Jahr des 1. Kreuzzuges, mit dem eine Zeit der Verfolgungen, Entrechtungen und Vertreibungen einsetzte, die in ihrem geradezu apokalyptischen Charakter die Sehnsucht nach dem Ende der Tage immer noch verstärkte[20]. Der erste Kreuzzug erregte auch im byzantinischen Raum das Gefühl der Nähe des Endes[21] und in den Jahrzehnten darnach nahm das messianische Fieber allenthalben sprunghaft zu.

Anfang des 12. Jh. ereigneten sich vier Affären dieser Art in Mesopotamien[22]; in Palästina erhob Ibn Shaddad, ein Karäer, messianische Ansprüche[23]; in Cordoba in Spanien verführte ein bis dahin angesehener Gesetzesgelehrter namens Ibn Arjeh zu eschatologischer Schwärmerei und in Nordafrika entfachte 1122 Mose Darʿi, ein frommer Mann, den Glauben, daß der Messias bereits angekommen sei und verleitete viele zu voreiligen Entschlüssen (Verkäufen). Von diesen Bewegungen war jene des David ʾAlrôʾj (ca. 1135/8) in Kurdistan ein regelrechter Aufstandsversuch[24]. Auch die Einwanderungen ins Heilige Land, die damals zunahmen, gehören mit in dieses Bild akuter Endzeithoffnungen[25], die in Süd-

[18] H. Graetz*, V, 461–463; zuletzt: S. W. Baron*, V, 191 f.; S. D. Goitein, a. a. O. (Anm. 16), 168 ff.

[19] § 26, Anm. 54.

[20] J. Mann, Hat-tᵉnûʿôt ham-mᵉšiḥijjôt bîmê massāʿê haṣ-ṣᵉlāb hā-riʾšônîm, Ha-Teqûfah 23 (1933/4), 243–261; 24 (1934), 335–358.

[21] A. Neubauer, Egyptian Fragments, JQR o. s. 9 (1897), 24–38 (26–29); D. Kaufmann, A hitherto unknown messianic movement among the Jews, JQR o. s. 10 (1897/8), 139–151; – Eine unbekannte messianische Bewegung unter den Juden, JJGL 1 (1898), 148–161; Ders., Ein Brief aus dem byzantinischen Reiche über eine messianische Bewegung der Judenheit und der zehn Stämme aus dem Jahre 1096, Byz. Zeitschr. 7 (1898), 83–90; J. Starr, The Jews in the Byzantine Empire, 1969², 203 ff. (Nr. 153); Ferner A. Sharf, An Unknown Messiah of 1096 and the Emperor Alexius, JJS 7 (1956), 59–70.

[22] S. D. Goitein, What would Jewish and General History ..., PAAJR 23 (1954), 37; Ders., A report on messianic troubles in Baghdad in 1120/21, JQR 43 (1952/3), 57–76.

[23] Vgl. zuletzt S. D. Goitein, a. a. O. (Anm. 22), 36.

[24] Zuletzt: S. Abramson, ʿAl zᵉmānām šäl Dāwîd ʾAlrôʾj wᵉR. Ḥasdaj Roʾš hag-gôlāh, QS 26 (1949/50), 93 f.; Ch. Schwarzbaum, Hat-tᵉnûʿôt ham-mᵉšîḥijjôt šäl ʾAlrôj, Môlkô wᵉha-Reʾûbenî, Mahanajim 81 (1963), 12–19; J. Maier, Jud 20, 108 ff.

[25] Vgl. B. Dinaburg, ʿalijjātô šäl RJH"L l'"j wᵉhat-tᵉsîsāh ham-mᵉšîḥît bᵉjāmājw, in: J. Zemura, Rabbi Jᵉhudāh hal-Lᵉwi, 1949/50, 47–83.

spanien und Nordafrika auch durch die Religionspolitik der fanatischen Almohaden mitverursacht waren. Die meisten dieser Bewegungen hat RMB"M im Brief an die Jemeniten[26] erwähnt (1173)[27]. Diese hatten ihn um Rat gebeten, wie sie sich gegenüber einem Messiasprätendenten zu verhalten hätten. RMB"Ms Antwort ist für die Haltung der traditionsgebundenen, aber doch auch realpolitisch denkenden Rabbinen geradezu exemplarisch[28], auch in bezug auf die Einschätzung eines prophetischen Anspruches.

Im 13. Jh. kommt es in Südfrankreich im Zusammenhang mit den vor- und frühkabbalistischen „Propheten“, Asketen und „Heiligen“ auch zu akut eschatologischen Erwartungen. Gegen 1240 (das Jahr 5000) nahm die Spannung zu[29]. Ende des Jahrhunderts wanderte Abraham Abulafia (§ 33,2) in Italien als „Prophet“ herum und versuchte sogar, den Papst zu bekehren, doch größere pseudomessianische Bewegungen, etwa Aufstände, ereigneten sich nicht mehr. Dafür nehmen die „Prophetien“, Spekulationen und Berechnungen immer mehr Raum ein. In Spanien konzentrierte sich unter dem Druck der Inquisition die Hoffnung schließlich auf das Jahr 1492, das dann statt der Erlösung die Vertreibung brachte.

Solche z. T. schwärmerische Wellen eschatologischer (chiliastischer) Naherwartung waren aber auch in der christlichen Umwelt ziemlich häufig[30], ohne daß ein unmittelbarer Kausalzusammenhang oder Einfluß angenommen werden kann. Es lag zu einem guten Teil im „Zeitgeist“ insgesamt, obschon die christlichen Chiliasten das jüdisch-apokalyptische Erbe im Christentum besonders herausstrichen oder ihnen der Vorwurf des Judaisierens gemacht wurde.

§ 42 Die Bedeutung der religiösen Konfrontation

Zur Übersicht: JE II, 10 f.; X, 102–109; JL I, 391 ff.; EJ II, 1180 ff.; EI V, 120 ff.; YE II, 906–916. Ferner: B. Blumenkranz, Die jüdischen Beweisgründe im Religionsgespräch mit den Christen in den christlich-lateinischen Sonderschriften des 5. bis 11. Jahrhunderts, ThZ 4 (1948), 119 ff.; N. Ben-Menachem, Jalqûṭ bîblîjôgrāfî II: Sifrût haw-wikkûaḥ hā-'anṭî-nôṣrît, 'Arāšāt 2 (1959/60), 415–419 (ergänzt J. Rosenthal); B. Z. Bokser, Judaism and the

[26] § 33, Anm. 95; ergänzend dazu im Brief an die Gemeinde von Marseille, s. A. Marx ibd., S. 356 f.

[27] E. Ashtor, Saladin and the Jews, HUCA 27 (1956), 305–326 (S. 319).

[28] Auszüge übersetzt bei J. Maier, Jud 20, 112 ff.

[29] S. Assaf, Teʿûdôt ḥadāšôt ʿal gerîm weʿal tenûʿôt mešîḥijjôt, Zion 5 (1940), 112–124; J. Mann, Texts and Studies I, 1931, 34–44; J. N. Epstein, Lat-tenûʿāh ham-mešîḥît beSiqîlijāh, Tarb 11 (1940), 218 f.

[30] N. Cohn, The Pursuit of the Millennium, 1957 – Das Ringen um das tausendjährige Reich, 1961; W. Nigg, Das ewige Reich, 1944; B. Töpfer, Das kommende Reich, 1964.

Christian Predicament, 1967; J. D. Eisenstein, 'Ôṣar haw-wîkkûḥîm, 1928; S. Gelbhaus, Die Apologetik des Judenthums in geschichtlicher Entwicklung, 1869; P. Goodman, The Synagogue and the Church, 1908; J. Katz, Exclusiveness and Tolerance, 1961 (Bên Jehûdîm lag-gôjjim, 1960/1); O. S. Rankin, Jewish Religious Polemic, 1956; I. Loeb, Polémistes chrétiens et juifs en France et en Espagne, REJ 18 (1889), 43–70. 219–242; Ders., La controverse religieuse entre les chrétiens et les juifs au moyen âge en France et en Espagne, 1888; E. I. J. Rosenthal, Jüdische Antwort, in: Kirche und Synagoge ed. K. H. Rengstorf – S. v. Kortzfleisch, 1968, 307–362; Ders., Anti-Christian Polemics in Medieval Bible Commentaries, JJS 11 (1960), 115–135; J. Rosenthal, Sifrût haw-wîkkûaḥ hā-'anṭî-nôṣrît 'ad sôf ham-me'āh haš-šemônāh-'eśrāh, 'Arāšāt 2 (1959/60), 130–179; 3 (1960/1), 433–439; Ders., The Literature of Religious Disputations 21 (1963/4), 15–21; H.-J. Schoeps, Jüdisch-christliches Religionsgepräch in 19 Jahrhunderten, 1937 [engl.: The Jewish-Christian Argument, 1963]; J. Zurishaddaj, Dibrê bîqqôrāt 'al "Berît ḥadāšāh", han-nimṣā'îm besifrût Jiśrā'el hā-'attîqāh weha-ḥadāšāh, 1960/1[3]; E. E. Urbach, Étude sur la littérature au moyen-âge, REJ 100 (1935), 50–77; M. Waxman*, II, 526 ff.; L. Zunz*, SP 457 ff.

Die Auseinandersetzung zwischen Kirche und „Synagoge" ist in diesem Zusammenhang nur soweit von Belang, als die jüdische Religionsgeschichte betroffen war[1]. Im Unterschied zum jüdisch-islamischen Verhältnis kommt dem jüdisch-christlichen allerdings erhebliche Bedeutung zu, vor allem für das Schicksal des Judentums. Die Kirche fühlte sich durch das Nein der Synagoge grundsätzlich infrage gestellt, da dieses Nein von den Trägern der biblischen heilsgeschichtlichen Verheissung kam und weil diese auf den Wortsinn der Bibel und auf die faktisch auch seit Christus unerlöste Welt verweisen konnten. Aus diesem Grund beträgt der Umfang der christlichen Adversus Iudaeos-Literatur ein Vielfaches von dem des jüdischen kontroverstheologischen Schrifttums, denn die Juden hatten von ihrem Geschichtsverständnis her (§ 39; § 41) nur wenig Veranlassung dazu, sich mit anderen Religionen näher auseinanderzusetzen. In der älteren Zeit beschränkte sich diese Auseinandersetzung auch auf die Abwehr der kirchlichen christologischen Interpretation „alttestamentlicher Stellen" und auf die theologisch-philosophische Kritik an der Trinitäts- und Inkarnationslehre. Vom späten 11. Jh. an verschärfte sich indes die

[1] Aus der Fülle der Literatur nur eine knappe Auswahl: B. Blumenkranz, Juden und Judentum in der mittelalterlichen Kunst, 1965; Ders., Juifs et Chrétiens dans le monde occidental, 1960, 430–1096; S. Grayzel, The Church and the Synagogue in the 13th Century, 1965[2]; J. Trachtenberg, The Devil and the Jews, 1966[2]; A. L. Williams, Adversus Judaeos, 1935.

Konfrontation stetig. Die Kirche versuchte, ihren Wahrheitsbesitz demonstrativ zu „erweisen".

Einerseits durch den Hinweis auf die glänzende Stellung der Kirche im Gegensatz zur elenden Lage der „Synagoge". Diese Situation wurde unter Ausnützung des steigenden kirchlichen Einflusses auf die weltliche Gewalt zielbewußt herbeigeführt, war aber paradoxerweise dennoch die Chance zum Überleben für die Juden, die man als negative „Zeugen der Wahrheit" hinstellte. Diese beklagenswerte Rolle bewahrte nämlich die Juden vor der völligen Ausrottung, der andere Häretiker und Ungläubige zum Opfer fielen, denn auch die Juden wurden sonst über die heilsgeschichtliche Polarisation von Kirche und Synagoge hinaus als Vertreter widerchristlicher – und das heißt: widergöttlicher – Mächte angesehen[2].

Die zweite Demonstrationsmethode war die Veranstaltung von Religionsdisputationen[3], bei denen die jüdischen Teilnehmer sich von vornhinein in einer hoffnungslosen Situation befanden und bestenfalls damit rechnen konnten, mit Leib und Leben wieder daraus entlassen zu werden. Die Überlegenheit des Christentums durfte ja nicht infragegestellt werden und ein erklärter „Sieg" der christlichen Teilnehmer zog meist sofortige Zwangstaufen oder Verfolgungen nach sich. Was in den erhaltenen Berichten über diese Disputationen von jüdischer Seite vorgebracht wird, ist nur sehr begrenzt als Quelle für die jüdische Sicht des Christentums verwertbar.

Die breiteren jüdischen Volksschichten hatten wenig Veranlassung zu subtilen theologischen Urteilen über christliche Lehre und Praxis. Für sie war der äußere Eindruck entscheidend. Sie erfuhren den Widerspruch zwischen christlicher Gewaltanwendung und christlicher „Liebespredigt" am eigenen Leibe und konnten beim Anblick der kirchlichen Ausstattung oder von Prozessionen schwerlich nicht an Götzendienst denken. Schon früh waren die gelegentlichen polemischen Äußerungen über Jesus in der talmudischen Literatur zusammengestellt und zu den *„Tôl^{e}dôt-Ješû"* (Geschichte Jesu)[4] ausgestaltet wor-

[2] J. Trachtenberg, a. a. O. (Anm. 1).

[3] EJ V, 1128–1156 (Lit.!); JE IV, 614–618; JL IV, 1343 ff.; Ch. B. Sasson, P^{e}rāqîm ... (§ 23), 243 ff.; M. Braude, Conscience on Trial, 1952; Z. Frankel, Zur Geschichte der jüdischen Religionsgepräche, MGWJ 4 (1855), 161–181.205–218.241–250.410–413.447–454; F. Sandler, Bên Jiśrā'el lā-'ammîm, 1956/7; Die wichtigsten Disputationen: 1240 Paris, 1263 Barcelona, 1375 Avila, 1413/4 Tortosa.

[4] S. Krauss, Das Leben Jesu nach jüdischen Quellen, 1902; Ders., Neuere Ansichten über „Toldoth Jeschu", MGWJ 76 (1932), 586–603; 77 (1933), 44–61; Ders., Nouvelle recension hébraique du Toldot Yesu, REJ 103 (1938), 65–90; B. Heller, Über das Alter der jüdischen Judas-Sage und des Toledot Jeschu, MGWJ 77 (1933), 198–210; H. J. Schonfield, According to the Hebrews, 1937.

den, die in zahlreichen Rezensionen verbreitet waren und die Christen maßlos erbitterten. Die jüdischen Apologeten haben sich von dieser vulgären Polemik natürlich distanziert, obschon sie sich in ihren hebräischen Schriften bedeutend freier zu äußern wagten als in den ziemlich nichtssagenden Disputationsbeiträgen. So gut wie alle waren aber gezwungen, bestimmte Seiten der jüdischen Religion zu unterschlagen – den esoterischen Schriftsinn z. B. und die tatsächliche Bedeutung der Haggadah.

Die erste antichristliche Schrift wurde um 1170 von einem J a k o b b. R e u b e n in Südfrankreich verfaßt. Sein Buch „Kriege des Herrn"[5] wurde beispielhaft für eine ganze Literaturgattung.

In einem Dialog zwischen *m^{e}kaḥed* (Leugner) und *m^{e}jaḥed* (Bekenner der Einheit) wird die Trinitätslehre ,die angebliche Ablösung der Torah durch Christus, die allegorisch-christologische Exegese und das Problem des Bösen behandelt. In den letzten Kapiteln (XI f.) bot Jakob b. Reuben eine Teilübersetzung des Matthäusevangeliums[6] mit kritischen Bemerkungen, die z. T. Ergebnisse der modernen Bibelwissenschaft vorwegnehmen.

Eine ähnliche Schrift mit vollständiger Matthäus-Übersetzung verfaßte Š e m ṭ ô b i b n Š a p r û t *('Äbän Boḥan)* in der 2. Hälfte des 14. Jh. Von den zahlreichen anderen Autoren sei hier nur noch I s a a k P r o f i a t D u r a n erwähnt, der gegen Ende des 14. Jh. die beißende Satire „Sei nicht wie deine Väter"[7] und das Buch *„K^{e}lîmmat hag-gôjjim"* abfaßte. Solche polemischen Sonderschriften und die häufigen Bezugnahmen auf christliche Behauptungen in den Kommentaren zur Bibel haben im Spätmittelalter das jüdische Selbstbewußtsein gegenüber den christlichen Missionsbestrebungen gefestigt und z. T. auch zu einer Belebung der theologischen Fragestellungen im Judentum überhaupt beigetragen.

[5] J. Rosenthal, Ja'^{a}qob bän R^{e}'ûben, Milḥ^{a}môt haš-Šem, 1962/3.

[6] J. Rosenthal, Targûm šäl hab-b^{e}śôrāh 'al pî Mattāj l^{e}Ja'^{a}qob bän R^{e}'ûben, Tarb 32 (1962/3), 48–66 (auch über frühere hebr. Teilübersetzungen aus dem NT).

[7] B. Badt, „Sei nicht wie deine Väter", von Isaac ben Mose Halevi Profiat Duran, 1920; F. Kobler, A Treasury of Jewish Letters, I, 1954, 275 ff.

4. Teil
RELIGIONSGESCHICHTE DER NEUZEIT
(ca. 1492 – ca. 1780)

1. Kapitel: Geschichtlicher Hintergrund

§ 43 Wanderungen und Wandlungen (Überblick)

S. W. Baron*, SHR XIII–XIV; G. Caro, Sozial- und Wirtschaftsgeschichte der Juden im Mittelalter und in der Neuzeit, Neudr. 1962; Ch. H. Ben-Sasson, Tôl^{e}dôt ʿam Jiśrāʾel bîmê hab-bênajim, 1969; B.-Z. Dinur, B^{e}mifneh had-dôrôt, 1954/5; S. Ettinger, Tôl^{e}dôt Jiśrāʾel bā-ʿet ha-ḥ^{a}dāšāh, 1969 (Ch. H. Ben-Sasson*, Tôl^{e}dôt ... III); H. Graetz*, IX–X; H. Heidenheimer, Zur Geschichte und Beurteilung der Juden vom XV. bis zum XIX. Jahrhundert, 1909; B.-Z. Katz, Rabbānut, ḥ^{a}sîdût, haśkālāh, 1965/6; J. Katz, Masôrät ûmašber, 1957/8, engl.: Tradition and Crisis, 1961; J. R. Marcus, The Jew in the Medieval World, 1969^{2}; J. S. Raisin, A History of the Jews in Modern Times, 1919; C. Roth, The European Age in Jewish History, to 1648, in: L. Finkelstein*, I, 216–249; Ders., The Jews of Western Europe, in: L. Finkelstein*, I, 250–286; H. M. Sachar, The Course of Modern Jewish History, 1958; F. Š^{e}muʾeli, Tôl^{e}dôt ʿammenû baz-z^{e}mān hä-ḥādāš, 1–7, 1951–60; M. A. Shulvass, Biṣ^{e}bat had-dôrôt, 1960; J. L. Teller, The Scapegoat of Revolution, 1954.

1. Für das weitere Geschick des Judentums stellte die Vertreibung aus Spanien (1492), Portugal (1497) und der Provençe (1508) sowohl in demographischer wie religionsgeschichtlicher Sicht eine entscheidende Wende dar. Binnen kurzer Zeit war das alte Zentrum jüdischer Kultur in Südwesteuropa ausgelöscht und neue Schwerpunkte entstanden. Der Strom der Auswanderer ergoß sich über Südeuropa und Nordafrika v. a. in das religionspolitisch tolerante ottomanische Reich. So entstand in Palästina wieder eine starke jüdische Bevölkerungsgruppe, deren geistiger Einfluß bald die gesamte Diaspora beherrschte (§ 44). Frankreich[1] und Deutschland[2] boten wenig Anreiz und Möglich-

[1] Z. Szajkowski, The Economic Status of the Jews in Alsace, Metz and Lorraine(1648–1789), 1953/4; Ders., Population Problems of Marranos and Sephardim in France, from the 16th to the 20th Centuries, PAAJR 27

keiten zur Niederlassung. Die alten aškenasischen Gemeinden kümmerten dahin und mit dem Verfall der kaiserlichen Gewalt verschlechterte sich auch die rechtliche Situation der Juden, die schließlich ganz von der Willkür der vielen Fürsten und Stadtobrigkeiten abhängig waren. Die Reformation hatte die Einstellung zu den Juden hier keineswegs positiv beeinflußt, vor allem Luther hat sich in seinen späten Jahren zu hemmungslosem Judenhaß hinreißen lassen und damit dem späteren Antisemitismus zu einem guten Teil die „theologische" Rechtfertigung geliefert. Die Erlaubnis zur Niederlassung wurde in der Regel nur wenigen Juden erteilt und zwar nach ausgesprochen fiskalischen Nützlichkeitsmaßstäben. Die armen Juden vegetierten im Umkreis solcher Privilegieninhaber rechtlos dahin und hatten kaum ausreichende Existenzgrundlagen. Nur wenige Juden vermochten sich aus der allgemeinen Misere zu befreien. Dies waren v. a. die sogenannten Hoffaktoren, die Lieferanten und Financiers der Fürstenhöfe, die zum Teil erheblichen Einfluß und enorme Reichtümer errangen[3]. Die meisten von ihnen entfremdeten sich mehr oder weniger der herkömmlichen Lebensweise und Frömmigkeit und verkörpern in beschränktem Ausmaß schon Erscheinungen und Probleme, die auf weiterer Ebene erst mit und nach der Aufklärung akut wurden.

Die Haltung der jüdischen Gemeinden zu ihnen war zwiespältig. Zwar konnten Hoffaktoren dann und wann zugunsten von Gemeinden oder einzelnen Juden intervenieren und ihr Lebensstil konnte mit dem Zwang der Umstände einigermaßen entschuldigt werden, doch blieb bei allem Stolz auf die Position solcher Mitjuden ein bitterer Beigeschmack. Manche dieser Erfolgsmänner verleugneten bald ihre Herkunft und traten schließlich zum Christentum über, andere fielen ihrer exponierten Stellung zum Opfer,

(1958), 83–105; M. Jardeni, Haj-jaḥas 'äl haj-jehûdîm bap-pûlmûs hassifrûtî šäb-bitqûfat milḥamôt had-dāt beṢôrfat, Zion 28 (1962/3), 70–85.

2 I. Elbogen, Geschichte der Juden in Deutschland, neubearb. Aufl. von E. Sterling, 1966; W. Kampmann, Deutsche und Juden, 1963; S. Katznelson, Juden im deutschen Kulturbereich, 1959². Besonders hingewiesen sei noch auf S. Stern, Josel von Rosheim, 1959; Dies., Der preußische Staat und die Juden, 2 Bde. 1925; I. Kracauer, Geschichte der Juden in Frankfurt am Main, 2 Bde. 1925/7; R Strauss, Urkunden und Aktenstücke zur Geschichte der Juden in Regensburg 1453–1738, 1960.

3 B. Mebôrak, Jehûdê hä-ḥāṣer bam-medînāh hā-'absôlûṭîsṭît ûba-ḥäbrāh haj-jehûdît, meqôrôt letargîl, 1965/6 (vervielfältigt); H. Schnee, Die Hochfinanz und der moderne Staat, Bd. 1–3, 1953–55; Ders., Zur Nobilitierung der ersten Hoffaktoren, Arch. f. Kulturgesch. 43 (1961), 62–99; S. Stern, Jud Süss, 1929; Dies., The Court Jew, 1950; F. L. Carsten, The Court Jew, LBI.YB 3 (1958), 140–156.

wurden zur Zielscheibe der Volkswut oder des fürstlichen Zorns. In solchen Fällen drohte auch den lokalen Judengemeinden in der Regel Gefahr.

In den Gemeinden und Gemeindeverbänden[4] selbst bestimmten nach wie vor die wenigen Begüterten. Da die meisten Gemeinden arm waren, konnten die wenigsten von ihnen sich den Luxus eines berühmten Rabbiners leisten und die Tradition der aškenasischen Gelehrsamkeit wurde in Zukunft in erster Linie in Osteuropa weitergeführt, wo das größte jüdische Ballungsgebiet der neuen Periode entstand (§45).

2. Eine Sonderstellung nahm in der Neuzeit das italienische Judentum ein[5]. Es hatte schon im Mittelalter unter dem spanisch-provençalischen Einfluß gestanden und dieser verstärkte sich noch infolge der Zuwanderer und Durchwanderer nach 1492. Wenn auch die Rechtsstellung und das Schicksal der Juden in der politisch so bunten und wechselhaften Geschichte Italiens keineswegs einheitlich war, so blieb hier unter dem Einfluß der Spätrenaissance das allgemeine Klima doch günstiger, vor allem blieb der Kontakt mit der Umweltkultur erhalten. Nur hier wurden in dieser Periode noch Literaturzweige und Wissenschaften gepflegt, die nicht unmittelbar mit der Religion zu tun hatten, während in Aškenasien und Osteuropa nur mehr die Medizin geduldet wurde, zu deren Studium man aus diesen Ländern zumeist an die Universität zu Padua kam[6]. Im Verlauf des 17./18. Jh. setzte aber auch in den italienischen Gemeinden ein zunehmender Verfall ein, mitbedingt durch eine von christlicher Seite forcierte Isolierung.

3. Die Zwangsgetauften in Spanien und Portugal[7] haben sich nur zu einem Teil mit ihrem Los abgefunden und blieben darum insgeheim

[4] D. J. Cohen, 'Irgûnê "B^e^nê ham-m^e^dînāh" b^e^'Ašk^e^nāz bam-me'ôt ha-17 w^e^ha-18, 3 Bde. 1966/7 (Diss. Jerusalem).

[5] Lit. § 23, Anm. 17; ferner: S. W. Baron*, SRH XIV, 71 ff.; A. Marx, Glimpses of the Life of an Italian Rabbi of the Sixteenth Century, HUCA 1 (1924), 605–624.

[6] A. Modena – E. Morpurgo, Medici e chirurghi ebrei dottorati e licentiati nell' Università di Padova dal 1617 al 1816, 1967.

[7] J. Plaidy, C. Roth a. a. O. (§ 23, Anm. 9); S. W. Baron*, SRH XIII, 3 ff. 64 ff.; J. Caro Baroja, La sociedad criptojudía en la corte de Felipe IV., 1963; Ch. Beinart, 'anûsîm b^e^dîn hā-'inqwîsîṣîjāh, 1965; B. Netanyahu, The Marranos according to the Hebrew Sources of the 15th and Early 16th Centuries, PAAJR 31 (1963), 81–164; Ders., The Marranos of Spain, 1966; A. A. Sicroff, Les controverses des statutes de „pureté de sang" en

dem Glauben ihrer Väter treu. Die staatlichen und kirchlichen Behörden, die sich das Unsinnige ihrer Religionspolitik nicht eingestehen wollten, gingen daraufhin gegen die Neuchristen in aller Schärfe vor und setzten gegen die sogenannten Marranen die Inquisition ein. Die Angst vor Bespitzelung und Verrat, die Konfrontation mit diskriminierendem Mißtrauen und der Zwang, die aufoktroyierte Religion möglichst demonstrativ zur Schau zu tragen, hat diese Gruppe einer äußeren wie psychischen Zerreißprobe unterworfen. Vielen gelang es im Lauf der Zeit, auszuwandern und zum alten Glauben zurückzukehren. Soweit sie sich nicht im türkischen Reich ansiedelten, ließen sie sich in Holland (Amsterdam)[8], Hamburg[9], Amerika[10] und England[11] und zum Teil auch in Frankreich nieder. Die mehr oder weniger lange erzwungene Ausübung der christlichen Religion war in vielen Fällen nicht ohne Auswirkungen geblieben. Motive der verhaßten Zwangsreligion hatten sich im Unterbewußtsein so manches Marranen festgesetzt und verbanden sich mit traditionellen jüdischen Vorstellungen, diese umprägend. Es war darum kein Zufall, daß die sabbatianische Messiaslehre mit ihren z. T. verblüffenden Parallelen zur kirchlichen Christologie gerade in den sefardischen Gemeinden ein lebhaftes Echo hervorrief.

4. In England[12], das seit 1290 nur mehr einzelne Juden geduldet hatte, setzte Manasse b. Israel (1604–1657), ein holländischer Se-

Espagne du XVe au XVIIe siècle, 1960; H. J. Zimmels, Die Marranen in der rabbinischen Literatur, 1932.

[8] H. I. Bloom, The economic activities of the Jews of Amsterdam in the Seventeenth and Eighteenth Centuries, 1937; E. M. Koen, The Earliest Sources Relating to the Portuguese Jews in the Municipal Archives of Amsterdam up to 1620, StR 4 (1970), 25–42; J. S. da Silva Rosa, Geschiedenis der portugeesche Joden te Amsterdam, 1593–1925, 1925; H. Brugmans – A. Frank, Geschiedenis der Joden en Nederland, I, 1940.

[9] H. Kellenbenz, Sephardim an der unteren Elbe, 1958.

[10] J. L. Blau – S. W. Baron, The Jews of the United States 1790–1840, 1–3, 1963; Ph. S. Foner, The Jews in American History, 1654–1865, 1945; J. R. Marcus, Early American Jewry, 1953; M. V. Schapper, A Documentary History of the Jews in the United States, 1654–1875, 1950.
Für die Sefardim speziell und in den latein-amerikanischen Gebieten: L. García de Proodian, Los judíos en América, 1966; B. Lewin, La inquisición en Hispanoamérica, 1962; B. Liebmann, They Came with Cortes, Jdm 18 (1969), 91–102; Ders., A Guide to Jewish References in the Mexican Colonial Period, 1964.

[11] A. M. Hyamson, The Sephardim of England, 1951.

[12] § 23, Anm. 28 (Lit.).

farde[13], die Wiederzulassung der Juden unter Cromwell durch[14]. Kurioserweise waren dabei auf beiden Seiten eschatologische Erwägungen mit im Spiel. Manasse b. Israel teilte die Ansicht, daß die Erlösung erst einsetzen kann, sobald die Diaspora vollständig sei, also Juden in allen Ländern verstreut lebten, und Englands Puritaner liebäugelten mit der Identifikation mit den verschollenen „10 Stämmen" Israels[15].

5. Der demographisch feststellbaren Umschichtung innerhalb der Gesamtdiaspora entsprechen in dieser Zeit auch soziale und religiöse Wandlungen. Der allgemein starke jüdische Bevölkerungszuwachs veränderte das Verhältnis zwischen den führenden Schichten und der breiten Masse und verursachte innergemeindliche soziale Spannungen, die sich mit antirabbinischen Ressentiments verbinden und leicht zu religiösen Gegensätzen führen konnten. Weil aber die Rabbinen zwar weitgehend von den Gemeindegewaltigen abhängig waren[16], gerade deshalb aber auch nicht einfach als deren Interessenvertreter betrachtet werden konnten, kam es erst verhältnismäßig spät mit dem Aufkommen des Chasidismus in Osteuropa (§ 53) zu einer derartigen Konfrontation. Sie trug jedoch nur zum Teil Züge einer sozialen Auseinandersetzung. Die drückenden sozialen Verhältnisse in den breiten Volksschichten (v. a. in Osteuropa) wurden ja weitgehend durch die theologische Wertung des Exils aufgehoben und als unvermeidlich hingenommen. Die fast durchweg – Italien ausgenommen – vollzogene Abkehr von profaner Bildung und die konzentrierte Beschäftigung mit den rabbinischen Disziplinen als allein wesentlichen Wissensgebieten verbarrikadierten außerdem jeden Weg zu einer sozialen Verbesserung. Zwar blieben die Juden auch jetzt noch im Vergleich zur damaligen Durchschnittsbevölkerung in den islamischen und katholischen Ländern und in Osteuropa bildungsmäßig im Vorrang, konnten sie doch zu einem guten Teil wenigstens lesen, aber diese Kenntnisse waren wie die gesamte rabbinische Gelehrsamkeit zum religiösen Selbstzweck geworden und trugen nichts zur Behebung der wirtschaftlichen Notlage bei. Verhängnisvollerweise förderte die damals zur Volkstheologie gewordene Kabbalah gerade diese Selbstgenügsamkeit

[13] A. H. Silver*, 187 ff.; L. Wolf, Menasseh Ben Israel's Mission to Oliver Cromwell, 1901.

[14] C. Roth, The Resettlement of the Jews in England in 1656, 1960.

[15] A. M. Hyamson, The Lost Tribes and the Return of the Jews to England, TrJHSE 5 (1902/5), 115–147.

[16] S. W. Baron*, JC.

und begründete eine tiefe Verachtung für die als nichtig gewerteten kulturellen und wissenschaftlichen Errungenschaften in der Umwelt. Folgerichtig trat nach der – auf die höheren Schichten begrenzten! – Blütezeit des 16.Jh. bald ein allgemeiner wirtschaftlicher wie kultureller Niedergang ein, in Osteuropa vor allem nach den grausamen Verfolgungen von 1648. So befand sich die große Masse der Juden allenthalben gerade zu der Zeit in einem ökonomisch und kulturell bejammernswerten Zustand, als in der Umwelt mit der beginnenden Aufklärung der Wert des Menschen allgemein neu eingeschätzt zu werden begann und die merkantilistisch orientierte staatliche Obrigkeit seine Nützlichkeit als Bürger entdeckte. Das Judentum ging also unter denkbar ungünstigen Voraussetzungen jenen tiefgreifenden Wandlungen entgegen, die im 18. Jh. in der Umwelt einsetzten und früher oder später auch auf die jüdischen Gemeinden übergreifen mußten, die als Organisation infolge der großen Zahl ihrer Mitglieder und der oligarchischen Struktur nicht mehr im alten Maß die gesellschaftlich-geistige Heimstatt des Einzelnen waren, wo er sich im Kollektiv geborgen fühlen konnte. Dies und der auch im Judentum wie in der Umwelt schon früher einsetzende Trend zu individualistischerem Selbst- und Weltverständnis bereitete langsam den Boden für das Eindringen neuer Wertmaßstäbe und Gedanken. Sie kamen zunächst aus einer innerjüdischen Geistesströmung selbst, aus der apokalyptisch interessierten kabbalistischen Frömmigkeit und deren Umwertung in der sabbatianischen Bewegung. Nach dem Scheitern dieser Bewegung, die ein Vakuum hinterließ, das im osteuropäischen Judentum der Chasidismus einigermassen wettmachte, war der Weg auch für das Eindringen fremder Vorstellungen frei.

§ 44 Die Juden im ottomanischen Reich und der neue Schwerpunkt im Heiligen Land

S. Assaf-L. A. Meir*; I. Ben-Zvi, ’Äräṣ–Jiśrā’el wᵉjiššûbāh bîmê haš-šilṭôn hā-’ôttômā’nî, 1955; Ders., The Exiled and the Redeemed, 1963; M. S. Goodblatt, Jewish Life in Turkey in the XVI Century, 1952; H. Graetz*, VIII, 437–40.440–449; A. Jaʿari*; Ders., ’Iggārot ’äräṣ-jiśrā’el, 1942/3; B. Lewis, Notes and Documents from the Turkish Archives, 1952; Ders., Studies in the Ottoman Archives, I, BSOAS 16 (1954), 469–501; Ders., ʿᵃrê ’äräṣ-jiśrā’el bam-me’āh ha-16., Jerûšālajim 2 (1954/5), 117–127; Ders., ’Äräṣ-jiśrā’el baj-jobel hā-ri’šôn laš-šilṭôn hā-’ôttômā’nî, EIsr 4 (1955/6), 170–187; M. Molko, Ham-maṣṣāb ha-ḥäbrātî, hat-tarbûtî wehakkalkālî šäl has-sᵉfāraddîm bā’împerjāh haṭ-tûrqît, Sinai 50 (1961/2), 459–464; J. R. Molko,

Jehûdê Tûrkîjāh bîmê hā-Renaissance, Sura 1 (1953/4), 91–102; Ders., Terumat Jehûdê Tûrkîjāh lat-tarbût hā-'ibrît wesifrûtāh, Maḥbärät 5/7–9 (1955/6), 117–120; 165–168; S. A. Rosanes, Qôrôt haj-jehûdîm beTûrkîjāh we'arṣôt haq-qädäm, 6 Bde., 1945 ff.[2]; J. Schezipanski, a. a. O. (§ 23, Anm. 1); D. Weinreich, Be'ājôt ha-ḥaqîrāh šäl tôledôt hajjehûdîm be'"j, Zion 2 (1936/7), 189–215; 3 (1937/8), 58–83.

1. Schon in der zweiten Hälfte des 15. Jh. hatte die jüdische Zuwanderung in die türkischen Gebiete ständig zugenommen. Eine liberale Religionspolitik und gute wirtschaftliche Entwicklungsmöglichkeiten, insbesondere in der Glanzzeit unter Suleiman dem Prächtigen (1520–1566) und Selim II. (1566–1576), veranlaßten auch den größten Teil der vertriebenen Sefardim und der flüchtenden Marranen, sich im ottomanischen Herrschaftsbereich niederzulassen.

Die Gemeinden von Konstantinopel[1], Adrianopel[2], Saloniki[3], Smyrna etc. nahmen zahlenmäßig binnen kurzer Zeit sprunghaft zu und jüdische Niederlassungen entstanden in nahezu allen Teilen des Reiches[4]. Jüdische Ärzte dienten bei Hof[5] und Juden standen im staatlichen und diplomatischen Dienst des Sultans. Das bekannteste Beispiel dafür ist wohl J o s e f N ā ś î', der „Herzog" von Naxos[6], der aus eigenen Mitteln eine jüdische Kolonie

1 E. N. Adler, Spanish Exiles at Constantinople, JQR o. s. 11 (1899), 526 ff.; A. Galante, Histoire des Juifs d'Istanbul, 2 Bde., 1941/1942; Ders., Les Juifs d'Istanbul sous le Soultan Mehmed le Conquérant, 1953; U. Heyd, The Jewish Community of Istanbul in the Seventeenth Century, Oriens 6 (1953), 299–314.

2 S. Marcus, Letôledôt haj-jehûdîm be'Adrîjā'nôpel, Sinai 29 (1950/1), 7–23. 318–344.

3 I. S. Emanuel, Histoire des Israélites de Salonique, I, 1935; J. S. Immanuel, Maṣṣebôt Śā'lônîqî, 1962/3; 1967/8; Ders., Gedôlê Śā'lônîqî ledôrôtām, 1935/6.

4 M. Beniyahu, Jedî'ôt 'al Jehûdê Sefārād bam-me'āh hā-ri'šônāh lehitjaššebûtām, beTurkijāh, Môlād 14 (1950/1), 181–207; S. W. Baron, Jewish Immigration and Communal Conflicts in Seventeenth Century Corfu, J. Starr Memorial Volume 1953, 169–182; S. Marcus, Qôrôt Jehûdê Kretîm bîmê hat-Tûrkîm wehaj-Jewānîm, OJS 9 (1965/6), 84–101.

5 Vgl. U. Heyd, Moses Hamon, Chief Jewish Physician to Sultan Suleyman the Magnificent, Oriens 16 (1963), 152–170.

6 J. Harozen, Dôn Jôsef Nāśî', 1960; Ders., Dôn Jôsef Nāśî', bôneh Ṭiberjāh, Sinai 30 (1951/2), 295–317; C. H. Rose, New Information on the Life of Joseph Nasi, Duke of Naxos, JQR 60 (1969/70), 330–344; C. Roth, The House of Nasi, Duke of Naxos, 1948; Ders., The House of Nasi: Donna Gracia, 1947; vgl. auch E. Hed, Te'ûdôt tûrkijjôt 'al benijjat Ṭîberjāh bam-me'āh ha-16., Sefunot 10 (1965/6), 193–210; A. Arce, Espaionaje y ultima aventura de José Nasi (1569–1574), Sef 13 (1953), 257–286.

bei Tiberias finanzierte, wobei auch eschatologische Hoffnungen eine Rolle spielten.

Der innere Verfall des Reiches gegen Ende des 16. Jh. und häufige Ausbrüche religiöser Intoleranz (auch wieder Blutbeschuldigungen[7]) ließen im 17./18. Jh. die einst blühenden Gemeinden weitgehend verkümmern, wozu auch die sabbatianische Krise (§ 52) beitrug.

2. Die Eroberung des Heiligen Landes durch die Türken im Jahre 1517 leitete allgemein und auch für die jüdischen Siedlungen einen äußeren und kulturellen Aufschwung ein. In Jerusalem entstand damals wieder eine bedeutendere jüdische Kolonie mit einer Ješibah von einigem Ruf. In den Zwanzigerjahren des 16. Jh. wirkte hier ein ganzer Kreis von apokalyptisch engagierten Kabbalisten, insbesondere Abraham b. Eliezer Hallevi[8], die ihre Ansichten brieflich in der Diaspora zu verbreiten suchten.

Die wirtschaftliche Basis für eine größere Siedlung in Jerusalem[9] waren allerdings gering, sodaß auch in der näheren und fernen Umgebung jüdische Niederlassungen entstanden, obwohl die Zuwanderer, die vorwiegend aus religiös – eschatologischen Motiven herkamen und unter denen sich wie schon im 15. Jh. und zuvor auch Aškenasier befanden[10], die Heilige Stadt als Wohnsitz natürlich vorzogen. Unter dem allgemeinen Verfall im 17./18. Jh. litt zwar auch die Jerusalemer Gemeinde, doch verhinderten die fortdauernden Einwanderungen und die finanzielle Unterstützung aus der Diaspora ihren völligen Untergang.

[7] E. Hed, ʿalîlôt – dām beTûrkijāh bim'ôt ha-15 weha-16. Soleiman der Prächtige hatte solche Anschuldigungen untersagt bzw. dem eigenen Urteil vorbehalten.

[8] G. Scholem, Ham-meqûbbal R. 'Abrāhām bän 'Elîʿäzär hal-Lewî, QS 2 (1925/6), 101–141 (S. 105 ff.); Ders., Ḥaqîrôt ḥadāšôt ʿal R. 'Abrāhām bän 'Elîʿäzär hal-Lewî, QS 7 (1929/30), 149–165 (S. 161 ff.).440–456; A. H. Silver*, 130 ff.; M. Bet-Arjeh, 'Iggärät me-ʿInjan 10-haš-šebāṭîm me-'et R. 'Abrāhām bän 'Elîʿäzär hal-Lewî ham-meqûbbal miš-šenat 288, Qôbäṣ ʿal Jād 16 (1965/6), 369–378.

[9] A. B. Riblin, 'Îšîm beʿîr han-näṣah, 1968/9; E. Ashtor, Jerûšālajim bîmê hab-bênajim ûme-'aḥārêhäm, Jerûšālajim 2 (1955/6), 71–116; M. Beniyahu, Letôledôt battê ham-midrāš bîrûšālajim bam-me'āh ha-17., HUCA 21 (1948), hebr. 1–28; J. W. Hirschberg, Jewish Life in Jerusalem under Ottoman Rule (hebr.), Studies and Reports of the Ben Zbi Institute 1953, 5–13; E. Shochet, Haj-jehûdîm bîrûšālajim bam-me'āh ha-18., Zion 1 (1935/6), 377–410.

[10] J. Braslavi, ʿalijjat jehûdê 'Aškenāz le'"J, Maḥanajim 38 (1958/9), 61–68; Ders., La-ʿalijjāh hā-'aškenazît be'"J bam-me'āh ha-15., Zion 2 (1936/7), 56–69; J. Ribkind, Leḥeqär tôledôt haj-jiššûb hā-'aškenāzî bîrûšālajim 'aḥārê ʿalijjat R. Jehûdāh hä-Ḥāsîd, Biṣṣaron 14 (1952/3), 248–256.

Der Schwerpunkt der jüdischen Besiedlung lag allerdings in Galiläa. Hier, wo die Gebirgslandschaft die Nutzung von Wasserkraft ermöglichte, entstand eine Textilindustrie, die die besondere religiöse Rolle des palästinensischen Judentums im 16. Jh. erst ermöglichte[11]. Die in der Verarbeitung von Merino-Wolle versierten Sefardim hatten schon in Saloniki Manufakturen zur Verarbeitung von mazedonischer Wolle gegründet und eben dies taten auch die Juden in Galiläa. Die meiste Arbeit wurde von Frauen besorgt, während die Männer nach Möglichkeit sich dem Studium und der kabbalistischen Kontemplation widmeten.

Diese günstige Situation währte freilich nicht sehr lange[12]. Von ca. 1570 an machte sich der innere Verfall des Reiches bemerkbar, und gegen Ende des Jahrhunderts eroberte der französische und englische Textilhandel das türkische Absatzgebiet, und entzog den galiläischen Gemeinden die Existenzgrundlage, 1661 mußte auch der letzte jüdische Unternehmer sein Geschäft aufgeben. Dazu kamen noch wiederholt schwere Erdbeben, von denen natürlich die größeren Orte besonders schwer getroffen wurden, vor allem das Zentrum Galiläas, Zefat (Safed)[13]. In der Blütezeit lebten in Zefat gegen 20 000 Einwohner, darunter eine nicht geringe Zahl begüterter Familien, deren männliche Mitglieder natürlich den Großteil ihrer Zeit in den Lehrhäusern verbrachten und der Stadt bei aller industrieller Geschäftigkeit den Ruf einer ausgesprochenen Hochburg der rabbinischen und kabbalistischen Gelehrsamkeit und Frömmigkeit erwarben.

3. Diese Gelehrten beanspruchten im Bewußtsein ihrer Qualitäten als homines religiosi durchaus eine Sonderstellung im Gemeinwesen, u. a. die Steuerfreiheit[14]. Ein Symptom dieses elitären Selbstbewußtseins war die Wiedereinführung der Ordination[15]. Jakob Berab,

[11] S. Abitsur, Jᵉhûdê Sᵉfārād wā-ʿᵃbôdat hal-lîbbûd biṢfat, OJS 3 (1959/60), 91–94; Ders., Ṣᵉfat märkāz lᵉtaʿᵃśijjat ʿᵃrîgê ṣämär bam-meʾāh ha-16., Sefunot 6 (1961/2), 41–69.

[12] S. Schwarzfuchs, La décadence de la Galilée juive du XVIᵉ siècle et la crise du textile au Proche Orient, REJ.HJ 121 (1962), 169–179.

[13] N. Ben-Menachem, Pirsûmîm ʿal Ṣᵉfat. Bibliografjāh, Sefunot 6 (1961/2), 475–503; M. Ish-Shalom, Jᵉdîʿôt ʿal Ṣᵉfat bᵉsifrêhäm šäl nôsᵉʿim nôṣrijjim, Sefunot 7 (1962/3), 199–227; S. Schechter, Safed in the Sixteenth Century, Studies in Judaism II, 1945[3], 202–285.

[14] M. Beniyahu, Haskāmat Ṣᵉfat lᵉfîṭṭûr talmîdê ḥᵃkāmîm mim-missîm wᵉnisjônô šäl R. Jᵉhûdāh ʾAberlîn lᵉbaṭṭᵉlāh, Sefunot 7 (1962/3), 103 bis 117.

[15] M. Beniyahu, Ḥiddûšāh šäl has-sᵉmîkāh biṢfat, SJ J. Baer, 1960/1, 248 bis 269; Ch. Z. Dimitrowski, Šᵉtê tᵉʿûdôt ḥᵃdāšôt ʿal wikkûᵃḥ has-sᵉmîkāh biṢᵉfat, Sefunot 10 (1965/6) 113–192; J. Katz, Maḥᵃlôqät has-sᵉmîkāh bên Rabbî Jaʿᵃqob Bêrab wᵉhā-RLB"Ḥ, Zion 16 (1950/1), 28–45.

einer der bedeutendsten Halakisten seiner Zeit, wollte nicht zuletzt aus eschatologischen Hoffnungen heraus mit der Wiedereinführung der Ordination (in talmudischem Sinne) die Restitution des Sanhedrin vorbereiten. Damit verletzte er aber die sehr empfindlichen Jerusalemer Gelehrten, die, vor allem Levi b. Jakob Chabib, nicht ohne Grund ein persönliches Machtstreben des Zefater Gelehrten und der dortigen Gemeinde überhaupt auf Kosten der Geltung Jerusalems fürchteten. In einer harten Kontroverse zerschlug sich der Plan Berabs, der dennoch vier seiner Schüler ordinierte, von denen später Josef Karo die Ordination auch seinerseits durchführte. Die Gemeinde von Zefat ließ sich auch nicht einfach durch die *šelîḥîm* des Heiligen Landes allgemein vertreten und entsandte eigene *šelîḥîm,* machte auch in der Diaspora für sich als „Heilige Stadt“ Propaganda und warb um Unterstützung[16].

Ein weiteres Symptom war die Neueinführung kabbalistisch motivierter Riten[17] in der synagogalen Gottesdienstordnung (§ 47), eine Maßnahme, die ja unter Umständen die Einheit des Judentums hätte beeinträchtigen können, aber sich infolge der Verbreitung der Kabbalah von Zefat weithin durchgesetzt hat. Dieses elitäre Selbstbewußtsein gründete auch in dem seit der Vertreibung verstärkten Gefühl, in der Zeit vor der heilsgeschichtlichen Wende zu leben und zu dieser Wende wesentlich beitragen zu können, und zwar gerade im Heiligen Lande. Diese so eschatologisch orientierte Frömmigkeit war ganz und gar geprägt vom Weltverständnis und von der Symbolistik der Kabbalah. Dabei verstärkte die Seelenlehre der Spätkabbalah die individualistische Komponente in gewisser Hinsicht, sodaß dem religiösen Erlebnis des Einzelnen gesteigerte Bedeutung zukam.

Selbst unter den Frauen von Zefat bildeten sich Konventikel von „heiligen Frauen“, die sich der Kontemplation verschrieben und von Visionen zu berichten wußten[18].

16 M. Beniyahu, Šelûḥähā šäl Ṣefat bizman šeqîʿātāh, OJS 2 (1958/9), 77 bis 81; J. Ben-Zbi, Šelûḥê Ṣefat be'Îṭaljāh bam-me'āh ha-18., Sefunot 6 (1961/2), 355–397; J. Immanuel, Sijjûʿān šäl qehillôt has-Sefāraddîm be'Amśṭerdām ûbeCurassao, lā-'āräṣ haq-qedôšāh weliṢefat, Sefunot 6 (1961/2), 399–424; S. Simonsohn, Šelûḥê Ṣefat beMantua bim'ôt ha-17 weha-18, Sefunot 6 (1961/2), 327–354; J. Siqli, Massāʿôt šelîaḥ Ṣefat, OJS 7 (1963/4), 77–87.

17 G. Scholem, Tradition und Neuschöpfung im Ritus der Kabbalisten, in: Zur Kabbala und ihrer Symbolik, 1960, 159–207 (178 ff.).

18 M. Beniyahu, Haskāmat ... (Anm. 14).

Nicht minder kennzeichnend ist der damals weit verbreitete „Maggidismus“[19], die behauptete Kommunikation mit einer Offenbarergestalt *(„Maggîd“)*. Am besten bezeugt ist dieses Phänomen durch ein tagebuchartiges Werk von Josef Karo[20]. Er behauptete, mit einer himmlischen Gestalt (aber nicht aus der Welt der Sefirot) Kontakt zu haben, die er als personifizierte *Mišnāh* bzw. *„Šekînāh“* oder *Maṭrônîtā*' (aber nicht die X. Sefirah) bezeichnet. Diese Erlebnisse, die nachts nach konzentriertem Studium auftraten, versuchte man neuerdings mit Hilfe des psychologischen Begriffs vom „Über-Ich“ zu deuten und als „speech automaticism“ zu verstehen[21].

Der Maggidismus war aber nur eine von vielen Formen des vor allem in Zefat so viel behaupteten Offenbarungsempfanges (wie Träume oder Engel- und Elia-Erscheinungen). So pflegten z.B. manche einzeln, zu zweit oder in Gruppen Exkursionen in der Umgebung der Stadt zu unternehmen, dort vermittels des Kontakts mit den „Seelenfunken“ Verstorbener die Gräber von „Heiligen“ aufzuspüren und dabei Aufschlüsse über heilsgeschichtliche, spekulative und selbst halakische Probleme zu erhalten. Diese *„gêrûšîn“* genannten Unternehmen[22] standen auch in Zusammenhang mit der Schekinah-Exil-Symbolik. In diesem Zusammenhang ist eine massivere Auffassung herrschend geworden, die auch die Personifizierung der Schekinah als Frau und diese als Gegenstand visionärer Erfahrungen kannte. Im Ritus hat sich dies in der Einholung der Sabbath-Braut niedergeschlagen (§ 47). Als schwarzgekleidete Frau will der Jerusalemer Abraham b. Eliezer Hallevi die Schekinah an der Klagemauer gesehen haben[23].

Diese apokalyptisch-kabbalistische Mentalität tritt auch in der Geschichte von Josef della Reyna zutage, die im 16./17. Jh. viel kolportiert wurde[24]. Zugrunde liegt offenbar ein historischer Verfall aus der Zeit vor

[19] R. J. Werblowsky, Mystical and Magical Contemplation. The Cabbalists in 16th Century Safed, HR 1 (1961), 8–36 (v. a. 20 f).

[20] *Sefär maggîd mêšārîm,* Neudr. Jerus. 1959/60. Darüber: H. L. Gordon, The Maggid of Caro, 1949 (dazu s. die Kritik von R. J. Werblowsky in JJS 7, 119–121); R. J. Werblowsky, Joseph Karo, Lawyer and Mystic, 1962; Ders., Lidmûtô šäl ham-maggîd šäl R. Jôsef Qārô, Tarb 27 (1957/8), 310–321; T. Fershel, ʿAl ham-"maggîd mešārîm" leR. Jôsef Qā'rô, Sinai 54 (1963/4), 277 f.

[21] R. J. Werblowsky, a. a. O. (Anm. 19.20); dagegen D. Tamar, QS 40, 65 bis 71.

[22] M. Beniyahu, Hanhāgôt meqûbbale Ṣefat beMêrôn, Sefunot 6 (1961/2), 9–40; R. J. Werblowsky, a. a. O. (Anm. 14), 17–20.

[23] Anm. 8. Vgl. G. Scholem, Schekinah, in: Von der mystischen Gestalt der Gottheit, 1962, 187.

[24] J. Dan, Sippûr Rabbî Jôsef dellāh Rejnāh, Sefunot 6 (1961/2), 311–326; Z. Schazar, Maʿaśeh R. Jôsef dellāh Rejnāh bam-mesôrät haš-šabbetā'ît,

der Vertreibung in Spanien, bei der ein Kabbalist Josef in Reyna mit Hilfe magischer Riten (Gottesnamen) die Heilszeit herbeizuführen versuchte und scheiterte. Dieser alte Kern wurde zu einer Art Faust-Sage ausgeschmückt und an das Grab des Simon bar Jochaj bei Zefat verlegt.

Es ist nicht verwunderlich, daß diese Kabbalisten nicht bloß eine besondere religiöse Autorität sondern überhaupt die Leitung der Gemeinde beanspruchten und dabei nicht immer zimperlich verfuhren[25]. Nun waren natürlich nicht alle maßgebenden Bewohner von Zefat Kabbalisten und die Halakisten wie die begüterten Gemeindeglieder allgemein widersetzten sich dem Plan eines solchen Mystikerregimes. Zefat hat ja nicht nur durch seine Kabbalisten jüdische Weltgeltung erhalten, diese wurde auch durch den Ruf der Halakisten in dieser Stadt mitbegründet. Da war die Schule des schon erwähnten Jakob Berab[26] aus der spanischen Tradition des Isaak Abuhab, in der besonders auf das eigene Urteilsvermögen der Schüler Wert gelegt wurde, die hier entgegen sonstigem Usus nach ausgiebigem *ʿijjûn* (Erörterung) unter sich dem Meister ihre Ergebnisse zur Beurteilung vortrugen. Der berühmteste Schüler Jakobs war Josef Karo (1488 Toledo – 1575 Zefat)[27], der einen umfassenden Kommentar zu den Tûrîm des Jakob b. Ašer (mit dem Titel *„Bêt Jôsef"*) und auf dieser Basis einen Kodex verfaßte, der in der gesamten Diaspora Geltung erlangte, den *Šulḥan ʿĀrûk*[28]. Er enthält nur die halakischen Vorschriften, wobei die Übereinstimmungen zwischen den frühen Kodifikatoren Isaak Alfasi, Mose b. Maimun und Jakob b. Ašer ausschlaggebend sind. Ferner verfaßte er einen Kommentar zu RMB"Ms *Mišneh Tôrāh* und zu den biblischen Kommentaren des Raši und

in: 'Ädär haj-jeqār, le S. A. Horodetzky, 1946/7, 97–118; G. Scholem, Perāqîm mit-tôledôt sifrût haq-qabbālāh, QS 7 (1929/30), 162.

25 Ch. Z. Dimitrowski, Wikkûaḥ šä-ʿābar bên Mārān Rabbî Jôsef Qā'rô weha-MBJ"Ṭ, Sefunot 6 (1961/2), 71–123.

26 Anm. 15. Ch. Z. Dimitrowski, Bêt-midrāšô šäl R. Jaʿaqob Bêrab biṢefat, Sefunot 7 (1962/3), 41–102.

27 Anm. 20. Ferner: J. J. Grünwald, Hā-Rāb R. Jôsef Qā'rô ûzmāno, 1953/4; J. Rafael, ed., Rabbî Jôsef Qā'rô, 1969.

28 Eingeteilt analog den 4 Turim des Jakob b. Ascher in 1. *'Ôraḥ ḥajjim*, 2. *Jôreh Deʿāh*, 3. *'Äbän hā-ʿäzär*, 4. *Ḥošän Mišpāṭ*. Die Editionen sind Legion, zu den ältesten s. R. Margaliut, Defûsê haš-"Šûlḥan ʿārûk" hāri'šônîm, Sinai 37 (1954/5), 25–35. Ferner s.: Ch. Tchernowitz, Die Entstehung des Schulchan Aruch, 1915. Übersetzungen: H. G. F. Löwe, Schulchan aruch, 1896² (unvollst.); N. Denburg, Code of Hebrew Law Shulhan ʿAruk, 2 Bde. 1954/5.

RMB"N, sowie zahlreiche Responsen[29]. Nicht immer im besten Einvernehmen stand Josef Karo, selbst auch Kabbalist[30], mit dem zweiten bedeutenden Schüler des Jakob Berab, Mose b. Josef di Trani[31].

Als Exeget aus Zefat hat sich v. a. Mose b. Chajjim Alscheik (1520–1606)[32], ebenfalls Kabbalist, einen Namen gemacht, als Verfasser erbaulicher Literatur oder religiöser Poesie Eliezer Azikri, Elia de Vidas[33], Samuel Uçeda, Salomo Alqabeṣ[34] und der zwar nicht unmittelbar in Zefat lebende, aber ganz im Geiste der Kabbalah von Zefat dichtende Israel Nagara[35]. Dazu kommen die eigentlichen kabbalistischen Autoren Abraham Galante, Mose Cordovero, Isaak Luria und Chajjim Vital, um nur die wichtigsten anzuführen.

Es war gerade diese einzigartige Verbindung von halakischer Gediegenheit, apokalyptisch-kabbalistisch praktischer Frömmigkeit, religiöser Poesie und Theosophie, die der Stadt Zefat ihr besonderes Kolorit verlieh. Aus allen Teilen der Diaspora waren die Einwanderer nach Zefat gekommen, aus allen Teilen der Diaspora kamen Schüler, um in dieser Stadt zu lernen. Diese trugen die Lehren der Weisen von Zefat wieder in die Gemeinden der Diaspora hinaus und machten die Kabbalah von Zefat zur jüdischen Theologie jener Zeit schlechthin.

4. Der Niedergang von Zefat und der jüdischen Gemeinden im türkischen Herrschaftsbereich allgemein wurde zahlenmäßig nur bis

[29] Josef bän 'Efrajim Qārô, Še'elôt ûtešûbôt 'abqat rôkel, Neudr. Jerus. 1959/60.

[30] Vgl. J. Ben-Shlomoh, Tôrat ha-'älôhût šäl R. Mošäh Qôrdôbêrô, 1965, 256.

[31] Anm. 25. Von ihm erschienen zuletzt *'Iggärät däräk H'*, 1966/7; *Sefär Bêt 'älohîm* (Neudr. 1961/2).

[32] Letzte Ausgaben: Sefär Tôrat Mošäh, 5 Bde., Brooklyn (Nachdr.) 1965/6; Perûšê 'Alšejk 'al sifrê TN"K ûmassäkät 'Ābôt, 8 Bde., 1960/1 (Nachdrucke); Sefär 'Alšejk 'al ḥameš Megîllôt, 1968/9 (Nachdruck). Über ihn: S. Schalem, Maḥšābāh ûmûsār beferûšājw šäl Rabbî Mošäh 'Alšejk, Sefunot 6 (1961/2), 197–258; Ders., Leḥeqär ḥibbûrājw šäl R. Mošäh 'Alšejk, Sefunot 7 (1962/3), 179–197; Ders., Rabbî Mošäh 'Alšejk, Leḥeqär šîṭṭātô hap-paršānît wehašqefôtājw be'injānê maḥšābāh ûmûsār, 1965/6.

[33] *Sefär re'šît ḥokmāh,* Warschau 1875.

[34] Verf. des *Lekāh dôdî liqrā't kallāh* für die Einholung der Sabbat/Schekinah-Braut. Vgl. ferner R. Z. Werblowski, Tiqqûnê hat- tefillāh leRabbî Šelomoh Hal-Lewî 'Alqābeṣ, Sefunot 6 (1961/2), 135–182.

[35] J. Fries-Horeb, Jiśrā'el Nāgārāh, Zemîrôt Jiśrā'el, 1945/6; G. Scholem, a. a. O. (Anm. 19), 285; Z. Schazar, Jiśrā'el Nāgā'rāh bên ṣôfe Ṣefat, Môlād 4 (1949/50), 345–350. § 46, Anm. 72 f.

zu einem geringen Ausmaß wettgemacht durch weitere Zuwanderungen. Nach den Massakern von 1648 in Polen verstärkte sich der Zuzug aškenasischer Juden ins Heilige Land[36], mitstimuliert durch eschatologische Hoffnungen. Die sabbatianische Krise (1666 ff.) hat den Trend zur Einwanderung keineswegs geschwächt, ganze Gruppen (z. B. eine mit Chajjim b. Mose ibn ʿAṭṭar[37]) zogen ins Heilige Land und gerade aus proto-chasidischen[38] und chasidischen Kreisen Osteuropas kamen im 18. Jh. Einwandererwellen[39], die mit den übrigen aškenasischen Einwanderern zusammen einen zunehmenden Prozentsatz des palästinensischen Judentums bildeten und auch liturgisch, im Lebensstil und in bezug auf die Aussprache- und Lerntraditionen ihre Eigenart in besonderen Gemeinden bewahrten. Die wirtschaftliche Situation der Eingewanderten war allerdings so prekär, daß die Gemeinden, zumeist überaltert, nur mühsam ihr Dasein fristen konnten.

§ 45 Die Juden in Osteuropa

S. W. Baron, The Russian Jews under Tsars and Soviets, 1964; Ch. H. Ben-Sasson, Hāgût wᵉhanhāgāh, 1958/9; M. M. Borwitz, 1000 ans de vie juive en Pologne, 1957; S. Dubnow, History of the Jews in Russia and Poland, 3 Bde. 1916/20; A. Eisenbach, La mobilité territoriale de la population juive du Royaume de Pologne, REJ.HJ 126 (1967), 55–111; 435–471; 127 (1968), 39–95; A. N. Frank, ʿÎrônîm wîhûdîm bᵉPôlîn, 1968/9; I. Halpern, The Jews of Eastern Europe (–1795), in: L. Finkelstein*, I, 287–320; J. Heilperin (Ed.), Bêt Jiśrāʾel bᵉPôlîn, 2 Bde, 1948/53; Ders., Jᵉhûdîm wᵉjahᵃdût bᵉmizraḥ ʾÊrôpāh, 1968; T. Jeske-Choinski, Historja żydow w Polsce, 1919; B.-Z. Katz, Rabbānût, Ḥᵃsîdût, Haśkālāh, I, 1956; J. Katz, Māsôrät ûmaš-

36 B.-Z. Dinur, Tᵉnûʿat ʿᵃlijjāh leʾ"J ʾaḥᵃre gᵉzêrat 151, Zion 32 (1966/7), 161–174.

37 B. Klar, Rabbî Ḥajjim ʾibn ʿAṭṭār, ʿᵃlijjātô lᵉʾäräṣ Jiśrāʾel, 1950/1; A. Jaari, Tᵉfillāh riʾšônāh bîrûsālajim, Maḥanajim 40 (1959/60), 149–156; J. Mann, Massāʿān šäl R. Ḥajjim nʾ ʿAṭṭār wᵉḥᵃbûrātô lᵉʾ"J, Tarb 7 (1935/6), 74–101; A. Zalkin, Haqdāmāh šäl Rabbenû Ḥajjim nʾ ʿAṭṭār lᵉfêrûsājw lat-Tôrāh, Deʿot 38 (1969/70), 151–154.

38 Z. B. Jehudah Chasid, der um 1700 mit ca. 1000 Anhängern aus Osteuropa einwanderte. Da er in Jerusalem bald nach der Ankunft starb und die Zuwanderer keine Existenzbasis hatten, endete das messianisch motivierte Experiment kläglich. Vgl. M. Beniyahu, Ha-"ḥäbrāh qᵉdôšāh" šäl Rabbî Jᵉhûdāh Ḥāsîd wā-ʿᵃlijjātô lᵉʾäräṣ Jiśrāʾel, Sefunot 3–4 (1959/60), 131–182.

39 B. Landau, ʿᵃlijjāh lᵉʾ"J lᵉʾôr ha-ḥᵃsîdût, Maḥanajim 38 (1958/9), 107–116; J. Heilperin, Hā-ʿᵃlijjôt hā-riʾšônôt šäl ha-Ḥᵃsîdîm lᵉʾäräṣ-Jiśrāʾel, 1946/7.

ber, 1957/8 = Tradition and Crisis, 1961; M. Kremer, Jewish Artisans and guilds in former Poland, 16th–18th Centuries, Yivo Annual of Jew. Social Science 11 (1956/7), 211–242; M. S. Lew, The Jews of Poland. Their political, social and communal life in the sixteenth century as reflected in the works of Rabbi Moses Isserle, 1944; R. Mahler, Tôledôt haj-jehûdîm bePôlîn, 1946; J. Meisl, Geschichte der Juden in Polen und Russland, 3 Bde. 1921/25; N. Schipper, Dzieje žydów w Polsce oraz przeglad ich kultury duchoweg, I, 1926; I. Schipper – A. Tartakower, Žydzi e Polsce Odrodranej, 2 Bde. 1933/4; M. A. Shulvass, Between the Rhine and the Bosporus, 1964, 32–69 (Jewish Destiny in Eastern Europe); A. J. Heschel, The Eastern European Era in Jewish History, Yivo Annual of Jew. Soc. Science, 1 (1946), 86–106 (hebr.: in Lûaḥ hā-'Äräṣ 1947/8, 98–124); A. Vetulani, The Jews in Medieval Poland, JJSoc 4 (1962), 274–294; D. Weinryb, Studies in the Economic and Social History of Polish Jewry (hebr.), 1939; Zu Litauen s. Anm. 1.

1. Überblick und Charakteristik

a) Im frühen 16. Jh. lebten in Osteuropa etwa 50 000 Juden vor allem im damaligen Polen und Litauen[1], in der Moldau und Bukovina, zum geringeren Teil auch in den Ländern der böhmischen Krone[2] mit demZentrum in Prag[3], hier in einer Mittelposition zwischen östlichem und westlichen Judentum, und in Ungarn[4]. Die alten Gemeinden, im Mittelalter parallel und in Konkurrenz zur christlichen deutschen Ostsiedlung als städtische Kolonisationsgründungen entstanden und mit Privilegien für eine weitreichende autonome Gemeindeverwaltung ausgestattet, waren nun zu Ballungszentren der jüdischen Bevölkerung

[1] Jahadût Lîṭā' I, 1959/60; III, 1966/7; S. Dubnow, Pînqas ham-medînāh 'ô pînqas wa'ad haq-qehîllôt hā-rā'šijjôt bimdînat Lîṭā', 1924/5; Anm. 28.

[2] G. Bondy – F. Dvorsky, Zur Geschichte der Juden in Böhmen, Mähren und Schlesien von 906–1620, 2 Bde. 1906; B. Brilling, Zur Geschichte des jüdischen Goldschmiedegewerbes in Mähren (1550–1800), ZGJ 6 (1969), 137–146; F. Gans, Prolegomena zu einer Geschichte der Juden in den böhmischen Ländern, JudBoh 3 (1967), 79–86; H. Gold, Die Juden und Judengemeinden Böhmens in Vergangenheit und Gegenwart, 3 Bde., 1934; Ders., Die Juden und Judengemeinden Mährens in Vergangenheit und Gegenwart, 1929; R. Kestenberg-Gladstein, Neuere Geschichte der Juden in den böhmischen Ländern, I, 1969, 1–33 (Lit.); H. Perutz – G. Kisch, Czechoslovak Jewry, 1943; Taqqānôt medînat Mähren, Jerus. 1953/4.

[3] Die Juden in Prag, 1927; G. Kisch, Die Prager Universität und die Juden 1348–1848, 1969[2]; G. Klemperer, The Rabbis of Prag, HJ 13 (1951), 55–82.

[4] J. J. Grünwald, Letôledôt ham-mequbbālîm beHûngarjāh miš-šenat 375 'ad šenat 520, Sinai 12 (1948/9), 184–204.

geworden, so vor allem Posen[5], Krakau[6], Lublin[7], Lemberg[8], Wilna[9] u. a.

Ende des 18. Jh. hatte sich die Zahl der Juden Osteuropas auf etwa 1 ½ Millionen erhöht, ein Zuwachs, der teils auf die hohe Geburtenrate infolge der frühen Eheschließungen, teils auf Einwanderungen aus dem Westen beruhte. Diese Bevölkerungsexplosion, die im 19./20. Jh. noch drastischere Formen annahm, war zugleich die Ursache für die große Bedeutung des osteuropäischen Judentums im Rahmen der Gesamtdiaspora und für seine Tragödie. Positiv wirkte sich abgesehen von der im Vergleich zum Westen meist größeren Rechtssicherheit das Vorhandensein größerer und kompakter jüdischer Siedlungsgebiete aus. Die Juden konnten hier wie selten sonst unter sich leben und waren daher auch eher in der Lage, gesellschaftlich und kulturell ihre Eigenständigkeit zu bewahren und zu pflegen. Die Existenz großer Gemeinden und einer wenn auch schmalen vermögenden Gesellschaftsschicht bot die Grundlage und den Hintergrund für eine innere Entwicklung, wie sie seit der talmudisch-gaonäischen Zeit in Babylonien kaum mehr so möglich gewesen war. Aber die Juden dieser osteuropäischen Ballungsgebiete hatten nur oberflächliche Beziehungen zu ihrer nichtjüdischen Umwelt. Die frühen Einwanderer aus dem Westen waren als Kolonisatoren gekommen und hatten sich von der einheimischen Bevölkerung selbstbewußt isoliert, von der christlichen deutschsprachigen Konkurrenz notgedrungen. Das Jüdisch-Deutsche, das sie mit sich gebracht hatten, machte hier alsbald eine

[5] J. Perles, Geschichte der Juden in Posen, MGWJ 13 (1864), 281–295. 321–332.361–374.409–420.449–461; 14 (1865), 81–93.121–136.165–178. 205–216.256–263.

[6] M. Balaban, Die Krakauer Judenordnung von 1595 und ihre Nachträge, JJLG 10 (1912), 296–360; Ders., Historia Zydów w Krakovie, 2 Bde. 1931; B. Friedberg, Luach Sikaron, Biographies of Rabbis of Cracow, repr. 1969 (1904); F. H. Weinstein, Mip-pinqāsê haq-qāhāl b^eQrāqô', Gedenkbuch D. Kaufmann 1900, 69–84; Ders., L^eqôrôt haj-j^ehûdîm b^ePôlîn ûb^ejiḥûd b^eQrāqô' miš-š^enat 1096 'ad 1587, repr. 1967/8.

[7] S. B. Nisenbaum, Sefär l^eqôrôt haj-j^ehûdîm b^eLûblîn, repr. 1957/8 (1899); M. Balaban, Die Judenstadt von Lublin, 1919.

[8] H. Balaban, Geschichte der Juden in Lemberg im 17. und 18. Jh. (poln.), 1906 (lag mir nicht vor); S. Buber, 'Anšê Šem, repr. 1967/8; C. N. Dembitzer, K^elîlat jôfî, Biographies of Rabbis and Leaders of Lvov, 1960²; J. Heilperin, M^eqôrôt wa'ad gālîl L^ebôb, QS 12 (1935/6), 524–526.

[9] I. Cohen, The Chief Rabbis of Vilna, Essays in honour of J. H. Hertz, 1942, 81–96; Ders., History of the Jews in Vilna, 1943; H. N. Steinschneider, 'Îr Wîlnā', 1930.

Sonderentwicklung durch und wandelte sich zum Jiddischen. Die im aškenasischen Raum im Spätmittelalter eingetretene Isolierung von der Umweltskultur wirkte sich nun unter dem Einfluß des rabbinisch-kabbalistischen Selbstbewußtseins, das alle profane Bildung für nichts achtete, noch stärker aus und beraubte die osteuropäischen Juden der Möglichkeit, aus sich heraus durch entsprechende Schulung jene sozialen und wirtschaftlichen Fähigkeiten und Kräfte zu mobilisieren, die zur Bewältigung des sprunghaft zunehmenden Massenelends nötig gewesen wären. Die Tendenz, den Großteil der eigentlichen Erwerbstätigkeit auf die Frauen abzuwälzen, um Zeit für das „Lernen" zu gewinnen, spielte dabei eine besondere Rolle. Die im Vergleich zum Westen weit vielfältigeren Erwerbsmöglichkeiten und die Chance, zu einer entzerrten sozialen Struktur zu gelangen, konnten unter den erwähnten Bedingungen nur beschränkt wahrgenommen werden, vor allem nach dem 16. Jh. setzte eine zunehmende Verengung des beruflichen Spektrums ein. Früher oder später mußte das osteuropäische Judentum daher zu einem Krisenherd werden, der auch für die nichtjüdische Umwelt und besonders für das staatliche und volkswirtschaftliche Leben ein ernstes Problem darstellte.

b) Im 16. Jh. waren in Polen viele Juden als Agenten der adligen Großgrundbesitzer tätig und bildeten eine soziale Pufferschicht zwischen dem feudalen Herrenstand und der Masse der armen Pächter. Das starke jüdische Engagement im Handel verschärfte diese Situation. In der Ukraine, wo die Mehrzahl der Pächter als orthodoxe Christen ohnedies dem katholischen polnischen Adel ablehnend gegenüberstand, entbrannte 1648 ein Aufstand der dortigen Landwehr, die zum Schutz gegen die Tataren organisiert worden war. Der Hetman dieser Kosaken, Chmielnitzki, verbündete sich im Frühjahr 1648 mit den Tataren und verwüstete weite Gebiete des polnischen Reiches, Katholiken und Juden erbarmungslos niedermetzelnd[10] oder verschleppend[11]. Trotz eines 1649 geschlossenen Vergleichs[12] flammten die Kämpfe 1651 wieder auf, 1654 annektierte Rußland einen Teil der Ukraine,

[10] Für das Echo dieser Ereignisse in der jüd. Literatur vgl. N. Hannover, Abyss of Despair, transl. by A. J. Mesch, 1950; N. Wahrmann, Der Widerhall der Ereignisse von 1648/9 in der synagogalen Dichtung, MGWJ 80 (1936), 282–293.

[11] J. Heilperin, Šebijjāh ûfedût bigzêrôt 'Ûqrā'înāh weLîṭā' šām-miš-šenat 408 we'ad šenat 420.

[12] T. Mackiw, Jews, Khmelnytskyi, and the Treaty of Zboriv, 1649, The Ukrainian Review 15/4 (1968), 63–70.

und zwischen 1654–1658[13] litt ganz Polen unter den wechselnden Kämpfen zwischen Polen, Schweden und Russen. Erst ab 1658 beruhigte sich die Situation. 1661 verfügte König Kasimir die Wiederherstellung der alten jüdischen Rechte in Krakau und 1669 erfolgte die allgemeine Restauration des Rechtsstatus. Damit rückten viele Juden aber wieder in jene fatale Zwischenposition ein, die ihnen 1648 zum Verhängnis geworden war. Der Übergang von der Grund- und Pachtwirtschaft zur Gutswirtschaft schränkte aber die alte Erwerbsquelle weitgehend ein, sodaß viele Juden nun für den Absatz der landwirtschaftlichen Gutsprodukte zu sorgen hatten und auch immer häufiger mit Alkoholkonzessionen ausgestattet wurden, was den Gutsherren wohl hohe Abgaben einbrachte, die Landbevölkerung aber ruinierte und demoralisierte. Gleichzeitig drängten die anschwellenden jüdischen Massen aus den großen Städten auf das flache Land, unter die Herrschaft adeliger Grundherren[14], und es entstand jene Siedlungsform der jüdischen Kleinstadt, die in der Folgezeit das Bild des osteuropäischen Judentums beherrschte, das „Städtel". Die jüdischen Gemeinden hatten sich wirtschaftlich von der Katastrophe des Jahres 1648 und den nachfolgenden Kriegswirren nie mehr erholt und waren fast durchwegs hoch verschuldet[15]. Der Lebensstandard sank mehr und mehr und mit ihm das Bildungsniveau. Der Besuch von Ješibot, die von den Gemeinden meist keine ausreichenden Subventionen mehr erhielten, wurde vom Geld abhängig, die Anforderungen im Unterricht wurden herabgesetzt und die Qualifikation zum Rab wurde erleichtert. 1648 war das messianische Datum des Buches *Zohar* gewesen, und wenn schon das Heil mit diesem Jahr nicht eingetroffen war, so schien doch für viele die Zeit der „Wehen des Messias" unbestreitbar angebrochen zu sein (§ 50). Die Erwartung nahm im Elend phantastische Formen an und zwar war es gerade in den 1648 am ärgsten betroffenen Gebieten (wie Podolien), wo die sabbatianische Häresie (§ 52) ihren Nährboden fand[16]. Aber auch jene

[13] Vgl. Anm. 11 und L. Lewin, Die Judenverfolgungen im zweiten schwedisch-polnischen Kriege (1655–1659), Zeitschr. der hist. Gesellschaft f. d. Provinz Posen 16 (1901), 79–101.

[14] Und damit aus dem „Schutz" der königlichen Zentralgewalt, was die Rechtslage nur komplizierte.

[15] B. D. Weinryb, Beiträge zur Finanzgeschichte der jüdischen Gemeinden in Polen, MGWJ 82 (1938), 248–263; HUCA 16 (1941), 187–214.

[16] G. Scholem, Šabbᵉtāj Ṣᵉbî II, 1956/7, 493 ff.

Bewegung, die das erwähnte Vakuum in Osteuropa zu füllen verstand, indem sie die Inbrunst der kabbalistisch-sabbatianischen Frömmigkeit aufnahm, sie ihrer häretisch-messianischen Elemente entkleidete und auf eine praktizierbare volkstümliche Form der Frömmigkeit reduzierte, entstand hier: der sogenannte osteuropäische Chasidismus (§ 53). Er fing einen beträchtlichen Teil des Impetus auf, der die Massen aus der messianischen Begeisterung in die sabbatianische Häresie und in die Apostasie zu treiben drohte. Zwar steht das 18./19. Jh. im Zeichen des Gegensatzes zwischen der rabbinischen antisabbatianischen Reaktion und dem Chasidismus, doch aufs Ganze gesehen war der Chasidismus eine ausgesprochen konservative Kraft.

c) Die politischen Geschicke Polens hatten nachhaltige Folgen für den Rechtsstatus der Juden[17]. Während der Gegenreformation und seit dem Ende der Jagellonendynastie hatte sich eine religiös motivierte antijüdische Tendenz bemerkbar gemacht und in den folgenden Jahrhunderten hat diese noch zugenommen, obwohl die Juden gegenüber den russischen Ansprüchen in der Regel die Sache der Polen favorisierten. Die Teilungen Polens (1772, 1793, 1795) haben schließlich die rechtlich-politische Stellung der Juden Osteuropas kompliziert und die dringend nötige Lösung der brennenden Probleme noch weiter in die Ferne gerückt.

Zwischen der Garantie des Rechtsstatus durch die Staaten, deren fiskalischen Interessen und der althergekommenen oligarchischen Struktur der jüdischen Gemeinden bestand nämlich eine Korrespondenz, die sich geradezu lähmend auf jeden Ansatz zu Reformen auswirkte. Westpreußens Juden kamen nun unter preußische Herrschaft[18], Galizien[19] kam zu Österreich und

[17] Vgl. auch V. O. Levanda, Polnyi khronologicheskii sbornik zakonov, 1874; Ph. Bloch, Die Generalprivilegien der polnischen Judenschaft, 1892; A. Eisenstein, Die Echtheit des undatierten Privilegs der großpolnischen Judenschaft, MGWJ 77 (1933), 211—228.266—272; S. Ettinger, Maʿamādām ham-mišpāṭî weha-ḥäbrātî šäl Jehûdê ʾUqrāʾînāh bimʾôt ha-15 — 16 (ʿad gezêrat 408), Zion 20 (1954/5), 128—152; Ders., Hälqām šäl haj-jehûdîm baq-qôlônîzāṣijjāh šäl hā-ʾŪqrāʾînāh (1569–1648), Zion 21 (1955/6), 107–142; J. Morgenstern, Abstracts of documents from the Royal Registry and Sigillata for the history of the Jews in Poland (1660–1668), Biuletyn žydowskiego Instytutu Historicznego 67 (1968), 67–108.

[18] M. Aschkewitz, Die Juden in Westpreußen am Ende der polnischen Herrschaft (1772), 1957; Ders., Zur Geschichte der Juden in Westpreußen, 1967; J. Jacobson, Die Stellung der Juden in den 1793 und 1795 von Preußen erworbenen polnischen Provinzen zur Zeit der Besitznahme, MGWJ 64 (1920), 209–226.282–304; 65 (1921), 42–70.151–163.221–245.

das traditionell judenfeindliche Rußland[20] bekam mit dem neuen Gebietszuwachs eine starke jüdische Minderheit, deren weitere Geschichte für das Geschick des gesamten osteuropäischen Judentums ausschlaggebend wurde.

d) Es versteht sich von selbst, daß die angedeuteten sozialen Verhältnisse auch ihre Auswirkung auf die religiöse Mentalität hatten. Auf der einen Seite entstand in der herrschenden Schicht eine Art Theologie des Reichtums[21], indem dieser als Gabe und Aufgabe gedeutet und als ein Zeichen besonderer, durch die Vorsehung bestimmter Würdigkeit und Verantwortlichkeit dargestellt wurde. Im Verlauf der Zeit kam es allerdings dazu, daß in diesen Kreisen eine Art kaufmännische Religiosität entstand, die vor allem von manchen *Daršānîm* heftig kritisiert wurde[22]. Nur selten, im 18. Jh. aber in zunehmendem Maße, begannen reiche Familien auch den Lebensstil der nichtjüdischen bürgerlichen Umwelt zu übernehmen, was heftige Reaktionen in den Gemeinden zur Folge hatte. Das Verhältnis zwischen führender Schicht und Mehrheit war also stets prekär, das Beharrungsvermögen dieser so kompakten Mehrheit nahezu unerschütterlich, weil es keinen rechten Ansatzpunkt für eine bildungsmäßige oder politisch-soziale Mobilität zu geben schien. Unter diesen Umständen dominierte auch bis in die führende Schicht hinein der Volksglaube mit seinen magisch-abergläubischen Komponenten, der Geister- und Dämonenglaube und ein gewisser Fatalismus, bedingt durch diese massiven Vorstellungen von übermächtigen, alles erfüllenden dämonischen Gewalten, wobei der traditionellen Religiosität weithin apotropäische Bedeutung zukam. Charakteristisch dafür ist die große Rolle der *Baʿalê Šem Ṭôb,* der Beschwörer und Amulettschreiber[23]. Nur die enorme prägende Kraft der – selbst unzulänglichen – jüdischen Erziehung verhinderte die unter diesen Umständen drohende und in den häretischen Bewegungen auch offen zutagetretende Tendenz zur Auflösung der

[19] M. Balaban, Dzieje żydow w Galicyi i w rzeczypospolitej Krakowskiej 1772–1868, 1914; A. J. Gelber, Gālisijāh wīhûdāhā, 1964/5.

[20] S. W. Baron, The Russian Jew under Tsars and Soviets, 1964 (Lit.!); S. Ettinger, Medînat Môsqwāh bejahasāh 'āl haj-jehûdîm, Zion 18 (1952/3), 136–168; P. Kovalevsky, Les judaisants de la Sainte Russie, Les Nouveaux Cahiers 12 (1967/8), 27–31.

[21] Ch. H. Ben-Sasson, Hāgût ... 69 ff. 75 ff.

[22] Efraim von Lunczič (1560–1619), nannte diese religiöse Mentalität „*zijjûf*" (Verfälschung). Vgl. Ch. H. Ben-Sasson, Hāgût ... 198 ff.; Ders., ʿÔšär wā-ʿônî bemišnāto šäl ham-môkîaḥ R. 'Efrājim 'îš Lunčič, Zion 19 (1953/4), 142–166.

[23] Vgl. T. Scherire, Hebrew Amulets, 1966; J. Trachtenberg*.

traditionellen Religiosität. Die Geschichte des jüdischen Erziehungswesens spielt darum für das Geschick des osteuropäischen Judentums in mehrfacher Hinsicht eine ausschlaggebende Rolle.

2. Die Selbstverwaltung[24]

a) Wie im Westen bestand die offizielle Gemeinde eigentlich nur aus den Niederlassungsberechtigten und steuerpflichtigen *Baᶜalê battîm.* Der Staat hatte an jüdischen Niederlassungen nur ein Interesse, sofern sie für die wirtschaftliche Entwicklung und für die fiskalischen Belange von Vorteil waren und sah darum bis zur Aufklärung auch keine Veranlassung dazu, die rechtliche Basis der jüdischen Gemeinde zu verändern. Sie bot ja auch jederzeit die Möglichkeit, die jüdische Bevölkerungszahl zu regulieren, d. h. die vielen Juden, die ohne sichere Rechtsgarantie im Dienste von Niederlassungsberechtigten oder der Gemeinden nur begrenzte Niederlassungsgenehmigung besassen oder gar keine, weil sie einfach so zugezogen waren, auszuweisen. Wo dies nicht oder lange nicht geschah, siedelten sich um die juristische Kerngemeinde eine solche Menge von gewissermaßen rechtlosen Juden an, daß ein groteskes Mißverhältnis zwischen offizieller Gemeinde und realer Gemeinde entstand. Eine Reform von innen her war jedoch ausgeschlossen, denn die offizielle Gemeinde war ja Träger der vom Staat verliehenen Privilegien und der Steuerpflichten. Zusätzlich zementiert wurde diese Ordnung durch das Eigeninteresse der wohlhabenden herrschenden Familien, der Inhaber der oligarchischen Gewalt. In der Regel war sich aber diese Schicht ihrer Verantwortung für die Gesamtheit der Juden durchaus bewußt und in der Praxis hat diese Oligarchie weithin selbstloser und besser funktioniert, als man den Umständen nach erwarten könnte. Nach 1648 freilich, als das soziale Mißverhältnis sich vervielfachte, trat ein gewisser Wandel ein. Die Klagen über die Willkür der reichen Gemeindegewaltigen, die im 16. Jh. schon da und dort vor allem bei *Daršānîm* laut wurden, nehmen nun zu, sie betrafen vor allem die Verteilung der von den Gemeinden pauschal zu entrichtenden Steuerlasten. Zugleich waren die Gemeindeleitungen gezwungen, gegen die Folgeerscheinungen der sozialen Misere hart vorzugehen, ohne ihre Ursachen beseitigen zu können. Die zunehmen-

[24] Ch. H. Ben-Sasson, Hāgût ... 133 ff.; B. L. Weinryb, Studies in the Communal History of Polish Jewry, PAAJR 15 (1945), 1–66. 93–129; Ders., Texts and Studies in the Communal History of Polish Jewry, 1950; S. W. H. Baron*, JC; J. Katz, Māsôrät ... 95 ff.

de Kriminalität und die Erwerbspraktiken der verzweifelten Unterschicht erregten den Unwillen der ohnedies aus religiösen Gründen judenfeindlich eingestellten Umwelt und bedrohten, sobald die staatlichen Behörden eingriffen, die Existenzbasis der Gemeinden überhaupt. Die verantwortlichen Gemeindeleitungen sahen sich darum ständig im Zwiespalt zwischen jüdischer Solidarität und der für die Selbsterhaltung erforderlichen Loyalität zur Obrigkeit.

Die jüdische Gemeindeleitung bestand aus einem *Qāhāl*-(Gemeinde-)Rat von 10–40 Mitgliedern aus den *Ba'ᵃlê battîm,* die aus ihrer Mitte 3–6 Vorsteher, *parnassîm* oder *rā'šîm* wählten, wobei soziales Prestige in der Regel den Ausschlag gab, zumal ja dieses auch für den Erfolg bei Verhandlungen mit den nichtjüdischen Instanzen ausschlaggebend war. Im Unterschied zu den westlich-aškenasischen Gemeinden führte in Polen und Litauen der turnusmäßig wechselnde *Parnas ha-ḥôdäš* die Geschäfte ziemlich autokratisch. Die im Vergleich zum Westen weit größeren Gemeinden brauchten natürlich entsprechend mehr angestelltes Personal. Die Synagoge, von alters her Zentrum des gesamten jüdischen Lebens eines Ortes, verlor etwas von dieser Funktion, wenn die Größe der Gemeinde eine Mehrzahl von Synagogen und Gebetsstätten erforderte. Die Gründung von privaten gottesdienstlichen Gemeinschaften *(Minjānîm),* die in den zahlreichen kleinen *Battê Midrāš,* die oft nicht mehr als kleine Stübchen darstellten, zusammenkamen, trug ebenfalls zur Dezentralisierung des Gemeindelebens bei und wurde darum offiziell möglichst eingeschränkt, vor allem, als nach der sabbatianischen Krise die Konventikelbildung gefährliche Formen annahm. Zur Synagoge gehörten wie üblich Vorbeter *(Ḥazzān)* und Synagogendiener *(Šammāš).* Größere Bedeutung kam angesichts der breiten Masse, die über nur unzureichende Grundbildung verfügte, der *Dᵉrāšāh* („Predigt") zu. Zwar pflegten auch die Gemeinderabbiner zu predigen, in größeren Gemeinde wurden aber zusätzlich eigene *Maggîdîm* bzw. *Daršānîm* angestellt und dazu kamen noch die zahlreichen durchziehenden Wanderprediger. Dieser Berufsstand war zwar ebenfalls finanziell völlig von der offiziellen Gemeinde abhängig, hatte aber andrerseits auch mehr Zugang zum einfachen Volk und dessen Problemen und war auch vom Publikumserfolg abhängig. *Dᵉrāšôt*-Sammlungen stellen daher besonders ergiebige Quellen für die religiösen und sozialen Zustände dar.

Auch das interne Rechtswesen in einer großen Gemeinde erforderte mehr Personal. Zwar konnten die Gemeindegewaltigen für manche (v. a. geschäftliche) Belange auch Laiengerichte bilden, doch im großen und ganzen blieb die Gerichtsautorität bei dem offiziellen Halakah-Spezialisten, dem Gemeinde-*Rāb,* dem man bei Bedarf noch *Dajjānîm,* die ebenfalls die Qualifikation für das Rabbinat besaßen, zur Seite stellte. Grundsätzlich konnte aber jeder *Rāb* um eine halakische Entscheidung gebeten werden, auch wenn er nicht das Amt eines Gemeinderabbiners bekleidete. Dies ergab manchmal ungute Konkurrenzerscheinungen, hatte jedoch den Vorteil, daß weniger das Amt als die Qualifikation und der Ruf der Gelehrten entscheidend waren, denen nicht selten selbst die Gemeindegewaltigen ,von denen ein offizieller Rabbiner ja finanziell völlig abhängig war, sich fügten. Zeugnisse dieser Rechtspraxis sind die zahlreichen Responsensammlungen berühmter Halakisten. Der *Rāb*[25] war also in erster Linie halakischer Spezialist und diese seine Autorität brachte er als Gerichtsvorsitzender *('Ab Bêt Dîn)* in das Amt mit. Zweitens war der *Rāb* Lehrer, er leitete die örtliche *J^e^šîbāh.* Aber jeder zum Rab Qualifizierte konnte eine *J^e^šîbāh* einrichten, sofern er die Mittel dafür aufbrachte. Nur am Rande fungierte der offizielle Rab auch als Prediger und als eine Art „Seelsorger". Auf die Gemeindeleitung hatte er nur kraft seiner persönlichen Autorität Einfluß, er war schließlich Angestellter der Gemeinde, zumeist auf Zeit, und hatte daher nur eine befristete Niederlassungsgenehmigung.

Die Kinderlehrer, *m^e^lamm^e^dîm,* wurden von der Gemeinde nur unterstützt, da die Kindererziehung nicht stricte sensu als Gemeindeaufgabe galt (Abs. 3). Unmittelbar oder mittelbar im Gemeindedienst standen aber wieder die *Šṭadlānîm,* die vor allem die Beziehungen zur nichtjüdischen Obrigkeit zu besorgen hatten, und das Finanzpersonal im Zusammenhang mit den Steuerabgaben. Mehr oder weniger offizielle Stellungen bekleideten auch die Schächter, Schreiber (meist zugleich Kinderlehrer) etc., eine Schicht, die im Vergleich zum Rabbinat der religiösen Halbbildung zuzurechnen ist und insofern eine ambivalente Rolle spielen konnte. Einerseits trugen sie die bestehende Ordnung mit und repräsentierten sie gegenüber dem Volk, andrerseits standen sie sozial diesem näher und identifizierten sich mit dessen Sorgen und Anliegen. Nicht selten von Minderwertigkeitskomplexen gegenüber dem standesbewußten Rabbinat erfüllt, suchten sie ihre Führung eher bei den *Daršānîm* und *Maggîdîm* oder bei berühmten *Ba'^a^lê Šem Ṭôb.*

[25] S. A. Horodetzky, L^e^qôrôt hā-rabbānût, 1910/11.

b) Die verhältnismäßig dichte jüdische Besiedlung erforderte zur Sicherung und Praktizierung einer einigermaßen einheitlichen Rechtspflege übergemeindliche Instanzen. Dies lag auch im Interesse der staatlichen Obrigkeit, da dadurch auch die Steuereintreibung vereinfacht werden konnte. So entstand auf unterer Ebene der Kreisausschuß, der *Wa'ad hag-gālîl* oder *Wa'ad ham-medînāh*[26] und als Gesamtorganisation für Polen der Vierländerausschuß *(Wa'ad 'Arba' hā-'arāṣôt)*[27] für Großpolen, Kleinpolen, Galizien und Wolhynien, dem sich der litauische Landesausschuß zeitweilig anschloß, sich dabei aber eine Sonderstellung bewahrte[28].

Die Verordnungen *(taqqānôt)* dieser Ausschüsse, die meist aus Anlaß der großen Märkte (Lublin, Jaroslaw) tagten, bedurften jedoch der Ratifizierung durch die Einzelgemeinden. Wegen der überregionalen und fiskalischen Bedeutung dieser Institutionen suchte nicht selten der Staat Einfluß auf die Besetzung der rabbinischen Spitzenpositionen zu nehmen, also von sich aus Rabbiner einzusetzen. Es versteht sich von selbst, daß diese Form überregionaler Selbstverwaltung nur funktionierte, solange die staatlichen politischen Verhältnisse intakt blieben.

1764 wurde der Vierländerausschuß aufgehoben, zu einer Zeit, als zentrale Maßnahmen dringender gewesen wären als je zuvor.

3. Schule, Erziehung und Torahgelehrsamkeit

Da die Kindererziehung traditionellerweise als Vaterpflicht galt, war die Kinderschule, der *Ḥedär,* nur eine offiziöse Einrichtung und der Lehrer *(Melammed)* wurde von der Gemeinde nicht ohne weiteres bezahlt. Die Qualität dieses Grundunterrichtes war demgemäß recht dürftig. Die Kinder lernten aus der Bibel eine willkürliche oder durch die liturgische Ordnung bestimmte Auswahl Satz für Satz mit dem

26 J. Heilperin, Mibneh haw-wa'adîm be'Êrôpāh ham-mizrāḥît weham-märkāzît bam-me'āh ha-17. weha-18., Kinnûs 'ôlāmî lemaddā'ê haj-jahadût I, 1951/2, 441–443; I. Schipper, Beiträge zur Geschichte der partiellen Judentage in Polen um die Wende des XVII. und XVIII. Jahrhunderts bis zur Auflösung des jüdischen Parlamentarismus (1764), MGWJ 56 (1912), 458–477. 602–611. 736–744.

27 I. Halperin, Zur Frage der Zusammensetzung der Vierländersynode in Polen, MGWJ 76 (1932), 519–522; J. Heilperin, Pinqas wa'ad 4 hā-'arāṣôt, 1945; I. Schipper, Härkebô šäl wa'ad 'arba' 'arāṣôt in: Ketābîm nibḥārîm (1966/7), 160–172.

28 Anm. 1; J. Heilperin, Re'šîtô šäl wa'ad medînat Lîṭā' wejaḥasô 'äl wa'ad 'arba' 'arāṣôt, Zion 3 (1937/8), 51–57.

Raschi-Kommentar auswendig und erhielten dazu vom *M^e^lammed* ebenfalls Satz für Satz eine Übersetzung in die jiddische Umgangssprache. Ähnlich verfuhr man mit Stücken aus der rabbinischen Literatur. Es hat daher wiederholt — und vergeblich — Versuche gegeben, diese unsystematische und unpädagogische Art des Unterrichts durch die Methode der sefardischen Schulen zu ersetzen, wo eine stufenweise und sinnvolle Textauswahl getroffen und auch Wert auf die sprachliche Ausbildung gelegt wurde, die in Aškenasien nur durch das Auswendiglernen erfolgte[29]. In der Zeit des Niedergangs verschlechterten sich die Verhältnisse weiter und erst im 19. Jh. bahnte sich langsam und gegen hartnäckigen Widerstand der Traditionalisten ein Wandel an.

Selbstverständlich besuchten nur Knaben den *Ḥedär,* für Mädchen und Frauen gab es jedoch eine gewisse jiddische Literatur, Anleitungen zu halakisch korrekter Erfüllung der Hausfrauenpflichten und Ritualvorschriften sowie Gebets- und Erbauungsbücher. Wer irgend konnte, ließ seine Söhne eine *J^e^šîbāh* besuchen. Fast jeder Rab war Haupt *(Ro'š)* einer solchen höheren Talmudschule, sei es als Gemeinderabbiner in einer von der Gemeinde unterhaltenen Ješibah, oder als Privatmann. Wer es sich leisten konnte, besuchte die Ješibah eines berühmten Halakisten, sodaß sich in Größe wie Bedeutung der Ješibot beträchtliche Unterschiede ergaben, aber auch der Ješibah-Unterricht blieb in den Grenzen der rabbinischen Bildung[30]. Gewisse Spuren der mittelalterlichen, insbesondere maimonidischen Philosophie im 16. Jh. erregten eine schroffe Kontroverse und verkümmerten bald[31]. Die Prestigegebundenheit dieses Lehrens und Lernens und die starke Konkurrenz waren zweifellos ein Ansporn zur Ausbildung der Methoden. Die berühmten Rabbiner Osteuropas begründeten eine Lehrtradition, die zum Inbegriff rabbinischer Gründlichkeit und Scharfsinnigkeit ge-

[29] Reformvorschläge machten R. Löw von Prag und Jesaja b. Abraham Hurwitz. Vgl. A. F. Kleinberger, The Didactics of Rabbi Löw of Prag, SH 13 (1963), 32–55; Ders., Ham-maḥšābāh hap-pedāgôgît šäl ha-MHR"L, 1962.

[30] A. Menes, Patterns of Jewish Scholarship in Eastern Europe, in: L. Finkelstein*, I, 376–426; M. A. Shulvass, The Story of Thora-Learning in Eastern Europe, in: Between . . . 70–128.

[31] Ph. Bloch, Der Streit um den More des Maimonides in der Gemeinde Posen um die Mitte des 16. Jahrhunderts, MGWJ 47 (1903), 153–169. 263–279.346–356. Nur die Ausbildung zum Arzt wurde toleriert und erfolgte in der Regel in Padua, vgl. J. Warchal, Żydzi polscy na universytecie padewskim, Kwartalnik Żydów w Polsce 3 (1913), 37–72.

worden ist. Die Eitelkeit und Geltungssucht in dem wegen seiner Hochfahrenheit teilweise arg verschrieenen Rabbinerstand brachte es freilich mit sich, daß schon Anfang des Jahrhunderts die Neigung zur Effekthascherei sich auszubreiten begann, und zwar in der Form des *Pilpûl*.

Im alten halakischen Sprachgebrauch war *pilpûl* die Bezeichnung für eine besonders umsichtige, scharfsinnige Betrachtung und Behandlung halakischer Themen. Nun trat insofern ein Wandel ein, als im *Pilpûl* nicht bloß praktisch aktuelle halakische Probleme diskutiert und entschieden wurden, sondern mehr und mehr ad hoc konstruierte Fälle, z. T. auch völlig unwahrscheinliche, nur um die pilpulistische Fertigkeit demonstrieren zu können. Obwohl es immer wieder scharfe Gegner des *Pilpûl* gegeben hat, beherrschte er den Großteil der *Jᵉšîbôt,* weil mangelhafte Sachkenntnis leicht durch pilpulistische Brillanz kaschiert werden konnte. Damit verlor die rabbinische Gelehrsamkeit z. T. den bis dahin unmittelbaren Bezug zum Alltagsleben. Zeugnis dafür sind auch jene Responsen, die gar nicht Antworten auf konkrete Probleme bzw. Fragestellungen enthalten, sondern fingierte, bzw. konstruierte Fragen beantworten, mit vielen Wenn und Aber alle möglichen und unmöglichen Situationen darlegen und letzten Endes ohne verwertbares Resultat enden.

Eine weitere Folge der Konkurrenzsituation war die Fülle der literarischen Produktion. Jeder Rab schrieb Bücher und tat alles, um sie in Druck zu bringen, auch wenn es sich in der Regel nur um Kompilationen und Variationen des herkömmlichen Stoffes oder um mehr oder weniger aufschlußreiche Superkommentare zu älteren Standardwerken handelte. Am meisten kommentiert wurden natürlich die halakischen Kompendien, z. B. Jakob ben Ašers *Ṭûrîm* und am meisten der *Šulḥan ʿĀrûk*[32].

Die *Ješîbāh* besuchte man in der Regel bis zwei Jahre nach der Heirat, die üblicherweise zwischen dem 18. und 20. Lebensjahr stattfand. Das große religiöse und soziale Prestige des Gelehrten *(Talmîd ḥākām)* brachte es mit sich, daß viele wohlhabende Familien ihre Töchter an begabte Ješibah-Schüler verheirateten, was diesen das Recht einräumte, bis zu zwei Jahre im Haus oder auf Kosten der Eltern ihrer Frauen weiterzulernen. Mit erfolgreichem Abschluß der Ješibah trug man den Titel „*Ḥaber*" (Kollege), was aber noch nicht für das Rabbinat qualifizierte. Erst mehrere Jahre danach (in der Zeit des Nieder-

[32] Rab Tzair (Chajjim Tchernowitz), Lᵉtôlᵉdôt haš-Šûlḥan ʿārûk wᵉhitpaššᵉṭûtô, Ha-Šiloaḥ 4 (1888), 303–310.397–404.511–517; 5 (1889), 122–136, 430–440; 6 (1899/1900), 128–136.233–240.319–328.517–530.

gangs dann allerdings bedeutend früher) war es möglich, den Titel „*Môrenû*" („unser Lehrer") und damit die Qualifikation als *Rāb* zu erwerben. Am ehesten Erfolg hatten in dieser Laufbahn natürlich die Söhne von Gelehrten, die von Kind auf durch ihre Väter eine gediegene Ausbildung erhielten und nicht auf einen *Ḥedär* und eine durchschnittliche Ješibah angewiesen waren. Die Existenz ganzer Gelehrtendynastien war darum gerade hier keine Seltenheit.

Selbstverständlich übte auch nach wie vor der synagogale Gottesdienst eine Bildungsfunktion in der Gemeinde aus. Das neue, die Besucher anreizende Element war nun freilich nicht mehr der *Pijjûṭ*, sondern die *Derāšāh*, die daher ebenfalls leicht dem Publikumsgeschmack und dem Zwang zur Effekthascherei verfiel. Diesem Zweck dienten z. B. die „*Midrešê pelî'āh*", aber auch die Pilpulistik wurde von vielen *Daršānîm* aufgegriffen und auf haggadisch-erbauliche Themen angewandt, um sich mit spitzfindigen und überraschenden Assoziationen, Einwänden und Widerlegungen produzieren zu können.

Von viel tieferer Bedeutung war aber jenes weitverbreitete, beharrliche, stille „Lernen", das der Einzelne für sich oder in der Gemeinschaft des *Bêt Midrāš* übte, wann immer es ihm möglich war[33]. Hier und in der kabbalistischen Spekulation, die gerade in Osteuropa populäre Züge annahm und auch die *Mûsār*-Literatur (das erbauliche Schrifttum) beherrschte, lagen die Quellen sowohl für die soziale und bildungsmäßige Immobilität einerseits wie für das schier unvorstellbare Durchhaltevermögen dieser leidgeprüften Generationen.

Diese Tendenzen und die Gründung von Lern- und Gebetsgemeinschaften innerhalb der großen Gemeinden, in denen der Kontakt zwischen der Mehrzahl der Gemeindeglieder und der rabbinischen Gelehrtenelite naturgemäß recht schwach war und durch soziale Ressentiments belastet wurde, führten aber auch zu einem gewissen Konventikelwesen und damit zur Möglichkeit häretischer Entwicklungen, wie sie in der sabbatianischen Bewegung zutagetraten und im Chasidismus nachwirkten.

[33] E. Shochet, Ḥābrôt limmûd bim'ôt ha-16 – ha-18 be"'J, bePôlin – Liṭā' ûbeGermanijjāh, Ha-Ḥînnûk 1955/6, 404–418.

2. Kapitel: Literatur, Liturgie und Kunst

§ 46 Religiöse Literatur

I. Abrahams*; A. Belli*; Ch.-H. Ben-Sasson (§ 45); M. Carmely-Weinberger*, 48 ff.; U. Cassuto*; D. Gonzalo-Maeso*, 581 ff.; B. Halper*, G. Karpeles*, II; 189 ff.; B.-Z. Katz (§ 45); M. Steinschneider*, 203 ff.; M. Waxman*, II; Winter-Wünsche*, III; J. Zinberg*, III–IV.

1. Allgemeine Merkmale

Schon im Spätmittelalter hatte die hebräische Literatur immer mehr von der sprachlichen Brillanz und der Vielfalt der vorangegangenen Glanzzeit verloren und dieser formale wie qualitative Verarmungsprozeß setzte sich in der Neuzeit weiter fort. In gewissem Sinne war dies freilich ein umständebedingter Konzentrationsprozeß auf jene Bereiche, die man für die religiöse Existenz in der Verfolgungssituation als wesentlich erachtete. Was dabei als Auswirkung der Judenfeindschaft begann, wurde v.a. in Aškenasien/Osteuropa bald auch als Tugend betrachtet, wofür die kabbalistische und traditionalistische Bildungskonzeption mit ausschlaggebend war. Die sprachliche Ausbildung verfiel im aškenasischen Bereich weithin[1], ebenso die literarische Gestaltungskraft. Eine Ausnahme stellte allerdings Italien dar. Im Orient blieben zwar gewisse Traditionen der spanischen Schule lebendig, doch der wirtschaftlich-politische Niedergang und die Vorherrschaft der Kabbalah setzte der Literatur auch hier verhältnismäßig enge Grenzen.

Neben dem Hebräischen, das auch in dieser Periode als Literatursprache dominiert, treten aber zwei verbreitete jüdische Idiome nun auch literarisch in Erscheinung. Die Sefardim schufen in Judeo-

[1] Grammatiker aus dieser Zeit gibt es nur wenige, darunter allerdings den berühmten Elias Levita (1469–1549), der in Deutschland und Italien wirkte und einen starken Einfluß auf die christliche Hebraistik ausübte; Vgl. G. Weil, Elie Levita, 1963; Ferner Abraham de Balmes, seine Zeitgenossen in Italien, und in Deutschland später Salomo Hanau (gest. 1746), der Standardgrammatiker für Osteuropa.

Espagnol (Ladino) ein umfangreiches Schrifttum[2]. Unter günstigeren sozialen und kulturellen Bedingungen hätte sich aber vor allem das aus dem mittelalterlichen Jüdisch-Deutschen entwickelnde Jiddisch in Osteuropa schon jetzt zu einer Literatursprache auswachsen können, doch unter den gegebenen Umständen kam nur ein volkstümliches Schrifttum[3] teils profanen, teils erbaulichen Charakters zustande, das allerdings als Quelle für die Kenntnis der Durchschnittsfrömmigkeit nicht unterschätzt werden darf. Das Arabische verliert in diesem Zeitraum seine einst so beherrschende Rolle als Sprache der Juden, abgesehen von einzelnen Gebieten wie z.B. in Jemen, wo die jüdische Bevölkerung in eine zunehmende Isolierung geriet. Andrerseits bereicherte sich auch das kulturelle Spektrum des orientalischen Judentums zum Teil, z.B. durch das Aufkommen einer persisch-jüdischen Literatur.

Wie im nichtjüdischen Bereich brach auch für das Judentum mit der Erfindung des Buchdruckes eine neue Epoche an. Die Verbreitung des maßgeblichen religiösen Schrifttums wurde erheblich erleichtert, aber im Unterschied zur christlichen Umwelt brachte der Buchdruck keine so wahrnehmbare emanzipatorische Tendenz mit sich. Einmal zielte das rabbinische Bildungskonzept von vornhinein auf möglichst große Breitenwirkung, was im Christentum erst mit der Reformation eine Parallele fand, zum andern fehlte im Judentum bis auf wenige begrenzte Ausnahmen noch der Trend zur Säkularisierung, der dafür gegen Ende der Periode umso unvermittelter einsetzte. Eine negative Folge der durch den Buchdruck bewirkten größeren Verbreitung und Zugänglichkeit der hebräischen Literatur war das zunehmende Interesse der kirchlichen Zensur, auf die in dieser Zeit viele Textverstümmelungen und Textverderbnisse zurückgehen.

2. Bibelauslegung

Die präzise, knappe und auf philologisch-historischen Methoden fussende Art der mittelalterlichen Exegese hat in der Neuzeit nur wenig Nachahmung gefunden.

[2] Encyclopaedia Sefardica Neerlandica, I, 1948/9; M. Kayserling, Biblioteca Espanola-Portugueza-Judaica, 1961 (repr.); R. Renard, Sepharad. Le monde et la langue judéo-espagnol des Séphardim, 1967; M. Molho, Litteratura Sefardita de Oriente, 1960.

[3] M. Waxman*, II, 613 ff.; J. Zinberg*, IV; M. Pines, Die Geschichte der jüdisch-deutschen Literatur, 1922²; Winter-Wünsche* III, 533 ff.; A. A. Roback, The Story of Yiddish Literature, 1940.

In ihrer Tradition stand der in Bologna wirkende, philosophisch gebildete Arzt O b a d j a b. J a k o b S f o r n o (1475–1550)[4], Verfasser eines in *Miqrā'ôt Gᵉdôlôt*-Ausgaben abgedruckten Kommentars zur Torah und von Erklärungen zu anderen Büchern der Bibel. Das allgemeine Interesse, soweit es sich nicht mit den immer häufigeren Superkommentaren zufrieden gab, bevorzugte weitschweifige Erklärungen, die der *Dᵉrāšāh* nahekommen (Abs. 3) und v. a. die haggadischen Stoffe reichlich heranzogen. Dies kam nicht nur der volkstümlichen Nachfrage nach abwechslungsreicher Erbauung entgegen sondern entsprach auch der kabbalistischen Neigung zur symbolistischen Interpretation von Bibel und Haggadah. Der Bogen spannt sich dabei von durchaus eindrucksvollen Werken wie den Kommentaren des M o s e A l s c h e i k in Zefat[5], des C h a j j i m i b n 'A ṭ ṭ a r[6] und anderer über Haggadot-Sammlungen kabbalistischer Art *(Jalqût Rᵉ'ûbenî)* bis zu dem populären Frauenbuch *Ṣᵉ'änāh ûrᵉ'änāh* des J a k o b b. I s a a k A š k e - n a s i.

Kein Kommentator oder Ausleger der Bibel aus dieser Periode erreichte aber das Ansehen und die Geltung, die den großen Kommentaren aus dem Mittelalter zukommt.

3. Halakah

Weit größer an Umfang und Bedeutung als die Bibelexegese war die Kommentierung der halakischen rabbinischen Literatur.

Zur Mischna wurden in dieser Zeit zwei Kommentare von überdurchschnittlicher Qualität geschrieben, einer von O b a d j a d i B e r t i n o r o (1470–1520), der in den Mischnaausgaben meist mitgedruckt wird und der zweite von J o m ṭ o b L i p m a n n H e l l e r (1579—1654)[7], die „*Tôsāfôt Jômṭôb*", die in den Mischna-Lerngemeinschaften, die auf eine Anregung des R. Jehudah Livaj b. Bezazel (R. Löw) von Prag zurückgingen, viel benützt worden sind.

Kommentare zum Talmud und zu den mittelalterlichen Kodices, vor allem zu den 4 *Ṭûrîm* des Jakob b. Ašer, stellen einen beträchtlichen Teil der literarischen Produktion dar. In der Türkei und in Palästina lebte der Verfasser des riesigen, ältere Interpretationen kompi-

[4] E. Finkel, R. Obadja Seforno als Exeget, 1896.
[5] § 44, Anm. 32.
[6] § 44, Anm. 37.
[7] Likbôd Jôm Tôb. Ma'ᵃmārîm ûmäḥqārîm 'im mille't šālôš me'ôt šānāh lifṭîrātô šäl Rabbenû Jômṭôb Lîpmān Heller, 1956; J. D. Bet - Hallevi, Tôlᵉdôt Rabbenû Jôm Ṭôb Lîpmān Heller, 1953/4; J. Heilpérin, Hibbûrê Rabbî Jôm-Ṭôb Lîpmān Heller ûkᵉtābājw, QS 7 (1930/1), 140–148.

lierenden Werkes *„Šîṭṭāh m^{e}šûbbäṣät"*, David ibn Abi Zimra[8]. Die meisten Autoren dieses Genres lebten aber in Osteuropa und zwar waren es oft solche, die gegen den *Šûlḥan ʿārûk* Bedenken hatten und die Kommentierung und Superkommentierung als einen Ersatz für Kodifizierung betrieben. Dazu gehörte Salomo Luria (1510–1573)[9] mit seinen beiden Werken *„Jam šäl Š^{e}lomoh"* (zu mehreren talmudischen Traktaten) und *„Ḥokmat Š^{e}lomoh"* (zum ganzen Talmud), ausgezeichnet durch beachtliche Ansätze für eine talmudische Textkritik. Ferner Mordechaj Jafe (1530–1612), der die Titel seiner vielen Bücher alle mit dem Wort L^{e}buš ... beginnen ließ[10], Meir b. Gedalja von Lublin (1558–1616), Samuel Ideles (gest. 1631/2)[11], Me'ir Schiff (1608–1644) und später Aaron Samuel Kajdanower (gest. zwischen 1676/9).

Zu den *Ṭûrîm* des Jakob b. Ašer schrieb Mose Isserle als ein Parallelwerk zu Josef Karos *„Bêt Jôsef"* einen umfangreichen Kommentar unter dem Titel *„Darkê Mošäh"*, Josua Falk (gest. 1616) den *„Sefär p^{e}rîšāh ûd^{e}rîšāh"* und Joel b. Samuel Sirkis (1561–1642) den *„Bajit ḥādāš"*.

Das größte Gewicht kommt jedoch der Kommentierung des *Šûlḥan ʿārûk* zu, der durch Moses Isserles Erläuterungen (*„Mappat hā-ʿārûk"*), für den aškenasischen Gebrauch adaptiert worden war und zum geläufigsten halakischen Lern- und Handbuch wurde, obschon es an kritischen Einwänden nicht fehlte.

Aus dem orientalischen Judentum sei der *„Sefär m^{e}qôr ḥajjim"* des Vital-Schülers Chajjim b. Abraham Kohen aus Aleppo erwähnt, das meiste stammt aber auch dafür aus Osteuropa. Für die Zeit vor 1648 sind hier außer Moses Isserle v. a. noch zu nennen:

Josua Falk, *„Sefär m^e'îrat ʿênajim"* (zu *Ḥošän mišpāṭ*), David b. Samuel Hallevi Segal (1586–1667) mit seinem *„Ṭûrê Zāhāb"* (zu *Jôreh Deʿāh*) und Šabbetaj Kohens (1621–1662/3) *Siftê Kohen* (zu *Jôreh Deʿāh* und *Ḥošän mišpāṭ*).

Aus dem späten 17. und aus dem 18. Jh. stammen zwar noch ca. 10 größere Kommentare zu *Šûlḥan-ʿārûk*-Teilen, doch handelt es sich vorwiegend um reproduzierende Kompilationen, die bedeutenderen davon stammen von Jehudah Aškenasi (1700–1740), Zakarjah Mendel und Mose Ribkes.

[8] H. J. Zimmels, Rabbi David ibn Abi Zimra, I. Leben und Lebenswerk, 1932.

[9] S. Assaf, Māšāhû l^{e}tôl^{e}dôt MHRŠ"L, SJ L. Ginzburg, 1945/6, 45–63.

[10] Sefär l^{e}bûš malkût I–V, Nachdr. Jerusalem 1967/8.

[11] J. Mayer (ed.), MHRŠ"' ʿal massäkät Ḥûllîn, 1964; ... Bābā' M^{e}ṣîʿā', 2 Bde. 1965/6; ... Gîṭṭîn, 1966/7.

Wie dieser riesige halakische Stoff in der Praxis angewandt wurde[12], zeigen die zahllosen Responsen, soweit sie nicht im Rahmen der Pilpulistik fiktiven Charakter haben. Die Responsensammlungen der großen Halakisten wie Mose Isserle, Salomo Luria[13], Meir v. Lublin[14], Joel Sirkis[15] und Zbi Hirsch Aškenasi (*Hākām Ṣebî*) wurden halakische Standardwerke für Ješibot und Rabbiner und enthalten reiches Einzelmaterial für den Historiker und Kulturhistoriker.

Kennzeichnend für die osteuropäischen Halakisten ist ihre Neigung zu halakischen Verschärfungen und die hohe, fast halakische Einschätzung des *Minhāg*. Beides hat wesentlich zur Zementierung überkommener Lebensgewohnheiten in diesem Raum beigetragen. Die hermeneutische Grundregel, daß Neues nur dort vorgebracht werden dürfe, wo die alten Autoritäten nicht übereinstimmen, setzte der gesamten Exegese ziemlich enge Grenzen in bezug auf Originalität.

4. Die *Derāšāh*[16]

Die in der rabbinischen Gelehrsamkeit vorherrschende halakische Produktion war natürlich nicht dafür geeignet, die emotionalen religiösen Bedürfnisse des Durchschnittsjuden zu befriedigen. Diesem Zweck diente vielmehr die *Derāšāh* oder „Predigt", gehalten von den Rabbinern, oft aber von eigens angestellten *Daršānîm* bzw. *Maggîdîm* oder von Wanderpredigern. Wie in alten Zeiten der *Pijjûṭ*, so war nun die *Derāšāh* der Teil des synagogalen Gottesdienstes, der publikumswirksam war. Diese große Rolle der *„Haggādāh"* für die Volksfrömmigkeit bewog auch manche rabbinische Autoritäten (R. Löw, sein Bruder Chajjim, Samuel Ideles, Eliezer Aškenasi) dazu, für eine stärkere Berücksichtigung des Haggadah-Studiums überhaupt einzutreten, doch blieben diese Bemühungen ohne namhaften Erfolg. So blieb die *Derāšāh* auf einem meist recht bescheidenen Niveau und da

12 Ch. Tchernowitz Tôledôt hap-pôseqîm, 3 Bde., 1945/48; 'Ôṣar hap-pôseqîm, Bd. 1, 1950 u. ff.; M. Waxman*, II, 113 ff.

13 S. Hurwitz, The Responsa of Solomon Luria, 1968.

14 J. Rosenthal, Leqôrôt haj-jehûdîm bePôlîn le'ôr ŠW"T ha-MHR"M mil-Lûblîn, Mäḥqārîm ûmeqôrôt, 1967, II, 479–512.

15 E. J. Shochet, "BACH" – Rabbi Joel Sirkes, 1970.

16 EJ IV, 485–753 (allg.); Ch. H. Ben-Sasson (§ 45), 36 ff. (Osteuropa); Ch. R. Rabinowitz, Dijûqnā'ôt šäl Daršānîm, 1966/7, 87 ff.; I. Bettan, Studies in Jewish Preaching, 1939.

die *Daršānîm* ja schließlich existenzmäßig vom Publikumserfolg abhängig waren, griffen sie nicht selten zu Mitteln der Effekthascherei. Sie begannen dann ihre Ausführungen mit „*Midrešê pelî'āh*[17]", mit verblüffenden, erzählungsartig gestalteten Motivverknüpfungen, die im Verlauf der *Derāšāh* – z. T. unter Anwendung pilpulistischer Dialektik – erläutert wurden. Die enge Begrenzung der schöpferischen Möglichkeiten auf halakischem (exegetischem) Gebiet durch die Autorität der überlieferten communis opinio rächte sich hier in gewissem Sinne, denn gerade diese phantastisch eingeleiteten und spitzfindig ausgeführten Formen der Predigt wurden dann zu wirksamsten Mitteln der sabbatianischen Propaganda, wie überhaupt die *Daršānîm* auf Grund ihrer prekären Situation zwischen Volk und Establishment leicht zu Bannerträgern antirabbinischer Ressentiments werden konnten. In der Regel wurde die *Derāšāh* jiddisch gehalten, gelegentlich auch hebräisch. Soweit sie literarisch fixiert wurde, geschah es aber fast durchwegs auf Hebräisch. So entstanden *Derāšôt*-Sammlungen von großem Quellenwert für die Kenntnis der Gemeindeverhältnisse und der religiösen Vorstellungswelt breiterer Kreise. Kennzeichnend sind für Osteuropa auch – außer der *Midrešê pelî'āh* und der Pilpulistik – die fließende Grenze zur biblischen Auslegungsliteratur und zum *Mûsār*-Schrifttum, sowie der nicht seltene kabbalistische Einschlag.

Die bedeutendsten Autoren von *Derāšôt* waren im 16./17. Jh. David b. Manasseh von Krakau, der auch als *Ba'al Šem Ṭôb* (Amulettschreiber und Heilpraktiker) bekannt war, R. Jehudah Livaj b. Bezalel (R. Löw) von Prag (gest. 1609)[18], Efraim (Salomo) b. Aaron von Luntschitz (1560–1690)[19] und Jedidja b. Abraham Gottlieb (gest. 1645)[20]. In der Spätzeit sank auch das Niveau der literarischen *Derāšôt,* sie verlieren sich in pilpulistischen Spielereien, für die es sogar regelrechte Anleitungen gab, z. B. Josef b. Mordechaj Ginzbergs „*Läqät Jôsef*"[21].

[17] G. Scholem, Le mouvement sabbataiste en Pologne I, RHR 143 (1953), 41; Ders., Šabbetāj Ṣebî I, 1956/7, 69 f.

[18] Sefär derāšôt MHR"L mip-Prāg, 1967/8²; Ch. R. Rabinowitz, a. a. O. (Anm. 16), 87 ff.

[19] Ch. Ben-Sasson, a. a. O. (§ 45), 25 ff.47 ff. 56.80 ff.90 ff.100 ff.111 ff. 198 ff.; B.-Z. Katz, Rabbānût ... (§ 45), I, 77 ff.; J. Bettan, The Sermons of Ephraim Luntshits, HUCA 8–9 (1931/2), 443–480; Ders., Studies in Jewish ... (Anm. 16), 273 ff.; Ch. R. Rabinowitz, Dijûqnā'ôt ... (Anm. 16) 137 ff.

[20] Ch. Ben-Sasson, Hāgût ... (§ 45), 43 ff.

[21] Vgl. das Beispiel daraus in J. Zinberg*, III, 238 f.

5. Erbauungsliteratur

Von den Schriften, die – abgesehen von den *Dᵉrāšôt* – noch auf die Volksfrömmigkeit eingewirkt haben bzw. diese widerspiegeln, weisen viele die Färbung popularisierter Kabbalah auf. Aus der Atmosphäre der frühen Kabbalah von Zefat stammt das Buch *Re'šît Ḥokmāh* des Elia b. Mose de Vidas (gest. 1518)[22], das in Osteuropa Verbreitung gefunden hat, und der *'Abôt*-Kommentar *Midrāš Šᵉmû'el* des Samuel Uçeda. Außerordentlich beliebt und bis heute in frommen Kreisen hochgeschätzt blieb das kompliziert aufgebaute Werk *Šᵉnê lûḥôt hab-bᵉrît*[23] des osteuropäischen, in Jerusalem verstorbenen Kabbalisten und Halakisten Jesaja b. Abraham Hurwitz (1565–1620). Das abgekürzt *ŠL"H* genannte Buch war später auch in einer Kurzfassung verbreitet[24]. Von Jesaja stammt ferner eine Erklärung der Gebete mit dem Titel *„Šaʿar haš-šāmajim"*. Sein Vater Abraham hatte für seine Söhne (Jesaja und Jakob) ein literarisches Testament hinterlassen, nach dem Anfang *„Ješ nôḥᵉlîn"* genannt, das von Jakob und dann von Jesajas Sohn Šabbetaj (Scheftel) Hurwitz ergänzt wurde und des öfteren gedruckt worden ist[25]. Solche Testamente[26] entsprachen der immer stärker werdenden Tendenz, sich an religiösen Leitbildern zu orientieren.

Eine der wichtigsten Quellen für die kabbalistisch-sabbatianisch gefärbte praktische Frömmigkeit stellt der *Sefär ḥämdat jāmîm*[27] dar, der – nach 1620 – in Jerusalem verfaßt, 1731/2 in Smyrna zum ersten

[22] § 44, Anm. 33; R. J. Werblowski, Mystical and Magical Contemplation, HR 1 (1961), 18 f.

[23] Erst 1648/9 in Amsterdam gedruckt, dann aber in vielen Auflagen verbreitet. Vgl. den letzten Nachdruck der Ausgabe Josepof 5639, 4 Teile, Jerusalem 1958, New York 1960; nach der Ausgabe Warschau 1862: Jerusalem 1962/3.

[24] *Sefär qiṣṣûr Šᵉnê lûḥôt hab-bᵉrît,* Jerus. 1959/60.

[25] Nachgedruckt in der Ausgabe der *Šᵉnê lûḥôt hab-bᵉrît,* Jerus. 1958/60, als Anhang (mit Abrahams *Sefär bᵉrît 'Abrāhām).*

[26] M. Waxman*, II, 298 ff.; I. Abrahams, Hebrew Ethical Wills, 1948.

[27] A. Jaʿari, Taʿᵃlûmat Sefär, Sefär ḥämdat jāmîm, 1953/4, der keinen sabbat. Einfluß gelten läßt. Vgl. aber dazu G. Scholem, Bᵉḥinot 8 (1954/5), 79–95; 9 (1955/6), 80–84; J. Tishby, Lᵉḥeqär ham-mᵉqôrôt šäl sefär "Ḥämdat jāmîm", Nᵉtîbe 'ᵆmûnāh ûmînût, 1964, 108–142, der auch Jaʿaris Annahme, Benjamin Hallevi sei der Autor gewesen, widerlegt (dass. in: Tarb 24, 1954/5, 441–455); Ders., Mᵉqôrôt me-re'šît ham-me'āh ha-18 bas-sefär "Ḥämdat jāmîm", ibd. 143–168; Tarb 25 (1955/6), 202–230.

Mal gedruckt und dann bis 1763 noch fünfmal herausgegeben wurde. Auch die – literarisch viel anspruchsvolleren – ethisch-religiösen Traktate des Mose Chajjim Luzzatto (Abschn. 9) fanden z.T. weite Verbreitung und blieben bis heute beliebte Erbauungslektüre. Für die Kenntnis der Volksfrömmigkeit und der Gemeindeverhältnisse in Osteuropa von nahezu einzigartiger Bedeutung ist aber das Buch *Qab haj-jāšār* des Zbi Hirsch Kajdanower[28], das ungemein viel gelesen wurde und so selbst wieder die Frömmigkeit des 18./19. Jahrhunderts entscheidend mitgeprägt hat.

Es fußt auf dem *Jesôd Jôsef* des Josef b. Jehuda[29] und erschien erst Hebräisch in Frankfurt 1705 und 1724 auch in Jiddisch. Kennzeichnend sind die beherrschende Rolle abergläubischer Vorstellungen, ein oft sehr deutliches Ressentiment gegenüber den Gemeindeautoritäten und höheren Schichten, verbunden mit grimmiger Feindschaft gegen jede Form profaner Bildung, und ein ziemlich schroff asketischer Grundzug.

In manchem verwandt ist ihm darin der *Šäbäṭ mûsār* des Elia b. Abraham ha-Kohen von Smyrna[30], eines sabbatianisch beeinflußten Kabbalisten.

Schließlich sei noch auf die jiddische Übersetzungs- und Erbauungsliteratur[31] verwiesen, nicht zuletzt auf das Frauenbuch *Ṣe'änāh ûre'änāh* des Jakob b. Isaak Aškenasi, das Dutzende von Auflagen erlebt hat.

6. Systematisch-theologische und wissenschaftliche Literatur

Die religiöse Philosophie (§ 49) rückt in dieser Periode an den Rand des Judentums und durchbricht z.T. wie im Falle Spinozas sogar seine Grenzen. Umfangreicher ist das kabbalistische Schrifttum (§ 51), aber auch hier setzte sich in der Spätzeit die Neigung zur Kommentierung gegenüber der systematischen Darstellungsweise durch. Die Fähigkeit zu präziser Formulierung, klarer Disposition und zu logischem Denken schwand eben in dem Maß, als die mittelalterliche Philosophie, von der nahezu nur Jehudah Hallevi und Josef Albo gelesen wurden, vernachlässigt wurde. Diese Tendenz ist durch die antisabbatianische rabbinische Reaktion noch verstärkt worden. Die chasidische Literatur

[28] Vgl. J. Zinberg*, III, 250 ff.
[29] Erst Schklow 1784/5 gedruckt.
[30] Ed. pr. Konstantinopel 5472, jiddisch Wilna 1726.
[31] Anm. 3.

(§ 53, 3f.) stellt dabei einen Sonderfall dar, führt aber gerade in diesem literarischen Genre nicht weiter.

Die profanen Wissenschaften[32] waren im größten jüdischen Ballungsgebiet, in Osteuropa, nahezu völlig verpönt.

Ausnahmen wie David b. Salomo Gans (1541–1613), sowie Jomṭob Lipmann Heller (1579–1654), die eine westliche Ausbildung genossen haben, bestätigen nur die Regel. Offener waren in dieser Hinsicht die Karäer, die in Konstantinopel, auf der Krim und in bestimmten polnisch-litauischen Gebieten lebten und eine beachtliche Literatur hervorbrachten[33], die nicht ohne Einfluß auf das rabbinische Judentum geblieben ist. Im großen und ganzen beschränkte sich das osteuropäische Interesse an Wissenschaften auf die Medizin und daher waren es auch Ärzte, die auf Grund ihrer – meist in Padua erfolgten – Ausbildung über einen breiteren Bildungshorizont verfügten, sie blieben aber isolierte Einzelgänger, wie Tobia b. Mose Kohen (1625–1729), der Autor des geradezu enzyklopädischen *Maʿaśeh Ṭôbijjāh,* der schließlich Osteuropa verließ und als Hofarzt in den Dienst des Sultans trat. Erst gegen Ende der Periode, mit dem Aufkommen der Aufklärung, brach auch in Osteuropa ein – immer noch auf traditionelle, mittelalterlich-jüdische Vorbilder beschränktes – Interesse an besserer Weltkenntnis auf.

Anders stand es in Italien, dort gab es eine beachtliche Zahl jüdischer Wissenschaftler, die – wie z. B. Abraham Zacuto, Abraham Farissol u. a. – auch über die Grenzen des Judentums hinaus Anerkennung gefunden haben.

7. Geschichtsschreibung und Bibliographie[34]

a) Im 16. Jh. wurden mehrere große Geschichtsdarstellungen verfaßt, die das geschichtliche Selbstbewußtsein des Judentums der Folgezeit weitgehend geprägt haben. Eine Weiterführung und Verbesserung der im *Sefär haq-qabbālāh* des Abraham ibn Daud gebotenen Geschichte der rabbinischen Tradition schrieb zu Beginn der Periode Abraham Zacuto[35], der auch als Astronom Berühmtheit erlangte[36]. Sein Überblick über die Lehrer der Mischna und des Tal-

[32] M. Waxman*, II, 322 ff.

[33] M. Waxman*, II, 445 ff.

[34] A. Kahana, Sifrût hā-hîsṭôrjā' haj-jiśre'elît, II, 120 ff.; M. Waxman*, II, 358 ff.; Winter-Wünsche*, III, 339 ff.

[35] A. A. Neumann, Abraham Zacuto, historiographer, H. A. Wolfson JV, 1965, 597–629.

[36] J. Babini, Abraham Zacut, el astronóm, Davar (Buenos Aires) 63 (1956), 50–58.

mud[37] wurde in den folgenden Jahrhunderten viel benützt. Ganz in der martyrologischen Darstellungstradition stand Salomo b. Jehuda ibn Verga[38], der in seinem z. T. aus Vorlagen seines Vaters zusammengestellten „*Šäbäṭ Jehûdāh*“ weniger historische Kenntnisse vermittelt hat als eine heilsgeschichtliche Bewußtseinsbildung, da er ziemlich viel gelesen wurde. Eher verdient Josef b. Josua ha-Kohen (1496–1580)[39] die Bezeichnung Geschichtsschreiber. Sein *ʿEmäq hab-bākāh*[40] behandelt die Zeit von der Zerstörung des Tempels bis zur Gegenwart des Verfassers und wurde später bis auf 1605 ergänzt. Ein anderes Werk Josefs, das auf die jüdische Geschichte nur fallweise nebenbei eingeht, behandelt die französische und türkische Geschichte[41]. Ebenfalls in Italien wirkte Gedalja ibn Jachja (1522–1588), Autor des *Sefär šalšälät haq-qabbālāh*[42], eines enzyklopädischen Sammelwerkes, das im 1. Teil eine Geschichte der Tradition enthält und im 3. Teil geschichtliche Ereignisse und Gestalten beschreibt. Das aus unkritisch zusammengetragenen Vorlagen kompilierte Buch enthält viel legendäre Stoffe und erfreute sich daher großer Beliebtheit. Nüchtern und zuverlässig hingegen wählte und verwertete David b. Salomo Gans (1541–1613)[43] das in der Überlieferung vorhandene Material für seinen *Ṣämaḥ Dāwîd* aus.

Er, einer der wenigen wissenschaftlich gebildeten Autoren im osteuropäischen Judentum, behandelte im 1. Teil dieses Buches die jüdische Geschichte

[37] Z. Philippowski, 'Abrāhām Zakkût, Sefär Jûḥāsîm haš-šālem, 1962/3³.

[38] M. Wiener, Liber Schevet Jehuda auctore R. Salomone Aben Verga, 2 Bde. 1924²; Letzte Ausgabe: J. Baer, Sefär Šäbäṭ Jehûdāh leRabbî Šelomoh n' Wêrgāh, 1946/7. Darüber: F. Baer, Untersuchungen über Quellen und Komposition des Schebet Jehuda, 1936; J. D. Abramski, ʿAl māhûtô wetôknô šäl "Šäbäṭ Jehûdāh", 1942/3; Ders., "Šäbäṭ Jehûdāh", Sefär hag-gôrālî haj-jehûdî, Gäšär 9 (1962/3), 146–152.

[39] I. Loeb, Josef Hacohen et les chroniqueurs juifs, REJ 16 (1888), 28–56. 211–235; 17 (1888), 74–93.247–271; J. Löwinger, ʿAl Jôsef hak-kohen ûsefārājw, Sura 1 (1953/4), 428–438.

[40] M. Letteris, Joseph ben Josua ha-Cohen, ʿEmeq habākhā, 1852; M. Wiener, Emek habacha von R. Joseph ha Cohen, 1858 (deutsche Übers.); J. Sée, Joseph Ben Joshua Ben Meir Ha-Kahen, La Vallée des Pleurs, 1881; P. L. Tello, Yosef ben Yehoshua ben Meir ha-Kohen, ʿemeq habakha, estudio preliminar, tradución y notas 1964.

[41] *Sefär dibrê haj-jāmîm lemalkê Ṣôrfat ûmalkê bêt 'Oṭṭômā'n hat-Tôgār*, repr. 1966/7. Dass., doch nur Teil III, ed. von G. E. Gross, 1954/5.

[42] Warschau 1881, repr. Jerus. 1961/2.

[43] *Sefär Ṣämaḥ Dāwîd*, Warschau 1878; M. Breuer, Megammātô šäl "Ṣämaḥ Dāwîd" leDāwîd Ganz, Ha-Maʿjan 5/2 (1964/5), 15–27.

bis 1591/2 und im zweiten Teil die Weltgeschichte insgesamt, wobei er auch nichtjüdische Literatur heranzog, ein Unterfangen, das er einleitend ausdrücklich rechtfertigen zu müssen meinte. Die Bedeutung des Werkes liegt in der vergleichsweise hohen Zuverlässigkeit der Angaben über die benutzten Quellen und in der übersichtlichen Stoffgestaltung, aber auch in seinen Nachrichten über das sonst in der jüdischen Historiographie kaum berücksichtigte aškenasische Judentum.

b) Aus der späteren Zeit stammen zwei größere Geschichtsdarstellungen. In Griechenland (Saloniki) verfaßte David Conforte (1617–1676) eine Geschichte der rabbinischen Tradition von den Saboräern bis 1675 unter dem Titel *Qôre' had-dôrôt*[44], wobei den Angaben über die Autoren der letzten Jahrhunderte im türkischen Herrschaftsbereich ausgesprochener Seltenheitswert zukommt. Bekannt wurde das Buch aber erst nach seinem Druck 1764.

Das zweite große Geschichtswerk stammt aus Osteuropa. Obwohl schon 1725 vollendet, gelang es Jechiel Heilperin erst 1768, seinen *Sedär had-dôrôt* in Druck zu bringen und die gebührende Würdigung seiner zukunftweisenden Leistung ließ noch längere Zeit auf sich warten.

Jechiels Ziel war es, jene Fehler bei halakischen Entscheidungen vermeiden zu helfen, die durch Unkenntnis der historischen Abläufe und Zusammenhänge nur allzu häufig entstanden. Dieser Gesichtspunkt, der schon einen neuen Sinn für Geschichte verrät, fand in Osteuropa zu der Zeit aber erst beschränktes Interesse. Der 1. Teil des Buches bietet einen Abriß der jüdischen Geschichte nach den bekannten Vorbildern (v. a. David Gans und Gedalja ibn Jachja), der 2. Teil ergänzt Abraham Zacutos Darstellung der Tannaiten und Amoräer, der 3. Teil, *Ma'arākät has-sefārîm,* enthält die eigentliche Neuerung Jechiels, nämlich die erste Bibliographie der rabbinischen Literatur. Der zweite osteuropäische Bibliograph, Šabbetaj b. Josef Bass (1641–1718), hatte in seiner neuerungsfeindlichen Heimat noch weniger Anklang gefunden, er wanderte nach dem Westen aus, wo sein *Sefär Šiftê Ješenîm* von J. Chr. Wolff für seine Bibliographie als Grundlage benützt wurde.

c) Die Verfolgungen von 1648 haben in Osteuropa auch chronistischen Niederschlag gefunden. Die bekannteste Darstellung stammt von Natan Näta' Hannover[45].

[44] D. Cassel, David Conforte, Qôre' ha-dôrôt, 1846 (Nachdr. 1968/9).
[45] J. Fichman – J. Heilperin, Nātān Näṭa' Hannôber, Jäwān Meṣûllāh, 1944/5. Ferner s. § 45, Anm. 10.

Im ersten Teil seines *Jäwän Meṣûllāh* gibt er eine aufschlußreiche, aber auch idealisierte Beschreibung der Gemeindeverhältnisse und des Erziehungswesens vor 1648, im zweiten Teil schildert er die Verfolgungen und Leiden in den Jahren 1648–1652. Kleinere Chroniken über 1648, z. B. die *Megîllat ʿEfāh* des Šabbetaj Kohen, dienten wie viele *Qînôt* und *Selîḥôt* zur Rezitation am 20. Siwan als liturgisches Gedächtnis der Verfolgung.

d) Als Symptom eines neuen Zeitgeistes, dem sich auch das Judentum nicht entziehen konnte, sind die auf ein größeres Interesse am Individuum zurückgehenden autobiographischen Schriften dieser Periode zu werten. Hierher gehören in gewissem Sinne schon Josef Karos *Maggîd Mêšārîm*[46] und Chajjim Vitals *Sefär haḥäzjônôt,* literarische „Dokumentationen" einer geistlichen Seelengeschichte. Aber auch autobiographische Werke nüchterneren Charakters, wie Jehuda Arje (Leo) di Modenas (1571–1648) *Ḥajjê Jehûdāh*[47]. Wie dieses einen guten Einblick in die italienischen jüdischen Verhältnisse gestattet, so Jomṭob Lipmann Hellers *Megîllat 'Êbāh* in jene Osteuropas.

In Österreich aufgewachsen und in Metz, wo die Ješibah einem nach dem Vorbild christlicher Schulen gestalteten Lehrplan folgte, ausgebildet, konnte sich Jomṭob nicht an die Praktiken und Mißstände in den großen osteuropäischen Gemeinden gewöhnen. In Prag geriet er in Streit mit Gemeindegewaltigen und wurde sogar fälschlicherweise bei der Obrigkeit angeschwärzt, mußte die Stadt verlassen und erlitt in Polen noch einmal ein ähnliches Schicksal. Zu seiner Rechtfertigung verfaßte er diese „Megîllat 'êbāh" (Rolle der Anfeindung), die viele Hinweise auf das Alltagsleben in den Gemeinden enthält.

Ebenfalls eine ausgesprochene Rechtfertigungsschrift verfaßte Jakob Emden (Abs. 8c) gegen Ende der Periode. Von außerordentlichem Quellenwert sind die jüdisch-deutsch verfaßten Memoiren der Glückel von Hameln (1647–1724)[48].

Eine Tochter aus reichem Hamburger Haus, die nach ihrer Heirat in Hameln lebte und durch geschäftliches Mißgeschick ihres Mannes, der dann auch noch verstarb, eine Zeit bitterer Armut durchzustehen hatte, bis sie

[46] § 44, Anm. 20.

[47] L. Blau, 'Iggārôt Jehûdāh, 1905. Über Jehuda s. v. a. S. Simonsohn, Leon di Modena, 1952; P. Naveh (ed.), Jehûdāh 'Arjeh bän Jiṣḥaq mim-Môdena, Läqäṭ ketābîm, 1967/8.

[48] D. Kaufmann, Glückel von Hameln, Die Memoiren, 1896; Die Memoiren der Glückel von Hameln, übers. von B. Pappenheim, 1908/9; A. Feilchenfeld, Denkwürdigkeiten der Glückel von Hameln, 1923⁴.

endlich bei Verwandten wieder ein Unterkommen fand. Ihr Werk vermittelt vor allem Aufschluß über die Lebensgewohnheiten und die Frömmigkeit der begüterten jüdischen Kreise Deutschlands, in denen auch die Töchter eine gewisse Schulbildung (in jüdisch-deutscher Sprache) erhielten.

Nur mehr mit Vorbehalt kann hier das legendendurchsetzte Buch *Šibḥê hā-'R"J* als eine „Biographie“ des Kabbalisten Isaak Luria erwähnt werden.

Es entstand aus 3 Briefen, die 1609 ein gewisser Zalmon Schlomel verfaßte, und hat seinen Wert weniger wegen der biographischen Angaben als wegen der aufschlußreichen Details einer kabbalistisch geprägten Frömmigkeit, die gerade in Osteuropa als vorbildlich empfunden wurde[49].

e) Während die Darstellungen der Tradition in der Nachfolge des *Sefär haq-qabbālāh* nur sehr geringe Ansätze zu historisch-kritischer Betrachtung aufweisen, zeichnet sich nun da und dort ein Wandel ab. In Italien setzt Azarja dei Rossi (1513–1578), ein vielseitiger Gelehrter, mit seinem *„Sefär Me'ôr ʿênajim“* bei aller Traditionstreue neue wissenschaftliche Maßstäbe.

Das Buch, eine Sammlung verschiedener kleiner Schriften, brach eine Bresche in die sonst übliche Beschränkung auf die innerjüdische Überlieferung, öffnete den Horizont für Geschichte und Literatur der Umwelt, und nahm manche Ergebnisse der späteren wissenschaftlichen Forschung voraus. Dies alles trug dem Autor allerdings wenig Beifall bei den Zeitgenossen ein und das Buch wurde weithin geradezu verfemt. In Osteuropa kam es überhaupt zunächst garnicht zur Geltung, erst durch Jechiel Heilperins *Sedär had-dôrôt* begann hier ein gewisser Ansatz zu historischem Denken sichtbar zu werden. Chajjim David Azulajs (1724–1807)[50] bibliographisches Werk *„Šem hag-gᵉdôlîm“* fand größeren Zuspruch, da er zu Autorennamen und Titeln z.T. auch Zitate, und zwar vor allem kabbalistischen Inhalts, beifügte.

8. Kontroversen

a) Die Auseinandersetzung mit dem Christentum[51] war für die Juden Osteuropas kein vordringliches Anliegen, ihre Siedlungsdichte und

[49] M. Beniyahu, Šibḥê hā-'R"J, 'Arāšāt 3 (1960/1), 144–165. A. Klein–J. Machlowitz–Klein, Tales in Praise of the ARI, 1970.

[50] Er wanderte nach Palästina aus und hinterließ neben zahlreichen anderen Schriften eschatologisch-kabbalistischer und protozionistischer Art auch eine Reisebeschreibung. Siehe M. Beniyahu, Rabbî Ḥajjim Jôsef Dāwîd 'Azûlaj, 2 Teile, 1958/9.

[51] Vgl. § 42. S. Baeck, Die Apologeten vom 14. bis Ende des 18. Jahrhunderts, in: Winter-Wünsche* III, 655 ff.; J. Katz, Exclusiveness and

ihre sprachlich-kulturelle Isolierung gewährleistete ihnen eine gewisse Distanz, aus der heraus nun auch grundsätzlich das Christentum als eine nichtheidnische monotheistische Religion anerkannt werden konnte. Eine begrenzte Auseinandersetzung zwischen christlichen und jüdischen Theologen erfolgte in Polen, als die Unitarier sich durch schroff antijüdische Äußerungen von dem Vorwurf des Judaisierens zu entlasten suchten[52].

Das einzige bedeutende apologetische Werk aus Osteuropa, der *Sefär ḥizzûq 'ämûnāh*[53], stammt überdies von einem Karäer, Isaak b. Abraham aus Troki, der in seiner Schrift allerdings sein Karäertum kaum zur Geltung kommen ließ. Es hat nicht nur unter den Juden viel Anklang gefunden, auch die beginnende Aufklärung wußte es zu schätzen und demgemäß stark war auch die christliche Reaktion.

In Italien und Mitteleuropa hingegen war die mittelalterliche Kontroversliteratur mit zahlreichen Werken vertreten. Die Reformation hatte den Juden ja keinerlei Vorteile gebracht[54], wenn auch humanistische Kreise eine neue Achtung vor der jüdischen literarischen und religiösen Überlieferung bezeugten[55], wie z. B. die Haltung Reuchlins im Pfefferkornschen Streit gezeigt hat[56]. Nicht diese Kräfte bestimmten aber den weiteren Verlauf, sondern die Spätschriften Luthers und die

Tolerance, 1961, 129 ff.; H.-J. Schoeps, The Jewish-Christian Argument, 1963; M. Waxman*, II, 555 ff. Bibliographie: J. Rosenthal, Sifrût haw-wikkûaḥ ... (§ 42).

52 J. Rosenthal, Haw-wîkkûaḥ haj-jehûdî-'arîjānî bam-maḥṣît haš-šenijjāh šäl ham-me'āh ha-16 bePôlônjāh, Mäḥqarîm ûmeqôrôt I, 1967, 457–475; Ders., Marcin Czechowic and Jacob of Belzyce. Arian-Jewish Encounters in 16th Century Poland, PAAJR 34 (1966), 77–97.

53 D. Deutsch, Befestigung im Glauben, von Rabbi Jizchak, Sohn Abrahams, 1873²; M. Mocatta, Isaac ben Abraham Troki, Chizzuk Emunah, or Faith Strengthened, 1851; E. L. Dietrich, Das jüdisch-christliche Religionsgespräch am Ausgang des 16. Jahrhunderts nach dem Handbuch des R. Issak Troki, Jud 14 (1958), 1–39; A. Geiger, Isaak Troki, ein Apologet des Judentums, Nachgel. Schriften III, 1885, 178–223; M. Waysblum, Isaac of Troki and Christian Controversy in the XVI Century, JJS 3 (1952), 62–77.

54 Ch. Ben-Sasson, Haj-jehûdîm mûl hā-Refôrmāṣijjāh, 1970; S. W. Baron*, XIII, 206 ff.; Ders., Medieval Heritage and Modern Realities in Protestant- Jewish Relations, Diogenes 61 (1968), 32–51.

55 Ch. H. Ben-Sasson, Jewish-Christian Disputation in the Setting of Humanism and Reformation in the German Empire, HThR 59 (1966), 369–390; K.-H. Burmeister, Sebastian Münster, 1963.

56 S. A. Hirsch, John Pfefferkorn and the Battle of the Books, 1905; W. Maurer, Reuchlin und das Judentum, ThLZ 77 (1952), 535–544.

großen antijüdischen Streitschriften des Joh. Chr. Wagenseil (Tela Ignea Satanae, 1681) und Joh. A. Eisenmenger (Entdecktes Judentum, 1700), aus denen der spätere Antisemitismus zu einem guten Teil seine Argumente geschöpft hat. Die jüdischen Gegenschriften im mittel- und westeuropäischen Bereich haben selten ein angemessenes Niveau erreicht, es fehlte hier an der nötigen Kenntnis der christlichen Theologie. Anders in Italien, wo die jüdischen Autoren z. T. recht guten Einblick in die christliche theologische Literatur besassen, angefangen von Abraham Farissols *Māgen 'Abrāhām*[57] bis zu Jehudah Arjeh di Modenas *Māgen wā-ḥäräb*[58] von 1644.

b) Eine innerjüdische Kontroverse wirft ein nicht uninteressantes Licht auf die Mentalität jener jüdischen Autoren, die umständebedingt stärkeren Kontakt mit der Umweltkultur hatten und dadurch in einen gewissen Zwiespalt gegenüber der noch so strenggefügten eigenen Tradition gerieten. Jehudah Arjeh di Modena (1571–1648) setzte sich in seinem Werk *Beḥînat haq-qabbālāh*[59] mit einer – tatsächlich vorhandenen oder fingierten – antirabbinischen Kritik auseinander.

Im 1. Teil des Buches brachte er unter dem Titel *Qôl Sākāl* die angebliche Schrift eines sonst nirgends bezeugten Amittaj b. Jedaʿjah ibn Roz aus Spanien. Darin werden folgende *ʿIqqārîm* anerkannt: (1) Gottes Existenz, (2) Gott als Schöpfer, (3) der Mensch als Ziel der Schöpfung, (4) die Providenz (Lohn und Strafe), (5) die Offenbarung der Torah, und (6) die – in der Bibel nicht belegte und als Postulat der Vernunft hinzugefügte – Unsterblichkeit der Seele. Demgegenüber wird aber bestritten, daß die mündliche Torah vom Sinai herstamme. Sie wird vielmehr von Ezra hergeleitet und diese These wird an Hand der 4 *Ṭûrîm* an zahlreichen Einzelfragen exemplifiziert.

Der 2. Teil der Schrift mit dem Titel *Šaʾagat 'Arjeh* enthält die Widerlegung dieser häretischen Ansicht, doch im Unterschied zum volltönenden Titel wirkt sie reichlich blaß, sodaß man häufig annahm, Jehudah di Modena habe seine eigentliche Ansicht im *Qôl Sākāl* niedergelegt, zumal er in einem anderen Buch *('Arî nôhem)* die Kabbalah einer herben Kritik unterzogen hat.

Das Zwielicht, das über Jehudas Standort liegt, hat eine umfangreiche wissenschaftliche Diskussion zur Folge gehabt[60], weil ein zwei-

[57] S. Loewinger, Recherches sur l'oeuvre apologétique d'Abraham Farissol, REJ 105 (1940), 23–52.

[58] S. Simonson, Jehûdāh 'Arjeh dî Môdenā', Māgen wā-Ḥäräb, 1959/60.

[59] J. Blau, Kitbê RJ"M, 1905/6; J. Z. S. Reggio, ed., Jehûdāh 'Arjeh dî Môdenā', Beḥînat haq-qabbālāh, 5612 (repr. Jerus. 1968).

[60] J. Biran, Lifrāšāt kefîrātām šäl R. Jehûdāh 'Arjeh Môdenā' we'Ûrî'el 'Aqôsṭā' bä'ämûnat Jiśrā'el, Gazit 21 (1962/3), 105–108; A. Geiger, Leon

tes Buch des Autors ebenfalls einen zwiespältigen Eindruck erwecken kann. Es trägt den Titel *Māgen w^eṣînnāh* und war als Widerlegung der *Propostas contra la Tradicao* des Uriel da Costa (Acosta) gedacht, der ebenfalls die mündliche Überlieferung angegriffen hatte.

Wieder fällt die Verteidigung reichlich lendenlahm aus. Ob nun Jehudah Arjeh di Modena auf diese Weise seinen eigenen Standpunkt verhüllt zum Ausdruck bringen wollte oder nicht, der aus Portugal als Marrane in die Niederlande eingewanderte Uriel da Costa (1586–1640) konstatierte jedenfalls offen eine Diskrepanz zwischen mündlicher Überlieferung und schriftlichem Torahinhalt. Dabei dürfte die christliche Sicht des „Gesetzes" ebenso mitgewirkt haben wie gewisse zeitgenössische Auffassungen, so leugnete er die Unsterblichkeit der Seele (die im *Qôl Sākāl* des Leo di Modena aber als *ʿIqqār* gilt) und stellte ein angenommenes moralisches Naturgesetz als höchste ethische Norm über die spezielle jüdische oder christliche Ethik, jenes natürliche Sittengesetz mit den noachidischen Gesetzen identifizierend.

Die besondere Situation der Marranen brachte eine größere geistige Selbständigkeit nahezu unvermeidlicherweise mit sich. Wider Willen mit der christlichen Religion bekanntgeworden, fanden sie nicht immer zu einer vollen, unkritischen Bejahung ihrer ursprünglichen religiösen Tradition zurück, sondern machten von der Möglichkeit des Vergleichs und des vernunftbegründeten Urteils Gebrauch. Diese Haltung konnte zu der Zeit, da im übrigen die traditionelle Frömmigkeit noch ungebrochen herrschte, leicht zur „Häresie" führen. Das berühmteste Beispiel dafür ist Baruk Spinoza (1632–1677), der mit seiner Auffassung von der religio catholica die Grenzen des traditionellen Judentums in der Tat sprengte und dem Synagogenbann verfiel. Spi-

da Modena, Rabbiner zu Venedig (1571–1648) und seine Stellung zur Kabbalah, zum Talmud und zum Christentum, 1856; N. Leibowitz, Leon Modena, 1901; E. Rivkin, Leon da Modena and the Kol Sakhal, 1952; E. Shmueli, Bên 'ămûnāh likfîrāh, 1961; Ders., "Hab-bônāh", Sinai 46 (1959/60), 378–395; S. Simonsohn, Leon da Modena, 1952; I. Sonne, Leon de Modena and the Da Costa Circle in Amsterdam, HUCA 21 (1948), 1–28; Ders., Leo da Modena über die Schrift "Kol Sakhal", MGWJ 77 (1933), 384 ff.; S. Stern, Der Kampf des Rabbiners gegen den Talmud im XVII. Jahrhundert, 1902, 159 ff.

Zur Beurteilung der Gesamtpersönlichkeit sind alle Schriften Leons heranzuziehen; vgl. zuletzt: J. Zemora, ed., Ṣāmaḥ Ṣaddîq, 1948/9; J. S. Simonsohn, Še'elôt ûtešûbôt ziqnê Jehûdāh, 1955/6; E. Rivkin, The Sermons of Leon of Modena, HUCA 23 (1950/1), 295–317; N. Samaja, Le vicende di un libro: „Historia dei riti ebraici" die Leone da Modena, RMI 21 (1955), 73–84.

noza hat auch im Judentum kaum ein positives Echo gefunden und wurde erst im 19./20. Jahrhundert von bestimmten jüdischen Kreisen wieder als Jude anerkannt und zwar in z. T. so überschwänglicher Weise, daß sie im Spinozismus geradezu das eigentliche Wesen des Judentums sehen wollten. Beide, Uriel da Costa und Baruk Spinoza, sind aber Beispiele dafür, wie am Rande des sonst noch so kompakt gefügten Judentums neue Züge und Kräfte sichtbar werden, die über ihre Periode hinausweisen und insofern eine Infragestellung der traditionellen Denkformen darstellen. So gab z. B. sogar eine Äußerung David Nietos (1654–1728)[61], eines als Rab der sefardischen Gemeinde in London berufenen Arztes von italienischer Bildung, Anlaß zum Verdacht spinozistischer Identifizierung von Natur und Gottheit.

c) Gegen Ende der Periode erschütterte eine heftige Auseinandersetzung das ohnehin nicht mehr hohe Ansehen der rabbinischen Autorität in Deutschland. Jakob b. Zbi Hirsch Aškenasi, der sich Jakob Israel nannte und schließlich als Jakob Emden (1696–1776)[62] bekannt wurde, hatte durch maßloses Geltungsstreben und krankhafte Streitsucht seine Berufschancen als Rab verspielt und konnte es nicht verwinden, daß die Hamburger nicht ihn, sondern Jonathan Eibeschütz (1690—1764)[63] aus Prag zum Rab wählten.

Gewisse Amulette, die Eibeschütz geschrieben hatte, sah Jakob Emden – nicht unbegründet[64] – als Beweise für eine insgeheim sabbatianische Neigung des Konkurrenten und griff ihn daher in überaus heftiger Weise an. Der

[61] So in seiner antikaräischen Schrift "*Maṭṭeh Dān. Hak-Kûzārî haš-šenî*", 1714. Siehe die Ausgabe mit der Einleitung und Biographie von B. (C.) Roth, Dāwîd bän Pinḥas Nijeṭô, Maṭṭeh Dān, 1957/8; David Nieto hat sich auch als Pajtan und als – u. a. – apologetischer espagnolischer Schriftsteller einen Namen gemacht.

[62] M. J. Cohen, Jacob Emden, a man of controversy, 1937; B.-Z. Katz, I, 146 ff.; R. Margoliuth, Sîbbat hitnaggedûtô šäl Rabbenû Ja'aqob 'Emden leRabbenû Jehônātān 'Ejbešîṣ, 1940/1; J. Raphael, Kitbê Rabbî Ja'aqob 'Emden, 'Arāšāt 3 (1960/1), 231–276; E. Shochet, 'Im ḥillûfê teqûfôt, 1960/1.

[63] The Sermons of Jonathan Eybeschitz, HUCA 10 (1935), 553–597; J. J. Grünwald, Hā-Rāb R. Jehônātān 'Ejbešîṣ, 1953/4; B.-Z. Katz, I, 167 ff. (172 ff.); M. A. Perlmutter, Rabbî Jehônātān 'Ejbešîṣ wejaḥasô 'äl haš-šabbetā'ût, 1946/7; E. Shochet, a. a. O. (Anm. 62); G. Scholem, Läqäṭ Margôlijût, 1940/1 (zu R. Margoliuth, Anm. 62); Ders., 'Al qāmea' 'äḥād šäl R. Jehônātān 'Ejbešîṣ ûferûšô 'alājw, Tarb 13 (1941/2), 226–244; Ders., EI II, 617–619; D. L. Zinz, Sefär gedûllat Jehônātān, 1967/8.

[64] S. die Arbeiten G. Scholems (Anm. 63).

Streit, in den Emden auch vor der Inanspruchnahme nichtjüdischer Gerichte nicht zurückschreckte, erregte die Gemüter weit über die Grenzen Deutschlands hinaus, führte aber nicht zu dem erhofften Erfolg, sondern nur zu einem schwerwiegenden Prestigeverlust für das Rabbinat allgemein.

Wider Willen förderte der grundsätzlich ganz konservative Jakob Emden so die ersten Auflösungstendenzen innerhalb der traditionellen jüdischen Gesellschaft. Selbst der Aufklärung bahnte er ungewollt den Weg, weil er in antisabbatianischem Eifer das Buch *Zohar* einer scharfsinnigen Kritik unterzog und dabei erkannte, daß es sich hauptsächlich um ein Produkt des Mose dè Leon handelt, das durch den *Raʿjāʾ mehêmnāʾ* und die *Tiqqûnîm* später ergänzt worden ist. Auch im osteuropäischen Chasidismus sah er nicht zu Unrecht eine mit gewissen Gefahren für die herkömmliche Religion verbundene Nachfolgeerscheinung des Sabbatianismus und bekämpfte ihn schon, als man im Westen von der neuen Bewegung in Osteuropa noch kaum Notiz nahm.

d) In Osteuropa entbrannte im 18./19.Jh. ein erbitterter Kampf zwischen den Chasidim und ihren rabbinischen Gegnern *(Mitnagg^{e}dîm)*. Von den frühen Kritikern des Chasidismus, die schon gewisse Ansätze der kommenden Aufklärung aufweisen, seien von Mose aus Satanow das Buch *Mišmärät haq-qôdäš* und die Einleitung zu Salomo Chelma's *Mirkäbät ham-Mišnāh* (1751, 1778[2]) hervorgehoben.

9. Religiöse Poesie[65]

Die im frühen Mittelalter übliche enge Verbindung zwischen synagogaler Liturgie und Poesie schwand in dem Maß, als sich der Pijjuṭbestand der einzelnen Riten verfestigte. Am stärksten blieb die alte Funktion gewahrt im orientalischen Bereich, wo natürlich auch die Dichtung der nichtjüdischen (arabischsprachigen) Umgebung ihren Einfluß ausübte, z. B. in Kurdistan[66] und besonders im Jemen[67], wo

[65] M. Waxman*, II, 81–97; M. Steinschneider*, 241 ff. Vgl. Lit. § 27. A. M. Habermann, Mibḥar haš-šîrāh hā-ʿibrît, II, 1965; J. Schirmann, Mibḥar haš-šîrāh hā-ʿibrît b^{e}'Îtaljāh, 1934.

[66] M. Beniyahu, Rabbî Š^{e}mû'el Barzānî, ro'š gālût Kûrdîsṭā'n, Sefunot 9 (1964/5), 23–125; A. Ben-Jacob, Q^{e}hîllôt J^{e}hûdê Kûrdîsṭā'n, 1960/1.

[67] A. Z. Idelsohn – H. Torczyner, Diwan of Hebrew and Arabic Poetry of the Yemenite Jews, 1930; W. Bacher, Die hebräische und arabische Poesie der Juden Jemens, 1910; J. Kafeh, H^{a}lîkôt Têmān, 1961; J. Ratzhabi, Pijjûṭê Têmān. Biblîjôgrafjāh, QS 22 (1945/6), 247–261; 27 (1950/1),

z. T. begabte Dichter wie Z a k k a r j a a l - Ṣ a h a r i⁶⁸ und Š ā l ô m
Š a b a z i⁶⁹ wirkten. Ihr besonderes Kolorit erhielt die religiöse Dichtung dieser Periode durch den weithin kräftigen kabbalistischen Einschlag, v. a. in Palästina bzw. im Orient, wo Kabbalisten wie E l i e -
z e r A z i k r i⁷⁰ oder S a l o m o A l q a b e ṣ⁷¹ und I s a a k L u r i a
selbst sich als Pajtanim betätigten. Am meisten Talent hatte davon
wohl I s r a e l N a g a r a⁷², der auch der „heiligen Hochzeit", dem
Ritus der Zefat-Kabbalisten, poetischen Ausdruck gegeben hat⁷³.
Israel Nagara stand bereits unter dem Einfluß der hebräischen Dichtung Italiens, die sehr starke inhaltliche und formale Impulse von der
zeitgenössischen italienischen Dichtung empfangen hatte. Auch hier
herrschte z. T. die kabbalistische Frömmigkeit. M e n a c h e m d i
L o n s a n o⁷⁴ war in der 2. Hälfte des 17. Jh. von Palästina hierher-
gezogen, M o r d e c h a j D a t o hat hier die Kabbalah Mose Cordoveros vertreten, und die hervorragendsten hebräischen Dichter Italien,
wie M o s e Z a c u t o (1625–1697)⁷⁵ und M o s e C h a j j i m L u z -

378–381; Ders., Miš-šîrat Têmān, Sinai 32 (1952/3), 186–208; Ders.,
Sifrût Jᵉhûdê Têmān, QS 28 (1952/3), 255–278; 394–406; 34 (1958/9),
109–116; Ders., Jalqûṭ šîre Têmān, 1968.

⁶⁸ J. Ratzhabi, ed., Sefär ham-mûsār, maḥbārôt Zākarjāh 'Alṣaharî, 1964/5.

⁶⁹ Texte: Šālôm Šabāzî, Sefär haš-šîrîm, 1952/3; Ḥûppat ḥᵃtānîm, 1964;
Bibl.: J. Ratzhabi, Šîrê R. Šālôm Šābāzî, QS 43 (1967/8), 140–159. Vgl.
ferner J. Ratzhabi, Rabbî Šālôm Šābāzî wᵉšîrātô, Sefunot 9 (1964/5),
133–166; Auch Sabazi war Kabbalist, vgl. sein Buch Sefär ḥämdat jāmîm,
Jerusalem 1955/6; G. Scholem, S. ḥämdät jāmîm lᵉR. Salām Šābāzî, QS
5 (1928/9), 266–272 (noch nicht unter dem Einfluß der Kabbalah von
Zefat).

⁷⁰ Fälschlich auch Azkari. Sein Gedicht „Jᵉdîd näfäš" s. A. Mirski, Jalqûṭ
hap-pijjûṭîm 1958, 357.

⁷¹ § 44, Anm. 34.

⁷² § 44, Anm. 35. A. Mirski, Šîrê Naggār ûbar Naggār, Sefunot 6 (1961/2),
259–302; Ders., 'Aśärät šîrîm lᵉR. Jiśrā'el Nag'ārāh, Sefär ""Îš hat-Tôrah
wᵉham-Maᶜaśeh", 1945/6, 125–132; Ders., QS 25 (1948/9), 39–47; Ders.,
Šîrê gᵉᵉûllāh lᵉRabbî Jiśrā'el Nā'g'ā'rāh, Sefunot 5 (1960/1), 207–234.

⁷³ Vgl. Sedär tᵉnā'îm wᵉhak-kᵉtûbbāh šäb-bên Jiśrā'el lā-'abîhäm šäb-baš-
šāmajim, Jerus. 1958/9; Sôd hat-tᵉnā'îm wᵉhak-kᵉtûbbāh bên HQB"H
ûkᵉnäsät Jiśrā'el, Jerus. 1964/5.

⁷⁴ M. G. Geshuri, Han-nîggûn wᵉhap-pijjûṭ befî Rabbî Mᵉnaḥem dî
Lônz'ānô, Biṣṣārôn 11 (1950), 178–187.

⁷⁵ J. Melkman, Re'šît hajjājw šäl Rabbî Mošäh Zakkût, Sefunot 9 (1964/5),
127–132; Ders., Moses Zacuto en zijn familie, StR 3 (1969), 145–155;
J. Twersky, Mošäh Zakkût, Giljonot 22 (1948), 45–50; S. Bernstein,
Šᵉrîdê šîrāh mîmê hab-bênajim, Ḥoreb 14–15 (1959/60), 157–166; A. N.
Z. Roth, R. Mošäh Zakkût wa-ᶜalijjātô lᵉ"'J, Zion 15 (1949/50), 146–149.

zatto (1707–1744)[76] waren Anhänger der Lurianischen Kabbalah, der letztere sogar einer messianisch-sabbatianischen Frömmigkeit[77]. Hier in Italien lebte aber auch die profane hebräische Dichtung weiter, entstand das hebräische Drama, wurden die Grundlagen für ein jüdisches Theater und ein jüdisches Musikschaffen gelegt[78], neue Aspekte, die sonst nur mehr in der sefardischen Kultur der Niederlande gewisse Parallelen haben.

Ch. Chamiel, "Toftäh ʿārûk" leR. Mošäh Zakkût, Sinai 25 (1948/9), 304–319; 26 (1949/50), 101–112. Zu seiner Einstellung zum Sabbatianismus siehe: G. Scholem, Liš'elat jaḥasām šäl Rabbānê Jiśrā'el 'äl haš-Šabbetā'ût, Zion 13/4 (1948/9), 47–62; Ders. EI XV, 823 f.; Ders., Šabbetāj Ṣebî II, 1956/7, 413 f.652 ff.

76 N. Ben-Menachem, Kitbê Rabbî Mošäh Ḥajjim Lûssā'ṭṭô rešîmāh biblîjôgrāfît šäl sifrê defûs wekitbê-jād, 1950/1. Werke: Kol kitbê Rabbî Mošäh Ḥajjim Lûṣṣaṭṭô, Jerus. 1960 ff. Einzelausgaben von Schriften erscheinen am laufenden Band. Über den Dichter: Mošäh Ḥajjim Lûṣṣaṭṭô, Ha-Do'ar 27 (1947/8), Heft 30–31 (Aufsätze versch. Autoren); M. Beniyahu, Ham-"Maggîd" šäl RMḤ"L, Sefunot 5 (1960/1), 297–336; Ders., ʿalijjātô šäl ha-RMḤ"L le'"J, Mazkärät lezekär J. E. Herzog, 1961/2, 467–474; J. David, Šîrat Mošäh Ḥajjim Lûṣṣa'ṭṭô, Diss. Jerusalem 1963 (Bibliogr.!); S. Ginzberg, The Life and Works of Moses Hayyim Luzzatto, 1931; D. Katz, RMḤ"L, 1947/8; J. Klausner, Ha-ḥîdāh RMH"L, Jôṣere teqûfāh ûmamšîkê teqûfāh, 1956, 9–19; D. Lattes, Moshe Chajm Luzzatto, autore del Trattato morale "Mesillat Jesharim", RMI 28 (1962), 105–122; A. Menes, The Ethical Teachings of Moses Hayim Luzzatto, PAAJR 17 (1947/8), 61–68; P. Nissim, Sulla data della laurea rabbinica conseguita da Moshè Chajm Luzzatto, RMI 20 (1954), 499 bis 503; J. Schirmann, Le theatre de Luzzatto, RPJ 2 (1950), 103–116; vgl. Ders., Ham-maḥazäh šäl Mošäh Hajjim Lûṣṣaṭṭô, Giljonot 22 (1948), 207–217; S. J. Sierra, The literary influence of G. B. Guarini's Pastor Fido on M. H. Luzzatto's Migdal ʿoz, JQR 50 (1959/60), 241–255. 319–337; Ch. Zohar, M. Ḥ. Lûṣṣaṭṭô be'"J, Sinai 30 (1951/2), 281–294.

77 Z. Harkavy, Haš-šabbetā'ût wehā-RMḤ"L, SJ S. Federbusch, 1960/1, 210–212; J. Tishby, Jaḥasô šäl R. Mošäh Ḥajjim Lûṣṣaṭṭô 'äl haš-šabbetā'ût, Tarb 27 (1957/8), 334–357 (Netîbê 'ämûnāh ûmînût, 1964, 169–185); Ders., Hat- tesîsāh ham-mešîḥît behûgô šäl RMḤ"L le'ôrām šäl ketûbbāh wešîrîm mešîḥijjim, Netîbê 'ämûnāh ûmînût, 1964, 186–203; Ders., Darkê hafāṣātām šäl kitbê qabbālāh leRMḤ"L bePôlîn ûbeLîṭā', QS 45 (1969/70), 127–154; J. Dan, Bên šir mešîḥî leSônettāh lag-gebûrāh, Tarb 31 (1961/2), 412 f.

78 J. Schirmann, Mibḥar haš-šîrāh hā-ʿibrît be'Îṭaljāh, 1934, 200 ff.; B. Roth - Ch. Rabin, Jad Jô'āb. Miš-šîrat Jiśrā'el be'Îṭaljāh bam-me'āh ha - 18., Meṣudāh 5–6 (1947/8), 262–283; Ch. Schirmann, Hat-Te'āṭrôn weham-mûsîqāh biškûnôt haj-jehûdîm be'Îṭaljāh, Zion 29 (1963/4), 61–111; A. Jaʿari, Ham-maḥazäh hā-ʿibrî, 1947/8 (Bibliogr.).

§ 47 Liturgie

Siehe Lit. § 27. A. Berliner*, 30 ff.; S. Schechter, a. a. O. (§ 44); ders., Lectures on Jewish Liturgy, 1933, 39–60; G. Scholem, Tradition und Neuschöpfung im Ritus der Kabbalisten, in: Zur Kabbala und ihrer Symbolik, 1960, 159–207; K. Wilhelm, Sidrê Tiqqûnîm, ʿale, ʿajin (SJ Schocken) 1952, 125–146.

1. Die Verbreitung gedruckter Gebetbücher und die starke jüdische Bevölkerungsbewegung zu Anfang der Periode haben im Vergleich zu den vielfältigen lokalen Riten des Spätmittelalters eine gewisse Vereinheitlichung des Ritus bewirkt, im sefardischen Bereich vorzugsweise, aber auch in Osteuropa. Durch den Druck war es viel breiteren Schichten möglich geworden, Gebetbücher anzuschaffen und als Erbauungsliteratur zu benutzen. Dies war deshalb von besonderer Bedeutung, weil zu der Zeit ja auch die meditativ-spekulative Namen- und Buchstabenmystik der Kabbalah ungemein populär geworden war.

Die Beschäftigung mit den „*Kawwānôt*" (in diesem spezifisch kabbalistischen Sinn) wurde zum eigentlichen Herzstück des Gebetslebens und der Liturgie und dem entspricht auch der Inhalt der Gebetserklärungen aus dieser Periode. Die Ursache für die Popularisierung dieses meditativ-spekulativen Aspekts[1] lag im *Tiqqûn*-Gedanken, durch den einerseits der Bezug zur gespannten messianischen Erwartung gegeben war, zum andern durch die kabbalistische Seelenlehre dem verstärkten individualistischen Interesse am Schicksal und Heil des Einzelnen[2] Genüge getan war. Die kabbalistische Gebots- und Gebets-*kawwānāh,* die gewissermaßen alle verborgenen Emanations- und Schöpfungsprozesse nachvollzieht, ergänzt als spirituelle Aktion die äußere Gebotserfüllung und wird daher als vornehmstes Mittel zur Förderung des universalen und individuellen *Tiqqûn*-Prozesses angesehen. So entstanden für Einzelne wie für eigens organisierte Gebetsgemeinschaften eine Fülle von Zusammenstellungen solcher *kawwānôt, jiḥûdîm* und *tiqqûnîm*[3].

Mit der Popularisierung verstärkte sich aber auch die magische und dämonologische Komponente, die ihrerseits wieder die Tendenz zur Ritualisierung förderte. Diese lag im Grunde der kabbalistischen Symbolistik, die alles Sichtbare („untere") als Parallelvorgänge zu den

[1] Vgl. *Sefär ḥämdat jāmîm,* s. § 46, Anm. 27.

[2] Vgl. Aaron Berekjah b. Mose, *Sefär Maʿabar* Jabbôq, (verf. um 1620; letzte Ausgabe Benê Bāräq 1966/7 nach der Ausg. Schitomir 1851/2). Hier werden v. a. die Trauerriten in diesem Sinne ausführlich behandelt. G. Scholem, EI I, 602.

[3] Vgl. R. Z. Werblowski, a. a. O. (§ 44, Anm. 34).

(„oberen“) Sefirotprozessen deutete, ohnedies nahe. Die praktische Konsequenz aus diesem Ansatz zogen allerdings erst die Kabbalisten von Zefat. Sie tendierten auf eine vollständige Sakralisierung und Ritualisierung des Alltags. Dabei hoben sie bestimmte Elemente besonders heraus. So z.B. das Essen oder die eheliche Verbindung, die – insbesondere in der Sabbatnacht – mit dem Motiv der „heiligen Hochzeit“ verbunden wurde[4].

2. Im Unterschied zum Mittelalter blieb es darum auch nicht bei der Umdeutung der Liturgie, es kam zu Ergänzungen und Veränderungen des Ritus selbst. Die Initiative dazu kam, wie erwähnt, von den Kabbalisten in Zefat, bei denen ja auch der *Pijjûṭ* (§ 46,8) noch seine liturgische Funktion erfüllte. So fügte man hier poetische Stücke (zB. für den Sabbat *Lekāh dôdî* und *šālôm ʿalêkäm, malʾakê haš-šāret*) und Bibelverse ein und schuf neue rituelle Handlungen. Die eindrucksvollste Neuerung besteht wohl in der Einholung der Sabbatbraut *(qabbālat Šabbāt)*, durch die Gemeinde auf freiem Feld vor Beginn des Gottesdienstes in der Synagoge, ein Brauch, der mit dem eigens dafür verfaßten *Lekāh dôdî* des Salomo Alqabeṣ sich rudimentär bis heute (Hinwenden zum Synagogeneingang) erhalten hat.

Dieser Ritus gründete sich auf kabbalistischer Sabbat-Symbolik[5], nach welcher der Sabbat die durch Vereinigung und Ausgleich unter den getrennten und widerstrebenden Sefirotkräften wiederhergestellte Harmonie repräsentiert. Dabei erfuhr die X. Sefirah, die *Šekînāh* bzw. *Kenäsät Jiśrāʾel* in der Vorstellung jener Zeit eine konkretisiertere Personifizierung als weibliche Gestalt, als „Sabbat-Braut“, die eben zur Vermählung mit dem „König“ im Sinn der kabbalistischen Sexualsymbolik (der X. und IX. Sefirah) von der irdischen *Kenäsät Jiśrāʾel* eingeholt wird. Diese „Heilige Hochzeit“ *(ziwwûgāʾ qaddîšāʾ)* wurde für die Kabbalisten Ziel und Zentrum ihrer Frömmigkeit und auch sonst im Gottesdienst verankert, v.a. in der Deutung des Wochenfestes, das als Fest der Sinaioffenbarung für sie die „Hochzeit“ Gottes mit Israel bzw. den entsprechenden Vorgang zwischen Sefirah IX u. X repräsentiert.

Besondere lokale Praktiken knüpften sich an das Grab des Simon bar Jochaj in Meron bei Zefat und an das dort gefeierte Omerfest[6].

Eine zweite größere Neuerung war der sog. „kleine Versöhnungstag“, ein Fasttag vor dem Neumond, der als Zeichen für das „Exil

[4] G. Scholem, 177 ff.

[5] G. Scholem, 188 ff.; Sefär haš-Šabbāt, 1966/7[12], 67 ff. 113 ff. 165 ff.

[6] M. Beniyahu, Hanhāgôt meqûbbālê Ṣefat beMêrôn, Sefunot 6 (1961/2), 9–40.

der Schekinah" angesehen wurde, während der Vollmond als Zeichen der eschatologischen Erfüllung (des vollendeten *Tiqqûn)* galt[7]. Auch hier spielte das Motiv der „heiligen Hochzeit" (Vereinigung zwischen „Mond"/*Šekînāh* und „Sonne"/„König") eine Rolle.

Eine dritte Neuerung von großer Auswirkung auf die Frömmigkeit war der *Tiqqûn ḥaṣôt*[8]. Der seit dem 11. Jh. gelegentlich geübte Brauch, um Mitternacht aufzustehen und Gebete zu rezitieren, wurde durch die Kabbalisten von Zefat zu einem festen Ritus, verbunden mit Sefirot-Symbolik. Derartige „Tiqqun"-Gebetsordnungen gehörten bald zu den am meisten verbreiteten Erbauungsschriften. Im Übrigen legte man besonderes Gewicht auf die traditionellen Fasttage, die mit Wachen und Meditationen verschärft wurden. Die Deutung und Umformung der Liturgie im Sinn der Kabbalisten von Zefat hat – nicht zuletzt dank der Möglichkeit des Buchdruckes – binnen kurzer Zeit in der ganzen Diaspora Fuß gefaßt. Die bedeutendsten Erbauungsschriften, der *Sefär ḥämdat jāmîm*[9] z.B. oder die *Šenê lûḥôt hab-berît* des Jesaja Hurwitz[10], seine Gebetsdeutung *Šaʿarê haš-šāmajim,* Natan Näṭaʿ Hannovers *Šaʿarê Ṣijjôn* oder Natan Spiras *Sefär Megalleh ʿamûqôt*[11] (über das Gebet des Mose) bezeugen, wie populär und tiefreichend zugleich sich dieser Einfluß gerade auch unter den jüdischen Massen Osteuropas ausgewirkt hat. Durch ihn wurde ein ungeheures emotionales Potential mobilisiert, das seine besondere Wirkungskraft und Gefährlichkeit aus der engen Verquickung mit messianischen Hoffnungen sowie volkstümlichen Vorstellungen und Praktiken erhielt.

§ 48 Synagogale Kunst

Allg. Lit.: § 28 (Mayer, Gutman, Krüger, Landsberger, Pinkerfeld, Roth, Wischnitzer); S. S. Kayser, Jewish Ceremonial Art, Guide to Jewish Art Objects, 1959; Historia Judaica, Ausstellungskatalog Berlin 1965; F. Landsberger, Jewish Artists before the Period of Emancipation, HUCA 16 (1941), 321–414; A. Lewin, Kult- und Kunstdenkmäler des rheinischen Judentums, MGWJ 75 (1931), 478 f.; G. K. Loukomski, Jewish Art in European Synagogues from the Middle Ages to the 18th Century, 1947; Mitteilungen der

[7] A. Arbeles, Der kleine Versöhnungstag, 1911; G. Scholem, 199 ff.
[8] G. Scholem, 194 ff.
[9] § 46, Anm. 27.
[10] § 46, Anm. 23 f.
[11] Krakau 1637 u. ö. J. Ginzberg, Rabbî Nātān Spîrā', Ha-Tequfah 25 (1929), 488–497; G. Scholem, Šabbetāj Ṣebî I, 1956/7, 63 f.; Ders., Le mouvement ... (§ 46, Anm. 17), 34 ff.

Gesellschaft zur Erforschung jüdischer Kunstdenkmäler, 1 (1900) ff.; Monumenta Judaica. Katalog „2000 Jahre Geschichte und Kultur der Juden am Rhein", Köln 1963 (v. a. Abschnitt E); E. Moses, Jüdische Kult- und Kunstdenkmäler in den Rheinlanden, 1931; A. Rubens, Jewish Iconography, 1954; V. Stassof - D. Ginzburg, L'ornament hébreu, 1905; Synagoga, Ausstellungskatalog Recklinghausen 1960/1; Synagoga. Jüdische Altertümer, Handschriften und Kultgeräte, Hist. Museum Frankfurt a. M. 1961; H. Volavkova, The Synagogue Treasures of Bohemia and Moravia, 1949.

1. Während aus dem Mittelalter nur in begrenztem Maß Zeugnisse der synagogalen Kunst erhalten geblieben sind, stammt aus der Neuzeit eine ansehnliche Fülle von Material, wovon freilich vieles während des 2. Weltkrieges vernichtet worden ist.

Die synagogale A r c h i t e k t u r[1] bleibt bis auf Osteuropa, wo insbesondere die Holzsynagogen[2] eine Sonderentwicklung repräsentieren, weitgehend auf dem in der Umwelt jeweils herrschenden Baustil angewiesen. Das architektonische Problem, das es zu lösen galt, war die Zuordnung der beiden liturgisch-funktionalen Brennpunkte, also von Torahschrein und *Bîmāh* (Vorbeter- bzw. Vorleserpodium). Schon in den mittelalterlichen spanischen Synagogen[3] war die *Bîmāh* dem Torahschrein stärker gegenübergestellt worden, in den italienischen Synagogen der Neuzeit[4] rückt sie aus dem Zentrum völlig an die Westseite gegenüber dem Torahschrein, wodurch die wohl architektonisch funktionsgerechteste Lösung erreicht war.

2. Charakteristisch für die Neuzeit ist das reiche Material über die synagogale A u s s t a t t u n g, für die vor allem der Silberschmiedekunst besonderes Gewicht zukam. Abgesehen von der Symbolik der Ornamentik und den bildlichen Darstellungen weisen auch Häufigkeit und Art solcher Ausstattungen auf die religiöse Wertung der jeweiligen Objekte hin.

In der Synagoge rangiert dabei der Torahschrein und die Torahrolle (und nach ihr die übrigen Schriftrollen) an erster Stelle[5]. Die Stäbe der Rollen wurden mit Aufsätzen *(Rimmônîm)* oder Kronen versehen, die Rolle insge-

[1] G. K. Loukomski; J. Pinkerfeld*, Bišebîlê . . .; Ders., Battê hak-kenäsät be'äräṣ-Jiśrā'el . . . (§ 28, Anm. 1); C. Roth*, 113 ff.; R. Wischnitzer, The Architecture . . . (§ 28).

[2] Battê kenäsät benûjjim ʿeṣ bePôlîn, 1940/1; A. Breier - M. Eisler - M. Grünwald, Holzsynagogen in Polen, 1934.

[3] F. Cantera, Sinagogas . . . (§ 28).

[4] J. Pinkerfeld, Battê-kenäsät be'Îṭaljāh, 1953/4.

[5] F. Landsberger, The Origin of European Torah Decorations, HUCA 24 (1952/3), 133–150.

samt dann meist noch mit der Torahkrone gekrönt, in einem Behälter oder einer kunstvoll gearbeiteten Hülle aufbewahrt, mit Torahmantel, Torahwimpel und Torahbinden versehen und mit dem Torahschild geschmückt. Zum Vorlesen benützte man einen Zeiger *(Jād)*. Den Torahschrein verdeckte der Torahvorhang mit der Kapporät darüber. Aber auch Hochzeitsringe, Beschneidungsmesser, Mezuzot und Geräte der Beerdigungsgenossenschaften boten Möglichkeiten zu künstlerischer Gestaltung. Im Hause kamen dafür vor allem Sabbatlampen bzw. Sabbatkerzenhalter in Frage, ferner Chanukkaleuchter und Qidduš-Becher, Sedär-Teller (für den Passahabend) und Riechbüchsen (Gewürzkräuterbehälter).

All diese Gegenstände konnten je nach dem wirtschaftlichen Status einer Gemeinde recht unterschiedlich angefertigt sein und daher reicht das Spektrum von erlesener Silberschmiedearbeit und Textilgestaltung bis zu naiver Volkskunst und soliden, schlichten Handwerksprodukten. Die bedeutendsten Sammlungen synagogaler Kunstgegenstände befinden sich heute im Bezalel-Museum in Jerusalem und im Jüdischen Museum in Prag.

3. Die Buchillustration[6] hat infolge des Buchdrucks zu einem großen Teil neue Methoden und Anwendungsgebiete gefunden, wie der Buchdruck selbst sehr häufig als Kunst betrieben wurde. Vor allem die Gestaltung des Satzbildes, die Seitenumrahmung, das Drukkerzeichen und natürlich die bildliche Illustration boten reiche Möglichkeiten. Daneben lebte im Judentum aber auch die alte Form der Handschriftenillustration weiter, sei es, daß gedruckte Bücher gelegentlich handilluminiert wurden, sei es, daß es sich um jene Texte handelte, die aus liturgischen bzw. halakischen Gründen nach wie vor mit der Hand geschrieben werden mußten. Die Abbildungen in solchen Werken sind auch für die Kenntnis der Lebensumstände und des Brauchtums dieser Periode noch von zum Teil unersetzlichen Wert, werden aber zunehmend ergänzt durch selbständige bildliche Darstel-

[6] H. Frauberger, Verzierte hebräische Schrift und jüdischer Buchdruck, 1909; (Illuminated Hebrew Script and Ornaments of Printed Books, 1970); A. Freimann, Zur Geschichte der hebräischen Buchillustration bis 1540, ZHB 21 (1918), 25–32; L. Goldschmidt, The Earlies Illustrated Haggada Printed by Gershon Cohn at Prague, 1940; C. Roth*, 180 ff. 204 ff. 216 ff.; E. Weil, Venezianische Haggada - Holzschnitte aus dem 15. Jh., Soncino - Blätter 1 (1925), 45 f.; R. Wischnitzer - Bernstein, Von der Holbein - Bibel zur Amsterdamer Haggadah, MGWJ 75 (1931), 269–286; Dies., EJ IV, 1133–1144; Dies., Der Estherstoff in der jüdischen Illustration, MGWJ 74 (1930), 381–390; Dies., Zur Amsterdamer Haggadah, MGWJ 76 (1932), 239–241 (541 f.); Ch. Wengrov, Haggadah and Woodcut, 1967.

lungen in Holzschnitten, Kupferstichen oder Gemälden. Auch eine synagogale Wandmalerei ist für diese Zeit wieder zu verzeichnen[7].

3. Kapitel: Die religiösen Hauptströmungen

§ 49 Das Weiterleben der religiösen Philosophie

A. Altmann, in: L. Finkelstein*, II, 978 ff.; I. E. Barzilay, Between Reason and Faith. Anti-Rationalism in Italian Jewish Thought 1250–1650, 1967; Ch. H. Ben-Sasson, Hāgût w^{e}hanhāgāh, 1958/9; J. Guttmann*; L. Jacobs, Principles of the Jewish Faith, 1964; E. Schweid, Tôl^{e}dôt ha-fîlôsôfjāh haj-j^{e}hûdît. Ham-ma'^{a}bār mjmh"b lā-'et ha-ḥ^{a}dāšāh, 1969 (Vervielfältigt).

1. Mit der Vertreibung aus Spanien und der allmählichen Vorherrschaft der Kabbalah wurde die religiöse Philosophie im Judentum zu einer Randerscheinung. Nur in Italien blieb die philosophische Bildung noch längere Zeit von einiger Bedeutung. Aber auch hier entstanden keine philosophisch-theologischen Werke von größerem Gewicht mehr und die Kritik an der Philosophie nahm stetig zu[1]. Doch diese Kritiker gerieten gegen Ende der Periode selbst in eine Aporie, da ihr Hauptargument, die Zweifelhaftigkeit und Unzuverlässigkeit menschlicher natürlicher Erkenntnis, durch die aufkommenden Naturwissenschaften an Überzeugungskraft verlor und diese gerade unter den gebildeten Juden — z. T. auch Kabbalisten — Italiens mehr als in der übrigen Diaspora gepflegt wurden, sodaß da und dort ein gewisser Zwiespalt zwischen Traditionalismus und rationaler Urteilsbildung aufbrach und das Nebeneinander von kritischen Ansätzen und traditionalistischem Beharren nicht selten einen schillernden Eindruck hinterläßt. Ein Beispiel dafür sind die Schriften des Jehuda 'Arje di Modena (§ 46,8).

In dieser Situation suchten nicht wenige Zuflucht bei der Kabbalah, eine Erscheinung, die ja im christlichen Bereich ihre Parallele hat. Auch dort hatte mit der Neuzeit die Suche nach einer neuen Weltdeutung so manchen Forscher zur Beschäftigung mit der Kabbalah getrieben und zu einer Blütezeit christlicher Kabbalah bzw. Theosophie geführt.

[7] Vgl. D. Davidowicz, Wandmalereien in alten Synagogen; das Wirken des Malers Elieser Sussmann in Deutschland, 1969.

[1] I. E. Barzilay, 167 ff.

Das eigentümliche Ineinander von Traditionalismus, von rationaler Kritik an der natürlichen menschlichen Urteilskraft und damit an der Philosophie, und von dem Streben nach einer umfassenden weltbildhaften Deutung des Judentums mit kabbalistischen Einschlägen bei gleichzeitiger Beschäftigung mit profanen Wissenschaften ist insbesondere bei den älteren italienischen Autoren, Josef ibn Jachja (1496–1539)[2], Jehuda b. Josef Moscato (1532–1590)[3] und Azarja Figo (1579–1647)[4] sowie Jehuda del Bene (17. Jh.)[5] zu beobachten.

Aber auch ein Philosoph der Spätrenaissance wie Josef Salomo del Medigo (1591–1655)[6], der das galiläische Weltbild verfocht und die aristotelische Form für überflüssig hielt, läßt den erwähnten Zwiespalt erkennen, denn er schreckte vor den Konsequenzen seiner neuen Voraussetzungen zurück und suchte bei aller Kritik am Aberglauben letztlich in der Kabbalah den Schlüssel für ein umfassendes Weltverständnis. Andere Autoren wie z.B. Obadja Sforno[7] oder Isaak Cardozo[8] ließen zumindest nicht erkennen, ob und wie sie die Tradition mit ihrer philosophischen Bildung in Einklang brachten. Immerhin war es in Venedig, wo der MN des RMB"M (Hebräisch) gedruckt wurde, was in Osteuropa heftige Kritik hervorgerufen hat.

2. Weniger zurückhaltender waren die sefardischen Denker der Niederlande[9]. Hier hatte Uriel da Costa (§ 46,8) die mündliche Überlieferung und die herkömmliche Seelenlehre infragegestellt und hier wurde durch Baruk Spinoza (1632–1677)[10] die Konse-

[2] I. E. Barzilay, 150 ff.

[3] I. E. Barzilay, 167 ff.; I. Bettan, The Sermons of Judah Moscato, HUCA 6 (1929), 297–326.

[4] I. E. Barzilay, 192 ff.; I. Bettan, The Sermons of Azariah Figo, HUCA 7 (1930), 457–496.

[5] I. E. Barzilay, 210 ff.

[6] A. Geiger, Nachgel. Schriften III, 1876, 1–33; G. Alter, Two Renaissance Astronomers: David Gans, Joseph Delmedigo, Rozpravy Československé Akademie Ved. 68/11 (1958), 1–77; J. Guttmann*, 276 ff.

[7] § 46, Anm. 4.

[8] A. d'Esaguy, Isaac Cardoso, médicin philosophe et poète, RHMH 11/3 (1958), 115–119.

[9] Vgl. auch I. S. Révah, Aux origines de la rupture spinozienne, REJ.HJ 123 (1964), 359–431; Der., Spinoza et les hérétiques de la communauté judéo-portugaise d'Amsterdam, RHR 154 (1958), 173–218.

[10] A. S. Oko, The Spinoza Bibliography, 1964. Aus der neueren Lit.: Z. Cahn*, 417 ff.; W. Cramer, Spinozas Philosophie des Absoluten, 1966;

quenz aus dem Anspruch der mittelalterlichen jüdischen Philosophie auf eine Identität bzw. Widerspruchslosigkeit zwischen allgemeinmenschlicher Vernunftserkenntnis und dem eigentlichen Inhalt der jüdischen Religion so radikal gezogen, daß die Berechtigung des traditionellen Judentums infragegestellt schien (§ 46,8).

Dies geschah vor allem durch eine Weiterführung gewisser Ansätze bei Chasdaj Crescas[11] und durch eine eingehende Kritik der maimonidischen Auffassung von der Prophetie, die bei Spinoza nur mehr mit der imaginativen Fähigkeit verknüpft wird und keine Parallelerscheinung zur philosophischen Erkenntnis mehr darstellt, sowie durch die Verneinung der grundsätzlichen Sonderstellung der Prophetie des Mose[12]. Dazu kommt die Deutung des Sinaibundes als eines sozialen Vertrages, der mit dem Ende der jüdischen Eigenstaatlichkeit hinfällig geworden war. Was Spinoza vom Judentum noch anerkennt, sind jene Elemente, die seiner Auffassung von der „religio catholica" entsprechen, für die er Mose wie Jesus gleichermassen in Anspruch nimmt, und die ihm als utopische Zielvorstellung die Freiheit der Erkenntnis ebenso gewährleistete wie eine mehr oder weniger positive Interpretation und Anerkennung der Traditionen als zeitbedingte und nie stets voll adäquate Mittel. Dies bot eine gewisse Möglichkeit zu einer engeren, traditionsgebundeneren Deutung der spinozistischen Position, doch die Mehrheit der Zeitgenossen erkannte, daß durch sie der herrschenden Frömmigkeit und dem herrschenden Selbstverständnis des Judentums der Boden entzogen war, was auch durch Spinozas bibelkritische Ansätze[13] erhärtet wird.

Nachdem im zeitgenössischen Judentum die Mittel zu einer theologisch-philosophischen Integration der spinozistischen Ansätze und Konsequenzen nicht mehr bzw. noch nicht vorhanden waren, war der Ausschluß Spinozas aus der jüdischen Religionsgemeinschaft eine unvermeidliche Maßnahme. Die unterschiedliche Rezeption der Lehren

J. Guttmann*, 278 ff.; R. Kayser, Spinoza, 1946; J. Klatzkin, Bārûk Śpînôzāh, 1953/4; E. Shmueli, Spînôzāh ʿal had-dāt weʿal ʿam Jiśrā'el, Karmelit 9 (1962/3), 92–107; Ders., Śpînôzāh ʿal han-naṣrût weʿal haj-jahadût ʿal pî 'Iggārôtājw, Biṣṣaron 47 (1962/3), 70–74; L. Strauss*, 142–201; H. A. Wolfson, The Philosophy of Spinoza, 2 vols., 1934; Ders., L'idée de vie dans la philosophie de Spinoza, 1963.

11 A. Goldensohn, Réflexions sur quelques doctrines de Spinoza et de Hasdai Crescas, MPhLJ 1–2 (1956/7), 95–133; A. Hyman, Spinoza's dogmas of universal faith in the light of their medieval Jewish background, A. Altmann (ed.), Studies and Texts, 1963, 183–195.

12 S. Atlas, Moses in the philosophy of Maimonides, Spinoza, and Solomon Maimon, HUCA 25 (1954), 369–400.

13 L. Strauss, Die Religionskritik Spinozas als Grundlage seiner Bibelkritik, 1930; S. Zac, Spinoza et l'interpretation de l'Ecriture, 1965.

Spinozas in der nichtjüdischen Umwelt und im Judentum des 19./20. Jh. führt bereits über die Grenzen der hier behandelten Periode hinaus[14].

3. Reste der mittelalterlichen religiösen Philosophie blieben in der Neuzeit auch in jenen Gebieten noch wirksam, wo die allgemeine Stimmung offen philosophie- und wissenschaftsfeindlich war, wie z. B. in Osteuropa. Allerdings sind diese Reste spärlich, denn Mose Isserle, in dessen Schülerkreis „aristotelische" (genauer wohl: maimonidische) Ansichten vertreten wurden, sodaß es zu einer heftigen Kontroverse kam[15], hat mit seinem Werk „*Tôrat hā-ʿôlāh*"[16] nur bewiesen, wie gering die Einsicht in die mittelalterlichen philosophischen Fragestellungen und die Fähigkeit zu systematischem Denken zu der Zeit hier schon waren. Ausnahmen wie Josef b. Isaak Segal (17. Jh. in Prag)[17] und Jomtob Lipmann Heller[18] bestätigen nur die Regel.

4. In zwei Bereichen behielt die philosophische Tradition eine gewisse Funktion, und zwar aus apologetischen Gründen. Einmal in der Exegese, soweit diese noch als Mittel der Auseinandersetzung und der jüdischen Selbstexplikation gebraucht wurde, z. B. bei Obadja Sforno und Mose Almosnino[19], zum andern in der Kontroverstheologie unmittelbar. Gegenüber den Nichtjuden bot sich nach wie vor die intellektualistische und auf den Wortsinn beharrende Argumentationsweise der mittelalterlichen Apologeten an (§ 48,8 a).

5. In der kabbalistischen Spekulation vor Isaak Luria's Remythologisierung spielte die religiösphilosophische Tradition aus dem Mittelalter z.T. eine bedeutende Rolle. Am deutlichsten wird dies bei Mose Cordovero[20], dem größten Systematiker der neuzeitlichen Kab-

[14] J. Fleischmann, Śpînôzāh bam-maḥšābāh hak-kelālît wehaj-jehûdît, Môlād 17/137–8 (1959/60), 659–665.

[15] P. Bloch, a. a. O. (§ 45, Anm. 31).

[16] Prag 5330. Eine Harmonisierung zwischen philosophischen und kabbalistischen Ansichten.

[17] *Gibʿat ham-Môräh,* Prag 1611.

[18] § 46, Anm. 7.

[19] A. Altmann, (Einleitung zu:) Mošäh 'Almôśnînô, *Tefîllāh leMošäh* und *Sefär Pirqê Mošäh* repr. 1970/1 (ed. Saloniki 1563). Ebenfalls als reprints angekündigt sind: *Sefär jedê Mošäh,* 1597; *Sefär Me'ammeṣ Kôaḥ,* 1588. Ferner s. H. Graetz, Mose Almosnino, MGWJ 13 (1864), 23–36. 57–67; J. R. Molko, R. M. 'Almôśnînô, has-sôfer we'îš hā-'äškôlôt, Sinai 10 (1941/2), 198–209; Ders., Sinai 8 (1940/1), 245–266.

[20] J. Ben-Shlomoh, Jaḥasô šäl Rabbî Mošäh Qôrdôbêrô la-fîlôsôfjāh welammaddāʿim, Sefunot 6 (1961/2), 183–196.

balah (§ 51,2) und – allerdings weniger systematisch verwertet – bei manchen italienischen Kabbalisten, z.B. Mose Chajjim Luzzato[21].

§ 50 Die messianische Hoffnung im 16./17. Jh.

A. Z. Aescoly*, 231 ff.; Ch. H. Ben-Sasson, P^{e}rāqîm ... (§ 23), 283 ff.; J. Maier, Die messianische Erwartung im Judentum der nachtalmudischen Zeit. Von der Vertreibung aus Spanien bis Šabb^{e}tāj Ṣ^{e}bî, Jud 20 (1964), 156–183; J. Ratzhavi, Haṣ-ṣîppijjāh lag-g^{e}'ûllāh b^{e}Têmān bišnôt ha-320-ha-408, Maḥanajim 38 (1958/9), 75–78; G. Scholem, Messianic Movements after the Expulsion from Spain, The Jewish People, Past and Present, I, 1946, 335–347; Ders., Šabb^{e}tāj Ṣ^{e}bî I, Einl.; A. H. Silver*, 110 ff.

1. Die messianisch-kabbalistische Bußbewegung

Die Erwartung der baldigen endzeitlichen Wende hatte schon gegen Ende des Mittelalters wieder das übliche Maß überschritten. Die Eroberung Konstantinopels durch die Türken 1453, die Verfolgungen durch die Inquisition in Spanien[1], die Entdeckung Amerikas, die großen Vertreibungen aus Spanien, aus Portugal und aus der Provençe, und schließlich die Reformation mit ihren innerkirchlichen und politischen Folgen haben unter den Juden aller Länder den Eindruck verstärkt, daß die Heilsgeschichte ihrer letzten Phase zustrebe. Um diese Zeit entstanden auch die umfangreichsten Kompilationen der traditionellen Eschatologie, im sefardischen Bereich in den messianischen Schriften des Isaak Abrabanel[2], die bald weit verbreitet waren, und im aškenasischen Judentum im *Sefär näṣah Jiśrā'el* des Jehuda Livaj b. Bezalel (R. Löw) von Prag[3]. Ihre unvergleichliche Wucht erhielt diese messianische Welle aber durch die Verbindung mit der popularisierten Kabbalah. Schon gegen Ende des 15. Jh. war unter manchen Kabbalisten das Interesse an der messianischen Vollendung gestiegen und zu Beginn des 16. Jh. bezeugen Werke wie der *Sefär kaf*

[21] § 46, Anm. 77.

[1] J. Baer, a. a. O. (§ 33, Anm. 101).

[2] § 41, Anm. 7–9; § 30, Anm. 173.

[3] Neuere Ausgaben: Tel Aviv (Sifre MHR"L V) 1954/5; London 1956/7 (repr. Jerusalem 1963/4); dazu Z. Fromer, Maftea^{h} las-sefär Näṣaḥ Jiśrā'el šäl Rabbenû ham-MHR"L, 1956/7. B. Gross, L'éternité d'Israel, 1968; Ders., Le messianisme juif, 1969; G. Scholem, Šabb^{e}tāj Ṣ^{e}bî I, 1956/7, 51 ff.

haq-qeṭôrät[4] und der *Sefär ham-mešîb*[5] die Intensität dieser neuen Tendenz. Man begann nun die Konsequenz aus der kabbalistischen Symbolistik zu ziehen, die ja voraussetzt, daß zwischen „Unterem" und „Oberem" eine kausale Beziehung besteht und die dem Torahgehorsam Israels eine entscheidende Rolle im *Tiqqûn*-Prozeß einräumt. Folgerichtig müßte ein ernsthafter Torahgehorsam aller Einzelnen, geleitet von der kabbalistischen Erkenntnis, den universalen *Tiqqûn-Prozeß* seiner Vollendung näherbringen. Von den Autoren, die von solchen Voraussetzungen her darangingen, eine kabbalistische Apokalyptik zu verbreiten, ist besonders auf Abraham ben Eliezer zu verweisen, der aus Spanien kommend sich nach längeren Wanderungen in Jerusalem niederließ, um von hier aus mit Gleichgesinnten eine umfangreiche propagandistische und schriftstellerische Tätigkeit zu entfalten[6].

Von ihm ist u. a. ein Brief erhalten, in welchem er die Nachrichten aškenasischer Gewährsleute über das Auftreten Martin Luthers als einen Hinweis auf die nahende Endzeit deutet[7]. Er war es auch, der die ältere apokalyptische Schrift *Nebû'at haj-jäläd*[8] aufgriff und in einer kabbalistischen Interpretation in Palästina verbreitete. Auch sein vorwiegend apokalyptisches Werk *Sefär mašrê qîṭrîn,* das er selbst während seiner Wanderschaft in Konstantinopel 1510 hatte drucken lassen, sowie sein *Sefär galjā' rāzā'*, stellen Musterbeispiele für den nun immer weiter ausgreifenden Frömmigkeitstyp dar.

Der Zug zum Phantastischen und Spekulativen, der die messianischen Hoffnungen unter den Juden im christlichen Herrschaftsbereich schon im Mittelalter kennzeichnete, tritt nun noch stärker in den Vordergrund. Berechnungen der messianischen Termine[9], Gerüchte über das Auftauchen der sagenhaften verschollenen 10 Stämme, verstärkte Einwanderung nach Palästina (§ 44) und nicht zuletzt das Auftreten von Gestalten mit prophetischen oder gar messianischen Ansprüchen kennzeichnen diese Periode. Die Kabbalisten von Zefat, deren Theologie alsbald in der gesamten Diaspora herrschend wurde, standen

[4] G. Scholem*, DjM 271 f. 439; Ders., Šabbetāj Ṣebî I, 1956/7, 15.
[5] G. Scholem*, DjM 271; Ders., Kitbê-jād baq-qabbālāh, 1930, 85 ff.
[6] § 44, Anm. 8.
[7] Ediert von G. Scholem, Perāqîm mit-tôledôt sifrût haq-qabbālāh, QS 7 (1929/30), 440–465 (S. 444); übers. bei J. Maier, 163.
[8] G. Scholem, Ham-mequbbal . . . (§ 44, Anm. 8) . . ., QS 2 (1925/6), 115 ff.
[9] A. H. Silver*, 110 ff. V. a. auch 1575; Vgl. D. Tamar, Haṣ-ṣîppijjāh be'Îtaljāh lišnat hag-ge'ûllāh ŠL"H, Sefunot 2 (1957/8), 61–88.

durchwegs in angespannter Endzeiterwartung und richteten ihre gesamte fromme Lebensgestaltung darnach aus. Isaak Luria und Chajjim Vital hielten sich selber für den Messias b. Joseph oder wurden von ihren Anhängern so eingeschätzt[10] und in den Jahrzehnten vor 1648, dem messianischen Datum des Buches *Zohar*[11], verdichtete sich mit der fortschreitenden Popularisierung der Zefat-Kabbalah die Atmosphäre gespannter und von asketischer Anstrengung gezeichneter Erwartungen. Immer stärker tritt dabei das Interesse am Schicksal der Messiasseele und damit auch an der Person und Funktion des Messias hervor. Die Katastrophe des polnischen Judentums im Jahre 1648 hat diese Hoffnungen eher verstärkt als geschwächt: So entstand jenes geistige Klima und jener Grad von Realitätsfremdheit, die den unvergleichlichen Erfolg des Šabbetaj Ṣ^e^bî (§ 52) ermöglichten.

2. Ašer Lemlein[12]

Symptomatisch für die Stimmung am Anfang des 16. Jh. war die Wirkung, die in Norditalien 1502 ein Bußprediger namens Ašer Lemlein erzielte. Als der Messias, dessen Seele Ašer im Sinne der kabbalistischen *Gilgûl-Lehre* als reinkarnierte Adams- und Davidsseele ansah[13], sich zum angegebenen Termin aber nicht offenbarte, fehlte es allerdings nicht an harten Urteilen und an Spott. Über das weitere Schicksal Ašers ist nichts bekannt.

3. David ha-Re'ubeni[14] und Salomo Molko[15]

10 D. Tamar, Hā-'R"J wᵉhā-RḤ"W kᵉmāšîaḥ bän Jôsef, Sefunot 7 (1962/3), 167–177.

11 A. H. Silver*, 151 ff.; B.-Z. Katz, Rabbānût, ḥasîdût, haśkālāh I, 1956, 112 ff.; G. Scholem, Le mouvement sabbataiste en Pologne I, RHR 143 (1953), 42 f.

12 Ch. H. Ben-Sasson, 283; A. Z. Aescoli*, 307 ff.; A. H. Silver*, 143 ff.; A. Marx, Le faux messie Ascher Lemlein, REJ 61 (1911), 135–138.

13 A. Marx, a. a. O. (Anm. 12), veröffentlichte ein Responsum des Ascher über diese Frage.

14 A. Z. Aescoly*, 251 ff.; Ders., La fin du David Reubeni, REJ 105 (1939), 120–124; J. Baer, Rezension zu A. Z. Aescoly, Sippûr Dāwîd ha-Re'ûbenî, QS 17 (1939/40), 302–312; Ch. H. Ben-Sasson, 283 ff.; E. Birnbaum, David Reubeni's Indian Origin, HJ 20 (1958), 3–30; M. D. Cassuto, Mî hājāh Dāwîd hā-Re'ûbenî?, Tarb 32 (1962/3), 339–358; H. Graetz, Salomo Molcho und David Reubeni, MGWJ 5 (1856), 205–215. 241–261; S. Hillelson, David Reubeni's Route in Africa, JQR 28 (1937/8), 289–291;

Zu den eigenartigsten Episoden dieser an Merkwürdigkeiten alles andere als armen Periode gehört das Auftreten und zeitweilige Zusammenwirken zweier rätselhafter Gestalten von höchst unterschiedlichem Kolorit.

Nach längeren Reisen im Orient traf 1524 in Venedig ein auffällig ausgestatteter Mann ein, dessen Ruf ihm schon vorausgeeilt war und unter den Juden wie Nichtjuden Italiens gespannte Erwartungen und dann erregte Diskussionen auslöste. Dieser David behauptete, vom Stamme Re'uben zu sein, der mit den Stämmen Dan und Halb-Manasse unter einem König Josef in einem fernen Wüstengebiet sich gegen die Moslems zu verteidigen hätte.

Er selber sei vom König ausgesandt worden, um von den christlichen Herrschern Waffenhilfe zu erlangen, mit dem Ziel, das Heilige Land zu befreien. Unter den Juden kam es zu heftigen Kontroversen. Die einen begrüßten David als Abgesandten der wiederaufgetauchten verschollenen 10 Stämme, von denen gerade jetzt wieder viel phantasiert wurde[16], sahen in seiner Ankunft ein messianisches Vorzeichen und eine Bestätigung der populär gewordenen Berichte des Eldad ha-Dani[17], die anderen hielten ihn für einen Abenteurer.

Da David tatsächlich viel gereist war, fiel es ihm nicht schwer, durch anschauliche Schilderungen – man vergleiche seine Reiseberichte[18] –

E. S. Jehuda, Dāwîd ha-R^{e}'ûbenî, Ha-T^{e}qûfah 34/5 (1950/1), 599–625; A. Posy*, 82 ff.; I. S. Révah, David Reubeni exécuté en Espagne en 1538, REJ 117 (1958), 128–135; A. S. Rimalt, Dāwîd R^{e}'ûbenî. Slomoh Môlkô, 1961; C. Roth, Le martyr de David Reubeni, REJ 116 (1957), 93–95; Ders., A Zionist Experiment in the XVIth Century (David Reubeni), Midstream 9/3 (1963), 76–81; S. Simonson, Š^{e}lîḥûtô haš-š^{e}nijjāh šäl Dāwîd hā-R^{e}'ûbenî b^{e}'Îṭaljāh, Zion 26 (1960/1), 198–207; A. H. Silver*, 145 ff.; J. Voos, David Reubeni und Salomo Molcho, Diss. Bonn 1933.

15 Lit. Anm. 14 und: P. F. Frankl, Notiz über Salomo Molcho, MGWJ 33 (1884), 526–528; A. Grotte, Die „Reliquien" des Salomo Molcho, MGWJ 67 (1923), 167–170; A. Posy*, 82 ff.; G. Scholem, Šabb^{e}tāj Ṣ^{e}bî I, 1956/7, 81; II, 465 f. 657; A. H. Silver*, 133 ff. 147 ff.; I. Sonne, Neue Documente über Salomo Molcho, MGWJ 75 (1931), 127–135; H. Vogelstein - P. Rieger, Geschichte der Juden in Rom, II, 1896, 41 ff.

16 N. Pollak, 'Aśärät haš-š^{e}bāṭîm – 'ijjûm l^{e}'Êrôpāh, Môlād 15 (1956/7), 265–269, sieht darin einen der Ausgangspunkte des neuzeitlichen Antisemitismus. Vgl. auch den „Brief der 10 Stämme" bei A. Z. Aescoly*, 398 ff.

17 § 26, Anm. 54.

18 A. Neubauer, Medieval Jewish Chronicles, II, 1895, *Sippûr Dāwîd hā-R^{e}'ûbenî,* S. 134–223; die Reisebeschreibung bzw. das Tagebuch Davids. Auszüge auch bei A. Z. Aescoly*, 335 ff. 346 ff. 354 ff. 360 ff. neben an-

viele von der Wahrheit seiner Behauptungen zu überzeugen. So gelang es ihm schließlich, durch Vermittlung des Kardinals Egidio Viterbo mit Papst Clemens VII. persönlich in Verbindung zu treten. Der Papst stattete ihn mit Empfehlungsschreiben an den portugiesischen (und äthiopischen) König aus.

Und zwar, weil diese am ehesten in der Lage waren, den bedrängten Stämmen Hilfe zukommen zu lassen. Portugals Hof freilich hatte gerade damals kein Interesse am Besuch eines solchen jüdischen Gesandten, der den Widerstand der Marranen nur versteifen und in der weiteren Folge auch die Inquisition ins Land bringen mußte. Erst nach monatelanger Verzögerung durfte David einreisen und selbst danach verschob man die Entscheidung über sein Anliegen von Mal zu Mal, weil man noch die Rückkehr einer Gesandtschaft nach Äthiopien abwarten wollte. Inzwischen wurde Davids Aufenthalt problematisch, da die Marranen ihn förmlich belagerten.

Aus Portugal ausgewiesen gelangte er nach mancherlei Schwierigkeiten und Fährnissen wieder nach Italien. Da er sein Tagebuch nicht mehr weitergeführt hat, stehen für die folgenden Jahre nur sporadische Hinweise zur Verfügung. Fest steht, daß er versuchte, verschiedene Fürsten und auch die Stadt Venedig zur Ausrüstung eines Kreuzfahrerheeres oder wenigstens einer jüdischen Truppe zu veranlassen.

Unter den Marranen Portugals, die sich durch David in ihrem geheimen Väterglauben bestärkt fühlten, war auch ein mystisch veranlagter Beamter namens Diego Pirez, der sich selbst beschnitten und damit in Lebensgefahr gebracht hatte, weil auf Apostasie die Todesstrafe stand. David hatte ihm zur Flucht geraten, diese gelang auch und führte ihn in die Türkei und ins Heilige Land, wo er die herrschende apokalyptische Kabbalah kennenlernte[19]. Salomo Molko, wie er sich nun nannte, erhoffte für 1540 die Ankunft des Messias b. David und für 1533 das Auftreten des Messias b. Efraim (bzw. b. Josef), mit dem er sich offensichtlich identifizierte. Seit 1529 durchzog er als apokalyptisch-kabbalistischer Prediger Italien und fand nicht zuletzt wegen seiner eindrucksvollen persönlichen Heiligmäßigkeit viele Anhänger, wenn auch scharfe Kritik nicht ausblieb, denn manche Juden fürchteten mit Recht die politischen Folgen solcher schwärmerischer „prophetischer" Auftritte. Auch er fand Zugang zu Papst Clemens VII., der ihn ungeachtet der Tatsache, daß es sich um

deren Dokumenten zu David und Salomo Molko. A. Z. Aescoly, Sippûr Dāwîd hā-Re'ûbenî, 1939/40.

[19] Vgl. Salomons Werk *Sefär ham-mefû'ar*, Jerus. 1961/2 (Warschau 5644).

einen abtrünnigen Getauften handelte, mit einem Schutzbrief ausstattete. Schon 1530 hatte er in Oberitalien kurz David ha-Re'ubeni wiedergetroffen, war aber noch einmal nach Rom zurückgekehrt, wo er nur knapp der Inquisition entrann.

1532 begaben sich dann beide nach Regensburg, wo sie trotz der Warnungen Joselmanns von Rosheim Kaiser Karl V. für Davids Pläne gewinnen wollten.

Der Kaiser ließ beide festnehmen und überstellte Salomo Molko einem Inquisitionsgericht in Mantua, das ihn zum Feuertod verurteilte. So gewann der angebliche „Prophet" und leidende „Messias b. Josef" im Gedächtnis seines Volkes den Ruhm eines standhaften Märtyrers. David wurde nach Spanien gebracht, wo er nach einigen Jahren wahrscheinlich ebenfalls seine Mission mit dem Tode besiegelte. Trotz mancherlei geäußerter Vermutungen blieben seine Herkunft wie sein Ende bis heute in geheimnisvolles Dunkel gehüllt.

Hervorzuheben ist in diesem Zusammenhang die messianische Begeisterungsfähigkeit der Marranen. Sie hat auch auf die sefardischen Gemeinden in der ganzen Diaspora abgefärbt.

§ 51 Die Kabbalah

J. L. Ashlag, Sefär talmûd ʿăśär has-sefîrôt, 1955/6^2; Ch. H. Ben-Sasson, Perāqîm betôledôt haj- jehûdîm bîmê hab-bênajim, 1958, 286 ff.; A. L. Greibsky, Ṣefat ûmequbbelāhā, Sinai 46 (1959/60), 53–67; S. A. Horodetzky, Hammisṭôrîn beJiśrā'el, III–IV, 1960/1; Ders., Tôrat haq-qabbālāh šäl Rabbî Mošäh Qôrdôbêrô, 1923/4 (Einleitung); J. Katz, Māsôrät ûmašber, 1958, 249 ff.; S. Schechter, Safed in the 16th Century, Studies in Judaism II, 1945^3, 202–306; G. Scholem*, DjM 267 ff.; Ders., Šabbetāj Ṣebî I, 1956/7 (Einl.); Ders., Nach der Vertreibung aus Spanien. Zur Geschichte der Kabbalah, Almanach des Schocken Verl. 1933/4, 55–70; H. Sérouya, La Kabbala, 1947, 399 ff.; A. D. Slotky, Jad 'Elijjāhû. Mafteaḥ leqabbālat hā-'R"J, 1962/3; J. Tishby, Gnostic Doctrines in Sixteenth Century Jewish Mysticism, JJS 6 (1955), 146–152; Ders., Tôrat hā-raʿ wehaq-qelîppāh beqabbālat hā-'R"J, 1963^2; Ders., Netîbê 'ämûnāh ûmînût, 1964; M. Waxman*, II, 413 ff.; R. J. Z. Werblowsky, Mystical and Magical Contemplation. The Kabbalists in Sixteenth Century Safed, HR 1 (1961), 9–36.

1. Die vorlurianische Kabbalah abgesehen von Mose Cordovero

Die Kabbalah der beginnenden Neuzeit steht unter dem Eindruck der Macht des Bösen in der Welt und der Überzeugung, durch ernste Erfüllung des Gotteswillens die Vollendung der Heilsgeschichte herbeiführen zu können. Das Gefühl der *gālût* (des Exildaseins) und die Bereitschaft, Verbannung und Strafe bewußt auf sich zu nehmen, um durch wahre Buße den Weg zum Heil zu erreichen, herrschten stärker denn je in allen Bereichen der Diaspora. Die Erfahrung des Leides und des Bösen überstieg die gewohnten Dimensionen menschlicher Existenz, sie verlangte eine umfassendere Deutung, in der sie Sinn und einsichtige Relevanz erhalten konnte. Für eine solche Deutung bot die spätmittelalterliche Kabbalah (§ 33) ja schon mancherlei Ansätze in der Lehre vom Bösen, von der Seelenwanderung, besonders aber in dem Gedanken der Ur-Sünde und des *Tiqqûn,* der Wiederherstellung der ursprünglichen Harmonie und Einheit. Dies nun aber ganz bewußt verbunden mit der Torahfrömmigkeit als dem Movens der Heilsgeschichte, die dadurch mehr denn je zu einem Aspekt der universalen Schöpfungsgeschichte, ja eines innergöttlichen Dramas selbst wurde. So erhielt mit Beginn des 16. Jh. die Kabbalah weithin – gegen den Widerstand esoterisch eingestellter Kabbalisten – den Charakter einer kontemplativ betonten apokalyptischen Volksbußbewegung (§ 50,1), geschürt durch propagandistische Schriften wie jene des Abraham b. Eliezer Hallevi[1], popularisiert durch volkstümliche Erbauungsschriften (§ 46,5), zum Ausdruck gebracht in nahezu jeder Sparte der religiösen Literatur. Die hauptsächlichen Erben der spanischen Kabbalah v. a. jener des späten 15. Jh. wie Josef Alqasṭiel[2] waren die Exulanten, die sich im ottomanischen Reich und vor allem im Heiligen Land zu neuen, vom Willen zur Buße getragenen Gemeinden fanden.

Einer der Vermittler spanischer Traditionen war Abraham b. Salomo de Torrutiel (Ardutiel), der ein Supplement zu Abraham ibn Dauds Geschichtswerk *(Sefär haq-qabbālāh)* verfaßte und darin die Vertreibung aus Spanien als Strafe für die Haltung der reichen Juden deutete[3]. Er versuchte in seinem kabbalistischen *Sefär 'abnê zikkārôn*[4] ein Kompendium des spanischen kabbalistischen Schrifttums zu bieten und identifizierte darin die Sefirot mit Gottes Wesen. Ein anderer Exulant, Jehuda Albottini, Halachist und RMB"M-Kommentator in Jerusalem, schrieb eine Zusammen-

[1] § 44, Anm. 8.

[2] § 33, Anm. 126.

[3] J. Bages, Abraham b. Salomon de Torrutiel, Séfer ha-Kabbalah (Libro de la Tradición), 1922; F. Cantera, El libro de la Cábala de Abraham ben Salomón de Torrutiel, 1928.

[4] G. Scholem, P^e^rāqîm mit-tôl^e^dôt sifrût haq-qabbālāh, QS 6 (1929/30), 259–276; 7 (1930/1), 457–465.

fassung der Kabbalah des Abraham Abulafia unter dem Titel *Sûllam hā-ʿalijjāh*[5], die für die Entwicklung der Kabbalah von Zefat von einer gewissen Bedeutung war. Unter dem Einfluß des Josef Alqasṭiel standen auch Obadja b. Zakarja, Josef Šerāgā' und Meir b. Jechezqel ibn Gabbaj.

Die Schriften des Letzteren haben nicht nur im Orient Beachtung gefunden, auch auf Jesaja Hurwitz *(Šenêlûḥôt hab-berît)* übten sie neben Mose Cordoveros Schriften großen Einfluß aus. Meir schrieb drei bedeutendere Werke, 1. den *Sefär tôlaʿat Jaʿaqob*[6], eine kabbalistische Erklärung der Gebete, 2. den *Sefär ʿabôdat haq-qôdäš*[7] und 3. den *Sefär däräk 'ämûnāh*[8]. Er war einer der letzten Kabbalisten, die sich – wenn auch polemisch – noch eingehender mit der religiösen Philosophie auseinandersetzten (vor allem kritisierte er deren Menschenbild) und einer der ersten, die den *Tiqqûn*-Abschluß ausdrücklich mit der Messiasankunft verknüpften[9].

Charakteristisch für die Generation der Vertreibung war auch der Lebensweg und das Wirken des schon mehrfach erwähnten Abraham b. Eliezer Hallevi, dessen apokalyptisch-kabbalistische Schriften und Briefe, sprachlich meisterhaft gestaltet, weiteste Verbreitung fanden[10].

Er kritisierte die Gleichsetzung von Sefirot *(nä'äṣāl)* und göttlichem Wesen *(ma'aṣîl)* und die Isolierung von Gebets-*kawwānôt,* fügte über *Ketär* (Sefirah I) noch den „Urwillen" als erste göttliche Manifestation ein, vertrat eine besondere Traum-Offenbarungstheorie, nahm an, daß Sünde und Buße den Menschen auch körperlich qualitativ verändern und daß der wahre Fromme beim Martyrium keinen Schmerz verspüre[11]. Von ihm stammt auch die erste zeitliche Fixierung der Josef della Reyna-Legende (ca. 20 Jahre vor der Vertreibung aus Spanien)[12].

Von den etwas Jüngeren entwickelte Salomo leBêt Ṭuriel in seinem *Derûš ʿal hag-ge'ullāh*[13] eine besondere Messiaslehre.

[5] G. Scholem, Perāqîm mis-S. Sûllam hā-ʿalijjāh leR. Jehûdāh 'Albôṭṭînî, QS 22 (1945/6), 161–171.

[6] Konstantinopel 6320, repr. Jerus. 1966/7.

[7] Venedig 5326; Jerus. 1953/4.

[8] Jerusalem 1966/7 (repr. der Ausgabe Warschau 5650); Berlin 1850.

[9] A. Posy*, 87 ff.; G. Scholem, EI X, 202 f.

[10] Übersicht und Beschreibung bei G. Scholem, a. a. O. (§ 44, Anm. 8).

[11] So in der *Megillat ʿAmrāfel,* s. G. Scholem, Rabbi Abraham ben Eliezer Hallevi, über den Tod der Märtyrer, in: Aus unbekannten Schriften (FS M. Buber) 1928, 89–94.

[12] § 44, Anm. 24.

[13] G. Scholem, Derûš ʿal hag-ge'ûllāh liŠlomoh lebêt Ṭûrî'el, Sefunot 1 (1956/7), 62–79.

Der Messias werde nur über jene herrschen, die die Bibel wörtlich auslegen und sich unter dem Baum der Erkenntnis befinden. Die Kabbalisten hingegen, die dem Lebensbaum zugeordnet sind, unterstehen nicht dem Messias, sondern „unserem Lehrer Mose", die Kabbalisten des Heiligen Landes überhaupt nur Gott, zu dem sie entrückt werden.

Um die Mitte des 16. Jh. wirkten in Palästina zahlreiche Kabbalisten von Rang wie Salomo Alqabeṣ[14], Josef Karo[15], Mose Al-Sheik[16], David ibn Abi Zimra[17] und Eliezer Azikri[18]. Sie haben vor allem der Stadt Zefat den Ruf eines religiösen Zentrums des Judentums eingebracht (§ 44). In dieser Blütezeit bürgerten sich in Zefat spezielle kabbalistische Bräuche ein, die z. T. auch in die Liturgie (§ 47) eingedrungen sind.

2. Mose Cordovero (RM"Q, ca. 1522–1570)[19]

a) Von sefardischer Herkunft, ein Schüler des Josef Karo und des Salomo Alqabeṣ, wirkte Mose Cordovero in Zefat als *Dajjān* und *Ro'š Jᵉšîbāh,* erwarb seinen Ruhm aber als Kabbalist. Von seinen kabbalistischen Zeitgenossen, deren Frömmigkeitsform er teilte und mitprägte, unterschied er sich durch eine gute Kenntnis der jüdischen philosophischen Literatur des Mittelalters. Dies befähigte ihn zu überdurchschnittlicher systematischer Durchdringung des Stoffes und ent-

[14] Tôrat hā-'ᵃlôhût šäl R. Mošäh Qôrdôbêrô, 1965 (94 ff.100 ff. 181 ff. 251 f.264 ff.330 f). § 44, Anm. 34.

[15] § 44, Anm. 20.

[16] § 44, Anm. 32.

[17] § 46, Anm. 8.

[18] § 46, Anm. 70. Sein *Sefär ḥᵃredîm,* Venedig 1601, wurde als Anleitung zu asketischer Frömmigkeit viel gelesen. Vgl. auch R. J. Z. Werblowski, 23 ff.

[19] J. Ben-Shlomo, a. a. O. (§ 49, Anm. 20); Ders., a. a. O. (Anm. 14); E. Günzig, R. Mošäh Qôrdôbêrô, Ha-'Äškol 7 (1912/3), 16–27; S. A. Horodetzky, Tôrat . . .; Ders., und G. Scholem, Zu Moses Cordovero, MGWJ 76 (1932), 167–172; L. Jacobs, The Palm Tree of Deborah, 1960 (Einl.); H. E. Kaufmann, Moses Cordoveros systematische Bearbeitung der metaphysischen Kabbalah, Jüd. Chronik 5 (1898), 241–243.273–277; A. Posy*, 92 ff.; G. Scholem, EJ V, 662–664; Ders.*, DjM 276 ff.; Ders., Zu Mose Cordovero, MGWJ 76 (1932), 168–172; 75 (1931), 451–454; Ders., Rez. von Horodetzky: QS 1 (1924/5), 164.203–205; 2 (1925/6), 28–31; 18 (1942), 408; E. Steinmann, Ṣanṣänät ham-mān, 1967/8, II, 33–37; J. Tishby, Tôrat hā-ra' . . .; Ders., Dᵉmûtô šäl Rabbî Mošäh Qôrdôbêrô bah-ḥibbûr šäl Rabbî Mordᵉkāj Dātô, Sefunot 7 (1962/3), 119–165.

sprechender literarischer Gestaltung, verhinderte allerdings auch, daß seine Schriften populär wurden.

In Kabbalistenkreisen freilich setzte sich seine Lehre bald als „die Kabbalah von Zefat“ schlechthin durch, auch sein Lehrer Salomo Alqabeṣ übernahm sie und erst durch die lurianische Kabbalah wurde sie in den Hintergrund verdrängt, wodurch ein Teil seiner ungedruckten Schriften (ein Torah-Kommentar z. B.) sogar verloren ging.

b) Ungemein verbreitet und geschätzt als Lehrbuch der Kabbalah war Cordoveros *Sefär Pardes Rimmônîm*[20].

Es legt in 32 Kapiteln die Gotteslehre (1–19), die Symbolik (20–23, in Form eines Glossars), die obersten *Hêkālôt* (24), das Böse (25–26), die Buchstabensymbolik (27–31) und die Lehre von der Seele und der *kawwānāh*, übersichtlich und mit reichen kompendienartigen Belegen aus der älteren Kabbalah dar. Das Buch wurde bald auch in Kurzfassungen verbreitet und kommentiert.

Das große Lebenswerk Cordoveros, sein Kommentar zum Buch *Zohar*, mit dem Titel *'Ôr Jāqār*, wird erst seit kurzer Zeit gedruckt herausgegeben[21] und wurde früher nur selten beachtet. Einzelteile wurden aber schon früher gedruckt, so die Erklärung zu den *'Idrôt* als *Sefär Šiʿûr Qômāh*[22] und die *D^erāšôt b^eʿinjānê mal'akîm*[23], die Einleitung zum *Zohar Šîr haš-šîrîm*.

Seine Einführung in die Kabbalah für Schüler, *Sefär 'Ôr näʿ^ärāb*, erschien Venedig 1587[24], von einer Darstellung seines eigenen Systems mit dem Titel *Sefär 'Ilêmāh rabbātî*[25] nur der erste Teil über die Gotteslehre. Auch aus der kabbalistischen Erklärung zu den Gebeten *Sefär T^efîllāh l^eMošäh* erschien nur ein Teil als *Sefär zibḥê š^elāmîm*[26]. Eigentümlich und charakteristisch für die kabbalistischen Gepflogenheiten in Zefat zur Zeit Cordoveros ist der *Sefär hag-gêrûšîn*[27]. In

[20] Mošäh Qôrdôbêrô, Sefär Pardes Rimmônîm (ʿim ʿAsîs Rimmônîm), 1–2, Jerus. 1961/2 (repr. der Ausgabe 5666).

[21] M. Ze'eb, Jerus. 1940 ff.; M. Albaum, Jerus. 1963 ff.: Mošäh Qôrdôbêrô, Perûš ʿal Sefär haz-Zohar.

[22] Warschau 1882/3; aufgebaut nach dem MN des RMB"M, dessen Erklärungen der biblischen Anthropomorphismen bekämpft werden.

[23] R. Margaliut, Mal'akê ʿäljon, 1945, 295 ff.

[24] Repr. Tel Aviv 1965.

[25] Lemberg 1880/1.

[26] Mošäh Qôrdôbêrô, Sefär zibḥê š^elāmîm, Jerus. 1967/8 (repr. von 1882/3), zu Neujahr und *Jôm Kippûr*.

[27] Venedig 1543; Neudruck Jerusalem 1961/2.

ihm werden Torah-Ḥiddušim angegeben, die der Verfasser mit Hilfe besonderer mystischer hermeneutischer Methoden beim Besuch von Heiligengräbern in der Umgebung von Zefat erfahren haben will[28]. Das einzige Buch, das auch populär geworden ist, war der *Sefär Tômär Debôrāh*[29], ein *Mûsār*- bzw. Erbauungsbuch.

c) Mose Cordovero akzeptierte die via negationis der philosophischen Attributenlehre, stellte aber zugleich fest, daß die philosophische Erkenntnis *(ḥaqîrāh)* eben nur sie und das DASS der Existenz Gottes zu erreichen vermag. Die Kabbalah hingegen, die ja von der Selbstoffenbarung des verborgenen Gottes handelt und selbst Offenbarung ist, vermittelt positive Gotteserkenntnis und Einsicht in den Sinn der Gebote, bestätigt durch die verbürgte Tatsache der heilsgeschichtlichen Wunder. Die kabbalistische Erkenntnis setzt allerdings einen talmudisch geschulten Verstand voraus und beruht auf besonderen Seelenqualitäten über die natürlichen, allgemeinmenschlichen *(ḥajjût, näfäš, näfäš mûškälät)* hinaus: Der *näfäš qedôšāh,* die der Jude besitzt und die das Organ für die prophetische Schau (Träume, Visionen etc.) darstellt, und der *rûaḥ ṭāhôr* des frommen Kabbalisten, der zum intuitiven mystischen Erkennen und zur angelischen, unmittelbaren Schau befähigt (doch hält RM"Q die Seele, die er aus der Sefirah II unter dem *Kelî*-Aspekt ableitet, also nicht mit Gottes Wesen verbindet, für sündenfähig). Diese höchste Erkenntnisstufe führt zur *debeqût,* der Verbindung mit den oberen Seinsstufen, den Sefirot. Um sie zu erreichen, bedarf es der vorbereitenden asketischen Übung und der *kawwānāh,* in der die Gebetsbuchstaben und Gebetsworte gleichsam als geistige Wesenheiten emporsteigen bis an die Grenze zum *'Ên Sôf.* Mit Hilfe der Buchstaben als geistiger Schöpfungspotenzen gelingt eine Transzendierung der Körperlichkeit, der seit dem Sündenfall der Mensch und die göttliche Sprache – die Torah – unterworfen sind.

d) Mit den Philosophen spricht Cordovero vom verborgenen Gott, dem *'Ên Sôf,* als der positiv nicht bestimmbaren ersten Ursache *(sîbbāh ri'šônāh)* bzw. causa causarum *(sîbbat kol has-sîbbôt, 'illôt kol hā- 'illôt),* dem unbewegten ersten Beweger, der, von unbedingter Existenz und von einfachem Wesen, sich selber denkt.

[28] G. Scholem, Sefär Gêrûšîn māhû?, QS 1 (1924/5), 164.

[29] Letzte Ausgaben: A. S. Blumental, Mošäh Qôrdôbêrô, Sefär Tômär Debôrāh, New York 1954/5; N. Wachsman, Mošäh Qôrdôbêrô, Tômär Debôrāh . . ., New York 1960; Mošäh Qôrdôbêrô, Sefär Tômär Debôrāh, Benê Bārāq 1957/8. Engl.: L. Jacobs, a. a. O. (Anm. 19).

Das Problem der Überbrückung zwischen transzendentem Gott und Welt, der Identität zwischen verborgenem Gott und dem offenbaren Gott der Religion, soll durch die Emanationen der Gottheit gelöst werden.

Der Wille *(rāṣôn)* Gottes läßt die I. Sefirah emanieren, die *sîbbat has-sibbôt*. Der „Wille" ist so einerseits noch dem verborgenen Wesen Gottes zugeordnet *(rāṣôn ʿäljôn)* andrerseits schon davon differenziert als der höchste Aspekt in Sefirah I, das Mittel *(k^e^lî)*, durch das die weiteren Manifestationsstufen bewirkt werden *(r^e^ṣôn hā-r^e^ṣônôt)*.

Einen Doppelcharakter haben auch die Sefirot. Gottes Wesen *(ʿaṣmût)* breitet sich in ihnen als den *kelîm* (Gefäßen) oder *l^e^bûšîm* (Gewändern) aus, sodaß sich eine „innere" verborgene Emanation des Wesens in der „äußeren" Emanation der Sefirot vollzieht. Hier spiegelt sich die Problematik, die der philosophischen Diskussion über Wesens- und Wirkungsattribute zugrundegelegen hatte.

Cordovero wollte aber die Sefirot weder mit dem Wesen Gottes identifizieren noch seinsmäßig zu Wirkungsweisen verflüchtigen. Daher lehnte er auch die spätmittelalterliche und z. B. vom Kabbalisten David ben Jehuda Messer Leon[30] vertretene nominalistische Auffassung der „Wesensattribute" (§ 34,3) scharf ab.

Die Sefirot sind daher *ʿaṣmût* (Wesen) und *kelîm* (Gefässe) in einem, sind ursprungsmäßig (von „unten" gesehen) eins mit dem *ʾÊn Sôf*, doch (von Gottes absoluter Einheit aus – von „oben" aus – gesehen) in einer relativen Einheit als einer Mittelstufe zwischen der absoluten Einheit des transzendenten verborgenen Gottes und der zusammengesetzten Einheit geschöpflicher Dinge.

Auch die religiöse Intention unterliegt dieser Doppelheit. Sie richtet sich letztlich auf den verborgenen Gott, erreicht ihn aber nur mittelbar über die Sefirot.

Die Selbstoffenbarung Gottes ist zugleich die Selbstverhüllung seines Wesens, die Gotteserkenntnis daher auf das Mittel der symbolistischen Analogie zwischen den Seinsstufen angewiesen, wodurch z. B. die Naturwissenschaft als eine Erkenntnisquelle für Metaphysik gewertet werden kann. Der Übergang von der Transzendenz zur Selbstoffenbarung bleibt auch für Cordovero eine crux, bzw. ein „Rätsel", die Unterscheidung zwischen *rāṣôn ʿäljôn* und *r^e^ṣôn hā-r^e^ṣônôt*, die dem Willensbegriff Salomo ibn Gabirols nachgebildet ist, enthält ja nicht die ontologische Erklärung, auf die es dem Kabbalisten so sehr ankam.

[30] J. Ben-Shlomo, Tôrat ... (Anm. 19), 72 f.; G. Scholem, EI XII, 81.

Mose Cordovero hat in diesem Zusammenhang sich auch der philosophischen Unterscheidung von Potentialität und Aktualität bedient.

Er lehrte, daß im *'Ên Sôf* alle Sefirot noch in und mit Gottes einheitlichem Wesen eins sind und daß in der Sefirah I *('ajin)* die folgenden Sefirot II–X potentiell verborgen vorhanden sind. Die Schöpfung aus dem Nichts (*'ajin* = Sefirah I), das Hervortreten der weiteren Seinsstufen, kann so als Übergang von der Potentialität in die Aktualität bezeichnet werden[31]. Dabei bilden die 3 ersten Sefirot eine Einheit für sich (als *ṣaḥṣāḥôt*), auch in Bezug zur *ʿaṣmût*, und werden auch in ihrer Potentialität in Sefirah I als *Ḥokmāh šäb-b^eketär* und *bînāh šäb-b^eketär* differenziert. Die Emanation vollzieht sich also in 2 Stufen: (1) Sefirah I (Ketär) aus *'Ên Sôf (sîbbat kol has-sîbbôt)*, (2) die folgenden Manifestationen aus Sefirah I *(sîbbat has-sîbbôt)*. Dabei kommt dem Ausgleich der widersprüchlichen göttlichen Potenzen die welterhaltende Funktion zu.

In Anknüpfung an das haggadische Motiv von Welten vor der Schöpfung, die keinen Bestand hatten und aus einer Ausdeutung des „Todes der Könige von Edom“ Gen 36,31 ff. im Buch *Zohar* als einem Prozeß in der Sefirah I, in dem *Dîn*-Kräfte ohne Ausgleich durch *Ḥäsäd* solche Welten schufen, abstrahierte Mose Cordovero den Gedanken der zerstörten Urwelten. Nach ihm waren es *maḥšābôt* (Ideen), die aus dem *Ḥokmāh*-Aspekt in *Ketär* emporstiegen in den *r^eṣôn hā-r^eṣônôt* (den höchsten*Ketär*-Aspekt), aber nicht zur Aktualität gelangten, weil sie ja im Bereich des *'ajin* (= Sefirah I = *Ketär*) verblieben.

Wie die Sefirah I eine Welt von Aspekten in sich birgt, so auch alle folgenden auf je ihrer Stufe, wobei die Emanationsfolge selber bei Mose Cordovero durch Harmonisierung früherer Auffassungen dargestellt wird. Dabei gesellt sich zur vorwiegend abstrakt-begrifflichen Darstellung da und dort auch die bildhafte in Form der genealogischen Kette aus Männlichem und Weiblichem.

e) Anders als in der alten Kabbalah wird nun insgesamt zwischen 5 Hauptseinsstufen von analoger Struktur unterschieden, von denen in 1–4 die Manifestationen der Sefirot sich wie ein Siegelabdruck auf unterschiedlichen Materialien wiederholen, sodaß von 40 Sefirot geredet werden kann. Diese Seinsstufen stehen insgesamt in einem Kau-

[31] G. Scholem, Schöpfung aus dem Nichts und Selbstverschränkung Gottes, Eranos-Jahrbuch 25 (1956/57), 87–120. Hier S. 89 über mittelalterliche Ansätze dieser Art.

salzusammenhang, in 1–4 auch in einem besonderen emanatorischen Zusammenhang (1 Licht in allen). Es handelt sich um:

1. *ʿÔlam hā-ʾaṣîlût,* die Sefirot-Welt der alten Kabbalah;
2. *ʿôlam hab-berîʾāh*[32];
3. *ʿôlam haj-jeṣîrāh;*
4. *ʿôlam hā-ʿaśijjāh;*
5. Die körperliche Schöpfung, konstituiert aus den 4 Elementen.

Diese 4 bzw. 5-Weltenlehre hat sich allgemein durchgesetzt und hat die Auffassungen von dem meditativen Erkenntnisprozeß und vom *Tiqqûn*-Weg der Einzelseele erheblich kompliziert.

f) Das Böse wird bei RM"Q konsequent monistisch integriert, einmal im Gegensatz zwischen *Dîn*-Kräften und *Ḥäsäd*-Potenzen, sodann in der Unterscheidung von „Äusserem" und „Innerem" bereits bei den Sefirot *(kelîm – ʿaṣmût)*. „Schalen" *(qelîppôt)* der *ʿaśijjāh*-Welt erhielten mit Adams Fall ihre körperliche Verdinglichung, die mit dem Fortschritt des *Tiqqûn*-Prozesses aber wieder aufgehoben wird, sodaß das Böse, in die ursprüngliche Harmonie reintegriert, wieder seine positive Funktion erhält. Diese wenig anschauliche Konzeption befriedigte die Zeitgenossen Cordoveros allerdings nicht, wie sein abstrakt-begriffliches System für jene philosophisch kaum mehr geschulte Generation überhaupt wenig ansprechend wirkte. So war es die andere, die bildhaft-mythologische Form der Kabbalah, die bald darnach in der Form der lurianischen Lehre zur Theologie des Judentums schlechthin wurde[33].

3. Isaak Luria (Hā-ʾAR"I, 1534–1572)[34]

a) Isaak Luria, der sich innerhalb weniger Jahre in Zefat den Ruf des Kabbalisten schlechthin und eines Heiligen erwarb, stammte aus einer osteuropäischen Familie, wuchs aber in Ägypten bei einem begüterten Onkel auf. Seine rabbinische Ausbildung erhielt er vor

[32] Aber nicht der „unteren", sinnlichen Schöpfung.

[33] Siehe über diese doppelte Möglichkeit J. Tishby, Netîbê hā-hagšāmāh wehā-hafšāṭāh baq-qabbālāh, in:Netîbê ʾämûnah ... 23–29; G. Scholem, Kabbalah und Mythus, in: Zur Kabbalah und ihrer Symbolik, 1960, 146 ff.

[34] A. Gordon, Hā-ʾR"J, 1960; S. A. Horodetzky, Tôrat haq-qabbālāh šäl Rabbî Jiṣḥaq ʾAškenāzî – ʾR"J weRabbî Ḥajjim Wîṭāl – RḤ"W, 1945/6; G. Scholem, Ketābajw hā-ʾamîttijjim šäl hā-ʾR"J baq-qabbālāh, QS 19 (1942/3), 184–199; J. Tishby, Tôrat hā-raʿ ...

allem bei dem Halakisten Bezalel Aškenasi und beim Kabbalisten David ibn Abi Zimra. Schon früh soll er sich durch asketisch-mystische Frömmigkeit ausgezeichnet und Umgang mit dem Propheten Elia gehabt haben, wie später zahlreiche Legenden behaupten[35]. Mit 36 Jahren kam er bereits als ein anerkannter Gelehrter nach Zefat. Seinen Unterhalt fand er dort im Textilhandel, sein eigentliches Ziel war es jedoch, bei Mose Cordovero Kabbalah weiterzustudieren. Da dieser aber im selben Jahr (1570) noch starb, begann Isaak selbst Kabbalah zu lehren und schuf eine neue, geradezu als Kunstmythus zu bezeichnende Spielart der Kabbalah von Zefat, die binnen kurzer Zeit so gut wie Alleingültigkeit erlangte. Abgesehen vom dramatisch-mythologischen Charakter seines Systems unterscheidet er sich von dem des Mose Cordovero in wesentlichen Punkten, z. T. weil der 'AR"I auf ältere Vorstellungen (v. a. des Josef Alqastiel[36]) zurückgriff, z. T. weil er neue Gedanken einführte.

b) Der 'AR"I versuchte, ein altes Dilemna der Kabbalisten zu lösen. Die Interpretation der *creatio ex nihilo* als Emanation der Sefirot aus dem *'ajin* drohte immer auf einen Pantheismus hinauszulaufen. Trennte man aber das „Nichts" von Gott, konnte es allzuleicht als ein zweites Urprinzip oder als Urmaterie (und wenn auch nur im Sinne reiner Potentialität) verstanden werden. Einen theistischen Ausweg daraus fand Isaak Luria in der Vorstellung vom *ṣimṣûm,* der Selbstbeschränkung Gottes[37]. Der erste Schritt der göttlichen Selbstoffenbarung besteht demnach in einer Selbsteinschränkung Gottes, durch die erst der Raum geschaffen wird, in dem sich die folgenden

[35] M. Beniyahu, Sefär tôl^{e}dôt hā-'R"J, 1966/7; Ders., a. a. O. (§ 46, Anm. 49).

[36] G. Scholem, a. a. O. (§ 33, Anm. 126) S. 173 ff.

[37] Der Ausdruck stammt aus der Haggadah: Gott zog seine Schekinah (seine kultische Gegenwart im Tempel) zusammen, um im Allerheiligsten Platz zu finden, s. die Stellen bei G. Scholem*, DjM 442, Anm. 43. Im Mittelalter ist gelegentlich von einem Zurück- bzw. Zusammenziehen des göttlichen Lichts die Rede, vgl. G. Scholem*, DjM 284.442 (und das Zitat in der engl. Ausgabe S. 410, Anm. 42). Mose Cordovero verwendete den Begriff wie *he'ālem* für die Selbstverhüllung Gottes in den Sefirot als *l^{e}bûšîm,* für die Anpassung des göttlichen Wesens an die Sefirot als *kelîm* oder für die Begrenzung der Sefirotwirkungen nach unten hin; vgl. J. Ben-Shlomo, Tôrat ... (Anm. 14), 98 f. Von Isaak Luria selbst ist ein Text über den *Ṣimṣûm* erhalten, vgl. G. Scholem, K^{e}tābājw ... (Anm. 34), 195 f. 197. Chajjim Vital setzte für jeden weiteren Emanationsakt einen neuerlichen *ṣimṣûm* voraus, vgl. G. Scholem*, DjM 286 f.; Ders., a. a. O. (Anm. 31).

Schöpfungsphasen abspielen können. Dieser Rückzug der Gottheit in sich selbst *(histallᵉqût)* ermöglicht erst den Emanationsprozeß *(hitpaššᵉṭût)*. Damit wird einmal das Widergöttliche (die *Dîn*-Wurzel) an dem höchstmöglichen Punkt als *gālût*, als Zurückziehen Gottes ins Exil in ihm selbst, monistisch integriert, zum andern die Emanation als ein Hinaustreten in die *gālût* des außergöttlichen *ṣimṣûm*-Raumes beschreibbar. Dieser Raum heißt *ṭᵉhîrû* (nach *Zohar* I, 15 a).

c) Im ṭᵉhîrû sind aber Reste der göttlichen Lichtsubstanz zurückgeblieben, das rᵉšîmû[38]. Ein aus Gottes verborgenem Wesen emanierender Lichtstrahl verbindet im ṭᵉhîrû die rᵉšîmû-Elemente mit den *Dîn*-Wurzeln, die im *ṣimṣûm-Prozeß* wirksam geworden sind, und daraus entsteht die oberste Manifestation der Gottheit, der *'Ādām qadmôn*[39], der also nicht mehr wie in der alten Kabbalah ein Bild für die Sefirotwelt ist.

d) Die Sefirotlichter entstrahlen vielmehr erst den Augen, der Nase, den Ohren und dem Mund des *'Ādām qadmôn,* und zwar noch undifferenziert, mit Ausnahme jener, die den Augen entstrahlen. Diese differenzierten Sefirotlichter bilden die „Welt der Punkte" (ʿôlam hannᵉqûdôt) oder „Welt des *Tôhu*" *(ʿôlam hat-tôhû)*. Diese diffuse Ausstrahlung wurde durch „Gefässe" *(kelîm)* zusammengehalten.

e) Ein Teil dieser Gefässe ertrug aber die gefasste Lichtmenge nicht. Sie barsten, und so kam es zu einem Ur-Unglück, zum „Bruch der Gefässe" *(šᵉbîrat hak-kelîm)* für die Sefirot IV–IX und z. T. auch des Gefässes für die Sefirah X, worauf 'AR"I „Tod der Könige von Edom" bezieht[40]. Die Scherben *(qᵉlîppôt*[41]*)* der Gefässe fielen nun in die Tiefe

[38] Dieser Gedanke schien manchen späteren Kabbalisten nicht haltbar.

[39] S. A. Horodetzky, EJ I, 783 ff.; G. Scholem EI I, 531 f.; Ders.*, DjM 291 ff.

[40] Bei Mose Cordovero ein Vorgang in der Sefirah I.

[41] Auch hier eine charakteristische Umdeutung eines älteren Begriffs. Er stammt aus der neuplatonischen wertenden Unterscheidung zwischen „Innerem" und „Äußerem", vgl. A. Altmann, The Motif of the „Shells" in ʿAzriel of Gerona, JJS 9 (1958), 73–80, und spielte in der mittelalterlichen „Nuss"-Symbolik eine Rolle. Bei Mose Cordovero dient der Begriff ebenfalls der Kennzeichnung des äußeren Sefirot-Aspekts und für den *ʿÔlam hā-ʿᵃśijjāh,* aus der durch Adams Fall auch der Fall in die grobe materielle Daseinsform erfolgt; dabei bleiben die *qᵉlîppôt* aber fähig zur *apokatastasis* im Eschaton.
In der 'AR"I – Kabbalah werden die *qᵉlîppôt* zum Inbegriff des Bösen und mit einer Fülle von anderen negativen Bildern („Schlange" etc.) umschrieben.

und rissen viele Lichtfunken mit sich in den Ur-Abgrund (t^ehôm rabbā'), wo sie gefangen zu Lebenskräften für die aus den *q^elîppôt* entstehende Gegenwelt des Bösen und der Dämonen werden[42]. Für diesen „Bruch der Gefässe" sind drei unterschiedliche Erklärungen überliefert:

1. Einmal wird das Unglück auf bestimmte Mängel in der „Welt der Punkte" zurückgeführt und als unvermeidliche Folge gesehen.
2. In anderen Stücken wird versucht, eine Teleologie aufzuweisen. Der Bruch der Gefässe wäre so gesehen kein Ur-„Malheur" wie in der Gnosis, sondern ein Mittel zur Hervorbringung des Bösen, dessen Existenz erst die freie Willensentscheidung (zwischen Gut und Böse) ermöglicht und Lohn und Strafe begründet.
3. Schließlich wird der „Bruch der Gefässe" z.T. im Sinne einer radikalen monistischen Integration des Bösen gedeutet, nämlich als notwendiger Akt (a) zur Ausscheidung der *Dîn*-Wurzeln in Gott selbst und (b) zur Reinigung der „Gefässe" von „Schlacken".

Diese drei Erklärungen sind zwar systematisch nicht harmonisierbar, aber sie spiegeln den Ernst und die bedrückende Problematik, die für Isaak Luria ebenso wie für seine älteren und jüngeren Zeitgenossen mit der Existenz des Bösen verbunden war.

f) Der Bruch der Gefässe erforderte eine Neuordnung der Sefirot-Lichter durch einen neuerlichen Emanationsstrahl (aus der Stirn des *'Ādām qadmôn*). Das Ergebnis sind die *parṣûfîm* („Gesichter")[43], die von nun an Brennpunkte der kabbalistischen Spekulation und in oft komplizierter Weise ausgestaltet wurden. Isaak Lurias Grundschema der *Parṣûfîm*-Welt besteht – entsprechend den Sefirot-Stufen – aus:

1. *'Arîk-'anpîn* („Der Langmütige") bzw. *'Attîqā' qaddîšā'* („Der Heilige Alte") à la Sefirah I.
2. *'Abbā'* („Der Vater") à la Sefirah II.
3. *'Immā'* („Die Mutter") oder „Leah", die Mutter der 6 Söhne (Sefirot IV–X) und der Tochter (Sefirah X).
4. *Z^e'îr 'anpîn* („Der Zornmütige", „Ungeduldige") à la Sefirot IV–IX.
5. Rachel oder „Die Tochter" à la Sefirah X.

g) Diese Welt der parṣûfîm wiederholt sich in jeweils gröberer Verhüllung wie jene der Sefirot bei Mose Cordovero in den 4 Äonen des (1) 'ôlam hā-'^aṣîlût, (2) 'ôlam hab-b^erî'āh, (3) 'ôlam haj-j^eṣîrāh und

42 J. Tishby, Tôrat hā-ra' ...; G. Scholem, Sitra achra, Gut und Böse in der Kabbala, in: Von der mystischen Gestalt der Gottheit, 1962, 49–82.

43 Den Begriff übernahm 'AR"I von Josef Alqastiel; Mose Cordovero sprach von 5 „Urbildern", *t^emûnôt*.

(4) ʿôlam hā-ʿaśijjāh, nach denen erst (5) die körperliche Schöpfung kommt, die durch Adams Fall entstand.

h) In den 5 *parṣûfîm* und den 5 Seinsstufen (g) liegen die „Wurzeln" der 5 Seelenstufen[44], (1) *näfäš, (2) rûaḥ, (3) nešāmāh,* die drei unteren allgemeinmenschlichen Seelenqualitäten, und (4) *ḥajjāh* und (5) *jeḥîdāh*, die besonderen, höheren, auf Israel bzw. den kabbalistischen Frommen beschränkten Seelenkräfte.

Vor dem Fall Adams waren die Seelenkräfte insgesamt in der Adams-Seele vereint (wie auch schon nach Mose Cordovero). Die Einzelseele besteht soweit aus einer Einheit aus 5 seinsmäßig unterschiedlichen Lichtsubstanzen, deren innere Struktur der Seinsstufe (in den 5 Welten) entspricht, aus der sie entstammen. Die Zahl der Einzelseelen ist ursprünglich 600 000, entsprechend der Zahl der Israeliten beim Exodus. Diese vollständigen Einzelseelen bestehen aus drei Strukturschichten:

(1) aus 613 „Wurzeln" ersten Grades, analog den 613 Körperteilen und den 613 Geboten und Verboten der Torah, (2) jede „Wurzel ersten Grades" besteht wieder aus 613 „Wurzeln zweiten Grades", die jede eine Großseele für sich darstellen, und (3) jede „Wurzel zweiten Grades" enthält eine große Anzahl von Seelenfunken.

Die organische Einheit dieser Seele, gern im Bilde vom Baum mit dem Stamm, den Ästen und den Blättern veranschaulicht, wurde durch den Fall Adams zerstört.

i) Mit Adams Fall wiederholt sich die Katastrophe des „Bruches der Gefässe" auf einer tieferen Seinsstufe. Die Adams-Seele hätte nämlich eben den *Tiqqûn* jenes Schadens vollbringen sollen, verursachte aber einen neuen. Die Folgen waren:

(1) Die obersten Seelenstämme verließen den *ʾĀdām riʾšôn* und stiegen nach oben auf. (2) Andere Seelenstämme blieben und bildeten Adams Seelensubstanz nach dem Sündenfall. Dieser Reduktion der Seelensubstanz ging eine Verminderung der körperlichen Größe von ihren ursprünglichen (in der Haggadah manchmal angedeuteten) kosmischen Dimensionen auf die nunmehrige irdische Größe und der Fall aus dem ʿôlam hā-ʿaśijjāh in die sinnliche Schöpfung parallel. (3) Der größte Teil der Seelenglieder bzw. Seelen-Funken fiel jedoch hinab in die *qelîppôt* zu den dort schon gefangenen Lichtfunken aus dem „Bruch der Gefässe", wodurch die Macht der „*qelîppôt*" sich beträchtlich vermehrte. Nach dem ʾAR"I-Schüler Chajjim Vital fiel dabei auch die Messias-Seele hinab in die *qelîppôt*.

j) Seit Adams Fall gilt es, durch den *Tiqqûn* die ursprüngliche Einheit der Seelen wiederherzustellen, wobei ihr Platz in der ursprüng-

44 G. Scholem, Gilgul, Seelenwanderung und Sympathie der Seelen, in: Von der mystischen Gestalt der Gottheit, 1962, 225 ff.

lichen Ordnung Seelenverwandtschaften begründet, die wieder für den *Tiqqûn*-Prozeß maßgebend sind.

Die Sammlung der zerstreuten, versprengten und in der Körperlichkeit sowie in den *qelîppôt* gefangenen Seelenglieder und Seelenfunken und v. a. die Restitution der *„jeḥîdāh"* aus der „Welt der *'aṣîlût"*, geschieht durch den Torahvollzug als Mittel zur Verbindung der zusammengehörigen Seelenfunken untereinander und damit zur Wiederherstellung des geordneten Verhältnisses zu und in den einzelnen höheren Seinsstufen.

Dieser *Tiqqûn*-Prozeß ist allerdings recht kompliziert, weil die Zahl der zu sammelnden Seelenteile so groß ist und die menschliche Sünde zur Re-Inkarnation *(gilgûl)* sündiger Seelenteile führt[45], und zwar nicht nur in menschlichen Körpern, sondern in allen 4 Bereichen der Natur, sodaß versprengte Seelenfunken überall aufzuspüren sind (ein Gedanke, der in Zefat auch den *„gêrûšîn"*, den Exkursionen zur Entdeckung von Heiligengräbern, zugrundelag).

Im Verlaufe seines Lebens kann der Fromme sich aber auch höhere Seelenteile erwerben *('ibbûr)* und seine Seele so vervollkommnen. Umgekehrt erwirbt sich der Sünder leicht eine dämonische Zusatzseele (später: *dibbûq*)[46] und erschwert damit den *Tiqqûn*. Erst wenn alle Seelenfunken geläutert, gesammelt und in ihrer ursprünglichen Struktur und Einheit wiederhergestellt sind, ist die heilsgeschichtliche Aufgabe Israels vollendet. Eigenartigerweise wurde auch angenommen, daß ungefallene Seelen dem *gilgûl* unterworfen sind, so die Seelen Kains (!), Abels und der Erzväter.

k) Für den individuellen *Tiqqûn* war es von daher gesehen wichtig, den Stand des *gilgûl* und der jeweiligen Seelenverfassung zu erkennen, um dann die dafür passenden weiteren *Tiqqûn*-Mittel zu finden. In der lurianischen Kabbalah spielten daher jene „Charismatiker" eine große Rolle, von denen man – wie vom 'AR"I selbst – glaubte, daß sie solche Einschätzungen und unter Umständen sogar Seelenidentifikationen vornehmen können, und von ihnen empfing man dann die entsprechenden *„tiqqûnîm"* und *„kawwānôt"*, Gebetsgattungen, die in den folgenden Jahrzehnten in unübersehbarer Fülle und Vielfalt verfaßt und verbreitet wurden[47]. Damit erreichte die individuelle

[45] Anm. 44.
[46] G. Scholem, EI XI, 818 f.
[47] Zu lurianischen Texten s. Ch. Liebermann, Sefär "Tiqqûnê Šabbāt", QS 38 (1962/3), 401–414; 39 (1963/4), 109–116.

Frömmigkeit in der jüdischen Religionsgeschichte ihre intensivste Ausprägung[48], denn die Konzentration auf den eigenen Seelen-*Tiqqûn* diente ja als Teilvollzug des Gesamt-*Tiqqûn*. Individuelles Heilsstreben, kollektive heilsgeschichtliche Erfüllung und Restitution der überweltlichen, ja innergöttlichen ursprünglichen Harmonie, waren noch nie so anschaulich verbunden und in einen so dramatischen Prozeß eingegliedert worden.

Das Bestechende an der 'AR"I-Kabbalah lag für das Judentum jener Zeit aber auch an der vielschichtigen Symbolik des Exils, und in der Erklärung des Bösen. Vom *Ṣimṣûm*-prozeß an, ja schon vor seinem Beginn, werden *Dîn*-Wurzeln vorausgesetzt. Durch die beiden großen Katastrophen, den „Bruch der Gefässe" und den Fall Adams bauen sich die *„qelîppôt"* kraft der gefangenen Lichtfunken zur dämonischen Gegenwelt auf. Wie schon in *Ṣimṣûm* und Emanation, so kehrt die „Exilssituation" wieder in der Zerstreuung und Gefangenschaft der Lichtfunken. Das entscheidende Moment dabei ist aber der monistische Optimismus, der im Bösen noch den erlösungsfähigen und erlösungsbedürftigen Licht- bzw. Seelenfunken sieht und aller Zerstreuung zum Trotz im Streben nach dem Tiqqûn, im ursprünglichen Zusammenhang des gālût-Leidens und des jüdischen Schicksals Sinn und Ziel findet. Allein diese spekulativ-mystische, metaphysisch begründete Deutung des innerjüdischen Zusammenhanges durch die Seelenlehre und die einzigartige Stellung des Judentums im universalen Heilsprozeß[49] hat in nachhaltiger, z. T. bis heute wirksamer Weise das Selbstverständnis der Juden bestimmt.

l) Isaak Luria hat sich selbst wahrscheinlich für den Messias b. Josef gehalten, wie später sein Schüler Chajjim Vital[50], und 1575 als messianischen Termin angesehen. Nachdem er aber 1572 verstorben war, erklärten seine Schüler, daß die Generation für die Erlösung eben noch nicht würdig gewesen sei. Die kabbalistische Lehre hat Luria nur zum geringsten Teil publiziert, seine echten Schriften sind gering an Zahl und gerade nicht die Hauptquelle für die Kenntnis seiner Lehre[51], die zunächst nur in seinem Schülerkreis weitergegeben wurde.

[48] G. Scholem, Zaddik; der Gerechte, in: Von der mystischen ... (Anm. 44), 110 ff.

[49] G. Scholem, Jewish Messianism and the Idea of Progress. Exile and Redemption in the Cabbala, Com 25 (1958), 298–305.

[50] D. Tamar, a. a. O. (§ 50, Anm. 10).

[51] G. Scholem, Ketābājw ... (Anm. 34).

4. Vor- und nichtlurianische Kabbalah

a) In Italien blieb die Lehre des Mose Cordovero auch nach dessen Tod noch längere Zeit herrschend. Hier publizierte der Cordovero-Schüler Mordechaj b. Jehuda Dato (1527–1585)[52], der sich einige Zeit in Zefat aufgehalten und ebenfalls für 1575 den Messias erwartet hatte[53], sein Werk *„Iggarät L^e^bānôn"*, ein teils historiographisches, teils kabbalistisches Buch mit autobiographischen Zügen. Der zweite bedeutende Cordovero-Schüler Italiens war Menachem Azarja von Fano (1548–1620), ein Mäzen seines Meisters und der Verfasser eines Kommentars zu einer Kurzfassung von dessen *Pardes Rimmônîm* mit dem Titel *Sefär pallaḥ rimmônîm.*

Strenger als Mose Cordovero lehnte er positive Bestimmungen der Gottheit ab, wandte daher auch die Bezeichnung *prima causa* nur auf die Sefirah I an und meinte, daß von der Welt aus betrachtet Gottes Einheit und Wirken nur als sein Wille erscheinen könne. Als begüterter Mann war es ihm möglich, selbst viele Texte in Druck zu geben und zu verbreiten sowie einen großen Schülerkreis zu sammeln, der die Lehre Cordoveros wieder weitertrug. Unter dem Einfluß des Israel Sarug (Abs. c) ging Menachem jedoch zu dessen „lurianischer" Kabbalah über.

b) In Aškenasien bzw. Osteuropa wirkten zunächst die spätmittelalterlich esoterischen Mischformen aus aškenasischem Chasidismus und Kabbalah weiter, doch zeigt das Beispiel des Mose von Kiew[54], daß es gegen Ende des 15. Jh. auch in den damals noch unbedeutenden osteuropäischen Gemeinden kabbalistische Kenntnisse gab, z. T. vom Westen her, z. T. von der Schwarzmeerküste her und aus der Türkei vermittelt. Charakteristisch für die osteuropäischen Kabbalisten war die geringe Fähigkeit zu kritischer Differenzierung der Schulrichtungen, eine z. T. naive Neigung zur Harmonisierung von Philosophie und Kabbalah[55].

Z. B. bei Mose Isserle (1525–1575)[56] und Eliezer Aškenasi (1513–1586)[57], der insofern eine Ausnahme darstellt, als er seine Bildung

[52] J. Tishby, D^e^mûtô ... (Anm. 19).
[53] A. H. Silver*, 135 f.
[54] J. Mann, Texts and Studies II, 1935, 700 ff.; A. Epstein, Kitbê ... I, 1950, 301–307; G. Scholem, Zelem; in: Von der mystischen Gestalt der Gottheit, 1962, 250 f.
[55] G. Scholem, Le mouvement sabbataiste en Pologne I, RHR 143 (1953), 30 ff.
[56] § 49, Anm. 16.
[57] Ch. H. Ben-Sasson, Hāgût w^e^hanhāgāh, 1959, 15 f.34 ff.; J. Katz, 53.

im Orient erhalten hatte und unter dem Einfluß italienischer und spanisch-jüdischer Tradition stand. Diese Tendenz zum „Synkretismus" der Traditionen verhinderte eine Diskussion um die Kabbalah, die von den meisten rabbinischen Autoren Osteuropas als autoritative Tradition anerkannt wurde, auch wenn sie selber nicht als kabbalistische Autoren hervortraten. So z. B. Salomo Luria (1510–1573)[58], den man später unrichtigerweise als 'AR"I-Kabbalisten ausgab.[59]

Die ältesten kabbalistischen Autoren Osteuropas im 16. Jh. waren Ašer von Krakau (der Großvater des Meir von Lublin)[60], mit dem Buch *„ʿEmäq hab-berākāh"*, Mordekaj Jafe und Mattitjah Delacrut, die beide schon unter dem Einfluß italienischer pseudo-lurianischer Kabbalah standen.

Mordekaj Jafe (1530–1612)[61] verfaßte einen Superkommentar zum Pentateuchkommentar des Menachem Recanati mit dem Titel *Lebûš 'ôr jeqārôt*. Er identifizierte die Sefirot mit Gottes Wesen und rechtfertigte so die kabbalistische Gebetsauffassung, außerdem griff er die *Šemîṭṭôt*-Lehre auf und meinte, daß mit der Offenbarung am Sinai die *Šemîṭṭāh* unter der Ägide von *Ḥäsäd* abgelöst worden sei von der gegenwärtigen *Šemîṭṭāh*. Mattitjah Delacrut[62] in Krakau schrieb einen Kommentar zur Sefirot-Erklärung *Šaʿare 'ôrāh* des Josef ibn Gikatilla.

Eine echte Sonderstellung nimmt Jehuda Livaj b. Bezalel ein, der legendenumwobene R. Löw (MHR"L) von Prag (gest. 1609)[63], weil er in seinem Werk *Näṣah Jiśrā'el*[64] eine kabbalistisch geprägte „evolutionistische" Heilsgeschichtsdeutung vertrat, die in manchen Punkten Entsprechungen zu Abraham b. Eliezer Hallevi und zum 'AR"I aufweist.

Seine kabbalistische Grundeinstellung veranlaßte ihn auch zu einer strengeren Fassung des Verhältnisses zwischen Juden und Nichtjuden[65]. So begründete er sein striktes Festhalten an der strengen Halakah in bezug auf nichtjüdischen Wein ausdrücklich mit mystischen Argumenten[66].

[58] J. Löwinger, Ha-MHRŠ"L wehaq-qabbālāh, Sinai 44 (1958/9), 224–229.
[59] G. Scholem, Šabbetāj Ṣebî I, 61.
[60] G. Scholem, a. a. O. (Anm. 55), 30 f.
[61] B.-Z. Katz, Rabbānût, ḥasîdût, haśkālāh I, 1956, 53 ff.; G. Scholem, a. a. O. (Anm. 55), 31; Ders., a. a. O. (Anm. 59), 60; Ders., Zur Kabbalah und ihrer Symbolik, 1960, 112.
[62] G. Scholem, a. a. O. (Anm. 55), 31; Ders., a. a. O. (Anm. 59), 60.
[63] § 45, Anm. 29; § 46, Anm. 18; §50, Anm. 3.
[64] § 50, Anm. 3.
[65] J. Katz, 35 ff.; Ders., Exclusiveness and Tolerance, 1961, 138 ff.
[66] *Sefär jajin mešûmmar*, Venedig 5420; *Sefär gebûrôt H'*, Krakau 5342, f. 94b–95a.

Lange unerkannt blieb, daß R. Löw in seinem Werk *Sefär g^ebûrôt H'*[67] sein kabbalistisches System dargelegt hat, freilich in nichtkabbalistischer Terminologie. Da die Schriften des R. Loew im osteuropäischen Judentum sehr geschätzt waren, vor allem in chasidischen Kreisen, haben sie einen beträchtlichen Einfluß ausgeübt, freilich in einem weitgehend popularisierten Verständnis. Seine Art der unkonventionellen Darstellung kabbalistischer Lehren hat gerade in den letzten Jahren wieder die Aufmerksamkeit auf sich gelenkt und eine gewisse MHR"L-Renaissance heraufgeführt[68], wobei auch die meisten Werke neu erschienen sind[69]. Von den Späteren ist am bedeutendsten Jesaja Hurwitz (1565–1630)[70] der Verfasser des Buches „*Š^enê lûḥôt hab-b^erît*"[71], der noch unter der Nachwirkung des Josef Alqastiel und Mose Cordoveros stand, aber auch viel Gemaṭriot und *Ṣerûfîm* sowie pilpulistische Erklärungsweisen anwendete und den Glauben an die Sefirot für notwendig hielt, also für eine Art ʿiqqār. In seiner Familie war die Kabbalah offenbar Tradition, da schon im

67 Schanghai 1945/6; Tel Aviv 1954/5.

68 B. Z. Bokser, From the World of the Cabbala. The Philosophy of Rabbi Judah Loew of Prague, 1954; M. Buber, Bên ʿam le'arṣô, 1941, 78–91 (Israel und Palästina, 1950, 100–115); Th. Dreyfus, Dieu parle aux hommes, 1969; A. Gordin, Ha-MHR"L mip-Prāg, 1960; A. Gottsdiener, Hā-'AR"I šäb-beḥakemê Prā'g, 1937/8; A. Mauskopf, The Religious Philosophy of the Maharal of Prague, 1949; A. Neher, Le puits de l'exil. La théologie dialectique du Maharal de Prague (1512–1609), 1966; Ders., Meqômô šäl ham-MHR"L bizmānô ûbizmānenû, Gäšär 15 (1969/70), 92–99; deutsch: Der Maharal von Prag zu seiner Zeit und heute, Emuna IV/6 (1969), 381–387; F. Rosenblüth, Liqqûṭê MHR"L, 1961; V. Sadek, Les idées de Jehuda Liva ben Becalel (Rabbi Löw) et leurs rapports à la philosophie juive, Archiv Orientalni 30 (1962), 564–584; G. Scholem, a. a. O. (Anm. 59), 51 ff.; F. Thieberger, The Great Rabbi Löw of Prague, 1954; A. Weintraub, Netîbôt 'ôr, 1963.

69 Sifre MHR"L, Tel Aviv (Pardes): Sefär Be'er hag-gôlāh, 1954/5 (auch Schanghai 1945/6; London 1963/4); Sefär Gebûrôt H', 1954/5; Sefär däräk ḥajjim ʿal Massäkät 'Abôt, 1954/5; Sefär näṣah Jiśrā'el (siehe § 50, Anm. 3); Sefär netîbôt ʿôlām, 1–2, 1955/6 (Ethik); Sefär Tif'ärät Jiśrā'el, 1953/4 (auch Schanghai 1945/6); Ferner: Sefär derāšôt MHR"L mip-Prā'g, Jerus. 1967/8²; Sefär perûšê MHR"L mip- Prāg le'aggādôt ha-Š"S, 1–4, Jerus. 1966/7.

S. auch: E. Kariv, Kitbê MHR"L mip-Prā'g, 1960; J. Kohen-Jashar, Bîblijôgrafjāh šimmûšît šäl kitbê ham-MHR"L mip-Prā'g, Ha-Maʿjan 7 (1966/7), 66–70.

70 B.-Z. Katz, Rabbānût, ḥasîdût, haśkālāh I, 1956, 48–52; A. Posy*, 101 ff.

71 § 46, Anm. 25.

Testament „*Ješ nôḥelîn*“[72] eine kabbalistisch motivierte Frömmigkeit zu spüren ist. Auch Jomṭob Lipmann Heller (gest. 1654) war durch die Cordovero-Kabbalah beeinflußt. Samuel Eliezer Ideles (1565–1631/2) stellt wieder ein Beispiel dar für die unkritische Harmonisierung philosophischer Vorstellungen mit kabbalistischen Lehren[73].

In einem anderen, ganz abgelegenen Teil der jüdischen Diaspora, im Jemen, hatte die Kabbalah ebenfalls feste Wurzeln geschlagen, wie z.B. das Werk des Dichters Šalom Šabazi beweist[74]. In Palästina und im benachbarten Orient selbst konnte sich die Cordovero-Schule nicht mehr lange behaupten.

Samuel Galliki wäre etwa zu nennen, der einen Kommentar zu einer Kurzfassung des *Sefär Pardes Rimmônîm* geschrieben hat[75] und Elia b. Mose de Vidas[76], Autor eines weitverbreiteten Erbauungsbuches. Außergewöhnlich selbständige Ansichten vertrat in Zefat Abraham Hallevi Berukim, der vor allem den Gegensatz Männlich-Weiblich (letzteres mit der *sîṭrā' 'aḥarā'*, dem Bösen identifizierend) hervorhob und die biblische Geschichte nach der Rolle maß, die fremde Frauen in ihr gespielt haben.

5. Die Schüler des 'AR"I und die Verbreitung der lurianischen Kabbalah

a) Die unmittelbaren Schüler des 'AR"I in Zefat beschlossen zunächst, ihre Aufzeichnungen über die Lehre ihres so früh verstorbenen Meisters nicht zu verbreiten, sondern die Tradition in engen Kreisen weiterzugeben.

Im Jahre 1575 unterzeichnen 7 dieser Männer einen regelrechten Vertrag in diesem Sinn, der durch Zufall im Privatarchiv des Josef Perl erhalten geblieben ist[77] und in dem Chajjim Vital, der prominenteste 'AR"I-Schüler, als alleiniger authentischer Interpret der 'AR"I-Kabbalah anerkannt wird.

[72] B.-Z. Katz, a. a. O. (Anm. 70), I, 93.

[73] B.-Z. Katz, a. a. O. (Anm. 70), 70–75; D. Burstein, Haq-qabbālāh weha-fîlôsôfjāh had-dātît beḥiddûšê 'aggādot MHRS"', Sinai 41 (1956/7), 172–183.

[74] § 46, Anm. 69.

[75] *Sefär 'asîs rimmônîm*, neugedruckt mit Mose Cordoveros Sefär pardes rimmônîm Jerusalem 1961/2.

[76] *Sefär re'šît ḥokmāh*, New York 1963/4.

[77] Z. Rabinowitz, Min hag-genîzāh ha-Sṭôlînā'ît, Zion 5 (1939/40), 125–132; G. Scholem, Šetar hitqaššerût šäl talmîdê hā-'R"J, Zion 5 (1939/40), 133–160.

Unter den Unterschriften fehlt aber jene des Josef ibn Ṭabul, des zweiten bedeutenden 'AR"I-Schülers, was darauf hindeutet, daß er nicht bereit war, sich dem Anspruch des Chajjim Vital zu beugen.

So blieben die Niederschriften der echten 'AR"I-Lehren noch einige Jahre in Zefat verwahrt, während überall schon von der 'AR"I-Kabbalah geredet und geschrieben wurde.

b) Auf Grund solcher Kenntnisse aus zweiter Hand und an Hand einiger Niederschriften der 'AR"I-Lehre, die durch den Bruder Chajjim Vitals heimlich verkauft worden und seit ca. 1687 in Umlauf gekommen waren, konstruierte in Italien Israel Sarug[78] in den Neunzigerjahren sein System. Er gestaltete vor allem die Emanationslehre unter dem Einfluß der platonisierenden Renaissancephilosophie Italiens weitgehend um, gab aber das Ganze als „die 'AR"I-Lehre" aus und verbreitete sie selber mit einem geradezu paulinischen Missionseifer, nach 1600 auch in Osteuropa[79]. Auf diese Weise wurde er nicht nur als unmittelbarer 'AR"I-Schüler verehrt, auch seine Schriften kursierten als 'AR"I-Schriften[80], sodaß die lurianische Kabbalah Osteuropas von Anfang an mit den Lehren dieses Israel Sarug durchsetzt war und auch blieb.

Von den unmittelbaren Jüngern Israel Sarugs haben sich vor allem zwei um die weitere Verbreitung der Pseudo-'AR"I-Kabbalah bemüht. Der eine war Abraham Herrera (gest. 1635)[81] in Italien, ein Sefarde, der kabbalistische Texte sogar in Spanisch schrieb und damit der nichtjüdischen Umwelt zugänglich machte[82], der andere war Aaron b. Berechja b. Mose von Modena, Verfasser eines vielgelesenen populär-kabbalistischen Werkes über Trauerriten[83].

In Italien ging Menachem Azarja mi-Fano von der Cordovero-Schule zur „lurianischen" Richtung über, in Osteuropa gerieten die italienisch beeinflußten Kabbalisten Mordechaj Jafe,

78 G. Scholem, Jiśrā'el Śārûg, talmîd hā-'R"J?, Zion 5 (1939/40), 213–243; Ders.*, DjM 282; Ders., a. a. O. (Anm. 59), 33.61 f.

79 G. Scholem, a. a. O. (Anm. 55), 32 f.

80 G. Scholem, Keṭābājw ... (Anm. 34).

81 A. Posy*, 110 ff.; G. Scholem*, DjM 282 f.; Ders., a. a. O. (Anm. 59), 53; M. A. Anet, Hap-päräq hā-ri'šôn me-has-sefär hašelîšî šäl "Ša'ar haššāmajim" le'Abrāhām Hêrêrāh, Tarb 27 (1957/8), 322–333.

82 Ein lateinisches Kompendium lag z. B. Knorr von Rosenroth vor.

83 § 47, Anm. 2.

Mattitjah Delacrut und Mose Prager[84] in ihren Bann, in Frankfurt propagierte Jakob Bachrach[85] die Sarug-Lehre.

c) Die „authentische" Lehre des 'AR"I ist der Nachwelt durch die Werke seiner beiden größten Schüler, Josef ibn Tabul und Chajjim Vital erhalten geblieben. Josef ibn Tabul[86], über den nicht sehr viel bekannt ist, hat vor allem im Schülerkreis gelehrt und weniger schriftstellerisch gewirkt. Der ehrgeizige Chajjim Vital (1543 bis 1620)[87] hingegen fühlte sich als Nachfolger seines Lehrers, sowohl im Hinblick auf das messianische Selbstverständnis als Messias b. Josef[88] als auch als homo religiosus mit besonderen Offenbarungserfahrungen[89]. Vitals Schriften[90] – zu denen fälschlicherweise auch Josef ibn Tabuls 1921 wiederentdecktes Buch *D^e^rûš ḥäfṣîbāh* gerechnet wurde – sind fast alle erst nach seinem Tod gedruckt und verbreitet worden.

Wie der Vergleich mit Josef ibn Tabuls Schriften zeigt, war Chajjim Vital durchaus kein sklavischer Notar der Lehren seines Meisters. Die einzelnen Schriften enthalten daher auch voneinander abweichende Darstellungen des 'AR"I-Systems, bedingt durch Vitals eigene

84 G. Scholem, a. a. O. (Anm 59), 54.

85 *Sefär ʿemäq ham-mäläk,* 1648.

86 G. Scholem*, DjM 279.281 f.; Ders., a. a. O. (Anm. 77), 148 ff.; J. Tishby, Tôrat hā-raʿ ...

87 M. Beniyahu, Rabbî Ḥajjim Wîṭā'l bîrûšālājim, Sinai 30 (1951/2), 65–75; S. A. Horodetzky, Tôrat ...; J. Nissim, Tešûbôt R. Ḥajjim Wîṭā'l, SJ Ch. Albeck, 1963, 331–351; G. Scholem*, DjM 279 ff.; Ders., EI XVI, 88–91; Ders., a. a. O. (Anm. 59), 43 ff.; Ders., Von der mystischen Gestalt der Gottheit, 1962, 112 f. 226 ff. 265. 270. 311. 313; G. Sed-Rajna, Le role de la kabbale dans la tradition juive selon Ḥayyim Vital, RHR 167 (1965), 177–196; J. Tishby, Tôrat hā-raʿ ... (Anm. 34); R. J. Werblowski, Mystical ... 29 ff.

88 D. Tamar, a. a. O. (§ 50, Anm. 10).

89 A. Z. Aescoly, Sefär ha-ḥäzjônôt šäl hā-RḤ"W, 1954 (autobiogr. Werk aus 1610–12); Šibḥê R. Ḥajjim Wîṭā'l, Lemberg 1862 (Jerus. 1952/3; 1965/6; Tel Aviv 1966/7).

90 Zuletzt herausgegeben in der Serie Sidrat kitbê Rabbenû hā-'R"J, Tel Aviv, 1960 ff. Davon abgesehen erschienen zuletzt folgende Einzelausgaben: Sefär hag-gilgûlîm, 1966/7; Šaʿar hak-kawwānôt, 1962/3 (Jerus. 1902); enthält Rezensionen und Exzerpte von Vitalschriften; Šaʿar ma'^a^mārê RSB"J w^e^Šaʿar ma'^a^mārê RZ"L, Jerus. 1958/9; Sefär ʿeṣ hadda'at ṭôb, Tel Aviv 1964/5; Sefär ʿeṣ ḥajjim, 1–3, Jerus. 1962/3; Sefär šaʿ^a^rê haq-q^e^dûššāh, Jerus. 1954/5 (der vierte Teil des Buches, über die Ekstase, wurde nie gedruckt); Sefär Š^e^monah š^e^ʿārîm, Jerus. 1961/3 (s. auch: Sefär ʿeṣ ḥajjim); Sefär hat-tekûnāh, Jerus. 1966/7. Ferner Anm. 89.

systematische Entwicklung. So lehnte er z. B. die Annahme eines *rešîmû,* einer göttlichen Restsubstanz im *ṣimṣûm*-Raum, ab, weil sie seinem strengen Theismus widersprach. Eine große Rolle spielte auch bei Vital die Methode der Kontemplation, deren Ziel, die *debeqût,* für ihn identisch war mit der Prophetie.

Der Weg bis dahin besteht aus 4 Stufen: (1) Asketische Heiligung, (2) *Hitpaššeṭût,* Entäußerung des Geistes von irdischen Bindungen, (3) Imaginativer Seelenaufstieg zu den „Wurzeln“ der Seele in den einzelnen Äonen, und (4) die Sefirot-Betrachtung bis an die Grenze des *'Ên Sôf.*

Dabei kommt es zu einer gegenläufigen Lichteinwirkung von oben *('ôr ḥôzer),* bewirkt durch spezielle *kawwānôt* und *jiḥûdîm,* die zur Vervollkommnung der Seele beiträgt. In den Drucken wurden diese detaillierten Anweisungen fortgelassen.[91].

Mit dem Druck der Vital-Schriften verbreitete sich die 'AR"I-Kabbalah rasch in der ganzen Diaspora, freilich auch eine Flut von angeblichen 'AR"I-Schriften und von popularisierenden Traktaten und Gebetsanleitungen. Kennzeichnend war jedoch die akut-messianische Note, die insbesondere durch das messianische Datum des Buches *Zohar,* 1648, noch verstärkt wurde.

6. Die Kabbalisten nach der Verbreitung der 'AR"I-Kabbalah

a) Im Orient bzw. in Palästina verloren die großen Gemeinden und kabbalistischen Zentren des 16. Jh. mit dem äußeren Niedergang auch ihre beherrschende geistliche Führungsfunktion. Dennoch fehlte es auch im 17. Jh. nicht an profilierten spekulativen Theologen, die das Vital'sche Erbe weiterpflegten. So Jakob Ṣämāḥ[92], ein ehemaliger Marrane aus Lissabon, Samuel ibn Podela in Ägypten[93], Natan Špira Jerušalmi, aus Osteuropa zugezogen, der jahrelang als *šāliaḥ* der Jerusalemer Gemeinde in Italien wirkte und Kabbalah verbreitete[94]; Chajjim ha-Kohen von Aram-

[91] Vor allem s. *Sefär Šaʿarê haq-qedûššāh;* R. J. Werblowski, a. a. O. (Anm. 87).

[92] G. Scholem, „Sefär Mûsār“ leR. Jaʿaqob Ṣämaḥ?, QS 22 (1945/6), 308–310; Ders., Letôledôt ham-mequbbal R. Jaʿaqob Ṣämaḥ ûfeʿûllātô hassifrûtît, QS 26 (1949/50), 185–188.189–194; Ders., Häʿārôt 'aḥādôt lema'amārô šäl Dr. Sonne ʿal R. Jaʿaqob Ṣämaḥ, QS 27 (1950/1), 107–109; I. Sonne, Leqlasṭer pānājw šäl R. Jaʿaqob Sämaḥ, QS 27 (1950/1), 97–106.

[93] G. Scholem, Ketābājw ... (Anm. 34), 187 ff.

[94] G. Scholem, a. a. O. (Anm. 59), 53 ff. 57. 74.

Ṣoba[95], Benjamin Hallevi von Zefat (gest. 1672)[96] und der dann allerdings Sabbatianer gewordene Elia ha-Kohen (gest. 1729)[97] von Smyrna, dessen *Šäbäṭ mûsār* in der ganzen Diaspora populär geworden ist[98].

b) In Italien verhielten sich die Kabbalisten Mose Zacuto[99] und Samuel b. Abraham Aboab[100] (1610–1694) reserviert gegenüber dem Sabbatianismus, der die meisten anderen in seinen Bann schlug, vor allem Josef Ḥamiṣ[101], Abraham Michael Cardozo (1627–1706)[102] und in gewissem Maße auch Mose Ḥajjim Luzzato[103]. Von Italien aus strahlten nach wie vor auch Einflüsse auf Osteuropa aus.

c) Osteuropa war ab 1630 durch die – falsche und echte – 'AR"I-Kabbalah nahezu ausnahmslos in eine apokalyptisch-mystische Hochspannung geraten. Die Katastrophe des Jahres 1648 (im messianischen Jahr des *Zohar)* und die ungünstige Lage in den Jahren darnach förderten den Trend zur Flucht in die irrationale Spekulation. Außer den schon erwähnten Kabbalisten (Abs. 5b) wirkten in der Zeit vor und um 1648 noch Šᵉlojmel Dresnitz[104], Josef Sirkis

95 G. Scholem, EI XVII, 385 f.

96 Von A. Jaari, a. a. O. (§ 46, Anm. 27), für den Verf. des *Sefär ḥämdat jāmîm* gehalten, doch s. dagegen J. Tishby, ibd.

97 G. Scholem, R. 'Elijjāhû hak-Kohen hā-'Itāmārî wᵉhašabbᵉtā'ût, SJ A. Marx, 1949/50, 451–470; Ders., a. a. O. (Anm. 59), 139; S. Verses, R. 'Elijjāhû hak-Kohen bᵉ'Izmîr, Javneh 2 (1939/40), 163 f.; J. Tishby, Nᵉtîbê ... 163 f.

98 § 46, Anm. 30. Ferner zahlreiche andere Werke.

99 § 46, Anm. 75. J. Tishby, Nᵉtîbê ... 64 f. 88 f. 167.

100 G. Scholem, Šabbᵉtāj Ṣᵉbî II, 1956/7, 408 ff. Seine Responsen sind neu erschienen: Sefär Dᵉbar Šᵉmû'el, Jerus. 1966/7 (Venedig 5462).

101 J. Tishby, Tᵉʿudot šäl Nātān hā-ʿazzātî bᵉkitbê Rabbî Jôsef Hāmîṣ, in: Nᵉtîbê ... 52–80. N. S. Leibowitsch, Šᵉrîdîm mik-kitbê ha-fîlôsôf hā-rôfe' wᵉham-mᵉqûbbal R. Jôsef Ḥāmîṣ ʿim has-Sefär bᵉlîl ḥāmîṣ, 1935/6.

102 G. Scholem, 'Iggärät Māgen 'Abrāhām me-'äräṣ ham-maʿᵃrāb, Qôbäṣ ʿal Jad 14 (1933/4), 121–155; Ders., Lîdîʿat haš-šabbᵉtā'ût mit-tôk kitbê Qardôzô, Zion 7 (1941/2), 12–28; Ders., 'Iggärät 'Abrāhām Qardôzô lᵉdajjānê 'Izmîr, Zion 19 (1953/4), 1–22; Ders., a. a. O. (Anm. 100) 641 f. 778 ff.; Ders., Šᵉne mᵉqôrôt hᵃdāšîm lîdîʿat tôrātô šäl 'Abrāhām Mîkā'el Qardôzô, Sefunot 3–4 (1959/60), 243–300; Ders., Die Theologie des Sabbatianismus im Lichte Abraham Cardosos, Judaica 1963, 119–146.

103 § 41, Anm. 76 und 77.

104 Von dem die Grundlagen der *Šibḥê hā-'AR"I* stammen, s. Anm. 35, nämlich 3 Briefe, die er 1602 von seinem Aufenthalt in Zefat schrieb. Ferner: D. Tamar, Qunṭres ḥādāš lᵉR. Šᵉlomoh Šᵉlojmel mid-Dresnîṣ, Tarb 24 (1954/5), 465–467.

(1561–1640)[105] (der zunächst noch der Cordovero-Lehre anhing) sowie Natan Špira (1584–1633)[106].

Dieser hat mit pilpulistischen Methoden die verschiedensten kabbalistischen Lehrrichtungen harmonisiert und vor allem gematrische Spekulationen geliebt. Seine Ansichten sind im wesentlichen im *Sefär ʿamûqôt weʾäthatten*[107] zu finden, demgegenüber der umfangreiche *Megalleh ʿamûqôt ʿal hat-tôrah* nur wenig Neues enthält. Im übrigen gehört er zu den kabbalistisch geprägten osteuropäischen *Daršānîm,* wie Bezalel b. Salomo (gest. 1658/9)[108], Arje Löw Priduk[109], Berekja Berek (gest. 1663)[110] und Aaron b. Samuel Kajdanower (1614–1676/9)[111]. Dabei spielten gewisse antirabbinische, sozial und religiös bedingte Ressentiments eine Rolle und das Böse – v. a. nach 1648 – wurde geradezu zum Brennpunkt des stark volkstümlich bestimmten Interesses.

Aber auch angesehene Rabbiner haben sich als Kabbalisten hervorgetan. Natan Näṭaʿ Hannover[112] z.B., der Historiograph, oder die zu ihrer Zeit in Polen/Litauen maßgebenden Halakisten[113] Isaak b. Abraham in Wilna und Zbi Hirsch Hurwitz. Daneben gab es wieder recht undurchsichtige Gestalten wie den seltsamen Simon b. Pesach Ostropoler[114] (gest. 1648 als Märtyrer), der für sich einen „*Maggîd*" (vgl. Josef Karo) in Anspruch nahm, sich also als Offenbarungsempfänger fühlte, eine Unmenge unechter 'AR"I-Zitate verwendete (oder erfand) und Pseudepigraphen zitierte. Sein Ruf als größter Kabbalist Polens bei seinen Zeitgenossen beruht wohl auf den vielen populären Ausführungen über das Böse und die Dämonenwelt. Nach seinem Martyrium galt er z.B. als

105 G. Scholem, Le mouvement ... (Anm. 55), 32.

106 J. Ginzberg, Rabbî Nātān Šapîrā', Ha-Teqûfah 25 (1929), 488–497; G. Scholem, Le mouvement ... (Anm. 55), 34 ff.; Ders., a. a. O. (Anm. 100) I, 63 f.

107 Krakau 1637; Lemberg 1784/5.

108 G. Scholem, Le mouvement ... (Anm. 55), 40.

109 G. Scholem, Le mouvement ... (Anm. 55), 34 ff.

110 G. Scholem, ibd. 40. 52 (besuchte Šabbetaj Zbi in Gallipoli und schrieb einen positiven Briefbericht darüber). 68. Vgl. auch B.-Z. Katz, Rabbānût, ḥasîdût, haśkālāh I, 1956, 133 ff.

111 G. Scholem, a. a. O. (Anm. 59), 69; Ders., Le mouvement ... (Anm. 55), 40; M. Shulvass, Between the Rhine and the Bosporus, 1964, 90 f.

112 *Ṭaʿamê sûkkāh; Śaʿare Ṣijjôn* (Prag 5422); Natan verbreitete in Osteuropa den Brauch des *Tiqqûn ḥaṣôt.*

113 G. Scholem, Le mouvement ... (Anm. 55), 49.

114 G. Scholem, Le mouvement ... (Anm. 55), 37; Der., Šabbetāj Ṣebî I, 64 ff.

Messias b. Josef. Nicht minder eigenartig war der „Prophet“ Nechemja ha-Kohen[115].

Das sabbatianische Fiasko traf nicht zuletzt die kabbalistische Spekulation hart, da sie sich erklärtermaßen als eine Quelle möglicher häretischer Verwirrungen erwiesen hatte und von den Sabbatianern – wie z. T. von den Chasidim – betont für sich in Anspruch genommen wurde. Das kabbalistische Studium wurde von den Rabbinen nunmehr in der Regel mit einer gewissen Reserve betrieben und erst ab dem 40. Lebensjahr erlaubt. Die letzten bedeutenden rabbinischen Vertreter der ’AR”I-Kabbalisten waren: Jakob Koppel Lifschitz (gest. 1740), ein scharfer Gegner der Sabbatianer, der aber nichtsdestoweniger an sabbatianische Vorstellungen, v. a. solche des Natan von Gaza, anknüpfte, ohne daß man es zu seiner Zeit und unter seinen vielen chasidischen Verehrern bemerkte[116]; Mose Chasid[117], der Gaon Elia von Wilna und Pinchas Elia Hurwitz (gest. 1821)[118], dessen *„Sefär hab b^e^rît“*[119] eine eigentümliche Kombination von lurianischer Kabbalah und beginnender osteuropäischer Haskalah darstellt.

§ 52 Die sabbatianische Bewegung

A. M. Habermann, L^e^tôl^e^dôt hap-pûlmûs nägäd haš-šabb^e^tā’ût, Qôbäṣ ‘al Jad 13 (1941/2), 185–216; S. Hurwitz, Sabbatai Zwi; zur Psychologie der häretischen Kabbala, in: Studien zur analytischen Psychologie C. G. Jungs, II, 1955, 239–263; D. Kahana, Tôl^e^dôt ham-m^e^qûbbālîm haš-šabb^e^tā’ijjim w^e^ha-ḥ^a^sîdîm, 1969/70[2]; R. Kaufmann*, 52 ff.; A. Posy*, 115 ff.; N. Rotenstreich, Ham-maḥšābāh haj-j^e^hûdît bā-‘et ha-ḥ^a^dāšāh I, 1966, 24 ff.; H.-J. Schoeps, Barocke Juden, Christen, Judenchristen, 1965; G. Scholem, Miṣwāh hab-bā’āh bā-‘^a^berâh, K^e^näsät 2 (1936/7), 347–392; Ders., Zum Verständnis des Sabbatianismus. Zugleich ein Beitrag zur Geschichte der Aufklärung, Almanach des Schocken-Verlages 5697, 30–42; Ders., Pārāšijjôt b^e^ḥeqär hat-t^e^nû‘āh haš-šabb^e^tā’ît, Zion 6 (1940/1), 85–100; Ders., Liqqûṭîm šabb^e^tā’ijjim, Zion 10 (1944/5), 140–148; Ders.*, DjM 315 ff.; Ders., Šabb^e^tāj Ṣ^e^bî, 2 Bde., 1956/7 (im folgenden zitiert als: G. Scholem, SZ. Hier ältere

115 § 52, Anm. 28.

116 J. Tishby, Bên šabb^e^ta’ût wa-ḥ^a^sîdût, in: N^e^tîbê … 204–226; Ders., Tiqqûnê t^e^šûbāh šäl Nātān hā-‘azzātî, ibd. 31–51 (über *Sefär Qôl Ja‘^a^qob*); G. Scholem, Zur Kabbalah und ihrer Symbolik, 1960, 114 f.; Ders., Le mouvement … (Anm. 55), II, 230 f.

117 M. Waxman*, II, 299 f.

118 B.-Z. Dinur, B^e^mifneh had-dôrôt, 1955, 265 ff.; J. Zinberg*, III, 317 ff.

119 Erstausgabe 5597, 2. Ausgabe Wilna 5578.

Lit.); Ders., Teʿûdāh ḥadāšāh me-re'šît hat-tenûʿāh haš-šabbetā'ît, QS 33 (1957/8), 532–540; J. Spiwak, Ham-māšîaḥ me-'Îzmîr – Šabbetāj Ṣebî, 1966/7; J. Tishby, Netîbê 'ämûnāh ûmînût, 1964; Ch. Wirszubski, Hā-'îde'ôlôgjāh haš-šabbetā'ît šäl hāmārat ham-māšîaḥ, Zion 3 (1937/8), 216–235.

1. Sabbetaj Zbi[1] bis zu seiner „Offenbarung“[2]

Sabbetaj Zbi wurde 1626 in Smyrna als 2. von 3 Söhnen einer wohlhabenden Familie geboren und zwar am 9. Ab, also am Gedenktag der Tempelzerstörung, der noch dazu auf einen Sabbat fiel. Diese Tatsache hat später sein messianisches Selbstbewußtsein mitgeprägt. Er erhielt eine solide rabbinische Bildung, neigte von Jugend an zu asketisch-mystischer Frömmigkeit und nach dem 18. Lebensjahr begann er kabbalistische Werke zu lesen *(Zohar, Sefär ha-qānāh, Sefär re'šît ḥôkmāh, Sefär ha-ḥaredîm* und *Šenê lûḥôt hab-berît)*, doch keine aus der Kabbalah von Zefat. Im Brennpunkt seines Interesses stand bis etwa 1648 die Sefirah *Tif'ärät* (VI), in der er das „Geheimnis der Gottheit“ manifestiert sah.

Gewisse Züge seiner Persönlichkeit deuteten schon früh auf psychische Deformation, die G. Scholem als Symptome einer leichteren Form von manisch-depressivem Irresein gedeutet hat. 1648 wollte er eine Art messianisches „Berufungserlebnis“ gehabt haben und sprach zum öffentlichen Ärgernis den Gottesnamen aus. Nach scharfer Zurechtweisung behielt er derartige Spekulationen zwar für sich, doch die kabbalistisch-messianische Deutung seiner Lebensdaten scheint ihn dennoch immer mehr beschäftigt zu haben. Die Sabbatianer haben später diese Deutung weitergeführt und daraus geradezu einen Jahresfestzyklus gemacht. Das phasenweise Eintreten manischer Stimmungen und deren Folge von befremdlichen Verhaltensweisen *(maʿaśîm zārîm)* waren ein schweres persönliches Problem für Šabbetaj Zbi. Er konnte sich als das betrachten, wofür ihn manche hielten, als einen – harmlosen – Irren, oder er fand eine positive Deutung für seine Zustände[3].

Ab 1653 mehrten sich solche *maʿaśîm zārîm* und 1654 verwies ihn die Gemeinde schließlich aus der Stadt. In Saloniki duldete man ihn

[1] Zur Biographie: G. Scholem, SZ.; ältere Literatur ist nur mit Vorbehalt zu benützen. J. Evelyn, The History of Sabatai Sevi, the Supposed Messiah of the Jews, 1968; F. Secret, L'histoire de Sabatai Zevi par un capucin de ses contemporains, REJ 120 (1961), 363–367; S. Simonsohn, A Christian Report from Constantinople Regarding Shabbetaj Ṣevi, JJS 12 (1961), 33–58; J. Tishby, Mešîḥûtô šäl Šabbetāj Ṣebî ûfeʿûllātô beʿarê Tûrkijjāh, Jedîʿôt 30 (1966/7), 275 f.

[2] G. Scholem, Šabbetāj Ṣebî qôdäm hitgallûtô, Môlād 13 (1954/5), 40–53.

[3] G. Scholem, Miṣwāh ...

einige Zeit, zumal er sich ausgezeichnet darauf verstand, sefardische Volkslieder ins Religiöse zu übertragen, sie, wie er sagte, „zu erlösen", und sein Gesang sehr geschätzt wurde. Nachdem er aber auch hier bei einem symbolischen Hochzeitsmahl zu seiner Vermählung mit der Torah den Gottesnamen ausgesprochen hatte, verbannte ihn auch die hiesige Gemeinde.

Nach längerer Wanderzeit kam er 1658 nach Konstantinopel, aber nach 8 Monaten mußte er auch diese Stadt verlassen, denn die *maʿaśîm zārîm* nahmen immer auffälligere Formen an.

Z. B. feierte er alle 3 Wallfahrtsfeste zusammen in einer Woche, aß rituell verbotenes Fett, indem er die Benediktion *mattîr ʾasîrîm* (der die Gebundenen löst) als *mattîr ʾasûrîm* (der die verbotenen Dinge erlaubt) las, also mit dem Gedanken einer neuen, messianischen Torah spielte. Zu der Zeit lernte er die lurianische Kabbalah kennen und verband sie mit seinen eigenen Spekulationen.

1658 kehrte er nach Smyrna zurück und verhielt sich längere Zeit nahezu normal. 1662 trat er eine Palästinareise an, fuhr nach Rhodos und von dort nach Ägypten.

Hier heiratete er zum 3. Mal, und zwar ein Mädchen aus Polen, das seit den Verfolgungen von 1648 geistig verwirrt war und sich für die vorbestimmte Ehepartnerin des Messias hielt. Sie hatte in Livorno von den messianischen Anwandlungen Šabbetaj Zbis reden gehört und war ihm einfach nachgereist. Ihr Ruf war offenbar nicht einwandfrei und es scheint, als habe Šabbetaj Zbi mit dieser Eheschließung einen *„Tiqqûn"* durchführen wollen, für den die Ehe des Propheten Hosea als Vorbild diente.

1662–1664 lebte er in Jerusalem als angesehener und gebildeter Mann, den man als *Šālîaḥ* der Gemeinde nach Ägypten entsandte. Mit Energie suchte er zu der Zeit seine Krankheit zu überwinden, selbst mit dem Versuch einer Beschwörung. Schließlich wandte er sich an einen als heilig bekannten Mann, von dem er sich einen persönlichen *Tiqqûn* im Sinne der lurianischen Kabbalah verschreiben lassen wollte, an Rabbi Natan in Gaza, der ihm zum Schicksal wurde.

2. Der Beginn der sabbatianischen Bewegung in Palästina

Abraham Natan ben Elischa Chajjim Aškenazi[4], Schüler des Jakob Chagiz, wurde später von seinen Gegnern N a t a n h ā - ʿ a z z ā t î,

[4] G. Scholem, Šabbetāj Ṣebî weNātān hā-ʿazzātî, Qôbäṣ hôṣāʾat Sôqen ledibrê Sifrût 1940/1, 150–166; Ders., Beʿiqbôt ham-māšîaḥ, 1953/4; Ders., Von der mystischen Gestalt der Gottheit, 1962, 79 ff.; Ders., SZ

von seinen Anhängern MHR"N und *Bûṣînāʾ qaddîšāʾ* (Heilige Leuchte) genannt. Schon in jungen Jahren galt er als großer Gelehrter und noch mehr als heiligmäßiger Kabbalist, Empfänger von Traumoffenbarungen als Visionär und Spezialist für die Feststellungen von Seelen-*tiqqûnîm*. Während einer seiner visionären Erlebnisse wollte er die Gesichtszüge des kommenden Messias geschaut haben. Sie meinte er wieder zu erkennen, als Šabbetaj Zbi ihn im Mai 1664 aufsuchte. Nach längeren Gesprächen, gemeinsamen Besuchen bei Heiligengräbern und einer ekstatischen Messiasproklamation Natans ließ sich Šabbetaj Zbi am 31. Mai 1664 zur Selbstproklamation als Messias „des Gottes Jakobs" hinreißen und umgab sich mit 12 Männern nach der Zahl der Stämme Israels. Die eigentliche Kraft der aufkeimenden Bewegung lag jedoch in Natans kabbalistisch-messianischer Theologie und in seiner überdurchschnittlichen propagandistischen Begabung. Bald nach diesen ersten Begebenheiten verbreitete er eine anonym verfaßte Apokalypse, die er einem Abraham aus der Zeit des aškenasischen Chasidismus in den Mund gelegt hatte.

In ihr wird Šabbetaj Zbi als der Messias vorausgesagt, der den „großen Drachen" besiegt und die „Schlange" entmachtet, also den endzeitlichen Entscheidungskampf gegen die Mächte der *Qelîppāh* führt, einen Kampf im Verborgenen, im übersinnlichen Bereich, transparent im Geschick (in der Biographie) des Messias. Šabbetaj Zbis Krankengeschichte wurde für Natan zum Aufhänger für eine Art von Christologie, zugespitzt auf das Schicksal der Messiasseele und den *Tiqqûn*. 1666 setzte er als Jahr des Erlösungsbeginnes fest. Damit stellte er die Leser vor die Entscheidung für oder gegen den angekündigten Messias, machte den Glauben an ihn zum Kriterium der Religion. Innerhalb eines Jahres war diese Apokalypse weithin in der Diaspora bekannt, ebenso eine Flut von „*Tiqqûnîm*"[5] für gemeinschaftliche Bußveranstaltungen aus der Feder Natans, des „Propheten von Gaza".

Im Traktat *Derûš hat-tannînîm* baute Natan die Messiasgestalt des Šabbetaj Zbi in das kabbalistische Weltbild voll ein. Ansatzpunkt ist die Lehre vom Bösen und vom *Tiqqûn*.

s. Register); v. a. S. 161 ff., II, 609 ff. 657 ff 697 ff.; Ders., Teʿûdôt šabbāʾtîʾôt ʿal R. Nātān ha-ʿazzātî mig-ginzê R. Mehalal'el Hallelûjāh beAncona, A. H. Wolfson JV, I, 1965, 225–241; J. Tishby, R. 'Abrāhām Gidiljā' ba-ḥabûrat Nātān hā-ʿazzātî, QS 25 (1948/9), 230–231; Ders., Teʿûdôt ʿal Nātān hā-ʿazzātî bekitbê Rabbi Josef Ḥamîṣ, Sefunot 1 (1956/7), 80–117 (Netîbê ... 52–80); Ders., Šabbetā'ûtô šäl ham-mequbbal R. Jaʿaqob Qôppel Lifšîṣ mim-Mezeriṭš, Netîbê ... 204–226 (S. 209); Ch. Wirszubski, Hā-'ide'ôlôgjāh ...; Ders., Hat-Tê'ôlôgjāh haš-šabbetā'ît šäl Nātān hā-ʿazzātî, Kenäsät 8 (1943/4), 210–246.

[5] J. Tishby, Tiqqûnê tešûbāh šäl Nātān hā-ʿazzātî, Netîbê ... 31–51.

Im *re*šîmû, das nach dem *ṣimṣûm* im oberen *ṭehîrû* zurückgeblieben war, gab es nach ihm zwei gegenläufige Lichtkräfte, eine gute (helle) und eine finstere, böse Kraft, aus der sich eine Gegenwelt im unteren *ṭehîrû* aufbaute, die *qelîppôt*-Welt Sammaels und der „Schlangen". Der Tiqqûn der oberen *ṭehîrû*-Hälfte ist Israels Aufgabe, der Tiqqûn der unteren *ṭehîrû*-Hälfte die Aufgabe des Messias, womit bereits seine Sonderstellung begründet ist. Die Messiasseele ist hinabgestiegen in die Gewalt des *tehôm rabbā'*, in die *qelîppôt*, in die Unreinheit, um die versprengten Seelenfunken von dort zu sammeln und zu erlösen, indem sie sich selbst wieder freikämpft von der Macht der bösen Gewalten. Die Selbsterlösung der gefangenen Messiasseele ist gekoppelt an die Erlösung der gefangenen Seelenfunken. Eben dieser Leidensweg der Messiasseele spiegle sich im äußeren Leben und Handeln des Šabbetaj Zbi, in dem sich die Messiasseele inkarnierte.

Alle diese Ansichten, von Natan mit Feuereifer verbreitet, erregten kaum Widerspruch, obwohl sich bereits in der Verbindung von Seelen-*Tiqqûn* und *Šemîṭṭôt*-Lehre ein antinomistischer Zug abzeichnete.

Demnach werde mit der neuen *Šemîṭṭāh* auch eine neue Lesung der Torah eintreten, die für den Messias bereits zutrifft, das sein *Tiqqûn*-Stand schon weiter fortgeschritten ist. Die *ma'aśîm zārîm*, die befremdlichen Verhaltensweisen des Šabbetaj Zbi in seinen manischen Phasen, entsprechen daher einem gegenüber der Umwelt schon vorweggenommenen Stand der Erlösungsgeschichte und können darum auch nicht mehr nach den Normen dieses Äons beurteilt werden.

Bei Šabbetaj Zbi häuften sich nun solche *ma'aśîm zārîm*. Er trug Ringe mit dem Gottesnamen, identifizierte sich mit der Manifestation Gottes in der Sefirah *Tif'ärät*, schaffte Fasttage ab, führte neue Festtage ein und plante sogar ein Opfer auf dem Tempelplatz. Schliesslich verhängte die Jerusalemer Gemeinde, die ja auch Konflikte mit den türkischen Behörden befürchtete, über Šabbetaj Zbi den Bann. Die Türken aber ließen ihn gewähren, ja sie räumten ihm sogar das Recht ein, auf einem Pferd reiten zu dürfen, was den Glauben seiner Anhänger noch mehr bestärkte. Unterdessen hatte Natan mit einer wahren Flut von Briefen überall die Ankunft des Messias angekündigt. An den Nāgîd von Ägypten, Rafael Josef, schrieb er das Programm der Endzeit:[6]

1. Der Sultan wird durch den Messias kampflos abgelöst – mittels (magisch wirkender) Lieder und Gesänge.
2. Alle Völker unterwerfen sich – nur in Aškenasien (als Vergeltung für 1648) wird Blut fließen.

[6] A. Freimann, in: 'Injānê Šabbetāj Ṣebî, 1913, S. 85.

3 In Jerusalem wird der genaue Altarplatz wiederentdeckt.

4. Der Sagenfluß Sambation wird entdeckt, die 10 verschollenen Stämme tauchen auf.

5. Der Sultan rebelliert, eine Zeit der Bedrängnis folgt.

6. 1672 wird der Davidmessias offenbar, nämlich Šabbetaj Zbi und seine Frau „Ribkah“, auf Löwen über den Sambation getragen.

7. Die Diaspora wird eingesammelt, der himmlische Tempel kommt herab.

8. Im Heiligen Lande stehen die Toten auf.

9. 40 Jahre später folgt die Auferstehung der Toten außerhalb des Heiligen Landes.

Diesem apokalyptisch dargestellten Erlösungsprozeß entspricht eine kabbalistische Darstellung, nach der sich in der Endzeit die oberen Lichter offenbaren, der *ʿAttîqāʾ qaddîšāʾ* in *Zeʿîr ʿanpîn* – durch Šabbetaj Zbi!

3. Die Ausbreitung der messianischen Bewegung und die Konversion des „Messias“

Über Zefat, Damaskus und Aleppo gelangte Šabbetaj Zbi – überall stürmisch gefeiert – Anfang Okt. 1665 nach Smyrna, seiner Vaterstadt und lebte dort 2 Monate inkognito während einer Depressionsperiode. Indessen änderte man in vielen Gemeinden schon die Gebete und ersetzte den Namen des Sultan durch den des Šabbetaj Zbi und datierte Briefe nach dem messianischen Jahr 1666. Für Šabbetaj Zbi setzte sich die Bezeichnung ʾMJRʾʾH (*ʾadônenû malkenû jārûm hôdô*[7]) durch. Legenden entstanden, verbreiteten sich wie der Wind (auch durch christliche Kaufleute und Missionare) in der gesamten Diaspora. 1666 erreichte dann die messianische Stimmung – ohne genauere Nachrichten, allein durch Gerüchte, Wundergeschichten und Natans Propaganda genährt – in allen Teilen der Diaspora den Siedepunkt[8]. Die Gelehrten schwiegen zumeist, verwirrt durch Natan, z. T. auch besorgt. Die türkischen Behörden verhielten sich merkwürdig abwar-

[7] „Unser Herr und unser König, seine Majestät sei erhaben!“.

[8] G. Scholem, Rešîmôt me-ʾÎṭaljāh ʿal hat-tenûʿāh haš-šabbetāʾît bišnat 426, Zion 10 (1944/5), 55–66; H. Graetz, Die sabbatianisch-messianische Schwärmerei in Amsterdam, MGWJ 25 (1876), 139–143; D. Kaufmann, Die Memoiren der Glückel von Hameln, 1896, 81 ff. (A. Feilchenfeld, Denkwürdigkeiten der Glückel von Hameln, 1914, 60 ff.); M. Beniyahu, Jedîʿôt me-ʾÎṭaljāh ûmi-Hôlland ʿal reʾšîtāh šäl haš-šabbetāʾût, EIsr 4 (1955/6), 194–205; G. Scholem, Le mouvement sabbataiste en Pologne I, RHR 143 (1953), 30–90 (S. 44 ff.).

tend. Nur an einzelnen Orten, z.B. in Konstantinopel, wo Šabbetaj Zbi ja bekannt war, kam es zu scharfen Auseinandersetzungen in den Gemeinden. Schließlich trat Šabbetaj Zbi in Smyrna auch öffentlich auf, die manische Phase kehrte wieder.

In einem Prunkgewand zog er zur Synagoge und ließ sich von einer Gesandtschaft aus Aleppo huldigen, gebärdet sich als König und setzte neue Bräuche fest. Die Rabbinen widersetzen sich. Am 1. Dez. 1665, an einem Sabbat, besetzte er mit seinen Anhängern die widerspenstige portugiesische Synagoge, ernannte seine Brüder und engsten Anhänger zu Vasallen (als Kaiser von Rom, Kaiser der Türkei etc.) und bestimmte den Jahrestag seiner Selbstproklamation in Gaza, den 15. Siwan, als Anbruch der messianischen Ära.

Am 30. Dez. 1665 brach Šabbetaj Zbi mit einigen Begleitern nach Konstantinopel auf. Seine Gegner mobilisierten die türkischen Behörden und noch auf dem Wasser wurde Šabbetaj Zbi verhaftet, weil man Störungen der öffentlichen Ordnung befürchtete. Nach einem kurzen Verhör wurde er in leichter Haft gehalten – was die Gläubigen wieder als Wunder werteten. Nach 2 Monaten wurde er nach Gallipoli überstellt, durfte sich aber dort gegen entsprechende Gelder an die Gefängnisverwaltung relativ frei bewegen, hielt regelrecht Hof und empfing Gesandtschaften.[9] Die Besucher sahen in ihm den König, für sie hieß sein Wohnsitz „*Migdal ʿôz*" (Turm der Macht). Erklärte Gegner der Bewegung hatten es allenthalben schwer.

Die Brüder Immanuel[10] und Jakob Frances[11] in Italien schrieben zwar Spottlieder über den ganzen Unfug, publizierten sie aber auch erst nach dem Scheitern der Bewegung. Jakob Sasportas[12] in Hamburg, dessen Buch „*Ṣiṣat nôbel Ṣ^{e}bî*"[13] eine der wichtigsten Quellen für diese Ereignisse darstellt, äußerte sich ebenfalls später viel entschiedener als zunächst. Die meisten, v.a. die Jerusalemer Gelehrten, schwiegen.

Die Bewegung erfaßte alle Schichten, am stärksten die ehemaligen Marannen der sefardischen Gemeinden, deren christlich geprägtes

[9] E. Weinschel, M^{e}dînijjût ha-ḥûṣ b^{e}qābîneṭ šäl Šabb^{e}tāj Ṣ^{e}bî, Moznajim 9 (1958/9), 424–431.

[10] *Sefär Ṣ^{e}bî mûddaḥ;* vgl. G. Scholem, SZ II, 402 f.425 ff.

[11] G. Scholem, SZ II, 425 ff.; P. Naveh, Kol šîrê Jaʿ^{a}qob Frances, 1968/9.

[12] G. Scholem, SZ I, passim (s. Reg.), II, 468 ff.; J. Tishby, N^{e}tîbê … 258 ff.; R. Schatz, Ṣîṣat Nôbel Ṣ^{e}bî ûmah^{a}dûrātô haš-š^{e}lemāh, B^{e}ḥinot 10 (1955/6), 51–57.

[13] Jaʿ^{a}qob Śaśpôrtas, Sefär ṣîṣat nôbel Ṣ^{e}bî, ed. S. Schwarz – J. Tishby, 1953/4.

Messiasbild der sabbatianischen Propaganda von vornhinein nahestand. Fast überall bildeten die „Gläubigen" die Mehrheit in den Gemeinden und übten einen mehr oder weniger deutlichen Terror gegen die „verstockte" skeptische Minderheit aus. Manche verkauften Hab und Gut, um für die Abreise ins Heilige Land bereit zu sein. Umzüge mit Bildern des „Messias" fanden statt und führten z. B. in Polen zu Zusammenstössen mit der nichtjüdischen Bevölkerung. Im Sommer 1666 erreichte die Massenhysterie allenthalben ihren Höhepunkt, angeheizt durch Briefe des Šabbetaj Zbi und durch Sendschreiben seines Sekretärs Samuel Primo. Nun proklamierte Šabbetaj Zbi wieder die Aufhebung des Fastens am 17. Tammuz und dazu die Umwandlung des 9. Ab in einen Festtag, eine Anordnung, die schwere Auseinandersetzungen in den Gemeinden heraufbeschwor.

Inzwischen war den türkischen Behörden die Bewegung doch zu vehement geworden. Auch die ständigen Beschwerden der gegnerischen Kreise veranlaßten sie zum Einschreiten, unter anderem die Anzeige des extra zu diesem Zweck zum Islam übergetretenen Nechemja Kohen (Abs. 7a). Am 12./13. Sept. erschien eine Regierungskommission in Gallipoli und brachte Šabbetaj Zbi am 15. nach Adrianopel. Unter anderem lagen auch Beschwerden über die Rolle der „Hofdamen" des Messias vor. Šabbetaj Zbi kam vor Gericht – und zwar vor den Wezir und den Sultan. Er bestritt jeden messianischen Anspruch, wurde aber dennoch vor die Wahl zwischen Hinrichtung und Bekehrung zum Islam gestellt. Der Messias wählte den Islam, den „Turban", und erhielt daraufhin einen Palastdienerrang und den Titel Mohamed Efendi[14].

4. Šabbetaj Zbi nach seiner Konversion

Die Bestürzung über die Konversion des Messias, das schlimmste Vergehen eines Juden, war maßlos. Zunächst wollte man es einfach nicht glauben, dann tat die Theologie Natans ihr Werk und deutete ganz in der bisherigen Tendenz das befremdliche Verhalten des Messias als heilsgeschichtlich notwendigen Schritt im Rahmen des *Tiqqûn*[15].

[14] C. Roth, New Light on the Apostasy of Sabbatai Zevi, JQR 53 (1962/3), 219–225.

[15] G. Scholem, 'Iggärät Nātān hā-'azzātî 'al Šabbetāj Ṣebî wa-hamārātô, Qobäṣ 'al Jad 16 (1965/6), 421–456.

Zunächst kam es freilich – ähnlich wie im frühen Christentum – zu weniger systematischen Deutungen. So meinten manche, es handle sich nur um eine Tarnung für eine gewisse Zeitspanne, andere dachten, Šabbetaj Zbi selbst wäre gegen Himmel gefahren. Dann kam die kabbalistisch überzeugende Behauptung einer notwendigen und geplanten Konversion auf: Der Messias mußte in die Unreinheit der *Qelîppāh* hinabsteigen und zur Täuschung der bösen Mächte auch dieses befremdliche Werk noch vollbringen.

In der Tat blieb Šabbetaj Zbi weiter in Kontakt mit seinen Anhängern und führte fortan ein eigentümliches Doppelleben als frommer Moslem und als Messias der Juden. Natans theologische Argumente konnten aber nicht mehr verhindern, daß eine Ernüchterungswelle um sich griff und die Bewegung zu einer Untergrundströmung in den Gemeinden zusammenschrumpfte, zumal die „nichtgläubigen" Rabbinen nun offen zum Gegenangriff übergingen – mit Vorsicht freilich, um keine Massenkonversion in der Nachfolge des Šabbetaj Zbi zu provozieren. Die Schadenfreude der Nichtjuden war ohnedies schlimm genug.

Natan baute seine Theologie indessen weiter aus und korrigierte sein Endzeitprogramm, indem er nun seine Merkabahschau mit der Messianitätsproklamation als „Prophetie" definierte, alles andere als persönliche, fehlbare Meinung. Nun erst wurde die Bewegung auch von sozialen und religiösen Ressentiments weitergetragen, nämlich durch die oppositionellen Kräfte in den Gemeinden. Untergrundtaktik und bewußte Verstellung gegenüber den „Ungläubigen" wurde zur Parole. Die Gegner revanchierten sich in der Regel mit Totschweigen: Šabbetaj Zbi wurde tabu, alle Erwähnungen seines Namens und seiner Bewegungen in den Gemeindeurkunden der letzten Jahre sorgfältig beseitigt.

Zum Passah 1668 kam Natan nach Italien, nach Venedig, und reiste über Livorno nach Rom, wo er inkognito im Vatikan magische Riten vollzog – offenbar zur Beschwörung Edoms. Er deutete an, daß es sich um einen bedeutsamen *Tiqqûn*-Akt handelte (vgl. Salomo Molko!). Auf der Rückreise traf er mit Šabbetaj Zbi zusammen (1669), später noch öfter, dazwischen befand er sich meist auf Reisen. Sein theologisches Werk *Sefär habberî'āh* aus diesen Jahren wurde zum Fundament der sabbatianischen Kabbalah in der Folgezeit.

Die Bewegung selbst nahm immer phantastischere Formen an, „Propheten" traten auf und „praktische Kabbalah" (Magie) gewann weithin die Oberhand. Auch der antinomistische Trend verstärkte sich in der Opposition zu den Gemeindeautoritäten. Da man meinte, daß bis zum Messias die *Šᵉmîṭṭāh* unter dem Aspekt von *Ḥäsäd* stand und seit dem Erscheinen des Messias unter dem Aspekt von *Gebûrāh/Dîn* stehe (im *Sefär ha-Tᵉmûnāh* einst umgekehrt!), fand man durch die Widerstände nur die eigene Theorie bestätigt. Eine Umkehrung der Werte erfolgte, der historische Sachverhalt wurde als Schein, die Spekulation zur Realität erklärt. Die Vollendung – für die Messiasseele bereits vorweggenommen – bedingte eine neue Sicht der Torah: Wer nun noch an der alten Torahfrömmigkeit festhält, entweiht den „Sabbat" der Weltgeschichte. Doch nicht die Willkür des Einzelnen sollte entscheiden, sondern der Wille des Messias.

Šabbetaj Zbi verbrachte 6 Jahre in Adrianopel. Als er 1672 nach Konstantinopel wollte, verhaftete man ihn am 23. August und verurteilte ihn im Dezember wegen Geheimjudentum, Weingenuß und Weibergeschichten zur Verbannung auf die Festung Dulčigno in Albanien. Einige Briefe aus dieser Zeit sind noch erhalten. Nach dem Tod seiner Frau Sarah (1674) heiratete er 1675 noch einmal. Samuel Primo und Natan von Gaza gelang es, den Verbannten zu besuchen. 1675/6 erlebte er noch einmal eine Manie-Periode von besonderer Intensität, darnach werden die Nachrichten spärlicher. Am 17. Sept. 1676 ist er gestorben[16].

Über ein Jahr wurde sein Tod geheimgehalten. Dann wurde als ein „Geheimnis" kolportiert, er sei selbstverständlich nicht gestorben, sondern nur entrückt, verborgen, und er bzw. die Messiasseele werde wiedererscheinen.

Am 11. Januar 1680 starb auch Natan. Die Bewegung aber überstand sowohl den Tod des Messias wie den Tod ihres „Propheten".

5. Die Bewegung nach Šabbetaj Zbi im islamischen Bereich: Die Dönme[17]

Zwei Hauptanstöße zur Ausbildung einer sektiererischen Dogmatik lagen vor: (1) Die Apostasie des Messias und (2) der Tod des Messias.

[16] S. D. Goitein, Bᵉʾêzāh jôm nifṭar Šabbᵉtāj Ṣᵉbî?, Tarb 27 (1957/8), 104; G. Scholem, Hêkān met Šabbᵉtāj Ṣᵉbî?, Zion 17 (1951/2), 79–83.

[17] Th. Bendt, Die Dönmes oder Mamin in Saloniki, Ausland 61 (1888), 186–190.206–209; I. Ben-Zvi, The Exiled and the Redeemed, 1957, 131 ff.; A. J. Brawer, Zur Kenntnis der Dönmäh in Saloniki, Archiv f. jüd. Familienforschung 2 (1916), 4–6.14–16; E. Carlebach, Exotische Juden, 1932, 154 ff.; A. Danon, Une secte judéo-musulmane en Turquie, REJ 35

Die Apostasie wurde mit dem heilsgeschichtlich notwendigen Abstieg in die *Qᵉlîppôt* gerechtfertigt und in begrenztem Rahmen kam es auch zu einer Nachfolgetendenz: Eine sich als Elite der „Gläubigen" verstehende Gruppe trat wie Šabbetaj Zbi zum Islam über, führte wie er ein Doppelleben als Moslems und Juden, von den jüdisch verbliebenen Sabbatianern in der Regel auch als Elite anerkannt. Das Zentrum dieser Bewegung war nach Šabbetaj Zbis Tod Saloniki, wo der Bruder von Šabbetaj Zbis zweiter Frau, Jakob Querido, als mystisches Gefäß der Messiasseele galt.

Ab 1680 kam es zu einer stärkeren Profilierung der Tendenzen, die radikale, zur Nachfolge bereite Gruppe setzte sich von den übrigen Gläubigen stärker ab. 1683 traten in Saloniki ca. 250 Familien zum Islam über, Konversionen an anderen Orten und Zuwanderungen verstärkten diesen Flügel, der alsbald Kontakte mit schwärmerischen islamischen Gruppen aufnahm (in denen es ebenfalls zu antinomistischen mystischen Tendenzen gekommen war). Man meinte, daß die *Tôrah dibᵉrî'āh* zwar noch teilweise in Geltung, zugleich aber die *Tôrah dᵉ-'aṣîlût* in mancher Hinsicht schon manifest sei, z. B. für die Liturgie und die Sexualhalachah.

Strenge Arkandisziplin, strikte Absonderung und Ablehnung des Konnubiums mit Nichtjuden kennzeichnen diese Richtung. Sie spaltete sich in 3 Strömungen auf:

1. J a k o b Q u e r i d o und seine Gruppe, die Jakobiten (Jakubis), vorwiegend aus der Bürger- und Beamtenschicht.

(1887), 264–281; W. Gordlevsky, Zur Frage über die „Dönme", Islamica 2 (1926), 200–218; H. Graetz, Überbleibsel der Sabbatianer in Saloniki, MGWJ 26 (1876), 130–132; 33 (1884), 49–63; J. R. Molkho, Hômär lᵉtôlᵉdôt Šabbᵉtāj Ṣᵉbî wᵉhad-Dônmîn 'ašär bᵉSālônîqî, Rešumot 6 (1930), 537–543; Ders., Midrāš nä'ᵃlām 'al pᵉrāšat Lek lᵉkā, Hommage à Abraham (Elmaleh), 1959, 56–65; Ders. – R. Schatz, Perûš Lek lᵉkā, Sefunot 3–4 (1960), 433–521; S. Rosanes, Qôrôt haj-jᵉhûdîm bᵉTûrqijjāh, IV, 1935, 462–477; R. Schatz, Lidmûtāh hā-rûḥānît šäl 'ᵃḥat hak-kîttôt haš-šabbᵉtā'ijjôt, Sefunot 3–4 (1959/60), 395–431; G. Scholem, Die kryptojüdische Sekte der Dönme (Sabbatianer) in der Türkei, Numen 7 (1960), 93–122; Ders., „The Sprouting of the Horn of the Son of David". A new source from the beginnings of the Doenme Sect in Salonica, in: In the Time of Harvest, Essays in honor of A. H. Silver, 1963, 368–386 (hebr.: Tarb 32 (1962/3), 67–79); Ders., Qûnṭres me-re'šît jāmähā šäl kat had-Dônmeh bᵉSā'lônîqî, Sefunot 9 (1964/5), 193–207; A. Struck, Die verborgene jüdische Sekte der Dönme in Saloniki, Globus 81 (1902), 219–224.

2. Barukja Russo, Qunio bzw. Osman Baba[18], um 1700 von einer Gruppe als Reinkarnation der Šabbetaj Zbi-Seele anerkannt. Diese „Quniosos“ waren extrem bis zum Nihilismus und übten einen starken Einfluß auf Jakob Frank in Osteuropa aus. Die Anhängerschaft stammte vor allem aus sozial tieferstehenden Schichten.

3. Die Bewahrer der alten Šabbetaj Zbi-Tradition, die Tzmirlis oder Kavalieros, aus Kreisen des oberen Bürgertums und der Intelligenz.

Bis ins 20. Jh. hinein fest unter sich geblieben, verfallen diese Gruppen ab 1900 der Assimilation, z. T. sind sie in der jungtürkischen Bewegung aufgegangen. Ihre religiösen Lieder, deren Texte von großem Quellenwert sind, konnten zu einem guten Teil der religionsgeschichtlichen Forschung zugänglich gemacht werden[19].

6. Abraham Michael Cardozo (1627–1706)[20] und die jüdischen Sabbatianer Italiens

a) Im Unterschied zu den Apostaten führte der jüdische Sabbatianismus eine Untergrundexistenz im rabbinischen Judentum selbst, was Anlaß zu einer generationenlangen Hexenjagd und zu zahllosen Anfeindungen gab. Tatsächlich ist es verblüffend, wie viele gebildete Rabbiner sich unter den mehr oder weniger deutlich sabbatianisch bestimmten Kreisen befanden, es offiziell natürlich nie bekennend. Abraham Cardozos Theologie ist vielleicht geeignet, die Anziehungskraft zu demonstrieren, die der Sabbatianismus gerade auch auf Kreise der damaligen jüdischen Intelligenz ausüben konnte, wobei sich diese Theologie in grundsätzlichen Fragen weit von der Inkarnations- und Revolutionsideologie etwa der Barukja-Gruppe entfernt.

[18] J. Ben-Zvi, Qûnṭres baq-qabbālāh me-ḥûgô šäl Bārûkjāh, Sefunot 3–4 (1960), 349–394; J. R. Molkho, Lidmûtô ûzᵉhûtô šäl Bārûkjāh Rûssô, hû' 'Ismān Bā'bā', Maḥbärät 2 (1953), 86.97–99; G. Scholem, Bārûkjāh ro'š haš-šabbᵉtā'îm bᵉSā'lônîqî, Zion 6 (1940/1), 119–147.181–202.

[19] M. Attias – G. Scholem – J. Ben-Zvi; Sefär šîrôt ûtišbāḥôt šäl haš-šabbᵉtā'îm, 1948; M. Attias, Pijjûṭ ûtᵉfîllāh lᵉśimḥat Tôrāh me-hap-Pajṭān haš-šabbᵉtā'î Rabbî Jᵉhûdāh Lᵉwî Ṭûbijjāh, Sefunot 1 (1956/7), 128–140; J. Ben-Zvi, Sefär šîrôt wᵉtišbāḥôt šäl haš-šabbᵉtā'îm, QS 21 (1944/5), 46–61.125–136.204–213; G. Scholem, Sedär tᵉfîllāh šäl had-Dônmeh me-'Izmîr, QS 18 (1941/2), 298–312.394–408; 19 (1942/3), 58–64.

[20] § 51, Anm. 102; J. R. Molko, A. Amarillo, 'Iggārôt 'ôṭôbijôgrāfijjôt šäl Qā'rdôzô, Sefunot 3–4 (1959/60), 183–241.

In der Gotteslehre werden die mystischen Wesenheiten von Gott stärker abgesetzt, ein Anliegen, das auch schon Šabbetaj Zbi bewegt hatte.

Die *prima causa* gilt zwar als vernunftmäßig erfaßbar (ein intellektualistischer Zug!), aber nicht als Gegenstand der praktischen Religion. Dies ist vielmehr das *primum causatum,* der „Gott Israels", der Schöpfer und offenbare Gott, der (gewissermaßen androgyn) mit der Schekinah eine Einheit bildet. Seine Erkenntnis ist das „Geheimnis des Glaubens" *(rāzā dimhêmānûtā')*. Nach seinem Bilde wurde der Mensch erschaffen, doch nie hat er sich in einem Menschen inkarniert (!).

Die Heilsgeschichte wird so gesehen:

Bis zur Tempelzerstörung gab es wahre Gottesverehrung. Seither herrschte Verwirrung kosmischen Ausmaßes und statt des Gottes Israels wurde fälschlich die prima causa angebetet. Nur in den von den mittelalterlichen Philosophen verfemten *Haggādôt* und in dem Buch *Zohar* seien Reste des wahren Mysteriums erhalten geblieben. Ihre Kenntnis ist die wahre rationale Erkenntnis und wird durch den Messias vollendet (der in diesem krausen Sinne als radikalster Rationalist erscheint). Die Apostasie des Messias war nötig, weil der alte Äon mit seiner falschen Gottesverehrung zu Ende ging und neue Torahaspekte mit dem neuen Äon offenbar wurden.

Das Werk des Messias und das Werk der Gläubigen ist die Verwirklichung des *Tiqqûn,* die Sammlung der Lichtfunken aus der *Qelîppāh,* aus der Völkerwelt, in die Šabbetaj Zbi hineinging als Gottesknecht à la Jes 53. Doch nur Šabbetaj Zbi war zur Apostasie und zur Praxis der neuen Torah berechtigt, für die Gläubigen gilt noch die Torah *diberî'āh*. Für den *Tiqqûn* der Einzelseelen werden Diagnosen nach Physiognomie und Handlinien für möglich gehalten.

b) Unter den Kabbalisten Italiens[21] hatte der Sabbatianismus nicht uneingeschränkt Zustimmung gefunden. Mose Zacuto und Samuel Aboab z. B. verhielten sich reserviert bis ablehnend. Andere freilich traten für die Bewegung ein, so Josef Chamiṣ[22], Benjamin ha-Kohen aus Reggio und im *Bêt Midrāš* des Abraham Rovigo[23] der getarnte Sabbatianer Samuel Isaak Baer Lif-

[21] I. Sonne, Letôledôt haš-šabbetā'ût be'Îṭaljāh SJ A. Marx, 1952/3, 89–103.

[22] § 51, Anm. 101.

[23] J. Mann, Hitjaššebût ham-mequbbal R. 'Abrāhām Rôvîgô weḥabûrātô, Zion 6 (1940/1), 59–84; J. Tishby, 'Iggärät Rabbî Me'îr Rôfe' leRabbî 'Abrāhām Rôvîgô miš-šenot 435–440; Sefunot 3–4 (1959/60), 71–130; Ders., Netîbê . . . 81–89.

schitz Perlhefter[24], der auch mit dem messianischen „Propheten" Mordechaj von Eisenstadt[25] zeitweilig in Verbindung stand und einen beträchtlichen Einfluß ausübte, wie überhaupt der aufs Ganze gesehen recht gemäßigte italienische Sabbatianismus durch persönliche und literarische Vermittlungen auf den osteuropäischen Proto-Chasidismus kräftig eingewirkt hat. Wie nachhaltige Spuren die sabbatianische Frömmigkeit hinterlassen konnte, ohne Verdacht zu erregen, zeigt auch das Beispiel Mose Chajjim Luzzattos[26].

7. Die Bewegung in Osteuropa[27]

a) Die asketisch protochasidische Strömung. Die Verbindung zwischen messianischen Gerüchten über Šabbetaj Zbi 1666 und der lurianischen Bußbewegungs-Kabbalah war in dem nach 1648 so leidgeprüften osteuropäischen Judentum v. a. Südostpolens (Podolien, Galizien, Ukraine) besonders stark.

Hier sollen im Winter 1665/6 durch Fasten und sonstige asketische Übungen zahlreiche Fromme umgekommen sein. Die phantastischen Gerüchte und Wunderberichte über Šabbetaj Zbi lösten eine Massenhysterie aus, die sich in örtlichen Zusammenstößen mit den Nichtjuden entlud. Offizielle Delegationen wurden nach Gallipoli zum „Messias" entsandt. Und doch war es ein Lemberger Jude, der Šabbetaj Zbis Schicksal besiegelte. Nechemjah ha-Kohen[28], von einigen als Narr, von anderen als Gelehrter beschrieben, besuchte Šabbetaj Zbi in Gallipoli im Ab 1666 und forderte von ihm Beweise für seine Messianität, gemessen an den Kriterien in der traditionellen messianischen Literatur. Nechemjah nahm diese Kriterien wörtlich, Šabbetaj Zbi deutete sie mystisch-symbolistisch. Nechemjah kam offenbar zur Überzeugung, daß Šabbetaj Zbi eine ungeheure Gefahr darstelle und leitete durch ein waghalsiges Manöver den Prozeß gegen

[24] J. Tishby, Ham-"Maggîd" haš-šabbᵉtā'î hā-ri'šôn bᵉbêt-midrāšô šäl R. 'Abrāhām Rôvîgô, in: Nᵉtîbê ... 81–107.

[25] G. Scholem, Pᵉrāqîm 'āpôqālîpṭijjim ûmᵉšîḥijjim ʿal R. Mordekāj me-Eisenstadt, Sefär Dinaburg, 1948/9, 237–262.

[26] § 46, Anm. 77.

[27] M. Balaban, Sabataizm w Polsce, Kniega Jubil. M. Schorr, 1935, 47–90; G. Scholem, Le mouvement sabbataiste en Pologne, RHR 143 (1953), 30–90.209–232; A. Jaʿari, Mî hājāh han-nābî' haš-šabbᵉtā'î Mattitjāh Blôk, QS 36 (1960/1), 525–534; Ch. Wirszubski, Ham-mᵉqûbbal haš-šabbᵉtā'î R. Mošäh Dāwîd mip-Podhajce, Zion 7 (1941/2), 73–93.

[28] G. Scholem, EI XVII, 349–351; Ders., SZ II, 554 ff.; Ders., Le mouvement ... (Anm. 27), 52 ff.

Šabbetaj Zbi ein: Er trat offiziell zum Islam über und erstattete darnach Anzeige gegen Šabbetaj Zbi wegen geplanter Rebellion. Später kehrte er nach Lemberg zurück, tat Buße, und obschon sich alsbald herausstellte, daß seine Skepsis nicht unberechtigt war, wurde er von seinen enttäuschten Landsleuten verfolgt und verjagt.

Nach der Apostasie des „Messias" gewann die rabbinische Autorität zwar wieder an Boden, doch die Bewegung trieb ihre Propaganda im Untergrund weiter. 1670 verhängten die Rabbinen des *Waʿad ʾarbaʿ hā-ʾărāṣôt* den Bann über die sabbatianische Irrlehre, doch vergeblich, denn die Rabbinen genossen in sabbatianischen Augen als Ungläubige und „sogenannte Rabbinen" keinerlei Ansehen mehr. Durch Predigten und „Prophetien" breitete sich die neue Lehre aus und gewann in manchen Gemeinden Südostpolens sogar die Mehrheit der Juden für sich.

Noch immer dominierten der Buß-Wille, die glühende messianische Naherwartung und der asketische Gesetzesrigorismus, denn man wollte ja die Leidensgeschichte der Messiasseele abkürzen und den *Tiqqûn* beschleunigen. Nur theoretisch kündigt sich ein grundsätzlicher Wandel an: Die Torah als Mittel der Erlösung werde in ihrer alten Form und Funktion nach der erhofften Erlösung überflüssig werden, vorläufig gelte sie aber noch. Daher fanden sich unter den sabbatianisch beeinflußten Personen sogar bekannte Rabbiner, wie auch der Chasidismus später den Repräsentanten der asketisch-protochasidischen Strömung des Sabbatianismus als einen seiner „Heiligen" anerkannte, seine häretische Seite ignorierend. Diese charismatische Prophetengestalt – ohne besondere rabbinische Bildung – war Josua Heschel Ṣoref[29].

Er lernte 1633 in Wilna, lebte 1656 in Amsterdam, behauptete, 1666 eine Vision à la Ez 1–3 erfahren zu haben und verstand sich als Reinkarnation der Mose-Seele. 1695 ließ er sich in Krakau nieder. Er pflegte Kontakte mit den italienischen Sabbatianern, hielt aber gegenüber Nichtgläubigen seine Überzeugung strikt geheim. Sein fünfteiliges Werk *Sefär haṣ-Ṣôref* ist z. T. (Buch I–III) im Chasidismus zu fast kanonischem Ansehen gelangt.

Einen heftigen Streit entfachte in Osteuropa Anfangs des 18. Jh. das Buch *ʿÔz ʾälohîm* (Berlin 1713) des vielgereisten Nechemja

[29] Z. Rabinowitz, Min hag-genîzāh ha-sṭôlînāʾît, Zion 5 (1939/40), 125–132. 244–247; Ders., "Sefär haṣ-Ṣôref" leR. Jehôšuaʿ Heʿšel Ṣôref, Zion 6 (1940/1), 80–84; G. Scholem, Pārāšijjôt beḥeqär hat-tenûʿāh haš-šabbetāʾît, Zion 6 (1940/1), 85–100 (Abs. 3); Ders., Le mouvement ... (Anm. 27) 66 ff.

Chijja Chiwan[30] aus Palästina, in dem dieser eine Art Trinitätslehre vertrat und behauptete, Israel habe im Exildasein die reine Gotteserkenntnis verlassen. Der Streit gipfelte 1722 in dem Bann, den eine Rabbinerversammlung über alle Sabbatianer verhängte.

Eine weitere charakteristische Figur für diesen Proto-Chasidismus war Jehudah Chasid, der mit seinen Anhängern nach Palästina auswanderte (§ 44, Anm. 38).

b) Die radikale Strömung. Eine Radikalisierung erfolgte durch Chajjim Mal'ak[31], der zunächst ebenfalls den gemässigten italienischen Sabbatianismus vertreten hatte, auf seiner Jugendreise in die Türkei 1692/4 aber mit der Dönme-Sekte bekannt geworden war und sich weithin die Ansichten der radikal antinomistischen und den Inkarnationsglauben fordernden Barukja-Gruppe zu eigen machte, obschon er ein Gelehrter von bester rabbinischer Ausbildung war. Die „neue" Torah *(tôrāh dî'^{a}ṣîlût)* gewann hier schon praktische Geltung: Verbote des alten Äon werden im neuen zu Geboten. Eine Umkehrung aller Werte erfolgte und der theoretische Antinomismus wurde zum Libertinismus.

Auf zahlreichen Reisen verbreitete Chajjim Mal'ak diese Lehre, sein Ruhm als Prophet und Gelehrter eilte ihm gerüchteweise voraus und so wurde er zumeist ohne Widerspruch empfangen. In Südostpolen schuf er sich nach einer zweiten Orientreise eine feste Hausmacht, wobei sich gewisse Querverbindungen zu russischen antinomistischen Sekten in der Ukraine (Raskol und Chlisty) ergaben. Seine Richtung strahlte aber auch nach Westen aus, gerade unter Gebildeten fand sie eine gewisse Anhängerschaft. Im Jahre 1715 befand sich Mal'ak in Amsterdam, etwa 1717/8 ist er in Podolien gestorben. Für 1706 hatte er die Wiederkunft des Šabbetaj Zbi prophezeit. Solche Tendenzen verschärften selbstverständlich die rabbinische Polemik gegen die „Häretiker"[32].

Nach Heschel Ṣoref und Chajjim Mal'ak wimmelte es zwar von prophetisch-charismatischen Propagandisten und Kryptosabbatianern

[30] J. A. Herling, Hä'ārôt N^{e}ḥāmjāh Ḥîwān biktab-jādô l^{e}S. 'eš dāt, QS 15 (1938/9), 130–135; G. Scholem, T^{e}'ûdāh l^{e}tôl^{e}dôt N^{e}ḥāmjāh Ḥîwān w^{e}haš-šabb^{e}tā'ût, Zion 3 (1928/9), 172–179; Ders.*, DjM 352–355.453; Ders., SZ I, 288; II, 467.535.776.

[31] G. Scholem, 'Iggärät me-'et R. Ḥajjim Mal'āk, Zion 11 (1945/6), 168–174; Ders., Le mouvement ... (Anm. 27), 66.73.209 ff.

[32] M. Beniyahu, T^{e}'ûdāh 'al pûlmûs 'im kat šabb^{e}tā'ît b^{e}'injan perûš hā-'^{ä}lôhût, Sefunot 1 (1956/7), 118–127; M. Carmely-Weintraub, Sefär wāsajif, 1966/7, 115 ff.; A. M. Habermann; G. Scholem, K^{e}rûzê "Ḥ^{a}wājā' d^{e}Rabbānān" nägäd kat Šabb^{e}tāj Ṣ^{e}bî, QS 30 (1954/5), 99–104.

(vgl. Jakob Koppel Lifschitz[33]), eine überragende Führergestalt fehlte jedoch. Die Janusköpfigkeit der Bewegung, die Polarität von Askese und Libertinismus, wurde immer vordergründiger. Die Paradoxie von der „heiligen Sünde“ fand immer breitere Anwendung, denn in Osteuropa war es im Unterschied zu den Dönme-Strömungen zunächst nicht zu einer klaren Trennung zwischen dem asketisch-protochasidischem und radikal-libertinistischen Flügel gekommen. Eine solche Trennung leitete erst jener Mann ein, mit dem die sabbatianische Bewegung den Gipfelpunkt der Perversion jüdischer Religiosität erreichte, nämlich Jakob Frank.

8. Jakob Frank (1726–1791)[34]

Die Last des Doppellebens, des Untergrunddaseins, war auf lange Sicht zu schwer für die breite Masse der Sabbatianer. Die Bereitschaft, den eigentlichen Glauben zu bekennen und rückhaltlos entsprechende praktische Konsequenzen zu ziehen, war mit der Radikalisierung unter Chajjim Mal'ak schon gewachsen. Damit wurden die asketisch-

[33] G. Scholem, Le mouvement... (Anm. 27), 230 f.; Ders., Zur Kabbalah und ihrer Symbolik, 1960, 114 f.; J. Tishby, Bên šabbetā'ût wa-ḥasîdût, Kenäsät 9 (1944/5), 238–268; Ders., Netîbê... 204 ff.

[34] S. Back, Aufgefundene Aktenstücke zur Geschichte der Frankisten in Offenbach, MGWJ 26 (1878), 189–192.232–240.410–420; M. Balaban, Letôledôt hat-tenû'āh ha-franqît, 2 Bde., 1934/35; M. Bet-David, 'Od māqôr letôledôt Ja'aqob Frā'nq, Hä-'Abar 2 (1953/4), 139–141; A. J. Brawer, Gālîṣijjāh wîhûdähā, 1956, 197–275; A. G. Duker, Polish Frankism's Duration: From Cabbalistic Judaism to Roman Catholicism and from Jewishness to Polishness, JSocS 25 (1963), 287–333; N. M. Gelber, Sālôš te'ûdôt letôledôt hat-tenû'āh ha-franqît bePôlîn, Zion 2 (1936/7), 326 bis 332; H. Graetz, Frank und die Frankisten, 1868; A. Jaari, 'Al tôledôt milḥamtām šäl ḥākemê Pôlîn bitnû'at Frā'nq, Sinai 35 (1953/4), 170 bis 182; R. Kaufmann*, 57 ff.; R. Kestenberg-Gladstein, Neuere Geschichte der Juden in den böhmischen Ländern I, 1969, s. Reg. und v. a. 174 ff.; J. Kleinmann, Moral und Poesie der Frankisten (russ.), Yevreiski Almanach 1923, 195–227; O. K. Rabinowitz, Jakob Frank in Brno, JQR 75 (1966/7), 429–445; G. Scholem, Le mouvement... (Anm. 27), 42 ff.; Ders., Die Metamorphose des häretischen Messianismus der Sabbatianer im religiösen Nihilismus im 18. Jahrhundert, in: Zeugnisse (Th. W. Adorno zum 60. Geburtstag) 1963, 20–32; Ders., Perûš fra'nqîstî la-"Hallel", SJ I. Baer, 1960/1, 409–430; Z. Wichowski, Franq wekittô le'ôr ha-psîkî'āṭrijāh, Ha-Tequfah 14/5 (1921/2), 703–720; V. Žáček, Zwei Beiträge zur Geschichte der Frankisten in den böhmischen Ländern, Jahrb. f. d. Geschichte der Juden in der CSR 9 (1938), 343–410.

protochasidischen Sabbatianer in eine Entscheidungssituation für oder gegen diesen Drang zum offenen Selbstbekenntnis getrieben. Ein Mann, der dem Streben nach einer Anpassung der Praxis an die Theorie für sich und seine Anhänger bis zu einem gewissen Grad nachgab, aber nicht durchhalten konnte, war der rabbinisch völlig ungebildete Jakob Frank, der auf einer Reise in die Türkei bei der Dönme in den Ruf eines Ekstatikers und Propheten geraten war, was alsbald auch in Osteuropa bekannt wurde. Darnach gab er sich als Inkarnation der Sefirah *tif'ärät* (Jakob!) aus, als Reinkarnation des Šabbetaj Zbi also, und folgte der Theologie der Barukja Gruppe[35] in der Dönme und der Chajjim-Mal'ak-Strömung in Osteuropa.

Frank ist ein Musterbeispiel dafür, wie eine fertige Ideologie ihre Anhängerschaft blind machen kann für die Realitäten. Die Inkarnationslehre in Verbindung mit der Autoritätsgläubigkeit gegenüber den Charismatikern bewahrte den Sektenführer vor jedem kritischen Urteil. Frank war kein Gelehrter wie Chajjim Mal'ak, kein Asket wie Heschel Ṣoref, sondern ein eitler Tyrann und eine paradoxe Mischung zwischen Anarchist und Diktator.

Mit einer Bande von Desperados traf er im Dez. 1755 in Polen ein, ließ sich wie einst Barukja „Señor Santo“ nennen, organisierte seine Bande streng militärisch und erstrebte und versprach für die Gläubigen ein eigenes Territorium in Polen, das er statt Palästina für das Land hielt, das Gott den Patriarchen verheißen hatte, vor allem dem Patriarchen Jakob, den er als Typos seiner selbst betrachtete. Um diese territorialen Ziele zu erreichen, forderte er ein offeneres Bekenntnis zum Sabbatianismus und vermehrte ständig seine militärische Gefolgschaft. 1756 setzte jedoch eine energische rabbinische Gegenbewegung ein, die Barukja-Schüler wurden gebannt, das Studium des *Zohar* und des Cordovero erst ab 30, das der 'AR"I-Kabbalah erst ab 40 Jahren gestattet. Dem Bannfluch folgten Maßnahmen mit Hilfe der christlichen Obrigkeiten, und zwar so wirksam, daß Frank das Scheitern des offenen sabbatianischen Bekenntnisses erkannte und sich zur Flucht nach vorn entschloß. Durch ständige und zum Teil sehr enge Kontakte mit Dönme-Leuten gerüstet, begann er, mit dem hohen Klerus wegen eines Arrangements zu verhandeln, wobei er die Inkarnationslehre der Sekte so zwielichtig darstellte, daß die Kirche hoffen konnte, er werde sich mit seinen Anhängern zur Konversion entschließen. Der erste Erfolg war, daß die Anfeindungen aussetzten.

[35] G. Scholem, Die krypto-jüdische Sekte ... (Anm. 17), S. 113 f.

Der größte Erfolg war, daß die Kirche weitgehende Zugeständnisse machte, eine völlig separierte Lebensweise (kein Konnubium!) zugestand und ein – doppelsinniges – Glaubensbekenntnis Franks akzeptierte. 1759 erfolgte in Lemberg eine Massentaufe von ungefähr 1000 Personen.

Damit begann die Doppelexistenz von neuem. Nach außen hin fanatische Katholiken, blieben die Frankisten der sabbatianischen Dogmatik insgeheim treu, radikalisierten sie sogar mehr und mehr bis zu ausgesprochenem Nihilismus und Anarchismus, paradoxerweise verbunden mit einer militaristischen Ideologie und mit phantastischen Weltherrschaftsplänen.

Der Eintritt in die Kirche wurde wie die Reise Jakobs zu Esau in Gen 32 f. als Niedersteigen in die *Q^e^lîppāh* allegorisch verstanden. Erst der totale Abstieg führe zum Aufstieg, erst die totale Zerstörung der herrschenden Ordnung garantiere einen Neuanfang, für den neben dem Begriff der „Herrschaft" vor allem jener des „Lebens" Bedeutung gewinnt; des Lebens, das durch keinerlei Beschränkungen beeinträchtigt wird, keiner „Repression" unterliegt, wie Frank heute gesagt hätte.

Die Zerstörung der widerwärtigen Weltordnung betrieb man durch die „heilige Sünde", denn sie setzt die *Q^e^lîppôt* in Brand, oder bildlich: Die Stadt wird auf dem Weg durch die Kloake erobert, also durch bewußte Durchbrechung und Perversion der geltenden Moral.

In geheimen orgiastischen Veranstaltungen wurde die alte Sexualmoral nach dem Grundsatz, daß die Verbote zu Geboten werden, auf den Kopf gestellt und die Riten der äußerlichen Religion (Judentum, Katholizismus) wurden durch pervertierende Riten ersetzt. Die erstrebte Freiheit, das bindungslose „Leben" artete aus in die tyrannisch – ritualistisch -militaristische Diktatur des Sektenführers. Aber dies unterlag dem *massā' dûmāh,* dem Gebot des Schweigens. Äußerlich, gegenüber den Nichtgläubigen, wurde der Schein gewahrt – eine Assimilation vorgetäuscht zum Zweck der Unterwanderung des Welt-establishments.

Der Kirche konnte diese Situation nicht lange verborgen bleiben. Bald nach der Taufe wurde Jakob Frank verhaftet und in der Festung Czenstochau gefangengesetzt. Bevor der Vatikan eine grundsätzliche Entscheidung treffen konnte, eroberten 1773 die Russen die Festung. Frank kam frei, zog zu Anhängern nach Brünn und übersiedelte später nach Offenbach, wo er seine Hofhaltung fortsetzte und 1791 starb.

Inzwischen waren viele der Scheingetauften aber schon in die besseren Schichten der polnischen Gesellschaft aufgestiegen und förderten dort die Sympathien für die neue Umsturzbewegung, die französische Revolution. Sie waren in den Freimaurerlogen tätig und verbürgerlichten zusehends. Trotz noch andauernder geheimer Organisation setzte Mitte des 19. Jh. der Zerfall ein. Mischehen wurden häufiger, die Scheinassimilation wurde zu einer echten. Aus Kryptofrankisten wurden fanatische Katholiken und polnische Patrioten. In der 2. Hälfte des 19. Jh. verleugnen bereits viele ihre jüdische Herkunft und bald darnach tauchen die Namen ehemals frankistischer Familien in der Front der antisemitischen bürgerlichen Rechten auf.

9. Die Folgen der sabbatianischen Krise

Das Judentum war an Enttäuschungen durch pseudomessianische Bewegungen zwar gewohnt, doch diesmal war die Rückkehr zur Ausgangsposition schwieriger denn je. Zu weitgehend war durch die Hoffnung auf den messianischen Wandel der Verhältnisse auch das Zentrum der jüdischen Religion, die T o r a h, betroffen worden. Sie schien als Mittel der Erlösung bereits überholt, war als „äußerlich" abgewertet, ihr traditionelles Verständnis und ihre traditionelle Rolle im Leben der Juden erschien daher schal, formalistisch, nichtssagend, oder, um in christlicher Terminologie zu reden: „gesetzlich". Dies umso mehr, als die Rabbiner in ihrem Kampf gegen die höchst aktiven getarnten Reste der Bewegung gerade die strikte äußerliche Gesetzestreue betonten und gegenüber der kabbalistischen Spekulation gewisse Vorbehalte hegten. So war allgemein trotz äußerlicher Restitution des jüdisch-rabbinischen Lebens eine tiefgehende Leere in gefühlsmäßiger und in intellektueller Hinsicht fühlbar geworden, ein Vakuum, das in Osteuropa zum Teil der Chasidismus füllte, das im Westen aber jene Bresche war, durch die das neue Denken der Aufklärungszeit eindringen konnte und durch die alle hinausdrängten, die sich von den engen Schranken der Tradition befreien wollten[36]. Dabei konnte sich der Trieb nach dem Neuen, Umstürzlerischen als Folge der sabbatianischen Ausrichtung auf den radikalen messianischen Wandel der Verhältnisse mit säkularen nichtjüdischen Strömungen (französische Revolution und andere moderne Bewegungen) verbinden. Weniger das Wie und Was des erhofften Neuen als vielmehr das DASS des Umsturzes überhaupt schien hier wichtig.

Es kann kein Zweifel darüber bestehen, daß die sabbatianische Taktik der Untergrundexistenz, der Verstellung und der strikten

[36] S. J. 'Îš Horowitz, Ha-ḥasîdût wehā-haśkālāh, II, 1916/7, 192 f.214 f.

Schwarz-Weiß Malerei zwischen „Gläubigen" und „Ungläubigen" sowie die nur selten offen ausgesprochene Hoffnung auf einen baldigen Anbruch der Herrschaft der Gläubigen über die Ungläubigen und Nichtjuden eine gewisse demoralisierende Wirkung ausgeübt haben, das traditionelle jüdische Ethos unterminierten. Es wäre noch zu untersuchen, wie groß der Beitrag dieses moralischen Auflösungsprozesses auf das Bild vom Juden in der nichtchristlichen Umwelt war. Vermutlich haben einzelne groteske antisemitische Klischees ihren Ursprung in jener Zeit und Situation. Bei all dem sind auch die äußeren Folgen der Krise nicht unwichtig, denn das Judentum erlebte infolge der messianischen Begeisterung, durch die das Berufsleben z. T. zum Erliegen gekommen war, auch einen wirtschaftlichen Katzenjammer. Dies und der Verfall der Torah-Frömmigkeit allgemein zog einen Niedergang der jüdischen Kultur nach sich, vor allem in Mitteleuropa, aber auch in weiten Teilen Osteuropas. An der Schwelle der Aufklärung, für die Kultur, Ethik und Religiosität praktisch eins waren, präsentierte sich also das Judentum in einem denkbar ungünstigen Zustand.

§ 53 Der osteuropäische Chasidismus

EJ V, 359–390 (Lit.); Judaism 9 (1960): 11 Beiträge; A. Z. Aescoly, Ha-ḥasîdût bePôlîn, in: J. Heilperin, Bêt Jiśrā'el bePôlîn, II, 1953/4, 86–141; A. Z. Aescoly – Weintraub, Introduction à l'étude des hérésies religieuses parmi les Juifs. La Kabbale. La Chassidisme, 1928; J. A. Agus*, 315 ff.; Ch. Bloch, Priester der Liebe. Die Welt der Chassidim, 1930; Ders., Aus Mirjams Brunnen, 1966[2]; A. J. Bromberg, Mig-gedôlê ha-ḥasîdût, 7 Bde., 1948/9–1953/4; Ders., Mig-gedôlê hat-tôrāh weha-ḥasîdût, 1960/1; M. Buber, Werke III, 1963: Schriften zum Chasidismus; Ders., Die chassidische Botschaft, 1952; Z. Cahn*, 440 ff.; Y. Colombo, Temi e problemi di filosofia chasidica, RMI 34/8 (1968), 456–463; S. Dubnow, Geschichte des Chassidismus, 2 Bde. 1931/2; hebr.: Tôledôt ha-ḥasîdût, 3 Bde. 1960[2]; S. Ettinger, The Hassidic Movement; reality and ideal, JWH 11 (1968), 251–266; L. Gulkowitsch, Der Hassidismus religionswissenschaftlich untersucht, 1927; Ders., Die Grundgedanken des Chassidismus als Quelle seines Schicksals, 1938; Ders., Das kulturhistorische Bild des Chassidismus, 1938; J. Heilperin, Jehûdîm weJahadût bemizraḥ – 'Êrôpāh, 1968, 311–354; A. J. Heschel, Unknown Documents on the History of Hasidism, YIVO-Bleter 36 (1952), 113 bis 135; E. K. J. Hilburg, Der Chassidismus, Germania Judaica VII (1969), Heft 2/3; S. Horodetzky, Religiöse Strömungen im Judentum, mit bes. Berücksichtigung des Chasidismus, 1920; Ders., Leaders of Hassidism, 1928; Ders., Ha-ḥasîdût weha-ḥasîdîm, 4 (2) Bde., 1953[2]; Ders., Ha-ḥasîdût wetôrātāh, 1943/4; D. Kahana, Tôledôt ... (§ 52); B.-Z. Katz, Rabbānût, ḥasîdût, haśkālāh II, 1958; J. Katz, Māsôrät ûmašber, 1957/8, 264 ff.; B. Landau, Haš-šālôm betôrat ha-ḥasîdût, Nib ha-Midrašijah 1968/9, 224–239; Ders., Tif'ärät šäb-bemalkût, ibd. 1966/7, 82–91; M. G. Langer, Neun Tore. Das Geheimnis der Chassidim, 1959 (engl.: Nine Gates, 1961); A. Madel, La voie du hassidisme, 1963; A. Marcus, Der Chassidismus, 1927; A. Menes, Patterns of Jewish Scholarship in Eastern Europe, in: L. Finkelstein*, I, 390 ff.; J. S. Minkin, The Romance of Chassidism, 1935; L. I. Newman, Maggidim and Hasidim. Their Wisdom. A New Anthology, 1962; J. M. Oesterreicher, The Hasidic Movement, The Bridge 3 (1958), 122–186; A. Posy*, 127 ff.; H. Rabinowitz, The World of Hassidism, 1970; W. Rabinowitsch, Lithuanian Hassidism, 1969; (hebr.: Ha-ḥasîdût hal-lîṭā'ît, 1960/1; vgl. Ders., Der Karliner Chassidismus, 1935); A. Rubinstein, EI XVII, 756–769; A. Ch. Rubinstein, Re'šîtāh šäl ha-ḥasîdût bePôlîn ham-märkāzît, 1959/60; Ders., Haq-qûnṭres "Zimrat 'am hā-'äräṣ" biktab-jad, 'Arāšät 3 (1960/1), 193–230; Ders., Ketab-haj-jad "'Al māhût kat ha-ḥasîdîm", QS 38 (1962/3), 263–272, 415–424; 39 (1963/4), 117–136; Ders., Bên Ḥasîdût laš-šabbetā'ût, Bar-'Ilan 4/5 (1966/7), 324–339; R. Schatz – Uffenheimer, Ha-ḥasîdût kemîsṭîqāh. Jesôdôt qwî'eṭîsṭijjim bam-maḥšābāh ha-ḥasîdît bam-me'āh ha-18., 1967/8; S. Schechter, Die Chassidim, 1904 (engl.: The Hassidim, Studies in Judaism I, 1945³, 1–45); G. Scholem*, DjM 356 ff. (hier ältere Lit.!); E. Steinmann, Be'er ha-ḥasîdût, 1–10, 1950–62; Ders., The Garden of Hassidism, 1961; J. Tišbi, Bên šabbetā'ût wa-ḥasîdût, Kenäsät 9 (1944/5), 238–268; J. Tishby – J. Dan, EI XVII, 770–821; N. Twersky, Mid-dôr la-dôr, 1966/7; Weiss, Me-'Ôṣar ham-maḥšābāh šäl ha-ḥasîdût, 1961; J. Werfel, Sefär ha-ḥasîdût, 1955²; A. Wertheim, Halākôt wa-halîkôt ba-ḥasîdût, 1960; T. Ysander, Studien zum Beštschen Ḥasidismus in seiner religionsgeschichtlichen Sonderart, 1933; H. Zeitlin, Befardes ha-ḥasîdût wehaq-qabbālāh, 1960.

1. Die chasidische Bewegung bis 1815

a) In jenen Gebieten Südostpolens, die am meisten unter der Katastrophe von 1648 gelitten hatten und am stärksten durch sabbatianische Strömungen geprägt worden waren, begann sich seit den Dreissigerjahren des 18. Jh. eine neue Spielart kabbalistisch bestimmter Frömmigkeit zu verbreiten, die bis zum Ende des Jahrhunderts einen großen Teil des osteuropäischen Judentums erfaßte. Unter den protochasidischen Konventikeln[1], deren führende Gestalten z. T. miteinander konkurrierten (z. B. Nachman Kosower[2], Nachman von Ho-

[1] § 52, 7 a; G. Weiss, A circle of pneumatics in pre-Hasidism, JJS 8 (1957), 199–213; J. Halpern, Ḥabûrôt lat-tôrāh welam-miṣwôt, Zion 22 (1956/7), 195–213; J. Weiss, Re'šît ṣemîḥātāh šäl had-däräk ha-ḥasîdît, Zion 15 (1950/1), 46–105.

[2] A. J. Heschel, R. Naḥman miq-Qôsôb, ḥaberô šäl ha-B'Š"Ṭ, A. H. Wolfson JV, 1965, 113–139.

rondka oder Löw Pistiner) und die oft nicht mehr als kleine Gebetsgemeinschaften *(Minjānîm)* waren, profilierte sich eine Gruppe zum Kern einer beginnenden Massenbewegung, nämlich die Anhängerschaft eines als Charismatiker, Amulettschreiber *(Baʿal Šem),* Wunderheiler und Visionär bekannten Predigers namens I s r a e l s b. E l i e z e r (ca. 1700–1760)[3], später als der Baʿal Šem Ṭôb (Ha-BʿŠ"Ṭ) schlechthin und als Gründer der chasidischen Bewegung betrachtet. Schon früh war seine historische Gestalt von Legenden umwoben[4], die bis heute in vielen Veröffentlichungen für bare Münze genommen werden. Der Zulauf, den die Gemeinschaft des BʿŠ"Ṭ erhielt, rekrutierte sich in erster Linie aus der halbgebildeten, prestigehungrigen Schicht der Daršānîm, Lehrer etc. und natürlich aus der breiten Masse, aber keineswegs ausschließlich, denn auch Rabbinen schlossen sich der neuen Bewegung an[5]. Im großen und ganzen kam hier jenes Bevölkerungselement zum Zuge, das – ungeachtet der wirtschaftlichen Stellung – mit der herrschenden rabbinischen Religionsauffassung und Religionspraxis nicht zufrieden war, sei es, weil es von der sabbatianischen Frömmigkeit her den zu der Zeit wenig attraktiven und oft in Formalismus und Pilpulistik verfangenen Rabbinismus für steril hielt, sei es, weil sich die Einzelnen in den großen und daher unübersichtlichen Gemeinden nicht mehr genügend geborgen fühlten. Die rabbinische antisabbatianische Reaktion enttäuschte zu-

[3] S. Birnbaum, Life and Sayings of the Baal Shem, 1933; E. Ch. Glitzenstein, Rabbî Jiśrā'el Baʿal Šem-Ṭôb, 1963²; Y. Eliach, The Russian dissenting sects and their influence on Israel Baal Tov, founder of Hassidim, PAAJR 36 (1968), 57–83; M. J. Gutman, Rabbî Jiśrā'el Baʿal Šem Ṭôb, 1948/9²; M. Kahane, Israel Baal Schem und Elia von Wilna, 1931; G. Scholem, Dᵉmûtô ha-hîsṭôrît šäl ha-BʿŠ"Ṭ, Môlād 3 (1959/60), 335–356; J. L. Snitzer, The Story of Baal Shem, 1946; J. Twersky, Hab-Baʿal Šem-Ṭôb, 1959.

[4] S. A. Horodetzky, Sefär Šibḥê ha-BʿŠ"Ṭ, 1960; A. Jaʿari, Šᵉtê mahᵃdûrôt jᵉsôd šäl „Šibḥê ha-BʿŠ"Ṭ", QS 39 (1963/4), 249–272.394–407.552–562. G. Scholem, La Besht hors de sa légende, Evidences 12 (86/1960), 15–24; S. J. Agnon, Sippûrîm nā'îm šäl R. Jiśrā'el Baʿal Šem Ṭôb, Môlād 18 (1959–60), 357–364; M. Buber, Die Legende des Baalschem, 1955⁵; Ders., Des R. Israel b. Elieser, genannt Baal-Schem-Tob, d. i. Meister des guten Namens, Unterweisung im Umgang mit Gott, 1927 (Werke III, 47 ff.); J. Jaʿᵃqob, Kol sîppûrê Baʿal-Šem, 1–4, 1968/9; S. Dubnow, 'Iggārôt ha-BʿŠ"Ṭ wᵉtalmîdājw: 'ᵃmät 'ô zijjûf?, QS 2 (1925/6), 204–211.

[5] B. Dinaburg (B.-Z. Dinur), Re'šîtāh šäl ha-ḥᵃsîdût wîsôdôtâhā hassôṣî'ālijjim wᵉham-mᵉšîḥijjim, Zion 8 (1942/3), 107–115. 117–134.179–200; 9 (1943/4), 39–45.89–108.186–197 (und in: Bᵉmifneh had-dôrôt, 1955, 82–227).

dem die noch immer vorhandene Sehnsucht nach der messianischen Erlösung[6], die dann im Chasidismus allerdings auch nur teils in traditioneller vorsabbatianischer, teils in neuer, individualisierter Form weiterlebte (Abs. 2 f.).

Über das älteste Stadium der Bewegung, den BʿŠ"Ṭ selbst und über seine engere Anhängerschaft[7] ist nicht viel Zuverlässiges bekannt. Zwei seiner Schüler bestimmten den weiteren Verlauf der Entwicklung entscheidend, Jakob Josef, Verfasser des ersten chasidischen Werkes[8], der aber öffentlich weniger in Erscheinung trat, und Dob Baer von Mezeritsch, der „große Maggid" (gest. 1773)[9], der ab 1766 die Führung an sich zog und die Grundlagen der Organisation und Lehre legte. Die rasche Ausbreitung der Bewegung stellte das ursprüngliche zentralistische Führungsprinzip bald in Frage. Schon Dob Baer war gezwungen, die immer zahlreicher werdenden Aussengemeinden durch *Šᵉlîḥîm* bzw. Stellvertreter versorgen zu lassen, durch *„Ṣaddîqîm"*, die dann jene chasidische Dynastien begründeten[10], die für das 19. Jh. so charakteristisch waren.

So vor allem Aaron der Große von Karlin und sein Nachfolger Salomo von Karlin; Menachem Mendel von Witebsk, der seit 1773 von Palästina aus wirkte, Abraham Katz von Kalisk; Samuel Horowitz in Zentralpolen, später Nikolsburg, u. a. m.

Diese *Ṣaddîqîm* gründeten neue Zentren chasidischen Lebens, die nach dem Tod des Maggid von Mezeritsch zum Teil miteinander konkurrierten, indem ihre Anhängerschaft mehr und mehr überregionalen Charakter annahm.

[6] Anm. 5 und J. Tishby, Hā-raʿjôn ham-mᵉšîḥî wᵉham-mᵉgammôt ham-mᵉšîḥijjot biṣmîḥat ha-ḥᵃsîdût, Zion 23 (1966/7), 1–45.

[7] G. Scholem, Šᵉtê hā-ʿedûjjôt hā-riʾšônôt ʿal ḥᵃbûrôt ha-ḥᵃsîdîm wᵉha-BʿŠ"Ṭ, Tarb 20 (1949/50), 228–240.

[8] *Sefär tôlᵉdôt Jaʿᵃqob Jôsef* 7540. Dazu M. Wilensky, Bîqqôrät ʿal Sefär tôlᵉdôt Jaʿᵃqob Jôsef, J. Starr Memorial Volume, 1953, 183–190. Weitere Werke des Jakob Josef: *Bän Pôrat Jôsef*, 7541, und *Ṣᵉfānôt paʿᵃneᵃḥ*, 7542. Es sind die drei frühesten chasidischen Drucke.

[9] M. Buber, Der große Maggid und seine Nachfolger, 1922; J. Klappholz, Sefär tôrat ham-maggîd, 2 Bde. 1968/9.

[10] Zur Familie des BʿŠ"T selbst vgl. M. J. Gutman, Gäzaʿ qôdäš. Ḥajjehäm, pᵉʿullôtêhäm wᵉtôrātām šäl Rabbî 'Efrajim mis-Sadîlqôb wᵉRabbî Bārûk mim-Mezîbôb, bᵉnê bittô jᵉḥîdātô šäl ha-BʿŠ"Ṭ, 1950/1.

Levi Isaak aus Pinsk in Berditschew und Menachem Nachum von Tschernowyl propagierten den Chasidismus auf ausgedehnten Reisen und bald entstanden auch in Ungarn, in litauischen und in russisch beherrschten Gebieten starke chasidische Zentren.

In Litauen freilich stieß der Chasidismus auf Widerstand infolge der rabbinischen Erneuerung unter dem „Gaon von Wilna". Besondere Bedeutung kommt in diesem Stadium folgenden Persönlichkeiten zu:

Schne'ur Salman von Ljadi (gest. 1812)[11], der Begründer des ḤB"D-Chasidismus (Lubawitscher Chasidim), Elimelech von Lisensk in Galizien, wie Jakob Isaak (der „Seher von Lublin") Begründer der „praktischen *ṣaddîqût*", und Israel Maggid von Koznitz, in Zentralpolen.

b) Die rabbinischen Gegner *(mitnagg^edîm)* des Chasidismus[12] sahen in diesem eine Weiterführung sabbatianischer Elemente, worin sie durch gelegentliche Ausbrüche antirabbinischer Ressentiments, die zeitweilig wenigstens annähernd antinomistische Färbung annehmen konnten, bestärkt wurden.

Die starken ekstatisch-schwärmerischen Züge der chasidischen Frömmigkeit, v.a. wenn Branntwein als Stimulans gebraucht wurde, erregten den Eindruck der Ausgelassenheit und Unernsthaftigkeit, der Schlamperei in halakischen Belangen, sodaß die Chasidim in den Ruf von *'anāšîm ṭeme'îm* (rituell unreinen Leuten) kamen. Die Konventikelbildung der Chasidim führte zwar nicht zur Gründung eigener Gemeinden, aber die besonderen Bräuche und liturgischen Gewohnheiten[13] konnten als Beginn eines Schismas verstanden werden und führten zum Vorwurf der Abwendung von *„kelal Jiśrā'el"* (Gesamtisrael). Die chasidische spekulative Theologie erschien den Rabbinen als Verfälschung der wahren kabbalistischen Tradition.

[11] M. Teitelbaum, Der Rab von Ladi, sein Leben, Werke und System sowie die Geschichte der Sekte Chabad, 2 Bde. 1910–13 (repr. 1970); F. Shneurson, Kôḥāh šäl sanêgôrjāh, 1966; A. Ch. Glitzenstein, Sefär tôledôt Rabbî Šenê'ûr Zalmān mil-Ljā'dî, 1966/7.

[12] Vgl. auch M. Nadab, Qehîllôt Pinsk–Karlin bên ḥasîdût lehitnaggedût, Zion 34 (1968/9), 98–108; G. Scholem, Le'injan R. Jiśrā'el Lojbel ûfûlmûsô nägäd ha-ḥasîdût, Zion 20 (1954/5), 153–162; M. Wilensky, The Polemic of Rabbi David of Makow against Hasidism, PAAJR 25 (1956), 137–156; Ders., Some Notes in Rabbi Israel Loebel's Polemic against Hasidism, PAAJR 30 (1962), 141–151; Ders., Ḥasîdîm ûmitnaggedîm, 2 Bde. 1969/70. Im Westen polemisierte als erster Jakob Emden gegen den Chasidismus, den er in seinem Buch *Ḥolî kätäm* als eine Art Baalskult brandmarkte (*'anše hab-ba'al* in Anklang an den Beinamen des Israel b. Eliezer und den atl.–kanaanäischen Gott Baal).

[13] Sefardischer Ritus mit den 'AR"I – Änderungen.

Daher kam es zu unzähligen lokalen Konflikten und zu erbitterten Kämpfen um die Mehrheit in den einzelnen Gemeinden. Nicht selten wurde dabei die nichtjüdische Obrigkeit mithineingezogen, z. T. auf Grund böswilliger Denunziationen, und zwar von beiden Seiten. Die Rabbinen versuchten natürlich, der „Häresie" durch den Bann Einhalt zu gebieten, doch ohne viel Erfolg. 1772 geschah dies in Šklow und Wilna (wo man auch chasidische Schriften verbrannte). 1781 fand in Praha eine öffentliche Disputation zwischen Rabbi Abraham Katzenellenbogen und dem *Ṣaddîq* Levi Isaak statt, in den Jahren bis 1797 häuften sich die Kontroversen und Machtkämpfe allenthalben.

Der Rußlandfeldzug Napoleons brachte eine bemerkenswerte Wende mit sich[14]. Die Chasidim knüpften an diesen Krieg z. T. hochgespannte messianische Hoffnungen, sahen in ihm die Kriege von Gog und Magog, engagierten sich aber teils für teils gegen Napoleon[15]. Die Folge war eine nicht geringe Unsicherheit, zumal sich keine überragende chasidische Persönlichkeit fand, die eine Neuorientierung ermöglicht hätte. Aus dem charismatischen Ṣaddiqismus wurde nun nahezu überall ein erbliches Amt, das Charisma ersetzt durch Institution. Für längere Zeit erlosch damit auch die literarische und theologische Schöpferkraft der Bewegung.

c) Die chasidischen Gemeinschaften intendierten keine Abtrennung vom örtlichen jüdischen *Qāhāl*, waren lediglich Gebets- und Lerngemeinschaften, also Konventikel innerhalb der offiziellen Ortsgemeinde. Sie boten dem Einzelnen, was die offizielle Gemeinde nicht mehr zu geben vermochte, nämlich intime Frömmigkeitsgemeinschaft, soziale und menschliche Geborgenheit und überdies ein gewisses Elitebewußtsein[16], gegründet auf die meist ans Phantastische grenzende Hochschätzung des *Ṣaddîq* bzw. „Rebbe". Die chasidische Gemeinschaft war keine Lokalgemeinde im strengen Sinn des Wortes, sondern die – unter Umständen weit verstreute – Anhängerschaft eines *Ṣaddîq*, die in ihm allerdings die höchste religiöse und weltliche Autorität sah (Abs. 2 d). Um ihn bildete sich eine Art Hofstaat, vor allem im Zuge der Dynastienbildung, der, insbesondere nach der Ausbreitung

[14] B. Meborak, Nāpôle'ôn ûteqûfātô, 1967/8.

[15] M. Buber, Gog und Magog, (Werke III, 999–1261), vermittelt einen treffenden Eindruck von der damaligen Stimmung.

[16] Zum Teil mit halakischen Konsequenzen, z. B. wenn nicht-chasidisch geschächtetes Fleisch als verboten galt und somit eine gewisse Separation eintrat. Vgl. Ch. Szmeruk, Mašmāʿûtāh ha-ḥäbrātît šäl haš-šeḥîṭāh ha-ḥasîdît, Zion 20 (1954/5), 47–72; J. Katz, Māsôrät ... 278; S. Ettinger, Hahanhāgāh ha-ḥasîdît behitgabbešûtāh, in: Qôbäṣ harṣā'ôt bak-känäs ha-9. lehisṭôrjāh 1964/5, 121–134.

der „praktischen *Ṣaddîqût*", auch zum sozialen Zentrum wurde. Der *Ṣaddîq* lebte von den Beiträgen seiner Chasidim, doch von seinen Einkünften unterstützte er wieder Bedürftige unter ihnen. Das Verhältnis *Ṣaddîq - Ḥasîd* ist eigentümlich paradox. Schon der Gebrauch dieser Ausdrücke. Bisher galt als *„ṣaddîq"* wer der herkömmlichen Norm entsprach, als *ḥāsîd,* wer sich durch überdurchschnittliche Frömmigkeit auszeichnete. Nun kehrte sich das um: Der Ṣaddîq ist der eine Überragende homo religiosus, der Zugang zur göttlichen Gnade hat und diese den Seinen weitervermittelt. Er erfüllt bis zu einem gewissen Grad auch stellvertretend die religiöse Pflicht der vielen, die dazu nur unzulänglich in der Lage sind und daher auf sich gestellt nach rabbinischen Normen verzweifeln müßten. Hier lag zwar ein gewisser antinomistischer Ansatz, doch eben nicht mehr als ein Ansatz, denn die Gültigkeit der traditionellen Normen wurde nicht infragegestellt, nur der Modus ihrer Erfüllung veränderte sich. So wurde der *Ṣaddîq* zu einem religiösen Mittler, dem das unbegrenzte Vertrauen seiner Anhänger galt, auch als die Würde schon lange nur mehr vererbt wurde, von religiöser Leitung oft gar nicht mehr die Rede sein konnte und manche „Höfe" ein reichlich weltliches Gebahren an den Tag legten. Besonderes Gewicht kam daher auch dem Kontakt zwischen *Ṣaddîq* und Chasidim zu. Dieser wurde ermöglicht durch Reisen des *Ṣaddîq,* durch die Aussendung von Boten *(šelîḥîm)* und nicht zuletzt durch den Besuch am Hof des *Ṣaddîq,* vor allem an den Festtagen. Dann kam es zu ausgedehnten Sitzungen, auf denen das Moment der Freude dominierte, zum Ausdruck gebracht und stimuliert zugleich durch Gesang, Tanz[17] und zum Teil auch durch Branntweingenuß. Dieses Gemeinschaftsleben war nur möglich, da die Frauen das Erwerbsleben besorgten, wie es im osteuropäischen Judentum ja weithin üblich war, damit die Männer für ihre religiösen Übungen frei waren. Die chasidische Gemeinschaft war eine ausgesprochene Männergemeinschaft und hat nicht wenig zur Zementierung der schon längst unhaltbar gewordenen sozialen Verhältnisse in Osteuropa beigetragen. Daher wurde der Chasidismus auch zum Gegenstand scharfer aufklärerischer Kritik und selbst wieder zum entschiedenen Gegner der „Haskalah"[18].

[17] M. S. Geshuri, Han-nîggûn weha-rîqqûd ba-ḥasîdût, 1954/5; S. Salmanoff, Sefär han- niggûnîm, 1949.

[18] M. Carmely - Weintraub, Sefär wā-sajif, 1966/7, 186 ff.; S. A. Hurwitz, Ha-ḥasîdût weha-haśkālāh, in: Me-'ajin ûle'ajin?, 1913/4, 181–258; R. Mahler, Ha-ḥasîdût weha-haśkālāh, 1961; D. Patterson, The Portrait

2. Die Lehre

a) Gott und Welt

Die lurianisch-kabbalistische Grundkonzeption wird zwar beibehalten, doch der Akzent rückt auf das Individuum.

Der *Ṣimṣûm,* die Selbsteinschränkung Gottes zugunsten der Schöpfung, wird vor allem mit dem Lehrer-Schülerverhältnis veranschaulicht, also psychologisiert, und auch als *ṣimṣûm* in die Buchstaben der Torah und der Gebete (wie bei Israel Sarug) gesehen. Der „Bruch der Gefäße" verliert seinen katastrophalen Charakter weithin, obschon weiter an die Zerstreuung der Lichtfunken und den durch sie bedingten *Tiqqûn* geglaubt wird, weil auch hier die individuelle Selbstvervollkommnung in den Vordergrund tritt.

Das Gottesverhältnis wird ungeachtet aller kabbalistischen Tradition und trotz Bejahung der Sefirot- bzw. *Parṣûfîm*-lehre als ein unmittelbares empfunden, sodaß zumindest in der religiösen Erfahrung die Grenzen zwischen communio und unio mystica in der Auffassung der *d^ebeqût* verschwimmen. Die Ursache dafür liegt in einem pantheistischen Zug, der sich auf den Satz „die Erde ist voll Seiner Herrlichkeit" (Jes 6,3) und auf den *Zohar*-Satz „kein Ort ist frei von ihm" stützt. Das göttliche Wesen ist allgegenwärtig, selbst im Bösen noch, weil es das Substrat der Einheit der Welt ist. Insofern wird auch das kabbalistische Verhältnis der Umwelt bzw. zum nichtjüdischen Mitmenschen etwas entschärft. Dieser Neigung zur I m m a n e n z Gottes, der als „inneres Licht" „alle Welten füllt", steht aber eine Betonung der T r a n s z e n d e n z gegenüber, nach der Gott als „umfassendes Licht" *('ôr maqqîf)* gilt, das „alle Welten umgibt". Die Immanenz enthält wieder zwei Aspekte, einen positiven, nach dem der allgegenwärtige Gott die Welt erhält, und einen negativen, nach dem die Gottheit sich in der Welt im Exil befindet („Exil der Schekinah"!). So konnte der Chasidismus sowohl von einer pantheistisch scheinenden Nähe Gottes wie von seiner Transzendenz reden.

b) Das Böse und der *Tiqqûn*

Das Böse wird wie das Katastrophale der lurianischen Kabbalah etwas verharmlost. Das Böse ist gefallenes Gutes, je böser, desto

of Hasidism in the Nineteenth-century Hebrew Novel, JSS 5 (1960), 359–377; S. Verses, Ha-ḥ^asîdût b^e'ênê sifrût ha-haśkālāh, Môlād 18 (1959/60), 379–390.

höher im Ursprung. Nichts ist absolut böse, erst der Gebrauch durch den Menschen in der Trennung von Gott, der Sünde, verleiht die Qualität des Bösen.

Der *Tiqqûn* besteht daher in der Rück-Verwandlung und „Erhebung" des Bösen im Rahmen des individuellen *Tiqqûn*. Dabei wird die lurianisch kabbalistische Seelenlehre[19] vorausgesetzt.

Wonach nur Juden über eine „göttliche" Seele verfügen (die nach der ḤB"D-Richtung aus den Fähigkeiten Ḥokmāh, Bînāh und Da'at besteht), unter den Nichtjuden aber sich nur Reste von Lichtfunken vorfinden, die dann in den Proselyten oder in den *ḥasîde 'ûmmôt hā-'ôlam* sich manifestieren.

Die sich erhebende Seele zieht andere verwandte Seelen nach sich und trägt insofern zum kollektiven *Tiqqûn* bei. Dabei ist nicht nur die Seele Objekt der „Erhebung", sondern wie alles Böse sollen auch die bösen Gedanken bzw. die bösen *middôt* (Eigenschaften, Verhaltensweisen) „erhoben" werden, denn sie sind gefallene und pervertierte „göttliche" *middôt*. So kann – in einer verharmlosten Deutung des sabbatianischen Gedankens – Gottesdienst auch durch den *Jeṣär hā-ra'* erfolgen. Das Ziel dieser Erhebung und zum Teil schon ihre Durchführung selbst besteht in der *debeqût*.

c) D e b e q û t

Die *debeqût*[20] wird im Chasidismus im Anschluß an die *Mûsār*-Tradition des Judentums, die stets auf „Verinnerlichung" drang, zum eigentlichen Um und Auf der Frömmigkeit. Sie wird nicht mehr im kabbalistischen Sinne als Verbindung mit Sefirot-Manifestationen (*Tif'ärät* und *Malkût*), sondern als Verbindungen von Seele und immanenter Gottheit verstanden. Was einst das Endstadium kabbalistischer Gebetsmystik war, wird nun in das Alltagsleben verlegt, in das normale körperliche Dasein, indem *'ônäg hag-gûf* (Vergnügen des Leibes) und *'ônäg han-nešāmāh* (Vergnügen der Seele) sich zur

[19] G. Scholem, Gilgul, in: Von der mystischen Gestalt der Gottheit, 1962, 193–247 (S. 237 ff.); E. Steinsalz, Han-näfäš wekôḥôt han-näfäš ba-ḥasîdût ḤB"D, 'Ijjun 15/4 (1964/5), 468–476; Ders., Perāqîm betôrat han-näfäš šäl ḤB"D, Šedamot 33 (1968/9), 55–62.

[20] G. Scholem, Devekut or Communion with God in Early Hasidic Doctrine RR 14 (1950), 115–139; Ders., a. a. O. (Anm. 19), 238 ff.; J. G. Weiss, Contemplative Mysticism and „Faith" in Hasidic Piety, JJS 4 (1953), 19–29.

ᶜᵃbôdāh baggašmijjût (Gottesdienst in der Körperlichkeit) zusammenfinden. Die Mittel zur Erlangung der *dᵉbeqût* bleiben grundsätzlich aber nach wie vor die Toraherfüllung und das Gebet. Die *kawwānāh* wird nun als Konzentration auf das Gebet bzw. den Gebetsbuchstaben begriffen[21], in den sich Gott im *ṣimṣûm* „zusammengezogen" hat und in welchem er demgemäß gegenwärtig ist. Die kabbalistisch spekulative Gebetsmystik erfährt also eine weitgehende Psychologisierung. Nun werden aber zwei Stufen der *dᵉbeqût* unterschieden:

(1) die gelegentliche Gebets-*dᵉbeqût*, eventuell mit ekstatischen Zuständen und Visionen verbunden, teils aktiv herbeigeführt, teils passiv erlebt, wobei die Passivität durch die Rolle des *Ṣaddîq* (s. u.) noch gefördert wird; (2) die ständige *dᵉbeqût* aus göttlicher Gnade, die dem *Ṣaddîq* allein zukommt. Freilich schwankt diese ständige *dᵉbeqût* zwischen *qaṭnût* (Kleinheit) und *gadlût* (Größe), sie gipfelt in der behaupteten Verbindung mit dem *'Ên Sôf* selbst, was in der alten Kabbalah nicht für möglich gehalten wurde.

Im Zustand vollständiger *dᵉbeqût* erfolgt die Entäußerung der Körperlichkeit *(hitpaššᵉṭût hag-gašmijjût)*, die Aufhebung des Bestehenden *(biṭṭûl haj-ješ* bzw. *ham-mᵉṣî'ût)*, ja der eigenen Wesenheit *(biṭṭûl hā-ᶜaṣmîjût)*, die Umschmelzung zum *'ajin* (Nichts), doch dies ist nicht mehr Sache des normalen *Ḥāsîd*. Die Diskrepanz zwischen erstrebtem Zustand *(dᵉbeqût)* und Realität wird durch das S t r e b e n nach dᵉbeqût und die beständige Überwindung des „bösen Triebes" *(Jeṣär hā-raᶜ)* überbrückt, und zwar so, daß z. T. der reale Zustand geradezu ignoriert und an eine B e s t ä n d i g k e i t des erstrebten Zustandes wenigstens geglaubt wird.

d) Der *Ṣaddîq*[22]

Seit dem Tod des „großen Maggid" (1773) betrachtete man den eigentlichen *Tiqqûn*-Vollzug und die vollständige *dᵉbeqût* als Sache der *Ṣaddîqîm*. Wie die sich erhebende Seele verwandte Seelen nach

[21] R. Schatz, Contemplative Prayer in Hasidism, Studies in Mysticism and Religion, pres. to G. Scholem, 1968, 209–226; J. G. Weiss, The Kavvanot of prayer in early Hasidism, JJS 9 (1958), 163–193.

[22] S. H. Dresner, The Zaddik; the doctrines of the zaddik according to the writings of Rabbi Yaakov Yosef of Polnoy, 1960; H. Sahlin, Der Chassidismus und das Christusbild des Neuen Testaments, Sensk Exegetisk Arsbok 17 (1952), 119–143; R. Schatz, Limhûtô šäl haṣ-ṣaddîq baḥᵃsîdût, Môlād 18 (1959/60), 365–377; G. Scholem, Zaddik; der Gerechte, in: Von der mystischen Gestalt der Gottheit, 1962, 83–134 (110 ff.); B.-Z. Dinur, Bᵉmifneh had-dôrôt, 1955, 77 ff.

sich zieht, so der *Ṣaddîq* die Seinen, denen er an seiner *d^ebeqût* Anteil gewährt.

Die *Ṣaddîqîm* sind die *'anšê ṣûrāh* (Männer der Form), die *Ḥ^asîdîm* die *'anšê ha-ḥômär* (Männer der Materie). Indem der *Ṣaddîq* sich den Seinen und damit der Welt zuwendet, vollzieht er eine Selbsterniedrigung, so daß er infolge der Sorge um sie und ihrer Bedürfnisse (auch materieller Art) eine *j^erîdāh* in die *qaṭnût* durchmacht, der die *'^alijjāh* in die *gadlût* entspricht. Dabei geht der *Ṣaddîq* auch ein Risiko ein, denn die *j^erîdāh* (der funktionsbedingte Abstieg) kann in *n^efîlāh* (Fall) oder *š^eqî'āh* (Untergang) ausarten. Umso mehr verdient er Glauben und Unterstützung von seiten seiner Anhänger.

Die Sorge um das soziale Wohlergehen hat im Rahmen der „*ṣaddîqût ma'^aśît*" weithin die Oberhand gewonnen, sodaß einige Richtungen (vor allem die ḤB"D) sich dagegen wandten. Man sprach darnach von *ṣaddîq la-'^aherîm* (praktische *ṣaddîqût*) und *ṣaddîq l^e-'aṣmô* (für sich selbst). In der Anhängerschaft des Nachman von Braclaw galt nur er allein als *Ṣaddîq*, auf dessen Wiederkunft man hoffte.

e) Torah und Ethik[23]

Die Toraherfüllung gilt auch im Chasidismus unbestritten als Mittel des *Tiqqûn*. Das spekulative Moment tritt jedoch in der Regel etwas zurück und nimmt volkstümlichere Formen an. Die *nistārôt* (geheimen Dinge) und die *niglôt* (offenbaren Dinge) werden vorwiegend unter dem Gesichtspunkt „Äußerlichkeit – Innerlichkeit" betrachtet, die Torahbuchstabensymbolik erhält mit Hilfe der traditionellen Beziehung zum Menschen (613 Gebote à la 613 Körperteilen) eine stärkere individualistische Zuspitzung und die Auffassung von der Torah als einem Gottesnamensystem geht völlig in den volkstümlichen Namen- und Wunderglauben über. Selbst die Relation zwischen Torahgeboten und Körperteilen wird für „Wunderheilungen" in Anspruch genommen. Im übrigen gilt aber nach wie vor Lernen und Tun der Torah als Aufgabe des Frommen, nach dem ḤB"D-Chasidismus, z. B. wo die Gebote als „Kleider" *(l^ebûšîm)* der Gottheit bezeichnet werden, wird in der praktischen Toraherfüllung gerade die Gottesbeziehung verwirklicht. Das Streben nach Erkenntnis[24] der

[23] H. Margolius, Zur Ethik des Chassidismus, Zeitschr. f. Philos. Forschung 10 (1956), 467–478.

[24] G. Scholem, Hab-biltî-mûdda' ûmûssāg „Qadmût haś-śekäl" bas-sifrût ha-ḥ^asîdît, in: Hāgût, T^ešûrāh l^eS. H. Bergmann, 1943/4, 145–152.

sitrê tôrāh, also die kontemplative Betrachtung der Torah, ist ebenfalls Voraussetzung für die *d^ebeqût,* vollkommene Erkenntnis dieser „Geheimnisse der Torah" wird allerdings erst mit der Ankunft des Messias möglich sein, der also keine neue Torah bringt. Damit distanzierte sich der Chasidismus strikt vom häretischen Sabbatianismus. Bloße halakische Kenntnis für sich freilich gilt als unzureichend, vor allem gegen den *Pilpûl* der Rabbinen erhoben die Chasidim scharfen Protest, was ihnen z. T. den Ruf der Ablehnung traditioneller Gelehrsamkeit einbrachte.

Grundsätzlich war dieser Vorwurf – von der Frage des *Pilpûl* abgesehen – zwar unberechtigt, de facto wurde das Verhältnis zwischen Glauben und Erkennen und Tun aber doch mitbestimmt durch die Beziehung zwischen *Ḥāsîd* und *Ṣaddîq*. Dem selbständigen Erkenntnisstreben des *Ḥāsîd* waren durch die Autorität und Sonderstellung des Ṣaddîq eben enge Grenzen gesetzt. Der *Ḥāsîd* tut in erster Linie, was der *Ṣaddîq* bzw. der „Rebbe" anordnet, bewährt also seinen Glauben diesem gegenüber, wofür vielfach das Wort Hab 2,4: „Der ṣaddîq wird seines Glaubens leben" in Anspruch genommen wurde.

Was dieser Frömmigkeit dennoch so prononciert unmittelbaren Charakter verlieh, war die Überzeugung von der Allgegenwart der Gottheit, die das gesamte Leben, auch den profanen Alltag, zur *ʿ^abôdāh bag-gašmijjût* machte. Hier liegt wieder eine Abgrenzung gegenüber der alten sabbatianischen Frömmigkeit vor, denn der Chasidismus räumt der Askese keine positive Funktion mehr ein, wenn man von der starken Akzentuierung der Demut bis zur Selbstentäußerung als einer Voraussetzung für die *d^ebeqût* absieht. Die hervorstechenden Merkmale chasidischer Frömmigkeit sind in der Regel die Zielvorstellungen der alten *Mûsār*-Literatur.

Also die Betonung der Umkehr *(t^ešûbāh),* die durch *tôkāḥāh* (Zurechtweisung) des Sünders gefördert wird und die Sünde (Trennung vom – immanenten – Gott) überwindet. Einen neuen Akzent erhält freilich die „Freude" *(śimḥāh)* als Gegensatz zu der aus dem Bösen entstehenden Betrübnis, denn sie gewinnt wenigstens da und dort recht handfeste Züge, vor allem, wo Branntwein als Stimulans Verwendung fand[25]. Auch Ehrfurcht (jir'āh) und Liebe ('ah^abāh), wie in der traditionellen alten Mûsār-Literatur nahezu identisch, werden als höchste Stufen der Religiosität genannt, wobei ausdrücklich die „Furcht" nicht als Furcht vor Strafe, sondern als Folge von Selbsterkenntnis und von Erkenntnis der Größe Gottes definiert zu werden pflegt.

[25] M. Orijan, Śimḥāh ba-ḥ^asîdût ûmašmāʿûtāh, Mabbu^aʿ, 7 (1969/70), 130–140; E. Shochet, ʿAl haś-śimḥāh ba-ḥ^asîdût, Zion 16 (1950/1), 30–40.

Nach der ḤB"D-Richtung glimmt in jedem Juden, auch im Sünder und im Gesetzesunkundigen noch, ein Funke der *'ah^{a}bāh,* der ihm die Umkehr und – über den *Ṣaddîq* – die Teilhabe an der göttlichen Gnade ermöglicht. Dies bedingt eine grundsätzliche „Gleichheit" der Chasidim untereinander und eine ausgeprägte Solidarität mit Gesamt-Israel ungeachtet aller gehässigen Kontroversen.

f) Messiaserwartung und Geschichtsbild[26].

Die entscheidende Korrektur am Sabbatianismus vollzog der Chasidismus, in dem er die gesamte häretische Messianologie ausklammerte und die Zukunfts- und Messiaserwartung auf die traditionellen, nichtakut-apokalyptischen Normen reduzierte. Die Person des Messias rückte also wieder in den Hintergrund. Die Verwirklichung des kollektiven messianischen Auftrages erfuhr dennoch eine Modifikation, weil der individuelle Aspekt sich durchsetzte. Dies bedeutet aber keinesfalls, daß das Bewußtsein der Zugehörigkeit zum einen erwählten Volk verloren gegangen sei. Die Chasidim haben dieses Bewußtsein nie verloren und gerade sie haben auch die Beziehung zum Heiligen Land oft stärker gepflegt als die rabbinischen Juden und chasidische Einwanderungswellen nach Palästina waren keine Seltenheit[27].

3. Chasidische Literatur[28]. Ältere Zeit

a) In der ältesten Zeit dominierten Predigten, populäre Bibel- und Haggadah-Erklärungen. Das erste größere Werk des Chasidismus, *Tôl^{e}dôt Ja$^{\text{c}a}$qob Jôsef,* verfaßte J a k o b J o s e f[29]. Es ist vor allem wegen der zahlreichen Reminiszenzen an den B'Š"Ṭ auch heute noch

[26] B. Landau, Haṣ-ṣîppîjāh lam-māšî^{a}ḥ b^{e}tôrat ha-ḥ^{a}sîdût, Mahanajim 124 (1969/70), 152–159; A. H. Fičnik, Kissûfê hag-g^{e}'ûllāh b^{e}mišnat ha-ḥ^{a}sîdût, Nîb ha-Midrāšîjāh 1966/7, 73–81; Z. Shazar, The Idea of Redemption in Hasidic Thought, in: In the Time of Harvest, essays in honor of A. H. Silver, 1963, 401–420; R. Schatz, Haj-j^{e}sôd ham-m^{e}šîḥî b^{e}maḥšäbät ha-ḥ^{a}sîdût, Môlād n. s. 1 (1966/7), 105–111; J. Weiss, M^{e}gillat s^{e}tārîm l^{e}R. Naḥmān mib-Braclaw 'al sedär bê'at ham- māšî^{a}ḥ, QS 44 (1968/9), 279–297. Ferner s. Anm. 5–6.

[27] B.-Z. Dinur, a. a. O. (Anm. 22), 69 ff.; J. Heilperin, Hā-'^{a}lijjôt hā-ri'šônôt šäl ha-ḥ^{a}sîdîm l^{e}'"J, 1946/7; B. Landau, L^{e}tôl^{e}dôt hā-hitjašš^{e}bût ha-ḤB"Dît b^{e}Ḥäbrôn, Ha-Ma'jan 9 (1968/9), 1–14; J. Werfel, Ha-ḥ^{a}sîdût w^{e}'"J, 1939/40; A. J. Bromberg, 'Ah^{a}bat Jiśrā'el w^{e}'äräṣ Jiśrā'el b^{e}mišnat ha-ḥ^{a}sîdût, Šānāh b^{e}Šānāh 3 (1962/3), 359–377.

[28] EI XVII, 816–820; M. Waxman*, III, 18–51; J. Zinberg*, V, 162 ff.

[29] Anm. 8. 22.

von Bedeutung, besteht in der Hauptsache aber aus literarischen Fassungen von Homilien.

b) Die *d^{e}rûšîm* des Dob Baer, des „großen Maggid“, sind erst von seinen Schülern schriftlich fixiert, redigiert und verhältnismäßig spät in Druck gegeben worden. So erschienen die *Liqqûtê '^{a}mārîm* 7541, *'Or Tôrāh* 7564 und *'Or hā'^{ä}mät* 5659. Diese *d^{e}rûšîm* wurden dann viel nachgeahmt, auch die Schüler des Nachman von Braclaw stellten solche Sammlungen zusammen[30] und die Parašen-*d^{e}rāšôt* des Schne'ur Salman von Ljadi[31] gehören ebenfalls zu dieser Art.

c) In den *d^{e}rûšîm* erhielten die überlieferten oder angeblichen Worte des B'Š"Ṭ allmählich eine stilisierte epigrammartige Gestalt. Diese wurde dann wieder nachgeahmt – als „B'Š"Ṭ-Stil“ – und gesammelt[32].

d) Einzigartig in der älteren chasidischen Literatur ist das systematische Werk des Schne'ur Salman von Ljadi, *Tanjā'* bzw. *Liqqûṭê '^{a}mārîm*[33]. Auch von ihm stammt das einzige bedeutendere halakische Werk des frühen Chasidismus, sein *Šulḥan 'ārûk.*

e) Gerade für den frühen Chasidismus spielte der Einfluß spätkabbalistischer und sogar kryptosabbatianischer Bücher eine beträchtliche Rolle, so insbesondere der *Sefär has-Ṣôref* des Josua Heschel Ṣoref[34].

4. Chasidische Literatur. Jüngere Zeit

a) Nach dem Tode des großen Maggid entstand allmählich ein umfangreiches chasidisches Schrifttum, das so gut wie alle traditionellen Literaturformen, wie sie im rabbinischen Bereich vorhanden waren, aufgriff und anwendete. Exegese der Bibel und der Haggadah, aber auch der alten chasidischen Werke, *Mûsār*-Schriften, Kommentare zu kabbalistischen Werken, v. a. zum *Zohar,* bestimmen das Bild.

b) Viel gelesen wurden die chasidischen Anthologien, wie *Däräk ḥ^{a}sîdîm* oder *L^{e}šôn ḥ^{a}sîdîm,* aber auch die zahlreichen Briefe der *Ṣaddîqîm,* die – als Ersatz für *d^{e}rāšôt* an Ort und Stelle – den An-

[30] *Sefär liqqûtê MWHR"N (qāmā', ... tanjā'),* 2 Bde. 1968/9, ed. A. David; M. Piekarz, Mis-sifrûtām šäl ḥ^{a}sîdê Braslāb, QS 45 (1969/70), 615–621.

[31] *Tôrāh 'ôr,* 7597; *Liqqûtê Tôrāh,* 7608–11.

[32] *Liqqûṭê J^{e}qārîm; K^{e}tab Šem Ṭôb; Ṣawwā'at hā-RJB"Š.*

[33] Repr. Brooklyn 1962/3; engl.: N. Mindel u. a., Likutei Amarin, 4 Bde. 1965/8.

[34] § 52, Anm. 29.

hängern auch Lehre vermitteln sollten. Eine eigene Gebetsliteratur entstand nur langsam, am frühesten bei Nachman von Braclaw.

c) Als hervorstechendstes Kennzeichen des Chasidismus wird häufig die chasidische Erzählung[35] betrachtet. Schon der B'Š"Ṭ hatte sich der Erzählung als eines besonders geeigneten Mittels zur Veranschaulichung bedient und er selbst wurde alsbald, wie später die einzelnen *Ṣaddîqîm* bzw. „Rebbes", zum Gegenstand solcher *ma'ᵃśijjôt.* Der *ṣaddîq* als Erzähler und als Gegenstand der Erzählung enthüllt göttliche Geheimnisse, die in mehr oder weniger starkem Masse in jeder (auch in einer nichtjüdischen) Erzählung vorhanden sein können, wenn sie vom Ṣaddîq angewendet wird.

Die episodenhafte Biographie des Ṣaddîq wird so in einer ins Volkstümliche verharmlosten Weise ähnlich zum Gegenstand der Spekulation wie einst im Sabbatianismus die Biographie des Šabbetaj Zbi: an ihr wird die Überwelt transparent. Am extremsten wurde diese Theorie bei den Anhängern des Nachman von Braclaw vertreten.

Im Lauf der Zeit kristallisierten sich bestimmte Gattungen heraus: (1) Die Erzählung des *Ṣaddîq,* (2) die Erzählung über den *Ṣaddîq,* und (3) die *Śiḥāh,* die – oft in dialogischer Form – lehrhafte Inhalte in einem erzählenden Rahmen darbietet. Die überwiegende Mehrheit der chasidischen Erzählungen trägt naiv volkstümlichen Charakter und zeichnet sich – insbesondere im 19.Jh. – durch einen krassen Hang zum Mirakulösen aus.

Die Auswahl und die hochstilisierte Übersetzung solcher Erzählungen, wie sie Martin Buber vorgenommen hat[36], vermitteln weder ein zutreffendes Bild von der historischen chasidischen Erzählungsliteratur noch von der chasidischen Lehre und Frömmigkeit, da es Martin Buber mehr um etwas wie eine „existentiale Interpretation" als um eine literatur- und religionswissenschaftliche Darstellung ging[37].

35 M. Bän-Jᵉhezqᵉ'el, Sefär ham-ma'ᵃśijjôt, 1–6, 1955/57; M. Buber, 'Ôr hag-gānûz, 1957²; J. Dan, Han-nôbellāh ha-ḥᵃsîdît, 1965/6; D. Sedan, Bên šᵉ'îlāh lᵉqinjān, I, 1968; E. Steinmann, Qanqan hak-käsäf, 4 Bde., 1969; J. Zawin, Sippûrê Ḥᵃsîdîm, 2 Bde., 1967.

36 M. Buber, Hundert chassidische Geschichten, 1933; Ders., Die Erzählungen der Chassidim, in: Werke III, 1963, 69–712.

37 G. Scholem, Martin Bubers Deutung des Chassidismus, in: Judaica I, 1963, 165–206; vgl. Ders., Martin Bubers Auffassung des Judentums, in: Judaica II, 1970, 133–192 (S. 154 ff.); frz.: Martin Buber et son interpretation du hassidisme, Critique 22/233 (1966), 822–841; hebr.: Perûšô šäl Marṭîn Bûber la-ḥᵃsîdût, 'Amot 1/6 (1962/3), 29–42; 2 (1963/4), 82 f.; engl., Martin Buber's Hasidism: A critique, Comm 32 (1961), 305–316; 33

5. Die chasidischen Hauptrichtungen

a) Die zentrale Strömung des Chasidismus gründet sich auf die Tradition des „großen Maggid" (Dob Baer). In der Kabbalah, in der sie kaum jemals systematische Spekulation geleistet hat, dominieren hier neben der 'AR"I-Lehre Elemente der Kabbalah des Mose Cordovero. Der Gedanke des *Ṣimṣûm* wird mit der Offenbarungstheorie verknüpft. Die messianische Erwartung entspricht der traditionellen Form, eine Naherwartung tritt kaum auf. Der Ton liegt auf der individuellen Vervollkommnung, auf der „Erhebung", auch der bösen Gedanken und *middôt*. Das Ziel der Erhebung der Einzelseele ist geradezu ein akosmisches Aufgehen ins *'ajin* (Nichts).

b) Für Nachman von Braclaw[38] und seine Anhängerschaft spielten kabbalistische Einzelspekulationen v. a. lurianischer Tendenz eine größere Rolle, ein System entstand aber auch hier nicht. Hingegen spielt hier, wo man Nachman als einzigen *ṣaddîq* betrachtete und seine Wiederkunft erhoffte, die eschatologische Naherwartung eine nicht geringe Rolle, weshalb es auch zu regelrechten Einwanderungswellen ins Heilige Land kam. Die individuelle Frömmigkeit gipfelt auch hier in der Aufhebung der Körperlichkeit und in einer Art unio mystica. Im Vergleich zur anderen Richtung ist der Braclaw-Chasidismus am meisten auf „Glauben" angelegt und dementsprechend ablehnend gegenüber selbständigen Erkenntnisstreben gewesen. Gesang und Tanz als Stimulans sind hier besonders geschätzt worden.

c) Der von Schne'ur Salman von Ljadi[39] ausgehende ḤB"D-Chasidismus[40] hat als einzige chasidische Gruppe ein theo-

(1962), 162 f.; Martin Buber, Zur Darstellung des Chassidismus, Merkur 17 (1963), 137–146; D. Rudavsky, The neo-Hassidism of Martin Buber, Religious Education 62 (1967), 235–244.

[38] M. Buber, Werke III, 1963, 895–932; S. A. Horodetzky, Rabbi Nachman von Braclaw. Beitrag zur Geschichte der jüdischen Mystik, 1910; G. Scholem, Qûnṭres 'elläh šᵉmôt Sefär MWHR"N z"l mib-Braclaw wᵉsifrê

[40] J. D. Agus, Tôrat ḤB"D, SŠJA 10/11 (1948/9), 352–409; Ch. J. Bunin, talmîdājw, 1928; dazu Erg.: QS 6 (1929/30), 565–570 und (von A. M. Habermann) QS 7 (1930/1), 482; J. Weiss, Has-sefär han-niśraf lᵉR. Naḥmān min-Braslab, QS 45 (1969/70), 253–270; N. Tefilinski, Sefär sippûrê ma'aśijjôt... R. Naḥmān mib-Braslāb, 1–4 (in 2 Bde.), 1938/40.

[39] Anm. 11.

Mišnat ḤB"D, 1, 1935/6; Ch. M. Chelman, Bêt Rabbî, 1901/2; A. M. Habermann, Ša'arê ḤB"D, in: 'alê 'ajin, SJ Z. Schocken, 1951/2, 293–370; D. S. Shapiro, The Basis of Habad Philosophy. A study of the Tanya, Jdm 16 (1967), 324–339; J. I. Schneersohn, Lubavitcher Rabbi's Memoirs,

sophisch-esoterisches System hervorgebracht. Zugrunde liegt die lurianische Kabbalah, doch der *Ṣimṣûm* wird durch Emanationsprozesse ersetzt. Dabei ist eine sorgfältige Scheidung zwischen Exoterik und Esoterik zu beobachten. Die Erhebung der bösen Gedanken und *middôt* wird exoterisch als Aufgaben nur für *Ṣaddîqîm* ausgegeben, in der Esoterik aber wird sie im Sinn der Rückführung gefallener Lichtfunken (entsprechend der lurianischen Kabbalah) auch als Aufgabe des Chasid bezeichnet. Dem entspricht hier auch eine höhere Wertung des Torah-Lernens und der halakischen Überlegung, sodaß Lehre, Erkenntnis und Glauben miteinander bewußt in Harmonie gehalten werden. In der individuellen Frömmigkeit gilt ebenfalls die Erhebung in die Unkörperlichkeit in der *d^ebeqût* als Ziel, das Interesse konzentriert sich dabei auf die „göttliche" Seelenschicht im Menschen, von deren drei Fähigkeiten (*ḥokmāh, bînah, daʿat*) die Bewegung ihre Namen (ḤB"D) bekommen hat. Die messianische Erwartung bleibt im traditionellen Rahmen. Die Wertung des *ṣaddîq* unterscheidet sich hier deutlich von den anderen Richtungen, er gilt als religiöse Autorität, aber eher im Sinne des vorchasidischen Frömmigkeitsideals, also ohne die messianisch-mittlermäßigen Akzente und ohne den daraus sich ergebenden Personenkult.

Der ḤB"D-Chasidismus, der gegen Ende des 19. Jh. eine Renaissance durchgemacht hat und als einzige chasidische Richtung Tradition und Moderne zu verbinden wußte, gehört noch heute zu den wirksamsten religiösen Kräften im Judentum.

6. Die Rolle des Chasidismus in der jüdischen Geschichte

Es wurde immer wieder versucht, den Chasidismus als eine innerjüdische „Erweckungsbewegung" zu verstehen. Doch dieser Sprachgebrauch führt allzuleicht in die Irre. Der Chasidismus hat viel weniger Neues hervorgebracht als Altes aufgegriffen und mit anderen Akzenten versehen. Was mit dem Pietismus und mit Erweckungsbewegung noch vergleichbar wäre, ist der Zug zum Individualismus und zur Aufwertung des Gefühls, was eben dem Geist der Zeit allgemein entsprach. Ferner eine teilweise vorhandene affektgeladene Oppositionshaltung gegenüber den offiziellen Gemeindeautoritäten. Die Frömmigkeit selbst fußte auf zwei Voraussetzungen: Der alten *Mûsār*-Litera-

3 Bde. 1956; E. Steinsalz, a. a. O. (Anm. 19); Ders., EI XVII, 41–45; M. Teitelbaum, a. a. O. (Anm. 11), hebr.: Hā-Rāb mil-Lā'dî ûmiflāgāt ḤB"D, 2 Bde., 1910/2.

tur und der sabbatianischen Frömmigkeit. Die häretische Tendenz der letzteren hat der Chasidismus eliminiert. Einmal durch die Preisgabe der „Christologie“ des Sabbatianismus zugunsten der traditionellen Messiaserwartung und einer Intensivierung des individuellen Aspektes des *Tiqqûn,* zum anderen durch die Übertragung und Einschränkung messianischer (heilsvermittelnder) Funktionen auf den *Ṣaddîq* (was aber für die ḤB”D-Richtung nicht zutrifft). Mit all dem war es möglich gewesen, die Massen Osteuropas, die sich von der rabbinischen Religiosität nur mehr mangelhaft angesprochen und in den Gemeinden nur mehr unzureichend geborgen fühlten, vor der sabbatianischen Häresie und dem folgenden Abfall zu bewahren und ihnen das Leben in der Tradition wieder als lebenswert erscheinen zu lassen. Genau besehen – und vor allem im Endeffekt – war der Chasidismus also eine konservative Bewegung. Der Preis, den das osteuropäische Judentum für diese Konservierung in der Tradition entrichtete, war indes nicht gering. Die Zementierung der alten Lebensweisen mit dem alten, auf das Rabbinische begrenzten Bildungsziel lähmte jede Initiative zur Bewältigung der ungeheuren Probleme, denen sich das sprunghaft anwachsende Judentum im 19. Jh. dann gegenübersah.

5. Teil

AUSBLICK: RELIGIONSGESCHICHTE DES 19./20. JAHRHUNDERTS

§ 54 Zur Geschichte des modernen Judentums

A. Altmann, Studies in Nineteenth Century Jewish Intellectual History, 1964; O. Bamberger, The Story of Judaism, 1957; S. W. Baron, in: L. Schwarz*, 315–484; B. Z. Dinur, Bᵉmifneh had-dôrôt, 1955; Ders., Israel and the Diaspora, 1969; S. Dubnow*, VIII–X; I. Elbogen – E. Littmann, Ein Jahrhundert jüdischen Lebens, 1967; A. Eloesser, Vom Ghetto nach Europa, 1936; 'Enṣîqlôpedijāh šäl gālûjjôt, I, 1952/3 ff.; S. Ettinger, Tôlᵉdôt ʿam Jiśrā'el bā-ʿet ha-ḥᵃdāšāh, 1969 (Ch. H. Ben-Sasson*, III); M. Katan, Tôlᵉdôt haj-jᵉhûdîm mim-milḥämät hā-ʿôlam hā-ri'šônāh weʿad jāmênû, 1957/8; B.-Z. Katz, Rabbānût, ḥᵃsîdût, haśkālāh, 2 Bde., 1956/58; J. Katz, Emancipation and Assimilation. Studies in Modern Jewish History, 1970; F. Kobler, Jüdische Geschichte in Briefen aus Ost und West, 1938; J. Leshtchinski, Happᵉzôrāh haj-jᵉhûdît, 1961; Ders., Nᵉdûdê Jiśrā'el bad-dôrôt hā-'ahᵃrônîm, 1964/5; R. Mahler, Dibrê jᵉmê Jiśrā'el, 1780–1885, I, 1–4: 1952 ff.; II, 1: 1970; Ders., A History of Modern Jewry, 1780–1815, 1970; S. Noveck, Great Jewish Personalities in Modern Times, 1960; M. Philippson, Neueste Geschichte des jüdischen Volkes, 3 Bde. 1922/30²; M. Raisin, A History of the Jews in Modern Times, 1919; C. Roth, in: L. Finkelstein*, I, 250–286; A. Ruppin, Soziologie der Juden, 2 Bde. 1930/1; H. M. Sachar, The Course of Modern Jewish History, 1958; I. Schneersohn (ed.), D'Auschwitz à Israel, 1968; A. Tartakover, Šibṭê Jiśrā'el, 3 Bde. 1965, 1966, 1969; A. Tcherikover, Jᵉhûdîm beʿittôt mahpekāh, 1952/3; J. L. Teller, a. a. O. (§ 43); The Jewish People – Past and Present, 4 Bde., 1946–1955.

1. Der Wandel in der Haltung der Umwelt zum Judentum

Mit dem Menschheitsgedanken der Aufklärung, mit der Vorstellung vom moralisch-kulturellen Fortschritt und mit dem neuen Sinn für historische Entwicklungen und Bedingungen, sowie dem Vordringen der Gedanken der französischen Revolution verlor die alte, christlich-heilsgeschichtliche Ansicht von der Rolle der Juden als den negativen Zeugen der Wahrheit ihre selbstverständliche Geltung[1]. In

[1] S. Ettinger, The Beginnings of the Change in the Attitude of European Society towards the Jews, SH 7 (1961), 193–219.

den aufgeklärten Kreisen sah man im Juden den grundsätzlich ebenbürtigen Mitmenschen, der allerdings einer „Verbesserung" bedürfe, um den ihm zustehenden Platz in der menschlichen Gesellschaft und Kultur einzunehmen, und dieser Standpunkt deckte sich weithin mit dem Interesse der neuen Staatsräson am Bürger als einem nützlichen Glied der staatlichen Gemeinschaft. Die erwähnte „Verbesserung" war doppelgesichtig. Einerseits ging es um die „bürgerliche Verbesserung", die Gewährung mehr oder weniger gleicher Rechte, andrerseits um eine innerjüdische Verbesserung zur Schaffung der nötigen Vorbedingungen für die „bürgerliche" Gleichstellung, und diese bestanden in einer weitgehenden Assimilation an Kultur, Zivilisation und Gesellschaft der Umwelt. Dem Abbau der christlich-heilsgeschichtlich begründeten Diskriminierung sollte ein Abbau der jüdisch-heilsgeschichtlich begründeten Separation entsprechen. Die „Verbesserungen" wurden der jüdischen Mehrheit also von den „aufgeklärten" Regierungen aufgezwungen. Diese Bestrebungen stießen jedoch auf vielfältigen Widerstand, vor allem aus drei Richtungen:

a) Aus christlich-konservativen Kreisen, die einer solchen Aufweichung des traditionellen Geschichtsdenkens widerstrebten. Sie wurden nolens volens zu Verbündeten jener Gruppen, die aus politischen oder ständischen Interessen gegen jene neuen politischen Bestrebungen Front machten, die unter anderem die Gleichstellung auch der jüdischen Bürger forderten.

b) Aus dem Judentum selbst, in dem die Mehrheit zunächst überall und später in manchen Gebieten (Osteuropa) noch lange an der herkömmlichen Rechtsordnung und Lebensweise festhielt und hinter den Neuerungen nur eine Mission mit anderen Mitteln befürchtete.

c) Diese zuletzt erwähnte Vermutung war insofern zutreffend, als das Ausmaß der Säkularisation, die mit der Aufklärung eingesetzt hatte, nicht überschätzt werden darf. Im großen und ganzen blieb nämlich das Bewußtsein herrschend, daß Christlichkeit und abendländische Kultur eine Einheit bilden. Der sich assimilierende Jude entsprach also bis zu einem gewissen Grad nur der nun anders formulierten Aufforderung zur Selbstpreisgabe, was vor allem darin zum Ausdruck kam, daß auch weiterhin die Taufe (nach Heinrich Heine) das „Entrébillet" in die europäische Kultur und Gesellschaft blieb. Im Verlauf des 19. Jh. trat diese „christliche" Komponente in vielen Staaten wieder stärker in den Vordergrund, zumeist verquickt mit nationalistischer Ideologie bis zur völligen Pervertierung in der deutschvölkischen Ideologie und im Nationalsozialismus. Im selben Maß verschärften sich die Auseinandersetzungen um die Gleichberechtigung der Juden.

Die Diskussion für und wider die Gleichberechtigung knüpfte anfangs an die Auseinandersetzungen um die Gleichstellung (naturalization) der zuwandernden Juden mit den bereits ansässigen Juden in England an, später auch an die britische Diskussion um die Gleichberechtigung (emancipation) der Iren, aus der in den Zwanzigerjahren des 19. Jh. auch der Begriff „Emanzipation" übernommen wurde[2]. Insgesamt sind von heute aus betrachtet fünf Hauptphasen der Emanzipationsgeschichte[3] zu unterscheiden:

a) Die Anfänge zwischen ca. 1780 und 1815 mit vielen hoffnungsvollen Ansätzen und z. T. überschwänglichen Erwartungen.

b) Eine Zeit der Stagnation zwischen 1815 und 1848, in der die Widerstände sich profilierten, zwar noch vorwiegend religiös argumentierend, aber auch schon mit pseudoreligiösen rassistischen Zügen[4]. Mit dem nationalstaatlichen Denken wurde von den Juden als Preis für gleiche Rechte nicht bloß der Verzicht auf die traditionelle Autonomie und die Bereitschaft zur kulturellen Assimilation gefordert, sondern auch eine klare Entscheidung über die Zugehörigkeit zur Nation, in der sie bislang in ihren Gemeinden jeweils wie als Staat im Staate gelebt hatten. Je nach der besonderen Ausprägung des Nationsbegriffes erhielt diese Forderung ein unterschiedliches Gewicht und bestimmten die Möglichkeiten und das Ausmaß der Emanzipation und Integration.

c) Die Erfolge, die im Rahmen der Revolutionen von 1848 errungen wurden[5], währten nicht lange, doch kamen mit den Sechzigerjahren die gesetzgeberischen Versuche zur Regelung der religiösen Minderheitenfrage und damit auch der Gleichstellung der Juden erneut in Gang. Allerdings war dies mit einer zunehmenden politischen Relevanz der Auseinandersetzungen für und wider die Emanzipation begleitet. In Rußland gipfelte die politische Manipulation des Judenhasses in den Pogromen von 1881/2.

d) Die Zeit nach 1881/2 steht im Zeichen wachsender Polarisierung. Der Antisemitismus wird ein treibender Faktor im Parteienkampf[6], soziale

[2] J. Katz, The Term „Jewish Emancipation", in: A. Altmann, Studies ..., 1–25.

[3] A. Z. Aescoli, Hā-'emanṣîpāṣijjāh haj-jehûdît, 1951/2; P. Borchsenius, The Chains are Broken, 1964; N. Glatzer, The Dynamics of Emancipation, 1965; J. Jehouda, Die fünf Etappen der jüdischen Emanzipation, 1944; J. Katz, Die Entstehung der Judenemanzipation in Deutschland und deren Ideologie, 1935.

[4] N. Rotenstreich, Haj-jahadût ûzekûjjôt haj-jehûdîm, 1958/9; E. Sterling, Judenhass, 1969; S. Stern-Täubler, Der literarische Kampf um die Emanzipation in den Jahren 1816–1820, HUCA 23/II (1950/1), 171–196.

[5] B. Meborak, Hašpa'at mahpekat 1848 'al Jehûdê 'Êrôpāh, 1964; J. Toury, Mehûmāh ûmebûkāh bemahpekat 1848, 1967/8.

[6] R. F. Byrnes, Antisemitism in Modern France, 1950; N. Katzburg, 'Anṭîšemijjût beHûngārijjāh 1867–1914, 1969; P. G. J. Pulzer, Die Entstehung des politischen Antisemitismus in Deutschland und Österreich, 1867–1914, 1964.

Probleme und nationalistische Vorstellungen wurden mit religiöser Argumentation verquickt und verliehen der „Judenfrage“[7] ihre spezielle Brisanz. Überkommene religiöse Vorurteile und Argumente verbanden sich mit weltanschaulichen Klischees. „Die Juden“ dienten für jede Erscheinung als Sündenbock und die Judenhetze wurde ein bedeutsamer Faktor im Kampf der Parteien und Ideologien, in dem auch die Kirchen, vorbelastet durch die traditionelle Wertung der „Synagoge“, eine z. T. verhängnisvolle Rolle spielten[8]. Zugleich brachte der Zionismus einen neuen Aspekt in die Diskussion, indem er, von der Erfolglosigkeit der bisherigen Emanzipation überzeugt, die nationale Selbstbehauptung mit dem Ziel eines eigenen Territoriums und Staates als Mittel einer kollektiven Emanzipation erstrebte. Der Zusammenbruch der alten politischen Ordnungen am Ende des 1. Weltkrieges brachte zwar vorübergehende Erfolge auf dem Gebiet der Gleichberechtigung, doch die folgende NS-Herrschaft[9] verhalf der zionistischen Position zu einer vorläufig evidenten Rechtfertigung.

e) Die Gründung des Staates Israel verschaffte dem Judentum insgesamt – wie immer der Einzelne sich zur Staatsgründung auch stellen mochte – einen politisch-moralischen Rückhalt, sowie die Möglichkeit und ein Beispiel freier Selbstentfaltung.

Die Geschichte der Emanzipation und des Antisemitismus verlief nicht überall gleichförmig. In bestimmten Bereichen, vor allem in Russland (Abschn. 3) und Deutschland (Abschn. 2), führte sie zu Grenzsituationen von katastrophalen Ausmaßen. Deren Auswirkungen veränderten nicht nur das Selbstverständnis des Judentums, sie führten auch ethnographisch und kulturgeschichtlich gesehen zur Bildung neuer jüdischer Schwerpunkte, darunter insbesondere in Nordamerika (Abschn. 4) und im Lande Israel (Abschn. 5). Verhältnismäßig glatt verlief der Prozeß der Assimilation und Emanzipation in Westeuropa, England, Holland und Frankreich. In Frankreich[10] hatte Napoleon die Juden zum Bekenntnis der nationalen Zugehörigkeit genötigt, die darauf folgende (allerdings nicht konsequente) emanzipatorische Gesetzgebung kam mit den napoleonischen Eroberungen auch in andere Länder, doch eben als Einführung der ver-

[7] J. Parkes, The Emergence of the Jewish Problem, 1878–1939, 1946.

[8] Kirche und Synagoge, hrsg. von K.-H. Rengstorf und S. v. Kortzfleisch, II, 1970; U. Tal, Jahadût wenaṣrût bā-"Reich haš-šenî", 1969; H. Greive, Theologie und Ideologie, 1969.

[9] Z. Szajkowski, The Emancipation of Jews during the French Revolution, SBB 3/2 (1957), 55–68; 3/3 (1958), 87–144; 4/1 (1959), 21–48 (Bibl.!); B. Meborak, Nāpôle'ôn ûteqûfātô, 1957/8.

[10] J. Robinson – Ph. Friedman, Guide to Jewish History under Nazi Impact, 1960 (Bibl.!); G. Reitlinger, The Final Solution, 1961.

haßten Fremdmacht, was vor allem für die Entwicklung in den deutschen Ländern bedeutsam war.

2. Die Juden in Deutschland[11]

Die Zielsetzungen der französischen Revolution waren infolge der napoleonischen Eroberungen in den deutschen Ländern in Mißkredit geraten, mit ihnen auch die Judenemanzipation, für die vor allem im Königreich Westfalen ein aufsehenerregendes Modell – auch für innerjüdische Reformen – geschaffen worden war. Dazu kam, daß in Ermangelung einer tatsächlichen nationalen Einheit und einer gemeinsamen Nationalreligion ein pseudochristliches Surrogat entstand, in dem „deutsche Frömmigkeit" und schließlich „Deutschtum" mit wahrer Christlichkeit gleichgesetzt wurde, wodurch der alte heilsgeschichtlich motivierte Antagonismus Kirche – Synagoge auf einen vorgeblich unversöhnlichen Gegensatz Deutschtum – Judentum übertragen wurde[12]. Das Judentum wurde für die völkische Ideologie beneidetes und verhaßtes Vorbild zugleich[13]. Nun war dies zwar nur eine Komponente in der Geschichte des deutsch-jüdischen Verhältnisses, allerdings die letztlich entscheidende. Sie verbaute nämlich von vornhinein die Möglichkeit einer selbstverständlichen Assimilation und Emanzipation, wie sie sich in manchen anderen Ländern vollzogen hat, und drängte die Juden insgesamt in eine Grenzsituation. Die Assimilationswilligen konnten hier ihre Gleichartigkeit nie genug unter Beweis stellen. Daher gebärdete sich das „deutsche Judentum" auch weithin in extremer Weise „deutsch" und verband bis zu einem gewissen Grad den herkömmlichen jüdischen Erwählungsglauben mit dessen deutsch-völkischer Nachahmung, ohne doch die Barrieren wirk-

[11] H. G. Adler, Die Juden in Deutschland, 1960; E. L. Ehrlich, Geschichte der Juden in Deutschland, 1960³; W. Kampmann, Juden und Deutsche, 1963; H. Liebeschütz, Das Judentum im deutschen Geschichtsdenken von Hegel bis Max Weber, 1967; Monumenta Judaica, 3 Bde., 1964² (Lit.!); H.-J. Morgenthau, The Tragedy of German-Jewish Liberalism, 1961; H.-J. Schultz (Hrsg.), Juden, Christen, Deutsche, 1961; J. Toury, Die politischen Orientierungen der Juden in Deutschland von Jena bis Weimar, 1966; R. Weltsch (Hrsg.), Deutsches Judentum, Aufstieg und Krise, 1963; Lit. § 43, Anm. 2.

[12] G. L. Mosse, The Crisis of German Ideology, 1964; N. Cohn, Die Protokolle der Weisen von Zion, 1969; P. W. Massing, Rehearsal for Dextruction, 1949.

[13] H. Greive, Der „Umgekehrte Talmud" des völkischen Nationalismus, Jud 23 (1967), 1–27.

lich überwinden zu können. Diesen verzweifelten Versuchen der Selbstpreisgabe und Angleichung wurde zudem immer vorgehalten, daß andere Juden ja weiterhin an ihrer Tradition mehr oder weniger festhielten und damit die Ansicht bestätigten, daß das Judentum unter den anderen Völkern ein Fremdkörper sei. Aus diesem Grund nahm auch die innerjüdische Auseinandersetzung hier nicht selten schärfste Formen an – oft genug zum Vorteil der antisemitischen Hetze. In dieser uneingestanden ausweglosen Situation sahen sich die Juden zu überdurchschnittlichen Leistungen provoziert, um ihre Gleichwertigkeit unter Beweis zu stellen. Der Erfolg war jedoch eher negativ, er erwirkte mehr Neid als Anerkennung. Diese Problematik wurde verschärft durch die osteuropäischen Juden, die aus Rußland und Polen nach dem Westen drängten, um hier profane Bildung oder auch nur bessere Existenzmöglichkeiten zu finden[14]. Sie litten unter einem doppelten Minderwertigkeitskomplex, als Juden allgemein und als „Ostjuden" insbesondere, da auch viele assimilierte „Westjuden" diesen Zuzug, der soziale Probleme aufwarf und in der nichtjüdischen Umgebung unliebsames Aufsehen erregte, nur ungern sahen. Aber gerade dieses ostjüdische Element, das sich unter derart ungünstigen Bedingungen zu behaupten hatte – und vielen gelang dies nicht – trug wesentlich zu den Leistungen bei, die dem Judentum Deutschlands für etwa anderthalb Jahrhunderte eine geistig führende Rolle im Gesamtjudentum verschafft haben. Hier wurden die Methoden der modernen historisch-philologischen Wissenschaft zum ersten Mal und auf breiter Basis für die jüdische Selbstbetrachtung dienstbar gemacht, entstand die „Wissenschaft des Judentums", ohne die das moderne Judentum nicht denkbar wäre. Dennoch wäre es eine gutgläubige Legende, wollte man von „deutschjüdischer Symbiose" sprechen, wie es so oft geschieht, denn gerade nicht die volle Selbstentfaltung beider Partner war hier eingetreten, sondern eine der extremsten Formen jüdischer Selbstpreisgabe, die sich allerdings gern als richtige jüdische Haltung schlechthin gerierte[15]. Die Rede von der Einzigartigkeit jüdisch-deutscher Symbiose beruht in der Regel noch auf jener Usurpation des Erwählungsbegriffes, nach der „deutsch" und „jüdisch" Eliteformen der Menschheit beschreiben, denen ein universaler Führungsanspruch zukommt. Diese Illusion einer deutsch-

[14] S. Adler – Rudel, Ostjuden in Deutschland, 1959.

[15] Siehe G. Scholem, Wider den Mythus vom deutsch-jüdischen Gespräch, in: Judaica II, 1970, 7–11; Ders., Das deutsch-jüdische Gespräch, ibd. 12–19; Ders., Juden und Deutsche, ibd. 20–46.

jüdischen „Symbiose", wie sie Hermann Cohen am deutlichsten zu Papier gebracht hat[16], wurde durch die geschichtliche Entwicklung ad absurdum geführt[17]. Die bitteren Enttäuschungen und grausamen Verfolgungen, die Europas Juden infolge der NS-Herrschaft durchzumachen hatten, haben denn auch einen entscheidenden Wandel im jüdischen Selbstverständnis bewirkt und die Gesamtstruktur des Judentums tiefgreifend verändert.

3. Osteuropa[18]

Infolge der Teilungen Polens geriet eine große Zahl von Juden unter die Herrschaft des traditionell judenfeindlichen Zarenreiches, wo ihnen auch weiterhin die Ansiedlung in weiten Gebieten des Staates untersagt blieb. Zwar war um 1800 in Rußland der Wille zu einer liberalen Regelung auf der Linie der Toleranzedikte Josef II. vorhanden, doch die Widerstände und Schwierigkeiten erwiesen sich als stärker. Sie kamen sowohl aus den kirchlich bestimmten konservativen Kreisen wie aus der jüdischen Mehrheit, die den jüdischen Maskilim als Kollaborateuren der Regierung zutiefst mißtraute und zäh an den überkommenen Vorstellungen und Lebensweisen festhielt. So ergab schon das 1. Judengesetz von 1804 einen Kompromiß, indem man die jüdische Gemeindeautonomie intakt ließ und nur auf dem Bildungssektor einige Neuerungen nach österreichischem Vorbild anordnete, aber keineswegs auch durchführen konnte. Die Dringlichkeit einer gründlicheren Lösung war aber unübersehbar: Allein zwischen 1820 bis 1851 vermehrte sich die Zahl der Juden von 1,6 Millionen (400.000 in Polen) auf 2,4 Millionen (600.000 in Polen), ohne daß die soziale Struktur eine Verbesserung erfuhr. Versuche, Juden zur landwirtschaftlichen Ansiedlung in gesonderten Gebieten zu bewegen, scheiterten durch den napoleonischen Krieg und am innerjüdischen Desinteresse[19]. Seit 1815 etwa nahm zudem ein mystisch-

[16] H. Cohen, Deutschtum und Judentum, 1916.

[17] A. Pauker, Der jüdische Abwehrkampf, 1968.

[18] Lit. § 45. L. S. Dawidowicz, The Golden Tradition, 1967; L. Greenberg, The Jews in Russia, 2 Bde. 1965²; A. J. Heschel, The Earth is the Lord's, 1950; I. Levitats, The Jewish Community in Russia 1772–1844, 1943; M. Mandelstamm, How Jews Live, 1900; J. Meisl, Haskalah, 1919; J. Raisin, The Haskalah Movement in Russia, 1913; B. D. Weinryb, in: L. Finkelstein*, I, 321–375; P. Wengeroff, Memorien einer Großmutter, 2 Bde., 1913/19².

[19] M. Lewin, Beʿājat hap-prodûqṭîbîzāṣijjāh bitqûfat ha-haśkālāh, Diss. Jerus. 1967/8; J. Elk, Die jüdischen Kolonien in Russland, 1886 (Nachdr. 1970).

orthodoxer Nationalismus überhand, der jeder liberalen Minderheitenregelung widerstrebte. 1827 wurde die Wehrdienstersatzsteuer aufgehoben und (bis 1856) wurden die jungen Juden zwangsrekrutiert. Das 2. Judengesetz von 1835 brachte nur unwesentliche Fortschritte, 1844 wurde schließlich die Qahal-Autonomie offiziell aufgehoben, gegen den Willen der jüdischen Mehrheit. 1840 erfolgte eine Erziehungsreform, zwar im Einvernehmen mit den jüdischen Maskilim, aber erst nach 2–3 Jahrzehnten voll wirksam, weil der passive innerjüdische Widerstand nur langsam nachließ, am ehesten in den großstädtischen Bereichen (z. B. Odessa). Die steigende Zahl der Schulabsolventen geriet gleichwohl in ein neues Dilemma. Die Haskalah-Schulbildung war zu wenig an den praktischen Berufserfordernissen und Berufsmöglichkeiten orientiert gewesen, sodaß die Zahl der jüdischen Intelligenzler ständig wuchs, die in der immer feindseliger werdenden Umgebung keine Existenzmöglichkeit fanden. Die Haskalah hatte zwar das Hebräische – nicht zuletzt dank der seit Mitte des Jahrhunderts aufkommenden Presse[20] – wieder zur literarischen Alltagssprache gemacht, doch erst im letzten Drittel des Jahrhunderts lernten die Juden auch mehr und mehr die Landessprache, Polnisch oder Russisch, eine Grundvoraussetzung für ihre Integration und seit ca. 1860 eine der Hauptforderungen aus der Umwelt. Eine vorübergehende Liberalisierung in den Sechzigerjahren zeitigte auch nur Teilergebnisse. 1881/2 kam es infolge politisch-antisemitischer Manipulation zu den berüchtigten Pogromen[21], die eine entscheidende Wende im Selbstverständnis des Ostjudentums eingeleitet haben. Die Maskilim verzweifelten an ihren bisherigen Zielsetzungen. Viele versuchten nun ihr Glück in der Auswanderung nach dem Westen, vor allem nach Amerika. Andere wandten sich der aufkommenden nationalen *Ḥibbat Ṣijjôn*-Bewegung und später dem Zionismus zu und begannen in Palästina Siedlungen anzulegen. Wieder andere suchten ihr Heil in den radikalen politischen Strömungen[22] sozialistischer und anarchistischer Färbung, da für sie nur eine radikale Änderung der gesamten politischen und wirtschaftlichen Verhältnisse eine Lösung der „Judenfrage" zu bieten schien. Die Frage einer religiösen Reform tauchte hier charakteristischer Weise so gut wie gar nicht auf, von

[20] B. Poll – J. Maier, Jüdische Presse im 19. Jahrhundert, 1967² (Lit.!).

[21] A. Linden, Die Judenpogrome in Russland, 2 Bde. 1910.

[22] J. Maor, Še'elat haj-jehûdîm bat-tenû'āh hal-lîberālît weham-mahpekānît beRûssijjāh (1890—1914), Diss. Jerus. 1963/4.

vornhinein standen die sozialen und politischen Probleme im Vordergrund.

Die Geschichte seit der Oktoberrevolution erwies erneut die untergründige Kraft der Tradition. Zwar ergaben sich nach der Konsolidierung der Sowjetunion[23] auf manchen Gebieten Erleichterungen, sogar die Chance zur kolonisatorischen Gründung einer eigenen jüdischen Sowjetrepublik in Birobidschan wurde geboten, doch das marxistische Unvermögen zur Respektierung und Integration religiöser Sachverhalte stellte gerade einen großen Teil der Juden vor neue – aber im Grunde alte – Probleme. Die neue Gleichberechtigung war unter der Bedingung der Preisgabe der Religion gewährt worden. Wer sich als Jude jedoch von der Religion der Väter losgesagt hatte, konnte nur mehr geringes Interesse an einer eigenständigen jüdischen oder jiddischen Kultur und noch weniger Elan für ein national-kolonisatorisches Aufbauwerk aufbringen, da schließlich von alters her alle kulturellen und politischen Traditionen mit den religiösen so eng verquickt waren, daß die Preisgabe der einen auch ein Desinteresse für die anderen bedingte. So scheiterte das Experiment von Birobidschan notwendigerweise, zumal sich für einen gebildeten revolutionären Juden in den neuerrichteten Sowjetrepubliken genug berufliche Chancen eröffneten. Nun hatten aber natürlich nicht alle Juden Rußlands der Tradition den Rücken gekehrt, jedenfalls blieben in der überwiegenden Mehrheit noch beträchtliche Restbestände religiösen Bewußtseins und damit gesamtjüdischen Solidaritätsgefühls lebendig und dies erregte den Argwohn der religionsfeindlichen Staatsideologie und die traditionell antisemitische Animosität so mancher nichtjüdischer Kreise. Die Zeit der NS-Herrschaft ließ diese Gegensätze vorläufig in den Hintergrund treten, aber noch unter Stalins Alleinherrschaft brachen die ersten Symptome einer neuen Konfrontation auf. Akut wurde diese Konstellation erneut infolge des Nahostkonfliktes. Nachdem es die israelischen und zionistischen Stellen natürlich nicht versäumten, die sowjetische Haltung anzuprangern, verschärfte sich die Situation in den sogenannten Ostblockstaaten zunehmend[24]. Dabei geraten mehr und mehr auch die regimetreuen Juden wider Willen

[23] G. Aronson (ed.), Russian Jewry 1917—1967, 1969; F. Fejtö, Judentum und Kommunismus, 1967; J. Lebabi, Ha-hitjašš^{e}bût haj-j^{e}hûdît b^{e}Bîrôbîgā'n, 1964/5.

[24] L. Poliakov, De l'antisionisme à l'antisémitisme, 1969; E. Wiesel, Die Juden in der UdSSR, 1967.

in einen status confessionis, der sie zwingt, entweder gegen ihre – wie weit auch immer zu Recht – beschuldigten jüdischen Mitbürger Stellung zu nehmen oder sich mit ihnen zu solidarisieren. Für die Religionsgeschichte des Judentums ist dabei von Bedeutung, in welchem Maß traditionelle Restbestände imstande sind, noch nach Jahrzehnten intensivster Assimilation und marxistisch-antireligiöser Indoktrination ein Minimum jüdischen Selbstbewußtseins zu erhalten, und wie unaufhaltsam die feindselige Haltung der Umwelt die assimilierten Juden wieder auf ihr Judentum zurückverweist. Wie immer sich das Geschick der 2–3 Millionen Juden[25] in den UdSSR entwickeln wird, für das Selbstbewußtsein des Judentums insgesamt wird es auf alle Fälle von Bedeutung sein.

Im Rahmen der ostjüdischen Geschichte spielt auch das Judentum in den Grenzen der österreichisch-ungarischen Monarchie[26] eine nicht geringe Rolle. Trotz anfangs schwerer Auseinandersetzungen um die Toleranzpatente Josef II. (1781, 1782, 1789) blieben jene schroffen Konfrontationen aus, die für Rußlands Juden so verhängnisvoll wurden. Die Haskalah in Galizien und Böhmen verstand es auch, Fortschritt und Tradition miteinander zu verbinden. Mit ausschlaggebend für diese günstigere Atmosphäre war, daß bis zum Ausbruch der Nationalitätenstreitigkeiten gegen Ende des Jahrhunderts der Zwang zur nationalen Assimilation (mit Ausnahme von Ungarn) in der Vielvölkermonarchie keine wesentliche Rolle spielte und daher jüdisch-nationale Bestrebungen weniger problematisch erschienen. Vor allem das galizische Judentum übte einen beachtlichen Einfluß auf das Judentum Südrußlands und Polens aus.

Das Verhältnis zwischen Polen[27] und Juden war eigenartig ambivalent. Einerseits lagen die Sympathien der jüdischen Mehrheit in den

[25] J. Rothenberg, How many Jews are there in the Soviet Union?, JSocS 29 (1967), 234–240.

[26] Lit. § 45, Anm. 2, v. a. R. Kestenberg-Gladstein. H. Gold, Geschichte der Juden in der Bukowina, 2 Bde., 1958; A. J. Brawer, Gālîṣijjāh wīhûdā̆hā, 1964/5; J. Fraenkel (ed.), The Jews of Austria, 1967; The Jews of Czechoslovakia, 1968.

[27] N. M. Gelber, The Jewish Question in Poland in the Years 1815 to 1830, Zion 13/14 (1948/9), 106—143; W. M. Glicksmann, In the Mirror of Literature, 1966; R. Mahler, Jᵉhûdê Pôlîn bên šᵉtê milḥᵃmôt ʿôlām, 1968; M. Rosenfeld, Die polnische Judenfrage, 1918; S. Segal, The New Poland and the Jews, 1938; M. Varta, Haṣṣāʿôt pôlānijjôt lᵉfittārôn ṭerrîṭôrî'ālî šäl "šᵉ'elat haj-jᵉhûdîm", Zion 6 (1940/1), 148—155.203—213.

Auseinandersetzungen zwischen Polen und Rußland in der Regel auf Seiten der Polen[28], andrerseits ergaben sich Schwierigkeiten. Der polnische Nationalismus war einmal zu sehr auf den Katholizismus als Nationalreligion eingeschworen, um eine starke religiöse Minderheit verkraften zu können, zum anderen sprachen die Juden nach wie vor Jiddisch oder Hebräisch und stellten darum auch insofern eine Minderheit dar, deren Profil von den jüdisch-nationalen Gruppen noch bewußt hervorgekehrt wurde. Auch die Nationalitätenrivalität in den österreichischen Ostprovinzen trug dann das ihre zur Verschärfung des Verhältnisses bei. So neigten die Polen gegenüber ihren jüdischen Mitbürgern zu nachdrücklichen Assimilationsforderungen, um das Polnische gegenüber dem russischen Einfluß von Osten und den deutschen Einflüssen von Westen zu festigen. Die starke Westorientierung gerade der aufgeklärten und assimilationswilligen Juden empfand man daher in nationalpolnischen Kreisen besonders kraß. Auch diese Schwierigkeiten haben über die Katastrophe der NS-Herrschaft hinaus Wirkungen gezeitigt und bestimmen heute noch die Haltung weiter polnischer Kreise zu den Juden und vor allem zu den Zionisten mit[29].

Auch Litauen[30] spielte für die Juden Osteuropas eine besondere Rolle. Hier hatte zu Beginn der Moderne der „Wilnaer Gaon" (§ 55, 7c) eine Renaissance der rabbinischen Gelehrsamkeit und Frömmigkeit eingeleitet und u. a. den Chasidismus mit Erfolg zurückgedrängt. Litauens *J^ešîbôt* errangen überregionales Ansehen, wenngleich ihr Unterrichtsprogramm kaum etwas zur Bewältigung der praktischen jüdischen Lebensprobleme beitrug. Eine zweite litauische Erneuerungsbewegung auf der Basis der rabbinischen Überlieferung, die sog. „*Mûsār*-Bewegung", stärkte gegen Ende des 19. Jh. noch einmal diese Bastion traditionellen Lernens und traditioneller Frömmigkeit. Durch die Auswanderung nach Westen, in die USA und nach Israel wirkt das Ostjudentum auch heute noch im Gesamtjudentum als entscheidende Komponente nach, wie auch die zionistische Bewegung ihre emotionalen und religiösen Triebkräfte vor allem aus diesem Bereich empfangen hat.

28 N. M. Gelber, Die Juden und der polnische Aufstand 1863, 1923.

29 P. Landau, Ham-miflāgāh w^{e}haj-j^{e}hûdîm, T^{e}fûṣôt Jiśrā'el 7/7 (1969/70), 65–84.

30 § 45, Anm. 1; I. Klausner, Wîlnā' bitqûfat hag-Gā'ôn, 1941/2.

4. Amerika[31]

Unter dem Eindruck und den Auswirkungen der verschleppten Emanzipation wanderten seit dem ersten Drittel des 19. Jh. immer mehr Juden aus Mitteleuropa nach Nordamerika aus[32]. Diese vorwiegend deutschsprachige Zuwanderungswelle wurde 1882 abgelöst durch eine Flut von ostjüdischen Einwanderern[33], die für einige Zeit Gesicht und Problematik des amerikanischen Judentums bestimmten, brachten sie doch so gut wie keinerlei Voraussetzungen mit, um in der neuen Umgebung bestehen zu können. Innerhalb von 2–3 Generationen erreichte aber die Mehrheit dieses zunächst hilflosen Proletariats[34] den Zugang zur amerikanischen Mittelschicht und heute ergeben sich weithin schon soziale Konzentrationserscheinungen in den oberen Mittelschichten, vor allem der Intellektuellen, die in manchem an die Struktur des deutschen Judentums vor 1933 erinnern.

Die Zuwanderung aus Deutschland erfolgte zu einer Zeit, da in Mitteleuropa gerade die Auseinandersetzungen um Recht und Ausmaß von religiösen Reformen diskutiert wurden. In Amerika verwirklichten daher die einzelnen Richtungen in ihren Gemeinden ihre jeweiligen Vorstellungen viel konsequenter als in Europa, wo man vor konfessioneller Zersplitterung meist zurückscheute. So entstanden neben den alten sefardischen Gemeinden orthodoxe aškenasische, ferner ausgesprochen reformfreudige Gemeinden, und schließlich eine gemäßigte Zwischenstufe. Nach und nach bildeten diese Gemeinden unter sich jeweils überregionale Organisationen, so daß das amerikanische Judentum in drei große Denominationen zerfiel: (a) Orthodoxe (Sefardim und Aškenasim), zu denen auch die chasidischen Siedlungen

[31] M. Davies, Jahadût 'Amerîqāh behitpattehûtah, 1950/1; Ders., Bêt Jiśrā'el ba-'Amerîqāh, 1969; Ders., in: L. Finkelstein*, I, 488–587; Dispersion and Unity 10 (1970); N. Glazer, American Judaism, 1957; N. Kiell (ed.), The Psychodynamics of American Jewish Life, 1967; A. L. Lebeson, in: L. Finkelstein*, I, 447–487; J. R. Marcus, Studies in American Jewish History, 1969; S. Rosenberg, America is Different, 1964; M. Sklare, The Jews. Social patterns of an American group, 1958.

[32] L. P. Gartner, Immigration and the Formation of American Jewry, 1840 bis 1925, JWH 11 (1968), 297–312. Zwischen 1820 und 1880 stieg die Zahl der Juden von 5000 auf 275.000. R. Glanz, The German-Jewish Mass-Emigration,1820–1880, American Jewish Archives 22 (1970), 49 bis 66.

[33] 1910: 1 Million; 1925: 3,8 Millionen.

[34] M. Epstein, Jewish Labor in the U. S. A., 2 Bde. 1969.

und Gemeinden zu zählen sind[35], (b) die „Conservatives“[36], und (c) die „Reformed“. Der Zustrom aus Osteuropa verstärkte zwar die orthodoxen und konservativen Gruppen, brachte aber auch ein neues Element auf den Plan, nämlich jene Juden, die alle Brücken zu ihrer ostjüdischen Vergangenheit abbrechen wollten, sich zielbewußt der neuen Umgebung total assimilierten und zum Teil ihren Religionsersatz in marxistisch-anarchistischer Ideologie fanden, was jedoch in dem Maß zurückging, als der soziale Aufstieg fortschritt. Ein neuer Zuzug ergab sich nach 1933 aus Europa[37]. Im großen und ganzen war das Lebensklima in Nordamerika dem Assimilationswillen durchwegs günstig[38], denn es gab kaum antisemitische Vorurteile zu überwinden. Die religiösen Gemeinden bekamen dieses tolerante Klima bald auf beunruhigende Art zu spüren. Die Gemeindeglieder gewöhnten sich derart an den American way of life und stießen auf so wenig antijüdische Ressentiments, daß sie ihrem religiösen Bekenntnis immer geringere Relevanz zumaßen und in steigendem Maß auch Mischehen schlossen[39]. Schon in den Zwanzigerjahren erkannten aufmerksame jüdisch-bewußte Kreise, daß auf diese Weise das amerikanische Judentum trotz seiner zunehmenden zahlenmäßigen Bedeutung einer Selbstauflösung entgegentreibt und forderten darum eine Rückbesinnung und eine Wiederherstellung der jüdischen Besonderheiten, und zwar ohne Rücksicht auf die verschiedenen jüdischen Denominationen. Diese Bewegung des Reconstructionism, begründet von M. M. Kaplan, erreichte seit den Dreißigerjahren – nicht zuletzt unter dem Eindruck der Ereignisse in Europa – tatsächlich eine zunehmende ethnisch-kulturelle Profilierung in der jüdischen Bevölkerung, die weithin mit der Zuwendung zum Zionismus parallel ging[40]. Natürlich hat diese Abkehr von der zwanglosen Assimilation zu einer betonten ethnisch-religiösen Verselbständigung auch ihre Schattenseiten, sie förderte Reaktionen in der Umwelt, die zuvor eher

[35] E. Shemueli, The Appeal of Hasidism for American Jewry Today, JJSoc 11 (1969), 5–30; S. Poll, The Hasidic Community of Williamsburg, 1969.

[36] M. Waxman (ed.), Tradition and Change, 1958.

[37] 1960: 5,250.000, davon ca. 230.000 in New York.

[38] M. M. Gordon, Assimilation in American Life, 1964; M. Sklare – J. Greenblum, Jewish Identity in Suburban Frontier, 1967.

[39] M. Salare, Intermarriage and Jewish Future, Com 37 (1964), 46–52; D. Kirschenbaum, Mixed Marriage and the Jewish Future, 1958.

[40] A. Libneh, Jahadût 'Amerîqāh, 1967; N. Rotenstreich, Gālût Jiśrā'el bammaḥšābāh haj-jehûdît šäl 'arṣôt hab-berît, 1966; E. Shemueli, Bêt Jiśrā'el ûmedînat Jiśrā'el, 1965/6.

für Europa kennzeichnend waren[41]. Im Konflikt zwischen Farbigen und Weißen droht das Judentum da und dort überdies zwischen die Fronten zu geraten, in die Rolle des Sündenbockes, weil Ressentiments auf allen Seiten liegen[42]. Viele Rassenfanatiker sehen in den liberal-jüdischen Bürgerrechtskämpfern Verräter an der weißen Sache, viele Farbige wieder werden im Alltag häufig mit Juden der Mittelklasse konfrontiert und sehen daher verallgemeinernd im Juden ihren Ausbeuter.

Alles in allem stellt das Judentum der USA heute zweifellos den wichtigsten Sektor des Gesamtjudentums dar, es trug und trägt schließlich auch zu einem guten Teil die Kosten für das zweite große neue Zentrum, für das Land Israel.

5. Israel[43]

Mit der osteuropäischen *Ḥibbat-Ṣijjôn*-Bewegung und dem Zionismus Theodor Herzl's rückte Palästina wieder stärker in den Bereich praktischer jüdischer Bestrebungen. Siedlungen entstanden und errangen nach langen Anfangsschwierigkeiten wirtschaftlich tragbare Existenzgrundlagen, ein neues Selbstbewußtsein erfüllte die „Pioniere", die zu einem guten Teil allerdings bewußt ohne religiöse Bindungen lebten, zu einem guten Teil im Banne marxistischer Ideologie stehend. Eine einheitliche Entwicklung war aber aus mehreren Gründen unmöglich. Einmal kamen die Siedler aus recht unterschiedlichen Gegenden und differierten sowohl hinsichtlich der Motivierung wie

41 Ch. H. Stember (ed.), Jews in the Mind of America, 1966.

42 E. Ginzberg, The Black Revolution and the Jews, CJ 24/1 (1969), 3–19 (und 20–23, H. Halpern); N. Hentoff (ed.), Black Antisemitism and Jewish Racism, 1969; S. Katz, (ed.), Negroe and Jews, 1967.

43 A. J. Arberry (ed.), Religion in the Middle East, 2 Bde. 1969; A. Arian, Ideological Change in Israel, 1968; J. Ben-Zbi, in: L. Finkelstein*, I, 602–689; B.-Z. Dinur, in: ibd. I, 588–601; S. N. Eisenstadt, Israeli Society, 1967; B. Freudenfeld, Israel, 1959; Y. Freudenheim, Die Staatsordnung Israels, 1963; E. Goldman, Religious Issues in Israel's Political Life, 1964; M. Hillel, Israel en danger de paix, 1969; O. I. Janowsky, in: L. Finkelstein*, I, 690–779; J. Matras, Social Change in Israel, 1965; A. Neuberg, Medînat Jiśrā'el, 5708–5728, 1969/70 (Bibl.!); Politische Bildung (Stuttgart) 4/2 (1971); Z. Rabie, Hā-hitpatteḥût had-demôgrāfît beJiśrā'el me-1948–1966, 1968; E. H. Samuel, The Structure of Society in Israel, 1969; K. Sontheimer (Hrsg.), Israel, 1968; H. Wagner, Der arabisch-israelische Konflikt im Völkerrecht, 1971; D. Willmer, Nation-Building and Community in Israel, 1969.

Zielsetzung ihrer Einwanderung. Mit den Zuwanderern aus Mitteleuropa nach Einsetzen der NS-Bewegung verstärkte sich das bürgerlich-liberale Element. Außerdem waren die meisten Siedlungen auf die Unterstützung der zionistischen Weltorganisation angewiesen, deren finanzkräftigste Zweigorganisationen v. a. in den USA saßen und von dort aus eine Mitsprache beanspruchten, in sich aber wieder recht unterschiedliche Gruppen einschlossen. Im Rahmen der zionistischen Organisation mußte also ein Ausgleich der Interessen und Richtungen stattfinden, der sich auch in entsprechenden Einflußbereichen im Lande Israel bemerkbar machte. Einen erheblichen Fortschritt brachte die Einrichtung des britischen Völkerbundmandats mit sich, in dem die bekannte Balfour-Declaration Berücksichtigung gefunden hatte, sodaß zum ersten Mal das jüdische Siedlungswerk eine völkerrechtliche Basis errang, wennschon noch keineswegs im Sinne einer Zusage zur – erstrebten – Staatsgründung. Die steigende Zuwanderung während der NS-Zeit und nach dem Ende des 2. Weltkrieges führte jedoch unvermeidlicherweise in einen heillosen Konflikt mit den ansässigen Arabern, ein Konflikt, der schließlich in der Teilung des Landes, in der Staatsgründung von 1948 und in der folgenden kriegerischen Auseinandersetzung mit den arabischen Nachbarländern gipfelte. Die Tatsache, daß es der zionistischen Bewegung gelang, das Ziel der Staatsgründung zu erreichen und die vielen Einwanderer von so unterschiedlicher Herkunft zu einem Staatsvolk zu einen, hat für sich allein schon eine enorme Wirkung auf das jüdische Selbstverständnis auch der Diaspora ausgeübt. Der Zionismus gewann seither zunehmend innerhalb nichtzionistischer oder gleichgültiger jüdischer Schichten an Boden. Eine neue prozionistische Welle löste der Sieg im Sechstagekrieg von 1967 aus. Zugleich aber wurde auch die innerjüdische Problematik des zionistischen Erfolges deutlicher. Dieser ist umständebedingt auf Kosten der arabischen Bevölkerung errungen worden und mußte mittlerweilen in drei Kriegen verteidigt werden, mit militärischem Erfolg zwar, aber ohne Bereinigung der schwebenden Fragen. Diese ethisch-politische Belastung wirft die Frage nach dem Sinn des „jüdischen" Staates und nach seinen Kriterien neu auf, weckt also eine innerjüdische Unruhe, die religionsgeschichtlich möglicherweise zu neuen Entwicklungen hinführen könnte.

Der Wunschtraum von einem jüdischen Nationalstaat, der die Mehrheit der Juden in sich aufnehmen könnte, ist jedenfalls nicht mehr erfüllbar – noch leben allein in New York mehr Juden als in Israel! Wohl steht heute Israel für die überwältigende Mehrheit der

Juden in aller Welt im Brennpunkt des Interesses, doch sowohl materiell wie geistig bleibt das amerikanische Judentum noch immer seine stärkste Konkurrenz – und sein mächtigster Rückhalt. Die Ausstrahlung des eigenen Staates auf die Diaspora ist demnach kaum zu überschätzen, sie hat zweifellos eine enorme emanzipatorische Wirkung gezeitigt und ist insofern auch religionsgeschichtlich relevant, weil Haltung und Mentalität der einzelnen Juden weitgehend von ihr geprägt werden. Während so die „Judenfrage“ wenigstens eine Teillösung erfahren hat, vermochte der „jüdische“ Staat die „jüdische Frage“ nicht zu lösen, im Gegenteil, die Schwierigkeiten bei der Definition dessen, was an diesem Staat nun gerade das „Jüdische“ sei, haben der durch die Säkularisierung weitester Kreise entbrannten Frage darnach, wer eigentlich als Jude gelten könne, neue Brisanz verliehen. Auch gewisse Differenzen in der Mentalität und in der Wertung der Tradition zwischen Israelis und Diasporajuden lassen vermuten, daß die „jüdische Frage“ seit der Staatsgründung trotz allen Erfolgen des Zionismus nichts von ihrer Komplexität verloren hat.

6. Die Literatur[44]

Dem Pluralismus des modernen Judentums entspricht auch das Bild der jüdischen Literatur des 19./20. Jh. Das Ziel der Haskalah, mit der Pflege der Umweltsprache und Umweltkultur auch eine Renaissance der hebräischen Sprache und Literatur heraufzuführen, wurde im Westen nicht erreicht. Fast nur die Orthodoxie, die aber zahlenmäßig bald eine Minderheit darstellte, schrieb hier weiterhin hebräisch. Aber die osteuropäische Aufklärung, die den Bruch mit der Tradition vermeiden konnte, vermochte es, und zwar nicht zuletzt dank der hebräischen Presse in der zweiten Hälfte des 19. Jh., aus der biblizistischen Sprache der frühen Maskilim nach und nach eine literarische Alltagssprache zu schaffen, die dann in der Palästinabewegung und im Zionismus zur gesprochenen Alltagssprache und zur Sprache der nationalen „Wiedergeburt“ werden konnte, obwohl das Jiddische, in den letzten Jahrzehnten des 19. Jh. in Osteuropa zur Literatursprache herangereift und durch die Auswanderer auch in Amerika und im Lande Israel heimisch geworden, zeitweilig eine

[44] M. Waxman*, III–IV.
[45] Y. Mark, in: L. Finkelstein* II, 1191–1233; A. A. Robak, The Story of

ernsthafte Konkurrenz darstellte[45]. So übernahm nach etwas mehr als hundert Jahren, in denen – von der Orthodoxie abgesehen – die maßgebende religiös-theologische Literatur in anderen Sprachen (deutsch, englisch, französisch) verfaßt worden war, das Hebräische wieder in etwa die Funktion des roten Fadens, den es durch drei Jahrtausende hindurch in der jüdischen Religions- und Literaturgeschichte darstellte. Freilich besteht diese moderne Literatur[46] entsprechend der weitreichenden Säkularisierung des Judentums mehrheitlich aus profaner Literatur. Für die Religionsgeschichte des Judentums enthält sie dennoch wichtige Hinweise auf Weiterleben und Umformungen traditioneller Elemente und auf Erneuerungen im jüdischen Bewußtsein, sei es oft auch nur in Form von Fehlanzeigen.

§ 55 Religiöse und theologische Tendenzen

J. B. Agus, Modern Philosophies of Judaism, 1941; Ders.*, The Evolution ..., 371 ff.; A. Altmann, a. a. O. (§ 54); L. Baeck, Von Moses Mendelsohn zu Franz Rosenzweig, 1958; S. Bernfeld, Juden und Judentum im 19. Jahrhundert, 1897; J. L. Blau, Modern Varieties of Judaism, 1966; A. A. Cohen, Der natürliche und der übernatürliche Jude, 1966; Z. Cahn*, 415 ff.; B.-Z. Dinur, Bᵉmifneh had-dôrôt, 1955; L. Ginzberg, Students, Scholars and Saints, 1928; H. M. Graupe, Die Entstehung des modernen Judentums, 1969; J. Grozinger, Geschichte der jüdischen Philosophie und der jüdischen Philosophen von Moses Mendelsohn bis zur Gegenwart, 1930; J. Guttmann*, (engl.) 289 ff.; J. Halpern, Ham-mahpekāh haj-jᵉhûdît, 1960/1; I. Heinemann*, II; M. M. Kaplan, The Greater Judaism in the Making, 1960; R. Kaufmann, 88 ff.; J. Klausner, Jôṣᵉrê Tᵉqûfāh ûmamšîkê tᵉqûfāh, 1956; A. Lewkowitz, Das Judentum und die geistigen Strömungen der Neuzeit, 1929; S. Noveck (ed.), Great Jewish Personalities in Modern Times, 1960; N. Rotenstreich, Ham-maḥšābāh haj-jᵉhûdît bā-ʿet ha-ḥᵃdāšāh, 2 Bde., 1966 (engl., gekürzte Ausgabe: Jewish Philosophy in Modern Times, 1968); D. Rudavsky, Emancipation and Adjustment, 1967; Z. Sharfstein, Tôlᵉdôt ha-ḥinnûk bᵉJiśrā'el bad-dôrôt hā-'aḥᵃrônîm, 5 Bde., I–II: 1960², III–V: 1965/6; H.-J. Schoeps, Geschichte der jüdischen Religionsphilosophie der Neuzeit, I, 1935; E. Schweid, Tôlᵉdôt ha-fîlôsôfjāh haj-jᵉhûdît. Ham-maʿᵃbār mjmh"b lā-ʿet ha-ḥᵃdāšāh, 1969 (vervielfältigt); M.

Yiddish Literature, 1940; Ders., Contemporary Yiddish Literature, 1957; Lexikon fun der nayer jidisher Literatur, Bd. I: 1956 ff.

46 H. Babli, in: L. Finkelstein* II, 893–931; J. Klausner, Hisṭorjāh šäl hassifrût hā-ʿibrît ha-ḥᵃdāšāh, 6 Bde. 1953²/1960³; P. Lachober, Tôlᵉdôt hassifrût hā-ʿibrît ha-hᵃdāšāh, 4 Bde., 1962/3 (repr.); A. Shaanan, Has-sifrût hā-ʿibrît ha-ḥᵃdāšāh, 4 Bde. 1962/67.

Simon, Jewish Religious Conflicts, 1950; M. Z. Sole, Limhûtāh šäl hajjah^{a}dût, 1969; M. Wiener, Jüdische Religion im Zeitalter der Emanzipation, 1933.

1. Vorboten der jüdischen Aufklärung *(Haśkālāh)*[1]

In begüterten Familien, die aus beruflichen Gründen auf engere Kontakte mit ihrer nichtjüdischen Umwelt angewiesen waren, zeigten sich bereits vor der Aufklärung Ansätze zur Assimilation. Tatsächlich waren es dann auch in erster Linie diese Kreise, die nach gesellschaftlich-bürgerlicher Gleichberechtigung strebten und für eine profane, auch dem Erwerbsleben und dem zivilisatorisch-kulturellen Fortschritt (im Sinne des Umweltverständnisses) dienende Bildung eintraten. Die rapiden Veränderungen im Weltbild der Umwelt waren währenddessen am Judentum nicht spurlos vorüber gegangen. Symptomatisch dafür war die steigende Nachfrage nach Büchern naturkundlichen bzw. populärwissenschaftlichen Inhalts und ein neues Interesse an der Philosophie. Die Autoren dieser Werke standen teilweise schon unter dem Einfluß aufklärerischen Denkens, blieben aber noch bewußt im Rahmen der Tradition und entnahmen darum die naturwissenschaftlichen Kenntnisse den einschlägigen jüdischen Werken des Mittelalters. Für die Philosophie wurde RMB"M neu entdeckt, dessen MN noch weit ins 19., ja bis ins 20. Jh. hinein für traditionell gebildete junge Juden den ersten Schritt auf dem Gebiet philosophisch geschulten Denkens vermittelte, weshalb dieses Werk in den streng orthodoxen *J^{e}šîbôt* Osteuropas geradezu verpönt war und „unter der Bank" gelesen werden mußte.

In Osteuropa blieben diese Tendenzen zunächst noch isolierte Einzelerscheinungen, im Westen hingegen änderten sie binnen weniger Jahrzehnte das Bild des Judentums radikal. Von diesen Vorläufern der Haskalah hatte Jehuda ben Mordechaj Horowitz (gest. 1797), ein Arzt, der in Padua studiert hatte und die mittelalterliche hebräische Literatur gut kannte, auch schon Kritik an den sozialen Verhältnissen und an der Gemeindestruktur geübt und eine offensichtlich humanistisch-aufklärerisch begründete Toleranz in religiösen Fragen gefordert. Dennoch war er keineswegs Rationalist, er stellte der Vernunfterkenntnis (und insofern auch der Philosophie des

[1] B.-Z. Dinur; H.-M. Graupe, 42 ff.; B.-Z. Katz, I, 129 ff.; J. Meisl, Haskalah, 1919; E. Shochet, 'Im ḥillûfê t^{e}qûfôt, 1960.

RMB"M) die Herzensfrömmigkeit gegenüber. Die messianische Hoffnung verknüpfte er schon mit dem Glauben an einen ethisch kulturellen Fortschritt der Menschheit, die Normen der Ethik (für ihn die Gotteserkenntnis schlechthin) fand er jedoch nur in der Torah. Ähnlich urteilte auch Jehuda Lejb Margoliut (1747–1811, Galizien, zuletzt Rab in Frankfurt a./Oder) über Ethik und profane Bildung. Pinchas Elia b. Meir Horowitz (gest. 1821) aus Wilna suchte gar Naturwissenschaft, gewisse Elemente der Kant'schen Philosophie und der Kabbalah miteinander zu vereinen. In einem zweiten Band übte er schroffe Kritik an den sozialen Zuständen und der mangelhaften Produktivität infolge des herkömmlichen Bildungswesens. Auch Salomo b. Mose Chelma (gest. 1778), Mordechaj Levisohn Gumpel-Schnaber, Rafael Levi Hannover, der Privatsekretär des Philosophen Leibnitz, und eine Reihe anderer meist schon durch die Berliner Haskalah bestimmter Autoren gehören in diesen Zusammenhang, vor allem der Kreis von Gelehrten, den der begüterte Josua Zeitlin auf einem Gut bei Šklow versammelt hatte. Nicht alle waren vorsichtig genug, um dem Argwohn der noch ganz und gar traditionalistischen Umgebung zu entgehen. Israel b. Mose v. Samoscz, Arje Lejb b. Saul Hallevi aus Breslau, die sagenhafte Gestalt des Abba Glosk[2] und der responsenfälschende Saul Lewin[3] sind Beispiele für das tragische Schicksal solcher Gestalten an der Wende zwischen mittelalterlich geprägtem und modernem Weltbild. Salomo Maimon (1784–1800)[4], der ebenfalls über das RMB"M-Studium in Konflikt mit der Tradition geriet und ein deutscher Philosoph wurde[5], stand die Belastung dieses radikalen Bruches mit all seinen deprimierenden Folgeerscheinungen in der jüdischen wie nichtjüdischen Umwelt nicht durch und fand ein beklagenswertes Ende – wie viele weniger Bekannte neben und nach ihm.

[2] J. Zinberg*, III, 307 f.; vgl. A. v. Chamisso, „Abba Glosk Leczeka".

[3] In einer vorgeblichen Responsensammlung aus dem Mittelalter unter dem Titel "*Beśāmîm R'"Š*" unterschob er dem Ascher b. Jechiel Gedanken Mendelsohns. Weiteres über ihn bei S. Bernfeld, Dôr tahpûkôt II, 1897, 68 ff.; B.-Z. Katz, I, 201 ff.240 ff.; J. Klausner, a. a. O. (§ 54, Anm. 46), I, 68.70.132 ff.; R. Margoliut, R. Šā'ûl Lewîn, 'Arāšāt 1943/4, 401–408.

[4] N. J. Jacobs, Has-sifrût ʿal Šelomoh Majmôn, QS 41 (1965/6), 245–262; S. H. Atlas, From Critical to Speculative Idealism, 1964.

[5] Geschichte des eigenen Lebens, 1935 (1792).

2. Die Berliner Haskalah[6]

a) Den entscheidenden Anstoß zum Durchbruch einer innerjüdischen Aufklärungsbewegung gab das persönliche Vorbild eines Dessauer Juden, der in jungen Jahren mittellos nach Berlin kam und sich dort mühselig nach und nach nicht nur die rabbinische sondern auch die gesamte nichtjüdische Bildung seiner Zeit aneignete. Für die nichtjüdische „gute" Gesellschaft wurde er schließlich zum vielbewunderten Beispiel der möglichen „Verbesserung" der Juden und für alle bildungshungrigen Juden zur Verkörperung ihrer eigenen Wünsche und Ziele. Dies machte Moses Mendelsohn (1729–1786)[7], der durch eigene Schriften verhältnismäßig wenig zur innerjüdischen Aufklärung beigetragen hatte und sich in den Auseinandersetzungen um sie vorsichtig zurückhielt, in den Augen vor allem der späteren deutschen Juden zum großen jüdischen Reformator und zur Symbolfigur für „deutsches Judentum"[8]. Tatsächlich bestand Mendelsohns literarischer Beitrag zur Haskalah vorwiegend in seiner Bibelübersetzung. Durch die Übertragung in das – ursprünglich in hebräischen Lettern gesetzte – Hochdeutsche wollte er den Juden in Verbindung mit einem hebräischen Kommentar *(Bi'ûr)*[9] das Verständnis der Bibel erleichtern, da er nach humanistischen Kriterien annahm, daß das übliche rabbinische Hebräisch und der jüdischdeutsche „Jargon" keine ausreichende philologische Kenntnis des „klassischen" biblischen Hebräisch erlaube und eine Verbesserung der hebräischen Sprachkenntnisse nur mit Hilfe der Beherrschung einer weiteren Literatursprache, wie z. B. des Deutschen, möglich sei. Die erhoffte Renaissance

[6] I. E. Eisenstein-Barzilay, The Treatment of the Jewish Religion in the Literature of the Berlin Haskalah, PAAJR 24 (1955), 39–68; Ders., The Ideology of the Berlin Haskalah, PAAJR 25 (1956), 1–37; Ders., The Background of the Berlin Haskalah, in: Essays on Jewish Life and Thought in Honor of S. W. Baron, 1959, 183–197; S. Bernfeld, Dôr tahpûkôt, 1897; R. Kaufmann*, 64 ff.; J. Meisl, a. a. O. (Anm. 1); M. A. Meyer, The Origin of the Modern Jew, 1967; P. Rosenblüth, Re'šît ha-haśkālāh bᵉjahᵃdût Germānijjāh, 1960/1.

[7] H. M. Z. Meyer, Moses Mendelsohn Bibliographie, 1965; s. v. a.: J. Heinemann*, II, 7 ff.; B.-Z. Katz, I, 208 ff.; J. Katz, Exclusiveness and Tolerance, 169 ff.; J. Klausner, a. a. O. (§ 54, Anm. 46), I, 42–102; N. Rotenstreich, II, 12 ff.

[8] Vgl. die Biographie von M. Kayserling, Moses Mendelsohn, 1864.

[9] 1880 ff. Der Kommentar stammt z. T. von anderen, Bd. 1 z. T. von S. Dubno, Bd. 3 von N. H. Wessely, Bd. 4 von A. Jaroslav, der 1. Teil von Bd. 5 von H. Homberg.

der hebräischen Sprache und Literatur blieb jedoch aus, Mendelsohns Übersetzung diente alsbald nur mehr dem Erlernen des Deutschen und wurde so zu einem der wirksamsten Vehikel der Assimilation und des Abfalls von der Tradition. Wohl suchte ein Kreis von Mendelsohnanhängern mit Hilfe der hebräischen Zeitschrift Ham-Meʾassef[10] jenes Ziel weiterzuverfolgen, doch die erhoffte Wirkung blieb zumindest im Westen, wo die nationale Assimilation und die Abfallbewegung rapide Fortschritte machten, aus.

b) In deutscher Sprache und eher aus Reaktion auf Provokationen von nichtjüdischer Seite als mit dem Ziel innerjüdischer Aufklärung äußerte sich M. Mendelsohn auch über die jüdische Religion[11], so in der *Vorrede* zur Übersetzung von Manasse b. Israels „Die Rettung der Juden" (1782) und im Buch *„Jerusalem"*[12]. Er meinte, die traditionelle jüdische Frömmigkeit praktizieren und zugleich voll und ganz an der Kultur und Gesellschaft der nichtjüdischen Umwelt teilhaben zu können.

Daher definierte er das Judentum einseitig als offenbartes „Gesetz" bzw. Brauchtum, bestritt also, daß es sich um eine „Religion" im Sinne einer Lehre handle, und postulierte, daß eben deshalb das Judentum frei sei, die allgemeinen menschlichen Vernunftwahrheiten ohne Behinderung durch Dogmen zu vertreten. Damit hatte er freilich die gesamte religiöse Motivschicht der jüdischen Frömmigkeit preisgegeben und durch die aufklärerische Menschheits- und Vernunftreligion ersetzt. Um die jüdische Sonderexistenz dennoch begründen zu können, suchte er das geoffenbarte Brauchtum mit der romantischen Vorstellung vom Volkscharakter, dem die jeweiligen brauchtumsmäßigen Überlieferungen entsprechen müßten, zu begründen, und nahm für das Judentum in diesem Zusammenhang auch spezielle „Geschichtswahrheiten" in Anspruch. Allerdings klammerte er die sozialen und politischen Ordnungen der Torah und der Überlieferung als zeitbedingte Erscheinungen aus, womit ein – von ihm des Näheren nicht mehr geklärter – grundlegender Wandel im Ver-

[10] B.-Z. Katz, I, 248 ff.; II, 143 ff.; J. Klausner, a. a. O. (§ 54, Anm. 46), I, 151 ff., 204 ff., J. Meisl. a. a. O. (Anm. 1), 22 ff.

[11] Anm. 7.

[12] 1783, mit dem Untertitel: *„Oder über religiöse Macht und Judentum"*; gegen den Vorschlag von Chr. W. Dohm, *„Über die bürgerliche Verbesserung der Juden"*, 1781, den jüdischen Gemeinden eine staatliche Autorisierung für etwas wie eine jüdische Kirchen- und Lehrzucht zu gewähren. Zuletzt A. Altmann, „Jerušālajim" šäl Mendelsohn beʾaspaqlarjāh bîʾôgrāfît ḥadāšāh, Zion 33 (1967/8), 47–58.

ständnis des Exils und der messianischen Hoffnung vollzogen war. Aus dieser etwas zwiespältigen Darstellung des Judentums ergaben sich für Spätere zwei extreme Möglichkeiten: Das Judentum wesentlich als „Gesetz“ bzw. letztlich „Zeremonialgesetz“ zu begreifen oder das Judentum grundsätzlich mit der aufklärerischen Vernunftreligion zu identifizieren.

c) Nicht Mendelsohn, sondern der Streit um die Toleranzedikte Josef II. leitete die entscheidende Phase der beginnenden Aufklärung ein und dieser Streit wurde in erster Linie von Naftali Herz Weisel (Wessely)[13] ausgetragen, weil er mit seiner Befürwortung der josefinischen Reformen[14] erbitterte Reaktionen hervorrief. Dabei ging es vor allem um die Frage der Neugestaltung des Erziehungswesens, also um die Revision der herkömmlichen, wenig effektiven Lernmethoden, und um die Einführung allgemeinbildender Unterrichtsfächer als Vorbedingung für die von der Regierung gewünschte Integration der Juden in das staatliche und wirtschaftliche Leben. Die scharfen und zähen Reaktionen in der traditionalistischen Mehrheit erlahmten aber nur langsam, nicht zuletzt weil die aufklärerischen Reformer, die im Auftrag der Regierung das Schulwesen neu ordnen sollten, nicht geduldig und geschickt genug waren, um die Bedenken der Mehrheit auszuräumen, ein Vorgang, der sich dann in Rußland und Polen mit einiger Verspätung wiederholte. Von besonderer Bedeutung war auch die Forderung der Regierung nach akademischer Ausbildung der Rabbiner, was 1829 zur Gründung des ersten modernen Rabbinerseminars in Padua geführt hat[15].

3. Die Folgen von Haskalah und Emanzipation im Westen

a) Die Einschränkung der Torah-Geltung[16]

Wo von den Regierungen eine mehr oder weniger weitreichende Gleichstellung der Juden verordnet wurde, ergaben sich schwerwie-

[13] 1725–1805; B.-Z. Katz, I, 230 ff.; J. Klausner, a. a. O. (§ 54, Anm. 46), I, 103–150.

[14] *Dibrê šālôm wä-ʾ^{ä}mät liq^{e}hal ʿ^{a}dat Jiśrāʾel, hag-gārîm b^{e}ʾarṣôt mämšālät haq-qajsār hag-gādôl hā-ʾôheb ʾät b^{e}nê ʾādām ûm^{e}śamme^{a}ḥ hab-b^{e}rijjôt Jôsefûs haš-šenî*, 1–4, 1781/2–1784/5.

[15] N. Vielmetti, Die Gründungsgeschichte des Collegio Rabbinico in Padua, Kairos 12 (1970), 1–30.

[16] J. Heinemann*, II; J. Maier, in: R. Brunner*, 132 ff.; K. Wilhelm, The Jewish Community in the Post-Emancipation Period, LBI.YB 2 (1957), 47–75.

gende Folgen für die jüdische Religion. Die Unterstellung der Juden unter das für alle Bürger geltende staatliche Recht und die damit verbundene Übernahme staatsbürgerlicher Pflichten wie z. B. des Wehrdienstes brachte eine Fülle von halakischen Problemen mit sich. Entscheidend aber war, daß die Einschränkung und schließlich Aufhebung der traditionellen jüdischen Gemeindeautonomie die Geltung der Torah (der traditionell gültigen Halakah) in einschneidender Weise begrenzte. Nun wurde die Torah in erster Linie „Zeremonialgesetz", also ihrer sozial-politischen Relevanz beraubt. Während in Osteuropa kompakte jüdische Bevölkerungsschichten durch passiven Widerstand diesen Vorgang noch um Jahrzehnte hinauszögern konnten und in ganz orthodoxen Kreisen nicht einmal zur Kenntnis zu nehmen trachteten, blieb den verhältnismäßig kleinen und in einer echten Diasporasituation lebenden Gemeinden Mittel- und Westeuropas keine Wahl; sie hatten sich mit der neuen Rechtslage abzufinden, wollten sie nicht wie einige wenige Traditionalisten völlig in ein Außenseiterdasein verfallen. Die Einschränkung der Torahgeltung berührte nun das jüdische Selbstverständnis zentral, lief doch bisher alles Bemühen darauf hinaus, möglichst viel von der Torah in Geltung zu setzen, um den heilsgeschichtlichen Auftrag des Gottesvolkes zu erfüllen. Nach traditionellen Maßstäben stellten die Neuerungen eine ernste Behinderung und Verzögerung des heilsgeschichtlichen Ablaufes dar, es sei denn, man fand eine theologische Rechtfertigung und Geschichtsdeutung, die solche Bedenken abschwächen oder gar ausräumen konnte. Es versteht sich von selbst, daß die Auseinandersetzungen um eine Frage, die so sehr das Herzstück der Religion betraf, von allen Seiten mit tiefstem Ernst und mit fieberndem Eifer ausgetragen wurden und daß jede Gruppe für ihren Weg Allgemeingültigkeit in Anspruch nahm sowie den anderen den Vorwurf machte, Existenz oder Wesen des Judentums zu gefährden bzw. zu verraten. Aber auch in Kreisen, die traditionstreu sein wollten, ergaben sich infolge der neuen – und sich rascher wandelnden – Lebensverhältnisse immer mehr Schwierigkeiten bei der praktischen Erfüllung der halakischen Normen, sodaß vielfach die Nichtpraktizierung vieler Vorschriften lange allen grundsätzlichen Erörterungen über ihre Änderung oder Abschaffung voranging.

Die gesetzgeberischen Reformen waren es aber nicht allein, die den traditionellen Torah-Begriff aushöhlten. Wie schon im hellenistischen Judentum und dann wieder z. T. im philosophisch orientierten mittelalterlichen Denken der Gedanke eines natürlichen, letztlich allein unmittelbar göttlich autorisierten Sittengesetzes auftauchte, so auch in der Aufklärung. Die jüdischen Aufklärer kamen nicht umhin, diesem Gedanken Rechnung zu tragen und konnten nur versuchen, für das Judentum in der Geschichte dieser allgemeinen „Offenbarung" die Priorität und eine vorsehungsgewollte fortdauernde Funktion als Bewahrer der „Offenbarung" zu behaupten.

b) Der Verlust der traditionellen religiösen Motivschicht und ihr Ersatz

Für alle Juden, die bereit waren, das moderne Weltbild anzunehmen und die Gedankenwelt der Aufklärung anzuerkennen, ergab sich ein grundsätzliches Dilemma. Nach den neuen, vorwiegend rationalistischen und später z.T. auch idealistischen Maßstäben mußten die Inhalte der traditionellen religiösen Motivschicht als unsinnig und als Relikte überholter Zeitalter erscheinen, insbesondere traf diese radikale Entwertung alles, was irgendwie mystisch-kabbalistisch angehaucht war. Umsomehr suchte man darum auch jene Strömungen in der jüdischen Geistesgeschichte hervorzukehren, die eine rationalistische Note erkennen ließen, was im 19. Jh. eine entschiedene Bevorzugung der Erforschung und Darlegung der sogenannten „Religionsphilosophie" (und dabei vor allem wieder der Philosophie des RMB"M) mit sich brachte. Damit suchte man zu erweisen, daß der wesentliche Inhalt der jüdischen Religion seit jeher mit der aufklärerischen Vernunft- und Menschheitsreligion identisch war, wofür man zudem auf die biblischen Propheten verweisen konnte, die – wie schon von der christlichen Theologie – so auch durch die Aufklärer gern für die eigene Sache in Anspruch genommen wurden. In dieser Umdeutung und Inanspruchnahme der Bibel und v.a. biblischen Prophetie[17], die in der Kirche schon gegen das traditionelle Judentum ins Treffen geführt worden war (und wird), trafen sich also Aufklärer und Liberale beider Religionen, nur daß die Juden mit dem Verweis auf die Propheten zugleich einen Prioritätsanspruch anmelden und ihre Religion als Ursprung und martyrienreiche Bewahrerin der Wahrheit darstellen konnten. Demgegenüber trat die Bedeutung der praktischen Halakah, der Torah, mehr und mehr zurück, sie wurde vorwiegend als Mittel zur Bewahrung der Wahrheit begriffen, das ebenso wie die

[17] J. J. Petuchowski, Manuals and Catechisms of the Jewish Religion in the Early Period of Emancipation, in: A. Altmann, Studies ... (§ 54), 47–64; H. Sheli, Ham-miqrā' b^e^sifrût hā-haśkālāh, 1942.

jüdische Sonderexistenz in dem Maße überflüssig wird, wie die Wahrheit sich in der Umwelt durchsetzt, der moralisch-kulturelle Fortschritt sich vollendet. Dieser Fortschrittsglaube ersetzte nun die traditionelle messianische Hoffnung, die infolge der Forderung nach nationaler Assimilation ohnedies problematisch geworden war, weil ein weiteres Beharren auf eigenem Volksbewusstsein und auf der Rückkehr ins Land der Väter die neuerworbenen Rechte und weitere erstrebte Rechte infragestellen musste[18]. Den geschilderten Tendenzen entspricht auch die bevorzugte Selbstbezeichnung als „mosaischer" oder „israelitischer" Religion[19]. Um die Forderung der nationalen Assimilation auch dabei noch zum Ausdruck zu bringen, sprach man jetzt auch von Bürgern „mosaischer Confession".

c) Die Abfallsbewegung

Mit dem schon erwähnten Glauben an einen moralisch-kulturellen Fortschritt der Menschheit war eine neue Sicht der Geschichte insgesamt verbunden, die Vorstellung von historischen Entwicklungsprozessen, die auch neue Wertungen hinsichtlich vergangener Ereignisse oder überkommener Vorstellungen und Bräuche bedingten. Schon Mendelsohn hatte die Torah in ihren sozialen und politischen Inhalten als zeitbedingt und daher als überholt bezeichnet und diese Argumentationsweise konnte ohne weiteres auf alle Überlieferungen ausgedehnt werden. An und für sich brauchte diese neue historische Betrachtungsweise nicht immer zu einer Abwertung zu führen, aber die allgemein herrschende Überzeugung, daß die Weltanschauung der Aufklärung und der erreichte Stand der europäischen Kultur die höchste Stufe im weltgeschichtlichen Verlauf darstelle, bereitete vielen Juden deshalb Minderwertigkeitsgefühle, weil abendländische Kultur und Christlichkeit (in welch vagem Sinn auch immer) in der Regel für untrennbar galten. Je länger dazu noch die erhofften gesetzlichen und gesellschaftlichen Gleichstellungen auf sich warten ließen, desto heftiger wurde die Ungeduld jener jungen Juden, die sich mittlerweilen mit stürmischem Elan die moderne Bildung angeeignet hatten und denen sich als Juden nur geringe Entfaltungsmöglichkeiten boten. Die Folge war eine lawinenartig zunehmende Übertrittsbewegung zum

[18] B.-Z. Dinur, Bemifneh ... (§ 54), 231–354; B. Meborakh, Še'elat ham-mā̌šîaḥ bepûlmûsê hā-'emanṣîpāṣijjāh wehā-refôrmāh 1781–1819, Diss. Jerus. 1959.

[19] J. Hallevi, Mûśśag haj-jahadût besifrût hā-hāśkālāh, 1955.

Christentum, dessen Vertreter über diesen Zuzug aufklärerisch orientierter Intellektueller oft genug irritiert waren. Der anwachsende Antisemitismus, der eben auch den getauften Juden nicht verschonte, veranlaßte im zweiten Viertel des 19. Jh. viele assimilationswillige Juden, sich wieder auf ihr Judentum zurückzubesinnen. Zwei solcher Bewegungen bestimmten nachhaltig die weitere jüdische Religionsgeschichte, die „Wissenschaft des Judentums" und die „Reformbewegung".

4. Folgerungen aus dem neuen Geschichtsbewußtsein

a) „Wissenschaft des Judentums"[20]

Die Begründer der „Wissenschaft des Judentums" in Deutschland, von denen sich v. a. L. Zunz[21] bleibenden wissenschaftlichen Nachruhm erwarb, hatten sich von ihrem Vorhaben mehr erhofft als nur eine historisch-museale Bestandsaufnahme der jüdischen Vergangenheit[22]. Auch Spätere erhofften sich von der wissenschaftlichen Erforschung und Darlegung des Judentums eine Neubelebung und eine neue Be-geisterung der nach ihrer Ansicht in traditionellen Formen erstarrten Religion[23]. Die praktizierte Wissenschaft konnte eine solche Zweckbestimmung aber nur mittelbar und auf längere Sicht erfüllen, da sie sich, alsbald ihren eigenen Gesetzen folgend, nicht an die anfänglichen Motivationen und Zielsetzungen binden lassen und solchermaßen in den Dienst unterschiedlicher Richtungen (Reformer,

[20] Z. Cahn*, 460 ff.; A. A. Cohen, 47 ff.; B.-Z. Dinur, B^{e}nê dôrî, 1962/3; Ders., EI XVII, 408–417; S. Federbusch, Ḥokmat Jiśrā'el be'Êrôpāh, 1965; Ders., Ḥokmat Jiśrā'el b^{e}ma'^{a}rab 'Êrôpāh, 2 Bde. 1958/1963; N. N. Glatzer, The Beginnings of Modern Jewish Studies, in: A. Altmann, Studies ... (§ 54) 27–45; H.-M. Graupe, 183 ff.; N. Rotenstreich, I, 35 ff.; M. Waxman, Môrê had-dôrôt, 1963/4^{2}; M. Wiener, 175 ff.

[21] A. Altmann, Zur Frühgeschichte der jüdischen Predigt in Deutschland: Leopold Zunz als Prediger, LBI.YB 6 (1961), 3–59; F. Bamberger, Zunz's Conception of History, PAAJR 11 (1941), 1–25; N. N. Glatzer, Leopold and Adelheid Zunz, LBI. Bull. 2 (1958/9), 49–66; L. Wallach, Liberty and Letters, 1959 (ältere Lit.!); H.-J. Zimmels, Leopold Zunz, 1952; G. A. Weil, 'Arkijjôn Ṣûnṣ, QS 34 (1958/9), 231–240.

[22] J. Wolf, Über den Begriff einer Wissenschaft des Judentums, Zeitschr. f. d. Wiss. d. Judentums 1822/3, 1–24; M. Wiener, The Ideology of the Founders of Jewish Scientific Research, Yivo Annual 5 (1950), 184–196.

[23] W. Landau, Die Wissenschaft, das einzige Regenerationsmittel des Judentums, MGWJ 1 (1852), 483–499.

Konservative[24], schließlich auch Orthodoxe[25]) treten konnte und nicht wenige Gelehrte mit ihrer Arbeit überhaupt kein religiöses Engagement verbinden wollten. Aus späterer Sicht wurde daher der Tadel laut, die alte Wissenschaft des Judentums hätte den Bezug zum zeitgenössischen jüdischen Leben verloren[26], ein Vorwurf, der indes nur beschränkt zutrifft. Die Schwerpunkte der „Wissenschaft des Judentums" waren durchaus von den Zeiterfordernissen her bestimmt, vor allem durch die Apologetik. Man suchte das Judentum im Sinne der modernen Philosophie zu interpretieren, vor allem als eine wesentlich rationale Religion, und rückte so die Beschäftigung mit der jüdischen „Religionsphilosophie" (vor allem des RMB"M) in den Vordergrund. Gegenüber dem christlichen Klischee vom „geschichtslosen" Judentum, das im Rahmen der aufklärerischen und dann idealistischen Geschichtsauffassung etwas modifiziert erneut zutagetrat, wurde bewußt Geschichte des Judentums betrieben[27], z.T. auch recht kritisch, etwa unter dem Einfluß der französischen Revolution in Frankreich selbst, wo J. Salvador[28] einen scharfen Blick für pragmatische und sozial-politische Zusammenhänge bewies. Und selbstverständlich hatte man sich um die literarischen Quellen zu bemühen. Hier stand die Erforschung der Liturgiegeschichte[29] in unmittelbarem Zusammenhang mit zeitgenössischen Reformproblemen und die Wiederentdekkung der reichen Schätze der hebräischen Poesie[30] führte bald zu einer Korrektur der aufklärerischen Pijjutfeindlichkeit. Alles in allem hat die „Wissenschaft des Judentums" – ob es ihre einzelnen Vertreter nun wollten oder nicht – das Geschichtsverständnis und Selbstbewußtsein der folgenden Generationen so entscheidend geprägt, daß sie zu den wichtigsten Voraussetzungen und Komponenten des modernen Judentums zu zählen ist. Freilich darf dabei der Blick nicht

[24] G. Kisch (Hrsg.), Das Breslauer Seminar, 1963; A. Kober, The Jewish Theological Seminary of Breslau and „Wissenschaft des Judentums", HJ 16 (1954), 85–122.

[25] H. Schwab, Chachme Ashkenaz, 1964.

[26] G. Scholem, Wissenschaft vom Judentum einst und jetzt, Judaica, I, 1963, 147–164.

[27] W. Schochow, Deutsch-jüdische Geschichtswissenschaft, 1966.

[28] 1796–1873; Vgl. v. a.: Jésus Christ et sa doctrine, 1838; Paris, Rome, Jérusaleme, 1880[2].

[29] E. D. Goldschmidt, Studies on Jewish Liturgy by German-Jewish Scholars, LBI.YB 2 (1957), 119–135.

[30] I. Davidson, The Study of Mediaeval Hebrew Poetry in the Nineteenth Century, PAAJR 1 (1930), 33–48.

auf die deutsche „Wissenschaft des Judentums“ allein gerichtet werden, denn auch anderswo gab es Gelehrte, die moderne wissenschaftliche Methoden anzuwenden verstanden, in Italien (I. S. Reggio, S.D.Luzzatto)[31] oder Osteuropa (N.Krochmal, S.J.Rapoport)[32], allerdings nicht unter dem Vorzeichen eines so radikalen Bruches mit der Tradition, wie es im Ausstrahlungsbereich der Berliner Haskalah der Fall gewesen war.

In der zweiten Hälfte des 19. Jh. wurde die neue jüdische Wissenschaft überall heimisch und fand auch entsprechende Pflegestätten. So groß ihre Leistungen auch waren, blieb ihr doch eine ausreichende aufklärende Wirkung auf die nichtjüdische Umwelt versagt. Die festgefahrene Ansicht, daß es sich eigentlich um eine theologische Sache handle, verhinderte die Einbeziehung der Wissenschaft vom Judentum in die Disziplinen der philosophischen Fakultäten, sodaß die Behandlung des Judentums hier ein Reservat für Theologen oder ein Hobby Einzelner blieb und im übrigen in innerjüdischen Institutionen erfolgte, die dem Außenstehenden von vornhinein als konfessionell-parteigebunden erschienen. Auf diese Weise entstand gerade in der Blütezeit der „Wissenschaft des Judentums“ in bezug auf das Judentum in nichtjüdischen Akademikerkreisen ein Kenntnis-Vakuum, in das leicht Vorurteile und ideologische Wahnvorstellungen eindringen konnten. Im innerjüdischen Bereich erregte die Übernahme fremder wissenschaftlicher Verfahrensweisen nicht selten Unbehagen und man unterschied – und unterscheidet – manchmal bewußt zwischen der zu sehr fremdbestimmten „Wissenschaft des Judentums“ und der *„Ḥokmat Jiśrā'el“*, aber auch infolge der nationalen Bewegung wurde die Frage nach einer dem „Jüdischen“ angemessenen Behandlung des Judentums erneut aufgeworfen und die Leistung der alten „Wissenschaft des Judentums“ kritisch beleuchtet. Die Diskussion, die sich darüber entspann[33], hat indes keinen gangbaren Ausweg gewiesen,

[31] I. E. Barzilay, The Italian and the Berlin Haskalah, PAAJR 29 (1961), 17–54.

[32] J. Meisl, Haskalah, 1919, 186.

[33] Vgl. v. a.: A. Altmann, Jewish Studies, their Scope and Meaning Today, 1958; F. Baer, ʿIqqārîm ba-ḥᵃqîrat tôlᵉdôt Jiśrā'el, 1931; J. Brand, Ḥokmat Jiśrā'el baj-jāmîm hā-hem ûbaz-zᵉmān haz-zäh, Deʿôt 38 (1969/70), 143–147; B. Kurzweil, Bam-ma'ᵃbāq ʿal ʿärkê haj-jahᵃdût, 1966/7 (und die Aufsätze im „Hā-'Ārāṣ“ vom 24. 4. 67, 25. 5. 67, 30. 6. 67 und 4. 10. 67); G. Scholem, Mit-tôk hirhûrîm ʿal ḥokmat Jiśrā'el, Lûᵃḥ hā-'Ārāṣ 1944/5, 94–112; Ders., a. a. O. (Anm. 26).

denn wie ehedem in den Anfängen der „Wissenschaft des Judentums" so gilt auch für die moderne jüdische Wissenschaft, daß wissenschaftliche Methoden nicht auf Dauer an religiöse oder ideologische Motivationen und Zweckbestimmungen gebunden werden können, weil wissenschaftliche Arbeit ihre eigenen, von der Sache her sich notwendig ergebenden Gesetze entwickelt, wenn sie kontrollierbar und somit „Wissenschaft" bleiben soll. Wie die Erfahrung zeigt, schließt jedoch eine solche autonome Forschung eine nachhaltige Auswirkung auf das jüdische Selbstverständnis keineswegs aus.

b) Frühe Reformansätze[34]

Die logische Konsequenz aus dem Wandel des religiösen Weltbildes im Kreis der Maskilim waren Forderungen nach praktischen religiösen Reformen. Sie betrafen zuerst den Erziehungssektor, dann mehr und mehr auch die Gestaltung der synagogalen Liturgie. Die überkommenen Gebetstexte waren mit vielen neuen Ansichten nicht mehr zu vereinbaren. So störten die häufigen Hinweise auf die messianische Erwartung und auf die erhoffte Heimkehr nach dem Lande der Väter und von den poetischen Teilen *(Pijjûṭ)* der Liturgie erschien vieles überflüssig, unverständlich und von zu geringem aktuellen Aussagewert. Der rasche Schwund der hebräischen Sprachkenntnisse in den Gemeinden erforderte außerdem die Einführung von Übersetzungen und Predigten in der jeweiligen Landessprache, was z.B. L. Zunz in seinem ersten großen wissenschaftlichen Werk (Die gottesdienstlichen Vorträge der Juden) an historischen Präzedenzfällen zu rechtfertigen suchte. Da die Widerstände in den Gemeinden gleichwohl noch stark waren, kam es nur langsam und zögernd zu Neuerungen. Versuche, in Berlin Reformsynagogen einzurichten, wurden nach Intervention gegnerischer Kreise durch die Regierung unterbunden. Einer der dortigen Reformer übersiedelte nach Hamburg, wo dann zum ersten Mal eine revidierte Gottesdienstordnung in einem Kreis Gleichgesinnter praktiziert wurde, bekanntgeworden als „Hamburger Tempel" und entschieden abgelehnt von den orthodoxen Autoritäten[35]. Nur das vermittelnde Geschick von

[34] I. Elbogen*, 394 ff.; M. Pelli, Intimations of Religious Reform in the German-Hebrew Haskalah Literature, JSocSt 32 (1970), 3–13; J. J. Petuchowski, Prayerbook Reform in Europe, 1968 (hier ältere Lit.!); B. Rubinstein, Ham-maʿarākāh letiqqûn had-dāt wesidrê ha-ḥajjim beJiśrā'el bemahšābät sifrût hā-haśkālāh hā-ʿibrît, 1956/7.

[35] *'Elläh dibrê hab-berît,* Altona 1819 (repr. 1970).

J. Bernays, der 1821 in Hamburg neuer Rabbiner wurde, verhinderte eine tatsächliche Spaltung der Gemeinde. Kompliziert wurde die Situation durch die sehr unterschiedliche Haltung der Regierungen zu Reformversuchen. In Sachsen z.B. verordnete man geradezu die deutsche Gebets- und Predigtsprache, in Preußen wieder ließ man noch lange nur die orthodoxe Linie gewähren. Andrerseits sahen auch konservative Rabbiner die Notwendigkeit einer Revision der Liturgie ein und N. Mannheimer nahm in diesem Sinne einige Modernisierungen vor, die in Österreich-Ungarn einen Kompromiß zwischen Tradition und Reformbestrebungen ermöglichten. Allmählich mußte sich jedoch erweisen, daß die Formen der traditionellen Liturgie ja nur einen Teil dessen darstellten, was durch den geistigen Wandel infragegestellt worden war und die Ansätze zu einer weitergehenden Reformbewegung wurden sichtbar.

c) Die Reformbewegung[36]

In den Vierzigerjahren regte sich der Wunsch nach weitergehenden Reformen in Deutschland schon weit kräftiger. Die radikale Frankfurter Reformgesellschaft (1843) provozierte einen heftigen Streit für und wider die Beschneidung, in Berlin wurde 1843 ein Reformkreis gegründet, der unter Samuel Holdheim eine rege Tätigkeit entfaltete und schließlich gelang es Abraham Geiger (1810–1874)[37], einem maßgebenden Vertreter der „Wissenschaft des Judentums“, die verschiedenen Reformtendenzen zusammenzufassen und auf Rabbinerversammlungen zur Sprache zu bringen. Diese Versammlungen (Braunschweig 1844; Frankfurt a.M. 1845; Breslau 1846; Leipzig 1869; Augsburg 1871) brachten freilich keinen durchschlagenden Erfolg mit sich, in Frankfurt (1845) kam es sogar zu einem offenen Bruch mit einer konservativer eingestellten Gruppe unter der Führung von Z. Frankel. Das Dilemma der Reformer war ihre Unsicherheit in konkreten Fragen. Vielfach hinkte ihre Initiative dem Stand der Dinge hinterdrein, das heißt, viele Juden praktizierten manche Vorschriften und Bräuche, die noch zur Debatte stan-

[36] Lit. Anm. 34; ferner: S. Bernfeld, Tôl^{e}dôt hā-Refôrmāṣijjôn had-dātît, 1900; L. I. Egelson, Reform Judaism, 1949; R. Kaufmann*, 114 ff.; D. Philipson, The Reform Movement in Judaism, 1931; W. G. Plaut, The Rise of Reform Judaism, 1963; Ders., The Growth of Reform Judaism, 1965; S. Schwartzmann, Reform Judaism in the Making, 1955; C. Seligmann, Geschichte der jüdischen Reformbewegung, 1922.

[37] M. Wiener, Abraham Geiger and Liberal Judaism, 1962.

den, gar nicht mehr, andrerseits vertiefte jeder offizielle Reformbeschluß den Graben zu den Konservativen und Orthodoxen. Alsbald erwies sich auch, daß eine Gemeinde auf klare Normen angewiesen ist, soll das religiöse Leben nicht zunehmend relativiert und infolge willkürlicher lokaler Neuerungen zersplittert werden. Die Reformhalakah[38] suchte daher die traditionelle Argumentationsweise so weit als möglich beizubehalten, wenn es galt, Neuerungen zu begründen. Am auffälligsten waren zunächst wohl die liturgischen Veränderungen (1854 A. Geigers *„Israelitisches Gebetbuch“*; in Amerika 1892/5 das *„Union Prayer Book“),* unter denen manche Einzelheiten (Einführung der Orgel, Gestaltung der *Bar-Miṣwāh*-Feier als Konfirmation; Predigt[39]) zum Ärger der Traditionalisten auch christlichen Vorbildern folgten.

Durch Einwanderer aus Deutschland faßte die Reformbewegung auch in Amerika Fuß, wo die einzelnen Gemeinden ihre Vorstellungen viel freier verwirklichen konnten als in Europa, wo auf der einen Seite der Zwang zur Assimilation und auf der anderen Seite die Rücksicht auf die bestehende Ordnung und Einheit die Entwicklung bestimmten. Die „Reformed“ in den USA[40] nahmen bald den Charakter einer eigenen Denomination an, schufen sich im *Hebrew Union College* in Cincinnati ihre eigene Rabbinerausbildungsstätte und gründeten überregionale *(Union of American Hebrew Congregation,* 1873; *Central Conference of American Rabbis,* 1889) und schließlich auch internationale Zusammenschlüsse *(World Union for Progressive Judaism,* 1926).

Für das religiöse Denken der Reformbewegung ist nicht zuletzt Abraham Geigers Auffassung von der Geschichte von Bedeutung geworden. Er sah in der Tradition einen dynamischen Prozeß, also etwas grundsätzlich nie Abgeschlossenes. Dies wird durch den Fortschrittsgedanken ergänzt, der den Forderungen der Zeit jeweils den Vorrang gegenüber dem Tradierten einräumt, weil eine höhere Stufe im Gesamtprozeß der Geschichte erreicht worden ist. Das Ge-

[38] S. B. Freehof, Reform Jewish Practise, 2 Bde, 1944, 1952; Ders., Current Reform Responsa, 1969; J. J. Petuchowski, Problems of Reform Halakhah, Jdm 4 (1955), 339–351; M. S. Samt, H^{a}lākāh w^{e}Refôrmāh, Diss. Jerusalem 1967.

[39] A. Altmann, The New Stile of Preaching in Nineteenth-Century German Jewry, in: A. Altmann, Studies ... (§ 54), 65–116.

[40] J. G. Heller, Isaac M. Wise, 1965; B. Levy, Reform Judaism in America, 1933.

sicht des lebendigen Judentums wird demnach sowohl durch die Tradition wie auch durch die Persönlichkeiten bestimmt, die den einzelnen Perioden ihr Gepräge geben. Die Periode der Offenbarung ist streng genommen identisch mit der biblischen Zeit, denn schon die talmudische Periode schöpfte aus der Tradition und schuf aus ihr Neues. In einer dritten Periode bis zur Mitte des 18. Jh. wird die Tradition theoretisch erfaßt und erstarrt darnach weithin, um in der Moderne, in der Zeit der kritischen Wissenschaft, wieder „aufgetaut" zu werden, sodaß der Traditionsstrom erneut zum Fließen kommt, bereichert durch die neue schöpferische Initiative der Reformer.

Lange Zeit blieb in diesen Kreisen das rationalistische Erbe der Aufklärung mit dem Glauben an einen kulturell-moralischen Fortschritt der Menschheit und an eine besondere Funktion des Judentums und seiner „ewigen Ideen" für diesen Fortschritt maßgebend, ergänzt durch idealistische Züge und die bewußte Gleichsetzung der jüdischen Religion mit Ethik[41]. Auch an Bemühungen um eine „Theologie" – nach liberal-protestantischem Vorbild – fehlte es nicht[42]. Die Erfahrungen während der NS-Herrschaft haben allerdings einen tiefreichenden Wandel im Denken der Reformed eingeleitet, den alten Optimismus erheblich gedämpft und zu einem verstärkten gesamtjüdischen Solidaritätsgefühl geführt. Viele von den Reformed, die das Judentum im Sinne nationaler Assimilation als Konfession betrachtet hatten, fanden dadurch auch zum Zionismus. Das Anliegen einer umfassenden Reform blieb gleichwohl lebendig[43], nicht zuletzt infolge der Situation im Staate Israel, wo die Orthodoxie eine Monopolstellung besitzt.

d) Die konservative Strömung[44].

[41] O. Lazarus, Liberal Judaism and its Standpoint, 1937.

[42] Vgl. K. Kohler, *Grundriss einer systematischen Theologie des Judentums,* 1910 (engl.: *Jewish Theology Systematically and Historically Considered,* 1928).

[43] E. L. Fackenheim, Quest for the Past and Future, 1968; S. S. Cohon, Reform Judaism in America, Jdm 3 (1954), 333–353; A. J. Feldman, The American Reform Rabbi, 1965; B. Martin, Contemporary Reform Jewish Thought, 1968.

[44] D. Rudavsky, 186 ff. 317 ff.; M. Davies, The Emergence of Conservative Judaism, 1962; H. Parzen, Architects of Conservative Judaism, 1964.

Kritik an den Reformforderungen und Reformmaßnahmen wurde nicht bloß aus orthodoxen Kreisen laut. Die Vertreter der italienischen und frühen osteuropäischen Haskalah verurteilten die übereilte Preisgabe von Traditionen. Was von ihnen selbst zur Begründung eines modern orientierten Judentums vorgebracht wurde, war allerdings auch nicht einheitlich und die theologische Grenze zwischen Konservativen bzw. Liberalen[45] und Reformern blieb fließend.

I. S. Reggio (1784–1855)[46], Rabbiner in Görz und Mitbegründer des Rabbinerseminars in Padua, stand noch ganz im Banne des Mendelsohn'schen Versuchs, die Torah vom religiösen Denken zu trennen. Sein jüngerer Zeitgenosse S. D. Luzzatto (1800–1865)[47] übte herbe Kritik an rationalistischen Tendenzen der Vergangenheit (RMB"M, Abraham ibn Ezra) wie Gegenwart und machte der deutschen „Wissenschaft des Judentums" den Vorwurf, ihren Gegenstand wie die Altertumswissenschaften ohne Bezug zum Leben der Gegenwart zu behandeln. Die Reformer unterhöhlten nach seinem Urteil den Grundsatz, daß die Torah „vom Himmel ist", erlagen dem Fremdeinfluß, dem „Attizismus", der das Menschliche über das Göttliche stellt, während der „Hebraismus" umgekehrt das Göttliche dem Menschlichen überordnet. Die Kraft des lebendigen Judentums liege im Emotionellen, welchem die Ethik zugeordnet sei, während das Rationale zeitbedingt, dem Fortschritt unterliegend, sich wandle und der Ethik unterzuordnen sei.

S. J. Rapoport (1790–1867)[48], zuletzt Rab in Prag, stand den Ereignissen in Deutschland näher und setzte sich mit ihnen daher auch intensiver auseinander. Sein Urteil, das auch den Chasidismus und die Neo-Orthodoxie nicht schonte, war entschieden negativ, vor allem in bezug auf A. Geiger[49]. Hingegen fand er in Deutschland einen kongenialen Mitstreiter in Zacharja Frankel (1801–1875)[50],

[45] Die Selbstbezeichnung „liberal" wurde in Europa auch von Konservativen verwendet; in England und Amerika von den Reformanhängern.

[46] *Hat-tôrāh weha-fîlôsôfjāh*, 1828.

[47] N. Rosenblum, A Study in the Religious Philosophy of Samuel David Luzzato, 1965; Ders., An Ethico-Psychological Interpretation of Judaism, 1965.

[48] I. Barzilay, The Scholarly Contribution of Shelomo Judah Leib Rapoport, PAAJR 35 (1967), 1–41.

[49] *Tôkaḥat megûllāh*, 1846.

[50] L. Ginzberg, Students ... 195 ff.; I. Heinemann*, II, 161–182; D. Rudavsky, 192 ff., 198 ff.

der sich 1845 von der Reformbewegung distanziert hatte und für ein „positiv-historisches Judentum" eintrat, 1851 die „Monatsschrift für die Geschichte und Wissenschaft des Judentums" und 1854 das Breslauer Rabbinerseminar begründete. Auch er verstand die Geschichte als dynamischen Evolutionsprozeß, doch mit einer diesem inhärenten unwandelbaren Substanz. Zwischen Dynamik und Bleibendem soll ein harmonisches Verhältnis herrschen, das vor allem durch Volksglauben und Volksbrauch mitbewirkt wird, wobei sich Frankel auf die damalige historische Schule der deutschen Rechtswissenschaft berufen konnte. Die Dynamik der Geschichte wird nach ihm – im Unterschied zu Geiger – nicht so sehr durch Persönlichkeiten bestimmt als vielmehr durch das Kollektiv, dessen Zustimmung im Falle irgendwelcher Veränderungen daher auch unerläßlich sei. Das bleibende Element im Wandel der geschichtlichen Evolution bestehe aus dem Inhalt einer allgemeinen, indirekten, und aus dem Inhalt einer speziellen (nur für Israel bestimmten) Offenbarung (der *Tôrāh min haš-šāmajim)*, wozu noch der Konsensus der Gemeinde Israel kommt, die ja als Kollektiv Träger der speziellen Offenbarung vom Sinai ist. Die Wissenschaft des Judentums habe die Aufgabe, den Prozeß der geschichtlichen Evolution aufzuhellen und die Möglichkeiten der gegenwärtigen und zukünftigen Entwicklungen zu prüfen, um der Gemeinde den bestmöglichen Weg zur Lösung der aktuellen Probleme finden zu helfen. Durch die Wissenschaft des Judentums soll jede Generation des jüdischen Geistes innewerden, dessen geschichtliches Walten untrennbar mit der hebräischen Sprache und mit dem Kollektiv – dem Volk Israel – verbunden ist. Auch L. Zunz (1796–1886)[51], der anfangs die Reformbewegung unterstützt hatte, fand mit der Zeit zu einem Standpunkt, der dem Frankels nahekam, obschon er sich kaum in die Richtungskämpfe einmischte.

Neben Frankel verdient insbesondere der Verfasser der 11-bändigen *„Geschichte der Juden"*, Heinrich Graetz (1817–1891)[52], erwähnt zu werden. Eine theoretisch-theologische Grundlegung hatte Graetz schon 1846 in der Schrift *„Zur Construction der jüdischen Geschichte"* dargelegt, in der er dem Judentum als „Zentralidee" die

[51] Anm. 21.

[52] S. W. Baron, Graetzens Geschichtsschreibung, MGWJ 62 (1918), 5–15; H. Cohen, Graetzens Philosophie der jüdischen Geschichte, MGWJ 61 (1917), 356–366; E. J. Cohen, Heinrich Graetz, in: G. Kisch, Das Breslauer Seminar, 1963, 187–203; N. N. Glatzer, a. a. O. (Anm. 20), 41 ff.; H. M. Graupe, 195 ff.; N. Rotenstreich, I, 71 ff.; M. Wiener, 217 ff.

Selbstoffenbarung der Gottheit zuschrieb, die schließlich in einem Staat mit adäquater Verfassung „messianisch" verwirklicht würde, was das Festhalten am Charakter des Judentums als eines Volkes von organischer Einheit mit der Torah als „Seele" voraussetze. Die weltgeschichtliche Aufgabe des Judentums bestehe in der Negation des Heidentums und daher sei es die Religion der Zukunft. Die Wissenschaft des Judentums soll die Inhalte der Religion bewußt machen und erfüllt damit eine konservierende Funktion im Leben der Gemeinschaft, deren Geschichte nicht als „Kirchengeschichte", sondern eben auch als politische und soziale Geschichte zu begreifen sei. Die Realisierung dieser Geschichtstheologie in der „*Geschichte der Juden*" zeigt allerdings, daß der Wissenschaftler Graetz in manchem dem Dogmatiker Graetz nicht gefolgt ist und aus sachlichen Gründen nicht selten zu Abstrichen und Kompromissen gezwungen war, in Fragen des Urteils über Mystik aber auch charakteristischen rationalistischen Vorurteilen verhaftet blieb. Der Einfluß seines Werkes auf das Selbstverständnis und Selbstbewußtsein der Juden war jedenfalls immens.

Indem in dieser Strömung der Wissenschaft des Judentums eine so zentrale Funktion zugeteilt wurde, konnte der von dem Trauma der Aufklärung her nachwirkende Minderwertigkeitskomplex wegen der „Unwissenschaftlichkeit" der jüdischen Tradition überwunden und wieder ein etwas unbefangeneres Verhältnis zur traditionellen religiösen Motivschicht gefunden werden.

Der Konservativismus dieser Prägung hat in den Conservatives, der stärksten Denomination des amerikanischen Judentums, seine bedeutendste Fortsetzung und in New Yorker *Jewish Theological Seminary* eine weltberühmte wissenschaftliche Ausbildungsstätte gefunden. Unter den älteren Theologen dieser Richtung ragt vor allem der Entdecker der Kairoer Geniza, Salomo Schechter (1847–1915)[53], hervor. Die ursprünglich ebenfalls stark national-assimilatorische Note der Conservatives ist in den letzten 40 Jahren und vor allem seit der Gründung des Staates Israel mehr und mehr verblaßt[54].

[53] *Studies in Judaism*, 3 Bde., 1945[3]; *Aspects of Jewish Theology*, 1962[2]. Über ihn: N. Bentwich, Solomon Schechter, 1959; A. A. Cohen, 278 ff.; A. Eisenberg, Fill a Blank Page, 1965; L. Ginzberg, a. a. O. (Anm. 50), 241–251; D. Rudavsky, 331 ff.; G. L. Zelizer, Some Aspects of Schechter's Theology, CJ 23 (1968), 76–81.

[54] H. Parzen, Conservative Judaism and Zionism (1896–1923), Herzl Year Book 6 (1964/5), 311–368; B. Drachmann, The Unfailing Light, 1948; Th. Friedman, Jewish Tradition in Twentieth Century America: The Conservative Approach, Jdm 3 (1954), 310–320; P. H. Peli, Israel's Reli-

5. Auseinandersetzungen mit der zeitgenössichen Philosophie und Theologie

a) Allgemeine Tendenzen.

Gegenüber dem christlichen Anspruch, der christologischen Exegese des AT und der kirchlichen Dogmatik hatte das Judentum schon seit dem frühen Mittelalter zu rationalen Argumenten gegriffen und die wörtlich-historische Bedeutung der Heiligen Schrift hervorgekehrt. Es konnte daher bis zu einem gewissen Grad als Genugtuung empfunden werden, als die Aufklärung just ebensolche Argumente und Exegesen zur Anwendung brachte, weil damit – wie bei Mendelsohn – das Judentum als jene Religion erscheinen konnte, die am ehesten den Kriterien des aufklärerischen Religionsbegriffes zu entsprechen vermag. Dieser Ansatz brachte es mit sich, daß die rationalistische Komponente[55] im Judentum des 19./20. Jh. verhältnismäßig lange und kräftig wirksam blieb, bei Reformern und Liberalen auch als Komponente des neuen Selbstverständnisses, bei Konservativen – und zum Teil sogar Orthodoxen – mehr als Weiterführung der apologetischen Verhaltensweisen.

Die Mendelsohn'sche Zweiteilung von religiösem Denken und religiösem Brauchtum (Gesetz) erwies sich vor allem von da an als unglücklich, als unter dem Eindruck der Philosophie Kants Religion und Sittlichkeit so gut wie gleichgesetzt wurden. Mit dem Brauchtum als seinem speziellen Charakteristicum erschien das Judentum ja nicht mehr als „Religion", es galt darum, die Ethik als wesentlichste Komponente der jüdischen Religion auszuweisen[56].

Salomo Formstecher (Abs. b), Samuel Hirsch (Abs. b), Moritz Lazarus (1824–1903)[57] und Herman Cohen (Abschn. 9b) haben den stärksten Einfluß in diesem Sinne ausgeübt, nicht bloß auf die Reformbewegung und das liberale Judentum, denn selbst Vertreter der Orthodoxie pflegten nun aus apologetischen Rücksichten die Ethik besonders hervorzuheben. Nicht immer wurde dabei die Diskrepanz zwischen der eindeutig heteronomen Ethik der jüdi-

gious Component, CJ 24 (1970), 62–75; M. Sklare, Conservative Judaism, 1955; M. Waxman (ed.), Tradition and Change, 1958. Vgl. ferner Abschnitt 9 g (A. J. Heschel).

[55] Vgl. Saul Ascher (1767–1822), *Leviathan*, 1792.

[56] J. B. Agus, The Vision and the Way, 1966; N. Rotenstreich, II, 7 ff.

[57] *Die Ethik des Judentums*, 2 Bde. 1898, 1911. D. Baumgardt, The Ethics of Lazarus and Steinthal, LBI.YB 2 (1957), 205 ff.; M. Z. Sole, 100 ff.

schen Tradition und der aktuellen Behauptung einer autonomen Ethik genügend bedacht und oft genug geriet die ethische Emphase zu pathetischer Deklamation.

Das apologetische Anliegen gewann im Verlauf des 19. Jh. erneute Aktualität, als sich in der Philosophie und (christlichen) Theologie der Umwelt wiederum ein Totalitätsanspruch abzeichnete, der letzten Endes auch politisch-rechtliche Konsequenzen zu haben drohte, weil die Existenzberechtigung des Judentums grundsätzlich infragegestellt erschien[58]. Selbst die Aufklärung hatte nur in begrenztem Maß die Gleichsetzung von abendländischer Kultur und Christlichkeit aufzuheben vermocht, mit dem deutschen Idealismus und der Romantik wurde diese Gleichung wieder weithin als selbstverständlich betrachtet.

Manche Juden suchten sich zwar mit Hilfe rationalistischer Argumente und im Sinne eines politischen Liberalismus gegen die neue Gefährdung zur Wehr zu setzen, doch dies erregte in ihrer Umgebung eher emotionale Aversionen gegen „jüdischen" Intellektualismus und Liberalismus. Zugleich erstarkte das Selbstbewußtsein der Kirchen, gestützt auf die Konzeption vom „christlichen Staat".

Auf der anderen Seite drohte dem Judentum, das sich seiner eigenen Religionsinhalte so wenig gewiß und in sich so uneinig war, die Einwirkung der radikalen Religionskritik, gegenüber der sich viele durch ein entschiedenes Bekenntnis zum Supranaturalismus (bei gleichzeitiger Beteuerung der Rationalität seiner Inhalte!) abschirmten. Dieser Supranaturalismus diente zugleich zur Abwehr gewisser pantheistischer Tendenzen innerhalb der spekulativen Philosophie, zumal es an solchen auch im Judentum dieser Zeit nicht fehlte, vor allem infolge einer gewissen Spinoza-Schwärmerei.

b) „Religion des Geistes".

Die spekulative Philosophie des deutschen Idealismus, insbesondere die Geschichtsphilosophie Hegels, der im Protestantismus (wie Hegel ihn verstand), verbunden mit einer entsprechenden Staatsordnung, die höchste Stufe der als Selbstentfaltung des Weltgeistes verstandenen Weltgeschichte sah, bedeutete eine grundsätzliche Infragestellung des Judentums, wie sie seit der Aufklärung nicht mehr bestanden hatte. Es fehlte daher nicht an Versuchen, idealistische Elemente aufzugreifen und einer jüdischen Gegen-Selbstdarstellung dienstbar zu

[58] J. Fleischmann, Beʿājat han-naṣrût bam-maḥšābāh haj-jehûdît mim-Mendelsohn ʿad Rosenzweig, 1963/4.

machen. Dies geschah selten systematisch-konsequent. Noch vage und im Grunde dem Zweck dienend, im geschichtlichen Wandel ein Bleibendes aufzuzeigen, vollzog Nachman Krochmal (1785 bis 1840)[59] die Anknüpfung an Hegel.

Krochmal meinte, daß der Geschichte Israels im „absoluten Geistigen" als seiner unmittelbaren Existenzgrundlage bei allem historischen Wandel sowohl Kontinuität als auch jeweilige Erneuerung (aus der Existenzgrundlage) verbürgt wären. Der Sinn der Geschichte der jüdischen Nation (hier zeigt sich schon der Einfluß des modernen Nationsbegriffes!) sei die Selbstoffenbarung des Geistes.

Eine beträchtliche Rolle spielte bei manchen Autoren des Westens die (meist an Schelling orientierte) Gegenüberstellung von Natur und Geist.

J. A. Francolm (1788–1849)[60] stellte das „religiöse Prinzip", die „höhere Weltansicht", die Gott als einzig Seienden und die Welt als dessen Äußerung begreift, dem „irreligiösen Prinzip", der „niederen", am Sinnfälligen allein orientierten Weltansicht gegenüber. Die höhere Weltansicht bzw. der Geist erhebt den Menschen über die Bindung an die Natur und damit zur Freiheit. Der Weg dahin führt von Ahnung und Gefühl durch einen Bildungsprozeß bis zur „rationalen Lehre", die allerdings nur dank der göttlichen „positiven Offenbarung" erreicht werden kann und in der Prophetie besteht.

Der Offenbarungsinhalt, dessen rationales Verständnis zum Gehorsam führt, besteht aus (1) dem allgemeinen ewigen Sittengesetz und Grundprinzip der Religion, dem Gebot der Gottesliebe (Dt 6,5), dem das Gebot der Nächstenliebe (Lev 18,28) korrespondiert; alle weiteren sittlichen Gebote sind daraus ableitbar: (2) dem Zeremonialgesetz, dem zeitgebundenen Mittel zur Erhebung über das Sinnliche. Sie sind zu reformieren, sobald sie Selbstzweck und zur „Außenfrömmigkeit" werden, doch so, daß mit der Reform der Inhalt und das Wesen der Religion nicht beeinträchtigt wird; (3) sonstige äußerliche Ordnungen.

59 S. Radowicz, Kitbê R. Naḥman Qrôkmāl, 1961². Über Krochmal s.: Z. Cahn*, 448 ff.; J. Guttmann, Philosophies ... 321 ff.; J. Guttmann, Jᵉsôdôt ham-maḥšābāh šäl Rabbî Naḥmān Qrôkmāl, Kᵉnäsät 6 (1940/1), 259–286; A. I. Katsh, Nachman Krochmal and the German Idealists, JSocSt 8 (1946), 87–102; B.-Z. Katz, II, 216 ff.; S. Rawidowicz, War Nachman Krochmal Hegelianer?, HUCA 5 (1928), 535–582; N. Rotenstreich, I, 52 ff.; S. Schechter, Studies in Judaism I, 1945³, 46–72; E. Schweid, Bên „Ḥokmat hat-tôrāh ʿal hā-ʾämät" wᵉ"sôd jiḥûd hā-ʾämûnāh" lᵉ"fîlôsôfjah šäl had-dāt", ʿIjjûn 20 (1969/70), 29–59.

60 *Das rationale Judentum,* 1840; *Die Grundzüge der Religionslehre aus den Zehn Geboten entwickelt,* 1826. Vgl. EJ VI, 1068; M. Wiener, 118 ff.

Francolm erkannte, daß die Mendelsohn'sche Trennung zwischen religiösem Denken und Gesetz sich verheerend auswirken mußte und verwies darauf, daß das Judentum wenn auch keine Dogmatik so doch eine Glaubensmotivierung kennt.

Für sie verwies er allerdings auf die 'Iqqārîm des RMB"M als Beispiel (während er in der Kabbalah nur heidnischen Einfluß erkennen wollte), sie auf 4 vermindernd: (1) Gott als Schöpfer, (2) Die Torah des Mose als Offenbarung, (3) Unsterblichkeit der Seele, und (4) Lohn und Strafe.

Die messianische Hoffnung wird dem individuellen Belieben anheimgestellt, Israel als „geistiges" Volkstum, als Glaubensgenossenschaft, bezeichnet.

Salomo Formstecher (1808–1889)[61] hat dem modernen Judentum das Schlagwort vom „ethischen Monotheismus" geschenkt. Gott bleibt nach ihm streng transzendent, nur die – aus Schellings Naturphilosophie umgedeutet übernommene – „Weltseele" manifestiere sich in den beiden Bereichen „Natur" und „Geist", die sich im Menschen überschneiden, der sich durch Selbstbewußtwerdung über den Zwang des Naturgesetzes zur Freiheit des Geistes durchringt. Bleibt das Bewußtsein im Bereich der Natur (des „Universallebens"), der Physik und Ästhetik, so gelangt die Religion bestenfalls zum „physischen Monotheismus", der Höchstform des Heidentums. Das Selbstbewußtwerden des Geistes im „Individualleben" als Erkenntnis des Gegensatzes und der Überlegenheit gegenüber der Natur gipfelt im „ethischen Monotheismus", im Judentum, sein Ideal ist das Gute, das Darstellungsmittel die Logik, seine Darstellung Ethik. Der Geist als Subjekt und Objekt der Selbstbewußtwerdung findet zu sich selbst durch Vernunft und Offenbarung, der Inhalt der Offenbarung muß jedoch subjektiv-individuell bewußt werden, damit von historischer Offenbarung die Rede sein kann. Die Weltgeschichte vollzieht sich daher als Prozeß, in ihm folgt auf die Stufe der Naturreligion:

(1) das Stadium der Objektivität, in der die Offenbarung noch unreflektiert bleibt, dann (2) das Stadium der Tradition, in der die subjektive Aneignung beginnt, und zwar in drei Phasen: (a) In der Phase der subjektiven Objektivität mit noch nötiger politischer und religiöser Separation zum Schutz vor dem Heidentum, (b) der Phase der objektiven Subjektivität,

[61] *Die Religion des Geistes,* 1841; *Mosaische Religionslehre,* 1860. Vgl.: B. J. Bamberger, Formstecher's History of Judaism, HUCA 23/II (1950/1), 1–36; J. Guttmann*, 321 ff. J. Maybaum, Salomo Formstecher, MGWJ 71 (1927), 88–99; N. Rotenstreich, II, 114 ff.

die bis Mendelsohn reicht und durch Metaphysik nach heidnischem Vorbild gekennzeichnet ist, und (c) die Gegenwart, in der die Metaphysik durch die Ethik ersetzt wird und das Judentum sich (im Gegensatz zur Schleiermacher'schen Gefühlsreligion, die einen Rückfall in die Naturreligion darstellt) als rationale Wahrheit darzustellen beginnt.

Judentum und Heidentum sind unvereinbar. Das Christentum vermittelt die Wahrheit dem Heidentum, doch um den Preis, sich selber funktionsbedingt und vorübergehend dem Heidentum angleichen zu müssen und insofern mit dem Judentum, dem Empfänger und Bewahrer der Offenbarung, in Konflikt zu geraten. Dieser Konflikt wird aber mit der Überwindung des Heidentums außerhalb und innerhalb des Christentums endgültig überwunden werden.

Samuel Hirsch (1815–1889)[62] war der einzige jüdische Theologe, der sich mit Hegel eingehender und unter Aufnahme der hegelschen Dialektik auseinandergesetzt hat. Mehr als dieser suchte er die postulierte Einheit zwischen religiösem Bewußtseinsinhalt und Inhalt der Philosophie aus der Tradition zitierend zu belegen. Er verneinte auch die Möglichkeit eines Gottesverhältnisses, da Endliches zu Unendlichem nicht in eine solche Beziehung zu treten vermag, und daher erfuhr bei ihm der hegelsche „Geist" eine Einschränkung auf seinen anthropologischen Aspekt, auf das Ichbewußtsein, das, seinen Gegensatz und Unterschied zur Natur erkennend, seine Abhängigkeit von Gott wahrnimmt und dadurch die Freiheit des Geistes gewinnt, weil Gott als absolut Freier und als Herr der Natur Anregung und Vorbild für das menschliche Freiheitsstreben ist. Diese Freiheit des Geistes, die „aktive Religiosität" bzw. das sittliche Handeln, wird im Judentum verwirklicht. Im Heidentum, der „passiven Religiosität", das dem Zwang der Naturgesetzlichkeit unterliegt, sich einem vermeintlichen Zwang zur Sünde unterwirft und so die Freiheit der Willensentscheidung preisgibt, bleiben Religion und Handeln in den Schranken der Natur, also Naturreligion.

[62] *Das System der religiösen Anschauungen der Juden und sein Verhältnis zum Heidentum, Christentum und zur absoluten Philosophie*, Bd. I: *Die Religionsphilosophie der Juden*, 1842; *Die Messiasidee der Juden*, 1843; *Systematischer Katechismus der israelitischen Religion*, 1856; *Das Judentum, der christliche Staat und die moderne wissenschaftliche Kritik, 1843.* Hirsch wirkte zuletzt als Reformrabbiner in den USA. Über ihn: J. Guttmann* 328 ff.; E. L. Fackenheim, Samuel Hirsch and Hegel, in: A. Altmann, Studies . . . (§ 54), 171–201; N. Rotenstreich, II, 130 ff.; (I, 13 ff.); H.-J. Schoeps, 93 ff.; M. Wiener, 131 ff.

Die Geschichte der Selbstbewußtwerdung des Geistes in der aktiven Religiosität – an der Erzvätergeschichte typologisch veranschaulicht – vollzieht sich in 3 Phasen:

1. Die Phase der „intensiven Religiosität", der Zeit der Offenbarung in Israel, in 2 Stufen: a) Einer Stufe äusserlichen Nachvollzugs des Vorbildes zum Schutz vor der heidnischen Umgebung (bis zum 2. Tempel), und b) der Stufe allmählicher Einsicht in die Freiheit (bis zur Gegenwart dauernd), in der die Abgrenzung von der Umwelt zum Schutz der Wahrheit nötig ist.
2. Die Phase der „extensiven Religiosität", der Einwirkung nach außen hin. Diese Funktion erfüllt das Judentum aber mittelbar, durch das Christentum, das sich zu diesem Zweck dem Heidentum bis zu einem gewissen Grad angleichen muß und darum in Konflikt mit dem Judentum selbst gerät. Den stärksten heidnischen Einschlag sah Hirsch im paulinischen Christentum, weil es mit der Annahme der Erbsünde die Freiheit des Geistes negiert, und bemerkenswerterweise sah Hirsch diesen Paulinismus weniger im Protestantismus als vielmehr im Katholizismus verkörpert.
3. Mit der Überwindung des Heidentums durch das Christentum und im Christentum selbst erfolgt die Synthese zur „absoluten Religiosität", die „messianische" Vollendung.

c) Offenbarung und „exacte Wissenschaft"

Salomo Ludwig Steinheim (1789–1866)[63], Arzt und in der jüdischen Tradition nur wenig bewandert, schockierte all jene, die sich dem Nachweis der Rationalität der jüdischen Religion verpflichtet fühlten, zutiefst. „Steinheim ist meines Wissens der erste, der, gutmütig genug, das Judentum mit dem Unverstand identifizieren möchte", schrieb S. Hirsch[64]. Steinheim zog gegen den verwaschenen Offenbarungsbegriff zu Felde, der seit der Aufklärung in Philosophie und Theologie üblich geworden war und durch die Romantik erneut

[63] *Die Offenbarung nach dem Lehrbegriff der Synagoge,* I. Bd.: *Ein Schiboleth,* 1835; II. Bd.: *Die Glaubenslehre der Synagoge als exacte Wissenschaft,* 1856; III. Bd.: *Die Polemik,* 1863; IV. Bd.: *Fünf Monomachien,* 1865. Darüber: H. Andorn, Sal. Ludw. Steinheims „Offenbarung nach dem Lehrbegriff der Synagoge", 1930; Ders., Die problemgeschichtlichen Zusammenhänge von S. L. Steinheims „Offenbarung nach dem Lehrbegriff der Synagoge", MGWJ 74 (1930), 437–457; M. Graupe, Steinheim und Kant, LBI.YB 5 (1960), 140–175; J. Guttmann*, 337 ff.; B. Rippner, Salomo Ludwig Steinheim, MGWJ 21 (1872), 347–357.395–407.456–462.510–515.537–544; 22 (1873), 1–14; N. Rotenstreich, II, 164 ff.; H.-J. Schoeps (Hrsg.), Salomon Ludwig Steinheim zum Gedenken, 1964; M. Z. Sole, 93 ff.

[64] Die Religionsphilosophie der Juden, 1842, 554.

verwässert wurde. Für ihn musste Offenbarung in einem historischen Akt von außen her erfolgt und inhaltlich vom menschlichen Bewußtsein, das dem Wandel unterliegt, unabhängig sein, denn ihr Subjekt wie ihr Objekt ist Gott. Das Kriterium für das, was Offenbarung ist, besteht nicht in der Rationalität des Offenbarungsinhaltes, sondern gerade im Widerspruch zum Vernunfturteil – wenigstens auf den ersten Blick, denn da es keine Vernunfterkenntnis ohne innere Widersprüche gibt, die Offenbarung in sich aber widerspruchlos sei, müsse die Vernunft selber letztlich die Offenbarung als evidente Wahrheit anerkennen. Als in einem historischen Akt von außen gegebenes Faktum unterliegt der Offenbarungsinhalt wie alles andere Vorhandene der wissenschaftlichen Betrachtung, seine Darlegung ist daher exakte Wissenschaft wie die Physik. Die Hauptinhalte der Offenbarung sind:

1. Existenz und Einheit Gottes, der transzendent als Person (nicht als Idee) wirkt.
2. Die Tatsache der *creatio ex nihilo* als Akt des freien Willens, dem
3. die Gottesebenbildlichkeit des Menschen entspricht und die so
4. die Freiheit des Menschen bedingt. Diese wieder ermöglicht Sünde bzw. Gehorsam der Seele, die so Verantwortung auf sich nimmt und lädt, was ihre Fortdauer nach dem Tode (zum Empfang von Lohn und Strafe) bedingt.

Während das Judentum als Volk die Aufgabe hat, die Offenbarung zu bewahren, verharrt das Heidentum in den Grenzen der Natur- und Vernunftreligion. Das Christentum ist eine Mischung zwischen beiden. Manches aus Steinheims Theologie weist über seine Zeit hinaus, kehrt z. B. später bei Franz Rosenzweig mehr oder minder ähnlich wieder.

d) Die Beurteilung des Christentums[65]

Von den jüdischen Theologen des 19. Jh. haben nicht viele eine scharfe Konfrontation mit dem Christentum gesucht. Am schärfsten urteilten Joseph Salvador[66], Saul Ascher[67], L. Phi-

[65] E. Fleischmann, a. a. O. (Anm. 58).

[66] Anm. 28. E. Fleischmann, a. a. O. (Anm. 58), 28 ff.

[67] Anm. 55; vgl. auch die gegen Fichte gerichtete Schrift: „*Eisenmenger der Zweite*“, 1794. Siehe E. Fleischmann, a. a. O. (Anm. 58), 22 ff.

lippson[68] und Abraham Geiger[69], doch letzterer gestand dem Christentum schon die Funktion einer jüdischen Mission zu, die bei Salomo Formstecher und Samuel Hirsch eine wichtige Rolle spielte. Diese Vorstellung ist dann auch bis heute weithin herrschend geblieben, da sie einerseits den universalen Anspruch des Judentums wahrt, andrerseits von der eigentlich aus diesem sich ergebenden Verpflichtung zur Mission entbindet. Entscheidend war auch, daß auf diese Weise die jüdische Sonderexistenz, die schließlich auch die Reformed praktisch nicht preisgeben konnten solange sie Juden blieben, zu begründen war. Der Gedanke, daß Judentum und Christentum auf der Basis der einen Wahrheit getrennte Wege gehen, weil sie gesonderte Aufgaben zu erfüllen haben, und am Ende der Tage sich in der Erfüllung beider Aufgaben finden würden, erfreut sich bis heute im „christlich-jüdischen Gespräch" weiter Beliebtheit.

Wie einst J. Salvador rückte Elia Benamozeg (1823–1900)[70] die sozialen und politischen Gesichtspunkte bei der Kritik des Christentums wieder in den Vordergrund, damit gerade die angebliche sittliche Überlegenheit des Christentums ad absurdum führend. Charakteristisch für die ganze Epoche ist die Neigung, den historischen Jesus als einen mehr oder minder positiv beurteilten Juden deutlich von der späteren, vor allem durch Paulus und das Griechentum (Heidentum) bestimmten theologischen Entwicklung abzusetzen.

6. Osteuropäische Haskalah[71]

In Osteuropa (§ 54,3) blieb die Haskalah noch lange Zeit auf der Linie, die im Westen N. H. Wessely und die „*Me'assefîm*" vorgezeichnet hatten, erstrebte also eine verbesserte, weltkundigere Erziehung und eine Renaissance des „klassischen" Hebräisch. Den Umständen entsprechend dominierten daneben die Bemühungen um soziale Verbesserungen, während religiöse Reformwünsche verhältnismäßig selten auftauchten. Dennoch wurden diese Bestrebungen von der traditionalistischen Mehrheit und insbesondere von den Chasi-

[68] *Die religiöse Idee im Judentum, Christentum und Islam,* 1847.

[69] E. Fleischmann, a. a. O. (Anm. 58), 106 ff.

[70] *Morale Juive et morale chretienne,* 1867; *Israel et l'humanité,* 1914. Vgl. E. Fleischmann, a. a. O. (Anm. 58), 119 ff.; H. Schütz, Israels Katholizismus, 1940.

[71] Lit. § 54, Anm. 18.48. Ferner: J. Meisl, Haskalah, 1919; H.-M. Graupe, 320 ff.; J. S. Raisin, The Haskalah Movement in Russia, 1913.

dim[72] als Angriff auf die Religion der Väter gewertet, sodaß es in der Regel eher zu einem radikalen Bruch kam als zu Reformversuchen. Die stark von Berlin her bestimmte litauische Haskalah mit ihrer hervorstechenden Germanophilie fand in den unteren, nur jiddisch verstehenden Volksschichten allerdings so gut wie kein Echo. Entscheidender wurde die böhmisch-österreichisch-galizische Haskalah, in der von vornhinein durch Männer wie N. Krochmal, S. J. Rapoport, M. M. Lefin, und I. B. Levinsohn eine intensivere Bindung an die Tradition gewährleistet blieb. Von weitreichender Bedeutung war die von den Maskilim mit Erfolg unternommene Neubelebung des Hebräischen als Literatursprache der Gegenwart. Ungewollt wurde die Haskalah dadurch auch zu einer Wegbereiterin der nationalen, palästinaorientierten Bewegung, die sich das Hebräische als Medium erkor, während die Befürworter einer jüdischen Autonomie unter jiddisch-kulturellem Vorzeichen (Jiddischismus) und die Sozialisten (aus taktischen Erwägungen) das Jiddische vorzogen. Die Haskalah hatte aber auch religionsgeschichtlich Auswirkungen, nicht zuletzt durch die neuhebräische Belletristik. Die historischen Romane z. B. eines Abraham Mapu stellten mit ihren – romantisch verklärenden – Schilderungen biblischen Lebens der Jugend eine Form des Judentums vor Augen, die zum Vergleich mit den kümmerlichen und beengenden Verhältnissen der Gegenwart herausforderte und die selbstverständliche Geltung der herrschenden Lebensweise als der einzigen legitim-jüdischen erschütterte. Nicht umsonst eiferten die Traditionalisten gegen diese Literatur wie gegen häretische Schriften. Die Haskalah lockerte auf diese Weise den Boden, auf dem jedoch umständebedingt keine religiöse Erneuerung gedeihen konnte, weil die akuten praktischen Probleme rasche und radikalere Lösungen verlangten, die man dann in der völligen Assimilation, in der nationalen Bewegung oder im Sozialismus zu finden glaubte. Erst im Spätstadium, um 1870, erkannten viele Maskilim, daß die bisherigen Bemühungen zu wenig an den tatsächlichen Lebensbedürfnissen orientiert waren, die breiten Volksschichten noch immer nicht erreichten und daß viele überkomderten. Die Folge dessen waren weniger Reformversuche (z. B. in mene religiöse Vorstellungen und Bräuche jeden Fortschritt behin-Odessa) als eine rapide Säkularisierung und eine zunehmende nationale Assimilation.

72 R. Mahler, Ha-ḥ^{a}sîdîm w^{e}hā-haśkālāh, 1961.

7. Das traditionalistische Judentum[73]

a) Die „Altgläubigen“ im Westen[74]

Zur Zeit der Haskalah im Westen befand sich die rabbinische Autorität in einer prekären Krise, hervorgerufen durch Rabbinerstreitigkeiten, z. B. die Auseinandersetzungen zwischen Jakob Emden und Jonathan Eibeschütz (§ 46,8), und durch den Verlust an Rückhalt in der gelebten bzw. erlebten Frömmigkeit, die mit der sabbatianischen Enttäuschung und der harten rabbinischen Reaktion eingetreten war. Mit dem Tode der rabbinischen Autoritäten Ezechiel Landau (1713–1793) von Prag[75] und P. Hurwitz (1740–1805) in Frankfurt fehlte es im Westen an überragenden Vertretern der Tradition. Nur Isaak Bernays (1792–1849)[76] in Hamburg versuchte, in eine echte Auseinandersetzung mit den neuen Tendenzen einzutreten.

b) Neo-Orthodoxie

Unter den Bedingungen der neuen rechtlichen Lage ergaben sich auch neue halakische Probleme, während andrerseits eine Fülle bisher gültiger Vorschriften hinfällig wurde. Die Herausforderung, welche die Reformbewegung darüber hinaus darstellte, zwang die „Altgläubigen“ bzw. „Orthodoxen“ zu einer grundsätzlichen und nicht nur kasuistischen Revision ihrer religiösen Basis, und diese Revision suchte Samson Rafael Hirsch (1808–1888)[77] durchzuführen. In

[73] O. Feuchtwanger, Righteous Lives, 1965; L. Jung, Men of Spirit, 1964; Ders., Guardians of our Heritage, 1958; R. Kaufmann*, 98 ff.

[74] H. Schwab, History of Orthodox Jewry in Germany, 1950; Ders., a. a. O. (Anm. 25).

[75] J. A. Kamelhaar, Sefär Môfet had-dôr, 1967/8[3]; B.-Z. Katz, I, 196 ff.; R. Kestenberg-Gladstein, a. a. O. (§ 45, Anm. 2), s. Reg.; A. L. Galman, Han-nôda‘ bîhûdāh, 1969/70[3].

[76] H. Bach, Isaac Bernays, MGWJ 83 (1939), 533–547; M. Wiener, 116 f.; H. Bach, Der Biblische Orient und sein Verfasser, ZGJD 7 (1937), 14–45.

[77] *Ben Usiel. Neunzehn Briefe über das Judenthum*, 1836; *Horeb. Oder Versuche über Jissroels Pflichten in der Zerstreuung*, 1837; *Gesammelte Schriften*, 5 Bde., 1906–1920.

Über Hirsch: J. L. Blau, 72 ff.; M. Breuer, Šîṭṭat tôrāh-‘im-däräk-’äräṣ b^e^mišnāto šäl Šimšon Rāfā’el Hîrš, Ha-Ma‘jan 9 (1968/9), 1–16; Th. Fischer, Naḥ^a^lat Ṣ^e^bî. Über den geistigen Nachlass S. R. Hirsch’s, 1929; I. Heinemann*, II, 91 ff.; N. Rotenstreich, I, 114 ff.; D. Rudavsky, 218 ff.; M. Z. Sole, 159 ff.; M. Wiener, 69 ff.

schroffer Ablehnung des modernen Historismus und Subjektivismus verteidigte er den supranaturalistischen und heteronomistischen Offenbarungsbegriff der Tradition unter ausdrücklicher Anerkennung der Mendelsohn'schen Definition des Judentums als „Gesetz": „La lois und nicht la fois ist das Stichwort des Judentums"[78]. Inzwischen hatte dies aber einen anderen Klang bekommen, denn die Romantik brachte eine positivere Wertung von Gesetz und Brauchtum mit sich und S. R. Hirsch war – wie immer die Praxis seiner Anhänger dem auch gerecht wurde – weit davon entfernt, einem Formalismus das Wort zu reden. Schwierig war für ihn die Motivation der Gesetzesfrömmigkeit, weil er aufklärerisches Denken auch für sich akzeptierte und moderne Kultur und Zivilisation mit traditioneller Frömmigkeit vereinen wollte *(talmûd tôrāh ʿim däräk ʾäräṣ)*. Er war dadurch zu einer spekulativen Lösung gezwungen, die er im einzelnen durch eine oft recht gekünstelte symbolische Sinngebung des Gesetzesgehorsams noch ergänzte. Dies ergab das Bild eines manchmal krampfhaften Pseudorationalismus, der auch von Vertretern der ostjüdischen Orthodoxie so empfunden wurde.

Israel als Empfänger der speziellen Gesetzesoffenbarung hat nach Hirsch die Aufgabe, durch den Torahgehorsam die Unterordnung des Menschen unter das universale Gesetz Gottes zu demonstrieren und so den „Jissroelmenschen", den Idealtyp des Menschen überhaupt, zu verwirklichen. Die traditionelle messianische Erwartung und Heimkehrhoffnung wird der nationalen Assimilation zuliebe allerdings verkürzt.

Ein bedeutsamer Schritt war der Entschluß, sich von der allgemeinen Gemeinde zu trennen und Sondergemeinden zu gründen. In Frankfurt a. M. wurde 1851 Hirsch selbst Rabbiner einer solchen Gemeinde, der sog. „Israelitischen Religionsgesellschaft", und dort setzte er sich auch für entsprechende schulische Einrichtungen ein. In Berlin gründete 1869 Ezriel Hildesheimer (1820–1899) eine Sondergemeinde und (1873) ein orthodoxes Rabbinerseminar. 1876 erreichte Hirsch, daß die Trennung von der allgemeinen Gemeinde auch gesetzlich geregelt wurde, sodaß die „Trennungsorthodoxie" nunmehr etwas wie eine eigene Konfession darstellte.

c) Rabbinische Orthodoxie im Osten

Zur Zeit, als das entstehende „Westjudentum" sein Idol in Moses Mendelsohn fand, erlebte die traditionelle rabbinische Frömmigkeit

[78] Ges. Schr. II, 422.

und Lernmethode Osteuropas neue Impulse durch Persönlichkeit und Einfluß des „Gaon von Wilna (GR"'), Elia b. Salomo Salman (1720–1797)[79]. Früh legendenumwittert[80], wurde er zu Lebzeiten weniger durch Publikationen als durch persönliches Beispiel und asketisch-heiligmässigen Wandel bekannt, sowie durch seine Schüler, die dann auch seine Werke edierten[81]. Der neuen Zeit machte er gewisse Zugeständnisse, indem er profane Bildung und Grammatik für empfehlenswert hielt, doch nur soweit, als sie dem Verständnis der Torah dienten. Mit Ingrimm wandte er sich gegen den Chasidismus, in dem er eine libertinistische, pantheistische und dem „Lernen" feindliche Strömung sah. Diese Haltung verschärfte sich noch infolge eines Streites innerhalb der Wilnaer Gemeinde, bis der Gaon sogar den Bann über die Chasidim aussprach.

Neben dem Gaon war wohl der „Maggid von Dubno", der Daršan Jakob b. Ze'eb Krantz (1740–1804)[82], die eindruckvollste und einflußreichste Gestalt im litauischen Judentum. Anders als den zurückgezogen lebenden, asketischen homo religiosus Elia, mit dem er gut bekannt war, kennzeichnete ihn eine volkstümliche Note, die er in seinen Predigten meisterhaft zum Ausdruck brachte. Er verstand es, ähnlich wie viele chasidische Erzähler, volkstümliche Motive und Erzählformen aufzugreifen und umzugestalten und verfügte über eine anschauliche Bildersprache mit vielfach humoristischen Zügen.

In der Nachfolge des Wilnaer Gaon gedieh das traditionelle rabbinische Schulwesen in Litauen zu einer neuen Blüte. Neue *J^ešîbôt* entstanden, die in den folgenden Jahrzehnten zu Zentren rabbinischen

[79] Bibl.: J. J. Dienstag, Rabbenû 'Elijjāhû miw-Wîlnā', Talpiot 4 (1948/9), 269–356.406–413 (erg. ibd. 861 f.). Siehe v. a.: Ch. H. Ben-Sasson, 'Îšijjûtô šäl ha-GR"' w^ehašpa^{c a}tô hā-hîsṭôrît, Zion 31 (1965/6), 39–86; J. J. Dienstag, Ha'im hitnagged ha-GR"' l^emišnātô ha-fîlôsôfît šäl hā-RMB"M?, Talpiot 4 (1948/9), 253–268; L. Ginzberg, 125 ff.; B.-Z. Katz, II, 9 ff.; I. Klausner, Wîlnā' bitqûfat hag-Gā'ôn, 1941/2; J. Lainer, Ha-GR"' 'îš han-niglāh w^ehan-nistār, Talpiot 4 (1948/9), 167–188; J. L. Maimon, Sefär ha-GR"', 2 Bde. 1953/4; S. Schechter, Studies in Judaism, I, 1945³, 73–98; C. F. Tekursh, Širṭûṭîm lidmûtô šäl ha-GR"', Talpiot 4 (1948/9), 155–166; M. Waxman, Hag-gā'ôn miw-Wîlnā', SŠJA 10/11 (1948/9), 335–351.

[80] Jehošua Heschel Levin, ^{c a}lijjôt 'Elijjāhû; J. L. Maimon, Tôl^edôt ha-GR"', 1969/70³.

[81] Liste der Werke in YE VIII, 112–114.

[82] I. Bettan, The Dubnow Maggid, HUCA 23/II (1950/1), 267–294; B. Heinemann, The Maggid of Dubno and his Parables, 1967.

Lernens und zu einer Bastion gegen die einsetzende Haskalah und Assimilation wurden. So 1802 die *Ješîbāh* von Volozhin, wo Lernen und Diskutieren als rituelle Handlung analog dem Tempeldienst aufgefaßt und daher ein kontinuierlicher Studienbetrieb aufrechterhalten wurde. Andere berühmte *Ješîbôt* befanden sich in Mir und Ejschischok. Daneben mehrten sich allenthalben auch die kleinen lokalen *Ješîbôt* und die einzeln oder in Gruppen im *Bêt Midrāš* Lernenden.

Die bedeutendsten rabbinischen Autoritäten dieser Zeit waren Chajjim Volozhiner (1749–1821), der Begründer der erwähnten *Ješîbāh,* Moses Sofer (1763–1839) in Preßburg[83] und Akiba Eger (1761–1837) in Posen[84], deren Responsen hohes Ansehen geniessen. Ferner Abraham Danzig (1748–1820) in Wilna, Verfasser des verbreiteten halakischen Werkes *Ḥajjê 'Ādām (und „Ḥokmat 'Ādām")*[85]; Salomo Ganzfried (1804–1886), der Autor des bis heute viel verwendeten *Qiṣṣûr Šulḥān 'ārûk*[86], in Ungarn. M. L. Malbim (1809–1880) in Kiew, Verfasser von Kommentaren zur Bibel und J. E. Spector (1817–1897).

Gegen Ende des 19. Jh. erlebte die Orthodoxie neuerlich eine Renaissance von Litauen aus, durch die sogenannte *Mûsār*-Bewegung[87], begründet durch Israel Salanter (Lipkin), (1810–1883)[88], die mit ihrer Literatur weit über die Grenzen Litauens hinaus eine beträchtliche Breitenwirkung erzielte und in Litauen selbst einen erneuten Aufschwung des traditionellen Schulwesens einleitete.

d) Sonstige und weitere Entwicklung der Orthodoxie

Abgesehen von Osteuropa entstanden in den USA[89] orthodoxe Gemeinschaften (mit der *Yeshiba University* in New York als geistigem

[83] Der "Ḥātam Sofer", nach seinem halakischen Werk. M. J. Burak, The Hatam Sofer, 1967.

[84] *Tešûbôt R. 'Aqîbā' 'Êger,* 1968/9; D. Shevvel, Mišnātô šäl 'Aqîbā' b. Mošäh 'Êger be... lam-massäkät Berākôt, 1968/9.

[85] Eine Kurzfassung von *Šulḥan 'Arûk, 'Ôraḥ ḥajjim* und *Jôreh de'āh.* M. Waxman*, III, 717 ff.

[86] 1864. Neudruck mit deutscher Übers.: *Kizzur Schulchan Aruch,* 2 Bde. Basel o. J.

[87] Z. Cahn*, 498 ff.; D. Katz, Tenû'at ham-mûsār, 5 Bde. 1958³/1963; Z. R. Ury, The Musar Movement, 1970.

[88] E. Benjamin, R. Israel Salanter, 1899; L. Ginzberg, Students... 145 ff. 278 ff.; K. Rosen, Rabbi Israel Salanter and the Musar Movement, 1943; M. G. Glenn, Israel Salanter, 1953.

[89] L. M. Friedman, Jewish Pioniers and Patriots, 1943; Ders., Haj-jahadût hā-'ôrtôdôksît beNew York baš-šānîm 1881–1914, Nîb ha-Midrāšijjāh, 'ābîb (1969/70), 287–294; G. Kranzler, Williamsburg, 1961; E. Rachman, American Orthodoxy, Jdm 3 (1954), 302–309.

Zentrum), die innerhalb der Gesamtorthodoxie seit der Katastrophe des europäischen Judentums den bedeutendsten Platz einnehmen, und in Palästina, wo die Orthodoxie geradezu eine rechtliche Monopolstellung errang. Die orthodoxe Einwanderung und Ansiedlung war dort allerdings auch nicht einheitlich motiviert. Zwar erfolgte sie durchwegs aus der traditionellen, religiös-konkreten Bindung an das Heilige Land, also auch aus der messianischen Hoffnung heraus, doch die praktische Bedeutung der messianischen Komponente variierte. Die zionistische Bewegung hat dann eine gewisse Scheidung der Geister eingeleitet[90]. Ein Flügel sah im Zionismus eine religiös nicht legitimierbare Bewegung, z. T. sogar ein pseudomessianisches Abenteuer[91], ein anderer bejahte das zionistische Ziel -und später den Staat Israel – unter dem Vorbehalt, daß es im Lauf der Zeit gelingt, die orthodoxen Vorstellungen über eine jüdische Gemeinschafts- bzw. Staatsform durchzusetzen. Ein fluktuierendes Mittelfeld verhinderte eine völlige Spaltung zwischen dem zionistischen und nichtzionistischen Flügel, während eine radikale Minderheit (vgl. die *N^eṭûrê Qartā'* in *Me'āh Š^e'ārîm* in Jerusalem) eine strikt ablehnende Position einnahm. Die nichtzionistische Gruppe verband sich 1912 zur „*Agudas Jisroel*", die zionistischen Orthodoxen schlossen sich 1902 zum „*Mizrāḥî*" zusammen[92], ihr geistiges Zentrum wurde das Heilige Land[93] mit der Bar-Ilan-Universität in Ramat Gan und zahlreichen Institutionen wie z. B. dem *Môsad hā-Rāb Qûq*.

e) Chasidismus[94]

In der gemeinsamen Abwehr der Haskalah verlor der anfangs so erbitterte Streit zwischen *Ḥ^asîdîm* und *Mitnagg^edîm* seine Schärfe

[90] A. Barth, Orthodoxie und Zionismus, 1920.

[91] Vgl. Ch. Bloch, Sefär dôbeb siftê j^ešenîm, 1958; Sefär waj-jô'äl Mošäh, 1959; S. Rabidowitz, Bābel wÎrûšālajim, 1956/7.

[92] J. L. Fishman, ed., Sefär ham-Mizrāḥî, 1946; Ders., D^emûjjôt w^eqômôt šäl ri'šônê ham-Mizrāḥî, Sinai 10 (1941/2), 126–150; N. Katzburg, Hā-Rāb Me'îr Bar-'Îlān w^eham-m^edînijjût haṣ-ṣijjônît bišnôt haš-š^elošîm, Nîb ha-Midrāšijjāh, 'ābîb (1969/70), 212–235; J. J. Reines, 'Ôr ḥādāš ʿal Ṣijjôn, 1902; S. Rosenblatt, This is the Land, 1940; J. Shulman, Hap-pôʿel ham-mizrāḥî b^e'Äräṣ-Jiśrā'el, 1967/8.

[93] A. L. Galman, Ham-m^edînāh w^ehaj-jah^adût had-dātît, 1958/9; J. L. Majmon, Ḥiddûš has-Sanhedrîn bimdînātenû ham-m^eḥûddäšät, 1967/8²; Religion and State in Israel. The Religious Zionist Standpoint, 1965.

[94] Lit. § 53; § 54, Anm. 35. D. Rudavsky, 116 ff.132 ff.; M. A. Lipschitz, The Faith of a Chasid, 1967; Challenge, An Encounter with Lubavitch-Chabad, 1970.

und der Chasidismus wurde zur stärksten Barriere gegenüber jedweder Veränderung in Religion und Lebensweise. Die schöpferische Kraft ließ im 19. Jh., in dem die Herrschaft der *Ṣaddîq*-Höfe dominierte, allerdings nach. Erst um die Wende zum 20. Jh. ergaben sich neue Impulse, und zwar in der *ḤB"D*-Richtung, die sich vor allem durch Schulgründungen hervortat und eine Synthese zwischen Tradition und moderner Welt anzustreben begann. Chasidische Gemeinschaften sind auch in Amerika und in Israel entstanden, doch nur die *ḤB"D*-Richtung vermochte es, die Schranken erstarrter Lebensweise zu durchbrechen und über die Grenzen der eigenen Gemeinschaft und selbst der Orthodoxie hinaus religiöses Interesse zu finden.

Nicht mit dem empirischen Chasidismus gleichzusetzen sind die gelegentlichen Bestrebungen nichtchasidischer Autoren, gewisse Inhalte des Chasidismus aufzugreifen und für eine neue jüdische Selbstdeutung nutzbar zu machen[95].

8. Die religiöse Komponente in der nationalen Bewegung (im Zionismus)[96]

a) Die jüdische nationale Bewegung des 19. Jh., die schließlich im Zionismus[97] und in der Staatsgründung ausmündete, ergab sich aus mehreren Ansätzen. Zur traditionellen Verbundenheit mit dem Land Israel trat z. B. nun eine romantisch geprägte neue Wertung des „Volkes", eine Akzentverschiebung von großer Tragweite. Galt nach der Tradition das Volk als zur Erfüllung der Torah erwählt und somit an die Torah – als existenzbegründend – gebunden, so konnte jetzt die Torah als Mittel zur Bewahrung des Volkes (insbesondere in der Diaspora) gesehen werden, wodurch die Religion in den Dienst der „Nation" tritt. „Nation" wird nunmehr z. T. nach romantischen und säkularisierten Vorstellungen aufgefaßt und die messianische Hoffnung in erster Linie zu einer Chiffre der erhofften nationalen Wiedergeburt. Zwei konkrete traditionelle Größen spielen also hier eine zentrale Rolle:

[95] § 53, Anm. 37; D. Rudavsky, 140 ff.

[96] B. Halpern, The Idea of the Jewish State, 1961; J. Maier, Die Problematik des „jüdischen" Staates Israel, in: Politische Bildung 4/1 (1971), 3–25; B. J. Vavianos, F. Gross, Struggle for Tomorrow. Modern political ideologies of the Jewish People, 1954.

[97] H. Meier-Cronemeyer, Der Zionismus, Germania Judaica 6,1–2 (1967); hier Lit.; J. Katz, The Jewish National Movement, JWH 11 (1968), 267–283.

(a) Die Torah als Garantin der existenzmäßigen und erkennbaren Kontinuität und (b) die messianische Hoffnung in ihrem Bezug zum Heiligen Land, zu Palästina, als dem einzig möglichen Ort der nationalen Selbstverwirklichung, nun aber nicht bloß eschatologisch-mirakulös, sondern auch als Aufgabe praktischen und realpolitischen Handelns aufgefaßt. Diese Ansätze zeigen sich im 19. Jh. schon recht früh bei Jehudah Alkalaj (1798–1872)[98], dann bei Zbi Hirsch Kalischer (1795–1874)[99], Elias Guttmacher (1796–1874) und bei Jechiel Pines (1843–1913)[100]. Eine zweite Komponente der nationalen Bewegung ergab sich aus dem Bemühen der Haskalah um eine Renaissance des Hebräischen, was nicht nur eine gewisse Säkularisierung der „heiligen Sprache" mit sich brachte, sondern den Volksbegriff selbst säkularisierte. So P. Smolenskin (1842–1885)[101], der mit der Nationalität in erster Linie eine geistig-historische Individualität und erst unter anderem auch die Religion gewahrt wissen wollte und selbst einen Juden ohne religiöses Bekenntnis zur jüdischen Nation zählte. Durch die *Ḥibbat-Ṣijjôn* bzw. *Ḥôbᵉbê-Ṣijjôn*-Bewegung in Osteuropa erhielt die neue nationale Strömung eine vorwiegend praktische Zielsetzung, nämlich die Ansiedlung in Palästina.

b) Im Herzl'schen Zionismus schien es zunächst so, als handle es sich um eine politische Bewegung ohne eigene religiöse Relevanz. Unter dem Einfluß der osteuropäischen Zionisten und ganz besonders der orthodoxen Zionisten änderte sich dies jedoch rasch. Deutlich wurde es auf den Zionistenkongressen, als die ostjüdischen Delegierten jede Kompromiß- oder Zwischenlösung der Judenfrage ablehnten und strikte auf dem „Land der Väter" als dem Ort jüdischer nationaler Selbstverwirklichung beharrten. Damit geriet der Zionismus selbst bis zu einem gewissen Grad in die Rolle einer messianischen Bewegung, und dieser Eindruck konnte verstärkt werden durch die gelegentlich bewußt gewählte Darstellung des palästinensischen Siedlungswerkes – und später der Staatsgründung – als Erfüllung der „prophetischen Verheissungen". Entscheidend für den weiteren Ver-

98 G. Kressel, ed., R. Jᵉhûdāh 'Alqal'aj – R. Ṣᵉbî Hîrš Qālîšer. Mibḥar kitbêhäm, 1962/3.

99 Anm. 98.

100 N. Rotenstreich, I, 150 ff.

101 Ch. Freundlich, Peretz Smolenskin, 1965; J. Meisl, Haskalah, 1919, 183 ff.; N. Pniel, Ha-ḥinnûk hā-'ibrî bîṣîrātô šäl Päräṣ Sᵉmôlensqîn, 1956/7; N. Rotenstreich, I, 216 ff.272 ff.

lauf war, daß nur die Orthodoxen im Lande Israel aus religiösem Interesse Siedlungen gegründet hatten, während das Reformjudentum und viele Konservative eigentlich keinen Anlaß zur Einwanderung gehabt hatten. Für die türkischen Behörden wie später für die englische Mandatsverwaltung war daher das orthodoxe Rabbinat die offizielle Repräsentanz der Juden in religiöser Hinsicht und so errang es konkurrenzlos eine Art Monopol im Heiligen Land, das bei der Staatsgründung auch in die Gesetzgebung des jüdischen Staates überging und bis heute besteht[102]. Noch heute unterliegt das gesamte Personenstandsrecht den rabbinischen Gerichten und die rituelle Aufsicht über die Nahrungsmittel und die Einhaltung der traditionellen Sabbat- und Feiertagsbestimmungen in öffentlichen Einrichtungen (öffentliche Verkehrsbetriebe etc.) wird vom Staat durch entsprechende Gesetze und Verordnungen garantiert, ungeachtet der Tatsache, daß nur bis etwa 20 % der Bevölkerung des Staates hinter den religiös-zionistischen Parteien stehen. Dieses eigentümliche Mißverhältnis hat indes nicht nur koalitionsbedingte Ursachen. Im Grunde fühlt – bewußt oder unbewußt – auch der religiös gleichgültige Israeli, daß eine deutliche und praktizierte Kontinuität mit der jüdischen Vergangenheit und eine ungebrochene Einheit mit der Diaspora nur durch die Orthodoxie gegeben ist, weil sie jene Zone darstellt, in der sich die sonst beziehungslosen Extreme eines nichtzionistischen (assimilatorischen) Diaspora-Konfessionsjudentums und eines nichtreligiösen Zionismus bzw. Nationalismus teilweise decken, weil in der Orthodoxie Nation und Religion noch eine untrennbare Einheit bilden. Verzichtet man auf diesen Aspekt, bräche das Judentum innerlich auseinander, würde zu einer nur mehr durch den Antisemitismus zusammengedrängten Schicksalsgemeinschaft, deren einzelne Richtungen sich z. T. gegenseitig auch noch die Schuld oder Teilschuld an dem eigenen und gemeinsamen Schicksal vorwerfen würden. Mit der Staatsgründung hat diese Problematik eher noch an Brisanz gewonnen. Schon die Einigung darüber, was ein „jüdischer Staat" sein soll und was ihn als solchen ausweist, war unmöglich, sodaß es nie zur Abfassung und Annahme einer regelrechten Verfassung für den neuen Staat kam. So entstand unter Ausklammerung der Grundsatzfragen ein Kompromiß, in dem der orthodoxe Standpunkt als einzige feste religiöse Position im Zionismus sich weitgehend durchsetzte. Das

[102] S. Alloni, Hā-hesdär, 1970; J. Badi, Religion und Staat in Israel, 1961.

Ergebnis ist freilich eine Fiktion, da die Lebenswirklichkeit mit der Gesetzeswirklichkeit nur zu einem geringeren Teil übereinstimmt[103]. Nicht minder brisant als die Frage nach den Kriterien eines „jüdischen“ Staates ist die wiederentflammte Diskussion um die Frage, wer Jude sei[104]. Die traditionelle Definition, daß das Kind einer jüdischen Mutter oder ein rite (nach orthodoxem Brauch) zum Judentum übergetretener Jude sei, kann heute, da ein großer Teil der Bevölkerung religiös indifferent denkt, nicht mehr befriedigen, zumal sie, des religiösen Sinnes entleert, einen rassistischen Klang bekommt. Die religiöse Definition widerspricht wieder einer konsequenten Anwendung des säkularen Nationsbegriffes, nach welchem selbst das positive Bekenntnis zu einer anderen Religion die Nationalität noch nicht berühren würde. Bisher ist es so, daß neben der israelischen Staatsbürgerschaft die Nationalität gesondert vermerkt wird, zumal es ja auch arabische Staatsbürger gibt, dabei aber für die Juden Nationalität und Religion noch ineinsfallen[105].

Die religiöse Komponente im Zionismus war zweifellos auch ausschlaggebend für die besondere Dynamik der Bewegung. Ihre Kehrseite liegt in dem mehr oder minder deutlichen pseudomessianischen Risiko, das darin besteht, die nationale Selbstverwirklichung auf Grund der „biblischen Verheissungen“ und daher auch in den „biblischen Grenzen“ zur Erfüllung der jüdischen Geschichte schlechthin zu machen und so über die realpolitisch gebotenen und vertretbaren Maßnahmen zu setzen. Der sogenannte Sechstagekrieg von 1967 hat

[103] E. Marmorstein, Heaven at Bay: The Jewish Kulturkampf in the Holy Land, 1969; N. Rotenstreich, Secularism and Religion in Israel, Jdm 15 (1966), 259–283; A. Rubinstein, Law and Religion in Israel, Israel Law Review 2 (1967), 332–379.

[104] S. M. Berman, Israel's Nationality Laws, Ius Gentium 8 (1968), 129–150; S. Morell, The Halachic Status of Non-Halachic Jews, Jdm 18 (1969), 448–457; E. Schweid, On Being a Jew, In the Dispersion, 8 (1968), 14–28; Ders., Hā-ʿiqqār hä-ḥāser baw-wikkû^{a}ḥ sābîb š^{e}ʾelat haz-z^{e}hût haj-j^{e}hûdît, Moznajim 30 (1969/70), 354–360; M. J. Stiassny, Encore une fois: qui est Juif?, Proche Orient Chretien 20 (1970), 52–60; Ûb^{e}ken, mîhû J^{e}hûdî?, Mah^{a}lākîm 2 (1968/9), 27–38 (und 23–26); R. J. Z. Werblowski, Eine Nation geboren aus der Religion, Emuna/Horizonte 5 (1970), 117–121; Who is a Jew? A Symposion, CJ 24/4 (1970), 21–35.

[105] W. T. Mallison, The Zionist-Israel Juridical Claims to Constitute the „Jewish People“ Nationality Entity and to Confer Membership in it, The George Washington Law Review 32 (1964), 983–1075.

diese messianische Komponente[106] und den zionistischen Alleinvertretungsanspruch weiter verstärkt, wie seither tatsächlich in der ganzen Diaspora eine zunehmende Identifikation oder wenigstens Solidarisierung mit dem Staat Israel, dessen potentieller Bürger jeder Jude ist, beobachtet werden kann. Je größer andrerseits der religiös-messianische oder auch nur kryptomessianische Aspekt der zionistisch-israelischen Politik wird, desto geringer werden die Möglichkeiten, im Nahen Osten einen für alle Seiten annehmbaren Kompromiß zu finden. Dies wenigstens nach menschlichem Ermessen, das freilich in den Augen des messianisch orientierten Zionisten, der seinen Anspruch im Plan der Heilsgeschichte gesichert wähnt, wenig bedeutet.

Bei den tatsächlichen religiösen Mehrheitsverhältnissen in Israel konnte diese Profilierung der religiösen Komponente mit ihren schwerwiegenden politischen Folgen auch in Israel selbst nicht unwidersprochen bleiben und vielleicht werden die jetzigen internen Auseinandersetzungen in Israel noch richtungsweisend für das zukünftige religiöse Selbstverständnis vieler seiner Bürger und vieler Juden in der Diaspora. Welcher Richtung die Geschichte folgen wird, ist zunächst noch nicht auszumachen. Auf jeden Fall ist mit Zionismus und Staatsgründung die große Politik, vor der man sich bis zur Emanzipation in der autonomen Gemeinde abzuschirmen und von der man in der Emanzipations- und Assimilationsperiode die Religion abzutrennen versucht hatte, für die jüdische Religion wieder bestimmend geworden. Wie sich dies auf längere Sicht auswirken wird, bleibt abzuwarten. Die innerjüdische Opposition zum Zionismus[107], die zur Zeit der Staatsgründung und einige Jahre darnach noch zu hören war, ist heute allerdings nahezu verstummt und der Zionismus identifiziert sein Anliegen – wie im Falle der Juden Osteuropas – ohne Rücksicht auf die dortigen Nichtzionisten voll und ganz mit dem Schicksal des Judentums schlechthin. Dies scheint aber nur eine Übergangsphase zu sein, da sich erneut Symptome einer gewissen Zionismusmüdigkeit abzeichnen.

[106] Vgl. M. Rosenak, The mitzvot, the Messiah and the Territories, Trad 10 (1969), 12–40; A. J. Zuckermann, Ham-m^{e}dînāh k^{e}hitqajj^{e}mût hag-g^{e}'ûllāh, Deʿot 38 (1969/70), 184–192; M. M. Kasher, Hat-t^{e}qûfāh hag-g^{e}dôlāh, 1968/9.

[107] Vgl. E. Berger, Who Knows Better Must Say So, 1955; A. M. Lilienthal, What Price Israel, 1953; Ders., The Other Side of the Coin, 1965. Anm. 91.

c) Eine der Formen der modernen ethnisch-kulturellen Neuprofilierung des Judentums ist der „Reconstructionism“[108], begründet von Mordecai M. Kaplan[109]. Ursprünglich eine bewußt gegen die fortschreitende Assimilation im amerikanischen Judentum gerichtete Sammelbewegung, übernahm sie im Rahmen des Gesamtjudentums mehr und mehr die innerjüdischen Aufgaben, die sich seinerzeit der „Kulturzionismus“ gestellt hatte. Die notwendige Rücksichtnahme auf die einzelnen jüdischen Richtungen erschwerte freilich eine klare theologische Aussage, doch in dem Maße, als die alten schroffen Differenzen zwischen den amerikanischen jüdischen Denominationen zurücktraten, profilierte sich auch die Theologie der Reconstructionists. Ihre Entwicklung ist allerdings noch im Fluß, viele ihrer Formulierungen sind auch eher auf Eindruckswirkung als auf Aussage angelegt. Für viele Juden, die mit dem Zionismus zwar sympathisieren, daraus aber doch nicht letzte Konsequenzen ziehen wollen, bietet der Reconstructionism die Möglichkeit, das eine zu tun und das andere nicht zu lassen. Da jedoch der Zionismus sein Wunschziel, die Mehrheit des Judentums in einem Nationalstaat zu vereinen, schwerlich erreichen und daher die Diaspora weiterhin ein integraler und entscheidender Teil des Gesamtjudentums bleiben dürfte, kommt den theologischen Bemühungen im Reconstructionism möglicherweise die Aufgabe zu, eine religiös-theologische Basis zu schaffen, auf der sich die Mehrheit der Israelis und Diasporajuden in ihren verschiedenen religiösen Orientierungen treffen können. Wie weit es dabei gelingen wird, bei der betonten Ablehnung des Supranaturalismus und bei den stark völkischen Tendenzen die Grenzen zwischen Religion und Ideologie zu wahren, ist allerdings die Frage.

[108] E. B. Borowitz, A New Jewish Theology in the Making, 1968; A. A. Cohen, 202 ff. (Lit.); J. J. Cohen, The Case for Religious Naturalism, 1958; S. Deshen, Ham-maḥšābāh hā-ḥäbrātît wehad-dātît šäl Mordekaj Qaplān, Bitefûṣôt hag-Gôlāh 11 (1968/9), 141–149; I. Eisenstein – E. Kohn, Mordecai M. Kaplan, 1952; I. Eisenstein, Creative Judaism, 1936; A. S. Kohanski, Hermann Cohen and Mordecai Kaplan, JSocSt 29 (1967), 155 bis 170; H. M. Schulweis, The Temper of Reconstructionism, Jdm 3 (1954), 321–332.

[109] Werke: Judaism as a Civilisation, 1934 (1967); The Meaning of God in Modern Jewish Religion, 1937 (1967⁴); The Future of the American Jew, 1948 (1967²); A New Zionism, 1955; Questions Jews Ask. Reconstructionist Answers, 1956 (1967²); Judaism without Supranaturalism, 1958 (1967²); The Greater Judaism in the Making, 1960 (1967²); Not so Random Thoughts, 1966.

9. Einzelne theologische Neuansätze im 20. Jahrhundert[110]

a) Mit der Jahrhundertwende setzte wie in der Umwelt so auch im Judentum ein Trend zum Irrationalen ein. Im politischen Denken traten völkisch-ideologische und sozialistisch-utopische Züge hervor, in der Literatur erfuhr die Wertung des Wortes eine Steigerung bis an die Grenze der Wortmagie, Religion wurde wieder als eigenständige Erscheinung verstanden, die Mystik nach langer Zeit wieder ein Gegenstand des Interesses[111] und das individuelle Selbstbewußtsein nicht weniger Autoren ging über in Sendungsbewußtsein.

b) Auf dem reformjüdischen Flügel spiegelt sich diese Wende beispielhaft in dem Wandel, der in Hermann Cohens (1842–1918)[112] posthum erschienenen Alterswerk[113] zum Ausdruck kam.

[110] E. B. Borowitz, A New Jewish Theology in the Making, 1968; M. Cahn, Die religiösen Strömungen in der zeitgenössischen Judenheit, 1912; S. S. Cohon*; E. L. Ehrlich, J. Bloch, F. Heer, E. Simon, Die geistige Gestalt des heutigen Judentums, 1969; H. D. Leuner, Religiöses Denken im Judentum des 20. Jahrhunderts, 1969; A. Lichtigfeld, Philosophy and Revelation in Works of Contemporary Jewish Thinkers, 1937; H. Liebeschütz, Von Georg Simmel zu Franz Rosenzweig, 1970; E. Margaliut (ed.), Šebîlê hā-'ämûnāh bad-dôr hā-'aḥarôn, 1963/4; S. Noveck, ed., Great Jewish Thinkers of the Twentieth Century, 1963; Ders., ed., Contemporary Jewish Thought, 1963.

[111] H. Weiner, 9 1/2 Mystics. The Kabbala Today, 1969. Beachtlich ist auch das – übrigens weit über die Grenzen des Judentums hinausreichende – Echo, das die Erforschung der jüdischen „Mystik" durch G. Scholem und seine Schule gefunden hat. Über die Möglichkeiten einer Renaissance der jüdischen Mystik vgl. G. Scholem, Reflections on the Possibility of Jewish Mysticism in our Time, Ariel 26 (1970), 43–52; Ders., Mystique juive et monde moderne, Les Nouveau Cahiers 1 (1965), 14–23.

[112] A. A. Cohen, 79 ff.; E. L. Fackenheim, Hermann Cohen after Fifty Years, 1969; W. Goldstein, Hermann Cohen und die Zukunft Israels, 1964; J. Guttmann, Hermann Cohens Ethik, MGWJ 49 (1905), 385–404; Ders.*, 345 ff.; A. Jospe, Die Unterscheidung von Mythos und Religion bei Hermann Cohen und Ernst Cassirer in ihrer Bedeutung für die jüdische Religionsphilosophie, 1932; S. Kaplan, Hermann Cohen's Philosophy of Judaism, Jdm 1 (1952), 140–149; J. Klatzkin, Hermann Cohen, 1922²; A. Lewkowitz, Religion und Philosophie im jüdischen Denken der Gegenwart, MGWJ 79 (1935), 1–11; H. Liebeschütz, Hermann Cohen and his Historical Background, LBI.YB 13 (1968)3–33; K. .Löwith, Philosophie der Vernunft und Religion der Offenbarung in H. Cohens Religionsphilosophie, 1968; J. Melber, Hermann Cohen's Philosophy of Judaism, 1968; N. Rotenstreich, II, 54–113; S. Ucko, Der

Er hatte früher nur von einer Gottesidee als dem Paradigma sittlichen Handelns und als Begriff der Wahrheit (der Übereinstimmung zwischen Denkprozeß und sittlichem Prozeß, gesprochen, hatte Natur und Sittlichkeit derselben Gesetzlichkeit unterstellt, die Natur als Raum der sittlichen Verwirklichung auffassend, und aus der Unendlichkeit der sittlichen Aufgabe die Idee der Ewigkeit begründet. Dies alles in der Annahme eines im prophetischen Zukunftsglauben begründeten Fortschrittsgedankens und Menschheitsgedankens, nach welchem der Einzelne als „der Andere" in der Korrelation zur „Menschheit" ethisch relevant wird. Die Religion erfüllt hierbei die Funktion einer Übergangshilfe zur vollen Gewißheit autonomer sittlicher Erkenntnis, auf der Sittlichkeit und Religion schlechterdings ineins fallen würden. Bis dahin ist sie allerdings auch unentbehrlich und ihre Beobachtung sittliche Pflicht. Anders der ältere Cohen. Bei ihm wird Gott als der einzigartige, wahre Seiende zum Grund einer neuen Wertung der Religiosität, für die wieder die individuelle Erfahrung bedeutsam ist. Diese betrifft auch das Verhältnis zum Mitmenschen, das nunmehr personalisiert erscheint, als Verhältnis zum Nächsten bzw. zum „Du". Damit gewann Cohen bis zu einem gewissen Grad wieder den Zusammenhang mit der traditionellen religiösen Motivschicht zurück, was sich auch in einem neuen Bekenntnis zum Judentum manifestierte.

c) Auch die Darstellung des Judentums durch Leo Baeck (1875–1956)[114] von 1904[115], die dem 19. Jh. in vielem noch fest verhaftet war, weist neue Wege des Religionsverständnisses, vor allem im Bemühen, die widersprüchlichen innerjüdischen Tendenzen im Rahmen einer umfassenderen geschichtlichen Betrachtung zu verstehen und zu würdigen. Leo Baeck hat in seinem langen Wirken vielleicht noch mehr durch sein persönliches Vorbild und durch sein entschlossenes und zähes Verharren in seinen Aufgaben als durch sein literarisches Schaffen über die Grenzen des deutschen Judentums hinaus Eindruck gemacht.

Gottesbegriff in der Philosophie Hermann Cohens, 1929; Ders., Hāḥämlāh, hä'ᵃrôt la-fîlôsôfjāh had-dātît šäl Herman Kohen, 'Ijjûn 20 (1969/70), 23–28.

[113] *Die Religion der Vernunft aus den Quellen des Judentums*, 1919; vgl. auch schon: *Der Begriff der Religion im System der Philosophie*, 1915. Sonstige Schriften zum Judentum: *Jüdische Schriften*, 3 Bde., 1924.

[114] A. A. Cohen, 106–123; W. Jacob, Leo Baeck on Christianity, JQR 56 (1965/6), 195–211; E. G. Reichmann (ed.), Worte des Gedenkens für Leo Baeck, 1959.

[115] *Das Wesen des Judentums*, 1904, 1923².

d) Martin Buber (1878–1965)[116] war trotz all seiner Verdienste im Rahmen der Erwachsenenbildung und als Bibelübersetzer doch mehr Schriftsteller und Theoretiker und darum auch nicht in dem Maße jüdischer Repräsentant wie Leo Baeck. Buber wirkte weit mehr auf das nichtjüdische Publikum ein, für das er nach dem 2. Weltkrieg vor allem in Europa zur Verkörperung des „prophetischen" Judentums wurde. Der Grund dafür dürfte in der Tatsache liegen, daß es Martin Buber nie so recht gelungen ist, gewisse Vorurteile gegenüber der Tradition und vor allem gegenüber dem „Gesetz" zu überwinden. Er versuchte der Konfrontation mit der Tradition und damit den Notwendigkeiten gelebter jüdischer Gemeindefrömmigkeit zu entgehen, indem er sich seinerseits auf eine postulierte Form richtigen Glaubens in der Frühzeit Israels – und wieder bei Jesus! – und andrerseits auf eine eklektizistische Interpretation des Chasidismus bezog[117].

e) Im Unterschied dazu fand Franz Rosenzweig (1886–1929)[118] in der Auseinandersetzung mit dem Christentum wieder zur

[116] Bibl. der Werke Bubers: M. Qatan, Bîblijôgrāfijjāh šäl kitbê Mordᵉkaj Marṭîn Bûber, 1961; Werke, I–III, 1962/63/64; Der Jude und sein Judentum, 1961.

Über M. Buber s. v. a.: A. Antzenbacher, Die Philosophie Martin Bubers, 1965; A. A. Cohen, 150–173; M. L. Diamond, Martin Buber – Jewish Existentialist, 1960; M. Friedman, Martin Buber's Challenge to Jewish Philosophy, Jdm 14 (1965), 267–276; W. Herberg, The Writings of Martin Buber, 1956; C. W. Kegley, Martin Buber's ethics and the problem of Norms, Religious Studies 5 (1969), 181–194; H. Kohn, Martin Buber, 1961²; R. Mack, Martin Buber als Ausleger des Alten Testaments, Diss. Edinburgh 1962; R. Misrahi, Martin Buber, philosophe de la relation, 1968; R. Oliver, Martin Buber, 1968; Ch. Potok, Martin Buber and the Jews, Com 41 (1966), 43–49; P. A. Schilpp – M. Friedmann, (ed.), Martin Buber, 1962 (Bibl.!); G. Scholem, a. a. O. (§ 53, Anm. 37); E. Simon, Martin Buber und das deutsche Judentum, in: R. Weltsch (Hrsg.), Deutsches Judentum, 1963, 27–84; Ders., Aufbau im Untergang, 1959; L. Wachinger, Der Glaubensbegriff Martin Bubers, 1970 (Bibl.!).

[117] § 53, Anm. 37.

[118] *Der Stern der Erlösung,* (1921) 1954³ (Bibl.!); *Kleinere Schriften,* 1937; *Briefe,* 1935.

Siehe v. a.: D. Clawson, Rosenzweig on Judaism and Christianity. A Critique, Jdm 19 (1970), 90–98; A. A. Cohen, 123–150; J. Fleischmann, a. a. O. (Anm. 58), 147 ff.; E. Freund, Die Existenzphilosophie Franz Rosenzweigs, 1959²; N. Glatzer, Franz Rosenzweig, his life and thought, 1967²; J. Guttmann*, Philosophies ... 367 ff.; J. O. Haberman, Franz Rosenzweig's doctrine of revelation, Jdm 18 (1969), 320–336; I. Heine-

Kontinuität der traditionellen religiösen Motivschicht zurück, vor allem zur religiösen Gedankenwelt Jehuda Hallevis bestehen deutliche Beziehungen, während aus dem 19. Jh. am ehesten S. L. Steinheim und S. R. Hirsch manchen seiner Aussagen nahekommen. Rosenzweig war – ganz bewußt – kein theologischer Systematiker, aber es gelang ihm, die Brücke zwischen religiösem Denken und traditioneller religiöser Praxis neu zu schlagen und er hat, obschon auch er nur begrenzt konkrete Anleitungen zu geben vermochte, doch durch sein persönliches Beispiel und Schicksal eine größere Zahl von Juden beeindruckt und zu einem positiven Verhältnis zur Überlieferung geführt.

f) Andere Bemühungen um eine jüdische Theologie und um eine Auseinandersetzung mit der zeitgenössischen christlichen Theologie Europas vor dem 2. Weltkrieg sind ihrer Auswirkung nach episodenhaft geblieben[119]. Die Katastrophe während der NS-Zeit hat unter anderem auch den theologischen Schwerpunkt des Judentums aus Europa verdrängt, vor allem nach Amerika, wo eine Vielfalt von neueren theologischen Ansätzen zu finden ist[120]. Sie sind zu einem guten Teil durch die geistigen Lebensbedingungen in den USA und durch die Theologie der christlichen Umwelt, mit der man sich auseinanderzusetzen hat, mitbestimmt, aber auch die Orientierung am Lande Israel spielt eine – zunehmende – Rolle. Abgesehen von den bereits in früheren Zusammenhängen erwähnten Autoren sind vor

mann*, II, 195–237; Z. Levi, Mebaśśer ’Eqzîsṭenṣî’ālîzm jehûdî mišnātô šäl Franz Rosenzweig wejaḥasāh lešîṭṭat Hegel, 1969; N. Rotenstreich, II, 164 f.193–251; M. Z. Sole, 108 ff.; H. Stahner, „Speak that I may see thee“, 1968, 148–215; J. Tewes, Zum Existenzbegriff Franz Rosenzweigs, 1970.

119 A. Altmann, Zur Auseinandersetzung mit der „dialektischen Theologie“, MGWJ 79 (1935), 345–361; H.-J. Schoeps, Jüdischer Glaube in dieser Zeit, 1932.

120 E. B. Borowitz, How Can a Jew Speak of Faith Today?, 1969; Ders., The Problem of the form of a Jewish Theology, HUCA 40/I (1969/70), 391–408; A. A. Cohen; J. M. Chinitz, Judaism, the Exclusive Religion, 1965; I. Epstein, The Faith of Judaism, 1954; W. Herberg, Religious Trends in American Jewry, Jdm 3 (1954), 229–240; A. W. Kac, The Spiritual Dilemma of the Jewish People, 1963; Z. Kolic, Survival for What?, 1969; J. Neusner, Judaism in the Secular Age, 1970; G. S. Rosenthal, Generation in Crisis, 1969; L. H. Silberman, Concerning Jewish Theology in America, American Jewish Year Book 70 (1969), 37–58; S. Spiro, Fundamentals of Judaism, 1969; A. J. Wolf (ed.), Rediscovering Judaism, 1965.

allem Milton Steinberg (1903–1950)[121] und Will Herberg (geb. 1907)[122] mit zahlreichen Publikationen hervorgetreten.

g) Von den neueren konservativen Autoren Amerikas von großer Breitenwirkung sei hier als Beispiel Abraham Josua Heschel (geb. 1907 in Warschau)[123] genannt, dessen Schriften im amerikanischen Judentum ein außerordentlich starkes Echo gefunden haben. A. J. Heschel vereint ostjüdisch-traditionelle Schulung und ein nur mehr selten in solcher Breite vorhandenes jüdisches traditionelles Erbe mit moderner, wissenschaftlich aufgeschlossener Weltanschauung. Auch er rückt das Emotionale gegenüber dem Rationalen in den Vordergrund und bezeichnet die religiöse Erfahrung der göttlichen Gegenwart als erfahrbare, aber nicht rational erfaßbare Dimension der Wirklichkeit. Dem begrifflich-systematischen Denken der Philosophie wird das prophetische Situationsdenken gegenübergestellt, das einem Anspruch dessen entspricht, „der von uns eine bestimmte Lebensweise verlangt". Glauben und Gesetzesgehorsam gehören untrennbar zusammen als zwei Seiten ein und derselben Sache. Die seit der Aufklärung und vor allem seit Kant im (liberalen) Judentum verbreitete Scheu vor der Heteronomie in der eigenen Tradition erscheint völlig überwunden, das Gebot tritt als Anspruch Gottes und der Gehorsam als Antwort des Menschen wieder neben die abstrakte, nicht unmittelbar motivierte Gewissens- und Gesinnungsethik. Hinter

[121] Hauptschriften: The Making of the Modern Jew, 1933; A Partisan Guide to the Jewish Problem, 1945; Basic Judaism, 1947; A Believing Jew, 1951; Anatomy of Faith, 1960. Vgl. dazu: A. A. Cohen, 217 ff.

[122] Judaism and Modern Man, 1951; Protestant, Catholic, Jew, 1956. Vgl. A. A. Cohen, 255 ff.

[123] Werke: God in Search of Man, 1959^3; Man is not Alone, 1951; The Sabbath, 1963^2; Man's Quest for God, 1954; Tôrāh min haš-šāmajim, 2 Bde. 1962/65; The Insecurity of Freedom, 1965; Israel: An Echo of Eternity, 1970; Between God and Man, 1959.

Vgl. dazu: E. Berkovits, Dr. A. J. Heschl's Theology of Pathos, Trad 6 (1964), 67–104; E. L. B. Charbonnier, Heschel as a religious thinker, CJ 23 (1968), 25–39; J. M. Chinitz, a. a. O. (Anm. 120), 198 ff.; A. A. Cohen, 231 ff.; M. Fox, Heschel, Intuition, and the Halakhah, Trad 3 (1960), 5–15; M. Friedman, Abraham Joshua Heschel: Towards a philosophy of Judaism, CJ 10/2 (1956), 1–10; J. Halpern, 275 ff.; J. H. Lookstein, The Neo-Hasidism of Abraham J. Heschel, Jdm 5 (1956), 248–255; J. J. Petuchowski, Faith as the Leap of Action, Com 25 (1958), 390–397; F. A. Rothschild, The Religious Thought of Abraham Heschel, CJ 23 (1968), 12–24; Ders., God and Modern Man, Jdm 8 (1959), 112–120; Z. M. Schachter, Two Facets of Judaism, Trad 3 (1961), 191–202; F. Sherman, Abraham Joshua Heschel, Luth. Rundschau 13 (1963), 486–496.

Gottes Anspruch steht seine Liebe. Liebe zur Torah ist darum Antwort auf die Liebe Gottes, die konkrete Tat der Gebotserfüllung mehr wert als alle Glaubensbekenntnisse. In vielem schließt sich Heschels Torah-Theologie an Jehuda Hallevi an, aber auch an die Ansicht Bachja ibn Paqudas vom notwendigen Zusammengehören der Erfüllung der (zählbaren) äußerlichen Pflichten und der Erfüllung der (unzählbaren) Herzenspflichten, wie auch im Sinne der traditionellen *Mûsār*-Literatur der Dienst Gottes nicht als Sklavendienst, sondern als Dienst des Sohnes gegenüber dem Vater begriffen wird, als ein Dienst, der in Nachahmung Gottes zu wahrer Freude und Lebenserfüllung führt.

h) Nicht zu übersehen ist der ungeheure Eindruck, den die Ereignisse während des 2. Weltkrieges im jüdischen Bewußtsein hinterlassen haben. Das unfaßbare, jedes menschliche Vorstellungsvermögen übersteigende Maß an Unheil jener Jahre hat sowohl der modernen jüdischen Literatur als auch dem religiösen Denken seinen Stempel aufgedrückt, ohne daß man sagen könnte, daß es mittlerweilen auch geistig-psychisch tatsächlich verarbeitet wäre[124]. Offenbar wird erst eine spätere jüdische Generation in der Lage sein, Tragweite und Bedeutung dieser Zeit für das jüdische Geschick weiter zu ermessen.

i) Im Lande Israel selbst sind ausschlaggebende, also die breiteren Schichten ansprechende Neuansätze indes spärlich, da der Spielraum zwischen traditionalistischer Orthodoxie und religiösem Desinteresse reichlich schmal ist. Auch die Ansätze zu einer religiösen Deutung der „Arbeit“ wie sie etwa A. D. Gordon (1856–1922)[125] vertrat, vermochten sich nicht weiter zu entfalten. Manchmal scheint es so, als ob aus dem *ḤB"D*-Chasidismus und aus der Nachwirkung von Abraham J. Kuk (1865–1935)[126], eines Mystikers, der selbst in der

[124] Vgl. R. L. Rubinstein, After Auschwitz, 1966.

[125] *Kitbê A. D. Gordon,* 5 Bde. 1925/28. Vgl. N. Rotenstreich, II, 277 ff.; E. Schweid, 'Ûmmāh, jāḥîd ûklāl b^emišnat A. D. Gordon, Môlād, n. s. 2 (1968/9), 604–617; M. Z. Sole, 162 ff.

[126] Werke: 'Ôrôt hat-t^ešûbāh, 1924/5 (1965/6²); 'Äräṣ ḥāfäṣ, 1930; 'Ôrôt haq-qodäš, 3 Bde. 1938 (1963/4²); Sefär š^emû'ôt R'J"H, 1938/9; 'Ôrôt hat-tôrāh, 1939/40; Ḥ^azôn hag-g^e'ûllāh, 1940/1; 'Ôrôt ṭāl, 1941/2; Da'at Kohen, 1941/2 (1968/9²); 'Igg^erôt HR'JH, 3 Bde., 1961/1964/5; Hammaḥšābāh haj-jiśr^e'elît, 1966/7; 'Äzrat Kohen, 1968/9; J. Bernstein (ed.), Jalqûṭ hā-rô'äh, 1964/5; A. B. Z. Metzger, Rabbi Kook's philosophy of repentence. A translation of „Orot ha-teshubah“, 1968.

Dazu siehe v. a.: S. H. Bergmann, Tôrat hā-hitpatt^eḥût b^emišnātô šäl hā-Rāb Qûq, Môlād 19 (1960/1), 453–457; B. Z. Bokser, Rabbi Kook,

prononcierten Profanität sozialistischer Kibbuzim noch eine positive Komponente der religiös-nationalen Wiedergeburt und Vollendung Israel erblicken konnte, eine Auflösung der festgefahrenen religiösen Strukturen erfolgen könne. Dazu wird es im Lauf der Zeit, abgesehen von unvermeidlichen inneren Veränderungen, auch dadurch kommen, daß nun auch „Conservatives“ und „Reformed“ langsam im Heiligen Land Fuß fassen und – wie es in geringen Ansätzen schon der Fall ist –das orthodoxe Monopol durchbrechen werden. Ob eine der gegenwärtigen theologischen Strömungen dann tatsächlich das Interesse einer ausreichenden Mehrheit wird auf sich ziehen können, ist fraglich, unterliegt doch auch die jüdische Religion wie jede andere heute einer außergewöhnlichen Belastungs- und Verschleißprobe, einer Krise, deren geistige Konsequenzen noch nicht absehbar sind, die aber – wie so oft schon – durchaus in eine religiöse und mystische Welle ausmünden kann. Verhältnismäßig gering wirkt sich dabei – von einigen Ausnahmen in Amerika abgesehen – das seit dem 2. Weltkrieg neu aufgebrochene christlich-jüdische Gespräch auf die innerjüdischen Entwicklungen aus. Vielfalt und selbst Verwirrung können aber nur bestätigen, was bereits in der Einführung (§ 1) gesagt wurde, daß nämlich gerade der Problemreichtum dieser Religion ihre Kreativität und ihren Überlieferungsreichtum verbürgt und daß der Mangel an Einheit und Geschlossenheit des religiösen Denkens gerade auch ein Symptom für ihre Lebenskraft und Lebendigkeit ist.

CJ 19 (1965), 68–78; I. Epstein, Abraham Yitzhak Hacohen Kook, 1951; J. Ch. Hadari, Hat-t^{e}šûbāh b^{e}ḥinnûk haj-jāḥîd w^{e}ha-ḥäbrāh ʿp"j mišnātô šäl hā-Rāb Qûq, Maʿjānôt 5 (1955/6), 230–279; M. Jakir, Mišnātô hal-l^{e}'ûmît šäl hā-Rāb Qûq, Sinai 43 (1957/8), 370–377; Ch. Lifshitz, M^{e}dînat Jiśrā'el b^{e}mišnat hā-Rāb Qûq, Gäšär 4/4 (1958/9), 84–94; Ders., Hôgîm w^{e}ḥôzîm, 1964/5; J. L. Maimon, Rabbî 'Abrāhām Jiṣḥaq hak-Kohen Qûq, 1964/5; N. Rotenstreich, II, 253 ff.; Z. Singer, Has-sôblānût b^{e}mišnātô šäl hā-Rāb Qûq, Môlād n. s. 1 (1967/8), 665–686; M.-Z. Sole, Raʿjônôt-j^{e}sôd b^{e}mišnātô ha-fîlôsôfît šäl hā-Rāb Qûq, J^{e}rûšālajim 1 (1964/5), 195–200; S. Sperber, Ḥäblê ham-māšî^{a}ḥ b^{e}kitbê hā-Rāb Qûq, Maʿjānôt 7 (1959/60), 130–147.

REGISTER

A. Sach- und Namenregister
B. Verzeichnis der hebräischen (arabischen, aramäischen) Wörter und Titel
C. Verzeichnis der griechischen Wörter
D. Zahlenregister

Die Schreibung der hebräischen Eigennamen wurde z. T. vereinfacht (so s. ṣ unter z; 'Alef und 'Ajin im Anlaut bleiben unberücksichtigt). Hinweise auf das Verzeichnis der hebräischen Wörter und Titel stehen kursiv gesetzt. Im hebr. Register (B) sind Quellen *kursiv* gesetzt. Das Register berücksichtigt auch die Literaturhinweise, wodurch sich z. T. Wiederholungen ergeben.

A. Sach- und Namenregister

Avicenna 263, 277, 279, 280, 290, 346, 348, 349, 356, 361, 366, 370
Avila 398
Azarja dei Rossi 439
Azarja Figo 453
Azriel von Gerona 328 f., 331, 471

Baal(-skult) 509
Baal Schem Tob: s. Israel b. Eliezer
Babylonien, babylonisch 7 ff., 77, 80, 82 ff., 98 f., 103 ff., 108, 109 ff., 111, 113 f., 124, 127 f., 129, 140, 151 f., 182, 212 ff., 216 f., 223 ff., 232 f., 236, 239, 247, 251, 253, 415; s. auch: Mesopotamien
Bachja b. Ascher 241, 244, 335
Bachja ibn Paquda 249, 274 ff., 326, 348, 372 f., 376, 386 f., 583
Baeck, Leo 579, 580
Baer, F. 550
Baghdad 214
Balkanländer 218 f., 405 ff., 486 f., 494 ff.
Bann, Synagogen- 227, 295, 442, 454 f., 486 f., 489, 499, 500, 502, 510, 569
Bar-Ilan-Universität 571
Bar Kochba 65, 95 ff., 203 ff.; s. auch: Aufstandsbewegungen
Barcelona 330, 398
Baruch, syr. 30, 95 f.
Barukja Russo, -Gruppe 496, 500, 502
Baum 473; s. auch: Weltenbaum
Baum der Erkenntnis 360 f., 375, 464
Baum des Lebens 120, 259, 339, 360, 375, 464
Beerdigungsgenossenschaften: s. *Ḥäbrāh qaddišā'*
Begriff 299
Behemoth 257
Bekenntnis 31, 52, 84, 101, 136, 141, 162, 166, 175, 183, 184 f., 194, 206, 319, 348, 376 ff., 502
Belial, Beliar 52, 385
Ben 'Azzaj 204
Ben Panṭerā' 206
Ben Stāda' 206
Ben Zômā' 204
Benamozeg, Elia 565
Benediktion(en) 36, 131, 134, 135 f., 136–138, 139 ff., 155 f., 157, 167 f., 487
Benjamin ha-Kohen 497
Benjamin Hallevi 433, 483
Benjamin von Tudela 248
Berditschew 509
Berekja Berek 484
Berger, E. 576
Berlin 541, 542 ff., 551, 552, 566, 568
Bernays, I. 551 f., 567
Berufungserlebnis 486
Beschneidung 14, 52, 97, 460, 552
Beschneidungsmesser 451
Beschwörung 487, 493; s. auch: Magie; Theurgie
Besitz (Reichtum) 60 f., 319, 419, 462
Bet 'Alfa 115, 117, 155
Bet Sche'arim 100, 115
Bevölkerungsbewegung 11, 84, 99, 101, 104, 400 ff., 414 f., 447, 522, 526, 529, 530, 533, 534 f., 536 f.
Bewegung 272
Bewußtsein, Bewußtwerden 561, 562 f., 564
Bezalel Aschkenasi 470
Bezalel b. Salomo 484
Bibel, biblisch 23, 26, 47, 48, 61, 66, 84 f., 87 f., 112, 122, 129 f., 130, 135, 171, 173 f., 228 f., 233, 235, 242, 243 f., 267 f., 282, 322, 357, 370, 382, 423, 441, 542 f., 546, 575; s. ferner: Propheten; Hagiographen, *Megillot,* Torah
Bibelauslegung 35 f., 61, 66, 87, 90 f., 118 ff., 123, 129, 168, 171 f., 178, 197, 200 f., 220, 231, 234, 237, 239, 240–244, 247, 255, 257, 258 f., 280, 284, 293, 295, 296 f., 298 f., 300, 306, 309, 321, 325, 329, 333, 336, 342, 344, 345, 346 f., 352, 360, 364, 367, 368, 371, 380, 387, 388, 392, 397, 399, 412, 428 ff., 432, 455, 464, 465 f., 517 f., 518, 558, 580;

Gleichberechtigung s.: Emanzipation
Gleichheit 361, 517
Gleichnis 162, 176
Glückel von Hameln 438 f., 490
Glückseligkeit 268, 270, 304, 370 f.
Gnade 54, 59, 370, 371; ferner s.: Gottes-Gnade (Güte) Liebe; *ḥäsäd; raḥ^a^mîm*
Gnosis 87, 135 f., 162, 166, 184, 196, 205, 205 ff., 364
Gnosis, jüdische 67, 135 f., 193 ff., 205 ff.
Gnostisierend 261, 310, 323, 355, 358, 364, 461, 472, 473, 493
Götter, Götzendienst 102, 162, 176, 192, 380, 381, 398; s. ferner: Heidentum; Nichtjuden, Völker
Gog und Magog 510
„Gold" 324
Goldenes Kalb (Ex 32) 119
Goldenes Zeitalter 217, 235, 256
Gold- und Silberschmiedekunst 414, 450 f.
Golem 359
Gordon, A. D. 583
Gott, Gottesvorstellung 30 ff., 39 ff., 87, 89 f., 135 ff., 140 ff., 161, 162 bis 170, 208 f., 261, 265, 267 ff., 272, 273 f., 279 f., 281, 282 f., 289 ff., 299, 302 f., 312, 315, 316, 318 f., 322, 323 ff., 326 f., 330 f., 346–357, 368, 377, 383, 387, 394, 443, 464, 465, 466 ff., 470 ff., 476, 497, 500, 512, 515, 557, 560 f., 561, 562, 564, 579, 582; s. auch: Deismus; *'Ên Sôf,* Kontingenz – Inkontingenz; Panentheismus; Pantheismus; *Š^e^kînāh,* Sefirot, Theismus, Theodizee
Gott – Abrahams, Isaaks und Jakobs 282 f., 351
— der Bibel, der praktischen Religion 282 f., 346, 351, 467; vgl. auch: Anthropomorphismen
— der Philosophen 282 f., 351
— der Väter 140, 149
— Erlöser 181; s. Eschatologie; Messianische Erwartung
— Erste Ursache 272, 280, 283, 351, 466, 476, 497
— Erster Beweger 280, 302, 348, 351, 352, 356, 466
— Genus generorum 272
— Herr der Geschichte und Natur 87, 88, 161, 166 f., 169, 171, 177, 179, 181, 282, 562; s. auch: Gottes Allmacht; Heilsgeschichte; Gott – Schöpfer
— Intellekt 289, 290, 324, 357, 466
— Israels 497
— König 135 f., 142, 143, 150, 154, 162, 163 f., 168, 169, 208 f., 318
— Lebendig 269, 349, 351
— Ort der Welt 302
— Richter s. Gericht; Gottes Strenge
— Schöpfer 39, 88, 137, 140, 161, 165 f., 167, 169 f., 208, 269, 272, 290 ff., 302, 348, 351 ff., 376, 377, 441, 497, 561
— Vater 39, 143, 154, 168, 176, 282, 472, 583
Gottes Allgegenwart 302, 318, 512, 516; s. auch: Immanenz; Pantheismus, Panentheismus
— Allmacht 40, 87, 141, 166 f., 183, 191, 193, 279, 298; s. auch: Gott – Herr; – Schöpfer; Providenz
— Allwissenheit 187, 279, 289, 291, 299, 356, 377
— Attribute (Eigenschaften) 138, 154, 157, 167, 168, 197, 265, 269, 275, 276, 278, 284, 289 f., 292, 300, 302, 311 f., 318, 326, 337, 346, 348 ff., 376, 466 ff., 476; s. auch: Anthropomorphismen; *middôt;* Gottes Wirkungsweisen
— Bezeichnungen u. Umschreibungen 162, 163 f., 165 ff., 197, 349
— Ehre 185
— Einheit, Einzigkeit, Einzigartigkeit 39, 52, 136, 149, 160, 162 ff., 166, 175, 185, 192, 194, 206, 208, 265, 269, 275, 278, 280, 289, 300, 338 f., 346, 348, 376, 377, 378, 399, 564; s. auch: Monotheismus

Josephus, Philo, Aristobul; ferner 38, 55, 84 ff., 89, 91
— der talmudischen Zeit 31, 101, 113, 122 ff., 159, 160, 234
— des Mittelalters 234–257, 540
— der Neuzeit 427–446
— des Chasidismus 517–519
— des 19./20. Jh.s 538 f., 566, 583
Liturgie, liturgisch 33 f., 55, 63, 94 f., 98, 114, 120, 130–158, 165, 168, 192, 199 f., 204 f., 230 f., 250 ff., 391, 394, 412, 413, 438, 444 ff., 447–449, 464, 486 f., 491 f., 495, 496, 509, 551 f., 553; s. auch: Gebete; Gottesdienst
Liturgie, himmlische 133, 137 f., 141 f., 153 f., 169, 199 f., 203, 204 f., 387
Liturgiegeschichte 549
Lob(preis) 137, 138, 141 f., 149, 199 f.
Löw Pistiner 507
Logik 561
Logos 87, 90, 166, 170, 274
Lohn und Strafe s.: Vergeltung
Loquentes 266
Lothringen 400
Lubabitscher Chasidim s.: *Ḥ̣aBa"D – Chasidismus*
Lublin 415, 423, 430, 509
Lucca 256
Lurianische Kabbalah 465, 469–475, 476, 477, 479–482, 482–488, 502, 512 f., 520, 521
Luther, Martin 401, 440, 457
Luzzatto, S. D. 550, 555
Lyon 220

Mädchenerziehung 228, 424
Mähren 220, 414, 450, 501, 503
Männliches Prinzip 324 f., 339 f., 468, 479, 497
Magdeburg 220
Maggid, der grosse s.: Dob Baer
Maggid von Dubno s.: Krantz, Jakob
Magie 38, 124, 160, 165, 169, 171, 188, 191 ff., 194 ff., 198 f., 200, 209, 309, 311, 320, 321, 333, 359, 374, 375, 384 f., 387 f., 410 f., 419, 447, 461, 487, 489, 493
Mahl, -gemeinschaft 60, 74, 259, 448; vgl.: Speisegebote; Rein-Unrein; Wein
Mahoza 104
Maimon, Salomo 292, 370, 454, 541
Maimonides s.: Mose b. Maimon
Maimonidische Philosophie 260, 261, 264, 293, 424, 454
Maimonidischer Streit 264, 288, 294 ff., 300, 304, 329, 330, 362
Mainz 227, 316
Makkabäer s.: Hasmonäer
Makkabäerbücher 15, 16, 19, 41, 53
Makariba 307
Makro-Anthropos 337; s.: *'Adām qadmôn*
Makrobius 360
Malbim, M. L. 570
Maleachi, Prophet 123, 159, 164
Malerei 115 f., 178, 451; s. auch: Buchillustration
Mamîn 494
Manasse b. Israel 403 f., 543
Mandäer 45, 207
Manichäismus 208, 261, 268 f., 307
Mannheimer, N. 552
Mantua 409, 461
Mapu, Abraham 566
Marinus 155
Marranen 217, 300 f., 400, 402 f., 406 f., 442, 460 f., 482, 491 f.
Martyrium 14, 32, 41, 50 f., 97, 119, 120 f., 183, 185, 203 f., 220, 230, 248, 257, 313 f., 319, 376, 383, 436, 459, 461, 463, 484 f.
Marxismus 531, 532, 535, 536; s. auch: Sozialismus
Masada 36
Materie 90, 184, 208, 268, 269, 272, 273 f., 277, 282, 299, 301, 324, 330, 352, 354 f.
Materie und Form 272, 273 f., 277, 301, 353, 515
Materiell s.: Sinnlich-materiell
Matthäusevangelium 399
Mattitjah Bloch 498

390 f., 401, 416, 467, 470, 472, 522, 528, 529, 531, 545, 546, 552 f., 558 f., 574 f., 575 f., 577, 584
Profan 150, 176, 210, 217, 229, 235, 257, 262, 325, 371, 402, 404, 416, 428, 434 f., 446, 453, 516, 527, 541, 569
Profiat Duran s.: Isaak
Proklus 272
Prophetie 16, 26 f., 50, 56, 57 f., 60, 69, 86, 123, 151, 159 f., 164 f., 174, 273, 281 f., 283, 284, 288 f., 293, 298, 304, 305, 313, 321, 332 ff., 364, 367, 368, 369, 370 f., 373, 376, 377, 381, 389, 396, 454, 457, 460 f., 466, 482, 485, 488, 493, 498, 499, 500, 502, 560; s. auch: Offenbarung; Mose
Prophetie, biblische Propheten 26, 60, 86, 123, 151, 159, 164, 171, 174, 199, 200, 206, 283, 292, 318, 322, 546, 573, 579, 580, 582
Proselyten 16 f., 76 f., 81 f., 83, 100, 102, 104, 146 f., 176, 186, 207, 220, 281, 282, 380 f., 513, 575; s. auch: Chazaren
Proskynese 149
Protestantismus 189, 401, 507, 554, 559 f., 563
Protokolle der Weisen von Zion 527
Provençe s. Südfrankreich
Providenz 193, 279 f., 283, 284, 291, 299 f., 305, 312, 356 f., 376, 377, 441, 546
Psalmen 389
Pseudepigraphen des AT 19 ff., 34 ff., 53 f., 85
Pseudepigraphie Pseudepigraphen des AT, 310 f., 315, 333, 484, 488 und s. ff. Stichwörter
Pseudo – Aristoteles 271
Pseudo – Bachja 276
Pseudo – Empedokles 271
Pseudo – Haj 310 f., 317, 363
Pseudo – Hermetik 364
Pseudo – Maimonides 289, 295
Pseudo – Nachmanides 328, 329
Pseudo – Philo, Liber Antiquitatum Biblicarum 207
Pseudo – Saadja 271, 310, 316
Psychologie 188 f., 264, 272 f., 357, 361 ff., 512; Seele
Ptolemäer 11, 13, 49
Pumbeditha 103, 113, 223
Purificatio 272
Purimfest 152
Pythagoräer 62, 269

Qirqisani 308, 384
„Quelle“ 324, 339, 354
Quelle des Lebens 339
Quietismus 25, 54, 276, 314, 506, 514
Qumran, -gemeinde, -texte 16, 17, 23, 33, 34, 41, 45, 51, 52 f., 53 f., 55 f., 57 ff., 135, 207 f., 231
Qunio, Quniosos 496

„Rab“ ('Abbā' 'Arika') 103, 111, 127, 172
„Rabbi“ s.: Jehuda I. ha-Nāśî'
Rabbi Löw, Jehuda Livaj b. Bezalel
Rabbinat 106 ff., 111, 114, 226 f., 417, 422, 423, 444, 574
Rabbinen, Rabbiner 226, 341, 344, 384, 386, 390 f., 396, 402, 404, 421 f., 424 ff., 431, 443 f., 490, 499, 504, 507, 544, 567; s. auch: Gesetzesgelehrte
Rabbinerbibel 244, 429
Rabbinerhochschulen, – seminare 544, 549, 553, 555, 556, 557, 568, 570 f., 571
Rabbinerversammlungen 552
Rabbinisch s. auch: talmudisch (Literatur)
Rabidowitz, S. 571
„Rachel“ 472
Radikal, -ismus 13, 17, 18 f., 23, 26, 27 f., 29, 44, 46, 47, 48 ff., 71 f., 73, 83 f., 93, 96 ff., 176, 188, 190 f., 210, 232 ff., 345, 386 f., 389 f., 390, 496, 500 f., 501–504, 530, 535, 550, 552, 559, 566, 571

Staat, nichtjüdischer 100 f., 108, 182 f., 202 f., 227, 382 f., 420 f., 422, 489 f., 510, 524, 543, 544, 544 f., 559; Autonomie; Edom/Esau; Rom; Ismael; Politik; Hoffaktoren; Steuerwesen
Staat, jüdischer 218, 454, 526, 557, 561, 577; Autonomie; Hasmonäer; Sanhedrin; Israel; Zionismus
Stadtsiedlung 216, 230, 417
Statio 133
Steinberg, M. 582
Steinheim, Sal. Ludw. 563 f., 581
Steinthal, H. 558
Stellvertretung 191, 511, 515
Steuerwesen 11 f., 94, 215, 223, 408, 420, 422, 423
Stoa, stoisch 84, 89, 266, 283, 314
Strafe 182 f., 185 f., 190, 202, 282, 319, 383, 462, 516; Gericht; Seelenwanderung
Subjekt – Objekt 289, 349, 351, 561, 564
Subjektivität 561 f.
Subjektivismus 568
Substanz 269, 272, 277, 346, 362 f.
Substanzen, einfache, geistige 272, 277, 362; Intelligenzen, separate; Mittelstufen; Engel
Substanzen, körperliche 272
Südfrankreich 105, 214, 219 f., 221, 226, 248, 253, 285, 286, 295, 296, 298, 309 f., 313, 314, 321 ff., 325, 384, 396, 399, 400, 456
Sühne 31, 33, 118, 121, 184 f.
Sünde(nbegriff) 33, 54, 59, 118, 121, 143, 177 f., 182, 183, 184, 184 f., 187, 190, 202, 268, 282, 283, 303, 331, 340, 341, 343, 350, 354 f., 359, 360 f., 363, 365, 369, 370, 374, 379, 382 f., 388, 389, 394, 462, 463, 466, 474, 513, 515 f., 562, 564
Sünde, „Heilige ...“ 501, 503
Sündenbekenntnis 143,157
Sündenfall 187, 340, 360 f., 364, 365, 368, 369, 374 f., 466, 471, 473, 475
Sufismus 274 f., 276, 364
Suleiman d. Prächtige 406, 407
Superkommentare 238, 242, 244, 343, 411, 425, 429 f., 477
Supranaturalismus 559, 568, 577
Sura 103, 111, 113, 223, 278
Susmann, Eliezer 452
Symbiose 235, 528 f.
Symbole 114, 178, 198 f., 258 f.
Symbolik, Symbolistik 22, 31, 52, 86, 91, 114 ff., 132, 141, 242, 318, 320, 322–345, 347, 354 f., 358 f., 363, 368 f., 373 ff., 381 f., 382, 383 f., 388 f., 409, 410, 429, 447 ff., 457, 465, 467, 487, 498, 568; Buchstabensymbolik; Sefirot; Zahlensymbolik; Sexualsymbolik
Symmachus 130
Synagoge, Institution 34 ff., 88, 94, 114, 133, 135, 226, 227 f., 421
Synagoge, Gebäude 36, 100, 101 f., 103, 114 ff., 121, 216, 258 f., 450 f.
Synagoge, Bezeichnung für Judentum 183, 397, 398, 526, 527
Synkretismus 39, 88, 208 f.
Syrer, christliche 232
Syrien 80, 82, 83, 105; Seleukiden
Syzygien 324

Täuferbewegung 45
Talmud, allg. 122 f., 126 ff., 159 ff., 226
Talmud, palästinensischer (Jeruschalmi) 101, 127, 224
Talmud, babylonischer 101, 104, 127 f., 214 f., 224, 238, 245
Talmud – Exegese 220, 236, 237, 238, 239, 244 f., 248, 429 f.
Talmudwissenschaft 430
Talmudische Literatur 31, 35 f., 72, 75, 101, 104, 108 f., 122 ff., 126 ff., 159, 160, 167, 168 f., 234, 324, 353, 357, 369; Haggadah; Midrasch; Mischna; Talmud Hekalot-Literatur; Targum
Talmudische Periode 3, 92–211, 212, 240, 246 f., 248, 346, 365, 380, 386, 390, 435 f., 554
Talmudtraktate, Kleine 128
Tannaiten, tannaitisch 92 f., 124, 127, 128, 178

B. Verzeichnis der hebräischen (arabischen, aramäischen) Wörter und Titel

Die Wortfolge innerhalb der einzelnen Buchstaben des hebräischen Alphabets richtet sich nach dem lateinischen Alphabet. Quellen sind kursiv gesetzt.

'Aläf

Bêt

Gimel

Dālet

Hê

Haq-qodäš 163
Hašābāh 331
Haš-šāmajîm 164
Haškîbenû 150
Haśkel 327, 331
Haśkālāh s. Reg. A
Hat-tôrāh wehā-fîlôsôfjāh (S. D. Luzzatto) 555
Hêkāl(ôt) 203 ff., 308, 465
Hilkôt Alfas 237
Hilkôt Jeṣîrāh 198
Histallequît 471
Hitpaššeṭût (: histallequît) 471
Hitpaššeṭût 482, 514
Hôd 338
Hôša'nôt 153 f.
Hû' 338

Waw

Wa'ad 'arba' hā-'arāṣôt 423, 499
Wa'ad hag-gālîl 423
Wa'ad ham-medînāh 423
wahm 324

Zajin

Ze'îr 'anpîn 472, 490
Zeqenîm Älteste
Zijjûf 419
Zikrônôt 157
Zimrat 'am hā-'āräṣ 506
Ziwwûgā' qaddîšā' 340, 448; Heilige Hochzeit
Zîz 257
Zôhärät 324
Zohar (Sefär haz-Zohar) 241, 242, 244, 262, 265, 314, 320, 326, 334, 335, 336, 336–341, 342, 343, 344, 345, 355, 361, 363, 365, 381 f., 386, 388 f., 417, 444, 458, 468, 482, 483, 486, 497, 502, 512
— Kommentare 337, 343, 465, 518
Zohar ḥādāš 337
Zûlat (poet. Gattung) 157, 382

Ḥet

ḤaBa"D – Chasidismus 509, 513, 515, 517, 520 f., 571 f., 583
Ḥāber 79, 94, 106, 229, 424
Ḥabûrāh 35, 60, 62, 74, 79, 94
Ḥäbrāh qaddîšā' 451
Ḥädär 228 f., 423, 426
Ḥäräm haj-jiššûb 215
Ḥäsäd 324, 338 f., 468, 469, 477
Ḥaj b. Meqîṣ (Abraham ibn Ezra) 277
Ḥajjāh 473
Ḥajjê 'ādām (Abraham Danzig) 570
Ḥajjût 466
Ḥākām 79, 106
Ḥalûqā' deRabbānān 361
Ḥaqîrāh 466
ḥārût / ḥerût 177
Ḥašmāl 363
Ḥāsîd 13 ff., 51 ff., 62, 70, 79, 190 f., 313, 315, 321, 326, 343, 389 f., 511, 514, 516, 521
Ḥasîdê 'ûmmôt hā-'ôlām 513
Ḥātam Sôfer 570
Ḥatîmāh 135; Benediktion
Ḥazôn Dānî'el 246
Ḥazzān 114, 134, 154 f., 226, 421
Ḥibbat Ṣijjôn (Ḥôbebê Ṣijjôn) 530, 536, 538, 566, 573
Ḥiddûsîm 245
Ḥillûl haš-Šem 185
Ḥôbôt hā-'abārîm 372
Ḥôbôt hal-lebābôt 372 f.
Ḥokmāh 197, 324, 325, 327, 331, 338, 374, 468, 513, 521; Weisheit
Ḥokmāh šäb-beKetär 468
Ḥokmat 'ādām (Abr. Danzig) 570
Ḥokmat Jiśrā'el 548, 550
Ḥošän mišpāṭ 411

Ṭet

Ṭa'amê ham-miṣwôt: Gebotsbegründungen
Ṭehîrû 471, 489
Ṭûrîm: 'Arbā'āh Tûrîm

Jôd

Kaf

Lāmed

Mem

ʿAjin

Reš

Śîn

Šîn

C. Verzeichnis der griechischen Wörter

D. Zahlenregister